# THE COMPLETE RESULTS & LINE-UPS OF THE UEFA EUROPA LEAGUE 2012-2015

Rodica Voicu

British Library Cataloguing in Publication Data
A catalogue record for this book is available from the British Library

ISBN: 978-1-86223-313-3

Copyright © 2015, SOCCER BOOKS LIMITED (01472 696226)
72 St. Peter's Avenue, Cleethorpes, N.E. Lincolnshire, DN35 8HU, England
Web site   www.soccer-books.co.uk
e-mail   info@soccer-books.co.uk

All rights are reserved. No part of this publication may be reproduced, stored in a retrieval system or transmitted, in any form or by any means, electronic, mechanical, photocopying, recording, or otherwise, without the prior written permission of Soccer Books Limited.

**Printed in the UK by 4edge Ltd.**

# FOREWORD

Between the years of 1971 and 2009, the UEFA Cup was the second most important European Club competition, having itself superseded both the Fairs Cup and the European Cup-Winners' Cup competitions. From 1995 onwards, the Intertoto Cup also became an official UEFA competition and was, effectively, their third-ranked club competition until it ended in 2008.

From 2009, in an attempt to streamline their club tournaments, UEFA decided to end both the UEFA Cup and the Intertoto Cup competitions, replacing them with a single highly-ranked competition which was named the UEFA Europa League.

This publication provides a comprehensive statistical record of this competition from the first game in the qualifying stages of the 2012/13 competition through to the 2015 Final itself. A similar publication for the Europa League from 2009-2012 is also available from Soccer Books Limited as are books covering the UEFA Cup and a selection of other European competitions including the Champions League and earlier European Cup. Please check the back page of this book for a listing of these and many other publications.

Although the contents of this book are, we believe, as accurate as possible, it is not always easy to obtain reliable statistics for such a pan-European competition. On occasions, different sources can provide different information for the same match, particularly in relation to attendances. In such cases as this the most trustworthy information which could be discovered was used in this book.

Michael Robinson
Editor

# UEFA EUROPA LEAGUE 2012-13

## FIRST QUALIFYING ROUND

GÍ/LÍF VIKINGUR GØTA – FC GOMEL 0-6 (0-0)
Gundadalur, Tórshavn    03.07.2012    Hour: 17:30    Attendance: 250
Referees: Andris Treimanis, Haralds Gudermanis, Aleksejs Spasjonnikovs (LVA)
GÍ/LÍF VIKINGUR GØTA: Géza Turi, Hanus Jacobsen, Atli Gregersen (Cap), Fritleif Lambanum, Salvi Vatinhammar, Bardur Hansen, Erling Jacobsen (51 Evrard Blé), Hans Djurhuus (70 Joseph Bassene), Kaj Bartalstovu, Niclas Niclasen (61 Hedin Hansen), Hjartvard Hansen.
Coach: Jógvan Martin Olsen
FC GOMEL: Srdjan Ostojić, Igor Voronkov, Sergei Matveychik (68 Aleksei Timoshenko), Pavel Kirylchyk, Nikolai Kashevski (Cap), Ilya Aleksievich, Vyacheslav Hleb, Dmitri Klimovich, Igor Kuzmenok, Tomasz Nowak (46 Artur Levitski), Vadim Demidovich (59 Dmitri Platonov).
Coach: Oleg Kubarev
Yellow Card: H. Hansen (22), Gregersen (58), B. Hansen (64)
Goals: Vyacheslav Hleb (63,55), Igor Voronkov (57), Ilya Aleksievich (58), Nikolai Kashevski (69), Artur Levitski (80)

FC GOMEL – GÍ/LÍF VIKINGUR GØTA 4-0 (0-0)
Tsentralny, Gomel    12.07.2012    Hour: 19:00
Referees: Dennis Antamo, Mikko Alakare, Sami Nykänen (FIN)    Attendance: 6,500
FC GOMEL: Andrei Sakovich, Vobga Tenchen, Pavel Kirylchyk, Nikolai Kashevski (Cap), Sergei Kozeka, Pavel Yevseyenko (46 Sergei Matveychik), Aleksei Timoshenko, Artur Levitski, Tomasz Nowak (46 Vyacheslav Hleb, 64 Denis Yakhno), Dmitri Platonov, Vadim Demidovich.
Coach: Oleg Kubarev
GÍ/LÍF VIKINGUR GØTA: Géza Turi, Hanus Jacobsen, Atli Gregersen (Cap), Evrard Blé, Salvi Vatinhammar, Bardur Hansen, Erling Jacobsen, Hans Djurhuus (81 Ingi Sorensen), Kaj Bartalstovu, Niclas Niclasen (46 Fritleif Lambanum), Hjartvard Hansen (90+2 Dánjal Pauli Lervig). Coach: Jógvan Martin Olsen
Goals: Vadim Demidovich (49,56), Nikolai Kashevski (71), Aleksei Timoshenko (88)

FK SHKËNDIJA TETOVO – PORTADOWN FC 0-0
Bashkimi Stadium, Kumanovo (MKD)    03.07.2012    Hour: 17:30    Attendance: 1324
Referees: Eitan Shemeulevitch, Amihay Yehoshua Mozes, Danny Krasikow (ISR)
FK SHKËNDIJA TETOVO: Trajče Nikov, Nebi Mustafi (Cap), Medzit Neziri, Ardian Cuculi, Muzafer Ejupi (82 Eljmedin Redzepi), Izair Emini (76 Ertan Hasan), Jasir Selmani, Ilir Elmazovski (55 Burhan Aliji), Ertan Demiri, Gjelbrim Taipi, Sedat Berisha. Coach: Osmani Catip
PORTADOWN FC: David Miskelly, Sean Mackle, Ross Redman, Garry Breen, Jamie Tomelty (30 Richard Lecky), Darren Murray, Kevin Braniff (Cap), Joseph McNeill, Christopher Casement, Brian Gartland, Neil McCafferty. Coach: Ronald Joseph McFall
Yellow Card: Emini (19) / Redman (77)

PORTADOWN FC – FK SHKËNDIJA TETOVO 2-1 (0-1)
Shamrock Park, Portadown    10.07.2012    Hour: 19:45
Referees: Michael Johansen, Lars Rix, Heine Sørensen (DEN)    Attendance: 1,029
PORTADOWN FC: David Miskelly, Sean Mackle (84 Keith O'Hara), Ross Redman, Garry Breen, Darren Murray, Kevin Braniff (Cap), Joseph McNeill, Christopher Casement, Richard Lecky, Brian Gartland, Neil McCafferty. Coach: Ronald Joseph McFall
FK SHKËNDIJA TETOVO: Hadis Velii, Nebi Mustafi (Cap), Medzit Neziri, Ardian Cuculi, Muzafer Ejupi (61 Izair Emini), Jasir Selmani, Nenad Miskovski, Ertan Demiri, Gjelbrim Taipi, Sedat Berisha (84 Ertan Hasan), Burhan Aliji (80 Eljmedin Redzepi). Coach: Osmani Catip
Yellow Card: Richard Lecky (45), Cuculi (72) / Miskovski (54)
Goals: Lecky (58), Ross Redman (80) / Ardian Cuculi (4)

XÄZÄR LÄNKÄRAN FK – NOMME KALJU FC 2-2 (2-1)
Şähär stadionu, Länkaran   05.07.2012   Hour: 20:00   Attendance: 15,500
Referees: Mitja Žganec (SVN), Robert Vukan (SVN), Stanislav Savitski (BLR)
XÄZÄR: Kamran Agayev, Elnur Allahverdiyev, Robert Alviz, Sadio Tounkara (71 Ricardo Gomes), Éder Bonfim, Branimir Subašić, Randall Brenes, Rahid Amirguliyev (Cap), Ruslan Abışov, Adrian Piţ, Manuel Scarlatache. Coach: Yunis Huseynov
KALJU: Vitali Teleš, Alo Bärengrub (Cap), Jorge Rodrigues, Eino Puri, Yankuba Ceesay, Damiano Quintieri (87 Juri Jevdokimov), Oliver Konsa (85 Tanel Melts), Kristen Viikmäe, Ken Kallaste, Hidetoshi Wakui, Tihhon Šišov. Coach: Igor Prins
Yellow Card: Alviz (28), Allahverdiyev (35), Amirguliyev (52), Brenes (53),
Goals: Branimir Subašić (7), Manuel Scarlatache (30) / Hidetoshi Wakui (5), Eino Puri (70)


NOMME KALJU FC – XÄZÄR LÄNKÄRAN FK 0-2 (0-1)
Kadriorg, Tallinn   10.07.2012   Hour: 18:45
Referees: Dag Vidar Hafsås, Svein Inge Wiken, Jan Erik Engan (NOR)   Attendance: 1,281
KALJU: Vitali Teleš, Alo Bärengrub (Cap), Jorge Rodrigues, Eino Puri (80 Juri Jevdokimov), Yankuba Ceesay, Damiano Quintieri, Oliver Konsa, Kristen Viikmäe, Ken Kallaste, Hidetoshi Wakui, Tihhon Šišov. Coach: Igor Prins
XÄZÄR: Kamran Agayev, Elnur Allahverdiyev, Robert Alviz, Sadio Tounkara (84 Randall Brenes), Éder Bonfim, Branimir Subašić (88 Ricardo Gomes), Rahid Amirguliyev (Cap), Ruslan Abışov, Adrian Piţ (90+2 Elnur Abdullayev), Radomir Todorov, Manuel Scarlatache.
Coach: Yunis Huseynov
Yellow Card: Rodrigues (21), Quintieri (59) / Tounkara (43)
Goals: Ruslan Abışov (41), Branimir Subašić (85)


FK JAGODINA – FC ORDABASY SHYMKENT 0-1 (0-0)
Gradski, Jagodina   05.07.2012   Hour: 17:30
Referees: Radu Marian Petrescu, Cristian Nica, Radu Ghinguleac (ROM)   Attendance: 4000
FK JAGODINA: Igor Bondžulić, Vukašin Tomić, Ognjen Mudrinski (68 Miroljub Kostić), Aleksandar Stojković (83 Vladimir Milenković), Duško Dukić, Josip Projić, Dragan Stojkov, Miloš Stojanović (Cap), Aleksandar Živanović, Dejan Djenić (71 Saša Nikodijević), Goran Gogić.
Coach: Simo Krunić
FC ORDABASY SHYMKENT: Almat Bekbaev, Andrew Mwesigwa, Aleksandar Tradković, Roman Pakholiuk (84 Vladimir Djilas), Andrei Karpovich, Kairat Ashirbekov (Cap) (73 Bekzat Beisenov), Artem Kasyanov, Daurenbek Tazhimbetov (66 Baba Collins), Talgat Adyrbekov, Mohamed Arouri. Coach: Viktor Pasulko
Yellow Card: Stojkov (67) / Karpovich (36), Bekbaev (83), Gueye Mansour
Goal: Gueye Mansour (85)


FC ORDABASY SHYMKENT – FK JAGODINA 0-0
Tsentralniy, Almaty   12.07.2012   Hour: 20:00 (16:00 CET)
Referees: Yunus Yildirim, Serkan Gençerler, Baki Tuncay Akkin (TUR)   Attendance: 15,500
FC ORDABASY SHYMKENT: Almat Bekbaev, Andrew Mwesigwa, Aleksandar Tradković, Roman Pakholiuk, Andrei Karpovich, Gueye Mansour (90+1 Bakdaulet Kozhabayev), Artem Kasyanov (Cap), Daurenbek Tazhimbetov (78 Bekzat Beisenov), Talgat Adyrbekov, Baba Collins (84 Vladimir Djilas), Mohamed Arouri. Coach: Viktor Pasulko
FK JAGODINA: Igor Bondžulić, Vukašin Tomić, Ognjen Mudrinski, Aleksandar Stojković (88 Stefan Vukmirović), Duško Dukić (87 Saša Nikodijević), Josip Projić, Dragan Stojkov, Miloš Stojanović (Cap), Aleksandar Živanović, Dejan Djenić (74 Miroljub Kostić), Goran Gogić.
Coach: Simo Krunić
Yellow Card: Pakholiuk (36), Collins (52), Mansour (81), Djilas (89), Kozhabayev (90+4) /
  Živanović (36), Stojanović (79), Tomić (82).
Red Card: Živanović (90+4)

JK NARVA TRANS – INTER BAKU PIK 0-5 (0-2)
Rakvere, Rakvere   05.07.2012   Hour: 17:30
Referees: Alexandre Boucaut, Jimmy Cremers, Patrick Plumes (BEL)   Attendance: 300
JK NARVA TRANS: Vladimir Malkov, Sergei Kazakov, Vitali Gussev (85 Artjom Škinjov), Dmitrijs Medeckis, Maksim Gruznov (61 Vitali Kutuzov), Aleksandrs Abramenko, Sergei Leontovitš (63 Dmitrijs Borisovs), Erik Grigorjev, Stanislav Kitto (Cap), Aleksandrs Aleksejev, Aleksejs Kuplovs-Oginskis. Coach: Aleksei Yagudin
INTER: Giorgi Lomaia, Valeri Abramidze, Slavčo Georgievski, Giorgi Adamia (82 Daniel Genov), Asif Mammadov (67 Nizami Hajiyev), Vladimir Levin (Cap), Ilia Kandelaki, Bruce Abdoulaye, Arif Dashdemirov, Ibrahima Niasse, Bachana Tskhadadze (73 Tales Schutz).
Coach: Kakhaber Tskhadadze
Yellow Card: Medeckis (28)
Goals: Bachana Tskhadadze (11, 35), Asif Mammadov (62), Giorgi Adamia (70), Nizami Hajiyev (76 pen)


INTER BAKU PIK – JK NARVA TRANS 2-0 (1-0)
Dalga Stadium, Baku   12.07.2012   Hour: 21:00 (18:00 CET)
Referees: Kevin Clancy, James Bee, Stuart Stenvenson (SCO)   Attendance: 990
INTER: Revaz Tevdoradze, Valeri Abramidze, Slavčo Georgievski, Giorgi Adamia (77 Nizami Hajiyev), Asif Mammadov (86 Daniel Genov), Vladimir Levin (Cap), Bruce Abdoulaye, Arif Dashdemirov, Ibrahima Niasse, Bachana Tskhadadze (60 Tales Schutz), Ruslan Ämircanov.
Coach: Kakhaber Tskhadadze
FC TRANS: Vladimir Malkov, Sergei Kazakov, Vitali Gussev (84 Igor Ovsyannikov), Dmitrijs Medeckis, Maksim Gruznov (57 Dmitrijs Borisovs), Aleksandrs Abramenko, Sergei Leontovitš (88 Vitali Kutuzov), Erik Grigorjev, Stanislav Kitto (Cap), Aleksandrs Aleksejev, Aleksejs Kuplovs-Oginskis. Coach: Aleksei Yagudin
Goals: Slavčo Georgievski (21), Nizami Hajiyev (86)


KUOPION PALLOSEURA – LLANELLI AFC 2-1 (2-1)
Kuopion Keskuskenttä, Kuopio   05.07.2012   Hour: 18:30
Referees: Christopher Lautier, Mariano Debono, Thomas Debono (MLT)   Attendance: 1870
KuPS: Mika Hilander, Joni Nissinen, Pyry Kärkkäinen (Cap), Antti Hynynen, Markus Joenmäki, Chris James (46 Sander Puri), Ats Purje (85 Jerry Voutilainen), Miikka Ilo, Etchu Tabe, Paul Obiefule, Jan Berg (62 Ilja Venäläinen). Coach: Esa Pekonen
LLANELLI AFC: Craig Morris, Christopher Thomas, Lloyd Grist, Christopher Venables (Cap), Ashley Evans, Lee Surman, Jason Bowen, Antonio Corbisiero, Martin Rose, Luke Bowen (90 Scott Evans), Geoffrey Kellaway (55 Craig Williams). Coach: Gary Lloyd
Yellow Card: Surman (19), Venables (25), Ashley Evans (74)
Goals: Markus Joenmäki (5 pen), Ats Purje (19) / Jason Bowen (45+1)


LLANELLI AFC – KUOPION PALLOSEURA 1-1 (0-0)
Stebonheath Pàrk, Llanelli   12.07.2012   Hour: 18:30   Attendance: 534
Referees: Thoroddur Hjaltalin, Sigurdur Oli Thorleifsson, Áskell Thór Gíslason (ISL)
LLANELLI AFC: Craig Morris, Christopher Thomas, Lloyd Grist, Christopher Venables (Cap), Ashley Evans, Lee Surman, Jason Bowen, Antonio Corbisiero, Martin Rose, Luke Bowen (64 Geoffrey Kellaway), Craig Williams (71 Scott Evans). Coach: Andy Legg
KuPS: Mika Hilander, Joni Nissinen, Pyry Kärkkäinen (Cap), Antti Hynynen, Markus Joenmäki, Chris James (46 Aleksi Paananen), Ats Purje, Miikka Ilo, Etchu Tabe, Paul Obiefule, Ilja Venäläinen. Coach: Esa Pekonen
Yellow Card: Venables (80) / Obiefule (82), Ilo (85), Nissinen (90+3)
Goals: Luke Bowen (50 pen) / Aleksi Paananen (59)

FK RENOVA DŽEPČIŠTE – AC LIBERTAS BORGO MAGGIORE 4-0 (2-0)
Bashkimi Stadium, Kumanovo (MKD)   05.07.2012   Hour: 17:30
Referees: Danilo Grujić, Dalibor Djurdjević, Goran Kojić (SRB)   Attendance: 612
FK RENOVA DŽEPČIŠTE: Suat Zendeli, Muarem Bajrami, Vulnet Emini (55 Ljavdrim Skenderi), Marjan Andonov (50 Ismail Ismaili), Fisnik Nuhi (Cap), Metodija Stepanovski, Argjent Gafuri, Goran Siljanovski, Saško Pandev (85 Saimir Fetai), Dusan Simovski, Saško Ristov.
Coach: Vlatko Kostov
AC LIBERTAS BORGO MAGGIORE: Michele Ceccoli, Andrea Benvenuti, Cristian Torelli, Davide Simoncini (Cap), Mirco Facondini, Marco Fantini (76 Nicoló Zennaro), Filippo Antonelli, Manuel Molinari (65 Massimo Vagnetti), Alessandro Mastronicola, Daniele Rocchi, Marco De Luigi (61 Gian Luca Morelli). Coach: Michele Ceccoli
Yellow Card: Ristov (52), Gafuri (75) / Simoncini (14), Benvenuti (50), Torelli (70)
Goals: Muarem Bajrami (10 pen, 14 pen, 83), Ljavdrim Skenderi (60)


AC LIBERTAS BORGO MAGGIORE – FK RENOVA DŽEPČIŠTE 0-4 (0-1)
Stadio Olimpico, Serravalle   12.07.2012   Hour: 20:30
Referees: Robert Rogers, Allen Lynch, Mark Gavin (IRL)   Attendance: 288
AC LIBERTAS BORGO MAGGIORE: Aldo Simoncini, Cristian Torelli, Gian Luca Morelli, Davide Simoncini (Cap), Mirco Facondini (78 Simone Santarini), Filippo Antonelli, Nicoló Zennaro (65 Marco Fantini), Nicola Polidori (85 Daniele Angeli), Manuel Molinari, Alessandro Mastronicola, Daniele Rocchi. Coach: Michele Ceccoli
FK RENOVA DŽEPČIŠTE: Suat Zendeli, Bilal Velija, Muarem Bajrami, Fisnik Nuhi (Cap), Metodija Stepanovski, Argjent Gafuri (65 Ljavdrim Skenderi), Goran Siljanovski, Saško Pandev (59 Ismail Ismaili), Boban Jancevski, Dusan Simovski, Saško Ristov (67 Ersen Asani).
Coach: Vlatko Kostov
Yellow Card: Facondini (4), Rocchi (31), Mastronicola (32), Antonelli (35) / Siljanovski (44)
Goals: Fisnik Nuhi (C) (16), Boban Jancevski (61, 64 pen), Ismail Ismaili (87)


FC LEVADIA TALLINN – FK ŠIAULIAI 1-0 (0-0)
Kadriorg, Tallinn (EST)   05.07.2012   Hour: 17:45
Referees: Georgi Vadachkoria, Guram Chigogidze, Besik Chichinadze (GEO)   Attendance: 850
FC LEVADIA TALLINN: Roman Smishko, Artjom Artjunin, Igor Morozov (Cap), Ilja Antonov, Igor Subbotin, Maksim Podholjuzin, Albert Taar, Aleksandr Kulinitš, Andero Pebre (84 Janar Toomet), Marek Kaljumäe, Rimo Hunt. Coach: Marko Kristal
ŠIAULIAI: Sarunas Jurevicius, Juvenal, Andrius Bartkus, Tautvydas Eliošius (69 Piotr Hvorostianov), Igors Kozlovs, Arturas Rimkevičius, Intars Kirhners, Deividas Lunskis (Cap), Santiago Cesanelli, Laurynas Rimavičius, Robertas Vėževičius (83 Edvinas Jasaitis).
Coach: Gedeminas Jarmalavičius
Yellow Card: Antonov (51), Kaljumäe (65) / Kirhners (85), Cesanelli (90+1)
Goal: Juvenal (63 own goal)


FK ŠIAULIAI– FC LEVADIA TALLINN 2-1 (1-0)
Šiauliai central stadium, Šiauliai   12.07.2012   Hour: 19:00
Referees: Orel Grinfeld, Shabtai Nahmias, Dvir Shimon (ISR)   Attendance: 1,480
ŠIAULIAI: Sarunas Jurevicius, Juvenal (87 Rokas Urbelis), Andrius Bartkus, Igors Kozlovs, Arturas Rimkevičius, Intars Kirhners, Deividas Lunskis (Cap), Tomas Birškys (67 Tautvydas Eliošius), Santiago Cesanelli, Laurynas Rimavičius, Robertas Vėževičius (83 Edvinas Jasaitis).
Coach: Gedeminas Jarmalavičius
FC LEVADIA TALLINN: Roman Smishko, Artjom Artjunin, Igor Morozov (Cap), Ilja Antonov, Igor Subbotin (88 Vitali Leitan), Maksim Podholjuzin, Albert Taar, Aleksandr Kulinitš, Andero Pebre (59 Janar Toomet), Marek Kaljumäe, Rimo Hunt (54 Artur Rättel). Coach: Marko Kristal
Yellow Card: Cesanelli (33), Birškys (35), Rimkevičius (51), Juvenal (83) / Artjunin (40), Subbotin
Goals: Arturas Rimkevičius (40 pen), Igors Kozlovs, (80) / Artur Rättel (76)

FC PYUNIK YEREVAN – FK ZETA PODGORICA 0-3 (0-0)
Yerevan Republican Stadium after Vazgen Sargsyan, Yerevan    05.07.2012    Hour: 20:00
Referees: Markus Hameter, Richard Huebler, Andreas Heidenreich (AUS)    Attendance: 2545
FC PYUNIK YEREVAN: Albert Ohanyan, Arman Hovhannisyan, Sargis Hovsepyan (Cap), Kamo Hovhannisyan, Ghukas Poghosyan (57 Davit Minasyan), Artur Yuspashyan, Grigor Hovhannisyan, Viulen Ayvazyan, Taron Voskanyan, Vardan Bakalyan (53 Hovhannes Hovhannisyan), Gagik Poghosyan (75 Gor Malakyan). Coach: Suren Chakhalyan
FK ZETA PODGORICA: Miloš Bulatović, Miloš Radulović, Igor Vujačić, Miroslav Zlatičanin, Aleksandar Boljević (80 Zarija Peličić), Ivan Novović, Balša Božović (89 Filip Kalačević), Boris Došljak, Goran Burzanović (Cap), Petar Orlandić, Miloš B. Radulović. Coach: Rade Vešović
Yellow Card: Bakalyan (29), Hovhannisyan (53) / Novović (78), Z. Peličić (82)
Goals: Igor Vujačić (61), Zarija Peličić (81), Petar Orlandić (90+2)

FK ZETA PODGORICA – FC PYUNIK YEREVAN 1-2 (1-1)
Stadion Podgorica, Podgorica    12.07.2012    Hour: 20:00
Referees: Aleksandr Gauzer, Sergei Vassyutin, Rustam Suyunov (KAZ)    Attendance: 1,000
FK ZETA PODGORICA: Miloš Bulatović, Miloš Radulović, Igor Vujačić, Miroslav Zlatičanin (60 Zarija Peličić), Aleksandar Boljević, Ivan Novović, Balša Božović (77 Filip Kalačević), Boris Došljak, Goran Burzanović (Cap), Miloš B. Radulović, Ivan Knežević (68 Petar Orlandić).
Coach: Rade Vešović
FC PYUNIK YEREVAN: Albert Ohanyan, Arman Hovhannisyan, Sargis Hovsepyan (Cap), Kamo Hovhannisyan, Hovhannes Hovhannisyan (58 Viulen Ayvazyan), Artur Yuspashyan, Grigor Hovhannisyan, Taron Voskanyan, Eduard Tatoyan (46 Artur Grigoryan), Vardan Bakalyan (84 Arman Melkonyan), Gagik Poghosyan. Coach: Suren Chakhalyan
Yellow Card: Došljak (62), Burzanović (73), Boljević (90+3) /
        Kamo Hovhannisyan (24), A. Hovhannisyan (45), Hovsepyan (62)
Goals: Radulovic (16) / Eduard Tatoyan (19), Gagik Poghosyan (88)


JJK JYVÄSKYLÄ – STABÆK FOTBALL BÆRUM 2-0 (1-0)
Harjun Stadion, Jyvaskyla (FIN)    05.07.2012    Hour: 19:00
Referees: Radek Matějek, Antonin Kordula, Jiří Moláček (CZE)    Attendance: 1,817
JJK JYVÄSKYLÄ: Janne Korhonen (Cap), Mikk Reintam, Jordi van Gelderen, Juha Pasoja, Mikko Innanen, Mikko Manninen (90+1 Antto Hilska), Tamás Gruborovics, Niko Markkula (66 Janne Turpeenniemi), Babatunde Wusu, Patrick Poutiainen, Jani Virtanen (55 Jukka-Pekka Tuomanen).
Coach: Kari Martonen
STABÆK FOTBALL BÆRUM: Mandé Sayouba, Bjarni Eiríksson, Sean Cunningham, Jørgen Hammer, Fredrik Brustad, Adnan Haidar (68 Herman Stengel), Franck Boli (83 Mads Stokkelien), Bjarte Haugsdal, Vegar Hedenstad, Ricardo Clark (79 Stian Sortevik), Christer Kleiven (Cap).
Coach: Petter Belsvik
Goals: Tamás Gruborovics (16), Babatunde Wusu (66)


STABÆK FOTBALL BÆRUM – JJK JYVÄSKYLÄ 3-2 (2-1)
Nadderud, Bekkestua    12.07.2012    Hour: 19:00
Referees: Elmir Pilav, Senad Ibrisimbegović, Dalibor Drašković (BIH)    Attendance: 693
STABÆK FOTBALL BÆRUM: Mandé Sayouba, Bjarni Eiríksson, Sean Cunningham, Jørgen Hammer, Fredrik Brustad, Bjarte Haugsdal, Herman Stengel (59 David Hanssen), Mads Stokkelien (78 Franck Boli), Vegar Hedenstad, Ricardo Clark (42 Adnan Haidar), Christer Kleiven (Cap).
Coach: Petter Belsvik
JJK JYVÄSKYLÄ: Janne Korhonen (Cap), Mikk Reintam, Jordi van Gelderen, Juha Pasoja, Jukka-Pekka Tuomanen, Mikko Innanen (87 Antto Hilska), Tamás Gruborovics, Niko Markkula, Babatunde Wusu, Patrick Poutiainen, Jani Virtanen (63 Janne Turpeenniemi).
Coach: Kari Martonen
Yellow Card: Haidar (87) / Markkula (74), Innanen (87)
Goals: Christer Kleiven (37), Mads Stokkelien (45+2), Bjarte Haugsdal (64) /
        Jordi van Gelderen (45), Mikko Innanen (51)

FK RUDAR PLJEVLJA – FC SHIRAK GYUMRI 0-1 (0-0)
Gradski, Niksic (MNE)   05.07.2012   Hour: 18:00
Referees: Jari Järvinen, Marko Hänninen, Jan-Peter Aravirta (FIN)   Attendance: 400
RUDAR: Goran Vukliš, Ermin Alić, Blažo Igumanović (80 Luka Bakoč), Igor Ivanović, Andrija Kaludjerović, Vladan Adžić, Nenad Stojanović (64 Milenko Nerić), Miroje Jovanović, Ivica Jovanović, Dušan Nestorović, Nedeljko Vlahović (Cap). Coach: Nikola Rakojevic
FC SHIRAK GYUMRI: Artur Harutyunyan, Hovhannes Grigoryan, Didier Kadio, Yoro Lamine Ly, Hrayr Mkoyan, Tigran Davtyan (Cap), Ismael Beko Fofana (88 Davit Hakobyan), Andranik Barikyan, Karen Muradyan (71 Armen Tigranyan), Gevorg Hovhannisyan, Dame Diop (80 Ara Mkrtchyan). Coach: Vardan Bichakhchyan
Yellow Card: Adžić (45+1), Kaludjerović (50) /
     Ly (28), Fofana (39), Muradyan (62), Davtyan (63), Tigranyan (90+3)
Goal: Yoro Lamine Ly (71)


FC SHIRAK GYUMRI – FK RUDAR PLJEVLJA 1-1 (1-1)
Gyumri City, Gyumri   12.07.2012   Hour: 18:00
Referees: Nerijus Dunauskas, Arturas Pipiras, Dovydas Sužiedėlis (LTU)   Attendance: 2,655
FC SHIRAK GYUMRI: Artur Harutyunyan, Hovhannes Grigoryan, Didier Kadio, Yoro Lamine Ly (90+1 Ara Mkrtchyan), Hrayr Mkoyan, Tigran Davtyan (Cap), Ismael Beko Fofana (82 Davit Hakobyan), Andranik Barikyan (63 Armen Tigranyan), Karen Muradyan, Gevorg Hovhannisyan, Dame Diop. Coach: Vardan Bichakhchyan
RUDAR: Goran Vukliš, Ermin Alić, Miloš Popović, Blažo Igumanović (85 Edi Rustemović), Igor Ivanović, Andrija Kaludjerović (46 Nenad Stojanović), Vladan Adžić, Predrag Brnović, Ivica Jovanović (78 Luka Bakoč), Dušan Nestorović, Nedeljko Vlahović (Cap). Coach: Nikola Rakojevic
Yellow Card: Kadio (48), Barikyan (59) / Kaludjerović (39), Brnović (56)
Goals: Dame Diop (14) / Hrayr Mkoyan (11 own goal)


FK BAKU – NŠ MURA MURSKA SOBOTA 0-0
Dalga Stadium, Baku   05.07.2012   Hour: 21:00   Attendance: 3,024
Referees: Sergiy Dankovskyy, Yevhen Khalamendyk, Oleksandr Yakymenko (UKR)
BAKU: Agil Mammadov, Edemir Rodriguez, Deniss Ivanovs, Ibrahim Kargbo, Deividas Česnauskis, Juninho, Lucas Horvat (61 Elvin Mammadov), Jemshid Maharramov (Cap), Māris Verpakovskis (69 Winston Parks), Nenad Kovačević, Aleksandar Šojić (55 Rahman Hajiyev). Coach: Novruz Azimov
NŠ MURA MURSKA SOBOTA: Ales Luk, Denis Kramar, Erik Janža, Leon Sreš, Nusmir Fajić, Damjan Bohar, Leon Horvat, Fabijan Cipot (Cap), Dragan Jelić (77 Rok Gruskovnjak), Matic Maruško, Mate Eterović. Coach: Franc Cifer
Yellow Card: Mammadov (71) / Janža (65), Horvat (57), Eterović (80)


NŠ MURA MURSKA SOBOTA – FK BAKU 2-0 (1-0)
Športni park, Lendava   12.07.2012   Hour: 20:00
Referees: Athanassios Giachos, Michael Karsiotis, Dimitris Tatsis (GRE)   Attendance: 2,000
NŠ MURA MURSKA SOBOTA: Filip Drakovič, Fabijan Cipot (Cap), Leon Sreš (80 Rok Gruskovnjak), Damjan Bohar, Leon Horvat, Denis Kramar, Erik Janža, Nino Kouter (90+2 Mitja Botjak), Dragan Jelić (50 Nusmir Fajić), Mate Eterović, Matic Maruško. Coach: Franc Cifer
BAKU: Agil Mammadov, Edemir Rodriguez, Deniss Ivanovs, Ibrahim Kargbo, Deividas Česnauskis, Juninho (79 Nurlan Novruzov), Elvin Mammadov (Cap) (72 Māris Verpakovskis), Nenad Kovačević, Giorgi Popkhadze, Winston Parks, Rahman Hajiyev (29 Aleksandar Šojić). Coach: Novruz Azimov
Yellow Card: Fajić (65), Cipot (70), Gruskovnjak (80) /
     Kovačević (30), Ivanovs (59), Česnauskis (74)
Goals: Mate Eterović (26), Nusmir Fajić (83)

IF ELFSBORG BORÅS – FLORIANA FC 8-0 (5-0)
Borås Arena, Boras    05.07.2012    Hour: 18:00
Referees: John Beaton, Alan Mulvanny, William Conquer (SCO)    Attendance: 2653
IF ELFSBORG BORÅS: Kevin Stuhr-Ellegaard, Joackim Jørgensen, Jon Jönsson, Johan Larsson, Anders Svensson (Cap), Lars Nilsson (46 Per Frick), Andreas Klarström (58 Carl Wede), Viktor Claesson, Amadou Jawo, Niklas Hult (66 Sebastian Holmen), Marcus Rohdén.
Coach: Jörgen Lennartsson
FLORIANA FC: Jurgen Borg, Brooke Farrugia, Thomas Paris, Manolito Micallef (Cap), Christian Caruana (84 Jermain Brincat), Ivan Woods (78 Ryan Darmanin), Duncan Pisani, Joseph Borg (17 Sacha Borg), Francesco Gusman, Tyron Farrugia, Clyde Borg.
Yellow Card: Sacha Borg (17), Manolito Micallef (79), Thomas Paris (89).
Red Card: Tyron Farrugia (25)
Goals: Niklas Hult (5,24,28 pen), Amadou Jawo (10), Lars Nilsson (37), Viktor Claesson (51), Frick (54), Johan Larsson (62)

FLORIANA FC – IF ELFSBORG BORÅS 0-4 (0-1)
Hibernians Ground, Corradino    10.07.2012    Hour: 17:30
Referees: Nikola Popov, Ivan Valchev, Divan Valkov (BUL)    Attendance: 266
FLORIANA FC: Jurgen Borg, Brooke Farrugia, Thomas Paris, Manolito Micallef (Cap), Christian Caruana (72 Jermain Brincat), Sacha Borg, Ivan Woods, Duncan Pisani, Ryan Darmanin, Francesco Gusman, Clyde Borg.
IF ELFSBORG BORÅS: Andreas Andersson, Martin Andersson, Daniel Mobaeck (Cap), Sebastian Holmen, Oscar Hiljemark (65 Stefan Ishizaki), Per Frick, Muhammed Abdulrahman, Simon Hedlund, Amadou Jawo, Carl Wede, Marcus Rohdén (68 Viktor Claesson).
Coach: Jörgen Lennartsson
Yellow Card: Paris (79)
Goals: Daniel Mobaeck (19), Oscar Hiljemark (50), Per Frick (67), Viktor Claesson (77)

FK SŪDUVA MARIJAMPOLĖ – FC DAUGAVA DAUGAVPILS 0-1 (0-0)
Stadium of Marijampole football club, Marijampole    05.07.2012    Hour: 19:30
Referees: Anatoliy Abdula, Serhiy Bekker, Oleg Pluzhnyk (UKR)    Attendance: 1000
FK SŪDUVA MARIJAMPOLĖ: Pavels Davidovs, Nerijus Radžius, Valdemar Borovskij, Povilas Lukšys (61 Ričardas Beniušis), Tadas Eliošius, Povilas Leimonas, Karolis Chvedukas, Serhiy Loginov, Andrius Urbšys (68 Marius Šoblinskas), Vaidas Slavickas (Cap), Rafael Ledesma.
Coach: Virginijus Liubšys
DAUGAVA: Kaspars Ikstens, Bidzina Tsintsadze, Andrejs Kovaļovs (88 Guntars Silagailis), Stanley Ibe, Mihails Ziziļevs (Cap), Jūrijs Sokolovs, Matija Mihalj, Dmitry Polovinchouk, Vadims Logins, Mamuka Gongadze (67 Vladimirs Volkovs), Yury Mamaev (59 Sergey Yashin).
Coach: Ivan Tabanov
Yellow Card: Lukšys (31) / Mamaev (16), Gongadze (60)
Goal: Andrejs Kovaļovs (87)

FC DAUGAVA DAUGAVPILS – FK SŪDUVA MARIJAMPOLĖ 2-3 (0-2)
Daugava, Daugavpils    12.07.2012    Hour: 19:00
Referees: Stephan Klossner, Bruno Zurbrügg, Remy Zgraggen (SUI)    Attendance: 1000
DAUGAVA: Kaspars Ikstens, Bidzina Tsintsadze, Andrejs Kovaļovs, Stanley Ibe, Mihails Ziziļevs (Cap) (87 Mamuka Gongadze), Jūrijs Sokolovs, Vladimirs Volkovs (86 Georgijs Uļjanovs), Matija Mihalj, Dmitry Polovinchouk, Vadims Logins, Yury Mamaev (56 Sergey Yashin).
Coach: Ivan Tabanov
FK SŪDUVA MARIJAMPOLĖ: Pavels Davidovs, Ričardas Beniušis, Tadas Eliošius (83 Armandas Breive), Povilas Leimonas, Karolis Chvedukas, Serhiy Loginov, Andrius Urbšys, Vaidas Slavickas (Cap), Gytis Urba (78 Povilas Lukšys), Rafael Ledesma (90+1 Vytautas Lasevičius), Marius Šoblinskas. Coach: Mamuka Gongadze
Yellow Card: Ziziļevs (57) /
    Šoblinskas (30), Urba (67), Chvedukas (74), Beniušis (81), Ledesma (84)
Goals: Stanley Ibe (52,54) / Marius Šoblinskas (8), Rafael Ledesma (45+1, 84)

FC DIFFERDANGE 03 – NSÍ RUNAVIK 3-0 (2-0)
La Frontière, Esch-sur-Alzette   05.07.2012   Hour: 18:30
Referees: Bardhyl Pashaj, Rejdi Avdo, Ilir Tartaraj (ALB)   Attendance: 820
FC DIFFERDANGE 03: Julien Weber, Andre Almeida Rodrigues, Tom Siebenaler (71 Pedro Ribeiro), Yannick Bastos, Omar Er Rafik, Gauthier Caron (80 Pierre Piskor), Geoffrey Franzoni, Ante Bukvic, Michel Kettenmeyer, Gilles Bettmer (Cap), Philippe Lebresne (53 Mathias Jänisch).
Coach: Michel Leflochmoan
NSÍ: Kristian Joensen, Monrad Jacobsen, Jens Joensen, Jann Martin Mortensen, Klæmint Olsen (Cap), Arni Fredriksberg, Magnus Olsen (82 Andrias á Líknargøtu), Sjúrdur Jacobsen, Andras Frederiksberg, Óli Arge, Pál Joensen. Coach: Kári Reynheim
Yellow Card: Lebresne (19), Jänisch (55), Rodrigues (75) / Joensen (85)
Goals: Michel Kettenmeyer (31), Gilles Bettmer (41), Omar Er Rafik (47)

NSÍ RUNAVIK – FC DIFFERDANGE 03 0-3 (0-2)
Gundadalur, Tórshavn   12.07.2012   Hour: 18:30
Referees: Milenko Vukadinović, Milan Minić, Sasa Zivković (SRB)   Attendance: 350
NSÍ: Kristian Joensen (35 Paetur Höj), Monrad Jacobsen, Jens Joensen, Jann Martin Mortensen, Klæmint Olsen (Cap) (66 Andrias á Líknargøtu), Arni Fredriksberg, Magnus Olsen, Sjúrdur Jacobsen, Andras Frederiksberg, Óli Arge (83 Ari Ellingsgaard), Pál Joensen.
Coach: Kári Reynheim
FC DIFFERDANGE 03: Julien Weber, Andre Almeida Rodrigues (69 Jérémie Meligner), Tom Siebenaler, Omar Er Rafik, Mirko Albanese, Geoffrey Franzoni (76 Pedro Ribeiro), Ante Bukvic, Gilles Bettmer (Cap), Mathias Jänisch, Philippe Lebresne (76 Yannick Afoun), Pierre Piskor.
Coach: Michel Leflochmoan
Yellow Card: Klæmint Olsen (55), Jens Joensen (90+1) / Franzoni (51), Piskor (67)
Goals: Omar Er Rafik (14,45), Mirko Albanese (73)


FC DACIA CHIŞINĂU – NK CELJE 1-0 (1-0)
Zimbru, Chişinău   05.07.2012   Hour: 19:30
Referees: Georgi Yordanov, Nikolay Petrov, Georgi Slavov (BUL)   Attendance: 4052
DACIA: Evgheni Matiughin (Cap), Dumitru Popovici, Adama Guira, Maxim Mihaliov (81 Slaven Stjepanović), Andrei Cojocari, Osman Sow (90 Ersan Sali), Miloš Krkotić, Vasile Carauş (61 Ghenadie Orbu), Abdoul-Gafar Mamah, Célio dos Santos, Gorance Dimovski.
Coach: Igor Dobrovolski
NK CELJE: Matic Kotnik, Blaž Vrhovec, Marko Krajcer, Gregor Bajde (59 Alen Romih), Mario Močič, Roman Bezjak, Marko Kolsi, Iztok Močivnik (43 Benjamin Verbič), Sebastjan Gobec (Cap), Tadej Gaber (76 Matej Centrih), Matic Zitko. Coach: Marjan Pušnik
Yellow Card: Guira (13), Orbu (74,85). / Zitko (19), Gaber (55), Gobec (63).
Red Card: Orbu (85)
Goal: Osman Sow (42)


NK CELJE – FC DACIA CHIŞINĂU 0-1 (0-1)
Arena Petrol, Celje   12.07.2012   Hour: 20:00   Attendance: 1,500
Referees: Gerhard Grobelnik, Roland Braunschmidt, Julian Weinberger (AUS)
NK CELJE: Matic Kotnik, Blaž Vrhovec, Marko Krajcer, Matej Centrih (60 Tadej Gaber), Alen Romih (46 Benjamin Verbič), Gregor Bajde (70 Iztok Močivnik), Mario Močič, Roman Bezjak, Marko Kolsi, Sebastjan Gobec (Cap), Matic Zitko. Coach: Marjan Pušnik.
DACIA: Artiom Gaiduchevici, Dumitru Popovici, Adama Guira (66 Eduard Grosu), Nicolae Josan (80 Slaven Stjepanović), Maxim Mihaliov, Andrei Cojocari (Cap), Osman Sow (59 Ersan Sali), Miloš Krkotić, Abdoul-Gafar Mamah, Célio dos Santos, Gorance Dimovski.
Coach: Igor Dobrovolski
Yellow Card: Vrhovec (53), Verbič (82), Močivnik (90+1) /
           Josan (65), Gaiduchevici (71), Sali (76,77).
Red Card: Sali (77)
Goal: Maxim Mihaliov (32 pen)

BIRKIRKARA FC – FK METALURG SKOPJE 2-2 (0-1)
Hibernians Ground, Corradino    05.07.2012    Hour: 19:00
Referees: Ivaylo Stoyanov, Nikolay Angelov, Krum Stoilov (BUL)    Attendance: 610
BIRKIRKARA FC: Reuben Gauci, Rodrigo Pereira, Paul Fenech, Shola Shodiya, Nikola Vukanac (Cap), Ryan Camenzuli, Joselito Dos Reis (76 Jean-Pierre Triganza), Joseph Zerafa, Ryan Scicluna (89 Fabian Zammit), Jorge Santos, Rowen Muscat. Coach: Paul Zammit
METALURG: Igor Pavlović, Kemal Alomerović, Igor Kralevski, Petar Ljamčevski (52 Aleksandar Tenekedžiev), Blagojče Ljamčevski, Ilija Nestorovski (65 Blagoja Naumovski), Hristijan Dimoski, Mile Krstev (Cap), Mile Petkovski, Cvetan Čurlinov (81 Oliver Peev), Ljubomir Stevanović.
Coach: Aleksandar Vlaho
Yellow Card: Joseph Zerafa (25), Ryan Scicluna (30) /
    Ljamčevski (17), Nestorovski (45+1), Pavlović (76), Ljubomir Stevanović (90+2)
Goals: Jorge Santos (53), Jean-Pierre Triganza (87) /
    Ilija Nestorovski (2), Dimoski (49), Cvetan Curlinov (54)

FK METALURG SKOPJE – BIRKIRKARA FC 0-0
Bashkimi Stadium, Kumanovo    12.07.2012    Hour: 17:00
Referees: Alexander Harkam, Andreas Witschnigg, Gerd Adanitsch (AUS)    Attendance: 380
METALURG: Igor Pavlović, Kemal Alomerović (80 Agron Memedi), Igor Kralevski, Blagojče Ljamčevski, Ilija Nestorovski (59 Blagoja Naumovski), Goran Dragović, Hristijan Dimoski (86 Ninoslav Dodevski), Mile Krstev (Cap), Mile Petkovski, Cvetan Čurlinov, Ljubomir Stevanović.
Coach: Aleksandar Vlaho
BIRKIRKARA FC: Reuben Gauci, Rodrigo Pereira, Paul Fenech, Shola Shodiya, Nikola Vukanac (Cap) (77 Jean-Pierre Triganza), Ryan Camenzuli (56 Gareth Sciberras), Joselito Dos Reis, Joseph Zerafa, Ryan Scicluna (87 Michael Camilleri), Jorge Santos, Rowen Muscat. Coach: Paul Zammit
Yellow Card: Kralevski (20), Čurlinov (45), Alomerović (45+2), Dragović (45+4), Krstev (90) /
    Gauci (45+4), Fenech (62)

FC TORPEDO KUTAISI – FC AKTOBE 1-1 (0-0)
Tsentraluri, Kutaisi    05.07.2012    Hour: 21:00
Referees: Tolga Özkalfa, Serkan Ok, Çem Satman (TUR)    Attendance: 5,160
TORPEDO: Omar Migineishvili, David Gamezardashvili (Cap), Giorgi Guruli, Nikolozi Sabanadze, Giorgi Kukhianidze (81 Giorgi Pantsulaia), David Digmelashvili, Grigol Dolidze (75 Givi Ioseliani), Georgi Datunaishvili, Revaz Gotsiridze (58 Valeri Bolkvadze), Data Rigvava, Alexandre Kvakhadze. Coach: Gia Geguchadze
FC AKTOBE: Zhassur Narzikulov, Samat Smakov (Cap), Lukáš Bajer (90+3 Sergey Lisenkov), Marat Khayrullin, Emil Kenzhisariev, Yuri Logvinenko, Arūnas Klimavičius (76 Petr Badlo), Sergei Kovalchuk, Alexander Geynrikh (28 Anton Zemlyanukhin), Marat Bikmaev, Timur Kapadze. Coach: Vladimir Mukhanov
Yellow Card: Rigvava (43), Digmelashvili (46), Guruli (64) /
    Logvinenko (40), Klimavičius (61), Lukáš Bajer (90+3)
Goals: Nikolozi Sabanadze (62) / Marat Bikmaev (82)

FC AKTOBE – FC TORPEDO KUTAISI 1-0 (0-0)
Tsentralniy, Aktobe    12.07.2012    Hour: 20:00 (17:00 CET)    Attendance: 12,000
Referees: Adam Lyczmanski, Krzysztof Myrmus, Maciej Daszkiewicz (POL)
FC AKTOBE: Andrei Sidelnikov, Petr Badlo, Robert Primus, Samat Smakov (Cap), Lukáš Bajer (90+3 Anton Zemlyanukhin), Marat Khayrullin (90+1 Arūnas Klimavičius), Emil Kenzhisariev, Yuri Logvinenko, Sergei Kovalchuk, Marat Bikmaev (87 Sergey Lisenkov), Timur Kapadze.
Coach: Vladimir Mukhanov
FC TORPEDO KUTAISI: Omar Migineishvili, David Gamezardashvili (Cap), Giorgi Guruli, Nikolozi Sabanadze, David Digmelashvili (57 Nikoloz Pirtskhalava), Grigol Dolidze (63 Elguja Grigalashvili), Georgi Datunaishvili, Revaz Gotsiridze (79 Beka Tugushi), Data Rigvava, Alexandre Kvakhadze, Valeri Bolkvadze. Coach: Gia Geguchadze
Yellow Card: / Guruli (79)
Goal: Marat Bikmaev (75)

KF TIRANA – CS GREVENMACHER 2-0 (2-0)
Stadiumi Kombëtar Qemal Stafa, Tirana    05.07.2012    Hour: 19:00
Referees: Vitali Sevostyanik, Sergei Gidrevich, Vitali Malyutin (BLR)    Attendance: 3000
TIRANA: Ilion Lika (Cap), Renaldo Kalari, Arjan Pisha, Bekim Bala (89 Mario Morina), Klodian Duro (66 Mirel Cota), Nertil Ferraj (65 Gerald Tusha), Entonio Pashaj, Gilman Lika, Julian Ahmataj, Afrim Taku, Elton Mucollari. Coach: Julian Rubio Sánchez
CS GREVENMACHER: Arnaud Schaab, Darius Brzyski, Michel Bechtold, Thomas Battaglia, Daniel Huss (Cap) (69 Florian Gaspar), Samir Louadj, Sébastien Hoffmann, Laurent Schiltz (86 Patrick Herres), Jonathan Furst, Tim Heinz, Andreas Steffen (38 Goncalo Almeida).
Coach: Marc Thomé
Yellow Card: Tusha (89)
Goals: Elton Mucollari (40), Nertil Ferraj (45+2)


CS GREVENMACHER – KF TIRANA 0-0
Jos Nosbaum, Dudelange    10.07.2012    Hour: 17:45
Referees: Domagoj Vučkov, Goran Perica (CRO), Robi Kezele (CRO)    Attendance: 546
CS GREVENMACHER: Arnaud Schaab, Darius Brzyski, Michel Bechtold, Thomas Battaglia (67 Daniel Huss), Christian Braun, Goncalo Almeida (79 Daniel Brandao), Samir Louadj, Sébastien Hoffmann, Laurent Schiltz (83 Florian Gaspar), Jonathan Furst, Tim Heinz (Cap).
Coach: Marc Thomé
TIRANA: Ilion Lika (Cap), Renaldo Kalari, Arjan Pisha, Bekim Bala, Nertil Ferraj (15 Gerald Tusha, 70 Mirel Cota), Erando Karabeci, Entonio Pashaj, Gilman Lika, Julian Ahmataj (90+3 Rezart Dabulla), Afrim Taku, Elton Mucollari. Coach: Julian Rubio Sánchez
Yellow Card: Battaglia (44), Braun (68), Almeida (74) / Ahmataj (39), Pisha (51,89).
Red Card: Pisha (89)


FC SANTA COLOMA – NK OSIJEK 0-1 (0-0)
Estadi Comunal, Andorra la Vella    05.07.2012    Hour: 19:30
Referees: Sergejus Slyva, Saulius Dirda, Audrius Jagintavičius (LTU)    Attendance: 400
FC SANTA COLOMA: Eloy Casals, Oriol Fité, Oscar Sonejee, Marc Rebes, Cristopher Pousa, Renato Mota (60 Albert Mercadé), Norberto Urbani (Cap), Juli Sánchez, David Ribolleda, Javier Sánchez (70 Manolo Jiménez), Alejandro Romero (63 Genís García). Coach: Luis Blanco
NK OSIJEK: Ivan Vargić, Branko Vrgoč, Hrvoje Kurtović, Domagoj Pušić, Antonio Perošević (81 Marin Žulim), Marko Lešković, Nikša Petrović (41 Ivan Miličević), Zoran Kvržić (89 Matija Mišić), Ivo Smoje (Cap). Coach: Stanko Mršić
Yellow Card: Sonejee (48), Sánchez (69) / Petrović (34), Smoje (66), Kurtović (73), Perošević (79)
Goal: Ivan Miličević (77)


NK OSIJEK – FC SANTA COLOMA 3-1 (1-0)
Gradski vrt, Osijek    12.07.2012    Hour: 20:00
Referees: Vasilis Dimitriou, Nikolas Kalisperas, Nicos Gregoriades (CYP)    Attendance: 1,200
NK OSIJEK: Ivan Vargić, Branko Vrgoč, Hrvoje Kurtović (75 Marin Žulim), Antonio Perošević, Marko Lešković, Ivan Ibriks, Vedran Jugović, Nikša Petrović, Zoran Kvržić (47 Josip Mišić), Ivo Smoje (Cap), Ivan Miličević (88 Saša Novaković). Coach: Stanko Mršić
FC SANTA COLOMA: Eloy Casals, Oriol Fité, Marc Rebes (44 Genís García), Cristopher Pousa, Norberto Urbani (Cap) (70 Renato Mota), David Ribolleda, Albert Mercadé, Samir Bousenine, Gilbert Sánchez, Javier Sánchez, Alejandro Romero (80 Diego Abdian). Coach: Luis Blanco
Yellow Card: Kurtović (13), Jugović (45+1), Lešković (80), Petrović (90+2) / Oriol Fité (88)
Goals: Zoran Kvržić (28), Antonio Perošević (56), Jogovic (70) / Samir Bousenine (81)

FK SARAJEVO – HIBERNIANS FC PAOLA 5-2 (2-2)
Asim Ferhatović Hase Stadion, Sarajevo    05.07.2012    Hour: 19:30
Referees: Goran Spirkoski, Kiril Negrieski, Isa Emurli (MKD)    Attendance: 7000
FK SARAJEVO : Adi Adilović, Ivan Sesar, Sedin Torlak (Cap), Said Husejinović (82 Radan Sunjevarić), Ivan Tatomirović, Boris Gujić, Nermin Haskić, Mario Tadejević (46 Žarko Karamatić), Nemanja Zlatković, Denis Čomor (68 Emir Hadžić), Asmir Suljić.
Coach: Dragan Jović
HIBERNIANS FC PAOLA: Mario Muscat (Cap), Edward Herrera, Adrian Pulis, Ryan Camilleri, Rodolfo Soares, Marcelo Dias (77 Stephen Pisani), Andrew Cohen (85 Tristan Caruana), Bjorn Kristensen, Jackson Lima, Jason Vandelannoite, Jean Paul Farrugia. Coach: Michael Woods
Yellow Card: Sesar (55), Čomor (55), Tatomirović (63) /
        Herrera (45+2), Marcelo Dias (49). Lima (82).
Red Card: Rodolfo Soares (52)
Goals: Asmir Suljić (2), Sedin Torlak (45+1), Žarko Karamatić (54 pen), Emir Hadžić (79), Ivan Tatomirović (90) / Jean Paul Farrugia (20), Rodolfo Soares (33)


HIBERNIANS FC PAOLA – FK SARAJEVO 4-4 (4-3)
Hibernians Ground, Corradino    12.07.2012    Hour: 19:30
Referees: Ádám Németh, László Viszokai, Oszkar Lemon (HUN)    Attendance: 700
HIBERNIANS FC PAOLA: Mario Muscat (Cap), Edward Herrera, Adrian Pulis, Ryan Camilleri, Stephen Pisani (74 Johan Bezzina), Marcelo Dias, Andrew Cohen, Bjorn Kristensen, Jackson Lima, Jason Vandelannoite, Jean Paul Farrugia. Coach: Michael Woods
FK SARAJEVO : Adi Adilović, Ivan Sesar, Sedin Torlak (Cap), Said Husejinović (67 Radan Sunjevarić), Emir Hadžić (82 Nermin Haskić), Ivan Tatomirović, Boris Gujić, Zoran Belošević (46 Žarko Karamatić), Nemanja Zlatković, Denis Čomor, Asmir Suljić. Coach: Dragan Jović
Yellow Card: J.P. Farrugia (44), Kristensen (83) / Torlak (52)
Goals: Marelo Dias (22,35), Jean Paul Farrugia (40,44) / Emir Hadžić (13,27), Asmir Suljić (23), Radan Sunjevarić (90)


FC TWENTE ENSCHEDE – UE SANTA COLOMA 6-0 (2-0)
FC Twente Stadion, Enschede    05.07.2012    Hour: 19:45
Referees: Enea Jorgji, Gezim Koka, Emiliano Bicaku (ALB)    Attendance: 18,000
TWENTE: Sander Boschker, Nicky Kuiper (64 Leroy Fer), Peter Wisgerhof (Cap), Robbert Schilder, Wout Brama, Wesley Verhoek (46 Dušan Tadić), Willem Janssen (46 Nacer Chadli), Tim Breukers, Nils Röseler, Glynor Plet, Joshua John. Coach: Steve McClaren
UE SANTA COLOMA: Ivan Periánez, Cristhian Orosa, Alexandre Martínez (Cap), Joaquim Salvat, Carles Sirvan, Boris Anton (77 Sergio Crespo), Victor Rodríguez, Victor Bernat, Guillermo Lopez (90+4 Josep Nieto), Gabriel Riera (69 Josep Vall), Jordi Rubio. Coach: Lluis Miguel Aloy
Yellow Card: Rodríguez (31), Martínez (44), Periánez (69), Salvat (81, 84), Rubio (86).
Red Card: Salvat (84)
Goals: Robbert Schilder (28,29), Tadic (63), Joshua John (71), Glynor Plet (77,79)


UE SANTA COLOMA – FC TWENTE ENSCHEDE 0-3 (0-3)
Estadi Comunal, Andorra la Vella    12.07.2012    Hour: 19:30
Referees: Chris Reisch, Paulo Vivas, Steven Curf (LUX)    Attendance: 710
UE SANTA COLOMA: Josep Rivas, Josep Nieto, Cristhian Orosa, Alexandre Martínez (Cap), Carles Sirvan, Boris Anton, Victor Rodríguez, Josep Vall (46 Alex Marc Blázquez), Victor Bernat (64 Aitor Pereira), Gabriel Riera (69 Alejandro Jimenez), Jordi Rubio. Coach: Lluis Miguel Aloy
TWENTE: Sander Boschker, Nicky Kuiper, Peter Wisgerhof (Cap) (71 Coen Gortemaker), Wout Brama (62 Tim Hölscher), Wesley Verhoek, Willem Janssen, Tim Breukers, Nils Röseler, Glynor Plet (46 Mirco Born), Joshua John, Quincy Promes. Coach: Steve McClaren
Yellow Card: Rivas (19), Vall (24) / Tim Breukers (82)
Goals: Willem Janssen (19 pen), Peter Wisgerhof (29), Glynor Plet (34)

NK OLIMPIJA LJUBLJANA – AS La JEUNESSE d'ESCH 3-0 (0-0)
ŠRC Stožice, Ljubljana    05.07.2012    Hour: 20:00
Referees: Fariz Yusifov, Vagif Musayev, Namik Huseynov (AZE)    Attendance: 2000
OLIMPIJA: Elvis Džafić, Aris Zarifovič, Damjan Trifkovič, Davor Škerjanc (52 Franklin Vicente), Andraž Šporar, Nikola Nikezić (84 Filip Valenčič), Djordje Ivelja, Antonio Delamea-Mlinar (46 Boban Jovič), Dalibor Radujko, Sreten Sretenović (Cap), Erik Salkič. Coach: Ermin Šiljak
JEUNESSE: Marc Oberweis, Clayton Moreira, Eric Hoffmann, Adrien Portier (Cap), Khalid Benichou (64 Sanel Ibrahimović), Damien Miceli, Denis Agović, Yassine Benajiba (87 Edis Agović), Dan Collette, Frankie Quéré, Dieumerci Ndongala (82 Dzenid Ramdedovic).
Coach: Sébastian Grandjean
Yellow Card: Collette (41), Portier (61), Hoffmann (79)
Goals: Djordje Ivelja (53), Franklin Vicente (78,90+3)


AS La JEUNESSE d'ESCH – NK OLIMPIJA LJUBLJANA 0-3 (0-2)
La Frontière, Esch-sur-Alzette    12.07.2012    Hour: 18:00
Referees: Petur Reinert, Jens Albert Simonsen, Regin Egholm (FRO)    Attendance: 920
JEUNESSE: Marc Oberweis, Clayton Moreira, Eric Hoffmann, Adrien Portier (Cap), Damien Miceli (61 Frankie Quéré), Denis Agović, Yassine Benajiba , Dan Collette (46 Alexandre Vitali), Sanel Ibrahimović, Dzenid Ramdedovic (46 Ricardo Delgado), Dieumerci Ndongala.
Coach: Sébastian Grandjean.
OLIMPIJA: Aleksander Šeliga, Boban Jovič, Aris Zarifovič, Franklin Vicente, Damjan Trifkovič, Filip Valenčič (64 Nik Omladič), Adnan Bešić (75 Andraž Šporar), Dalibor Radujko (46 Blaž Božič), Anej Lovrečič, Sreten Sretenović (Cap), Erik Salkič. Coach: Ermin Šiljak
Yellow Card: Portier (29), Benajiba (79)
Goals: Adnan Bešić (25), Sreten Sretenović (38), Nik Omladič (66)


KKS LECH POZNAŃ – FC ZHETYSU TALDYKORGAN 2-0 (0-0)
Municipal Stadium Poznań, Poznań    05.07.2012    Hour: 20:00
Referees: Luc Wouters, Dirk Gilon, Gregory Crotteux (BEL)    Attendance: 23,108
LECH: Krzysztof Kotorowski (Cap), Łukasz Trałka (54 Rafał Murawski), Sergei Krivets (46 Vojo Ubiparip), Gergő Lovrencsics, Szymon Drewniak, Bartosz Ślusarski, Hubert Wołąkiewicz, Alexandar Tonev (85 Jacek Kiełb), Luis Henriquez, Mateusz Możdżeń, Marcin Kamiński.
Coach: Mariusz Rumak
FC ZHETYSU TALDYKORGAN: Vladimir Loginovskiy, Damir Dautov, Serikzhan Muzhikov (70 Aidar Kumisbeckov), Sergei Skorykh (81 Olzhas Spanov), Daniyar Muhanov (Cap), Siniša Dobrašinović, Danilo Belić, Miloš Mihajlov, Edin Junuzovic (70 Alexey Chshyotkin), Zoran Kostić, Marko Djalovic. Coach: Branko Čavić
Yellow Card: / Kostić (11), Dobrasinovic (23)
Goals: Rafał Murawski (61), Gergő Lovrencsics (65)


FC ZHETYSU TALDYKORGAN – KKS LECH POZNAŃ 1-1 (1-1)
Zhetysu, Taldykorgan    12.07.2012    Hour: 18:00 (14:00 CET)
Referees: Sergei Tsinkevich, Andrei Getikov, Vitali Malyutin (BLR)    Attendance: 3,700
FC ZHETYSU TALDYKORGAN: Vladimir Loginovskiy, Tanko Dyakov, Serikzhan Muzhikov, Sergei Skorykh, Olzhas Spanov (84 Aidar Kumysbekov), Daniyar Muhanov (Cap) (87 Zakhar Korobov), Siniša Dobrašinović, Danilo Belić (67 Alexey Schetkin), Miloš Mihajlov, Edin Junuzovic, Zoran Kostić. Coach: Slobodan Krčmarević
LECH: Krzysztof Kotorowski (Cap), Ivan Djurdjević (79 Alexandar Tonev), Gergő Lovrencsics (66 Jacek Kiełb), Vojo Ubiparip, Rafał Murawski, Szymon Drewniak, Bartosz Ślusarski (90 Tomasz Kedziora), Hubert Wołąkiewicz, Luis Henriquez, Mateusz Możdżeń, Marcin Kamiński.
Coach: Mariusz Rumak
Yellow Card: Belić (53) / Djurdjević (39)
Goals: Serikzhan Muzhikov (44) / Bartosz Ślusarski (13)

EB/STREYMUR STREYMNES – GANDZASAR FC KAPAN 3-1 (3-0)
Gundadalur, Tórshavn    05.07.2012    Hour: 19:00    Attendance: 523
Referees: Ignasi Villamayor Rozados, Laudino Lopez, Rui Miquel Maciel De Queiros (AND)
EB/STREYMUR STREYMNES: René Tórgard, Árni Grunnveit Olsen, Gert Åge Hansen, Levi Hanssen, Arnar Dam (68 Brian Olsen), Hans Pauli Samuelsen, Jónhard Fredriksberg, Pauli Hansen, Niels Paull Danielsen, Arnbjørn Hansen (Cap), Leif Niclasen. Coach: Hedin Askham
GANDZASAR FC KAPAN: Armen Khachatryan, Yamadou Keita (75 Sargis Nasibyan), Diego Lomba, Armen Tatintsyan (Cap), Dejan Vukomanović (54 Regilio Seedorf), Georgi Krasovski, Doumbia Diakaridia (62 Andranik Sargsyan), Gustavo Correia, Artur Avagyan, Goran Obradović, Noah Kasule. Coach: Samvel Sargsyan
Yellow Card: Hansen (42), Olsen (80) / Khachatryan (32)
Goals: Levi Hanssen (9 pen, 33 pen), Hans Pauli Samuelsen (25) / Gustavo Correia (72)


GANDZASAR FC KAPAN – EB/STREYMUR STREYMNES 2-0 (0-0)
Yerevan Republican Stadium after Vazgen Sargsyan, Yerevan    12.07.2012    Hour: 19:00
Referees: Pavel Saliy, Serik Zhappasbayev, Yelesh Kussainov (KAZ)    Attendance: 2,000
GANDZASAR FC KAPAN: Arsen Beglaryan, Yamadou Keita, Beniamin Manucharyan (51 Regilio Seedorf), Diego Lomba, Armen Tatintsyan (Cap), Dejan Vukomanović (65 Andranik Sargsyan), Gustavo Correia, Artur Avagyan, Sargis Nasibyan (61 Hayrapet Avagyan), Goran Obradović, Noah Kasule. Coach: Samvel Sargsyan
EB/STREYMUR STREYMNES: René Tórgard, Árni Grunnveit Olsen, Gert Åge Hansen, Levi Hanssen, Arnar Dam (80 Jóhannes Hansen), Vasile Anghel (Cap), Hans Pauli Samuelsen, Jónhard Fredriksberg, Pauli Hansen, Niels Paull Danielsen (74 Brian Olsen), Leif Niclasen (90 Arnbjørn Hansen). Coach: Hedin Askham
Yellow Card: Tatintsyan (54) / Olsen (13), Anghel (54), Hansen (77), Samuelsen (82)
Goals: Hayrapet Avagyan (67), Diego Lomba (72)


MTK BUDAPEST FC – FK SENICA 1-1 (1-0)
Hidegkúti Nándor, Budapest    05.07.2012    Hour: 20:15
Referees: João Ferreira, Antonio Godinho, Paulo Jorge Tecedeiro Ramos (POR)    Attendance: 800
MTK: Lajos Hegedus, Sándor Hidvégi, Dávid Kelemen, László Zsidai, Norbert Csíki (60 Márk Nikházi), János Lázok (83 Patrick Tischler), Dávid Kálnoki-Kis, Jozsef Kanta (Cap), Ferenc Rácz (81 Patrik Vass), Dragan Vukmir, Rafe Wolfe. Coach: József Garami
FK SENICA: Pavel Kamesch, Petr Pavlík, Tomáš Kóňa (Cap), Rolando Blackburn, Erich Brabec, Martin Ďurica (90+2 Denis Ventúra), Petr Hošek (90 Oliver Janso), Stef Wijlaars, Jaroslav Diviš (75 Bolinha), Jan Kalabiška, Juraj Krizko. Coach: Zdenek Psotka
Yellow Card: Kálnoki-Kis (34,56), Vukmir (56) / Krizko (41), Pavlík (65).
Red Card: Kálnoki-Kis (56)
Goals: János Lázok (30), Rolando Blackburn (58)


FK SENICA – MTK BUDAPEST FC 2-1 (0-0)
FK Senica, Senica    12.07.2012    Hour: 19:30
Referees: Oleksandr Derdo, Mykola Levko, Igor Bytskalo (UKR)    Attendance: 2,684
FK SENICA: Pavel Kamesch, Petr Pavlík, Tomáš Kóňa (Cap), Rolando Blackburn, Erich Brabec, Martin Ďurica (90 Bolinha), Petr Hošek (60 Lamine Diarrassouba), Stef Wijlaars, Jaroslav Diviš (90+2 Oliver Janso), Jan Kalabiška, Juraj Krizko. Coach: Zdenek Psotka
MTK: Lajos Hegedus, Sándor Hidvégi, Dávid Kelemen, László Zsidai, János Lázok (74 Márk Nikházi), Norbert Könyves, Jozsef Kanta (Cap), Ferenc Rácz (46 Norbert Csíki), Dragan Vukmir, Dániel Vadnai, Rafe Wolfe. Coach: József Garami
Yellow Card: Wijlaars (24), Kalabiška (35), Rolando (89) /
             Zsidai (30), Vadnai (39,70).
Red Card: Vadnai (70)
Goals: Rolando Blackburn (72), Jan Kalabiška (87) / Jozsef Kanta (51 pen)

CEFN DRUIDS AFC CEFN MAWR – MYLLYKOSKEN PALLO-47 0-0
The Racecourse Ground, Wrexham   05.07.2012   Hour: 19:30
Referees: Nikola Dabanović, Milovan Djukić, Dejan Pajović (MNE)   Attendance: 813
CEFN DRUIDS AFC: Chris Mullock, Mark Harris, Adam Hesp, Robbie James, George Hughes (Cap), Michael Burke (89 Warren Duckett), Kieran Quinn, Josh Dures (74 Joe Price), Rees Darlington, Gareth Edwards, Steven Jones (80 Tony Cann). Coach: Huw Griffiths
MYLLYKOSKEN PALLO-47: Antti Kuismala, Tommi Vesala, Niko Kukka (62 Pekka Sihvola), Xhevdet Gela, Riley O'Neill, David Ramadingaye, Ville Oksanen, Antti Koskinen, Tuomas Aho (Cap) (37 Joni Vuorinen), Shutsa Nongotamba, Ville Saxman (78 Patrick O'Shaughnessy).
Coach: Toni Korkeakunnas
Yellow Card: Quinn (36) / Ramadingaye (27), O'Neill (59)


MYLLYKOSKEN PALLO-47 – CEFN DRUIDS AFC CEFN MAWR 5-0 (3-0)
Lahti Stadium, Lahti   12.07.2012   Hour: 19:30
Referees: Ioannis Anastasiou, Georgis Papathomas, Ioannis Lazarou (CYP)   Attendance: 1,820
MYLLYKOSKEN PALLO-47: Antti Kuismala (Cap), Hassan Sesay, Tommi Vesala, Niko Kukka, David Opoku, Riley O'Neill (67 Marko Selin), David Ramadingaye (67 Patrick O'Shaughnessy), Antti Koskinen, Shutsa Nongotamba (60 Joni Vuorinen), Ville Saxman, Olajide Williams.
Coach: Toni Korkeakunnas
CEFN DRUIDS AFC: Chris Mullock, Mark Harris, Adam Hesp (73 Warren Duckett), Robbie James, George Hughes (Cap), Michael Burke, Kieran Quinn (60 Joe Price), Josh Dures (56 Tom McElmeel), Rees Darlington, Gareth Edwards, Steven Jones. Coach: Huw Griffiths
Yellow Card: Kukka (15), Nongotamba (56) / Edwards (51), Harris (56), Rees Darlington (76)
Goals: Shutsa Nongotamba (25), Ville Saxman (37), Olajide Williams (44), Riley O'Neill (47), David Opoku (70)


KS FLAMURTARI VLORË – BUDAPEST HONVÉD FC 0-1 (0-0)
Flamurtari, Vlorë   05.07.2012   Hour: 20:30
Referees: Sven Bindels, Roland Flenghi, Georges Hoffmann (LUX)   Attendance: 3000
FLAMURTARI: Enea Koliqi, Gledi Mici, Toni Pezo, Julian Brahja, Gerhard Progni (61 Taulant Kuqi), Rafael Sosa (61 Migen Memelli), Nijas Lena (Cap), Franc Veliu, Polizoi Arberi, Bruno Telushi, Pero Pejić. Coach: Shkelqim Muca
HONVÉD: Szabolcs Kemenes (Cap), Aleksandar Ignjatović, András Debreceni, Richárd Vernes (58 Souleymane Diaby), Gergely Délczeg, Marko Vidović, Gellért Iváncsics, Ivan Lovrić, Patrick Hidi (69 Drissa Diarra), Herve Tchami (85 Botond Barath), Marshal Johnson. Coach: Marco Rossi
Yellow Card: Arberi (16), Mici (84) /
          Johnson (24), Vernes (27), Iváncsics (53), Tchami (75), Barath (90+4)
Goal: Richárd Vernes (46)


BUDAPEST HONVÉD FC – KS FLAMURTARI VLORË 2-0 (1-0)
József Bozsik, Budapest   12.07.2012   Hour: 20:30
Referees: Vusal Aliyev, Mubariz Hashimov, Yashar Abbasov (AZE)   Attendance: 1,708
HONVÉD: Szabolcs Kemenes (Cap), Aleksandar Ignjatović, András Debreceni, Richárd Vernes (71 Souleymane Diaby), Gergely Délczeg, Marko Vidović, Gellért Iváncsics (84 Drissa Diarra), Ivan Lovrić, Patrick Hidi, Herve Tchami (64 Milán Faggyas), Marshal Johnson.
Coach: Marco Rossi
FLAMURTARI: Enea Koliqi, Gledi Mici, Toni Pezo, Rafael Sosa (70 Brunild Pepa), Nijas Lena (Cap), Franc Veliu, Polizoi Arberi, Bruno Telushi (73 Sermiran Cela), Blažo Rajović, Pero Pejić (84 Taulant Kuqi), Migen Memelli. Coach: Shkelqim Muca
Yellow Card: Vernes (66), Délczeg (90+3) / Lena (65)
Goals: Richárd Vernes (45+1), Herve Tchami (57)

SP LA FIORITA MONTEGIARDINO – FK LIEPAJAS METALURGS 0-2 (0-1)
Stadio Olimpico, Serravalle     05.07.2012     Hour: 20:30
Referees: Laurent Kopriwa, Steven Curf, Christian Richartz (LUX)     Attendance: 416
SP LA FIORITA MONTEGIARDINO: Simone Montanari, Simone Confalone, Simon Parma (Cap) (89 Lorenzo Forcellini), Alberto Mazzola, Nicola Cavalli, Gianluca Bollini, Joseph Enakarhire, Fabio Bollini (53 Marco Bellocchi), Daniele Bucchi, Francesco Perrotta, Alessandro Guidi (68 Mario Fucili). Coach: Nicola Berardi
METALURGS: Pāvels Šteinbors, Oskars Kļava, Dzintars Zirnis (34 Rytis Leliuga), Vladimirs Kamešs (75 Toms Gucs), Roberts Savaļnieks, Pāvels Surnins, Pāvels Mihadjuks (Cap), Valērijs Afanasjevs (90 Ilja Šadčins), Genadijs Solonicins, Mindaugas Bagužis, Ritus Krjauklis.
Coach: Jānis Intenbergs
Yellow Card: Bollini (50), Parma (60), Enakarhire (65), Confalone (90+2) / Ilja Šadčins (90+2)
Goals: Rytis Leliuga (40), Genadijs Solonicins (90)

FK LIEPAJAS METALURGS – SP LA FIORITA MONTEGIARDINO 4-0 (1-0)
Daugava, Liepaja     12.07.2012     Hour: 19:00
Referees: Lasha Silagava, Zaza Menteshashvili, Irakli Ukleba (GEO)     Attendance: 1,200
METALURGS: Pāvels Šteinbors, Oskars Kļava, Vladimirs Kamešs (79 Vugars Askerovs), Rytis Leliuga (66 Ilja Šadčins), Roberts Savaļnieks, Pāvels Surnins, Pāvels Mihadjuks (Cap), Valērijs Afanasjevs (86 Dmitrijs Hmizs), Genadijs Solonicins, Mindaugas Bagužis, Ritus Krjauklis.
Coach: Jānis Intenbergs
SP LA FIORITA MONTEGIARDINO: Simone Montanari, Simone Confalone, Simon Parma (Cap) (88 Michele Zanotti), Alberto Mazzola, Nicola Cavalli, Danilo Rinaldi (82 Mario Fucili), Gianluca Bollini, Joseph Enakarhire, Fabio Bollini (63 Marco Bellocchi), Daniele Bucchi, Francesco Perrotta. Coach: Nicola Berardi
Yellow Card: Krjauklis (45+2), Bagužis (74), Surnins (90) /
          Mazzola (22), Confalone (65), Bellocchi (72, 73), Perrotta (90+3).
Red Card: Bellocchi (73)
Goals: Vladimirs Kamešs (1), Valērijs Afanasjevs (72), Genadijs Solonicins (82 pen), Vugars Askerovs (85)

KS TEUTA DURRËS – FC METALURGI RUSTAVI 0-3 (0-0)
Niko Dovana, Durrës     05.07.2012     Hour: 20:30
Referees: Padraig Sutton, Kenneth Hennessy, Dermot Broughton (IRL)     Attendance: 850
TEUTA: Bledian Rizvani, Arjan Sheta (Cap), Buiu, Ansi Nika, Albi Dosti (72 Isa Eminhaziri), Altin Hoxha, Tefik Osmani (70 Andi Bakiasi), Hakil Jakupi, Bledar Mancaku (63 Leutrim Pajaziti), Alfred Deliallisi, Emiliano Veliaj. Coach: Hasan Lika
METALURGI: Grigol Bediashvili, Tornike Kakushadze (46 Giorgi Tekturmanidze), Irakli Maisuradze, Anzor Sukhiashvili, Givi Kvaratskhelia (Cap), Luka Razmadze, Lasha Japaridze, Irakli Sikharulidze (75 Dimitri Tatanashvili), Denis Dobrovolski (60 Giorgi Mikaberidze), Revaz Getsadze, Mikhail Makhviladze. Coach: Koba Zhorzhikashvili
Yellow Card: Hoxha (56), Deliallisi (66), Sheta (90+2)
Goals: Dimitri Tatanashvili (77), Givi Kvaratskhelia (84, 90+2 pen)

FC METALURGI RUSTAVI – KS TEUTA DURRËS 6-1 (3-0)
Mikheil Meskhi, Tbilisi     12.07.2012     Hour: 18:00
Referees: Vladimir Vnuk, Radomir Sluk, Tomáš Vorel (SVK)     Attendance: 1000
METALURGI: Grigol Bediashvili, Irakli Maisuradze, Anzor Sukhiashvili (54 Denis Dobrovolski), Givi Kvaratskhelia (Cap) (46 Giorgi Gavashelishvili), Luka Razmadze (46 Giorgi Kavtaradze), Giorgi Tekturmanidze, Lasha Japaridze, Revaz Getsadze, Mikhail Makhviladze, Dimitri Tatanashvili, Giorgi Mikaberidze. Coach: Koba Zhorzhikashvili
TEUTA: Bledian Rizvani, Arjan Sheta (Cap), Buiu, Rustem Hoxha, Ansi Nika (46 Leutrim Pajaziti), Albi Dosti (57 Bledar Devolli), Tefik Osmani, Hakil Jakupi, Bledar Mancaku, Alfred Deliallisi, Emiliano Veliaj (38 Altin Hoxha). Coach: Hasan Lika
Yellow Card: Razmadze (18)
Goals: Giorgi Tekturmanidze (14,19), Dimitri Tatanashvili (37, 69), Revaz Getsadze (59), Giorgi Mikaberidze (73) / Alfred Deliallisi (65)

BANGOR CITY FC – FC ZIMBRU CHIŞINĂU 0-0
Nantporth, Bangor   05.07.2012   Hour: 19:45
Referees: Christos Nicolaides, Sotiris Viktoros, Yiangos Tziapouras (CYP)   Attendance: 1,022
BANGOR: Lee Idzi, Chris Roberts, James Brewerton (Cap), Michael Johnston, Craig Garside, Leslie Davies, Chris Simm (68 Chris Jones), Sion Edwards (68 Alan Bull), Mark Smyth (77 David Morley), Liam Brownhill, Damien Allen. Coach: Neville Powell
ZIMBRU: Nicolae Calancea (Cap), Levan Korgalidze (70 Oleg Şişchin), Ilie Bălaşa, Janko Tumbašević (46 Constantin Iavorschi), Volodymyr Zastavnyi, Serghei Cuznetov, Oleg Molla, Radu Catan, Andriy Derkach, Akhmet Barakhoev (77 Eugen Slivca), Eugen Gorceac.
Coach: Oleg Bejenar
Yellow Card: Simm (53) / Catan (55), Cuznetov (57), Derkach (63), Zastavnyi (90)


FC ZIMBRU CHIŞINĂU – BANGOR CITY FC 2-1 (2-1)
Zimbru, Chişinău   12.07.2012   Hour: 19:30
Referees: Ognjen Valjić, Momir Širko, Adnan Alispahić (BIH)   Attendance: 2,700
ZIMBRU: Nicolae Calancea (Cap), Oleg Şişchin (71 Levan Korgalidze), Daniil Nicolaev (82 Serghei Gafina), Ilie Bălaşa, Volodymyr Zastavnyi (55 Janko Tumbašević), Serghei Cuznetov, Oleg Molla, Radu Catan, Andriy Derkach, Akhmet Barakhoev, Eugen Gorceac.
Coach: Oleg Bejenar
BANGOR: Lee Idzi, Chris Roberts, James Brewerton (Cap), Michael Johnston, Chris Jones (60 Chris Simm), Craig Garside (66 David Morley), Leslie Davies, Sion Edwards (55 Alan Bull), Mark Smyth, Liam Brownhill, Damien Allen. Coach: Neville Powell
Yellow Card: Bălaşa (56), Calancea (90+3) / Davies (76)
Goals: Oleg Molla (29,31) / Mark Smyth (44)


ST. PATRICK'S ATHLETIC FC DUBLIN – ÍBV VESTMANNAEYJAR 1-0 (1-0)
Richmond Park, Dublin   05.07.2012   Hour: 19:45
Referees: Igor Satchi, Oleg Molceanov, Andrei Bodean (MDA)   Attendance: 1,652
ST. PATRICK'S ATHLETIC: Brendan Clarke, Gerard O'Brien, Conor Kenna (Cap), Greg Bolger, Darren Meenan, James Chambers, Christy Fagan (48 Dean Kelly), Sean O'Connor (87 Anthony Flood), Ian Bermingham, Kenny Browne, John Russell. Coach: Liam Buckley
ÍBV: Abel Dhaira, Brynar Gauti Gudjónsson, Matt Garner, Thórarinn Valdimarsson, Gudmundur Thórarinsson, Tryggvi Gudmundsson, Tonny Mawejje (83 Arnór Eyvar Ólafsson), Christian Olsen (43 Aaron Spear), George Baldock, Rasmus Christiansen (Cap), Ian Jeffs (89 Vídir Thorvardarson).
Coach: Magnús Gylfason
Yellow Card: Baldock (52), Garner (66), Spear (72)
Goal: Christy Fagan (39)


ÍBV VESTMANNAEYJAR – ST. PATRICK'S ATHLETIC FC DUBLIN 2-1 (0-0, 1-0)   (AET)
Hásteinsvöllur, Vestmannaeyjar   12.07.2012   Hour: 19:30 (21:30 CET)   Attendance: 866
Referees: Aleksandrs Anufrijevs, Haralds Gudermanis, Aleksejs Griščenko (LVA)
ÍBV: Abel Dhaira, Brynar Gauti Gudjónsson, Matt Garner, Thórarinn Valdimarsson, Gudmundur Thórarinsson, Tonny Mawejje, Arnór Eyvar Ólafsson (52 Tryggvi Gudmundsson), Christian Olsen (81 Eythór Helgi Birgisson), George Baldock, Rasmus Christiansen (Cap), Ian Jeffs (65 Gunnar Gudmundsson). Coach: Magnús Gylfason
ST. PATRICK'S ATHLETIC: Brendan Clarke, Gerard O'Brien, Conor Kenna (Cap), Greg Bolger, Darren Meenan (58 Jake Kelly), James Chambers, Sean O'Connor, Ian Bermingham, Kenny Browne, Chris Forrester (81 Jake Carroll), Anthony Flood (68 Stephen O'Flynn).
Coach: Liam Buckley
Yellow Card: Garner (103), Birgisson (108), Gudmundsson (116) / Browne (44), Forrester (75)
Goals: Matt Garner (83), Eythór Helgi Birgisson (98) / Stephen O'Flynn (99)

BOHEMIANS FC DUBLIN – THÓR AKUREYRI 0-0
Dalymount Park, Dublin    05.07.2012    Hour: 19:45
Referees: Jovan Kaludjerović, Nikola Razić, Vladan Todorović (MNE)    Attendance: 1,253
BOHEMIANS: Andy McNulty, Owen Heary (Cap), Evan McMillan, Kevin Feely, Keith Buckley, Ryan McEvoy, Keith Ward, David Mulcahy (84 Stephen Traynor), Dwayne Wilson (77 Karl Moore), Luke Byrne, Peter McMahon (58 David Scully). Coach: Aaron Callaghan
THÓR: Srdjan Rajković, Guiseppe Funicello, Andri Albertsson (76 Robin Strömberg), Atli Albertsson, Jóhann Hannesson (76 Kristinn Björnsson), Sveinn Elías Jónsson (Cap), Orri Hjaltalin, Ingi Hilmarsson, Janez Vrenko, Halldór Hjaltason (66 Ármann Aevarsson), Sigurdur Kristjánsson. Coach: Pall Vîdar Gislason
Yellow Card: Wilson (52) / Hilmarsson (42), Hannesson (71), Vrenko (90), Aevarsson (90+2)


THÓR AKUREYRI – BOHEMIANS FC DUBLIN 5-1 (2-1)
Thorsvöllur, Akureyri    12.07.2012    Hour: 18:30 (20:30 CET)
Referees: Igor Pristovnik, Igor Krmar, Ivica Modrić (CRO)    Attendance: 934
THÓR: Srdjan Rajković, Guiseppe Funicello, Andri Albertsson, Atli Albertsson (76 Baldvin Olafsson), Ármann Aevarsson (79 Robin Strömberg), Jóhann Hannesson (88 Kristinn Rosbergsson), Sveinn Elías Jónsson (Cap), Orri Hjaltalin, Janez Vrenko, Halldór Hjaltason, Sigurdur Kristjánsson. Coach: Pall Vidar Gislason
BOHEMIANS: Andy McNulty, Owen Heary (Cap), Evan McMillan, Kevin Feely, Keith Buckley (60 Dwayne Wilson), Ryan McEvoy, Keith Ward (67 Karl Moore), Luke Byrne, Peter McMahon (61 Stephen Traynor), David Scully, Adam Martin. Coach: Aaron Callaghan
Goals: Sigurdur Kristjánsson (36,73,90+3), Orri Hjaltalin (39), Kevin Feely (50 own goal) /
        David Scully (23)


CLIFTONVILLE FC BELFAST – KALMAR FF 1-0 (0-0)
Solitude, Belfast    05.07.2012    Hour: 19:45
Referees: Adrien Jaccottet, Jean-Yves Wicht, Carmine Sangiovanni (SUI)    Attendance: 1,106
CLIFTONVILLE FC BELFAST: Ryan Brown, Jamie McGovern, Ronan Scannell, Ciaran Caldwell (69 Diarmuid O'Carroll), George McMullan (Cap), Stephen Garrett (90 Jody Lynch), Martin Donnelly, Mark Smyth, Ryan Catney, Joe Gormley (69 Liam Boyce), Tomas Cosgrove.
Coach: Thomas Breslin
KALMAR FF: Etrit Berisha, Markus Thorbjörnsson (79 Melker Hallberg), Erik Israelsson, Paulus Arajuuri, Henrik Rydström (Cap), Abiola Dauda (70 Måns Söderqvist), Jørgen Skjelvik, Jonathan McDonald (70 Sebastian Andersson), Pape Alioune Diouf, Ludvig Öhman, Nenad Djordjević.
Coach: Nanne Bergstrand
Yellow Card: Gormley (49), McMullan (59), Boyce (79) / Israelsson (35)
Goal: Liam Boyce (71)


KALMAR FF – CLIFTONVILLE FC BELFAST 4-0 (3-0)
Guldfageln Arena, Kalmar    12.07.2012    Hour: 19:00
Referees: Peter Kralovič, Miroslav Benko, Dušan Hrčka (SVK)    Attendance: 3,824
KALMAR FF: Etrit Berisha, Erik Israelsson, Paulus Arajuuri, Henrik Rydström (Cap), Abiola Dauda (46 Sebastian Andersson), Emin Nouri, Jørgen Skjelvik, Archieford Gutu (85 Markus Thorbjörnsson), Melker Hallberg, Måns Söderqvist (90+1 Daniel Mendes), Nenad Djordjević.
Coach: Nanne Bergstrand
CLIFTONVILLE FC BELFAST: Ryan Brown, Jamie McGovern, Ronan Scannell, Ciaran Caldwell, George McMullan (Cap), Stephen Garrett (59 Liam Boyce), Martin Donnelly (78 Joe Gormley), Diarmuid O'Carroll (65 Chris Scannell), Mark Smyth, Ryan Catney, Tomas Cosgrove.
Coach: Thomas Breslin
Yellow Card: Israelsson (50), Söderqvist (53), Djordjević (59) /
        McGovern (45+1), Smyth (67), Catney (90+3)
Goals: Erik Israelsson (10), Nenad Djordjević (18), Abiola Dauda (38), Etrit Berisha (90+1 o.g.)

CRUSADERS FC BELFAST – ROSENBORG BK TRONDHEIM 0-3 (0-1)
Seaview, Belfast   05.07.2012   Hour: 20:00
Referees: Dawid Piasecki, Maciej Wierzbowski, Rafal Rostkowski (POL)   Attendance: 862
CRUSADERS: Sean O'Neill, Gareth McKeown, Stephen McBride, Paul Leeman, David Magowan (Cap), Timothy Adamson, David Rainey (86 Matthew Snoddy), Declan Caddell, Aidan Watson, Jordan Owens (83 Eamon Mcallister), Paul Heatley (72 Craig McClean). Coach: Charles Murphy
ROSENBORG: Daniel Örlund, Peter Ankersen, Mikael Dorsin (Cap), Per Rønning, Mohammed-Awal Issah, Bořek Dočkal, John Chibuike (77 Fredrik Midtsjø), Steffen Iversen (55 Rade Prica), Simen Wangberg (68 Jon Inge Høiland), Markus Henriksen, Jonas Svensson. Coach: Jan Jönsson
Yellow Card: Magowan (23), McKeown (70), Watson (74) /
    Wangberg (44), Svensson (75), Ankersen (79).
Red Card: Declan Caddell (74)
Goals: Mikael Dorsin (19,76), Bořek Dočkal (71)


ROSENBORG BK TRONDHEIM – CRUSADERS FC BELFAST 1-0 (0-0)
Lerkendal Stadion, Trondheim   12.07.2012   Hour: 19:00
Referees: Jonathan Lardot, Danny Huens, Laurent Conotte (BEL)   Attendance: 3,688
ROSENBORG: Daniel Örlund, Peter Ankersen, Per Rønning, Mohammed-Awal Issah (61 Jonas Svensson), Rade Prica, Jon Inge Høiland, Simen Wangberg (Cap), Daniel Berntsen, Markus Henriksen (46 Stefan Strandberg), Fredrik Midtsjø, Daniel Holm (70 John Chibuike).
Coach: Jan Jönsson
CRUSADERS: Sean O'Neill, David Magowan, Colin Coates (Cap), Timothy Adamson, David Rainey, Gary McCutcheon (76 Eamon Mcallister), Aidan Watson (81 Matthew Snoddy), Craig McClean, Jordan Owens, David Gibson, Paul Heatley (75 Ciaran Gargan). Coach: Stephen Baxter
Yellow Card: Gibson (20), Gargan (86)
Goals: Peter Ankersen (81)


FK BORAC BANJA LUKA – FK ČELIK NIKŠIĆ 2-2 (2-1)
Gradski Stadium Banja Luka, Banjaluka   05.07.2012   Hour: 21:05
Referees: Serdar Gözübüyük, Bas van Dongen, Davie Goossens (NED)   Attendance: 5000
BORAC: Asmir Avdukić, Bojan Marković, Milan Stupar (30 Mladen Žižović), Slavisa Dugić, Srdjan Grahovac, Joco Stokić (64 Ognjen Radulović), Marko Milić, Marko Živković (78 Siniša Dujaković), Vedran Kantar, Draško Žarić (Cap), Branislav Krunić. Coach: Slaviša Božičić
ČELIK: Zoran Banović, Aleksandar Dubljević, Ilija Radović, Zijad Adrović, Ivan Ivanović, Nikola Simić (63 Semir Agović), Darko Zorić (90+2 Milovan Nikolić), Darko Bulatović, Vasilije Jovović (46 Bojan Brnović), Veselin Bojić (Cap), Boris Bulajić. Coach: Slavoljub Bubanja
Yellow Card: Kantar (22, 85), Živković (35), Krunić (60), Dugić (63) /
    Ivanović (63), Adrović (70), Radović (76).
Red Card: Kantar (85), Dujaković (90+3)
Goals: Joco Stokić (39), Slavisa Dugić (42) / Veselin Bojić (36 pen), Semir Agović (83)


FK ČELIK NIKŠIĆ – FK BORAC BANJA LUKA 1-1 (0-0)
Gradski, Niksić   12.07.2012   Hour: 17:30
Referees: Nikolaj Hänni, Johannes Vogel, Vital Jobin (SUI)   Attendance: 3,980
ČELIK: Zoran Banović, Aleksandar Dubljević, Ilija Radović, Zijad Adrović, Ivan Ivanović, Fetim Kasapi (65 Nikola Simić), Darko Zorić (90+1 Milovan Nikolić), Darko Bulatović, Vasilije Jovović (46 Semir Agović), Veselin Bojić (Cap), Boris Bulajić. Coach: Slavoljub Bubanja
BORAC: Asmir Avdukić, Aleksandar Radulović (81 Petar Kunić), Bojan Marković, Mladen Žižović (56 Ognjen Radulović), Slavisa Dugić (36 Stefan Dujaković), Srdjan Grahovac, Joco Stokić, Marko Milić, Marko Živković, Draško Žarić (Cap), Branislav Krunić.
Coach: Slaviša Božičić
Yellow Card: Bojić (25), Simić (79), Dubljević (90+3) /
    Živković (25,50), Milić (59), Marković (79), Stokić (86), Radulović (89).
Red Card: Živković (50)
Goals: Marko Milić (54 own goal) / Srdjan Grahovac (58)

FH HAFNARFJÖRDUR – USV ESCHEN/MAUREN 2-1 (1-0)
Kaplakrikavöllur, Hafnarfjördur    05.07.2012    Hour: 19:15
Referees: Denis Scherbakov, Andrei Getikov, Oleg Maslyanko (BLR)    Attendance: 1,290
FH HAFNARFJÖRDUR: Gunnleifur Gunnleifsson (Cap), Gudjón Antoníusson, Freyr Bjarnason, Danny Justin Thomas (72 Viktor Gudmundsson), Pétur Vidarsson, Emil Palsson (62 Atli Björnsson), Björn Sverrisson, Atli Gudnason, Bjarki Gunnlaugsson (80 Einar Ingvarsson), Albert Brynjar Ingason, Hólmar Rúnarsson. Coach: Heimir Gudjónsson
USV ESCHEN/MAUREN: Benjamin Büchel, Andreas Simma, Mathias Barandun (Cap), Mathias Christen, Metin Batir, Igor Manojlović, Eren Dulundu (88 Tobias Kuster), Marco Fässler, Valdet Istrefi (90+2 Philipp Ospelt), Manuel Fisch, Raphael Huber (46 Michael Giger). Coach: Wegmann
Yellow Card: Sverrisson (58) / Christen (76)
Goals: Albert Brynjar Ingason (44), Atli Björnsson (81) / Marco Fässler (48)

USV ESCHEN/MAUREN – FH HAFNARFJÖRDUR 0-1 (0-1)
Sportpark Eschen-Mauren, Eschen    12.07.2012    Hour: 19:30
Referees: Clayton Pisani, Ingmar Spiteri, William Debattista (MLT)    Attendance: 500
USV ESCHEN/MAUREN: Benjamin Büchel, Andreas Simma, Mathias Barandun (Cap), Mathias Christen, Metin Batir, Igor Manojlović, Michael Giger, Eren Dulundu, Marco Fässler, Valdet Istrefi, Manuel Fisch (73 Raphael Huber). Coach: Uwe Wegmann
FH HAFNARFJÖRDUR: Gunnleifur Gunnleifsson (Cap), Gudjón Antoníusson, Freyr Bjarnason, Danny Justin Thomas, Pétur Vidarsson, Björn Sverrisson (90 Emil Palsson), Atli Gudnason, Bjarki Gunnlaugsson, Albert Brynjar Ingason (69 Atli Björnsson), Gudmann Thorisson, Hólmar Rúnarsson (90+3 Einar Ingvarsson). Coach: Heimir Gudjónsson
Yellow Card: Istrefi (55), Simma (87) / Gunnlaugsson (69), Vidarsson (72), Bjarnason (90+2)
Goal: Atli Gudnason (12)

## SECOND QUALIFYING ROUND

XÄZÄR LÄNKÄRAN FK – KKS LECH POZNAŃ 1-1 (1-1)
Şähär stadionu, Lankaran    19.07.2012    Hour: 20:00 (17:00 CET)    Attendance: 12,000
Referees: Robert Schörgenhofer, Roland Brandner, Matthias Winsauer (AUS)
XÄZÄR: Kamran Agayev, Elnur Allahverdiyev, Robert Alviz (46 Randall Brenes), Sadio Tounkara, Éder Bonfim, Branimir Subašić, Rahid Amirguliyev (Cap), Ruslan Abışov, Adrian Piţ (80 Ricardo Gomes), Radomir Todorov, Manuel Scarlatache. Coach: Yunis Huseynov
LECH: Jasmin Burić, Manuel Arboleda, Vojo Ubiparip (87 Gergő Lovrencsics), Rafał Murawski (Cap), Szymon Drewniak, Bartosz Ślusarski (60 Ivan Djurdjević), Hubert Wołąkiewicz, Alexandar Tonev (73 Jakub Wilk), Luis Henriquez, Mateusz Możdżeń, Marcin Kamiński. Coach: M. Rumak
Yellow Card: Subašić (12), Alviz (20), Tounkara (54), Abışov (90+2) /
                    Drewniak (56,90+1), Marcin Kamiński (77).
Red Card: Drewniak (90+1)
Goals: Branimir Subašić (4) / Mateusz Możdżeń (19)

KKS LECH POZNAŃ – XÄZÄR LÄNKÄRAN FK 1-0 (1-0)
Municipal Stadium Poznań, Poznań    26.07.2012    Hour: 20:00
Referees: Stanislav Todorov, Georgi Slavov, Ivo Kolev (BUL)    Attendance: 25,840
LECH: Jasmin Burić, Manuel Arboleda, Łukasz Trałka (90+3 Ivan Djurdjević), Vojo Ubiparip (63 Gergő Lovrencsics), Rafał Murawski (Cap), Bartosz Ślusarski (87 Bartosz Bereszyński), Hubert Wołąkiewicz, Alexandar Tonev, Luis Henriquez, Mateusz Możdżeń, Marcin Kamiński. Coach: Mariusz Rumak
XÄZÄR: Kamran Agayev, Elnur Allahverdiyev, Robert Alviz, Sadio Tounkara (65 Randall Brenes), Éder Bonfim, Branimir Subašić, Rahid Amirguliyev (Cap), Ruslan Abışov, Adrian Piţ, Radomir Todorov (80 Ricardo Gomes), Manuel Scarlatache. Coach: Yunis Huseynov
Yellow Card: Arboleda (55), Ubiparip (62), Trałka (74), Burić (84) / Amirguliyev (43, 90+1), Bonfim (71), Allahverdiyev (77), Piţ (85).
Red Card: Rahid Amirguliyev (90+1)
Goal: Alexandar Tonev (16)

FC NAFTAN NOVOPOLOTSK – FK CRVENA ZVEZDA BEOGRAD 3-4 (0-3)
Vitebsk Central sport complex, Vitebsk    19.07.2012    Hour: 19:00
Referees: Tony Asumaa, Mikko Alakare, Jonas Turunen (FIN)    Attendance: 5,350
NAFTAN: Igor Dovgyallo, Aleksandr Kobets (73 Valeri Zhukovski), Vitaliy Berezovskiy, Mikhail Gorbachev, Igor Trukhov, Nikita Bukatkin (Cap), Fiodor Černych, Nikita Naumov, Serhiy Kovalenko (46 Aleksandr Gavruyshko), Igor Zyulev (27 Denis Obrazov), Roman Sorokin.
Coach: Ihar Kavalevich
FK CRVENA ZVEZDA BEOGRAD: Boban Bajković, Jovan Krneta, Miloš Dimitrijević, Darko Lazović, Evandro (71 Kadu), Nikola Maksimović, Nikola Mikić (Cap), Luka Milunović (77 Marko Vešović), Filip Kasalica, Luka Milivojević, Filip Mladenović. Coach: Robert Prosinečki
Yellow Card: Bukatkin (40), Gorbachev (49), Sorokin (85), Berezovskiy (86), Zhukovski (90+4) /
    Maksimović (47), Mladenović (65), Dimitrijević (90+2), Kasalica (90+3)
Goals: Aleksandr Gavruyshko (47 pen,67), Valeri Zhukovski (76) /
    Filip Kasalica (9,69), Luka Milunović (18,34)

FK CRVENA ZVEZDA BEOGRAD – FC NAFTAN NOVOPOLOTSK 3-3 (2-1)
Stadion FK Crvena zvezda, Beograd    26.07.2012    Hour: 20:30
Referees: Said Ennjimi, Frédéric Cano, Emmanuel Boisdenghien (FRA)    Attendance: 27,628
FK CRVENA ZVEZDA BEOGRAD: Boban Bajković, Jovan Krneta, Miloš Dimitrijević (77 Kadu), Darko Lazović, Evandro, Nikola Maksimović, Nikola Mikić (Cap), Luka Milunović (85 Marko Vešović), Filip Kasalica, Luka Milivojević (62 Srdan Mijailović), Filip Mladenović.
Coach: Robert Prosinečki
NAFTAN: Igor Dovgyallo, Aleksandr Kobets (82 Valeri Zhukovski), Vitaliy Berezovskiy, Mikhail Gorbachev, Igor Trukhov, Nikita Bukatkin (Cap), Fiodor Černych, Nikita Naumov, Aleksandr Gavruyshko (59 Serhiy Kovalenko), Roman Sorokin (63 Igor Zyulev), Denis Obrazov.
Coach: Vasili Zaitsev
Yellow Card: Milivojević (36), Krneta (61) / Bukatkin (48,68), Zyulev (70).
Red Card: Bukatkin (68)
Goals: Filip Kasalica (9), Miloš Dimitrijević (15), Marko Vešović (90+1) /
    Roman Sorokin (21), Nikita Naumov (58), Serhiy Kovalenko (82)

FC MILSAMI ORHEI – FC AKTOBE 4-2 (2-1)
District Sport Complex, Orhei    19.07.2012    Hour: 18:00
Referees: Lorenc Jemini, Ridiger Çokaj, Egin Doda (ALB)    Attendance: 3,023
MILSAMI: Andrian Negai, Rafael Wellington, Andrian Sosnovschi (Cap), Simão, Valerian Gârlă, Gheorghe Boghiu, Guillherme, Denis Rassulov, Elias (68 Cornel Gheti), Casabella, Marian Stoleru (59 Mohammed Nurudeen). Coach: Serghei Cleşcenco
FC AKTOBE: Andrei Sidelnikov, Petr Badlo, Samat Smakov (Cap), Lukáš Bajer, Marat Khayrullin, Emil Kenzhisariev, Yuri Logvinenko (46 Robert Primus), Sergei Kovalchuk, Alexander Geynrikh, Marat Bikmaev, Timur Kapadze. Coach: Vladimir Mukhanov
Yellow Card: Casabella (75), Boghiu (81), Gheti (87), Nurudeen (90) / Petr Badlo (85)
Goals: Gheorghe Boghiu (16,51), Rafael Wellington (33), Cornel Gheti (87) /
    Timur Kapadze (8), Samat Smakov (56)

FC AKTOBE – FC MILSAMI ORHEI 3-0 (1-0)
Tsentralniy, Aktobe    26.07.2012    Hour: 21:00 (18:00 CET)
Referees: Alexander Kostadinov, Krum Stoilov, Divan Valkov (BUL)    Attendance: 11,300
FC AKTOBE: Andrei Sidelnikov, Petr Badlo, Samat Smakov (Cap), Lukáš Bajer, Marat Khayrullin, Emil Kenzhisariev, Yuri Logvinenko (46 Robert Primus), Sergei Kovalchuk, Alexander Geynrikh (78 Arūnas Klimavičius), Marat Bikmaev (71 Sergey Lisenkov), Timur Kapadze. Coach: Vladimir Mukhanov
MILSAMI: Andrian Negai, Rafael Wellington, Andrian Sosnovschi (Cap), Simão, Valerian Gârlă, Gheorghe Boghiu (72 Ousmane Traore), Mohammed Nurudeen, Denis Rassulov, Elias, Casabella (56 Valentin Furdui), Marian Stoleru (47 Guillherme). Coach: Serghei Cleşcenco
Yellow Card: Bikmaev (54), Khayrullin (90+1) /
    Wellington (23), Sosnovschi (50), Simão (50), Guillherme (54)
Goals: Marat Khayrullin (39), Alexander Geynrikh (50), Simão (90+3 own goal)

FK LIEPAJAS METALURGS – KP LEGIA WARSZAWA 2-2 (1-1)
Daugava, Liepaja    19.07.2012    Hour: 18:00
Referees: Antti Munukka, Jan-Peter Aravirta, Jukka Honkanen (FIN)    Attendance: 3,106
METALURGS: Pāvels Doroševs, Oskars Kļava, Dzintars Zirnis, Vladimirs Kamešs (90+1 Dmitrijs Hmizs), Tomas Tamošauskas, Roberts Savaļnieks, Pāvels Surnins (34 Rytis Leliuga), Pāvels Mihadjuks (Cap), Valērijs Afanasjevs (70 Toms Mežs), Genadijs Soloņicins, Mindaugas Bagužis.
Coach: Dzintars Kazaks
KP LEGIA WARSZAWA: Dušan Kuciak, Artur Jędrzejczyk, Janusz Gol (76 Danijel Ljuboja), Michał Żewłakow (Cap), Jakub Wawrzyniak, Iñaki Astiz, Michał Kucharczyk, Jakub Kosecki, Miroslav Radović, Michał Żyro (69 Marek Saganowski), Daniel Łukasik (90 Dominik Furman).
Coach: Jan Urban
Yellow Card: Zirnis (25,68), Tamošauskas (33), Kļava (49) / Łukasik (63).
Red Card: Zirnis (68)
Goals: Rytis Leliuga (43), Kļava (81 pen) / Michał Kucharczyk (20), Jakub Kosecki (47)

KP LEGIA WARSZAWA – FK LIEPAJAS METALURGS 5-1 (2-1)
Stadion Wojska Polskiego im., Warszawa    26.07.2012    Hour: 20:30
Referees: João Capela, Pedro Garcia, Tiago Rocha (POR)    Attendance: 12,300
KP LEGIA WARSZAWA: Dušan Kuciak, Artur Jędrzejczyk, Janusz Gol, Michał Żewłakow (Cap) (78 Marko Šuler), Marek Saganowski, Jakub Wawrzyniak, Iñaki Astiz, Michał Kucharczyk (61 Michał Żyro), Jakub Kosecki, Miroslav Radović, Daniel Łukasik (64 Dominik Furman).
Coach: Jan Urban
METALURGS: Pāvels Doroševs, Vladimirs Kamešs, Tomas Tamošauskas, Rytis Leliuga (81 Reinis Flaksis), Roberts Savaļnieks, Dmitrijs Hmizs (88 Dāvis Ikaunieks), Pāvels Mihadjuks (Cap), Valērijs Afanasjevs (67 Ilja Šadčins), Genadijs Soloņicins, Mindaugas Bagužis.
Coach: Jānis Intenbergs
Yellow Card: Jędrzejczyk (73), Kosecki (90+2) /
 Hmizs (31), Savaļnieks (65), Tamošauskas (73), Flaksis (88).
Red Card: Soloņicins (54)
Goals: Marek Saganowski (4,39,79), Janusz Gol (57), Michał Żyro (61) / Vladimirs Kamešs (45+1)

FC ANZHI MAKHACHKALA – BUDAPEST HONVÉD FC 1-0 (1-0)
Saturn, Ramenskoye    19.07.2012    Hour: 19:00
Referees: Alon Yefet, Nissan Davidy, Danny Krasikow (ISR)    Attendance: 5,000
ANZHI: Vladimir Gabulov, Christopher Samba, João Carlos, Odil Ahmedov, Jucilei, Samuel Eto'o (Cap), Oleg Shatov (69 Shamil Lahiyalov), Arseni Logashov, Yuri Zhirkov (77 Rasim Tagirbekov), Lacina Traoré (83 Fedor Smolov), Mbark Boussoufa. Coach: Guus Hiddink
HONVÉD: Szabolcs Kemenes (Cap), Aleksandar Ignjatović, András Debreceni, Gergely Délczeg, Marko Vidović, Gellért Iváncsics (82 Drissa Diarra), Souleymane Diaby (56 Richárd Vernes), Ivan Lovrić, Patrick Hidi (61 Bálint Vécsei), Herve Tchami, Marshal Johnson. Coach: Marco Rossi
Yellow Card: Zhirkov (43), Samba (90)
Goal: Jucilei (22)

BUDAPEST HONVÉD FC – FC ANZHI MAKHACHKALA 0-4 (0-1)
József Bozsik, Budapest    26.07.2012    Hour: 18:30
Referees: Luca Banti, Nicola Nicoletti, Alessandro Giallatini (ITA)    Attendance: 5,100
HONVÉD: Szabolcs Kemenes (Cap), Aleksandar Ignjatović, András Debreceni, Richárd Vernes, Gergely Délczeg (46 Souleymane Diaby), Marko Vidović, Gellért Iváncsics (70 Drissa Diarra), Ivan Lovrić, Patrick Hidi (58 Milán Faggyas), Herve Tchami, Marshal Johnson.
Coach: Marco Rossi
ANZHI: Vladimir Gabulov, Christopher Samba (66 Georgi Gabulov), João Carlos, Odil Ahmedov, Jucilei, Samuel Eto'o (Cap), Rasim Tagirbekov, Oleg Shatov, Arseni Logashov, Lacina Traoré (73 Fedor Smolov), Mbark Boussoufa (54 Yuri Zhirkov). Coach: Guus Hiddink
Yellow Card: Lovrić (55) / Tagirbekov (9), João Carlos (13).
Red Card: Vernes (55)
Goals: Samuel Eto'o (7,81), Lacina Traoré (53), Oleg Shatov (68)

PFC LOKOMOTIV PLOVDIV – SBV VITESSE ARNHEM 4-4 (1-2)
Lovech Stadion, Lovech    19.07.2012    Hour: 18:30    Attendance: 2,105
Referees: Antonio Mateu Lahoz, Pau Cebrian Devis, Jon Nunez Fernandez (ESP)
LOKOMOTIV: Yordan Gospodinov, Jérémie Rodrigues, Valeri Georgiev (57 Tássio), Mihail Venkov, Youness Bengelloun, Yordan Todorov, Serginho (72 Eli Marques), Hristo Zlatinski (85 Ilias Kiriakidis), Daniel Georgiev, Giorgos Salamastrakis, Zdravko Lazarov (Cap). Coach: E. Velev
SBV VITESSE ARNHEM: Piet Velthuizen, Tomáš Kalas, Jan-Arie van der Heijden, Nicky Hofs (62 Davy Pröpper), Marco van Ginkel, Wilfried Bony, Jonathan Reis, Michihiro Yasuda, Renato Ibarra (80 Giorgi Chanturia), Guram Kashia (Cap), Patrick van Aanholt (70 Frank van der Struijk).
Coach: Fred Rutten
Yellow Card: Bengelloun (30), Rodrigues (42), Georgiev (81)
Goals: Yordan Todorov (24), Zdravko Lazarov (49,64), Tássio (90+2) /
    Jonathan Reis (23), Marco van Ginkel (31,77), Wilfried Bony (53)

SBV VITESSE ARNHEM – PFC LOKOMOTIV PLOVDIV 3-1 (2-0)
Gelredome, Arnhem    26.07.2012    Hour: 20:00    Attendance: 13,469
Referees: Michael Koukoulakis, Dimitrios Saraidaris, Leonidas Vasileiadis (GRE)
SBV VITESSE ARNHEM: Piet Velthuizen, Tomáš Kalas, Jan-Arie van der Heijden, Frank van der Struijk, Nicky Hofs (77 Davy Pröpper), Marco van Ginkel, Wilfried Bony (69 Mike Havenaar), Jonathan Reis, Renato Ibarra (73 Giorgi Chanturia), Guram Kashia (Cap), Patrick van Aanholt.
Coach: Fred Rutten
LOKOMOTIV: Stefano Kunchev, Valeri Georgiev, Mihail Venkov, Yordan Todorov, Tássio (58 Stanislav Malamov), Hristo Zlatinski, Daniel Georgiev (56 Iliyan Yordanov), Eli Marques (72 Todor Timonov), Giorgos Salamastrakis, Ilias Kiriakidis, Zdravko Lazarov (Cap).
Coach: Emil Velev
Yellow Card: van der Struijk (57), Kalas (78) / Salamastrakis (34), Georgiev (39), Todorov (39), Yordanov (81), Malamov (88), Kiriakidis (90+3).
Red Card: Kalas (79)
Goals: Marco van Ginkel (25), Patrick van Aanholt (45+2), Wilfried Bony (48) /
    Hristo Zlatinski (80 pen)

FK RENOVA DŽEPČIŠTE – FC GOMEL 0-2 (0-2)
Bashkimi Stadium, Kumanovo    19.07.2012    Hour: 17:30
Referees: Hubert Siejewicz, Konrad Sapela, Radosław Siejka (POL)    Attendance: 648
FK RENOVA DŽEPČIŠTE: Suat Zendeli, Ljavdrim Skenderi, Muarem Bajrami, Fisnik Nuhi (Cap), Metodija Stepanovski, Argjent Gafuri, Goran Siljanovski, Saško Pandev (46 Ersen Asani), Boban Jancevski (63 Marjan Andonov), Dusan Simovski, Saško Ristov (46 Ismail Ismaili).
Coach: Vlatko Kostov
FC GOMEL: Srdjan Ostojić, Igor Voronkov (70 Pavel Yevseyenko), Sergei Matveychik, Pavel Kirilchik, Nikolai Kashevski (Cap), Sergei Kozeka, Dmitri Klimovich, Artur Levitski, Tomasz Nowak (68 Aleksei Timoshenko), Dmitri Platonov, Vadim Demidovich (84 Denis Yakhno).
Coach: Oleg Kubarev
Yellow Card: Stepanovski (45+1) / Nowak (48), Demidovich (54), Matveychik (64)
Goals: Vadim Demidovich (20), Tomasz Nowak (39)

FC GOMEL – FK RENOVA DŽEPČIŠTE 0-1 (0-0)
Tsentralny, Gomel    26.07.2012    Hour: 19:00
Referees: Jérome Efong Nzolo, Christophe Berbiers, Kristof Meers (BEL)    Attendance: 10,250
FC GOMEL: Vladimir Bushma, Igor Voronkov, Sergei Matveychik (90+2 Pavel Yevseyenko), Pavel Kirilchik, Nikolai Kashevski (Cap), Sergei Kozeka, Dmitri Klimovich, Artur Levitski, Tomasz Nowak, Dmitri Platonov, Vadim Demidovich (77 Aleksei Timoshenko). Coach: Kubarev
FK RENOVA DŽEPČIŠTE: Suat Zendeli, Bilal Velija, Muarem Bajrami, Ersen Asani, Vulnet Emini (56 Ljavdrim Skenderi), Marjan Andonov, Fisnik Nuhi (Cap), Metodija Stepanovski, Argjent Gafuri (77 Ismail Ismaili), Goran Siljanovski, Dusan Simovski (85 Saimir Fetai).
Coach: Vlatko Kostov
Yellow Card: Voronkov (89) / Emini (55), Bajrami (79)
Goal: Ersen Asani (56)

FC LEVADIA TALLINN – ANORTHOSIS FAMAGUSTA FC LARNACA 1-3 (0-1)
Kadriorg, Tallinn    19.07.2012    Hour: 18:45
Referees: Marco Fritz, Christoph Bornhorst, René Kunsleben (GER)    Attendance: 2,550
FC LEVADIA TALLINN: Roman Smishko, Artjom Artjunin, Igor Morozov (Cap), Ilja Antonov, Igor Subbotin, Maksim Podholjuzin, Albert Taar (61 Artur Rättel), Aleksandr Kulinitš, Andero Pebre (57 Janar Toomet), Marek Kaljumäe, Rimo Hunt (74 Ingemar Teever). Coach: Marko Kristal
ANORTHOSIS FAMAGUSTA FC LARNACA: Srdjan Blažić, Paulo Jorge, Jürgen Colin, Dan Alexa, Toni Calvo, Juliano Spadacio, Ioannis Okkas (Cap) (70 Jan Rezek), Vincent Laban (65 Moshe Ohayon), Ricardo Laborde (80 Marko Andić), Branko Ilič, William Boaventura.
Coach: Roni Levy
Yellow Card: Pebre (21), Morozov (43), Kulinitš (44), Hunt (54), Kaljumäe (79)
Goals: Igor Morozov (C) (82) / Spadacio (45 pen), Ricardo Laborde (55), Toni Calvo (62)


ANORTHOSIS FAMAGUSTA FC LARNACA – FC LEVADIA TALLINN 3-0 (2-0)
Antonis Papadopoulos, Larnaca    26.07.2012    Hour: 20:00
Referees: Yevhen Aranovskiy, Serhiy Bekker, Natalia Rachynska (UKR)    Attendance: 6,892
ANORTHOSIS FAMAGUSTA FC LARNACA: Srdjan Blažić, Paulo Jorge, Jürgen Colin, Dan Alexa, Toni Calvo (56 Jan Rezek), Juliano Spadacio, Ioannis Okkas (Cap) (56), Vincent Laban (74 Evandro Roncatto), Ricardo Laborde, Branko Ilič, William Boaventura. Coach: Roni Levy
FC LEVADIA TALLINN: Roman Smishko, Artjom Artjunin (68 Artur Pikk), Igor Morozov (Cap), Ilja Antonov, Artur Rättel, Igor Subbotin (63 Janar Toomet), Maksim Podholjuzin, Albert Taar (80 Rimo Hunt), Aleksandr Kulinitš, Andero Pebre, Marek Kaljumäe. Coach: Marko Kristal
Yellow Card: / Morozov (53), Antonov (54)
Goals: Toni Calvo (13), Ioannis Okkas (41), Ricardo Laborde (62)


FC METALURGI RUSTAVI – FC VIKTORIA PLZEŇ 1-3 (1-2)
Mikheil Meskhi, Tbilisi    19.07.2012    Hour: 20:00
Referees: Emir Alecković, Senad Ibrisimbegović, Goran Dujak (BIH)    Attendance: 2,995
METALURGI: Grigol Bediashvili, Irakli Maisuradze, Anzor Sukhiashvili, Luka Razmadze, Giorgi Gavashelishvili, Lasha Japaridze, Giorgi Kavtaradze (46 Denis Dobrovolski), Revaz Getsadze, Mikhail Makhviladze (Cap), Dimitri Tatanashvili (67 David Janelidze), Giorgi Mikaberidze (67 Irakli Sikharulidze). Coach: Koba Zhorzhikashvili
VIKTORIA: Petr Bolek, David Limberský, Pavel Horváth (Cap), Martin Fillo (85 David Štípek), Michal Ďuriš, František Ševinský, Vladimír Darida, Václav Procházka, Václav Procházka (65 Martin Zeman), Daniel Kolář (88 Marek Hanousek), František Rajtoral. Coach: Pavel Vrba
Yellow Card: Sukhiashvili (22), Luka Razmadze (90+2) / Fillo (52), Vladimír Darida (62)
Goals: Dimitri Tatanashvili (29) / Pavel Horváth (14,59), Daniel Kolář (32)


FC VIKTORIA PLZEŇ – FC METALURGI RUSTAVI 2-0 (2-0)
Stadion města Plzně, Plzeň    26.07.2012    Hour: 20:00
Referees: Espen Berntsen, Dag-Roger Nebben, Leif Erik Opland (NOR)    Attendance: 11,446
VIKTORIA: Petr Bolek, David Limberský, Pavel Horváth (Cap), Martin Fillo (63 Jakub Hora), Michal Ďuriš, František Ševinský, Vladimír Darida, Václav Procházka, Edgar Malakyan (77 Radim Řezník), Daniel Kolář (83 Marek Hanousek), František Rajtoral. Coach: Pavel Vrba
METALURGI: Grigol Bediashvili, Tornike Kakushadze (46 Zviad Lobjanidze), Irakli Maisuradze, Anzor Sukhiashvili, Lasha Japaridze, Denis Dobrovolski, Revaz Getsadze (74 Giorgi Kavtaradze), Mikhail Makhviladze (Cap), Dimitri Tatanashvili (61 Irakli Sikharulidze), Giorgi Mikaberidze, Aleksandr Intskirveli. Coach: Koba Zhorzhikashvili
Goals: Michal Ďuriš (7), Vladimír Darida (10)

INTER BAKU PIK – ASTERAS TRIPOLIS FC 1-1 (0-0)
Dalga Stadium, Baku    19.07.2012    Hour: 21:00 (18:00 CET)
Referees: Mihaly Fabian, Zsolt Varga, Tibor Vámos (HUN)    Attendance: 2,000
INTER: Giorgi Lomaia, Valeri Abramidze, Slavčo Georgievski, Giorgi Adamia (89 Daniel Genov), Asif Mammadov (46 Nizami Hajiyev), Vladimir Levin (Cap), Ilia Kandelaki, Bruce Abdoulaye, Tales Schutz, Ibrahima Niasse (71 Petar Zlatinov), Ruslan Amircanov. Coach: K. Tskhadadze
ASTERAS TRIPOLIS FC: Giorgos Bantis, Juanito, Lautaro Fórmica, Fernando Usero, Emanuel Perrone (90+1 Dimitris Kourbelis), Rayo (87 Christos Pipinis), Savvas Tsampouros (Cap), Leandro Alvarez, Sebastian Bartolini, Ximo Armero, Michalis Fragoulakis (53 Tasos Bakasetas).
Coach: Sakis Tsiolis
Yellow Card: Abdoulaye (42), Schutz (45), Adamia (77) / Perrone (77)
Goals: Tales Schutz (46) / Fernando Usero (54)

ASTERAS TRIPOLIS FC – INTER BAKU PIK 1-1 (0-0)    (AET)    4-2 penalties
Asteras Tripolis, Tripoli Arkadia    26.07.2012    Hour: 20:00
Referees: Lars Christoffersen, Henrik Sønderby, Derya Oguz (DEN)    Attendance: 2,661
ASTERAS TRIPOLIS FC: Giorgos Bantis, Christos Pipinis (76 Lefteris Gialousis), Juanito, Lautaro Fórmica (57 Tasos Bakasetas), Fernando Usero, Emanuel Perrone, Rayo, Savvas Tsampouros (Cap), Leandro Alvarez, Sebastian Bartolini (61 Dimitris Kourbelis), Ximo Armero.
Coach: Sakis Tsiolis
INTER: Giorgi Lomaia, Slavčo Georgievski, Nizami Hajiyev (67 Asif Mammadov), Giorgi Adamia (61 Daniel Genov), Petar Zlatinov, Vladimir Levin (Cap) (71 Bachana Tskhadadze), Ilia Kandelaki, Bruce Abdoulaye, Arif Dashdemirov, Tales Schutz, Heinz Barmettler.
Coach: Kakhaber Tskhadadze
Yellow Card: Armero (53), Juanito (77), Gialousis (79), Usero (79) /
        Hajiyev (20), Tskhadadze (79), Mammadov (81)
Goals: Ximo Armero (68) / Tales Schutz (88)
Penalties: Tsabouris, Georgievski, 1-0 Rayo, 1-1 Tskhadadze, 2-1 Usero, Barmettler, 3-1 Juanito, 3-2 Genov, 4-2 Perrone

JJK JYVÄSKYLÄ – FK ZETA PODGORICA 3-2 (2-2)
Harjun Stadion, Jyvaskyla    19.07.2012    Hour: 19:00
Referees: Neil Doyle, Ciaran Delaney, Wayne McDonnell (IRL)    Attendance: 1,873
JJK JYVÄSKYLÄ: Janne Korhonen (Cap), Mikk Reintam, Jordi van Gelderen, Juha Pasoja, Jukka-Pekka Tuomanen, Mikko Innanen (86 Janne Turpeenniemi), Tamás Gruborovics, Niko Markkula, Babatunde Wusu (90+2 Eero Markkanen), Patrick Poutiainen, Jani Virtanen (25 Antto Hilska).
Coach: Kari Martonen
FK ZETA PODGORICA: Miloš Bulatović, Miloš Radulović, Igor Vujačić, Aleksandar Boljević, Zarija Peličić (68 Miroslav Zlatičanin), Ivan Novović, Balša Božović (90 Filip Kalačević), Boris Došljak (70 Milorad Dabić), Goran Burzanović (Cap), Žarko Korać, Miloš B. Radulović.
Coach: Rade Vešović
Yellow Card: Poutiainen (50), Pasoja (58) / Peličić (26), Radulović (55), Božović (72), Dabić (74), Miloš B. Radulović (90+3)
Goals: Tamás Gruborovics (27 pen, 43,47) / Boris Došljak (17), Miloš B. Radulović (38)

FK ZETA PODGORICA – JJK JYVÄSKYLÄ 1-0 (0-0)
Stadion Podgorica, Podgorica    26.07.2012    Hour: 20:00
Referees: Matej Jug, Primož Arhar, Bojan Ul (SVN)    Attendance: 3,000
FK ZETA PODGORICA: Davor Brnović, Miloš Radulović (67 Ivan Knežević), Igor Vujačić (58 Vlado Peličić), Miroslav Zlatičanin (46 Zarija Peličić), Aleksandar Boljević, Ivan Novović, Balša Božović, Boris Došljak, Goran Burzanović (Cap), Žarko Korać, Miloš B. Radulović.
Coach: Rade Vešović
JJK JYVÄSKYLÄ: Janne Korhonen (Cap), Mikk Reintam, Jordi van Gelderen, Juha Pasoja, Jukka-Pekka Tuomanen (85 Lasse Linjala), Mikko Innanen (86 Antto Hilska), Tamás Gruborovics, Niko Markkula, Babatunde Wusu, Eero Markkanen (59 Janne Turpeenniemi), Patrick Poutiainen.
Coach: Kari Martonen
Yellow Card: Vujačić (12), Korać (81), Boljević (83), Došljak (83), Brnović (90+4) / Reintam (24)
Goal: Boris Došljak (82)

NK OLIMPIJA LJUBLJANA – TROMSØ IL 0-0
ŠRC Stožice, Ljubljana    19.07.2012    Hour: 18:00
Referees: Fernando Teixeira Vitienes, Victoriano Diaz Casado, Manuel Angel Torre Cimiano (ESP)    Attendance: 2,600
OLIMPIJA: Elvis Džafić, Boban Jovič, Aris Zarifovič, Franklin Vicente, Damjan Trifkovič, Andraž Šporar (81 Nikola Nikezić), Nik Omladič (62 Filip Valenčič), Dalibor Radujko, Anej Lovrečič (90 Erik Salkič), Sreten Sretenović (Cap), Iñigo Sarasola. Coach: Ermin Šiljak
TROMSØ IL: Marcus Sahlman, Fredrik Björck, Miika Koppinen (Cap), Thomas Drage (79 Steffen Nystrøm, 88 Ole Martin Årst), Ruben Yttergård Jenssen, Zdeněk Ondrášek (88 Ruben Kristiansen), Hans Norbye, Magnus Andersen, Hans Åge Yndestad, Remi Johansen, Thomas Bendiksen.
Coach: Per-Mathias Høgmo
Yellow Card: Zarifovič (49), Jovič (72), Lovrečič (87) / Norbye (24), Yndestad (50)


TROMSØ IL – NK OLIMPIJA LJUBLJANA 1-0 (0-0, 0-0)    (AET)
Alfheim, Tromsø    26.07.2012    Hour: 19:00
Referees: Robert Malek, Krzysztof Myrmus, Maciej Wierzbowski (POL)    Attendance: 2,297
TROMSØ IL: Marcus Sahlman, Fredrik Björck, Miika Koppinen (Cap), Thomas Drage (100 Vegard Lysvoll), Ruben Yttergård Jenssen, Zdeněk Ondrášek, Hans Norbye (45 Ruben Kristiansen), Magnus Andersen, Hans Åge Yndestad, Remi Johansen, Thomas Bendiksen (74 Ole Martin Årst). Coach: Per-Mathias Høgmo
OLIMPIJA: Elvis Džafić, Boban Jovič, Aris Zarifovič, Franklin Vicente (105+2 Nikola Nikezić), Damjan Trifkovič, Davor Škerjanc (78 Nik Omladič), Andraž Šporar, Matic Fink, Dalibor Radujko, Anej Lovrečič, Sreten Sretenović (Cap). Coach: Ermin Šiljak
Yellow Card: Yttergård Jenssen (99) / Sreten Sretenović (31), Džafić (120+1).
Red Card: Radujko (120+1)
Ole Martin Årst missed a penalty (120+1)
Goal: Miika Koppinen (108)


FC DIFFERDANGE 03 – K.A.A. GENT 0-1 (0-1)
La Frontière, Esch-sur-Alzette    19.07.2012    Hour: 18:30
Referees: Mark Steven Whitby, Philip Thomas, Mark Dyson (WAL)    Attendance: 1,195
FC DIFFERDANGE 03: Julien Weber, Andre Almeida Rodrigues, Tom Siebenaler, Pedro Ribeiro (69 Jérémie Meligner), Omar Er Rafik, Geoffrey Franzoni, Ante Bukvic, Michel Kettenmeyer, Gilles Bettmer (Cap) (57 Gauthier Caron), Mathias Jänisch (71 Andy May), Philippe Lebresne.
Coach: Michel Leflochmoan
K.A.A. GENT: Sergio Padt, Wouter Cortjens, Melli, Christian Brüls, Mario Barić, César Arzo (Cap), Rodgers Kola (71 Shlomi Arbeitman), Hannes Van der Bruggen, Mohamed Messoudi (79 Thomas Foket), Ibrahima Conté, Remi Mareval. Coach: Trond Sollied
Yellow Card: Kettenmeyer (15,36), Siebenaler (36), Lebresne (39), Rodrigues (77), Mareval (79).
Red Card: Kettenmeyer (36)
Goal: César Arzo (27)


K.A.A. GENT – FC DIFFERDANGE 03  3-2 (1-2)
Jules Ottenstadion, Gent    26.07.2012    Hour: 19:30    Attendance: 6,504
Referees: Vadims Direktorenko, Haralds Gudermanis, Aleksejs Spasjonnikovs (LVA)
K.A.A. GENT: Frank Boeckx, Wouter Cortjens, Melli, Christian Brüls, Mario Barić, César Arzo (Cap) (74 Mamatou N'Diaye), Rodgers Kola, Hannes Van der Bruggen (80 Benito Raman), Mohamed Messoudi (85 Shlomi Arbeitman), Wallace, Ibrahima Conté. Coach: Trond Sollied
FC DIFFERDANGE 03: Julien Weber, Tom Siebenaler, Andy May, Omar Er Rafik (77 Pierre Piskor), Gauthier Caron (79 Mirko Albanese), Geoffrey Franzoni, Ante Bukvic, Jérémie Meligner, Gilles Bettmer (Cap), Mathias Jänisch, Yannick Afoun (74 Yannick Bastos).
Coach: Michel Leflochmoan
Yellow Card: Van der Bruggen (55) / Afoun (35), May (54), Bastos (77)
Goals: Melli (41), Ibrahima Conté (63), Rodgers Kola (73) /
       Omar Er Rafik (24), Gilles Bettmer (37)

FC SHAKHTYOR SOLIGORSK – SV RIED 1-1 (1-0)
Stroitel, Soligorsk    19.07.2012    Hour: 19:30
Referees: Ovidiu Alin Haţegan Cristian Nica, Octavian Şovre (ROM)    Attendance: 3,370
SHAKHTYOR: Yuri Tsygalko, Sergei Balanovich (84 Andrei Tsevan), Yuri Kolomyts, Evgeni Postnikov, Aleksei Yanushkevich, Aleksandr Grenkov (Cap), Dmitri Komarovski, Pavel Sitko (80 Aleksei Rios), Andrei Khachaturyan, Igor Rozhkov, Dmitri Osipenko (88 Andrei Leonchik).
Coach: Vladimir Zhuravel
SV RIED: Thomas Gebauer (Cap), Marcel Ziegl (80 Robert Žulj), Andreas Schicker, René Gartler (90 Guillem Martí), Nacho (86 Clemens Walch), Jan Marc Riegler, Marco Meilinger, Thomas Hinum, Anel Hadzic, Mario Reiter, Thomas Reifeltshammer. Coach: Heinz Fuchsbichler
Yellow Card: Grenkov (41), Kolomyts (45+1), Osipenko (63) /
          Hinum (28), Reiter (45+1), Hadzic (81)
Goals: Dmitri Osipenko (44) / Anel Hadzic (70 pen)


SV RIED – FC SHAKHTYOR SOLIGORSK 0-0
Keine Sorgen Arena, Ried-innkreis    26.07.2012    Hour: 19:00
Referees: Michael Lerjeus, Magnus Sjöblom, Joakim Flink (SWE)    Attendance: 4,100
SV RIED: Thomas Gebauer (Cap), Andreas Schicker, Guillem Martí (59 Iván Carril), Nacho, Jan Marc Riegler, Marco Meilinger (88 Emmanuel Schreiner), Thomas Hinum, Anel Hadzic, Robert Žulj (46 Marcel Ziegl), Mario Reiter, Thomas Reifeltshammer. Coach: Heinz Fuchsbichler
SHAKHTYOR: Yuri Tsygalko, Sergei Balanovich, Yuri Kolomyts, Evgeni Postnikov, Aleksei Yanushkevich, Aleksandr Grenkov (Cap), Dmitri Komarovski (79 Andrei Leonchik), Pavel Sitko (80 Aleksei Rios), Andrei Khachaturyan, Igor Rozhkov, Dmitri Osipenko.
Coach: Vladimir Zhuravel
Yellow Card: Reifeltshammer (36), Emmanuel Schreiner (90+3) / Rozhkov (90+3)


BNEI YEHUDA TEL AVIV FC – FC SHIRAK GYUMRI 2-0 (0-0)
Ramat-Gan Stadium, Ramat Gan    19.07.2012    Hour: 20:00
Referees: Richard Liesveld, Wilco Lobbert, Davie Goossens (NED)    Attendance: 1,890
BNEI YEHUDA TEL AVIV FC: Dele Eyenugba, Cohen Gal, Dino Ndlovu, Hasan Abu Zaid (63 Nir-Nissim Nahum), Kęstutis Ivaškevičius, Itzik Azuz, Nenad Marinković (77 Amir Agajev), Pedro Galván, Aviv Hadad, Kfir Edri (Cap), Shalev Menashe (46 Din Mori). Coach: Dror Kashtan
FC SHIRAK GYUMRI: Artur Harutyunyan, Didier Kadio, Yoro Lamine Ly, Armen Tigranyan (71 Tigran Davtyan), Hrayr Mkoyan (Cap), Ismael Beko Fofana (83 Ara Mkrtchyan), Davit Hakobyan (60 Andranik Barikyan), Karen Muradyan, Rafael Paltajyan, Gevorg Hovhannisyan, Dame Diop.
Coach: Vardan Bichakhchyan
Yellow Card: Gal (70) / Kadio (20).
Red Card: Aviv Hadad (45+1) / Barikyan (76)
Goals: Dino Ndlovu (82), Pedro Galván (90+4)


FC SHIRAK GYUMRI – BNEI YEHUDA TEL AVIV FC 0-1 (0-1)
Gyumri City, Gyumri    26.07.2012    Hour: 17:30 (15:30 CET)
Referees: Ilias Spathas, Dimitrios Bozatzidis, Ilias Alexeas (GRE)    Attendance: 2,500
FC SHIRAK GYUMRI: Artur Harutyunyan, Didier Kadio, Yoro Lamine Ly, Armen Tigranyan, Hrayr Mkoyan, Tigran Davtyan (Cap) (57 Mkrtich Nalbandyan), Ismael Beko Fofana, Ara Mkrtchyan (65 Davit Hakobyan), Karen Muradyan, Gevorg Hovhannisyan (67 Aghvan Davoyan), Dame Diop. Coach: Vardan Bichakhchyan
BNEI YEHUDA TEL AVIV FC: Dele Eyenugba, Din Mori, Cohen Gal, Dino Ndlovu, Hasan Abu Zaid, Lior Bargig, Kęstutis Ivaškevičius, Nenad Marinković (87 Izhak Nash), Pedro Galván (71 Amir Agajev), Kfir Edri (Cap), Shalev Menashe (54 Nir-Nissim Nahum). Coach: Dror Kashtan
Yellow Card: Tigranyan (21), Mkoyan (43), / Abu Zaid (27), Bargig (44),
Goal: Shalev Menashe (31)

ROSENBORG BK TRONDHEIM – FC ORDABASY SHYMKENT 2-2 (2-0)
Lerkendal Stadion, Trondheim   19.07.2012   Hour: 19:00
Referees: Ruddy Buquet, Laurent Stien, Guillaume Debart (FRA)   Attendance: 3,709
ROSENBORG: Daniel Örlund, Peter Ankersen, Mikael Dorsin (Cap), Per Rønning, Mohammed-Awal Issah, Bořek Dočkal, Rade Prica, John Chibuike (45+1 Daniel Fredheim Holm), Markus Henriksen, Jonas Svensson (70 Steffen Iversen), Stefan Strandberg. Coach: Jan Jönsson
FC ORDABASY SHYMKENT: Almat Bekbaev, Andrew Mwesigwa, Aleksandar Tradković, Andrei Karpovich, Gueye Mansour, Artem Kasyanov (Cap), Bekzat Beisenov (46 Roman Pakholiuk), Daurenbek Tazhimbetov (68 Vladimir Djilas), Mukhtar Mukhtarov, Baba Collins (83 Talgat Adyrbekov), Mohamed Arouri. Coach: Viktor Pasulko
Yellow Card: Ankersen (65) / Mohamed Arouri (45+2), Karpovich (55)
Goals: Bořek Dočkal (33, 45+2) / Roman Pakholiuk (75), Gueye Mansour (90+3)


FC ORDABASY SHYMKENT – ROSENBORG BK TRONDHEIM 1-2 (1-0)
Tsentralniy, Almaty   26.07.2012   Hour: 20:00 (16:00 CET)
Referees: Rene Eisner, Klaus Strasser, Gerald Bauernfeind (AUS)   Attendance: 22,000
FC ORDABASY SHYMKENT: Almat Bekbaev, Andrew Mwesigwa, Aleksandar Tradković, Roman Pakholiuk (90+3 Vladimir Djilas), Andrei Karpovich, Gueye Mansour, Artem Kasyanov (Cap), Daurenbek Tazhimbetov (75 Bekzat Beisenov), Mukhtar Mukhtarov, Baba Collins (84 Talgat Adyrbekov), Mohamed Arouri. Coach: Viktor Pasulko
ROSENBORG: Daniel Örlund, Peter Ankersen (46 Simen Wangberg), Mikael Dorsin (Cap), Per Rønning, Mohammed-Awal Issah (67 Ole Selnæs), Bořek Dočkal, Rade Prica (82 Steffen Iversen), Markus Henriksen, Jonas Svensson, Stefan Strandberg, Daniel Fredheim Holm. Coach: Jan Jönsson
Yellow Card: Mukhtarov (19), Pakholiuk (31) / Prica (60,83), Dorsin (90+5), Strandberg (90+5).
Red Card: Simen Wangberg (77), Prica (83)
Goals: Gueye Mansour (32) / Daniel Fredheim Holm (67), Bořek Dočkal (90+4)


FC SPARTAK TRNAVA – SLIGO ROVERS FC 3-1 (3-0)
Antona Malatinského, Trnava   19.07.2012   Hour: 19:00
Referees: Tommy Skjerven, Svein Inge Wiken, Sven Erik Midthjell (NOR)   Attendance: 6,832
SPARTAK: Miroslav Filipko, Peter Čvirik, Vlastimil Stožický, Michal Habánek, Marek Janečka, Martin Mikovič (70 Ivan Schranz), Ladislav Tomaček (60 Karol Pavelka), Patrik Gross, Miroslav Karhan (Cap), Mário Bicák (84 Jiří Koubský), Michal Gašparík. Coach: Pavel Hoftych
SLIGO: Gary Rogers, Gavin Peers, Danny Ventre (Cap), Romuald Boco, Raffaele Cretaro (77 Pascal Millien), Ross Gaynor (90 Jeff Henderson), Joseph Ndo, Jason McGuinness, David Cawley, Danny North, Seamus Conneely. Coach: Ian Baraclough
Yellow Card: Bicák (35), Stožický (88), Habánek (90+3), Koubský (90+4) /
          Ventre (48), Cawley (63)
Goals: Miroslav Karhan (38), Martin Mikovič (45,45+1), / Gavin Peers (68)


SLIGO ROVERS FC – FC SPARTAK TRNAVA 1-1 (0-0)
The Showgrounds, Sligo   26.07.2012   Hour: 19:00
Referees: Maksim Layushkin, Aleksei Vorontsov, Andrey Malorodov (RUS)   Attendance: 3,754
SLIGO: Gary Rogers, Gavin Peers, Danny Ventre (Cap) (72 Lee Lynch), Romuald Boco, Ross Gaynor, Pascal Millien (77 Ryan Connolly), Joseph Ndo, Jason McGuinness, David Cawley, Danny North (50 Mark Quigley), Seamus Conneely. Coach: Ian Baraclough
SPARTAK: Miroslav Filipko, Peter Čvirik, Vlastimil Stožický, Marek Janečka, Martin Vyskočil (62 Patrik Čarnota), Martin Mikovič (67 Michal Gašparík), Ľuboš Hanzel, Patrik Gross, Miroslav Karhan (Cap), Ivan Schranz (85 Jiří Koubský), Mário Bicák. Coach: Pavel Hoftych
Yellow Card: Ventre (35), Peers (45+2), Cawley (78) / Filipko (25)
Goals: Jason McGuinness (90+2) / Peter Čvirik (70)

PFC PFC LEVSKI SOFIA SOFIA – FK SARAJEVO 1-0 (0-0)
Georgi Asparuhov Stadion, Sofia    19.07.2012    Hour: 20:00    Attendance: 12,552
Referees: Bruno Paixão, Venâncio Tomé, Nuno Miguel Roque Conceicão (POR)
LEVSKI: Plamen Iliev, Dustley Mulder, Romain Elie, Stanislav Angelov (Cap), Ivo Ivanov, Orlin Starokin (71 Roman Procházka), Hristo Yovov (60 Simeon Raykov), Cristovão, Basile de Carvalho, Marcinho (82 João Silva), Vladimir Gadzhev. Coach: Ilian Iliev
FK SARAJEVO : Adi Adilović, Ivan Sesar, Sedin Torlak (Cap), Said Husejinović (90 Žarko Karamatić), Emir Hadžić, Ivan Tatomirović, Zoran Belošević (76 Radan Šunjevarić), Amer Dupovac, Nemanja Zlatković, Denis Čomor (76 Mario Tadejević), Asmir Suljić.
Coach: Dragan Jović
Yellow Card: Gadzhev (2), Carvalho (57), Elie (68) / Husejinović (23), Čomor (65)
Goal: Simeon Raykov (72)


FK SARAJEVO – PFC PFC LEVSKI SOFIA SOFIA 3-1 (2-1)
Asim Ferhatović Hase Stadion, Sarajevo    26.07.2012    Hour: 21:00
Referees: Cristian Balaj, Zoltán Székely, Sebastian Gheorghe (ROM)    Attendance: 11,122
FK SARAJEVO : Adi Adilović, Ivan Sesar, Sedin Torlak (Cap), Said Husejinović (69 Denis Čomor), Emir Hadžić, Ivan Tatomirović, Radan Šunjevarić, Zoran Belošević, Amer Dupovac, Nemanja Zlatković (30 Mario Tadejević), Asmir Suljić (78 Žarko Karamatić). Coach: Dragan Jović
LEVSKI: Plamen Iliev, Dustley Mulder, Stanislav Angelov (Cap), Ivo Ivanov, Orlin Starokin, Roman Procházka, Simeon Raykov, Agyemang Opoku (71 João Silva), Basile de Carvalho, Marcinho (82 Tsvetelin Tonev), Vladimir Gadzhev. Coach: Ilian Iliev
Yellow Card: Suljić (15), Hadžić (19), Karamatić (88) /
            Marcinho (43), Angelov (51), Starokin (67), Raykov (74)
Goals: Said Husejinović (12,62), Asmir Suljić (14) / Basile de Carvalho (34 pen)


APOEL FC NICOSIA – FK SENICA 2-0 (2-0)
GSP Stadium, Nicosia    19.07.2012    Hour: 20:00
Referees: Pawel Gil, Piotr Sadczuk, Marcin Borkowski (POL)    Attendance: 16,323
APOEL: Dionisios Chiotis, Aílton, Constantinos Charalambides (Cap) (77 Efstathios Aloneftis), Nektarios Alexandrou, Selim Benachour (76 Hélder Sousa), Gustavo Manduca (90 Aldo Adorno), Hélio Pinto, Nuno Morais, Haritz Borda, Mário Sérgio, Zuela. Coach: Ivan Jovanović
FK SENICA: Milan Švenger, Matěj Krajčík, Tomáš Kóňa (Cap), Erich Brabec, Stef Wijlaars, Jaroslav Diviš (59 Rolando Blackburn), Adam Varadi, Jan Kalabiška (65 Martin Frýdek), Pavol Masaryk, Juraj Križko (84 Martin Babic), Václav Koutny. Coach: Zdenek Psotka
Yellow Card: Alexandrou (3), Borda (61) / Masaryk (23), Kóňa (30), Švenger (45), Krajčík (55)
Goals: Aílton (33), Nektarios Alexandrou (40)


FK SENICA – APOEL FC NICOSIA 0-1 (0-0)
FK Senica, Senica    26.07.2012    Hour: 19:30
Referees: Alexandru Dan Tudor, Cristian Nica, Aurel Onita (ROM)    Attendance: 3,069
FK SENICA: Milan Švenger, Matěj Krajčík, Tomáš Kóňa (Cap), Rolando Blackburn, Erich Brabec, Jaroslav Diviš (78 Martin Frýdek), Jan Kalabiška, Pavol Masaryk, Juraj Križko (81 Miroslav Štěpánek), Martin Babic (74 Adam Varadi), Václav Koutny. Coach: Zdenek Psotka
APOEL: Dionisios Chiotis, Aílton, Constantinos Charalambides (Cap) (74 Efstathios Aloneftis), Nektarios Alexandrou, Selim Benachour (63 Hélder Sousa), Gustavo Manduca, Hélio Pinto (88 Marko Charalampous), Nuno Morais, Haritz Borda, Mário Sérgio, Zuela. Coach: Ivan Jovanović
Yellow Card: Masaryk (44) / Borda (28)
Goal: Hélio Pinto (73)

KS RUCH CHORZÓW – FK METALURG SKOPJE 3-1 (0-0)
Ruch, Chorzów    19.07.2012    Hour: 19:00
Referees: Hüseyin Göçek, Mustafa Eyisoy, Orkun Aktaş (TUR)    Attendance: 4,000
RUCH: Michal Peškovič, Piotr Stawarczyk, Željko Djokić, Marek Zieńczuk, Malcej Jankowski (78 Grzegorz Kuświk), Łukasz Janoszka (63 Pavel Šultes), Arkadiusz Piech, Marek Szyndrowski, Maciej Sadlok, Gábor Straka (57 Filip Starzynski), Marcin Malinowski (Cap).
Coach: Waldemar Fornalik
METALURG: Igor Pavlović, Kemal Alomerović (50 Ilija Nestorovski), Igor Kralevski, Blagojče Ljamčevski, Agron Memedi, Goran Dragović, Hristijan Dimoski (90+2 Aleksandar Dalceski), Mile Krstev (Cap), Mile Petkovski, Cvetan Čurlinov (86 Ninoslav Dodevski), Ljubomir Stevanović.
Coach: Aleksandar Vlaho
Yellow Card: Malinowski (20), Szyndrowski (69), Djokić (89) / Stevanović (40)
Goals: Arkadiusz Piech (74,83), Piotr Stawarczyk (90+1) / Agron Memedi (69)

FK METALURG SKOPJE – KS RUCH CHORZÓW 0-3 (0-2)
Bashkimi Stadium, Kumanovo    26.07.2012    Hour: 17:00
Referees: Richard Trutz, Tomaš Somolani, Ondrej Brendza (SVK)    Attendance: 750
METALURG: Igor Pavlović, Igor Kralevski, Blagojče Ljamčevski, Agron Memedi (58 Kemal Alomerović), Goran Dragović, Hristijan Dimoski (46 Petar Ljamčevski), Milan Ristovski (65 Ilija Nestorovski), Mile Krstev (Cap), Mile Petkovski, Cvetan Čurlinov, Ljubomir Stevanović.
Coach: Aleksandar Vlaho
RUCH: Michal Peškovič, Piotr Stawarczyk, Željko Djokić (53 Igor Lewczuk), Marek Zieńczuk, Malcej Jankowski, Łukasz Janoszka (76 Filip Starzynski), Arkadiusz Piech, Marek Szyndrowski, Maciej Sadlok, Gábor Straka, Marcin Malinowski (Cap) (65 Paweł Lisowski).
Coach: Waldemar Fornalik
Yellow Card: Alomerović (83), Ljamčevski (84) / Piech (39), Stawarczyk (75).
Red Card: Dragović (88)
Goals: Łukasz Janoszka (9), Gábor Straka (15), Arkadiusz Piech (63)

AARHUS GF – FC DILA GORI 1-2 (1-1)
Aarhus Stadion, Aarhus    19.07.2012    Hour: 19:00
Referees: Boško Jovanetić, Srđan Milutinović, Vladimir Cadenović (SRB)    Attendance: 9,030
AGF: Steffen Rasmussen (Cap), Atle Roar Håland, Adam Eckersley, Stephan Petersen, Hjalte Nørregaard, Martin Jørgensen, Peter Graulund (59 David Devdariani), Osama Akharraz (74 Søren Berg), Arthur Sorin, Aron Jóhannsson (74 Davit Skhirtladze), Anders Kure Vidkjær.
Coach: Peter Sørensen
DILA: Marin Skender, Lasha Salukvadze (Cap), Zurab Arziani, Georgi Shashiashvili, Kakhaber Aladashvili, Mate Vatsadze (82 Irakli Modebadze), Gogita Gogua, David Kvirkvelia, Alexander Guruli, Giga Bechvaia (53 Shota Kashia), Gulverd Tomashvili (46 Giorgi Oniani).
Coach: Teimuraz Shalamberidze
Yellow Card: Aladashvili (5), Kvirkvelia (61), Vatsadze (78)
Goals: Anders Kure Vidkjær (3) / Mate Vatsadze (34), Kakhaber Aladashvili (84)

FC DILA GORI – AARHUS GF 3-1 (0-0)
Mikheil Meskhi, Tbilisi    26.07.2012    Hour: 18:00
Referees: Stephan Studer, Sandro Pozzi, Jean-Yves Wicht (SUI)    Attendance: 5,800
DILA: Marin Skender, Lasha Salukvadze (Cap), Giorgi Oniani, Georgi Shashiashvili, Kakhaber Aladashvili (57 Roman Akhalkatsi), Mate Vatsadze, Gogita Gogua (77 Irakli Modebadze), Shota Grigalashvili, David Kvirkvelia, Alexander Guruli, Shota Kashia (27 Giga Bechvaia).
Coach: Teimuraz Shalamberidze
AARHUS: Steffen Rasmussen (Cap), Atle Roar Håland, Adam Eckersley, Hjalte Nørregaard, Martin Jørgensen, Osama Akharraz (64 Stephan Petersen), Arthur Sorin, Aron Jóhannsson (43 Peter Graulund), David Devdariani (71 Søren Larsen), Mikkel Kirkeskov, Kasper Sloth.
Coach: Peter Sørensen
Yellow Card: Kvirkvelia (55), Vatsadze (63), Oniani (77), Shashiashvili (90+1), Salukvadze (90+4) / Sloth (68), Nørregaard (90), Graulund (90+4)
Goals: Mate Vatsadze (62,83), Georgi Shashiashvili (74) / Marin Skender (34 own goal)

FK MLADÁ BOLESLAV – THÓR AKUREYTI 3-0 (2-0)
Mestský, Mlada Boleslav    19.07.2012    Hour: 19:00
Referees: Marco Borg, Alan Camilleri, Sammy Attard (MLT)    Attendance: 3,867
FK MLADÁ BOLESLAV: Jan Šeda, Adrian Rolko, Radek Šírl, Jakub Mareš (79 Martin Nešpor), Ondřej Kúdela, Jan Boril, Jasmin Šćuk, Lukáš Magera, Jan Chramosta (Cap), Matej Sivrič (66 Václav Ondrejka), Michal Smejkal. Coach: Miroslav Koubek
THÓR: Srdjan Rajković, Guiseppe Funicello, Andri Albertsson, Atli Albertsson (46 Ingi Hilmarsson), Ármann Aevarsson, Jóhann Hannesson, Sveinn Elías Jónsson (Cap) (86 Baldvin Olafsson), Orri Hjaltalin, Janez Vrenko, Halldór Hjaltason (59 Kristinn Björnsson), Sigurdur Kristjánsson. Coach: Pall Vidar Gislason
Yellow Card: Boril (77), Magera (86), Nešpor (90+4) /
             Hjaltalin (35), Hjaltason (58), Funicello (81)
Goals: Lukáš Magera (33,43), Jasmin Šćuk (80)


THÓR AKUREYRI – FK MLADÁ BOLESLAV 0-1 (0-1)
Thorsvöllur, Akureyri    26.07.2012    Hour: 19:15
Referees: Gediminas Mažeika, Vytautas Šimkus, Vytenis Kazlauskas (LTU)    Attendance: 798
THÓR: Josh Wicks, Guiseppe Funicello, Andri Albertsson, Atli Albertsson (80 Kristján Hannesson), Ármann Aevarsson (73 Ingi Hilmarsson), Kristinn Björnsson (73 Halldór Hjaltason), Jóhann Hannesson, Sveinn Elías Jónsson (Cap), Orri Hjaltalin, Janez Vrenko, Sigurdur Kristjánsson. Coach: Vidar Gislason
FK MLADÁ BOLESLAV: Jan Šeda, Adrian Rolko (Cap), Jakub Mareš, Ondřej Kúdela, Jan Boril, Martin Nešpor (63 Václav Ondrejka), Jasmin Šćuk, Lukáš Magera, Jan Kysela (46 David Brunclík), Matej Sivrič, Michal Smejkal (80 Petr Johana). Coach: Miroslav Koubek
Yellow Card: Jóhann Hannesson (18,68), Kristjánsson (20), Aevarsson (55), Hjaltalin (66), Hannesson (90+4) / Rolko (34), Šćuk (50), Brunclík (51).
Red Card: Hannesson (68)
Goal: Lukáš Magera (31)


AIK SOLNA – FH HAFNARFJÖRDUR 1-1 (0-1)
Råsundastadion, Solna    19.07.2012    Hour: 19:00
Referees: Wim Smet, Gregory Crotteux, Dirk Gilon (BEL)    Attendance: 5,840
AIK: Ivan Turina, Niklas Backman, Nils-Eric Johansson (Cap), Robert Åhman-Persson, Helgi Daníelsson, Celso Borges, Atakora Lalawélé (72 Martin Kayongo Mutumba), Robin Quaison (80 Al Hassan Kamara), Martin Lorentzon, Daniel Gustavsson, Viktor Lundberg. Coach: Andreas Alm
FH HAFNARFJÖRDUR: Gunnleifur Gunnleifsson (Cap), Gudjón Antoníusson, Danny Justin Thomas, Pétur Vidarsson, Emil Palsson (74 Ólafur Snorrason), Björn Sverrisson, Atli Gudnason, Bjarki Gunnlaugsson, Albert Brynjar Ingason (80 Atli Björnsson), Gudmann Thorisson, Hólmar Rúnarsson. Coach: Heimir Gudjónsson
Yellow Card: Thomas (78) / Rúnarsson (9+1)
Goal: Viktor Lundberg (56) / Atli Gudnason (40)


FH HAFNARFJÖRDUR – AIK SOLNA 0-1 (0-1)
Kaplakrikavöllur, Hafnarfjördur    26.07.2012    Hour: 19:15
Referees: Simon Lee Evans, John Bryn Roberts, Gareth Wyn Jones (WAL)    Attendance: 2,198
FH HAFNARFJÖRDUR: Gunnleifur Gunnleifsson (Cap), Gudjón Antoníusson, Danny Justin Thomas, Pétur Vidarsson, Emil Palsson (64 Atli Björnsson), Björn Sverrisson, Atli Gudnason, Bjarki Gunnlaugsson, Albert Brynjar Ingason (89 Freyr Bjarnason), Gudmann Thorisson, Hólmar Rúnarsson (82 Ólafur Snorrason). Coach: Heimir Gudjónsson
AIK: Ivan Turina, Niklas Backman, Per Karlsson, Nils-Eric Johansson (Cap), Robert Åhman-Persson, Helgi Daníelsson, Celso Borges, Atakora Lalawélé (62 Martin Kayongo Mutumba), Martin Lorentzon, Daniel Gustavsson, Viktor Lundberg. Coach: Andreas Alm
Yellow Card: Palsson (49), Thorisson (62) /
             Åhman-Persson (59), Johansson (67), Kayongo Mutumba (85), Daníelsson (86)
Goal: Martin Lorentzon (40)

ESKIŞEHIRSPOR KULÜBÜ – ST. JOHNSTONE FC PERTH 2-0 (1-0)
Atatürk, Eskişehir   19.07.2012   Hour: 20:00   Attendance: 12,206
Referees: Ante Vučemilović-Šimunović Jr., Dalibor Conjar, Goran Pataki (CRO)
ESKIŞEHIRSPOR KULÜBÜ: Ruud Boffin, Batuhan Karadeniz (69 Rodrigo Tello), Diego Ângelo, Dedê, Alper Potuk, Erkan Zengin (85 Atdhe Nuhiu), Diomansy Kamara, Patryk Małecki (78 Burhan Eşer), Hürriyet Gücer, Servet Çetin (Cap), Veysel Sari. Coach: Kazim Ersun Yanal
ST. JOHNSTONE FC PERTH: Alan Mannus, Callum Davidson, Patrick Cregg (85 Kevin Moon), Frazer Wright, Chris Millar, Murray Davidson (Cap), Liam Craig, Sean Higgins (69 Nigel Hasselbaink), David McCracken, Gary Miller, Jamie Adams (78 Steve May).
Coach: Stephen Lomas
Goals: Alper Potuk (41), Frazer Wright (85 own goal)


ST. JOHNSTONE FC PERTH – ESKIŞEHIRSPOR KULÜBÜ 1-1 (1-0)
McDiarmid Park, Perth   26.07.2012   Hour: 19:45
Referees: Serge Gumienny, Walter Vromans, Frank Bleyen (BEL)   Attendance: 6,023
ST. JOHNSTONE FC PERTH: Alan Mannus, Callum Davidson, Patrick Cregg, Frazer Wright, Chris Millar, Murray Davidson (Cap), Grégory Tadé (67 Sean Higgins), Liam Craig, Nigel Hasselbaink (84 Steve May), David McCracken, Gary Miller (60 David MacKay).
Coach: Stephen Lomas
ESKIŞEHIRSPOR KULÜBÜ: Ruud Boffin, Diego Ângelo, Dedê, Alper Potuk, Erkan Zengin (61 Patryk Małecki), Rodrigo Tello, Diomansy Kamara, Burhan Eşer (73 Atdhe Nuhiu), Hürriyet Gücer (81 Mehmet Güven), Servet Çetin (Cap), Veysel Sari. Coach: Ersun Yanal
Yellow Card: Miller (40), Davidson (74) / Veysel Sari (9), Potuk (44), Kamara (75)
Goals: Grégory Tadé (35) / Veysel Sari (52)


KF TIRANA – AALESUNDS FK 1-1 (1-0)
Stadiumi Kombëtar Qemal Stafa, Tirana   19.07.2012   Hour: 19:00
Referees: Aleksei Kulbakov, Andrei Getikov, Dmitri Zhuk (BLR)   Attendance: 2,300
TIRANA: Ilion Lika (Cap), Elvis Sina, Erion Dushkaj, Nertil Ferraj (76 Gerald Tusha), Erando Karabeci, Entonio Pashaj, Gilman Lika, Mirel Cota, Julian Ahmataj, Afrim Taku, Elton Mucollari (76 Mario Morina). Coach: Julian Rubio Sanchez
AALESUNDS FK: Sten Grytebust, Amund Skiri (34 Fredrik Ulvestad), Edvard Skagestad (87 Kjell Rune Sellin), Jonatan Tollås, Jason Morrison, Fredrik Carlsen (68 Michael Barrantes), Tremaine Stewart, Daniel Arnefjord (Cap), Hugues Wembangomo, Jo Nymo Matland, Lars Fuhre.
Coach: Kjetil Rekdal
Yellow Card: Mucollari (15), Sina (67)
Goals: Mirel Cota (38) / Tremaine Stewart (57)


AALESUNDS FK – KF TIRANA 5-0 (1-0)
Aalesund Stadion, Aalesund   26.07.2012   Hour: 19:00
Referees: Arnold Hunter, Richard Storey, James Eakin (NIR)   Attendance: 4,225
AALESUNDS FK: Sten Grytebust, Jonatan Tollås, Fredrik Carlsen, Sander Post (46 Leke James), Tremaine Stewart, Daniel Arnefjord (Cap), Hugues Wembangomo, Jo Nymo Matland (67 Edvard Skagestad), Fredrik Ulvestad, Lars Fuhre (68 Christian Myklebust), Michael Barrantes.
Coach: Kjetil Rekdal
TIRANA: Ilion Lika (Cap), Elvis Sina (53 Mario Morina), Arjan Pisha, Erion Dushkaj, Nertil Ferraj (58 Ardit Peposhi), Erando Karabeci (69 Elton Mucollari), Entonio Pashaj, Gilman Lika, Mirel Cota, Julian Ahmataj, Afrim Taku. Coach: Julian Rubio Sanchez
Yellow Card: / Ferraj (13), Pashaj (54), Lika (55)
Goals: Michael Barrantes (45), Jonatan Tollås (48), Leke James (64,77), Tremaine Stewart (83)

FC METALURH DONETSK – FK ČELIK NIKŠIĆ 7-0 (2-0)
Metallurh, Donetsk    19.07.2012    Hour: 20:00
Referees: Jakob Kehlet, Jakob Bille, Dennis W. Rasmussen (DEN)    Attendance: 3,200
METALURH: Oleksandr Bandura, Vyacheslav Checher (Cap), Mykola Morozyuk, Djordje Lazić, Gevorg Ghazaryan, Danilo (54), Constantinos Makridis, Oleksandr Volovyk, Zé Soares (64 Gregory Nelson), Vasyl Priyma (76), Denis Golaydo. Coach: Volodymyr Pyatenko
ČELIK: Zoran Banović (Cap), Aleksandar Dubljević, Ilija Radović, Zijad Adrović, Ivan Ivanović (64 Semir Agović), Nikola Simić (86 Bojan Brnović), Darko Zorić, Milovan Nikolić, Predrag Vidakanič (88 Bojan Drinčić), Vasilije Jovović, Boris Bulajić. Coach: Slavoljub Bubanja
Yellow Card: Ghazaryan (34), Priyma (66)
Goals: Constantinos Makridis (17, 49), Gevorg Ghazaryan (36, 61, 86), Danilo (51), Júnior Moraes (78)


FK ČELIK NIKŠIĆ – FC METALURH DONETSK 2-4 (1-1)
Gradski, Nikšić    26.07.2012    Hour: 17:30
Referees: Eli Hacmon, Dvir Shimon, Nissan Davidy (ISR)    Attendance: 1,480
ČELIK: Zoran Banović (Cap), Aleksandar Dubljević, Ilija Radović, Zijad Adrović, Ivan Ivanović (80 Semir Agović), Nikola Simić (60 Predrag Vidakanič), Darko Zorić, Milovan Nikolić, Darko Bulatović (60 Fetim Kasapi), Vasilije Jovović, Boris Bulajić. Coach: Slavoljub Bubanja
METALURH: Oleksandr Bandura, Vyacheslav Checher (Cap), Gregory Nelson, Djordje Lazić (72 Constantinos Makridis), Gevorg Ghazaryan (60 Zé Soares), Danilo, Oleksandr Volovyk, Velizar Dimitrov, Artak Edigaryan, Denis Golaydo (46 Mykola Morozyuk), Júnior Moraes.
Coach: Volodymyr Pyatenko
Yellow Card: Ivanović (33), Adrović (90+2)
Goals: Vasilije Jovović (23), Darko Zorić (50 pen) /
         Danilo (15), Júnior Moraes (53), Oleksandr Volovyk (72), Zé Soares (84)


NK SLAVEN KOPRIVNICA – PORTADOWN FC 6-0 (3-0)
Gradski stadion Koprivnica    19.07.2012    Hour: 19:00
Referees: Paolo Silvio Mazzoleni, Mauro Tonolini, Fabio Galloni (ITA)    Attendance: 1,300
SLAVEN: Silvio Rodić, Elvis Kokalović, Igor Bubnjić (72 Borislav Pilipović), Tomislav Bušić (58 Martin Šaban), Petar Brlek, Mateas Delić, Davor Vugrinec (64 Mato Grgić), Vedran Purić, Nikola Rak, Alen Maraš (Cap), Ante Batarelo. Coach: Roy Ferenčina
PORTADOWN FC: Jaime McArdle, Sean Mackle, Ross Redman, Garry Breen (78 Andrew Burns), Darren Murray (64 Keith O'Hara), Kevin Braniff (Cap), Joseph McNeill, Christopher Casement, Richard Lecky, Brian Gartland, Neil McCafferty. Coach: Ronald McFall
Yellow Card: Darren Murray (48)
Goals: Garry Breen (1 own goal), Tomislav Bušić (13,33), Nikola Rak (56,71,80)


PORTADOWN FC – NK SLAVEN KOPRIVNICA 2-4 (1-2)
Shamrock Park, Portadown    26.07.2012    Hour: 19:45
Referees: Ján Valášek, Peter Chladek, Dusan Kubacka (SVK)    Attendance: 393
PORTADOWN FC: David Miskelly, Sean Mackle, Ross Redman, Keith O'Hara (Cap), Garry Breen, Kevin Braniff, Joseph McNeill, Christopher Casement, Richard Lecky (81 Darren Murray), Brian Gartland, Neil McCafferty. Coach: Ronald McFall
SLAVEN: Silvio Rodić, Filip Takač, Mato Grgić, Igor Bubnjić (62 Elvis Kokalović), Martin Šaban, Petar Brlek, Mateas Delić (68 Tomislav Bušić), Marin Šestak, Pejo Kuprešak, Alen Maraš (Cap), Ante Batarelo (46 Dario Čanadjija). Coach: Roy Ferenčina
Yellow Card: Breen (54), McNeill (58), O'Hara (75), Murray (90+2) / Bubnjić (54)
Goals: Richard Lecky (45+2), Neil McCaffrey (67 pen) /
         Igor Bubnjić (10), Petar Brlek (14), Martin Šaban (62,64)

FC DACIA CHIŞINĂU – IF ELFSBORG BORÅS 1-0 (1-0)
Zimbru, Chişinău    19.07.2012    Hour: 20:15
Referees: Carlos Xistra, Nuno Pereira, José Braga (POR)    Attendance: 5,400
DACIA: Evgheni Matiughin (Cap), Denis Ilescu, Lucas, Adama Guira, Nicolae Josan (61 Slaven Stjepanović), Maxim Mihaliov, Andrei Cojocari, Osman Sow (90+1 Cairo), Miloš Krkotić, Abdoul-Gafar Mamah, Gorance Dimovski. Coach: Igor Dobrovolski
IF ELFSBORG BORÅS: Kevin Stuhr-Ellegaard, Joackim Jørgensen, Jon Jönsson, Johan Larsson, Anders Svensson (Cap), Lars Nilsson, Oscar Hiljemark, Andreas Klarström, Viktor Claesson (76 David Elm), Niklas Hult, Stefan Ishizaki. Coach: Jörgen Lennartsson
Yellow Card: 4 Mamah (90+2) / Svensson (85)
Goal: Maxim Mihaliov (32)


IF ELFSBORG BORÅS – FC DACIA CHIŞINĂU 2-0 (2-0)
Borås Arena, Boras    26.07.2012    Hour: 18:00
Referees: Andrea De Marco, Riccardo Di Fiore, Andrea Marzaloni (ITA)    Attendance: 3,181
IF ELFSBORG BORÅS: Kevin Stuhr-Ellegaard, Jon Jönsson, Johan Larsson, Anders Svensson (Cap), Lars Nilsson (83 Viktor Claesson), Daniel Mobaeck, David Elm, Oscar Hiljemark (68 Marcus Rohdén), Andreas Klarström, Niklas Hult, Stefan Ishizaki. Coach: Jörgen Lennartsson
DACIA: Artiom Gaiduchevici, Denis Ilescu (Cap), Lucas, Adama Guira, Nicolae Josan (46 Cairo), Maxim Mihaliov (22 Ghenadie Orbu), Andrei Cojocari, Osman Sow, Miloš Krkotić, Abdoul-Gafar Mamah, Gorance Dimovski (83 Vasili Pavlov). Coach: Igor Dobrovolski
Goals: Nilsson (9,40)


FC ŽALGIRIS VILNIUS – FC ADMIRA WACKER MÖDLING 1-1 (0-1)
Vetra, Vilnius    19.07.2012    Hour: 20:30
Referees: Mark Courtney, Eamon Shanks, Gareth Eakin (NIR)    Attendance: 2,473
ŽALGIRIS: Armantas Vitkauskas, Andrius Skerla (Cap), Ramūnas Radavičius, Egidijus Vaitkūnas, Calum Elliot, Andro Švrljuga (46 Kamil Bilinski), Luka Perić, Tomislav Pek, Vaidas Šilėnas (84 Pavel Kamolov), Andrei Nagumanov (83 Mario Grgurović), Mantas Kuklys.
Coach: Damir Petravić
FC ADMIRA WACKER MÖDLING: Patrick Tischler, Richard Windbichler (Cap), Stephan Palla (84 Andreas Schrott), Gernot Plassnegger, Daniel Drescher, Patrik Ježek, Patrick Mevoungou, Philipp Hosiner (65 Issiaka Ouédraogo), Stefan Schwab (81 Lukas Thürauer), Marcel Sabitzer, Daniel Toth. Coach: Dietmar Kühbauer
Yellow Card: Elliot (79), Radavičius (89), Vaitkūnas (90+5) / Richard Windbichler (77)
Goals: Ramūnas Radavičius (72) / Philipp Hosiner (12)


FC ADMIRA WACKER MÖDLING – FC ŽALGIRIS VILNIUS 5-1 (3-1)
Bundesstadion Südstadt, Maria Enzersdorf    26.07.2012    Hour: 21:05    Attendance: 3,980
Referees: Leontios Trattou, Michael Soteriou, Charalambos Charalambous (CYP)
FC ADMIRA WACKER MÖDLING: Patrick Tischler, Richard Windbichler (Cap), Gernot Plassnegger, Daniel Drescher, Patrik Ježek (62 Thorsten Schick), Issiaka Ouédraogo, Patrick Mevoungou, Stefan Schwab (56 Philipp Hosiner), Marcel Sabitzer (82 Rene Seebacher), Daniel Toth, Thomas Weber. Coach: Dietmar Kühbauer
ŽALGIRIS: Armantas Vitkauskas, Andrius Skerla, Georgas Freidgeimas, Algis Jankauskas (Cap), Ramūnas Radavičius, Egidijus Vaitkūnas (42 Andro Švrljuga), Calum Elliot, Luka Perić, Tomislav Pek, Kamil Bilinski (74 Pavel Kamolov), Mantas Kuklys (57 Andrei Nagumanov).
Coach: Damir Petravić
Yellow Card: Ouédraogo (19), Schwab (35), Toth (72) / Jankauskas (13)
Goals: Stefan Schwab (4), Patrik Ježek (14 pen,62), Issiaka Ouédraogo (31), Hosiner (70) /
    Mantas Kuklys (22)

BSC YOUNG BOYS BERN – FC ZIMBRU CHIŞINĂU 1-0 (0-0)
Stade de Suisse, Berne   19.07.2012   Hour: 19:30
Referees: Miroslav Zelinka, Ondřej Pelikán, Emanuel Marek (CZE)   Attendance: 9,117
YOUNG BOYS: Marco Wölfli (Cap), Alexander David González (46 Michael Frey), Juhani Ojala, Alain Nef, Michael Silberbauer, Matias Wieterlak, Alexander Farnerud (72 Moreno Costanzo), Mario Raimondi (63 Raphael Nuzzolo), Christoph Spycher, Scott Sutter, Emmanuel Mayuka.
Coach: Martin Rueda
ZIMBRU: Nicolae Calancea (Cap), Oleg Şişchin (57 Constantin Iavorschi), Ilie Bălaşa, Janko Tumbašević (82 Gheorghe Anton), Volodymyr Zastavniy, Serghei Cuznetov, Oleg Molla, Radu Catan (65 Alexandru Cucu), Andriy Derkach, Akhmet Barakhoev, Eugen Gorceac.
Coach: Serghei Sîrbu
Yellow Card: Bălaşa (43), Calancea (54), Derkach (75)
Goal: Frey (53)


FC ZIMBRU CHIŞINĂU – BSC YOUNG BOYS BERN 1-0 (1-0)   (AET)   1-4 penalties
Zimbru, Chişinău   26.07.2012   Hour: 20:15
Referees: Kevin Blom, Angelo Boonman, Bas van Dongen (NED)   Attendance: 5,998
ZIMBRU: Nicolae Calancea (Cap), Levan Korgalidze, Oleg Şişchin (75 Gheorghe Anton), Ilie Bălaşa, Janko Tumbašević, Volodymyr Zastavniy, Serghei Cuznetov, Oleg Molla, Radu Catan, Andriy Derkach, Akhmet Barakhoev (83 Dan Spataru). Coach: Serghei Sîrbu
YOUNG BOYS: Marco Wölfli (Cap), Alain Nef, Michael Silberbauer (67 Alexander David González), Matias Wieterlak (75 Christian Schneuwly), Alexander Farnerud, Christoph Spycher, Michael Frey (91 Moreno Costanzo), Dušan Veškovac, Scott Sutter, Emmanuel Mayuka, Jan Lecjaks. Coach: Martin Rueda
Yellow Card: Barakhoev (65), Anton (95) / Wölfli (57), Veškovac (99), Nef (102),
Goal: Akhmet Barakhoev (42)
Penalties: 0-1 Spycher, 1-1 Derkach, 2-1 Mayuka, Molla, 3-1 Nef, Catan, 4-1 Costanzo


FC RAPID BUCUREŞTI – MYLLYKOSKEN PALLO –47 3-1 (3-1)
Giuleşti – Valentin Stănescu, Bucureşti   19.07.2012   Hour: 20:30
Referees: Stavros Tritsonis, Grigorios Panou, Michael Karsiotis (GRE)   Attendance: 4,684
RAPID: Călin Albuţ, Rui Duarte, Octavian Abrudan, Nemanja Milisavljević, Nicolae Grigore, Daniel Pancu (Cap), Mihai Roman (57 Dorin Goga), Cristian Oroş, Ştefan Grigorie (46 Baže Ilijoski), Romeo Surdu, Filipe Teixeira (72 Ionuţ Voicu). Coach: Ioan Sabău
MYLLYKOSKEN PALLO-47: Antti Kuismala, Hassan Sesay (66 Niko Kukka), Tommi Vesala, Xhevdet Gela (81 Marko Selin), Riley O'Neill, Ville Oksanen, Antti Koskinen, Tuomas Aho (Cap), Shutsa Nongotamba, Ville Saxman (72 David Ramadingaye), Olajide Williams.
Coach: Toni Korkeakunnas
Yellow Card: Grigore (44), Abrudan (46) / Gela (19), O'Neill (50)
Goals: Filipe Teixeira (8), Nicolae Grigore (40), Daniel Pancu (45) / Olajide Williams (26)


MYLLYKOSKEN PALLO-47 – FC RAPID BUCUREŞTI 0-2 (0-2)
Saviniemi Football Stadium, Myllykoski   26.07.2012   Hour: 19:30
Referees: Dimitar Meckarovski, Dusko Miloseski, Igor Sirilov (MKD)   Attendance: 1,282
MYLLYKOSKEN PALLO-47: Antti Kuismala, Hassan Sesay, Tommi Vesala, Xhevdet Gela, Ville Oksanen, Antti Koskinen, Marko Selin (46 Pekka Sihvola), Tuomas Aho (Cap), Shutsa Nongotamba (46 Sasha Anttilainen), Ville Saxman, Olajide Williams (67 Niko Kukka).
Coach: Toni Korkeakunnas
RAPID: Călin Albuţ, Rui Duarte (73 Alexandru Coman), Octavian Abrudan, Nemanja Milisavljević, Baže Ilijoski (46 Vladimir Božović), Cristian Oroş, Ştefan Grigorie, Dorin Goga, Romeo Surdu, Ionuţ Voicu, Filipe Teixeira (Cap) (66 Andrei Ciolacu). Coach: Ioan Sabău
Yellow Card: Selin (8)
Goals: Romeo Surdu (19), Baže Ilijoski (42)

SERVETTE FC GENÈVE – GANDZASAR FC KAPAN 2-0 (0-0)
Stade de Genève, Geneva    19.07.2012    Hour: 19:45
Referees: Damir Batinić, Miro Grgić, Sinisa Premuzaj (CRO)    Attendance: 5,830
SERVETTE: David Gonzalez, Lionel Pizzinat (Cap) (46 Alexandre Pasche), Xavier Kouassi, Goran Karanovic, Steven Lang (74 Kevin Gissi), Geoffrey Treand, Christopher Mfuyi, Vincent Ruefli, Marcos De Azevedo (63 Thierry Moutinho), François Moubandje, Jérôme Schneider. Coach: João Alves
GANDZASAR FC KAPAN: Arsen Beglaryan, Yamadou Keita (58 Regilio Seedorf), Diego Lomba, Armen Tatintsyan (Cap), Dejan Vukomanović, Georgi Krasovski (53 Beniamin Manucharyan), Gustavo Correia, Artur Avagyan, Sargis Nasibyan (64 Vruyr Grigoryan), Goran Obradović, Noah Kasule. Coach: Samvel Sargsyan
Yellow Card: Kasule (69), Obradović (73), Tatintsyan (90+1)
Goals: Goran Karanovic (48), Gissi (79)


GANDZASAR FC KAPAN – SERVETTE FC GENÈVE 1-3 (0-0)
Yerevan Republican Stadium after Vazgen Sargsyan, Yerevan    26.07.2012    Hour: 19:00
Referees: Eiko Saar, Silver Koiv, Dmitri Vinogradov (EST)    Attendance: 1,500
GANDZASAR FC KAPAN: Arsen Beglaryan, Yamadou Keita (73 Sargis Nasibyan), Regilio Seedorf, Beniamin Manucharyan, Diego Lomba, Armen Tatintsyan (Cap) (55 Doumbia Diakaridia), Dejan Vukomanović, Gustavo Correia (63 Hayrapet Avagyan), Artur Avagyan, Goran Obradović, Noah Kasule. Coach: Samvel Sargsyan
SERVETTE: Barroca, Lionel Pizzinat (Cap) (67 João Poceiro Lopes), Tibert Pont, Xavier Kouassi, Goran Karanovic, Steven Lang (75 Thierry Moutinho), Christopher Mfuyi (73 Kevin Gissi), Alexandre Pasche, Marcos De Azevedo, François Moubandje, Jérôme Schneider.
Coach: João Alves
Yellow Card: Obradović (42), Vukomanović (56) / De Azevedo (36), Moubandje (86)
Goals: Hayrapet Avagyan (90+1) / Marcos De Azevedo (47), Tibert Pont (64,68)


FC TWENTE ENSCHEDE – FC INTER TURKU 1-1 (0-1)
FC Twente Stadion, Enschede    19.07.2012    Hour: 19:45
Referees: Cyril Zimmermann, Bruno Zurbrügg, Sladan Josipović (SUI)    Attendance: 18,100
TWENTE: Nikolay Mihaylov, Peter Wisgerhof (Cap), Robbert Schilder, Leroy Fer, Dušan Tadić, Roberto Rosales, Rasmus Bengtsson (46 Wout Brama), Douglas, Glynor Plet, Nacer Chadli, Edwin Gyasi (62 Willem Janssen). Coach: Steve McClaren
INTER: Eemeli Reponen, Daniel Antunez, Ari Nyman, Pim Bowman (90+2 Maximiliano Asís), Irakli Sirbiladze, Joni Aho, Severi Paajanen (85 Kalle Kauppi), Mika Ojala (81 Guy Gnabouyou), Babacar Diallo, Joni Kauko, Henri Lehtonen (Cap). Coach: Job Dragtsma
Yellow Card: Reponen (48), Aho (56)
Goals: Dušan Tadić (66) / Pim Bowman (38)


FC INTER TURKU – FC TWENTE ENSCHEDE 0-5 (0-2)
Turku Stadium, Turku    26.07.2012    Hour: 19:00
Referees: Ivan Bebek, Tomislav Petrović, Miro Grgić (CRO)    Attendance: 7,610
INTER: Eemeli Reponen, Daniel Antunez, Ari Nyman (46 Ville Nikkari), Pim Bowman, Irakli Sirbiladze, Guy Gnabouyou (46 Maximiliano Asís), Joni Aho, Severi Paajanen, Mika Ojala (74 Solomon Duah), Babacar Diallo, Joni Kauko (Cap). Coach: Job Dragtsma
TWENTE: Nikolay Mihaylov, Peter Wisgerhof (Cap) (78 Andreas Bjelland), Robbert Schilder (72 Tim Breukers), Wout Brama, Leroy Fer, Dušan Tadić, Willem Janssen, Roberto Rosales, Douglas, Glynor Plet (76 Wesley Verhoek), Nacer Chadli. Coach: Steve McClaren
Goals: Leroy Fer (4,37), Glynor Plet (7), Nacer Chadli (77,89)

MACCABI NETANYA FC – KUOPION PALLOSEURA 1-2 (0-2)
HaMoshava, Petah Tikva   19.07.2012   Hour: 21:00
Referees: Sergei Karasev, Oleg Tselovalnikov, Ildar Zaripov (RUS)   Attendance: 4,000
MACCABI: Luigi Cennamo, Touvarno Pinas, Leonard Krupnik, Ahmad Sabaa (Cap), Idan Shriki (70 Mohamad Akel), Omer Peretz, Omer Tchalisher, Arnon Tamir (71 Hasan Sarhan), Dariusz Pietrasiak, Itay Manzur (46 Yossi Shivhon), Ori Shitrit. Coach: Tal Banin
KuPS: Mika Hilander, Joni Nissinen, Tero Taipale, Pyry Kärkkäinen (Cap), Antti Hynynen, Markus Joenmäki, Ats Purje (86 Vjatšeslav Zahovaiko), Aleksi Paananen (76 Chris James), Miikka Ilo (68 Sander Puri), Etchu Tabe, Paul Obiefule. Coach: Esa Pekonen
Goals: Yossi Shivhon (75) / Aleksi Paananen (36,45)


KUOPION PALLOSEUERA – MACCABI NETANYA FC 0-1 (0-1)
Kuopion Keskuskenttä, Kuopio   26.07.2012   Hour: 18:30
Referees: Marios Panayi, Aristides Christou, Stelios Nikita (CYP)   Attendance: 3,018
KuPS: Mika Hilander, Joni Nissinen, Tero Taipale, Pyry Kärkkäinen (Cap), Antti Hynynen (86 Sander Puri), Markus Joenmäki, Ats Purje, Aleksi Paananen (90 Chris James), Miikka Ilo (75 Ilja Venäläinen), Etchu Tabe, Paul Obiefule. Coach: Esa Pekonen
MACCABI: Luigi Cennamo, Touvarno Pinas, Ido Levi, Ahmad Sabaa (Cap), Ali Khatib, Idan Shriki (74 Arnon Tamir), Omer Peretz (64 Mohamad Akel), Yossi Shivhon, Omer Tchalisher (85 Hasan Sarhan), Dariusz Pietrasiak, Ori Shitrit. Coach: Tal Banin
Yellow Card: Taipale (17), Ilo (56) / Ali Khatib (88), Levi (90+2), Sabaa (90+6)
Goal: Ahmad Sabaa (40)


NK OSIJEK – KALMAR FF 1-3 (1-1)
Gradski vrt, Osijek   19.07.2012   Hour: 20:00
Referees: Kristinn Jakobsson, Birkir Sigurdarson, Gylfi Mar Sigurdsson (ISL)   Attendance: 1,800
NK OSIJEK: Ivan Vargić, Branko Vrgoč, Hrvoje Kurtović, Antonio Perošević, Marko Lešković, Ivan Ibriks, Vedran Jugović, Nikša Petrović (72 Josip Mišić), Zoran Kvržić (79 Marko Dugandžić), Ivo Smoje (Cap), Ivan Miličević (66 Ivan Aleksić). Coach: Stanko Mršić
KALMAR FF: Etrit Berisha, Markus Thorbjörnsson (46 Erik Israelsson), Paulus Arajuuri, Henrik Rydström (Cap), Sebastian Andersson, Abiola Dauda, Emin Nouri, Jørgen Skjelvik, Daniel Mendes (77 Melker Hallberg), Pape Alioune Diouf (46 Archieford Gutu), Nenad Djordjević.
Coach: Nanne Bergstrand
Yellow Card: Lešković (45,63)
Red Card: Lešković (63)
Goals: Ivan Miličević (5) / Daniel Mendes (34), Abiola Dauda (66), Archieford Gutu (68)


KALMAR FF – NK OSIJEK 3-0 (2-0)
Guldfageln Arena, Kalmar   26.07.2012   Hour: 19:00
Referees: Menashe Masiah, Oren Borneshtain, Abed Alramili (ISR)   Attendance: 4,653
KALMAR FF: Etrit Berisha, Erik Israelsson (85 Jonathan McDonald), Paulus Arajuuri, Henrik Rydström (Cap), Sebastian Andersson, Abiola Dauda (72 Måns Söderqvist), Emin Nouri, Daniel Mendes (75 Pape Alioune Diouf), Archieford Gutu, Ludvig Öhman, Nenad Djordjević.
Coach: Nanne Bergstrand
NK OSIJEK: Ivan Vargić, Branko Vrgoč, Hrvoje Kurtović (67 Josip Mišić), Marko Dugandžić (83 Antonio Pavić), Antonio Perošević, Ivan Ibriks, Vedran Jugović, Zoran Kvržić, Ivo Smoje (Cap), Ivan Miličević (58 Mihael Pongračić), Mislav Leko. Coach: Stanko Mršić
Yellow Card: / Perošević (17), Zoran Kvržić (30,88), Vrgoč (56)
Goals: Abiola Dauda (25), Ivan Ibriks (45+1 own goal), Emin Nouri (90+3)

NŠ MURA MURSKA SOBOTA – PFC CSKA SOFIA 0-0
Športni park, Lendava   19.07.2012   Hour: 20:00
Referees: Lee Probert, Adam Watts, Stuart Burt (ENG)   Attendance: 2,200
NŠ MURA MURSKA SOBOTA: Filip Drakovič, Fabijan Cipot (Cap), Aleš Majer, Damjan Bohar (90+4 Nino Kouter), Leon Horvat, Denis Kramar, Nusmir Fajić, Erik Janža, Dragan Jelič, Mate Eterović (54 Leon Sreš), Matic Maruško. Coach: Franc Cifer
CSKA: Tomáš Cerny, Todor Yanchev (Cap), Hristo Yanev (84 Stanko Yovchev), Cillian Sheridan, Ivan Bandalovski, Nilson António, Anicet Andrianantenaina, Apostol Popov, Kosta Yanev (80 Sasha), Plamen Krachunov, Njongo Priso (71 Anton Karachanakov). Coach: Stoitcho Mladenov
Yellow Card: Fajić (38), Bohar (81) /
      Popov (37), Yanev (40), Bandalovski (42), Karachanakov (81), Sasha (85).
Red Card: Horvat (37) / Sheridan (69)


PFC CSKA SOFIA – NŠ MURA MURSKA SOBOTA 1-1 (1-0)
Natsionalen Stadion Vasil Levski, Sofia   26.07.2012   Hour: 20:00
Referees: Hannes Kaasik, Jaanus Mutli, Neeme Neemlaid (EST)   Attendance: 5,800
CSKA: Tomáš Cerny, Todor Yanchev (Cap), Hristo Yanev, Sasha, Nilson António, Anicet Andrianantenaina, Apostol Popov, Kosta Yanev (88 Stanko Yovchev), Plamen Krachunov, Anton Karachanakov (78 Angel Granchov), Njongo Priso. Coach: Stoitcho Mladenov
NŠ MURA MURSKA SOBOTA: Filip Drakovič, Fabijan Cipot (Cap), Leon Sreš (90 Rok Gruškovnjak), Aleš Majer, Damjan Bohar, Denis Kramar, Nusmir Fajić, Erik Janža, Dragan Jelič, Mate Eterović (75 Nino Kouter), Matic Maruško. Coach: Franc Cifer
Yellow Card: / Kramar (37), Jelič (84), Fajić (90+3)
Goals: Apostol Popov (18) / Nusmir Fajić (76)


ŠK SLOVAN BRATISLAVA – VIDEOTON FC SZÉKESFEHÉRVÁR 1-1 (1-1)
Štadión Pasienky, Bratislava   19.07.2012   Hour: 20:15
Referees: Aleksei Nikolaev, Anton Averianov, Ilya Baryshnikov (RUS)   Attendance: 6,248
SLOVAN: Pavol Kováč, Filip Lukšík, Erik Grendel (78 Karol Mészáros), Juraj Halenár (87 Ákos Szarka), Marko Milinković, Nicolas Gorosito, Jiří Kladrubský (Cap) (67 Patrik Sabo), Mamadou Bagayoko, Lester Peltier, Lukáš Pauschek, Filip Šebo. Coach: Vladimír Weiss
VIDEOTON FC SZÉKESFEHÉRVÁR: Mladen Božović, Álvaro Brachi, Paulo Vinícius, Marco Caneira, György Sándor (Cap), Nikola Mitrović, Filipe Oliveira, Nemanja Nikolić (75 Sándor Torghelle), Stopira, Balázs Tóth (88 Adrián Szekeres), Ádám Gyurcsó (80 Walter Balufo).
Coach: Paulo Sousa
Yellow Card: Kladrubský (60) / Filipe Oliveira (33), Gyurcsó (64)
Goals: Filip Šebo (26) / Filipe Oliveira (30)


VIDEOTON FC SZÉKESFEHÉRVÁR – ŠK SLOVAN BRATISLAVA 0-0
Sóstói, Szekesfehervar   26.07.2012   Hour: 20:30
Referees: Antony Gautier, Michael Annonier, Philippe Jeanne (FRA)   Attendance: 8,028
VIDEOTON FC SZÉKESFEHÉRVÁR: Mladen Božović, Paulo Vinícius, Marco Caneira, György Sándor (Cap), Nikola Mitrović, Filipe Oliveira (81 Walter Balufo), Nemanja Nikolić, Stopira, Balázs Tóth (67 István Kovács), Roland Szolnoki, Ádám Gyurcsó (86 Sándor Torghelle).
Coach: Paulo Sousa
SLOVAN: Matúš Putnocký, Filip Lukšík, Erik Grendel (83 Ákos Szarka), Juraj Halenár (78 Filip Hlohovski), Marko Milinković, Kamil Kopúnek, Nicolas Gorosito, Mamadou Bagayoko (88 Peter Jánošík), Lester Peltier, Lukáš Pauschek, Filip Šebo (Cap). Coach: Vladimír Weiss
Yellow Card: Nikolić (42), Kovács (75), Balufo (86), Božović (90+3) /
      Milinković (47), Peltier (70), Bagayoko (74)

FK VOJVODINA NOVI SAD – FK SŪDUVA MARIJAMPOLÉ 1-1 (0-0)
Karadjordje, Novi Sad   19.07.2012   Hour: 20:30
Referees: Bobby Madden, William Conquer, Graham Chambers (SCO)   Attendance: 6,103
VOJVODINA: Nemanja Supić, Branislav Trajković, Almami Moreira, Nemanja Bilbija (71 Petar Škuletić), Vuk Mitošević, Aboubakar Oumarou, Miroslav Stevanović, Miroslav Vulićević (Cap) (87 Goran Smiljanic), Igor Djurić, Nnaemeka Ajuru (60 Milan Bojović), Vladan Pavlović.
Coach: Zlatomir Zagorčić
SŪDUVA: Pavels Davidovs, Nerijus Radžius (79 Gytis Urba), Povilas Lukšys, Ričardas Beniušis (71 Valdemar Borovskij), Tadas Eliošius (68 Andrius Urbšys), Povilas Leimonas, Karolis Chvedukas, Serhiy Loginov, Vaidas Slavickas (Cap), Rafael Ledesma, Marius Šoblinskas.
Coach: Darius Gvildys
Yellow Card: Oumarou (90+3), Smiljanic (90+4)
Goals: Aboubakar Oumarou (90+3) / Ričardas Beniušis (56)


FK SŪDUVA MARIJAMPOLÉ – FK VOJVODINA NOVI SAD 0-4 (0-3)
Stadium of Marijampole football club, Marijampole   26.07.2012   Hour: 19:30
Referees: Oliver Drachta, Roland Brandner, Philipp Kitzmüller (AUS)   Attendance: 2,000
SŪDUVA: Pavels Davidovs, Nerijus Radžius, Valdemar Borovskij (83 Armandas Breive), Povilas Lukšys, Tadas Eliošius (46 Marius Šoblinskas), Povilas Leimonas, Karolis Chvedukas, Serhiy Loginov, Vaidas Slavickas (Cap), Gytis Urba (55 Ričardas Beniušis), Rafael Ledesma.
Coach: Darius Gvildys
VOJVODINA: Nemanja Supić, Branislav Trajković, Petar Škuletić, Almami Moreira, Vuk Mitošević (31 Nnaemeka Ajuru), Aboubakar Oumarou (63 Milan Bojović), Miroslav Stevanović, Marko Poletanović (81 Nemanja Bilbija), Miroslav Vulićević (Cap), Igor Djurić, Vladan Pavlović.
Coach: Zlatomir Zagorčić
Yellow Card: Lukšys (11), Chvedukas (68) / Trajković (51,90+1).
Red Card: Trajković (90+1)
Goals: Almami Moreira (4), Petar Škuletić (37), Miroslav Stevanović (40), Aboub. Oumarou (48)


HNK HAJDUK SPLIT – SKONTO FC RIGA 2-0 (1-0)
Stadion Poljud, Split   19.07.2012   Hour: 20:30
Referees: Anastassios Kakos, Christos Akrivos, Dimitris Tatsis (GRE)   Attendance: 13,450
HAJDUK: Goran Blažević, Avdija Vršajević, Franko Andrijašević (88 Danijel Stojanović), Ante Vukušić (Cap), Josip Radošević, Goran Jozinović, Mijo Caktaš, Mario Maloča, Matej Jonjić, Dinko Trebotić (78 Tonci Kukoć), Tino-Sven Sušić (66 Filip Ozobić). Coach: Mišo Krstičević
SKONTO: Germans Māliņš (Cap), Igors Savčenkovs, Adil Ibragimov (72 Renārs Rode), Aleksandrs Fertovs, Bojan Gjorgievski, Kristaps Blanks (49 Valērijs Šabala), Roman Amirkhanov, Julio Segundo, Vitālijs Maksimenko, Tadas Labukas, Alans Siņeļņikovs. Coach: Marians Pahars
Yellow Card: Trebotić (49), Vukušić (62), Jonjić (64), Vršajević (76) /
         Maksimenko (43), Siņeļņikovs (60)
Goals: Ante Vukušić(34), Dinko Trebotić (58)


SKONTO FC RIGA – HNK HAJDUK SPLIT 1-0 (0-0)
Skonto Stadions, Riga   26.07.2012   Hour: 21:30
Referees: Libor Kovařík, Patrik Filipek, Krystof Mencl (CZE)   Attendance: 3,100
SKONTO: Germans Māliņš (Cap), Renārs Rode, Igors Savčenkovs, Adil Ibragimov, Ruslan Mingazov, Aleksandrs Fertovs, Valērijs Šabala, Julio Segundo (87 Alans Siņeļņikovs), Vitālijs Maksimenko, Tadas Labukas (62 Kristaps Blanks), Aleksandr Kukanos. Coach: Marians Pahars
HAJDUK: Goran Blažević, Danijel Stojanović, Goran Milović, Avdija Vršajević, Mirko Oremuš (90+4 Ivo-Valentino Tomaš), Ante Vukušić (Cap), Josip Radošević, Steven Luštica, Mijo Caktaš (77 Ivan Vuković), Mario Maloča, Anton Maglica (61 Filip Ozobić). Coach: Mišo Krstičević
Yellow Card: Maksimenko (26), Šabala (34), Kukanos (38), Rode (90+6) /
         Maglica (23), Maloča (49)
Goal: Alans Siņeļņikovs (90+3)

NK ŠIROKI BRIJEG – ST. PATRICK'S ATHLETIC FC DUBLIN 1-1 (0-1)
Pecara, Siroki Brijeg    19.07.2012    Hour: 21:00
Referees: István Kovács, Radu Ghinguleac, Valentin Avram (ROM)    Attendance: 3,200
ŠIROKI: Luka Bilobrk, Damir Džidić, Mateo Bertoša, Vedran Ješe (Cap), Mladen Jurčević, Wagner, Dino Ćorić, Ante Serdarušić (46 Ivica Džidić), Mateo Roskam (55 Krešimir Kordić), Damir Zlomislić (67 Ricardo Baiano), Sandro Bloudek. Coach: Marijan Bloudek
ST. PATRICK'S ATHLETIC: Brendan Clarke, Gerard O'Brien, Conor Kenna (Cap), Greg Bolger, James Chambers, Christy Fagan, Sean O'Connor (75 Darren Meenan), Ian Bermingham, Kenny Browne, Chris Forrester (86 Jake Kelly), John Russell. Coach: Liam Buckley
Yellow Card: Jurčević (7, 43), Ćorić (52), Baiano (67), Ješe (83) /
           Russell (50), O'Connor (68), Bermingham (76).
Red Card: Jurčević (43)
Goals: Wagner (90+3) / Christy Fagan (12)

ST. PATRICK'S ATHLETIC FC DUBLIN – NK ŠIROKI BRIJEG 2-1 (1-0,1-1)
Richmond Park, Dublin    26.07.2012    Hour: 19:45
Referees: Deniz Aytekin, Detlef Scheppe, Christian Leicher (GER)    Attendance: 1,805
ST. PATRICK'S ATHLETIC: Brendan Clarke, Gerard O'Brien, Conor Kenna (Cap), Greg Bolger, James Chambers, Christy Fagan (111 Anthony Flood), Sean O'Connor (89 Darren Meenan), Ian Bermingham, Kenny Browne, Chris Forrester (106 Jake Kelly), John Russell. Coach: L. Buckley
NK ŠIROKI BRIJEG: Luka Bilobrk, Ivica Džidić (85 Jure Ivanković), Mateo Bertoša, Vedran Ješe, Ricardo Baiano (85 Damir Džidić), Dalibor Šilić (Cap), Krešimir Kordić, Wagner, Dino Ćorić, Damir Zlomislić, Sandro Bloudek (63 Mateo Roskam). Coach: Marijan Bloudek
Yellow Card: Kenna (58), Fagan (105+1), Bolger (120+1) /
           Ješe (42), Šilić (51), Bertoša (86), Ivanković (90+2)
Goals: John Russell (39), Christy Fagan (105) / Ivica Džidić (65)

## THIRD QUALIFYING ROUND

FC ANZHI MAKHACHKALA – SBV VITESSE ARNHEM 2-0 (0-0)
Saturn, Ramenskoye    02.08.2012    Hour: 19:00
Referees: Ruddy Buquet, Christophe Capelli, Huseyin Ocak (FRA)    Attendance: 5,000
ANZHI: Vladimir Gabulov, Christopher Samba, João Carlos (15 Ali Gadzhibekov), Mbark Boussoufa, Jucilei, Samuel Eto'o (Cap), Rasim Tagirbekov, Oleg Shatov (88 Mehdi Carcela-González), Arseni Logashov, Fedor Smolov, Odil Ahmedov (19 Georgi Gabulov).
Coach: Guus Hiddink
SBV VITESSE ARNHEM: Piet Velthuizen, Jan-Arie van der Heijden (78 Simon Cziommer), Frank van der Struijk, Marco van Ginkel, Wilfried Bony, Davy Pröpper (71 Mike Havenaar), Jonathan Reis, Michihiro Yasuda, Renato Ibarra, Guram Kashia (Cap), Patrick van Aanholt.
Coach: Fred Rutten
Yellow Card: Tagirbekov (9), Jucilei (45) / Pröpper (21), van der Struijk (59), Reis (86)
Goals: Oleg Shatov (63), Fedor Smolov (74)

SBV VITESSE ARNHEM – FC ANZHI MAKHACHKALA 0-2 (0-0)
Gelredome, Arnhem    09.08.2012    Hour: 20:00
Referees: Michael Oliver, Stuart Burt, Darren England (ENG)    Attendance: 13,892
SBV VITESSE ARNHEM: Piet Velthuizen, Tomáš Kalas, Jan-Arie van der Heijden (78 Davy Pröpper), Marco van Ginkel, Wilfried Bony, Jonathan Reis (74 Giorgi Chanturia), Simon Cziommer, Michihiro Yasuda, Renato Ibarra (74 Mike Havenaar), Guram Kashia (Cap), Patrick van Aanholt. Coach: Fred Rutten
ANZHI: Vladimir Gabulov, Christopher Samba, João Carlos, Mbark Boussoufa (77 Shamil Lahiyalov), Kamil Agalarov, Jucilei, Samuel Eto'o (Cap) (85 Fedor Smolov), Rasim Tagirbekov, Mehdi Carcela-González, Yuri Zhirkov (74 Oleg Shatov), Georgi Gabulov. Coach: Guus Hiddink
Yellow Card: Cziommer (21,59) / Agalarov (46).
Red Card: Cziommer (59)
Goals: Samuel Eto'o (C) (48,84 pen)

KUOPION PALLOSEURA – BURSASPOR 1-0 (0-0)
Kuopion Keskuskenttä, Kuopio   02.08.2012   Hour: 18:30
Referees: Sébastien Delferiere, Yves De Neve, Frederick Stalport (BEL)   Attendance: 3,045
KuPS: Mika Hilander, Joni Nissinen, Tero Taipale, Pyry Kärkkäinen (Cap), Antti Hynynen, Markus Joenmäki, Aleksi Paananen (90+1 Chris James), Miikka Ilo (81 Ilja Venäläinen), Sander Puri, Etchu Tabe, Paul Obiefule. Coach: Esa Pekonen
BURSASPOR: Scott Carson, Alfred N'Diaye, Pablo Batalla, Sebastián Pinto, Michaël Chrétien, Serdar Aziz, Ozan İpek (60 Ferhat Kiraz), Musa Çağıran (88 Adem Kocak), İbrahim Öztürk (Cap), Hakan Aslantaş, İsmail Odabaşı (60 Turgay Bahadır). Coach: Ertuğrul Sağlam
Yellow Card: Tabe (16), Nissinen (51) /
İsmail Odabaşı (4), Ozan İpek (32), Pinto (41), Aziz (81), N'Diaye (90+1)
Goal: Sander Puri (73)


BURSASPOR – KUOPION PALLOSEURA 6-0 (3-0)
Bursa Atatürk, Bursa   09.08.2012   Hour: 21:30
Referees: Alexandru Dan Tudor, Aurel Onița, Radu Ghinguleac (ROM)   Attendance: 19,092
BURSASPOR: Scott Carson, Alfred N'Diaye, Stanislav Šesták (73 İsmail Odabaşı), Pablo Batalla, Sebastián Pinto (76 Ibrahim Teteh Bangura), Michaël Chrétien, Serdar Aziz, Ozan İpek, Musa Çağıran, İbrahim Öztürk (Cap), Hakan Aslantaş (63 Ozan Tufan). Coach: Ertuğrul Sağlam
KuPs: Mika Hilander, Joni Nissinen, Tero Taipale (78 Atte Hoivala), Pyry Kärkkäinen (Cap), Antti Hynynen, Markus Joenmäki (41 Sander Puri), Ats Purje, Aleksi Paananen, Miikka Ilo (46 Ilja Venäläinen), Etchu Tabe, Paul Obiefule. Coach: Esa Pekonen
Yellow Card: Aslantaş (59), Çağıran (69) / Puri (59), Obiefule (89)
Goals: İbrahim Öztürk (23), Sebastián Pinto (28, 49), Pablo Batalla (36), Alfred N'Diaye (47), Ozan Tufan (72)


FC ARSENAL KYIV – NŠ MURA MURSKA SOBOTA 3-0 (1-0)   (Awarded 0-3)
Stadion Dinamo im. Valeriy Lobanovskyi, Kyiv   02.08.2012   Hour: 19:00
Referees: Antti Munukka, Matti Heininen, Jan-Peter Aravirta (FIN)   Attendance: 3,200
FC ARSENAL KYIV: Iyevgen Borovik, Ionuț Mazilu, Olexandr Maksymov, Eric Matoukou, Maksim Shatskikh (Cap), Andriy Gitchenko, Alexander Kobakhidze (77 Saulius Mikoliunas), Dominic Adiyiah (57 Olexandr Kovpak), Volodymyr Polioviy, Leandro Da Silva, Yevhen Shakhov (67 Artem Stargorodsky). Coach: Leonid Kuchuk
NŠ MURA MURSKA SOBOTA: Filip Drakovič, Fabijan Cipot (Cap), Leon Sreš (84 Vaš Arpad), Aleš Majer, Damjan Bohar (90+1 Rok Gruškovnjak), Denis Kramar, Erik Janža, Nino Kouter (62 Rok Buzeti), Dragan Jelič, Mate Eterović, Matic Maruško. Coach: Franc Cifer
Yellow Card: Polioviy (55) / Eterović (33), Majer (49)
Goals: Ionuț Mazilu (6), Olexandr Kovpak (61), Eric Matoukou (83)
UEFA awarded NŠ Mura a 3-0 win after it was discovered that FC Arsenal had fielded suspended player Éric Matoukou in the first leg. The original match had ended in a 3-0 win for FC Arsenal.


NŠ MURA MURSKA SOBOTA – FC ARSENAL KYIV 0-2 (0-1)
Stadion Ljudski vrt, Maribor   09.08.2012   Hour: 20:00
Referees: Oliver Drachta, Roland Brandner, Sebastian Gishamer (AUS)   Attendance: 3,200
NŠ MURA MURSKA SOBOTA: Filip Drakovič, Fabijan Cipot (Cap), Aleš Majer, Damjan Bohar (71 Leon Sreš), Leon Horvat, Denis Kramar, Nusmir Fajić, Erik Janža, Dragan Jelič (90 Nino Kouter), Mate Eterović (66 Vaš Arpad), Matic Maruško. Coach: Franc Cifer
FC ARSENAL KYIV: Yuriy Pankiv, Serhiy Symonenko, Ionuț Mazilu (61 Volodymyr Homenyuk), Olexandr Maksymov, Saulius Mikoliunas, Maksim Shatskikh (Cap), Andriy Gitchenko, Alexander Kobakhidze (81 Olexandr Kovpak), Dominic Adiyiah (35 Janko Simović), Volodymyr Polioviy, Yevhen Shakhov. Coach: Leonid Kuchuk
Yellow Card: Kramar (60), Arpad (89) / Mikoliunas (57), Shatskikh (59), Shakhov (71,90+4).
Red Card: Symonenko (31), Shakhov (90+4)
Goals: Alexander Kobakhidze (2), Volodymyr Homenyuk (61)

FC DILA GORI – ANORTHOSIS FAMAGUSTA FC LARNACA 0-1 (0-0)
Mikheil Meskhi, Tbilisi   02.08.2012   Hour: 20:00
Referees: Ken Henry Johnsen, Geir Åge Holen, Magnus Lundberg (NOR)   Attendance: 7,500
DILA: Marin Skender, Lasha Salukvadze (Cap), Giorgi Oniani, Georgi Shashiashvili, Mate Vatsadze, Gogita Gogua, Shota Grigalashvili (46 Kakhaber Aladashvili), Irakli Modebadze (62 Lasha Gvalia), David Kvirkvelia, Alexander Guruli, Giga Bechvaia (77 Valerian Katsitadze). Coach: Teimuraz Shalamberidze
ANORTHOSIS FAMAGUSTA FC LARNACA: Srdjan Blažić, Paulo Jorge, Jürgen Colin, Dan Alexa, Toni Calvo (78 Moshe Ohayon), Juliano Spadacio, Ioannis Okkas (Cap) (75 Jan Rezek), Vincent Laban (65 Evandro Roncatto), Ricardo Laborde, Branko Ilič, William Boaventura. Coach: Roni Levy
Yellow Card: Modebadze (24), Shashiashvili (26), Gogua (28,57), Bechvaia (45+2), Katsitadze (80) / Okkas (15), Colin (45+4), Roncatto (67), Alexa (80), Ilič (86).
Red Card: Gogua (57)
Goal: Okkas (69)

ANORTHOSIS FAMAGUSTA FC LARNACA – FC DILA GORI 0-3 (0-0)   Match abandoned
Antonis Papadopoulos, Larnaca   09.08.2012   Hour: 20:00
Referees: Mihaly Fabian, Zsolt Varga, Tamás Markus (HUN)
ANORTHOSIS FAMAGUSTA FC LARNACA: Srdjan Blažić, Paulo Jorge, Jürgen Colin, Dan Alexa, Juliano Spadacio, Ioannis Okkas (Cap) (67,75 Evandro Roncatto), Vincent Laban, Ricardo Laborde, Branko Ilič, William Boaventura, Moshe Ohayon (57 Jan Rezek). Coach: Roni Levy
DILA: Marin Skender, Lasha Salukvadze (Cap), Giorgi Oniani, Georgi Shashiashvili, Mate Vatsadze, Shota Grigalashvili, David Kvirkvelia, Alexander Guruli, Giga Bechvaia, Lasha Gvalia, Giorgi Kakhelishvili (46 Roman Akhalkatsi). Coach: Teimuraz Shalamberidze
Yellow Card: Alexa (56), Colin (76) /
         Oniani (4), Vatsadze (25), Gvalia (45+1), Bechvaia (73), Salukvadze (78).
Red card: Laban (79)
Goals: Mate Vatsadze (54,80), Lasha Salukvadze (78)
The match was abandoned in the 82nd minute.

BNEI YEHUDA TEL AVIV FC – PAOK FC THESSALONIKI 0-2 (0-0)
Ramat-Gan Stadium, Ramat Gan   02.08.2012   Hour: 20:00
Referees: Pavle Radovanović, Milovan Djukić, Vladan Todorović (MNE)   Attendance: 2,156
BNEI YEHUDA TEL AVIV FC: Dele Eyenugba, Din Mori, Cohen Gal, Dino Ndlovu, Kęstutis Ivaškevičius, Itzik Azuz, Nir-Nissim Nahum (66 Amir Agajev), Nenad Marinković, Pedro Galván (82 Shlomi Levi), Kfir Edri (Cap), Shalev Menashe (46 Hasan Abu Zaid). Coach: Dror Kashtan
PAOK FC: Panagiotis Glykos, Giorgos Katsikas, Pablo García (Cap), Giorgos Georgiadis (82 Dimitris Salpingidis), Bertrand Robert, Lino, Costin Lazăr (75 Ergys Kace), Bongani Khumalo, Stefanos Athanasiadis, Etto, Apostolos Giannou (71 Dimitris Pelkas). Coach: Georgios Donis
Yellow Card: Azuz (56), Nahum (61) / Etto (38), Athanasiadis (89)
Goals: Giorgos Georgiadis (62), Stefanos Athanasiadis (72)

PAOK FC THESSALONIKI – BNEI YEHUDA TEL AVIV FC 4-1 (0-1)
Stadio Toumba, Thessaloniki   09.08.2012   Hour: 21:00
Referees: Cristian Balaj, Zoltán Székely, Iulian Radu (ROM)   Attendance: 9,544
PAOK FC: Panagiotis Glykos, Giorgos Katsikas (37 Christos Intzidis), Giorgos Georgiadis, Dimitris Salpingidis (Cap) (71 Dimitris Pelkas), Bertrand Robert, Lino, Giorgos Fotakis (46 Ergys Kace), Costin Lazăr, Bongani Khumalo, Stefanos Athanasiadis, Etto. Coach: Georgios Donis
BNEI YEHUDA TEL AVIV FC: Dele Eyenugba, Cohen Gal, Dino Ndlovu, Hasan Abu Zaid, Kęstutis Ivaškevičius, Itzik Azuz, Nenad Marinković, Pedro Galván (56 Nir-Nissim Nahum), Aviv Hadad, Kfir Edri (Cap), Shalev Menashe. Coach: Dror Kashtan
Yellow Card: / Menashe (44,50), Abu Zaid (58), Ivaškevičius (81).
Red Card: Menashe (50)
Goals: Stefanos Athanasiadis (48,52), Bertrand Robert (79), Dimitris Pelkas (90+1) /
         Nenad Marinković (7)

KS RUCH CHORZÓW – FC VIKTORIA PLZEŇ 0-2 (0-0)
Ruch, Chorzów    02.08.2012    Hour: 19:00
Referees: Antonio Damato, Nicola Nicoletti, Francesco De Luca (ITA)    Attendance: 3,824
RUCH: Michal Peškovič, Piotr Stawarczyk, Željko Djokić, Marek Zieńczuk, Malcej Jankowski, Łukasz Janoszka (61 Filip Starzynski), Arkadiusz Piech (81 Andrzej Niedzielan), Marek Szyndrowski, Maciej Sadlok, Gábor Straka (57 Paweł Lisowski), Marcin Malinowski (Cap). Coach: Waldemar Fornalik
VIKTORIA: Petr Bolek, David Limberský, Pavel Horváth (Cap), Martin Fillo, Michal Ďuriš (90 Lukáš Hejda), František Ševinský, Vladimír Darida, Jakub Hora (74 David Štípek), Václav Procházka, Daniel Kolář (88 Marek Hanousek), František Rajtoral. Coach: Pavel Vrba
Yellow Card: Straka (8), Piech (71) / Limberský (40), Ševinský (56)
Goals: Stipek (79), Michal Ďuriš (85)


FC VIKTORIA PLZEŇ – KS RUCH CHORZÓW 5-0 (3-0)
Stadion města Plzně, Plzen    09.08.2012    Hour: 20:00
Referees: Matej Jug, Milan Kogej, Gregor Rojko (SVN)    Attendance: 11,651
VIKTORIA: Petr Bolek, David Limberský (71 Radim Řezník), Pavel Horváth (Cap) (76 Marek Hanousek), Martin Fillo (60 David Štípek), Michal Ďuriš, František Ševinský, Vladimír Darida, Václav Procházka, Marek Bakoš, Daniel Kolář, František Rajtoral. Coach: Pavel Vrba
RUCH: Michal Peškovič, Piotr Stawarczyk, Željko Djokić, Marek Zieńczuk, Malcej Jankowski (64 Łukasz Janoszka), Arkadiusz Piech (78 Grzegorz Kuświk), Mindaugas Panka, Marek Szyndrowski, Maciej Sadlok, Paweł Lisowski (81 Igor Lewczuk), Marcin Malinowski (Cap). Coach: Waldemar Fornalik
Yellow Card: Štípek (90+2) / Lisowski (49), Djokić (88)
Goals: Michal Ďuriš (2,12,28), Marek Bakoš (54), Marek Hanousek (87)


APOEL FC NICOSIA – AALESUNDS FK 2-1 (1-1)
GSP Stadium, Nicosia    02.08.2012    Hour: 20:00
Referees: Emir Aleckovič, Hrvoje Turudić, Dalibor Drašković (BIH)    Attendance: 16,708
APOEL: Dionisios Chiotis, Constantinos Charalambides (Cap) (64 Efstathios Aloneftis), Nektarios Alexandrou, Aldo Adorno (56 Mario Budimir), Selim Benachour (83 Hélder Sousa), Gustavo Manduca, Hélio Pinto, Nuno Morais, Haritz Borda, Mário Sérgio, Zuela. Coach: Ivan Jovanović
AALESUNDS FK: Sten Grytebust, Jonatan Tollås, Jason Morrison, Fredrik Carlsen (90 Edvard Skagestad), Tremaine Stewart, Leke James (79 Kjell Rune Sellin), Daniel Arnefjord (Cap), Hugues Wembangomo, Fredrik Ulvestad, Lars Fuhre (70 Jo Nymo Matland), Enar Jääger. Coach: Kjetil Rekdal
Yellow Card: Benachour (38), Mário Sérgio (69) / Jääger (32), Morrison (33), Carlsen (76)
Goals: Mário Sérgio (34), Efstathios Aloneftis (80) / Tremaine Stewart (16)


AALESUNDS FK – APOEL FC NICOSIA 0-1 (0-1)
Aalesund Stadion, Aalesund    09.08.2012    Hour: 19:00
Referees: Hannes Kaasik, Jaanus Mutli, Dmitri Vinogradov (EST)    Attendance: 5,057
AALESUNDS FK: Sten Grytebust, Jonatan Tollås, Jason Morrison, Fredrik Carlsen (46 Sander Post), Tremaine Stewart, Leke James, Daniel Arnefjord (Cap), Jo Nymo Matland, Lars Fuhre (46 Hugues Wembangomo), Enar Jääger, Michael Barrantes. Coach: Kjetil Rekdal
APOEL: Dionisios Chiotis, Constantinos Charalambides (Cap) (78 Efstathios Aloneftis), Nektarios Alexandrou, Aldo Adorno (83 Mario Budimir), Selim Benachour (89 Hélder Sousa), Gustavo Manduca, Hélio Pinto, Nuno Morais, Haritz Borda, Mário Sérgio, Zuela. Coach: Ivan Jovanović
Yellow Card: Morrison (39) / Hélio Pinto (90+4)
Goal: Aldo Adorno (36)

TROMSØ IL – FC METALURH DONETSK 1-1 (1-0)
Alfheim, Tromsø   02.08.2012   Hour: 19:00
Referees: Steven McLean, William Conquer, Gordon Middleton (SCO)   Attendance: 2,276
TROMSØ IL: Marcus Sahlman, Fredrik Björck, Ruben Kristiansen, Miika Koppinen (Cap), Thomas Drage (79 Hans Åge Yndestad), Ruben Yttergård Jenssen, Zdeněk Ondrášek, Hans Norbye, Magnus Andersen, Thomas Bendiksen, Ole Martin Årst (66 Vegard Lysvoll).
Coach: Per-Mathias Høgmo
METALURH: Oleksandr Bandura, Vyacheslav Checher (Cap), Mykola Morozyuk, Djordje Lazić, Gevorg Ghazaryan, Constantinos Makridis (66 Gregory Nelson), Oleksandr Volovyk, Velizar Dimitrov, Artak Edigaryan, Vasyl Priyma, Júnior Moraes (75 Danilo).
Coach: Volodymyr Pyatenko
Yellow Card: Björck (24) / Makridis (27), Checher (70), Morozyuk (87)
Goals: Zdeněk Ondrášek (43) / Fredrik Björck (88 own goal)

FC METALURH DONETSK – TROMSØ IL 0-1 (0-1)
Metallurh, Donetsk   09.08.2012   Hour: 20:00
Referees: Aleksei Kulbakov, Andrei Getikov, Dmitri Zhuk (BLR)   Attendance: 2,800
METALURH: Oleksandr Bandura, Vyacheslav Checher (Cap), Mykola Morozyuk, Djordje Lazić, Gevorg Ghazaryan, Constantinos Makridis, Oleksandr Volovyk, Zé Soares (46 Gregory Nelson), Artak Edigaryan, Vasyl Priyma (72 Velizar Dimitrov), Júnior Moraes (58 Dramane Traoré).
Coach: Volodymyr Pyatenko
TROMSØ IL: Marcus Sahlman, Serigne Mbodji, Fredrik Björck, Ruben Kristiansen, Miika Koppinen (Cap), Thomas Drage (81 Magnus Andersen), Ruben Yttergård Jenssen, Zdeněk Ondrášek (86 Saliou Ciss), Hans Åge Yndestad, Thomas Bendiksen, Aleksandar Prijovic (62 Ole Martin Årst). Coach: Per-Mathias Høgmo
Yellow Card: Ghazaryan (64) / 4 Ciss (90)
Goal: Aleksandar Prijovic (9)

KALMAR FF – BSC YOUNG BOYS BERN 1-0 (1-0)
Guldfageln Arena, Kalmar   02.08.2012   Hour: 19:00
Referees: Fernando Teixeira Vitienes, Javier Aguilar Rodriguez, Manuel Angel Torre Cimiano (ESP)   Attendance: 3,681
KALMAR FF: Etrit Berisha, Erik Israelsson, Paulus Arajuuri, Henrik Rydström (Cap), Sebastian Andersson (90 Jonathan McDonald), Emin Nouri, Jørgen Skjelvik, Archieford Gutu, Pape Alioune Diouf (86 Ludvig Öhman), Måns Söderqvist (46 Abiola Dauda), Nenad Djordjević.
Coach: Nanne Bergstrand
YOUNG BOYS: Marco Wölfli (Cap), Juhani Ojala, Alain Nef, Alexander Farnerud, Moreno Costanzo (68 Michael Frey), Christian Schneuwly, Mario Raimondi, Christoph Spycher, Scott Sutter, Emmanuel Mayuka (46 Raúl Bobadilla), Raphael Nuzzolo (81 Alexander David González).
Coach: Martin Rueda
Yellow Card: Rydström (80), Skjelvik (90+1)
Goal: Sebastian Andersson (18)

BSC YOUNG BOYS BERN – KALMAR FF 3-0 (1-0)
Stade de Suisse, Bern   09.08.2012   Hour: 19:30
Referees: Halis Özkahya, Çem Satman, Erdinç Sezertam (TUR)   Attendance: 10,124
YOUNG BOYS: Marco Wölfli (Cap), Juhani Ojala, Alain Nef, Alexander Farnerud, Raúl Bobadilla (84 Michael Frey), Christian Schneuwly, Mario Raimondi, Christoph Spycher, Scott Sutter, Emmanuel Mayuka (89 Alexander David González), Raphael Nuzzolo (81 Moreno Costanzo). Coach: Martin Rueda
KALMAR FF: Etrit Berisha, Erik Israelsson, Paulus Arajuuri, Henrik Rydström (Cap), Sebastian Andersson (79 Jonathan McDonald), Abiola Dauda, Emin Nouri, Archieford Gutu (56 Tobias Eriksson), Pape Alioune Diouf, Ludvig Öhman (46 Jørgen Skjelvik), Nenad Djordjević.
Coach: Nanne Bergstrand
Yellow Card: Schneuwly (19), Raimondi (38), Spycher (57) / Arajuuri (76)
Goals: Emmanuel Mayuka (7), Mario Raimondi (69), Raúl Bobadilla (82)

AIK SOLNA – KKS LECH POZNAŃ 3-0 (0-0)
Råsundastadion, Solna    02.08.2012    Hour: 19:00
Referees: Marco Fritz, Mike Pickel, René Kunsleben (GER)    Attendance: 10,658
AIK: Ivan Turina, Niklas Backman, Per Karlsson, Nils-Eric Johansson, Robert Åhman-Persson (79 Helgi Daníelsson), Daniel Tjernström (Cap), Martin Kayongo Mutumba, Celso Borges, Martin Lorentzon, Daniel Gustavsson (79 Atakora Lalawélé), Viktor Lundberg. Coach: Andreas Alm
LECH: Jasmin Burić, Manuel Arboleda, Łukasz Trałka, Gergő Lovrencsics, Rafał Murawski (Cap), Bartosz Ślusarski, Hubert Wołąkiewicz (83 Szymon Drewniak), Alexandar Tonev (85 Bartosz Bereszyński), Luis Henriquez, Mateusz Możdżeń (72 Vojo Ubiparip), Marcin Kamiński.
Coach: Mariusz Rumak
Yellow Card: Åhman-Persson (62), Daníelsson (90+5) /
  Możdżeń (51), Luis Henriquez (74), Lovrencsics (87)
Goals: Martin Lorentzon (60), Celso Borges (78), Viktor Lundberg (86)


KKS LECH POZNAŃ – AIK SOLNA 1-0 (0-0)
Municipal Stadium, Poznań    09.08.2012    Hour: 20:00
Referees: Libor Kovařik, Krystof Mencl, Jiří Moláček (CZE)    Attendance: 14,750
LECH: Jasmin Burić, Manuel Arboleda, Łukasz Trałka (60 Bartosz Bereszyński), Gergő Lovrencsics (85 Jakub Wilk), Rafał Murawski (Cap), Szymon Drewniak, Hubert Wołąkiewicz, Kebba Ceesay, Alexandar Tonev (60 Vojo Ubiparip), Luis Henriquez, Mateusz Możdżeń.
Coach: Mariusz Rumak
AIK: Ivan Turina, Niklas Backman, Per Karlsson, Nils-Eric Johansson (Cap), Robert Åhman-Persson, Helgi Daníelsson, Martin Kayongo Mutumba (81 Daniel Tjernström), Celso Borges, Atakora Lalawélé, Martin Lorentzon, Viktor Lundberg (72 Kwame Karikari). Coach: Andreas Alm
Yellow Card: Ubiparip (90+3) / Åhman-Persson (40), Turina (81), Mutumba (81), Karikari (86)
Goal: Mateusz Możdżeń (72)


SV RIED – KP LEGIA WARSZAWA 2-1 (0-0)
Keine Sorgen Arena, Ried-innkreis    02.08.2012    Hour: 19:00    Attendance: 4,200
Referees: Ante Vučemilović-Šimunović Jr., Dalibor Conjar, Goran Pataki (CRO)
SV RIED: Thomas Gebauer (Cap), Marcel Ziegl, Andreas Schicker, René Gartler (71 Robert Žulj), Markus Grössinger (60 Nacho), Jan Marc Riegler, Marco Meilinger (79 Guillem Martí), Thomas Hinum, Anel Hadzic, Mario Reiter, Thomas Reifeltshammer. Coach: Heinz Fuchsbichler
KP LEGIA WARSZAWA: Dušan Kuciak, Artur Jędrzejczyk, Janusz Gol (46 Marek Saganowski), Michał Żewłakow (Cap), Jakub Wawrzyniak, Iñaki Astiz, Michał Kucharczyk (64 Jakub Rzeźniczak), Jakub Kosecki, Danijel Ljuboja, Miroslav Radović, Daniel Łukasik (72 Ivica Vrdoljak). Coach: Jan Urban
Yellow Card: Riegler (36), Gebauer (82), Marcel Ziegl (84) / Wawrzyniak (49,61).
Red Card: Wawrzyniak (61)
Goals: René Gartler (52), Anel Hadzic (62 pen) / Danijel Ljuboja (85)


KP LEGIA WARSZAWA – SV RIED 3-1 (1-0)
Stadion Wojska Polskiego im., Warszawa    09.08.2012    Hour: 19:00
Referees: Eli Hacmon, Oren Borneshtain, Abed Alramili (ISR)    Attendance: 15,322
KP LEGIA WARSZAWA: Dušan Kuciak, Artur Jędrzejczyk, Michał Żewłakow (Cap) (12 Marko Šuler), Marek Saganowski, Iñaki Astiz, Jakub Kosecki, Ivica Vrdoljak, Jakub Rzeźniczak, Danijel Ljuboja (79 Michał Żyro), Miroslav Radović, Daniel Łukasik (59 Janusz Gol). Coach: Jan Urban
SV RIED: Thomas Gebauer (Cap), Marcel Ziegl (58 Iván Carril), Andreas Schicker, René Gartler, Nacho (56 Markus Grössinger), Jan Marc Riegler, Marco Meilinger, Thomas Hinum, Anel Hadzic (73 Robert Žulj), Mario Reiter, Thomas Reifeltshammer. Coach: Heinz Fuchsbichler
Yellow Card: Vrdoljak (48,71), Šuler (66), Jędrzejczyk (82) / Hinum (44).
Red Card: Vrdoljak (71)
Goals: Marek Saganowski (41), Miroslav Radović (55), Danijel Ljuboja (63) / Robert Žulj (76)

SC HEERENVEEN – FC RAPID BUCUREŞTI 4-0 (1-0)
Abe Lenstra, Heerenveen    02.08.2012    Hour: 19:30
Referees: Manuel De Sousa, Bertino Miranda, Ricardo Santos (POR)    Attendance: 18,000
SC HEERENVEEN: Kristoffer Nordfeldt, Gianni Zuiverloon, Jeffrey Gouweleeuw, Rajiv van la Parra, Filip Djuričić (86 Samir Fazli), Sven Kums, Marten de Roon, Jukka Raitala, Ramon Zomer (Cap), Oussama Tannane (71 Arsenio Valpoort), Hakim Ziyech (53 Pele van Anholt).
Coach: Marco van Basten
RAPID: Călin Albuţ, Rui Duarte, Nemanja Milisavljević (58 Filipe Teixeira), Nicolae Grigore, Bože Ilijoski (63 Dorin Goga), Mihai Roman (76 Andrei Ciolacu), Cristian Oroş, Vladimir Božović (Cap), Ştefan Grigorie, Romeo Surdu, Marius Constantin. Coach: Ioan Ovidiu Sabau
Yellow Card: van la Parra (26) / Rui Duarte (60)
Goals: Filip Djuričić (9,64), Marten de Roon (69), Samir Fazli (89)


FC RAPID BUCUREŞTI – SC HEERENVEEN 1-0 (1-0)
National Arena, Bucureşti    09.08.2012    Hour: 21:30
Referees: Felix Zwayer, Christoph Bornhorst, Florian Steuer (GER)    Attendance: 1,928
RAPID: Călin Albuţ, Rui Duarte (48 Dorin Goga), Ovidiu Herea (73 Nemanja Milisavljević), Mihai Roman, Cristian Oroş, Andrei Ciolacu (46 Bože Ilijoski), Vladimir Božović (Cap), Ştefan Grigorie, Romeo Surdu, Gláuber, Filipe Teixeira. Coach: Ioan Ovidiu Sabău
SC HEERENVEEN: Kristoffer Nordfeldt, Gianni Zuiverloon, Jeffrey Gouweleeuw, Rajiv van la Parra (46 Oussama Assaidi), Filip Djuričić (74 Youssef El-Akchaoui), Sven Kums, Marten de Roon, Jukka Raitala, Ramon Zomer (Cap), Oussama Tannane, Hakim Ziyech (46 Pele van Anholt).
Coach: Marco van Basten
Yellow Card: Goga (90) / Ziyech (44)
Goal: Ovidiu Herea (20 pen)


FC TWENTE ENSCHEDE – FK MLADÁ BOLESLAV 2-0 (0-0)
FC Twente Stadion, Enschede    02.08.2012    Hour: 19:45
Referees: Kristo Tohver, Hannes Reinvald, Artur Telling (EST)    Attendance: 18,500
TWENTE: Nikolay Mihaylov, Andreas Bjelland, Robbert Schilder, Wout Brama (Cap), Leroy Fer, Dušan Tadić, Willem Janssen (73 Felipe Gutiérrez), Roberto Rosales, Douglas, Glynor Plet (46 Dmitri Bulykin), Nacer Chadli. Coach: Steve McClaren
FK MLADÁ BOLESLAV: Jan Šeda, Petr Johana, David Brunclík (84 Ivo Táborský), Jakub Mareš, Ondřej Kúdela (Cap), Jan Boril, Martin Nešpor (69 Václav Ondrejka), Jasmin Šćuk, Lukáš Magera (62 Kristian Zbrozek), Jan Kysela, Matej Sivrič. Coach: Miroslav Koubek
Yellow Card: Chadli (88) / Kysela (74), Mareš (83), Kúdela (88)
Goals: Leroy Fer (52), Nacer Chadli (58)


FK MLADÁ BOLESLAV – FC TWENTE ENSCHEDE 0-2 (0-2)
Mestský, Mladá Boleslav    09.08.2012    Hour: 19:00
Referees: Maksim Layushkin, Aleksei Lebedev, Aleksei Vorontsov (RUS)    Attendance: 3,077
FK MLADÁ BOLESLAV: Jan Šeda, Petr Johana, Radek Šírl (Cap), David Brunclík (79 Lukás Opiela), Jakub Mareš (60 Martin Nešpor), Ondřej Kúdela, Kristian Zbrozek, Jan Boril, Lukáš Magera (22 Václav Ondrejka), Jan Kysela, Matej Sivrič. Coach: Miroslav Koubek
TWENTE: Daniel Fernandes, Andreas Bjelland, Robbert Schilder (77 Peter Wisgerhof), Wout Brama (Cap), Leroy Fer, Dušan Tadić (60 Felipe Gutiérrez), Willem Janssen, Roberto Rosales, Douglas, Nacer Chadli, Dmitri Bulykin (64 Wesley Verhoek). Coach: Steve McClaren
Yellow Card: Mareš (1), Johana (44), Sivrič (82) / Schilder (57)
Goals: Nacer Chadli (9), Leroy Fer (31)

FC STEAUA BUCUREŞTI – FC SPARTAK TRNAVA 0-1 (0-1)
National Arena, Bucureşti    02.08.2012    Hour: 20:45
Referees: Kevin Blom, Rob van de Ven, Patrick Langkamp (NED)    Attendance: 23,494
STEAUA: Ciprian Tătăruşanu, Mihai Doru Pintilii, Florin Gardoş, Alexandru Chipciu, Cristian Tănase, Iasmin Latovlevici (46 Adi Sobrinho), Daniel Georgievski (62 Tiberiu Bălan), Vlad Chiricheş, Raul Rusescu, Alexandru Bourceanu (Cap), Stefan Nikolić (46 Mihai Costea).
Coach: Laurenţiu Reghencampf
SPARTAK: Miroslav Filipko, Peter Čvirik, Vlastimil Stožický, Marek Janečka, Martin Mikovič (87 Michal Gašparík), Patrik Čarnota (61 Ladislav Tomaček), Ľuboš Hanzel, Patrik Gross, Miroslav Karhan (Cap), Erik Sabo, Mário Bicák (79 Marek Kaščák). Coach: Pavel Hoftych
Yellow Card: Georgievski (52), Chipciu (69) / Mikovič (81), Tomaček (85).
Red Card: Tănase (81)
Goal: Martin Mikovič (6)


FC SPARTAK TRNAVA – FC STEAUA BUCUREŞTI 0-3 (0-1)
Antona Malatinského, Trnava    09.08.2012    Hour: 19:30    Attendance: 13,789
Referees: Yevhen Aranovskiy, Yevhen Khalamendyk, Oleg Pluzhnyk (UKR)
SPARTAK: Miroslav Filipko, Peter Čvirik (24 Ladislav Tomaček), Vlastimil Stožický, Marek Janečka, Martin Mikovič, Patrik Čarnota (82 Tomáš Mikinič), Ľuboš Hanzel, Patrik Gross, Miroslav Karhan (Cap), Erik Sabo, Mário Bicák (87 Jiří Koubský). Coach: Pavel Hoftych
STEAUA: Răzvan Stanca, Mihai Doru Pintilii, Florin Gardoş, Alexandru Chipciu, Daniel Georgievski, Vlad Chiricheş, Paul Pârvulescu, Raul Rusescu (89 Tiberiu Bălan), Florin Costea (80 Iasmin Latovlevici), Alexandru Bourceanu (Cap), Adi Sobrinho (60 Stefan Nikolić).
Coach: Laurenţiu Reghencampf
Yellow Card: Hanzel (45+2), Tomaček (55), Mikovič (79), Sabo (89) /
    Georgievski (45+2), Costea (61), Bourceanu (74)
Goals: Adi Sobrinho (8), Raul Rusescu (77), Stefan Nikolić (84)


SERVETTE FC GENÈVE – ROSENBORG BK TRONDHEIM 1-1 (0-0)
Stade de Genève, Geneva    02.08.2012    Hour: 19:45
Referees: Simon Lee Evans, Philip Thomas, Kim Fisher (WAL)    Attendance: 5,722
SERVETTE: Barroca, Lionel Pizzinat (Cap), Xavier Kouassi, Goran Karanovic, Steven Lang (58 João Poceiro Lopes), Mike Gomes, Simone Grippo, Alexandre Pasche (82 Kevin Gissi), Marcos De Azevedo, François Moubandje (84 Tibert Pont), Jérôme Schneider. Coach: João Alves
ROSENBORG: Daniel Örlund, Mikael Dorsin (Cap), Per Rønning, Mohammed-Awal Issah, Bořek Dočkal, John Chibuike (90+3 Jaime Alas), Jon Inge Høiland, Markus Henriksen, Jonas Svensson, Stefan Strandberg, Daniel Fredheim Holm (77 Ole Selnæs). Coach: Jan Jönsson
Yellow Card: Kouassi (71), Karanovic (73), De Azevedo (83) /
    Fredheim Holm (25), Strandberg (65), Rønning (73), Svensson (76)
Goals: Jérôme Schneider (68) / Bořek Dočkal (81)


ROSENBORG BK TRONDHEIM – SERVETTE FC GENÈVE 0-0
Lerkendal Stadion, Trondheim    09.08.2012    Hour: 19:00
Referees: Neil Doyle, Allen Lynch, Dermot Broughton (IRL)    Attendance: 6,725
ROSENBORG: Daniel Örlund, Mikael Dorsin (Cap), Per Rønning, Mohammed-Awal Issah, Bořek Dočkal, Rade Prica, Jon Inge Høiland, Markus Henriksen, Jonas Svensson, Stefan Strandberg, Daniel Fredheim Holm (83 Ole Selnæs). Coach: Jan Jönsson
SERVETTE: Barroca, Lionel Pizzinat (Cap), Thierry Moutinho, Xavier Kouassi, Goran Karanovic, Mike Gomes, Ludovic Paratte (63 Steven Lang), Simone Grippo, Alexandre Pasche (71 Marcos De Azevedo), François Moubandje (83 Vincent Ruefli), Jérôme Schneider. Coach: João Alves
Yellow Card: / Schneider (16), Grippo (82), Kouassi (90+3).
Red Card: De Azevedo (90+4)

ASTERAS TRIPOLIS FC – CS MARÍTIMO FUNCHAL 1-1 (0-0)
Asteras Tripolis, Tripoli Arkadia    02.08.2012    Hour: 21:00
Referees: Vlado Glodjović, Branko Pavlović, Dejan Potoćan (SRB)    Attendance: 2,780
ASTERAS TRIPOLIS FC: Giorgos Bantis, Christos Pipinis, Juanito, Fernando Usero (86 Tasos Bakasetas), Emanuel Perrone, Rayo, Savvas Tsampouros (Cap), Leandro Alvarez, Ximo Armero, Dimitris Kourbelis (68 Hegon), Michalis Fragoulakis (46 Khalifa Sankaré). Coach: Sakis Tsiolis
CS MARÍTIMO FUNCHAL: Romain Salin, Rafael Miranda, Fidélis (85 Adilson), Heldon (74 Rodrigo Antônio), Valentin Roberge, Leocisio Sami, João Luiz, Briguel (Cap), Danilo Dias (87 Igor Rossi), Rúben Ferreira, João Guilherme. Coach: Pedro Martins
Yellow Card: Leandro Alvarez (63), Kourbelis (68), Pipinis (81) /
    Ferreira (36), João Luiz (38), Dias (79), Sami (90+2)
Goals: Rayo (48) / Fidélis (71)


CS MARÍTIMO FUNCHAL – ASTERAS TRIPOLIS FC 0-0
Dos Barreiros, Funchal    09.08.2012    Hour: 20:00
Referees: Paolo Valeri, Massimiliano Grilli, Marco Barbirati (ITA)    Attendance: 3,819
CS MARÍTIMO FUNCHAL: Romain Salin, Rafael Miranda, Fidélis (77 Adilson), Heldon (73 Igor Rossi), Valentin Roberge, Leocisio Sami, João Luiz, Briguel (Cap), Danilo Dias (61 Rodrigo Antônio), Rúben Ferreira, João Guilherme. Coach: Pedro Martins
ASTERAS TRIPOLIS FC: Márton Fülöp, Christos Pipinis, Juanito, Fernando Usero (74 Michalis Fragoulakis), Emanuel Perrone, Rayo, Savvas Tsampouros (Cap), Leandro Alvarez (62 Tasos Bakasetas), Khalifa Sankaré, Sebastian Bartolini, Ximo Armero. Coach: Sakis Tsiolis
Yellow Card: João Luiz (16), Heldon (33), Salin (80) / Rayo (16), Pipinis (49), Tsampouros (89).
Red Card: Rúben Ferreira (69)


FC GOMEL – LIVERPOOL FC 0-1 (0-0)
Tsentralny, Gomel    02.08.2012    Hour: 21:00
Referees: Ivan Kružliak, Tomaš Somolani, Radomir Sluk (SVK)    Attendance: 13,800
FC GOMEL: Vladimir Bushma, Igor Voronkov, Sergei Matveychik, Pavel Kirilchik, Nikolai Kashevski (Cap), Sergei Kozeka (90 Aleksei Timoshenko), Aleksandr Alumona, Dmitri Klimovich, Artur Levitski (84 Vadim Demidovich), Tomasz Nowak (74 Nikolai Lipatkin), Dmitri Platonov. Coach: Oleg Kubarev
LIVERPOOL FC: Brad Jones, Glen Johnson (46 Martin Kelly), José Enrique, Steven Gerrard, Joe Cole (23 Raheem Sterling), Jordan Henderson (65 Lucas), Stewart Downing, Jay Spearing, Jamie Carragher (Cap), Fabio Borini, Martin Škrtel. Coach: Brendan Rodgers
Yellow Card: Klimovich (3), Alumona (51) / Henderson (45), Jones (88)
Goal: Stewart Downing (67)


LIVERPOOL FC – FC GOMEL 3-0 (2-0)
Anfield, Liverpool    09.08.2012    Hour: 20:05
Referees: Kenn Hansen, Lars Rix, David Vang Andersen (DEN)    Attendance: 43,256
LIVERPOOL FC: Pepe Reina, Glen Johnson, José Enrique, Daniel Agger, Luis Suárez, Steven Gerrard (Cap), Stewart Downing, Lucas (86 Jay Spearing), Fabio Borini, Jonjo Shelvey (76 Charlie Adam), Martin Škrtel (77 Jamie Carragher). Coach: Brendan Rodgers
FC GOMEL: Vladimir Bushma, Igor Voronkov, Sergei Matveychik, Nikolai Kashevski (Cap), Sergei Kozeka (75 Pavel Kirilchik), Ilya Aleksievich, Aleksandr Alumona, Dmitri Klimovich (86 Pavel Yevseyenko, Igor Kuzmenok, Tomasz Nowak (63 Nikolai Lipatkin), Dmitri Platonov. Coach: Oleg Kubarev
Yellow Card: Shelvey (59)
Goals: Fabio Borini (21), Steven Gerrard (41), Glen Johnson (72)

KRC GENK – FC AKTOBE 2-1 (2-1)
KRC Genk Arena, Genk    02.08.2012    Hour: 20:00
Referees: Tony Asumaa, Mikko Alakare, Marko Hänninen (FIN)    Attendance: 15,350
KRC GENK: László Köteles, Derick Katuku Tshimanga, Khaleem Hyland, Steven Josep-Monrose, Jelle Vossen (Cap) (76 Elyaniv Barda), Julien Gorius, Anele Ngongca, Thomas Buffel (46 Anthony Limbombe), Nadson, Dani Fernández (84 Kennedy Nwanganga), Christian Benteke.
Coach: Mario Been
FC AKTOBE: Andrei Sidelnikov, Petr Badlo, Robert Primus, Samat Smakov (Cap), Lukáš Bajer, Marat Khayrullin, Emil Kenzhisariev, Sergei Kovalchuk, Alexander Geynrikh (82 Arūnas Klimavičius), Marat Bikmaev (89 Sergey Lisenkov), Timur Kapadze. Coach: Vladimir Mukhanov
Yellow Card: Gorius (88) / Kovalchuk (55), Badlo (59,80), Bikmaev (77), Khayrullin (88), Lisenkov (90+1), Sidelnikov (90+1).
Red Card: Badlo (80)
Goals: Jelle Vossen (C) (18 pen), Steven Joseph-Monrose (44) / Badlo (25)


FC AKTOBE – KRC GENK 1-2 (1-1)
Tsentralniy, Aktobe    09.08.2012    Hour: 21:00 (18:00 CET)
Referees: Cyril Zimmermann, Bruno Zurbrügg, Johannes Vogel (SUI)    Attendance: 12,300
FC AKTOBE: Andrei Sidelnikov, Petr Badlo, Robert Primus, Samat Smakov (Cap), Lukáš Bajer, Marat Khayrullin, Emil Kenzhisariev, Arūnas Klimavičius, Sergei Kovalchuk, Alexander Geynrikh (76 Anton Zemlyanukhin), Marat Bikmaev (81 Sergey Lisenkov), Timur Kapadze.
Coach: Vladimir Mukhanov
KRC GENK: László Köteles, Derick Katuku Tshimanga, Khaleem Hyland, Jelle Vossen (Cap) (88 Fabien Camus), Julien Gorius, Anele Ngongca, Elyaniv Barda (41 Steven Josep- Monrose), Thomas Buffel (83 Kennedy Nwanganga), Nadson, Dani Fernández, Christian Benteke.
Coach: Mario Been
Yellow Card: Primus (6) / Fernández (71).
Red Card: Zemlyanukhin (90+1)
Goals: Emil Kenzhisariev (30) / Christian Benteke (36), Thomas Buffel (51)


AC HORSENS – IF ELFSBORG BORÅS 1-1 (0-0)
Horsens Idrætspark, Horsens    02.08.2012    Hour: 20:15
Referees: Mark Courtney, Eamon Shanks, Andrew Neeson (NIR)    Attendance: 3,552
AC HORSENS: Frederik Rønnow, Morten Rasmusen (Cap), Alexander Juel Andersen, Ken Fagerberg, Steffen Kielstrup, Martin Spelmann, Thomas Kortegaard, Lasse Jørgensen (67 Henrik Toft), Jeppe Mehl (62 Troels Kløve), Mads Agesen, Janus Drachmann. Coach: Johnny Mølby
IF ELFSBORG BORÅS: Kevin Stuhr-Ellegaard, Jon Jönsson, Johan Larsson, Anders Svensson (Cap), Lars Nilsson (74 Amadou Jawo, 86 Andreas Augustsson), Daniel Mobaeck, David Elm, Oscar Hiljemark, Andreas Klarström, Niklas Hult (80 Viktor Claesson), Stefan Ishizaki.
Coach: Jörgen Lennartsson
Yellow Card: Kielstrup (66) / Elm (20), Mobaeck (55)
Goals: Ken Fagerberg (90+2 pen) / Lars Nilsson (65)


IF ELFSBORG BORÅS – AC HORSENS 2-3 (2-3)
Borås Arena, Boras    09.08.2012    Hour: 18:00
Referees: Bobby Madden, Graham Chambers, George Drummond (SCO)    Attendance: 3,467
IF ELFSBORG BORÅS: Kevin Stuhr-Ellegaard, Jon Jönsson (69 Andreas Augustsson), Johan Larsson, Anders Svensson (Cap), Lars Nilsson, Daniel Mobaeck, David Elm, Oscar Hiljemark (61 Stefan Ishizaki), Andreas Klarström, Viktor Claesson, Niklas Hult. Coach: Jörgen Lennartsson
AC HORSENS: Frederik Rønnow, Morten Rasmusen (Cap), Alexander Juel Andersen, Ken Fagerberg (82 Henrik Toft), Steffen Kielstrup, Martin Spelmann, Thomas Kortegaard, Lasse Jørgensen, Mads Agesen, Janus Drachmann, Troels Kløve (90 Anders Nøhr).
Coach: Johnny Mølby
Yellow Card: Jönsson (51), Augustsson (80) / Drachmann (43), Kortegaard (69)
Goals: Lars Nilsson (6), David Elm (18) / Lasse Jørgensen (4), Thomas Kortegaard (13,36)

FK CRVENA ZVEZDA BEOGRAD – AC OMONIA NICOSIA 0-0
Stadion FK Crvena zvezda, Beograd    02.08.2012    Hour: 20:30
Referees: Rene Eisner, Klaus Strasser, Gregor Danler (AUS)    Attendance: 26,930
FK CRVENA ZVEZDA BEOGRAD: Boban Bajković, Srdan Mijailović, Miloš Dimitrijević (88 Kadu), Darko Lazović (81 Luka Milivojević), Evandro, Nikola Maksimović, Milan Jovanović, Luka Milunović, Filip Kasalica, Filip Mladenović, Marko Vešović. Coach: Robert Prosinečki
OMONIA: Johnny Leoni, Savo Pavičević, Danielson, Anthony Scaramozzino, Nuno Assis (69 Bruno Aguiar), Yuval Špungin, André Alves (89 João Alves), Margaça (78 Fredy), Leandro (Cap), Marco, Dimitris Christofi. Coach: Neophytos Larcou
Yellow Card: Kasalica (58), Vešović (82,90+3) /
            Pavičević (67), Bruno Aguiar (88), Christofi (90+1), Marco (90+2).
Red Card: Vešović (90+3)

AC OMONIA NICOSIA – FK CRVENA ZVEZDA BEOGRAD 0-0    (AET)    5-6 penalties
GSP Stadium, Nicosia    09.08.2012    Hour: 19:00
Referees: Michael Lerjeus, Magnus Sjöblom, Per Brogevik (SWE)    Attendance: 13,312
OMONIA: Johnny Leoni, Savo Pavičević, Fredy, Andreas Avraam (83 André Alves), Danielson, Anthony Scaramozzino, Nuno Assis (73 Bruno Aguiar), Yuval Špungin, Leandro (Cap) (95 Margaça), Marco, Dimitris Christofi. Coach: Neophytos Larcou
FK CRVENA ZVEZDA BEOGRAD: Boban Bajković, Srdan Mijailović, Miloš Dimitrijević, Darko Lazović (102 Luka Milunović), Evandro (119 Marko Mirić), Nikola Maksimović, Nikola Mikić (Cap), Milan Jovanović, Filip Kasalica, Luka Milivojević, Filip Mladenović.
Coach: Robert Prosinečki
Yellow Card: Scaramozzino (25), Fredy (43), Špungin (110) / Jovanović (17), Milivojević (26), Mijailović (33), Mikić (45), Lazović (52), Kasalica (77)
Penalties: 0-1 Dimitrijević, 1-1 André Alves, 1-2 Milivojević, 2-2 Fredy, Kasalica, Pavičević, 2-3 Maksimović, 3-3 Christofi, 3-4 Milunović, 4-4 Bruno Aguiar, 4-5 Mladenović, 5-5 Scaramozzino, 5-6 Mijailović, Danielson

VIDEOTON FC SZÉKESFEHÉRVÁR – K.A.A. GENT 1-0 (0-0)
Sóstói, Szekesfehervar    02.08.2012    Hour: 20:30
Referees: Paolo Silvio Mazzoleni, Luca Maggiani, Andrea Padovan (ITA)    Attendance: 5,900
VIDEOTON FC: Mladen Božović, Álvaro Brachi (75 Roland Szolnoki), Paulo Vinícius, Marco Caneira, György Sándor (Cap) (61 István Kovács), Nikola Mitrović, Filipe Oliveira, Nemanja Nikolić, Stopira, Balázs Tóth (87 Renato Neto), Ádám Gyurcsó. Coach: Paulo Sousa
K.A.A. GENT: Sergio Padt, Melli, Christian Brüls (82 Yaya Soumahoro), Shlomi Arbeitman, Mamatou N'Diaye, César Arzo (Cap), Hannes Van der Bruggen, Rafinha, Mohamed Messoudi (72 Jordan Remacle), Ibrahima Conté, Remi Mareval. Coach: Trond Sollied
Yellow Card: Marco Caneira (43), Gyurcsó (63), Tóth (67), Kovács (90+1) / César Arzo (33)
Goal: Nemanja Nikolić (78)

K.A.A. GENT – VIDEOTON FC SZÉKESFEHÉRVÁR 0-3 (0-1)
Jules Ottenstadion, Gent    09.08.2012    Hour: 19:30
Referees: Szymon Marciniak, Paweł Sokolnicki, Tomasz Listkiewicz (POL)    Attendance: 5,828
K.A.A. GENT: Sergio Padt, Marcel Gecov (60 Rodgers Kola), Melli, Christian Brüls, Shlomi Arbeitman, Jordan Remacle, Mamatou N'Diaye, Mario Barić (60 Mohamed Messoudi), César Arzo (Cap), Ibrahima Conté, Remi Mareval (69 Wallace). Coach: Trond Sollied
VIDEOTON FC: Mladen Božović, Álvaro Brachi, Paulo Vinícius, Marco Caneira, György Sándor (Cap), Nikola Mitrović, Filipe Oliveira (73 Renato Neto), Nemanja Nikolić (79 Sándor Torghelle), Stopira, Balázs Tóth (69 István Kovács), Ádám Gyurcsó. Coach: Paulo Sousa
Yellow Card: Arzo (32), Melli (33), Mohamed Messoudi (74,85) /
            Sándor (33), Gyurcsó (38), Filipe Oliveira (55).
Red Card: Brüls (64), Messoudi (85)
Goals: Filipe Oliveira (13), Nemanja Nikolić (68,71)

DUNDEE UNITED FC – FC DINAMO MOSKVA 2-2 (1-0)
Tannadice Park, Dundee   02.08.2012   Hour: 19:45
Referees: Marius Avram, Miklos Istvan Nagy, Valentin Avram (ROM)   Attendance: 9,977
DUNDEE UNITED FC: Radosław Cierzniak, Sean Dillon, Barry Douglas, Gavin Gunning, Willo Flood, Jonathan Russell, John Rankin, Jonathan Daly (Cap), Richard Ryan, Gary Steven, Keith Watson. Coach: Peter Houston
DINAMO: Anton Shunin, Gordon Schildenfeld, Balázs Dzsudzsák, Zvjezdan Misimović, Aleksandr Kokorin, Igor Semshov, Artur Yusupov (90+1 Aleksandr Sapeta), Kevin Kuranyi (Cap), Luke Wilkshire, Marko Lomić, Vladimir Rykov. Coach: Sergei Silkin
Yellow Card: Russell (88) / Yusupov (82), Kokorin (90+3)
Goals: Willo Flood (37), Keith Watson (76) / Igor Semshov (50), Aleksandr Kokorin (90+3)


FC DINAMO MOSKVA – DUNDEE UNITED FC 5-0 (3-0)
Arena Khimki, Moskva   09.08.2012   Hour: 20:00
Referees: Stefan Johannesson, Stefan Wittberg, Daniel Gustavsson (SWE)   Attendance: 9,063
DINAMO: Roman Berezovski, Leandro Fernandez, Balázs Dzsudzsák (63 Gordon Schildenfeld), Zvjezdan Misimović, Aleksandr Kokorin, Igor Semshov, Artur Yusupov (64 Aleksandr Sapeta), Kevin Kuranyi (Cap), Luke Wilkshire, Marko Lomić, Vladimir Rykov (63 Otman Bakkal).
Coach: Dmitri Khokhlov
DUNDEE UNITED FC: Radosław Cierzniak, Barry Douglas, Brian McLean, Gavin Gunning, Willo Flood, Jonathan Russell (78 Michael Gardyne), John Rankin (59 Stuart Armstrong), Jonathan Daly (Cap), Richard Ryan, Gary Steven (86 Ryan Dow), Keith Watson. Coach: Peter Houston
Yellow Card: Rykov (26), Yusupov (41), Fernandez (74) / Watson (24)
Goals: Igor Semshov (2), Aleksandr Kokorin (23), Artur Yusupov (40), Aleksandr Sapeta (83,89)


ESKİŞEHIRSPOR KULÜBÜ – OLYMPIQUE de MARSEILLE 1-1 (0-0)
Atatürk, Eskişehir   02.08.2012   Hour: 21:45
Referees: Pawel Gil, Piotr Sadczuk, Marcin Borkowski (POL)   Attendance: 12,870
ESKİŞEHIRSPOR KULÜBÜ: Ruud Boffin, Diego Ângelo, Dedê, Alper Potuk, Atdhe Nuhiu, Erkan Zengin (46 Mehmet Güven), Diomansy Kamara, Patryk Małecki (68 Burhan Eşer), Hürriyet Gücer, Servet Çetin (Cap), Veysel Sarı (81 Mikail Albayrak). Coach: Ersun Yanal
OLYMPIQUE de MARSEILLE: Steve Mandanda (Cap), Nicolas N'Koulou, Benoît Cheyrou, André-Pierre Gignac (72 Jordan Ayew), André Ayew, Jérémy Morel, Stéphane Mbia, Morgan Amalfitano, Charles Kaboré, Rod Fanni, Mathieu Valbuena (87 Florian Raspentino).
Coach: Elie Baup
Yellow Card: Kamara (8), Małecki (11) / Kaboré (19), Cheyrou (31), Ayew (56), Mbia (87)
Goals: Atdhe Nuhiu (62) / André-Pierre Gignac (49)


OLYMPIQUE de MARSEILLE – ESKİŞEHIRSPOR KULÜBÜ 3-0 (2-0)
Parsemain, Istres   09.08.2012   Hour: 20:45
Referees: Artur Soares, Rui Tavares, Antonio Godinho (POR)   Attendance: 5,432
OLYMPIQUE de MARSEILLE: Steve Mandanda (Cap), Nicolas N'Koulou, Benoît Cheyrou, André-Pierre Gignac (79 Rafidine Abdullah), André Ayew, Jérémy Morel, Stéphane Mbia (82 César Azpilicueta), Morgan Amalfitano, Charles Kaboré, Rod Fanni, Mathieu Valbuena (73 Jordan Ayew). Coach: Elie Baup
ESKİŞEHIRSPOR KULÜBÜ: Ruud Boffin, Diego Ângelo, Dedê, Alper Potuk, Mehmet Güven (46 Rodrigo Tello), Atdhe Nuhiu, Erkan Zengin (46 Patryk Małecki), Diomansy Kamara, Hürriyet Gücer, Servet Çetin (Cap), Veysel Sarı. Coach: Ersun Yanal
Yellow Card: Cheyrou (73,75) / Gücer (19), Potuk (75).
Red Card: Cheyrou (75)
Goals: André Ayew (7,66), André-Pierre Gignac (36)

ST. PATRICK'S ATHLETIC FC DUBLIN – HANNOVER 96 0-3 (0-1)
Tallaght Stadium, Dublin    02.08.2012    Hour: 19:45
Referees: Tamás Bognar, Robert Kispal, Peter Berettyán (HUN)    Attendance: 4,236
ST. PATRICK'S ATHLETIC: Brendan Clarke, Gerard O'Brien, Conor Kenna (Cap), Greg Bolger (83 Anthony Flood), James Chambers, Christy Fagan, Sean O'Connor (79 Darren Meenan), Ian Bermingham, Kenny Browne, Chris Forrester (87 Jake Carroll), John Russell.
Coach: Liam Buckley
HANNOVER 96: Ron-Robert Zieler, Leon Andreasen (72 Manuel Schmiedebach), Karim Haggui, Mario Eggimann, Steven Cherundolo (Cap), Sergio Pinto, Szabolcs Huszti (57 Konstantin Rausch), Didier Konan Ya, Jan Schlaudraff (79 Mohammed Abdellaoue), Christian Pander, Lars Stindl.
Coach: Mirko Slomka
Yellow Card: Russell (90+2) / Stindl (63)
Goals: Leon Andreasen (6), Christian Pander (67), Didier Konan Ya (80)


HANNOVER 96 – ST. PATRICK'S ATHLETIC FC DUBLIN 2-0 (1-0)
Hannover Arena, Hannover    09.08.2012    Hour: 20:30
Referees: Anar Salmanov, Yashar Abbasov, Mubariz Hashimov (AZE)    Attendance: 24,500
HANNOVER: Ron-Robert Zieler, Leon Andreasen, Karim Haggui, Steven Cherundolo (Cap), Sergio Pinto (64 Manuel Schmiedebach), Szabolcs Huszti, Didier Konan Ya (46 Artur Sobiech), Christian Schulz (39 Mario Eggimann), Mohammed Abdellaoue, Lars Stindl, Konstantin Rausch.
Coach: Mirko Slomka
ST. PATRICK'S ATHLETIC: Brendan Clarke, Gerard O'Brien, Conor Kenna (Cap), Greg Bolger, James Chambers, Christy Fagan (79 Anthony Flood), Sean O'Connor, Ian Bermingham, Kenny Browne, Chris Forrester (58 Darren Meenan), John Russell (64 Jake Carroll). Coach: Liam Buckley
Yellow Card: Chambers (34), Flood (87)
Goals: Karim Haggui (32), Mario Eggimann (47)


HNK HAJDUK SPLIT – FC INTERNAZIONALE MILANO 0-3 (0-2)
Hajduk, Split    02.08.2012    Hour: 20:45
Referees: Hüseyin Göçek, Mustafa Eyisoy, Orkun Aktaş (TUR)    Attendance: 30,832
HAJDUK: Goran Blažević, Goran Milović, Avdija Vršajević, Franko Andrijašević (54 Antonio Milić), Mirko Oremuš (78 Ivo-Valentino Tomaš), Ante Vukušić (Cap), Josip Radošević, Goran Jozinović, Mijo Caktaš, Filip Ozobić (46 Anton Maglica), Mario Maloča. Coach: Mišo Krstičević
FC INTERNAZIONALE MILANO: Samir Handanovič, Javier Zanetti (Cap), Matías Silvestre, Rodrigo Palacio, Wesley Sneijder (65 Coutinho), Fredy Guarín, Esteban Cambiasso, Diego Milito (76 Marko Livaja), Cristian Chivu (46 Walter Samuel), Jonathan, Yuto Nagatomo.
Coach: Andrea Stramaccioni
Yellow Card: Maloča (18), Radošević (90) / Silvestre (90+2)
Goals: Wesley Sneijder (18), Yuto Nagatomo (44), Coutinho (73)


FC INTERNAZIONALE MILANO – HNK HAJDUK SPLIT 0-2 (0-1)
Stadio Giuseppe Meazza, Milano    09.08.2012    Hour: 20:45
Referees: Clément Turpin, Cyril Gringore, Nicolas Danos (FRA)    Attendance: 44,154
FC INTERNAZIONALE MILANO: Samir Handanovič, Javier Zanetti (Cap), Coutinho (64 Samuele Longo), Wesley Sneijder (84 Matías Silvestre), Fredy Guarín, Esteban Cambiasso, Diego Milito, Andrea Ranocchia, Walter Samuel, Ibrahima Mbaye (55 Yuto Nagatomo), Jonathan.
Coach: Andrea Stramaccioni
HAJDUK: Goran Blažević, Antonio Milić, Goran Milović, Avdija Vršajević, Franko Andrijašević (59 Mijo Caktaš), Mirko Oremuš, Ante Vukušić (Cap), Josip Radošević, Goran Jozinović, Mario Maloča (10 Matej Jonjić), Ivan Vuković (83 Steven Luštica). Coach: Mišo Krstičević
Yellow Card: Samuel (6) / Radošević (55), Vuković (58), Vršajević (62)
Goals: Ante Vukušić (23 pen), Ivan Vuković (58)

FK VOJVODINA NOVI SAD – SK RAPID WIEN 2-1 (0-0)
Karadjordje, Novi Sad   02.08.2012   Hour: 21:00
Referees: Artyom Kuchin, Evgeni Belski, Sanzhar Iskakov (KAZ)   Attendance: 8,000
VOJVODINA: Nemanja Supić, Serginho Greene, Petar Škuletić (66 Nemanja Bilbija), Almami Moreira, Aboubakar Oumarou (89 Milan Bojović), Miroslav Stevanović, Marko Poletanović (84 Nnaemeka Ajuru), Miroslav Vulićević (Cap), Igor Djurić, Vladan Pavlović, Djordje Jokić. Coach: Zlatomir Zagorčić
RAPID: Lukas Königshofer, Mario Sonnleitner, Stefan Kulovits, Markus Heikkinen, Terrance Boyd, Steffen Hofmann (Cap), Markus Katzer, Christopher Drazan (68 Christopher Trimmel), Harald Pichler, Guido Burgstaller (78 Deni Alar), Michael Schimpelsberger. Coach: Peter Schöttel
Yellow Card: Škuletić (17), Jokić (82), Djurić (83), Moreira (87), Pavlović (90+6) /
            Pichler (21), Trimmel (90+2)
Goals: Aboubakar Oumarou (75), Milan Bojović (90+4) / Deni Alar (90+6)


SK RAPID WIEN – FK VOJVODINA NOVI SAD 2-0 (0-0)
Gerhard-Hanappi-Stadion, Wien   09.08.2012   Hour: 21:05
Referees: Robert Malek, Krzysztof Myrmus, Maciej Wierzbowski (POL)   Attendance: 15,800
RAPID: Lukas Königshofer, Mario Sonnleitner, Markus Heikkinen, Terrance Boyd, Steffen Hofmann (Cap), Markus Katzer, Christopher Drazan, Thomas Prager (71 Deni Alar), Christopher Trimmel, Guido Burgstaller (90+4 Stefan Kulovits), Gerson. Coach: Peter Schöttel
VOJVODINA: Nemanja Supić, Serginho Greene (87 Djordje Jokić), Branislav Trajković, Almami Moreira, Aboubakar Oumarou, Miroslav Stevanović, Marko Poletanović (90+3 Milan Bojović), Miroslav Vulićević (Cap), Igor Djurić, Nnaemeka Ajuru (73 Vuk Mitošević), Vladan Pavlović. Coach: Zlatomir Zagorčić
Yellow Card: Alar (75), Boyd (82) / Ajuru (28), Greene (59), Vulićević (84), Moreira (90+8).
Red Card: Pavlović (83)
Goals: Deni Alar (90+1 pen), Terrance Boyd (90+8)


ATHLETIC CLUB BILBAO – NK SLAVEN KOPRIVNICA 3-1 (2-1)
San Mamés, Bilbao   02.08.2012   Hour: 21:00
Referees: Serhiy Boiko, Oleksandr Korniyko, Volodymyr Volodin (UKR)   Attendance: 23,986
ATHLETIC: Gorka Iraizoz, Gaizka Toquero (63 Iñigo Ruiz De Galarreta), Ander Iturraspe, Óscar de Marcos, Ibai Gómez (46), Markel Susaeta, Andoni Iraola, Ismael López, Íñigo Pérez, Carlos Gurpegi (Cap), Jonás Ramalho (46 Borja Ekiza). Coach: Marcelo Bielsa
SLAVEN: Silvio Rodić, Elvis Kokalović, Mato Grgić, Igor Bubnjić, Dario Čanadjija, Tomislav Bušić (53 Martin Šaban), Mateas Delić (59 Dejan Glavica), Vedran Purić, Nikola Rak (81 Borislav Pilipović), Alen Maraš (Cap), Ante Batarelo. Coach: Roy Ferenčina
Yellow Card: Maraš (39)
Goals: Ismael López (16,68), Markel Susaeta (20) / Mateas Delić (19)


NK SLAVEN KOPRIVNICA – ATHLETIC CLUB BILBAO 2-1 (1-0)
Gradski stadion Koprivnica, Koprivnica   09.08.2012   Hour: 18:45
Referees: Danny Makkelie, Rob van de Ven, Charles Schaap (NED)   Attendance: 2,800
SLAVEN: Silvio Rodić, Elvis Kokalović, Igor Bubnjić, Dario Čanadjija (74 Mato Grgić), Tomislav Bušić, Dejan Glavica, Mateas Delić (59 Davor Vugrinec), Vedran Purić, Nikola Rak, Alen Maraš (Cap), Ante Batarelo (66 Mario Gregurina). Coach: Roy Ferenčina
ATHLETIC: Gorka Iraizoz, Gaizka Toquero (46 Iñigo Ruiz De Galarreta), Ander Iturraspe, Óscar de Marcos, Ibai Gómez (46 Fernando Llorente), Markel Susaeta, Andoni Iraola, Ismael López, Íñigo Pérez, Carlos Gurpegi (Cap), Borja Ekiza (46 Iker Muniain). Coach: Marcelo Bielsa
Yellow Card: Purić (43), Čanadjija (72), Maraš (80) /
            Iturraspe (26), de Marcos (41), Susaeta (45+1), Pérez (65)
Goals: Alen Maraš (C) (28), Gregurina (68) / Iker Muniain (47)

FK SARAJEVO – FK ZETA PODGORICA 2-1 (2-1)
Asim Ferhatović Hase Stadion, Sarajevo   02.08.2012   Hour: 21:00
Referees: Anastassios Kakos, Christos Akrivos, Dimitris Tatsis (GRE)   Attendance: 12,259
FK SARAJEVO : Dejan Bandović, Ivan Sesar (85 Nermin Haskić), Sedin Torlak (Cap), Said Husejinović, Emir Hadžić, Ivan Tatomirović, Radan Šunjevarić (75 Denis Čomor), Zoran Belošević, Amer Dupovac, Nemanja Zlatković, Asmir Suljić (64 Žarko Karamatić).
Coach: Dragan Jović
FK ZETA PODGORICA: Davor Brnović, Miloš Radulović, Vlado Peličić, Miroslav Zlatičanin, Aleksandar Boljević (53 Milorad Dabić), Ivan Novović, Balša Božović (81 Filip Kalačević), Boris Došljak, Goran Burzanović (Cap), Žarko Korać, Miloš B. Radulović. Coach: Rade Vešović
Yellow Card: Šunjevarić (41) /
           Korać (7), Radulović (23), Peličić (31,71), Balša Božović (55), Novović (90).
Red Card: Peličić (71)
Goals: Asmir Suljić (17), Zoran Belošević (43) / Balša Božović (45)


FK ZETA PODGORICA – FK SARAJEVO 1-0 (1-0)
Stadion Podgorica, Podgorica   09.08.2012   Hour: 20:00
Referees: Tommy Skjerven, Svein Inge Wiken, Sven Erik Midthjell (NOR)   Attendance: 5,879
FK ZETA PODGORICA: Miloš Bulatović, Miloš Radulović, Miroslav Kaludjerović, Miroslav Zlatičanin, Aleksandar Boljević (73 Milorad Dabić), Ivan Novović, Balša Božović (60 Dražen Ajković), Boris Došljak, Goran Burzanović (Cap), Žarko Korać (80 Ivan Knežević), Miloš B. Radulović. Coach: Rade Vešović
FK SARAJEVO : Dejan Bandović, Ivan Sesar, Sedin Torlak (Cap), Said Husejinović, Emir Hadžić, Ivan Tatomirović, Radan Šunjevarić (58 Denis Čomor), Zoran Belošević (58 Žarko Karamatić), Amer Dupovac, Nemanja Zlatković, Asmir Suljić. Coach: Dragan Jović
Yellow Card: Miloš B. Radulović (34), Bulatović (89) / Suljić (69), Sesar (83), Čomor (87)
Goal: Goran Burzanović (9)


FC ADMIRA WACKER MÖDLING – AC SPARTA PRAHA 0-2 (0-1)
Bundesstadion Südstadt, Maria Enzersdorf   02.08.2012   Hour: 21:05
Referees: Martin Hansson, Fredrik Nilsson, Henrik Andren (SWE)   Attendance: 5,000
FC ADMIRA WACKER MÖDLING: Patrick Tischler, Richard Windbichler (Cap), Gernot Plassnegger (77 Thorsten Schick), Daniel Drescher, Patrik Ježek (71 Rene Seebacher), Bernhard Schachner, Issiaka Ouédraogo (60 Philipp Hosiner), Patrick Mevoungou, Stefan Schwab, Marcel Sabitzer, Thomas Weber. Coach: Dietmar Kühbauer
SPARTA: Tomáš Vaclík, Manuel Pamić, Ondrej Svejdík, Leony Kweuke, Andrej Kerić (54 Václav Kadlec), Pavel Kadeřábek (80 Tomáš Přikryl), Josef Hušbauer, Ladislav Krejčí (89 Tomáš Zápotočný), Vlastimil Vidlička, Mario Holek, Jiří Jarošík (Cap). Coach: Vítězslav Lavicka
Yellow Card: Schwab (48), Hosiner (65) / Kadlec (64)
Goals: Patrick Mevoungou (29 own goal), Leony Kweuke (58)


AC SPARTA PRAHA – FC ADMIRA WACKER MÖDLING 2-2 (2-1)
Stadion Letná, Praha   09.08.2012   Hour: 20:00
Referees: Luca Banti, Riccardo Di Fiore, Alessandro Petrella (ITA)   Attendance: 8,732
SPARTA: Tomáš Vaclík, Manuel Pamić, Ondrej Svejdík, Tomáš Přikryl (50 Jiří Skalák), Leony Kweuke, Václav Kadlec (89 Andrej Kerić), Pavel Kadeřábek (81 Peter Grajciar), Josef Hušbauer, Vlastimil Vidlička, Mario Holek, Jiří Jarošík (Cap). Coach: Vítězslav Lavicka
FC ADMIRA WACKER MÖDLING: Patrick Tischler, Gernot Plassnegger (Cap), Peter Pöllhuber, Lukas Thürauer, Andreas Schrott, Patrick Mevoungou (62 Bernhard Schachner), Benjamin Sulimani (80 René Schicker), Stefan Schwab (64 Philipp Hosiner), Rene Seebacher, Marcel Sabitzer, Thomas Weber. Coach: Dietmar Kühbauer
Yellow Card: Kadeřábek (78) / Plassnegger (52), Schrott (80)
Goals: Leony Kweuke (36,39) / Lukas Thürauer (19), Benjamin Sulimani (69)

# PLAY-OFFS

VfB STUTTGART – FC DINAMO MOSKVA 2-0 (0-0)
VfB Arena, Stuttgart     22.08.2012    Hour: 18:15
Referees: William Collum, Martin Cryans, William Conquer (SCO)     Attendance: 20,353
VfB: Sven Ulreich, William Kvist, Serdar Tasci (Cap), Martin Harnik (62 Ibrahima Traore), Vedad Ibišević, Francisco Rodríguez, Arthur Boka, Christian Gentner, Tim Hoogland, Tamás Hajnal (77 Cacau), Shinji Okazaki (62 Tunay Torun). Coach: Bruno Labbadia
DINAMO: Anton Shunin, Gordon Schildenfeld, Leandro Fernandez, Balázs Dzsudzsák, Zvjezdan Misimović (38 Igor Semshov), Pavel Nekhaychik (85 Vladimir Granat), Artur Yusupov, Christian Noboa, Kevin Kuranyi (Cap) (75 Andrei Panyukov), Luke Wilkshire, Marko Lomić.
Coach: Dan Petrescu
Yellow Card: / Wilkshire (6), Yusupov (47)
Goals: Vedad Ibišević (72,90+1)


FC DINAMO MOSKVA – VfB STUTTGART 1-1 (0-0)
Arena Khimki, Moskva     28.08.2012    Hour: 20:00
Referees: Fırat Aydınus, Serkan Ok, Alek Tascioglu (TUR)     Attendance: 7,164
DINAMO: Anton Shunin, Gordon Schildenfeld, Leandro Fernandez (Cap), Balázs Dzsudzsák (68 Pavel Nekhaychik), Aleksandr Kokorin, Vladimir Granat, Christian Noboa, Kevin Kuranyi (68 Zvjezdan Misimović), Marko Lomić, Aleksandr Sapeta (61 Igor Semshov), Nikita Chicherin.
Coach: Dan Petrescu
VfB: Sven Ulreich, Gotoku Sakai, William Kvist, Serdar Tasci (Cap), Martin Harnik (68 Tunay Torun), Vedad Ibišević (78 Cacau), Francisco Rodríguez, Arthur Boka (74 Cristian Molinaro), Christian Gentner, Tamás Hajnal, Shinji Okazaki. Coach: Bruno Labbadia
Yellow Card: Chicherin (8)
Goals: Aleksandr Kokorin (77) / Vedad Ibišević (64)


FC ANZHI MAKHACHKALA – AZ ALKMAAR 1-0 (0-0)
Lokomotiv, Moskva     23.08.2012    Hour: 20:00    Attendance: 6,030
Referees: Michael Koukoulakis, Dimitrios Saraidaris, Damianos Efthimiadis (GRE)
ANZHI: Vladimir Gabulov, Christopher Samba, João Carlos, Mbark Boussoufa, Kamil Agalarov, Jucilei, Samuel Eto'o (Cap), Rasim Tagirbekov, Oleg Shatov, Mehdi Carcela-González, Lacina Traoré (78 Fedor Smolov). Coach: Guus Hiddink
AZ: Esteban, Dirk Marcellis, Nick Viergever, Donny Gorter, Etienne Reijnen, Adam Maher, Erik Falkenburg, Maarten Martens (Cap), Viktor Elm, Jozy Altidore, Roy Beerens (74 Steven Berghuis).
Coach: Gertjan Verbeek
Yellow Card: Tagirbekov (49) / Martens (80), Berghuis (90+1)
Goal: Lacina Traoré (51)


AZ ALKMAAR – FC ANZHI MAKHACHKALA 0-5 (0-2)
AFAS Stadion, Alkmaar     30.08.2012    Hour: 21:00
Referees: Svein Oddvar Moen, Kim Thomas Haglund, Frank Andås (NOR)     Attendance: 11,512
AZ: Esteban, Dirk Marcellis, Nick Viergever, Donny Gorter, Etienne Reijnen, Adam Maher, Erik Falkenburg, Maarten Martens (Cap) (41 Jóhann Gudmundsson), Viktor Elm, Jozy Altidore (60 Ruud Boymans), Roy Beerens (72 Mikhael Rosheuvel). Coach: Gertjan Verbeek
ANZHI: Vladimir Gabulov, Christopher Samba, João Carlos, Mbark Boussoufa, Kamil Agalarov, Jucilei, Samuel Eto'o (Cap) (85 Shamil Lahiyalov), Oleg Shatov (72 Fedor Smolov), Arseni Logashov (54 Yuri Zhirkov), Mehdi Carcela-González, Lacina Traoré. Coach: Guus Hiddink
Yellow Card: Logashov (37), Carcela-González (73)
Goals: Mbark Boussoufa (17), Samuel Eto'o (C) (45+2), Lacina Traoré (79), Mehdi Carcela-González (83), Shamil Lahiyalov (90+4)

NEFTCHI PFK BAKU – APOEL FC NICOSIA 1-1 (0-0)
Dalga Stadium, Baku    23.08.2012    Hour: 21:00 (18:00 CET)
Referees: Robert Malek, Krzysztof Myrmus, Maciej Wierzbowski (POL)    Attendance: 4,000
NEFTCHI PFK BAKU: Saša Stamenković, Igor Mitreski, Rashad A. Sadygov (Cap), Flavinho, Julius Wobay (76 Araz Abdullayev), Nicolás Canales, Eric Ramos, Bruno Bertucci, Mahir Shukurov, Cavid Imamverdiyev (65 Mirhüseyin Seyidov), Elvin Yunuszade.
Coach: Boyukagha Hajiyev
APOEL: Dionisios Chiotis, Mario Budimir (88 Athos Solomou), Constantinos Charalambides (Cap) (58 Aldo Adorno), Nektarios Alexandrou, Hélio Pinto, Nuno Morais, Haritz Borda, Mário Sérgio, Zuela, Hélder Sousa (46 Selim Benachour), Efstathios Aloneftis. Coach: Ivan Jovanović
Yellow Card: Shukurov (33), Ramos (90), Canales (90+3) / Aloneftis (29), Zuela (81)
Goals: Mahir Shukurov (82 pen) / Selim Benachour (83)


APOEL FC NICOSIA – NEFTCHI PFK BAKU 1-3 (1-2)
GSP Stadium, Nicosia    30.08.2012    Hour: 20:00
Referees: Said Ennjimi, Emmanuel Boisdenghien, Huseyin Ocak (FRA)    Attendance: 20,337
APOEL: Dionisios Chiotis, Michael Klukowski (63 Constantinos Charalambides), Mario Budimir, Nektarios Alexandrou (Cap), Selim Benachour (72 Hélder Sousa), Gustavo Manduca (80 Aldo Adorno), Hélio Pinto, Nuno Morais, Haritz Borda, Mário Sérgio, Efstathios Aloneftis.
Coach: Ivan Jovanović
NEFTCHI PFK BAKU: Saša Stamenković, Igor Mitreski, Rashad A. Sadygov (Cap), Flavinho, Julius Wobay (76 Araz Abdullayev), Nicolás Canales (86 Tarlan Guliyev), Eric Ramos, Bruno Bertucci, Mahir Shukurov, Cavid Imamverdiyev (72 Mirhüseyin Seyidov), Elvin Yunuszade.
Coach: Boyukagha Hajiyev
Yellow Card: Budimir (10), Hélder Sousa (90+3) / Ramos (15), Wobay (31), Bertucci (35).
Red Card: Yunuszade (83)
Goals: Selim Benachour (44) / Cavid Imamverdiyev (22), Julius Wobay (30), Flavinho (60)


TROMSØ IL – FK PARTIZAN BEOGRAD 3-2 (1-1)
Alfheim, Tromsø    23.08.2012    Hour: 18:30
Referees: Robert Schörgenhofer, Alain Hoxha, Matthias Winsauer (AUS)    Attendance: 3,386
TROMSØ IL: Marcus Sahlman, Serigne Mbodji, Fredrik Björck, Ruben Kristiansen, Miika Koppinen (Cap), Thomas Drage, Ruben Yttergård Jenssen, Zdeněk Ondrášek, Magnus Andersen (72 Thomas Bendiksen), Saliou Ciss (78 Hans Åge Yndestad), Aleksandar Prijovic (62 Remi Johansen). Coach: Per-Mathias Høgmo
PARTIZAN: Vladimir Stojković, Aleksandar Miljković, Vladimir Volkov, Medo, Nemanja Tomić, Stefan Šćepović (58 Aleksandar Mitrović), Nikola Aksentijević, Ivan Ivanov, Saša Marković (90+3 Milan Smiljanić), Stefan Babović (Cap) (81 Saša Ilić), Lazar Marković.
Coach: Vladimir Vermezović
Goals: Aleksandar Prijovic (37), Björck (77), Serigne Mbodji (82) /
       Saša Marković (43), Aleksandar Mitrović (84)


FK PARTIZAN BEOGRAD – TROMSØ IL 1-0 (0-0)
Partizan, Beograd    30.08.2012    Hour: 20:45
Referees: Serge Gumienny, Frank Bleyen, Kristof Meers (BEL)    Attendance: 14,725
PARTIZAN: Vladimir Stojković, Aleksandar Miljković, Vladimir Volkov, Medo, Nemanja Tomić, Ivan Ivanov, Saša Marković (78 Milan Smiljanić), Saša Ilić (Cap) (72 Nikola Ninković), Miloš Ostojić, Aleksandar Mitrović, Lazar Marković (46 Mohamed Zubya). Coach: Vladimir Vermezović
TROMSØ IL: Benny Lekström, Serigne Mbodji, Fredrik Björck, Ruben Kristiansen, Miika Koppinen (Cap), Thomas Drage, Ruben Yttergård Jenssen, Zdeněk Ondrášek (78 Hans Norbye), Thomas Bendiksen (78 Ole Martin Årst), Saliou Ciss, Aleksandar Prijovic (59 Magnus Andersen).
Coach: Per-Mathias Høgmo
Yellow Card: Marković (72), Mitrović (80), Ostojić (90+3) / Mbodji (80)
Goal: Ivan Ivanov (75)

FK EKRANAS PANEVĖŽYS – FC STEAUA BUCUREŞTI 0-2 (0-1)
Vetra, Vilnius    23.08.2012    Hour: 19:45
Referees: Aleksei Kulbakov, Andrei Getikov, Dmitri Zhuk (BLR)    Attendance: 756
FK EKRANAS PANEVĖŽYS: Tadas Kauneckas, Yani Urdinov, Vytautas Lukša, Aurimas Kučys (78 Edvinas Girdvainis), Arsenij Buinickij (63 Egidijus Varnas), Žilvinas Kymantas (76 Dovydas Norvilas), Ignas Dedura (Cap), Marko Andjelković, Aurimas Vertelis, Giedrius Tomkevičius, Mantas Samusiovas. Coach: Valdas Urbonas
STEAUA: Răzvan Stanca, Mihai Doru Pintilii, Alexandru Chipciu (57 Raul Rusescu), Mihai Costea, Iasmin Latovlevici, Daniel Georgievski, Novak Martinović, Vlad Chiricheş, Alexandru Bourceanu (Cap) (53 Lucian Filip), Adrian Popa, Stefan Nikolić (62 Adi Sobrinho).
Coach: Laurenţiu Reghecampf
Yellow Card: Lukša (37), Andjelković (75) / Filip (66), Latovlevici (90+2)
Goals: Novak Martinović (36), Adrian Popa (76)

FC STEAUA BUCUREŞTI – FK EKRANAS PANEVĖŽYS 3-0 (2-0)
Stadionul Steaua, Bucureşti    30.08.2012    Hour: 20:30
Referees: Tony Asumaa, Mikko Alakare, Marko Hänninen (FIN)    Attendance: 14,841
STEAUA: Ciprian Tătăruşanu (Cap), Mihai Doru Pintilii, Florin Gardoş, Alexandru Chipciu (46 Andrei Prepeliţă), Lucian Filip, Iasmin Latovlevici, Novak Martinović (57 Cristian Puşcaş), Andrei Dumitraş, Raul Rusescu (46 Mihai Costea), Adrian Popa, Adi Sobrinho.
Coach: Laurenţiu Reghecampf
FK EKRANAS PANEVĖŽYS: Emilijus Zubas, Yani Urdinov, Vytautas Lukša, Aurimas Kučys, Žilvinas Kymantas (77 Tadas Markevičius), Egidijus Varnas (89 Arsenij Buinickij), Ignas Dedura (Cap), Marko Andjelković, Aurimas Vertelis (70 Vitalijus Kavaliauskas), Giedrius Tomkevičius, Edvinas Girdvainis. Coach: Valdas Urbonas
Yellow Card: Rusescu (28), Gardoş (63), Sobrinho (77) /
            Urdinov (48), Tomkevičius (53), Andjelković (66)
Goals: Adi Sobrinho (21,88), Andrei Dumitraş (31)

FC SLOVAN LIBEREC – FC DNIPRO DNIPROPETROVSK 2-2 (0-1)
U Nisy, Liberec    23.08.2012    Hour: 19:00
Referees: Pol van Boekel, Angelo Boonman, Rob van de Ven (NED)    Attendance: 4,226
SLOVAN: David Bičík, Renato Kelić, Lukáš Vácha, Jan Nezmar, Serhiy Lyulka, Miloš Bosančić (46 Maicon), Michal Breznaník, Ondřej Kušnír (60 Vojtěch Hadaščok), Tomáš Janů (Cap) (83 Yevhen Morozenko), Josef Šural, Jiří Fleišman. Coach: Jaroslav Šilhavý
FC DNIPRO DNIPROPETROVSK: Jan Laštůvka, Ondřej Mazuch, Vitaly Mandziuk, Giuliano, Yevhen Konoplyanka (66 Denys Oliynyk), Yevhen Cheberyachko, Ivan Strinić, Roman Zozulya, Ruslan Rotan (Cap), Olexandr Aliyev (74 Michael Odibe), Matheus. Coach: Juande Ramos
Yellow Card: Hadaščok (65), Janů (67) / Mazuch (90)
Goals: Michal Breznaník (62), Lukáš Vácha (90 pen) / Yevhen Konoplyanka (43), Matheus (49)

FC DNIPRO DNIPROPETROVSK – FC SLOVAN LIBEREC 4-2 (1-0)
Dnipro Arena, Dnipropetrovsk    30.08.2012    Hour: 19:00
Referees: Duarte Gomes, Tiago Trigo, Ricardo Santos (POR)    Attendance: 27,076
FC DNIPRO DNIPROPETROVSK: Jan Laštůvka, Ondřej Mazuch, Giuliano, Yevhen Konoplyanka, Yevhen Cheberyachko, Ivan Strinić, Roman Zozulya (72 Serhiy Kravchenko), Michael Odibe, Ruslan Rotan (Cap), Olexandr Aliyev (88 Vitaly Mandziuk), Matheus (56 Nikola Kalinić). Coach: Juande Ramos
SLOVAN: David Bičík, Renato Kelić, Lukáš Vácha, Jan Nezmar, Serhiy Lyulka, Miloš Bosančić (27 Miloš Karišik), Michal Breznaník, Ondřej Kušnír (79 Michael Rabušic), Vojtěch Hadaščok (61 Jan Blažek), Tomáš Janů (Cap), Jiří Fleišman. Coach: Jaroslav Šilhavý
Yellow Card: Odibe (69), Cheberyachko (82) /
            Nezmar (12, 25), Kušnír (14), Kelić (31), Bičík (58), Lyulka (68).
Red Card: Nezmar (25)
Goals: Olexandr Aliyev (12 pen, 59 pen), Yevhen Konoplyanka (76), Nikola Kalinić (87) /
       Michal Breznaník (61), Renato Kelić (72)

AIK SOLNA – CSKA MOSKVA 0-1 (0-0)
Råsundastadion, Solna   23.08.2012   Hour: 19:00
Referees: Kevin Blom, Wilco Lobbert, Davie Goossens (NED)   Attendance: 16,889
AIK: Ivan Turina, Niklas Backman, Per Karlsson, Nils-Eric Johansson (Cap), Helgi Danielsson (79 Moro Ibrahim), Martin Kayongo Mutumba, Celso Borges, Martin Lorentzon, Kwame Karikari (62 Daniel Tjernström), Daniel Gustavsson, Viktor Lundberg. Coach: Andreas Alm
CSKA: Igor Akinfeev (Cap), Sergei Ignashevich, Keisuke Honda, Alan Dzagoev, Mário Fernandes (71 Kirill Nababkin), Ahmed Musa, Aleksandrs Cauņa (66 Pontus Wernbloom), Rasmus Elm, Zoran Tošić (76 Mark González), Vasili Berezutski, Georgi Schennikov. Coach: Leonid Slutski
Yellow Card: Lorentzon (74)
Goal: Keisuke Honda (61)



CSKA MOSKVA – AIK SOLNA 0-2 (0-1)
Arena Khimki, Moskva   30.08.2012   Hour: 21:00
Referees: Ovidiu Alin Haţegan, Zoltán Székely, Octavian Şovre (ROM)   Attendance: 11,000
CSKA: Igor Akinfeev (Cap), Sergei Ignashevich, Keisuke Honda, Alan Dzagoev, Mário Fernandes, Kirill Nababkin, Ahmed Musa, Aleksandrs Cauņa (12 Pontus Wernbloom), Rasmus Elm, Zoran Tošić (85 Mark González), Vasili Berezutski. Coach: Leonid Slutski
AIK: Ivan Turina, Niklas Backman, Per Karlsson, Nils-Eric Johansson (Cap), Helgi Danielsson, Martin Kayongo Mutumba (68 Daniel Tjernström), Celso Borges, Atakora Lalawélé, Robin Quaison (68 Viktor Lundberg), Martin Lorentzon, Kwame Karikari. Coach: Andreas Alm
Yellow Card: / Kayongo Mutumba (27), Karikari (39), Backman (90+3)
Goals: Kwame Karikari (6), Martin Lorentzon (90+3)



KP LEGIA WARSZAWA – ROSENBORG BK TRONDHEIM 1-1 (1-0)
Stadion Wojska Polskiego im., Warszawa   23.08.2012   Hour: 19:00
Referees: Aleksandar Stavrev, Marjan Kirovski, Dejan Kostadinov (MKD)   Attendance: 21,637
KP LEGIA WARSZAWA: Dušan Kuciak, Artur Jędrzejczyk, Marek Saganowski, Jakub Wawrzyniak, Iñaki Astiz, Michał Kucharczyk (76 Michał Żyro), Jakub Kosecki, Jakub Rzeźniczak, Danijel Ljuboja, Miroslav Radović (Cap), Daniel Łukasik (90 Dominik Furman). Coach: Jan Urban
ROSENBORG: Daniel Örlund, Mikael Dorsin (Cap), Tore Reginiussen, Bořek Dočkal, Jon Inge Høiland, Tarik Elyounoussi, Markus Henriksen, Jonas Svensson, Stefan Strandberg, Daniel Fredheim Holm (74 Rade Prica), Mikkel Diskerud. Coach: Jan Jönsson
Yellow Card: Astiz (11), Jędrzejczyk (65) / Diskerud (35), Dočkal (55)
Goals: Jakub Kosecki (42) / Bořek Dočkal (80)



ROSENBORG BK TRONDHEIM – KP LEGIA WARSZAWA 2-1 (0-1)
Lerkendal Stadion, Trondheim   30.08.2012   Hour: 19:00
Referees: Daniele Orsato, Mauro Tonolini, Fabiano Preti (ITA)   Attendance: 8,712
ROSENBORG: Daniel Örlund, Mikael Dorsin (Cap), Tore Reginiussen, Per Rønning, Bořek Dočkal, Rade Prica, Jon Inge Høiland, Tarik Elyounoussi, Jonas Svensson, Daniel Fredheim Holm, Mikkel Diskerud (90+2 Steffen Iversen). Coach: Jan Jönsson
KP LEGIA WARSZAWA: Dušan Kuciak, Janusz Gol, Michał Żewłakow (Cap), Marek Saganowski, Jakub Wawrzyniak, Iñaki Astiz, Jakub Kosecki (90 Jorge Ramon Salinas Martinez), Jakub Rzeźniczak, Danijel Ljuboja, Miroslav Radović (68 Michał Żyro), Daniel Łukasik (87 Dominik Furman). Coach: Jan Urban
Yellow Card: Svensson (71) / Radović (18), Łukasik (53), Żyro (85), Kosecki (86)
Goals: Tore Reginiussen (69), Mikkel Diskerud (87) / Danijel Ljuboja (36)

ATROMITOS FC PERISTERI – NEWCASTLE UNITED FC 1-1 (1-1)
Peristeri, Athína   23.08.2012   Hour: 20:00
Referees: Alon Yefet, Amihay Yehoshua Mozes, Dvir Shimon (ISR)   Attendance: 5,002
ATROMITOS FC PERISTERI: Charles Itandje, Giannis Skondras (Cap), Kostas Giannoulis (86 Thanassis Karagounis), Sokratis Fitanidis, Eduardo Brito, Denis Epstein, Njazi Kuqi (61 Tasos Karamanos), Nikola Beljić (61 Marinaldo Cicero da Silva), Matias Iglesias, Elini Dimoutsos, Nikos Lazaridis. Coach: Dušan Bajević
NEWCASTLE UNITED: Steve Harper, Mike Williamson (Cap), Vurnon Anita, Papiss Cissé (77 Adam Campbell), James Perch, Dan Gosling (64 Romain Amalfitano), Ryan Taylor, Gael Bigirimana, Sylvain Marveaux (71 Jonás Gutiérrez), Gabriel Obertan, James Tavernier.
Coach: Alan Pardew
Goals: Denis Epstein (24) / Ryan Taylor (45+1)


NEWCASTLE UNITED FC – ATROMITOS FC PERISTERI 1-0 (1-0)
St. James' Park, Newcastle   30.08.2012   Hour: 20:00
Referees: Stephan Studer, Sandro Pozzi, Jean-Yves Wicht (SUI)   Attendance: 29,242
NEWCASTLE UNITED: Tim Krul, Fabricio Coloccini (Cap), Daniel Simpson, Mike Williamson, James Perch (59 James Tavernier), Dan Gosling, Ryan Taylor (11 Haris Vučkič), Demba Ba, Gael Bigirimana, Sylvain Marveaux (90+2 Romain Amalfitano), Gabriel Obertan. Coach: Alan Pardew
ATROMITOS FC PERISTERI: Charles Itandje, Giannis Skondras (Cap), Kostas Giannoulis, Sokratis Fitanidis, Eduardo Brito (88 Njazi Kuqi), Denis Epstein, Matias Iglesias, Tasos Karamanos, Elini Dimoutsos (85 Miguel Sebastian Garcia), Nikos Lazaridis, Marinaldo Cicero da Silva (75 Nikola Beljić). Coach: Dušan Bajević
Yellow Card: Coloccini (76) / da Silva (43)
Goal: Haris Vučkič (21)


MOLDE FK – SC HEERENVEEN 2-0 (1-0)
Molde Stadion, Molde   23.08.2012   Hour: 19:00
Referees: Cristian Balaj, Sebastian Gheorghe, Radu Ghinguleac (ROM)   Attendance: 4,656
MOLDE FK: Espen Bugge Pettersen, Kristoffer Vatshaug, Vegard Forren, Daniel Hestad (Cap) (70 Etzaz Hussain), Magnus Eikrem, Mattias Moström, Jo Inge Berget (70 Pape Paté Diouf), Martin Linnes, Joshua Gatt (82 Magne Simonsen), Knut Olav Rindarøy, Daniel Chima.
Coach: Ole Gunnar Solskjær
SC HEERENVEEN: Kristoffer Nordfeldt, Gianni Zuiverloon, Jeffrey Gouweleeuw, Youssef El-Akchaoui, Rajiv van la Parra (85 Samir Fazli), Filip Djuričić, Sven Kums, Marten de Roon, Ramon Zomer (Cap) (58 Arnold Kruiswijk), Oussama Tannane (46 Arsenio Valpoort), Pele van Anholt.
Coach: Marco van Basten
Yellow Card: Zuiverloon (86)
Goals: Magnus Eikrem (31), Mattias Moström (90)


SC HEERENVEEN – MOLDE FK 1-2 (0-0)
Abe Lenstra, Heerenveen   30.08.2012   Hour: 19:00
Referees: Stanislav Todorov, Ventsislav Gavrilov, Ivan Valchev (BUL)   Attendance: 10,000
SC HEERENVEEN: Kristoffer Nordfeldt, Gianni Zuiverloon, Youssef El-Akchaoui (71 Jukka Raitala), Rajiv van la Parra (76 Daniël de Ridder), Arnold Kruiswijk, Filip Djuričić, Sven Kums, Marten de Roon, Ramon Zomer (Cap), Arsenio Valpoort, Pele van Anholt (60 Jeffrey Gouweleeuw). Coach: Marco van Basten
MOLDE FK: Espen Bugge Pettersen, Kristoffer Vatshaug, Vegard Forren, Daniel Hestad (Cap), Magnus Eikrem (77 Magne Hoseth), Mattias Moström, Jo Inge Berget (57 Daniel Chima), Martin Linnes, Joshua Gatt (74 Etzaz Hussain), Knut Olav Rindarøy, Pape Paté Diouf.
Coach: Ole Gunnar Solskjær
Yellow Card: / Eikrem (19), Gatt (49)
Goals: Arsenio Valpoort (90+2) / Jo Inge Berget (54), Pape Paté Diouf (73)

FC SHERIFF TIRASPOL – OLYMPIQUE de MARSEILLE 1-2 (1-1)
Stadionul Sheriff, Tiraspol    23.08.2012    Hour: 20:00
Referees: Sascha Kever, Raffael Zeder, Devis Dettamanti (SUI)    Attendance: 11,770
SHERIFF: Vladislav Stoyanov, Alexandru Onica (75 Stanislav Ivanov), Aleksandar Pešić, Alexandru Dedov (79 Luvannor Henrique), Benjamin Balima, Marcel Metoua, Alejandro Morales, Florent Rouamba, Tomislav Pajović, Miral Samardžić (Cap), Marko Stanojević (71 Alexandr Pascenco). Coach: Mihai Stoichiță
OLYMPIQUE de MARSEILLE: Steve Mandanda (Cap), Nicolas N'Koulou, Jordan Ayew (88 Billel Omrani), André-Pierre Gignac (74 Loïc Rémy), Rafidine Abdullah, Jérémy Morel, Stéphane Mbia, Morgan Amalfitano, Charles Kaboré, Rod Fanni, Mathieu Valbuena (62 Florian Raspentino).
Coach: Elie Baup
Yellow Card: Samardžić (73), Morales (90+3) / Ayew (48)
Goals: Tomislav Pajović (27) / Jordan Ayew (18, 53)


OLYMPIQUE de MARSEILLE – FC SHERIFF TIRASPOL 0-0
Stade Vélodrome, Marseille    30.08.2012    Hour: 20:30    Attendance: 9,583
Referees: Kristinn Jakobsson, Johann Gudmundsson, Gunnar Gunnarsson (ISL)
OLYMPIQUE de MARSEILLE: Steve Mandanda (Cap), Nicolas N'Koulou, Benoît Cheyrou, Jordan Ayew, André Ayew, Loïc Rémy (67 André-Pierre Gignac), Rafidine Abdullah, Jérémy Morel, Morgan Amalfitano (79 Mathieu Valbuena), Charles Kaboré, Sénah Mango.
Coach: Elie Baup
SHERIFF: Vladislav Stoyanov, Alexandru Onica, Aleksandar Pešić (75 Serghei Dadu), Alexandru Dedov (85 Luvannor Henrique), Benjamin Balima, Marcel Metoua, Alejandro Morales, Florent Rouamba, Tomislav Pajović, Miral Samardžić (Cap), Marko Stanojević (70 Stanislav Ivanov).
Coach: Mihai Stoichiță
Yellow Card: Mango (30), Ayew (62) / Morales (68), Balima (72), Onica (83)


BURSASPOR – FC TWENTE ENSCHEDE 3-1 (1-1)
Bursa Atatürk, Bursa    23.08.2012    Hour: 20:30    Attendance: 24,216
Referees: David Fernández Borbalán, Raúl Cabanero Martínez, Jorge Canelo Prieto (ESP)
BURSASPOR: Scott Carson, Gökçek Vederson, Alfred N'Diaye, Stanislav Šesták (69 Petteri Forsell), Pablo Batalla (90 Ferhat Kiraz), Sebastián Pinto, Michaël Chrétien, Serdar Aziz (10 Ömer Erdoğan), Ozan İpek, Musa Çağıran, İbrahim Öztürk (Cap). Coach: Ertuğrul Sağlam
TWENTE: Nikolay Mihaylov, Andreas Bjelland, Robbert Schilder, Wout Brama (Cap) (62 Felipe Gutiérrez), Leroy Fer, Dušan Tadić, Willem Janssen, Roberto Rosales, Douglas, Nacer Chadli (80 Dmitri Bulykin), Luc Castaignos (72 Wesley Verhoek). Coach: Steve McClaren
Yellow Card: Öztürk (47), Batalla (49), Erdoğan (67) / Fer (44), Verhoek (90)
Goals: Pablo Batalla (40,82), Stanislav Šesták (53) / Nacer Chadli (31)


FC TWENTE ENSCHEDE – BURSASPOR 4-1 (1-1, 3-1)
FC Twente Stadion, Enschede    30.08.2012    Hour: 21:00
Referees: Nicola Rizzoli, Luca Maggiani, Alessandro Giallatini (ITA)    Attendance: 22,000
TWENTE: Nikolay Mihaylov, Peter Wisgerhof (Cap), Robbert Schilder, Wout Brama, Leroy Fer, Dušan Tadić, Willem Janssen (60 Wesley Verhoek), Roberto Rosales, Douglas, Luc Castaignos (118 Denny Landzaat), Dmitri Bulykin (60 Felipe Gutiérrez). Coach: Steve McClaren
BURSASPOR: Scott Carson, Gökçek Vederson, Alfred N'Diaye (82 Adem Kocak), Stanislav Šesták, Pablo Batalla (112 Ferhat Kiraz), Sebastián Pinto, Ömer Erdoğan (Cap), Michaël Chrétien, Ozan İpek (40 Hakan Aslantaş), Musa Çağıran, İbrahim Öztürk. Coach: Ertuğrul Sağlam
Yellow Card: Brama (20), Fer (54), Castaignos (88) /
            Erdoğan (25), Chrétien (50,89), Öztürk (54), Carson (102), Çağıran (116).
Red Card: Chrétien (89)
Goals: Leroy Fer (26 pen , 116), Robbert Schilder (61), Felipe Gutiérrez (62) /
       Sebastián Pinto (45+4)

CS DINAMO BUCUREŞTI – FC METALIST KHARKIV 0-2 (0-1)
National Arena    23.08.2012    Hour: 20:30
Referees: Pawel Gil, Piotr Sadczuk, Marcin Borkowski (POL)    Attendance: 14,800
DINAMO: Cristian Bălgrădean, Cristian Pulhac, Cosmin Matei, Cătălin Munteanu (Cap) (78 Mircea Axente), Marius Alexe (66 Alexandru Curtean), Issa Ba (60 Boris Galchev), Boubacar Mansaly, Dragoş Grigore, Srgian Luchin, George Ţucudean, Paul Koulibaly. Coach: Dario Bonetti
METALIST: Olexandr Goryainov, Marco Torsiglieri, Edmar, Cleiton Xavier (83 Marlos), José Ernesto Sosa (Cap), Fininho, Juan Manuel Torres, Jonathan Cristaldo (69 Pavlo Rebenok), Milan Obradović, Papa Gueye, Willian (58 Sebastián Blanco). Coach: Myron Markevich
Yellow Card: Grigore (22), Matei (41), Ţucudean (72) / Fininho (20, 68), Willian (21), Sosa (82).
Red Card: Fininho (68)
Goals: Cleiton Xavier (9), Jonathan Cristaldo (57)


FC METALIST KHARKIV – CS DINAMO BUCUREŞTI 2-1 (1-0)
Metalist Stadium, Kharkiv    30.08.2012    Hour: 21:00
Referees: Hüseyin Göçek, Mustafa Eyisoy, Orkun Aktaş (TUR)    Attendance: 30,417
METALIST: Olexandr Goryainov, Marco Torsiglieri, Cleiton Xavier, José Ernesto Sosa (Cap) (77 Willian), Denis Barvinko, Juan Manuel Torres, Jonathan Cristaldo, Milan Obradović, Sebastián Blanco (57 Taison), Marlos (57 Edmar), Papa Gueye. Coach: Myron Markevich
DINAMO: Cristian Bălgrădean, Constantin Nica, Cosmin Matei, Cătălin Munteanu (Cap), Boris Galchev (46 Marius Alexe), Boubacar Mansaly (71 Ionel Dănciulescu), Alexandru Curtean, Dragoş Grigore, Srgian Luchin, George Ţucudean (46 Steliano Filip), Paul Koulibaly.
Coach: Dario Bonetti
Yellow Card: Obradović (44), Torres (81) / Mansaly (69), Matei (75), Nica (88).
Red Card: Filip (82)
Goals: Sebastián Blanco (29), Jonathan Cristaldo (60) / Alexandru Curtean (52)


FC LUZERN – KRC GENK 2-1 (1-1)
Swissporarena, Lucerne    23.08.2012    Hour: 19:30
Referees: Antonio Damato, Nicola Nicoletti, Giulio Dobosz (ITA)    Attendance: 8,217
FC LUZERN: David Zibung, Tomislav Puljić, Claudio Lustenberger, Dimitar Rangelov, Daniel Gygax, Florian Stahel (Cap), Philipp Muntwiler, Dario Lezcano (83 Hekuran Kryeziu), Adrian Winter (90+3 Xavier Hochstrasser), Sally Sarr, Alain Wiss. Coach: Ryszard Komornicki
KRC GENK: László Köteles, Derick Katuku Tshimanga, Khaleem Hyland, Steven Josep-Monrose (84 Kennedy Nwanganga), Jelle Vossen (Cap), Julien Gorius (46 Kalidou Koulibaly), Anele Ngongca, Thomas Buffel (84 Anthony Limbombe), Nadson, Dani Fernández, Christian Benteke. Coach: Mario Been
Yellow Card: Lezcano (77), Stahel (87) / Vossen (70)
Goals: Dimitar Rangelov (7), Adrian Winter (71) / Jelle Vossen (C) (12)


KRC GENK – FC LUZERN 2-0 (0-0)
KRC Genk Arena, Genk    30.08.2012    Hour: 20:00
Referees: Mike Dean, Jake Collin, Simon Bennett (ENG)    Attendance: 12,135
KRC GENK: László Köteles, Kalidou Koulibaly, Khaleem Hyland, Steven Josep-Monrose, Jelle Vossen (Cap) (90+5 David Hubert), Julien Gorius, Anele Ngongca (84 Jordy Croux), Thomas Buffel, Nadson, Dani Fernández, Kennedy Nwanganga (86 Ayub Masika). Coach: Mario Been
FC LUZERN: David Zibung, Tomislav Puljić, Claudio Lustenberger, Dimitar Rangelov, Daniel Gygax (73 Janko Pacar), Florian Stahel (Cap) (79 Xavier Hochstrasser), Philipp Muntwiler, Dario Lezcano (39 Jahmir Hyka), Adrian Winter, Sally Sarr, Alain Wiss. Coach: Ryszard Komornicki
Yellow Card: Ngongca (47), Josep-Monrose (90+1) /
          Gygax (68), Muntwiler (68), Wiss (81), Hochstrasser (90+3).
Red Card: Rangelov (37)
Goals: Dani Fernández (56), Ayub Masika (88)

TRABZONSPOR – VIDEOTON FC SZÉKESFEHÉRVÁR 0-0
Hüseyin Avni Aker Stadyumu, Trabzon    23.08.2012    Hour: 21:00
Referees: Euan Norris, Alan Mulvanny, Graham Chambers (SCO)    Attendance: 22,778
TRABZONSPOR: Onur Kıvrak, Souleymane Bamba, Didier Zokora, Gustavo Colman (46 Alanzinho), Halil Altıntop, Giray Kaçar (74 Mustafa Yumlu), Marek Sapara, Ondřej Čelůstka, Serkan Balcı (Cap), Volkan Şen (42 Yasin Öztekin), Olcan Adın. Coach: Şenol Güneş
VIDEOTON FC: Mladen Božović, Álvaro Brachi, Paulo Vinícius, Marco Caneira, György Sándor (Cap) (80 Renato Neto), Nikola Mitrović, Filipe Oliveira (86 Uroš Nikolić), Walter Balufo, Stopira, Balázs Tóth, Sándor Torghelle (74 Nemanja Nikolić). Coach: Paulo Sousa
Yellow Card: / Marco Caneira (34), Stopira (50), Tóth (58)


VIDEOTON FC SZÉKESFEHÉRVÁR – TRABZONSPOR 0-0    (AET)    4-2 penalties
Sóstói, Szekesfehervar    30.08.2012    Hour: 20:30
Referees: Martin Hansson, Fredrik Nilsson, Henrik Andren (SWE)    Attendance: 11,232
VIDEOTON FC: Mladen Božović, Álvaro Brachi, Paulo Vinícius, Marco Caneira, György Sándor (Cap), Nikola Mitrović, Filipe Oliveira (76 Ádám Gyurcsó), Nemanja Nikolić (70 Sándor Torghelle), Walter Balufo (102 István Kovács), Stopira, Balázs Tóth. Coach: Paulo Sousa
TRABZONSPOR: Onur Kıvrak, Souleymane Bamba, Yasin Öztekin (82 Róbert Vittek), Paulo Henrique, Soner Aydoğdu, Didier Zokora, Mustafa Yumlu, Alanzinho (111 Marek Sapara), Ondřej Čelůstka, Serkan Balcı (Cap), Volkan Şen (60 Halil Altıntop). Coach: Şenol Güneş
Yellow Card: Mitrović (66) Vinícius (69), Stopira (120+1) /
           Balcı (69), Zokora (100), Bamba (117), Yumlu (118)
Penalties: 0-1 Sapara, 1-1 Marco Caneira, 1-2 Vittek, 2-2 Brachi, Soner Aydoğdu, 3-2 Gyurcsó, Zokora, 4-2 Mitrovic


F91 DUDELANGE – HAPOEL TEL-AVIV FC 1-3 (1-3)
Stade Municipal de Differdange, Differdange    23.08.2012    Hour: 20:00
Referees: Tommy Skjerven, Geir Åge Holen, Sven Erik Midthjell (NOR)    Attendance: 937
F91 DUDELANGE: Jonathan Joubert (Cap), Jerry Prempeh, Julien Tournut (46 Léhit Zeghdane), Jean-Philippe Caillet, Ben Payal (46 Daniel Da Mota), Aurélien Joachim, Gaël Hug, Saïd Idazza (75 Joël Kitenge), Jean-Sébastien Legros, Bryan Melisse, Thierry Steinmetz.
Coach: Didier Philippe
HAPOEL: Édel Apoula, Walid Badier (Cap), Elroy Cohen, Tal Ben Haim II (80 Hanan Maman), Salim Toama (63 Bruno Coutinho), Omer Damari (46 Victor Mare), Zeev Haimovic, Eric Djemba-Djemba, Ygal Antebi, Nosa Igiebor, John Pantsil. Coach: Nitzan Shirazi
Yellow Card: Steinmetz (9), Caillet (60) / Badier (35)
Goals: Aurélien Joachim (20) /
           Jean-Philippe Caillet (4 own goal), Tal Ben Haim II (19 pen), Elroy Cohen (26)


HAPOEL TEL-AVIV FC – F91 DUDELANGE 4-0 (0-0)
Itztadion Bloomfield, Tel Aviv    30.08.2012    Hour: 20:00
Referees: Hannes Kaasik, Hannes Reinvald, Silver Koiv (EST)    Attendance: 5,407
HAPOEL: Édel Apoula, Mor Shushan, Victor Mare, Walid Badier (Cap), Elroy Cohen (57 Hanan Maman), Tal Ben Haim II (80 Artur Atadjanov), Omer Damari, Eric Djemba-Djemba, Ygal Antebi, Bruno Coutinho (57 Salim Toama), John Pantsil. Coach: Nitzan Shirazi
F91 DUDELANGE: Jonathan Joubert (Cap), Jerry Prempeh, Massimo Martino, Jean-Philippe Caillet, Ben Payal (88 Kevin Malget), Gaël Hug (85 Ibrahim Touray), Daniel Da Mota, Joël Kitenge (73 Joël Pedro), Sofian Benzouien, Jean-Sébastien Legros, Bryan Melisse.
Coach: Didier Philippe
Yellow Card: / Melisse (24)
Goals: Hanan Maman (68,84), Victor Mare (79), Salim Toama (88)

FEYENOORD ROTTERDAM – AC SPARTA PRAHA 2-2 (0-2)
Feijenoord Stadion, Rotterdam   23.08.2012   Hour: 20:00
Referees: Peter Rasmussen, Henrik Sønderby, Niels Hoeg (DEN)   Attendance: 34,000
FEYENOORD ROTTERDAM: Erwin Mulder, Daryl Janmaat, Joris Mathijsen, Bruno Martins Indi, Jordy Clasie (Cap), Kelvin Leerdam (63 Omar Elabdellaoui), Guyon Fernandez (81 Anass Achahbar), Lex Immers, Miguel Nelom, Sekou Cissé (63 Ruud Vormer), Ruben Schaken.
Coach: Ronald Koeman
SPARTA: Tomáš Vaclík, Manuel Pamić, Ondrej Svejdík, Marek Matějovský (Cap) (83 Mario Holek), Leony Kweuke, Václav Kadlec (86 David Pavelka), Pavel Kadeřábek (69 Tomáš Přikryl), Jiří Skalák, Josef Hušbauer, Vlastimil Vidlička, Jiří Jarošík. Coach: Vítězslav Lavicka
Yellow Card: / Kweuke (12), Svejdík (62), Matějovský (76), Vaclík (88)
Goals: Miguel Nelom (60), Anass Achahbar (90+3) / Václav Kadlec (23, 27)


AC SPARTA PRAHA – FEYENOORD ROTTERDAM 2-0 (0-0)
Stadion Letná, Praha   30.08.2012   Hour: 19:30
Referees: Ivan Bebek, Tomislav Petrović, Miro Grgić (CRO)   Attendance: 17,036
SPARTA: Tomáš Vaclík, Manuel Pamić, Ondřej Švejdík, Tomáš Přikryl (67 Ladislav Krejčí), Marek Matějovský (Cap) (77 Mario Holek), Leony Kweuke, Václav Kadlec, Pavel Kadeřábek (88 Jiří Skalák), Josef Hušbauer, Vlastimil Vidlička, Jiří Jarošík. Coach: Vítězslav Lavicka
FEYENOORD ROTTERDAM: Erwin Mulder, Daryl Janmaat, Stefan de Vrij (Cap) (18 Miguel Nelom), Joris Mathijsen, Bruno Martins Indi, Jordy Clasie, Kelvin Leerdam (73 Guyon Fernandez), Ruud Vormer, Lex Immers, Sekou Cissé (80 Anass Achahbar), Ruben Schaken.
Coach: Ronald Koeman
Yellow Card: Matějovský (63) / Immers (1), Janmaat (85), Mulder (86)
Goals: Václav Kadlec (61 pen), Jiří Jarošík (70)


FC MIDTJYLLAND HERNING – BSC YOUNG BOYS BERN 0-3 (0-1)
Herning Stadion, Herning   23.08.2012   Hour: 20:15
Referees: Maksim Layushkin, Aleksei Lebedev, Aleksei Vorontsov (RUS)   Attendance: 4,522
MIDTJYLLAND: Jonas Lössl, Santiago Villafañe (77 Kolja Afriyie), Jesper Juelsgård, Danny Olsen, Mads Albæk, Erik Sviatchenko, Kristian Bak Nielsen (Cap), Rilwan Hassan, Jude Nworuh (59 Morten Rasmussen), Izunna Uzochukwu, Sylvester Igboun. Coach: Glen Riddersholm
YOUNG BOYS: Marco Wölfli (Cap), Juhani Ojala, Alain Nef, Alexander Farnerud (84 Michael Silberbauer), Raúl Bobadilla, Elsad Zverotić, Christian Schneuwly (73 Moreno Costanzo), Mario Raimondi, Christoph Spycher, Emmanuel Mayuka (84), Raphael Nuzzolo. Coach: Martin Rueda
Yellow Card: Sviatchenko (32), Igboun (54), Rasmussen (60, 69) /
            Nuzzolo (15), Farnerud (60), Spycher (86), Ivan Benito (90+5).
Red Card: Rasmussen (69)
Goals: Raúl Bobadilla (42), Alexander Farnerud (81), Moreno Costanzo (90+3)


BSC YOUNG BOYS BERN – FC MIDTJYLLAND HERNING 0-2 (0-0)
Stade de Suisse, Bern   30.08.2012   Hour: 19:30
Referees: Alexandru Dan Tudor, Cristian Nica, Aurel Onița (ROM)   Attendance: 9,327
YOUNG BOYS: Marco Wölfli (Cap), Juhani Ojala, Alain Nef, Matias Wieterlak (85 Elsad Zverotić), Alexander Farnerud, Raúl Bobadilla, Christian Schneuwly, Mario Raimondi (34 Jan Lecjaks), Christoph Spycher (66 Michael Silberbauer), Scott Sutter, Raphael Nuzzolo.
Coach: Martin Rueda
MIDTJYLLAND: Jonas Lössl, Santiago Villafañe, Jesper Juelsgård, Petter Andersson (83 Kristian Bak Nielsen), Mads Albæk (Cap), Erik Sviatchenko, Marco T. Larsen (68 Jude Nworuh), Noah Olawale Ojuola, Rilwan Hassan (76 Rasmus Christensen), Izunna Uzochukwu, Sylvester Igboun.
Coach: Glen Riddersholm
Yellow Card: / Juelsgård (49), Igboun (60), Ojuola (88).
Red Card: Nef (74)
Goals: Sylvester Igboun (75 pen), Kristian Bak Nielsen (89)

DEBRECENI VSC – CLUB BRUGGE KV 0-3 (0-0)
Sóstói út, Nyiregyhaza   23.08.2012   Hour: 20:30
Referees: Matej Jug, Bojan Ul, Milan Kogej (SVN)   Attendance: 4,234
DEBRECENI VSC: Vukašin Poleksić, Dajan Šimac, Luis Ramos, László Rezes (79 Tamás Kulcsár), Norbert Mészáros, Ibrahim Sidibe (66 Ádám Bódi), Zoltán Nagy (87 Lucas), József Varga, Adamo Coulibaly, Péter Szakály (Cap), Dávid Mohl. Coach: Elemér Kondás
CLUB BRUGGE KV: Bojan Jorgačević, Carl Hoefkens (Cap), Niki Zimling (85 Víctor Vázquez), Mohamed Tchite (67 Carlos Bacca), Lior Refaelov, Jonathan Blondel, Jim Larsen, Ryan Donk, Thomas Meunier, Jordi, Vadis Odjidja (90 Jesper Jørgensen). Coach: Georges Leekens
Yellow Card: Šimac (2) / Larsen (68).
Red Card: Luis Ramos (45+2)
Goals: Jonathan Blondel (58), Lior Refaelov (77), Carlos Bacca (90+1)


CLUB BRUGGE KV – DEBRECENI VSC 4-1 (1-1)
Jan Breydelstadion, Brugge   30.08.2012   Hour: 20:30
Referees: Deniz Aytekin, Jan-Hendrik Salver, Mike Pickel (GER)   Attendance: 18,353
CLUB BRUGGE KV: Bojan Jorgačević, Carl Hoefkens (Cap), Mohamed Tchite, Lior Refaelov, Jonathan Blondel (61 Thibaut Van Acker), Víctor Vázquez, Jim Larsen (54 Michael Almebäck), Ryan Donk, Thomas Meunier (46 Jesper Jørgensen), Jordi, Carlos Bacca. Coach: Georges Leekens
DEBRECENI VSC: István Verpecz, Dajan Šimac, László Rezes, Norbert Mészáros, Ibrahim Sidibe (54 Mihály Korhut), Ádám Bódi (71 Tamás Kulcsár), Zoltán Nagy, József Varga, Adamo Coulibaly, Péter Szakály (Cap) (80 István Spitzmüller), Dávid Mohl. Coach: Elemér Kondás
Yellow Card: Tchite (82), Jørgensen (88) / Rezes (25,40), Varga (30).
Red Card: Rezes (40)
Goals: Jim Larsen (25), Víctor Vázquez (48), Mohamed Tchite (50), Carlos Bacca (66) /
        Péter Szakály (34)


KSC LOKEREN – FC VIKTORIA PLZEŇ 2-1 (1-1)
Roi Baudouin, Brussels   23.08.2012   Hour: 20:30   Attendance: 4,254
Referees: Antonio Mateu Lahoz, Pau Cebrian Devis, Jon Nunez Fernandez (ESP)
KSC LOKEREN: Boubacar Barry, Jérémy Taravel, Mijat Maric, Killian Overmeire (Cap), Koen Persoons, Hamdi Harbaoui, Ivan Leko (86 Miloš Marić), Benjamin De Ceulaer (80 Nill De Pauw), Giorgos Galitsios, Ayanda Patosi (75 Benjamin Mokulu Tembe), Laurens De Bock.
Coach: Peter Maes
VIKTORIA: Matúš Kozáčík, Marek Hanousek (89 Lukáš Hejda), David Limberský, Pavel Horváth (Cap), Martin Fillo (55 Jakub Hora), Michal Ďuriš (85 Radim Řezník), František Ševinský, Vladimír Darida, Václav Procházka, Marek Bakoš, František Rajtoral. Coach: Pavel Vrba
Yellow Card: Persoons (28) / Ševinský (63, 90+3).
Red Card: Ševinský (90+3)
Goals: Hamdi Harbaoui (10), Mijat Maric (90+4 pen) / Marek Bakoš (29)


FC VIKTORIA PLZEŇ – KSC LOKEREN 1-0 (1-0)
Stadion města Plzně, Plzen   30.08.2012   Hour: 20:15
Referees: Jonas Eriksson, Magnus Sjöblom, Joakim Flink (SWE)
VIKTORIA: Matúš Kozáčík, Marek Hanousek (88 Martin Fillo), David Limberský, Pavel Horváth (Cap), Michal Ďuriš (77 Jakub Hora), Radim Řezník, Vladimír Darida, Václav Procházka, Marek Bakoš, František Rajtoral (90+1 Edgar Malakyan), Marián Čišovský. Coach: Pavel Vrba
KSC LOKEREN: Boubacar Barry, Jérémy Taravel, Mijat Maric, Killian Overmeire (Cap), Koen Persoons, Hamdi Harbaoui, Ivan Leko (73 Miloš Marić), Benjamin De Ceulaer (80 Benjamin Mokulu Tembe), Giorgos Galitsios, Ayanda Patosi (80 Nill De Pauw), Laurens De Bock.
Coach: Peter Maes
Yellow Card: Bakoš (66), Darida (90) / Taravel (24)
Goal: Marek Bakoš (37)

PAOK FC THESSALONIKI – SK RAPID WIEN 2-1 (0-1)
Stadio Toumba, Thessaloniki    23.08.2012    Hour: 21:30
Referees: Andre Marriner, Simon Long, Simon Bennett (ENG)    Attendance: 19,628
PAOK FC: Panagiotis Glykos, Giorgos Katsikas, Giorgos Georgiadis (68 Liam Lawrence), Bertrand Robert (46 Giorgos Fotakis), Lino, Costin Lazăr, Ergys Kace, Bongani Khumalo, Stefanos Athanasiadis (Cap), Etto, Apostolos Giannou (46 Dimitris Salpingidis). Coach: Georgios Donis
RAPID: Lukas Königshofer, Mario Sonnleitner, Markus Heikkinen, Steffen Hofmann (Cap) (77 Stefan Kulovits), Markus Katzer, Muhammed Ildiz, Lukas Grozurek (65 Thomas Schrammel), Guido Burgstaller, Deni Alar (82 Terrance Boyd), Gerson, Michael Schimpelsberger.
Coach: Peter Schöttel
Yellow Card: Costin Lazăr (52, 74), Khumalo (56), Salpingidis (80), Katsikas (84) / Burgstaller (23), Schimpelsberger (31).
Red Card: Lazăr (74)
Goals: Stefanos Athanasiadis (69), Giorgos Katsikas (83) / Deni Alar (25)


SK RAPID WIEN – PAOK FC THESSALONIKI 3-0 (1-0)
Gerhard-Hanappi-Stadion, Wien    30.08.2012    Hour: 20:45
Referees: Carlos Gómez, Javier Rodriguez, Luis Martinez (ESP)    Attendance: 16,500
RAPID: Lukas Königshofer, Mario Sonnleitner, Markus Heikkinen (69 Thomas Prager), Terrance Boyd, Steffen Hofmann (Cap), Markus Katzer, Muhammed Ildiz, Christopher Trimmel (84 Thomas Schrammel), Guido Burgstaller, Deni Alar, Gerson. Coach: Peter Schöttel
PAOK FC: Panagiotis Glykos, Pablo García (Cap), Giorgos Georgiadis, Bertrand Robert (46 Giorgos Fotakis), Lino, Ergys Kace (70 Dimitris Pelkas), Bongani Khumalo, Stefanos Athanasiadis, Matheus Vivian, Etto, Apostolos Giannou (46 Liam Lawrence).
Coach: Georgios Donis
Yellow Card: Burgstaller (35) / Kace (20), Athanasiadis (85)
Goals: Deni Alar (31), Terrance Boyd (48), Steffen Hofmann (90+3)


FC VASLUI – FC INTERNAZIONALE MILANO 0-2 (0-1)
Stadionul Ceahlăul, Piatra Neamţ    23.08.2012    Hour: 21:45
Referees: Bas Nijhuis, Patrick Langkamp, Nicky Siebert (NED)    Attendance: 13,500
FC VASLUI: Dănuţ Coman, Fernando Varela, Piotr Celeban (73 Cauê), Liviu Antal, Nicolae Stanciu (46 Şerban Dacian Varga), Lucian Sânmărtean (Cap), Zhivko Milanov, Adrian Sălăgeanu, Marius Niculae (61 Sabrin Sburlea), Elias Charalambous, Ousmane N'Doye.
Coach: Marius Şumudică
FC INTERNAZIONALE MILANO: Luca Castellazzi, Javier Zanetti (Cap), Matías Silvestre, Rodrigo Palacio, Wesley Sneijder (82 Juan), Maicon, Fredy Guarín, Gaby Mudingayi (21 Yuto Nagatomo), Esteban Cambiasso, Diego Milito (72 Coutinho), Andrea Ranocchia.
Coach: Andrea Stramaccioni
Yellow Card: Şerban Dacian Varga (90+1) / Maicon (72), Coutinho (76)
Goals: Esteban Cambiasso (23), Rodrigo Palacio (73)


FC INTERNAZIONALE MILANO – FC VASLUI 2-2 (0-1)
Stadio Giuseppe Meazza, Milano    30.08.2012    Hour: 20:45
Referees: Manuel De Sousa, Bertino Miranda, Rui Tavares (POR)    Attendance: 41,326
FC INTERNAZIONALE MILANO: Luca Castellazzi, Javier Zanetti (Cap), Matías Silvestre, Coutinho, Rodrigo Palacio, Esteban Cambiasso, Walter Samuel (46 Fredy Guarín), Juan, Jonathan (82 Andrea Ranocchia), Yuto Nagatomo, Antonio Cassano (34 Vid Belec).
Coach: Andrea Stramaccioni
FC VASLUI: Cătălin Straton, Fernando Varela, Piotr Celeban, Liviu Antal, Sabrin Sburlea, Nicolae Stanciu (Cap) (78 Vasile Buhăescu), Cauê (58 Lucian Sânmărtean), Adrian Sălăgeanu, Michael Tukura, Andrei Cordos, Ousmane N'Doye. Coach: Marius Şumudică
Yellow Card: Guarín (81), Coutinho (84) / Cordos (67), Sânmărtean (83), Antal (88).
Red Card: Castellazzi (33)
Goals: Rodrigo Palacio (76), Fredy Guarín (90+2) / Nicolae Stanciu (35 pen), Fernando Varela (79)

HEART of MIDLOTHIAN FC EDINBURGH – LIVERPOOL FC 0-1 (0-0)
Tynecastle, Edinburgh    23.08.2012    Hour: 19:45
Referees: Florian Meyer, Holger Henschel, Frank Willenborg (GER)    Attendance: 15,965
HEARTS: Jamie McDonald, Daniel Grainger, Ryan McGowan, Darren Barr (87 Scott Robinson), Andy Webster, David Templeton (78 Andrew Driver), John Sutton, Mehdi Taouil, Arvydas Novikovas (84 Dale Carrick), Marius Žaliukas (Cap), Callum Paterson. Coach: John McGlynn
LIVERPOOL FC: Pepe Reina, Daniel Agger, Jordan Henderson, Jay Spearing (67 Joe Allen), Jamie Carragher (Cap), Charlie Adam, Fabio Borini (90+2 Adam Morgan), Raheem Sterling, Jonjo Shelvey, Martin Kelly, Jack Robinson (62 Stewart Downing). Coach: Brendan Rodgers
Yellow Card: Barr (24)
Goal: Andy Webster (78 own goal)


LIVERPOOL FC – HEART of MIDLOTHIAN FC EDINBURGH 1-1 (0-0)
Anfield, Liverpool    30.08.2012    Hour: 20:05    Attendance: 44,361
Referees: Vladislav Bezborodov, Nikolai Golubev, Vyacheslav Semenov (RUS)
LIVERPOOL FC : Pepe Reina, Luis Suárez, Steven Gerrard (Cap), Jordan Henderson (76 Fabio Borini), Stewart Downing, Jamie Carragher, Joe Allen, Jonjo Shelvey, Martin Kelly, Martin Škrtel, Adam Morgan (62 Raheem Sterling). Coach: Brendan Rodgers
HEARTS: Jamie McDonald, Daniel Grainger, Ryan McGowan, Darren Barr, Andy Webster, David Templeton, John Sutton (66 Andrew Driver), Mehdi Taouil, Arvydas Novikovas (76 Dale Carrick), Marius Žaliukas (Cap), Callum Paterson. Coach: John McGlynn
Yellow Card: / Barr (81), Grainger (86)
Goals: Luis Suárez (88) / David Templeton (85)


WKS ŚLĄSK WROCŁAW – HANNOVER 96 3-5 (1-3)
Municipal Stadium Wrocław, Wrocław    23.08.2012    Hour: 20:45
Referees: Paolo Tagliavento, Massimiliano Grilli, Matteo Passeri (ITA)    Attendance: 13,644
ŚLĄSK: Rafal Gikiewicz, Tomasz Jodłowiec, Waldemar Sobota, Patrik Mráz, Sebastian Mila (Cap), Marcin Kowalczyk, Dalibor Stevanović, Mariusz Pawelec, Przemysław Kaźmierczak, Lukasz Gikiewicz (46 Sylwester Patejuk), Rok Elsner (46 Johan Voskamp). Coach: Orest Lenczyk
HANNOVER: Ron-Robert Zieler, Leon Andreasen, Karim Haggui, Steven Cherundolo (Cap), Sergio Pinto, Szabolcs Huszti (66 Manuel Schmiedebach), Didier Konan Ya (75 Artur Sobiech), Jan Schlaudraff (85 Adrian Nikci), Felipe, Christian Pander, Lars Stindl. Coach: Mirko Slomka
Yellow Card: Elsner (11), Jodłowiec (27), Voskamp (81) / Haggui (4), Huszti (38), Stindl (83)
Goals: Tomasz Jodłowiec (34), Sylwester Patejuk (54), Przemysław Kaźmierczak (61) /
    Leon Andreasen (7, 82), Jan Schlaudraff (25), Lars Stindl (40), Manuel Schmiedebach (85)


HANNOVER 96 – WKS ŚLĄSK WROCŁAW 5-1 (2-1)
Hannover Arena, Hannover    30.08.2012    Hour: 20:45
Referees: Sergei Karasev, Anton Averianov, Tikhon Kalugin (RUS)    Attendance: 26,200
HANNOVER 96: Ron-Robert Zieler, Leon Andreasen, Karim Haggui, Mario Eggimann, Steven Cherundolo (Cap) (70 Hiroki Sakai), Manuel Schmiedebach, Szabolcs Huszti, Jan Schlaudraff (63 Artur Sobiech), Christian Schulz (39 Konstantin Rausch), Mohammed Abdellaoue, Lars Stindl. Coach: Mirko Slomka
ŚLĄSK: Marián Kelemen, Tomasz Jodłowiec, Amir Spahić, Waldemar Sobota, Sylwester Patejuk (65 Johan Voskamp), Sebastian Mila (Cap), Marcin Kowalczyk, Cristián Díaz (46 Mariusz Pawelec), Tadeusz Socha, Przemysław Kaźmierczak, Rok Elsner (82 Dalibor Stevanović). Coach: Orest Lenczyk
Yellow Card: Schmiedebach (56) / Kelemen (39), Socha (44), Kowalczyk (68).
Red Card: Jodłowiec (21)
Goals: Mohammed Abdellaoue (22), Szabolcs Huszti (35,88), Sobiech (68,85) /
    Przemysław Kaźmierczak (10)

MOTHERWELL FC – LEVANTE UD VALENCIA 0-2 (0-1)
Fir Park, Motherwell    23.08.2012    Hour: 19:45
Referees: Antti Munukka, Matti Heininen, Jan-Peter Aravirta (FIN)    Attendance: 6,286
MOTHERWELL FC: Darren Randolph, Steven Hammell, Nicky Law (86 Stuart Carswell), Shaun Hutchinson, Thomas Hateley, Chris Humphrey (68 Robert McHugh), Henrik Ojamaa (68 Fraser Kerr), Michael Higdon, Jamie Murphy, Keith Lasley (Cap), Adam Cummins. Coach: Stuart McCall
LEVANTE UD: Keylor Navas, David Navarro, José Barkero, Vicente Iborra, Nikos Karabelas (40 Nabil El Zhar), Fanis Gekas, Sergio Ballesteros (Cap), Pedro López, Juanlu Gómez (76 Óscar Serrano), Míchel (66 Miguel Pallardó), Christian Lell. Coach: Juan Ignacio Martínez
Yellow Card: Keith Lasley (25), Hateley (80) / Míchel (34), El Zhar (52), Iborra (82)
Red Card: Hutchinson (77)
Goals: Juanlu Gómez (42), Nabil El Zhar (62)


LEVANTE UD VALENCIA – MOTHERWELL FC 1-0 (0-0)
Ciutat de València, Valencia    30.08.2012    Hour: 20:45
Referees: Clément Turpin, Christophe Capelli, Nicolas Danos (FRA)    Attendance: 13,398
LEVANTE UD: Keylor Navas, David Navarro, José Barkero (61 Míchel), Nabil El Zhar, Vicente Iborra (80 Miguel Pallardó), Juanfran, Fanis Gekas, Sergio Ballesteros (Cap) (76 Héctor Rodas), Pedro López, Juanlu Gómez, Papa Diop. Coach: Juan Ignacio Martínez
MOTHERWELL FC: Darren Randolph, Steven Hammell (74 Zaine Francis-Angol), Henrik Ojamaa (67 Robert McHugh), Michael Higdon, Jamie Murphy, Keith Lasley (Cap), Stuart Carswell (68 Chris Humphrey), Fraser Kerr, Jonathan Page, Steven Hetherington, Adam Cummins.
Coach: Stuart McCall
Yellow Card: / Hetherington (46)
Goal: Fanis Gekas (72)


FK CRVENA ZVEZDA BEOGRAD – FC GIRONDINS de BORDEAUX 0-0
Stadion FK Crvena zvezda, Beograd    23.08.2012    Hour: 21:00    Attendance: 42,100
Referees: Alberto Undiano Mallenco, Roberto Díaz Pérez del Palomar, José Miranda (ESP)
FK CRVENA ZVEZDA BEOGRAD: Boban Bajković, Srdjan Mijailović, Miloš Dimitrijević, Darko Lazović (79 Nathaniel Asamoah), Nikola Maksimović, Nikola Mikić (Cap), Milan Jovanović (85 Uroš Spajić), Luka Milunović, Luka Milivojević, Filip Mladenović, Marko Vešović (69 Marko Mirić). Coach: Aleksandar Janković
FC GIRONDINS de BORDEAUX: Cédric Carrasso (Cap), Michaël Ciani, Ludovic Obraniak, Ludovic Sané, Fahid Ben Khalfallah (53 Cheick Diabaté), Yoan Gouffran (90+1 Landry N'Guémo), Nicolas Maurice-Belay (82 Jussiê), Mariano, Grégory Sertic, Marc Planus, Benoît Trémoulinas.
Coach: Francis Gillot
Yellow Card: Jovanović (22), Milivojević (55) / Sané (20)


FC GIRONDINS de BORDEAUX – FK CRVENA ZVEZDA BEOGRAD 3-2 (0-1)
Stade Chaban-Delmas, Bordeaux    30.08.2012    Hour: 20:30
Referees: Mark Clattenburg, Stephen Child, Simon Beck (ENG)    Attendance: 21,789
FC GIRONDINS de BORDEAUX: Cédric Carrasso (Cap), Henrique (70 Jaroslav Plašil), Ludovic Obraniak, Ludovic Sané, Yoan Gouffran, Jussiê (73 Florian Marange), Nicolas Maurice-Belay, Mariano, Grégory Sertic, Marc Planus (71 Henri Saivet), Benoît Trémoulinas.
Coach: Francis Gillot
FK CRVENA ZVEZDA BEOGRAD: Boban Bajković, Srdjan Mijailović, Miloš Dimitrijević, Darko Lazović, Nikola Maksimović, Nikola Mikić (Cap), Milan Jovanović (85 Eli Babalj), Luka Milunović (63 Marko Mirić), Filip Kasalica, Filip Mladenović, Marko Vešović (76 Nathaniel Asamoah). Coach: Aleksandar Janković
Yellow Card: Gouffran (31), Maurice-Belay (41,64), Sertic (81) /
            Mladenović (51), Kasalica (67), Jovanović (75), Mikić (90+1), Bajković (90+2)
Goals: Yoan Gouffran (53, 90+3 pen), Jussiê (71) / Filip Mladenović (45+2), Nikola Mikić (C) (90)

ATHLETIC CLUB BILBAO – HJK HELSINKI 6-0 (3-0)
San Mamés, Bilbao   23.08.2012   Hour: 21:00
Referees: Bülent Yıldırım, Çem Satman, Erdinç Sezertam (TUR)   Attendance: 18,288
ATHLETIC: Gorka Iraizoz, Mikel San José, Ander Iturraspe, Óscar de Marcos, Markel Susaeta (69 Iker Muniain), Andoni Iraola, Ismael López, Íñigo Pérez, Carlos Gurpegi (Cap), Aritz Aduriz (59 Ibai Gómez), Ander Herrera (74 Iñigo Ruiz De Galarreta). Coach: Marcelo Bielsa
HJK HELSINKI: Ville Wallén (Cap), Timi Lahti, Sebastian Mannström, Berat Sadik (71 Juho Mäkelä), Mathias Lindström, Mika Väyrynen (65 Erfan Zeneli), Mikko Sumusalo, Joel Perovuo, Demba Savage, Sebastian Sorsa, Rasmus Schüller (46 Sakari Mattila). Coach: Antti Muurinen
Yellow Card: / Lindström (41)
Goals: Aritz Aduriz (25, 51), Markel Susaeta (31,57), Íñigo Pérez (42), Andoni Iraola (85)


HJK HELSINKI – ATHLETIC CLUB BILBAO 3-3 (1-0)
Finnair Stadium, Helsinki   30.08.2012   Hour: 20:00
Referees: Alan Kelly, Damien MacGraith, Allen Lynch (IRL)   Attendance: 5,580
HJK HELSINKI: Ville Wallén (Cap), Tuomas Kansikas, Valtteri Moren (76 Demba Savage), Timi Lahti, Sebastian Mannström, Erfan Zeneli, Akseli Pelvas, Joel Pohjanpalo, Joel Perovuo, Sebastian Sorsa (55 Antti Okkonen), Rasmus Schüller (65 Rami Hakanpää). Coach: Antti Muurinen
ATHLETIC: Raúl, Gaizka Toquero, Mikel San José, Ander Iturraspe (46 Íñigo Pérez), Óscar de Marcos (46 Jonás Ramalho), Ibai Gómez, Markel Susaeta (Cap) (46 Igor Martínez), Iker Muniain, Xabier Castillo, Borja Ekiza, Iñigo Ruiz De Galarreta. Coach: Marcelo Bielsa
Yellow Card: Pelvas (55,82) / Muniain (76).
Red Card: Pelvas (82)
Goals: Rasmus Schüller (25), Joel Perovuo (62), Joel Pohjanpalo (70) /
   Mikel San José (67), Rami Hakanpää (77 own goal), Igor Martínez (88)


CS MARÍTIMO FUNCHAL – FC DILA GORI 1-0 (0-0)
Dos Barreiros, Funchal   23.08.2012   Hour: 20:00
Referees: Libor Kovařik, Krystof Mencl, Jiří Moláček (CZE)   Attendance: 3,736
CS MARÍTIMO FUNCHAL: Romain Salin, Rafael Miranda, Heldon (55 Danilo Dias), Valentin Roberge, Leocisio Sami, Luís Olim, João Luiz (81 Rodrigo Antônio), Briguel (Cap), Adilson (54 Fidélis), João Guilherme, David Simão. Coach: Pedro Martins
DILA: Marin Skender, Lasha Salukvadze (Cap), Giorgi Oniani, Georgi Shashiashvili, Gogita Gogua, Shota Grigalashvili (70 Roman Akhalkatsi), David Kvirkvelia, Alexander Guruli (62 Giorgi Iluridze), Irakli Klimiashvili (56 Giorgi Kakhelishvili), Giga Bechvaia, Lasha Gvalia.
Coach: Teimuraz Shalamberidze
Yellow Card: João Luiz (50), Simão (74) / Shashiashvili (60), Gogua (71), Akhalkatsi (79).
Goal: Fidélis (64)


FC DILA GORI – CS MARÍTIMO FUNCHAL 0-2 (0-1)
Mikheil Meskhi, Tbilisi   30.08.2012   Hour: 20:00
Referees: Anastassios Kakos, Christos Akrivos, Dimitris Tatsis (GRE)   Attendance: 10,000
DILA: Marin Skender, Lasha Salukvadze (Cap) (17 Gulverd Tomashvili), Giorgi Oniani, Giorgi Iluridze (46 Roman Akhalkatsi), Mate Vatsadze, Gogita Gogua, Shota Grigalashvili, David Kvirkvelia, Alexander Guruli, Giga Bechvaia, Shota Kashia (63 Giorgi Kakhelishvili). Coach: Teimuraz Shalamberidze
CS MARÍTIMO FUNCHAL: Romain Salin, Rafael Miranda, Fidélis, Heldon (67 Igor Rossi), Valentin Roberge, Leocisio Sami (73 Danilo Dias), Luís Olim, Briguel (Cap), Rodrigo Antônio, João Guilherme, David Simão (58 Márcio Rosário). Coach: Pedro Martins
Yellow Card: Kakhelishvili (79), Kvirkvelia (88) / Rodrigo Antônio (26, 55), Rosário (67).
Red Card: Rodrigo Antônio (55)
Goals: Heldon (42), Danilo Dias (90+3)

NŠ MURA MURSKA SOBOTA – SS LAZIO ROMA AS ROMA 0-2 (0-1)
Stadion Ljudski vrt, Maribor   23.08.2012   Hour: 21:00
Referees: Mark Courtney, Paul Munn, Thomas Fairfield (NIR)   Attendance: 4,200
NŠ MURA MURSKA SOBOTA: Filip Drakovič, Damjan Bohar (86 Aleš Majer), Leon Horvat, Denis Kramar (62 Leon Sreš), Rok Buzeti, Arpad Vaš, Jure Travner, Nusmir Fajić, Erik Janža, Mate Eterović (78 Nino Kouter), Matic Maruško (Cap). Coach: Franc Cifer
LAZIO: Federico Marchetti, André Dias, Stefano Mauri (Cap) (71 Mauro Zárate), Hernanes (59 Senad Lulić), Miroslav Klose (83 Sergio Floccari), Giuseppe Biava, Ogenyi Onazi, Cristian Ledesma, Abdoulay Konko, Luis Cavanda, Antonio Candreva. Coach: Vladimir Petković
Yellow Card: Janža (49), Majer (90+1) / Klose (64), Onazi (88)
Goals: Hernanes (31), Miroslav Klose (59)


SS LAZIO ROMA AS ROMA – NŠ MURA MURSKA SOBOTA 3-1 (2-0)
Stadio Olimpico, Roma   30.08.2012   Hour: 21:00   Attendance: 12,138
Referees: Leontios Trattou, Michael Soteriou, Charalambos Charalambous (CYP)
LAZIO: Albano Bizzarri, André Dias, Lionel Scaloni (Cap), Hernanes (79 Abdoulay Konko), Mauro Zárate, Álvaro González (61 Antonio Rozzi), Libor Kozák, Senad Lulić (69 Antonio Candreva), Giuseppe Biava, Ogenyi Onazi, Luis Cavanda. Coach: Vladimir Petković
NŠ MURA MURSKA SOBOTA: Filip Drakovič, Aleš Majer, Damjan Bohar (46 Rok Buzeti), Leon Horvat (84 Nino Kouter), Denis Kramar, Arpad Vaš (88 Alen Kozar), Jure Travner, Nusmir Fajić, Erik Janža, Mate Eterović, Matic Maruško (Cap). Coach: Olivier Bogatinov
Yellow Card: Rozzi (65) / Horvat (38)
Goals: Libor Kozák (30,55), Mauro Zárate (42) / Jure Travner (88)


AC HORSENS – SPORTING CLUBE de PORTUGAL LISBOA 1-1 (1-0)
Horsens Idrætspark, Horsens   23.08.2012   Hour: 21:00
Referees: Antony Gautier, Michael Annonier, Philippe Jeanne (FRA)   Attendance: 6,644
AC HORSENS: Frederik Rønnow, Anders Nøhr, Morten Rasmusen, Ken Fagerberg (75 Kenan Hajdarevic), Steffen Kielstrup, Martin Spelmann, Thomas Kortegaard, Martin Retov (Cap), Mads Agesen, Janus Drachmann, Troels Kløve (86 André Bjerregaard). Coach: Johnny Mølby
SPORTING: Rui Patrício (Cap), Khalid Boulahrouz, Jeffren Suárez (66 Diego Capel), Stijn Schaars (58 Zakaria Labyad), Ricky van Wolfswinkel, Marcos Rojo, Andre Carrillo, Adrien Silva, Cédric, Emiliano Insúa, Elías (78 André Martins). Coach: Ricardo Sá Pinto
Goals: Martin Spelmann (15) / Andre Carrillo (79)


SPORTING CLUBE de PORTUGAL LISBOA – AC HORSENS 5-0 (2-0)
José Alvalade, Lisboa   30.08.2012   Hour: 20:30   Attendance: 25,030
Referees: Cyril Zimmermann, Bruno Zurbrügg, Antonio Luis Fernandez (SUI)
SPORTING: Rui Patrício (Cap), Khalid Boulahrouz, Ricky van Wolfswinkel, Diego Capel, Marcos Rojo, Andre Carrillo (65 André Martins), Adrien Silva (65 Jeffren Suárez), Danijel Pranjić, Cédric, Elías, Gelson Fernandes (73 Daniel Carriço). Coach: Ricardo Sá Pinto
AC HORSENS: Frederik Rønnow, Morten Rasmusen, Nabil Aslam, Alexander Juel Andersen, Ken Fagerberg (46 André Bjerregaard), Steffen Kielstrup, Martin Spelmann (62 Kenan Hajdarevic), Thomas Kortegaard, Martin Retov (Cap) (70 Anders Nøhr), Janus Drachmann, Troels Kløve. Coach: Johnny Mølby
Yellow Card: / Kielstrup (52)
Goals: Ricky Van Wolfswinkel (8,54), Thomas Kortegaard (23 own goal), Andre Carrillo (57), Elías (63)

FK ZETA PODGORICA – PSV EINDHOVEN 0-5 (0-1)
Stadion Podgorica    23.08.2012    Hour: 21:00
Referees: Aleksei Nikolaev, Vitali Drozdov, Dmitri Mosyakin (RUS)    Attendance: 7,000
FK ZETA PODGORICA: Miloš Bulatović, Miloš Radulović, Igor Vujačić, Miroslav Zlatičanin (81 Zarija Peličić), Aleksandar Boljević, Ivan Novović, Balša Božović (46 Dražen Ajković), Boris Došljak, Goran Burzanović (Cap), Žarko Korać, Miloš B. Radulović. Coach: Rade Vešović
PSV: Przemysław Tytoń, Marcelo, Mark van Bommel (Cap), Ola Toivonen, Kevin Strootman, Tim Matavž, Jeremain Lens, Atiba Hutchinson, Dries Mertens, Timothy Derijck, Marcel Ritzmaier.
Coach: Dick Advocaat
Yellow Card: Zlatičanin (18), Vujačić (79)
Goals: Ola Toivonen (2), Tim Matavž (74), Kevin Strootman (77), Jeremain Lens (83), Mark Van Bommel (90)


PSV EINDHOVEN – FK ZETA PODGORICA 9-0 (5-0)
PSV Stadion, Eindhoven    30.08.2012    Hour: 19:00
Referees: Menashe Masiah, Nissan Davidy, Abed Alramili (ISR)    Attendance: 20,400
PSV: Boy Waterman (Cap), Mathias Jørgensen, Tim Matavž, Georginio Wijnaldum, Jetro Willems (46 Marcel Ritzmaier), Orlando Engelaar, Luciano Narsingh, Timothy Derijck, Peter van Ooijen, Memphis Depay, Stanislav Manolev. Coach: Dick Advocaat
FK ZETA PODGORICA: Miloš Bulatović, Miloš Radulović, Miroslav Kaludjerović, Aleksandar Boljević, Zarija Peličić (46 Dražen Ajković), Ivan Novović, Balša Božović (71 Miroslav Zlatičanin), Boris Došljak, Goran Burzanović (Cap), Žarko Korać, Miloš B. Radulović (30 Igor Vujačić). Coach: Rade Vešović
Yellow Card: Ritzmaier (53), Jørgensen (84) / Radulović (29), Božović (69)
Goals: Mathias Jørgensen (5), Peter van Ooijen (12, 74), Tim Matavž (15,27,63), Georginio Wijnaldum (39,66,83)


# GROUP STAGE


# GROUP A


BSC YOUNG BOYS BERN – LIVERPOOL FC 3-5 (1-2)
Stade de Suisse, Bern    20.09.2012    Hour: 19:00    Attendance: 31,120
Referees: Michael Koukoulakis, Dimitrios Saraidaris, Damianos Efthimiadis (GRE)
YOUNG BOYS: Marco Wölfli (Cap), Juhani Ojala, Alexander Farnerud, Raúl Bobadilla, Elsad Zverotić (81 Michael Frey), Mario Raimondi, Christoph Spycher, Gonzalo Zárate (65 Alexander González), Dušan Veškovac, Scott Sutter, Raphael Nuzzolo (68 Christian Schneuwly).
Coach: Martin Rueda
LIVERPOOL FC : Brad Jones, José Enrique, Nuri Şahin, Oussama Assaidi (67 Jonjo Shelvey), Daniel Pacheco (62 Fabio Borini), Jordan Henderson, Sebastián Coates, Stewart Downing (77 Raheem Sterling), Jamie Carragher (Cap), Suso, Andre Wisdom. Coach: Brendan Rodgers
Yellow Card: Raimondi (17), Nuzzolo (39), Veškovac (80), Bobadilla (85) / Borini (82)
Goals: Raphael Nuzzolo (38), Juhani Ojala (4 own goal, 53), Gonzalo Zárate (63) /
          Andre Wisdom (40), Sebastián Coates (67), Jonjo Shelvey (76, 88)

UDINESE CALCIO – FC ANZHI MAKHACHKALA 1-1 (0-1)
Stadio Friuli, Udine    20.09.2012    Hour: 19:00
Referees: Hüseyin Göçek, Mustafa Eyisoy, Orkun Aktaş (TUR)    Attendance: 7,220
UDINESE CALCIO: Daniele Padelli, Danilo, Marco Faraoni, Emmanuel Badu (58 Antonio Di Natale), Maurizio Domizzi (Cap), Mathias Ranégie, Medhi Benatia, Andrea Lazzari, Pablo Armero, Roberto Pereyra (76 Giampiero Pinzi), Willians (59 Dušan Basta).
Coach: Francesco Guidolin
ANZHI: Evgeni Pomazan, Christopher Samba, João Carlos, Mbark Boussoufa, Kamil Agalarov, Jucilei, Samuel Eto'o (Cap), Oleg Shatov, Yuri Zhirkov, Lacina Traoré (61 Mehdi Carcela-González), Lassana Diarra. Coach: Guus Hiddink
Yellow Card: Pereyra (18), Danilo (80), Benatia (90) / Zhirkov (83), Boussoufa (90)
Goals: Antonio Di Natale (90+2) / Daniele Padelli (45 own goal)


FC ANZHI MAKHACHKALA – BSC YOUNG BOYS BERN 2-0 (0-0)
Stadion Lokomotiv, Moskva    04.10.2012    Hour: 20:00
Referees: Felix Zwayer, Markus Häcker, Detlef Scheppe (GER)    Attendance: 8,000
ANZHI: Vladimir Gabulov, Christopher Samba, João Carlos (78 Georgi Gabulov), Mbark Boussoufa, Kamil Agalarov, Jucilei, Samuel Eto'o (Cap), Rasim Tagirbekov (17 Yuri Zhirkov), Oleg Shatov, Lacina Traoré (63 Mehdi Carcela-González), Lassana Diarra. Coach: Guus Hiddink
YOUNG BOYS: Marco Wölfli (Cap), Juhani Ojala, Alain Nef, Matías Vitkieviez (77 Alexander González), Raúl Bobadilla, Moreno Costanzo, Elsad Zverotić, Christian Schneuwly (67 Michael Frey), Gonzalo Zárate (67 Raphael Nuzzolo), Dušan Veškovac, Jan Lecjaks. Coach: Martin Rueda
Yellow Card: Tagirbekov (5), Samba (59), Carcela-González (85) / Frey (84), Costanzo (88)
Goals: Samuel Eto'o (62 pen, 90)


LIVERPOOL FC – UDINESE CALCIO 2-3 (1-0)
Anfield, Liverpool    04.10.2012    Hour: 20:05
Referees: Stefan Johannesson, Magnus Sjöblom, Joakim Flink (SWE)    Attendance: 40,092
LIVERPOOL FC: Pepe Reina, Glen Johnson, Oussama Assaidi (65 Luis Suárez), Jordan Henderson (65 Steven Gerrard), Sebastián Coates, Stewart Downing, Jamie Carragher (Cap), Joe Allen, Fabio Borini (80 Raheem Sterling), Jonjo Shelvey, Jack Robinson. Coach: Brendan Rodgers
UDINESE CALCIO: Željko Brkić, Danilo, Marco Faraoni, Emmanuel Badu, Antonio Di Natale (Cap) (85 Mathias Ranégie), Maurizio Domizzi, Medhi Benatia, Giovanni Pasquale, Pablo Armero (46 Andrea Lazzari), Roberto Pereyra, Giampiero Pinzi (70 Willians). Coach: Francesco Guidolin
Yellow Card: / Benatia (67), Pinzi (68), Faraoni (90+1)
Goals: Jonjo Shelvey (23), Luis Suárez (75) /
    Antonio Di Natale (46), Sebastián Coates (70 own goal), Giovanni Pasquale (72)


LIVERPOOL FC – FC ANZHI MAKHACHKALA 1-0 (0-0)
Anfield, Liverpool    25.10.2012    Hour: 20:05
Referees: Bas Nijhuis, Angelo Boonman, Rob van de Ven (NED)    Attendance: 39,358
LIVERPOOL FC: Brad Jones, Glen Johnson (46 Raheem Sterling), Nuri Şahin, Daniel Agger, Luis Suárez, Steven Gerrard (Cap), Oussama Assaidi, Stewart Downing, Jonjo Shelvey (79 Joe Allen), Martin Škrtel, Andre Wisdom. Coach: Brendan Rodgers
ANZHI: Vladimir Gabulov, Christopher Samba, João Carlos, Mbark Boussoufa (77 Shamil Lahiyalov), Kamil Agalarov (62 Arseni Logashov), Samuel Eto'o (Cap), Oleg Shatov, Mehdi Carcela-González, Yuri Zhirkov, Fedor Smolov (64), Georgi Gabulov. Coach: Guus Hiddink
Yellow Card: Luis Suárez (75), Agger (81) / Samba (21), Agalarov (43)
Goal: Stewart Downing (53)

BSC YOUNG BOYS BERN – UDINESE CALCIO 3-1 (1-0)
Stade de Suisse, Bern    25.10.2012    Hour: 21:05
Referees: Clément Turpin, Eric Dansault, Nicolas Danos (FRA)    Attendance: 20,143
YOUNG BOYS: Marco Wölfli (Cap), Juhani Ojala, Alain Nef, Alexander Farnerud (87 Dušan Veškovac), Raúl Bobadilla, Moreno Costanzo (71 Christian Schneuwly), Elsad Zverotić, Mario Raimondi, Gonzalo Zárate (80 Alexander González), Scott Sutter, Raphael Nuzzolo.
Coach: Martin Rueda
UDINESE CALCIO: Željko Brkić, Danilo, Marco Faraoni, Emmanuel Badu (46 Antonio Di Natale), Mathias Ranégie (46 Roberto Pereyra), Andrea Coda (Cap), Medhi Benatia, Andrea Lazzari (71 Maurizio Domizzi), Pablo Armero, Diego Fabbrini, Willians.
Coach: Francesco Guidolin
Yellow Card: Raimondi (29), Costanzo (65), Veškovac (90) /
    Willians (49), Armero (66), Domizzi (81)
Goals: Raúl Bobadilla (4, 71, 81 pen) / Andrea Coda (74)


FC ANZHI MAKHACHKALA – LIVERPOOL FC 1-0 (1-0)
Stadion Lokomotiv, Moskva    08.11.2012    Hour: 18:00    Attendance: 15,000
Referees: David Fernández Borbalán, Raúl Cabanero Martínez, Jorge Canelo Prieto (ESP)
ANZHI: Vladimir Gabulov, Christopher Samba, João Carlos, Mbark Boussoufa, Jucilei, Samuel Eto'o (Cap), Rasim Tagirbekov, Arseni Logashov, Yuri Zhirkov, Lacina Traoré (80 Fedor Smolov), Odil Ahmedov (29 Mehdi Carcela-González, 90+2 Shamil Lahiyalov). Coach: Guus Hiddink
LIVERPOOL FC: Brad Jones, Joe Cole (77 Oussama Assaidi), Jordan Henderson, Sebastián Coates, Stewart Downing, Jamie Carragher (Cap), Jonjo Shelvey, Conor Coady (61 Daniel Pacheco), Jon Flanagan, Andre Wisdom, Adam Morgan (61 Suso). Coach: Brendan Rodgers
Yellow Card: / Flanagan (65), Shelvey (88)
Goal: Lacina Traoré (45+1)


UDINESE CALCIO – BSC YOUNG BOYS BERN 2-3 (0-1)
Stadio Friuli, Udine    08.11.2012    Hour: 19:00
Referees: Kristo Tohver, Dmitri Vinogradov, Hannes Reinvald (EST)    Attendance: 6,190
UDINESE CALCIO: Željko Brkić, Danilo, Dušan Basta, Antonio Di Natale, Maurizio Domizzi, Mathias Ranégie, Andrea Coda, Andrea Lazzari, Pablo Armero, Roberto Pereyra (64 Marco Faraoni), Willians (53 Diego Fabbrini). Coach: Francesco Guidolin
YOUNG BOYS: Marco Wölfli (Cap), Alain Nef, Alexander Farnerud, Raúl Bobadilla (88 Michael Frey), Elsad Zverotić, Christian Schneuwly (74 Pascal Doubaï), Mario Raimondi, Gonzalo Zárate (81 Alexander González), Dušan Veškovac, Scott Sutter, Raphael Nuzzolo. Coach: Martin Rueda
Yellow Card: Coda (48), Fabbrini (58), Faraoni (85) / Farnerud (62), Raimondi (77), Nef (82)
Goals: Antonio Di Natale (47), Diego Fabbrini (83) /
    Raúl Bobadilla (27), Alexander Farnerud (65), Raphael Nuzzolo (73)


FC ANZHI MAKHACHKALA – UDINESE CALCIO 2-0 (0-0)
Stadion Lokomotiv, Moskva    22.11.2012    Hour: 21:00
Referees: Serge Gumienny, Walter Vromans, Yves De Neve (BEL)    Attendance: 8,556
ANZHI: Vladimir Gabulov, Christopher Samba (87 Shamil Lahiyalov), João Carlos, Mbark Boussoufa, Jucilei, Samuel Eto'o (Cap), Rasim Tagirbekov, Oleg Shatov, Arseni Logashov, Mehdi Carcela-González (68 Lacina Traoré), Yuri Zhirkov. Coach: Guus Hiddink
UDINESE CALCIO: Željko Brkić, Danilo, Marco Faraoni (57 Dušan Basta, 76 Mathias Ranégie), Emmanuel Badu, Antonio Di Natale (Cap), Maurizio Domizzi, Pablo Armero (71 Giovanni Pasquale), Diego Fabbrini, Roberto Pereyra, Thomas Heurtaux, Willians.
Coach: Francesco Guidolin
Yellow Card: Zhirkov (79), Boussoufa (88) /
    Willians (45, 80), Di Natale (66), Domizzi (80).
Red Card: Willians (80)
Goals: Christopher Samba (72), Samuel Eto'o (75)

LIVERPOOL FC – BSC YOUNG BOYS BERN 2-2 (1-0)
Anfield, Liverpool    22.11.2012    Hour: 20:05
Referees: Alon Yefet, Shabtai Nahmias, Nissan Davidy (ISR)    Attendance: 37,180
LIVERPOOL FC: Pepe Reina, Nuri Şahin, Joe Cole (75 Raheem Sterling), Oussama Assaidi, Jordan Henderson, Stewart Downing, Jamie Carragher (Cap), Suso (61 Luis Suárez), Jonjo Shelvey, Martin Škrtel, Andre Wisdom (31 Steven Gerrard). Coach: Brendan Rodgers
YOUNG BOYS: Marco Wölfli (Cap), Alain Nef, Alexander Farnerud, Raúl Bobadilla, Elsad Zverotić, Christian Schneuwly (82 Matías Vitkieviez), Gonzalo Zárate, Dušan Veškovac (23 Juhani Ojala), Scott Sutter, Raphael Nuzzolo (77 Michael Frey), Jan Lecjaks. Coach: Martin Rueda
Yellow Card: Şahin (78) / Zverotić (89)
Goals: Jonjo Shelvey (33), Joe Cole (72) / Raúl Bobadilla (52), Elsad Zverotić (88)


BSC YOUNG BOYS BERN – FC ANZHI MAKHACHKALA 3-1 (1-1)
Stade de Suisse, Berne (SUI)    06.12.2012    Hour: 19:00
Referees: Matej Jug, Gregor Rojko, Marko Stančin (SVN)    Attendance: 17,132
YOUNG BOYS: Marco Wölfli (Cap), Juhani Ojala, Alain Nef, Alexander Farnerud, Raúl Bobadilla (87 Michael Frey), Moreno Costanzo (72 Pascal Doubaï), Christian Schneuwly, Mario Raimondi, Gonzalo Zárate (77 Alexander González), Scott Sutter, Raphael Nuzzolo.
Coach: Martin Rueda
ANZHI: Vladimir Gabulov, Christopher Samba (46 Kamil Agalarov), João Carlos, Jucilei, Samuel Eto'o (Cap), Rasim Tagirbekov, Oleg Shatov, Arseni Logashov, Lacina Traoré, Odil Ahmedov (79 Mehdi Carcela-González), Lassana Diarra (85 Shamil Lahiyalov). Coach: Guus Hiddink
Yellow Card: González (90+1) / João Carlos (8), Traoré (33, 69), Tagirbekov (48).
Red Card: Traoré (69)
Goals: Gonzalo Zárate (38), Moreno Costanzo (52), Alexander González (90) /
       Odil Ahmedov (45+2)


UDINESE CALCIO – LIVERPOOL FC 0-1 (0-1)
Stadio Friuli, Udine (ITA)    06.12.2012    Hour: 19:00
Referees: Duarte Gomes, Ricardo Santos, Venâncio Tomé (POR)    Attendance: 7,650
UDINESE CALCIO: Daniele Padelli, Danilo, Marco Faraoni, Emmanuel Badu, Mathias Ranégie (86 Antonio Di Natale), Giovanni Pasquale, Pablo Armero, Diego Fabbrini, Roberto Pereyra, Giampiero Pinzi (Cap) (46 Medhi Benatia, 65 Max Reinthaler), Thomas Heurtaux. Coach: Francesco Guidolin
LIVERPOOL FC: Pepe Reina, Glen Johnson, José Enrique, Nuri Şahin (12 Jonjo Shelvey), Luis Suárez, Jordan Henderson, Stewart Downing, Jamie Carragher (Cap), Joe Allen, Suso (71 Raheem Sterling), Martin Škrtel. Coach: Brendan Rodgers
Yellow Card: Fabbrini (17), Pasquale (67, 79), Badu (80) / Suso (36), Allen (71), Carragher (82).
Red Card: Pasquale (79)
Goal: Jordan Henderson (23)


| | | | | | | | |
|---|---|---|---|---|---|---|---|
| Liverpool FC | 6 | 3 | 1 | 2 | 11 | 9 | 10 |
| FC Anzhi Makhachkala | 6 | 3 | 1 | 2 | 7 | 5 | 10 |
| BSC Young Boys Bern | 6 | 3 | 1 | 2 | 14 | 13 | 10 |
| Udinese Calcio | 6 | 1 | 1 | 4 | 7 | 12 | 4 |

# GROUP B

HAPOEL TEL-AVIV FC – CLUB ATLÉTICO de MADRID 0-3 (0-2)
Itztadion Bloomfield, Tel Aviv    20.09.2012    Hour: 20:00
Referees: Pol van Boekel, Patrick Langkamp, Nicky Siebert (NED)    Attendance: 12,000
HAPOEL: Édel Apoula, Mor Shushan, Hanan Maman, Walid Badier (Cap), Tal Ben Haim II, Gil Vermouth (75 Elroy Cohen), Eric Djemba-Djemba, Ygal Antebi, Bruno Coutinho (58 Salim Toama), John Pantsil, Toto Tamuz (68 Victor Mare). Coach: Nitzan Shirazi
ATLÉTICO: Sergio Asenjo, Mario Suárez (Cap), Adrián López (69 Koke), Raúl García, Cristian Rodríguez (74 Juanfran), Domingo Cisma, Sílvio, Cata Díaz, Diego Costa (78 Saúl Ñiguez), Emre Belözoğlu, Miranda. Coach: Diego Simeone
Yellow Card: Shushan (49), Djemba-Djemba (67), Pantsil (88) / Diego Costa (67), Sílvio (68)
Goals: Cristian Rodríguez (37), Diego Costa (40), Raúl García (63)


FC VIKTORIA PLZEŇ – ACADÉMICA de COIMBRA O.A.F. 3-1 (0-1)
Stadion města Plzně, Plzen    20.09.2012    Hour: 19:00
Referees: Hannes Kaasik, Jaanus Mutli, Dmitri Vinogradov (EST)    Attendance: 10,848
VIKTORIA: Matúš Kozáčik, Marek Hanousek, David Limberský, Pavel Horváth (Cap), Michal Ďuriš (76 Martin Fillo), Radim Řezník, Vladimír Darida, Jakub Hora (61 Martin Zeman), Václav Procházka, František Rajtoral (90+2 Edgar Malakyan), Marián Čišovský. Coach: Pavel Vrba
ACADÉMICA: Ricardo, Flávio Ferreira (Cap), Rafik Halliche (47 Bruno China), Alphousseyni Keita (63 John Ogu), Marinho, Makelele (73 Edinho), Rodrigo Galo, Nivaldo, Wilson Eduardo, Reiner Ferreira, Salim Cissé. Coach: Pedro Emanuel
Yellow Card: Horváth (49), Kozáčik (88) / Halliche (21), Cissé (50), Edinho (78), Ogu (82)
Goals: Pavel Horváth (46), Michal Ďuriš (58), František Rajtoral (80) / Wilson Eduardo (19)


ACADÉMICA de COIMBRA O.A.F. – HAPOEL TEL-AVIV FC 1-1 (0-0)
Cidade de Coimbra, Coimbra    04.10.2012    Hour: 20:05
Referees: Stephan Studer, Jean-Yves Wicht, Johannes Vogel (SUI)    Attendance: 5,676
ACADÉMICA: Ricardo, João Dias, Flávio Ferreira (Cap), Marinho (85 Afonso), Bruno China, Cleyton (69 Makelele), Wilson Eduardo, John Ogu, Reiner Ferreira, Hélder Cabral, Salim Cissé (58 Edinho). Coach: Pedro Emanuel
HAPOEL: Édel Apoula, Walid Badier (Cap), Elroy Cohen (60 Hanan Maman), Tal Ben Haim II (67 Salim Toama), Gil Vermouth, Zeev Haimovich, Eric Djemba-Djemba, Ygal Antebi, Roei Gordana (60 Omer Damari), John Pantsil, Toto Tamuz. Coach: Josef Abuksis
Yellow Card: / Roei Gordana (60), Badier (88)
Goals: Salim Cissé (47) / Omer Damari (90+2)


CLUB ATLÉTICO de MADRID – FC VIKTORIA PLZEŇ 1-0 (0-0)
Estadio Vicente Calderón, Madrid    04.10.2012    Hour: 21:05
Referees: Antony Gautier, Michael Annonier, Philippe Jeanne (FRA)    Attendance: 19,772
ATLÉTICO: Sergio Asenjo, Koke (64 Tiago), Adrián López, Cristian Rodríguez, Jorge Pulido, Gabi (Cap), Domingo Cisma, Cata Díaz, Diego Costa (61 Raúl García), Emre Belözoğlu, Abdelkader Oueslati (85 Saúl Ñiguez). Coach: Diego Simeone
VIKTORIA: Matúš Kozáčik, Marek Hanousek, David Limberský (Cap), Michal Ďuriš, Radim Řezník, František Ševinský, Vladimír Darida (90+1 Lukáš Hejda), Václav Procházka, Marek Bakoš (90+3 David Štípek), František Rajtoral (89 Jakub Hora), Marián Čišovský. Coach: Pavel Vrba
Yellow Card: Gabi (11), Belözoğlu (20) / Procházka (31)
Goal: Cristian Rodríguez (90+3)

CLUB ATLÉTICO de MADRID – ACADÉMICA de COIMBRA O.A.F. 2-1 (0-0)
Estadio Vicente Calderón, Madrid    25.10.2012    Hour: 21:05
Referees: Bobby Madden, Martin Cryans, Stuart Stenvenson (SCO)    Attendance: 15,749
ATLÉTICO: Sergio Asenjo, Filipe Luis, Tiago, Koke (61 Cristian Rodríguez), Adrián López (81 Saúl Ñiguez), Jorge Pulido, Gabi (Cap), Sílvio, Cata Díaz, Diego Costa, Emre Belözoğlu (75 Raúl García). Coach: Diego Simeone
ACADÉMICA: Ricardo, João Dias, Flávio Ferreira (Cap), Rafik Halliche (22 Júnior Lopes), Marinho, Makelele (60 Salim Cissé), Bruno China, Nivaldo, Wilson Eduardo, John Ogu (60 Cleyton), Edinho. Coach: Pedro Emanuel
Yellow Card: Ñiguez (86) / Júnior Lopes (62), China (90+1)
Goals: Diego Costa (48), Emre Belözoğlu (67) / Salim Cissé (85)


HAPOEL TEL-AVIV FC – FC VIKTORIA PLZEŇ 1-2 (0-2)
Itztadion Bloomfield, Tel Aviv    25.10.2012    Hour: 21:05
Referees: Felix Zwayer, Markus Häcker, Mark Borsch (GER)    Attendance: 12,248
HAPOEL: Édel Apoula, Hanan Maman, Eliran Danin, Walid Badier (Cap), Tal Ben Haim, Omer Damari, Zeev Haimovich, Eric Djemba-Djemba (75 Elroy Cohen), Roei Gordana (59 Salim Toama), Iyad Khutaba, Toto Tamuz. Coach: Josef Abuksis
VIKTORIA: Matúš Kozáčik, David Limberský (Cap), Pavel Horváth (Cap), Michal Ďuriš (73 Martin Zeman), Radim Řezník, František Ševinský, Vladimír Darida, Marek Bakoš (87 Lukáš Hejda), Daniel Kolář (81 Jakub Hora), František Rajtoral, Marián Čišovský. Coach: Pavel Vrba
Yellow Card: Djemba-Djemba (32), Iyad Khutaba (54, 64) / Kolář (75), Řezník (90+4).
Red Card: Khutaba (64)
Goals: Hanan Maman (19) / Pavel Horváth (45+1), František Rajtoral (55)


ACADÉMICA de COIMBRA O.A.F. – CLUB ATLÉTICO de MADRID 2-0 (1-0)
Cidade de Coimbra, Coimbra    08.11.2012    Hour: 18:00
Referees: Lee Probert, Jake Collin, Simon Beck (ENG)    Attendance: 4,652
ACADÉMICA: Ricardo, João Dias, Flávio Ferreira (Cap), Alphousseyni Keita (79 Bruno China), Marinho (71), Makelele, João Real, Cleyton, Nivaldo, Wilson Eduardo, Salim Cissé (84 Edinho). Coach: Pedro Emanuel
ATLÉTICO: Sergio Asenjo, Filipe Luis, Mario Suárez (58 Emre Belözoğlu), Tiago (71 Abdelkader Oueslati), Koke, Adrián López, Raúl García, Jorge Pulido, Sílvio, Cata Díaz, Saúl Ñiguez (46 Pedro Martín). Coach: Diego Simeone
Yellow Card: Wilson Eduardo (13), Nivaldo (41), Cleyton (58), João Real (84), Makelele (90+1) /
    Sílvio (47), Raúl García (54), Cata Díaz (76)
Goals: Wilson Eduardo (28, 70 pen)


FC VIKTORIA PLZEŇ – HAPOEL TEL-AVIV FC 4-0 (2-0)
Stadion města Plzně, Plzen    08.11.2012    Hour: 19:00
Referees: Stanislav Todorov, Ventsislav Gavrilov, Nikolay Angelov (BUL)    Attendance: 11,389
VIKTORIA: Matúš Kozáčik, David Limberský (Cap), Pavel Horváth (Cap) (80 Martin Zeman), Michal Ďuriš, Radim Řezník, Vladimír Darida, Václav Procházka, Marek Bakoš (85 Edgar Malakyan), Daniel Kolář, Marián Čišovský, David Štípek (67 Jakub Hora). Coach: Pavel Vrba
HAPOEL: Édel Apoula, Mor Shushan, Eliran Danin, Elroy Cohen (61 Hanan Maman), Salim Toama, Eric Djemba-Djemba, Ygal Antebi (Cap) (46 Walid Badier), Roei Gordana (74 Victor Mare), John Pantsil, Nikola Petković, Toto Tamuz. Coach: Josef Abuksis
Yellow Card: Štípek (32), Limberský (45) / Cohen (45), Badier (67).
Red Card: Djemba-Djemba (41)
Goals: Daniel Kolář (23, 76), David Štípek (39), Marek Bakoš (84)

CLUB ATLÉTICO de MADRID – HAPOEL TEL-AVIV FC 1-0 (1-0)
Estadio Vicente Calderón, Madrid 22.11.2012 Hour: 21:05
Referees: Martin Hansson, Fredrik Nilsson, Joakim Flink (SWE) Attendance: 13,595
ATLÉTICO: Sergio Asenjo, Mario Suárez (Cap), Adrián López, Raúl García, Cristian Rodríguez (87 Pedro Martín), Jorge Pulido, Domingo Cisma, Sílvio, Cata Díaz, Diego Costa (58 Koke), Emre Belözoğlu. Coach: Diego Simeone
HAPOEL: Édel Apoula, Mor Shushan, Hanan Maman, Eliran Danin, Tal Ben Haim, Gil Vermouth (Cap) (62 Salim Toama), Omer Damari, Zeev Haimovich, Roei Gordana (77 Victor Mare), John Pantsil, Nikola Petković. Coach: Josef Abuksis
Yellow Card: García (29), Rodríguez (78) / Pantsil (73)
Goals: Raúl García (7)

ACADÉMICA de COIMBRA O.A.F. – FC VIKTORIA PLZEŇ 1-1 (0-0)
Cidade de Coimbra, Coimbra 22.11.2012 Hour: 20:05
Referees: Marcin Borski, Rafal Rostkowski, Maciej Wierzbowski (POL) Attendance: 3,717
ACADÉMICA: Ricardo, João Dias, Flávio Ferreira (Cap), Alphousseyni Keita, Marinho, João Real, Cleyton, Wilson Eduardo (81 Afonso), John Ogu (70 Salim Cissé), Reiner Ferreira, Edinho. Coach: Pedro Emanuel
VIKTORIA: Matúš Kozáčik, David Limberský, Pavel Horváth (Cap), Michal Ďuriš (84 Edgar Malakyan), Radim Řezník, Vladimír Darida, Jakub Hora (89 František Ševinský), Václav Procházka, Marek Bakoš, Marián Čišovský, David Štípek (73 Martin Zeman). Coach: Pavel Vrba
Yellow Card: Dias (57), Ricardo (66), Eduardo (77), Marinho (79), Ferreira (90) / Štípek (48), Darida (54), Hora (63)
Goals: Edinho (88 pen) / Pavel Horváth (57 pen)

HAPOEL TEL-AVIV FC – ACADÉMICA de COIMBRA O.A.F. 2-0 (0-0)
Itztadion Bloomfield, Tel Aviv 06.12.2012 Hour: 20:00
Referees: Aleksei Nikolaev, Oleg Tselovalnikov, Dmitri Mosyakin (RUS) Attendance: 10,000
HAPOEL: Édel Apoula, Mor Shushan, Eliran Danin, Tal Ben Haim, Gil Vermouth (Cap) (69 Hanan Maman), Salim Toama (86 Nir Lax), Zeev Haimovich, Kfir Izenstein, Iyad Khutaba, Nikola Petković, Toto Tamuz (46 Victor Mare). Coach: Josef Abuksis
ACADÉMICA: Romuald Peiser, João Dias, Flávio Ferreira (Cap), Alphousseyni Keita, Marinho (82 Afonso), João Real, Cleyton, Nivaldo (71 Makelele), Wilson Eduardo, John Ogu (71 Salim Cissé), Edinho. Coach: Pedro Emanuel
Yellow Card: Khutaba (64)
Goals: Victor Mare (56), Hanan Maman (80)

FC VIKTORIA PLZEŇ – CLUB ATLÉTICO de MADRID 1-0 (1-0)
Stadion města Plzně, Plzeň 06.12.2012 Hour: 19:00 Attendance: 11,067
Referees: Kristinn Jakobsson, Sigurdur Oli Thorleifsson, Frosti Vidar Gunnarsson (ISL)
VIKTORIA: Matúš Kozáčik, David Limberský, Pavel Horváth (Cap) (90+2 František Ševinský), Michal Ďuriš, Radim Řezník, Vladimír Darida, Václav Procházka, Marek Bakoš, Daniel Kolář (89 David Štípek), František Rajtoral (74 Martin Zeman), Marián Čišovský. Coach: Pavel Vrba
ATLÉTICO: Sergio Asenjo, Tiago (Cap), Adrián López, Raúl García, Jorge Pulido, Domingo Cisma (87 Saúl Ñiguez), Diego Costa, Juanfran (59 Koke), Emre Belözoğlu, Miranda, Javi Manquillo (89 Pedro Martín). Coach: Diego Simeone
Yellow Card: Limberský (77) / Manquillo (55).
Red Card: Costa (90+1)
Goal: Václav Procházka (26)

| | | | | | | | |
|---|---|---|---|---|---|---|---|
| FC Viktoria Plzeň | 6 | 4 | 1 | 1 | 11 | 4 | 13 |
| Club Atlético de Madrid | 6 | 4 | 0 | 2 | 7 | 4 | 12 |
| Académica de Coimbra OAF | 6 | 1 | 2 | 3 | 6 | 9 | 5 |
| Hapoel Tel Aviv FC | 6 | 1 | 1 | 4 | 4 | 11 | 4 |

# GROUP C

AEL FC LARISSA – BORUSSIA MÖNCHENGLADBACH 0-0
GSP Stadium, Nicosia   20.09.2012   Hour: 20:00
Referees: Duarte Gomes, Ricardo Santos, Venâncio Tomé (POR)   Attendance: 8,500
AEL FC LARISSA: Matias Degra, Dosa Júnior, Maykon (75 Luciano Bebê), Stelios Parpas, Rui Miguel, Edmar (70 Paulo Sérgio), Marios Nikolaou (Cap), Marcos Airosa, Gilberto, Dédé, Vouho (57 Orlando Sá). Coach: Charalampos Christodoulou
BORUSSIA: Marc-André ter Stegen, Roel Brouwers (Cap), Alexander Ring (79 Lukas Rupp), Tolga Cigerci, Patrick Herrmann, Álvaro Domínguez, Håvard Nordtveit, Oscar Wendt, Mike Hanke (81 Igor De Camargo), Tony Jantschke, Branimir Hrgota (46 Granit Xhaka).
Coach: Lucien Favre
Yellow Card: Rui Miguel (17), Dosa Júnior (66), Parpas (90+1), Paulo Sérgio (90+5) /
      Herrmann (55)

FENERBAHÇE FK ISTANBUL – OLYMPIQUE de MARSEILLE 2-2 (1-0)
Şükrü Saracoğlu, Istanbul   20.09.2012   Hour: 20:00
Referees: Ivan Bebek, Tomislav Petrović, Miro Grgić (CRO)   Attendance: 47,000
FENERBAHÇE FK ISTANBUL: Volkan Demirel, Hasan Ali Kaldırım, Bekir İrtegün, Mehmet Topal, Joseph Yobo, Moussa Sow (74 Henri Bienvenu), Alex (Cap) (67 Cristian), Raul Meireles, Mehmet Topuz, Gökhan Gönül, Caner Erkin (88 Miroslav Stoch). Coach: Aykut Kocaman
OLYMPIQUE de MARSEILLE: Steve Mandanda (Cap), Nicolas N'Koulou, Leyti N'Diaye (42 Benoît Cheyrou), Joey Barton (71 Jordan Ayew), André Ayew, Loïc Rémy (63 André-Pierre Gignac), Jérémy Morel, Morgan Amalfitano, Charles Kaboré, Rod Fanni, Mathieu Valbuena.
Coach: Elie Baup
Yellow Card: Bekir İrtegün (71) / A. Ayew (38), Amalfitano (64), J. Ayew (85)
Goals: Caner Erkin (28), Alex (57) / Mathieu Valbuena (83), André Ayew (90+4)

OLYMPIQUE de MARSEILLE – AEL FC LARISSA 5-1 (1-1)
Stade Vélodrome, Marseille   04.10.2012   Hour: 21:05
Referees: Tony Asumaa, Matti Heininen, Marko Hänninen (FIN)   Attendance: 12,746
OLYMPIQUE de MARSEILLE: Steve Mandanda (Cap), Nicolas N'Koulou (83 Pape M'Bow), Lucas Mendes, Joey Barton, Jordan Ayew, Loïc Rémy, Rafidine Abdullah (52 Mathieu Valbuena), Charles Kaboré, Rod Fanni, Florian Raspentino (69 André-Pierre Gignac), Baptiste Aloe.
Coach: Elie Baup
AEL FC LARISSA: Matias Degra, Dosa Júnior, Monteiro, Marios Nikolaou (Cap) (76 Stelios Parpas), Christis Theophilou, Paulo Sérgio, Luciano Bebê, Carlitos (76 Michalis Konstantinou), Edwin Ouon, Dédé, Vouho (87 Orlando Sá). Coach: Lazaros Semos
Yellow Card: N'Koulou (35), Aloe (35), Barton (88) /
      Dosa Júnior (35), Monteiro (80), Theophilou (90+4)
Goals: Rod Fanni (42), Lucas Mendes (61), Loïc Rémy (78, 90+3), André-Pierre Gignac (90) /
      Edwin Ouon (22)

BORUSSIA MÖNCHENGLADBACH – FENERBAHÇE FK ISTANBUL 2-4 (1-2)
Borussia-Park, Mönchengladbach   04.10.2012   Hour: 21:05
Referees: Fernando Teixeira, Roberto Alonso, Manuel Torre (ESP)   Attendance: 46,297
BORUSSIA: Marc-André ter Stegen, Filip Daems (Cap), Roel Brouwers, Alexander Ring (46 Branimir Hrgota), Tolga Cigerci (62 Igor De Camargo), Luuk de Jong, Thorben Marx, Håvard Nordtveit, Juan Arango, Granit Xhaka (87 Peniel Mlapa), Martin Stranzl. Coach: Lucien Favre
FENERBAHÇE FK ISTANBUL: Volkan Demirel (Cap), Egemen Korkmaz, Hasan Ali Kaldırım, Bekir İrtegün, Mehmet Topal, Moussa Sow (78 Miloš Krasić), Dirk Kuyt (90+4), Raul Meireles, Cristian, Gökhan Gönül, Caner Erkin. Coach: Aykut Kocaman
Yellow Card: Marx (78), de Jong (79) / Gönül (29), Korkmaz (32), Caner Erkin (76).
Goals: Luuk de Jong (18), Igor De Camargo (74) /
      Cristian (25, 87), Raul Meireles (40), Dirk Kuyt (71)

BORUSSIA MÖNCHENGLADBACH – OLYMPIQUE de MARSEILLE 2-0 (1-0)
Borussia-Park, Mönchengladbach   25.10.2012   Hour: 21:05
Referees: Serge Gumienny, Walter Vromans, Yves De Neve (BEL)   Attendance: 45,000
BORUSSIA: Marc-André ter Stegen, Filip Daems (Cap), Patrick Herrmann (80 Mike Hanke), Lukas Rupp, Luuk de Jong (65 Peniel Mlapa), Thorben Marx, Álvaro Domínguez, Håvard Nordtveit, Juan Arango, Tony Jantschke (35 Roel Brouwers), Martin Stranzl. Coach: Lucien Favre
OLYMPIQUE de MARSEILLE: Steve Mandanda (Cap), Kassim Abdallah (83 Benoît Cheyrou), Nicolas N'Koulou, Lucas Mendes, Joey Barton, Jordan Ayew, Loïc Rémy (65 André Ayew), Morgan Amalfitano, Charles Kaboré, Rod Fanni, Mathieu Valbuena (77 Florian Raspentino). Coach: Elie Baup
Yellow Card: Kaboré (73)
Goals: Filip Daems (33 pen), Peniel Mlapa (67)


AEL FC LARISSA – FENERBAHÇE FK ISTANBUL 0-1 (0-0)
GSP Stadium, Nicosia   25.10.2012   Hour: 22:05
Referees: Alexandru Dan Tudor, Cristian Nica, Aurel Onita (ROM)   Attendance: 9,287
AEL FC LARISSA: Matias Degra, Dosa Júnior, Monteiro, Rui Miguel, Marios Nikolaou (Cap) (78 Luciano Bebê), Paulo Sérgio (70 Gilberto), Marcos Airosa, Carlitos, Edwin Ouon, Dédé, Vouho (73 Orlando Sá). Coach: Jorge Paulo Costa Almeida
FENERBAHÇE FK ISTANBUL: Volkan Demirel (Cap), Egemen Korkmaz, Hasan Ali Kaldırım, Bekir İrtegün, Mehmet Topal, Moussa Sow (90+3 Serdar Kesimal), Dirk Kuyt (85 Miroslav Stoch), Cristian, Selçuk Şahin, Gökhan Gönül, Caner Erkin (68 Miloš Krasić). Coach: Aykut Kocaman
Yellow Card: Monteiro (25), Dédé (82), Dosa Júnior (83) / Korkmaz (19), Topal (22)
Goal: Egemen Korkmaz (72)


OLYMPIQUE de MARSEILLE – BORUSSIA MÖNCHENGLADBACH 2-2 (0-1)
Stade Vélodrome, Marseille   08.11.2012   Hour: 19:00
Referees: Ivan Kružliak, Roman Slyško, Tomaš Somolani (SVK)   Attendance: 15,775
OLYMPIQUE de MARSEILLE: Steve Mandanda (Cap), Lucas Mendes, Joey Barton, Benoît Cheyrou, Jordan Ayew (86 Kassim Abdallah), Loïc Rémy, Jérémy Morel, Morgan Amalfitano (68 Mathieu Valbuena), Souleymane Diawara (82 Charles Kaboré), Rod Fanni. Coach: Elie Baup
BORUSSIA: Marc-André ter Stegen, Roel Brouwers (Cap), Patrick Herrmann (71 Peniel Mlapa), Lukas Rupp, Thorben Marx (74 Granit Xhaka), Álvaro Domínguez, Håvard Nordtveit, Oscar Wendt, Juan Arango, Mike Hanke (73 Igor De Camargo), Tony Jantschke. Coach: Lucien Favre
Yellow Card: Amalfitano (22), Diawara (30), Rémy (30), Ayew (55) /
           Hanke (58), Mlapa (72), Brouwers (89)
Goals: Joey Barton (54), Jordan Ayew (67) / Mike Hanke (20), Juan Arango (90+3)


FENERBAHÇE FK ISTANBUL – AEL FC LARISSA 2-0 (2-0)
Şükrü Saracoğlu, Istanbul   08.11.2012   Hour: 20:00   Attendance: 33,284
Referees: Kristinn Jakobsson, Johann Gudmundsson, Gunnar Gunnarsson (ISL)
FENERBAHÇE FK ISTANBUL: Volkan Demirel (Cap), Hasan Ali Kaldırım (73 Selçuk Şahin), Bekir İrtegün, Mehmet Topal, Joseph Yobo, Moussa Sow, Miroslav Stoch, Dirk Kuyt, Raul Meireles (83 Recep Nıyaz), Cristian (73 Caner Erkin), Gökhan Gönül. Coach: Aykut Kocaman
AEL FC LARISSA: Matias Degra, Stelios Parpas, Monteiro (60 Edmar), Rui Miguel, Marios Nikolaou (Cap), Paulo Sérgio (60 Chris Dickson), Michalis Konstantinou (73 Vouho), Luciano Bebê, Carlitos, Edwin Ouon, Dédé. Coach: Jorge Paulo Costa Almeida
Yellow Card: Raul Meireles (64), Caner Erkin (89) / Carlitos (51), Konstantinou (55).
Red Card: Ouon (70)
Goals: Dirk Kuyt (11), Moussa Sow (41)

BORUSSIA MÖNCHENGLADBACH – AEL FC LARISSA 2-0 (0-0)
Borussia-Park, Mönchengladbach   22.11.2012   Hour: 21:05
Referees: Bobby Madden, James Bee, Stuart Stevenson (SCO)   Attendance: 40,164
BORUSSIA: Marc-André ter Stegen, Alexander Ring (63 Peniel Mlapa), Patrick Herrmann, Thorben Marx (72 Granit Xhaka), Álvaro Domínguez, Håvard Nordtveit, Oscar Wendt, Juan Arango, Mike Hanke (74 Igor De Camargo), Tony Jantschke, Martin Stranzl (Cap).
Coach: Lucien Favre
AEL FC LARISSA: Matias Degra, Dosa Júnior, Stelios Parpas (70 Chris Dickson), Orlando Sá, Rui Miguel (85 Michalis Konstantinou), Edmar, Marios Nikolaou (Cap), Luciano Bebê, Marcos Airosa, Carlitos, Dédé. Coach: Jorge Paulo Costa Almeida
Yellow Card: Stranzl (61), Jantschke (70), Herrmann (77), Wendt (82) /
        Carlitos (42), Parpas (44), Dédé (77).
Red Card: Bebê (76)
Goals: Igor De Camargo (79, 90+1)

OLYMPIQUE de MARSEILLE – FENERBAHÇE FK ISTANBUL 0-1 (0-1)
Stade Vélodrome, Marseille   22.11.2012   Hour: 21:05
Referees: Martin Atkinson, Stuart Burt, Simon Beck (ENG)   Attendance: 14,686
OLYMPIQUE de MARSEILLE: Steve Mandanda (Cap), Kassim Abdallah, Lucas Mendes, Joey Barton (85 Wesley Jobello), Jordan Ayew, André Ayew, Rafidine Abdullah, Jérémy Morel, Morgan Amalfitano, Rod Fanni, Florian Raspentino (69 Benoît Cheyrou). Coach: Elie Baup
FENERBAHÇE FK ISTANBUL: Volkan Demirel (Cap), Hasan Ali Kaldırım, Bekir İrtegün, Mehmet Topal, Joseph Yobo, Moussa Sow (79 Mehmet Topuz), Dirk Kuyt, Raul Meireles, Cristian (89 Selçuk Şahin), Gökhan Gönül, Caner Erkin (85 Miroslav Stoch). Coach: Aykut Kocaman
Yellow Card: Mendes (11), J. Ayew (74), A. Ayew (88) / İrtegün (79), Topal (86),
Goal: Bekir İrtegün (39)

AEL FC LARISSA – OLYMPIQUE de MARSEILLE 3-0 (1-0)
GSP Stadium, Nicosia   06.12.2012   Hour: 20:00
Referees: Robert Schörgenhofer, Alain Hoxha, Matthias Winsauer (AUS)   Attendance: 3,917
AEL FC LARISSA: Matias Degra, Dosa Júnior (90 Andreas Kyriakou), Stelios Parpas (84 Christis Theophilou), Orlando Sá (72 Vouho), Edmar, Marios Nikolaou (Cap), Paulo Sérgio, Carlitos, Edwin Ouon, Dédé, Chris Dickson. Coach: Jorge Paulo Costa Almeida
OLYMPIQUE de MARSEILLE Gennaro Bracigliano, Kassim Abdallah (74 Larry Azouni), Lucas Mendes, Leyti N'Diaye, Loïc Rémy, Rafidine Abdullah, Pape M'Bow, Wesley Jobello (78 Kevin Osei), Rod Fanni (Cap), Billel Omrani (63 Jonathan Santiago), Florian Raspentino.
Coach: Élie Baup
Yellow Card: Christis Theophilou (90+1) / Rémy (54)
Goals: Orlando Sá (41), Edmar (79), Chris Dickson (82)

FENERBAHÇE FK ISTANBUL – BORUSSIA MÖNCHENGLADBACH 0-3 (0-2)
Şükrü Saracoğlu, Istanbul   06.12.2012   Hour: 20:00
Referees: Manuel De Sousa, Bertino Miranda, Rui Tavares (POR)   Attendance: 23,005
FENERBAHÇE FK ISTANBUL: Mert Günok, Egemen Korkmaz, Mehmet Topal (75 Caner Erkin), Miroslav Stoch (60 Cristian), Henri Bienvenu, Recep Nıyaz (60 Dirk Kuyt), Selçuk Şahin (Cap), Miloš Krasić, Serdar Kesimal, Özgür Çek, Orhan Şam. Coach: Aykut Kocaman
BORUSSIA: Christofer Heimeroth, Roel Brouwers (Cap), Alexander Ring, Tolga Cigerci (72 Amin Younes), Álvaro Domínguez, Oscar Wendt, Mike Hanke (67 Luuk de Jong), Peniel Mlapa (80 Matthias Zimmermann), Julian Korb, Branimir Hrgota, Granit Xhaka. Coach: Lucien Favre
Goals: Tolga Cigerci (23), Mike Hanke (28 pen), Luuk de Jong (79)

| Fenerbahçe FK Istanbul | 6 | 4 | 1 | 1 | 10 | 7 | 13 |
| Borussia Mönchengladbach | 6 | 3 | 2 | 1 | 11 | 6 | 11 |
| Olympique de Marseille | 6 | 1 | 2 | 3 | 9 | 11 | 5 |
| AEL FC Larissa | 6 | 1 | 1 | 4 | 4 | 10 | 4 |

# GROUP D

CS MARÍTIMO FUNCHAL – NEWCASTLE UNITED FC  0-0
Dos Barreiros, Funchal    20.09.2012    Hour: 18:00
Referees: Robert Schörgenhofer, Alain Hoxha, Matthias Winsauer (AUS)    Attendance: 4,000
CS MARÍTIMO: Romain Salin, Rafael Miranda, Heldon (54 Fidélis), Valentin Roberge, Sami, Luís Olim, Joao Luiz, Briguel (Cap), Danilo Dias (82 Adilson), João Guilherme, David Simão (75 Gonçalo Abreu). Coach: Pedro Martins
NEWCASTLE UNITED: Rob Elliot, Davide Santon, Mike Williamson, James Perch, Dan Gosling, Romain Amalfitano (76 Shane Ferguson), Gael Bigirimana, Shola Ameobi (Cap), Gabriel Obertan (81 Sylvain Marveaux), Steven Taylor, Haris Vučkič (53 Sammi Ameobi). Coach: Alan Pardew
Yellow Card: Simão (45+2) / Bigirimana (45), Amalfitano (68), Santon (86)


FC GIRONDINS de BORDEAUX – CLUB BRUGGE KV  4-0 (2-0)
Stade Chaban-Delmas, Bordeaux    20.09.2012    Hour: 19:00    Attendance: 13,609
Referees: Vladislav Bezborodov, Nikolai Golubev, Vyacheslav Semenov (RUS)
FC GIRONDINS de BORDEAUX: Cédric Carrasso, Henrique, Ludovic Sané, Yoan Gouffran (62 Grégory Sertic), Jussiê, Cheick Diabaté, Jaroslav Plašil (Cap), Henri Saivet (75 Hadi Sacko), Mariano, Marc Planus, Benoît Trémoulinas (67 Florian Marange). Coach: Francis Gillot
CLUB BRUGGE KV: Bojan Jorgačević, Tom Høgli (73 Maxime Lestienne), Michael Almebäck, Carl Hoefkens (Cap), Mohamed Tchite, Jesper Jørgensen, Jonathan Blondel (74 Vadis Odjidja), Víctor Vázquez, Thibaut Van Acker (46 Bjorn Engels), Jordi, Carlos Bacca.
Coach: Georges Leekens
Yellow Card: / Blondel (23)
Goals: Ludovic Sané (13), Yoan Gouffran (27), Bjorn Engels (47 own goal), Jussiê (66)


CLUB BRUGGE KV – CS MARÍTIMO FUNCHAL  2-0 (0-0)
Jan Breydelstadion, Brugge    04.10.2012    Hour: 21:05    Attendance: 13,393
Referees: Leontios Trattou, Michael Soteriou, Charalambos Charalambous (CYP)
CLUB BRUGGE KV: Bojan Jorgačević, Michael Almebäck, Carl Hoefkens (Cap), Björn Vleminckx, Jonathan Blondel, Víctor Vázquez, Maxime Lestienne (89 Ivan Tričkovski), Bart Buysse, Jordi, Vadis Odjidja, Carlos Bacca. Coach: Georges Leekens
CS MARÍTIMO FUNCHAL: Romain Salin, Rafael Miranda, Fidélis, Heldon (80 David Simão), Valentin Roberge, Sami, João Luiz (85 Adilson), Briguel (Cap), Rodrigo Antônio (67 Danilo Dias), Rúben Ferreira, João Guilherme. Coach: Pedro Martins
Yellow Card: Blondel (63), Almebäck (80) / Sami (20)
Goals: Carlos Bacca (57), Björn Vleminckx (71)


NEWCASTLE UNITED FC – FC GIRONDINS de BORDEAUX  3-0 (2-0)
St. James' Park, Newcastle    04.10.2012    Hour: 20:05    Attendance: 30,987
Referees: Antonio Mateu Lahoz, Pau Cebrian Devis, Jon Nunez Fernandez (ESP)
NEWCASTLE UNITED: Rob Elliot (46 Steve Harper), Yohan Cabaye (61 Gael Bigirimana), Danny Simpson, Mike Williamson, Vurnon Anita, Papiss Cissé, James Perch, Shola Ameobi (Cap), Cheick Tioté (71 Dan Gosling), Gabriel Obertan, Shane Ferguson. Coach: Alan Pardew
FC GIRONDINS de BORDEAUX: Cédric Carrasso, Henrique, Ludovic Obraniak (46 Landry N'Guémo), Ludovic Sané, Yoan Gouffran (68 David Bellion), Jussiê, Jaroslav Plašil (Cap) (46 Cheick Diabaté), Henri Saivet, Mariano, Marc Planus, Benoît Trémoulinas. Coach: Francis Gillot
Yellow Card: Tioté (20), Anita (44), Perch (89) / Henrique (13), N'Guémo (72).
Goals: Shola Ameobi (16), Henrique (40 og), Papiss Cissé (49)

NEWCASTLE UNITED FC – CLUB BRUGGE KV 1-0 (0-0)
St. James' Park, Newcastle    25.10.2012    Hour: 20:05
Referees: Martin Hansson, Fredrik Nilsson, Joakim Flink (SWE)    Attendance: 33,124
NEWCASTLE: Steve Harper, Davide Santon, Vurnon Anita (46 Shola Ameobi), Papiss Cissé, James Perch, Gael Bigirimana, Cheick Tioté, Gabriel Obertan, Steven Taylor (Cap), Sammy Ameobi (73 Fabricio Coloccini), Shane Ferguson (81 Yohan Cabaye). Coach: Alan Pardew
CLUB BRUGGE KV: Bojan Jorgačević, Tom Høgli, Carl Hoefkens (Cap), Lior Refaelov (55 Ivan Tričkovski), Jesper Jørgensen, Jonathan Blondel (84 Thibaut Van Acker), Maxime Lestienne, Bart Buysse, Jordi, Vadis Odjidja, Carlos Bacca. Coach: Georges Leekens
Yellow Card: Tioté (60), Bigirimana (83) / Blondel (49), Odjidja (76)
Goal: Gabriel Obertan (48)


CS MARÍTIMO FUNCHAL – FC GIRONDINS de BORDEAUX 1-1 (1-1)
Dos Barreiros, Funchal    25.10.2012    Hour: 20:05
Referees: Anastassios Kakos, Christos Akrivos, Dimitris Tatsis (GRE)    Attendance: 2,218
CS MARÍTIMO FUNCHAL: Romain Salin, Rafael Miranda, Fidélis (74 Ibrahim), Heldon (58 Rodrigo Antônio), Valentin Roberge, Sami, João Luiz (77 David Simão), Briguel (Cap), Danilo Dias, Rúben Ferreira, João Guilherme. Coach: Pedro Martins
FC GIRONDINS de BORDEAUX: Kevin Olimpa, Henrique, Ludovic Obraniak (77 Henri Saivet), Landry N'Guémo, Yoan Gouffran, Jussiê (64 Grégory Sertic), Jaroslav Plašil (Cap), Nicolas Maurice-Belay (80 Hadi Sacko), Mariano, Marc Planus, Benoît Trémoulinas. Coach: Francis Gillot
Yellow Card: João Luiz (64), Fidélis (69) / Obraniak (38), Maurice-Belay (45+1), N'Guémo (74)
Goals: Valentin Roberge (36) / Yoan Gouffran (30)


CLUB BRUGGE KV – NEWCASTLE UNITED FC 2-2 (2-2)
Jan Breydelstadion, Brugge    08.11.2012    Hour: 19:00
Referees: Luca Banti, Nicola Nicoletti, Riccardo Di Fiore (ITA)    Attendance: 18,003
CLUB BRUGGE KV: Bojan Jorgačević, Tom Høgli, Michael Almebäck, Carl Hoefkens (Cap), Jesper Jørgensen, Maxime Lestienne, Ivan Tričkovski (46 Mohamed Tchite), Ryan Donk, Jordi, Vadis Odjidja (81 Nathaniel Lagrou), Carlos Bacca. Coach: Philippe Clement
NEWCASTLE UNITED: Tim Krul, Fabricio Coloccini (Cap), Mike Williamson (59 Steven Taylor), Vurnon Anita, Gael Bigirimana (72 Yohan Cabaye), Sylvain Marveaux, Shola Ameobi, Cheick Tioté, Gabriel Obertan, Sammy Ameobi (83 Romain Amalfitano), James Tavernier. Coach: Alan Pardew
Yellow Card: Almebäck (47), Hoefkens (73) / Tioté (37), Cabaye (88)
Goals: Ivan Tričkovski (14), Jesper Jørgensen (19) / Vurnon Anita (41), Shola Ameobi (43)


FC GIRONDINS de BORDEAUX – CS MARÍTIMO FUNCHAL 1-0 (1-0)
Stade Chaban-Delmas, Bordeaux    08.11.2012    Hour: 19:00
Referees: Gediminas Mažeika, Vytautas Šimkus, Arturas Pipiras (LTU)    Attendance: 13,392
FC GIRONDINS de BORDEAUX: Cédric Carrasso, Henrique, Ludovic Sané, Fahid Ben Khalfallah (77 Florian Marange), David Bellion (63 Landry N'Guémo), Cheick Diabaté (63 Hadi Sacko), Jaroslav Plašil (Cap), Nicolas Maurice-Belay, Mariano, Grégory Sertic, Benoît Trémoulinas. Coach: Francis Gillot
CS MARÍTIMO FUNCHAL: Romain Salin, Márcio Rosário, Rafael Miranda, Fidélis, Olberdam (67 David Simão), Valentin Roberge, Sami, João Luiz (80 Danilo Dias), Briguel (Cap), Rúben Ferreira, João Guilherme (56 Heldon). Coach: Pedro Martins
Yellow Card: Mariano (67), Sacko (73) / Rosário (11), Miranda (13), Briguel (76), Simão (89)
Goal: David Bellion (16)

NEWCASTLE UNITED FC – CS MARÍTIMO FUNCHAL 1-1 (1-0)
St. James' Park, Newcastle    22.11.2012    Hour: 20:05
Referees: Danny Makkelie, Berry Simons, Patrick Langkamp (NED)    Attendance: 21,632
NEWCASTLE UNITED: Tim Krul, Fabricio Coloccini (Cap), Davide Santon, Danny Simpson, Vurnon Anita, Papiss Cissé (51 Romain Amalfitano), Hatem Ben Arfa (40 Demba Ba), Gael Bigirimana, Sylvain Marveaux, Steven Taylor, Sammy Ameobi (77 Mehdi Abeid).
Coach: Alan Pardew
CS MARÍTIMO FUNCHAL: Romain Salin, João Diogo, Márcio Rosário, Rafael Miranda (Cap), Valentin Roberge, Sami, Joao Luiz, Adilson (59 Fidélis), Danilo Dias, Rúben Ferreira, David Simão (73 Ruben Brigido). Coach: Pedro Martins
Goals: Sylvain Marveux (23) / Fidelis (79)

CLUB BRUGGE KV – FC GIRONDINS de BORDEAUX 2-2 (2-2)
Jan Breydelstadion, Brugge    22.11.2012    Hour: 21:05
Referees: Florian Meyer, Holger Henschel, Christoph Bornhorst (GER)    Attendance: 14,934
CLUB BRUGGE KV: Vladan Kujović, Michael Almebäck (46 Björn Vleminckx), Carl Hoefkens (Cap), Lior Refaelov (46 Jonathan Blondel), Jesper Jørgensen, Maxime Lestienne, Ryan Donk, Bart Buysse, Jordi, Vadis Odjidja, Carlos Bacca (60 Thomas Meunier). Coach: Juan Carlos Garrido
FC GIRONDINS de BORDEAUX: Cédric Carrasso, Henrique 90+4, Ludovic Sané, Landry N'Guémo, Jussiê (74 David Bellion), Jaroslav Plašil (Cap) (79 Fahid Ben Khalfallah), Nicolas Maurice-Belay (46 Cheick Diabaté), Mariano, Grégory Sertic, Marc Planus, Benoît Trémoulinas.
Coach: Francis Gillot
Yellow Card: Lestienne (45+2), Jordi (68), Vleminckx (70) / Maurice-Belay (22), Henrique (90+4)
Goals: Maxime Lestienne (88) / Jussiê (3, 40)

CS MARÍTIMO FUNCHAL – CLUB BRUGGE KV 2-1 (1-0)
Dos Barreiros, Funchal (POR)    06.12.2012    Hour: 18:00
Referees: Serhiy Boiko, Oleksandr Korniyko, Volodymyr Volodin (UKR)    Attendance: 1,819
CS MARÍTIMO FUNCHAL: Romain Salin, Igor Rossi, Semedo, Gonçalo Abreu (55 Heldon), Sami (63 Rafael Miranda), Luís Olim, Briguel (Cap), Adilson, Rodrigo Antônio, Ruben Brigido (75 Danilo Dias), João Guilherme. Coach: Pedro Martins
CLUB BRUGGE KV: Bojan Jorgačević, Tom Høgli, Michael Almebäck, Mohamed Tchite (74 Maxime Lestienne), Lior Refaelov, Björn Vleminckx, Jonathan Blondel (Cap) (71 Vadis Odjidja), Thomas Meunier, Thibaut Van Acker (74 Ryan Donk), Jordi, Birger Verstraete.
Coach: Juan Carlos Garrido
Yellow Card: Brigido (28), Salin (90+6) / Meunier (44), Odjidja (81), Høgli (90+4)
Goals: Gonçalo Abreu (18), Heldon (87) / Lior Rafaelov (85 pen)

FC GIRONDINS de BORDEAUX – NEWCASTLE UNITED FC 2-0 (1-0)
Stade Chaban-Delmas, Bordeaux (FRA)    06.12.2012    Hour: 19:00
Referees: Menashe Masiah, Shabtai Nahmias, Nissan Davidy (ISR)    Attendance: 19,983
FC GIRONDINS de BORDEAUX: Kevin Olimpa, Fahid Ben Khalfallah, David Bellion, Cheick Diabaté (88 Hadi Sacko), André Poko, Henri Saivet, Matthieu Chalmé, Florian Marange, Grégory Sertic (Cap), Marc Planus, Maxime Poundje. Coach: Francis Gillot
NEWCASTLE UNITED: Rob Elliot, Mike Williamson (74 Fabricio Coloccini), James Perch, Gael Bigirimana, Sylvain Marveaux, Shola Ameobi (Cap) (81 Papiss Cissé), Sammy Ameobi (46 Vurnon Anita), Nile Ranger, Shane Ferguson, James Tavernier 68, Mehdi Abeid.
Coach: Alan Pardew
Yellow Card: / Williamson (43), Tavernier (68)
Goals: Cheick Diabaté (29, 73)

| | | | | | | | |
|---|---|---|---|---|---|---|---|
| FC Girondins de Bordeaux | 6 | 4 | 1 | 1 | 10 | 5 | 13 |
| Newcastle United FC | 6 | 2 | 3 | 1 | 7 | 5 | 9 |
| CS Marítimo Funchal | 6 | 1 | 3 | 2 | 4 | 6 | 6 |
| Club Brugge KV | 6 | 1 | 1 | 4 | 6 | 11 | 4 |

# GROUP E

VfB STUTTGART – FC STEAUA BUCUREŞTI 2-2 (1-1)
VfB Arena, Stuttgart    20.09.2012    Hour: 19:00
Referees: Serge Gumienny, Walter Vromans, Frank Bleyen (BEL)    Attendance: 17,155
VfB: Sven Ulreich, Gotoku Sakai, William Kvist (82 Ibrahima Traoré), Georg Niedermeier, Vedad Ibišević, Francisco Rodríguez, Arthur Boka, Tunay Torun (62 Shinji Okazaki), Cacau, Christian Gentner (Cap), Tamás Hajnal (82 Martin Harnik). Coach: Bruno Labbadia
STEAUA: Ciprian Tătăruşanu, Łukasz Szukała, Alexandru Chipciu, Lucian Filip (46 Mihai Doru Pintilii), Andrei Prepeliţă (46 Raul Rusescu), Daniel Georgievski, Vlad Chiricheş, Paul Pârvulescu (81 Iasmin Latovlevici), Alexandru Bourceanu (Cap), Adrian Popa, Stefan Nikolić.
Coach: Laurenţiu Reghecampf
Yellow Card: Kvist (29), Ulreich (80)
Goals: Vedad Ibišević (5), Georg Niedermeier (85) / Alexandru Chipciu (6), Raul Rusescu (80 pen)

FC KØBENHAVN – MOLDE FK 2-1 (1-1)
Parken, København    20.09.2012    Hour: 19:00
Referees: Antti Munukka, Matti Heininen, Jan-Peter Aravirta (FIN)    Attendance: 11,633
FC KØBENHAVN: Kim Christensen, Lars Jacobsen (Cap), Pierre Bengtsson, Kris Stadsgaard, Claudemir, César Santin (65 Igor Vetokele), Thomas Kristensen, Ragnar Sigurdsson, Nicolai Jørgensen (26 Martin Vingaard), Andreas Cornelius, Christián Bolaños (82 Thomas Delaney).
Coach: Ariël Jacobs
MOLDE FK: Espen Bugge Pettersen, Kristoffer Vatshaug, Vegard Forren, Daniel Hestad (Cap), Mattias Moström, Magne Hoseth (41 Etzaz Hussain), Jo Inge Berget (82 Emmanuel Ekpo), Martin Linnes, Davy Claude Angan (83 Daniel Chima), Knut Olav Rindarøy, Pape Paté Diouf.
Coach: Ole Gunnar Solskjær
Yellow Card: Vingaard (26) / Moström (58)
Goals: Claudemir (20), Andreas Cornelius (74) / Pape Paté Diouf (45+1)

MOLDE FK – VfB STUTTGART 2-0 (0-0)
Molde Stadion, Molde    04.10.2012    Hour: 21:05
Referees: Kristo Tohver, Hannes Reinvald, Silver Koiv (EST)    Attendance: 5,944
MOLDE FK: Espen Bugge Pettersen, Børre Steenslid, Vegard Forren, Daniel Hestad (Cap), Magnus Eikrem, Martin Linnes, Magnus Stamnestrø (46 Mattias Moström), Etzaz Hussain (81 Joshua Gatt), Magne Simonsen, Daniel Chima, Pape Paté Diouf (30 Jo Inge Berget).
Coach: Ole Gunnar Solskjær
STUTTGART: Sven Ulreich, Serdar Tasci (Cap), Georg Niedermeier, Martin Harnik, Zdravko Kuzmanović, Vedad Ibišević, Ibrahima Traoré (67 Cacau), Christian Gentner, Cristian Molinaro, Antonio Rüdiger (81 Arthur Boka), Tamás Hajnal (67 Raphael Holzhauser).
Coach: Bruno Labbadia
Yellow Card: Forren (71) / Niedermeier (65), Harnik (77)
Goals: Jo Inge Berget (58), Daniel Chima (88)

FC STEAUA BUCUREŞTI – FC KØBENHAVN 1-0 (0-0)
National Arena, Bucureşti    04.10.2012    Hour: 22:05
Referees: Antonio Damato, Riccardo Di Fiore, Luca Maggiani (ITA)    Attendance: 48,694
STEAUA: Ciprian Tătăruşanu, Gabriel Matei (64 Raul Rusescu), Mihai Doru Pintilii, Florin Gardoş, Cristian Tănase, Andrei Prepeliţă (46 Alexandru Chipciu), Vlad Chiricheş, Paul Pîrvulescu, Alexandru Bourceanu (Cap), Adrian Popa, Adi Sobrinho (46 Stefan Nikolić).
Coach: Laurenţiu Reghecampf
KØBENHAVN: Johan Wiland, Lars Jacobsen (Cap), Pierre Bengtsson (86 César Santin), Kris Stadsgaard, Claudemir, Thomas Kristensen, Ragnar Sigurdsson, Nicolai Jørgensen, Rúrik Gíslason (73 Martin Vingaard), Thomas Delaney, Andreas Cornelius. Coach: Ariël Jacobs
Yellow Card: Popa (51) / Delaney (27), Wiland (73)
Goal: Ragnar Sigurdsson (83 og)

FC STEAUA BUCUREŞTI – MOLDE FK 2-0 (2-0)
National Arena, Bucureşti   25.10.2012   Hour: 22:05
Referees: Laurent Duhamel, Cyril Gringore, Christophe Capelli (FRA)   Attendance: 43,651
STEAUA: Ciprian Tătăruşanu, Łukasz Szukała, Mihai Doru Pintilii (64 Tiberiu Bălan), Alexandru Chipciu, Cristian Tănase, Iasmin Latovlevici, Daniel Georgievski, Vlad Chiricheş, Raul Rusescu (46 Adrian Popa), Alexandru Bourceanu (Cap), Adi Sobrinho (55 Mihai Costea).
Coach: Laurenţiu Reghecampf
MOLDE FK: Ole Söderberg, Børre Steenslid, Magnus Stamnestrø, Etzaz Hussain (90 Ivar Erlien Furu), Emmanuel Ekpo, Magne Simonsen, Davy Claude Angan, Joshua Gatt (69 Eirik Hestad), Magnar Ødegård, Andreas Hollingen (46 Abdou Karim Camara), Victor Johansen.
Coach: Ole Gunnar Solskjær
Yellow Card: Simonsen (58), Camara (77)
Goals: Vlad Chiricheş (30), Raul Rusescu (32)


VfB STUTTGART – FC KØBENHAVN 0-0
VfB Arena, Stuttgart   25.10.2012   Hour: 21:05
Referees: Artur Soares, Rui Tavares, Antonio Godinho (POR)   Attendance: 15,300
STUTTGART: Sven Ulreich, Gotoku Sakai (84 Tamás Hajnal), William Kvist, Serdar Tasci (Cap), Georg Niedermeier, Martin Harnik, Vedad Ibišević, Ibrahima Traoré (62 Shinji Okazaki), Christian Gentner, Cristian Molinaro, Raphael Holzhauser (46 Tunay Torun). Coach: Bruno Labbadia
KØBENHAVN: Johan Wiland, Lars Jacobsen (Cap), Pierre Bengtsson, Kris Stadsgaard, Claudemir, César Santin (84 Andreas Cornelius), Thomas Kristensen, Ragnar Sigurdsson, Rúrik Gíslason (80 Christian Grindheim), Thomas Delaney, Christián Bolaños. Coach: Ariël Jacobs
Yellow Card: Torun (48) / Delaney (16), Bolaños (82)


MOLDE FK – FC STEAUA BUCUREŞTI 1-2 (0-2)
Molde Stadion, Molde   08.11.2012   Hour: 20:00
Referees: István Vad, Vencel Tóth, Istvan Albert (HUN)   Attendance: 5,239
MOLDE FK: Ole Söderberg, Kristoffer Vatshaug, Vegard Forren, Daniel Hestad (Cap), Magnus Eikrem, Martin Linnes, Etzaz Hussain (77 Davy Claude Angan), Magne Simonsen, Joshua Gatt (46 Mattias Moström), Daniel Chima, Pape Paté Diouf (46 Jo Inge Berget).
Coach: Ole Gunnar Solskjær
STEAUA: Ciprian Tătăruşanu, Łukasz Szukała, Florin Gardoş, Alexandru Chipciu, Mihai Costea, Cristian Tănase, Andrei Prepeliţă (70 Mihai Doru Pintilii), Vlad Chiricheş, Paul Pîrvulescu (16 Iasmin Latovlevici), Alexandru Bourceanu (Cap), Adi Sobrinho (56 Stefan Nikolić).
Coach: Laurenţiu Reghecampf
Yellow Card: / Chipciu (58), Nikolić (75)
Goals: Daniel Chima (56) / Alexandru Chipciu (21), Iasmin Latovlevici (37)


FC KØBENHAVN – VfB STUTTGART 0-2 (0-0)
Parken, København   08.11.2012   Hour: 19:00
Referees: Craig Thomson, Graham Chambers, Stuart Stevenson (SCO)   Attendance: 24,681
KØBENHAVN: Kim Christensen, Lars Jacobsen (Cap), Pierre Bengtsson, Kris Stadsgaard, Claudemir, Christian Grindheim (58 Nicolai Jørgensen), César Santin, Thomas Kristensen (79 Christián Bolaños), Ragnar Sigurdsson, Thomas Delaney, Andreas Cornelius. Coach: Ariël Jacobs
STUTTGART: Sven Ulreich, Gotoku Sakai, William Kvist, Serdar Tasci (Cap), Georg Niedermeier, Martin Harnik, Vedad Ibišević, Ibrahima Traoré (63 Arthur Boka), Christian Gentner, Cristian Molinaro, Shinji Okazaki (86 Zdravko Kuzmanović). Coach: Bruno Labbadia
Yellow Card: Cornelius (29) / Niedermeier (29), Molinaro (32)
Goals: Vedad Ibišević (76), Martin Harnik (90+2)

FC STEAUA BUCUREŞTI – VfB STUTTGART 1-5 (0-4)
National Arena, Bucureşti    22.11.2012    Hour: 22:05    Attendance: 50,445
Referees: Michael Koukoulakis, Dimitrios Saraidaris, Damianos Efthimiadis (GRE)
STEAUA: Ciprian Tătăruşanu, Łukasz Szukała, Mihai Doru Pintilii (58 Andrei Prepeliţă), Florin Gardoş (32 Mihai Costea), Alexandru Chipciu, Cristian Tănase (62 Adi Sobrinho), Iasmin Latovlevici, Vlad Chiricheş, Raul Rusescu, Alexandru Bourceanu (Cap), Adrian Popa.
Coach: Laurenţiu Reghecampf
STUTTGART: Sven Ulreich, Gotoku Sakai (70 Antonio Rüdiger), William Kvist, Serdar Tasci (Cap), Martin Harnik (61 Ibrahima Traoré), Zdravko Kuzmanović, Vedad Ibišević, Francisco Rodríguez, Christian Gentner (46 Tamás Hajnal), Cristian Molinaro, Shinji Okazaki.
Coach: Bruno Labbadia
Yellow Card: Bourceanu (45+2), Prepeliţă (67), Chipciu (78) /
    Kuzmanović (37), Kvist (60), Ibišević (90+1)
Goals: Mihai Costea (83) /
    Serdar Tasci (5), Martin Harnik (18), Gotoku Sakai (23), Shinji Okazaki (31, 55)

MOLDE FK – FC KØBENHAVN 1-2 (0-1)
Molde Stadion, Molde    22.11.2012    Hour: 21:05
Referees: Michael Oliver, Simon Long, Darren England (ENG)    Attendance: 5,740
MOLDE FK: Espen Bugge Pettersen, Kristoffer Vatshaug, Vegard Forren, Daniel Hestad (Cap) (46 Etzaz Hussain), Magnus Eikrem (85 Davy Claude Angan), Mattias Moström, Jo Inge Berget (55 Pape Paté Diouf), Martin Linnes, Joshua Gatt, Knut Olav Rindarøy, Daniel Chima.
Coach: Ole Gunnar Solskjær
KØBENHAVN: Kim Christensen, Lars Jacobsen (Cap), Pierre Bengtsson, Kris Stadsgaard, Claudemir, César Santin (87 Danny Amankwaa), Thomas Kristensen, Ragnar Sigurdsson, Rúrik Gíslason, Thomas Delaney, Andreas Cornelius (80 Christián Bolaños). Coach: Ariël Jacobs
Yellow Card: Gatt (40), Etzaz Hussain (52)
Goals: Daniel Chima (62) / César Santin (21 pen), Rúrik Gíslason (76)

VfB STUTTGART – MOLDE FK 0-1 (0-1)
VfB Arena, Stuttgart    06.12.2012    Hour: 19:00
Referees: Kevin Blom, Nicky Siebert, Patrick Langkamp (NED)    Attendance: 15,550
VfB: Sven Ulreich, Gotoku Sakai, Georg Niedermeier, Vedad Ibišević, Francisco Rodríguez, Ibrahima Traoré, Tunay Torun (30 Martin Harnik), Christian Gentner (Cap), Cristian Molinaro, Tamás Hajnal (88 Benedikt Röcker), Shinji Okazaki (70 Raphael Holzhauser).
Coach: Bruno Labbadia
MOLDE FK: Espen Bugge Pettersen, Vegard Forren, Magnus Eikrem (Cap), Mattias Moström, Jo Inge Berget (79 Magne Simonsen), Martin Linnes, Davy Claude Angan (64 Daniel Chima), Joshua Gatt (68 Etzaz Hussain), Knut Olav Rindarøy, Magnar Ødegård, Pape Paté Diouf.
Coach: Ole Gunnar Solskjær
Yellow Card: Traoré (90+2) / Forren (64)
Goal: Davy Claude Angan (45+1)

FC KØBENHAVN – FC STEAUA BUCUREŞTI 1-1 (0-0)
Parken, København    06.12.2012    Hour: 19:00
Referees: Hüseyin Göçek, Mustafa Eyisoy, Orkun Aktaş (TUR)    Attendance: 15,487
FC KØBENHAVN: Kim Christensen, Lars Jacobsen (Cap), Pierre Bengtsson, Kris Stadsgaard, Claudemir (65 Igor Vetokele), Thomas Kristensen, Ragnar Sigurdsson, Nicolai Jørgensen, Rúrik Gíslason (73 César Santin), Thomas Delaney, Andreas Cornelius. Coach: Ariël Jacobs
STEAUA: Ciprian Tătăruşanu, Mihai Doru Pintilii, Florin Gardoş, Alexandru Chipciu, Cristian Tănase, Iasmin Latovlevici, Vlad Chiricheş, Raul Rusescu (85 Lucian Filip), Alexandru Bourceanu (Cap), Adrian Popa (88 Andrei Prepeliţă), Stefan Nikolić (62 Novak Martinović).
Coach: Laurenţiu Reghecampf
Yellow Card: / Tănase (32, 49), Chiricheş (51), Bourceanu (78), Latovlevici (81).
Red Card: Tănase (49)
Goals: Igor Vetokele (87) / Raul Rusescu (72)

| | | | | | | | |
|---|---|---|---|---|---|---|---|
| FC Steaua Bucureşti | 6 | 3 | 2 | 1 | 9 | 9 | 11 |
| VfB Stuttgart | 6 | 2 | 2 | 2 | 9 | 6 | 8 |
| FC København | 6 | 2 | 2 | 2 | 5 | 6 | 8 |
| Molde FK | 6 | 2 | 0 | 4 | 6 | 8 | 6 |

# GROUP F

FC DNIPRO DNIPROPETROVSK – PSV EINDHOVEN 2-0 (0-0)
Dnipro Arena, Dnipropetrovsk 20.09.2012 Hour: 20:00
Referees: Miroslav Zelinka, Ondřej Pelikán, Ivo Nadvornik (CZE) Attendance: 31,003
FC DNIPRO DNIPROPETROVSK: Jan Laštůvka, Ondřej Mazuch, Vitaly Mandziuk, Giuliano, Yevhen Konoplyanka (85 Jaba Kankava), Yevhen Cheberyachko, Ivan Strinić, Roman Zozulya (85 Vitali Denisov), Yevhen Seleznyov, Ruslan Rotan (Cap), Matheus (90+1 Michael Odibe).
Coach: Juande Ramos
PSV: Boy Waterman, Marcelo, Mark van Bommel (Cap), Ola Toivonen, Kevin Strootman, Jeremain Lens, Atiba Hutchinson, Dries Mertens (74 Memphis Depay), Jetro Willems (46 Orlando Engelaar), Luciano Narsingh (74 Tim Matavž), Timothy Derijck. Coach: Dick Advocaat
Yellow Card: Cheberyachko (42), Konoplyanka (85), Seleznyov (90+2) /
 Toivonen (77), Strootman (90), Lens (90+2)
Goals: Matheus (50), Atiba Hutchinson (58 own goal)

SSC NAPOLI – AIK SOLNA 4-0 (1-0)
Stadio San Paolo, Napoli 20.09.2012 Hour: 19:00
Referees: Clément Turpin, Frédéric Cano, Nicolas Danos (FRA) Attendance: 35,000
SSC NAPOLI: Antonio Rosati, Marco Donadel (56 Blerim Dzemaili), Salvatore Aronica (Cap), Andrea Dossena, Eduardo Vargas (80 Juan Zúñiga), Omar El Kaddouri (46 Marek Hamšík), Giandomenico Mesto, Federico Fernández, Lorenzo Insigne, Alessandro Gamberini, Valon Behrami. Coach: Nicolo Frustalupi
AIK: Turina, Per Karlsson, Nils-Eric Johansson (Cap), Helgi Daníelsson (81 Viktor Lundberg), Martin Kayongo Mutumba (70 Robin Quaison), Celso Borges, Atakora Lalawélé, Martin Lorentzon, Kwame Karikari (76 Henok Goitom), Daniel Majstorovic, Mohamed Bangura.
Coach: Andreas Alm
Yellow Card: Donadel (45+1) / Johansson (75), Bangura (89).
Red Card: Hamšík (75)
Goals: Eduardo Vargas (6, 46, 69), Blerim Dzemaili (90+1)

AIK SOLNA – FC DNIPRO DNIPROPETROVSK 2-3 (2-1)
Råsundastadion, Solna 04.10.2012 Hour: 21:05
Referees: Ivan Kružliak, Tomaš Somolani, Ondrej Brendza (SVK) Attendance: 10,091
AIK: Ivan Turina, Niklas Backman, Per Karlsson, Nils-Eric Johansson (Cap), Helgi Daníelsson, Atakora Lalawélé, Martin Lorentzon, Moro Ibrahim, Kwame Karikari (74 Mohamed Bangura), Daniel Gustavsson (65 Celso Borges), Henok Goitom (65 Martin Kayongo Mutumba).
Coach: Andreas Alm
FC DNIPRO DNIPROPETROVSK: Jan Laštůvka, Ondřej Mazuch (66 Matheus), Vitaly Mandziuk, Giuliano, Nikola Kalinić, Yevhen Konoplyanka, Yevhen Cheberyachko (46 Artem Fedetskiy), Ivan Strinić, Yevhen Seleznyov, Ruslan Rotan (Cap), Olexandr Aliyev (78 Serhiy Kravchenko).
Coach: Juande Ramos
Yellow Card: Johansson (82), Daníelsson (90+4) / Yevhen Seleznyov (83)
Goals: Helgi Daníelsson (5), Henok Goitom (45+1), Martin Lorentzon (78) /
 Nikola Kalinić (41), Vitaly Mandziuk (74), Yevhen Seleznyov (83)

PSV EINDHOVEN – SSC NAPOLI 3-0 (2-0)
PSV Stadion, Eindhoven   04.10.2012   Hour: 21:05
Referees: Alexandru Dan Tudor, Cristian Nica, Aurel Onița (ROM)   Attendance: 18,200
PSV: Boy Waterman, Wilfred Bouma, Marcelo, Mark van Bommel (Cap), Ola Toivonen, Kevin Strootman, Jeremain Lens, Atiba Hutchinson, Dries Mertens, Luciano Narsingh, Timothy Derijck.
Coach: Dick Advocaat
SSC NAPOLI: Antonio Rosati, Marco Donadel, Salvatore Aronica, Andrea Dossena (72 Juan Zúñiga), Eduardo Vargas, Omar El Kaddouri (46 Edinson Cavani), Giandomenico Mesto, Blerim Dzemaili, Federico Fernández, Lorenzo Insigne (62 Goran Pandev), Paolo Cannavaro (Cap).
Coach: Walter Mazzarri
Yellow Card: Bouma (55), Derijck (74) / El Kaddouri (2), Dossena (48), Fernández (57), Cannavaro (84), Mesto (86), Pandev (86), Cavani (88), Aronica (90+1)
Goals: Jeremain Lens (19), Dries Mertens (41), Marcelo (52)


PSV EINDHOVEN – AIK SOLNA 1-1 (0-0)
PSV Stadion, Eindhoven   25.10.2012   Hour: 21:05
Referees: Emir Aleckovič, Dalibor Draškovič, Hrvoje Turudić (BIH)   Attendance: 14,400
PSV: Boy Waterman (57 Przemysław Tytoń), Marcelo, Kevin Strootman (Cap), Tim Matavž, Georginio Wijnaldum, Jeremain Lens, Atiba Hutchinson, Dries Mertens, Jetro Willems, Timothy Derijck, Peter van Ooijen (55 Luciano Narsingh). Coach: Dick Advocaat
AIK: Ivan Turina, Per Karlsson, Nils-Eric Johansson (Cap), Helgi Daníelsson, Martin Kayongo Mutumba (71 Viktor Lundberg), Celso Borges, Atakora Lalawélé (46 Daniel Gustavsson), Robin Quaison (64 Mohamed Bangura), Martin Lorentzon, Kwame Karikari, Daniel Majstorovic.
Coach: Andreas Alm
Yellow Card: Strootman (75) / Turina (90+3), Majstorovic (90+5)
Goals: Jeremain Lens (80) / Kwame Karikari (61)


FC DNIPRO DNIPROPETROVSK – SSC NAPOLI 3-1 (2-0)
Dnipro Arena, Dnipropetrovsk   25.10.2012   Hour: 22:05
Referees: Hüseyin Göçek, Mustafa Eyisoy, Orkun Aktaş (TUR)   Attendance: 30,043
FC DNIPRO DNIPROPETROVSK: Jan Laštůvka, Ondřej Mazuch, Vitaly Mandziuk, Giuliano, Yevhen Cheberyachko, Ivan Strinić, Roman Zozulya (37 Jaba Kankava), Yevhen Seleznyov (59 Nikola Kalinić), Ruslan Rotan (Cap), Artem Fedetskiy (82 Vitali Denisov), Matheus.
Coach: Juande Ramos
SSC NAPOLI: Antonio Rosati, Marco Donadel, Salvatore Aronica (Cap), Andrea Dossena (52 Edinson Cavani), Eduardo Vargas (52 Goran Pandev), Giandomenico Mesto, Juan Zúñiga, Blerim Dzemaili, Federico Fernández, Lorenzo Insigne, Alessandro Gamberini (78 Gökhan Inler).
Coach: Walter Mazzarri
Yellow Card: Kankava (69), Mazuch (74) / Donadel (40), Dzemaili (41), Fernández (45+1)
Goals: Artem Fedetskiy (2), Matheus (42), Giuliano (64) / Edinson Cavani (75 pen)


AIK SOLNA – PSV EINDHOVEN 1-0 (1-0)
Råsundastadion, Solna   08.11.2012   Hour: 19:00
Referees: Maksim Layushkin, Oleg Tselovalnikov, Vitali Drozdov (RUS)   Attendance: 12,360
AIK: Ivan Turina, Niklas Backman, Per Karlsson, Nils-Eric Johansson (Cap), Helgi Daníelsson, Celso Borges, Robin Quaison (69 Viktor Lundberg), Martin Lorentzon, Ibrahim Moro, Daniel Gustavsson (75 Daniel Tjernström), Mohamed Bangura. Coach: Andreas Alm
PSV: Boy Waterman, Marcelo, Tim Matavž, Georginio Wijnaldum, Atiba Hutchinson, Dries Mertens, Jetro Willems, Orlando Engelaar, Luciano Narsingh (65 Jurgen Locadia), Timothy Derijck, Stanislav Manolev (75 Memphis Depay). Coach: Dick Advocaat
Goal: Mohamed Bangura (12)

SSC NAPOLI – FC DNIPRO DNIPROPETROVSK 4-2 (1-1)
Stadio San Paolo, Napoli   08.11.2012   Hour: 19:00
Referees: Alon Yefet, Danny Krasikow, Amihay Yehoshua Mozes (ISR)   Attendance: 18,079
SSC NAPOLI: Antonio Rosati, Marco Donadel (55 Marek Hamšík), Miguel Britos, Salvatore Aronica (Cap) (72 Goran Pandev), Edinson Cavani, Andrea Dossena, Eduardo Vargas (56 Lorenzo Insigne), Giandomenico Mesto, Blerim Dzemaili, Federico Fernández, Gökhan Inler.
Coach: Walter Mazzarri
FC DNIPRO DNIPROPETROVSK: Jan Laštůvka, Ondřej Mazuch, Vitaly Mandziuk, Jaba Kankava, Yevhen Konoplyanka (81 Yevhen Cheberyachko), Roman Zozulya, Vitali Denisov, Michael Odibe, Ruslan Rotan (Cap), Artem Fedetskiy (86 Matheus), Olexandr Aliyev (56 Giuliano). Coach: Juande Ramos
Yellow Card: Inler (52), Fernández (81) /
    Konoplyanka (21), Aliyev (25), Rotan (76), Mandziuk (78),
Goals: Edinson Cavani (7,77, 77, 90+3) / Artem Fedetskiy (34), Roman Zozulya (52)

PSV EINDHOVEN – FC DNIPRO DNIPROPETROVSK 1-2 (1-1)
PSV Stadion, Eindhoven   22.11.2012   Hour: 21:05
Referees: Carlos Gómez, Javier Rodriguez, Luis Martinez (ESP)   Attendance: 27,000
PSV: Boy Waterman (Cap), Wilfred Bouma, Marcelo, Tim Matavž, Georginio Wijnaldum, Jeremain Lens, Atiba Hutchinson, Dries Mertens, Orlando Engelaar (66 Memphis Depay), Timothy Derijck, Stanislav Manolev (87 Jurgen Locadia). Coach: Dick Advocaat
FC DNIPRO DNIPROPETROVSK: Jan Laštůvka, Ondřej Mazuch, Vitaly Mandziuk, Jaba Kankava, Giuliano, Yevhen Konoplyanka (85 Artem Fedetskiy), Yevhen Cheberyachko, Ivan Strinić (69 Vitali Denisov), Yevhen Seleznyov (77 Roman Zozulya), Ruslan Rotan (Cap), Matheus. Coach: Juande Ramos
Yellow Card: Hutchinson (69), Lens (89), Wijnaldum (89) / Strinić (60), Kankava (81, 84).
Red Card: Kankava (84)
Goals: Georginio Wijnaldum (18) / Yevhen Seleznyov (24), Yevhen Konoplyanka (74)

AIK SOLNA – SSC NAPOLI 1-2 (1-1)
Råsundastadion, Solna   22.11.2012   Hour: 21:05
Referees: Ovidiu Alin Haţegan, Cristian Nica, Octavian Şovre (ROM)   Attendance: 28,552
AIK: Ivan Turina, Niklas Backman 72, Per Karlsson, Nils-Eric Johansson (Cap), Helgi Danielsson, Celso Borges, Robin Quaison (76 Kwame Karikari), Martin Lorentzson, Ibrahim Moro 45, Viktor Lundberg, Mohamed Bangura. Coach: Andreas Alm
SSC NAPOLI: Antonio Rosati, Marco Donadel (62 Gökhan Inler), Miguel Britos, Salvatore Aronica (Cap), Edinson Cavani, Andrea Dossena, Eduardo Vargas, Giandomenico Mesto (64 Juan Zúñiga), Blerim Dzemaili (73 Marek Hamšík), Alessandro Gamberini, Valon Behrami.
Coach: Walter Mazzarri
Yellow Card: Moro (45), Backman (72) / Cavani (45+1), Behrami (90).
Red Card: Aronica (85)
Goals: Helgi Danielsson (35) / Blerim Dzemaili (20), Edinson Cavani (90+3 pen)

FC DNIPRO DNIPROPETROVSK – AIK SOLNA 4-0 (2-0)
Dnipro Arena, Dnipropetrovsk   06.12.2012   Hour: 20:00
Referees: Stephan Studer, Sandro Pozzi, Johannes Vogel (SUI)   Attendance: 20,383
FC DNIPRO DNIPROPETROVSK Jan Laštůvka, Ondřej Mazuch (46 Artem Fedetskiy), Serhiy Kravchenko, Vitaly Mandziuk, Giuliano, Nikola Kalinić (57 Vitali Denisov), Yevhen Konoplyanka, Yevhen Cheberyachko, Ivan Strinić (57 Olexandr Aliyev), Roman Zozulya, Ruslan Rotan (Cap). Coach: Juande Ramos
AIK: Ivan Turina, Niklas Backman, Per Karlsson, Nils-Eric Johansson (Cap), Helgi Danielsson, Celso Borges, Robin Quaison (90+1 Robert Åhman Persson), Martin Lorentzson, Ibrahim Moro (65 Kwame Karikari), Viktor Lundberg (65 Daniel Gustavsson), Mohamed Bangura.
Coach: Andreas Alm
Yellow Card: Mazuch (15) / Lorentzson (20), Quaison (69), Borges (88), Karikari (89)
Goals: Nikola Kalinić (20 pen), Roman Zozulya (39, 52), Serhiy Kravchenko (88)

SSC NAPOLI – PSV EINDHOVEN 1-3 (1-2)
Stadio San Paolo, Napoli    06.12.2012    Hour: 19:00
Referees: Mike Dean, Jake Collin, Simon Bennett (ENG)    Attendance: 9,434
SSC NAPOLI: Antonio Rosati, Bruno Uvini, Marco Donadel, Edinson Cavani (66 Roberto Insigne), Andrea Dossena, Eduardo Vargas, Christian Maggio (Cap) (69 Giandomenico Mesto), Omar El Kaddouri, Hugo Campagnaro, Federico Fernández, Gökhan Inler (57 Goran Pandev). Coach: Walter Mazzarri
PSV: Boy Waterman (Cap), Mathias Jørgensen, Wilfred Bouma, Marcelo, Tim Matavž, Georginio Wijnaldum 74, Jeremain Lens, Orlando Engelaar, Peter van Ooijen (87 Joshua Brenet), Memphis Depay, Stanislav Manolev. Coach: Dick Advocaat
Yellow Card: Campagnaro (71) / van Ooijen (12), Depay (71), Wijnaldum (74)
Goals: Edinson Cavani (18) / Tim Matavž (30, 41, 60)

| | | | | | | | |
|---|---|---|---|---|---|---|---|
| FC Dnipro Dnipropetrovsk | 6 | 5 | 0 | 1 | 16 | 8 | 15 |
| SSC Napoli | 6 | 3 | 0 | 3 | 12 | 12 | 9 |
| PSV Eindhoven | 6 | 2 | 1 | 3 | 8 | 7 | 7 |
| AIK Solna | 6 | 1 | 1 | 4 | 5 | 14 | 4 |

# GROUP G

KRC GENK – VIDEOTON FC SZÉKESFEHÉRVÁR 3-0 (1-0)
KRC Genk Arena, Genk    20.09.2012    Hour: 21:05    Attendance: 10,000
Referees: Laurent Duhamel, Emmanuel Boisdenghien, Christophe Capelli (FRA)
KRC GENK: Kristof Van Hout, Kalidou Koulibaly, Khaleem Hyland, Steven Joseph-Monrose (81 Glynor Plet), Jelle Vossen (86 Bennard Kumordzi), Julien Gorius, Brian Hamalainen, Jeroen Simaeys (Cap), Thomas Buffel, Dani Fernández (77 Nadson), Benjamin De Ceulaer.
Coach: Mario Been
VIDEOTON FC: Mladen Božović, Álvaro Brachi, Paulo Vinícius, Marco Caneira, György Sándor (Cap), Nikola Mitrović, Filipe Oliveira (58 Ádám Gyurcsó), Walter Balufo, Stopira, Balázs Tóth (65 István Kovács), Sándor Torghelle (72 Nemanja Nikolić). Coach: Paulo Sousa
Yellow Card: / Brachi (90)
Goals: Jelle Vossen (22), Thomas Buffel (78), Benjamin De Ceulaer (90+2)


SPORTING CLUBE de PORTUGAL LISBOA – FC BASEL 0-0
José Alvalade, Lisboa    20.09.2012    Hour: 20:05
Referees: Alon Yefet, Danny Krasikow, Shabtai Nahmias (ISR)    Attendance: 22,325
SPORTING: Rui Patrício (Cap), Xandão, Ricky van Wolfswinkel, Marat Izmailov (67 André Martins), Diego Capel, Marcos Rojo, Andre Carrillo (77 Zakaria Labyad), Danijel Pranjić, Cédric, Elías (56 Daniel Carriço), Gelson Fernandes. Coach: Ricardo Sá Pinto
BASEL: Yann Sommer, Park Joo Ho, Aleksandar Dragovic, Marco Streller (Cap), Alexander Frei, Valentin Stocker (90+1 David Degen), Marcelo Díaz (83 Fabian Frei), Mohamed Salah (75 Jacques Zoua), Cabral, Gastón Sauro, Markus Steinhöfer. Coach: Heiko Vogel
Yellow Card: Rojo (30), Gelson Fernandes (60) / Park Joo Ho (67), Streller (82).
Red Card: Xandão (50)

FC BASEL – KRC GENK 2-2 (0-2)
St. Jakob-Park, Basel   04.10.2012   Hour: 19:00
Referees: Bülent Yıldırım, Serkan Gençerler, Orkun Aktaş (TUR)   Attendance: 14,023
FC BASEL: Yann Sommer, Park Joo Ho, Philipp Degen, Aleksandar Dragovic (53 Fabian Schär), Marco Streller (Cap), Alexander Frei (46 Jacques Zoua), Valentin Stocker, Marcelo Díaz (69 Fabian Frei), Mohamed Salah, Cabral, Gastón Sauro. Coach: Heiko Vogel
KRC GENK: Kristof Van Hout, Derick Katuku Tshimanga, Kalidou Koulibaly, Jelle Vossen (Cap), Julien Gorius, Anele Ngongca, Thomas Buffel (67 Kennedy Nwanganga), Nadson, Dani Fernández, Benjamin De Ceulaer (77 Brian Hamalainen), Bennard Kumordzi (86 Glynor Plet). Coach: Mario Been
Yellow Card: Dragovic (12), Degen (25) / Tshimanga (15), Koulibaly (69)
Goals: Marco Streller (70 pen, 85) / Benjamin De Ceulaer (10), Jelle Vossen (38)


VIDEOTON FC SZÉKESFEHÉRVÁR – SPORTING CLUBE de PORTUGAL LISBOA 3-0 (3-0)
Sóstói, Szekesfehervar   04.10.2012   Hour: 19:00   Attendance: 10,160
Referees: Kristinn Jakobsson, Sigurdur Oli Thorleifsson, Johann Gudmundsson (ISL)
VIDEOTON FC: Mladen Božović, Álvaro Brachi, Paulo Vinícius, Marco Caneira, György Sándor (Cap), Nikola Mitrović, Filipe Oliveira, Nemanja Nikolić (78 Sándor Torghelle), Walter Balufo (68 Ádám Gyurcsó), Stopira (89 Renato Neto), Balázs Tóth. Coach: Paulo Sousa
SPORTING: Rui Patrício, Khalid Boulahrouz (71 Adrien Silva), Jeffren Suárez, Marat Izmailov, Marcos Rojo, Valentin Viola, Zakaria Labyad (46 Stijn Schaars), Fabián Rinaudo (Cap) (30 Ricky van Wolfswinkel), André Martins, Danijel Pranjić, Gelson Fernandes. Coach: Ricardo Sá Pinto
Yellow Card: Nemanja Nikolić (36)
Goals: Paulo Vinícius (15), Filipe Oliveira (21), Nemanja Nikolić (35)


VIDEOTON FC SZÉKESFEHÉRVÁR – FC BASEL 2-1 (2-0)
Sóstói, Szekesfehervar   25.10.2012   Hour: 19:00
Referees: Miroslav Zelinka, Ondřej Pelikán, Ivo Nadvornik (CZE)   Attendance: 9,243
VIDEOTON FC: Mladen Božović, Álvaro Brachi, Paulo Vinícius, Marco Caneira, Renato Neto, György Sándor (Cap) (73 Balázs Tóth), Nikola Mitrović, Nemanja Nikolić, Walter Balufo (86 Sándor Torghelle), Roland Szolnoki, Ádám Gyurcsó (79 Filipe Oliveira). Coach: Paulo Sousa
FC BASEL: Yann Sommer, Park Joo Ho (46 Kay Voser), Aleksandar Dragovic, David Degen (72 Fabian Frei), Marco Streller (Cap), Valentin Stocker, Fabian Schär, Marcelo Díaz, Mohamed Salah (57 Kwan-Ryong Pak), Cabral, Markus Steinhöfer. Coach: Murat Yakin
Yellow Card: / Stocker (79), Streller (85)
Goals: Fabian Schär (2 og, 90+1), Marco Caneira (33)


KRC GENK – SPORTING CLUBE de PORTUGAL LISBOA 2-1 (1-1)
KRC Genk Arena, Genk   25.10.2012   Hour: 19:00
Referees: Szymon Marciniak, Paweł Sokolnicki, Tomasz Listkiewicz (POL)   Attendance: 13,651
KRC GENK: Kristof Van Hout, Kalidou Koulibaly, Steven Joseph-Monrose (83 Elyaniv Barda), Jelle Vossen (Cap) (90+3 Bennard Kumordzi), Julien Gorius, Brian Hamalainen, Anele Ngongca, Thomas Buffel, Nadson, Dani Fernández, Benjamin De Ceulaer (62 Glynor Plet).
Coach: Mario Been
SPORTING: Rui Patrício, Khalid Boulahrouz, Jeffren Suárez (61 Valentin Viola), Stijn Schaars, Ricky van Wolfswinkel, Marcos Rojo, Fabián Rinaudo (Cap), Adrien Silva (79 Xandão), Danijel Pranjić (58 Diego Capel), Cédric, Emiliano Insúa. Coach: Oceano da Cruz
Yellow Card: Gorius (39), Koulibaly (80) / Boulahrouz (12, 76).
Red Card: Rinaudo (37), Rojo (68), Boulahrouz (76)
Goals: Benjamin De Ceulaer (25), Elyaniv Barda (88) / Brian Hamalainen (7 og)

FC BASEL – VIDEOTON FC SZÉKESFEHÉRVÁR 1-0 (0-0)
St. Jakob-Park, Basel    08.11.2012    Hour: 21:05
Referees: Yevhen Aranovskiy, Olexiy Andreyev, Serhiy Bekker (UKR)    Attendance: 12,743
FC BASEL: Yann Sommer, Philipp Degen, Aleksandar Dragovic, David Degen (90+1 Jacques Zoua), Marco Streller (Cap), Alexander Frei (66 Mohamed Salah), Valentin Stocker, Fabian Schär, Marcelo Díaz (75 Fabian Frei), Cabral, Markus Steinhöfer. Coach: Murat Yakin
VIDEOTON FC: Mladen Božović, Álvaro Brachi, Paulo Vinícius, Marco Caneira, Renato Neto, György Sándor (Cap) (90 István Kovács), Nikola Mitrović, Filipe Oliveira, Sándor Torghelle (69 Nemanja Nikolić), Roland Szolnoki, Ádám Gyurcsó (83 Walter Balufo). Coach: Paulo Sousa
Yellow Card: D. Degen (51), Streller (68)
Goal: Marco Streller (80)


SPORTING CLUBE de PORTUGAL LISBOA – KRC GENK 1-1 (0-0)
José Alvalade, Lisboa    08.11.2012    Hour: 20:05
Referees: Stefan Johannesson, Stefan Wittberg, Magnus Sjöblom (SWE)    Attendance: 18,406
SPORTING: Rui Patrício, Xandão, Stijn Schaars, Ricky van Wolfswinkel, Diego Capel (87 Andre Carrillo), Marcos Rojo, Valentin Viola (63 Gelson Fernandes), Zakaria Labyad (84 Tiago Ilori), Cédric, Emiliano Insúa, Elías (Cap). Coach: Frank Vercauteren
KRC GENK: Kristof Van Hout, Derick Katuku Tshimanga, Kalidou Koulibaly, Khaleem Hyland (67 Glynor Plet), Steven Joseph-Monrose (77 Ayub Masika), Jelle Vossen (Cap), Julien Gorius, Anele Ngongca, Thomas Buffel, Nadson, Dani Fernández. Coach: Mario Been
Yellow Card: Viola (14), Schaars (29, 59), Insúa (35) /
          Koulibaly (25), Ngongca (27), Vossen (90+4).
Red Card: Schaars (59)
Goals: Ricky van Wolfswinkel (64) / Glynor Plet (90+1)


VIDEOTON FC SZÉKESFEHÉRVÁR – KRC GENK 0-1 (0-1)
Sóstói, Szekesfehervar    22.11.2012    Hour: 19:00
Referees: Liran Liany, Danny Krasikow, David Elias Biton (ISR)    Attendance: 10,221
VIDEOTON FC: Mladen Božović, Álvaro Brachi, Paulo Vinícius, Renato Neto, György Sándor (Cap) (76 Sándor Torghelle), Nikola Mitrović, Filipe Oliveira (46 István Kovács), Nemanja Nikolić, Kaká (82 Walter Lee), Roland Szolnoki, Ádám Gyurcsó. Coach: Paulo Sousa
KRC GENK: Kristof Van Hout, Derick Katuku Tshimanga, Khaleem Hyland, Steven Joseph-Monrose (76 Ayub Masika), Jelle Vossen (Cap) (90 Bennard Kumordzi), Julien Gorius, Anele Ngongca, Elyaniv Barda (70 Glynor Plet), Thomas Buffel, Nadson, Dani Fernández.
Coach: Mario Been
Yellow Card: Kaká (21), Torghelle (80), Kovács (90) / Barda (68), Hyland (80), Masika (90+5)
Goal: Elyaniv Barda (19)


FC BASEL – SPORTING CLUBE de PORTUGAL LISBOA 3-0 (1-0)
St. Jakob-Park, Basel    22.11.2012    Hour: 19:00
Referees: Paolo Valeri, Andrea Stefani, Renato Faverani (ITA)    Attendance: 15,566
FC BASEL: Yann Sommer, Philipp Degen, Aleksandar Dragovic, David Degen, Alexander Frei (Cap) (64 Mohamed Salah), Valentin Stocker (81 Jacques Zoua), Fabian Schär, Fabian Frei (90 Arlind Ajeti), Marcelo Díaz, Cabral, Markus Steinhöfer. Coach: Murat Yakin
SPORTING: Rui Patrício, Xandão, Ricky van Wolfswinkel, Diego Capel, Marcos Rojo, Zakaria Labyad (60 Andre Carrillo), Danijel Pranjić, Cédric, Emiliano Insúa, Elías (Cap), Gelson Fernandes (67 Betinho). Coach: Frank Vercauteren
Yellow Card: Cabral (54, 58), Ajeti (90+2) /
          Insúa (35), Labyad (41), Fernandes (55), Carrillo (61).
Red Card: Cabral (58)
Gals: Fabian Schär (23), Valentin Stocker (66), David Degen (71)

KRC GENK – FC BASEL 0-0
KRC Genk Arena, Genk    06.12.2012    Hour: 21:05
Referees: Mark Clattenburg, Stephen Child, Simon Beck (ENG)    Attendance: 11,974
KRC GENK: László Köteles, Kalidou Koulibaly, David Hubert (Cap), Khaleem Hyland, Brian Hamalainen, Glynor Plet, Anele Ngongca, Elyaniv Barda (69 Steven Joseph-Monrose), Dani Fernández, Benjamin De Ceulaer (58 Ayub Masika), Anthony Limbombe (89 Siebe Schrijvers).
Coach: Mario Been
FC BASEL: Yann Sommer, Philipp Degen, Aleksandar Dragovic, David Degen (68 Mohamed Salah), Marco Streller (Cap), Gilles Yapi, Valentin Stocker, Fabian Schär, Fabian Frei, Marcelo Díaz, Markus Steinhöfer. Coach: Murat Yakin
Yellow Card: Limbombe (78) / Dragovic (8), Degen (87)


SPORTING CLUBE de PORTUGAL LISBOA – VIDEOTON FC SZÉKESFEHÉRVÁR 2-1 (0-0)
José Alvalade, Lisboa    07.12.2012    Hour: 20:05    Attendance: 8,080
Referees: Michael Koukoulakis, Dimitrios Saraidaris, Michael Karsiotis (GRE)
SPORTING: Marcelo, Xandão, Khalid Boulahrouz, Diego Capel (85 Danijel Pranjić), Valentin Viola, Zakaria Labyad, Fabián Rinaudo (Cap), Cédric, Ricardo Esgaio, Emiliano Insúa, Gelson Fernandes. Coach: Frank Vercauteren
VIDEOTON FC: Tomáš Tujvel, Álvaro Brachi, Paulo Vinícius, Marco Caneira, Renato Neto, György Sándor (Cap), Filipe Oliveira (57 Ádám Gyurcsó), Nemanja Nikolić (73 Paraiba), Walter Lee, Balázs Tóth (73 István Kovács), Roland Szolnoki. Coach: Paulo Sousa
Yellow Card: Rinaudo (9), Fernandes (57), Cédric (75), Labyad (82) /
                    Lee (45), Tóth (54), Caneira (79, 90+4), Vinícius (81).
Red Card: Sándor (83), Caneira (90+4)
Goals: Zakaria Labyad (65), Valentin Viola (82) / György Sándor (80 pen)


| | | | | | | | |
|---|---|---|---|---|---|---|---|
| KRC Genk | 6 | 3 | 3 | 0 | 9 | 4 | 12 |
| FC Basel | 6 | 2 | 3 | 1 | 7 | 4 | 9 |
| Videoton FC Szekesfehervar | 6 | 2 | 0 | 4 | 6 | 8 | 6 |
| Sporting Lisbon | 6 | 1 | 2 | 3 | 4 | 10 | 5 |


# GROUP H


FC INTERNAZIONALE MILANO – FC RUBIN KAZAN 2-2 (1-1)
Stadio Giuseppe Meazza, Milano    20.09.2012    Hour: 21:05
Referees: Deniz Aytekin, Stefan Lupp, Wolfgang Walz (GER)    Attendance: 28,472
FC INTERNAZIONALE MILANO: Samir Handanovič, Javier Zanetti (Cap), Coutinho, Esteban Cambiasso, Walter Gargano, Andrea Ranocchia, Walter Samuel, Jonathan (46 Fredy Guarín), Yuto Nagatomo, Marko Livaja (61 Diego Milito), Antonio Cassano (67 Álvaro Pereira).
Coach: Andrea Stramaccioni
RUBIN: Sergei Ryzhikov, Oleg Kuzmin, César Navas, Aleksandr Ryazantsev (70 Pablo Orbaiz), Roman Eremenko, Iván Marcano, Salvatore Bocchetti (81 Vitali Kaleshin), Gökdeniz Karadeniz (85 Alan Kasaev), Bebras Natcho, Roman Sharonov (Cap), José Rondón. Coach: Kurban Berdyev
Yellow Card: Guarín (89) / Bocchetti (36), Marcano (74), Orbaiz (76)
Goals: Marko Livaja (39), Yuto Nagatomo (90+2) / Aleksandr Ryazantsev (17), José Rondón (84)

FK PARTIZAN BEOGRAD – NEFTCHI PFK BAKU 0-0
Partizan, Beograd    20.09.2012    Hour: 21:05
Referees: Libor Kovařik, Patrik Filipek, Jan Paták (CZE)    Attendance: 18,000
PARTIZAN: Vladimir Stojković, Aleksandar Miljković, Medo, Nemanja Tomić, Ivan Ivanov, Aleksandar Lazevski, Saša Marković (63 Miloš Jojić), Saša Ilić (Cap), Miloš Ostojić, Aleksandar Mitrović (73), Lazar Marković. Coach: Vladimir Vermezović
NEFTCHI PFK BAKU: Saša Stamenković, Tarlan Guliyev, Igor Mitreski, Rashad A. Sadygov (Cap), Flavinho (78 Araz Abdullayev), Julius Wobay (87 Emin Mehdiyev), Nicolás Canales, Eric Ramos, Bruno Bertucci, Mahir Shukurov, Cavid Imamverdiyev (58 Mirhüseyin Seyidov).
Coach: Boyukagha Hajiyev
Yellow Card: Marković (36), Miljković (90+2), Mitrović (90+7) /
   Ramos (41), Bertucci (73), Stamenković (75)




NEFTCHI PFK BAKU – FC INTERNAZIONALE MILANO 1-3 (0-3)
Tofig Bahramov Republican stadium, Baku    04.10.2012    Hour: 21:00
Referees: Kevin Blom, Berry Simons, Davie Goossens (NED)    Attendance: 31,400
NEFTCHI PFK BAKU: Saša Stamenković, Igor Mitreski, Rashad A. Sadygov (Cap), Flavinho, Julius Wobay, Nicolás Canales, Eric Ramos, Bruno Bertucci, Kamil Nurahmadov (46 Mirhüseyin Seyidov), Mahir Shukurov, Elvin Yunuszade. Coach: Boyukagha Hajiyev
FC INTERNAZIONALE: Samir Handanovič, Matías Silvestre, Coutinho (75 Luca Garritano), Fredy Guarín (82 Walter Gargano), Gaby Mudingayi, Esteban Cambiasso (Cap), Joel Obi (64 Andrea Ranocchia), Álvaro Pereira, Juan, Jonathan, Marko Livaja. Coach: Andrea Stramaccioni
Yellow Card: / Obi (25), Ranocchia (72), Pereira (84), Jonathan (87)
Goals: Nicolás Canales (53) / Coutinho (10), Joel Obi (30), Marko Livaja (42)




FC RUBIN KAZAN – FK PARTIZAN BEOGRAD 2-0 (1-0)
Centralniy Stadion, Kazan    04.10.2012    Hour: 20:00
Referees: Anastassios Kakos, Christos Akrivos, Dimitris Tatsis (GRE)    Attendance: 10,443
RUBIN: Sergei Ryzhikov, Oleg Kuzmin, César Navas (Cap), Pablo Orbaiz, Aleksandr Ryazantsev (83 Carlos Eduardo), Roman Eremenko, Iván Marcano, Salvatore Bocchetti, Gökdeniz Karadeniz (77 Alan Kasaev), Bebras Natcho, José Rondón (81 Sergey Davydov). Coach: Kurban Berdyev
PARTIZAN: Vladimir Stojković, Aleksandar Miljković, Vladimir Volkov, Medo, Nikola Ninković (61 Aleksandar Mitrović), Ivan Ivanov, Saša Marković, Saša Ilić (Cap) (74 Stefan Šćepović), Miloš Jojić, Miloš Ostojić, Lazar Marković. Coach: Vladimir Vermezović
Yellow Card: / Saša Ilić (54)
Goals: Gökdeniz Karadeniz (45), Aleksandr Ryazantsev (48)




FC RUBIN KAZAN – NEFTCHI PFK BAKU 1-0 (1-0)
Centralniy Stadion, Kazan    25.10.2012    Hour: 20:00
Referees: Kenn Hansen, Lars Rix, David Vang Andersen (DEN)    Attendance: 6,084
RUBIN: Sergei Ryzhikov, Oleg Kuzmin, Cristian Ansaldi, César Navas (Cap), Pablo Orbaiz, Alan Kasaev, Vitali Kaleshin, Iván Marcano, Gökdeniz Karadeniz (70 Vladimir Dyadyun), Bebras Natcho, José Rondón. Coach: Kurban Berdyev
NEFTCHI PFK BAKU: Saša Stamenković, Tarlan Guliyev, Igor Mitreski, Rashad A. Sadygov (Cap), Flavinho, Julius Wobay, Nicolás Canales, Eric Ramos, Bruno Bertucci, Mirhüseyin Seyidov (50 Araz Abdullayev), Mahir Shukurov. Coach: Boyukagha Hajiyev
Yellow Card: Kuzmin (7), Dyadyun (78) / Ramos (69), Mitreski (73)
Goal: Alan Kasaev (16)

FC INTERNAZIONALE MILANO – FK PARTIZAN BEOGRAD 1-0 (0-0)
Stadio Giuseppe Meazza, Milano    25.10.2012    Hour: 19:00
Referees: Liran Liany, Shabtai Nahmias, David Elias Biton (ISR)    Attendance: 18,626
FC INTERNAZIONALE: Samir Handanovič, Matías Silvestre, Coutinho (32 Rodrigo Palacio), Fredy Guarín, Gaby Mudingayi, Esteban Cambiasso (Cap), Álvaro Pereira, Juan, Jonathan, Marko Livaja (52 Javier Zanetti), Antonio Cassano (76 Diego Milito). Coach: Andrea Stramaccioni
PARTIZAN: Vladimir Stojković, Aleksandar Miljković, Vladimir Volkov, Medo, Nemanja Tomić (80 Saša Marković), Ivan Ivanov, Saša Ilić (Cap) (76 Miloš Jojić), Miloš Ostojić, Aleksandar Mitrović (68 Marko Šćepović), Lazar Marković, Milan Smiljanić. Coach: Vladimir Vermezović
Yellow Card: Juan (33), Jonathan (47) / Medo (33), Tomić (44), Ivanov (62), Šćepović (89)
Goal: Rodrigo Palacio (88)


NEFTCHI PFK BAKU – FC RUBIN KAZAN 0-1 (0-1)
Tofig Bahramov Republican stadium, Baku    08.11.2012    Hour: 21:00
Referees: Manuel De Sousa, Bertino Miranda, Rui Tavares (POR)    Attendance: 15,832
NEFTCHI PFK BAKU: Saša Stamenković, Tarlan Guliyev, Igor Mitreski, Rashad A. Sadygov (Cap) (57 Mirhüseyin Seyidov), Flavinho, Julius Wobay, Nicolás Canales, Eric Ramos, Bruno Bertucci, Mahir Shukurov (88 Elvin Yunuszade), Emin Mehdiyev (53 Araz Abdullayev).
Coach: Boyukagha Hajiyev
RUBIN: Sergei Ryzhikov, Cristian Ansaldi, César Navas (Cap), Pablo Orbaiz, Alan Kasaev (83 Gökhan Töre), Vitali Kaleshin, Vladimir Dyadyun (77 Sergey Davydov), Iván Marcano, Gökdeniz Karadeniz, Bebras Natcho, José Rondón (80 Roman Eremenko). Coach: Kurban Berdyev
Yellow Card: Sadygov (23), Ramos (43), Seyidov (72) / Natcho (50), Ansaldi (55)
Goal: Vladimir Dyadyun (16)


FK PARTIZAN BEOGRAD – FC INTERNAZIONALE MILANO 1-3 (0-0)
Partizan, Beograd    08.11.2012    Hour: 21:05
Referees: Duarte Gomes, Ricardo Santos (POR), Venâncio Tomé (POR)    Attendance: 17,186
PARTIZAN: Nikola Petrović, Aleksandar Miljković, Medo (55 Marko Šćepović), Nemanja Tomić, Stefan Šćepović (69 Aleksandar Mitrović), Ivan Ivanov, Aleksandar Lazevski, Saša Ilić (Cap) (30 Miloš Jojić), Miloš Ostojić, Lazar Marković, Milan Smiljanić. Coach: Vladimir Vermezović
FC INTERNAZIONALE: Samir Handanovič, Javier Zanetti (Cap), Matías Silvestre, Fredy Guarín, Gaby Mudingayi (14 Walter Gargano), Esteban Cambiasso, Álvaro Pereira, Juan, Jonathan, Yuto Nagatomo (46 Rodrigo Palacio), Marko Livaja (77 Antonio Cassano). Coach: Andrea Stramaccioni
Yellow Card: Ostojić (48), Mitrović (73), Jojić (78) / Juan (55), Silvestre (73)
Goals: Nemanja Tomić (90+1) / Palacio (51, 75), Fredy Guarín (87)


FC RUBIN KAZAN – FC INTERNAZIONALE MILANO 3-0 (1-0)
Centralniy Stadion, Kazan    22.11.2012    Hour: 21:00    Attendance: 12,348
Referees: Tommy Skjerven, Kim Thomas Haglund, Svein Inge Wiken (NOR)
RUBIN: Sergei Ryzhikov, Oleg Kuzmin, Cristian Ansaldi, Pablo Orbaiz, Alan Kasaev (61 Gökhan Töre), Vladimir Dyadyun (59 José Rondón), Roman Eremenko (8 Carlos Eduardo), Salvatore Bocchetti, Gökdeniz Karadeniz, Bebras Natcho, Roman Sharonov (Cap). Coach: Kurban Berdyev
FC INTERNAZIONALE: Vid Belec, Matías Silvestre, Coutinho, Walter Gargano, Andrea Ranocchia (Cap) (72 Isaac Donkor), Marco Benassi, Álvaro Pereira, Juan, Jonathan, Andrea Romanò (46 Javier Zanetti), Marko Livaja (46 Rodrigo Palacio). Coach: Andrea Stramaccioni
Yellow Card: / Livaja (36), Gargano (41), Silvestre (71)
Goals: Gökdeniz Karadeniz (2), José Rondón (85, 90+2)

NEFTCHI PFK BAKU – FK PARTIZAN BEOGRAD 1-1 (1-0)
Tofig Bahramov Republican stadium, Baku    22.11.2012    Hour: 21:00
Referees: Simon Lee Evans, Edward King, Philip Thomas (WAL)    Attendance: 8,992
NEFTCHI PFK BAKU: Saša Stamenković, Tarlan Guliyev, Igor Mitreski, Rashad A. Sadygov (Cap), Flavinho, Julius Wobay, Nicolás Canales, Bruno Bertucci, Cavid Imamverdiyev (61 Araz Abdullayev), Emin Mehdiyev, Elvin Yunuszade. Coach: Boyukagha Hajiyev
PARTIZAN: Nikola Petrović, Aleksandar Miljković, Vladimir Volkov, Nemanja Tomić, Stefan Šćepović (66 Marko Šćepović), Ivan Ivanov, Saša Ilić (Cap), Miloš Jojić (83 Saša Marković), Miloš Ostojić, Lazar Marković (46 Aleksandar Mitrović), Milan Smiljanić.
Coach: Vladimir Vermezović
Yellow Card: Mehdiyev (48), Flavinho (67), Sadygov (77), Stamenković (77) /
          Tomić (44), Ostojić (74), Volkov (75), Šćepović (77).
Red Card: Mitrović (76)
Goals: Flavinho (10) / Aleksandar Mitrović (67)


FC INTERNAZIONALE MILANO – NEFTCHI PFK BAKU 2-2 (1-0)
Stadio Giuseppe Meazza, Milan    06.12.2012    Hour: 21:05
Referees: Emir Alecković, Dalibor Drašković, Hrvoje Turudić (BIH)    Attendance: 6,150
FC INTERNAZIONALE: Vid Belec, Coutinho, Esteban Cambiasso (Cap), Marco Benassi, Walter Samuel (46 Antonio Cassano), Simone Pasa, Álvaro Pereira, Jonathan (63 Andrea Bandini), Andrea Romanò, Luca Garritano (53 Yuto Nagatomo), Marko Livaja. Coach: Andrea Stramaccioni
NEFTCHI PFK BAKU: Saša Stamenković, Tarlan Guliyev, Igor Mitreski, Rashad A. Sadygov (Cap) (77 Mirhüseyin Seyidov), Flavinho, Julius Wobay, Nicolás Canales, Eric Ramos, Bruno Bertucci, Mahir Shukurov (46 Emin Mehdiyev), Cavid Imamverdiyev (90+3 Araz Abdullayev).
Coach: Boyukagha Hajiyev
Yellow Card: Romanò (15), Livaja (89) / Imamverdiyev (62), Seyidov (90+1)
Goals: Marko Livaja (9, 54) / Rashad A. Sadygov (52), Nicolás Canales (89)


FK PARTIZAN BEOGRAD – FC RUBIN KAZAN 1-1 (0-0)
Partizan, Beograd    06.12.2012    Hour: 21:05
Referees: Martin Hansson, Magnus Sjöblom, Henrik Andren (SWE)    Attendance: 5,233
PARTIZAN: Nikola Petrović, Aleksandar Miljković, Vladimir Volkov, Nemanja Tomić (74 Miloš Jojić), Stefan Šćepović (72 Marko Šćepović), Ivan Ivanov, Saša Marković, Saša Ilić (Cap), Miloš Ostojić, Lazar Marković (90 Filip Knežević), Milan Smiljanić. Coach: Vladimir Vermezović
RUBIN: Giedrius Arlauskis, Oleg Kuzmin, Cristian Ansaldi, Pablo Orbaiz, Alan Kasaev (62 Sergei Davydov), Carlos Eduardo (75 Aleksei Eremenko), Iván Marcano, Salvatore Bocchetti, Gökdeniz Karadeniz, Roman Sharonov (Cap), José Rondón. Coach: Kurban Berdyev
Yellow Card: Marković (7), Volkov (26), / Sharonov (69), Ansaldi (79)
Goals: Saša Marković (53) / José Rondón (59)


| | | | | | | | |
|---|---|---|---|---|---|---|---|
| FC Rubin Kazan | 6 | 4 | 2 | 0 | 10 | 3 | 14 |
| FC Internazionale Milano | 6 | 3 | 2 | 1 | 11 | 9 | 11 |
| FK Partizan Beograd | 6 | 0 | 3 | 3 | 3 | 8 | 3 |
| Neftchi PFK Baku | 6 | 0 | 3 | 3 | 4 | 8 | 3 |

# GROUP I

OLYMPIQUE LYONNAIS – AC SPARTA PRAHA 2-1 (0-0)
Stade de Gerland, Lyon    20.09.2012    Hour: 21:05
Referees: Serhiy Boiko, Yevhen Aranovskiy, Anatoliy Abdula (UKR)    Attendance: 41,842
OLYMPIQUE LYONNAIS: Rémy Vercoutre, Bakary Koné, Clément Grenier, Lisandro (Cap) (67 Fabián Monzón), Alexandre Lacazette, Anthony Réveillère, Mouhamadou Dabo (43 Samuel Umtiti), Milan Biševac, Steed Malbranque (83 Gueïda Fofana), Bafétimbi Gomis, Maxime Gonalons. Coach: Rémi Garde
SPARTA: Tomáš Vaclík, Manuel Pamić, Ondřej Švejdík, Tomáš Přikryl (71 Ladislav Krejčí), Leony Kweuke, Václav Kadlec, Pavel Kadeřábek, David Pavelka (58 Mario Holek), Josef Hušbauer (85 Bekim Balaj), Vlastimil Vidlička, Jiří Jarošík (Cap). Coach: Vítězslav Lavička
Yellow Card: Gonalons (18), Lacazette (27), Gomis (61) / Pavel Kadeřábek (42)
Goals: Bafétimbi Gomis (59), Lisandro (62) / Ladislav Krejčí (77)


ATHLETIC CLUB BILBAO – HAPOEL IRONI KIRYAT SHMONA FC 1-1 (1-1)
Estadio de San Mamés, Bilbao    20.09.2012    Hour: 21:05
Referees: Simon Lee Evans, Edward King, Gareth Wyn Jones (WAL)    Attendance: 30,000
ATHLETIC: Gorka Iraizoz, Fernando Amorebieta, Ander Iturraspe, Óscar de Marcos, Markel Susaeta, Andoni Iraola, Ismael López (46 Fernando Llorente), Carlos Gurpegi (Cap), Iker Muniain, Aritz Aduriz (59 Ibai Gómez), Xabier Castillo (81 Iñigo Ruiz De Galarreta). Coach: Marcelo Bielsa
HAPOEL: Daniel Amos, Shir Tzedek, Daniel Einbinder (90 Ben Vahaba), El'ad Gabai, Salah Hasarma, Shimon Abuhazira (80 Roni Porokara), Darko Tasevski, Adrian Rochet (Cap) (74 Adi Elisha), László Lencse, Dušan Matović. Coach: Gili Landau
Yellow Card: Gómez (61), Susaeta (89) /
            Amos (44), Gazal (57), Dušan Matović (60), Elisha (75), Tzedek (90+5)
Goals: Markel Susaeta (40) / Adrian Rochet (14)


HAPOEL IRONI KIRYAT SHMONA FC – OLYMPIQUE LYONNAIS 3-4 (1-3)
Itztadion Kiryat Eliezer, Haifa    04.10.2012    Hour: 19:00
Referees: Artur Soares, Rui Tavares, João Santos (POR)    Attendance: 2,500
HAPOEL: Daniel Amos, Shir Tzedek, Daniel Einbinder, El'ad Gabai, Adi Elisha (89 Ravid Gazal), Salah Hasarma (46 Ahmed Abed), Bryan Gerzicich, Shimon Abuhazira, Lior Levi, Adrian Rochet (Cap), László Lencse (46 Itzhak Cohen). Coach: Barak Bakhar
OLYMPIQUE LYONNAIS: Rémy Vercoutre, Bakary Koné, Dejan Lovren, Gueïda Fofana, Clément Grenier (54 Yassine Benzia), Lisandro (Cap), Anthony Réveillère, Jimmy Briand, Fabián Monzón, Maxime Gonalons, Rachid Ghezzal (63 Steed Malbranque). Coach: Rémi Garde
Yellow Card: Abuhazira (58), Cohen (62) / Koné (65), Monzón (76)
Goals: Shimon Abuhazira (7, 66 pen), Lior Levi (51) /
       Gueïda Fofana (17, 90+2), Fabián Monzón (22), Anthony Réveillère (31)


AC SPARTA PRAHA – ATHLETIC CLUB BILBAO 3-1 (2-0)
Stadion Letná, Praha    04.10.2012    Hour: 19:00
Referees: Manuel De Sousa, Bertino Miranda, Ricardo Santos (POR)    Attendance: 13,752
SPARTA: Tomáš Vaclík, Manuel Pamić, Ondřej Švejdík, Marek Matějovský (Cap) (79 David Pavelka), Bekim Balaj, Václav Kadlec (87 Tomáš Přikryl), Tomáš Zápotočný, Josef Hušbauer, Ladislav Krejčí (72 Jiří Skalák), Mario Holek, Jiří Jarošík. Coach: Vítězslav Lavička
ATHLETIC: Gorka Iraizoz, Fernando Amorebieta, Ander Iturraspe, Óscar de Marcos, Ibai Gómez (57 Ismael López), Markel Susaeta, Andoni Iraola, Carlos Gurpegi (Cap), Iker Muniain, Aritz Aduriz (64 Fernando Llorente), Xabier Castillo (62 Ander Herrera). Coach: Marcelo Bielsa
Yellow Card: Pavelka (90+4) / Castillo (56), Muniain (61), Herrera (83), Amorebieta (90+1)
Goals: Tomáš Zápotočný (25), Bekim Balaj (40), Josef Hušbauer (56 pen) / Óscar de Marcos (73)

AC SPARTA PRAHA – HAPOEL IRONI KIRYAT SHMONA FC 3-1 (3-0)
Stadion Letná, Praha   25.10.2012   Hour: 19:00
Referees: Danny Makkelie, Davie Goossens, Patrick Langkamp (NED)   Attendance: 10,324
SPARTA: Tomáš Vaclík, Manuel Pamić, Ondřej Švejdík, Marek Matějovský (Cap), Leony Kweuke (62 Bekim Balaj), Václav Kadlec (68 Tomáš Přikryl), Tomáš Zápotočný, Josef Hušbauer, Ladislav Krejčí (80 Pavel Kadeřábek), Mario Holek, Jiří Jarošík. Coach: Vítězslav Lavička
HAPOEL: Daniel Amos, Itzhak Cohen,Shir Tzedek, Ravid Gazal (46 Ahmed Abed), Daniel Einbinder (46 Adi Elisha), El'ad Gabai, Bryan Gerzicich (77 Darko Tasevski), Shimon Abuhazira, Adrian Rochet (Cap), László Lencse, Dušan Matović. Coach: Barak Bakhar
Yellow Card: Přikryl (67) / Gabai (38), Elisha (50), Gerzicich (69)
Goals: Ladislav Krejci (7), Václav Kadlec (10), Ondřej Švejdík (44) / Shimon Abuhazira (76)


OLYMPIQUE LYONNAIS – ATHLETIC CLUB BILBAO 2-1 (0-0)
Stade de Gerland, Lyon   25.10.2012   Hour: 19:00
Referees: Andre Marriner, Simon Long (ENG), Peter Bankes (ENG)   Attendance: 30,587
OLYMPIQUE LYONNAIS: Rémy Vercoutre, Bakary Koné, Dejan Lovren, Gueïda Fofana, Lisandro (Cap) (66 Bafétimbi Gomis), Anthony Réveillère, Steed Malbranque (65 Alexandre Lacazette), Jimmy Briand, Fabián Monzón, Maxime Gonalons, Samuel Umtiti. Coach: Rémi Garde
ATHLETIC: Gorka Iraizoz, Jon Aurtenetxe, Fernando Amorebieta, Ander Iturraspe, Óscar de Marcos, Markel Susaeta, Andoni Iraola, Carlos Gurpegi (Cap), Iker Muniain (66 Ibai Gómez), Aritz Aduriz (60 Fernando Llorente), Ander Herrera. Coach: Marcelo Bielsa
Yellow Card: Fofana (88) / Herrera (53), Iturraspe (90+1)
Goal: Lisandro (54), Jimmy Briand (86) / Ibai Gómez (79)


HAPOEL IRONI KIRYAT SHMONA FC – AC SPARTA PRAHA 1-1 (1-1)
Itztadion Kiryat Eliezer, Haifa   08.11.2012   Hour: 22:05
Referees: Aleksei Kulbakov, Andrei Getikov, Dmitri Zhuk (BLR)   Attendance: 850
HAPOEL: Daniel Amos, Itzhak Cohen, Ravid Gazal (61 Shimon Abuhazira), Daniel Einbinder, Salah Hasarma (Cap) (58 Ben Vahaba), Bryan Gerzicich, Lior Levi, Darko Tasevski, Sintayehu Sallalich, László Lencse (82 Adrian Rochet), Dušan Matović. Coach: Barak Bakhar
SPARTA: Tomáš Vaclík, Ondřej Švejdík, Marek Matějovský (Cap), Leony Kweuke (79 Bekim Balaj), Pavel Kadeřábek (74 Jiří Skalák), Matěj Hybš, Tomáš Zápotočný, Josef Hušbauer, Ladislav Krejčí (63 Tomáš Přikryl), Mario Holek, Jiří Jarošík. Coach: Vítězslav Lavička
Yellow Card: Tasevski (42) / Kweuke (50)
Goals: Darko Tasevski (3) / Leony Kweuke (24)


ATHLETIC CLUB BILBAO – OLYMPIQUE LYONNAIS 2-3 (0-2)
Estadio de San Mamés, Bilbao   08.11.2012   Hour: 21:05
Referees: Pol van Boekel, Angelo Boonman, Berry Simons (NED)   Attendance: 24,465
ATHLETIC: Gorka Iraizoz, Jon Aurtenetxe (46 Ibai Gómez), Fernando Amorebieta, Ander Iturraspe, Óscar de Marcos, Markel Susaeta, Andoni Iraola, Carlos Gurpegi (Cap), Iker Muniain (85 Ismael López), Aritz Aduriz (70 Fernando Llorente), Ander Herrera. Coach: Marcelo Bielsa
OLYMPIQUE LYONNAIS: Rémy Vercoutre, Dejan Lovren, Gueïda Fofana, Yoann Gourcuff, Alexandre Lacazette (82 Jordan Ferri), Anthony Réveillère, Milan Biševac, Bafétimbi Gomis (73 Lisandro), Fabián Monzón (69 Steed Malbranque), Maxime Gonalons (Cap), Samuel Umtiti.
Coach: Rémi Garde
Yellow Card: Aurtenetxe (21), Aduriz (45), Muniain (62), Amorebieta (67) /
       Lacazette (31), Gourcuff (31), Lovren (53), Gonalons (55), Biševac (65)
Goals: Amder Herrera (48), Aritz Aduriz (55 pen) /
       Bafétimbi Gomis (22), Yoann Gourcuff (45+1), Lacayette (63)

AC SPARTA PRAHA − OLYMPIQUE LYONNAIS 1-1 (0-0)
Stadion Letná, Praha   22.11.2012   Hour: 19:00
Referees: Anastassios Kakos, Christos Akrivos, Dimitris Tatsis (GRE)   Attendance: 17,121
SPARTA: Tomáš Vaclík, Manuel Pamić, Ondřej Švejdík, Marek Matějovský (Cap) (90 Milan Jirásek), Leony Kweuke, Pavel Kadeřábek (53 Tomáš Přikryl), Tomáš Zápotočný, Josef Hušbauer, Ladislav Krejčí (90+2 Jiří Skalák), Mario Holek, Jiří Jarošík. Coach: Vítězslav Lavička
OLYMPIQUE LYONNAIS: Rémy Vercoutre, Bakary Koné, Gueïda Fofana, Clément Grenier, Yoann Gourcuff (69 Alassane Plea), Jordan Ferri, Anthony Réveillère (Cap), Fabián Monzón, Samuel Umtiti, Yassine Benzia (71 Harry Novillo), Rachid Ghezzal. Coach: Rémi Garde
Yellow Card: Jarošík (12), Matějovský (29), Zápotočný (37) / Koné (45)
Goals: Josef Hušbauer (53) / Yassine Benzia (46)


HAPOEL IRONI KIRYAT SHMONA FC − ATHLETIC CLUB BILBAO 0-2 (0-1)
Itztadion Kiryat Eliezer, Haifa   28.11.2012   Hour: 20:00
Referees: Rene Eisner, Klaus Strasser, Gerd Adanitsch (AUS)   Attendance: 150
HAPOEL: Daniel Amos (Cap), Ben Vahaba, Shir Tzedek, Ahmed Abed, Daniel Einbinder, El'ad Gabai, Adi Elisha, Lior Levi, Roni Porokara (46 Shimon Abuhazira), Darko Tasevski (57 Ofir Mizrachi), Sintayehu Sallalich (71 Wael Mresat). Coach: Barak Bakhar
ATHLETIC: Raúl, Gaizka Toquero, Mikel San José, Fernando Llorente (Cap), Ismael López (64 Ibai Gómez), Xabier Castillo, Igor Martínez (77 Iker Undabarrena), Jonás Ramalho, Aymeric Laporte, Erik Morán, Álvaro Peña (85 Jon Xabier Vidal). Coach: Marcelo Bielsa
Yellow Card: Tzedek (34), Vahaba (48), Adi Elisha (75), Gabai (90+3) / Peña (67)
Goals: Fernando Llorente (34), Gaizka Toquero (76)


OLYMPIQUE LYONNAIS − HAPOEL IRONI KIRYAT SHMONA FC 2-0 (1-0)
Stade de Gerland, Lyon   06.12.2012   Hour: 21:05
Referees: Halis Özkahya, Çem Satman, Volkan Narinç (TUR)   Attendance: 29,087
OLYMPIQUE LYONNAIS: Anthony Lopes, Mehdi Zeffane, Bakary Koné, Gueïda Fofana (Cap), Yoann Gourcuff (46 Sidy Koné), Michel Bastos, Jordan Ferri, Fabián Monzón, Yassine Benzia (80 Anthony Martial), Alassane Plea (70 Harry Novillo), Mahamadou-Naby Sarr. Coach: Rémi Garde
HAPOEL: Daniel Amos, Ben Vahaba, Shir Tzedek, Ahmed Abed (62 Ofir Mizrachi), Daniel Einbinder, El'ad Gabai, Shimon Abuhazira (72 Wael Mresat), Lior Levi, Darko Tasevski (63 Ravid Gazal), Adrian Rochet (Cap), Sintayehu Sallalich. Coach: Barak Bakhar
Yellow Card: / Einbinder (28), Tasevski (35)
Goals: Mahamadou-Naby Sarr (15), Yassine Benzia (58)


ATHLETIC CLUB BILBAO − AC SPARTA PRAHA 0-0
Estadio de San Mamés, Bilbao   06.12.2012   Hour: 21:05
Referees: Sébastien Delferiere, Walter Vromans, Yves De Neve (BEL)   Attendance: 30,424
ATHLETIC: Raúl, Gaizka Toquero (46 Aritz Aduriz), Mikel San José, Ander Iturraspe, Fernando Llorente (Cap) (46 Erik Morán), Ismael López, Iker Muniain (46 Álvaro Peña), Xabier Castillo, Igor Martínez, Jonás Ramalho, Aymeric Laporte. Coach: Marcelo Bielsa
Marek Čech, Ondřej Švejdík, Marek Matějovský (Cap) (87 Adam Jánoš), Leony Kweuke (82 Bekim Balaj), Pavel Kadeřábek (69 Václav Kadlec), Jiří Skalák, Matěj Hybš, Tomáš Zápotočný, Josef Hušbauer, Vlastimil Vidlička, Mario Holek. Coach: Vítězslav Lavička
Yellow Card: / Zápotočný (26), Hušbauer (34), Kadlec (79)


| | | | | | | | |
|---|---|---|---|---|---|---|---|
| Olympique Lyonnais | 6 | 5 | 1 | 0 | 14 | 8 | 16 |
| AC Sparta Praha | 6 | 2 | 3 | 1 | 9 | 6 | 9 |
| Athletic Club Bilbao | 6 | 1 | 2 | 3 | 7 | 9 | 5 |
| Hapoel Ironi Kiryat Shmona FC | 6 | 0 | 2 | 4 | 6 | 13 | 2 |

# GROUP J

NK MARIBOR – PANATHINAIKOS FC ATHÍNA 3-0 (1-0)
Stadion Ljudski vrt, Maribor    20.09.2012    Hour: 21:05
Referees: Alan Kelly, Damien MacGraith, Allen Lynch (IRL)    Attendance: 11,000
NK MARIBOR: Jasmin Handanovič, Martin Milec, Aleš Mejač, Dejan Mezga (85 Timotej Dodlek), Tavares (Cap) (90+1 Željko Filipovič), Agim Ibraimi, Goran Cvijanovič, Nejc Potokar (81 Jovan Vidovič), Aleksander Rajčevič, Robert Berić, Aleš Mertelj. Coach: Darko Milanič
PANATHINAIKOS FC: Orestis Karnezis, Ibrahim Sissoko, Jean-Alain Boumsong, Vitolo, Lazaros Christodoulopoulos (55 Bruno Fornaroli), Zeca, Loukas Vyntra, Kostas Katsouranis (Cap), Nikos Spyropoulos, José Manuel Velázquez, Quincy Owusu-Abeyie (74 Charis Mavrias).
Coach: Jesualdo Ferreira
Yellow Card: Ibraimi (63), Berić (90) / Vitolo (75), Spyropoulos (84, 90+3), Velázquez (87)
Red Card: Spyropoulos (90+3)
Goals: Robert Berić (25), Agim Ibraimi (62), Tavares (88 pen)


TOTTENHAM HOTSPUR FC LONDON – SS LAZIO ROMA 0-0
White Hart Lane, London    20.09.2012    Hour: 20:05
Referees: Ovidiu Alin Haţegan, Zoltán Székely, Octavian Şovre (ROM)    Attendance: 25,030
TOTTENHAM: Hugo Lloris, Clint Dempsey (76 Gylfi Sigurdsson), Jan Vertonghen, Aaron Lennon (Cap) (81 Andros Townsend), Gareth Bale, Kyle Naughton, Jermain Defoe, Moussa Dembélé (90+4 Ryan Mason), Kyle Walker, Sandro, Steven Caulker. Coach: André Villas-Boas
LAZIO: Federico Marchetti, André Dias (Cap), Stefano Mauri (90+2 Ederson), Hernanes (90+4 Michaël Ciani), Miroslav Klose, Álvaro González, Senad Lulić, Giuseppe Biava, Ogenyi Onazi (80 Mauro Zárate), Cristian Ledesma, Luis Cavanda. Coach: Vladimir Petković
Yellow Card: / Biava (28), Dias (63), González (66), Mauri (85)

SS LAZIO ROMA – NK MARIBOR 1-0 (0-0)
Stadio Olimpico, Roma    04.10.2012    Hour: 19:00
Referees: Szymon Marciniak, Paweł Sokolnicki, Tomasz Listkiewicz (POL)    Attendance: 9,994
LAZIO: Albano Bizzarri, Michaël Ciani, André Dias (Cap), Ederson (69 Ogenyi Onazi), Hernanes, Álvaro González (84 Mauro Zárate), Lorik Cana, Abdoulay Konko, Luis Cavanda, Antonio Candreva, Sergio Floccari (90+2 Libor Kozák). Coach: Vladimir Petković
NK MARIBOR: Jasmin Handanovič, Jovan Vidovič, Željko Filipovič, Martin Milec, Aleš Mejač, Tavares (Cap) (61 Dejan Mezga), Agim Ibraimi, Goran Cvijanovič (86 Nikola Komazec), Aleksander Rajčevič, Robert Berić, Aleš Mertelj. Coach: Darko Milanič
Yellow Card: Lorik Cana (54) / Tavares (45+1).
Red Card: Vidovič (76)
Goal: Ederson (62)


PANATHINAIKOS FC ATHÍNA – TOTTENHAM HOTSPUR FC LONDON 1-1 (0-1)
OAKA Spiros Louis, Athína    04.10.2012    Hour: 20:00
Referees: Florian Meyer, Holger Henschel, Christoph Bornhorst (GER)    Attendance: 17,361
PANATHINAIKOS FC: Orestis Karnezis, André Pinto, Vitolo, Toché, Lazaros Christodoulopoulos (85 Charis Mavrias), Giourkas Seitaridis, Zeca, Stergos Marinos (46 Ibrahim Sissoko), Loukas Vyntra (Cap), Kostas Triantafyllopoulos, Quincy Owusu-Abeyie (90+3 Diamantis Chouchoumis).
Coach: Jesualdo Ferreira
TOTTENHAM: Hugo Lloris, Clint Dempsey (67 Gylfi Sigurdsson), Jan Vertonghen, Tom Huddlestone (80 Sandro), Aaron Lennon (76 Andros Townsend), Gareth Bale, Jermain Defoe, Moussa Dembélé, Michael Dawson (Cap), Kyle Walker, Steven Caulker.
Coach: André Villas-Boas
Yellow Card: Vyntra (76) / Bale (40), Townsend (90)
Goals: Toché (77) / Michael Dawson (35)

PANATHINAIKOS FC ATHÍNA – SS LAZIO ROMA 1-1 (0-1)
OAKA Spiros Louis, Athína    25.10.2012    Hour: 20:00
Referees: Carlos Gómez, Pau Cebrian Devis, Javier Rodriguez (ESP)    Attendance: 13,008
PANATHINAIKOS FC: Orestis Karnezis, Ibrahim Sissoko (79 Charis Mavrias), André Pinto, Vitolo, Lazaros Christodoulopoulos, Bruno Fornaroli (75 Toché), Giourkas Seitaridis, Zeca, Nikos Spyropoulos (Cap), Spyros Fourlanos (68 Quincy Owusu-Abeyie), José Manuel Velázquez.
Coach: Jesualdo Ferreira
LAZIO: Albano Bizzarri, Michaël Ciani, André Dias, Stefano Mauri (Cap) (46 Mauro Zárate), Hernanes (78 Ogenyi Onazi), Álvaro González (87 Lorik Cana), Cristian Ledesma, Abdoulay Konko, Luis Cavanda, Antonio Candreva, Sergio Floccari. Coach: Vladimir Petković
Yellow Card: / Cana (89), Cavanda (90)
Goals: Toché (90+1) / Giourkas Seitaridis (25 own goal)


NK MARIBOR – TOTTENHAM HOTSPUR FC LONDON 1-1 (1-0)
Stadion Ljudski vrt, Maribor    25.10.2012    Hour: 19:00
Referees: Sergei Karasev, Anton Averianov, Tikhon Kalugin (RUS)    Attendance: 10.049
NK MARIBOR: Jasmin Handanovič, Martin Milec, Aleš Mejač, Dejan Mezga (73 Željko Filipovič), Tavares (Cap) (89 Nikola Komazec), Agim Ibraimi, Goran Cvijanovič, Aleksander Rajčevič, Robert Berić, Arghus, Aleš Mertelj. Coach: Darko Milanič
TOTTENHAM: Hugo Lloris, Jan Vertonghen, Tom Huddlestone, Aaron Lennon (Cap), Kyle Naughton, Jermain Defoe, Gylfi Sigurdsson (75 Clint Dempsey), Kyle Walker, Sandro (84 Jake Livermore), Andros Townsend (46 Iago Falqué), Steven Caulker. Coach: André Villas-Boas
Yellow Card: Mezga (48) / Naughton (73)
Goals: Robert Berić (42) / Gylfi Sigurdsson (58)


SS LAZIO ROMA – PANATHINAIKOS FC ATHÍNA 3-0 (2-0)
Stadio Olimpico, Roma    08.11.2012    Hour: 21:05
Referees: Robert Schörgenhofer, Alain Hoxha, Matthias Winsauer (AUS)    Attendance: 9,068
LAZIO: Federico Marchetti, Michaël Ciani, Lionel Scaloni, Mauro Zárate, Álvaro González (67 Hernanes), Libor Kozák (76 Miroslav Klose), Ogenyi Onazi, Cristian Ledesma (Cap) (80 Senad Lulić), Ştefan Radu, Lorik Cana, Sergio Floccari. Coach: Vladimir Petković
PANATHINAIKOS FC: Orestis Karnezis, Vitolo, Toché (24 Antonis Petropoulos), Lazaros Christodoulopoulos, Giourkas Seitaridis, Zeca (78 Tassos Lagos), Loukas Vyntra (Cap), Nikos Spyropoulos, Diamantis Chouchoumis (59 Charis Mavrias), José Manuel Velázquez, Quincy Owusu-Abeyie. Coach: Jesualdo Ferreira
Yellow Card: Cana (72) / Seitaridis (24), Vitolo (32), Velázquez (42)
Goals: Libor Kozák (23, 40), Sergio Floccari (59)


TOTTENHAM HOTSPUR FC LONDON – NK MARIBOR 3-1 (1-1)
White Hart Lane, London    08.11.2012    Hour: 20:05
Referees: Antti Munukka, Matti Heininen, Jan-Peter Aravirta (FIN)    Attendance: 27,089
TOTTENHAM: Hugo Lloris, Jan Vertonghen, Tom Huddlestone, Aaron Lennon (90+1 Iago Falqué), Emmanuel Adebayor, Gareth Bale (86 Ryan Mason), Kyle Naughton, Jermain Defoe (82 Clint Dempsey), Michael Dawson (Cap), Kyle Walker, Thomas Carroll. Coach: André Villas-Boas
NK MARIBOR: Jasmin Handanovič, Željko Filipovič, Martin Milec, Aleš Mejač, Tavares (Cap) (76 Nikola Komazec), Agim Ibraimi, Goran Cvijanovič (70 Dejan Mezga), Aleksander Rajčevič, Robert Berić, Arghus, Aleš Mertelj (88 Timotej Dodlek). Coach: Darko Milanič
Yellow Card: Bale (53), Carroll (76) / Mejač (38)
Goals: Jermain Defoe (22, 49, 77) / Robert Berić (40)

PANATHINAIKOS FC ATHÍNA – NK MARIBOR 1-0 (0-0)
OAKA Spiros Louis, Athína    22.11.2012    Hour: 20:00
Referees: Laurent Duhamel, Cyril Gringore, Christophe Capelli (FRA)    Attendance: 9,390
PANATHINAIKOS FC: Orestis Karnezis, Ibrahim Sissoko (81 Stergos Marinos), Vitolo, Charis Mavrias, Toché (72 Antonis Petropoulos), Giourkas Seitaridis, Zeca, Loukas Vyntra (Cap), Nikos Spyropoulos, José Manuel Velázquez, Quincy Owusu-Abeyie (35 Bruno Fornaroli).
Coach: Giannis Vonortas
NK MARIBOR: Jasmin Handanovič, Željko Filipovič, Martin Milec (69 Mitja Viler), Aleš Mejač, Tavares (Cap) (77 Timotej Dodlek), Agim Ibraimi, Goran Cvijanovič (46 Nejc Potokar), Aleksander Rajčevič, Robert Berić, Arghus, Aleš Mertelj. Coach: Darko Milanič
Yellow Card: / Mejač (42, 45), Mertelj (52), Arghus (54).
Red Card: Mejač (45)
Goal: Vitolo (67 pen)

SS LAZIO ROMA – TOTTENHAM HOTSPUR FC LONDON 0-0
Stadio Olimpico, Roma    22.11.2012    Hour: 19:00    Attendance: 23,318
Referees: Fernando Teixeira, Jesús Calvo Guadamuro, Raúl Cabanero Martínez (ESP)
LAZIO: Federico Marchetti, Michaël Ciani, Stefano Mauri (Cap), Hernanes (69), Álvaro González, Libor Kozák (79 Antonio Candreva), Senad Lulić (79 Sergio Floccari), Giuseppe Biava, Cristian Ledesma, Ştefan Radu, Luis Cavanda. Coach: Vladimir Petković
TOTTENHAM: Hugo Lloris, Clint Dempsey (64 Aaron Lennon), Jan Vertonghen, Emmanuel Adebayor, Gareth Bale (Cap), Kyle Naughton, Gylfi Sigurdsson (64 Jermain Defoe), Kyle Walker, Sandro, Steven Caulker, Thomas Carroll (77 Moussa Dembélé). Coach: André Villas-Boas
Yellow Card: Mauri (85) / Vertonghen (75)

NK MARIBOR – SS LAZIO ROMA 1-4 (0-3)
Stadion Ljudski vrt, Maribor    06.12.2012    Hour: 21:05
Referees: István Vad, Vencel Tóth, Istvan Albert (HUN)    Attendance: 10,300
NK MARIBOR: Jasmin Handanovič, Željko Filipovič (56 Timotej Dodlek), Dejan Mezga (80 Matic Črnic), Tavares (Cap), Agim Ibraimi, Goran Cvijanovič (80 Arghus), Nejc Potokar, Dejan Trajkovski, Aleksander Rajčevič, Robert Berić, Aleš Mertelj. Coach: Darko Milanič
Albano Bizzarri, Michaël Ciani, Ederson, Hernanes (56 Lionel Scaloni), Libor Kozák (78 Antonio Rozzi), Senad Lulić, Ogenyi Onazi, Ştefan Radu (Cap) (56 Álvaro González), Lorik Cana, Luis Cavanda, Sergio Floccari. Coach: Vladimir Petković
Yellow Card: Filipovič (37) / Kozák (22), Cavanda (65), Ciani (88)
Goals: Tavares (84) / Libor Kozák (16), Ştefan Radu (32), Sergio Floccari (38,51)

TOTTENHAM HOTSPUR FC LONDON – PANATHINAIKOS FC ATHÍNA 3-1 (1-0)
White Hart Lane, London    06.12.2012    Hour: 20:05
Referees: Pawel Gil, Piotr Sadczuk, Marcin Borkowski (POL)    Attendance: 32,554
TOTTENHAM: Brad Friedel (Cap), Clint Dempsey (80 Gylfi Sigurdsson), Jan Vertonghen, Aaron Lennon (87 Jake Livermore), Emmanuel Adebayor, Kyle Naughton, Jermain Defoe, Kyle Walker, Sandro, Steven Caulker, Thomas Carroll (75 Moussa Dembélé). Coach: André Villas-Boas
PANATHINAIKOS FC: Orestis Karnezis, Ibrahim Sissoko, Vitolo, Charis Mavrias (83 Bruno Fornaroli), Toché (78 Antonis Petropoulos), Giourkas Seitaridis, Zeca, Pape Sow (60 Lazaros Christodoulopoulos), Loukas Vyntra (Cap), Nikos Spyropoulos 68, Kostas Triantafyllopoulos.
Coach: Giannis Vonortas
Yellow Card: Naughton (66), Spyropoulos (68)
Goals: Emmanuel Adebayor (28), Orestis Karnezis (76 og), Jermain Defoe (82) / Zeca (54)

| | | | | | | | |
|---|---|---|---|---|---|---|---|
| SS Lazio Roma | 6 | 3 | 3 | 0 | 9 | 2 | 12 |
| Tottenham Hotspur FC | 6 | 2 | 4 | 0 | 8 | 4 | 10 |
| Panathinaikos FC Athína | 6 | 1 | 2 | 3 | 4 | 11 | 5 |
| NK Maribor | 6 | 1 | 1 | 4 | 6 | 10 | 4 |

# GROUP K

SK RAPID WIEN – ROSENBORG BK TRONDHEIM 1-2 (0-1)
Ernst-Happel-Stadion, Wien    20.09.2012    Hour: 21:05
Referees: Stanislav Todorov, Ventsislav Gavrilov, Ivo Kolev (BUL)    Attendance: 0
RAPID: Lukas Königshofer, Mario Sonnleitner, Markus Heikkinen, Terrence Boyd, Steffen Hofmann (Cap), Markus Katzer, Muhammed Ildiz (70 Thomas Prager), Christopher Trimmel, Guido Burgstaller (85 Lukas Grozurek), Deni Alar, Gerson. Coach: Peter Schöttel
ROSENBORG: Daniel Örlund, Cristian Gamboa, Mikael Dorsin (Cap), Tore Reginiussen, Per Rønning, Bořek Dočkal, Rade Prica, Tarik Elyounoussi, Jonas Svensson, Daniel Fredheim Holm (81 Ole Selnæs), Mikkel Diskerud (90+1 Steffen Iversen). Coach: Jan Jönsson
Yellow Card: / Fredheim Holm (8), Rønning (45), Gamboa (69), Svensson (73)
Goals: Markus Katzer (66) / Tarik Elyounoussi (18), Mikael Dorsin (60)


BAYER 04 LEVERKUSEN – FC METALIST KHARKIV 0-0
BayArena, Leverkusen    20.09.2012    Hour: 21:05
Referees: Martin Hansson, Fredrik Nilsson, Henrik Andren (SWE)    Attendance: 15,322
BAYER: Bernd Leno, Daniel Schwaab, Stefan Reinartz, Philipp Wollscheid, Simon Rolfes (Cap), Lars Bender (63 Gonzalo Castro), Renato Augusto (63 André Schürrle), Stefan Kiessling (76 Junior Fernándes), Hajime Hosogai, Ömer Toprak, Karim Bellarabi. Coach: Sascha Lewandowski
METALIST: Olexandr Goryainov, Cristian Villagra, Marco Torsiglieri, Taison (65 Willian), Edmar, Cleiton Xavier, José Ernesto Sosa (Cap) (88 Serhiy Pshenychnykh), Fininho, Juan Manuel Torres, Jonathan Cristaldo (76 Marlos), Papa Gueye. Coach: Myron Markevich
Yellow Card: Schwaab (13), Bellarabi (90+5)


FC METALIST KHARKIV – SK RAPID WIEN 2-0 (0-0)
Metalist Stadium, Kharkiv    04.10.2012    Hour: 20:00
Referees: Menashe Masiah, Nissan Davidy, Oren Borneshtain (ISR)    Attendance: 40,003
METALIST: Olexandr Goryainov, Cristian Villagra, Marco Torsiglieri, Taison, Cleiton Xavier, José Ernesto Sosa (Cap) (83 Marlos), Fininho, Juan Manuel Torres, Jonathan Cristaldo (74 Willian), Sebastián Blanco (51 Edmar), Papa Gueye. Coach: Myron Markevich
RAPID: Lukas Königshofer, Mario Sonnleitner, Markus Heikkinen, Steffen Hofmann (Cap) (87 Stefan Kulovits), Markus Katzer, Muhammed Ildiz, Thomas Prager, Christopher Trimmel, Guido Burgstaller, Deni Alar (76 Lukas Grozurek), Gerson. Coach: Peter Schöttel
Yellow Card: Torsiglieri (58) / Ildiz (90+1).
Red Card: Burgstaller (90+3)
Goals: Edmar (66), Cleiton Xavier (80)


ROSENBORG BK TRONDHEIM – BAYER 04 LEVERKUSEN 0-1 (0-0)
Lerkendal Stadion, Trondheim    04.10.2012    Hour: 19:00
Referees: Michael Oliver, Simon Long, Simon Bennett (ENG)    Attendance: 12,587
ROSENBORG: Daniel Örlund, Cristian Gamboa, Mikael Dorsin (Cap), Per Rønning, Bořek Dočkal (79 John Chibuike), Rade Prica, Tarik Elyounoussi, Ole Selnæs (88 Steffen Iversen), Jonas Svensson, Stefan Strandberg, Daniel Fredheim Holm (69 Mohammed-Awal Issah).
Coach: Jan Jönsson
BAYER: Bernd Leno, Daniel Schwaab, Philipp Wollscheid, Manuel Friedrich (46 Ömer Toprak), Simon Rolfes (Cap), Junior Fernándes (75 Stefan Kiessling), Lars Bender, André Schürrle (64 Sidney Sam), Renato Augusto, Michal Kadlec, Gonzalo Castro. Coach: Sami Hyypiä
Yellow Card: Prica (29) / Friedrich (18), Castro (39)
Goal: Stefan Kiessling (76)

ROSENBORG BK TRONDHEIM – FC METALIST KHARKIV 1-2 (0-0)
Lerkendal Stadion, Trondheim   25.10.2012   Hour: 19:00
Referees: Olegário Benquerença, Ricardo Santos, Nuno Pereira (POR)   Attendance: 10,935
ROSENBORG: Daniel Örlund, Cristian Gamboa, Mikael Dorsin (Cap), Tore Reginiussen, Bořek Dočkal, Rade Prica, John Chibuike (77 Daniel Fredheim Holm), Tarik Elyounoussi, Jonas Svensson, Stefan Strandberg, Mikkel Diskerud. Coach: Jan Jönsson
METALIST: Olexandr Goryainov, Cristian Villagra, Marco Torsiglieri, Taison, Cleiton Xavier, Fininho, Juan Manuel Torres, Sebastián Blanco (72 Edmar), Marlos (90+2 Pavlo Rebenok), Papa Gueye, Willian (46 Jonathan Cristaldo). Coach: Myron Markevich
Yellow Card: Diskerud (89) / Torsiglieri (86)
Goals: Tarik Elyounoussi (46) / Marlos (81), Cleiton Xavier (89)


SK RAPID WIEN – BAYER 04 LEVERKUSEN 0-4 (0-1)
Ernst-Happel-Stadion, Wien   25.10.2012   Hour: 19:00   Attendance: 43,200
Referees: Fernando Teixeira, Jesús Calvo Guadamuro, Juan Carlos Yuste Jiménez (ESP)
RAPID: Lukas Königshofer, Mario Sonnleitner, Stefan Kulovits, Markus Heikkinen (Cap) (46 Terrence Boyd), Markus Katzer, Christopher Drazan, Muhammed Ildiz (63 Michael Schimpelsberger), Thomas Prager, Christopher Trimmel, Deni Alar (78 Thomas Schrammel), Gerson. Coach: Peter Schöttel
BAYER: Bernd Leno, Daniel Schwaab, Philipp Wollscheid, Manuel Friedrich, Simon Rolfes (Cap), André Schürrle (61 Jens Hegeler), Stefan Kiessling (70 Junior Fernándes), Hajime Hosogai, Michal Kadlec (10 Lars Bender), Gonzalo Castro, Karim Bellarabi. Coach: Sascha Lewandowski
Yellow Card: / Schwaab (53)
Goals: Philipp Wollscheid (37), Gonzalo Castro (56, 90+2), Karim Bellarabi (59)


BAYER 04 LEVERKUSEN – SK RAPID WIEN 3-0 (1-0)
BayArena, Leverkusen   08.11.2012   Hour: 21:05
Referees: Libor Kovařik, Krystof Mencl, Jiří Moláček (CZE)   Attendance: 19,842
BAYER: Michael Rensing, Stefan Reinartz, Manuel Friedrich, Simon Rolfes (Cap), Junior Fernándes, André Schürrle (62 Renato Augusto), Jens Hegeler, Hajime Hosogai, Sidney Sam (46 Gonzalo Castro), Daniel Carvajal (74 Carlinhos), Ömer Toprak. Coach: Sascha Lewandowski
RAPID: Lukas Königshofer, Thomas Schrammel, Mario Sonnleitner, Stefan Kulovits (Cap), Terrence Boyd (86 Boris Prokopic), Dominik Wydra, Lukas Grozurek, Harald Pichler, Christopher Trimmel, Gerson, Michael Schimpelsberger. Coach: Peter Schöttel
Yellow Card: Carvajal (44), Reinartz (77) / Kulovits (45), Boyd (81)
Goals: Jens Hegeler (4), André Schürrle (53), Manuel Freidrich (66)


FC METALIST KHARKIV – ROSENBORG BK TRONDHEIM 3-1 (1-1)
Metalist Stadium, Kharkiv   08.11.2012   Hour: 22:05
Referees: Matej Jug, Gregor Rojko, Marko Stančin (SVN)   Attendance: 34,235
METALIST: Vladimir Dišljenković (46 Olexandr Goryainov), Cristian Villagra, Marco Torsiglieri, Taison (82 Sebastián Blanco), Edmar (Cap), Cleiton Xavier, Fininho, Juan Manuel Torres, Jonathan Cristaldo (75 Willian), Marlos, Papa Gueye. Coach: Myron Markevich
ROSENBORG: Alexander Lund Hansen, Cristian Gamboa, Mikael Dorsin (Cap), Tore Reginiussen, Mohammed-Awal Issah, Bořek Dočkal, Steffen Iversen (84 Jon Inge Høiland), Ole Selnæs (63 Mikkel Diskerud), Jonas Svensson, Stefan Strandberg (79 Per Rønning), Daniel Fredheim Holm. Coach: Jan Jönsson
Yellow Card: Edmar (65) / Fredheim Holm (64), Dorsin (88)
Goals: Taison (4), Cleiton Xavier (70), Juan Manuel Torres (90+3) / Bořek Dočkal (42)

ROSENBORG BK TRONDHEIM – SK RAPID WIEN 3-2 (1-0)
Lerkendal Stadion, Trondheim    22.11.2012    Hour: 19:00
Referees: Gediminas Mažeika, Vytautas Šimkus, Saulius Dirda (LTU)    Attendance: 8,320
ROSENBORG: Alexander Lund Hansen, Cristian Gamboa, Mikael Dorsin (Cap), Tore Reginiussen, Bořek Dočkal (75 Steffen Iversen), John Chibuike (75 Rade Prica), Tarik Elyounoussi, Jonas Svensson, Stefan Strandberg, Daniel Fredheim Holm (60 Ole Selnæs), Mikkel Diskerud. Coach: Jan Jönsson
RAPID: Jan Novota, Thomas Schrammel, Mario Sonnleitner, Markus Heikkinen (Cap), Terrence Boyd, Harald Pichler (83 Dominik Wydra), Christopher Trimmel, Guido Burgstaller, Deni Alar (51 Christopher Drazan), Gerson, Michael Schimpelsberger (86 Lukas Grozurek).
Coach: Peter Schöttel
Yellow Card: Svensson (34), Diskerud (71) / Alar (27), Pichler (65)
Goals: John Chibuike (28), Tarik Elyounoussi (76), Rade Prica (79) /
    Thomas Schrammel (53), Terrence Boyd (66)

FC METALIST KHARKIV – BAYER 04 LEVERKUSEN 2-0 (0-0)
Metalist Stadium, Kharkiv    22.11.2012    Hour: 20:00
Referees: Cristian Balaj, Zoltán Székely, Sebastian Gheorghe (ROM)    Attendance: 39,218
METALIST: Olexandr Goryainov, Cristian Villagra, Marco Torsiglieri, Taison (88 Vyacheslav Sharpar), Edmar (Cap), Cleiton Xavier, Fininho, Juan Manuel Torres, Jonathan Cristaldo (82 Sebastián Blanco), Papa Gueye, Willian (71 Marlos). Coach: Myron Markevich
BAYER: Bernd Leno, Stefan Reinartz (65 Jonas Meffert), Philipp Wollscheid, Manuel Friedrich (Cap), Junior Fernándes (78 Stefan Kiessling), Renato Augusto, Jens Hegeler, Carlinhos, Kolja Pusch, Dominik Kohr, Tobias Steffen (46 Okan Aydin). Coach: Sascha Lewandowski
Yellow Card: Edmar (32) / Friedrich (74), Wollscheid (74)
Goals: Cristaldo (46), Cleiton Xavier (85)

SK RAPID WIEN – FC METALIST KHARKIV 1-0 (1-0)
Ernst-Happel-Stadion, Wien    06.12.2012    Hour: 21:05
Referees: Hannes Kaasik, Jaanus Mutli, Hannes Reinvald (EST)    Attendance: 29,400
RAPID: Lukas Königshofer, Thomas Schrammel, Mario Sonnleitner, Markus Heikkinen (Cap), Dominik Wydra (46 Stefan Kulovits), Harald Pichler, Christopher Trimmel (63 Christopher Drazan), Guido Burgstaller, Deni Alar (76 Terrence Boyd), Gerson, Michael Schimpelsberger.
Coach: Peter Schöttel
METALIST: Olexandr Goryainov, Cristian Villagra, Marco Torsiglieri, José Ernesto Sosa (Cap), Fininho (72 Edmar), Juan Manuel Torres, Jonathan Cristaldo, Sebastián Blanco, Marlos, Papa Gueye, Willian. Coach: Myron Markevich
Yellow Card: Königshofer (90+2) / Fininho (35).
Red Card: Pichler (44)
Goal: Deni Alar (13)

BAYER 04 LEVERKUSEN – ROSENBORG BK TRONDHEIM 1-0 (0-0)
BayArena, Leverkusen    06.12.2012    Hour: 21:05    Attendance: 10,513
Referees: Leontios Trattou, Michael Soteriou, Charalambos Charalambous (CYP)
BAYER: Niklas Lomb, Stefan Reinartz (46 Simon Rolfes), Philipp Wollscheid, Manuel Friedrich (Cap), Junior Fernándes, Renato Augusto (46 Sidney Sam), Jens Hegeler, Carlinhos, Dominik Kohr, Tobias Steffen (75 Okan Aydin), Julian Riedel. Coach: Sascha Lewandowski
ROSENBORG: Alexander Lund Hansen, Cristian Gamboa, Mikael Dorsin (Cap), Tore Reginiussen, Per Rønning, Rade Prica (46 Mohammed-Awal Issah), John Chibuike, Tarik Elyounoussi, Ole Selnæs (72 Steffen Iversen), Jonas Svensson (82 Jaime Alas), Mikkel Diskerud.
Coach: Jan Jönsson
Goal: Julian Riedel (65)

| | | | | | | | |
|---|---|---|---|---|---|---|---|
| FC Metalist Kharkiv | 6 | 4 | 1 | 1 | 9 | 3 | 13 |
| Bayer 04 Leverkusen | 6 | 4 | 1 | 1 | 9 | 2 | 13 |
| Rosenborg BK Trondheim | 6 | 2 | 0 | 4 | 7 | 10 | 6 |
| SK Rapid Wien | 6 | 1 | 0 | 5 | 4 | 14 | 3 |

# GROUP L

LEVANTE UD VALENCIA – HELSINGBORGS IF 1-0 (1-0)
Estadi Ciutat de València, Valencia   20.09.2012   Hour: 21:05
Referees: Aleksei Kulbakov, Andrei Getikov, Dmitri Zhuk (BLR)   Attendance: 14,800
LEVANTE UD: Keylor Navas, David Navarro, Ángel (72 Rubén García), Vicente Iborra, Juanfran, Pedro Ríos (87 Miguel Pallardó), Sergio Ballesteros (Cap), Pedro López, Juanlu Gómez, Míchel (60 José Barkero), Papa Diop. Coach: Juan Ignacio Martínez
HELSINGBORGS IF: Pär Hansson (Cap), May Mahlangu (85 Álvaro), Mattias Lindström (73 Rachid Bouaouzan), Ardian Gashi, Joseph Baffo, Nikola Djurdić, Alejandro Bedoya, Christoffer Andersson, David Accam (64 Thomas Sørum), Peter Larsson, Jere Uronen. Coach: Åge Hareide
Yellow Card: / Bedoya (36)
Goal: Juanfran (40)


FC TWENTE ENSCHEDE – HANNOVER 96 2-2 (1-0)
FC Twente Stadion, Enschede   20.09.2012   Hour: 21:05
Referees: Mike Dean, Jake Collin, Darren England (ENG)   Attendance: 22,500
TWENTE: Nikolay Mihaylov, Peter Wisgerhof (Cap), Robbert Schilder (46 Denny Landzaat), Wout Brama, Dušan Tadić, Willem Janssen, Roberto Rosales, Douglas, Nacer Chadli (77 Felipe Gutiérrez), Edson Braafheid (50 Dedryck Boyata), Luc Castaignos. Coach: Steve McClaren
HANNOVER: Ron-Robert Zieler, Leon Andreasen (75 Manuel Schmiedebach), Mario Eggimann, Steven Cherundolo (Cap), Sergio Pinto (31 Adrian Nikci), Szabolcs Huszti, Jan Schlaudraff, Felipe, Mohammed Abdellaoue (46 Artur Sobiech), Lars Stindl, Konstantin Rausch. Coach: Mirko Slomka
Yellow Card: Landzaat (84) / Huszti (38), Rausch (58), Eggimann (90)
Goals: Willem Janssen (7), Nacer Chadli (54) / Artur Sobiech (67), Peter Wisgerhof (73 own goal)


HANNOVER 96 – LEVANTE UD VALENCIA 2-1 (1-1)
Hannover Arena, Hannover   04.10.2012   Hour: 19:00
Referees: Liran Liany, David Elias Biton, Dvir Shimon (ISR)   Attendance: 34,600
HANNOVER 96: Ron-Robert Zieler, Karim Haggui, Mario Eggimann, Steven Cherundolo (Cap), Sergio Pinto, Artur Sobiech (76 Mame Diouf), Szabolcs Huszti (85 Manuel Schmiedebach), Didier Ya Konan, Jan Schlaudraff (11 Felipe), Lars Stindl, Konstantin Rausch. Coach: Mirko Slomka
LEVANTE UD: Keylor Navas, Héctor Rodas, Vicente Iborra, Dariusz Dudka (70 Ángel), Nikos Karabelas, Pedro Ríos, Fanis Gekas (70 Rubén García), Sergio Ballesteros (Cap), Pedro López, Míchel, Christian Lell (33 Nabil El Zhar). Coach: Juan Ignacio Martínez
Yellow Card: Stindl (11), Rausch (71), Zieler (90), Schmiedebach (90+4) / López (17), Gekas (39).
Red Card: Haggui (9)
Goals: Szabolcs Huszti (21 pen), Didier Ya Konan (49) / Míchel (10 pen)


HELSINGBORGS IF – FC TWENTE ENSCHEDE 2-2 (2-0)
Olympia, Helsingborg   04.10.2012   Hour: 19:00
Referees: Bobby Madden, William Conquer, Stuart Stenvenson (SCO)   Attendance: 5,578
HELSINGBORGS IF: Pär Hansson (Cap), Walid Atta, May Mahlangu, Mattias Lindström (78 Erik Wahlstedt), Ardian Gashi, Rachid Bouaouzan, Nikola Djurdić, Alejandro Bedoya (41 David Accam), Christoffer Andersson, Peter Larsson (46 Joseph Baffo), Jere Uronen. Coach: Åge Hareide
TWENTE: Nikolay Mihaylov, Robbert Schilder, Wout Brama (Cap), Dušan Tadić, Roberto Rosales (62 Rasmus Bengtsson), Douglas, Felipe Gutiérrez (62 Jerson Cabral), Nacer Chadli, Edson Braafheid (84 Denny Landzaat), Luc Castaignos, Dedryck Boyata. Coach: Steve McClaren
Yellow Card: Lindström (52) / Rosales (62)
Goals: Nikola Djurdić (7, 43) / Rasmus Bengtsson (74), Douglas (88)

HELSINGBORGS IF – HANNOVER 96  1-2 (0-1)
Olympia, Helsingborg    25.10.2012    Hour: 19:00
Referees: Stephan Studer, Sandro Pozzi, Johannes Vogel (SUI)    Attendance: 8,338
HELSINGBORGS IF: Pär Hansson (Cap), Walid Atta, May Mahlangu, Mattias Lindström (46 David Accam), Ardian Gashi, Rachid Bouaouzan (66 Álvaro), Nikola Djurdić, Alejandro Bedoya, Christoffer Andersson, Peter Larsson, Jere Uronen. Coach: Åge Hareide
HANNOVER 96: Ron-Robert Zieler, Mario Eggimann, Steven Cherundolo (Cap), Sergio Pinto, Szabolcs Huszti (89 Christian Pander), Didier Ya Konan, Christian Schulz, Mohammed Abdellaoue (46 Artur Sobiech), Lars Stindl, Konstantin Rausch, Mame Diouf (75 Manuel Schmiedebach).
Coach: Mirko Slomka
Yellow Card: Bouaouzan (41), Djurdić (71) / Stindl (75)
Goals: Álvaro (90+1) / Mame Diouf (12), Didier Ya Konan (90+3)


LEVANTE UD VALENCIA – FC TWENTE ENSCHEDE  3-0 (0-0)
Estadi Ciutat de València, Valencia    25.10.2012    Hour: 19:00    Attendance: 8,565
Referees: Vladislav Bezborodov, Nikolai Golubev, Vyacheslav Semenov (RUS)
LEVANTE UD: Keylor Navas, Héctor Rodas, Vicente Iborra, Nikos Karabelas, Pedro Ríos, Fanis Gekas (63 Ángel), Sergio Ballesteros (Cap), Juanlu Gómez (73), Míchel (87 José Barkero), Christian Lell, Papa Diop. Coach: Juan Ignacio Martínez
TWENTE: Nikolay Mihaylov, Wout Brama (Cap), Denny Landzaat (69 Willem Janssen), Dušan Tadić, Roberto Rosales, Rasmus Bengtsson, Douglas, Felipe Gutiérrez (62 Jerson Cabral), Nacer Chadli, Edson Braafheid (62 Robbert Schilder), Luc Castaignos. Coach: Steve McClaren
Yellow Card: Karabelas (41), Gómez (58), Ángel (75), Ballesteros (90+3) /
            Douglas (44), Schilder (68), Bengtsson (90+3)
Goals: Míchel (59 pen), Ríos (78,88)


HANNOVER 96 – HELSINGBORGS IF  3-2 (1-0)
Hannover Arena, Hannover    08.11.2012    Hour: 21:05
Referees: Fredy Fautrel, Christophe Capelli, Huseyin Ocak (FRA)    Attendance: 33,200
HANNOVER 96: Ron-Robert Zieler, Karim Haggui, Mario Eggimann, Steven Cherundolo (Cap), Manuel Schmiedebach, Szabolcs Huszti, Didier Ya Konan (72 Jan Schlaudraff), Christian Schulz, Lars Stindl, Konstantin Rausch (73 Christian Pander), Mame Diouf (87 Artur Sobiech).
Coach: Mirko Slomka
HELSINGBORGS IF: Pär Hansson (Cap), Walid Atta, May Mahlangu, Mattias Lindström (90+4 David Accam), Ardian Gashi, Rachid Bouaouzan (46 Álvaro), Nikola Djurdić, Alejandro Bedoya, Christoffer Andersson, Peter Larsson, Jere Uronen (84 Erlend Hanstveit). Coach: Åge Hareide
Yellow Card: Stindl (66) / Lindström (28), Bedoya (75).
Red Card: Atta (89), Larsson (89)
Goals: Mame Diouf (3, 50), Szabolcs Huszti (90+1 pen) /
       Nikola Djurdić (59), Alejandro Bedoya (67)


FC TWENTE ENSCHEDE – LEVANTE UD VALENCIA  0-0
FC Twente Stadion, Enschede    08.11.2012    Hour: 21:05
Referees: Tony Chapron, Fredji Harchay, Emmanuel Boisdenghien (FRA)    Attendance: 19,500
TWENTE: Nikolay Mihaylov, Robbert Schilder (62 Dmitri Bulykin), Wout Brama (Cap), Dušan Tadić, Willem Janssen, Roberto Rosales, Rasmus Bengtsson, Douglas, Jerson Cabral (77 Felipe Gutiérrez), Edson Braafheid, Luc Castaignos. Coach: Steve McClaren
LEVANTE UD: Keylor Navas, Héctor Rodas, Vicente Iborra, Nikos Karabelas, Pedro Ríos, Fanis Gekas (74 Ángel), Sergio Ballesteros (Cap), Míchel (84 José Barkero), Christian Lell, Papa Diop, Rubén García (77 Juanlu Gómez). Coach: Juan Ignacio Martínez
Yellow Card: Tadić (90+2) / Míchel (63), Ballesteros (78), Diop (82)

HELSINGBORGS IF – LEVANTE UD VALENCIA 1-3 (0-2)
Olympia, Helsingborg    22.11.2012    Hour: 19:00
Referees: Alan Kelly, Damien MacGraith, Marc Douglas (IRL)    Attendance: 5,543
HELSINGBORGS IF: Pär Hansson (Cap), May Mahlangu, Mattias Lindström (68 David Accam), Ardian Gashi, Álvaro (78 Thomas Sørum), Joseph Baffo, Nikola Djurdić, Alejandro Bedoya, Christoffer Andersson (25 Emil Krafth), Erlend Hanstveit, Jere Uronen. Coach: Åge Hareide
LEVANTE UD: Keylor Navas, Héctor Rodas, Ángel, Vicente Iborra (83 Miguel Pallardó), Nikos Karabelas, Pedro Ríos, Sergio Ballesteros (Cap), Míchel (86 Pedro López), Christian Lell, Papa Diop, Rubén García (73 José Barkero). Coach: Juan Ignacio Martínez
Yellow Card: Gashi (27) / García (17), Diop (75), Ballesteros (90+4)
Goals: Thomas Sørum (89) / Ángel (8), Papa Diop (37), Vicente Iborra (81)

HANNOVER 96 – FC TWENTE ENSCHEDE 0-0
Hannover Arena, Hannover    22.11.2012    Hour: 19:00
Referees: Aleksei Kulbakov, Dmitri Zhuk, Vitali Malyutin (BLR)    Attendance: 35,800
HANNOVER 96: Ron-Robert Zieler, Karim Haggui, Mario Eggimann, Steven Cherundolo (Cap), Sergio Pinto, Artur Sobiech, Szabolcs Huszti (78 Konstantin Rausch), Jan Schlaudraff (62 Didier Ya Konan), Christian Schulz, Adrian Nikci (71 Manuel Schmiedebach), Christian Pander.
Coach: Mirko Slomka
TWENTE: Sander Boschker, Wout Brama (Cap), Dušan Tadić, Willem Janssen, Roberto Rosales (77 Tim Breukers), Rasmus Bengtsson, Douglas, Felipe Gutiérrez, Edson Braafheid, Dmitri Bulykin (71 Luc Castaignos), Joey Pelupessy (63 Leroy Fer). Coach: Steve McClaren
Yellow Card: Eggimann (71), Pinto (85) / Fer (89).
Red Card: Bengtsson (84)

LEVANTE UD VALENCIA – HANNOVER 96  2-2 (1-2)
Estadi Ciutat de València, Valencia    06.12.2012    Hour: 21:05
Referees: Alexandru Dan Tudor, Cristian Nica, Aurel Onița (ROM)    Attendance: 14,420
LEVANTE UD: Keylor Navas, David Navarro, Héctor Rodas, Nabil El Zhar (59 José Barkero), Ángel, Vicente Iborra (Cap), Nikos Karabelas, Pedro López, Míchel, Papa Diop (74 Miguel Pallardó), Rubén García (59 Juanlu Gómez). Coach: Juan Ignacio Martínez
HANNOVER: Ron-Robert Zieler, Karim Haggui (Cap), Hiroki Sakai, Sergio da Silva Pinto, Manuel Schmiedebach, Szabolcs Huszti (71 Steven Cherundolo), Didier Ya Konan (90 Mohammed Abdellaoue), Christian Schulz, Lars Stindl (38 Adrian Nikci), Konstantin Rausch, Mame Diouf.
Coach: Mirko Slomka
Yellow Card: El Zhar (14) /
            Rausch (23), Stindl (35), Pinto (43), Schulz (77), Diouf (81), Nikci (90+1)
Goals: Ángel (29), Vicente Iborra (90+4) / Lars Stindl (18), Didier Ya Konan (26)

FC TWENTE ENSCHEDE – HELSINGBORGS IF 1-3 (0-2)
FC Twente Stadion, Enschede    06.12.2012    Hour: 21:05
Referees: Ilias Spathas, Damianos Efthimiadis, Christos Akrivos (GRE)    Attendance: 15,000
TWENTE: Filip Bednarek, Peter Wisgerhof (Cap), Denny Landzaat (72 Wout Brama), Tim Breukers, Nacer Chadli (60 Dmitri Bulykin), Edson Braafheid, Luc Castaignos, Dedryck Boyata, Tim Hölscher, Mirco Born (72 Dušan Tadić), Joey Pelupessy. Coach: Steve McClaren
HELSINGBORGS IF: Pär Hansson (Cap), May Mahlangu, Ardian Gashi, Thomas Sørum (75 Erik Wahlstedt), Rachid Bouaouzan (85 David Accam), Erik Edman (75 Álvaro), Emil Krafth, Nikola Djurdić, Alejandro Bedoya, Erlend Hanstveit, Peter Larsson. Coach: Åge Hareide
Yellow Card: Boyata (13), Tadić (83)
Goals: Dušan Tadić (74) / Nikola Djurdić (6), Alejandro Bedoya (21), Thomas Sørum (67)

| | | | | | | | |
|---|---|---|---|---|---|---|---|
| Hannover 96 | 6 | 3 | 3 | 0 | 11 | 8 | 12 |
| Levante UD Valencia | 6 | 3 | 2 | 1 | 10 | 5 | 11 |
| Helsingborgs IF | 6 | 1 | 1 | 4 | 9 | 12 | 4 |
| FC Twente Enschede | 6 | 0 | 4 | 2 | 5 | 10 | 4 |

# ROUND of 32

FC ZENIT SAINT PETERSBURG – LIVERPOOL FC 2-0 (0-0)
Stadion Petrovski, St. Petersburg    14.02.2013    Hour: 21:00
Referees: Carlos Velasco Carballo, Roberto Alonso, Juan Yuste (ESP)    Attendance: 21,000
FC ZENIT SAINT PETERSBURG: Vyacheslav Malafeev, Aleksandr Anyukov, Nicolas Lombaerts, Danny (54 Sergei Semak), Aleksandr Kerzhakov (82 Viktor Fayzulin), Luís Neto, Tomáš Hubočan, Roman Shirokov (Cap), Igor Denisov, Axel Witsel, Hulk.
Coach: Luciano Spalletti
LIVERPOOL FC: Pepe Reina, Glen Johnson, José Enrique, Luis Suárez, Steven Gerrard (Cap), Jordan Henderson, Stewart Downing, Jamie Carragher, Joe Allen, Raheem Sterling (78 Lucas), Martin Škrtel. Coach: Brendan Rodgers
Yellow Card: Hubočan (59), Neto (83) / Škrtel (17)
Goals: Hulk (69), Sergei Semak (72)


LIVERPOOL FC – FC ZENIT SAINT PETERSBURG 3-1 (2-1)
Anfield, Liverpool    21.02.2013    Hour: 20:05
Referees: Björn Kuipers, Sander van Roekel, Erwin Zeinstra (NED)    Attendance: 43,026
LIVERPOOL FC: Pepe Reina, Glen Johnson, José Enrique, Daniel Agger, Luis Suárez, Steven Gerrard (Cap), Jordan Henderson (60 Oussama Assaidi), Stewart Downing (84 Raheem Sterling), Lucas, Jamie Carragher, Joe Allen (59 Jonjo Shelvey). Coach: Brendan Rodgers
FC ZENIT SAINT PETERSBURG: Vyacheslav Malafeev, Aleksandr Anyukov, Nicolas Lombaerts (46 Viktor Fayzulin), Danny (46 Domenico Criscito), Luís Neto, Tomáš Hubočan, Roman Shirokov (Cap), Sergei Semak (84 Milan Rodić), Igor Denisov, Axel Witsel, Hulk.
Coach: Luciano Spalletti
Yellow Card: Shelvey (66) / Denisov (84)
Goals: Luis Suárez (28, 59), Joe Allen (43) / Hulk (19)


FC ANZHI MAKHACHKALA – HANNOVER 96  3-1 (2-1)
Stadion Luzhniki, Moskva    14.02.2013    Hour: 21:00
Referees: Marijo Strahonja, Sinisa Premuzaj, Goran Pataki (CRO)    Attendance: 7,000
ANZHI: Vladimir Gabulov, Andrei Eschenko, João Carlos, Mbark Boussoufa, Jucilei, Samuel Eto'o (Cap), Yuri Zhirkov, Odil Ahmedov, Ewerton, Lassana Diarra, Willian (85 Mehdi Carcela-González). Coach: Guus Hiddink
HANNOVER: Ron-Robert Zieler, Sergio da Silva Pinto, Manuel Schmiedebach, Szabolcs Huszti, Didier Ya Konan, Jan Schlaudraff (Cap) (67 Mohammed Abdellaoue), Johan Djourou, Sébastien Pocognoli (79 Christian Pander), Christian Schulz, Sofian Chahed, Mame Diouf (71 Artur Sobiech). Coach: Mirko Slomka
Yellow Card: Zhirkov (68) / Schulz (90+1)
Goals: Samuel Eto'o (34), Odil Ahmedov (48), Mbark Boussoufa (64) / Szabolcs Huszti (22)


HANNOVER 96 – FC ANZHI MAKHACHKALA 1-1 (0-0)
Hannover Arena, Hannover    21.02.2013    Hour: 21:05
Referees: Jonas Eriksson, Mathias Klasenius, Daniel Wärnmark (SWE)    Attendance: 27,500
HANNOVER: Ron-Robert Zieler, Hiroki Sakai (83 Artur Sobiech), Sergio da Silva Pinto, Manuel Schmiedebach (61 Jan Schlaudraff), Szabolcs Huszti, Didier Ya Konan, Johan Djourou, Sébastien Pocognoli (70 Konstantin Rausch), Christian Schulz (Cap), Mohammed Abdellaoue, Mame Diouf.
Coach: Mirko Slomka
ANZHI: Vladimir Gabulov, Andrei Eschenko, João Carlos, Mbark Boussoufa (79 Mehdi Carcela-González), Jucilei, Samuel Eto'o (Cap), Arseni Logashov, Odil Ahmedov (90+10 Oleg Shatov), Ewerton, Lassana Diarra, Willian (67 Lacina Traoré). Coach: Guus Hiddink
Yellow Card: Sakai (77), Diouf (87), Konan (88), Huszti (90+4) /
            Logashov (30), Boussoufa (40), Ewerton (45), Gabulov (65), Eto'o (71)
Goals: Sergio da Silva Pinto (70) / Lacina Traoré (90+9)

AC SPARTA PRAHA – CHELSEA FC LONDON 0-1 (0-0)
Stadion Letná, Praha    14.02.2013    Hour: 19:00
Referees: Daniele Orsato, Elenito Di Liberatore, Massimiliano Grilli (ITA)    Attendance: 18,952
SPARTA: Tomáš Vaclík, Ondřej Švejdík, Marek Matějovský (Cap), David Lafata (76 Leony Kweuke), Václav Kadlec, Matěj Hybš, Tomáš Zápotočný, Josef Hušbauer (85 Roman Bednář), Ladislav Krejčí (81 Manuel Pamić), Mario Holek, Lukáš Vácha. Coach: Vítězslav Lavička
CHELSEA FC: Petr Čech, Branislav Ivanović, Ramires, Frank Lampard (Cap), Fernando Torres, Juan Mata (82 Oscar), Eden Hazard, Marko Marin (68 Yossi Benayoun), Gary Cahill, César Azpilicueta, Ryan Bertrand. Coach: Rafael Benítez
Yellow Card: Hušbauer (67) / Cahill (41)
Goal: Oscar (82)


CHELSEA FC LONDON – AC SPARTA PRAHA 1-1 (0-1)
Stamford Bridge, London    21.02.2013    Hour: 20:05
Referees: Aleksandar Stavrev, Marjan Kirovski, Dejan Kostadinov (MKD)    Attendance: 38,642
CHELSEA FC: Petr Čech, Ramires, Fernando Torres, Juan Mata, Oscar (68 Eden Hazard), John Obi Mikel, Victor Moses, Gary Cahill, John Terry (Cap), César Azpilicueta, Ryan Bertrand. Coach: Rafael Benítez
SPARTA: Tomáš Vaclík, Ondřej Švejdík, Tomáš Přikryl, Marek Matějovský (Cap), David Lafata (82 Leony Kweuke), Václav Kadlec (90+3 Roman Bednář), Matěj Hybš, Tomáš Zápotočný, Ladislav Krejčí, Mario Holek, Lukáš Vácha. Coach: Vítězslav Lavička
Yellow Card: Bertrand (86) / Lafata (44), Hybš (55), Přikryl (84), Matějovský (87), Kweuke (90+2)
Goals: Eden Hazard (90+2) / David Lafata (17)


LEVANTE UD VALENCIA – OLYMPIACOS FC PIRAEUS 3-0 (2-0)
Estadi Ciutat de València, Valencia    14.02.2013    Hour: 19:00
Referees: Manuel Gräfe, Markus Häcker, Holger Henschel (GER)    Attendance: 14,000
LEVANTE UD: Keylor Navas, David Navarro, Héctor Rodas, José Barkero, Vicente Iborra, Juanfran (Cap), Pedro Ríos (67 Valdo), Pedro López, Papa Diop (61 Míchel), Obafemi Martins (83 Robert Acquafresca), Rubén García. Coach: Juan Ignacio Martínez
OLYMPIACOS FC PIRAEUS: Balázs Megyeri, Giannis Maniatis, François Modesto (Cap) (46 Leandro Greco), Paulo Machado (75 Giannis Fetfatzidis), Ljubomir Fejsa, Rafik Djebbour, Pablo Contreras, Panagiotis Vlachodimos (59 Kostas Mitroglou), José Holebas, Kostas Manolas, Djamel Abdoun. Coach: Míchel
Yellow Card: Ríos (25), Papa Diop (45), Rubén García (58) /
        Abdoun (18), Modesto (28), Holebas (39), Manolas (44), Djebbour (65).
Red Card: Abdoun (29)
Goals: Pedro Ríos (10), José Barkero (40 pen), Obafemi Martins (56)


OLYMPIACOS FC PIRAEUS – LEVANTE UD VALENCIA 0-1 (0-1)
Georgios Karaiskakis Stadium, Piraeus    21.02.2013    Hour: 22:05
Referees: Matej Jug, Primož Arhar, Andrej Kokolj (SVN)    Attendance: 30,000
OLYMPIACOS FC PIRAEUS: Roy Carroll, Giannis Maniatis (Cap), Paulo Machado, Ljubomir Fejsa, Rafik Djebbour, Kostas Mitroglou (75 Ariel Ibagaza), Pablo Contreras, Panagiotis Vlachodimos, Dimitris Siovas, Charalambos Lykogiannis (46 Giannis Fetfatzidis), Leandro Greco (46 José Holebas). Coach: Míchel
LEVANTE UD: Keylor Navas, David Navarro, Héctor Rodas, José Barkero, Vicente Iborra, Juanfran, Pedro Ríos (66 Valdo), Sergio Ballesteros (Cap), Míchel (84 Dariusz Dudka), Obafemi Martins (82 Robert Acquafresca), Rubén García. Coach: Juan Ignacio Martínez
Yellow Card: Greco (13), Carroll (43), Maniatis (43), Holebas (52), Vlachodimos (54), Ibagaza (79) / Ballesteros (43), Martins (45)
Goal: Obafemi Martins (9)

SSC NAPOLI – FC VIKTORIA PLZEŇ 0-3 (0-1)
Stadio San Paolo, Napoli   14.02.2013   Hour: 19:00
Referees: Pol van Boekel, Berry Simons, Patrick Langkamp (NED)   Attendance: 15,000
SSC NAPOLI: Morgan De Sanctis, Marco Donadel (72), Miguel Britos, Edinson Cavani, Christian Maggio (Cap), Omar El Kaddouri (59 Manuele Calaio), Juan Zúñiga, Goran Pandev, Blerim Dzemaili, Rolando, Alessandro Gamberini (46 Marek Hamšík). Coach: Walter Mazzarri
VIKTORIA: Matúš Kozáčik, David Limberský, Pavel Horváth (Cap), Radim Řezník, Vladimír Darida, Jan Kovařík, Václav Procházka, Marek Bakoš (59 Stanislav Tecl), Daniel Kolář (90 Lukáš Hejda), František Rajtoral (85 Martin Fillo), Marián Čišovský. Coach: Pavel Vrba
Yellow Card: Rolando (39) / Hejda (90+4)
Goals: Vladimír Darida (28), František Rajtoral (79), Stanislav Tecl (90)


FC VIKTORIA PLZEŇ – SSC NAPOLI 2-0 (0-0)
Stadion města Plzně, Plzeň   21.02.2013   Hour: 21:05
Referees: Viktor Kassai, Gabor Erös, György Ring (HUN)   Attendance: 11,067
VIKTORIA: Matúš Kozáčik, David Limberský, Pavel Horváth (Cap), Radim Řezník, Vladimír Darida, Jan Kovařík, Václav Procházka, Marek Bakoš (57 Stanislav Tecl), Daniel Kolář (89 David Štípek), František Rajtoral (83 Martin Fillo), Marián Čišovský. Coach: Pavel Vrba
SSC NAPOLI: Morgan De Sanctis, Marco Donadel (46 Edinson Cavani), Christian Maggio (Cap), Juan Zúñiga, Goran Pandev, Blerim Dzemaili, Lorenzo Insigne, Rolando, Emanuele Calaio, Alessandro Gamberini (66 Paolo Cannavaro), Valon Behrami (46 Gökhan Inler).
Coach: Walter Mazzarri
Yellow Card: Limberský (16), Bakoš (55), Darida (70) /
          Behrami (31), Donadel (43), Gamberini (55), Cavani (70), Maggio (76)
Goals: Jan Kovařík (51), Stanislav Tecl (74)


FC DYNAMO KYIV – FC GIRONDINS de BORDEAUX 1-1 (1-1)
NSK Olimpiyskyi, Kyiv   14.02.2013
Referees: Alexandru Dan Tudor, Cristian Nica, Aurel Onița (ROM)   Attendance: 35,000
DYNAMO: Maxym Koval, Miguel Veloso, Andriy Yarmolenko, Admir Mehmedi (78 Marco Ruben), Taras Mikhalik (Cap), Roman Bezus (69 Denys Garmash), Niko Kranjčar (61 Oleh Gusev), Lukman Haruna, Taye Taiwo, Yevhen Khacheridi, Domagoj Vida. Coach: Oleh Blokhin
FC GIRONDINS de BORDEAUX: Cédric Carrasso, Henrique, Ludovic Obraniak, Ludovic Sané, David Bellion (61 Henri Saivet), Jaroslav Plašil (Cap) (90+2 André Poko), Nicolas Maurice-Belay (66 Diego Rolán), Julien Faubert, Grégory Sertic, Marc Planus, Benoît Trémoulinas.
Coach: Francis Gillot
Yellow Card: Haruna (25), Mikhalik (55), Bezus (64) / Sertic (85)
Goals: Lukman Haruna (20) / Ludovic Obraniak (23)


FC GIRONDINS de BORDEAUX – FC DYNAMO KYIV 1-0 (1-0)
Stade Chaban-Delmas, Bordeaux   21.02.2013   Hour: 21:05
Referees: Ivan Bebek, Tomislav Petrović, Miro Grgić (CRO)   Attendance: 11,889
FC GIRONDINS de BORDEAUX: Cédric Carrasso (Cap), Ludovic Obraniak (84 Jaroslav Plašil), Cheick Diabaté, André Poko, Henri Saivet, Julien Faubert, Florian Marange, Grégory Sertic, Marc Planus, Benoît Trémoulinas (85 Nicolas Maurice-Belay), Maxime Poundje. Coach: Francis Gillot
DYNAMO: Maxym Koval, Miguel Veloso, Andriy Yarmolenko, Admir Mehmedi (46 Ideye Brown), Taras Mikhalik (Cap), Roman Bezus (46 Oleh Gusev), Niko Kranjčar (81 Denys Garmash), Lukman Haruna, Taye Taiwo, Yevhen Khacheridi, Domagoj Vida. Coach: Oleh Blokhin
Yellow Card: Diabaté (29), Sertic (32), Poko (77) / Khacheridi (39), Kranjčar (70)
Goal: Cheick Diabaté (41)

BAYER 04 LEVERKUSEN – SPORT LISBOA e BENFICA 0-1 (0-0)
BayArena, Leverkusen   14.02.2013   Hour: 19:00
Referees: Antonio Mateu Lahoz, Pau Cebrian Devis, Javier Rodriguez (ESP)   Attendance: 25,375
BAYER: Bernd Leno, Daniel Schwaab, Philipp Wollscheid, Simon Rolfes (Cap), Lars Bender, André Schürrle (46 Sidney Sam), Stefan Kiessling, Jens Hegeler, Hajime Hosogai (82 Sebastian Boenisch), Michal Kadlec, Gonzalo Castro (70 Arkadiusz Milik). Coach: Sascha Lewandowski
BENFICA: Artur, Luisão (Cap), Óscar Cardozo (72 Lima), Ola John, Nicolás Gaitán, Nemanja Matić, Urreta (57 Eduardo Salvio), Ezequiel Garay, Melgarejo, André Almeida, André Gomes (42 Enzo Peréz). Coach: Jorge Jesus
Yellow Card: Bender (53), Kiessling (76), Milik (81) / Melgarejo (45), Gaitán (73)
Goals: Óscar Cardozo (61)


SPORT LISBOA e BENFICA – BAYER 04 LEVERKUSEN 2-1 (0-0)
Estádio do Sport Lisboa e Benfica, Lisboa   21.02.2013   Hour: 20:05
Referees: Pavel Kralovec, Roman Slyško, Martin Wilczek (CZE)   Attendance: 30,000
BENFICA: Artur, Luisão (Cap), Óscar Cardozo (64 Lima), Ola John (90+4 Jardel), Carlos Martins (53 Eduardo Salvio), Nicolás Gaitán, Nemanja Matić, Ezequiel Garay, Melgarejo, André Almeida, Enzo Peréz. Coach: Jorge Jesus
BAYER: Bernd Leno, Stefan Reinartz (74 Arkadiusz Milik), Philipp Wollscheid, Simon Rolfes (Cap), Lars Bender (57 Jens Hegeler), André Schürrle, Stefan Kiessling, Sebastian Boenisch, Daniel Carvajal, Ömer Toprak, Gonzalo Castro. Coach: Sascha Lewandowski
Yellow Card: Peréz (55), John (60), Matić (90+3) / Bender (28), Carvajal (45)
Goals: Ola John (60), Nemanja Matić (77) / Schurrle (75)


FC BATE BORISOV – FENERBAHÇE FK ISTANBUL 0-0
Neman, Grodno   14.02.2013   Hour: 21:00
Referees: Alan Kelly, Damien MacGraith, Allen Lynch (IRL)   Attendance: 8,021
BATE: Andrei Gorbunov, Aleksandr Yurevich (Cap), Aleksandr Volodko, Artem Radkov, Aleksandr Hleb (79 Vadim Kurlovich), Maksim Bordachev, Vitali Rodionov, Yegor Filipenko, Edgar Olekhnovich, Dmitri Baga (64 Dmitri Mozolevski), Filipp Rudik (46 Aleksandr Pavlov). Coach: Viktor Goncharenko
FENERBAHÇE FK ISTANBUL: Volkan Demirel (Cap), Egemen Korkmaz, Bekir İrtegün, Mehmet Topal, Moussa Sow (90 Salih Uçan), Dirk Kuyt, Raul Meireles, Cristian (85 Selçuk Şahin), Reto Ziegler, Gökhan Gönül, Pierre Webó (72 Caner Erkin). Coach: Aykut Kocaman
Yellow Card: Radkov (65) / Volkan (5), Webó (10), Bekir (62).
Red Card: Raul Meireles (4)


FENERBAHÇE FK ISTANBUL – FC BATE BORISOV 1-0 (1-0)
Şükrü Saracoğlu, Istanbul   21.02.2013   Hour: 22:05
Referees: Antony Gautier, Cyril Gringore, Fredji Harchay (FRA)   Attendance: 0
FENERBAHÇE FK ISTANBUL: Volkan Demirel (Cap), Egemen Korkmaz, Mehmet Topal, Joseph Yobo, Moussa Sow (85 Caner Erkin), Dirk Kuyt, Cristian, Reto Ziegler, Salih Uçan (63 Selçuk Şahin), Gökhan Gönül, Pierre Webó (78 Semih Şentürk). Coach: Aykut Kocaman
BATE: Andrei Gorbunov, Aleksandr Yurevich (Cap) (75 Ilya Aleksievich), Aleksandr Volodko (64 Aleksandr Pavlov), Aleksandr Hleb, Maksim Bordachev (84 Dmitri Mozolevski), Vitali Rodionov, Yegor Filipenko, Edgar Olekhnovich, Dmitri Baga, Vitali Gayduchik, Filipp Rudik. Coach: Viktor Goncharenko
Yellow Card: Korkmaz (25), Uçan (57), Yobo (76), Şahin (89), Demirel (90+4) /
          Volodko (9), Baga (17, 20), Gorbunov (45), Bordachev (47), Olekhnovich (64).
Red Card: Baga (20)
Goal: Cristian (45+1 pen)

AFC AJAX AMSTERDAM – FC STEAUA BUCUREŞTI 2-0 (1-0)
Amsterdam ArenA, Amsterdam    14.02.2013    Hour: 19:00
Referees: Stanislav Todorov, Nikolay Angelov, Ivo Kolev (BUL)    Attendance: 51,493
AJAX AMSTERDAM: Kenneth Vermeer (46 Jasper Cillessen), Toby Alderweireld, Niklas Moisander, Christian Eriksen, Kolbeinn Sigthórsson (82 Derk Boerrigter), Siem de Jong (Cap), Daley Blind, Lasse Schøne, Ricardo van Rhijn, Isaac Cuenca (73 Christian Poulsen), Viktor Fischer. Coach: Frank De Boer
STEAUA: Ciprian Tătăruşanu, Mihai Doru Pintilii, Florin Gardoş, Alexandru Chipciu, Iasmin Latovlevici, Cornel Râpă, Vlad Chiricheş, Raul Rusescu (70 Adi Sobrinho), Alexandru Bourceanu (Cap), Adrian Popa (82 Mihai Costea), Stefan Nikolić (53 Leandro Tatu).
Coach: Laurenţiu Reghecampf
Yellow Card: Moisander (79) / Latovlevici (34), Bourceanu (35), Pintilii (85, 90).
Red Card: Pintilii (90)
Goals: Tony Alderweireld (28), Ricardo van Rhijn (48)

FC STEAUA BUCUREŞTI – AFC AJAX AMSTERDAM 2-0 (1-0, 2-0)  (AET)    4-2 penalties
National Arena, Bucureşti    21.02.2013    Hour: 22:05
Referees: Paolo Tagliavento, Andrea Stefani, Lorenzo Manganelli (ITA)    Attendance: 35,423
STEAUA: Ciprian Tătăruşanu, Florin Gardoş, Alexandru Chipciu, Cristian Tănase (Cap) (66 Stefan Nikolić), Andrei Prepeliţă (46 Lucian Filip), Iasmin Latovlevici, Cornel Râpă, Leandro Tatu (77 Paul Pîrvulescu), Vlad Chiricheş, Raul Rusescu, Adrian Popa. Coach: Laurenţiu Reghecampf
AJAX AMSTERDAM: Kenneth Vermeer, Toby Alderweireld, Niklas Moisander, Christian Poulsen, Christian Eriksen, Kolbeinn Sigthórsson (71 Lasse Schøne), Siem de Jong (Cap), Daley Blind, Ricardo van Rhijn, Isaac Cuenca (70 Derk Boerrigter), Viktor Fischer (82 Thulani Serero).
Coach: Frank De Boer
Yellow Card: Gardoş (7), Prepeliţă (41), Filip (73) / Eriksen (33), de Jong (97), Poulsen (115)
Goals: Iasmin Latovlevici (36), Vlad Chiricheş (76)
Penalties: 0-1 Eriksen, 1-1 Rusescu, Schøne, 2-1 Nikolić, 2-2 Siem de Jong, 3-2 Filip, Moisander, 4-2 Latovlevici

FC BASEL – FC DNIPRO DNIPROPETROVSK 2-0 (1-0)
St. Jakob-Park, Basel    14.02.2013    Hour: 21:05
Referees: Svein Oddvar Moen, Kim Thomas Haglund, Frank Andås (NOR)    Attendance: 8,314
FC BASEL: Yann Sommer, Park Joo Ho, Philipp Degen, Aleksandar Dragovic, David Degen (68 Mohamed Salah), Serey Die, Marco Streller (Cap), Valentin Stocker (88 Jacques Zoua), Fabian Schär, Fabian Frei (77 Mohamed El Nenny), Cabral. Coach: Murat Yakin
FC DNIPRO DNIPROPETROVSK: Jan Laštůvka, Ondřej Mazuch, Serhiy Kravchenko (53 Matheus), Vitaly Mandziuk, Giuliano, Nikola Kalinić (53 Yevhen Seleznyov), Yevhen Konoplyanka, Yevhen Cheberyachko, Ivan Strinić, Roman Zozulya (68 Jaba Kankava), Ruslan Rotan (Cap). Coach: Juande Ramos
Yellow Card: Park Joo Ho (49), P. Degen (52), Die (54) / Mazuch (70), Mandziuk (79)
Goals: Valentin Stocker (23), Marco Streller (67)

FC DNIPRO DNIPROPETROVSK – FC BASEL 1-1 (0-0)
Dnipro Arena, Dnipropetrovsk    21.02.2013    Hour: 20:00
Referees: Deniz Aytekin, Guido Kleve, Thorsten Schiffner (GER)    Attendance: 26,000
FC DNIPRO DNIPROPETROVSK: Jan Laštůvka, Vitaly Mandziuk, Giuliano, Yevhen Cheberyachko, Ivan Strinić, Roman Zozulya, Yevhen Seleznyov, Ruslan Rotan (Cap), Douglas (53 Nikola Kalinić), Artem Fedetskiy (31 Yevhen Konoplyanka), Matheus (53 Serhiy Kravchenko).
Coach: Juande Ramos
FC BASEL: Yann Sommer, Park Joo Ho, Aleksandar Dragovic, David Degen (82 Jacques Zoua), Serey Die, Valentin Stocker (Cap), Fabian Schär, Fabian Frei, Mohamed Salah (89 Mohamed El Nenny), Cabral, Markus Steinhöfer. Coach: Murat Yakin
Yellow Card: Fedetskiy (14), Cheberyachko (32), Strinić (35) / Die (13), Cabral (33), Schär (37).
Red Card: Kalinić (63) / Frei (75)
Goals: Yevhen Seleznyov (76 pen) / Fabian Schär (81 pen)

FC INTERNAZIONALE MILANO – CFR CLUJ 2-0 (1-0)
Stadio Giuseppe Meazza, Milan    14.02.2013    Hour: 21:05    Attendance: 14,790
Referees: Michael Koukoulakis, Dimitrios Saraidaris, Damianos Efthimiadis (GRE)
FC INTERNAZIONALE MILANO: Samir Handanovič, Matías Silvestre, Fredy Guarín, Esteban Cambiasso (Cap), Walter Gargano, Diego Milito (10 Rodrigo Palacio), Andrea Ranocchia, Mateo Kovačić (88 Jonathan), Álvaro Pereira, Yuto Nagatomo, Antonio Cassano (74 Ricardo Álvarez).
Coach: Andrea Stramaccioni
CFR: Mário Felgueiras, Ivo Pinto, Gabriel Mureşan, László Sepsi, Felice Piccolo, Robert Maah (79 Ioan Hora), Cadú (Cap), Nicolas Godemèche (39 Vasile Maftei), Ionuţ Rada, Rui Pedro (84 Saša Bjelanović), Camora. Coach: Paulo Sérgio
Yellow Card: Pereira (32), Silvestre (70) / Maah (67), Mureşan (82), Bjelanović (89)
Goals: Rodrigo Palacio (20, 87)


CFR CLUJ – FC INTERNAZIONALE MILANO 0-3 (0-2)
Dr. Constantin Rădulescu, Cluj-Napoca    21.02.2013    Hour: 20:00
Referees: Pawel Gil, Piotr Sadczuk, Maciej Wierzbowski (POL)    Attendance: 6,000
CFR CLUJ: Mário Felgueiras, Ivo Pinto, Gabriel Mureşan (9 Ioan Hora), László Sepsi, Felice Piccolo, Robert Maah, Cadú (Cap), Nicolas Godemèche, Ionuţ Rada (36 Pantelis Kapetanos), Rui Pedro (71 Diogo Valente), Camora. Coach: Paulo Sérgio
FC INTERNAZIONALE MILANO: Samir Handanovič, Javier Zanetti (Cap), Rodrigo Palacio (46 Marco Benassi), Ricardo Álvarez (54 Simone Pasa), Fredy Guarín (66 Ibrahima Mbaye), Esteban Cambiasso, Andrea Ranocchia, Mateo Kovačić, Álvaro Pereira, Juan, Antonio Cassano.
Coach: Andrea Stramaccioni
Yellow Card: Kapetanos (38), Cadú (84) / Kovačić (15).
Red Card: Camora (80)
Goals: Fredy Guarín (22, 45+2), Marco Benassi (89)


NEWCASTLE UNITED FC – FC METALIST KHARKIV 0-0
St. James' Park, Newcastle    14.02.2013    Hour: 20:05
Referees: Tom Harald Hagen, Dag-Roger Nebben, Magnus Lundberg (NOR)    Attendance: 30,157
NEWCASTLE: Tim Krul, Fabricio Coloccini (Cap), Davide Santon, Yohan Cabaye, Moussa Sissoko, Papiss Cissé, Mapou Yanga-Mbiwa, Jonás Gutiérrez, Cheick Tioté (79 Shola Ameobi), Gabriel Obertan (62 Sylvain Marveaux), Steven Taylor. Coach: Alan Pardew
METALIST: Olexandr Goryainov, Cristian Villagra, Marco Torsiglieri, Edmar, Cleiton Xavier, José Ernesto Sosa (Cap), Fininho, Juan Manuel Torres, Jonathan Cristaldo (82 Jajá), Marlos (73 Willian), Papa Gueye. Coach: Myron Markevich
Yellow Card: Tioté (28), Cabaye (33), Sissoko (81), Gutiérrez (86) / Willian (88), Torres (90+1)


FC METALIST KHARKIV – NEWCASTLE UNITED FC  0-1 (0-0)
Metalist Stadium, Kharkiv    21.02.2013    Hour: 20:00
Referees: Serge Gumienny, Walter Vromans, Frank Bleyen (BEL)    Attendance: 39,973
METALIST: Olexandr Goryainov, Cristian Villagra, Marco Torsiglieri, Edmar (82 Sebastián Blanco), Cleiton Xavier, José Ernesto Sosa (Cap), Fininho, Juan Manuel Torres (67 Jajá), Jonathan Cristaldo, Marlos (67 Willian), Papa Gueye. Coach: Myron Markevich
NEWCASTLE: Tim Krul, Fabricio Coloccini (Cap), Yohan Cabaye (87 Gael Bigirimana), Danny Simpson, Moussa Sissoko, Vurnon Anita (76 James Perch), Papiss Cissé (76 Jonás Gutiérrez), Mapou Yanga-Mbiwa, Sylvain Marveaux, Shola Ameobi, Massadio Haïdara. Coach: Alan Pardew
Yellow Card: Fininho (87), Cristaldo (88) / Haïdara (44), Cissé (74), Krul (90)
Goal: Shola Ameobi (64 pen)

VfB STUTTGART – KRC GENK 1-1 (1-0)
VfB Arena, Stuttgart    14.02.2013    Hour: 21:05
Referees: Manuel De Sousa, Ricardo Santos, Rui Tavares (POR)    Attendance: 15,200
STUTTGART: Sven Ulreich, Gotoku Sakai, William Kvist, Serdar Tasci (Cap), Georg Niedermeier, Martin Harnik (57 Shinji Okazaki), Vedad Ibišević, Arthur Boka, Ibrahima Traoré (74 Alexandru Maxim), Tunay Torun (46 Raphael Holzhauser), Christian Gentner.
Coach: Bruno Labbadia
KRC GENK: László Köteles, Derick Katuku Tshimanga, Kalidou Koulibaly, Khaleem Hyland, Jelle Vossen (Cap) (68 Glynor Plet), Anele Ngongca, Jeroen Simaeys, Elyaniv Barda, Thomas Buffel, Benjamin De Ceulaer (83 Steven Joseph-Monrose), Bennard Kumordzi (74 Julien Gorius).
Coach: Mario Been
Yellow Card: Boka (50), Niedermeier (56), Ibišević (87)
Goals: Christian Gentner (42) / Glynor Plet (90+1)

KRC GENK – VfB STUTTGART 0-2 (0-1)
KRC Genk Arena, Genk    21.02.2013    Hour: 19:00
Referees: Alon Yefet, Dvir Shimon, Amihay Yehoshua Mozes (ISR)    Attendance: 16,796
KRC GENK: László Köteles, Derick Katuku Tshimanga, Kalidou Koulibaly, Khaleem Hyland, Julien Gorius, Glynor Plet, Anele Ngongca, Jeroen Simaeys, Thomas Buffel (Cap) (77 Kim Ojo), Benjamin De Ceulaer (71 Steven Joseph-Monrose), Bennard Kumordzi (61 Elyaniv Barda).
Coach: Mario Been
STUTTGART: Sven Ulreich, Gotoku Sakai, William Kvist, Serdar Tasci (Cap), Martin Harnik, Vedad Ibišević (83 Federico Macheda), Arthur Boka, Ibrahima Traoré (75 Alexandru Maxim), Christian Gentner, Antonio Rüdiger, Shinji Okazaki (77 Raphael Holzhauser).
Coach: Bruno Labbadia
Yellow Card: Hyland (65) / Ibišević (46), Maxim (78)
Goals: Arthur Boka (45), Christian Gentner (59)


CLUB ATLÉTICO de MADRID – FC RUBIN KAZAN 0-2 (0-1)
Estadio Vicente Calderón, Madrid    14.02.2013    Hour: 21:05
Referees: István Vad, Vencel Tóth, Istvan Albert (HUN)    Attendance: 25,000
ATLÉTICO: Sergio Asenjo, Diego Godín, Filipe Luis (65 Saúl Ñiguez), Mario Suárez (46 Koke), Tiago (Cap), Adrián López, Falcao, Arda Turan, Cristian Rodríguez, Cata Díaz (60 Raúl García), Juanfran. Coach: Diego Simeone
RUBIN: Sergei Ryzhikov, Cristian Ansaldi, César Navas, Pablo Orbaiz, Sergei Kislyak, Roman Eremenko, Iván Marcano, Gökdeniz Karadeniz (88 Oleg Kuzmin), Bebras Natcho, Roman Sharonov (Cap), José Rondón (85 Vladimir Dyadyun). Coach: Kurban Berdyev
Yellow Card: Sharonov (14, 45), Falcao (83) /
        Ryzhikov (64), Natcho (73), Vladimir Dyadyun (87).
Red Card: Sharonov (45)
Goals: Gökdeniz Karadeniz (6), (90+5)

FC RUBIN KAZAN – CLUB ATLÉTICO de MADRID 0-1 (0-0)
Stadion Luzhniki    21.02.2013    Hour: 21:00
Referees: Ovidiu Alin Haţegan, Cristian Nica, Octavian Şovre (ROM)    Attendance: 3,000
RUBIN: Sergei Ryzhikov, Oleg Kuzmin, Cristian Ansaldi, César Navas (Cap), Pablo Orbaiz, Sergei Kislyak (77 Vitali Kaleshin), Roman Eremenko, Iván Marcano, Gökdeniz Karadeniz, Bebras Natcho (88 Aleksandr Ryazantsev), José Rondón. Coach: Kurban Berdyev
ATLÉTICO: Sergio Asenjo, Mario Suárez, Adrián López, Raúl García, Falcao (Cap), Cristian Rodríguez, Domingo Cisma, Cata Díaz, Miranda, Javi Manquillo, Saúl Ñiguez.
Coach: Diego Simeone
Yellow Card: Kuzmin (48), Ryzhikov (90) / Suárez (70), Ñiguez (76), Cata Díaz (90+2).
Red Card: Navas (89)
Goal: Falcao (84)

BORUSSIA MÖNCHENGLADBACH – SS LAZIO ROMA 3-3 (1-0)
Borussia-Park, Mönchengladbach    14.02.2013    Hour: 21:05
Referees: Sergei Karasev, Anton Averianov, Tikhon Kalugin (RUS)    Attendance: 46,279
BORUSSIA: Marc-André ter Stegen, Roel Brouwers, Tolga Cigerci (75 Granit Xhaka), Patrick Herrmann, Luuk de Jong, Álvaro Domínguez, Håvard Nordtveit (73 Thorben Marx), Oscar Wendt, Juan Arango, Tony Jantschke (75 Mike Hanke), Martin Stranzl (Cap). Coach: Lucien Favre
LAZIO: Federico Marchetti, André Dias, Hernanes, Álvaro González, Senad Lulić (88 Michaël Ciani), Giuseppe Biava, Cristian Ledesma (Cap) (46 Libor Kozák), Ştefan Radu, Abdoulay Konko, Antonio Candreva (72 Lorik Cana), Sergio Floccari. Coach: Vladimir Petković
Yellow Card: Arango (90+1) / Dias (22, 69), González (40), Cana (83), Kozák (83).
Red Card: Dias (69)
Goals: Martin Stranzl (17 pen), Thorben Marx (84 pen), Juan Arango (88) /
    Sergio Floccari (57), Libor Kozák (64, 90+4)


SS LAZIO ROMA – BORUSSIA MÖNCHENGLADBACH 2-0 (2-0)
Stadio Olimpico, Roma    21.02.2013    Hour: 19:00
Referees: Hüseyin Göçek, Mustafa Eyisoy, Orkun Aktaş (TUR)    Attendance: 27,174
LAZIO: Federico Marchetti, Hernanes, Álvaro González (69 Ogenyi Onazi), Senad Lulić, Giuseppe Biava, Cristian Ledesma (Cap), Ştefan Radu, Lorik Cana, Abdoulay Konko, Antonio Candreva (82 Bruno Pereirinha), Sergio Floccari (78 Libor Kozák). Coach: Vladimir Petković
BORUSSIA: Marc-André ter Stegen, Tolga Cigerci (68 Mike Hanke), Patrick Herrmann, Luuk de Jong, Thorben Marx (77 Granit Xhaka), Álvaro Domínguez, Håvard Nordtveit, Oscar Wendt, Juan Arango (52 Amin Younes), Tony Jantschke, Martin Stranzl (Cap). Coach: Lucien Favre
Yellow Card: Younes (77)
Goals: Antonio Candreva (10), Álvaro González (33)


TOTTENHAM HOTSPUR FC LONDON – OLYMPIQUE LYONNAIS 2-1 (1-0)
White Hart Lane, London    14.02.2013    Hour: 20:05
Referees: Pedro Proença, Bertino Miranda, Venâncio Tomé (POR)    Attendance: 31,762
TOTTENHAM: Brad Friedel, Clint Dempsey (67 Lewis Holtby), Jan Vertonghen, Aaron Lennon (79 Gylfi Sigurdsson), Scott Parker (Cap) (90+2 Jake Livermore), Emmanuel Adebayor, Gareth Bale, William Gallas, Moussa Dembélé, Kyle Walker, Benoît Assou-Ekotto.
Coach: André Villas-Boas
OLYMPIQUE LYONNAIS: Rémy Vercoutre, Dejan Lovren, Gueïda Fofana, Lisandro (89 Rachid Ghezzal), Alexandre Lacazette, Anthony Réveillère, Milan Biševac, Steed Malbranque (83 Clément Grenier), Bafétimbi Gomis, Maxime Gonalons (Cap), Samuel Umtiti. Coach: Rémi Garde
Yellow Card: Kyle Walker (49) / Umtiti (20), Fofana (80)
Goals: Gareth Bale (45, 90+3) / Samuel Umtiti (55)


OLYMPIQUE LYONNAIS – TOTTENHAM HOTSPUR FC LONDON 1-1 (1-0)
Stade de Gerland, Lyon    21.02.2013    Hour: 19:00
Referees: Wolfgang Stark, Jan-Hendrik Salver, Mike Pickel (GER)    Attendance: 38,761
OLYMPIQUE LYONNAIS: Rémy Vercoutre, Dejan Lovren, Gueïda Fofana, Clément Grenier, Lisandro (73 Rachid Ghezzal), Alexandre Lacazette (65 Steed Malbranque), Anthony Réveillère, Milan Biševac, Bafétimbi Gomis (82 Jimmy Briand), Maxime Gonalons (Cap), Samuel Umtiti.
Coach: Rémi Garde
TOTTENHAM: Brad Friedel, Jan Vertonghen, Aaron Lennon (66 Clint Dempsey), Scott Parker (85 Jake Livermore), Emmanuel Adebayor, Gareth Bale, William Gallas (Cap), Lewis Holtby (74 Gylfi Sigurdsson), Moussa Dembélé, Kyle Walker, Benoît Assou-Ekotto.
Coach: André Villas-Boas
Yellow Card: Gonalons (63), Umtiti (75) / Walker (25), Gallas (65)
Goals: Maxime Gonalons (17) / Moussa Dembélé (90)

# ROUND OF 16

FC ANZHI MAKHACHKALA – NEWCASTLE UNITED FC 0-0
Stadion Luzhniki, Moskva    07.03.2013    Hour: 21:00
Referees: István Vad, Vencel Tóth, Istvan Albert (HUN)    Attendance: 5,000
ANZHI: Vladimir Gabulov, Andrei Eschenko (90 Arseni Logashov), João Carlos, Jucilei, Samuel Eto'o (Cap), Oleg Shatov (84 Mehdi Carcela-González), Yuri Zhirkov, Odil Ahmedov, Ewerton, Lassana Diarra, Willian (23 Lacina Traoré). Coach: Guus Hiddink
NEWCASTLE UNITED FC: Rob Elliot, Yohan Cabaye (Cap) (84 Cheick Tioté), Danny Simpson, Moussa Sissoko, Vurnon Anita (76 Steven Taylor), Hatem Ben Arfa (64 Shola Ameobi), Mapou Yanga-Mbiwa, James Perch, Sylvain Marveaux, Gabriel Obertan, Massadio Haïdara.
Coach: Alan Pardew
Yellow Card: Haïdara (34)


NEWCASTLE UNITED FC – FC ANZHI MAKHACHKALA 1-0 (0-0)
St. James' Park, Newcastle    14.03.2013    Hour: 20:05
Referees: Deniz Aytekin, Guido Kleve, Stefan Lupp (GER)    Attendance: 45,487
NEWCASTLE UNITED FC: Rob Elliot, Davide Santon, Yohan Cabaye (Cap) (37 Jonás Gutiérrez), Moussa Sissoko, Vurnon Anita (71 Adam Campbell), Papiss Cissé, Mapou Yanga-Mbiwa, Sylvain Marveaux, Cheick Tioté, Steven Taylor, Massadio Haïdara. Coach: Alan Pardew
ANZHI: Vladimir Gabulov, Andrei Eschenko, João Carlos, Mbark Boussoufa, Jucilei, Samuel Eto'o (Cap), Mehdi Carcela-González, Yuri Zhirkov, Odil Ahmedov, Ewerton, Lassana Diarra (74 Oleg Shatov). Coach: Guus Hiddink
Yellow Card: Anita (57) / Carcela-González (48, 55), Zhirkov (86).
Red Card: Carcela-González (55)
Goal: Papiss Cissé (90+3)


VfB STUTTGART – SS LAZIO ROMA 0-2 (0-1)
VfB Arena, Stuttgart    07.03.2013    Hour: 19:00
Referees: Alexandru Dan Tudor, Cristian Nica, Aurel Oniţa (ROM)    Attendance: 28,750
VfB STUTTGART: Sven Ulreich, Gotoku Sakai, William Kvist (55 Martin Harnik), Serdar Tasci (Cap), Arthur Boka, Ibrahima Traoré, Christian Gentner, Antonio Rüdiger, Shinji Okazaki, Alexandru Maxim (41 Tamás Hajnal), Federico Macheda (90+3 Raphael Holzhauser).
Coach: Bruno Labbadia
LAZIO: Federico Marchetti, Michaël Ciani, Ederson (64 Cristian Ledesma), Hernanes (72 Álvaro González), Bruno Pereirinha, Libor Kozák (84 Sergio Floccari), Senad Lulić, Ogenyi Onazi, Ştefan Radu (Cap), Lorik Cana, Antonio Candreva. Coach: Vladimir Petković
Yellow Card: Tasci (49), Harnik (87) / Hernanes (38), Ciani (45+2), Cana (87)
Goals: Ederson (21), Ogenyi Onazi (56)


SS LAZIO ROMA – VfB STUTTGART 3-1 (2-0)
Stadio Olimpico, Roma    14.03.2013    Hour: 21:05
Referees: Tom Harald Hagen, Dag-Roger Nebben, Sven Erik Midtjhell (NOR)    Attendance: 0
LAZIO: Federico Marchetti (43 Albano Bizzarri), Michaël Ciani, Stefano Mauri (Cap) (65 Cristian Ledesma), Hernanes (74 Ederson), Bruno Pereirinha, Libor Kozák, Senad Lulić, Giuseppe Biava, Ogenyi Onazi, Ştefan Radu, Antonio Candreva. Coach: Vladimir Petković
VfB STUTTGART: Sven Ulreich, Gotoku Sakai, Serdar Tasci (Cap), Georg Niedermeier, Vedad Ibišević, Christian Gentner, Cristian Molinaro, Raphael Holzhauser, Tamás Hajnal (74 Martin Harnik), Shinji Okazaki, Federico Macheda (64 Ibrahima Traoré). Coach: Bruno Labbadia
Yellow Card: Biava (82) / Ibišević (10), Hajnal (16)
Goals: Kozák (6,8,87) / Tamás Hajnal (62)

FC VIKTORIA PLZEŇ – FENERBAHÇE FK ISTANBUL 0-1 (0-0)
Stadion města Plzně, Plzen    07.03.2013    Hour: 19:00
Referees: Gianluca Rocchi, Elenito Di Liberatore, Gianluca Cariolato (ITA)    Attendance: 11,701
VIKTORIA: Matúš Kozáčik, Pavel Horváth (Cap), Michal Ďuriš (69 Martin Fillo), Radim Řezník, Vladimír Darida, Jan Kovařík, Václav Procházka, Marek Bakoš (60 Stanislav Tecl), Daniel Kolář (89 Lukáš Hejda), František Rajtoral, Marián Čišovský. Coach: Pavel Vrba
FENERBAHÇE FK ISTANBUL: Volkan Demirel (Cap), Bekir İrtegün, Mehmet Topal, Joseph Yobo, Moussa Sow (83 Caner Erkin), Dirk Kuyt, Cristian, Selçuk Şahin, Reto Ziegler, Gökhan Gönül, Pierre Webó (85 Mehmet Topuz). Coach: Aykut Kocaman
Yellow Card: / Ziegler (51)
Goal: Pierre Webó (81)


FENERBAHÇE FK ISTANBUL – FC VIKTORIA PLZEŇ 1-1 (1-0)
Şükrü Saracoğlu, Istanbul    14.03.2013    Hour: 22:05
Referees: Manuel Gräfe, Markus Häcker, Holger Henschel (GER)    Attendance: 0
FENERBAHÇE FK ISTANBUL: Volkan Demirel (Cap), Bekir İrtegün, Mehmet Topal (35 Salih Uçan), Joseph Yobo, Moussa Sow (82 Mehmet Topuz), Dirk Kuyt, Cristian (90+1 Egemen Korkmaz), Selçuk Şahin, Reto Ziegler, Gökhan Gönül, Caner Erkin. Coach: Aykut Kocaman
VIKTORIA: Matúš Kozáčik, David Limberský, Pavel Horváth (Cap) (71 Michal Ďuriš), Radim Řezník, Vladimír Darida, Jan Kovařík, Václav Procházka, Marek Bakoš (64 Stanislav Tecl), Daniel Kolář, František Rajtoral (87 Martin Fillo), Marián Čišovský. Coach: Pavel Vrba
Yellow Card: Kuyt (64) / Bakoš (62), Kolář (84), Procházka (87)
Goals: Salih Uçan (44) / Vladimír Darida (61)


FC STEAUA BUCUREŞTI – CHELSEA FC LONDON 1-0 (1-0)
Naţional Arena, Bucureşti    07.03.2013    Hour: 20:00
Referees: Sergei Karasev, Anton Averianov, Nikolai Golubev (RUS)    Attendance: 50,016
STEAUA: Ciprian Tătăruşanu, Łukasz Szukała, Mihai Doru Pintilii (58 Andrei Prepeliţă), Alexandru Chipciu, Cristian Tănase (82 Leandro Tatu), Iasmin Latovlevici, Cornel Râpă, Vlad Chiricheş, Raul Rusescu (90+2 Florin Gardoş), Alexandru Bourceanu (Cap), Adrian Popa. Coach: Laurenţiu Reghecampf
CHELSEA: Petr Čech, Branislav Ivanović, David Luiz, Frank Lampard, Fernando Torres, Oscar, John Obi Mikel, Eden Hazard (75 Marko Marin), John Terry (Cap), Yossi Benayoun (64 Juan Mata), Ryan Bertrand. Coach: Rafael Benítez
Yellow Card: Pintilii (50) / Bertrand (34), Obi Mikel (66)
Goal: Raul Rusescu (34 pen)


CHELSEA FC LONDON – FC STEAUA BUCUREŞTI 3-1 (1-1)
Stamford Bridge, London    14.03.2013    Hour: 20:05
Referees: Stéphane Lannoy, Frédéric Cano, Michael Annonier (FRA)    Attendance: 28,817
CHELSEA: Petr Čech, Ashley Cole, David Luiz, Ramires, Fernando Torres, Juan Mata (90 Victor Moses), Oscar, John Obi Mikel, Eden Hazard (90+3 Yossi Benayoun), John Terry (Cap), César Azpilicueta. Coach: Rafael Benítez
STEAUA: Ciprian Tătăruşanu, Łukasz Szukała, Mihai Doru Pintilii, Alexandru Chipciu, Cristian Tănase (78 Leandro Tatu), Iasmin Latovlevici, Cornel Râpă (84 Adi Sobrinho), Vlad Chiricheş, Raul Rusescu, Alexandru Bourceanu (Cap), Adrian Popa. Coach: Laurenţiu Reghecampf
Yellow Card: Mikel (70), Cole (80) / Bourceanu (49), Râpă (58)
Goals: Juan Mata (34), John Terry (58), Fernando Torres (71) / Vlad Chiricheş (45)

SPORT LISBOA e BENFICA – FC GIRONDINS de BORDEAUX 1-0 (1-0)
Estádio do Sport Lisboa e Benfica, Lisboa   07.03.2013   Hour: 20:05
Referees: Alon Yefet, Danny Krasikow, Amihay Yehoshua Mozes (ISR)   Attendance: 47,000
BENFICA: Artur, Roderick, Luisão (Cap), Óscar Cardozo (63 Eduardo Salvio), Ola John (74 Lima), Carlos Martins (64 Enzo Peréz), Rodrigo, Nicolás Gaitán, Ezequiel Garay, Melgarejo, André Almeida. Coach: Jorge Jesus
FC GIRONDINS de BORDEAUX: Cédric Carrasso, Henrique, Ludovic Obraniak, Ludovic Sané, Diego Rolán (66 David Bellion), Jaroslav Plašil (Cap), Nicolas Maurice-Belay (79 Fahid Ben Khalfallah), Julien Faubert (43 Abdou Traoré), Mariano, Grégory Sertic, Benoît Trémoulinas.
Coach: Francis Gillot
Yellow Card: Rodrigo (53), Carlos Martins (50)
Goal: Cédric Carrasso (21 og)


FC GIRONDINS de BORDEAUX – SPORT LISBOA e BENFICA 2-3 (0-1)
Stade Chaban-Delmas, Bordeaux   14.03.2013   Hour: 21:05
Referees: Ovidiu Alin Haţegan, Octavian Şovre, Sebastian Gheorghe (ROM)   Attendance: 26,609
FC GIRONDINS de BORDEAUX: Cédric Carrasso, Henrique, Ludovic Obraniak, Ludovic Sané, Cheick Diabaté, Jaroslav Plašil (Cap), Nicolas Maurice-Belay (78 Hadi Sacko), Henri Saivet, Mariano (72 Fahid Ben Khalfallah), Grégory Sertic (68 André Poko), Benoît Trémoulinas.
Coach: Francis Gillot
BENFICA: Artur, Roderick, Ola John (84 Carlos Martins), Eduardo Salvio (88 Maxi Pereira), Rodrigo (66 Óscar Cardozo), Nicolás Gaitán (Cap), Nemanja Matić, Melgarejo, Jardel, André Almeida, Enzo Peréz. Coach: Jorge Jesus
Yellow Card: Henrique (10), Obraniak (31), Ben Khalfallah (77) /
            Roderick (52), John (83), Maxi Pereira (90)
Goals: Cheick Diabaté (74), Jardel (30, 90+1 og), Óscar Cardozo (75, 90+2)


TOTTENHAM HOTSPUR FC LONDON – FC INTERNAZIONALE MILANO 3-0 (2-0)
White Hart Lane, London   07.03.2013   Hour: 20:05
Referees: Antonio Mateu Lahoz, Pau Cebrian Devis, Javier Rodriguez (ESP)   Attendance: 34,353
TOTTENHAM: Brad Friedel, Jan Vertonghen, Aaron Lennon (82 Kyle Naughton), Scott Parker (Cap), Gareth Bale, William Gallas, Jermain Defoe, Mousa Dembélé (64 Jake Livermore), Gylfi Sigurdsson (70 Lewis Holtby), Kyle Walker, Benoît Assou-Ekotto. Coach: André Villas-Boas
FC INTERNAZIONALE: Samir Handanovič, Javier Zanetti (Cap), Ricardo Álvarez (67 Jonathan), Esteban Cambiasso, Walter Gargano, Andrea Ranocchia, Cristian Chivu, Mateo Kovačić (55 Fredy Guarín), Álvaro Pereira, Juan (46 Rodrigo Palacio), Antonio Cassano. Coach: Andrea Stramaccioni
Yellow Card: Bale (15) / Guarín (72), Álvaro Pereira (77)
Goals: Gareth Bale (6), Gylfi Sigurdsson (18), Jan Vertonghen (53)


FC INTERNAZIONALE MILANO – TOTTENHAM HOTSPUR FC LONDON 4-1 (1-0, 3-0)
Stadio Giuseppe Meazza, Milano   14.03.2013   Hour: 19:00
Referees: Ivan Bebek, Tomislav Petrović, Miro Grgić (CRO)   Attendance: 18,241
FC INTERNAZIONALE: Samir Handanovič, Javier Zanetti (Cap), Rodrigo Palacio, Fredy Guarín (71 Ricardo Álvarez), Esteban Cambiasso, Walter Gargano, Cristian Chivu, Mateo Kovačić (79 Marco Benassi), Juan, Jonathan (107 Andrea Ranocchia), Antonio Cassano.
Coach: Andrea Stramaccioni
TOTTENHAM: Brad Friedel, Jan Vertonghen, Scott Parker, Emmanuel Adebayor, William Gallas (Cap), Kyle Naughton (104 Steven Caulker), Jermain Defoe (56 Lewis Holtby), Mousa Dembélé, Gylfi Sigurdsson, Kyle Walker, Jake Livermore (70 Aaron Lennon). Coach: André Villas-Boas
Yellow Card: Juan (114) / Livermore (14), Walker (78)
Goals: Antonio Cassano (20), Rodrigo Palacio (52), William Gallas (75 og), Ricardo Álvarez (110) / Emmanuel Adebayor (96)

LEVANTE UD VALENCIA – FC RUBIN KAZAN 0-0
Estadi Ciutat de València, Valencia    07.03.2013    Hour: 21:05
Referees: Antony Gautier, Cyril Gringore, Fredji Harchay (FRA)    Attendance: 18,000
LEVANTE UD: Keylor Navas, David Navarro, José Barkero, Vicente Iborra, Juanfran, Sergio Ballesteros (Cap), Pedro López, Míchel, Papa Diop (68 Pedro Ríos), Obafemi Martins, Rubén García (80 Juanlu Gómez). Coach: Juan Ignacio Martínez
RUBIN: Sergei Ryzhikov, Oleg Kuzmin, Cristian Ansaldi, Pablo Orbaiz, Alan Kasaev (53 Vitali Kaleshin), Roman Eremenko, Iván Marcano, Gökdeniz Karadeniz, Bebras Natcho, Roman Sharonov (Cap), José Rondón (85 Vladimir Dyadyun). Coach: Kurban Berdyev
Yellow Card: Juanfran (89) / Ansaldi (27, 52), Eremenko (42), Sharonov (64), Marcano (88).
Red Card: Míchel (54). Sebt off: Ansaldi (52)


FC RUBIN KAZAN – LEVANTE UD VALENCIA 2-0 (0-0, 0-0)
Stadion Luzhniki, Moskva    14.03.2013    Hour: 21:00
Referees: Aleksandar Stavrev, Marjan Kirovski, Dejan Kostadinov (MKD)    Attendance: 1,889
RUBIN: Sergei Ryzhikov, Oleg Kuzmin, Pablo Orbaiz, Alan Kasaev (100 Vladimir Dyadyun), Vitali Kaleshin, Roman Eremenko, Iván Marcano, Gökdeniz Karadeniz (116 Sergei Kislyak), Bebras Natcho, Roman Sharonov (Cap), José Rondón. Coach: Kurban Berdyev
LEVANTE UD: Keylor Navas, David Navarro, José Barkero, Nabil El Zhar (76 Pedro Ríos), Vicente Iborra, Juanfran, Sergio Ballesteros (Cap), Christian Lell, Papa Diop, Rubén García (91 Juanlu Gómez), Robert Acquafresca (66 Valdo). Coach: Juan Ignacio Martínez
Yellow Card: Kaleshin (79), Eremenko (107) / Navarro (105)
Goals: José Rondón (100), Vladimir Dyadyun (112)


FC BASEL – FC ZENIT SAINT PETERSBURG 2-0 (0-0)
St. Jakob-Park, Basel    07.03.2013    Hour: 21:05
Referees: Daniele Orsato, Mauro Tonolini, Nicola Nicoletti (ITA)    Attendance: 15,008
BASEL: Yann Sommer (Cap), Park Joo Ho, Philipp Degen, Aleksandar Dragovic, David Degen (62 Markus Steinhöfer), Serey Die (69 Mohamed Elneny), Fabian Schär, Marcelo Díaz, Mohamed Salah, Cabral, Jacques Zoua (79 Alexander Frei). Coach: Murat Yakin
FC ZENIT SAINT PETERSBURG: Vyacheslav Malafeev, Nicolas Lombaerts, Danny (82 Aleksandr Kerzhakov), Luís Neto, Tomáš Hubočan, Roman Shirokov (Cap), Milan Rodić, Sergei Semak (46 Viktor Fayzulin), Igor Denisov, Axel Witsel, Hulk. Coach: Luciano Spalletti
Yellow Card: Degen (30), Die (53), Díaz (72) / Witsel (19).
Red Card: Neto (90+3)
Goals: Marcelo Díaz (83), Alexander Frei (90+4)


FC ZENIT SAINT PETERSBURG – FC BASEL 1-0 (1-0)
Stadion Petrovski, St. Petersburg    14.03.2013    Hour: 21:00
Referees: Pawel Gil, Piotr Sadczuk, Maciej Wierzbowski (POL)    Attendance: 19,500
FC ZENIT SAINT PETERSBURG: Yuri Zhevnov, Aleksandr Anyukov, Bruno Alves (73 Vladimir Bystrov), Nicolas Lombaerts, Danny (83 Viktor Fayzulin), Aleksandr Kerzhakov, Tomáš Hubočan, Roman Shirokov (Cap), Igor Denisov, Axel Witsel (90 Aleksandr Bukharov), Hulk.
Coach: Luciano Spalletti
BASEL: Yann Sommer, Park Joo Ho, Philipp Degen (90+1 Markus Steinhöfer), Aleksandar Dragovic, Marco Streller (Cap) (66 Gastón Sauro), Valentin Stocker (18 Fabian Frei), Fabian Schär, Marcelo Díaz, Mohamed Salah, Cabral, Mohamed Elneny. Coach: Murat Yakin
Yellow Card: Kerzhakov (15), Denisov (72), Shirokov (78), Witsel (78) /
          Díaz (41, 45+1), Degen (56), F. Frei (78), Joo Ho (85).
Red Card: Díaz (45+1)
Goals: Witsel (30)

# QUARTER-FINALS

CHELSEA FC LONDON – FC RUBIN KAZAN 3-1 (2-1)
Stamford Bridge, London   04.04.2013   Hour: 20:05
Referees: Gianluca Rocchi, Elenito Di Liberatore, Gianluca Cariolato (ITA)   Attendance: 32,994
CHELSEA FC: Petr Čech, David Luiz, Ramires, Frank Lampard, Fernando Torres, Juan Mata (78 Oscar), Victor Moses (65 Eden Hazard), John Terry (Cap), César Azpilicueta, Yossi Benayoun (82 Marko Marin), Ryan Bertrand. Coach: Rafael Benítez
RUBIN: Sergei Ryzhikov, Oleg Kuzmin (82 Alan Kasaev), Cristian Ansaldi, César Navas, Pablo Orbaiz, Vitali Kaleshin, Vladimir Dyadyun (46 José Rondón), Roman Eremenko, Gökdeniz Karadeniz, Bebras Natcho, Roman Sharonov (Cap). Coach: Kurban Berdyev
Yellow Card: Terry (40), Benayoun (76), Marin (90+2) / Orbaiz (86)
Goals: Fernando Torres (16, 70), Victor Moses (32) / Bebras Natcho (41 pen)

FC RUBIN KAZAN – CHELSEA FC LONDON 3-2 (0-1)
Stadion Luzhniki, Moskva   11.04.2013   Hour: 20:00
Referees: Fırat Aydınus, Serkan Ok, Alek Tascioglu (TUR)   Attendance: 25,000
RUBIN: Sergei Ryzhikov, Oleg Kuzmin (46 Vitali Kaleshin), Cristian Ansaldi, César Navas, Pablo Orbaiz (66 Vladimir Dyadyun), Alan Kasaev (72 Aleksandr Ryazantsev(, Roman Eremenko, Iván Marcano, Gökdeniz Karadeniz (Cap), Bebras Natcho, José Rondón. Coach: Kurban Berdyev
CHELSEA FC: Petr Čech, David Luiz, Ramires (60 John Obi Mikel), Frank Lampard (90+1 Branislav Ivanović), Fernando Torres, Victor Moses, Paulo Ferreira, John Terry (Cap), César Azpilicueta, Yossi Benayoun (77 Oscar), Nathan Aké. Coach: Rafael Benítez
Yellow Card: Marcano (87) / Oscar (90+1)
Goals: Iván Marcano (51), Gökdeniz Karadeniz (62), Benras Natcho (75 pen) /
      Fernando Torres (5), Victor Moses (55)


TOTTENHAM HOTSPUR FC LONDON – FC BASEL 2-2 (1-2)
White Hart Lane, London   04.04.2013   Hour: 20:05
Referees: Milorad Mažić, Milovan Ristić, Igor Radojčić (SRB)   Attendance: 32,136
TOTTENHAM: Brad Friedel, Jan Vertonghen, Aaron Lennon (24 Gylfi Sigurdsson), Scott Parker (Cap), Emmanuel Adebayor, Gareth Bale, William Gallas, Lewis Holtby (63 Clint Dempsey), Kyle Naughton, Mousa Dembélé, Benoît Assou-Ekotto (57 Michael Dawson). Coach: André Villas-Boas
FC BASEL: Yann Sommer, Aleksandar Dragovic, Serey Die (66 Cabral), Marco Streller (Cap) (71 Jacques Zoua), Valentin Stocker, Kay Voser, Fabian Schär, Fabian Frei, Mohamed Salah (84 David Degen), Markus Steinhöfer, Mohamed Elneny. Coach: Murat Yakin
Yellow Card: Gallas (29), Parker (64) / Fabian Frei (48)
Goals: Emmanuel Adebayor (40), Gylfi Sigurdsson (58) / Valentin Stocker (30), Fabian Frei (34)


FC BASEL – TOTTENHAM HOTSPUR FC LONDON 2-2 (1-1)   (AET)   4-1 penalties
St. Jakob-Park, Basel   11.04.2013   Hour: 21:05
Referees: Olegário Benquerença, João Santos, Ricardo Santos (POR)   Attendance: 38,500
FC BASEL: Yann Sommer, Park Joo Ho, Philipp Degen, Aleksandar Dragovic, Geoffroy Serey Die (58 Marcelo Díaz), Marco Streller (Cap), Valentin Stocker (71 Markus Steinhöfer), Fabian Schär, Fabian Frei, Mohamed Salah (111 Alexander Frei), Mohamed Elneny. Coach: Murat Yakin
TOTTENHAM: Brad Friedel, Clint Dempsey, Jan Vertonghen, Scott Parker (78 Tom Huddlestone), Emmanuel Adebayor, Lewis Holtby, Kyle Naughton (79 Benoît Assou-Ekotto), Mousa Dembélé (59 Thomas Carroll), Michael Dawson, Gylfi Sigurdsson, Kyle Walker.
Coach: André Villas-Boas
Yellow Card: Die (58), Marco Streller (90+4) /
      Naughton (39), Dembélé (45), Dempsey (52), Dawson (90+4), Walker (90+4)
Goals: Mohamed Salah, Aleksandar Dragovic (49) / Clint Dempsey (23, 83)
Penalties: 1-0 Schär, Huddlestone, 2-0 Streller, 2-1 Sigurdsson, 3-1 F. Frey, Adebayor, 4-1 Díaz

FENERBAHÇE FK ISTANBUL – SS LAZIO ROMA 2-0 (0-0)
Şükrü Saracoğlu, Istanbul    04.04.2013    Hour: 22:05
Referees: William Collum, Martin Cryans, William Conquer (SCO)    Attendance: 43,629
FENERBAHÇE FK ISTANBUL: Volkan Demirel, Egemen Korkmaz, Mehmet Topal (71 Caner Erkin), Joseph Yobo, Moussa Sow (86 Mehmet Topuz), Dirk Kuyt, Raul Meireles, Cristian (75 Salih Uçan), Reto Ziegler, Gökhan Gönül, Pierre Webó. Coach: Aykut Kocaman
LAZIO: Federico Marchetti, Michaël Ciani, Ederson (63 Cristian Ledesma), Hernanes (86 Stefano Mauri), Álvaro González, Libor Kozák (72 Miroslav Klose), Senad Lulić, Ogenyi Onazi, Ştefan Radu (Cap), Lorik Cana, Antonio Candreva. Coach: Vladimir Petković
Yellow Card: Korkmaz (45+2), Webó (79), Meireles (90+4) /
              Onazi (31, 48), Ederson (51), Marchetti (54), Radu (78), Mauri (90).
Red Card: Onazi (48)
Goals: Pierre Webó (78 pen), Dirk Kuyt (90+1)


SS LAZIO ROMA – FENERBAHÇE FK ISTANBUL 1-1 (0-0)
Stadio Olimpico, Roma    11.04.2013    Hour: 21:05
Referees: Pavel Kralovec, Roman Slyško, Martin Wilczek (CZE)    Attendance: 0
LAZIO: Federico Marchetti, Michaël Ciani, Ederson (73 Sergio Floccari), Hernanes, Libor Kozák (77 Antonio Rozzi), Senad Lulić, Giuseppe Biava (56 Miroslav Klose), Cristian Ledesma (Cap), Ştefan Radu, Lorik Cana, Antonio Candreva. Coach: Vladimir Petković
FENERBAHÇE FK ISTANBUL: Volkan Demirel (Cap), Egemen Korkmaz, Joseph Yobo, Dirk Kuyt, Raul Meireles, Cristian (73 Salih Uçan), Selçuk Şahin, Reto Ziegler, Gökhan Gönül, Caner Erkin (87 Miloš Krasić), Pierre Webó (80 Mehmet Topuz). Coach: Aykut Kocaman
Yellow Card: Kozák (45+1), Lulić (64), Klose (72) / Erkin (31), Ziegler (31), Cristian (33)
Goals: Senad Lulić (60) / Caner Erkin (73)


SPORT LISBOA e BENFICA – NEWCASTLE UNITED FC 3-1 (1-1)
Estádio do Sport Lisboa e Benfica, Lisboa    04.04.2013    Hour: 20:05
Referees: Antony Gautier, Cyril Gringore, Fredji Harchay (FRA)    Attendance: 44,133
BENFICA: Artur, Luisão (Cap), Óscar Cardozo (77 Maxi Pereira), Ola John, Rodrigo (61 Enzo Pérez), Nicolás Gaitán, Nemanja Matić, Ezequiel Garay, Melgarejo, André Almeida, André Gomes (61 Lima). Coach: Jorge Jesus
NEWCASTLE: Tim Krul, Davide Santon, Yohan Cabaye (Cap), Danny Simpson (83 Dan Gosling), Moussa Sissoko, Papiss Cissé, Mapou Yanga-Mbiwa, James Perch (62 Vurnon Anita), Jonás Gutiérrez, Sylvain Marveaux (81 Shola Ameobi), Steven Taylor. Coach: Alan Pardew
Yellow Card: Rodrigo (28), Pérez (73) / Perch (20), Ameobi (87)
Goals: Rodrigo (25), Lima (65), Óscar Cardozo (71 pen) / Papiss Cissé (12)


NEWCASTLE UNITED FC – SPORT LISBOA e BENFICA 1-1 (0-0)
St. James' Park, Newcastle    11.04.2013    Hour: 20:05
Referees: Ivan Bebek, Tomislav Petrović, Miro Grgić (CRO)    Attendance: 52,157
NEWCASTLE: Tim Krul, Yohan Cabaye (Cap), Danny Simpson, Mike Williamson, Moussa Sissoko, Vurnon Anita (63 Hatem Ben Arfa), Papiss Cissé, Mapou Yanga-Mbiwa, Jonás Gutiérrez, Gael Bigirimana (46 Shola Ameobi), Massadio Haïdara (67 Sylvain Marveaux).
Coach: Alan Pardew
BENFICA: Artur, Luisão (Cap), Lima (72 Óscar Cardozo), Ola John (76 Rodrigo), Eduardo Salvio (90+3 Jardel), Nicolás Gaitán, Nemanja Matić, Ezequiel Garay, Melgarejo, André Almeida, Enzo Peréz. Coach: Jorge Jesus
Yellow Card: Cissé (67), Cabaye (70), Yanga-Mbiwa (81), Williamson (83) /
             Artur (31), Peréz (31), Almeida (49)
Goals: Papiss Cissé (71) / Eduardo Salvio (90+2)

# SEMI-FINALS

FENERBAHÇE FK ISTANBUL – SPORT LISBOA e BENFICA 1-0 (0-0)
Şükrü Saracoğlu, Istanbul   25.04.2013   Hour: 21:05
Referees: Milorad Mažić, Milovan Ristić, Igor Radojčić (SRB)   Attendance: 51,000
FENERBAHÇE FK ISTANBUL: Volkan Demirel (Cap), Egemen Korkmaz, Mehmet Topal, Joseph Yobo, Moussa Sow (87 Miloš Krasić), Dirk Kuyt, Raul Meireles (64 Salih Uçan), Cristian (86 Selçuk Şahin), Reto Ziegler, Gökhan Gönül, Pierre Webó. Coach: Aykut Kocaman
BENFICA: Artur, Óscar Cardozo, Pablo Aimar (46 Nicolás Gaitán), Maxi Pereira (Cap), Ola John (64 Rodrigo), Eduardo Salvio, Nemanja Matić, Ezequiel Garay, Melgarejo, Jardel, André Gomes (81 Carlos Martins). Coach: Jorge Jesus
Yellow Card: Cristian (38), Topal (50), Webó (90) /
   Gomes (31), Aimar (37), Maxi Pereira (41), John (45+1)
Goal: Egemen Korkmaz (72)


SPORT LISBOA e BENFICA – FENERBAHÇE FK ISTANBUL 3-1 (2-1)
Estádio do Sport Lisboa e Benfica, Lisboa   02.05.2013   Hour: 20:05
Referees: Stéphane Lannoy, Frédéric Cano, Michael Annonier (FRA)   Attendance: 55,402
BENFICA: Artur, Luisão, Óscar Cardozo (87 Urreta), Lima, Maxi Pereira, Eduardo Salvio, Nicolás Gaitán (90+3 Roderick), Nemanja Matić, Ezequiel Garay, André Almeida, Enzo Pérez.
Coach: Jorge Jesus
FENERBAHÇE FK ISTANBUL: Volkan Demirel (Cap), Egemen Korkmaz, Joseph Yobo (75 Miroslav Stoch), Moussa Sow, Dirk Kuyt, Cristian, Selçuk Şahin (45 Mehmet Topuz), Reto Ziegler, Salih Uçan, Gökhan Gönül (61 Bekir İrtegün), Caner Erkin. Coach: Aykut Kocaman
Yellow Card: Maxi Pereira (28), Pérez (33) / Cristian (30), Caner Erkin (85)
Goals: Nicolás Gaitán (9), Óscar Cardozo (35, 66) / Dirk Kuyt (23 pen)


FC BASEL – CHELSEA FC LONDON 1-2 (0-1)
St. Jakob-Park, Basel   25.04.2013   Hour: 21:05   Attendance: 36,000
Referees: Pavel Královec (CZE), Roman Slyško (SVK), Martin Wilczek (CZE)
FC BASEL: Yann Sommer, Park Joo Ho, Philipp Degen, Aleksandar Dragovic, Serey Die (61 Marcelo Díaz), Marco Streller (Cap), Valentin Stocker, Fabian Schär, Fabian Frei, Mohamed Salah (78 David Degen), Mohamed Elneny (65 Jacques Zoua). Coach: Murat Yakin
CHELSEA FC: Petr Čech, Branislav Ivanović, Ashley Cole, David Luiz, Ramires, Frank Lampard (79 Oscar), Fernando Torres, Victor Moses, Eden Hazard (70 Juan Mata), John Terry (Cap), César Azpilicueta. Coach: Rafael Benítez
Yellow Card: Dragovic (70), Degen (80), Schär (89) / Cole (68), Luiz (83), Azpilicueta (87)
Goals: Fabian Schär (87 pen) / Victor Moses Moses (12), David Luiz (90+4)


CHELSEA FC LONDON – FC BASEL 3-1 (0-1)
Stamford Bridge, London   02.05.2013   Hour: 20:05
Referees: Jonas Eriksson, Mathias Klasenius, Daniel Wärnmark (SWE)   Attendance: 39,409
CHELSEA FC: Petr Čech, Branislav Ivanović, David Luiz (82 Nathan Aké), Ramires (66 Oscar), Frank Lampard (Cap), Fernando Torres, Victor Moses, Eden Hazard (75 Juan Mata), Gary Cahill, César Azpilicueta, Ryan Bertrand. Coach: Rafael Benítez
FC BASEL: Yann Sommer, Serey Die, Marco Streller (Cap) (62 David Degen), Valentin Stocker (62 Jacques Zoua), Kay Voser, Fabian Schär, Fabian Frei (75 Marcelo Díaz), Mohamed Salah, Gastón Sauro, Markus Steinhöfer, Mohamed Elneny. Coach: Murat Yakin
Yellow Card: Azpilicueta (56) / Schär (67), Steinhöfer (69), Die (88)
Goals: Fernando Torres (50), Victor Moses (52), David Luiz (59) / Mohamed Salah (45+1)

# FINAL

SPORT LISBOA e BENFICA – CHELSEA FC LONDON 1-2 (0-0)
Amsterdam ArenA   15.05.2013   Hour: 20:45
Referees: Björn Kuipers, Sander van Roekel, Erwin Zeinstra (NED)   Attendance: 46,163
BENFICA: Artur, Luisão, Óscar Cardozo, Eduardo Salvio, Rodrigo (66 Lima), Nicolás Gaitán, Nemanja Matić, Ezequiel Garay (78 Jardel), Melgarejo (66 Ola John), André Almeida, Enzo Pérez.
Coach: Jorge Jesus
CHELSEA FC: Petr Čech, Branislav Ivanović, Ashley Cole, David Luiz, Ramires, Frank Lampard (Cap), Fernando Torres, Juan Mata, Oscar, Gary Cahill, César Azpilicueta. Coach: Rafael Benítez
Yellow Card: Garay (45+1), Luisão (61) / Oscar (14)
Goals: Óscar Cardozo (68 pen) / Fernando Torres (60), Branislav Ivanović (90+3)

# UEFA EUROPA LEAGUE 2013-14

## FIRST QUALIFYING ROUND

FK METALURG SKOPJE – QARABAĞ FK BAKU 0-1 (0-0)
National Arena Filip II Macedonian, Skopje   02.07.2013   Hour: 17:45
Referee: Lars Christoffersen, Henrik Sønderby, Niels Høg (DEN)   Attendance: 425
METALURG: Andreja Efremov, Aleksandar Dalčeski (67 Mile Krstev), Bojan Gjorgievski, Blagojče Ljamčevski, Oliver Peev, Marko Simonovski (63 Kemal Alomerović), Vasko Mitrev (Cap), Marjan Radeski (46 Cvetan Čurlinov), Risto Mitrevski, Ljubomir Stevanović, Stojan Ignatov. Coach: Srgjan Zaharievski
QARABAĞ FK BAKU: Miro Varvodic, Qara Qarayev, Maksim Medvedev, Reynaldo, Muarem Muarem (46 Namig Yusifov), Nikoloz Gelashvili (84 Leroy George), Rashad F. Sadygov (Cap), Vüqar Nadirov (70 Murad Sattarly), Richard Almeida, Admir Teli, Ansi Agolli.
Coach: Gurban Gurbanov
Yellow Card: Ljamčevski (35), Krstev (74) / Qarayev (49), Yusifov (90+2)
Goal: Reynaldo (64)

QARABAĞ FK BAKU – FK METALURG SKOPJE 1-0 (0-0)
Tofig Bahramov Republican stadium, Baku   11.07.2013   Hour: 21:00
Referee: Radek Matějek, Jiří Moláček, Ivo Nadvornik (CZE)   Attendance: 5,000
QARABAĞ FK BAKU: Miro Varvodić, Qara Qarayev, Maksim Medvedev, Namig Yusifov (79 Leroy George), Reynaldo, Nikoloz Gelashvili (89 Ulrich Kapolongo), Rashad F. Sadygov (Cap), Vüqar Nadirov (90+2 Murad Sattarly), Richard Almeida, Admir Teli, Ansi Agolli.
Coach: Gurban Gurbanov
FK METALURG SKOPJE: Andreja Efremov, Aleksandar Dalčeski, Blagojče Ljamčevski, Oliver Peev, Marko Simonovski (68 Bojan Gjorgievski), Vasko Mitrev, Marjan Radeski (46 Goran Maznov), Risto Mitrevski, Mile Krstev (Cap), Martin Šiškov (46 Cvetan Čurlinov), Sedat Berisha.
Coach: Srgjan Zaharievski
Yellow Card: Rashad F. Sadygov (56) / Radeski (25), Krstev (56)
Goal: Leroy George (85)

SLIEMA WANDERERS FC – XÄZÄR LÄNKÄRAN FK 1-1 (0-1)
Centenary, Ta' Qali   02.07.2013   Hour: 17:45
Referee: Eiko Saar, Silver Koiv, Jaanus Mutli (EST)   Attendance: 394
SLIEMA: Glen Zammit, Alex Muscat (Cap), John Mintoff (84 Luca Martinelli), Mark Scerri, Stanley Nka Ohawuchi, Clifford Gatt Baldacchino, Trevor Cilia (53 Ariel Laudisi), Paltemio Barbetti, Matias Muchardi, Giuseppe Muscat (90+6 Branislav Timotić), Stefano Bianciardi.
Coach: Alfonso Greco
XÄZÄR: Antonio Doblas, Wanderson Scarduelli (59 Adrian Piţ), Álvaro Silva Linares, Elnur Allahverdiyev, Sadio Tounkara, Elnur Abdullayev, Zouhir Benouahi, Nildo França (50 Nikola Gligorov), Radomir Todorov, Manuel Skarlatake (Cap), Marin Oršulić (66 Rasim Ramaldanov).
Coach: John Toshack
Yellow Card: Muscat (44), Scerri (56), Ohawuchi (60), Barbetti (74) /
    Oršulić (41), Linares (45), Elnur Allahverdiyev (28, 83)
Goals: Stanley Nka Ohawuchi (62) / Nildo França (13)

XÄZÄR LÄNKÄRAN FK – SLIEMA WANDERERS FC 1-0 (1-0)
Şähär stadionu, Lankaran    11.07.2013
Referee: Wim Smet, Dirk Gilon, Rien Vanyzere (BEL)    Attendance: 11,055
XÄZÄR LÄNKÄRAN FK: Antonio Doblas, Rasim Ramaldanov, Sadio Tounkara, Éder Bonfim, Zouhir Benouahi (89 Álvaro Silva), Nildo França, Rahid Amirguliyev (Cap), Radomir Todorov, Nikola Gligorov (61 Adrian Piţ), Manuel Skarlatake, Marin Oršulić (80 Elnur Abdullayev).
Coach: John Toshack
SLIEMA: Glen Zammit, Alex Muscat (Cap), John Mintoff, Mark Scerri, Stanley Nka Ohawuchi, Ariel Laudisi (70 Ivan Woods), Clifford Baldacchino, Paltemio Barbetti, Matias Muchardi, Giuseppe Muscat (84 Trevor Cilia), Stefano Bianciardi. Coach: Alfonso Greco
Yellow Card: Bonfim (16), Amirguliyev (60), Oršulić (78) / Barbetti (18), Bianciardi (25), Ohawuchi (39).
Red Card: Abdullayev (84) / Baldacchino (72)
Goal: Rahid Amirguliyev (29)


JK NARVA TRANS – GEFLE IF GÄVLE 0-3 (0-1)
Lilleküla Stadium, Tallinn    02.07.2013    Hour: 19:00
Referee: Boško Jovanetić, Vladimir Jovanović, Nemanja Petrović (SRB)    Attendance: 263
JK NARVA TRANS: Valeri Smelkov, Roman Nesterovski, Sergei Kazakov (63 Viktor Plotnikov), Andrejs Perepļotkins (83 German-Guri Lvov), Ilya Shesterkov, Aleksandr Dubõkin, Stanislav Kitto (Cap), Albert Taar, Deniss Kulikov, Irié, Andrei Jõgi (46 Artjom Škinjov).
Coach: Valeri Bondarenko
GEFLE: Emil Hedvall, Anders Wikström, Pär Asp, Alexander Faltsetas (73 Zakaria Abdullai), Simon Lundevall (66 Sive Phekezela), Jakob Orlov, Jens Portin, Mikael Dahlberg (Cap) (83 Johan Oremo), David Fällman, Jonas Lantto, Marcus Hansson. Coach: Per Olsson
Yellow Card: Kazakov (53) / Wikström (72), Faltsetas (73)
Goals: Aleksandr Dubõkin (43 og), Mikael Dahlberg (57), Jonas Lantto (90+3)


GEFLE IF GÄVLE – JK NARVA TRANS 5-1 (1-0)
Norrporten Arena, Sundsvall    11.07.2013    Hour: 17:00
Referee: Michael Oliver, Simon Long, Harry Lennard (ENG)    Attendance: 444
GEFLE: Emil Hedvall, Olof Mård, Jonas Olsson, Anders Wikström, Alexander Faltsetas, Johan Oremo, Sive Phekezela (33 Joachim Adukor), Jens Portin, Mikael Dahlberg (Cap) (65 Erik Tönros), Jonas Lantto (56 Simon Lundevall), Marcus Hansson. Coach: Per Olsson
JK NARVA TRANS: Evgeni Ponyatovski, Roman Nesterovski, Sergei Kazakov, Andrejs Perepļotkins (55 German-Guri Lvov), Ilya Shesterkov, Aleksandr Dubõkin, Stanislav Kitto (Cap), Albert Taar, Deniss Kulikov (84 Vitali Kutuzov), Irié, Andrei Jõgi (46 Artjom Škinjov).
Coach: Valeri Bondarenko
Yellow Card: Jõgi (28).
Red Card: Ilya Shesterkov (30)
Goals: Marcus Hansson (17), Johan Oremo (47,90+1), Mikael Dahlberg (50), Erik Tönros (71) / German-Guri Lvov (82)


BALA TOWN FC – FC LEVADIA TALLINN 1-0 (1-0)
Belle Vue, Rhyl    02.07.2013    Hour: 19:00
Referee: Vasilis Dimitriou, Aristides Christou, Nikolas Kalisperas (CYP)    Attendance: 1,247
BALA: Ashley Morris, Ben Collins, Stuart Jones, Ryan Valentine, Conall Murtagh, Mark Connolly (81 Steffan Edwards), Mark Jones (Cap), Ian Sheridan (90 Paul Lewis), Tony Davies (46 Lewis Codling), Stephen Brown, Kenny Lunt. Coach: Allan Bickerstaff
FC LEVADIA TALLINN: Roman Smishko (Cap), Artjom Artjunin, Ilja Antonov, Igor Subbotin, Maksim Podholjuzin, Aleksandr Kulinitš, Aleksei Jahhimovitš, Artur Pikk, Marek Kaljumäe (46 Artur Rättel), Andreas Raudsepp, Rimo Hunt (83 Ingemar Teever). Coach: Marko Kristal
Yellow Card: Davies (33)
Goal: Ian Sheridan (4)

FC LEVADIA TALLINN – BALA TOWN FC 3-1 (2-0)
Kadriorg, Tallinn   11.07.2013   Hour: 19:00
Referee: Dumitri Muntean, Oleg Molceanov, Vitalli Gorbatov (MDA)   Attendance: 2,567
FC LEVADIA TALLINN: Roman Smishko (Cap), Artjom Artjunin, Ilja Antonov, Artur Rättel, Igor Subbotin, Aleksandr Dmitrijev, Aleksandr Kulinitš, Aleksei Jahhimovitš, Artur Pikk, Andreas Raudsepp, Rimo Hunt (78 Marek Kaljumäe). Coach: Marko Kristal
BALA: Ashley Morris, Ben Collins, Stuart Jones, Ryan Valentine, Conall Murtagh (64 Ryan Jones), Mark Connolly, Mark Jones (Cap), Ian Sheridan, Stephen Brown (89 Kristian Pierce), Lewis Codling (75 Steffan Edwards), Kenny Lunt. Coach: Clin Caton
Yellow Card: Dmitrijev (90+3), Smishko (90+3) / Collins (40), Connolly (56)
Goals: Rimo Hunt (6, 21, 50) / Ryan Jones (89)


ÍF FUGLAFJØRÐUR – LINFIELD FC BELFAST 0-2 (0-0)
Tórsvøllur, Tórshavn   03.07.2013   Hour: 19:45   Attendance: 411
Referee: Aleksandrs Anufrijevs, Aleksejs Spasjonnikovs, Romans Platonovs (LVA)
IF: Haldgrimur Hansen, Nenad Šarić (73 Jakup Johansen), Hogni Madsen (90 Arnhold Kristiansen), Hanus Thorleifson (28 Aleksandar Jović), Bogi Petersen, Ari Ellingsgaard, Ossur Dalbúd, Heri H. Nesá, Fritleif Lambanum, Jan Ellingsgaard, Bartal Eliassen (Cap). Coach: Albert Ellefsen
LINFIELD FC: Jonathan Tuffey, Michael Gault (Cap), Andy Waterworth (71 Philip Lowry), Michael Carville, Billy Burns, Aaron Burns, Matthew Clarke, James Knowles, Matthew Tipton (64 Peter Thompson), Jim Ervin, Brian McCaul (60 Jamie Mulgrew). Coach: David Jeffrey
Yellow Card: Eliassen (49), Petersen (81), Dalbúd (87) / Gault (18), Burns (42)
Goals: Andy Waterworth (68), Philip Lowry (74)


LINFIELD FC BELFAST – ÍF FUGLAFJØRÐUR 3-0 (1-0)
Windsor Park, Belfast   10.07.2013   Hour: 19:45
Referee: Dejan Jakimovksi, Nikola Karakolev, Isa Emurli (MKD)   Attendance: 1600
LINFIELD FC: Jonathan Tuffey, Michael Gault (Cap), Philip Lowry, Peter Thompson, Michael Carville, Billy Burns, Aaron Burns (46 Mark McAllister), Matthew Clarke, James Knowles, Jim Ervin, Jamie Mulgrew. Coach: David Jeffrey
ÍF: Jákup Mikkelsen (Cap), Poul Mikkelsen (67 Fritleif Lambanum), Nenad Šarić, Hogni Madsen (70 Jakup Johansen), Aleksandar Jović, Bogi Petersen, Ari Ellingsgaard, Ossur Dalbúd (89 Aki Petersen), Heri H. Nesá, Jan Ellingsgaard, Bartal Eliassen. Coach: Albert Ellefsen
Yellow Card: Carville (69) / Nesá (40), Ellingsgaard (59), Mikkelsen (61)
Goals: Michael Gault (40), Jamie Mulgrew (55), Philip Lowry (61)


FC CHIKHURA SACHKHERE – FC VADUZ 0-0
Mikheil Meskhi, Tbilisi   04.07.2013   Hour: 18:00
Referee: Aleksandr Gauzer, Evgeni Belski, Rustam Suyunov (KAZ)   Attendance: 1200
CHIKHURA: Giorgi Somkhishvili (Cap), Lasha Tchelidze, Jambul Jigauri, Nika Kvaskhvadze (11 Gogita Gogatishvili, 36 Giorgi Kimadze), Rati Tsinamdzgvrishvili, Giorgi Datunaishvili, Giga Bechvaia, Shota Kashia, David Odikadze, Besik Dekanoidze (71 Vazha Lomashvili), Giorgi Rekhviashvili. Coach: Samson Pruidze
VADUZ: Peter Jehle, Pavel Pergl, Mario Sara, Matthias Baron (86 Diego Ciccone), Franz Burgmeier (Cap) (50 Vladan Milošević), Pascal Schürpf, Andrea Maccoppi, Kwan-Ryong Pak, Nicolas Hasler, Markus Neumayr (76 Manuel Sutter), Nick Von Niederhäusern.
Coach: Giorgio Contini
Yellow Card: Datunaishvili (61), Odikadze (73), Tchelidze (90+3) / Hasler (61)

FC VADUZ – FC CHIKHURA SACHKHERE 1-1 (1-1)
Rheinpark, Vaduz   11.07.2013   Hour: 19:00
Referee: Enea Jorgji, Ilir Tartaraj, Denis Rexha (ALB)   Attendance: 1,124
VADUZ: Peter Jehle, Pavel Pergl, Mario Sara, Matthias Baron (63 Amin Tighazoui), Manuel Sutter, Franz Burgmeier (Cap) (87 Ramon Cecchini), Pascal Schürpf, Kwan-Ryong Pak, Nicolas Hasler, Markus Neumayr, Nick Von Niederhäusern. Coach: Giorgio Contini
CHIKHURA: Giorgi Somkhishvili (Cap), Jambul Jigauri, Rati Tsinamdzgvrishvili (83 Gogita Gogatishvili), Vazha Lomashvili, Lasha Chikvaidze, Giorgi Datunaishvili, Giga Bechvaia, Shota Kashia, David Odikadze, Besik Dekanoidze (90 Giorgi Kimadze), Giorgi Rekhviashvili.
Coach: Samson Pruidze
Yellow Card: Sara (46) /
        Dekanoidze (47), Tsinamdzgvrishvili (48), 4 Rekhviashvili (57), Somkhishvili (81)
Goals: Manuel Sutter (29) / Jambul Jigauri (2)

FC ASTANA – PFC BOTEV PLOVDIV 0-1 (0-1)
Astana Arena, Astana   04.07.2013   Hour: 20:00
Referee: Georgi Vadachkoria, Levan Varamishvili, Irakli Ukleba (GEO)   Attendance: 5,670
ASTANA: Nenad Erić, Valeri Korobkin, Kairat Nurdauletov (Cap), Ulan Konysbaev (46 Damir Kojašević), Viktor Dmitrenko, Kethevoama Foxi, Bauyrzhan Islamkhan (62 Islambek Kuat), Blažo Igumanović, Abzal Beisebekov, Tanat Nusserbayev, Zelão. Coach: Miroslav Beranek
BOTEV: Adam Stachowiak, Boban Grncarov, Marian Ognyanov, Vander Sacramento Vieira (89 Todor Nedelev), Yordan Hristov, Veselin Minev (Cap), Anicet Andrianantenaina (90+3 Stanislav Kostov), Tomáš Jirsák, Romario Kortzorg (74 Kostadin Dyakov), Boris Galchev, Civard Sprockel.
Coach: Stanimir Stoilov
Yellow Card: Dmitrenko (75) / Vieira (62), Galchev (84)
Goal: Tomáš Jirsák (44)


PFC BOTEV PLOVDIV – FC ASTANA 5-0 (0-0)
Lazur, Burgas   11.07.2013   Hour: 20:30   Attendance: 7,400
Referees: Pavle Radovanović, Veselin Radunović, Djordjije Ražnatović (MNE)
BOTEV: Adam Stachowiak, Boban Grncarov, Marian Ognyanov, Vander Sacramento Vieira (61 Kostadin Dyakov), Yordan Hristov, Veselin Minev (Cap), Anicet, Tomáš Jirsák, Romario Kortzorg (46 Todor Nedelev), Boris Galchev (76 Luis Pedro), Civard Sprockel. Coach: Stanimir Stoilov
ASTANA: Nenad Erić, Valeri Korobkin, Kairat Nurdauletov (Cap), Viktor Dmitrenko, Kethevoama Foxi (76 Kirill Pasichnik), Blažo Igumanović, Abzal Beisebekov, Damir Kojašević (64), Marat Shakhmetov (60 Ulan Konysbaev), Islambek Kuat, Zelão. Coach: Miroslav Beranek
Yellow Card: Vieira (30) / Shakhmetov (11), Kuat (29, 34).
Red Card: Kuat (34)
Goals: Marian Ognyanov (54), Vander Sacramento Vieira (56), Todor Nedelev (58, 75), Boban Grncarov (71)


FC MILSAMI ORHEI – F91 DUDELANGE 1-0 (1-0)
District Sport Complex, Orhei   04.07.2013   Hour: 18:00
Referee: Tore Hansen, Reidar Gundersen, Joakim Knapstad (NOR)   Attendance: 2,500
MILSAMI: Andrian Negai, Adil Rhaili, Cornel Gheti, Ovye Shedrack, Artur Patraş (90 Petru Leuca), Gheorghe Boghiu (Cap) (76 Constantin Iavorschi), Guillherme (90 Andrei Ciofu), Denis Rassulov, Gheorghe Andronic, Victor Gheorghiu, Rareş Soporan. Coach: Ştefan Stoica
DUDELANGE: Jonathan Joubert (Cap), Jerry Prempeh, Romain Ney, Massimo Martino, Nicolas Fernandes (80 Jun Cai Wang), Daniel Da Mota (67 Aleksandre Karapetian), Joël Kitenge, Sofian Benzouien, Joël Pedro (46 Yassine Ben Ajiba), Donovan Maury, Thierry Steinmetz.
Coach: Pascal Carzaniga
Yellow Card: Rhaili (6), Gheorghiu (25), Shedrack (49), Rassulov (89), Iavorschi (90+2) /
        Da Mota (61), Maury (71)
Goal: Gheorghe Andronic (35)

F91 DUDELANGE – FC MILSAMI ORHEI 0-0
Jos Nosbaum, Dudelange    11.07.2013    Hour: 18:00    Attendance: 952
Referee: Vadims Direktorenko, Haralds Gudermanis, Aleksejs Griščenko (LVA)
DUDELANGE: Jonathan Joubert, Jerry Prempeh, Romain Ney, Massimo Martino (82 Morgan Betorangal), Nicolas Fernandes, Daniel Da Mota, Joël Kitenge (67 Yassine Ben Ajiba), Sofian Benzouien, Samir Louadj (56 Aleksandre Karapetian), Donovan Maury, Thierry Steinmetz.
Coach: Pascal Carzaniga
MILSAMI: Andrian Negai, Adil Rhaili (13 Andrei Ciofu), Cornel Gheti, Vadim Bolohan, Artur Patraş (88 Petru Leuca), Gheorghe Boghiu (Cap), Guillherme, Denis Rassulov, Gheorghe Andronic (89 Alexandru Stadiiciuc), Victor Gheorghiu, Rareş Soporan. Coach: Ştefan Stoica
Yellow Card: Maury (23), Ney (62), Fernandes (79) / Gheti (19), Negai (89)


GANDZASAR FC KAPAN – FC AKTOBE 1-2 (0-0)
Yerevan Republican Stadium after Vazgen Sargsyan, Yerevan    04.07.2013    Hour: 19:00
Referee: Daniel Stefanski, Rafal Rostkowski, Krzysztof Myrmus (POL)    Attendance: 2,100
GANDZASAR FC KAPAN: Arsen Beglaryan, Samvel Melkonyan, Artak Dashyan, Artur Barseghyan (65 Artashes Zakaryan), Shota Jikia (86 Aleksandr Petrosyan), Dejan Vukomanović (72 Hayrapet Avagyan), Ara Khachatryan, Artur Avagyan, Narek Beglaryan, Goran Obradović, Artak Grigoryan (Cap). Coach: Sevada Arzumanyan
FC AKTOBE: Andrei Sidelnikov, Alexei Muldarov, Andrei Kharabara, Petr Badlo (Cap), Marat Khayrullin, Robert Primus, Askhat Tagybergen, Emil Kenzhisariev (46 Sergei Davydov), Sergei Kovalchuk (71 Yuri Logvinenko), Alexander Geynrikh (84 Sergei Gridin), Timur Kapadze.
Coach: Vladimir Nikitenko
Yellow Card: Zakaryan (73)
Goals: Artak Dashyan (90) / Sergei Davydov (61), Askhat Tagybergen (78)


FC AKTOBE – GANDZASAR FC KAPAN 2-1 (1-1)
Tsentralniy, Aktobe    11.07.2013    Hour: 21:00
Referee: Nikola Dabanović, Dragan Vujović, Vladan Todorović (MNE)    Attendance: 12,800
FC AKTOBE: Andrei Sidelnikov, Alexei Muldarov, Andrei Kharabara, Petr Badlo (Cap), Sergei Davydov (39 Sergei Kovalchuk), Marat Khayrullin, Robert Primus, Emil Kenzhisariev, Yuri Logvinenko, Alexander Geynrikh (81 Sergei Gridin), Timur Kapadze (86 Askhat Tagybergen).
Coach: Vladimir Nikitenko
GANDZASAR FC KAPAN: Arsen Beglaryan, Samvel Melkonyan, Artak Dashyan, Shota Jikia (63 Artur Barseghyan), Armen Tatintsyan (86 Hayrapet Avagyan), Dejan Vukomanović (74 Aleksandr Petrosyan), Ara Khachatryan, Artur Avagyan, Narek Beglaryan (Cap), Goran Obradović, Artak Grigoryan. Coach: Sevada Arzumanyan
Yellow Card: Badlo (22), Logvinenko (27), Geynrikh (79) / Khachatryan (48)
Goals: Timur Kapadze (2, 54) / Narek Beglaryan (35)


FK ČELIK NIKŠIĆ – BUDAPEST HONVÉD FC 1-4 (1-2)
Gradski, Nikšić    04.07.2013    Hour: 17:30
Referee: Martin Strömbergsson, Joakim Flink, Per Brogevik (SWE)    Attendance: 1,300
ČELIK: Zoran Banović (Cap), Aleksandar Dubljević, Danilo Vuković, Ilija Radović (66 Luka Bakoč), Zijad Adrović, Ivan Ivanović (89 Marko Kašalica), Darko Zorić (46 Nikola Simić), Predrag Vidakanič, Vasilije Jovović, Stevan Račić, Boris Bulajić. Coach: Slavoljub Bubanja
HONVÉD: Szabolcs Kemenes (Cap), Aleksandar Ignjatović (54 Raffaele Alcibiade), George Ikenne, Gergely Délczeg, Filip Holender (75 Andrea Mancini), Souleymane Diaby, Ivan Lovrić, Patrick Hidi, Bálint Vécsei (65 Drissa Diarra), Boris Živanović, Gergő Nagy. Coach: Marco Rossi
Yellow Card: Ivanović (45), Vidakanič (58), Dubljević (75), Nagy (76), Andrea Mancini (90+3)
Goals: Ilija Radović (16) / Gergely Délczeg (38), Filip Holender (41, 62), Souleymane Diaby (52)

BUDAPEST HONVÉD FC – FK ČELIK NIKŠIĆ 9-0 (3-0)
József Bozsik, Budapest    11.07.2013    Hour: 20:30
Referee: Jonathan Lardot, Danny Huens, Frederick Stalport (BEL)    Attendance: 1,800
HONVÉD: Szabolcs Kemenes, Aleksandar Ignjatović, Gergely Délczeg, Raffaele Alcibiade, Filip Holender (55 Richárd Kozma), Souleymane Diaby (61 Emanuele Testardi), Drissa Diarra, Ivan Lovrić, Patrick Hidi, Boris Živanović (46 Andrea Mancini), Botond Baráth. Coach: Marco Rossi
FK ČELIK NIKŠIĆ: Zoran Banović (Cap), Aleksandar Dubljević (20 Luka Bakoč), Danilo Vuković, Ilija Radović (46 Ilija Bulatović), Zijad Adrović, Ivan Ivanović (69 Žarko Vilotijević), Darko Zorić, Predrag Vidakanič, Vasilije Jovović, Stevan Račić, Boris Bulajić.
Coach: Slavoljub Bubanja
Yellow Card: Mancini (79) / Vuković (51)
Goals: Filip Holender (14), Souleymane Diaby (23), Drissa Diarra (36), Gergely Délczeg (49), Emanuele Testardi (66, 75, 87), Raffaele Alcibiade (67), Richárd Kozma (81)


UE SANTA COLOMA – HŠK ZRINJSKI MOSTAR 1-3 (1-0)
Estadi Comunal, Andorra la Vella    04.07.2013    Hour: 17:30
Referee: Petur Reinert, Regin Egholm, Jan A Lirenda (FRO)    Attendance: 215
UE SANTA COLOMA: Iván Perianes, David Maneiro, Alexandre Martínez (Cap) (83 Alex Marc Blázquez), Àlex Roca, Boris Anton, Victor Bernat (67 Josep Vall), Walid Bousenine, Aitor Pereira, Sergi Crespo, Jordi Rubio (77 Enric Triquell), Luis Do Nascimiento. Coach: Emilio Gomez
ZRINJSKI: Ratko Dujković, Anto Radeljić (51), Deni Simeunović, Ivan Crnov, Nebojša Popović (83 Amer Bekić), Pero Stojkić, Zoran Brković, Milan Muminović (79 Hrvoje Barišić), Srdjan Savić (70 Vučina Šćepanović), Marin Aničić (Cap), Velibor Djurić. Coach: Branko Karačić
Yellow Card: Roca (24), Martínez (44), Do Nascimiento (50), Bernat (61) /
    Muminović (36), Radeljić (51)
Goals: Victor Bernat (45+1) / Ivan Crnov (63), Nebojša Popović (66), Velibor Djurić (77)


HŠK ZRINJSKI MOSTAR – UE SANTA COLOMA 1-0 (0-0)
NK Zrinjski, Mostar    11.07.2013    Hour: 18:30
Referee: Kevin Azzopardi, Duncan Sultana, Sammy Attard (MLT)    Attendance: 2,000
ZRINJSKI: Ratko Dujković, Danijel Graovac, Amer Bekić (60 Nebojša Popović), Ivan Crnov (68 Velibor Djurić), Mile Pehar (82 Deni Simeunović), Vučina Šćepanović, Pero Stojkić, Vedran Kantar, Zoran Brković, Srdjan Savić, Marin Aničić (Cap). Coach: Branko Karačić
UE SANTA COLOMA: Friday Godswill, David Maneiro, Alexandre Martínez (Cap), Àlex Roca, Boris Anton, Josep Vall (78 Aitor Pereira), Victor Bernat (73 Luis Do Nascimiento), Walid Bousenine, Enric Triquell, Sergi Crespo (84 Alex Marc Blázquez), Jordi Rubio.
Coach: Emilio Gomez
Yellow Card: / Rubio (83), Roca (90)
Goal: Velibor Djurić (76)


FK TETEKS TETOVO – FC PYUNIK YEREVAN 1-1 (0-0)
National Arena Filip II Macedonian, Skopje    04.07.2013    Hour: 17:45
Referee: Sascha Amhof, Sladan Josipović, Markus Räber (SUI)    Attendance: 1,200
TETEKS: Vance Mancevski, Aleksandar Krsteski, Egzon Bejtulai, Igor Kralevski, Miroslav Jovanovski (77 Milan Ristovski), Bobi Bozinovski (Cap), Darko Micevski (87 Kristijan Toševski), Genc Iseni, Viktor Angelov (82 Filip Petkovski), Filip Despotovski, Dragan Načevski.
Coach: Gorazd Mihailov
FC PYUNIK YEREVAN: Gor Manukyan, Varazdat Haroyan, Kamo Hovhannisyan, Gagik Poghosyan, Ghukas Poghosyan, Davit Manoyan (Cap), Aghvan Papikyan (66 Davit Zakaryan), Vaspurak Minasyan, Ashot Sardaryan (72 Gor Malakyan), Sargis Baloyan (75 Viulen Ayvazyan), Taron Voskanyan. Coach: Rafayel Nazaryan
Yellow Card: Jovanovski (47), Načevski (54), Bejtulai (64), Angelov (70) /
    Voskanyan (29), Manoyan (35), Baloyan (57), Poghosyan (77), Malakyan (87)
Goals: Genc Iseni (90) / Viulen Ayvazyan (81)

FC PYUNIK YEREVAN – FK TETEKS TETOVO 1-0 (0-0)
Yerevan Republican Stadium after Vazgen Sargsyan   11.07.2013   Hour: 20:00
Referee: Peter Kralović, Tomaš Mokoš, Miroslav Benko (SVK)   Attendance: 2,900
FC PYUNIK YEREVAN: Gor Manukyan, Arman Hovhannisyan, Varazdat Haroyan, Gagik Poghosyan, Davit Manoyan (Cap), Artur Yuspashyan, Aghvan Papikyan (70 Ghukas Poghosyan), Vaspurak Minasyan, Ashot Sardaryan (86 Gor Malakyan), Sargis Baloyan (59 Viulen Ayvazyan), Taron Voskanyan. Coach: Rafayel Nazaryan
TETEKS: Vance Mancevski, Aleksandar Krsteski, Egzon Bejtulai, Igor Kralevski, Miroslav Jovanovski (59 Genc Iseni, 84 Kristijan Toševski), Bobi Božinovski (Cap), Darko Micevski, Viktor Angelov (76 Milan Ristovski), Filip Petkovski, Filip Despotovski, Dragan Načevski.
Coach: Gorazd Mihailov
Yellow Card: Malakyan (87), Yuspashyan (89) / Načevski (37), Bejtulai (38), Jovanovski (45)
Goal: Viulen Ayvazyan (90+3)

HIBERNIANS FC PAOLA – FK VOJVODINA NOVI SAD 1-4 (0-1)
Centenary, Ta' Qali   04.07.2013   Hour: 18:00
Referee: Suren Baliyan, Mesrop Ghazaryan, Vanik Simonyan (ARM)   Attendance: 638
HIBERNIANS FC PAOLA: Mario Muscat (Cap), Bjorn Kristensen, Ryan Camilleri, Jonathan Pearson, Rodolfo Soares, Marcelo Dias (66 Neil Chetcuti), Andrew Cohen, Clayton Failla, Matthew Tabone (65 Jackson Lima), Poly Obiefule (78 Jean Paul Farrugia), Edison.
Coach: Branko Nisevic
VOJVODINA: Marko Kordić, Nemanja Radoja, Branislav Trajković, Enver Alivodic (88 Mijat Gačinović), Petar Škuletić (58 Nemanja Bilbija), Stojan Vranjes (71 Nebojša Kosović), Aboubakar Oumarou, Mario Barić, Marko Poletanović, Miroslav Vulićević (Cap), Igor Djurić.
Coach: Marko Nikolić
Yellow Card: Dias (65), Edison (76) / Djurić (45, 89).
Red Card: Djurić (89)
Goals: Poly Obiefule (78) / Petar Škuletić (40), Rodolfo Soares (43 og), Aboubakar Oumarou (50)

FK VOJVODINA NOVI SAD – HIBERNIANS FC PAOLA 3-2 (1-1)
Karadjordje, Novi Sad   11.07.2013   Hour: 20:30
Referee: Tornike Gvantseladze, David Chigogidze, Giorgi Kruashvili (GEO)   Attendance: 4,582
VOJVODINA: Marko Kordić, Nemanja Radoja, Branislav Trajković, Enver Alivodić, Petar Škuletić (86 Mijat Gačinović), Stojan Vranjes, Mario Barić (67 Bojan Nastić), Marko Poletanović (79 Nebojša Kosović), Nemanja Bilbija, Vladimir Kovačević, Miroslav Vulićević (Cap).
Coach: Marko Nikolić
HIBERNIANS FC PAOLA: Daniel Balzan, Ryan Camilleri, Jonathan Pearson, Jackson Lima (85 Jean Paul Farrugia), Rodolfo Soares, Marcelo Dias (70 Edison), Andrew Cohen (Cap), Bjorn Kristensen, Clayton Failla, Neil Chetcuti, Poly Obiefule. Coach: Branko Nisevic
Yellow Card: Kovačević (29), Kordić (47) / Lima (76), Failla (88), Cohen (90).
Red Card: Edison (88)
Goals: Enver Alivodić (40), Petar Škuletić (42 og, 62, 67), Clayton Failla (47)

INTER BAKU PIK – IFK MARIEHAMN 1-1 (1-0)
Bayil stadium, Baku   04.07.2013   Hour: 21:00
Referee: Sergejus Slyva, Vytautas Šimkus, Saulius Dirda (LTU)   Attendance: 2,300
INTER: Giorgi Lomaia, Iván Alejandro, Slavčo Georgievski, Ruslan Ämircanov, Aleksandr Iashvili, Asif Mammadov (46 Mikel Álvaro, Bruce Abdoulaye, Arif Dashdemirov, Bachana Tskhadadze (83 Ramil Mansurov), Abdulla Abasiyev, Vagif Javadov (Cap) (76 Daniel Genov).
Coach: Kakhaber Tskhadadze
MARIEHAMM: Peter Enckelman, Roger Thompson, Dever Orgill (18 Kris Bright), Pekka Lagerblom, Jani Lyyski (Cap), Tommy Wirtanen, Emil Andersson, Robin Östlind, Alanzo Adlam, Diego Assis (33 Petteri Jokihaara), Patrick Byskata. Coach: Pekka Lyyski
Yellow Card: Abasiyev (44), Abdoulaye (50), Alejandro (80) / Jani Lyyski (90)
Goals: Asif Mammadov (7) / Alanzo Adlam (72)

IFK MARIEHAMN – INTER BAKU PIK 0-2 (0-1)
Wiklöf Holding Arena, Mariehamn    11.07.2013    Hour: 20:00
Referee: Mervyn Smyth, James Eakin, David Anderson (NIR)    Attendance: 1,532
MARIEHAMN: Peter Enckelman, Roger Thompson, Pekka Lagerblom, Rezgar Amani (61 Mattias Wiklöf), Jani Lyyski (Cap), Tommy Wirtanen, Emil Andersson, Robin Östlind, Alanzo Adlam, Kris Bright, Patrick Byskata. Coach: Pekka Lyyski
İNTER BAKI: Giorgi Lomaia, Iván Alejandro, Slavčo Georgievski, Ruslan Ämircanov, Mikel Álvaro, Aleksandr Iashvili (69 Matija Špičić), Bruce Abdoulaye, Arif Dashdemirov, Bachana Tskhadadze (73 Daniel Genov), Abdulla Abasiyev (90+2 Ilqar Alakbarov), Vagif Javadov (Cap).
Coach: Kakhaber Tskhadadze
Yellow Card: Bright (67) / Abasiyev (53)
Goals: Bachana Tskhadadze (21), Vagif Javadov (86)


AS LA JEUNESSE d'ESCH – TURUN PALLOSEURA TURKU 2-0 (1-0)
La Frontière, Esch-sur-Alzette    04.07.2013    Hour: 18:00
Referee: Nerijus Dunauskas, Dovydas Sužiedėlis, Ingrida Siliuniene (LTU)    Attendance: 1,157
JEUNESSE: Marc Oberweis (Cap), Clayton Moreira (66 Kim Kintziger), Eric Hoffmann, Adrien Portier, Khalid Benichou, Chu Wang (74 Pierre Piskor), Sanel Ibrahimović, Dan Collette (88 Andrea Deidda), Alexandre Vitali, Ricardo Delgado, Dzenid Ramdedovic. Coach: Daniel Theis
TPS: Jukka Lehtovaara, Jani Tanska, Juho Lähde, Jaakko Nyberg (86 Juho Lehtonen), Sami Rähmönen, Wayne Brown (66 Aleksi Ristola), Mikko Hyyrynen (43 Matej Hradecky), Petteri Pennanen, Mika Ääritalo, Roope Riski, Jarkko Hurme (Cap). Coach: Marko Rajamäki
Yellow Card: Ramdedovic (81)
Goals: Khalid Benichou (21), Chu Wang (52)


TURUN PALLOSEURA TURKU – AS LA JEUNESSE d'ESCH 2-1 (1-0)
Turku Stadium, Turku    09.07.2013    Hour: 19:00    Attendance: 2189
Referee: Gunnar Jarl Jónsson, Frosti Vidar Gunnarsson, Birkir Sigurdarson (ISL)
TPS: Jukka Lehtovaara, Jani Tanska, Juho Lähde, Jaakko Nyberg (67 Santeri Mäkinen), Sami Rähmönen, Petteri Pennanen, Mika Ääritalo, Roope Riski, Jarkko Hurme (Cap), Aleksi Ristola (60 Mikko Hyyrynen), Matej Hradecky (29 Wayne Brown). Marko Rajamäki
JEUNESSE: Marc Oberweis (Cap), Clayton Moreira (72 Pierre Piskor), Eric Hoffmann, Adrien Portier, Khalid Benichou, Chu Wang (84 Denis Agovic), Sanel Ibrahimović, Dan Collette, Alexandre Vitali, Ricardo Delgado, Kim Kintziger (86 Mirko Albanese). Daniel Theis
Yellow Card: Lähde (57), Riski (88) / Kintziger (52), Benichou (78)
Goals: Alexandre Vitali (38 og), Roope Riski (87) / Chu Wang (80)


FK KRUOJA PAKRUOJIS – FC DINAMO MINSK 0-3 (0-0)
Šiauliai central stadium, Šiauliai    04.07.2013    Hour: 19:00    Attendance: 760
Referee: Thorvaldur Árnason, Sigurdur Oli Thorleifsson, Áskell Thór Gíslason (ISL)
KRUOJA: Māris Eltermanis, Valdas Pocevicius, Modestas Atmanavičius (71 Andrius Šidlauskas), Ričardas Beniušis, Gediminas Paulauskas, Deividas Lunskis, Aleksandr Tishkevich (59 Andrius Lipskis), Nerijus Mačiulis, Zhantemir Soblirov (81 Aivaras Bagočius), Donatas Strockis, Giedrius Slavickas (Cap). Coach: Aidas Dambrauskas
DINAMO: Aleksandr Gutor, Pavel Plaskonny, Slobodan Simović, Sergei Politevich, Aleksandr Bychenok (62 Danilo Cóccaro), Vladimir Khvaschinski (82 Gleb Rassadkin), Nikita Korzun, Oleg Veretilo (Cap), Hernan Figueredo, Igor Stasevich, Dmitri Sychev (73 Artem Bykov).
Coach: Robert Maaskant
Yellow Card: Pocevicius (25), Atmanavičius (43), Strockis (90) / Korzun (37), Sychev (65)
Goals: Hernan Figueredo (63), Sergei Politevich (72), Gleb Rassadkin (84)

FC DINAMO MINSK – FK KRUOJA PAKRUOJIS 5-0 (4-0)
Traktor, Minsk    11.07.2013    Hour: 19:00
Referee: Aliyar Aghayev, Vagif Musayev, Namik Huseynov (AZE)    Attendance: 2,900
DINAMO MINSK: Aleksandr Gutor, Pavel Plaskonny, Slobodan Simović, Sergei Politevich, Vladimir Khvaschinski, Artem Bykov, Aleksandr Danilov (57 Semen Shestilovski), Oleg Veretilo (Cap), Hernan Figueredo (64 Aleksandr Bychenok), Igor Stasevich, Dmitri Sychev (70 Gleb Rassadkin). Coach: Robert Maaskant
KRUOJA: Mindaugas Malinauskas, Valdas Pocevicius, Modestas Atmanavičius (88 Gediminas Balašauskas), Ričardas Beniušis (83 Lukas Kochanauskas), Deividas Lunskis, Andrius Šidlauskas (46 Aivaras Bagočius), Aleksandr Tishkevich, Nerijus Mačiulis, Andrius Lipskis, Donatas Strockis, Giedrius Slavickas (Cap). Coach: Aidas Dambrauskas
Yellow Card: / Strockis (52)
Goals: Artem Bykov (5), Hernan Figueredo (14), Dmitri Sychev (16,17), Vlad. Khvaschinski (70)


FC FLORA TALLINN – FK KUKËSI 1-1 (1-0)
Lilleküla Stadium, Tallinn    04.07.2013    Hour: 19:30
Referee: Denis Scherbakov, Dmitri Zhuk, Stanislav Savitski (BLR)    Attendance: 2,400
FLORA: Marko Meerits, Karol Mets, Sander Van De Streek, Rauno Alliku (79 Albert Prosa), Reio Laabus (85 Rauno Sappinen), Markus Jürgenson, Karl Palatu, Andre Frolov (Cap), Guram Mikadze, Sander Post, Karl-Eerik Luigend (74 Irakli Logua). Coach: Marko Lelov
KUKËS: Argent Halili, Julian Brahja, Gerhard Progni, Lazar Popović (82 Enco Malindi), Rahman Hallaçi (Cap), Igli Allmuça, Lucas Malacarne, Enkel Alikaj (66 Renato Malota), Yll Hoxha (78 Gentian Manuka), Roland Peqini, Besar Musolli. Coach: Armando Cungu
Yellow Card: Malacarne (8), Gentian Manuka (90+1)
Goals: Sander Post (11) / Gerhard Progni (79)


FK KUKËSI – FC FLORA TALLINN 0-0
Stadiumi Kombëtar Qemal Stafa, Tirana    11.07.2013    Hour: 19:30    Attendance: 4,000
Referee: Mark Steven Whitby, Gareth Wyn Jones, Lewiss Ross Edwards (WAL)
KUKËS: Argent Halili, Julian Brahja, Gerhard Progni, Lazar Popović (83 Enco Malindi), Rahman Hallaçi (Cap), Igli Allmuça, Lucas Malacarne, Enkel Alikaj (66 Renato Malota), Yll Hoxha (90+4 Gentian Manuka), Roland Peqini, Besar Musolli. Coach: Armando Cungu
FLORA: Marko Meerits, Karol Mets, Sander Van De Streek, Rauno Alliku, Reio Laabus (64 Sander Post), Markus Jürgenson, Karl Palatu, Andre Frolov (Cap), Guram Mikadze (86 Seka Adou), Karl-Eerik Luigend, Albert Prosa (64 Irakli Logua). Coach: Marko Lelov
Yellow Card: Progni (64), Malota (79) / Jürgenson (23), Palatu (85).
Red Card: Besar Musolli (79)


FK SŪDUVA MARIJAMPOLÉ – FK HORIZONT TURNOVO 2-2 (1-2)
Stadium of Marijampole football club, Marijampolé    04.07.2013    Hour: 19:45
Referee: Jari Järvinen, Jan-Peter Aravirta, Ville Koskiniemi (FIN)    Attendance: 1,500
SŪDUVA: Pavels Davidovs, Nerijus Radžius, Darius Isoda, Povilas Leimonas (Cap), Audrius Brokas (46 Karolis Chvedukas), Nerijus Valskis, Valentin Baranovskij, Petar Bašić, Tomas Radzinevičius, Marius Šoblinskas (81 Povilas Kiselevskis), Maximiliano Uggè.
Coach: Darius Gvildys
TURNOVO: Stojan Dimovski (Cap), Marjan Tasev, Tomica Petrov, Dejan Mitrev, Mitko Mavrov, Aleksandar Tenekedžiev (87 Tomislav Iliev), Dejan Blazevski, Ilija Mitrov (68 Gjorgji Stoilov), Todi Vasilev, Aleksandar Varelovski, Zoran Baldovaliev (90+1 Alen Jasharoski).
Coach: Shefki Arifovski
Yellow Card: Baranovskij (17), Davidovs (45+1), Povilas Leimonas (69), Valskis (90+3), Isoda (90+7) / Mitrov (42), Petrov (53), Varelovski (58), Vasilev (72), Tenekedžiev (87), Blazevski (88)
Goals: Petar Bašić (23), Nerijus Valskis (85) / Zoran Baldovaliev (30), Dejan Blazevski (45+1)

FK HORIZONT TURNOVO – FK SŪDUVA MARIJAMPOLÉ 2-2 (0-1, 2-2) (AET) 5-4 penalties
National Arena Filip II Macedonian, Skopje    11.07.2013    Hour: 17:30
Referee: Clayton Pisani, Alan Camilleri, Paul Apap (MLT), Ayy: 1,558
TURNOVO: Stojan Dimovski (Cap), Tomislav Iliev, Tomica Petrov (82 Marjan Tasev), Dejan Mitrev, Mitko Mavrov, Aleksandar Tenekedžiev, Dejan Blaževski, Ilija Mitrov (71 Gjorgji Stoilov), Todi Vasilev (90+1 Bojan Najdenov), Aleksandar Varelovski, Zoran Baldovaliev.
Coach: Shefki Arifovski
SŪDUVA: Pavels Davidovs, Nerijus Radžius, Darius Isoda, Povilas Leimonas (Cap), Karolis Chvedukas (90+2 Gytis Urba), Nerijus Valskis (90+4 Audrius Brokas), Valentin Baranovskij (81 Vilmantas Bagdanavičius), Petar Bašić, Tomas Radzinevičius, Marius Šoblinskas, Maximiliano Uggè. Coach: Darius Gvildys
Yellow Card: Varelovski (42), Tenekedžiev (45+1), Baldovaliev (80), Stoilov (117) /
    Radzinevičius (54,59), Urba (90+7).
Red Card: Radzinevičius (59)
Goals: Ilija Mitrov (47), Dejan Blazevski (90+7) / Nerijus Valskis (43), Tomas Radzinevičius (52)
Penalties: 1-0 Baldovaliev, 1-1 Bašić, 2-1 Blaževski, Urba, 3-1 Najdenov, 3-2 Šoblinskas, Tasev, 3-3 Brokas, 4-3 Mavrov, 4-4 Uggè, 5-4 Stoilov, Leimonas



KF LAÇI – FC DIFFERDANGE 03   0-1 (0-0)
Skënderbeu, Korçë    04.07.2013    Hour: 19:00
Referee: Leonardo Guidi, Massimo Zanotti, Andrea Guidi (SMR)    Attendance: 300
LAÇI: Edvan Bakaj, Elton Doku, Stipe Buljan, Gezim Ndreka, Sajmir Kastrati, Elio Shazivari (40 Taulant Sefgjini), Damir Rovcanin (70 Spartak Ajazi), Erjon Vucaj (Cap), Chukwuka Charles Ofoyen, Valdan Nimani, Alfred Zefi. Coach: Stavri Nicaj
FC DIFFERDANGE 03: Julien Weber, André Rodrigues (68 Yannick Bastos), Andy May, Pedro Ribeiro (75 Jérémie Meligner), Omar Er Rafik, Omer Bisevac (82 Michel Kettenmeyer), Ante Bukvic, Mathias Jänisch, Philippe Lebresne (Cap), Geoffrey Franzoni, Jean-Philippe Caillet.
Coach: Michel Leflochmoan
Yellow Card: Ofoyen (39), Rovcanin (65) / Rodrigues (28), Jänisch (37), Caillet (71), Bastos (87)
Goal: Philippe Lebresne (84)



FC DIFFERDANGE 03 – KF LAÇI 2-1 (0-1)
Stade Municipal de Differdange    09.07.2013    Hour: 19:30
Referees: Robert Malek, Krzysztof Myrmus, Marcin Lis (POL)    Attendance: 952
FC DIFFERDANGE 03: Julien Weber, André Rodrigues, Andy May, Pedro Ribeiro (84 Yannick Bastos), Omar Er Rafik (90+2 Antonio Luisi), Omer Bisevac (90 Michel Kettenmeyer), Ante Bukvic, Mathias Jänisch, Philippe Lebresne (Cap), Geoffrey Franzoni, Jean-Philippe Caillet.
Coach: Michel Leflochmoan
LAÇI: Edvan Bakaj, Elton Doku, Stipe Buljan, Henry Ndreka, Sajmir Kastrati, Elio Shazivari (85 Damir Rovcanin), Erjon Vucaj (Cap), Taulant Sefgjini, Valdan Nimani, Alfred Zefi, Sadush Danaj.
Coach: Stavri Nicaj
Yellow Card: May (63), Bastos (86) /
    Erjon Vucaj (60,86), Sefgjini (70, 90+4), Zefi (74), Bakaj (76), Ndreka (76,78).
Red Card: Ndreka (78), Vucaj (86) , Sefgjini (90+4)
Goals: Omar Er Rafik (55, 75) / Valdan Nimani (38)

FC TORPEDO KUTAISI – MŠK ŽILINA 0-3 (0-0)
Tsentraluri, Kutaisi   04.07.2013   Hour: 21:00
Referee: Domagoj Vučkov, Goran Perica, Ivica Modrić (CRO)   Attendance: 4,150
TORPEDO: Omar Migineishvili, Vazha Tabatadze, Revaz Chiteishvili, Nikoloz Pirtskhalava (53 Giorgi Pantsulaia), Mate Tsintsadze, Merab Gigauri, Giorgi Kukhianidze (73 Tornike Kapanadze), Nika Tchanturia, Giorgi Gorozia (64 Beka Tugushi), Zaza Chelidze, Revaz Barabadze.
Coach: Zaragoza Mulet Gerard
MŠK ŽILINA: Martin Dúbravka, Serge Akakpo, Tomáš Majtán, Viktor Pečovský, Babatounde Bello (90+1 Miroslav Káčer), Jozef Piaček (Cap), Róbert Pich, Ali Ceesay, Jaroslav Mihalík (73 Adam Žilák), Jakub Paur (88 Michal Škvarka), Ernest Mabouka. Coach: Adrián Gula
Yellow Card: Tabatadze (7), Kukhianidze (26), Gorozia (52), Kvilitaia (85), Kapanadze (87) /
   Paur (55), Ceesay (60), Žilák (74)
Goals: Tomáš Majtán (58, 84), Róbert Pich (77)


MŠK ŽILINA – FC TORPEDO KUTAISI 3-3 (2-1)
Štadión MŠK Žilina   11.07.2013   Hour: 17:30
Referee: Elmir Pilav, Dalibor Drašković, Haris Baković (BIH)   Attendance: 3,197
MŠK ŽILINA: Martin Dúbravka, Serge Akakpo, Tomáš Majtán, Viktor Pečovský, Babatounde Bello, Jozef Piaček (Cap) (77 Denis Vavro), Róbert Pich (87 Adam Žilák), Ali Ceesay, Michal Škvarka (63 Jakub Paur), Jaroslav Mihalík, Ernest Mabouka. Coach: Adrián Guľa
TORPEDO: Omar Migineishvili (Cap), Vazha Tabatadze, Nika Sandokhadze (60 Giorgi Gorozia), Mate Tsintsadze (69 Nikoloz Pirtskhalava), Merab Gigauri, Giorgi Kukhianidze, Nika Tchanturia, Giorgi Gabadze, Aleko Mzevashvili (81 Davit Jikia), Tornike Kapanadze, Zaza Chelidze.
Coach: Zaragoza Mulet Gerard
Yellow Card: Piaček (20) / Gigauri (58) / Kapanadze (63), Pirtskhalava (90+5)
Goals: Tomáš Majtán (17), Róbert Pich (23,62) /
   Tornike Kapanadze (29,61), Aleko Mzevashvili (79)


TROMSØ IL – NK CELJE 1-2 (1-0)
Alfheim, Tromsø   04.07.2013   Hour: 19:00
Referee: Felix Zwayer, Markus Häcker, Florian Steuer (GER)   Attendance: 1,852
TROMSØ IL: Marcus Sahlman, Jarosław Fojut, Miika Koppinen (Cap), Thomas Bendiksen, Thomas Drage (55 Morten Moldskred), Zdeněk Ondrášek (81 Josh Pritchard), Hans Norbye, Magnus Andersen (69 Ruben Kristiansen), Remi Johansen, Saliou Ciss, Aleksandar Prijovic.
Coach: Agnar Christensen
NK CELJE: Matic Kotnik, Blaž Vrhovec, Marko Krajcer, Benjamin Verbič, Igor Jugović, Gregor Bajde (66 Tadej Žagar-Knez), Stefan Cebara (46 Miha Korošec), Sebastjan Gobec (Cap), Matic Žitko, Miha Zajc (13 Nejc Plešec), Andraž Žurej. Coach: Miloš Rus
Yellow Card: Ondrášek (43), Koppinen (50), Norbye (65), Prijovic (89) / Žurej (2), Gobec (68).
Red Card: Norbye (83)
Goals: Miika Koppinen (30) / Andraž Žurej (75), Sebastjan Gobec (84)


NK CELJE – TROMSØ IL 0-2 (0-2)
Arena Petrol, Celje   11.07.2013   Hour: 19:00
Referee: Sebastian Colţescu, Sebastian Gheorghe, Radu Ghinguleac (ROM)   Attendance: 2,800
NK CELJE: Matic Kotnik, Marko Krajcer, Benjamin Verbič, Igor Jugović, Gregor Bajde (46 Tadej Žagar-Knez), Miha Korošec, Sebastjan Gobec (Cap), Nejc Plešec (46 Miha Zajc), Matic Žitko, Andraž Žurej, Tadej Vidmajer. Coach: Miloš Rus
TROMSØ IL: Marcus Sahlman, Jarosław Fojut, Ruben Kristiansen, Adnan Causevic, Miika Koppinen (Cap), Thomas Bendiksen (15 Morten Moldskred), Magnus Andersen (73 Thomas Drage), Remi Johansen, Josh Pritchard, Saliou Ciss, Aleksandar Prijovic (79 Zdeněk Ondrášek).
Coach: Agnar Christensen
Yellow Card: Gobec (18), Vidmajer (80) / Ciss (70,81), Prijovic (75).
Red Card: Ciss (81)
Goals: Magnus Andersen (4), Morten Moldskred (16)

FC TIRASPOL – SKONTO FC RIGA 0-1 (0-0)
Sheriff small Arena, Tiraspol    04.07.2013    Hour: 20:00
Referee: Vladimir Vnuk, Tomáš Vorel, Milan Cuninka (SVK)    Attendance: 3,575
TIRASPOL: Vladimir Livşiţ, Dumitru Popovici, Andrey Novicov, Yevgen Zarichnyuk, Sergiy Shapoval, Alexandru Popovici (Cap) (73 Charles Nevuche), Nicolae Josan, Georgi Karaneychev (57 Alexandru Sergiu Grosu), Anatol Boestean, Victor Bulat (80 Serghei Gheorghiev), Artyom Khachaturov. Coach: Vlad Goian
SKONTO: Paulius Grybauskas, Vladislavs Gabovs, Renārs Rode, Vjačeslavs Isajevs, Juris Laizāns (Cap), Aleksandrs Fertovs, Ruslan Mingazov (85), Alans Siņeļņikovs (79 Artjoms Osipovs), Valērijs Šabala, Nauris Bulvitis, Lasha Dvali. Coach: Tamaz Pertia
Yellow Card: Boestean (66), Grosu (82) / Isajevs (80)
Goal: Ruslan Mingazov (51)

SKONTO FC RIGA – FC TIRASPOL 0-1 (0-0, 0-1)    (AET)    4-2 penalties
Skonto Stadions, Riga    11.07.2013    Hour: 19:00
Referee: Michael Tykgaard, Lars Hummelgaard, Jakob Bille (DEN)    Attendance: 3,000
SKONTO: Paulius Grybauskas, Vladislavs Gabovs, Renārs Rode, Juris Laizāns (Cap), Aleksandrs Fertovs, Ruslan Mingazov, Alans Siņeļņikovs (100 Artjoms Osipovs), Valērijs Šabala, Nauris Bulvitis, Artūrs Karašausks (80 Vjačeslavs Isajevs), Lasha Dvali. Coach: Tamaz Pertia
TIRASPOL: Vladimir Livşiţ, Dumitru Popovici, Andrey Novicov, Yevgen Zarichnyuk, Sergiy Shapoval, Alexandru Popovici (Cap) (56 Charles Nevuche), Nicolae Josan, Bogdan Hauşi, Anatol Boestean, Victor Bulat (70 Alexandru Sergiu Grosu), Fred Nelson (17 Serghei Gheorghiev).
Coach: Vlad Goian
Yellow Card: Josan (37), Boestean (39), Novicov (82)
Goal: Yevgen Zarichnyuk (80)
Penalties: 1-0 Šabala, 1-1 Josan, 2-1 Laizāns, Gheorghiev, 3-1 Fertovs, Grosu, 4-1 Osipovs, 4-2 Shapoval

PRESTATYN TOWN FC – FK LIEPĀJAS METALURGS 1-2 (1-1)
Belle Vue, Rhyl    04.07.2013    Hour: 19:00
Referee: Sven Bindels, Paulo Vivas, Roland Flenghi (LUX)    Attendance: 1,017
PRESTATYN: David Roberts, Chris Davies, Jack Lewis, David Andrew Hayes (Cap) (80 Carl Murray), Sean Hessey, Michael Parker, Neil Gibson, Andy Parkinson, Lee Hunt, Ross Stephens, Gregory Stones. Coach: Lee Jones
LIEPĀJAS METALURGS: Raivo Varažinskis, Dzintars Zirnis, Agris Otaņķis (46 Ilja Šadčins), Valērijs Afanasjevs (58 Dāvis Ikaunieks), Jurģis Kalns, Roberts Savaļnieks, Dmitrijs Hmizs, Andrejs Prohorenkovs, Ingus Šlampe, Antons Jemeļins (Cap), Andrejs Kiriļins.
Coach: Jānis Intenbergs
Yellow Card: Hunt (8), Hayes (68), Parker (74), Stephens (77) / Savaļnieks (34, 55), Hmizs (70), Šlampe (77), Jemeļins (78), Varažinskis (81), Kiriļins (84)    Red Card: Savaļnieks (55)
Goals: Andy Parkinson (45) / Jurģis Kalns (16), Ilja Šadčins (62)

FK LIEPĀJAS METALURGS – PRESTATYN TOWN FC 1-2 (1-0, 1-2)    (AET)    3-4 penalties
Daugava, Liepaja    11.07.2013    Hour: 19:00
Referee: Sergei Tsinkevich, Vitali Malyutin, Evgeni Romanov (BLR)    Attendance: 2,500
LIEPĀJAS METALURGS: Raivo Varažinskis, Dzintars Zirnis, Jānis Ikaunieks (65 Mareks Zuntners), Jurģis Kalns, Dāvis Ikaunieks, Dmitrijs Hmizs (46 Endijs Šlampe), Andrejs Prohorenkovs, Ilja Šadčins, Valērijs Afanasjevs (96 Andrejs Kiriļins), Ingus Šlampe, Antons Jemeļins (Cap). Coach: Jānis Intenbergs
PRESTATYN: David Roberts, Chris Davies (113 Carl Murray), Jack Lewis, David Andrew Hayes (Cap), Sean Hessey, Michael Parker, Neil Gibson, Andy Parkinson, Ross Stephens, Gregory Stones, Tommy Holmes (75 Rhys Owen). Coach: Chris Hughes
Yellow Card: Zirnis (24,62), Ikaunieks (56), Jemeļins (90), Kiriļins (109) / Gibson (64), Hessey (81), Parkinson (86), Owen (90).    Red Card: Zirnis (62)
Goals: Valērijs Afanasjevs (17) / Ross Stephens (77), Neil Gibson (90+1)
Penalties: Kalns, 0-1 Gibson, 1-1 Šadčins, 1-2 Stephens, 2-2 Jemeļins, 2-3 Hessey, 3-3 Varažinskis, 3-4 Parkinson, D. Ikaunieks

PFC LEVSKI SOFIA – FC IRTYSH PAVLODAR 0-0
Georgi Asparuhov Stadion, Sofia     04.07.2013     Hour: 21:00
Referee: Orel Grinfeld, Amihay Yehoshua Mozes, Idan Yarkoni (ISR)     Attendance: 5,945
LEVSKI: Plamen Iliev, Dustley Mulder, Stanislav Angelov (Cap), João Silva (53 Basile de Carvalho), Garry Rodrigues, Dimitar Vezalov, Cristovão (81 Ramon Lopes), Nuno Pinto, Vladimir Gadzhev (60 Antonio Vutov), Kévin Bru, Stefan Velev. Coach: Nikolay Mitov
IRTYSH: Vyacheslav Kotlyar (Cap), Predrag Govedarica, Pavel Shabalin (21 Anton Chichulin), Mamoutou Coulibaly, Ulugbek Bakaev (90 Vladislav Chernyshov), Igor Yurin, Dmitri Shomko, Timur Khalmuratov, Štěpán Kučera, Almir Mukhutdinov, Kamoliddin Murzoev (90+3 Sergei Strukov). Coach: Talgat Baisufinov
Yellow Card: João Silva (52), Angelov (74), Daniel Dimov (82) / Yurin (6), Chichulin (48)


FC IRTYSH PAVLODAR – PFC LEVSKI SOFIA 2-0 (2-0)
Tsentralniy, Pavlodar     11.07.2013     Hour: 19:00
Referee: Alexander Harkam, Andreas Witschnigg, Richard Huebler (AUS)     Attendance: 9,500
IRTYSH: Vyacheslav Kotlyar, Vladislav Chernyshov, Predrag Govedarica (58 Anton Chichulin), Mamoutou Coulibaly, Ulugbek Bakaev, Sergei Ivanov (Cap), Igor Yurin (73 Pavel Shabalin), Dmitri Shomko, Štěpán Kučera, Almir Mukhutdinov, Kamoliddin Murzoev (90+2 Alibek Ayaganov). Coach: Talgat Baisufinov
LEVSKI: Plamen Iliev, Dustley Mulder, Stanislav Angelov (Cap), Orlin Starokin, Ramon Lopes (46 Basile de Carvalho), João Silva (46 Stefan Velev), Garry Rodrigues, Dimitar Vezalov, Cristovão, Daniel Dimov, Kévin Bru (73 Antonio Vutov). Coach: Nikolay Mitov
Yellow Card: Govedarica (20), Kotlyar (31), Mukhutdinov (35), Ivanov (64), Bakaev (66), Shabalin (78) / Mulder (72), Iliev (74).
Red Card: Dimov (12)
Goals: Kamoliddin Murzoev (6), Ulugbek Bakaev (13)


KS TEUTA DURRËS – FC DACIA CHIŞINĂU 3-1 (1-1)
Niko Dovana, Durrës     04.07.2013     Hour: 20:00
Referee: Barış Simsek, Çem Satman, Kemal Yilmaz (TUR)     Attendance: 1,000
TEUTA: Bledian Rizvani (Cap), Hektor Idrizaj, Buiu, Ansi Nika (73 Arber Cyrbja), Albi Dosti, Tefik Osmani, Hakil Jakupi, Bledar Mancaku, Daniel Xhafaj, Renato Hyshmeri (81 Endri Cekici), Blevar Mado (85 Altin Hoxha). Coach: Gugash Magani
DACIA: Evgheni Matiughin (Cap), Veaceslav Posmac, Denis Ilescu, Alphonse Soppo (76 Eugeniu Cociuc), Eduard Grosu, Ghenadie Orbu (76 Vladimir Dragovozov), Vasili Pavlov (80 Yuriy Shevel), Maxim Mihaliov, Marian Stoleru, Jude Ogada, Maksym Lapushenko.
Coach: Igor Negrescu
Yellow Card: / Orbu (57)
Goals: Daniel Xhafaj (29), Albi Dosti (68), Bledar Mancaku (73) / Vasili Pavlov (38)


FC DACIA CHIŞINĂU – KS TEUTA DURRËS 2-0 (1-0)
Zimbru, Chişinău     11.07.2013     Hour: 20:15
Referee: Nikolaj Hänni, Bruno Zurbrügg, Carmine Sangiovanni (SUI)     Attendance: 2,561
DACIA: Evgheni Matiughin, Veaceslav Posmac, Denis Ilescu, Eduard Grosu (83 Oleg Molla), Ghenadie Orbu, Vasili Pavlov (85 Nikolai Orlovski), Maxim Mihaliov, Marian Stoleru, Jude Ogada, Eugeniu Cociuc (56 Gheorghe Ovseannicov), Maksym Lapushenko. Coach: Igor Negrescu
TEUTA: Bledian Rizvani (Cap), Hektor Idrizaj (46 Artan Sakaj), Buiu, Ansi Nika, Albi Dosti (83 Alfred Deliallisi), Tefik Osmani, Hakil Jakupi, Bledar Mancaku, Daniel Xhafaj, Renato Hyshmeri (80 Arber Cyrbja), Blevar Mado. Coach: Gugash Magani
Yellow Card: Cociuc (37), Ovseannicov (63), Ogada (68) / Mado (53), Sakaj (90+1)
Goals: Marian Stoleru (20), Vasili Pavlov (75)

GÍ/LÍF VIKINGUR GØTA – FC INTER TURKU 1-1 (0-1)
Stadium Toftir    04.07.2013    Hour: 19:00
Referee: Mark Courtney, Richard Storey, Ken Ross (NIR)    Attendance: 280
GÍ/LÍF VIKINGUR GØTA: Géza Turi, Hanus Jacobsen, Atli Gregersen (Cap), Jann Ingi Petersen (86 Hjartvard Hansen), Filip Djordjević (90+2 Martin Olsen), Kaj Bartalstovu, Bardur Hansen, Erling Jacobsen, Hans Djurhuus, Finnur Justinussen, Solvi Vatnhamar.
FC INTER TURKU: Magnus Bahne, Juuso Hämäläinen, Felipe Aspegren, Tamás Gruborovics, Ari Nyman, Irakli Sirbiladze, Guy Gnabouyou (71 Touko Tumanto), Severi Paajanen, Kalle Kauppi (7 Pim Bowman), Ville Nikkari, Henri Lehtonen (Cap). Coach: Job Dragtsma
Yellow Card: Djurhuus (25), Gregersen (45+3), Vatnhamar (59, 81) / Bowman (66), Tumanto (84).
Red Card: Vatnhamar (81)
Goals: Finnur Justinussen (75) / Ville Nikkari (20)


FC INTER TURKU – GÍ/LÍF VIKINGUR GØTA 0-1 (0-0)
Turku Stadium, Turku    11.07.2013    Hour: 19:00
Referee: Andranik Arsenyan, Erik Arevshatyan, Hovhannes Avagyan (ARM)    Attendance: 1,781
FC INTER TURKU: Magnus Bahne, Felipe Aspegren, Tamás Gruborovics (56 Solomon Duah), Ari Nyman, Pim Bowman, Irakli Sirbiladze, Guy Gnabouyou, Severi Paajanen, Ville Nikkari, Touko Tumanto (76 Demba Camara), Henri Lehtonen (Cap). Coach: Job Dragtsma
GÍ/LÍF VIKINGUR GØTA: Géza Turi, Hanus Jacobsen, Atli Gregersen (Cap), Dánjal Pauli Lervig (67 Hjartvard Hansen), Jann Ingi Petersen, Filip Djordjević, Kaj Bartalstovu, Bardur Hansen, Erling Jacobsen, Hans Djurhuus, Finnur Justinussen. Coach: Sigfríður Clementsen
Yellow Card: Gruborovics (41) / Gregersen (79), Djordjević (90+1), Turi (90+3)
Goal: Hanus Jacobsen (78)


FC ŽALGIRIS VILNIUS – ST. PATRICK'S ATHLETIC FC DUBLIN 2-2 (1-0)
LFF, Vilnius    04.07.2013    Hour: 21:10
Referee: Mitja Žganec, Primož Arhar, Marko Stančin (SVN)    Attendance: 4,200
ŽALGIRIS: Armantas Vitkūnskas, Andrius Skerla (Cap), Ramūnas Radavičius (60 Andrius Velička), Egidijus Vaitkūnas, Pavel Kamolov (83 Vedran Gerc), Andro Švrljuga, Luka Perić, Kamil Biliński, Vaidas Šilėnas, Artūras Žulpa (62 Paulius Janušauskas), Mantas Kuklys.
Coach: Marek Zub
ST. PATRICK'S ATHLETIC: Brendan Clarke, Gerard O'Brien, Conor Kenna (Cap), Greg Bolger, Conan Byrne, Christy Fagan (88 Philip Hughes), John Russell, Killian Brennan (85 Shane McFaul), Ian Bermingham, Kenny Browne, Chris Forrester. Coach: Liam Buckley
Yellow Card: Žulpa (13) / Russell (15), Bermingham (30)
Goals: Pavel Kamolov (23), Kamil Biliński (70) / Conan Byrne (55), Gerard O'Brien (87)


ST. PATRICK'S ATHLETIC FC DUBLIN – FC ŽALGIRIS VILNIUS 1-2 (0-1)
Richmond Park, Dublin    11.07.2013    Hour: 19:45
Referee: Igor Pristovnik, Igor Krmar, Dario Vrabec (CRO)    Attendance: 2,700
ST. PATRICK'S ATHLETIC: Brendan Clarke, Gerard O'Brien, Conor Kenna (Cap), Greg Bolger, Conan Byrne (60 Aidan Price), Christy Fagan, John Russell (86 Jake Kelly), Killian Brennan, Ian Bermingham, Kenny Browne, Chris Forrester (59 Anthony Flood). Coach: Liam Buckley
ŽALGIRIS: Armantas Vitkūnskas, Andrius Skerla (Cap), Ramūnas Radavičius (46 Rytis Leliuga), Egidijus Vaitkūnas, Pavel Kamolov (78 Eivinas Zagurskas), Andro Švrljuga, Luka Perić, Kamil Biliński, Vaidas Šilėnas (67 Paulius Janušauskas), Artūras Žulpa, Mantas Kuklys.
Coach: Marek Zub
Yellow Card: Browne (11), Russell (86), Price (88) /
          Radavičius (21), Žulpa (57), Vaitkūnas (73), Zagurskas (83)
Goals: Killian Brennan (85) / Mantas Kuklys (45+1), Kamil Biliński (52)

AIRBUS UK BROUGHTON FC – FK VENTSPILS 1-1 (0-0)
The Racecourse Ground, Wrexham    04.07.2013    Hour: 19:00
Referee: Nikola Popov, Georgi Slavov (BUL), Nikolay Petrov (BUL)    Attendance: 1,451
AIRBUS UK: James Coates, Lee Owens, Lewis Short, Michael Pearson, Ian Kearney (Cap), Thomas Field (71 Nicholas Ward), Wayne Riley, Glenn Rule, Chris Budrys, Ryan Wade (57 Stephen Jones), Steve Abbott (75 Sam Hart). Coach: Andrew Preece
FK VENTSPILS: Vitālijs Meļņičenko, Kaspars Dubra, Antons Kurakins, Vitālijs Smirnovs (Cap), Simonas Paulius (70 Oļegs Zatkins), Eduard Sukhanov, Igors Tarasovs, Vadim Yanchuk, Ahmed Abdultaofik (90+3 Visvaldis Ignatāns), Tornike Tarkhnishvili (44 Daniils Turkovs), Oļegs Timofejevs. Coach: Jurģis Pučinskis
Yellow Card: Budrys (51), Hart (78), Kearney (83) / Smirnovs (82), Dubra (83)
Goals: Chris Budrys (80) / Simonas Paulius (48)


FK VENTSPILS – AIRBUS UK BROUGHTON FC 0-0
Ventspils Olimpiskais Centrs, Ventspils    11.07.2013    Hour: 18:00    Attendance: 1,100
Referee: Ignasi Villamayor Rozados, Laudino Lopez, Rui Miquel Maciel De Queiros (AND)
FK VENTSPILS: Maksims Uvarenko, Kaspars Dubra, Antons Kurakins, Vitālijs Smirnovs (Cap), Simonas Paulius, Eduard Sukhanov, Igors Tarasovs, Vadim Yanchuk, Vladislavs Kozlovs, Ahmed Abdultaofik (82 Daniils Turkovs), Oļegs Timofejevs. Coach: Jurģis Pučinskis
AIRBUS UK: James Coates, Lee Owens, Lewis Short, Michael Pearson, Ian Kearney (Cap), Thomas Field (78 Nicholas Ward), Wayne Riley (89 Jordan Johnson), Glenn Rule, Chris Budrys (85 Ryan Wade), Stephen Jones, Steve Abbott. Coach: Andy Preece
Yellow Card: Dubra (20), Abdultaofik (51), Uvarenko (53), Timofejevs (90+3) / Jones (66)


FK SARAJEVO – AC LIBERTAS BORGO MAGGIORE 1-0 (1-0)
Asim Ferhatović Hase Stadion, Sarajevo    04.07.2013    Hour: 20:30
Referee: Christos Nicolaides, Sotiris Viktoros, Ioannis Lazarou (CYP)    Attendance: 6,500
FK SARAJEVO : Dejan Bandović, Marko Radulović, Ermin Huseinbašić (57 Samir Radovac), Anes Haurdić, Alen Melunovic, Ivan Tatomirović, Muhamed Džakmić (Cap), Gojko Cimirot, Mario Tadejević (85 Radan Šunjevarić), Amer Dupovac, Asmir Suljić (82 Almir Aganspahić). Coach: Husref Musemic
AC LIBERTAS BORGO MAGGIORE: Aldo Simoncini, Daniele Rocchi, Manuel Molinari, Davide Simoncini (Cap), Marco Rosti (66 Nicoló Zennaro), Mirco Facondini (60 Gian Luca Morelli), Filippo Antonelli, Andrea Benvenuti (83 Nicola Polidori), Matteo Camillini, Simone Bacciocchi, Fabio Dall'Ara. Coach: Ezio Fortunato
Yellow Card: / Rosti (39), Dall'Ara (45+2), Simoncini (82)
Goal: Alen Melunovic (19)


AC LIBERTAS BORGO MAGGIORE – FK SARAJEVO 1-2 (1-2)
Stadio Olimpico, Serravalle    11.07.2013    Hour: 21:00
Referee: Rahim Hasanov, Yashar Abbasov, Zeynal Zeynalov (AZE)    Attendance: 665
AC LIBERTAS BORGO MAGGIORE: Aldo Simoncini, Daniele Rocchi, Manuel Molinari (55 Andrea Benvenuti), Gian Luca Morelli (84 Nicola Polidori), Davide Simoncini (Cap), Mirco Facondini, Nicoló Zennaro, Filippo Antonelli, Matteo Camillini, Simone Bacciocchi (46 Sandro Macerata), Fabio Dall'Ara. Coach: Ezio Fortunato
FK SARAJEVO : Dejan Bandović, Marko Radulović (70 Alija Čulov), Anes Haurdić, Alen Melunović (76 Almir Aganspahić), Ognjen Todorović, Ivan Tatomirović, Muhamed Džakmić (Cap), Gojko Cimirot, Mario Tadejević, Amer Dupovac, Asmir Suljić (82 Amer Osmanagić). Coach: Husref Musemic
Yellow Card: Simoncini (10), Matteo Camillini (13), Antonelli (66) / Tadejević (41), Suljić (52)
Goals: Gian Luca Morelli (28) / Anes Haurdić (2), Ognjen Todorović (45+1)

VIDEOTON FC SZÉKESFEHÉRVÁR – FK MLADOST PODGORICA 2-1 (2-1)
Sóstói, Szekesfehervar   04.07.2013   Hour: 20:30
Referee: Andreas Ekberg, Fredrik Nilsson, Mehmet Culum (SWE)   Attendance: 6,520
VIDEOTON FC: Tomáš Tujvel, Paulo Vinícius, Vitor Gomes, Filipe Oliveira, Nemanja Nikolić, Adrián Szekeres, Arturo Álvarez (54 Paraiba), Mamadu, Balázs Tóth (Cap) (66 Moris Enete), István Kovács, Ádám Gyurcsó (80 László Kleinheisler). Coach: José Gomes
MLADOST PODGORICA: Miroslav Vujadinović, Radule Živković, Bojan Sanković, Aleksandar Šofranac, Filip Mitrović, Bojan Kaljević (90+1 Vasko Kalezić), Božo Marković (87 Ivan Knežević), Vladimir Savićević (84 Miloš Pavićević), Ermin Seratlić, Danilo Tomić (C), Ishikara Taku. Coach: Nikola Rakojevic
Yellow Card: Álvarez (52) / Kaljević (54), Savićević (55), Tomić (87)
Goals: Paulo Vinícius (35), Ádám Gyurcsó (41) / Božo Marković (3)


FK MLADOST PODGORICA – VIDEOTON FC SZÉKESFEHÉRVÁR 1-0 (0-0)
Stadion Podgorica   11.07.2013   Hour: 17:30
Referee: Jérome Efong Nzolo, Gregory Crotteux, Cedric Lescalier (BEL)   Attendance: 2,700
MLADOST PODGORICA: Miroslav Vujadinović, Radule Živković, Bojan Sanković, Aleksandar Šofranac, Filip Mitrović, Bojan Kaljević (70 Ivan Knežević), Božo Marković, Vladimir Savićević, Ermin Seratlić, Danilo Tomić (Cap) (88 Miloš Pavićević), Ishikara Taku. Coach: Nikola Rakojević
VIDEOTON FC: Tomáš Tujvel, Paulo Vinícius, Marco Caneira, Vitor Gomes, Filipe Oliveira (55 Paraiba), Nemanja Nikolić, Stopira, Balázs Tóth (Cap), Roland Szolnoki, István Kovács, Ádám Gyurcsó (79 László Kleinheisler). Coach: José Gomes
Yellow Card: Marković (75, 82) / Szolnoki (44), Vitor Gomes (55), Marco Caneira (82).
Red Card: Marković (82)
Goal: Ivan Knežević (90+2)


FK RUDAR PLJEVLJA – FC MIKA YEREVAN 1-0 (1-0)
Stadion Podgorica, Podgorica   04.07.2013   Hour: 20:30
Referee: Michael Johansen, Lars Rix, Daniel R. Nørgaard (DEN)   Attendance: 600
FK RUDAR PLJEVLJA: Goran Vukliš, Jovan Šljivančanin, Andrija Kaludjerović (69 Nikola Sekulić), Gavrilo Petrović, Dejan Damjanović, Vojin Jeknić (85 Adi Bambur), Nenad Stojanović (74 Nemanja Ćosović), Predrag Brnović, Miroje Jovanović, Dušan Nestorović, Nedeljko Vlahović (Cap). Coach: Mirko Marić
MIKA: Armen Fishyan, Armen Petrosyan, Andranik Voskanyan, Gor Poghosyan (54 Sargis Shahinyan), Agvan Mkrtchyan (Cap) (78 Artur Adamyan), Vardges Satunyan, Gevorg Poghosyan, Simyon Muradyan, Vardan Movsisyan, Alex, Rafayel Ghazaryan (71 Alik Arakelyan).
Coach: Aram Voskanyan
Yellow Card: Ćosović (80) / Movsisyan (32), Poghosyan (40), Mkrtchyan (72)
Goal: Dejan Damjanović (16)


FC MIKA YEREVAN – FK RUDAR PLJEVLJA 1-1 (1-0)
FC Mika Sport Complex, Yerevan   09.07.2013   Hour: 17:30
Referee: Svein-Erik Edvartsen, Jan Erik Engan, Tom Harald Grønevik (NOR)   Attendance: 2,760
MIKA: Armen Khachatryan, Armen Petrosyan, Andranik Voskanyan, Agvan Mkrtchyan (Cap), Vardges Satunyan, Gevorg Poghosyan (88 Artur Adamyan), Vardan Movsisyan, Alik Arakelyan (53 Sargis Shahinyan), Arman Hakobyan (46 Simyon Muradyan), Alex, Rafayel Ghazaryan.
Coach: Aram Voskanyan
FK RUDAR PLJEVLJA: Goran Vukliš, Jovan Šljivančanin (61 Adi Bambur), Andrija Kaludjerović (74 Nikola Sekulić), Gavrilo Petrović, Dejan Damjanović, Vojin Jeknić, Nenad Stojanović, Predrag Brnović (90+2 Edi Rustemović), Miroje Jovanović, Dušan Nestorović, Nedeljko Vlahović (Cap). Coach: Mirko Marić
Yellow Card: Alex (75) / Kaludjerović (47), Jeknić (56)
Goals: Rafayel Ghazaryan (45+1) / Nenad Stojanović (85)

DROGHEDA UNITED FC – MALMÖ FF 0-0
Tallaght Stadium, Dublin   04.07.2013   Hour: 19:45
Referee: Emir Aleckovič, Sreten Udovičić, Goran Dujak (BIH)   Attendance: 1,496
DROGHEDA: Gabriel Sava, Derek Prendergast (Cap), Alan McNally, Paul O'Conor, Ryan Brennan, Peter Hynes (79 Brian Gannon), Gary O'Neill (67 Declan O'Brien), Gavin Brennan, David Cassidy, Michael Daly, Alan Byrne. Coach: Mick Cooke
MALMÖ: Johan Dahlin, Miiko Albornoz, Pontus Jansson, Markus Halsti, Magnus Eriksson, Erik Friberg (84 Petar Petrović), Jiloan Hamad (Cap), Ricardinho, Erik Johansson, Tokelo Rantie, Emil Forsberg (55 Simon Thern). Coach: Rikard Norling
Yellow Card: Brennan (54, 75) / Rantie (26), Albornoz (59), Hamad (70).
Red Card: Brennan (75)


MALMÖ FF – DROGHEDA UNITED FC 2-0 (1-0)
Malmö New Stadium   11.07.2013   Hour: 19:00
Referee: Anatoliy Abdula, Mykola Levko, Yevhen Khalamendyk (UKR)   Attendance: 5,689
MALMÖ: Johan Dahlin, Miiko Albornoz, Pontus Jansson, Markus Halsti, Magnus Eriksson, Jiloan Hamad (Cap), Simon Thern (70 Erik Friberg), Ricardinho, Erik Johansson, Tokelo Rantie (87 Pawel Cibicki), Emil Forsberg (79 Simon Kroon). Coach: Rikard Norling
DROGHEDA: Gabriel Sava, Derek Prendergast (Cap), Alan McNally (74 Graham Rusk), Paul O'Conor, Peter Hynes, Gary O'Neill, Gavin Brennan, David Cassidy, Declan O'Brien (86 Philip Hand), Michael Daly, Alan Byrne. Coach: Mick Cooke
Yellow Card: Thern (24) / Byrne (90+5)
Goal: Emil Forsberg (45), Simon Kroon (90+4)


NK DOMŽALE – FC ASTRA GIURGIU 0-1 (0-0)
Športni park, Domzale   04.07.2013   Hour: 20:45
Referee: Andreas Pappas, Christos Baltas, Ilias Alexeas (GRE)   Attendance: 969
DOMŽALE: Nejc Vidmar, Nejc Skubić (Cap), Denis Ljubović, Draško Božović, Goran Vuk, Jon Stankovič, Josh Parker, Zan Majer, Erik Janža (86 Jure Balkovec), Drago Gabrić (68 Slobodan Vuk), Žiga Kous (71 Gaber Dobrovoljc). Coach: Stevan Mojsilović
ASTRA: Silviu Lung, Syam Ben Youssef, Seidu Yahaya (90+3 Ştefan Bărboianu), Takayuki Seto, Gabriel Enache, Constantin Budescu, Júnior Morais, Sadat Bukari, Mirko Ivanovski (63 William Amorim), Andrei Mureşan (Cap), Alexandru Măţel. Coach: Daniel Isăilă
Yellow Card: Božović (52), Vuk (87) / Morais (77), Măţel (79), Bărboianu (90+3)
Goal: Constantin Budescu (84)


FC ASTRA GIURGIU – NK DOMŽALE 2-0 (0-0)
Naţional Arena, Bucureşti   11.07.2013   Hour: 21:00
Referee: Yaroslav Kozyk, Oleksandr Voytyuk, Oleksandr Korniyko (UKR)   Attendance: 1,513
ASTRA: Silviu Lung, Syam Ben Youssef, Seidu Yahaya (72 Ştefan Bărboianu), Takayuki Seto, Gabriel Enache (66 William Amorim), Constantin Budescu, Júnior Morais, Sadat Bukari (78 Mirko Ivanovski), Kehinde Fatai, Andrei Mureşan (Cap), Alexandru Măţel. Coach: Daniel Isăilă
DOMŽALE: Nejc Vidmar, Nejc Skubic (Cap), Draško Božović, Goran Vuk (65 Aleks Pihler), Slobodan Vuk, Jon Stankovič, Gaber Dobrovoljc, Zan Majer (69 Rudi Vancaš Požeg), Erik Janža, Drago Gabrić, Žiga Kous (84 Aleks Pihler). Coach: Stevan Mojsilović
Yellow Card: Seto (44), / Skubic (43,90+3).
Red Card: Skubic (90+3)
Goals: Nejc Vidmar (50 og), Sadat Bukari (62)

CRUSADERS FC BELFAST – ROSENBORG BK TRONDHEIM 1-2 (1-1)
Seaview, Belfast    04.07.2013    Hour: 19:45
Referee: Hugo Miguel, Pedro Garcia, Nuno Pereira (POR)    Attendance: 948
CRUSADERS: Sean O'Neill, David Magowan (Cap), Colin Coates, Eamon Mcallister, Christopher Morrow, Joshua Robinson, Craig McClean, Jordan Owens, Matthew Snoddy (78 Gary McCutcheon), Sean Cleary (68 Aidan Watson), Paul Heatley (83 David McMaster).
Coach: Stephen Baxter
ROSENBORG: Alexander Lund Hansen, Cristian Gamboa, Mikael Dorsin, Tore Reginiussen (Cap), Per Rønning, Bořek Dočkal, Nicki Bille Nielsen, John Chibuike, Daniel Berntsen (90 Tobias Mikkelsen), Ole Selnæs (85 Stefan Strandberg), Jonas Svensson (83 Mike Jensen).
Coach: Per Joar Hansen
Goals: Jordan Owens (22) / John Chibuike (45+1), Jonas Svensson (77)


ROSENBORG BK TRONDHEIM – CRUSADERS FC BELFAST 7-2 (2-0)
Lerkendal Stadion, Trondheim    11.07.2013    Hour: 19:00
Referee: Aleksei Kulbakov, Andrei Getikov, Oleg Maslyanko (BLR)    Attendance: 4,003
ROSENBORG: Alexander Lund Hansen, Mikael Dorsin (Cap) (46 Cristian Gamboa), Per Rønning, Mike Jensen, Bořek Dočkal, John Chibuike (60 Alexander Sørloth), Tobias Mikkelsen, Jon Inge Høiland, Daniel Berntsen (73 Jonas Svensson), Brede Moe, Ole Selnæs. Coach: Per Joar Hansen
CRUSADERS: Sean O'Neill, Paul Leeman, Colin Coates (Cap), Eamon Mcallister, Christopher Morrow, Joshua Robinson (64 David McMaster), Aidan Watson (64 Matthew King), Craig McClean, Jordan Owens, Matthew Snoddy, Paul Heatley (63 Gary McCutcheon).
Coach: Stephen Baxter
Yellow Card: Mikael Dorsin (7)
Goals: Jon Inge Høiland (15), John Chibuike (34,50), Bořek Dočkal (57), Tobias Mikkelsen (60), Alexander Sørloth (72), Jonas Svensson (90) / Paul Leeman (49), Jordan Owens (68)


SP LA FIORITA MONTEGIARDINO – VALLETTA FC 0-3 (0-1)
Stadio Olimpico, Serravalle    04.07.2013    Hour: 21:00
Referee: Lorenc Jemini, Ermal Barushi, Emigers Gançi (ALB)    Attendance: 374
SP LA FIORITA MONTEGIARDINO: Simone Montanari (Cap), Simone Confalone, Francesco Ceci, Alberto Mazzola, Gianluca Bollini, Danilo Rinaldi (85 Alessandro Guidi), Federico Emmanuel Rinaldi, Fabio Bollini (83 Frank Bahiano), Samuele Sorbera, Andy Selva (65 Giacomo Gualtieri), Daniele Bucchi. Coach: Alberto Manca
VALLETTA FC: Pietro Marino, Jonathan Caruana (46), Ian Azzopardi, Yessous Camilleri, Ryan Fenech (Cap), Roderick Briffa, Barry Hamza, Denni (85 Ian Zammit), Dyson Falzon (83 Llywelyn Cremona), Jason Vandelannoite, Luke Dimech. Coach: Mark Miller
Yellow Card: Rinaldi (29), Mazzola (36) / Denni (17), Fenech (45+1), Camilleri (48), Hamza (58)
Goals: Denni (30,50), Ian Zammit (90+3)


VALLETTA FC – SP LA FIORITA MONTEGIARDINO 1-0 (0-0)
Centenary, Ta' Qali    11.07.2013    Hour: 18:00
Referee: Bryn Markham-Jones, Philip Thomas, Edward King (WAL)    Attendance: 998
VALLETTA FC: Pietro Marino (60 Yenez Cini), Ian Azzopardi, Ryan Fenech (Cap), Roderick Briffa, Barry Hamza, Shaun Bajada, Denni, Dyson Falzon (57 Ian Zammit), Jason Vandelannoite, Llywelyn Cremona (70 Edmond Agius), Luke Dimech. Coach: Mark Miller
SP LA FIORITA MONTEGIARDINO: Simone Montanari (Cap), Simone Confalone, Francesco Ceci (90+1 Maurizio Pedrelli), Alberto Mazzola, Nicola Cavalli (83 Alessandro Guidi), Gianluca Bollini, Marco Piccioni, Danilo Rinaldi (70 Frank Bahiano), Federico Emmanuel Rinaldi, Samuele Sorbera, Andy Selva. Coach: Alberto Manca
Yellow Card: Bajada (37), Vandelannoite (66), Agius (75) /
           Rinaldi (44), Confalone (61), Ceci (66), Bollini (90)
Goal: Ian Zammit (90)

BREIÐABLIK UBK – FC SANTA COLOMA 4-0 (3-0)
Kópavogsvöllur, Kopavogur    04.07.2013    Hour: 19:15
Referee: Chris Reisch, Marco Tropeano, Claudio De Carolis (LUX)    Attendance: 848
BREIDABLIK: Gunnleifur Gunnleifsson, Finnur Margeirsson (Cap), Rene Troost, Thordur Hreidarsson (67 Olgeir Sigurgeirsson), Elfar Adalsteinsson, Gudjon Lydsson (67 Árni Vilhjálmsson), Sverrir Ingason, Kristinn Jónsson, Ellert Hreinsson (73 Nichlas Rohde), Tómas Gardarsson, Andri Yeoman. Coach: Ólafur Kristjánsson
FC SANTA COLOMA: Eloy Casals, Oriol Fité, Marc Rebes, Alejandro Romero (71 Walter Wagner), Luis Blanco, Albert Mercadé, David Ribolleda (Cap), Isma Quiñones, Javier Sánchez, Txema Garcia (42 Samir Bousenine), Juanfer. Coach: Luis Blanco
Yellow Card: Hreinsson (34) /
    Javier Sánchez (19), Fité (52), Quiñones (55), Mercadé (66), Ribolleda (90+1)
Goals: Thordur Hreidarsson (19), Ellert Hreinsson (23, 25), Gudjon Lydsson (61)


FC SANTA COLOMA – BREIÐABLIK UBK 0-0
Estadi Comunal, Andorra la Vella    11.07.2013    Hour: 17:30
Referee: Dennis Antamo, Jonas Turunen, Sami Nykänen (FIN)    Attendance: 190
FC SANTA COLOMA: Eloy Casals, Walter Wagner, Oriol Fité, Marc Rebes, Luis Blanco, Albert Mercadé (74 Alejandro Romero), David Ribolleda (Cap), Isma Quiñones, Adam Smith (70 Renato Mota), Javier Sánchez (63 Genís García), Juanfer. Coach: Luis Blanco
BREIDABLIK: Gunnleifur Gunnleifsson, Finnur Margeirsson (Cap), Rene Troost, Elfar Adalsteinsson (64 Andri Yeoman), Gudjon Lydsson (46 Páll Thorsteinsson), Olgeir Sigurgeirsson, Sverrir Ingason, Jökull Elísabetarson, Kristinn Jónsson, Nichlas Rohde (87 Ellert Hreinsson), Árni Vilhjálmsson. Coach: Ólafur Kristjánsson
Yellow Card: Wagner (30), Sánchez (33), Blanco (80) /
    Thorsteinsson (55), Vilhjálmsson (62), Margeirsson (90).
Red Card: Quiñones (47)


KNATTSPYRNUFÉLAG REYKJAVÍKUR – GLENTORAN FC BELFAST 0-0
KR-völlur, Reykjavík    04.07.2013    Hour: 19:15    Attendance: 967
Referee: Gerhard Grobelnik, Roland Braunschmidt, Maximilian Kolbitsch (AUS)
KR: Hannes Halldórsson, Grétar Sigurdsson, Haukur Heidar Hauksson, Bjarni Gudjónsson (Cap), Gunnar Thor Gunnarsson, Gary Martin (70 Atli Sigurjónsson), Baldur Sigurdsson, Kjartan Henry Finnbogason, Óskar Örn Hauksson, Jónas Sævarsson, Gudmundur Reynir Gunnarsson.
Coach: Runar Kristinsson
GLENTORAN: Elliott Morris (Cap), Marcus Kane (79 William Garrett), Richard Clarke, Jay Magee, David Howland, Mark Miskimmon, Mark Clarke (67 Jim O'Hanlon), Jason Hill, Stephen McAlorum, Calum Birney (79 Steven McCullough), Kevin Bradley. Coach: Edward Patterson
Yellow Card: Finnbogason (39), Sævarsson (65) / Kane (30), Miskimmon (30), McAlorum (52), Bradley (69), Hill (75), Morris (77), Clarke (90+2)


GLENTORAN FC BELFAST – KNATTSPYRNUFÉLAG REYKJAVÍKUR 0-3 (0-1)
The Oval, Belfast    11.07.2013    Hour: 19:30
Referee: Georgi Kabakov, Divan Valkov, Georgi Todorov (BUL)    Attendance: 1,700
GLENTORAN: Elliott Morris (Cap), Marcus Kane, Richard Clarke, Jay Magee, David Howland, Mark Miskimmon (70 Jordan Hughes), Mark Clarke, Stephen McAlorum (85 Steven Gordon), James Callacher, Jim O'Hanlon (70 Carl McComb), Kevin Bradley. Coach: Edward Patterson
KR: Hannes Halldórsson, Grétar Sigurdsson, Haukur Heidar Hauksson, Bjarni Gudjónsson (Cap), Gary Martin, Baldur Sigurdsson (73 Thorsteinn Már Ragnarsson), Kjartan Henry Finnbogason, Óskar Örn Hauksson, Emil Atlason (86 Torfi Karl Ólafsson), Jónas Sævarsson, Gudmundur Reynir Gunnarsson. Coach: Runar Kristinsson
Yellow Card: O'Hanlon (31), Clarke (56), McAlorum (84), Magee (89) /
    Sigurdsson (32), Gudjónsson (35)
Goals: Gary Martin (23), Jónas Sævarsson (65, 90+2)

ÍBV VESTMANNAEYJAR – HB TÓRSHAVN 1-1 (1-0)
Hásteinsvöllur, Vestmannaeyjar    04.07.2013    Hour: 19:30
Referee: Ádám Németh, Zsolt Attila Szpisjak, Zsolt Varga (HUN)    Attendance: 950
ÍBV VESTMANNAEYJAR: David James, Brynar Gudjónsson, Matt Garner, Gunnar Gudmundsson, Gunnar Thorsteinsson (81 Arnar Bergsson), Aaron Spear (81 Bradley Simmonds), Vídir Thorvardarson, Tonny Mawejje, Arnór Ólafsson, Eidur Sigurbjörnsson (Cap), Ian Jeffs.
Coach: Hermann Hreidarsson
HB TÓRSHAVN: Teitur Gestson, Alex dos Santos, Jóhan Davidsen, Heini Vatnsdal (82 Tróndur Jensen), Fródi Benjaminsen (Cap), Christian Mouritsen, Gunnar Haraldsen, Jógvan Davidsen, Bardur Olsen, Kristin Mouritsen, Bardur Heinesen (69 Pál Joensen). Coach: Oddbjorn Joensen
Yellow Card: Jeffs (28) / Davidsen (56)
Goals: Gunnar Gudmundsson (16) / Jóhan Davidsen (66)

HB TÓRSHAVN – ÍBV VESTMANNAEYJAR 0-1 (0-0)
Tórsvøllur, Tórshavn    11.07.2013    Hour: 19:00
Referee: Robert Rogers, Kenneth Hennessy, Robert Clarke (IRL)    Attendance: 1,608
HB TÓRSHAVN: Teitur Gestson, Alex dos Santos, Jóhan Davidsen, Heini Vatnsdal, Fródi Benjaminsen (Cap), Símun Samuelsen (76 Pál Joensen), Christian Mouritsen, Gunnar Haraldsen, Jógvan Davidsen (90+2 Jakup Slaettalid), Bardur Olsen, Bardur Heinesen (68 Kristin Mouritsen).
Coach: Oddbjorn Joensen
ÍBV VESTMANNAEYJAR: David James, Brynar Gudjónsson, Matt Garner, Gunnar Gudmundsson (56 Arnar Bergsson), Gunnar Thorsteinsson (75 Hermann Hreidarsson), Aaron Spear (69 Ragnar Leósson), Vídir Thorvardarson, Tonny Mawejje, Arnór Ólafsson, Eidur Sigurbjörnsson (Cap), Ian Jeffs. Coach: Hermann Hreidarsson
Yellow Card: Olsen (6), Davidsen (23) / Spear (43), Garner (72)
Goal: Arnar Bergsson (90)

## SECOND QUALIFYING ROUND

FC LEVADIA TALLINN – CS PANDURII TÂRGU JIU 0-0
Kadriorg, Tallinn (EST)    16.07.2013    Hour: 19:00
Referee: Marco Borg, Duncan Sultana, Thomas Debono (MLT)    Attendance: 2,848
FC LEVADIA TALLINN: Roman Smishko (Cap), Ilja Antonov, Igor Subbotin, Aleksandr Dmitrijev, Aleksandr Kulinitš, Aleksei Jahhimovitš, Artur Pikk, Marek Kaljumäe, Andreas Raudsepp (79 Andero Pebre), Rimo Hunt (65 Artur Rättel), Oleksandr Volchkov.
Coach: Marko Kristal
PANDURII: Pedro Mingote, Marko Momčilović, Paraskevas Christou (Cap), Dan Nistor, Bogdan Unguruşan, Paul Anton (66 Alin Bulieca), Erico, Eric Pereira, Nicandro Breeveld, Alexandru Ciucur (66 Ciprian Brata), Deivydas Matulevičius (77). Coach: Cristian Pustai
Yellow Card: Volchkov (57), Jahhimovitš (81)

CS PANDURII TÂRGU JIU – FC LEVADIA TALLINN 4-0 (3-0)
Tudor Vladimirescu, Târgu Jiu    25.07.2013    Hour: 20:00
Referees: Tamás Bognar, Peter Berettyán, Róbert Horváth (HUN)    Attendance: 4,270
PANDURII: Răzvan Stanca, Marko Momčilović, Paraskevas Christou, Alin Buleică, Dan Nistor, Bogdan Unguruşan (60 Ciprian Brata), Paul Anton, Erico, Eric Pereira (73), Nicandro Breeveld, Deivydas Matulevičius (55 Valentin Lemnaru). Coach: Cristian Pustai
FC LEVADIA TALLINN: Roman Smishko, Ilja Antonov, Igor Subbotin, Aleksandr Dmitrijev, Maksim Podholjuzin, Aleksei Jahhimovitš, Artur Pikk, Marek Kaljumäe (46 Artur Rättel), Andreas Raudsepp (75 Andero Pebre), Rimo Hunt (82 Svjatoslav Jakovlev), Oleksandr Volchkov.
Coach: Marko Kristal
Yellow Card: Erico (79) / Oleksandr Volchkov (69).
Goals: Matulevičius (7), Erico (35, 57), Breeveld (39)

FC DILA GORI – AaB FODBOLD AALBORG 3-0 (0-0)
Mikheil Meskhi, Tbilisi    18.07.2013    Hour: 18:00
Referee: Marco Fritz, Guido Kleve, Marcel Pelgrim (GER)    Attendance: 3,500
DILA: Nukri Revishvili, Gulverd Tomashvili, Otar Khizaneishvili, Mamuka Kobakhidze, Giorgi Guruli, Kakhaber Aladashvili, Giorgi Iluridze (84 Giorgi Aburjania), Irakli Modebadze (Cap) (74 Rati Aleksidze), Grigol Dolidze (63 Mikhail Gorelishvili), David Bolkvadze, Lasha Gvalia.
Coach: Giorgi Devdariani
AaB: Nicolai Larsen, Patrick Kristensen (71 Mathias Wichmann), Jakob Nielsen, Lasse Nielsen, Anders Due (62 Kasper Kusk), Rasmus Würtz (Cap), Jeppe Curth, Søren Frederiksen (76 Rolf Toft), Henrik Dalsgaard, Nicolaj Thomsen, Rasmus Thelander. Coach: Kent Nielsen
Yellow Card: Modebadze (47), Teimuraz Gongadze (68), Aladashvili (79), Kobakhidze (90+5) /
        Henrik Dalsgaard (31), Würtz (77)
Goals: Irakli Modebadze (61), Mikhail Gorelishvili (68,90)


AaB FODBOLD AALBORG – FC DILA GORI 0-0
Aalborg Stadion, Aalborg    25.07.2013    Hour: 20:15
Referees: Robert Malek, Maciej Wierzbowski, Konrad Sapela (POL)    Attendance: 5,472
AaB FODBOLD: Nicolai Larsen, Lasse Nielsen, Rasmus Würtz (78 Rolf Toft), Jeppe Curth, Mathias Wichmann, Kasper Kusk, Søren Frederiksen (63 Anders Due), Henrik Dalsgaard, Nicolaj Thomsen, Rasmus Thelander, Kasper Pedersen (46 Patrick Kristensen). Coach: Kent Nielsen
DILA: Nukri Revishvili, Teimuraz Gongadze, Gulverd Tomashvili, Otar Khizaneishvili, Mamuka Kobakhidze, Giorgi Guruli, Mikhail Gorelishvili, Giorgi Iluridze, David Bolkvadze, Giorgi Aburjania, Lasha Gvalia. Coach: Giorgi Devdariani
Yellow Card: Nukri Revishvili (16), Giorgi Guruli (78), Kakhaber Aladashvili (89).


FC IRTYSH PAVLODAR – NK ŠIROKI BRIJEG 3-2 (2-0)
Tsentralniy, Pavlodar    18.07.2013    Hour: 20:00
Referee: Paweł Raczkowski, Paweł Sokolnicki, Michal Obukowicz (POL)    Attendance: 10,000
IRTYSH: Vyacheslav Kotlyar (Cap), Vladislav Chernyshov, Predrag Govedarica, Mamoutou Coulibaly, Ulugbek Bakaev, Evgeni Averchenko (76 Gafurzhan Suyumbayev), Igor Yurin (69 Pavel Shabalin), Dmitri Shomko, Štěpán Kučera, Almir Mukhutdinov, Kamoliddin Murzoev.
Coach: Talgat Baisufinov
NK ŠIROKI BRIJEG: Luka Bilobrk, Ivica Džidić, Vedran Ješe, Krešimir Kordić, Goran Zakarić (71 Mirko Marić), Davor Landeka, Wagner (Cap) (90 Dino Ćorić), Zvonimir Blaić (60 Dalibor Šilić), Zoran Plazonić, Mario Ljubić, Stipo Marković. Coach: Slaven Musa
Yellow Card: Chernyshov (28), Govedarica (90) / Blaić (34), Landeka (53), Plazonić (57), Ješe (89)
Goals: Dmitri Shomko (14), Igor Yurin (41), Gafurzhan Suyumbayev (86) /
        Krešimir Kordić (56), Dalibor Šilić (64)


NK ŠIROKI BRIJEG – FC IRTYSH PAVLODAR 2-0 (1-0)
Pecara, Siroki Brijeg    25.07.2013    Hour: 20:30
Referees: Alan Kelly, Damien MacGraith, Allen Lynch (IRL)    Attendance: 4,000
NK ŠIROKI BRIJEG: Luka Bilobrk, Ivica Džidić, Josip Barišić, Dino Ćorić (77 Dalibor Šilić), Vedran Ješe, Krešimir Kordić, Goran Zakarić (65 Jure Ivanković), Davor Landeka (65 Mario Ljubić), Wagner, Zvonimir Blaić, Zoran Plazonić. Coach: Slaven Musa
IRTYSH: Vyacheslav Kotlyar, Predrag Govedarica, Anton Chichulin, Mamoutou Coulibaly, Ulugbek Bakaev, Evgeni Averchenko (86 Sergei Strukov), Igor Yurin (75 Kuanish Begalyn), Dmitri Shomko, Štěpán Kučera, Almir Mukhutdinov, Kamoliddin Murzoev (65 Pavel Shabalin).
Coach: Talgat Baisufinov
Yellow Card: Davor Landeka (36), Ivica Džidić (38), Mario Ljubić (86), Dalibor Šilić (90) /
    Dmitri Shomko (51), Kamoliddin Murzoev (63), Ulugbek Bakaev (87), Almir Mukhutdinov (89)
Goals: Vedran Ješe (20), Jure Ivanković (76)

FK VENTSPILS – AS LA JEUNESSE d'ESCH 1-0 (1-0)
Ventspils Olimpiskais Centrs, Ventspils    18.07.2013    Hour: 18:00
Referee: Sergei Lapochkin, Aleksei Lebedev, Igor Pisanko (RUS)    Attendance: 1,300
FK VENTSPILS: Maksims Uvarenko, Kaspars Dubra, Antons Kurakins, Vitālijs Smirnovs (Cap), Daniils Turkovs, Simonas Paulius, Jurijs Žigajevs (62 Eduard Sukhanov), Igors Tarasovs, Vadim Yanchuk (79 Vladislavs Kozlovs), Ahmed Abdultaofik, Oļegs Timofejevs. Coach: Jurģis Pučinskas
JEUNESSE ESCH: Marc Oberweis, Clayton Moreira (86 Pierre Piskor), Eric Hoffmann, Adrien Portier, Khalid Benichou, Chu Wang (90+2 Mirko Albanese), Sanel Ibrahimović, Dan Collette, Alexandre Vitali, Ricardo Delgado, Dzenid Ramdedovic (53 Kim Kintziger). Coach: Daniel Theis
Yellow Card: Timofejevs (57) /
   Dzenid Ramdedovic (31), Ibrahimović (76), Portier (84), Kintziger (84)
Goals: Eric Hoffmann (10 og)


AS LA JEUNESSE d'ESCH – FK VENTSPILS 1-4 (1-1)
La Frontière, Esch-sur-Alzette    25.07.2013    Hour: 19:00
Referee: Ján Valášek, Radomir Sluk, Peter Chladek (SVK)    Attendance: 1,249
JEUNESSE: Marc Oberweis (Cap), Clayton Moreira, Eric Hoffmann, Adrien Portier, Khalid Benichou, Chu Wang, Sanel Ibrahimović (84 Andrea Deidda), Dan Collette (50 Mirko Albanese), Alexandre Vitali (46 Pierre Piskor), Kim Kintziger, Dzenid Ramdedovic. Coach: Daniel Theis
FK VENTSPILS: Maksims Uvarenko, Kaspars Dubra, Antons Kurakins, Vitālijs Smirnovs (Cap), Daniils Turkovs, Simonas Paulius (71 Tornike Tarkhnishvili), Jurijs Žigajevs, Igors Tarasovs, Vadim Yanchuk (66 Eduard Sukhanov), Ahmed Abdultaofik (57 Vladislavs Kozlovs), Oļegs Timofejevs. Coach: Jurģis Pučinskas
Yellow Card: Ramdedovic (19,35), Portier (71), Wang (80) / Ahmed Abdultaofik (54).
Red Card: Ramdedovic (39)
Goals: Khalid Benichou (39) /
   Simonas Paulius (33), Jurijs Žigajevs (47), Vadim Yanchuk (51), Daniils Turkovs (65)


FK MLADOST PODGORICA – FK SENICA 2-2 (0-1)
Stadion Podgorica    18.07.2013    Hour: 17:30
Referee: Vitali Meshkov, Maksim Gavrilin, Igor Demeshko (RUS)    Attendance: 4,500
MLADOST PODGORICA: Miroslav Vujadinović, Radule Živković, Bojan Sanković, Aleksandar Šofranac, Filip Mitrović, Bojan Kaljević (70 Ivan Novović), Ivan Knežević, Vladimir Savićević, Ermin Seratlić, Danilo Tomić (Cap), Ishikara Taku. Coach: Nikola Rakojevic
SENICA: Michal Šulla, Pavel Čermák (52 Martin Zeman), Tomáš Kóňa (Cap), Erich Brabec, Cristovam, Lamine Diarrassouba, Jaroslav Diviš (90 Hiago), Milan Jirásek (60 Lukáš Opiela), Jan Kalabiška, Juraj Križko, Juraj Piroska. Coach: Eduard Pagáč
Yellow Card: Sanković (71), Knežević (87), Novović (90) /
   Diviš (27), Diarrassouba (87), Martin Zeman (90+4)
Goals: Ivan Knežević (54), Ishikara Taku (86) / Jan Kalabiška (34), Lamine Diarrassouba (77)


FK SENICA – FK MLADOST PODGORICA 0-1 (0-1)
FK Senica, Senica    25.07.2013    Hour: 19:30
Referees: Anar Salmanov, Yashar Abbasov, Namik Huseynov (AZE)    Attendance: 3,908
SENICA: Michal Šulla, Tomáš Kóňa (Cap), Erich Brabec, Hiago (46 Jaroslav Diviš), Cristovam (56 Pavel Čermák), Lamine Diarrassouba, Jan Kalabiška, Martin Zeman, Juraj Križko, Lukáš Opiela (79 Alexander Jakubov), Juraj Piroska. Coach: Eduard Pagáč
MLADOST PODGORICA: Miroslav Vujadinović, Radule Živković, Bojan Sanković, Aleksandar Šofranac, Filip Mitrović, Bojan Kaljević (77 Ivan Novović), Božo Marković (90+1 Ivan Knežević), Vladimir Savićević (68 Miloš Pavićević), Ermin Seratlić, Danilo Tomić (Cap), Ishikara Taku. Coach: Nikola Rakojevic
Yellow Card: Juraj Piroska (55), Pavel Čermák (61), Juraj Križko (88) /
   Bojan Kaljević (14), Bojan Sanković (21), Aleksandar Šofranac (83), Ermin Seratlić (86)
Goal: Bojan Kaljević (38)

QARABAĞ FK BAKU – GKS PIAST GLIWICE 2-1 (1-1)
Tofig Bahramov Republican stadium, Baku    18.07.2013    Hour: 21:00
Referee: Damir Batinić, Goran Pataki, Hrvoje Barišić (CRO)    Attendance: 11,000
QARABAĞ FK: Miro Varvodić, Qara Qarayev, Maksim Medvedev, Namig Yusifov (46 Leroy George), Reynaldo, Nikoloz Gelashvili (75 Ulrich Kapolongo), Rashad F. Sadygov (Cap), Vüqar Nadirov (90+1 Murad Sattarly), Richard Almeida, Admir Teli, Ansi Agolli.
Coach: Gurban Gurbanov
PIAST: Jakub Szumski, Csaba Horváth, Mateusz Matras, Jan Polák, Marcin Robak (83 Radosław Murawski), Adrian Klepczynski, Tomasz Podgorski (Cap), Matej Ižvolt (68 Kamil Wilczek), Lukasz Hanzel, Rubén Jurado (46 Pavol Cicman), Damian Zbozien. Coach: Marcin Brosz
Yellow Card: Nadirov (35), Reynaldo (88) / Zbozien (33)
Goals: Richard Almeida (40), Reynaldo (83) / Marcin Robak (19)


GKS PIAST GLIWICE – QARABAĞ FK BAKU 2-2 (2-1, 2-1)   (AET)
Piast, Gliwice    25.07.2013    Hour: 17:30
Referee: Stanislav Todorov, Veselin Dobriyanov, Martin Dimitrov (BUL)    Attendance: 8,534
PIAST: Jakub Szumski, Csaba Horváth, Mateusz Matras, Marcin Robak, Adrian Klepczynski, Tomasz Podgorski (Cap), Matej Ižvolt (95 Pavol Cicman), Lukasz Hanzel (74 Tomáš Dočekal), Rubén Jurado (68 Artis Lazdiņš), Krzysztof Król, Damian Zbozien. Coach: Marcin Brosz
QARABAĞ FK: Miro Varvodić, Qara Qarayev, Maksim Medvedev, Reynaldo, Nikoloz Gelashvili (85 Ulrich Kapolongo), Rashad F. Sadygov (Cap), Leroy George (63 Namig Yusifov), Vüqar Nadirov (76 Badavi Guseynov), Richard Almeida, Admir Teli 27, Ansi Agolli.
Coach: Gurban Gurbanov
Yellow Card: Matras (57), Dočekal (90+3) /
    Teli (27), Gelashvili (41), Almeida (58), Varvodić (118)
Goals: Mateusz Matras (29), Marcin Robak (36) / Leroy George (8), Ulrich Kapolongo (108)


FC HONKA ESPOO – KKS LECH POZNAŃ 1-3 (1-1)
Myyrmäki Urheilupuisto, Vantaa    18.07.2013    Hour: 19:00
Referee: Lee Probert, Jake Collin, Lee Betts (ENG)    Attendance: 3,126
HONKA: Walter Viitala, Sampo Koskinen, Gideon Baah, Henri Aalto, Tim Väyrynen, Jussi Vasara (Cap), Antti Mäkijärvi (75 Kastriot Kastrati), Moshtagh Yaghoubi, Ruben Palazuelos, Abdoulaye Méïté, Roni Porokara (75 Ilari Äijälä). Coach: Mika Lehkosuo
LECH: Krzysztof Kotorowski (Cap), Manuel Arboleda, Łukasz Trałka, Lukasz Teodorczyk (86 Bartosz Ślusarski), Gergő Lovrencsics (83 Szymon Pawłowski), Vojo Ubiparip (90 Dariusz Formella), Szymon Drewniak, Kasper Hämäläinen, Hubert Wołąkiewicz, Mateusz Możdżeń, Marcin Kamiński. Coach: Mariusz Rumak
Yellow Card: Palazuelos (53), Méïté (70) / Wołąkiewicz (33)
Goals: Jussi Vasara (17) / Vojo Ubiparip (11), Lukasz Teodorczyk (53), Marcin Kamiński (71)


KKS LECH POZNAŃ – FC HONKA ESPOO 2-1 (2-1)
Municipal, Poznań    25.07.2013    Hour: 20:45
Referees: Eitan Shemeulevitch, Danny Krasikow, Dvir Shimon (ISR)    Attendance: 15,103
LECH: Jasmin Burić, Tomasz Kędziora, Lukasz Trałka (61 Gergő Lovrencsics), Szymon Pawłowski (61 Kamil Drygas), Lukasz Teodorczyk, Vojo Ubiparip, Szymon Drewniak, Kasper Hämäläinen (71 Bartosz Ślusarski), Hubert Wołąkiewicz, Mateusz Możdżeń, Marcin Kamiński.
Coach: Mariusz Rumak
HONKA: Walter Viitala, Sampo Koskinen, Gideon Baah, Henri Aalto, Tim Väyrynen (69 Kastriot Kastrati), Jussi Vasara (77 Ilari Äijälä), Antti Mäkijärvi (63 Kevin Mombilo), Moshtagh Yaghoubi, Ruben Palazuelos, Abdoulaye Méïté, Roni Porokara. Coach: Mika Lehkosuo
Yellow Card: Vojo Ubiparip (4) / Gideon Baah (4).
Goals: Lukasz Teodorczyk (6), Tomasz Kędziora (40) / Sampo Koskinen (8)

FC SHAKHTYOR SOLIGORSK – FC MILSAMI ORHEI 1-1 (1-0)
Stroitel, Soligorsk   18.07.2013   Hour: 19:00
Referee: Mattias Gestranius, Mikko Alakare, Jan-Peter Aravirta (FIN)   Attendance: 2,700
SHAKHTYOR: Yuri Tsygalko, Sergei Balanovich (86 Yuri Kovalev), Yuri Kolomyts, Evgeni Postnikov, Nikolai Kashevski, Andrei Leonchik (Cap), Tajia Soro, Nikolai Yanush, Pavel Sitko (69 Aleksei Rios), Sergei Matveychik, Dmitri Osipenko. Coach: Vladimir Zhuravel
MILSAMI: Andrian Negai (Cap), Cornel Gheti, Vadim Bolohan (82 Andrei Ciofu), Ovye Shedrack, Artur Patraș, Petru Leuca, Guillherme (90+3 Alexandru Stadiiciuc), Denis Rassulov (84 Valentin Furdui), Gheorghe Andronic, Victor Gheorghiu, Rareș Soporan. Coach: Ștefan Stoica
Yellow Card: Balanovich (28), Sitko (64), Soro (65), Postnikov (84) /
            Guillherme (16), Shedrack (36)
Goals: Pavel Sitko (16) / Petru Leuca (56)

FC MILSAMI ORHEI – FC SHAKHTYOR SOLIGORSK 1-1 (1-1, 1-1)   (AET)   4-2 penalties
District Sport Complex, Orhei   25.07.2013   Hour: 18:00
Referee: Mihaly Fabian, Zsolt Varga, Tamás Markus (HUN)   Attendance: 2,500
MILSAMI: Andrian Negai (Cap), Cornel Gheti, Vadim Bolohan (119 Constantin Iavorschi), Ovye Shedrack, Artur Patraș, Petru Leuca (102 Andrei Ciofu), Guillherme, Denis Rassulov, Gheorghe Andronic (90+2 Gheorghe Bantîș), Victor Gheorghiu, Rareș Soporan. Coach: Ștefan Stoica
SHAKHTYOR: Yuri Tsygalko, Sergei Balanovich (81 Yuri Kovalev), Yuri Kolomyts, Evgeni Postnikov, Nikolai Kashevski, Andrei Leonchik (Cap), Tajia Soro (106 Kirill Vergeychik), Nikolai Yanush, Pavel Sitko, Sergei Matveychik, Dmitri Osipenko (64 Aleksei Rios).
Coach: Vladimir Zhuravel
Yellow Card: / Postnikov (51).            Red Card: Negai (90) / Kirill Vergeychik (114)
Goals: Guillherme (6) / Nikolai Kashevski (30)
Penalties: 1-0 Guilherme, 1-1 Kashevski, 2-1 Patraș, Kolomyts, 3-1 Iavorschi, Rios, Gheti, 3-2 Sitko, 4-2 Ciofu

FC DINAMO MINSK – NK LOKOMOTIVA ZAGREB 1-2 (0-2)
Traktor, Minsk   18.07.2013   Hour: 19:00
Referee: Richard Trutz, Tomaš Somolani, Ondrej Brendza (SVK)   Attendance: 4,850
DINAMO MINSK: Aleksandr Gutor, Slobodan Simović, Sergei Politevich, Nemanja Nikolić (61 Carles Coto), Lazar Veselinović, Artem Bykov, Oleg Veretilo (Cap), Hernan Figueredo (84 Carles Coto), Igor Stasevich, Vitali Trubilo, Nenad Adamović (61 Vladimir Khvaschinski).
Coach: Robert Maaskant
LOKOMOTIVA: Dominik Picak, Nikola Matas, Mario Musa, Tomislav Barbarić, Leonard Mesarić (Cap), Karlo Bručić (82 Tomislav Martinac), Filip Mrzljak, Mathias Chago, Mario Šitum (90+4 Danijel Miškić), Petar Mišić (69 Marko Pjaca), Dinko Trebotić. Coach: Tomislav Ivković
Yellow Card: Simović (37,71), Coto (85), Khvaschinski (87), Politevich (87) /
            Musa (1), Mesarić (37), Šitum (54), Chago (67), Mrzljak (83), Picak (90+4).
Red Card: Simović (71)
Goals: Lazar Veselinović (62) / Mario Šitum (11), Petar Mišić (40)

NK LOKOMOTIVA ZAGREB – FC DINAMO MINSK 2-3 (0-1)
Stadion Maksimir, Zagreb   25.07.2013   Hour: 20:00
Referees: Kevin Clancy, Graham Chambers, David Mcgeachie (SCO)   Attendance: 3,950
LOKOMOTIVA ZAGREB: Dominik Picak, Nikola Matas, Mario Musa (26 Marko Pjaca), Tomislav Barbarić, Leonard Mesarić, Karlo Bručić, Filip Mrzljak (65 Tomislav Martinac), Mathias Chago, Mario Šitum, Petar Mišić, Dinko Trebotić. Coach: Tomislav Ivković
DINAMO MINSK: Aleksandr Sulima, Sergei Politevich, Nemanja Nikolić, Lazar Veselinović (90+2 Pavel Plaskonny), Carles Coto, Artem Bykov, Aleksandr Danilov, Oleg Veretilo, Hernan Figueredo (86 Nikita Korzun), Igor Stasevich (74 Nenad Adamović), Sergei Kontsevoi.
Coach: Robert Maaskant
Yellow Card: Mathias Chago (40), Tomislav Barbarić (65), Leonard Mesarić (81), Petar Mišić (86) / Sergei Politevich (15), Hernan Figueredo (85), Aleksandr Danilov (90+3).
Goals: Petar Mišić (68), Mario Šitum (72) / Lazar Veselinović (41, 82), Hernan Figueredo (59)

HŠK ZRINJSKI MOSTAR – PFC BOTEV PLOVDIV 1-1 (1-0)
NK Zrinjski, Mostar   18.07.2013   Hour: 18:30
Referee: Padraig Sutton, Ciaran Delaney, Emmet Dynan (IRL)   Attendance: 1,998
ZRINJSKI: Ratko Dujković, Anto Radeljić, Deni Simeunović, Ivan Crnov (64 Vedran Kantar), Nebojša Popović (74 Amer Bekić), Pero Stojkić, Zoran Brković, Milan Muminović, Srdjan Savić (54 Hrvoje Miličević), Marin Aničić (Cap), Velibor Djurić. Coach: Branko Karačić
BOTEV PLOVDIV: Adam Stachowiak, Boban Grncarov, Marian Ognyanov, Todor Nedelev, Vander (79 Stanislav Kostov), Yordan Hristov (46 Romario Kortzorg), Veselin Minev (Cap), Anicet (34 Valeri Domovchiyski), Tomáš Jirsák, Boris Galchev, Civard Sprockel.
Coach: Stanimir Stoilov
Yellow Card: Stojkić (19,45), Djurić (20), Radeljić (59) / Domovchiyski (37,45+3).
Red Card: Stojkić (45) / Domovchiyski (45+3)
Goals: Deni Simeunović (21) / Romario Kortzorg (48)


PFC BOTEV PLOVDIV – HŠK ZRINJSKI MOSTAR 2-0 (0-0)
Lazur, Burgas   25.07.2013   Hour: 20:30
Referees: Clément Turpin, Cyril Gringore, Nicolas Danos (FRA)   Attendance: 8,000
BOTEV PLOVDIV: Adam Stachowiak, Boban Grncarov, Marian Ognyanov, Todor Nedelev, Yordan Hristov, Veselin Minev (90 Arthur Henrique), Anicet (68 Stanislav Kostov), Tomáš Jirsák, Romario Kortzorg (58 Luis Pedro), Boris Galchev, Civard Sprockel. Coach: Stanimir Stoilov
ZRINJSKI: Ratko Dujković, Anto Radeljić, Deni Simeunović, Ivan Crnov (86 Nebojša Popović), Hrvoje Miličević, Vedran Kantar, Zoran Brković, Milan Muminović (59 Amer Bekić), Srdjan Savić (70 Vučina Šćepanović), Marin Aničić, Velibor Djurić. Coach: Branko Karačić
Yellow Card: Boris Galchev (22), Todor Nedelev (29), Anicet (37) /
         Vedran Kantar (11), Srdjan Savić (66), Anto Radeljić (70).
Goals: Ognyanov (80), Nedelev (88)


SKONTO FC RIGA – FC SLOVAN LIBEREC 2-1 (1-1)
Skonto Stadions, Riga   18.07.2013   Hour: 20:30
Referee: Daniel Stefanski, Rafal Rostkowski, Krzysztof Myrmus (POL)   Attendance: 2,300
SKONTO: Paulius Grybauskas, Vladislavs Gabovs, Renārs Rode, Juris Laizāns (Cap), Ritvars Rugins (84 Artjoms Osipovs), Aleksandrs Fertovs, Ruslan Mingazov, Alans Siņeļņikovs (89 Vjačeslavs Isajevs), Valērijs Šabala, Nauris Bulvitis, Artūrs Karašausks (68 Irakli Klimiashvili).
Coach: Tamaz Pertia
SLOVAN: Přemysl Kovář, Renato Kelić, Luboš Hušek, David Pavelka, Vladislav Kalitvintsev (64 John Delarge), Serhiy Rybalka (81 Lukáš Szabo), Martin Frýdek, Ondřej Kušnír, Radoslav Kováč (Cap), Michael Rabušic, Jiří Fleišman. Coach: Jaroslav Šilhavý
Yellow Card: Mingazov (59), Laizāns (71), Siņeļņikovs (80) / Delarge (79), Kušnír (88)
Goals: Valērijs Šabala (39), Artūrs Karašausks (47) / Paulius Grybauskas (8)


FC SLOVAN LIBEREC – SKONTO FC RIGA 1-0 (1-0)
U Nisy, Liberec   25.07.2013   Hour: 19:00
Referees: Ken Henry Johnsen, Sven Erik Midthjell, Jan Erik Engan (NOR)   Attendance: 5,707
SLOVAN: Přemysl Kovář, Renato Kelić, Luboš Hušek, David Pavelka, Vladyslav Kalitvintsev (90+2 Jiří Fleišman), Serhiy Rybalka (72 Josef Šural), Martin Frýdek, Ondřej Kušnír, Radoslav Kováč, Michael Rabušic (81 Isaac Sackey), Dzon Delarge. Coach: Jaroslav Šilhavý
SKONTO: Paulius Grybauskas, Vladislavs Gabovs, Renārs Rode, Juris Laizāns, Artjoms Osipovs (82 Irakli Klimiashvili), Aleksandrs Fertovs (84 Kristaps Blanks), Ruslan Mingazov, Alans Siņeļņikovs (39 Ritvars Rugins), Valērijs Šabala, Nauris Bulvitis, Artūrs Karašausks.
Coach: Tamaz Pertia
Yellow Card: Renato Kelić (23), Serhiy Rybalka (36), Ondřej Kušnír (36), Vladyslav Kalitvintsev (45+3) / Valērijs Šabala (36), Ritvars Rugins (45+1), Ruslan Mingazov (82), Juris Laizāns (90).
Goal: Dzon Delarge (14)

PFC BEROE STARA ZAGORA – HAPOEL TEL-AVIV FC 1-4 (1-2)
Beroe, Stara Zagora    18.07.2013    Hour: 19:30
Referee: Vlado Glodjović, Branko Pavlović, Dejan Potoćan (SRB)    Attendance: 9,500
BEROE: Ivan Karadzhov, Zdravko Iliev (64 Ivan Goranov), Vladimir Zafirov, Borislav Stoychev, Georgi Andonov (Cap), Ventsislav Hirstov, Plamen Krumov, Elias, Igor Djoman (57 Amir Sayoud), Veselin Penev, David Caiado. Coach: Petar Hubchev
H. TEL-AVIV: Daniel Amos, Jürgen Colin, Roei Gordana (81 Shay Abutbul), Israel Zaguri (67 Ramzi Safuri), Etey Shechter (Cap), Orel Dgani, Omer Damari (73 Salim Toama), Harosh Shimon, Bryan Gerzicich, Branko Ilič. Coach: Ran Ben Simon
Yellow Card: Djoman (39), Zafirov (77) / Dgani (28), Shechter (60), Sasha (65), Salim Toama (76)
Goals: Ventsislav Hirstov (25) / Sasha (5), Omer Damari (9, 53), Etey Shechter (60)


HAPOEL TEL-AVIV FC – PFC BEROE STARA ZAGORA 2-2 (1-1)
Bloomfield, Tel Aviv    25.07.2013    Hour: 20:00
Referee: Carlos Xistra, Antonio Godinho, José Braga (POR)    Attendance: 6,400
HAPOEL TEL-AVIV FC: Daniel Amos, Jürgen Colin, Roei Gordana, Israel Zaguri (76 Gil Vermouth), Etey Shechter (Cap), Sasha (81 Shay Abutbul), Orel Dgani, Omer Damari (67 Ramzi Safuri), Harosh Shimon, Bryan Gerzicich, Branko Ilič. Coach: Ran Ben Simon
BEROE: Ivan Karadzhov, Zdravko Iliev, Borislav Stoychev 84, Ivo Ivanov, Georgi Andonov (Cap), Ventsislav Hirstov (87 Doncho Atanasov), Plamen Krumov, Elias (68 Martin Rainov), Igor Djoman, Veselin Penev, David Caiado (78 Ivan Goranov). Coach: Petar Hubchev
Yellow Card: Zaguri (64), Gerzicich (90+3) / Iliev (22), Stoychev (84)
Goals: Omer Damari (22, 61) / Plamen Krumov (45+1), David Caiado (71)


STRØMSGODSET IF DRAMMEN – DEBRECENI VSC 2-2 (1-0)
Marienlyst, Drammen    18.07.2013    Hour: 19:00
Referee: Marius Avram, Valentin Avram, Bogdan Gheorghe (ROM)    Attendance: 3,582
STRØMSGODSET IF DRAMMEN: Lars Stubhaug, Mounir Hamoud, Kim Madsen, Jørgen Horn, Stefan Johansen (Cap), Øyvind Storflor (46 Razak Nuhu), Péter Kovács, Abdissalam Ibrahim, Thomas Lehne Olsen (46 Martin Rønning), Bismark Boateng (82 Ole Amund Sveen), Jarl André Storbæk. Coach: Ronny Deila
DEBRECENI VSC: István Verpecz, Joel Damahou (12 Laszlo Zsidai), Selim Bouadla (86 Tamás Kulcsár), Péter Máté, Igor Morozov, Ibrahim Sidibe, Ádám Bódi, Zoltán Nagy, Péter Szakály (Cap) (71 Aleksandar Trninić), Mihály Korhut, Péter Czvitkovics. Coach: Elemér Kondás
Yellow Card: Ibrahim (4) / Máté (26), Bódi (52,67), Bouadla (86), Sidibe (89).
Red Card: Bódi (67)
Goals: Ibrahim Sidibe (36,55) / Jørgen Horn (53), Péter Kovács (90+3)


DEBRECENI VSC – STRØMSGODSET IF DRAMMEN 0-3 (0-1)
Sóstói út, Nyiregyhaza    25.07.2013    Hour: 20:30
Referees: Ilias Spathas, Dimitrios Saraidaris, lazaros Dimitriadis (GRE)    Attendance: 6,300
DEBRECENI VSC: István Verpecz, Aleksandar Trninić (57 Dalibor Volaš), Laszlo Zsidai, Selim Bouadla, Norbert Mészáros, Péter Máté, Ibrahim Sidibe, Zoltán Nagy (75 János Ferenczi), Péter Szakály, Mihály Korhut, Péter Czvitkovics (57 Tamás Kulcsár). Coach: Elemér Kondás
STRØMSGODSET IF DRAMMEN: Adam Larsen, Mounir Hamoud, Jørgen Horn, Stefan Johansen, Øyvind Storflor (74 Martin Rønning), Péter Kovács, Abdissalam Ibrahim (74 Ole Amund Sveen), Gustav Wikheim, Bismark Boateng (85 Simen Brenne), Lars-Christopher Vilsvik, Jarl André Storbæk. Coach: Ronny Deila
Yellow Card: Aleksandar Trninić (33) /
    Bismark Boateng (45), Lars-Christopher Vilsvik (67), Stefan Johansen (83).
Red Card: Jarl André Storbæk (71).
Goals: Péter Kovács (35), Bismark Boateng (51), Øyvind Storflor (58)

FC PETROLUL PLOIEŞTI – GÍ/LÍF VIKINGUR GØTA 3-0 (1-0)
Ilie Oană, Ploieşti    18.07.2013    Hour: 20:00
Referee: Marios Panayi, Athinodoros Ioannou, Georgis Papathomas (CYP)    Attendance: 9,854
PETROLUL: Peterson Peçanha, Geraldo Alves (82 Elhad Naziri), Sony Mustivar (Cap) (71 Romário), Gheorghe Grozav, Damien Boudjemaa, Hamza Younès, Ovidiu Hoban, Guilherme, Sebastian Achim, Filipe Teixeira (62 Manassé Enza-Yamissi), Pablo De Lucas.
Coach: Cosmin Contra
GÍ/LÍF VIKINGUR GØTA: Géza Turi, Hanus Jacobsen (75 Kaj Bartalstovu), Dánjal Pauli Lervig, Jann Ingi Petersen (90+3 Hjartvard Hansen), Filip Djordjević, Bardur Hansen, Erling Jacobsen (Cap), Hans Djurhuus (90 Ingi Sorensen), Finnur Justinussen, Solvi Vatnhamar, Sam Jacobsen.
Coach: Sigfríður Clementsen
Yellow Card: Younès (58)
Goals: Pablo De Lucas (26), Gheorghe Grozav (49,68)


GÍ/LÍF VIKINGUR GØTA – FC PETROLUL PLOIEŞTI 0-4 (0-2)
Toftir, Toftir    25.07.2013    Hour: 19:00
Referees: Said Ennjimi, Eric Dansault, Cyril Lompre (FRA)    Attendance: 288
GÍ/LÍF VIKINGUR GØTA: Géza Turi, Hanus Jacobsen, Atli Gregersen, Dánjal Pauli Lervig, Jann Ingi Petersen (65 Filip Djordjević), Kaj Bartalstovu, Bardur Hansen, Erling Jacobsen, Finnur Justinussen, Solvi Vatnhamar, Sam Jacobsen (85 Hedin Hansen). Coach: Sigfríður Clementsen
PETROLUL: Mircea Bornescu, Manassé Enza-Yamissi, Damien Boudjemaa (46 Sony Mustivar), Hamza Younès (66 Gheorghe Grozav), Elhad Naziri, Ovidiu Hoban, Guilherme, Romário, Filipe Teixeira (46 Sebastian Achim), Pablo De Lucas, Vlad Morar. Coach: Cosmin Contra
Yellow Card: Erling Jacobsen (63) / Manassé Enza-Yamissi (69), Guilherme (84).
Goals: Atli Gregersen (5 og), Hamza Younès (11, 63), Grozav (77)


MALMÖ FF – HIBERNIAN FC EDINBURGH 2-0 (2-0)
Malmö New Stadium    18.07.2013    Hour: 19:00
Referee: Rene Eisner, Andreas Witschnigg, Richard Huebler (AUS)    Attendance: 8,628
MALMÖ FF: Johan Dahlin, Miiko Albornoz, Pontus Jansson, Markus Halsti, Magnus Eriksson, Jiloan Hamad (Cap), Simon Thern (68 Pawel Cibicki), Ricardinho, Erik Johansson, Tokelo Rantie (68 Erik Friberg), Emil Forsberg (79 Simon Kroon). Coach: Rikard Norling
HIBERNIAN: Ben Williams, Paul Hanlon, James McPake (Cap), Rowan Vine (84 Ross Caldwell), Liam Craig, Lewis Stevenson, Owain Jones (56 Scott Robertson), Daniel Handling, Tom Taiwo, Jordan Forster, Kevin Thomson (78 Alex Harris). Coach: Patrick Fenlon
Yellow Card: Johansson (85), Dahlin (90+4) / McPake (10), Tom Taiwo (67)
Goals: Jiloan Hamad (11), Magnus Eriksson (13)


HIBERNIAN FC EDINBURGH – MALMÖ FF 0-7 (0-4)
Easter Road Stadium, Edinburgh    25.07.2013    Hour: 19:45
Referee: Sébastien Delferiere, Yves De Neve, Frederick Stalport (BEL)    Attendance: 16,108
HIBERNIAN: Ben Williams, Paul Hanlon, James McPake (Cap) (24 Fraser Mullen), Alex Harris (74 Samuel Stanton), Rowan Vine, Liam Craig, Lewis Stevenson, Daniel Handling, Tom Taiwo (53 Scott Robertson), Jordan Forster, Kevin Thomson. Coach: Pat Fenlon
MALMÖ: Johan Dahlin, Miiko Albornoz, Pontus Jansson, Markus Halsti (62 Erik Friberg), Magnus Eriksson (59 Pawel Cibicki), Jiloan Hamad (Cap), Simon Thern, Ricardinho, Erik Johansson, Tokelo Rantie, Emil Forsberg (46 Simon Kroon). Coach: Rikard Norling
Yellow Card: Taiwo (38), Thomson (45), Vine (52), Robertson (64) / Albornoz (67)
Goals: Magnus Eriksson (21), Emil Forsberg (26), Markus Halsti (30), Miiko Albornoz (42), Tokelo Rantie (60), Jiloan Hamad (64), Simon Kroon (73)

MACCABI HAIFA FC – XÄZÄR LÄNKÄRAN FK 2-0 (2-0)
Itztadion Kiryat Eliezer, Haifa   18.07.2013   Hour: 20:00
Referee: Slavko Vinčić, Robert Vukan, Jure Praprotnik (SVN)   Attendance: 9,520
MACCABI HAIFA: Bojan Šaranov, Gustavo Boccoli, Hen Ezra, Rayo, Taleb Twatha, Alon Turgeman (83 Andriy Pylyavskyi), Shimon Abuhazira (66 Sintayehu Sallalich), Yaniv Katan (Cap) (74 Eyal Golasa), Dekel Keinan, Edin Cocalić, Eyal Meshumar. Coach: Ariel Benado
XÄZÄR LÄNKÄRAN FK: Antonio Doblas, Rasim Ramaldanov, Sadio Tounkara, Éder Bonfim (71 Elnur Allahverdiyev), Zouhir Benouahi, Nildo França, Rahid Amirguliyev (Cap), Radomir Todorov (66 Wanderson Scarduelli), Nikola Gligorov, Manuel Scarlatache, Marin Oršulić (46 Adrian Piţ). Coach: John Toshack
Yellow Card: Allahverdiyev (87)
Goals: Hen Ezra (37), Alon Turgeman (55)


XÄZÄR LÄNKÄRAN FK – MACCABI HAIFA FC 0-8 (0-6)
Şähär stadionu, Lankaran   25.07.2013   Hour: 21:00
Referee: Danny Makkelie, Rob van de Ven, Bas van Dongen (NED)   Attendance: 9,000
XÄZÄR LÄNKÄRAN FK: Antonio Doblas (46 Orkhan Sadigli), Elnur Allahverdiyev, Rasim Ramaldanov, Ugur Pamuk, Zouhir Benouahi (61 Nikola Gligorov), Nildo França, Rahid Amirguliyev (Cap), Adrian Piţ, Radomir Todorov, Manuel Skarlatake (46 Álvaro Silva), Marin Oršulić. Coach: John Toshack
MACCABI: Bojan Šaranov, Gustavo Boccoli (73 Avihay Yadin), Hen Ezra (77 Ismail Raiyan), Rayo (67 Eyal Golasa), Taleb Twatha, Alon Turgeman, El'ad Gabai, Shimon Abuhazira, Yaniv Katan (Cap), Dekel Keinan, Edin Cocalić. Coach: Ariel Benado
Yellow Card: Doblas (3), Oršulić (47), Gligorov (68) /
Goals: Alon Turgeman (7), Yaniv Katan (10), Rayo (13, 62), Shimon Abuhazira (26, 44), Hen Ezra (41), Eyal Golasa (76)


IL HØDD ULSTEINVIK – FC AKTOBE 1-0 (1-0)
Hoddvoll Stadion, Ulsteinvik   18.07.2013   Hour: 19:00
Referee: Stavros Tritsonis, Christos Akrivos, Ilias Alexeas (GRE)   Attendance: 2,019
HØDD: Andreas Lie, Steffen Moltu, Jesper Törnqvist (Cap), Erik Sandal, Pål André Helland (90+1 Andreas Rekdal), Espen Standal (78 Rune Ertsås), Joachim Magnussen, Ruben Kenneth Brandal, Sivert Heltne Nilsen, Fredrik Aursnes, Akeem Latifu. Coach: Lars Arne Nilsen
FC AKTOBE: Andrei Sidelnikov, Alexei Muldarov, Andrei Kharabara, Petr Badlo (Cap), Sergei Davydov (82 Sergei Lisenkov), Marat Khayrullin, Robert Primus, Askhat Tagybergen (46 Dmitri Miroshnichenko), Emil Kenzhisariev, Yuri Logvinenko, Sergei Kovalchuk.
Coach: Vladimir Nikitenko
Yellow Card: Aursnes (70) / Logvinenko (50)
Goals: Espen Standal (28)


FC AKTOBE – IL HØDD ULSTEINVIK 2-0 (1-0)
Tsentralniy, Aktobe   25.07.2013   Hour: 21:00
Referee: Mete Kalkavan, Serkan Ok, Kemal Yilmaz (TUR)   Attendance: 12,200
FC AKTOBE: Andrei Sidelnikov, Alexei Muldarov, Petr Badlo (Cap), Sergei Davydov (85 Askhat Tagybergen), Marat Khayrullin, Robert Primus, Emil Kenzhisariev, Yuri Logvinenko, Sergei Kovalchuk, Alexander Geynrikh (90 Sergei Gridin), Timur Kapadze (77 Andrei Kharabara).
Coach: Vladimir Nikitenko
HØDD: Andreas Lie, Steffen Moltu, Tobias Vibe (64 Rune Ertsås), Erik Sandal, Pål André Helland, Espen Standal (64 Bendik Torset), Joachim Magnussen (85 Robin Hjelmeseth), Ruben Kenneth Brandal, Andreas Rekdal, Fredrik Aursnes, Jesper Törnqvist (Cap).
Coach: Lars Arne Nilsen
Yellow Card: Aursnes (77)
Goals: Sergei Davydov (5, 61)

ROSENBORG BK TRONDHEIM – ST. JOHNSTONE FC PERTH 0-1 (0-1)
Lerkendal Stadion, Trondheim   18.07.2013   Hour: 19:00
Referee: Halis Özkahya, Çem Satman, Volkan Narinç (TUR)   Attendance: 5,952
ROSENBORG: Daniel Örlund, Cristian Gamboa, Mikael Dorsin, Tore Reginiussen (Cap), Mike Jensen, Nicki Nielsen (57 Alexander Søderlund), John Chibuike, Tobias Mikkelsen (46 Bořek Dočkal), Daniel Berntsen (82 Ole Selnæs), Jonas Svensson, Stefan Strandberg.
Coach: Per Joar Hansen
ST. JOHNSTONE: Alan Mannus, David Mackay (Cap), Thomas Scobbie, Patrick Cregg, Frazer Wright, Steven Anderson, Chris Millar, Gary McDonald, Steven McLean, David Wotherspoon (82 Gary Miller), Nigel Hasselbaink (66 Gwion Edwards). Coach: Thomas Wright
Yellow Card: / Anderson (41)
Goals: Frazer Wright (18)


ST. JOHNSTONE FC PERTH – ROSENBORG BK TRONDHEIM 1-1 (1-1)
McDiarmid Park, Perth   25.07.2013   Hour: 20:45
Referees: Miroslav Zelinka, Ondřej Pelikán, Ivo Nadvornik (CZE)   Attendance: 7,850
ST. JOHNSTONE: Alan Mannus, David Mackay (Cap), Thomas Scobbie, Patrick Cregg, Frazer Wright, Steven Anderson (78 Gary Miller), Gary McDonald, Steven McLean, David Wotherspoon, Nigel Hasselbaink (64 Gwion Edwards), Steve May (78 Rory Fallon). Coach: Thomas Wright
ROSENBORG: Daniel Örlund, Cristian Gamboa, Mikael Dorsin, Tore Reginiussen (Cap), Per Rønning (23 Jon Inge Høiland), Mike Jensen, Nicki Nielsen, Tobias Mikkelsen (59 Bořek Dočkal), Alexander Søderlund, Daniel Berntsen (75 John Chibuike), Jonas Svensson.
Coach: Per Joar Hansen
Yellow Card: Rory Fallon (90+1), Frazer Wright (90+4), Steven McLean (90+6) /
          Nicki Nielsen (73), Daniel Berntsen (75), Tore Reginiussen (84).
Goals: Steve May (21) / Alexander Søderlund (5)


ANORTHOSIS FAMAGUSTA FC LARNACA – GEFLE IF GÄVLE 3-0 (2-0)
Antonis Papadopoulos, Larnaca   18.07.2013   Hour: 20:00
Referee: Andrea De Marco, Massimiliano Grilli, Matteo Passeri (ITA)
ANORTHOSIS FAMAGUSTA: Matthieu Valverde, Marko Andić, Paulo Jorge, Savo Pavićević, Dan Alexa (Cap), Christakis Maragkos, Roberto Colautti (86 Ioannis Okkas), Gonzalo García (80 Grigoris Makos), George Galamaz, Gaoussou Fofana (70 Andreas Avraam), Moshe Ohayon.
Coach: Christakis Kassianos
GEFLE: Emil Hedvall, Anders Wikström, Pär Asp, Alexander Faltsetas, Simon Lundevall (87 Erik Olsson), Jakob Orlov (75 Johan Oremo), Jens Portin, Mikael Dahlberg (Cap), David Fällman, Marcus Hansson, Joachim Adukor (54 Jonas Olsson). Coach: Per Olsson
Yellow Card: Alexa (34) / Wikström (12), Asp (65)
Goals: Gonzalo García (12), Roberto Colautti (33,84),


GEFLE IF GÄVLE – ANORTHOSIS FAMAGUSTA FC LARNACA 4-0 (1-0)
Norrporten Arena, Sundsvall   25.07.2013   Hour: 19:00   Attendance: 304
Referees: Kristinn Jakobsson, Johann Gudmundsson, Áskell Thór Gíslason (ISL)
GEFLE: Emil Hedvall, Olof Mård, Jonas Olsson, Pär Asp, Alexander Faltsetas, Simon Lundevall (89 Joachim Adukor), Johan Oremo, Jakob Orlov (90+1 Zakaria Abdullai), Jens Portin, Mikael Dahlberg, Marcus Hansson. Coach: Per Olsson
ANORTHOSIS FAMAGUSTA: Christakis Mastrou, Paulo Jorge, Savo Pavićević, Dan Alexa (Cap), Christakis Maragkos (46 Moshe Ohayon), Roberto Colautti, Gonzalo García, George Galamaz, Gaoussou Fofana (61 Andreas Avraam), Kostas Laifis, Grigoris Makos (88 Ioannis Okkas). Coach: Christakis Kassianos
Yellow Card: Johan Oremo (60), Olof Mård (69) /
          Savo Pavićević (66), Paulo Jorge (75), Roberto Colautti (83).
Goals: Jakob Orlov (25, 86), Alexander Faltsetas (67), Mikael Dahlberg (87)

TROMSØ IL – INTER BAKU PIK 2-0 (1-0)
Alfheim, Tromsø   18.07.2013   Hour: 19:00
Referee: Yuriy Mozharovskyy, Yevhen Khalamendyk, Oleg Pluzhnyk (UKR)   Attendance: 1,998
TROMSØ IL: Marcus Sahlman, Jarosław Fojut, Ruben Kristiansen, Miika Koppinen (Cap), Thomas Bendiksen, Thomas Drage (60 Morten Moldskred), Zdeněk Ondrášek, Hans Norbye (46 Adnan Causevic), Magnus Andersen, Remi Johansen, Josh Pritchard (83 Lars Gunnar Johnsen).
Coach: Agnar Christensen
İNTER BAKI: Giorgi Lomaia, Iván Alejandro, Slavčo Georgievski, Ruslan Ämircanov, Mikel Álvaro, Aleksandr Iashvili, Bruce Abdoulaye, Bachana Tskhadadze, Matija Špičić, Abdulla Abasiyev (76 Daniel Genov), Vagif Javadov (Cap) (78 Samir Zargarov).
Coach: Kakhaber Tskhadadze
Yellow Card: Fojut (21) / Georgievski (62), Ämircanov (90+2) / Javadov (42), Abdoulaye (44)
Goals: Zdeněk Ondrášek (43), Magnus Andersen (62)

INTER BAKU PIK – TROMSØ IL 1-0 (0-0)
Bayil stadium , Baku   25.07.2013   Hour: 21:00
Referee: Eli Hacmon, Shabtai Nahmias, Sagy Mazamber (ISR)   Attendance: 2,100
İNTER BAKI: Giorgi Lomaia, Lasha Salukvadze, Slavčo Georgievski, Ruslan Ämircanov, Mikel Álvaro, Aleksandr Iashvili (84 Samir Zargarov), Asif Mammadov (61 Daniel Genov), Bruce Abdoulaye, Arif Dashdemirov, Vagif Javadov (Cap) (46 Bachana Tskhadadze), Flávio Beck.
Coach: Kakhaber Tskhadadze
TROMSØ IL: Marcus Sahlman, Jarosław Fojut (79 Thomas Drage), Ruben Kristiansen, Adnan Causevic (78 Hans Norbye), Miika Koppinen (Cap), Thomas Bendiksen, Zdeněk Ondrášek, Magnus Andersen, Remi Johansen, Josh Pritchard (67 Lars Gunnar Johnsen), Saliou Ciss.
Coach: Agnar Christensen
Yellow Card: Iashvili (68), Tskhadadze (82) / Fojut (25)
Goal: Bachana Tskhadadze (76)

FC CHORNOMORETS ODESA – FC DACIA CHIŞINĂU 2-0 (0-0)
Chornomorets, Odesa   18.07.2013   Hour: 20:00
Referee: Mike Dean, Simon Bennett, Gary Beswick (ENG)   Attendance: 20,230
CHORNOMORETS: Dmytro Bezotosnyi (Cap), Markus Berger, Kyrylo Kovalchuk, Olexiy Gai, Ivan Bobko, Sergei Samodin, Elis Bakaj (65 Sito Riera), Franck Dja Djedje, Pablo Fontanello, Olexiy Antonov, Pavlo Kutas. Coach: Roman Grygorchuk
DACIA: Evgheni Matiughin (Cap), Veaceslav Posmac, Denis Ilescu, Alphonse Soppo, Miloš Krkotić (53 Henry Odia), Maxim Mihaliov, Marian Stoleru (65 Vladimir Dragovozov), Jude Ogada, Gheorghe Ovseannicov, Ibrahima Camara (72 Yuriy Shevel), Maksym Lapushenko.
Coach: Igor Negrescu
Yellow Card: Ilescu (82), Dragovozov (90)
Goals: Sergei Samodin (46), Olexiy Antonov (90+4)

FC DACIA CHIŞINĂU – FC CHORNOMORETS ODESA 2-1 (1-1)
Zimbru, Chişinău   25.07.2013   Hour: 20:15
Referees: Serdar Gözübüyük, Charles Schaap, Berry Simons (NED)   Attendance: 3,720
DACIA: Evgheni Matiughin (Cap), Veaceslav Posmac, Denis Ilescu, Nikolai Orlovski (50 Vasili Pavlov), Alphonse Soppo, Miloš Krkotić, Ghenadie Orbu (77 Henry Odia), Maxim Mihaliov, Marian Stoleru (63 Akhmet Barakhoev), Jude Ogada, Gheorghe Ovseannicov.
Coach: Igor Negrescu
CHORNOMORETS: Dmytro Bezotosnyi (Cap), Markus Berger, Olexiy Gai (75 Rinar Valeev), Ivan Bobko, Sergei Samodin (68 Anatoliy Didenko), Franck Dja Djedje, Pablo Fontanello, Anderson Mineiro, Olexiy Antonov, Pavlo Kutas, Sito Riera (46 Elis Bakaj). Coach: Roman Grygorchuk
Yellow Card: Nikolai Orlovski (15), Gheorghe Ovseannicov (52), Miloš Krkotić (59), Akhmet Barakhoev (79) / Anderson Mineiro (23), Franck Dja Djedje (45+2), Pavlo Kutas (50).
Goals: Nikolai Orlovski (45+3), Ghenadie Orbu (64) / Olexiy Gai (26)

IFK GÖTEBORG – FK AS TRENČÍN 0-0
Olympia, Helsingborg    18.07.2013    Hour: 19:00
Paolo Silvio Mazzoleni, Riccardo Di Fiore, Gianluca Vuoto (ITA)    Attendance: 4,282
IFK: John Alvbåge, Emil Salomonsson, Philip Haglund, Tobias Hysén (Cap), Lasse Vibe, Robin Söder, Hjalmar Jonsson, Jakob Johansson, Sam Larsson (60 Daniel Sobralense), Adam Johansson, Mikael Dyrestam. Coach: Mikael Stahre
TRENČÍN: Miloš Volešák (Cap), Aldo Baéz, William (78 Lukáš Ďuriška), Fanendo Adi, Jakub Holúbek, Karol Mondek (71 Peter Mazáň), Peter Čögley, Peter Kleščík, Ramón, Samuel Štefánik (90+3 Damian Bariš), Róbert Mazáň. Coach: Ľuboš Nosický
Yellow Card: Johansson (40) / Holúbek (16), Baéz (90+2).
Red Card: Róbert Mazáň (10)


FK AS TRENČÍN – IFK GÖTEBORG 2-1 (1-0)
Štadión MFK Dubnica, Dubnica nad Vahom    25.07.2013    Hour: 17:00
Referee: Artur Soares, Rui Tavares, Ricardo Santos (POR)    Attendance: 4,150
TRENČÍN: Miloš Volešák (Cap), Aldo Baéz (83 Daniel Bednárik), William (89 Damian Bariš), Fanendo Adi, Jakub Holúbek, Peter Mazáň (66 Marek Frimmel), Karol Mondek, Peter Čögley, Peter Kleščík, Ramón, Samuel Štefánik. Coach: Ľuboš Nosický
GÖTEBORG: John Alvbåge, Emil Salomonsson, Philip Haglund 82, Tobias Hysén (Cap), Lasse Vibe, Robin Söder, Hjalmar Jonsson 53, Jakob Johansson, Sam Larsson (46 Pontus Farnerud), Adam Johansson (84 Gustav Engvall), Mikael Dyrestam. Coach: Mikael Stahre
Yellow Card: Adi (28), Baéz (32) / Jonsson (53), Söder (70)
Goals: Fanendo Adi (15, 71) / Philip Haglund (82)


FC DIFFERDANGE 03 – FC UTRECHT 2-1 (1-1)
Josy Barthel, Luxembourg    18.07.2013    Hour: 19:30
Referee: Alain Bieri, Johannes Vogel, Remy Zgraggen (SUI)    Attendance: 2,591
FC DIFFERDANGE 03: Julien Weber, André Rodrigues, Andy May, Yannick Bastos (78 Antonio Luisi), Omar Er Rafik (88 Michel Kettenmeyer), Omer Bisevac (63 Gilles Bettmer), Ante Bukvic, Mathias Jänisch, Philippe Lebresne (Cap) (67), Geoffrey Franzoni, Jean-Philippe Caillet. Coach: Michel Leflochmoan
UTRECHT: Robin Ruiter, Mark van der Maarel (Cap), Johan Mårtensson (67 Mark Diemers), Edouard Duplan (77 Bob Schepers), Jens Toornstra, Jacob Mulenga, Tomas Oar, Gevero Markiet, Kai Heerings, Yoshiaki Takagi (59 Cedric van der Gun), Kenny Teijsse. Coach: Jan Wouters
Yellow Card: Lebresne (67), / Teijsse (80), van der Maarel (90+3)
Goals: Omar Er Rafik (26,57) / Jacob Mulenga (2)


FC UTRECHT – FC DIFFERDANGE 03 3-3 (1-1)
Galgenwaard, Utrecht    25.07.2013    Hour: 19:30
Referees: Nikolai Yordanov, Nikolay Angelov, Georgi Georgiev (BUL)    Attendance: 16,437
UTRECHT: Robin Ruiter, Mark van der Maarel, Davy Bulthuis, Johan Mårtensson, Edouard Duplan (74 Yoshiaki Takagi), Jens Toornstra, Jacob Mulenga, Tomas Oar, Gevero Markiet, Kai Heerings (70 Leon de Kogel), Bob Schepers (46 Cedric van der Gun). Coach: Jan Wouters
FC DIFFERDANGE 03: Julien Weber, André Rodrigues (75 Michel Kettenmeyer), Andy May, Yannick Bastos (83 Antonio Luisi), Omar Er Rafik, Omer Bisevac (71 Gauthier Caron), Ante Bukvic, Mathias Jänisch, Philippe Lebresne, Geoffrey Franzoni, Jean-Philippe Caillet. Coach: Michel Leflochmoan
Yellow Card: Jens Toornstra (46), Kai Heerings (65) /
 Andy May (31), Geoffrey Franzoni (42), Omer Bisevac (71), André Rodrigues (75),
 Omar Er Rafik (80), Yannick Bastos (83),
Antonio Luisi (87).
Goals: Jacob Mulenga (45, 49, 54) /
 Omar Er Rafik (25), Geoffrey Franzoni (64 pen), Yannick Bastos (72)

VALLETTA FC – FC MINSK 1-1 (1-1)
Ta' Qali National Stadium   18.07.2013   Hour: 19:30
Referee: Oliver Drachta, Roland Brandner, Matthias Winsauer (AUS)   Attendance: 1,104
VALLETTA FC: Pietro Marino, Yessous Camilleri, Ryan Fenech (Cap) (90 Ian Zammit), Roderick Briffa, Barry Hamza, Arnal Conde (59 Augustine James Obaje), Shaun Bajada (70 Jonathan Caruana), Denni, Dyson Falzon, Jason Vandelannoite, Luke Dimech. Coach: Mark Miller
MINSK: Vladimir Bushma, Roman Begunov, Sergei Sosnovski (Cap), Aleksandr Sverchinski, Sergei Kozeka, Roman Vasilyuk, Aleksandr Sachivko, Dmitri Gorbushin (46 Serhiy Rozhok), Aleksei Belevich (75 Yuri Ostroukh), Aleksandr Makas (55 Vital Kibuk), Miloš Rnić.
Coach: Vadzim Skrypchanka
Yellow Card: Hamza (51), Briffa (86), Denni (88) / Belevich (29), Rozhok (72), Ostroukh (78)
Goals: Ryan Fenech (45) / Aleksandr Sachivko (6)


FC MINSK – VALLETTA FC 2-0 (0-0)
Torpedo, Zhodino   25.07.2013   Hour: 18:00
Referee: Alexander Kostadinov, Ivaylo Milkov, Martin Margaritov (BUL)   Attendance: 1,500
MINSK: Vladimir Bushma, Roman Begunov, Sergei Sosnovski (Cap), Aleksandr Sverchinski, Sergei Kozeka, Roman Vasilyuk (89 Aleksandr Makas), Aleksandr Sachivko, Dmitri Gorbushin (57 Artem Buloychik), Miloš Rnić, Vital Kibuk (78 Serhiy Rozhok), Nikita Bukatkin.
Coach: Vadzim Skrypchanka
VALLETTA FC: Pietro Marino, Jonathan Caruana (69 Romulo Marcos Antoneli), Ian Azzopardi (46 Shaun Bajada), Ryan Fenech (Cap), Roderick Briffa, Barry Hamza, Denni, Dyson Falzon, Augustine James Obaje (77 Ian Zammit), Jason Vandelannoite, Luke Dimech. Coach: Mark Miller
Yellow Card: Bukatkin (68), Sachivko (83), Rnić (85) / Marino (54), Caruana (66), Hamza (80)
Goals: Roman Vasilyuk (53), Vital Kibuk (60)


FK KUKËSI – FK SARAJEVO 3-2 (2-2)
Stadiumi Kombëtar Qemal Stafa, Tirana   18.07.2013   Hour: 19:30
Referee: Adrien Jaccottet, Raffael Zeder, Stephane De Almeida (SUI)   Attendance: 4,500
KUKËS: Argent Halili, Julian Brahja, Gerhard Progni, Lazar Popović (76 Enco Malindi), Igli Allmuça (Cap), Lucas Malacarne, Enkel Alikaj (90+2 Sokol Mziu), Yll Hoxha (78 Gentian Manuka), Erando Karabeci, Roland Peqini, Renato Malota. Coach: Armando Cungu
FK SARAJEVO : Dejan Bandović, Marko Radulović (81 Mahir Karić), Anes Haurdić, Alen Melunović, Ognjen Todorović (72 Radan Šunjevarić), Ivan Tatomirović, Muhamed Džakmić (Cap), Gojko Cimirot, Mario Tadejević, Amer Dupovac, Asmir Suljić. Coach: Husref Musemic
Yellow Card: Peqini (50) / Melunović (90+3) / Tadejević (88), Suljić (90)
Goals: Yll Hoxha (24), Lazar Popović (32og, 45+1), Igli Allmuça (Cap) (58) /
       Ognjen Todorović (33)


FC THUN 1898 – FC CHIKHURA SACHKHERE 2-0 (2-0)
Arena Thun, Thun   18.07.2013   Hour: 19:30
Referee: Ivaylo Stoyanov, Ivo Kolev, Krum Stoilov (BUL)   Attendance: 3,114
THUN: David Moser, Fulvio Sulmoni, Josef Martinez (68 Cássio), Marco Schneuwly (59 Berat Sadik), Dennis Hediger (Cap), Thomas Reinmann, Enrico Schirinzi, Andreas Wittwer, Mathieu Salamand (83 Cyrill Gasser), Benjamin Lüthi, Sekou Sanogo Junior. Coach: Urs Fischer
CHIKHURA: Giorgi Somkhishvili (Cap), Jambul Jigauri, Rati Tsinamdzgvrishvili (86 Gogita Gogatishvili), Vazha Lomashvili, Lasha Chikvaidze (46 Giorgi Kimadze), Giorgi Datunaishvili, Giga Bechvaia, Shota Kashia, David Odikadze, Besik Dekanoidze, Giorgi Rekhviashvili.
Coach: Samson Pruidze
Yellow Card: Hediger (10), Martinez (41) / Kashia (74), Bechvaia (82), Gogatishvili (90)
Goals: Sekou Sanogo Junior (12), Enrico Schirinzi (38)

FC CHIKHURA SACHKHERE – FC THUN 1898 1-3 (1-1)
Mikheil Meskhi, Tbilisi   25.07.2013   Hour: 20:00   Attendance: 1,400
Referee: Ante Vučemilović-Šimunović Jr., Dalibor Conjar, Hrvoje Mendjušić (CRO)
CHIKHURA: Giorgi Somkhishvili (Cap), Jambul Jigauri, Rati Tsinamdzgvrishvili (78 Giorgi Kimadze), Vazha Lomashvili, Lasha Chikvaidze, Giorgi Datunaishvili (78 Badri Demetrashvili), Giga Bechvaia, Shota Kashia, David Odikadze, Besik Dekanoidze, Giorgi Rekhviashvili.
Coach: Samson Pruidze
THUN: David Moser, Lukas Schenkel, Berat Sadik, Josef Martinez (76 Marco Schneuwly), Cássio, Dennis Hediger (Cap), Thomas Reinmann, Enrico Schirinzi (72 David Frey), Andreas Wittwer, Benjamin Lüthi, Sekou Sanogo Junior (60 Cyrill Gasser). Coach: Urs Fischer
Yellow Card: Giorgi Rekhviashvili (51), Somkhishvili (51), Chikvaidze (53), Kimadze (90+1) /
    Cássio (61), Wittwer (76)
Goals: Giorgi Rekhviashvili (6) / Vazha Lomashvili (45 og), Cássio (49), Marco Schneuwly (84)


FK JAGODINA – FC RUBIN KAZAN 2-3 (0-2)
Gradski, Jagodina   18.07.2013   Hour: 20:00
Referee: Kenn Hansen, Lars Rix, David Vang Andersen (DEN)   Attendance: 4,000
FK JAGODINA: Andjelko Djuričić, Vukašin Tomić (Cap), Milan Djurić, Danijel Mihajlović, Sead Hadžibulić (65 Slaviša Stojanović), Dario Damjanović, Miloš Lepović, Goran Gogić, Duško Dukić, Ivan Cvetković (90 Dragan Stojkov), Mohammed El Monir (85 Josip Projić). Coach: Mladen Dodić
RUBIN: Giedrius Arlauskis, Cristian Ansaldi, Aleksandr Ryazantsev, Aleksandr Prudnikov (59 César Navas), Sergei Kislyak, Roman Eremenko (85 Vladislav Kulik), Iván Marcano, Bebras Natcho, Roman Sharonov (Cap) (59 Gökdeniz Karadeniz), Yann M'Vila, José Rondón.
Coach: Kurban Berdyev
Yellow Card: Cvetković (14), Lepović (90) / Eremenko (53)
Goals: Dario Damjanović (72), Miloš Lepović (90+2) /
    Aleksandr Prudnikov (12), Bebras Natcho (21), José Rondón (87)


FC RUBIN KAZAN – FK JAGODINA 1-0 (0-0)
Centralniy Stadion, Kazan   25.07.2013   Hour: 19:00
Referee: Antti Munukka, Matti Heininen, Jan-Peter Aravirta (FIN)   Attendance: 5,986
RUBIN: Giedrius Arlauskis, Aleksandr Ryazantsev, Sergei Kislyak, Vagis Galiulin, Iván Marcano, Inal Getigezhev, César Navas, Gökdeniz Karadeniz (Cap) (73 Sardar Azmoun), Bebras Natcho (64 Vladislav Kulik), Yann M'Vila, José Rondón (64 Aleksandr Prudnikov). Coach: Kurban Berdyev
FK JAGODINA: Andjelko Djuričić, Vukašin Tomić (Cap), Milan Djurić, Slaviša Stojanović, Danijel Mihajlović, Dario Damjanović, Miloš Lepović (75 Sead Hadžibulić), Duško Dukić, Ivan Cvetković, Mohammed El Monir (66 Josip Projić), Filip Arsenijević (89 Dragan Stojkov).
Coach: Mladen Dodić
Yellow Card: / Dukić (63, 90+3), Stojanović (68), Tomić (79), Cvetković (81), Damjanović (90).
Red Card: Dukić (90+3)
Goal: Gökdeniz Karadeniz (52)


FC ŽALGIRIS VILNIUS – FC PYUNIK YEREVAN 2-0 (0-0)
LFF, Vilnius   18.07.2013   Hour: 21:10
Referee: Menashe Masiah, Nissan Davidy, Matityahu Yakobov (ISR)   Attendance: 4,500
ŽALGIRIS: Armantas Vitkauskas, Andrius Skerla (Cap), Egidijus Vaitkūnas, Rytis Leliuga (74 Eivinas Zagurskas), Pavel Kamolov (83 Georgas Freidgeimas), Andro Švrljuga, Luka Perić, Kamil Biliński, Vaidas Šilėnas, Artūras Žulpa (68 Paulius Janušauskas), Mantas Kuklys.
Coach: Marek Zub
FC PYUNIK YEREVAN: Gor Manukyan, Arman Hovhannisyan, Varazdat Haroyan, Gagik Poghosyan (69 Viulen Ayvazyan), Ghukas Poghosyan (81 Davit Zakaryan), Davit Manoyan (Cap), Artur Yuspashyan, Aghvan Papikyan, Vaspurak Minasyan, Ashot Sardaryan (45 Kamo Hovhannisyan), Taron Voskanyan. Coach: Rafayel Nazaryan
Yellow Card: Šilėnas (13) / Voskanyan (42)
Goals: Kamil Biliński (46), Rytis Leliuga (66)

FC PYUNIK YEREVAN – FC ŽALGIRIS VILNIUS 1-1 (0-0)
Yerevan Republican Stadium after Vazgen Sargsyan, Yerevan   25.07.2013   Hour: 20:00
Referee: Harald Lechner, Alain Hoxha, Andreas Staudinger (AUS)   Attendance: 3,500
FC PYUNIK YEREVAN: Gor Manukyan, Arman Hovhannisyan (86 Sargis Baloyan), Varazdat Haroyan, Gagik Poghosyan, Davit Manoyan (Cap), Artur Yuspashyan, Aghvan Papikyan, Vaspurak Minasyan, Davit Zakaryan (46 Viulen Ayvazyan), Ashot Sardaryan (55 Ghukas Poghosyan), Taron Voskanyan. Coach: Rafayel Nazaryan
ŽALGIRIS: Armantas Vitkauskas, Andrius Skerla (Cap), Egidijus Vaitkūnas, Rytis Leliuga (78 Paulius Janušauskas), Pavel Kamolov, Andro Švrljuga, Luka Perić, Kamil Biliński (67 Andrius Velička), Vaidas Šilėnas (55 Georgas Freidgeimas), Artūras Žulpa, Mantas Kuklys.
Coach: Marek Zub
Yellow Card: Grigor Hovhannisyan (55), Poghosyan (87)
Goals: Viulen Ayvazyan (55) / Mantas Kuklys (88)


SKODA XANTHI FC – LINFIELD FC BELFAST 0-1 (0-1)
Xanthis, Xanthi   18.07.2013   Hour: 21:15
Referee: Nicolas Rainville, Laurent Stien, Emmanuel Boisdenghien (FRA)   Attendance: 2,117
XANTHI: Chema, Paíto, Karim Soltani, Marcelinho (69 Panagiotis Triadis), Thodoris Vassilakakis (63 Antonis Ranos), Petros Mantalos, Dimitris Komesidis, Spyros Vallas (Cap), Dimitris Goutas, Nicolas Marin, Serge Dié (79 Kostas Fliskas). Coach: Nikolaos Karageorgiou
LINFIELD FC: Jonathan Tuffey, Michael Gault (Cap), Philip Lowry, Peter Thompson (71 Mark McAllister), Michael Carville, Billy Burns, Aaron Burns (79 Brian McCaul), Sean Ward, Matthew Clarke, James Knowles (65 Jamie Mulgrew), Jim Ervin. Coach: David Jeffrey
Yellow Card: Mantalos (51), Marcelinho (69) /
    Clarke (14), Ward (28), Thompson (32), Mulgrew (74), McAllister (89)
Goals: Aaron Burns (25)


LINFIELD FC BELFAST – SKODA XANTHI FC 1-2 (0-1, 0-1)
Windsor Park, Belfast   25.07.2013   Hour: 19:45
Referee: Aleksei Eskov, Dmitri Mosyakin, Alexei Kharlamov (RUS)   Attendance: 2,494
LINFIELD FC: Jonathan Tuffey, Michael Gault (Cap), Philip Lowry (91 Brian McCaul), Peter Thompson, Michael Carville, Billy Burns, Aaron Burns (70 Mark McAllister), Sean Ward, Matthew Clarke, James Knowles (46 Jamie Mulgrew), Jim Ervin. Coach: David Jeffrey
XANTHI: Dimitris Kiriakidis, Paíto, Marcelinho, Thodoris Vassilakakis (98 Steve Gohouri), Petros Mantalos (56 Dimos Baxevanidis), Kostas Fliskas, Dimitris Komesidis, Spyros Vallas (Cap), Dimitris Goutas, Nicolas Marin (57 Manolis Bertos), Serge Dié. Coach: Nikolaos Karageorgiou
Yellow Card: Matthew Clarke (45+1), Michael Gault (73), Billy Burns (111) / Spyros Vallas (15), Komesidis (45+1), Paíto (50), Dimos Baxevanidis (63), Dimitris Goutas (98).
Red Card: Fliskas (45)
Goals: Michael Gault (99) / Marcelinho (26, 105)


AC SPARTA PRAHA – BK HÄCKEN GÖTEBORG 2-2 (1-0)
Stadion Letná, Pra   18.07.2013   Hour: 20:15
Referee: Javier Estrada, Pau Cebrian Devis, Francisco Martín (ESP)   Attendance: 7,445
SPARTA: Tomáš Vaclík, Lukáš Vácha, Tomáš Přikryl (80 Jiří Skalák), Marek Matějovský, Lukáš Pauschek (90 Costa Nhamoinesu), Václav Kadlec, Pavel Kadeřábek, David Lafata (Cap), Josef Hušbauer (67 Kamil Vacek), Mario Holek, Roman Polom. Coach: Vítězslav Lavička
HÄCKEN: Christoffer Källkvist, Fredrik Björck, Mostapha El Kabir, Oscar Lewicki, Martin Ericsson (Cap), Kari Arkivuo, Tibor Joza, Björn Anklev, Dominic Chatto, Nasiru Mohammed (90+2 Mika Ojala), Simon Gustafsson (60 René Makondele). Coach: Peter Gerhardsson
Yellow Card: Vacek (84) / El Kabir (41), Lewicki (84)
Goals: David Lafata (33, 66) / Nasiru Mohammed (69), René Makondele (77)

BK HÄCKEN GÖTEBORG – AC SPARTA PRAHA 1-0 (0-0)
Ullevi, Göteborg    25.07.2013    Hour: 19:00
Referees: Tobias Welz, Holger Henschel, Rafael Foltyn (GER)    Attendance: 2,618
HÄCKEN: Christoffer Källkvist, Fredrik Björck, Mostapha El Kabir, Oscar Lewicki, Martin Ericsson (90+2 Mohammed Ali Khan), Kari Arkivuo, Tibor Joza, Björn Anklev, Dominic Chatto, Nasiru Mohammed, René Makondele (89 Simon Gustafsson). Coach: Peter Gerhardsson
AC SPARTA PRAHA: Tomáš Vaclík, Ondřej Švejdík, Lukáš Vácha, Marek Matějovský, Václav Kadlec, Pavel Kadeřábek (41 Lukáš Pauschek, 67 Roman Bednář), David Lafata, Josef Hušbauer, Ladislav Krejčí (82 Tomáš Přikryl), Mario Holek, Costa Nhamoinesu. Coach: Vítězslav Lavička
Yellow Card: Martin Ericsson (38), Tibor Joza (45+1), Mostapha El Kabir (54), Dominic Chatto (71) / Marek Matějovský (67), Josef Hušbauer (74).
Goal: Martin Ericsson (84)


HNK HAJDUK SPLIT – FK HORIZONT TURNOVO 2-1 (1-1)
Stadion Poljud, Split    18.07.2013    Hour: 20:30
Referee: Richard Liesveld, Davie Goossens, Hessel Steegstra (NED)
HNK HAJDUK SPLIT: Lovre Kalinić, Dino Mikanović, Antonio Milić, Mislav Andjelković, Mario Pašalić (62 Anton Maglica), Goran Jozinović, Mijo Caktaš, Mario Maloča (Cap), Tino-Sven Sušić, Marko Bencun (36 Tonči Mujan), Jean Evrard Kouassi (88 Tomislav Kiš).
Coach: Igor Tudor
TURNOVO: Stojan Dimovski, Marjan Tasev, Tomislav Iliev, Tomica Petrov (87 Saško Pandev), Dejan Mitrev, Mitko Mavrov, Dejan Blazevski, Ilija Mitrov (62 Radko Mutafchiyski), Gjorgji Stoilov (79 Bojan Najdenov), Todi Vasilev, Zoran Baldovaliev. Coach: Šefki Arifovski
Yellow Card: Blazevski (15), Ilija Mitrov (50)
Goals: Marko Bencun (8), Mario Maloča (79) / Dejan Blazevski (45+1)


FK HORIZONT TURNOVO – HNK HAJDUK SPLIT 1-1 (0-0)
National Arena Filip II Macedonian, Skopje    25.07.2013    Hour: 17:45
Referee: Arnold Hunter, Richard Storey, David Anderson (NIR)    Attendance: 2,973
TURNOVO: Stojan Dimovski (Cap), Tomislav Iliev (68 Saško Pandev), Tomica Petrov, Dejan Mitrev, Mitko Mavrov, Aleksandar Tenekedžiev (43 Ilija Mitrov), Dejan Blazevski, Gjorgji Stoilov (46 Marjan Tasev), Todi Vasilev. Coach: Shefki Arifovski
HNK HAJDUK SPLIT: Lovre Kalinić, Dino Mikanović, Antonio Milić, Mislav Andjelković, Mario Pašalić (46 Jean Evrard Kouassi), Anton Maglica (89 Ivan Tomičić), Tonći Mujan, Goran Jozinović, Mijo Caktaš, Mario Maloča (Cap), Tino-Sven Sušić (81 Goran Milović).
Coach: Igor Tudor
Yellow Card: Mitrev (53), Iliev (57), Mitrov (62) /
            Mikanović (32), Sušić (45+3), Kouassi (51), Mujan (57), Maloča (80), Maglica (89)
Goals: Saško Pandev (70) / Mijo Caktaš (60)


FC ASTRA GIURGIU – AC OMONIA NICOSIA 1-1 (1-0)
Arena Națională, București    18.07.2013    Hour: 21:30
Referee: Maksim Layushkin, Vitali Drozdov, Ilya Baryshnikov (RUS)    Attendance: 2,164
ASTRA: Silviu Lung, Syam Ben Youssef, Seidu Yahaya (87 Ștefan Bărboianu, Fwayo Tembo (65 William Amorim), Takayuki Seto, Gabriel Enache (72 Kehinde Fatai), Constantin Budescu, Júnior Morais, Sadat Bukari, Andrei Mureșan (Cap), Alexandru Mățel. Coach: Daniel Isăilă
OMONIA: Moreira, Rasheed Alabi, José, Lukasz Gikiewicz, Anthony Scaramozzino, Nuno Assis (88 Margaça), João Paulo, André Schembri (90+2 Platini), Leandro (Cap), Marco, Tony Taylor (63 George Efrem). Coach: Toni Savevski
Yellow Card: Bukari (87) / Nuno Assis (62), Gikiewicz (70)
Goals: Fwayo Tembo (8) / João Paulo (66)

AC OMONIA NICOSIA – FC ASTRA GIURGIU 1-2 (0-1)
GSP Stadium, Nicosia    25.07.2013    Hour: 20:00
Referees: Steven McLean, Alan Mulvanny, Alastair Mather (SCO)    Attendance: 18,271
OMONIA: Moreira, Rasheed Alabi, José (75 Platini), Lukasz Gikiewicz, Anthony Scaramozzino, Nuno Assis, João Paulo, André Schembri, Leandro, Marco, Tony Taylor (46 George Efrem).
Coach: Toni Savevski
ASTRA: Silviu Lung, Syam Ben Youssef, Fwayo Tembo (75 Gabriel Enache), Takayuki Seto, Constantin Budescu, Júnior Morais, Vincent Laban, Kehinde Fatai (59 Sadat Bukari, 86 Ștefan Bărboianu), Valerică Găman, Alexandru Mățel, William Amorim. Coach: Daniel Isăilă
Yellow Card: José (59), Nuno Assis (80), Platini (90+1), Anthony Scaramozzino (90+5) / Vincent Laban (23), Constantin Budescu (49), Kehinde Fatai (54), Valerică Găman (60).
Red Card: Vincent Laban (60)
Goals: Gikiewicz (55) / Scaramozzino (39 pen), Constantin Budescu (69)


TRABZONSPOR – DERRY CITY FC 4-2 (3-2)
Hüseyin Avni Aker Stadyumu, Trabzon    18.07.2013    Hour: 21:30
Referee: Artyom Kuchin, Sergei Vassyutin, Anatoli Hodin (KAZ)    Attendance: 17,213
TRABZONSPOR: Onur Kıvrak, Volkan Şen (80 Yasin Öztekin), Adrian Mierzejewski (68), Paulo Henrique (75 Emre Güral), Aykut Akgün, Gustavo Colman, Mustafa Yumlu, Giray Kaçar, Ondřej Čelůstka, Stewart Greacen, Zeki Yavru, Olcan Adın. Coach: Mustafa Reşit Akçay
DERRY: Gerard Doherty, Barry Molloy (Cap), Shane McEleney, Ruaidhri Higgins, Patrick McEleney (73 Michael Duffy), Patrick Kavanagh (63 Ryan McBride), Simon Madden, Eoghan Osbourne, David McDaid (86 Mark Griffin), Barry McNamee. Coach: Declan Devine
Yellow Card: / Osbourne (60)
Goals: Adrian Mierzejewski (10), Paulo Henrique (15), Barry Molloy (39), Giray Kaçar (52) / David McDaid (24), Patrick Kavanagh (32)


DERRY CITY FC – TRABZONSPOR 0-3 (0-0)
Brandywell, Derry    25.07.2013    Hour: 19:45
Referees: Michael Lerjeus, Henrik Andren, Per Brogevik (SWE)    Attendance: 2,150
DERRY: Gerard Doherty, Barry Molloy, Stewart Greacen, Shane McEleney, Ruaidhri Higgins, Patrick McEleney (63 Barry McNamee), Ryan McBride (79 Sean Houston), Patrick Kavanagh (73 Michael Duffy), Simon Madden, Eoghan Osbourne, David McDaid. Coach: Declan Devine
TRABZONSPOR: Onur Kıvrak, Volkan Şen, Adrian Mierzejewski (83 Soner Aydoğdu), Paulo Henrique, Aykut Akgün, Gustavo Colman (46 Aykut Demir), Mustafa Yumlu, Giray Kaçar (46 Abdülkadir Özdemir), Ondřej Čelůstka, Zeki Yavru, Olcan Adın. Coach: Mustafa Akçay
Yellow Card: Stewart Greacen (43), Shane McEleney (60) / Giray Kaçar (35), Mustafa Yumlu (67).
Goals: Paulo Henrique (56, 82), Abdülkadir Özdemir (90+1)


FK VOJVODINA NOVI SAD – BUDAPEST HONVÉD FC 2-0 (1-0)
Karadjordje, Novi Sad    18.07.2013    Hour: 20:30
Referee: Ruddy Buquet, Guillaume Debart, Frédéric Haquette (FRA)    Attendance: 5,000
VOJVODINA: Matej Delač, Nemanja Radoja, Branislav Trajković, Enver Alivodić (90+3 Nemanja Bilbija), Petar Škuletić (26 Mario Barić), Stojan Vranjes, Abubakar Oumaru (89 Mirko Ivanić), Bojan Nastić, Marko Poletanović, Miroslav Vulićević (Cap), Igor Djurić. Coach: Marko Nikolić
HONVÉD: Szabolcs Kemenes, Aleksandar Ignjatović, Raffaele Alcibiade, Filip Holender (65 George Ikenne), Emanuele Testardi, Ivan Lovrić, Patrick Hidi, Bálint Vécsei (55 Drissa Diarra), Boris Živanović, Botond Baráth, Gergő Nagy (46 Gergely Délczeg). Coach: Marco Rossi
Yellow Card: Vulićević (39) / Holender (33), Baráth (70).
Red Card: Bojan Nastić (21)
Goals: Branislav Trajković (19), Stojan Vranjes (71)

BUDAPEST HONVÉD FC – FK VOJVODINA NOVI SAD 1-3 (1-2)
József Bozsik, Budapest    25.07.2013    Hour: 20:30
Referees: Stephan Studer, Jean-Yves Wicht, Sladan Josipović (SUI)    Attendance: 2,750
HONVÉD: Szabolcs Kemenes, Aleksandar Ignjatović (46 Raffaele Alcibiade), George Ikenne, Gergely Délczeg, Souleymane Diaby (66 Richárd Vernes), Drissa Diarra, Ivan Lovrić, Patrick Hidi, Richárd Kozma (46 Emanuele Testardi), Boris Živanović, Botond Baráth. Coach: Marco Rossi
VOJVODINA: Matej Delač, Nemanja Radoja, Branislav Trajković, Enver Alivodić, Petar Škuletić (85 Georgije Ilić), Stojan Vranjes (89 Vuk Mitošević), Mario Barić, Marko Poletanović, Nemanja Bilbija (79 Nebojša Kosović), Miroslav Vulićević, Igor Djurić. Coach: Marko Nikolić
Yellow Card: George Ikenne (24).
Goals: Drissa Diarra (44) / Nemanja Bilbija (27), Enver Alivodić (41), Stojan Vranjes (64)


FK CRVENA ZVEZDA BEOGRAD – ÍBV VESTMANNAEYJAR 2-0 (1-0)
Stadion FK Crvena zvezda, Belgrade    18.07.2013    Hour: 20:30
Referee: Luca Banti, Nicola Nicoletti, Alessandro Costanzo (ITA)    Attendance: 32,886
FK CRVENA ZVEZDA BEOGRAD: Boban Bajković, Darko Lazić, Nikola Mijailović (90+2 Marko Mirić), Jovan Krneta, Abiola Dauda, Nenad Milijaš (Cap) (71 Vukan Savićević), Nejc Pečnik, Filip Kasalica (25 Filip Mladenović), Marko Vešović, Miloš Ninković, Aleksandar Kovačević. Coach: Slaviša Stojanovic
ÍBV VESTMANNAEYJAR: David James, Brynar Gudjónsson, Matt Garner, Gunnar Gudmundsson, Gunnar Thorsteinsson, Hermann Hreidarsson (72 Ragnar Pétursson), Víðir Thorvardarson (87 Jón Ingason), Tonny Mawejje, Arnór Ólafsson, Eidur Sigurbjörnsson (Cap), Ian Jeffs (90+5 Arnar Bergsson). Coach: Hermann Hreidarsson
Goals: Nejc Pečnik (12), Nikola Mijailović (76)


ÍBV VESTMANNAEYJAR – FK CRVENA ZVEZDA BEOGRAD 0-0
Hásteinsvöllur, Vestmannaeyjar    25.07.2013    Hour: 18:30
Referees: István Kovács, Miklos Istvan Nagy, Mircea Grigoriu (ROM)    Attendance: 950
ÍBV VESTMANNAEYJAR: David James, Brynar Gudjónsson, Matt Garner, Gunnar Gudmundsson, Gunnar Thorsteinsson (73 Hermann Hreidarsson), Arnar Bergsson (63 Bradley Simmonds), Víðir Thorvardarson (80 Aaron Spear), Tonny Mawejje, Arnór Ólafsson, Eidur Sigurbjörnsson, Ian Jeffs. Coach: Hermann Hreidarsson
FK CRVENA ZVEZDA BEOGRAD: Boban Bajković, Darko Lazić, Jovan Krneta, Abiola Dauda (61 Stefan Mihajlović), Nenad Milijaš, Nejc Pečnik, Filip Kasalica (86 Luka Milivojević), Filip Mladenović, Marko Vešović, Miloš Ninković (68 Vukan Savićević), Aleksandar Kovačević. Coach: Slaviša Stojanović
Yellow Card: Bradley Simmonds (71), Hermann Hreidarsson (90+2), Brynar Gudjónsson (90+3) / Jovan Krneta (34), Aleksandar Kovačević (45), Filip Kasalica (70), Stefan Mihajlović (72).
Red Card: Stefan Mihajlović (76).


NK OLIMPIJA LJUBLJANA – MŠK ŽILINA 3-1 (2-0)
ŠRC Stožice, Ljubljana    18.07.2013    Hour: 20:45
Referee: Kristo Tohver, Hannes Reinvald, Sten Klaasen (EST)    Attendance: 1,400
OLIMPIJA: Elvis Džafić (Cap), Boban Jovič, Aris Zarifovič, Damjan Trifkovič, Enis Djurkovič (46 Nemanja Mitrovič), Andraž Šporar (77 Filip Valenčič), Djordje Ivelja, Antonio Delamea-Mlinar, Nik Omladič, Davor Bagarić, Zajko Zeba (73 Junior Etémé Mbatama).
Coach: Andrej Razdrh
MŠK ŽILINA: Martin Dúbravka, Tomáš Hučko, Serge Akakpo, Tomáš Majtán, Viktor Pečovský, Babatounde Bello, Jozef Piaček (Cap), Róbert Pich, Jaroslav Mihalík (63 Dávid Guba), Jakub Paur (46 Michal Škvarka), Ernest Mabouka. Coach: Adrián Guľa
Yellow Card: Zarifovič (42), Trifkovič (61), Zeba (69) /
            Babatounde Bello (37,45+1), Pečovský (68), Hučko (85).
Red Card: Delamea-Mlinar (41) / Babatounde Bello (45+1)
Goals: Andraž Šporar (19), Enis Djurkovič (26), Djordje Ivelja (90+3) / Michal Škvarka (82)

MŠK ŽILINA – NK OLIMPIJA LJUBLJANA 2-0 (1-0)
Štadión MŠK Žilina, Zilina    25.07.2013    Hour: 17:30
Referee: Jakob Kehlet, Lars Hummelgaard, Jakob Bille (DEN)    Attendance: 4,137
MŠK ŽILINA: Martin Dúbravka, Tomáš Hučko, Serge Akakpo, Tomáš Majtán (90+2 Michal Mravec), Viktor Pečovský, Jozef Piaček (Cap), Róbert Pich, Michal Škvarka, Jaroslav Mihalík (73 Dávid Guba), Jakub Paur (78 Adam Žilák), Ernest Mabouka. Coach: Adrián Guľa
OLIMPIJA: Elvis Džafić (Cap), Junior Etémé Mbatama (11 Damjan Trifkovič), Boban Jovič, Aris Zarifovič, Enis Djurković (74 Filip Valenčič), Andraž Šporar, Djordje Ivelja, Nik Omladič, Davor Bagarić, Nemanja Mitrovič, Zajko Zeba (67 Anže Zorc). Coach: Andrej Razdrh
Yellow Card: Majtán (29), Paur (74), Guba (90+3) / Mitrovič (75)
Goals: Jakub Paur (38, 55)


WKS ŚLĄSK WROCŁAW – FK RUDAR PLJEVLJA 4-0 (2-0)
Municipal Stadium Wrocław, Wrocław    18.07.2013    Hour: 20:45
Referee: Andreas Ekberg, Stefan Wittberg, Mehmet Culum (SWE)    Attendance: 14,700
ŚLĄSK: Rafal Gikiewicz, Krzysztof Ostrowski, Adam Kokoszka, Waldemar Sobota, Sylwester Patejuk (68 Sebino Plaku), Sebastian Mila (Cap), Dudu, Dalibor Stevanović (85 Tomasz Hołota), Mariusz Pawelec, Marco Paixão (81 Jakub Wiezik), Przemysław Kaźmierczak.
Coach: Stanislav Levý
FK RUDAR PLJEVLJA: Goran Vukliš, Jovan Šljivančanin (57 Adi Bambur), Andrija Kaludjerović (77 Nikola Sekulić), Gavrilo Petrović, Dejan Damjanović, Vojin Jeknić, Nenad Stojanović (84 Edi Rustemović), Predrag Brnović, Miroje Jovanović, Dušan Nestorović, Nedeljko Vlahović (Cap). Coach: Mirko Marić
Yellow Card: Stevanović (34) / Bambur (90+2)
Goals: Marco Paixão (5, 9), Waldemar Sobota (56), Sebino Plaku (70)


FK RUDAR PLJEVLJA – WKS ŚLĄSK WROCŁAW 2-2 (0-2)
Stadion Podgorica    25.07.2013    Hour: 17:30
Referee: Luc Wouters, Kristof Meers, Christophe Berbiers (BEL)    Attendance: 367
FK RUDAR PLJEVLJA: Goran Vukliš, Marko Vuković, Adi Bambur, Andrija Kaludjerović (17 Nikola Sekulić), Nemanja Mijušković (64 Dejan Damjanović), Gavrilo Petrović, Nenad Stojanović (46 Nemanja Ćosović), Predrag Brnović, Miroje Jovanović (57), Dušan Nestorović, Nedeljko Vlahović (Cap). Coach: Mirko Marić
ŚLĄSK: Rafal Gikiewicz, Krzysztof Ostrowski, Adam Kokoszka, Waldemar Sobota (46 Tomasz Hołota), Sylwester Patejuk, Sebastian Mila (Cap) (46 Sebino Plaku), Dudu, Dalibor Stevanović, Mariusz Pawelec, Marco Paixão 74, Przemysław Kaźmierczak (62 Tadeusz Socha).
Coach: Stanislav Levý
Yellow Card: Jovanović (51) / Kaźmierczak (62), Paixão (74)
Goals: Miroje Jovanović (57), Adi Bambur (90+2) / Waldemar Sobota (31), Marco Paixão (34)


HNK RIJEKA – PRESTATYN TOWN FC 5-0 (2-0)
Kantrida, Rijeka    18.07.2013    Hour: 21:00
Referee: Carlos Gómez, Javier Rodriguez, Luis Martinez (ESP)    Attendance: 6,660
RIJEKA: Ivan Vargić, Dario Knežević (Cap), Mehmed Alispahić (50 Ivan Krstanović), Ivan Tomečak, Marko Lešković, Ivan Boras, Goodness Ohiremen Ajayi, Leon Benko (69 Antonini Čulina), Mate Maleš (59 Damir Zlomislić), Josip Brezovec, Vedran Jugović. Coach: Matjaž Kek
PRESTATYN: David Roberts (87 Jonathan Hill-Dunt), Chris Davies, David Andrew Hayes (Cap), Sean Hessey, Michael Parker, Neil Gibson, Andy Parkinson, Ross Stephens, Rhys Owen (69 Tom Kemp), Gregory Stones, Tommy Holmes. Coach: Lee Jones
Yellow Card: Hessey (41), Brezovec (42), Parker (58) / Owen (17), Tom Kemp (84)
Goals: Leon Benko (19,23,59), Vedran Jugović (67), Damir Zlomislić (85)

PRESTATYN TOWN FC – HNK RIJEKA 0-3 (0-2)
Belle Vue, Rhyl   25.07.2013   Hour: 19:00
Referees: Dimitar Meckarovski, Dejan Nedelkoski, Goce Petreski (MKD)   Attendance: 930
PRESTATYN: Jonathan Hill-Dunt, Chris Davies, Jack Lewis, David Andrew Hayes (90 Adam France), Sean Hessey, Michael Parker, Neil Gibson, Andy Parkinson, Ross Stephens (75 Lee Hunt), Rhys Owen (85 Tom Kemp), Tommy Holmes. Coach: Lee Jones
RIJEKA: Ivan Mance, Niko Datković, Goran Mujanović, Marko Lešković, Ivan Boras (77 Matija Škarabot), Ivan Močinić, Mateo Bertoša, Mate Maleš (57 Damir Zlomislić), Nikola Pokrivač, Josip Tadić, Ivan Krstanović (57 Dražen Pilčić). Coach: Matjaž Kek
Yellow Card: Sean Hessey (64), Lee Hunt (86) / Mateo Bertoša (71), Ivan Mance (77).
Goals: Ivan Močinić (37), Ivan Boras (40), Goran Mujanović (65)


KNATTSPYRNUFÉLAG REYKJAVÍKUR – ROYAL STANDARD de LIÈGE 1-3 (1-1)
KR-völlur, Reykjavík   18.07.2013   Hour: 19:15
Referee: Christian Dingert, Thorsten Schiffner, Marco Achmüller (GER)   Attendance: 1,410
KR: Hannes Halldórsson, Grétar Sigurdsson, Haukur Heidar Hauksson, Bjarni Gudjónsson (Cap), Gunnar Thor Gunnarsson, Baldur Sigurdsson (73 Emil Atlason), Kjartan Henry Finnbogason, Óskar Örn Hauksson, Jónas Sævarsson (59 Brynjar Gunnarsson), Gudmundur Reynir Gunnarsson, Atli Sigurjónsson (67 Gary Martin). Coach: Runar Kristinsson
STANDARD: Eiji Kawashima, Daniel Opare, Yoni Buyens, William Vainqueur (73 Ibrahima Cisse), Michy Batshuayi, Kanu, Dino Arslanagic, Jelle Van Damme (Cap), Imoh Ezekiel (81 David Biton), Paul-José Mpoku, Bia Mujangi (65 Frédéric Bulot). Coach: Guy Luzon
Yellow Card: Martin (75) / Kanu (19), Vainqueur (61)
Goals: Kjartan Henry Finnbogason (35) /
Kanu (44), Michy Batshuayi (62), Paul-José Mpoku (90+1)


ROYAL STANDARD de LIÈGE – KNATTSPYRNUFÉLAG REYKJAVÍKUR 3-1 (1-0)
Stade Maurice Dufrasne, Liège   25.07.2013   Hour: 20:30   Attendance: 21,288
Referees: Yevhen Aranovskiy, Oleksandr Voytyuk, Oleksandr Korniyko (UKR)
STANDARD: Eiji Kawashima, Daniel Opare, Laurent Ciman, Frédéric Bulot, Yoni Buyens, David Biton (80 Kensuke Nagai), Michy Batshuayi (57 Imoh Ezekiel), Dino Arslanagic, Jelle Van Damme, Paul-José Mpoku (62 Bia Mujangi), Ibrahima Cisse. Coach: Guy Luzon
KR: Runar Runarsson, Grétar Sigurdsson, Bjarni Gudjónsson, Gunnar Thor Gunnarsson, Gary Martin (46 Emil Atlason), Baldur Sigurdsson (72 Kjartan Henry Finnbogason), Thorsteinn Már Ragnarsson, Óskar Örn Hauksson, Brynjar Gunnarsson (22 Jónas Sævarsson), Aron Bjarki Jósepsson, Atli Sigurjónsson.
Goals: Frédéric Bulot (26), Imoh Ezekiel (68, 72) / Emil Atlason (69)


BREIÐABLIK UBK – SK STURM GRAZ ALKMAAR 0-0
Kópavogsvöllur, Kopavogur   18.07.2013   Hour: 19:15
Referee: Ognjen Valjić, Hrvoje Turudić, Senad Ibrisimbegović (BIH)   Attendance: 1,052
BREIDABLIK: Gunnleifur Gunnleifsson, Finnur Margeirsson (Cap), Rene Troost, Thordur Hreidarsson, Elfar Adalsteinsson, Gudjon Lydsson, Sverrir Ingason, Kristinn Jónsson, Nichlas Rohde (78 Ellert Hreinsson), Tómas Gardarsson, Andri Yeoman. Coach: Ólafur Kristjánsson
STURM: Christian Gratzei (Cap), Aleksandar Todorovski, Manuel Weber, Andreas Hölzl (65 Daniel Offenbacher), Marco Djuricin (77 Imre Szabics), Anel Hadzic, Nikola Vuyadinovich, Florian Kainz, Michael Madl, Robert Berić, Christian Klem. Coach: Darko Milanič
Yellow Card: Djuricin (20), Todorovski (70)

SK STURM GRAZ ALKMAAR – BREIÐABLIK UBK 0-1 (0-1)
Stadion Graz Liebenau, Graz    25.07.2013    Hour: 18:00
Referee: Tasos Sidiropoulos, Damianos Efthimiadis, Gagas Dimitrios (GRE)    Attendance: 7,903
STURM: Christian Gratzei (Cap), Aleksandar Todorovski (83 Andreas Hölzl), Manuel Weber (46 Daniel Beichler), Anel Hadzic, Imre Szabics, Nikola Vuyadinovich, Florian Kainz, Michael Madl, Daniel Offenbacher (59 Marco Djuricin), Robert Berić, Christian Klem. Coach: Darko Milanič
BREIDABLIK: Gunnleifur Gunnleifsson, Finnur Margeirsson (Cap), Rene Troost, Thordur Hreidarsson, Elfar Adalsteinsson, Sverrir Ingason, Kristinn Jónsson, Nichlas Rohde (71 Gudjon Lydsson), Ellert Hreinsson (90 Árni Vilhjálmsson), Tómas Gardarsson, Andri Yeoman.
Coach: Ólafur Kristjánsson
Yellow Card: Szabics (44), Marco Djuricin (65), Todorovski (65) / Adalsteinsson (65, 80)
Goal: Ellert Hreinsson (39)


FK SARAJEVO – FK KUKËSI 0-0
Asim Ferhatović Hase Stadion, Sarajevo    25.07.2013    Hour: 21:00
Referee: Mikhail Vilkov, Aleksei Vorontsov, Valeri Danchenko (RUS)    Attendance: 14,000
FK SARAJEVO : Dejan Bandović, Anes Haurdić, Alen Melunović (69 Mahir Karić), Ognjen Todorović, Ivan Tatomirović, Radan Šunjevarić (74 Amer Osmanagić), Muhamed Džakmić (Cap), Gojko Cimirot, Mario Tadejević, Amer Dupovac, Asmir Suljić (75 Ermin Huseinbašić).
Coach: Husref Musemic
KUKËS: Argent Halili, Julian Brahja, Gerhard Progni (90+2 Enkel Alikaj), Enco Malindi (70 Lazar Popović), Rahman Hallaçi (Cap), Igli Allmuça, Lucas Malacarne, Yll Hoxha (84 Gentian Manuka), Erando Karabeci, Roland Peqini, Renato Malota. Coach: Armando Cungu
Yellow Card: / Peqini (29), Malindi (44), Karabeci (90+3)


# THIRD QUALIFYING ROUND


FK AS TRENČÍN – FC ASTRA GIURGIU 1-3 (0-1)
Štadión MFK Dubnica, Dubnica nad Vahom    01.08.2013    Hour: 17:00
Referees: Christian Dingert, Thorsten Schiffner, Martin Petersen (GER)    Attendance: 4,271
TRENČÍN: Miloš Volešák, Aldo Baéz (60 Damian Bariš), William, Fanendo Adi (81 Tomáš Malec), Jakub Holúbek, Karol Mondek (79 Marek Frimmel), Peter Čögley, Peter Kleščík, Ramón, Samuel Štefánik, Róbert Mazán. Coach: Ľuboš Nosický
ASTRA: Silviu Lung, Syam Ben Youssef, Fwayo Tembo, Takayuki Seto, Constantin Budescu, Júnior Morais, Marian Cristescu (87 Ştefan Bărboianu), Kehinde Fatai (78 Mirko Ivanovski), Valerică Găman, Alexandru Măţel, William Amorim (63 Gabriel Enache). Coach: Daniel Isăilă
Yellow Card: Baéz (27), Bariš (68), Ramón (88) / Cristescu (25), Măţel (61).
Red Card: Damian Bariš (90+5).
Goals: Jakub Holúbek (82) / Constantin Budescu (8), Fwayo Tembo (49), Kehinde Fatai (51)


FC ASTRA GIURGIU – FK AS TRENČÍN 2-2 (0-0)
Arena Naţională, Bucureşti    08.08.2013    Hour: 19:00
Referees: Ruddy Buquet, Guillaume Debart, Cyril Lompre (FRA)    Attendance: 1,440
ASTRA: Silviu Lung, Syam Ben Youssef, Fwayo Tembo, Takayuki Seto (90 Ştefan Bărboianu), Constantin Budescu (63 Marian Cristescu), Júnior Morais, Vincent Laban, Mirko Ivanovski, Valerică Găman, Alexandru Măţel, William Amorim (75 Gabriel Enache). Coach: Daniel Isăilă
TRENČÍN: Milos Volešák, William, Fanendo Adi, Jakub Holúbek, Karol Mondek (61 Gino Van Kessel), Peter Čögley, Peter Kleščík, Matúš Bero (71 Haris Hajradinovich), Ramón, Samuel Štefánik (80 Tomáš Malec), Róbert Mazáň. Coach: Łuboš Nosický
Yellow Card: Mirko Ivanovski (44) / Fanendo Adi (43), Peter Kleščík (72).
Goals: Mirko Ivanovski (86), Fwayo Tembo (89) / Fanendo Adi (83), Gino Van Kessel (88)

FC PETROLUL PLOIEŞTI – SBV VITESSE ARNHEM 1-1 (0-0)
Ilie Oană, Ploieşti   01.08.2013   Hour: 19:00   Attendance: 11,827
Referees: Carlos Del Cerro, Teodoro Sobrino, Abraham Alvarez Canton (ESP)
PETROLUL: Peterson Peçanha, Jean Sony Alcenat, Geraldo Alves, Gheorghe Grozav, Damien Boudjemaa (72 Vlad Morar), Hamza Younès (69 Abel Camará), Ovidiu Hoban, Alexandru Benga, Guilherme, Pablo De Lucas, Ferebory Doré (63 Filipe Teixeira). Coach: Cosmin Contra
SBV VITESSE ARNHEM: Piet Velthuizen, Kelvin Leerdam, Marko Vejinovic (75 Frank van der Struijk), Jonathan Reis, Valeri Kazaishvili, Gaël Kakuta (24 Giorgi Chanturia), Jan-Arie van der Heijden, Renato Ibarra, Theo Janssen, Guram Kashia, Patrick van Aanholt. Coach: Peter Bosz
Yellow Card: Alexandru Benga (51), Gheorghe Grozav (86) /
           Guram Kashia (73), Giorgi Chanturia (76), Patrick van Aanholt (86).
Goals: Gheorghe Grozav (84) / Jonathan Reis (52 pen)


SBV VITESSE ARNHEM – FC PETROLUL PLOIEŞTI 1-2 (0-1)
Gelredome, Arnhem   08.08.2013   Hour: 20:00   Attendance: 10,088
Referees: Ante Vučemilović-Simunović Jr., Borut Križarić, Saša Feges (CRO)
SBV VITESSE ARNHEM: Piet Velthuizen, Kelvin Leerdam (67 Davy Pröpper), Frank van der Struijk, Giorgi Chanturia, Valeri Kazaishvili (46 Mike Havenaar), Marcus Pedersen, Jan-Arie van der Heijden, Renato Ibarra, Theo Janssen, Guram Kashia, Patrick van Aanholt. Coach: Peter Bosz
PETROLUL: Peterson Peçanha, Jean Sony Alcenat, Geraldo Alves, Manassé Enza-Yamissi, Gheorghe Grozav, Damien Boudjemaa, Hamza Younès (63 Sony Mustivar), Ovidiu Hoban, Guilherme, Pablo De Lucas, Ferebory Doré (73 Abel Camará). Coach: Cosmin Contra
Yellow Card: Kelvin Leerdam (51), Davy Pröpper (76), Guram Kashia (90+4) /
           G. Grozav (11), Manassé Enza-Yamissi (24), Jean Sony Alcenat (71), Sony Mustivar (90+5)
Red Card: Jean Sony Alcenat (80).
Goals: Jan-Arie Van der Heijden (72) / Damien Boudjemaa (21), Gheorghe Grozav (90+5)


FK VENTSPILS – MACCABI HAIFA FC 0-0
Skonto Stadions, Riga   01.08.2013   Hour: 19:00
Referees: Marco Borg, William Debattista, Roberto Vella (MLT)   Attendance: 2,800
FK VENTSPILS: Maksims Uvarenko, Kaspars Dubra, Antons Kurakins, Vitalijs Smirnovs, Simonas Paulius, Jurijs Žigajevs (75 Daniils Turkovs), Eduard Sukhanov (83 Tornike Tarkhnishvili), Igors Tarasovs, Vadim Yanchuk (90 Visvaldis Ignatans), Robertas Freidgeimas, Oļegs Timofejevs. Coach: Jurģis Pučinskas
MACCABI: Bojan Šaranov, Gustavo Boccoli, Hen Ezra (81 Eyal Golasa), Rayo (90 Ran Abukrat), Taleb Twatha, Alon Turgeman (63 Sintayehu Sallalich), Shimon Abuhazira, Yaniv Katan, Dekel Keinan, Edin Cocalić, Eyal Meshumar. Coach: Ariel Benado
Yellow Card: Eduard Sukhanov (34) / Shimon Abuhazira (38), Gustavo Boccoli (89).


MACCABI HAIFA FC – FK VENTSPILS 3-0 (2-0)
Itztadion Kiryat Eliezer, Haifa   08.08.2013   Hour: 19:30
Referees: Michael Lerjeus, Henrik Andren, Per Brogevik (SWE)   Attendance: 10,800
MACCABI: Bojan Šaranov, Gustavo Boccoli, Hen Ezra, Rayo (63 Ran Abukrat), Taleb Twatha, Alon Turgeman (68 Ismail Raiyan), Shimon Abuhazira, Yaniv Katan, Dekel Keinan, Edin Cocalić, Eyal Meshumar (58 El'ad Gabai). Coach: Ariel Benado
FK VENTSPILS: Maksims Uvarenko, Kaspars Dubra, Antons Kurakins, Vitālijs Smirnovs, Simonas Paulius (63 Jurijs Žigajevs), Eduard Sukhanov, Igors Tarasovs, Vadim Yanchuk (71 Vladislavs Kozlovs), Tornike Tarkhnishvili (85 Oļegs Žatkins), Robertas Freidgeimas, Oļegs Timofejevs. Coach: Jurgis Pučinskas
Yellow Card: Dekel Keinan (23) / Robertas Freidgeimas (29), Simonas Paulius (43).
Goals: Vitālijs Smirnovs (35 og), Rayo (41, 53)

FC DINAMO MINSK – TRABZONSPOR 0-1 (0-1)
Brestsky, Brest    01.08.2013    Hour: 19:00
Referees: Rene Eisner, Andreas Witschnigg, Christian-Petru Ciochirca (AUS)    Attendance: 7,500
DINAMO MINSK: Aleksandr Sulima, Slobodan Simović (65 Artem Bykov), Sergei Politevich, Nemanja Nikolić, Lazar Veselinović, Carles Coto (65 Nenad Adamović), Aleksandr Danilov, Oleg Veretilo, Hernan Figueredo, Igor Stasevich (85 Vladimir Khvaschinski), Sergei Kontsevoi.
Coach: Robert Maaskant
TRABZONSPOR: Onur Kıvrak, Volkan Şen, Adrian Mierzejewski (65 Alanzinho), Paulo Henrique (83 Emre Güral), Aykut Akgün, Gustavo Colman, Mustafa Yumlu, Giray Kaçar, Ondřej Čelůstka (59 Florent Malouda), Zeki Yavru, Olcan Adın. Coach: Mustafa Akçay
Yellow Card: Oleg Veretilo (50) / Mustafa Yumlu (90), Volkan Şen (90+4), Onur Kıvrak (90+7).
Red Card: Lazar Veselinović (90+6) / Gustavo Colman (90+6).
Goal: Paulo Henrique (41)

TRABZONSPOR – FC DINAMO MINSK 0-0
Hüseyin Avni Aker Stadyumu, Trabzon    08.08.2013    Hour: 21:00
Referees: Stephan Studer, Sandro Pozzi, Sladan Josipović (SUI)    Attendance: 22,803
TRABZONSPOR: Onur Kıvrak, Volkan Şen (85 Yusuf Erdoğan), Soner Aydoğdu, Adrian Mierzejewski (67 Florent Malouda), Paulo Henrique, Aykut Akgün, Mustafa Yumlu, Giray Kaçar (61 Aykut Demir), Ondřej Čelůstka, Zeki Yavru, Olcan Adın. Coach: Mustafa Akçay
DINAMO MINSK: Aleksandr Sulima, Slobodan Simović, Sergei Politevich (67 Artem Bykov), Nemanja Nikolić, Carles Coto (61 Vladimir Khvaschinski), Aleksandr Danilov, Oleg Veretilo (85 Vitali Trubilo), Hernan Figueredo, Igor Stasevich, Sergei Kontsevoi, Nenad Adamović.
Coach: Robert Maaskant
Yellow Card: Soner Aydoğdu (35), Olcan Adın (39), Aykut Demir (78) / Nemanja Nikolić (70).

FC AKTOBE – BREIÐABLIK UBK 1-0 (0-0)
Tsentralniy, Aktobe    01.08.2013    Hour: 21:00
Referees: Libor Kovařík, Krystof Mencl, Patrik Filipek (CZE)    Attendance: 12,200
FC AKTOBE: Andrei Sidelnikov, Alexei Muldarov, Andrei Kharabara, Petr Badlo, Sergei Davydov (79 Sergei Gridin), Marat Khayrullin, Robert Primus, Robert Arzumanyan (61 Emil Kenzhisariev), Yuri Logvinenko, Sergei Kovalchuk (73 Alexander Geynrikh), Timur Kapadze.
Coach: Vladimir Nikitenko
BREIÐABLIK: Gunnleifur Gunnleifsson, Finnur Margeirsson, Rene Troost, Thordur Hreidarsson, Gudjon Lydsson (80 Jökull Elísabetarson), Sverrir Ingason, Kristinn Jónsson, Nichlas Rohde, Ellert Hreinsson (87 Árni Vilhjálmsson), Tómas Gardarsson (63 Elvar Sigurdsson), Andri Yeoman.
Coach: Ólafur Kristjánsson
Yellow Card: Robert Arzumanyan (47), Robert Primus (90+2) / Thordur Hreidarsson (90).
Goal: Marat Khayrullin (90 pen)

BREIÐABLIK UBK – FC AKTOBE 1-0 (1-0, 1-0)    (AET)    1-2 penalties
Laugardalsvöllur, Reykjavík    08.08.2013    Hour: 20:00
Referees: Sébastien Delferiere, Yves De Neve, Jimmy Cremers (BEL)    Attendance: 2,449
BREIÐABLIK: Gunnleifur Gunnleifsson, Finnur Margeirsson, Rene Troost, Thordur Hreidarsson, Elfar Adalsteinsson (83 Elfar Freyr Helgason), Gudjon Lydsson, Sverrir Ingason, Kristinn Jónsson, Ellert Hreinsson, Tómas Gardarsson (73 Nichlas Rohde), Andri Yeoman (105 Árni Vilhjálmsson).
Coach: Ólafur Kristjánsson
FC AKTOBE: Andrei Sidelnikov, Alexei Muldarov, Andrei Kharabara, Petr Badlo, Marat Khayrullin, Robert Primus, Robert Arzumanyan (105 Aldan Baltaev), Sergei Lisenkov (82 Alexander Geynrikh), Emil Kenzhisariev, Sergei Kovalchuk, Timur Kapadze.
Coach: Vladimir Nikitenko
Yellow Card: Elfar Adalsteinsson (58) /
    Sergei Kovalchuk (44), Alexei Muldarov (52), Sergei Lisenkov (60), Andrei Kharabara (65)
Goal: Finnur Margeirsson (27)
Penalties: Ingason, Badlo, Lydsson, Khairullin, K. Jónsson, 0-1 Kenzhisariev, 1-1 Rohde, 1-2 Kapadze, Troost

FK BAUMIT JABLONEC – STRØMSGODSET IF DRAMMEN 2-1 (1-1)
Chance Arena, Jablonec nad Nisou   01.08.2013   Hour: 18:00
Referees: Leontios Trattou, Michael Soteriou, Aristides Christou (CYP)   Attendance: 4,285
JABLONEC: Michal Špit, Marek Kysela, Filip Novák, Tomáš Jablonský, Karel Piták (59 Jan Vošahlík), Luboš Loučka, Lukáš Zoubele, Michael Hubník, Tomáš Čížek (60 Jan Kopic), Vít Beneš, Ondřej Vaněk (83 Vojtěch Kubista). Coach: Roman Skuhravý
STRØMSGODSET IF DRAMMEN: Adam Larsen, Kim Madsen, Jørgen Horn, Stefan Johansen, Øyvind Storflor (77 Gustav Wikheim), Péter Kovács, Abdissalam Ibrahim, Bismark Boateng (72 Simen Brenne), Lars-Christopher Vilsvik, Razak Nuhu (46 Mounir Hamoud), Ola Kamara.
Coach: Ronny Deila
Yellow Card: Ondřej Vaněk (45+1) / Péter Kovács (80).
Goals: Karel Piták (17 pen), Jan Vošahlík (90+1) / Vít Beneš (39 og)


STRØMSGODSET IF DRAMMEN – FK BAUMIT JABLONEC 1-3 (0-1)
Marienlyst, Drammen   08.08.2013   Hour: 20:00
Referees: Gediminas Mažeika, Vytautas Šimkus, Vytenis Kazlauskas (LTU)   Attendance: 4,439
STRØMSGODSET IF DRAMMEN: Adam Larsen, Mounir Hamoud, Kim Madsen (46 Adama Diomande), Jørgen Horn, Stefan Johansen, Øyvind Storflor, Péter Kovács (65 Mohammed Keita), Abdissalam Ibrahim, Gustav Wikheim (46 Ola Kamara), Bismark Boateng, Lars-Christopher Vilsvik. Coach: Ronny Deila
JABLONEC: Michal Špit, Marek Kysela, Jan Kopic, Karel Piták, Luboš Loučka, Jan Vošahlík (88 Tomáš Jablonský), Lukáš Zoubele (46 Ondřej Vaněk), Michael Hubník (68 Lukáš Třešňák), Tomáš Čížek, Vít Beneš, Vojtěch Kubista. Coach: Roman Skuhravý
Yellow Card: Stefan Johansen (61) /
Marek Kysela (18), Jan Vošahlík (29), Jan Kopic (40), Michael Hubník (44), Lukáš Třešňák (71)
Goals: Ola Kamara (71) / Michael Hubník (15), Ondřej Vaněk (81), Karel Piták (90)


QARABAĞ FK BAKU – GEFLE IF GÄVLE 1-0 (0-0)
Tofig Bahramov Republican, Baku   01.08.2013   Hour: 21:00
Referees: Nicolas Rainville, Stephan Luzi (FRA), Serkan Ok (TUR)   Attendance: 22,000
QARABAĞ FK BAKU: Miro Varvodić, Qara Qarayev, Maksim Medvedev, Namig Yusifov (69 Reynaldo), Muarem Muarem (46 Marinaldo Cicero da Silva), Nikoloz Gelashvili (46 Ulrich Kapolongo), Rashad F. Sadygov, Leroy George, Richard Almeida, Admir Teli, Ansi Agolli.
Coach: Gurban Gurbanov
GEFLE: Mattias Hugosson, Olof Mård, Anders Wikström, Pär Asp, Alexander Faltsetas, Simon Lundevall (46 Johan Oremo), Jakob Orlov (90 Jonas Olsson), Jens Portin, Mikael Dahlberg, David Fällman, Marcus Hansson (78 Zakaria Abdullai). Coach: Per Olsson
Goal: Reynaldo (89)


GEFLE IF GÄVLE – QARABAĞ FK BAKU 0-2 (0-1)
Norrporten Arena, Sundsvall   08.08.2013   Hour: 19:00
Referees: Stephan Klossner, Remy Zgraggen, Vital Jobin (SUI)   Attendance: 1,137
GEFLE: Mattias Hugosson, Jonas Olsson, Anders Wikström, Alexander Faltsetas (74 Sive Phekezela), Simon Lundevall, Johan Oremo, Jakob Orlov (60 Zakaria Abdullai), Jens Portin, Mikael Dahlberg, David Fällman, Marcus Hansson (60 Emil Bellander). Coach: Per Olsson
QARABAĞ FK BAKU: Miro Varvodić, Qara Qarayev, Maksim Medvedev, Namig Yusifov, Reynaldo, Rashad F. Sadygov, Leroy George (72 Muarem Muarem), Admir Teli, Ansi Agolli, Chumbinho (85 Murad Sattarly), Ulrich Kapolongo (66 Nikoloz Gelashvili).
Coach: Gurban Gurbanov
Goals: Chumbinho (41), Reynaldo (50)

FC MINSK – ST. JOHNSTONE FC PERTH 0-1 (0-0)
Neman, Grodno     01.08.2013     Hour: 19:00
Referees: Marcin Borski, Rafal Rostkowski, Sebastian Mucha (POL)     Attendance: 2,900
MINSK: Vladimir Bushma, Roman Begunov (79 Aleksandr Makas), Sergei Sosnovski, Aleksandr Sverchinski, Sergei Kozeka (86 Artem Buloychik), Roman Vasilyuk, Aleksandr Sachivko, Dmitri Gorbushin (70 Aleksei Belevich), Miloš Rnić, Vital Kibuk, Nikita Bukatkin.
Coach: Vadzim Skrypchanka
ST. JOHNSTONE: Alan Mannus, David Mackay, Thomas Scobbie, Patrick Cregg, Frazer Wright, Steven Anderson, Gary McDonald (51 Murray Davidson), Steven McLean, David Wotherspoon (85 Brian Easton), Nigel Hasselbaink (68 Steve May), Liam Caddis. Coach: Thomas Wright
Yellow Card: Aleksandr Sverchinski (31), Nikita Bukatkin (82) /
           David Wotherspoon (57), David Mackay (59), Murray Davidson (90+4).
Goal: Steven McLean (69)

ST. JOHNSTONE FC PERTH – FC MINSK 0-1 (0-0, 0-1)     (AET)     2-3 penalties
McDiarmid Park, Perth     08.08.2013     Hour: 19:45
Referees: Pavle Radovanović, Nikola Razić, Milovan Djukić (MNE)     Attendance: 8,594
ST. JOHNSTONE: Alan Mannus, David Mackay, Thomas Scobbie, Patrick Cregg, Frazer Wright, Steven Anderson, Gary McDonald, Steven McLean, David Wotherspoon (104 Gwion Edwards), Nigel Hasselbaink (67 Chris Millar), Steve May (109 Rory Fallon). Coach: Thomas Wright
MINSK: Vladimir Bushma, Roman Begunov, Sergei Sosnovski, Aleksandr Sverchinski, Roman Vasilyuk, Aleksandr Sachivko, Dmitri Gorbushin (54 Andrei Razin), Ivan Maevski (72 Aleksandr Makas), Miloš Rnić, Vital Kibuk, Nikita Bukatkin (77 Sergei Kozeka). Coach: V. Skrypchanka
Yellow Card: Frazer Wright (93), Patrick Cregg (120) / Sergei Sosnovski (13), Vital Kibuk (22), Nikita Bukatkin (44), Miloš Rnić (68), Aleksandr Sachivko (73), Roman Begunov (80).
Red Card: Sergei Sosnovski (1).
Goal: Miloš Rnić (75)
Penalties: Mackay, 0-1 Vasilyuk, Cregg, 0-2 Razin, 1-2 Fallon, 1-3 Sverchinskiy, 2-3 Edwards, Kibuk, MacLean, Kazeka

FC CHORNOMORETS ODESA – FK CRVENA ZVEZDA BEOGRAD 3-1 (2-0)
Chornomorets, Odessa     01.08.2013     Hour: 19:15
Referees: Kenn Hansen, Lars Rix, David Vang Andersen (DEN)     Attendance: 28,862
CHORNOMORETS: Dmytro Bezotosnyi, Markus Berger, Kyrylo Kovalchuk, Olexiy Gai, Ivan Bobko, Franck Dja Djedje, Pablo Fontanello, Anderson Mineiro (85 Kristi Vangjeli), Olexiy Antonov (82 Volodymyr Priyomov), Pavlo Kutas, Sito Riera (82 Sergei Samodin).
Coach: Roman Grygorchuk
FK CRVENA ZVEZDA BEOGRAD: Boban Bajković, Darko Lazić, Nikola Mijailović (45+2 Filip Mladenović), Jovan Krneta, Nenad Milijaš, Nejc Pečnik (46 Abiola Dauda), Filip Kasalica (85 Luka Milunović), Vukan Savićević, Marko Vešović, Miloš Ninković, Aleksandar Kovačević.
Coach: Slaviša Stojanovic
Yellow Card: Marko Vešović (20), Nikola Mijailović (34), Darko Lazić (48), Filip Kasalica (55).
Goals: Sito Riera (32), Franck Dja Djedje (38), Olexiy Antonov (78 pen) / Vukan Savićević (59)

FK CRVENA ZVEZDA BEOGRAD – FC CHORNOMORETS ODESA 0-0
Stadion FK Crvena zvezda, Beograd     08.08.2013     Hour: 20:30
Referees: Artur Soares, Bertino Miranda, Rui Tavares (POR)     Attendance: 39,370
FK CRVENA ZVEZDA BEOGRAD: Boban Bajković, Darko Lazić, Abiola Dauda (67 Stefan Mihajlović), Nenad Milijaš (46 Filip Kasalica), Nejc Pečnik, Novak Martinović, Filip Mladenović, Vukan Savićević (78 Luka Milunović), Marko Vešović, Miloš Ninković, Aleksandar Kovačević.
Coach: Slaviša Stojanovic
CHORNOMORETS: Dmytro Bezotosnyi, Markus Berger, Kyrylo Kovalchuk, Ivan Bobko, Sergei Samodin (80 Anatoliy Didenko), Franck Dja Djedje (69 Volodymyr Priyomov), Pablo Fontanello, Anderson Mineiro, Olexiy Antonov, Pavlo Kutas, Sito Riera (88 Evgeniy Zubeyko).
Coach: Roman Grygorchuk
Yellow Card: Novak Martinović (35), Marko Vešović (75) /
           Pavlo Kutas (45), Kyrylo Kovalchuk (54).

RANDERS FC – FC RUBIN KAZAN 1-2 (0-2)
Randers    01.08.2013    Hour: 18:30
Referees: Fernando Teixeira, Victoriano Diaz Casado, Manuel Torre (ESP)    Attendance: 3,153
RANDERS: Mikkel Andersen, Christian T Keller, Johnny Thomsen, Mads Agesen, Theodor Bjarnason (79 Lorenzo Davids), Ronnie Schwartz, Mads Fenger, Martin Svensson, Jonas Borring (81 Jonas Kamper), Adama Tamboura, Nicolai Brock-Madsen. Coach: Colin Todd
RUBIN: Giedrius Arlauskis, Cristian Ansaldi, Vladislav Kulik (85 Roman Sharonov), Aleksandr Ryazantsev, Aleksandr Prudnikov (63 Oleg Kuzmin), Dmitri Torbinski (72 Bebras Natcho), Sergei Kislyak, Iván Marcano, César Navas, Yann M'Vila, José Rondón. Coach: Kurban Berdyev
Yellow Card: Jonas Borring (33), Theodor Bjarnason (74) /
    Aleksandr Prudnikov (55), Yann M'Vila (58), Sergei Kislyak (83).
Goals: Jonas Borring (61) / Dmitri Torbinski (12), José Rondón (42)


FC RUBIN KAZAN – RANDERS FC 2-0 (1-0)
Centralniy Stadion, Kazan    08.08.2013    Hour: 20:00
Referees: Kevin Clancy, Graham Chambers, David Mcgeachie (SCO)    Attendance: 5,012
RUBIN: Sergei Ryzhikov, Oleg Kuzmin, Aleksandr Ryazantsev, Dmitri Torbinski (69 Vladislav Kulik), Roman Eremenko, Iván Marcano, Inal Getigezhev, César Navas, Bebras Natcho (69 Gökdeniz Karadeniz), Yann M'Vila (87 Ruslan Abişov), José Rondón. Coach: Kurban Berdyev
RANDERS: Mikkel Andersen, Christian T Keller (63 Theodor Bjarnason), Mads Agesen, Lorenzo Davids, Ronnie Schwartz (46 Nicolai Brock-Madsen), Mads Fenger, Chris Sørensen, Martin Svensson (76 Nikolaj Poulsen), Viktor Lundberg, Jonas Borring, Adama Tamboura.
Coach: Colin Todd
Yellow Card: Gökdeniz Karadeniz (74) / Lorenzo Davids (30), Martin Svensson (36), Ronnie Schwartz (39), Mads Fenger (65), Mads Agesen (73).
Goals: César Navas (18), Roma Eremenko (86)


FC ŽALGIRIS VILNIUS – KKS LECH POZNAŃ 1-0 (1-0)
LFF, Vilnius    01.08.2013    Hour: 19:30
Referees: Vlado Glodjović, Branko Pavlović, Dejan Potoćan (SRB)    Attendance: 4,300
ŽALGIRIS: Armantas Vitkauskas, Andrius Skerla, Egidijus Vaitkūnas, Rytis Leliuga (46 Georgas Freidgeimas), Pavel Kamolov (77 Andrius Velička), Andro Švrljuga (50 Paulius Janušauskas), Luka Perić, Kamil Biliński, Vaidas Šilėnas, Artūras Žulpa, Mantas Kuklys. Coach: Marek Zub
LECH: Krzysztof Kotorowski, Tomasz Kędziora, Manuel Arboleda, Lukasz Trałka, Szymon Pawłowski (61 Gergő Lovrencsics), Lukasz Teodorczyk (70 Bartosz Ślusarski), Vojo Ubiparip (87 Dariusz Formella), Szymon Drewniak, Kasper Hämäläinen, Kebba Ceesay, Marcin Kamiński.
Coach: Mariusz Rumak
Yellow Card: Georgas Freidgeimas (72) /
    Tomasz Kędziora (46), Kasper Hämäläinen (61), Marcin Kamiński (81), Kebba Ceesay (85)
Goal: Mantas Kuklys (44)


KKS LECH POZNAŃ – FC ŽALGIRIS VILNIUS 2-1 (0-1)
Municipal Stadium Poznań    08.08.2013    Hour: 19:00
Referees: Ken Henry Johnsen, Sven Erik Midthjell, Jan Erik Engan (NOR)    Attendance: 16,326
LECH: Krzysztof Kotorowski, Manuel Arboleda, Łukasz Trałka, Szymon Pawłowski (54 Lukasz Teodorczyk), Vojo Ubiparip, Szymon Drewniak (61 Bartosz Ślusarski), Kasper Hämäläinen, Hubert Wołąkiewicz, Luis Henriquez, Mateusz Możdżeń (54 Gergő Lovrencsics), Marcin Kamiński. Coach: Mariusz Rumak
ŽALGIRIS: Armantas Vitkauskas, Andrius Skerla, Georgas Freidgeimas, Egidijus Vaitkūnas, Rytis Leliuga (88 Takuya Kanai), Pavel Kamolov, Luka Perić, Kamil Biliński, Vaidas Šilėnas (64 Paulius Janušauskas), Artūras Žulpa, Mantas Kuklys. Coach: Marek Zub
Yellow Card: Lukasz Teodorczyk (83) /
    Vaidas Šilėnas (6), Luka Perić (71), Paulius Janušauskas (71), Georgas Freidgeimas (75)
Red Card: Lukasz Teodorczyk (90+4).
Goals: Lukasz Teodorczyk (87), Luka Perić (90 og) / Rytis Leliuga (29)

TROMSØ IL – FC DIFFERDANGE 03 1-0 (0-0)
Alfheim, Tromsø  01.08.2013  Hour: 19:00
Referees: Anar Salmanov, Zeynal Zeynalov, Rza Mammadov (AZE)  Attendance: 2,135
TROMSØ IL: Marcus Sahlman, Ruben Kristiansen (58 Thomas Drage), Adnan Causevic, Miika Koppinen, Thomas Bendiksen, Zdeněk Ondrášek, Hans Norbye, Magnus Andersen, Remi Johansen, Josh Pritchard (73 Lars Gunnar Johnsen), Saliou Ciss (88 William Frantzen).
Coach: Agnar Christensen
FC DIFFERDANGE 03: Julien Weber, André Rodrigues, Andy May, Omar Er Rafik, Omer Bisevac (69 Gilles Bettmer), Ante Bukvic, Mathias Jänisch, Philippe Lebresne, Jérémie Meligner (48 Gauthier Caron), Geoffrey Franzoni (74 Tom Siebenaler), Jean-Philippe Caillet.
Coach: Michel Leflochmoan
Yellow Card: Adnan Causevic (65) / Gauthier Caron (63), Tom Siebenaler (81).
Goal: Zdeněk Ondrášek (76)

FC DIFFERDANGE 03 – TROMSØ IL 1-0 (0-0, 1-0)  (AET)  3-4 penalties
Stade Municipal de Differdange, Differdange  08.08.2013  Hour: 19:30
Referees: Kristo Tohver, Dmitri Vinogradov, Sten Klaasen (EST)  Attendance: 1,960
FC DIFFERDANGE 03: Julien Weber, André Rodrigues (99 Antonio Luisi), Andy May, Yannick Bastos (104 Pedro Ribeiro), Omar Er Rafik, Omer Bisevac (114 Gauthier Caron), Ante Bukvic, Mathias Jänisch, Philippe Lebresne, Geoffrey Franzoni, Jean-Philippe Caillet.
Coach: Michel Leflochmoan
TROMSØ IL: Marcus Sahlman, Jarosław Fojut, Ruben Kristiansen, Miika Koppinen, Thomas Bendiksen (82 Steffen Nystrøm), Thomas Drage, Zdeněk Ondrášek, Magnus Andersen (23 Morten Moldskred), Remi Johansen, Josh Pritchard, Saliou Ciss. Coach: Agnar Christensen
Yellow Card: Andy May (14), Jean-Philippe Caillet (45+1), André Rodrigues (93), Antonio Luisi (110), Mathias Jänisch (111) / Josh Pritchard (22), Steffen Nystrøm (120).
Goal: Omar Er Rafik (46)
Penalties: 1-0 Caron, Drage, Jänisch, 1-1 Ondrášek, 2-1 Franzoni, 2-2 Johansen, 3-2 Luisi, 3-3 Pritchard, Lebresne, 3-4 Nystrøm

BK HÄCKEN GÖTEBORG – FC THUN 1898 1-2 (0-1)
Gamla Ullevi, Göteborg  01.08.2013  Hour: 19:00
Referees: Mattias Gestranius, Mikko Alakare, Marko Hänninen (FIN)  Attendance: 2,802
HÄCKEN: Christoffer Källkvist, Fredrik Björck, Mostapha El Kabir, Martin Ericsson, Kari Arkivuo, Tibor Joza, Björn Anklev (83 David Frölund), Dominic Chatto, Nasiru Mohammed (45+2 Carlos Strandberg), René Makondele, Simon Gustafsson (83 Jonas Bjurström).
Coach: Peter Gerhardsson
THUN: Guillaume Faivre, Lukas Schenkel (5 Thomas Reinmann), Fulvio Sulmoni, Luca Zuffi (68 Enrico Schirinzi), Josef Martinez (81 Michael Siegfried), Marco Schneuwly, Dennis Hediger, David Frey, Andreas Wittwer, Benjamin Lüthi, Sekou Sanogo Junior. Coach: Urs Fischer
Yellow Card: Dominic Chatto (85), David Frölund (90) / Andreas Wittwer (90+1).
Goals: Martin Ericsson (64) / Luca Zuffi (33, 63)

FC THUN 1898 – BK HÄCKEN GÖTEBORG 1-0 (0-0)
Arena Thun, Thun  08.08.2013  Hour: 19:30
Referees: Arnold Hunter, James Eakin, Richard Storey (NIR)  Attendance: 5,027
THUN: Guillaume Faivre, Fulvio Sulmoni, Luca Zuffi, Josef Martinez (73 David Frey), Marco Schneuwly (85 Berat Sadik), Dennis Hediger, Thomas Reinmann (46 Michael Siegfried), Enrico Schirinzi, Andreas Wittwer, Benjamin Lüthi, Sekou Sanogo Junior. Coach: Urs Fischer
HÄCKEN: Christoffer Källkvist, Fredrik Björck, Emil Wahlström, Dioh Williams, Oscar Lewicki (86 Mika Ojala), Martin Ericsson, Kari Arkivuo (76 Leonard Zuta), Björn Anklev, Dominic Chatto, René Makondele, Simon Gustafsson (63 Carlos Strandberg). Coach: Peter Gerhardsson
Yellow Card: Benjamin Lüthi (23), Dennis Hediger (60) /
　　　　　　Björn Anklev (45+2), Dominic Chatto (51), René Makondele (79).
Goal: Sekou Sanogo Junior (69)

HNK RIJEKA – MŠK ŽILINA 2-1 (1-0)
Kantrida, Rijeka    01.08.2013    Hour: 19:00
Referees: Marco Fritz, Guido Kleve, Dominik Schaal (GER)    Attendance: 7,000
RIJEKA: Ivan Vargić, Matija Škarabot, Dario Knežević, Mehmed Alispahić (51 Zoran Kvržić), Ivan Tomečak, Ivan Močinić (74 Nikola Pokrivač), Leon Benko (83 Ivan Krstanović), Luka Marić, Mate Maleš, Vedran Jugović, Anas Sharbini. Coach: Matjaž Kek
MŠK ŽILINA: Martin Dúbravka, Serge Akakpo, Tomáš Majtán (86 Milan Škriniar), Viktor Pečovský, Jozef Piaček, Róbert Pich, Michal Škvarka, Jaroslav Mihalík (63 Adam Žilák), Jakub Paur (70 Matej Jelić), Ernest Mabouka, Ricardo Nunes. Coach: Adrián Guľa
Yellow Card: Anas Sharbini (4), Mate Maleš (26), Ivan Močinić (68) /
    Viktor Pečovský (45+1), Adam Žilák (90+3).
Goals: Anas Sharbini (3), Zoran Kvržić (59) / Tomáš Majtán (74)


MŠK ŽILINA – HNK RIJEKA 1-1 (0-0)
Štadión MŠK Žilina    08.08.2013    Hour: 17:30
Referees: Antonio Damato, Lorenzo Manganelli, Claudio La Rocca (ITA)    Attendance: 6,319
MŠK ŽILINA: Martin Dúbravka, Tomáš Hučko (81 Ricardo Nunes), Serge Akakpo, Tomáš Majtán, Viktor Pečovský, Róbert Pich (67 Matej Jelić), Denis Vavro, Michal Škvarka, Jaroslav Mihalík, Jakub Paur (66 Babatounde Bello), Ernest Mabouka. Coach: Adrián Guľa
RIJEKA: Ivan Vargić, Matija Škarabot, Dario Knežević, Mehmed Alispahić (77 Ivan Močinić), Ivan Tomečak, Leon Benko, Luka Marić, Mate Maleš, Nikola Pokrivač, Vedran Jugović (20 Zoran Kvržić), Anas Sharbini (60 Damir Zlomislić). Coach: Matjaž Kek
Yellow Card: Ricardo Nunes (88) /
    Dario Knežević (23), Matija Škarabot (73), Damir Zlomislić (81).
Red Card: Dario Knežević (89).
Goals: Jaroslav Mihalík (89) / Nikola Pokrivač (50)


PFC BOTEV PLOVDIV – VfB STUTTGART 1-1 (0-0)
Lazur, Burgas    01.08.2013    Hour: 20:30
Referees: Lee Probert, Stephen Child, Scott Ledger (ENG)    Attendance: 10,000
BOTEV PLOVDIV: Adam Stachowiak, Boban Grncarov, Marian Ognyanov (67 Valeri Domovchiyski), Todor Nedelev, Jordan Hristov, Veselin Minev, Anicet (72 Georgi Sarmov), Tomáš Jirsák, Romario Kortzorg (87 Kostadin Dyakov), Boris Galchev, Civard Sprockel. Coach: Stanimir Stoilov
STUTTGART: Sven Ulreich, Daniel Schwaab, Serdar Tasci, Moritz Leitner, Vedad Ibišević (88 Mohammed Abdellaoue), Arthur Boka, Ibrahima Traoré, Tunay Torun (56 Cacau), Timo Werner (66 Alexandru Maxim), Antonio Rüdiger, Konstantin Rausch. Coach: Bruno Labbadia
Yellow Card: Todor Nedelev (66) /
    Konstantin Rausch (47), Timo Werner (51), Antonio Rüdiger (58).
Goals: Valeri Domovchiyski (73) / Vedad Ibišević (67)


VfB STUTTGART – PFC BOTEV PLOVDIV 0-0
Comtech Arena, Grossaspach    08.08.2013    Hour: 20:20
Referees: Ján Valášek, Erik Weiss, Ondrej Brendza (SVK)    Attendance: 7,000
STUTTGART: Sven Ulreich, Gotoku Sakai, Daniel Schwaab, Serdar Tasci, Georg Niedermeier (63 Antonio Rüdiger), Arthur Boka, Ibrahima Traoré, Cacau, Christian Gentner, Mohammed Abdellaoue (79 Vedad Ibišević), Alexandru Maxim (46 Martin Harnik). Coach: Bruno Labbadia
BOTEV: Adam Stachowiak, Boban Grncarov, Marian Ognyanov (80 Stanislav Kostov), Todor Nedelev, Jordan Hristov, Veselin Minev, Anicet (69 Valeri Domovchiyski), Tomáš Jirsák, Romario Kortzorg (85 Luis Pedro), Boris Galchev, Civard Sprockel. Coach: Stanimir Stoilov
Yellow Card: Alexandru Maxim (44), Serdar Tasci (90+1), Ibrahima Traoré (90+3) /
    Veselin Minev (40), Romario Kortzorg (73), Adam Stachowiak (90+3).

FK KUKËSI – FC METALURH DONETSK 2-0 (1-0)
Stadiumi Kombëtar Qemal Stafa, Tirana   01.08.2013   Hour: 19:30
Referees: Artyom Kuchin, Anatoli Hodin, Sergei Vassyutin (KAZ)   Attendance: 7,000
KUKËSI: Argent Halili, Julian Brahja, Gerhard Progni, Lazar Popović (75 Enco Malindi), Rahman Hallaçi, Igli Allmuça (83 Gentian Manuka), Lucas Malacarne (46 Enkel Alikaj), Yll Hoxha, Erando Karabeci, Roland Peqini, Renato Malota. Coach: Armando Cungu
METALURH: Yuriy Pankiv, Vyacheslav Checher, Volodymyr Polioviy, Karlen Mkrtchyan, Mykola Morozyuk, Djordje Lazić, Júnior Moraes (70 Maksym Degtiarov), Danilo, Constantinos Makridis, Velizar Dimitrov, Darren O'Dea (34 Gregory Nelson, 62 Alex). Coach: Yuriy Maksymov
Yellow Card: Enco Malindi (89) /
    Mykola Morozyuk (40), Alex (73), Constantinos Makridis (86), Velizar Dimitrov (90+1)
Red Card: Mykola Morozyuk (69).
Goals: Lucas Malacarne (6), Renato Malota (83)

FC METALURH DONETSK – FK KUKËSI 1-0 (1-0)
Metallurh, Donetsk   08.08.2013   Hour: 19:15
Referees: Bülent Yıldırım, Serkan Gençerler, Ekrem Kan (TUR)   Attendance: 3,000
METALURH: Yuriy Pankiv, Vyacheslav Checher, Volodymyr Polioviy (84 Daniel Oliveira), Karlen Mkrtchyan, Gregory Nelson (59 Alex), Djordje Lazić, Júnior Moraes, Constantinos Makridis, Velizar Dimitrov, Oleksandr Nasonov (69 Denis Golaydo), Vasyl Priyma.
Coach: Volodymyr Pyatenko
KUKËSI: Argent Halili, Julian Brahja, Gerhard Progni, Enco Malindi, Rahman Hallaçi, Igli Allmuça (90+6 Sokol Mziu), Enkel Alikaj (69 Lazar Popović), Yll Hoxha (81 Gentian Manuka), Erando Karabeci, Roland Peqini, Renato Malota. Coach: Armando Cungu
Yellow Card: Oleksandr Nasonov (67), Djordje Lazić (80) /
    Erando Karabeci (35), Enco Malindi (66), Argent Halili (87), Gentian Manuka (90+3).
Red Card: Enco Malindi (74).
Goal: Velizar Dimitrov (27)

CS PANDURII TÂRGU JIU – HAPOEL TEL-AVIV FC 1-1 (1-1)
Cluj Arena, Cluj-Napoca   01.08.2013   Hour: 21:00
Referees: Vitali Meshkov, Aleksei Vorontsov, Maksim Gavrilin (RUS)   Attendance: 4,996
PANDURII: Răzvan Stanca, Marko Momčilović, Paraskevas Christou, Dan Nistor (86 Valentin Lemnaru), Bogdan Unguruşan, Paul Anton (63 Ciprian Brata), Erico, Eric Pereira, Viorel Nicoară (34 Alin Buleică), Nicandro Breeveld, Deivydas Matulevičius. Coach: Cristi Pustai
HAPOEL TEL-AVIV FC: Daniel Amos, Jürgen Colin, Roei Gordana (79 Shay Abutbul), Israel Zaguri (71 Gil Vermouth), Etey Shechter, Sasha (71 Ramzi Safuri), Orel Dgani, Omer Damari, Harosh Shimon, Bryan Gerzicich, Branko Ilič. Coach: Ran Ben Simon
Yellow Card: Bogdan Unguruşan (28), Paul Anton (63), Nicandro Breeveld (90) /
    Etey Shechter (22), Gil Vermouth (88).
Goals: Dan Nistor (4) / Sasha (29)

HAPOEL TEL-AVIV FC – CS PANDURII TÂRGU JIU 1-2 (1-1)
Bloomfield, Tel Aviv   08.08.2013   Hour: 20:00
Referees: Paolo Valeri, Alessandro Giallatini, Fabio Galloni (ITA)   Attendance: 6,700
HAPOEL TEL-AVIV FC: Daniel Amos, Jürgen Colin, Israel Zaguri (57 Gil Vermouth), Etey Shechter, Sasha (70 Shay Abutbul), Orel Dgani, Omer Damari, Ramzi Safuri (46 Roei Gordana), Harosh Shimon, Bryan Gerzicich, Branko Ilič. Coach: Ran Ben Simon
PANDURII: Pedro Mingote, Marko Momčilović, Paraskevas Christou, Iulian Mamele, Alin Buleică (46 Alexandru Ciucur), Dan Nistor, Bogdan Unguruşan, Paul Anton, Eric Pereira, Viorel Nicoară (65 Ciprian Brata, 86 Ionuţ Rada), Deivydas Matulevičius. Coach: Cristi Pustai
Yellow Card: Orel Dgani (48) /
    Viorel Nicoară (62), Iulian Mamele (73), Ciprian Brata (75), Alexandru Ciucur (89).
Goals: Omer Damari (21 pen) / Eric Pereira (34), Alexandru Ciucur (50)

FK VOJVODINA NOVI SAD – BURSASPOR 2-2 (0-1)
Karadjordje, Novi Sad   01.08.2013   Hour: 20:00
Referees: Steven McLean, Derek Rose, Alastair Mather (SCO)   Attendance: 6,500
VOJVODINA: Matej Delač, Nemanja Radoja, Branislav Trajković, Enver Alivodić, Petar Škuletić (60 Andrija Kaludjerović), Stojan Vranjes, Abubakar Oumaru, Marko Poletanović (70 Janko Tumbašević), Miroslav Vulićević, Igor Djurić, Nikola Leković. Coach: Marko Nikolić
BURSASPOR: Sébastien Frey, Renato Civelli, Taye Taiwo, Fernando Belluschi, Samil Cinaz (88 Murat Yildirim), Stanislav Šesták, Pablo Batalla, Sebastián Pinto (85 Enes Ünal), Tuncay Şanlı (73 Ferhat Kiraz), Şener Özbayraklı, İbrahim Öztürk. Coach: Hikmet Karaman
Yellow Card: Branislav Trajković (32), Igor Djurić (37), Janko Tumbašević (90+2).
Goals: Miroslav Vulićević (71), Abubakar Oumaru (81) / Pablo Batalla (36 pen), Taye Taiwo (90)


BURSASPOR – FK VOJVODINA NOVI SAD 0-3 (0-2)
Bursa Atatürk, Bursa   08.08.2013   Hour: 20:30
Referees: Javier Estrada, Javier Rodriguez, Francisco Martín (ESP)   Attendance: 19,130
BURSASPOR: Sébastien Frey, Renato Civelli, Taye Taiwo, Samil Cinaz (35 Enes Ünal), Stanislav Šesták, Pablo Batalla, Sebastián Pinto (46 Tuncay Şanlı), Murat Yildirim, Şener Özbayraklı, İbrahim Öztürk, Ferhat Kiraz (70 Okan Deniz). Coach: Hikmet Karaman
VOJVODINA: Matej Delač, Nemanja Radoja, Branislav Trajković, Enver Alivodić, Petar Škuletić (62 Janko Tumbašević), Stojan Vranjes, Abubakar Oumaru (69 Andrija Kaludjerović), Marko Poletanović (90 Bojan Nastić), Miroslav Vulićević, Igor Djurić, Nikola Leković.
Coach: Marko Nikolić
Yellow Card: Stanislav Šesták (41), Tuncay Şanlı (55), Okan Deniz (84), Şener Özbayraklı (89).
Goals: Abubakar Oumaru (9), Stojan Vranjes (29), Andrija Kaludjerović (83)


FC SLOVAN LIBEREC – FC ZÜRICH 2-1 (0-1)
U Nisy, Liberec   01.08.2013   Hour: 20:15
Referee: Liran Liany, Oren Borneshtain, Mahmud Mahagna (ISR)   Attendance: 7,780
SLOVAN: Přemysl Kovář, Renato Kelić, Luboš Hušek (59 Vladyslav Kalitvintsev), David Pavelka, Serhiy Rybalka, Martin Frýdek (90+2 Ľuboš Kolár), Ondřej Kušnír, Radoslav Kováč (Cap), Michael Rabušic, Jiří Fleišman, Dzon Delarge (59 Josef Šural).
Coach: Jaroslav Šilhavý
ZÜRICH: David Da Costa, Loris Benito, Berat Djimsiti, Mario Gavranović (79 Franck Etoundi), Amine Chermiti (87 Raphael Koch), Pedro Henrique, Alain Nef, Philippe Koch (Cap), Avraham Rikan, Marco Schönbächler (87 Oliver Buff), Davide Chiumento. Coach: Urs Meier
Yellow Card: Hušek (4), Kelić (55), Fleišman (77) /
              Schönbächler (61), Rikan (89), Pedro Henrique (90+2).
Red Card: Alain Nef (84)
Goals: Michael Rabušic (66,81) / Davide Chiumento (5)


FC ZÜRICH – FC SLOVAN LIBEREC 1-2 (1-0)
Stadion Letzigrund, Zurich   08.08.2013   Hour: 19:30
Referees: Martin Strömbergsson, Joakim Flink, Daniel Gustavsson (SWE)   Attendance: 5,915
ZÜRICH: David Da Costa, Loris Benito, Raphael Koch, Berat Djimsiti, Mario Gavranović (75 Franck Etoundi), Amine Chermiti, Pedro Henrique, Philippe Koch, Avraham Rikan (75 Oliver Buff), Marco Schönbächler (85 Stjepan Kukuruzović), Davide Chiumento. Coach: Urs Meier
SLOVAN: Přemysl Kovář, Renato Kelić (53 Josef Šural), David Pavelka, Serhiy Rybalka, Martin Frýdek (75 Vladyslav Kalitvintsev), Isaac Sackey (71 Miloš Karišik), Ondřej Kušnír, Radoslav Kováč, Michael Rabušic, Jiří Fleišman, Dzon Delarge. Coach: Jaroslav Šilhavý
Yellow Card: Raphael Koch (86) / Isaac Sackey (19).
Goals: Amine Chermiti (17) / Martin Frýdek (64), Serhiy Rybalka (85)

**SKODA XANTHI FC – ROYAL STANDARD de LIÈGE 1-2 (1-1)**
Xanthis, Xanthi    01.08.2013    Hour: 21:30
Referees: Sascha Kever, Raffael Zeder, Vital Jobin (SUI)    Attendance: 4,000
XANTHI: Dimitris Kiriakidis, Paíto, Manolis Bertos, Dimos Baxevanidis (56 Julian De Guzman), Marcelinho, Thodoris Vassilakakis, Petros Mantalos (56 Nicolas Marin), Dimitris Komesidis, Spyros Vallas, Dimitris Goutas, Serge Dié (86 Esteban Solari). Coach: Nikolaos Karageorgiou
STANDARD: Eiji Kawashima, Alessandro Iandoli, Daniel Opare, Laurent Ciman, Igor De Camargo, Frédéric Bulot, Dino Arslanagic, Imoh Ezekiel (62 Michy Batshuayi), Ibrahima Cisse (46 Yoni Buyens), François Marquet, Bia Mujangi (76 Reza Ghoochanneijhad). Coach: Guy Luzon
Yellow Card: Spyros Vallas (47), Manolis Bertos (53), Serge Dié (80), Dimitris Goutas (81) / Ibrahima Cisse (11), François Marquet (90+3).
Red Card: Manolis Bertos (69).
Goals: Serge Dié (36) / Bia Mujangi (18), Laurent Ciman (74)


**ROYAL STANDARD de LIÈGE – SKODA XANTHI FC 2-1 (0-0)**
Stade Maurice Dufrasne, Liège    08.08.2013    Hour: 20:30
Referees: Jakob Kehlet, Lars Rix, Jakob Bille (DEN)    Attendance: 24,706
STANDARD: Eiji Kawashima, Pierre-Yves Ngawa, Reza Ghoochanneijhad (69 Igor De Camargo), Frédéric Bulot (59 Bia Mujangi), Yoni Buyens (59 Alpaslan Ozturk), Michy Batshuayi, Tal Ben Haim I, Dino Arslanagic, Jelle Van Damme, Paul-José Mpoku, François Marquet.
Coach: Guy Luzon
XANTHI: Dimitris Kiriakidis, Paíto (57 Petros Mantalos), Dimos Baxevanidis, Julian De Guzman, Marcelinho (74 Esteban Solari), Thodoris Vassilakakis, Dimitris Komesidis, Spyros Vallas, Dimitris Goutas, Nicolas Marin (68 Panagiotis Triadis), Serge Dié. Coach: Nikolaos Karageorgiou
Yellow Card: Serge Dié (72).
Goals: Frédéric Bulot (53), Igor De Camargo (70) / Julian De Guzman (84)


**AS SAINT-ÉTIENNE – FC MILSAMI ORHEI 3-0 (2-0)**
Geoffroy-Guichard, Saint-Étienne    01.08.2013    Hour: 20:30
Referees: Padraig Sutton, Damien MacGraith, Wayne McDonnell (IRL)    Attendance: 25,000
SAINT-ÉTIENNE: Stéphane Ruffier, Franck Tabanou (81 Bănel Nicoliță), Brandão, Renaud Cohade (64 Benjamin Corgnet), Fabien Lemoine, Joshua Guilavogui (76 Jérémy Clément), Jonathan Brison, Romain Hamouma, Loïc Perrin, Moustapha Bayal Sall, François Clerc.
Coach: Christophe Galtier
MILSAMI: Gheorghe Bantîş, Cornel Gheti, Vadim Bolohan, Ovye Shedrack, Artur Patraş, Guillherme, Denis Rassulov, Andrei Ciofu (89 Constantin Iavorschi), Gheorghe Andronic (90+2 Adil Rhaili, Victor Gheorghiu (90+2 Petru Leuca), Rareş Soporan. Coach: Ştefan Stoica
Yellow Card: Moustapha Bayal Sall (90+3) / Gheorghe Andronic (32), Denis Rassulov (47), Ovye Shedrack (50), Cornel Gheti (59), Adil Rhaili (90+4).
Red Card: Denis Rassulov (67).
Goals: Brandão (3, 82), Renaud Cohade (21)


**FC MILSAMI ORHEI – AS SAINT-ÉTIENNE 0-3 (0-2)**
Zimbru, Chişinău    08.08.2013    Hour: 20:00
Referees: Ilias Spathas, Michael Karsiotis, Lazaros Dimitriadis (GRE)    Attendance: 3,027
MILSAMI: Andrian Negai, Adil Rhaili, Cornel Gheti, Vadim Bolohan, Artur Patraş (90 Mihail Paseciniuc), Petru Leuca (73 Andrei Ciofu), Constantin Iavorschi, Guillherme, Vadim Călugher (84 Alexandru Stadiiciuc), Gheorghe Andronic, Rareş Soporan. Coach: Ştefan Stoica
SAINT-ÉTIENNE: Stéphane Ruffier, Kurt Zouma, Franck Tabanou, Benjamin Corgnet, Brandão (46 Idriss Saadi), Renaud Cohade (53 Jérémy Clément), Joshua Guilavogui, Jonathan Brison, Romain Hamouma (59 Bănel Nicoliță), Moustapha Bayal Sall, François Clerc.
Coach: Christophe Galtier
Goals: Brandão (29), Romain Hamouma (39), Bănel Nicoliță (69)

ASTERAS TRIPOLIS FC – SK RAPID WIEN 1-1 (1-1)
Asteras Tripolis, Tripoli Arkadia   01.08.2013   Hour: 21:30
Referees: Kevin Blom, Patrick Langkamp, Rob van de Ven (NED)   Attendance: 5,000
ASTERAS TRIPOLIS FC: Giorgos Bantis, Christos Pipinis, Giannis Zaradoukas (46 Juan Pablo Caffa), Fernando Usero, Jerónimo Barrales (61 Juanma), Savvas Tsampouris, Giorgos Zisopoulos, Ximo Armero (72 Sebastián Grazzini), Dimitris Kourbelis, Christos Lisgaras, Pablo De Blasis.
Coach: Sakis Tsiolis
SK RAPID WIEN: Jan Novota, Brian Behrendt, Thomas Schrammel, Thanos Petsos, Mario Sonnleitner, Terrence Boyd, Steffen Hofmann (68 Marcel Sabitzer), Christopher Dibon (46 Maximilian Hofmann), Louis Schaub (85 Lukas Grozurek), Christopher Trimmel, Guido Burgstaller. Coach: Zoran Barisic
Yellow Card: Christos Pipinis (17), Giannis Zaradoukas (21), Savvas Tsampouris (31), Dimitris Kourbelis (34), Sebastián Grazzini (90) / Brian Behrendt (13), Guido Burgstaller (90+1).
Goals: Giorgos Zisopoulos (27) / Terrence Boyd (32 pen)

SK RAPID WIEN – ASTERAS TRIPOLIS FC 3-1 (1-0)
Gerhard-Hanappi-Stadion, Wien   08.08.2013   Hour: 20:30
Referees: Simon Lee Evans, Philip Thomas, Gareth Wyn Jones (WAL)   Attendance: 15,300
SK RAPID WIEN: Jan Novota, Brian Behrendt, Thomas Schrammel, Thanos Petsos, Mario Sonnleitner, Terrence Boyd, Steffen Hofmann (80 Lukas Grozurek), Marcel Sabitzer (61 Louis Schaub), Christopher Trimmel, Guido Burgstaller (88 Mario Pavelic), Branko Bošković.
Coach: Zoran Barisic
ASTERAS TRIPOLIS FC: Giorgos Bantis, Christos Pipinis, Fernando Usero, Jerónimo Barrales (68 Tasos Bakasetas), Savvas Tsampouris, Giorgos Zisopoulos (46 Sebastián Grazzini), Juan Pablo Caffa, Ximo Armero (68 Juanma), Dimitris Kourbelis, Dorin Goian, Pablo De Blasis.
Coach: Sakis Tsiolis
Yellow Card: Steffen Hofmann (67), Terrence Boyd (71), Christopher Trimmel (75), Thomas Schrammel (88).
Goals: Thanos Petsos (26), Louis Schaub (62, 85) / Sebastián Grazzini (57)

SWANSEA CITY FC – MALMÖ FF 4-0 (1-0)
Liberty Stadium, Swansea   01.08.2013   Hour: 19:45
Referees: Paolo Mazzoleni, Gianluca Cariolato, Riccardo Bianchi (ITA)   Attendance: 16,176
SWANSEA: Michel Vorm, Jordi Amat, Ashley Williams, Leon Britton (80 José Cañas), Jonjo Shelvey, Michu (66 Jonathan De Guzmán), Wilfried Bony, Nathan Dyer (73 Alejandro Pozuelo), Wayne Routledge, Àngel Rangel, Ben Davies. Coach: Michael Laudrup
MALMÖ: Johan Dahlin, Miiko Albornoz, Pontus Jansson, Markus Halsti, Magnus Eriksson (76 Erik Johansson), Erik Friberg (68 Emil Forsberg), Jiloan Hamad (82 Simon Kroon), Simon Thern, Filip Helander, Ricardinho, Tokelo Rantie. Coach: Rikard Norling
Yellow Card: Jordi Amat (47) / Magnus Eriksson (56), Ricardinho (57), Erik Friberg (65).
Goals: Michu (37), Wilfried Bony (55, 59), Alejandro Pozuelo (86)

MALMÖ FF – SWANSEA CITY FC 0-0
Malmö New Stadium, Malmö   08.08.2013   Hour: 19:45
Referees: Serdar Gözübüyük, Charles Schaap, Hessel Steegstra (NED)   Attendance: 11,538
MALMÖ: Johan Dahlin, Miiko Albornoz, Pontus Jansson, Magnus Eriksson (74 Tokelo Rantie), Erik Friberg (68 Markus Halsti), Jiloan Hamad (56 Petar Petrović), Filip Helander, Ricardinho, Erdal Rakip, Emil Forsberg, Pawel Cibicki. Coach: Rikard Norling
SWANSEA: Gerhard Tremmel, Neil Taylor, Chico, Ashley Williams, Michu (74 Ki Sung-Yong), Wilfried Bony, Wayne Routledge (66 Nathan Dyer), Jonathan De Guzmán, José Cañas, Alejandro Pozuelo, Ashley Richards (84 Àngel Rangel). Coach: Michael Laudrup
Yellow Card: Erdal Rakip (35), Erik Friberg (44), Filip Helander (53) /
    Michu (33), Ashley Williams (62).

NK ŠIROKI BRIJEG – UDINESE CALCIO 1-3 (0-3)
Bilino Polje, Zenica    01.08.2013    Hour: 20:45
Referees: Halis Özkahya, Çem Satman, Kemal Yilmaz (TUR)    Attendance: 4,500
NK ŠIROKI BRIJEG: Luka Bilobrk, Dino Ćorić, Vedran Ješe, Krešimir Kordić (46 Mirko Marić), Goran Zakarić (70 Dalibor Šilić), Davor Landeka, Wagner (46 Ivan Barišić), Jure Ivanković, Jozo Špikić, Zvonimir Blaić, Stipo Marković. Coach: Slaven Musa
UDINESE CALCIO: Ivan Kelava, Allan, Danilo, Dušan Basta (46 Silvan Widmer), Luis Muriel, Antonio Di Natale (85 Maicosuel), Maurizio Domizzi, Gabriel Silva, Roberto Pereyra (73 Andrea Lazzari), Giampiero Pinzi, Thomas Heurtaux. Coach: Francesco Guidolin
Yellow Card: Goran Zakarić (42), Stipo Marković (45+1).
Goals: Dino Ćorić (77) / Antonio Di Natale (16), Luis Muriel (31, 39)


UDINESE CALCIO – NK ŠIROKI BRIJEG 4-0 (1-0)
Nereo Rocco, Trieste    08.08.2013    Hour: 20:45
Referees: Antti Munukka, Matti Heininen, Jan-Peter Aravirta (FIN)    Attendance: 4326
UDINESE CALCIO: Ivan Kelava, Allan, Naldo, Danilo, Dušan Basta, Luis Muriel (87 Matěj Vydra), Antonio Di Natale (67 Maicosuel), Maurizio Domizzi, Gabriel Silva, Roberto Pereyra (78 Andrea Lazzari), Giampiero Pinzi. Coach: Francesco Guidolin
NK ŠIROKI BRIJEG: Luka Bilobrk, Dino Ćorić (76 Mario Ljubić), Vedran Ješe, Goran Zakarić (63 Dalibor Šilić), Davor Landeka, Mirko Marić, Jozo Špikić, Ivan Barišić, Zvonimir Blaić, Zoran Plazonić (53 Jure Ivanković), Stipo Marković. Coach: Slaven Musa
Yellow Card: Naldo (32), Roberto Pereyra (53) / Zoran Plazonić (36), Jozo Špikić (83).
Goals: Antonio Di Natale (9), Andrea Lazzari (82), Dušan Basta (86), Matěj Vydra (90+3)


WKS ŚLĄSK WROCŁAW – CLUB BRUGGE KV 1-0 (0-0)
Municipal, Wrocław    01.08.2013    Hour: 20:45
Referees: Anthony Taylor, Stuart Burt, Peter Bankes (ENG)    Attendance: 17,132
ŚLĄSK: Rafal Gikiewicz, Krzysztof Ostrowski (60 Tadeusz Socha), Adam Kokoszka, Waldemar Sobota, Sebino Plaku, Sebastian Mila, Dudu, Dalibor Stevanović, Mariusz Pawelec, Marco Paixão (88 Sylwester Patejuk), Przemysław Kaźmierczak. Coach: Stanislav Levý
CLUB BRUGGE KV: Matthew Ryan, Tom Høgli, Timmy Simons, Oscar Duarte, Lior Refaelov (65 Eidur Gudjohnsen), Tom De Sutter, Jonathan Blondel, Shangyuan Wang (78 Tuur Dierckx), Laurens De Bock (46 Boli Bolingoli-Mbombo), Birger Verstraete, Brandon Mechele.
Coach: Juan Carlos Garrido
Yellow Card: Dalibor Stevanović (20), Sebino Plaku (64) / Laurens De Bock (8), Tom Høgli (14).
Goal: Sebino Plaku (64)


CLUB BRUGGE KV – WKS ŚLĄSK WROCŁAW 3-3 (0-1)
Jan Breydelstadion, Brugge    08.08.2013    Hour: 20:45
Referees: Miroslav Zelinka, Ondřej Pelikán, Ivo Nadvornik (CZE)    Attendance: 25,945
CLUB BRUGGE KV: Matthew Ryan, Tom Høgli, Timmy Simons, Oscar Duarte, Tom De Sutter, Jonathan Blondel (46 Lior Refaelov), Víctor Vázquez (77 Eidur Gudjohnsen), Shangyuan Wang, Maxime Lestienne, Laurens De Bock, Brandon Mechele. Coach: Juan Carlos Garrido
ŚLĄSK: Rafal Gikiewicz, Krzysztof Ostrowski (55 Tadeusz Socha), Adam Kokoszka, Waldemar Sobota, Sebino Plaku, Sebastian Mila, Dudu, Dalibor Stevanović, Mariusz Pawelec, Marco Paixão (83 Sylwester Patejuk), Przemysław Kaźmierczak. Coach: Stanislav Levý
Yellow Card: Maxime Lestienne (41), Tom De Sutter (53), Shangyuan Wang (89) / Krzysztof Ostrowski (31), Marco Paixão (54), Tadeusz Socha (56), Mariusz Pawelec (62), Dudu (90+3).
Goals: Lior Refaelov (58), Oscar Duarte (80), Tom De Sutter (90+1) /
           Waldemar Sobota (9, 76), Paixão (60)

MOTHERWELL FC – FC KUBAN KRASNODAR 0-2 (0-0)
Fir Park, Motherwell    01.08.2013    Hour: 19:45
Referees: Alain Bieri, Remy Zgraggen, Bruno Zurbrügg (SUI)    Attendance: 6,748
MOTHERWELL FC: Lee Hollis, Steven Hammell, Simon Ramsden, Shaun Hutchinson, Stephen McManus, James McFadden (82 Fraser Kerr), Paul Lawson (80 Henri Anier), John Sutton, Iain Vigurs, Keith Lasley, Zaine Francis-Angol. Coach: Stuart McCall
KUBAN: Aleksandr Belenov, Xandão, Ángel Dealbert, David Tsoraev (78 Artem Fidler), Charles Kaboré, Gheorghe Bucur (85 Marco Ureña), Anton Sosnin, Aleksei Kozlov, Roman Bugaev, Ivelin Popov, Ibrahima Baldé (82 Djibril Cissé). Coach: Dorinel Munteanu
Yellow Card: Shaun Hutchinson (66), James McFadden (80) /
            Aleksei Kozlov (65), Ángel Dealbert (88).
Goals: Ivelin Popov (52, 78)


FC KUBAN KRASNODAR – MOTHERWELL FC 1-0 (0-0)
Kuban, Krasnodar    08.08.2013    Hour: 21:00
Referees: Cristian Balaj, Octavian Şovre, Ovidiu Artene (ROM)    Attendance: 31,754
KUBAN: Aleksandr Belenov, Xandão, Ángel Dealbert, David Tsoraev (84 Nikita Bezlikhotnov), Marco Ureña (61 Maksim Zhavnerchik), Artur Tlisov, Charles Kaboré, Anton Sosnin, Aleksei Kozlov, Roman Bugaev, Ibrahima Baldé (77 Djibril Cissé). Coach: Dorinel Munteanu
MOTHERWELL FC: Gunnar Nielsen, Steven Hammell, Simon Ramsden, Shaun Hutchinson, Stephen McManus, Paul Lawson (72 Adam Cummins), Keith Lasley (79 Craig Moore), Zaine Francis-Angol, Stuart Carswell, Fraser Kerr, Henri Anier (72 Robert McHugh).
Coach: Stuart McCall
Yellow Card: Shaun Hutchinson (40), Steven Hammell (84).
Goal: Stephen McManus (50 og)


HNK HAJDUK SPLIT – FC DILA GORI 0-1 (0-1)
Stadion Poljud, Split    01.08.2013    Hour: 21:00
Referees: Eitan Shemeulevitch, Nissan Davidy, Sharon Eyal (ISR)    Attendance: 28,000
HAJDUK: Lovre Kalinić, Dino Mikanović, Goran Milović, Avdija Vršajević, Mario Pašalić (73 Marko Bencun), Anton Maglica, Franko Andrijašević (46 Tomislav Kiš), Goran Jozinović, Mijo Caktaš, Mario Maloča, Tino-Sven Sušić (87 Tonći Mujan). Coach: Igor Tudor
DILA: Nukri Revishvili, Teimuraz Gongadze, Gulverd Tomashvili, Otar Khizaneishvili, Mamuka Kobakhidze, Giorgi Guruli, Kakhaber Aladashvili (63 Mikhail Gorelishvili), Giorgi Iluridze, Grigol Dolidze (66 Irakli Modebadze), David Bolkvadze (89 Giorgi Aburjania), Lasha Gvalia.
Coach: Giorgi Devdariani
Yellow Card: Anton Maglica (33), Goran Jozinović (47), Tonći Mujan (90+1) /
            Otar Khizaneishvili (49), Mikhail Gorelishvili (90+2).
Red Card: Goran Jozinović (65) / Otar Khizaneishvili (71).
Goal: Giorgi Iluridze (24)


FC DILA GORI – HNK HAJDUK SPLIT 1-0 (0-0)
Mikheil Meskhi, Tbilisi    08.08.2013    Hour: 20:00
Referees: Tamás Bognar, Peter Berettyán, Oszkar Lemon (HUN)    Attendance: 13,891
DILA: Nukri Revishvili, Teimuraz Gongadze, Gulverd Tomashvili, Mamuka Kobakhidze, Giorgi Guruli, Kakhaber Aladashvili (79 Grigol Dolidze), Giorgi Iluridze, Irakli Modebadze (77 Mikhail Gorelishvili), David Bolkvadze (86 Giorgi Aburjania), Alexandre Kvakhadze, Lasha Gvalia.
Coach: Giorgi Devdariani
HAJDUK: Lovre Kalinić, Dino Mikanović, Goran Milović, Avdija Vršajević, Mislav Andjelković (85 Tomislav Kiš), Anton Maglica, Mijo Caktaš, Mario Maloča, Filip Bradarić, Tino-Sven Sušić (46 Franko Andrijašević), Marko Bencun (63 Tonći Mujan). Coach: Igor Tudor
Yellow Card: Alexandre Kvakhadze (66) /
            Goran Milović (31), Dino Mikanović (84), Mario Maloča (90+2), Tomislav Kiš (90+3).
Goal: Grigol Dolidze (82)

GD ESTORIL PRAIA – HAPOEL RAMAT GAN GIVATAYIM FC 0-0
António Coimbra Da Mota, Estoril    01.08.2013    Hour: 20:00
Referees: Fredy Fautrel, Cyril Gringore, Eric Dansault (FRA)    Attendance: 2,584
ESTORIL: Vagner Silva, Yohan Tavares, Bruno Miguel, Anderson Luiz, Filipe (85 Gladestony Estevao Paulino), João Pedro Galvão, Gonçalo Dos Santos, Evandro, Sebá (52 Luís Leal), Carlitos (73 Gerso Fernandes), Babanco. Coach: Fabiano
HAPOEL RAMAT GAN: Ram Straus, Tal Maabi, Dan Romann, Omer Hazum (70 Daniel Addo), Yosef Asayag, Liron Diamant, Issoumaila Lingane, Omer Buksenbaum, Tomer Levy (83 Lidor Cohen), Kpehi Didier Brossou (33 Almog Bar Buzaglo), Avi Soffer. Coach: Ariel Gilerovich
Yellow Card: João Pedro Galvão (80) / Tal Maabi (8), Yosef Asayag (44), Tomer Levy (72), Avi Soffer (80), Almog Bar Buzaglo (90+5).


HAPOEL RAMAT GAN GIVATAYIM FC – GD ESTORIL PRAIA 0-1 (0-1)
Itztadion Ramat Gan, Ramat Gan    08.08.2013    Hour: 20:00
Referees: Tasos Sidiropoulos, Damianos Efthimiadis, Gagas Dimitrios (GRE)    Attendance: 1,360
HAPOEL RAMAT GAN: Ram Straus, Tal Maabi, Dan Romann (90+1 Lidor Cohen), Omer Hazum, Yaniv Luzon (58 Aviel Gabai), Yosef Asayag (46 Almog Bar Buzaglo), Liron Diamant, Issoumaila Lingane, Omer Buksenbaum, Tomer Levy, Avi Soffer. Coach: Ariel Gilerovich
ESTORIL: Vagner Silva, Yohan Tavares, Bruno Miguel, Anderson Luiz, Filipe, Luís Leal, João Pedro Galvão (89 Bruno Lopes), Gonçalo Dos Santos (81 Diogo Amado), Evandro, Carlitos (66 Gerso Fernandes), Babanco. Coach: Marco Da Silva
Yellow Card: Tomer Levy (63), Omer Hazum (76) /
        Yohan Tavares (44), Carlitos (60), Gonçalo Dos Santos (79).
Red Card: Avi Soffer (10).
Goal: Evandro (11 pen)


SEVILLA FC – FK MLADOST PODGORICA 3-0 (1-0)
Estadio Ramón Sánchez Pizjuán, Seville    01.08.2013    Hour: 21:30
Referees: Slavko Vinčić, Robert Vukan, Jure Praprotnik (SVN)    Attendance: 27,548
SEVILLA: Beto, Federico Fazio, Daniel Carriço, Carlos Bacca, Ivan Rakitić, Bryan Rabello (58 Diego Perotti), Alberto Moreno, José Antonio Reyes, Víctor Machín (76 Raul Rusescu), Nicolas Pareja, Jorge Andújar Moreno. Coach: Unai Emery
MLADOST PODGORICA: Miroslav Vujadinović, Radule Živković, Bojan Sanković, Aleksandar Šofranac, Filip Mitrović, Bojan Kaljević (63 Ivan Knežević), Božo Marković (80 Predrag Kascelan), Vladimir Savićević (72 Miloš Pavićević), Ermin Seratlić, Balša Božović, Ivan Novović. Coach: Nikola Rakojevic
Yellow Card: Filip Mitrović (12), Radule Živković (71), Aleksandar Šofranac (81).
Goals: Carlos Bacca (18), Diego Perotti (82 pen), Daniel Carriço (90+1)


FK MLADOST PODGORICA – SEVILLA FC 1-6 (0-5)
Stadion Podgorica, Podgorica    08.08.2013    Hour: 20:30
Referees: Yevhen Aranovskiy, Semen Shlonchak, Igor Bytskalo (UKR)    Attendance: 3,500
MLADOST PODGORICA: Miroslav Vujadinović, Radule Živković, Aleksandar Šofranac, Filip Mitrović, Bojan Kaljević (46 Miloš Pavićević), Božo Marković (62 Ivan Knežević), Vladimir Savićević, Ermin Seratlić, Balša Božović, Ivan Novović, Vasko Kalezić (89 Saša Ćetković).
Coach: Nikola Rakojevic
SEVILLA: Javi Varas, Fernando Navarro, Cala, Ivan Rakitić (46 Antonio Cotán), Hedwiges Maduro, Bryan Rabello, Víctor Machín (64 Marko Marin), Nicolas Pareja, Coke, Raul Rusescu, Jairo Samperio. Coach: Unai Emery
Yellow Card: Coke (79).
Goals: Miloš Pavićević (90+1) /
        Víctor Machín (10), Raul Rusescu (23, 39), Bryan Rabello (33), Coke (37, 60)

# PLAY-OFF

SV ZULTE WAREGEM – APOEL FC NICOSIA 1-1 (1-0)
Constant Vanden Stock Stadium, Brussel    22.08.2013    Hour: 20:45
Referees: Marijo Strahonja, Sinisa Premuzaj, Igor Krmar (CRO)    Attendance: 5,095
SV ZULTE WAREGEM: Sammy Bossut, Davy de Fauw, Bryan Verboom, Thorgan Hazard (74 Aleksandar Trajkovski), Mbaye Leye, Jens Naessens, Ólafur Skúlason, Ibrahima Conté, Frédéric Duplus, Karel D'Haene, Junior Malanda. Coach: Francky Dury
APOEL: Urko Pardo, João Guilherme, Marcelo Oliveira, Tiago Gomes (60 Selim Benachour), Cillian Sheridan (73 Mario Budimir), Constantinos Charalambides (79 Nektarios Alexandrou), Vinicius, Christian, Nuno Morais, Mário Sérgio, Stathis Aloneftis. Coach: Sergio Cruz
Yellow Card: Jens Naessens (57) / Selim Benachour (90+3).
Goals: Juior Malanda (21) / Nektarios Alexandrou (88)

APOEL FC NICOSIA – SV ZULTE WAREGEM 1-2 (0-1)
GSP Stadium, Nicosia    29.08.2013    Hour: 20:00
Referees: Andre Marriner, Jake Collin, Simon Long (ENG)    Attendance: 18,959
APOEL: Urko Pardo, João Guilherme, Marcelo Oliveira, Tiago Gomes (78 Constantinos Charalambides), Cillian Sheridan, Vinicius (68 Pieros Sotiriou), Gustavo Manduca (36 Nektarios Alexandrou), Christian, Nuno Morais, Mário Sérgio, Stathis Aloneftis. Coach: Paulo Sérgio
SV ZULTE WAREGEM: Sammy Bossut, Davy de Fauw, Steve Colpaert, Habib Habibou (77 Franck Berrier), Thorgan Hazard (90+3 Mamatou N'Diaye), Aleksandar Trajkovski (67 Jens Naessens), Ólafur Skúlason, Ibrahima Conté, Frédéric Duplus, Karel D'Haene, Junior Malanda.
Coach: Francky Dury
Yellow Card: Karel D'Haene (27), Ólafur Skúlason (44), Ibrahima Conté (54), Davy de Fauw (76).
Goals: Stathis Aloneftis (52) / Habib Habibou (12), Jens Naessens (90)

SK RAPID WIEN – FC DILA GORI 1-0 (1-0)
Gerhard-Hanappi-Stadion, Wien    22.08.2013    Hour: 21:05
Referees: Stefan Johannesson, Magnus Sjöblom, Daniel Gustavsson (SWE)    Attendance: 14,500
RAPID: Jan Novota, Thomas Schrammel, Thanos Petsos (71 Brian Behrendt), Mario Sonnleitner, Steffen Hofmann (80 Marcel Sabitzer), Christopher Dibon, Louis Schaub, Lukas Grozurek (88 Lukas Denner), Christopher Trimmel, Guido Burgstaller, Branko Bošković. Coach: Zoran Barisic
DILA: Nukri Revishvili, Teimuraz Gongadze, Gulverd Tomashvili (50 David Bolkvadze), Otar Khizaneishvili, Mamuka Kobakhidze, Giorgi Guruli, Kakhaber Aladashvili (53 Irakli Maisuradze), Giorgi Iluridze, Grigol Dolidze (68 Konstantine Gabashvili), Alexandre Kvakhadze, Lasha Gvalia.
Coach: Giorgi Devdariani
Yellow Card: Steffen Hofmann (56), Louis Schaub (90) /
    Giorgi Iluridze (48), Lasha Gvalia (83), Mamuka Kobakhidze (90+2).
Goal: Louis Schaub (42)

FC DILA GORI – SK RAPID WIEN 0-3 (0-1)
Mikheil Meskhi, Tbilisi    29.08.2013    Hour: 20:00
Referees: Cristian Balaj, Vasile Florin Marinescu, Ovidiu Artene (ROM)    Attendance: 19,012
DILA: Nukri Revishvili, Teimuraz Gongadze, Gulverd Tomashvili (59 Alexandre Kvakhadze), Otar Khizaneishvili, Mamuka Kobakhidze, Giorgi Guruli (46 Mikhail Gorelishvili), Giorgi Iluridze, Grigol Dolidze, David Bolkvadze, Irakli Maisuradze (46 Irakli Modebadze), Lasha Gvalia.
Coach: Giorgi Devdariani
RAPID: Jan Novota, Thomas Schrammel, Thanos Petsos, Mario Sonnleitner, Steffen Hofmann (81 Brian Behrendt), Christopher Dibon, Louis Schaub (67 Lukas Grozurek), Marcel Sabitzer, Harald Pichler, Christopher Trimmel, Guido Burgstaller (75 Stephan Palla). Coach: Zoran Barisic
Yellow Card: Gulverd Tomashvili (8), Teimuraz Gongadze (24), Nukri Revishvili (49), Mamuka Kobakhidze (82), Mikhail Gorelishvili (90+2), Irakli Modebadze (90+2) /
    Christopher Dibon (62), Jan Novota (90+2).
Goals: Louis Schaub (45+1), Marcel Sabitzer (63), Brian Behrendt (90)

TROMSØ IL – BEŞIKTAŞ JK ISTANBUL 2-1 (0-1)
Alfheim, Tromsø   22.08.2013   Hour: 20:00
Referees: Alan Kelly, Damien MacGraith, Allen Lynch (IRL)   Attendance: 4,528
TROMSØ IL: Marcus Sahlman, Jarosław Fojut, Ruben Kristiansen, Morten Moldskred, Miika Koppinen, Thomas Bendiksen, Zdeněk Ondrášek, Magnus Andersen (90+1 Thomas Drage), Remi Johansen, Josh Pritchard (90+4 Adnan Causevic), Saliou Ciss. Coach: Agnar Christensen
BEŞIKTAŞ JK: Tolga Zengin, Manuel Fernandes, Tomáš Sivok, Dentinho (60 Gökhan Töre), Veli Kavlak (83 Michael Enemaro), Hugo Almeida, Olcay Sahan (73 Oğuzhan Özyakup), Atiba Hutchinson, Julien Escudé, Ersan Gülüm, Serdar Kurtuluş. Coach: Slaven Bilić
Yellow Card: Zdeněk Ondrášek (89), Saliou Ciss (90+2) / Hugo Almeida (43), Ersan Gülüm (47).
Goals: Thomas Bendiksen (49 pen), Josh Pritchard (68) / Hugo Almeida (9)


BEŞIKTAŞ JK ISTANBUL – TROMSØ IL 2-0 (0-0)
Atatürk Olimpiyat Stadium, Istanbul   29.08.2013   Hour: 20:30
Referees: Marcin Borski, Rafal Rostkowski, Sebastian Mucha (POL)   Attendance: 44,578
BEŞIKTAŞ JK: Tolga Zengin, Manuel Fernandes, Tomáš Sivok, Veli Kavlak, Hugo Almeida (61 Michael Enemaro), Olcay Sahan, Atiba Hutchinson, Julien Escudé, Gökhan Töre (84 Muhammed Demirci), Ersan Gülüm (46 Oğuzhan Özyakup), Serdar Kurtuluş. Coach: Slaven Bilić
TROMSØ IL: Marcus Sahlman, Jarosław Fojut, Ruben Kristiansen, Morten Moldskred, Adnan Causevic (57 Miika Koppinen), Thomas Bendiksen, Thomas Drage, Hans Norbye, Magnus Andersen, Lars Gunnar Johnsen (59 Remi Johansen), Hendrik Helmke (71 Zdeněk Ondrášek). Coach: Agnar Christensen
Yellow Card: Olcay Sahan (75), Tomáš Sivok (76), Julien Escudé (87) / Miika Koppinen (90+4).
Goals: Hugo Almeida (52), Oğuzhan Özyakup (54)


CS PANDURII TÂRGU JIU – SC BRAGA 0-1 (0-0)
Cluj Arena, Cluj-Napoca   22.08.2013   Hour: 21:00
Referees: Florian Meyer, Holger Henschel, Christoph Bornhorst (GER)   Attendance: 11,500
PANDURII: Răzvan Stanca, Marko Momčilović, Paraskevas Christou, Iulian Mamele (56 Sipo), Bogdan Unguruşan, Paul Anton, Erico, Eric Pereira, Viorel Nicoară (55 Alin Buleică), Nicandro Breeveld (80 Admir Adrović), Deivydas Matulevičius. Coach: Cristian Pustai
SC BRAGA: Eduardo, Nuno André Coelho, Joãozinho, Luíz Carlos, Rúben Micael (90+6 João Pedro), Baiano, Yazalde, Salvador Agra (64 Felipe Pardo), Alan (73 Custódio), Aderlan Santos, Mauro. Coach: Jesualdo Ferreira
Yellow Card: Viorel Nicoară (52), Nicandro Breeveld (79) / Yazalde (52).
Goal: Yazalde (51)


SC BRAGA – CS PANDURII TÂRGU JIU 0-2 (0-1, 0-1)   (AET)
Estádio Municipal de Braga, Braga   29.08.2013   Hour: 20:30
Referees: Liran Liany, Shabtai Nahmias, Oren Borneshtain (ISR)   Attendance: 11,312
SC BRAGA: Eduardo, Nuno André Coelho, Joãozinho, Luíz Carlos, Rúben Micael, Baiano, Yazalde (81 Éder), Alan (65 Salvador Agra), Aderlan Santos, Edinho (65 Felipe Pardo), Mauro. Coach: Jesualdo Ferreira
PANDURII: Pedro Mingote, Marko Momčilović, Paraskevas Christou, Alin Buleică (120 Iulian Mamele), Bogdan Unguruşan, Paul Anton, Erico, Eric Pereira (70 Virgil Cristea), Viorel Nicoară (84 Alexandru Ciucur), Nicandro Breeveld, Deivydas Matulevičius. Coach: Cristian Pustai
Yellow Card: Baiano (26), Aderlan Santos (29), Luíz Carlos (74) / Erico (36), B. Unguruşan (68), Viorel Nicoară (79), Paraskevas Christou (105), Marko Momčilović (118).
Goals: Alin Buleică (15), Alexandru Ciucur (117)

APOLLON FC LIMASSOL – OGC NICE 2-0 (0-0)
GSP Stadium, Nicosia   22.08.2013   Hour: 21:00
Referees: Ivan Kružliak, Roman Slyško, Tomaš Somolani (SVK)   Attendance: 7,157
APOLLON: Bruno Vale, Marcos Gullón, Roberto, Gaston Sangoy (90+3 Daniel Haber), Georgos Merkis, Ovidiu Dănănae, Bertrand Robert (73 Charis Kyriakou), Fotis Papoulis (82 Alexandros Konstantinou), Christos Karipidis, Rachid Hamdani, Georgios Vasiliou.
Coach: Christakis Christoforou
NICE: David Ospina, Timothée Kolodziejczak, Kévin Gomis, Didier Digard, Mahamane Traoré, Valentin Eysseric (80 Alexy Bosetti), Jérémy Pied (57 Éric Bautheac), Lloyd Palun, Nampalys Mendy, Romain Genevois (57 Dario Cvitanich), Bryan Constant. Coach: Claude Puel
Yellow Card: Georgos Merkis (50), Bruno Vale (90), Alexandros Konstantinou (90+1) /
    Kévin Gomis (21), Bryan Constant (50), Romain Genevois (54), Dario Cvitanich (85).
Goals: Gaston Sangoy (54, 63)

OGC NICE – APOLLON FC LIMASSOL 1-0 (1-0)
Le Ray, Nice   29.08.2013   Hour: 20:00
Referees: Viktor Kassai, György Ring, Vencel Tóth (HUN)   Attendance: 12,219
NICE: David Ospina, Timothée Kolodziejczak, Kévin Gomis (66 Grégoire Puel), Didier Digard, Éric Bautheac, Dario Cvitanich, Valentin Eysseric, Jérémy Pied (76 Alexy Bosetti), Nampalys Mendy, Romain Genevois, Jordan Amavi. Coach: Claude Puel
APOLLON: Bruno Vale, Marcos Gullón, Roberto, Gaston Sangoy, Georgos Merkis, Ovidiu Dănănae, Bertrand Robert (90+6 Alexandros Konstantinou), Fotis Papoulis (72 Charis Kyriakou, 90+3 Daniel Haber), Christos Karipidis, Rachid Hamdani, Georgios Vasiliou.
Coach: Christakis Christoforou
Yellow Card: Timothée Kolodziejczak (10), Jérémy Pied (59), Jordan Amavi (88), Nampalys Mendy (90) / Fotis Papoulis (10), Ovidiu Dănănae (15), Gaston Sangoy (33), Roberto (42), Georgios Vasiliou (58), Charis Kyriakou (77), Georgos Merkis (90).
Goal: Dario Cvitanich (4)

FC AKTOBE – FC DYNAMO KYIV 2-3 (1-1)
Tsentralniy, Aktobe   22.08.2013   Hour: 18:00
Referees: Aleksei Kulbakov, Dmitri Zhuk, Andrei Getikov (BLR)   Attendance: 12,500
FC AKTOBE: Andrei Sidelnikov, Alexei Muldarov, Andrei Kharabara (60 Robert Primus), Petr Badlo, Sergei Davydov (86 Askhat Tagybergen), Marat Khayrullin, Robert Arzumanyan, Yuri Logvinenko, Sergei Kovalchuk (60 Sergei Lisenkov), Alexander Geynrikh, Timur Kapadze.
Coach: Vladimir Nikitenko
DYNAMO: Olexandr Shovkovskiy, Ognjen Vukojević, Aleksandar Dragovic, Andriy Yarmolenko (67 Oleh Gusev), Ideye Brown, Domagoj Vida, Lukman Haruna, Benoît Trémoulinas, Yevhen Khacheridi, Younes Belhanda (86 Roman Bezus), Dudu (52 Jeremain Lens). Coach: Oleh Blokhin
Yellow Card: Alexei Muldarov (68), Robert Primus (75), A. Sidelnikov (79), Y. Logvinenko (79) / Lukman Haruna (33), Aleksandar Dragovic (49), Jeremain Lens (75), Younes Belhanda (79).
Goals: Benoît Trémoulinas (37 og), Marat Khayrullin (65) /
    Andriy Yarmolenko (16), Ideye Brown (52), Younes Belhanda (57)

FC DYNAMO KYIV – FC AKTOBE 5-1 (3-1)
NSK Olimpiyskyi, Kyiv   29.08.2013   Hour: 19:00
Referees: Stephan Studer, Jean-Yves Wicht, Sladan Josipović (SUI)   Attendance: 70
FC DYNAMO: Maxym Koval, Miguel Veloso, Ognjen Vukojević, Aleksandar Dragovic, Jeremain Lens, Roman Bezus, Andriy Yarmolenko (46 Ideye Brown), Oleh Gusev (76 Domagoj Vida), Benoît Trémoulinas, Yevhen Khacheridi, Dieumerci Mbokani (46 Dudu). Coach: Oleh Blokhin
FC AKTOBE: Andrei Sidelnikov, Alexei Muldarov (58 Andrei Kharabara), Petr Badlo, Sergei Davydov (58 Sergei Lisenkov), Marat Khayrullin, Robert Primus, Robert Arzumanyan, Askhat Tagybergen, Alexander Geynrikh, Timur Kapadze (72 Sergei Gridin), Aldan Baltaev.
Coach: Vladimir Nikitenko
Yellow Card: Aleksandar Dragovic (37) / Alexei Muldarov (51), Petr Badlo (81).
Goals: Jeremain Lens (9), Roman Bezus (30), Dieumerci Mbokani (36), Ideye Brown (52 pen), Oleh Gusev (73) / Alexander Geynrikh (37 pen)

SWANSEA CITY FC – FC PETROLUL PLOIEŞTI 5-1 (3-0)
Liberty Stadium, Swansea    22.08.2013    Hour: 19:05
Referees: Sergei Karasev, Tikhon Kalugin, Anton Averianov (RUS)    Attendance: 12,590
SWANSEA: Michel Vorm, Neil Taylor, Chico, Ashley Williams (71 Jordi Amat), Leon Britton, Jonjo Shelvey (69 Jonathan De Guzmán), Michu, Wilfried Bony, Pablo Hernández, Wayne Routledge (60 Alejandro Pozuelo), Àngel Rangel. Coach: Michael Laudrup
PETROLUL: Peterson Peçanha, Geraldo Alves, Sony Mustivar, Gheorghe Grozav, Damien Boudjemaa (57 Njongo Priso), Hamza Younès (58 Ferebory Doré), Ovidiu Hoban (46 Abel Camará), Alexandru Benga, Guilherme, Sebastian Achim, Filipe Teixeira. Coach: Cosmin Contra
Yellow Card: Geraldo Alves (69).
Goals: Wayne Routledge (14, 25), Michu (22), Wilfried Bony (59), Alejandro Pozuelo (70) / Gheorghe Grozav (87)

FC PETROLUL PLOIEŞTI – SWANSEA CITY FC 2-1 (0-0)
Ilie Oană, Ploieşti    29.08.2013    Hour: 20:30
Referees: Michael Koukoulakis, Dimitrios Saraidaris, Christos Baltas (GRE)    Attendance: 12,880
PETROLUL: Mircea Bornescu, Jean Sony Alcenat, Geraldo Alves, Sony Mustivar (66 Romário), Damien Boudjemaa, Hamza Younès, Ovidiu Hoban, Njongo Priso, Guilherme, Pablo De Lucas (46 Abel Camará), Ferebory Doré (46 Filipe Teixeira). Coach: Cosmin Contra
SWANSEA: Gerhard Tremmel, Jordi Amat, Chico, Leon Britton, Michu (77 José Cañas), Pablo Hernández (67 Roland Lamah), Jonathan De Guzmán (61 Ki Sung-Yong), Àngel Rangel, Alejandro Pozuelo, Ben Davies, Rory Donnelly. Coach: Michael Laudrup
Yellow Card: Sony Mustivar (12), Njongo Priso (14) /
    Jordi Amat (45+1), Gerhard Tremmel (54), Leon Britton (70), Alejandro Pozuelo (84).
Red Card: Leon Britton (87).
Goals: Njongo Priso (73), Hamza Younès (83) / Roland Lamah (74)

ATROMITOS FC PERISTERI – AZ ALKMAAR 1-3 (0-0)
Peristeri, Athina    22.08.2013    Hour: 19:30
Referees: David Fernández Borbalán, Juan Yuste, Jorge Canelo Prieto (ESP)    Attendance: 8,500
ATROMITOS FC PERISTERI: Michalis Sifakis, Sokratis Fitanidis, Thanassis Karagounis (61 Stefano Napoleoni), Dimitris Papadopoulos, Vangelis Nastos, Panagiotis Ballas (84 Tasos Karamanos), Kostas Giannoulis, Elini Dimoutsos (70 Eduardo Brito), Javier Umbides, Nikos Lazaridis, Pitu. Coach: Georgios Paraschos
AZ: Esteban, Mattias Johansson, Nick Viergever, Jóhann Gudmundsson, Nemanja Gudelj, Viktor Elm (71 Willie Overtoom), Markus Henriksen, Aron Jóhannsson (90+2 Steven Berghuis), Roy Beerens (86 Maarten Martens), Jeffrey Gouweleeuw, Jan Wuytens. Coach: Gertjan Verbeek
Yellow Card: Sokratis Fitanidis (46), Kostas Giannoulis (65) /
    Nick Viergever (7), Esteban (76), Willie Overtoom (89).
Goals: Dimitris Papadopoulos (76 pen) / Jóhann Gudmundsson (51, 90+3), Aron Jóhannsson (73)

AZ ALKMAAR – ATROMITOS FC PERISTERI 0-2 (0-0)
AFAS Stadion, Alkmaar    29.08.2013 & 30.08.2013    Hour: 19:00 / 11:00
Referees: Antony Gautier, Guillaume Debart, Frédéric Haquette (FRA)    Attendance: 11,569
AZ: Esteban, Mattias Johansson, Nick Viergever, Jóhann Gudmundsson, Nemanja Gudelj, Viktor Elm, Markus Henriksen, Aron Jóhannsson (53 Steven Berghuis), Roy Beerens, Jeffrey Gouweleeuw, Jan Wuytens. Coach: Gertjan Verbeek
ATROMITOS FC PERISTERI: Luigi Cennamo, Stathis Tavlaridis (84 Eduardo Brito), Sokratis Fitanidis, Stefano Napoleoni, Thanassis Karagounis, Dimitris Papadopoulos, Matias Iglesias, Kostas Giannoulis, Javier Umbides, Nikos Lazaridis, Pitu. Coach: Georgios Paraschos
Yellow Card: Esteban (19), Jeffrey Gouweleeuw (55) / Matias Iglesias (76), Pitu (84).
Red Card: Markus Henriksen (2).
Goals: Dimitris Papadopoulos (53), Thanassis Karagounis (75)
3-3 on aggregate. AZ Alkmaar won on the away goals rule. The match was abandoned after 59 minutes due to a fire at the stadium, and was resumed on 30th August 2013, kick-off at 11:00am, from the point of abandonment.

FH HAFNARFJÖRDUR – KRC GENK 0-2 (0-1)
Kaplakrikavöllur, Hafnarfjördur   22.08.2013   Hour: 18:00
Referees: Pawel Gil, Piotr Sadczuk, Marcin Borkowski (POL)   Hour: 2,400
FH HAFNARFJÖRDUR: Róbert Óskarsson, Sam Tillen, Freyr Bjarnason, Pétur Vidarsson, Björn Sverrisson, Atli Gudnason (81 Albert Brynjar Ingason), Kristjan Gauti Emilsson (62 Atli Björnsson), Jón Jónsson, Davíd Vidarsson, Ólafur Snorrason (69 Emil Palsson), Brynjar Gudmundsson. Coach: Heimir Gudjónsson
KRC GENK: László Köteles, Serigne Mbodji, Kalidou Koulibaly, Jelle Vossen, Julien Gorius, Brian Hamalainen, Fabien Camus (83 Anthony Limbombe), Anele Ngongca, Thomas Buffel, Bennard Kumordzi, Ilombe Mboyo (73 Benjamin De Ceulaer). Coach: Mario Been
Yellow Card: Pétur Vidarsson (37), Brynjar Gudmundsson (73) /
   Bennard Kumordzi (5), Benjamin De Ceulaer (75), Serigne Mbodji (87).
Goals: Jelle Vossen (44), Sam Tillen (79 og)

KRC GENK – FH HAFNARFJÖRDUR 5-2 (1-1)
KRC Genk Arena, Genk   29.08.2013   Hour: 20:00
Referees: Leontios Trattou, Michael Soteriou, Aristides Christou (CYP)   Attendance: 7,285
KRC GENK: László Köteles, Serigne Mbodji, Kalidou Koulibaly, Khaleem Hyland, Jelle Vossen, Julien Gorius (79 Bennard Kumordzi), Brian Hamalainen, Fabien Camus, Jeroen Simaeys, Thomas Buffel (59 Siebe Schrijvers), Benjamin De Ceulaer (17 Anthony Limbombe). Coach: Mario Been
FH HAFNARFJÖRDUR: Róbert Óskarsson, Sam Tillen, Freyr Bjarnason, Ingimundur Niels Óskarsson (60 Emil Palsson), Björn Sverrisson, Kristjan Gauti Emilsson (60 Atli Gudnason), Gudmann Thorisson, Jón Jónsson, Atli Björnsson (70 Albert Brynjar Ingason), Davíd Vidarsson, Ólafur Snorrason. Coach: Heimir Gudjónsson
Yellow Card: Gudmann Thorisson (11).
Goals: Jelle Vossen (5), Serigne Mbodji (52), Anthony Limbombe (57), Fabien Camus (59, 78) /
   Ólafur Snorrason (27), Björn Sverrisson (48)

IF ELFSBORG BORÅS – FC NORDSJÆLLAND 1-1 (0-1)
Borås Arena, Boras 22.08.2013   Hour: 20:00
Referees: Fernando Teixeira, Victoriano Diaz Casado, Manuel Torre (ESP)   Attendance: 5,330
IF ELFSBORG BORÅS: Kevin Stuhr-Ellegaard, Jon Jönsson, Johan Larsson, Anders Svensson, Daniel Mobaeck, Andreas Klarström, Mohamed Bangura (72 James Keene), Niklas Hult, Stefan Ishizaki, Marcus Rohdén, Mikkel Beckmann (89 Viktor Claesson). Coach: Jörgen Lennartsson
FC NORDSJÆLLAND: Martin Hansen, Michael Jakobsen, Anders Christiansen (71 Kristian Lindberg), Lasse Petry, Nicolai Stokholm, Patrick Mtiliga, Martin Vingaard, Morten Nordstrand (63 Emiliano Hansen), Jens Stryger Larsen (85 Pascal Gregor), Ivan Runje, Mario Tičinović.
Coach: Kasper Hjulmand
Yellow Card: Jon Jönsson (55), Andreas Klarström (56), Johan Larsson (75), Niklas Hult (87) /
   Lasse Petry (50), Emiliano Hansen (84).
Goals: Johan Larsson (74) / Morten Nordstrand (34)

FC NORDSJÆLLAND – IF ELFSBORG BORÅS 0-1 (0-0)
Farum Park – Farum 29.08.2013   Hour: 18:00
Referees: Felix Zwayer, Markus Häcker, Marcel Pelgrim (GER)   Attendance: 4,621
FC NORDSJÆLLAND: Martin Hansen, Michael Jakobsen, Anders Christiansen, Lasse Petry (82 Bassel Jradi), Nicolai Stokholm, Patrick Mtiliga, Martin Vingaard (82 Mikkel Jensen), Morten Nordstrand, Jens Stryger Larsen (60 Kristian Lindberg), Ivan Runje, Mario Tičinović.
Coach: Kasper Hjulmand
IF ELFSBORG BORÅS: Kevin Stuhr-Ellegaard, Jon Jönsson (33 Sebastian Holmen), Johan Larsson, Anders Svensson, Lasse Nilsson, Daniel Mobaeck, James Keene (46 Mikkel Beckmann), Andreas Klarström, Henning Hauger, Niklas Hult, Stefan Ishizaki (79 Joachim Jørgensen).
Coach: Jörgen Lennartsson
Yellow Card: Martin Vingaard (43), Anders Christiansen (45), Nicolai Stokholm (69), Patrick Mtiliga (90), Mario Tičinović (90+2) / James Keene (9), Lasse Nilsson (79), M. Beckmann (84).
Goal: Mikkel Beckmann (71)

SEVILLA FC – WKS ŚLĄSK WROCŁAW 4-1 (1-1)
Estadio Ramón Sánchez Pizjuán, Seville   22.08.2013   Hour: 21:30
Referees: Manuel Gräfe, Thorsten Schiffner, Jan Seidel (GER)   Attendance: 16,758
SEVILLA: Beto, Federico Fazio, Fernando Navarro, Diogo Figueiras, Marko Marin, Ivan Rakitić, Bryan Rabello (75 Diego Perotti), Alberto Moreno, Kevin Gameiro, Geoffrey Kondogbia (15 Vicente Iborra), Jairo Samperio (62 Carlos Bacca). Coach: Unai Emery
ŚLĄSK: Rafal Gikiewicz, Krzysztof Ostrowski (77 Oded Gavish), Adam Kokoszka, Waldemar Sobota, Sebino Plaku (58 Amir Spahić), Sebastian Mila, Dudu, Dalibor Stevanović (79 Tomasz Hołota), Mariusz Pawelec, Marco Paixão, Przemysław Kaźmierczak. Coach: Stanislav Levý
Yellow Card: Jairo Samperio (26), Marko Marin (33), Diogo Figueiras (75) /
   Marco Paixão (27), Dalibor Stevanović (35), Sebino Plaku (49), Amir Spahić (90+3).
Red Card: Dudu (55).
Goals: Ivan Rakitić (36), Marko Marin (67, 89), Kevin Gameiro (85) / Marco Paixão (16)


WKS ŚLĄSK WROCŁAW – SEVILLA FC 0-5 (0-2)
Municipal Stadium, Wrocław   29.08.2013   Hour: 20:45
Referees: Fırat Aydınus, Serkan Ok, Alek Tascioglu (TUR)   Attendance: 41,995
ŚLĄSK: Rafal Gikiewicz, Krzysztof Ostrowski, Adam Kokoszka, Amir Spahić (46 Jakub Wiezik), Waldemar Sobota, Tomasz Hołota, Sebino Plaku, Sylwester Patejuk (72 Tadeusz Socha), Sebastian Mila, Mariusz Pawelec (70 Oded Gavish), Przemysław Kaźmierczak. Coach: Stanislav Levý
SEVILLA: Beto, Fernando Navarro (48 Israel), Cala, Diogo Figueiras, Carlos Bacca, Ivan Rakitić (57 Antonio Cotán), Vicente Iborra, Bryan Rabello (63 Diego Perotti), Alberto Moreno, Víctor Machín, Jairo Samperio. Coach: Unai Emery
Yellow Card: Adam Kokoszka (80), Sebino Plaku (89).
Goals: Ivan Rakitić (22), Carlos Bacca (38, 87), Jairo Samperio (71), Diego Perotti (78)


QARABAĞ FK BAKU – EINTRACHT FRANKFURT 0-2 (0-1)
Tofig Bahramov Republican stadium, Baku   22.08.2013   Hour: 21:00
Referees: Szymon Marciniak, Paweł Sokolnicki, Tomasz Listkiewicz (POL)   Attendance: 30.500
QARABAĞ FK BAKU: Miro Varvodić, Qara Qarayev (61 Namig Yusifov), Maksim Medvedev, Muarem Muarem (68 Vüqar Nadirov), Nikoloz Gelashvili (62 Ulrich Kapolongo), Rashad F. Sadygov, Leroy George, Richard Almeida, Admir Teli, Ansi Agolli, Chumbinho.
Coach: Gurban Gurbanov
EINTRACHT: Kevin Trapp, Carlos Zambrano, Bastian Oczipka, Takashi Inui (69 Martin Lanig), Srdjan Lakić, Alexander Meier, Stefan Aigner, Johannes Flum (80 Marco Russ), Sebastian Rode (84 Constant Djakpa), Stefano Celozzi, Anderson Bamba. Coach: Armin Veh
Yellow Card: Ansi Agolli (45) / Johannes Flum (17), Takashi Inui (35), Martin Lanig (76).
Goals: Alexander Meier (6, 75)


EINTRACHT FRANKFURT – QARABAĞ FK BAKU 2-1 (1-0)
Commerzbank Arena, Frankfurt am Main   29.08.2013   Hour: 20:30
Referees: Duarte Gomes, Venâncio Tomé, Luis Campos (POR)   Attendance: 47,000
EINTRACHT: Kevin Trapp, Carlos Zambrano, Bastian Oczipka, Takashi Inui, Alexander Meier (70 Joselu), Stefan Aigner, Johannes Flum, Sebastian Rode (63 Marco Russ), Stefano Celozzi, Anderson Bamba, Pirmin Schwegler (63 Jan Rosenthal). Coach: Armin Veh
QARABAĞ FK BAKU: Miro Varvodić, Maksim Medvedev, Namig Yusifov (67 Qara Qarayev), Nikoloz Gelashvili (82 Ulrich Kapolongo), Rashad F. Sadygov, Leroy George, Vüqar Nadirov (56 Reynaldo), Richard Almeida, Admir Teli, Ansi Agolli, Chumbinho. Coach: Gurban Gurbanov
Yellow Card: Maksim Medvedev (62), Richard Almeida (72).
Goals: Alexander Meier (10), Takashi Inui (75) / Reynaldo (58)

FC MINSK – ROYAL STANDARD de LIÈGE 0-2 (0-0)
Neman, Grodno    22.08.2013    Hour: 19:30
Referees: István Vad, Istvan Albert, Peter Berettyán (HUN)    Attendance: 2,467
MINSK: Vladimir Bushma, Roman Begunov, Aleksandr Sverchinski, Andrei Razin (40 Sergei Kozeka), Roman Vasilyuk (87 Aleksandr Makas), Aleksandr Sachivko, Dmitri Gorbushin, Ivan Maevski, Miloš Rnić, Serhiy Rozhok, Vital Kibuk (79 Yuri Ostroukh).
Coach: Vadzim Skrypchanka
STANDARD: Eiji Kawashima, Daniel Opare, Igor De Camargo (69 David Biton), Frédéric Bulot, Julien De Sart, Michy Batshuayi (79 Imoh Ezekiel), Tal Ben Haim I, Dino Arslanagic, Jelle Van Damme, Paul-José Mpoku (59 Bia Mujangi), Ibrahima Cisse. Coach: Guy Luzon
Yellow Card: Aleksandr Sverchinski (15), Miloš Rnić (41), Vital Kibuk (54) /
        Paul-José Mpoku (55), Michy Batshuayi (60).
Red Card: Aleksandr Sverchinski (36).
Goals: Michy Batshuayi (56), Frédéric Bulot (82)


ROYAL STANDARD de LIÈGE – FC MINSK 3-1 (3-1)
Stade Maurice Dufrasne, Liège    29.08.2013    Hour: 20:30
Referees: Simon Lee Evans, Edward King, John Bryn Roberts (WAL)    Attendance: 25,684
STANDARD: Eiji Kawashima, Alessandro Iandoli, Daniel Opare, Reza Ghoochanneijhad, Igor De Camargo (85 Ibrahima Cisse), Julien De Sart, Tal Ben Haim I, Dino Arslanagic, Paul-José Mpoku (66 Frédéric Bulot), Bia Mujangi, Alpaslan Ozturk (62 François Marquet). Coach: Guy Luzon
MINSK: Vladimir Bushma, Roman Begunov, Yuri Ostroukh, Sergei Pushnyakov (71 Sergei Kozeka), Roman Vasilyuk, Aleksandr Sachivko, Dmitri Gorbushin (66 Oleg Evdokimov), Aleksei Belevich (45 Serhiy Rozhok), Ivan Maevski, Vital Kibuk, Nikita Bukatkin.
Coach: Vadzim Skrypchanka
Yellow Card: Paul-José Mpoku (42) / Roman Begunov (12), Dmitri Gorbushin (17).
Goals: Paul-José Mpoku (3), Igor De Camargo (6), Bia Mujangi (35) / Vital Kibuk (8)


FK BAUMIT JABLONEC – REAL BETIS BALOMPIÉ 1-2 (1-1)
Chance Arena, Jablonec nad Nisou    22.08.2013    Hour: 18:00
Referees: Alexandru Dan Tudor, Cristian Nica, Aurel Onița (ROM)    Attendance: 5,850
JABLONEC: Michal Špit, Marek Kysela, Filip Novák, Jan Kopic (84 Tomáš Jablonský), Karel Piták (89 Jan Vošahlík), Pavel Eliáš, Luboš Loučka, Michael Hubník, Tomáš Čížek (74 Lukáš Třešňák), Vít Beneš, Ondřej Vaněk. Coach: Roman Skuhravý
BETIS: Guillermo Sara, Paulão, Álvaro Vadillo (67 Chuli), Joan Verdú, Damien Perquis, Markus Steinhöfer, Jorge Molina (80 Juan Carlos), Nosa, Cedric, Nacho, Xavi Torres (70 Javier Matilla). Coach: Pepe Mel
Yellow Card: Jan Kopic (31), Filip Novák (78), Karel Piták (79) / Cedric (41).
Goals: Jan Kopic (43) / Jorge Molina (21), Cedric (86)


REAL BETIS BALOMPIÉ – FK BAUMIT JABLONEC 6-0 (2-0)
Benito Villamarín, Sevilla    29.08.2013    Hour: 21:30
Referees: Aleksei Nikolaev, Oleg Tselovalnikov, Dmitri Mosyakin (RUS)    Attendance: 27,371
BETIS: Stephan Andersen, Francisco Chica, Antonio Amaya, Javier Matilla, Jordi, Juanfran, Salvador Sevilla, Jorge Molina (59 Brian Rodríguez), Nacho (74 Chuli), Rubén Castro (52 Cedric), Xavi Torres. Coach: Pepe Mel
JABLONEC: Michal Špit, Filip Novák, Daniel Rossi, Karel Piták (74 Vojtěch Kubista), Pavel Eliáš, Luboš Loučka, Jan Vošahlík (46 Jan Kopic), Michael Hubník, Tomáš Čížek (46 Lukáš Třešňák), Vít Beneš, Ondřej Vaněk. Coach: Roman Skuhravý
Goals: Rubén Castro (18), Vít Beneš (28 og), Javier Matilla (50), Jorge Molina (57), Brian Rodríguez (73), Xavi Torres (81)

HNK RIJEKA – VfB STUTTGART 2-1 (0-0)
Kantrida, Rijeka    22.08.2013    Hour: 20:30
Referees: Bas Nijhuis, Rob van de Ven, Charles Schaap (NED)    Attendance: 10,000
RIJEKA: Ivan Vargić, Matija Škarabot (77 Ivan Boras), Mehmed Alispahić (69 Nikola Pokrivač), Ivan Tomečak, Marko Lešković, Leon Benko, Zoran Kvržić, Damir Zlomislić, Luka Marić, Mate Maleš, Anas Sharbini (61 Ivan Močinić). Coach: Matjaž Kek
STUTTGART: Sven Ulreich, Gotoku Sakai, Daniel Schwaab, Martin Harnik (84 Mohammed Abdellaoue), Moritz Leitner, Vedad Ibišević, Arthur Boka, Cacau (69 Alexandru Maxim), Christian Gentner, Cristian Molinaro, Antonio Rüdiger. Coach: Bruno Labbadia
Yellow Card: Zoran Kvržić (57) / Cacau (49).
Goals: Leon Benko (74), Zoran Kvržić (87) / Vedad Ibišević (89)


VfB STUTTGART – HNK RIJEKA 2-2 (1-1)
VfB Arena, Stuttgart    29.08.2013    Hour: 18:00
Referees: Martin Hansson, Fredrik Nilsson, Joakim Flink (SWE)    Attendance: 30,200
STUTTGART: Sven Ulreich, Daniel Schwaab, William Kvist, Martin Harnik (56 Timo Werner), Vedad Ibišević, Benedikt Röcker, Arthur Boka, Ibrahima Traoré, Cacau (73 Mohammed Abdellaoue), Christian Gentner, Antonio Rüdiger. Coach: Thomas Schneider
RIJEKA: Ivan Vargić, Matija Škarabot, Mehmed Alispahić (67 Ivan Močinić), Ivan Tomečak, Marko Lešković, Leon Benko, Zoran Kvržić (90+5 Ivan Krstanović), Luka Marić, Mate Maleš, Nikola Pokrivač, Anas Sharbini (70 Goran Mujanović). Coach: Matjaž Kek
Yellow Card: Christian Gentner (73) /
            Mate Maleš (40), Ivan Tomečak (56), Nikola Pokrivač (88), Goran Mujanović (90+4).
Goals: Christian Gentner (34), Luka Marić (75 og) / Leon Benko (30), Goran Mujanović (90+4)


FC CHORNOMORETS ODESA – KF SKËNDERBEU KORÇË 1-0 (0-0)
Chornomorets, Odesa    22.08.2013    Hour: 21:30
Referees: Anastassios Kakos, Dimitris Tatsis, Michael Karsiotis (GRE)    Attendance: 34,000
CHORNOMORETS: Dmytro Bezotosnyi, Markus Berger, Kyrylo Kovalchuk, Olexiy Gai, Sergei Samodin (73 Volodymyr Priyomov), Franck Dja Djedje (79 Leo), Pablo Fontanello, Anderson Mineiro, Olexiy Antonov (84 Anatoliy Didenko), Pavlo Kutas, Sito Riera.
Coach: Roman Grygorchuk
KF SKËNDERBEU KORÇË: Orges Shehi, Renato Arapi, Nurudeen Orelesi, Gjergj Muzaka (71 Leonit Abazi), Bakary Nimaga (65 Erbim Fagu), Ademir, Željko Tomić (90 Ditmar Bicaj), Andi Riba, Marko Radaš, Ivan Gvozdenović, Sabien Lilaj. Coach: Mirel Joca
Yellow Card: Ademir (37).
Goal: Olexiy Gai (75)


KF SKËNDERBEU KORÇË – FC CHORNOMORETS ODESA 1-0 (1-0)    (AET)    6-7 penalties
Stadiumi Kombëtar Qemal Stafa, Tirana    29.08.2013    Hour: 20:00    Attendance: 7,500
Referees: Antonio Mateu Lahoz, Pau Cebrian Devis, Jon Nunez Fernandez (ESP)
KF SKËNDERBEU KORÇË: Orges Shehi, Renato Arapi, Nurudeen Orelesi, Mario Morina (74 Leonit Abazi), Blendi Shkëmbi, Gjergj Muzaka (85 Bakary Nimaga), Ademir (84 Ditmar Bicaj), Andi Riba, Marko Radaš, Ivan Gvozdenović, Sabien Lilaj. Coach: Mirel Joca
CHORNOMORETS: Dmytro Bezotosnyi, Markus Berger, Kyrylo Kovalchuk, Olexiy Gai, Sergei Samodin, Franck Dja Djedje (79 Volodymyr Priyomov), Pablo Fontanello, Anderson Mineiro, Olexiy Antonov (110 Anatoliy Didenko), Pavlo Kutas, Sito Riera (36 Leo).
Coach: Roman Grygorchuk
Yellow Card: Marko Radaš (49), Sabien Lilaj (60), Bakary Nimaga (90) / Olexiy Antonov (89).
Goal: Andi Riba (19)
Penalties: 1-0 Shkëmbi, 1-1 Didenko, Radaš, 1-2 Fontanello, 2-2 Ribaj, 2-3 Kutas, 3-3 Shehi, 3-4 Gai, 4-4 Gvozdenović, Leo Matos, 5-4 Bicaj, 5-5 Samodin, 6-5 Lilaj, 6-6 Anderson Mineiro, Orelesi, Kovalchuk, Nimaga, 6-7 Priyomov

FC ST. GALLEN – FC SPARTAK MOSKVA 1-1 (0-1)
Arena St. Gallen, St. Gallen    22.08.2013    Hour: 19:00
Referees: Ovidiu Haţegan, Miklos Istvan Nagy, Octavian Şovre (ROM)    Attendance: 18,000
ST. GALLEN: Daniel Lopar, Philippe Montandon, Kristian Nushi (63 Sébastien Wüthrich), Stéphane Nater, Goran Karanovic (66 Alhassane Keita), Stéphane Besle, Mario Mutsch, Marco Mathys, Ermir Lenjani, Dejan Janjatovic, Roberto Rodriguez (79 Matías Vitkieviez).
Coach: Jeff Saibene
FC SPARTAK MOSKVA: Sergei Pesyakov, Juan Insaurralde, Tino Costa (74 Marek Suchý), Rafael Carioca, Kirill Kombarov, Yura Movsisyan (57 Lucas Barrios), Pavel Yakovlev, Diniyar Bilyaletdinov, Evgeni Makeev, Artem Timofeev (46 Denis Glushakov), Vyacheslav Krotov.
Coach: Valeri Karpin
Yellow Card: Dejan Janjatovic (20), Mario Mutsch (48), Kristian Nushi (59) /
    Artem Timofeev (13), Lucas Barrios (73), Rafael Carioca (78).
Goals: Marco Mathys (47) / Yura Movsisyan (37)


FC SPARTAK MOSKVA – FC ST. GALLEN 2-4 (1-3)
Arena Khimki, Moskva    29.08.2013    Hour: 19:00
Referees: Danny Makkelie, Angelo Boonman, Patrick Langkamp (NED)    Attendance: 8,134
SPARTAK: Sergei Pesyakov, Sergei Parshivlyuk, Tino Costa (77 Kim Källström), Rafael Carioca, Lucas Barrios (55 Pavel Yakovlev), Aras Ozbiliz, Marek Suchý, José Manuel Jurado, Dmitri Kombarov, Majeed Waris (46 Yura Movsisyan), Evgeni Makeev. Coach: Valeri Karpin
ST. GALLEN: Daniel Lopar, Philippe Montandon, Stéphane Nater (68 Mano Schönenberges), Goran Karanovic (71 Alhassane Keita), Stéphane Besle, Matías Vitkieviez (77 Ivan Martić), Mario Mutsch, Marco Mathys, Ermir Lenjani, Dejan Janjatovic, Roberto Rodriguez. Coach: Jeff Saibene
Yellow Card: Marek Suchý (56), Aras Ozbiliz (70) / Mario Mutsch (41).
Goals: Aras Ozbiliz (1), Yura Movsisyan (83) /
    Goran Karanovic (17, 32), Roberto Rodriguez (36), Dejan Janjatovic (88)


FK KUKËSI – TRABZONSPOR 0-2 (0-1)
Stadiumi Kombëtar Qemal Stafa, Tirana    22.08.2013    Hour: 19:30
Referees: Stanislav Todorov, Veselin Dobriyanov, Georgi Slavov (BUL)    Attendance: 10,000
KUKËSI: Argent Halili, Julian Brahja, Gerhard Progni, Lazar Popović (78 Enkel Alikaj), Rahman Hallaçi, Igli Allmuça (63 Sokol Cikalleshi), Yll Hoxha, Erando Karabeci, Roland Peqini (46 Dritan Smajlaj), Besar Musolli, Renato Malota. Coach: Armando Cungu
TRABZONSPOR: Onur Kıvrak, Aykut Demir, Volkan Şen (89 Alanzinho), Soner Aydoğdu (90+2 Yusuf Erdoğan), Adrian Mierzejewski (82 Batuhan Karadeniz), Paulo Henrique, Didier Zokora, Aykut Akgün, Mustafa Yumlu, Zeki Yavru, Olcan Adın. Coach: Mustafa Akçay
Yellow Card: Rahman Hallaçi (37), Dritan Smajlaj (52) /
    Zeki Yavru (37), Paulo Henrique (47), Mustafa Yumlu (80).
Goals: Adrian Mierzejewski (31 pen), Paulo Henrique (68)


TRABZONSPOR – FK KUKËSI 3-1 (1-1)
Hüseyin Avni Aker Stadyumu, Trabzon    29.08.2013    Hour: 19:30
Referees: Libor Kovařik, Krystof Mencl, Jiří Moláček (CZE)    Attendance: 23,500
TRABZONSPOR: Onur Kıvrak, Aykut Demir, Adrian Mierzejewski (77 Alanzinho), Paulo Henrique, Florent Malouda (87 Abdülkadir Özdemir), Didier Zokora, Aykut Akgün, Giray Kaçar, Yusuf Erdoğan (60 Batuhan Karadeniz), Zeki Yavru, Olcan Adın. Coach: Mustafa Akçay
KUKËSI: Argent Halili, Julian Brahja, Dritan Smajlaj, Gerhard Progni (83 Enco Malindi), Lazar Popović, Rahman Hallaçi, Igli Allmuça (68 Sokol Cikalleshi), Yll Hoxha (60 Gentian Manuka), Erando Karabeci, Besar Musolli, Renato Malota. Coach: Armando Cungu
Yellow Card: Batuhan Karadeniz (83) / Lazar Popović (77).
Goals: Paulo Henrique (14, 64), Florent Malouda (54) / Lazar Popović (11)

ESBJERG fB – AS SAINT-ÉTIENNE 4-3 (1-2)
Sport og Event Park Esbjerg, Esbjerg    22.08.2013    Hour: 19:00
Referees: Bobby Madden, Alasdair Ross, David Mcgeachie (SCO)    Attendance: 11,478
ESBJERG: Frederik Rønnow, Kian Hansen, Peter Ankersen, Davidson Drobo-Ampem, Magnus Lekven (90+2 Jens Berthel Askou), Mick Van Buren, Emil Lyng (61 Jesper Rasmussen), Jakob Ankersen, Hans Henrik Andreasen, Jonas Knudsen, Pape Paté Diouf. Coach: Niels Frederiksen
SAINT-ÉTIENNE: Stéphane Ruffier, Kurt Zouma, Franck Tabanou (84 Ibrahim Sissoko), Jérémy Clément (68 Renaud Cohade), Brandão, Fabien Lemoine, Joshua Guilavogui, Jonathan Brison, Romain Hamouma, Loïc Perrin, François Clerc. Coach: Christophe Galtier
Goals: Peter Ankersen (26, 80), Mick Van Buren (64), Hans Henrik Andreasen (75) /
       Franck Tabanou (22), Romain Hamouma (42), Loïc Perrin (70)


AS SAINT-ÉTIENNE – ESBJERG fB 0-1 (0-0)
Geoffroy-Guichard, Saint-Étienne    29.08.2013    Hour: 19:00    Attendance: 24,321
Referees: Vladislav Bezborodov, Nikolai Golubev, Vyacheslav Semenov (RUS)
SAINT-ÉTIENNE: Stéphane Ruffier, Kurt Zouma, Franck Tabanou (77 Allan Saint-Maximin), Brandão, Renaud Cohade (79 Benjamin Corgnet), Fabien Lemoine (86 Jean-Pascal Mignot), Joshua Guilavogui, Romain Hamouma, Loïc Perrin, Moustapha Bayal Sall, François Clerc.
Coach: Christophe Galtier
ESBJERG: Frederik Rønnow, Kian Hansen, Peter Ankersen, Magnus Lekven (89 Davidson Drobo-Ampem), Mick Van Buren (87 Martin Bergvold), Emil Lyng, Jakob Ankersen, Hans Henrik Andreasen, Jonas Knudsen, Pape Paté Diouf (70 Jesper Rasmussen), Jens Berthel Askou.
Coach: Niels Frederiksen
Yellow Card: Fabien Lemoine (62), Brandão (74), Kurt Zouma (79) /
       Peter Ankersen (8), Kian Hansen (51), Frederik Rønnow (90+3).
Goal: Bayal Sall (73 og)


MACCABI HAIFA FC – FC ASTRA GIURGIU 2-0 (1-0)
Itztadion Kiryat Eliezer, Haifa    22.08.2013    Hour: 19:30
Referees: Kevin Blom, Berry Simons, Hessel Steegstra (NED)    Attendance: 11,900
MACCABI: Bojan Šaranov, Gustavo Boccoli, Hen Ezra, Rayo (79 Dino Ndlovu), Taleb Twatha (88 Shmuel Scheimann), Alon Turgeman (71 Eyal Golasa), Shimon Abuhazira, Yaniv Katan, Dekel Keinan, Edin Cocalić, Eyal Meshumar. Coach: Ariel Benado
ASTRA: Silviu Lung, Syam Ben Youssef, Fwayo Tembo (55 Kehinde Fatai), Constantin Budescu (77 Takayuki Seto), Júnior Morais, Vincent Laban, Marian Cristescu, Mirko Ivanovski, Andrei Mureşan, Alexandru Mățel, William Amorim (85 Gabriel Enache). Coach: Daniel Isăilă
Yellow Card: Dekel Keinan (20), Yaniv Katan (28), Eyal Meshumar (51), Gustavo Boccoli (58) /
       Júnior Morais (41), Alexandru Mățel (57).
Goals: Rayo (30), Alon Turgeman (61)


FC ASTRA GIURGIU – MACCABI HAIFA FC 1-1 (1-1)
Stadionul Ceahlăul, Piatra Neamţ    29.08.2013    Hour: 19:00
Referees: Hüseyin Göçek, Mustafa Eyisoy, Orkun Aktaş (TUR)    Attendance: 1,512
ASTRA: Silviu Lung, Gabriel Enache, Júnior Morais, Vincent Laban, Marian Cristescu, Ştefan Bărboianu, Kehinde Fatai, Mirko Ivanovski, Valerică Găman, Andrei Mureşan, William Amorim.
Coach: Daniel Isăilă
MACCABI: Bojan Šaranov, Gustavo Boccoli, Hen Ezra, Rayo, Taleb Twatha (19 Shmuel Scheimann), Alon Turgeman (61 Dino Ndlovu), Shimon Abuhazira, Yaniv Katan, Dekel Keinan, Edin Cocalić, Eyal Meshumar. Coach: Ariel Benado
Yellow Card: Kehinde Fatai (36), Marian Cristescu (47), Mirko Ivanovski (50) /
       Yaniv Katan (28), Dino Ndlovu (85), Gustavo Boccoli (86).
Goals: Valerică Găman (27) / Rayo (34)

UDINESE CALCIO – FC SLOVAN LIBEREC 1-3 (1-1)
Nereo Rocco, Trieste     22.08.2013     Hour: 20:45
Referees: Tom Harald Hagen, Dag-Roger Nebben, Magnus Lundberg (NOR)     Attendance: 10,000
UDINESE CALCIO: Ivan Kelava, Allan, Danilo, Dušan Basta, Luis Muriel, Antonio Di Natale, Maurizio Domizzi, Andrea Lazzari (63 Maicosuel), Gabriel Silva, Giampiero Pinzi (63 Piotr Zieliński), Thomas Heurtaux. Coach: Francesco Guidolin
SLOVAN: Přemysl Kovář, Renato Kelić, David Pavelka, Serhiy Rybalka, Martin Frýdek (65 Josef Šural), Isaac Sackey (84 Luboš Hušek), Ondřej Kušnír, Radoslav Kováč, Michael Rabušic, Jiří Fleišman, Dzon Delarge (90+3 Vojtěch Hadaščok). Coach: Jaroslav Šilhavý
Yellow Card: Maurizio Domizzi (56) / Dzon Delarge (38), Ondřej Kušnír (64).
Goals: Gabriel Silva (35) / Serhiy Rybalka (16), Dzon Delarge (49), Ondřej Kušnír (83)


FC SLOVAN LIBEREC – UDINESE CALCIO 1-1 (1-1)
U Nisy, Liberec     29.08.2013     Hour: 19:00
Referees: Tasos Sidiropoulos, Damianos Efthimiadis, Gagas Dimitrios (GRE)     Attendance: 9,700
SLOVAN: Přemysl Kovář, Renato Kelić, David Pavelka, Serhiy Rybalka (90 Luboš Hušek), Martin Frýdek, Isaac Sackey, Radoslav Kováč, Michael Rabušic (86 Vladyslav Kalitvintsev), Josef Šural (84 Ľuboš Kolár), Jiří Fleišman, Dzon Delarge. Coach: Jaroslav Šilhavý
UDINESE CALCIO: Ivan Kelava, Allan, Danilo, Dušan Basta, Luis Muriel, Antonio Di Natale (80 Nicolás López), Maurizio Domizzi (31 Maicosuel), Andrea Lazzari, Gabriel Silva, Roberto Pereyra, Thomas Heurtaux. Coach: Francesco Guidolin
Yellow Card: Serhiy Rybalka (50), Jiří Fleišman (68), Josef Šural (73) /
            Roberto Pereyra (55), Dušan Basta (78).
Red Card: Roberto Pereyra (71).
Goals: Dzon Delarge (23) / Andrea Lazzari (42)


FC DINAMO TBILISI – TOTTENHAM HOTSPUR FC LONDON 0-5 (0-2)
Boris Paichadze National Stadium, Tbilisi     22.08.2013     Hour: 20:00
Referees: Pol van Boekel, Davie Goossens, Bas van Dongen (NED)     Attendance: 22,500
FC DINAMO TBILISI: Giorgi Loria, Givi Kvaratskhelia, Jaba Dvali, Giorgi Merebashvili, David Khurtsilava, David Kvirkvelia, Elguja Grigalashvili, Xisco (42 Vouho), Giorgi Gvelesiani, Darko Glisic (46 Giorgi Papava), Irakli Dzaria (81 Dorin Goga). Coach: Dušan Uhrin Jr.
TOTTENHAM: Hugo Lloris, Danny Rose, Younès Kaboul, Paulinho (71 Thomas Carroll), Roberto Soldado (71 Harry Kane), Étienne Capoue, Kyle Naughton, Andros Townsend, Mousa Dembélé, Michael Dawson, Gylfi Sigurdsson (61 Nacer Chadli). Coach: André Villas-Boas
Yellow Card: Giorgi Gvelesiani (21), David Khurtsilava (30) /
            Mousa Dembélé (38), Danny Rose (60).
Goals: Andros Townsend (12), Paulinho (44), Roberto Soldado (58, 68), Danny Rose (65)


TOTTENHAM HOTSPUR FC LONDON – FC DINAMO TBILISI 3-0 (2-0)
White Hart Lane, London     29.08.2013     Hour: 20:05
Referees: Luca Banti, Nicola Nicoletti, Alessandro Costanzo (ITA)     Attendance: 26,189
TOTTENHAM: Brad Friedel, Kyle Walker (57 Ezekiel Fryers), Younès Kaboul, Jan Vertonghen, Lewis Holtby (76 Mousa Dembélé), Kyle Naughton, Andros Townsend (46 Harry Kane), Jermain Defoe, Gylfi Sigurdsson, Thomas Carroll, Sandro. Coach: André Villas-Boas
FC DINAMO TBILISI: Giorgi Loria, Givi Kvaratskhelia, Levan Khmaladze, Giorgi Merebashvili (78 David Khocholava), David Khurtsilava, David Kvirkvelia (34 Darko Glisic), Elguja Grigalashvili (86 Giorgi Seturidze), Dorin Goga, Giorgi Gvelesiani, Irakli Dzaria, Vouho.
Coach: Dušan Uhrin Jr.
Yellow Card: Sandro (16), Jermain Defoe (90) / Giorgi Merebashvili (19).
Goals: Jermain Defoe (40, 45+2), Lewis Holtby (69)

GD ESTORIL PRAIA – FC PASCHING 2-0 (2-0)
António Coimbra Da Mota, Estoril   22.08.2013   Hour: 20:30
Referees: Bülent Yıldırım, Serkan Gençerler, Ekrem Kan (TUR)   Attendance: 2,178
ESTORIL: Vagner Silva, Yohan Tavares, Bruno Miguel, Anderson Luiz, Filipe, Luís Leal (75 Sebá), João Pedro Galvão (80 Gerso Fernandes), Mano, Gonçalo Dos Santos (68 Diogo Amado), Evandro, Carlitos. Coach: Fabiano
PASCHING: Hans Peter Berger, Mark Prettenthaler, Daniel Kerschbaumer, Nacho Casanova, Marco Perchthold, Martin Grasegger, Thomas Krammer (78 Lukas Mössner), Daniel Sobkova (68 Patrick Pfennich), Stefan Petrovic, Davorin Kablar, Philipp Schobesberger (46 Ali Hamdemir). Coach: Gerald Baumgartner
Yellow Card: Bruno Miguel (70), Filipe (88), Diogo Amado (90+4) /
  Mark Prettenthaler (42), Daniel Sobkova (56), Thomas Krammer (66).
Goals: Evandro (10), Carlitos (40)


FC PASCHING – GD ESTORIL PRAIA 1-2 (0-1)
Linzer, Linz   29.08.2013   Hour: 20:30
Referees: Craig Thomson, Derek Rose, Alan Mulvanny (SCO)   Attendance: 1,350
PASCHING: Hans Peter Berger, Mark Prettenthaler, Daniel Kerschbaumer, Ali Hamdemir, Nacho Casanova, Marco Perchthold, Martin Grasegger, Thomas Krammer (59 Lukas Mössner), Daniel Sobkova (77 Patrick Pfennich), Stefan Petrovic (74 Philipp Schobesberger), Davorin Kablar. Coach: Gerald Baumgartner
ESTORIL: Vagner Silva, Yohan Tavares, Bruno Miguel, Javier Balboa, Filipe, Luís Leal (66 Bruno Lopes), João Pedro Galvão (70 Evandro), Mano, Gonçalo Dos Santos (45 Diogo Amado), Sebá, Rúben Fernandes. Coach: Gonçalo Hjosé Assentis Pedro
Yellow Card: Marco Perchthold, Daniel Kerschbaumer (47), Ali Hamdemir (80), Mark Prettenthaler (85), Patrick Pfennich (90+2) / Gonçalo Dos Santos (35).
Goals: Daniel Sobkova (57) / Luís Leal (21, 52)


NOMME KALJU FC – FC DNIPRO DNIPROPETROVSK 1-3 (0-2)
Lilleküla Stadium, Tallinn   22.08.2013   Hour: 20:00   Attendance: 2,462
Referees: Kristinn Jakobsson, Johann Gudmundsson, Gunnar Gunnarsson (ISL)
KALJU: Vitali Teleš, Jorge Rodrigues, Andres Koogas, Alo Bärengrub, Eino Puri (90+2 Jefferson Soares), Yankuba Ceesay (42 Janar Toomet), Damiano Quintieri, Allan Kimbaloula, Ken Kallaste, Vladimir Voskoboinikov (81 Tarmo Neemelo), Hidetoshi Wakui. Coach: Igor Prins
FC DNIPRO DNIPROPETROVSK: Jan Laštůvka, Vlad Alexandru, Ondřej Mazuch, Jaba Kankava, Giuliano (69 Alexander Kobakhidze), Yevhen Konoplyanka, Yevhen Seleznyov (75 Serhiy Politylo), Yevhen Cheberyachko, Roman Zozulya, Ruslan Rotan, Artem Fedetskiy.
Coach: Juande Ramos
Yellow Card: Yankuba Ceesay (22), Damiano Quintieri (36), Hidetoshi Wakui (61).
Goals: Janar Toomet (54) / Yevhen Seleznyov (23 pen), Giuliano (36), Roman Zozulya (53)


FC DNIPRO DNIPROPETROVSK – NOMME KALJU FC 2-0 (1-0)
Dnipro Arena, Dnipropetrovsk   29.08.2013   Hour: 21:30   Attendance: 12,831
Referees: Gediminas Mažeika, Vytautas Šimkus, Vladimir Gerasimov (LTU)
FC DNIPRO DNIPROPETROVSK: Denys Boyko, Vlad Alexandru, Serhiy Kravchenko, Vitaliy Mandzyuk, Denys Kulakov, Yevhen Seleznyov (53 Roman Zozulya), Yevhen Cheberyachko (46 Ucha Lobzhanidze), Alexander Kobakhidze, Douglas, Yevhen Shakhov, Serhiy Politylo.
Coach: Juande Ramos
KALJU: Vitali Teleš, Andres Koogas (7 Eino Puri), Alo Bärengrub, Jorge Rodrigues, Yankuba Ceesay, Damiano Quintieri (85 Robert Kirss), Allan Kimbaloula, Jefferson Soares, Ken Kallaste, Vladimir Voskoboinikov, Hidetoshi Wakui (55 Janar Toomet). Coach: Igor Prins
Yellow Card: Ucha Lobzhanidze (61) / Damiano Quintieri (58).
Goals: Alexander Kobakhidze (39), Roman Zozulya (70)

FK PARTIZAN BEOGRAD – FC THUN 1898 1-0 (0-0)
Partizan, Beograd   22.08.2013   Hour: 20:30
Referees: Serhiy Boiko, Olexiy Andreyev, Oleksandr Voytyuk (UKR)   Attendance: 15,000
PARTIZAN: Vladimir Stojković, Nemanja Petrović, Vojislav Stanković, Nikola Aksentijević, Saša Marković, Saša Ilić, Petar Grbić (56 Nikola Ninković), Milan Obradović, Miloš Jojić, Aleksandar Mitrović, Eric Djemba-Djemba (46 Filip Malbašić). Coach: Vuk Rašovic
THUN: Guillaume Faivre, Fulvio Sulmoni, Luca Zuffi, Michael Siegfried, Josef Martinez (78 Cássio), Marco Schneuwly (86 Berat Sadik), Dennis Hediger, Christian Schneuwly (67 Nelson Ferreira), Andreas Wittwer, Benjamin Lüthi, Sekou Sanogo Junior. Coach: Urs Fischer
Yellow Card: Nemanja Petrović (23), Nikola Ninković (85) / Marco Schneuwly (38).
Goal: Miloš Jojić (70)


FC THUN 1898 – FK PARTIZAN BEOGRAD 3-0 (1-0)
Arena Thun, Thun   29.08.2013   Hour: 20:00 CET
Referees: Daniele Orsato, Massimiliano Grilli, Matteo Passeri (ITA)   Attendance: 8,150
THUN: Guillaume Faivre, Fulvio Sulmoni, Luca Zuffi, Michael Siegfried, Marco Schneuwly (82 Berat Sadik), Dennis Hediger, Christian Schneuwly (76 Josef Martinez), Enrico Schirinzi, Andreas Wittwer (90+3 Nelson Ferreira), Benjamin Lüthi, Sekou Sanogo Junior. Coach: Urs Fischer
PARTIZAN: Vladimir Stojković, Vladimir Volkov, Vojislav Stanković, Nikola Ninković, Nikola Aksentijević, Saša Marković, Saša Ilić (64 Andrija Živković), Milan Obradović, Filip Malbašić (82 Darko Brašanac), Miloš Jojić, Aleksandar Mitrović (67 Petar Grbić). Coach: Vuk Rašovic
Yellow Card: Vladimir Volkov (67), Saša Marković (84), Milan Obradović (86).
Red Card: Nikola Aksentijević (90+1).
Goals: Christian Schneuwly (15), Marco Schneuwly (48), Luca Zuffi (75)


FC KUBAN KRASNODAR – FEYENOORD ROTTERDAM 1-0 (0-0)
Kuban, Krasnodar   22.08.2013   Hour: 20:00
Referees: Clément Turpin, Nicolas Danos, Guillaume Debart (FRA)   Attendance: 32,275
KUBAN: Aleksandr Belenov, Xandão, Ángel Dealbert, David Tsoraev, Artur Tlisov, Charles Kaboré, Gheorghe Bucur (87 Anton Sosnin), Aleksei Kozlov, Roman Bugaev, Ivelin Popov, Ibrahima Baldé (90 Djibril Cissé). Coach: Dorinel Munteanu
FEYENOORD ROTTERDAM: Erwin Mulder, Stefan de Vrij, Joris Mathijsen, Bruno Martins Indi, Jordy Clasie, Graziano Pellè, Lex Immers, Samuel Armenteros, Tonny Trindade de Vilhena (75 Ruud Vormer), Sven van Beek, Ruben Schaken (65 Elvis Manu). Coach: Ronald Koeman
Yellow Card: Popov (23), Kozlov (42), Dealbert (82) / van Beek (59)
Goal: Ibrahima Baldé (60)


FEYENOORD ROTTERDAM – FC KUBAN KRASNODAR 1-2 (1-1)
Feijenoord Stadion, Rotterdam   29.08.2013   Hour: 21:00
Referees: Michael Oliver, Michael Mullarkey, Stuart Burt (ENG)   Attendance: 45,000
FEYENOORD: Erwin Mulder, Daryl Janmaat, Stefan de Vrij, Bruno Martins Indi, Jordy Clasie (53 Ruud Vormer), Graziano Pellè, Lex Immers, Samuel Armenteros (76 Wesley Verhoek), Miguel Nelom, Tonny Trindade de Vilhena, Ruben Schaken (59 Elvis Manu). Coach: Ronald Koeman
KUBAN: Aleksandr Belenov, Xandão, Ángel Dealbert, David Tsoraev (70 Anton Sosnin), Artur Tlisov, Charles Kaboré, Gheorghe Bucur, Aleksei Kozlov, Roman Bugaev, Ivelin Popov (83 Artem Fidler), Ibrahima Baldé (90 Djibril Cissé). Coach: Dorinel Munteanu
Yellow Card: Bruno Martins Indi (44) /
           Gheorghe Bucur (41), Aleksei Kozlov (65), Roman Bugaev (68).
Goals: Graziano Pellè (7) / Ivelin Popov (19), Gheorghe Bucur (50)

FC RED BULL SALZBURG – FC ŽALGIRIS VILNIUS 5-0 (3-0)
Stadion Salzburg, Salzburg   22.08.2013   Hour: 19:00
Referees: Aleksandar Stavrev (MAC)   Attendance: 7,885
SALZBURG: Péter Gulácsi, André Ramalho, Florian Klein, Sadio Mané (78 Marco Meilinger), Stefan Ilsanker, Andreas Ulmer, Jonatan Soriano (67 Valon Berisha), Stefan Hierländer, Alan, Martin Hinteregger, Kevin Kampl (89 Christoph Leitgeb). Coach: Roger Schmidt
ŽALGIRIS: Armantas Vitkauskas, Andrius Skerla, Georgas Freidgeimas, Egidijus Vaitkūnas, Rytis Leliuga (46 Paulius Janušauskas), Pavel Kamolov, Luka Perić, Kamil Biliński, Vaidas Šilėnas (46 Serge Nyuiadzi), Artūras Žulpa, Mantas Kuklys (78 Eivinas Zagurskas). Coach: Marek Zub
Yellow Card: Skerla (17), Kamolov (69)
Goals: Jonatan Soriano (29, 37, 63), Sadio Mané (40), Martin Hinteregger (68)


FC ŽALGIRIS VILNIUS – FC RED BULL SALZBURG 0-2 (0-0)
LFF, Vilnius   29.08.2013   Hour: 21:30
Referees: Fredy Fautrel, Cyril Gringore, Nicolas Danos (FRA)   Attendance: 4,700
ŽALGIRIS: Armantas Vitkauskas, Andrius Skerla, Georgas Freidgeimas (68 Rytis Leliuga), Algis Jankauskas, Egidijus Vaitkūnas, Pavel Kamolov, Andro Švrljuga, Paulius Janušauskas, Kamil Biliński (84 Vaidas Šilėnas), Artūras Žulpa (74 Serge Nyuiadzi), Mantas Kuklys.
Coach: Marek Zub
SALZBURG: Péter Gulácsi, André Ramalho, Stefan Ilsanker, Jonatan Soriano (89 Stefan Hierländer), Kevin Kampl (66 Valon Berisha), Florian Klein, Sadio Mané (74 Yordy Reyna), Marco Meilinger, Håvard Nielsen, Rodnei, Andreas Ulmer. Coach: Roger Schmidt
Yellow Card: Andrius Skerla (20) / Stefan Ilsanker (78).
Goals: Kevin Kampl (60), Marco Meilinger (74)


MOLDE FK – FC RUBIN KAZAN 0-2 (0-1)
Molde Stadion   22.08.2013   Hour: 19:00
Referees: Alon Yefet (ISR)   Attendance: 4,384
MOLDE FK: Ørjan Nyland, Even Hovland, Joona Toivio (86 Zlatko Tripic), Daniel Hestad, Mats Møller Daehli (68 Daniel Chima), Fredrik Gulbrandsen, Jo Inge Berget (76 Agnaldo), Martin Linnes, Etzaz Hussain, Knut Olav Rindarøy, Vegard Forren. Coach: Ole Gunnar Solskjær
RUBIN: Sergei Ryzhikov, Oleg Kuzmin, Vladislav Kulik (87 Aleksandr Prudnikov), Aleksandr Ryazantsev, Dmitri Torbinski (63 Gökdeniz Karadeniz), Roman Eremenko (63 Bebras Natcho), Iván Marcano, Inal Getigezhev, César Navas, Yann M'Vila, José Rondón. Coach: Kurban Berdyev
Goals: José Rondón (21, 90)


FC RUBIN KAZAN – MOLDE FK 3-0 (1-0)
Centralniy Stadion, Kazan   29.08.2013   Hour: 19:00
Referees: Sascha Kever, Charles Helbling, Devis Dettamanti (SUI)   Attendance: 4,500
RUBIN: Sergei Ryzhikov, Oleg Kuzmin, Vladislav Kulik, Aleksandr Ryazantsev, Aleksandr Prudnikov (64 Sardar Azmoun), Dmitri Torbinski, Chris Mavinga (70 Solomon Kverkvelia), Roman Eremenko, Iván Marcano, César Navas, Bebras Natcho (64 Ruslan Abışov).
Coach: Kurban Berdyev
MOLDE FK: Orjan Haskjold, Kristoffer Vatshaug, Joona Toivio, Daniel Hestad (56 Jo Inge Berget), Magne Hoseth, Aliou Coly (56 Zlatko Tripic), Agnaldo, Knut Olav Rindarøy, Vegard Forren (65 Even Hovland), Daniel Chima, Emmanuel Ekpo. Coach: Ole Gunnar Solskjær
Yellow Card: Dmitri Torbinski (39), Chris Mavinga (63) /
          Vegard Forren (33), Agnaldo (73), Even Hovland (82).
Goals: Aleksandr Prudnikov (33), Roman Eremenko (50), Sardar Azmoun (84)

FK VOJVODINA NOVI SAD – FC SHERIFF TIRASPOL 1-1 (0-1)
Karadjordje, Novi Sad    22.08.2013    Hour: 20:30
Referee: Robert Schörgenhofer (AUS)    Attendance: 11,000
VOJVODINA: Matej Delač, Nemanja Radoja (84 Janko Tumbašević), Nikola Leković, Branislav Trajković, Enver Alivodić, Petar Škuletić, Stojan Vranjes, Mijat Gačinović (46 Simon Vukčević), Marko Poletanović (46 Andrija Kaludjerović), Miroslav Vulićević, Igor Djurić.
Coach: Marko Nikolić
SHERIFF: Vjekoslav Tomić, Ricardinho, Benjamin Balima, Marcel Metoua, Fernando, Cadu (84 William Celestino), Kobi Moyal (80 Alexandru Paşcenco), Djibril Paye, Miral Samardžić, Ismail Isa (76 Jhulliam), Henrique Luvannor. Coach: Veaceslav Rusnac
Yellow Card: Leković (28), Vranjes (70), Djurić (82) /
    Cadu (28), Luvannor (31, 42), Paye (53), Tomić (69), Isa (76)
Goals: Petar Škuletić (54) / Ismail Isa (36)


FC SHERIFF TIRASPOL – FK VOJVODINA NOVI SAD 2-1 (0-0)
Stadionul Sheriff, Tiraspol    29.08.2013    Hour: 20:00
Referees: Tony Chapron, Laurent Stien, Stephan Luzi (FRA)    Attendance: 6,939
SHERIFF: Vjekoslav Tomić, Ricardinho, Benjamin Balima, Marcel Metoua, Fernando (90+7 Alexandr Bolsacov), Kobi Moyal (76 Alexandru Paşcenco), Djibril Paye, Miral Samardžić, Ismail Isa, William Celestino, Jhulliam (90+3 Vadim Paireli). Coach: Veaceslav Rusnac
VOJVODINA: Matej Delač, Nemanja Radoja, Nikola Leković, Simon Vukčević, Branislav Trajković, Enver Alivodić, Petar Škuletić (49 Andrija Kaludjerović), Stojan Vranjes, Marko Poletanović (71 Janko Tumbašević), Miroslav Vulićević, Igor Djurić (71 Stefan Denković).
Coach: Marko Nikolić
Yellow Card: Ricardinho (42), Ismail Isa (68), Kobi Moyal (73), Benjamin Balima (90+5) /
    Marko Poletanović (32), Nemanja Radoja (37).
Goals: Jhulliam (59), Fernando (67) / Nikola Leković (90)


GRASSHOPPER CLUB ZÜRICH – ACF FIORENTINA FIRENZE 1-2 (0-1)
Letzigrund, Zurich    22.08.2013    Hour: 21:00
Referees: Matej Jug (SVN)    Attendance: 15,000
GRASSHOPPER CLUB ZÜRICH: Roman Bürki, Stéphane Grichting, Milan Vilotić, Michael Lang, Veroljub Salatic, Amir Abrashi (77 Caio), Shkelzen Gashi (57 Nassim Ben Khalifa), Izet Hajrovic (82 Frank Feltscher), Anat Ngamukol, Daniel Pavlović, Nzuzi Toko.
Coach: Michael Skibbe
FIORENTINA: Neto, Gonzalo Rodríguez, Facundo Roncaglia, Alberto Aquilani, Juan Cuadrado, Stefan Savić, Borja Valero (82 Matías Fernández), Massimo Ambrosini, Manuel Pasqual (75 Marcos Alonso), Mario Gomez, Giuseppe Rossi (67 Adem Ljajić). Coach: Vincenzo Montella
Yellow Card: Gashi (57) / Neto (87), Ambrosini (90+5)
Goals: Anat Ngamukol (64) / Juan Cuadrado (13), Stéphane Grichting (46 og)


ACF FIORENTINA FIRENZE – GRASSHOPPER CLUB ZÜRICH 0-1 (0-1)
Stadio Artemio Franchi, Firenze    29.08.2013    Hour: 21:00
Referees: Ivan Bebek, Tomislav Petrović, Miro Grgić (CRO)    Attendance: 22,227
FIORENTINA: Neto, Gonzalo Rodríguez, David Pizarro, Juan Cuadrado (46 Josip Iličić), Matías Fernández (86 Marko Bakić), Stefan Savić, Joaquín (62 Alberto Aquilani), Borja Valero, Manuel Pasqual, Mario Gomez, Nenad Tomović. Coach: Vincenzo Montella
GRASSHOPPER CLUB ZÜRICH: Roman Bürki, Stéphane Grichting, Milan Vilotić, Michael Lang, Veroljub Salatic, Amir Abrashi, Shkelzen Gashi (75 Izet Hajrovic), Nassim Ben Khalifa (84 Caio), Anat Ngamukol (84 Johan Vonlanthen), Daniel Pavlović, Nzuzi Toko.
Coach: Michael Skibbe
Yellow Card: Manuel Pasqual (59), Neto (70), Alberto Aquilani (87), Josip Iličić (90+3) /
    Daniel Pavlović (12), Amir Abrashi (45), Veroljub Salatic (59), Nzuzi Toko (90).
Goal: Nassim Ben Khalifa (41)

MACCABI TEL AVIV FC – PAOK FC THESSALONIKI cancelled

On 14th August 2013, FC Metalist Kharkiv were disqualified from all 2013-14 UEFA club competitions after being found guilty of match-fixing. UEFA decided to replace FC Metalist Kharkiv in the Champions League play-off round with PAOK FC Thessaloniki, who were eliminated by FC Metalist Kharkiv in the third qualifying round. Thus, Maccabi Tel Aviv FC, the opponent of PAOK FC Thessaloniki in the Europa League play-off round, qualified directly for the Europa League group stage.

## GROUP STAGE

## GROUP A

VALENCIA CF – SWANSEA CITY FC 0-3 (0-1)
Estadi de Mestalla, Valencia    19.09.2013    Hour: 19:00
Referees: Serge Gumienny, Frank Bleyen, Kristof Meers (BEL)    Attendance: 32,305
VALENCIA CF: Vicente Guaita, Adil Rami, Sofiane Feghouli (59 Dorlan Pabón), Hélder Postiga, Éver Banega, Javier Fuego, Andrés Guardado, Antonio Barragán, Jérémy Mathieu, Sergio Canales (66 Juan Bernat), Fede Cartabia (14 Ricardo Costa). Coach: Miroslav Djukić
SWANSEA: Michel Vorm, Jordi Amat, Chico, Michu (77 Jonjo Shelvey), Wilfried Bony, Nathan Dyer (65 Roland Lamah), Dwight Tiendalli, Jonathan De Guzmán, José Cañas, Àngel Rangel (56 Ben Davies), Alejandro Pozuelo. Coach: Michael Laudrup
Yellow Card: Javier Fuego (45+1), Éver Banega (78) / Àngel Rangel (14).
Red Card: Adil Rami (10).
Goals: Wilfried Bony (14), Michu (58), Jonathan De Guzmán (62)

FC ST. GALLEN – FC KUBAN KRASNODAR 2-0 (0-0)
Arena St. Gallen, St. Gallen    19.09.2013    Hour: 19:00
Referees: Pawel Gil, Piotr Sadczuk, Marcin Borkowski (POL)    Attendance: 12,551
ST. GALLEN: Daniel Lopar, Philippe Montandon, Goran Karanovic (86 Alhassane Keita), Stéphane Besle, Matías Vitkieviez (82 Sébastien Wüthrich), Mario Mutsch, Ivan Martić, Marco Mathys, Ermir Lenjani, Dejan Janjatovic, Roberto Rodriguez (73 Kristian Nushi). Coach: Jeff Saibene
KUBAN: Aleksandr Belenov, Xandão, Ángel Dealbert, David Tsoraev (69 Lorenzo Melgarejo), Djibril Cissé, Charles Kaboré, Gheorghe Bucur, Mohammed Rabiu (20 Artur Tlisov), Aleksei Kozlov, Roman Bugaev, Ivelin Popov (63 Ibrahima Baldé). Coach: Dorinel Munteanu
Yellow Card: Goran Karanovic (72), Matías Vitkieviez (79) /
            Aleksei Kozlov (34), Charles Kaboré (72).
Red Card: Charles Kaboré (90+3).
Goals: Dejan Karanovic (56), Marco Mathys (76)

FC KUBAN KRASNODAR – VALENCIA CF 0-2 (0-0)
Kuban, Krasnodar    03.10.2013    Hour: 20:00
Referees: Marijo Strahonja, Siniša Premužaj, Igor Krmar (CRO)    Attendance: 29,300
KUBAN: Aleksandr Belenov, Xandão, Ángel Dealbert, Artur Tlisov, Djibril Cissé (81 Ibrahima Baldé), Artem Fidler, Gonzalo Bueno (68 Gheorghe Bucur), Aleksei Kozlov, Lorenzo Melgarejo, Ivelin Popov, Arsen Khubulov (59 David Tsoraev). Coach: Dorinel Munteanu
VALENCIA CF: Vicente Guaita, Pablo Piatti (66 Paco Alcácer), Víctor Ruiz, Sofiane Feghouli, Juan Bernat, Javier Fuego, Andrés Guardado, Antonio Barragán, Ricardo Costa, Daniel Parejo (76 Oriol Romeu), Sergio Canales (59 Fede Cartabia). Coach: Miroslav Djukić
Yellow Card: Arsen Khubulov (20), Aleksei Kozlov (40), Lorenzo Melgarejo (87) /
            Daniel Parejo (43), Antonio Barragán (47).
Goals: Paco Alcácer (73), Sofiane Feghouli (81)

SWANSEA CITY FC – FC ST. GALLEN 1-0 (0-0)
Swansea Stadium   03.10.2013   Hour: 20:05
Referees: Duarte Gomes, Tiago Trigo, Venâncio Tomé (POR)   Attendance: 15,397
SWANSEA: Gerhard Tremmel, Jordi Amat, Chico, Leon Britton, Michu, Wilfried Bony (70 Álvaro Vázquez), Wayne Routledge (62 Nathan Dyer), Dwight Tiendalli, Jonathan De Guzmán, Alejandro Pozuelo (83 Jonjo Shelvey), Ben Davies. Coach: Michael Laudrup
ST. GALLEN: Daniel Lopar, Philippe Montandon (73 Daniele Russo), Goran Karanovic (46 Alhassane Keita), Stéphane Besle, Matías Vitkieviez, Mario Mutsch, Ivan Martić, Marco Mathys, Ermir Lenjani, Dejan Janjatovic, Roberto Rodriguez (62 Stéphane Nater). Coach: Jeff Saibene
Yellow Card: Ben Davies (77), Nathan Dyer (78) / Ivan Martić (78).
Goal: Wayne Routledge (52)


SWANSEA CITY FC – FC KUBAN KRASNODAR 1-1 (0-0)
Swansea Stadium   24.10.2013   Hour: 20:05   Attendance: 14,964
Referees: Kristinn Jakobsson, Sigurdur Oli Thorleifsson, Áskell Thór Gíslason (ISL)
SWANSEA: Gerhard Tremmel, Jordi Amat, Neil Taylor, Chico, Jonjo Shelvey, Michu, Wilfried Bony (59 Àngel Rangel), Nathan Dyer (77 Roland Lamah), Dwight Tiendalli (59 Álvaro Vázquez), José Cañas, Alejandro Pozuelo. Coach: Michael Laudrup
KUBAN: Aleksandr Belenov, Igor Armaş, Xandão, Djibril Cissé, Charles Kaboré, Maksim Zhavnerchik, Artem Fidler, Aleksei Kozlov, Lorenzo Melgarejo (63 Gheorghe Bucur), Ivelin Popov (76 Ibrahima Baldé), Arsen Khubulov (70 Vladislav Ignatyev). Coach: Viktor Goncharenko
Yellow Card: Dwight Tiendalli (36), Gerhard Tremmel (90+2) / Igor Armaş (42).
Goals: Michu (68) / Djibril Cissé (90+3 pen)


VALENCIA CF – FC ST. GALLEN 5-1 (4-0)
Estadi de Mestalla, Valencia   24.10.2013   Hour: 21:05
Referees: Pol van Boekel, Angelo Boonman, Berry Simons (NED)   Attendance: 26,645
VALENCIA CF: Vicente Guaita, Pablo Piatti, Víctor Ruiz, Oriol Romeu, João Pereira (56 Míchel), Juan Bernat, Paco Alcácer (76 Hélder Postiga), Ricardo Costa, Daniel Parejo, Sergio Canales, Fede Cartabia (65 Dorlan Pabón). Coach: Miroslav Djukić
ST. GALLEN: Daniel Lopar, Philippe Montandon, Stéphane Nater, Goran Karanovic, Stéphane Besle, Matías Vitkieviez (65 Sébastien Wüthrich), Mario Mutsch, Marco Mathys, Ermir Lenjani, Dejan Janjatovic (46 Muhamed Demiri), Roberto Rodriguez (56 Kristian Nushi).
Coach: Jeff Saibene
Yellow Card: Dejan Janjatovic (27).
Goals: Paco Alcácer (12), Fede Cartabia (21, 30), Ricardo Costa (33), Sergio Canales (71) /
   Stéphane Nater (74)


FC KUBAN KRASNODAR – SWANSEA CITY FC 1-1 (0-1)
Kuban, Krasnodar   07.11.2013   Hour: 21:00
Referees: Robert Schörgenhofer, Alain Hoxha, Matthias Winsauer (AUS)   Attendance: 27,843
KUBAN: Aleksandr Belenov, Xandão, Ángel Dealbert, Artur Tlisov (78 Artem Fidler), Djibril Cissé, Charles Kaboré, Aleksei Kozlov, Lorenzo Melgarejo (73 Ibrahima Baldé), Roman Bugaev, Ivelin Popov, Arsen Khubulov (66 Vladislav Ignatyev). Coach: Viktor Goncharenko
SWANSEA: Michel Vorm, Jordi Amat, Ashley Williams, Wilfried Bony (71 Álvaro Vázquez), Nathan Dyer (61 Wayne Routledge), Roland Lamah (61 Àngel Rangel), Dwight Tiendalli, Jonathan De Guzmán, José Cañas, Alejandro Pozuelo, Ben Davies. Coach: Michael Laudrup
Yellow Card: Xandão (1), Ángel Dealbert (90+4) / Dwight Tiendalli (56).
Red Card: Xandão (76).
Goals: Ibrahima Baldé (90+2) / Wilfried Bony (9)

FC ST. GALLEN – VALENCIA CF 2-3 (1-1)
Arena St. Gallen, St. Gallen    07.11.2013    Hour: 19:00
Referees: Aleksei Kulbakov, Dmitri Zhuk, Andrei Getikov (BLR)    Attendance: 16,951
ST. GALLEN: Daniel Lopar, Philippe Montandon, Stéphane Nater, Goran Karanovic (78 Alhassane Keita), Stéphane Besle, Matías Vitkieviez (72 Sébastien Wüthrich), Mario Mutsch, Ivan Martić, Marco Mathys, Ermir Lenjani, Roberto Rodriguez (59 Martin Stocklasa).
Coach: Jeff Saibene
VALENCIA CF: Vicente Guaita, Víctor Ruiz, Oriol Romeu, Jonas (69 Paco Alcácer), Hélder Postiga, Juan Bernat, Antonio Barragán, Ricardo Costa, Sergio Canales, Míchel (63 Daniel Parejo), Fede Cartabia (25 Pablo Piatti). Coach: Miroslav Djukić
Yellow Card: Ricardo Costa (18), Hélder Postiga (42), Pablo Piatti (68), Oriol Romeu (85), Paco Alcácer (90+3).
Red Card: Philippe Montandon (56).
Goals: Stéphane Besle (37), Goran Karanovic (66) / Pablo Piatti (30, 76), Sergio Canales (86)


SWANSEA CITY FC – VALENCIA CF 0-1 (0-1)
Swansea Stadium    28.11.2013    Hour: 20:05
Referees: Luca Banti, Massimiliano Grilli, Nicola Nicoletti (ITA)    Attendance: 17,896
SWANSEA: Gerhard Tremmel, Jordi Amat, Neil Taylor, Chico, Leon Britton, Jonjo Shelvey, Wilfried Bony (42 Álvaro Vázquez), Nathan Dyer (66 Pablo Hernández), Roland Lamah (46 Jonathan De Guzmán), Àngel Rangel, Alejandro Pozuelo. Coach: Michael Laudrup
VALENCIA CF: Diego Alves, Víctor Ruiz, Oriol Romeu, Jonas (77 Hélder Postiga), Sofiane Feghouli (68 Pablo Piatti), João Pereira, Juan Bernat, Andrés Guardado, Daniel Parejo, Jérémy Mathieu, Sergio Canales (85 Javier Fuego). Coach: Miroslav Djukić
Yellow Card: Àngel Rangel (5), Álvaro Vázquez (45+2), Jonjo Shelvey (86) /
            Andrés Guardado (53), Jonas (61), Daniel Parejo (70).
Goal: Daniel Parejo (20)


FC KUBAN KRASNODAR – FC ST. GALLEN 4-0 (1-0)
Kuban, Krasnodar    28.11.2013    Hour: 21:00
Referees: Anastassios Kakos, Dimitris Tatsis, Michael Karsiotis (GRE)    Attendance: 19,032
KUBAN: Aleksandr Belenov, Igor Armaş, Ángel Dealbert, Djibril Cissé, Charles Kaboré, Maksim Zhavnerchik, Vladislav Ignatyev (62 Arsen Khubulov), Anton Sosnin, Aleksei Kozlov, Lorenzo Melgarejo (78 Gonzalo Bueno), Ivelin Popov (76 Ibrahima Baldé). Coach: Viktor Goncharenko
ST. GALLEN: Daniel Lopar, Martin Stocklasa, Stéphane Nater, Goran Karanovic, Stéphane Besle (46 Daniele Russo), Matías Vitkieviez (72 Sébastien Wüthrich), Mario Mutsch, Marco Mathys (60 Alhassane Keita), Ermir Lenjani, Muhamed Demiri, Roberto Rodriguez. Coach: Jeff Saibene
Yellow Card: Igor Armaş (67) / Mario Mutsch (80), Martin Stocklasa (89).
Goals: Lorenzo Melgarejo (3, 71), Vladislav Ignatyev (54), Charles Kaboré (90)


VALENCIA CF – FC KUBAN KRASNODAR 1-1 (0-0)
Estadi de Mestalla, Valencia    12.12.2013    Hour: 19:00
Referees: Miroslav Zelinka, Ondřej Pelikán, Patrik Filipek (CZE)    Attendance: 14,581
VALENCIA CF: Diego Alves, Víctor Ruiz, Hélder Postiga (66 Paco Alcácer), Éver Banega, Dorlan Pabón (81 Sofiane Feghouli), João Pereira, Javier Fuego, Ricardo Costa, Míchel, Fede Cartabia (75 Pablo Piatti), José Gaya. Coach: Miroslav Djukić
KUBAN: Aleksandr Belenov, Igor Armaş, Ángel Dealbert, Charles Kaboré, Vladislav Ignatyev, Anton Sosnin, Aleksei Kozlov, Lorenzo Melgarejo, Roman Bugaev (79 Vladimir Lobkarev), Arsen Khubulov (28 Gonzalo Bueno), Ibrahima Baldé (46 Djibril Cissé). Coach: Viktor Goncharenko
Yellow Card: Javier Fuego (55) /
            Anton Sosnin (48), Lorenzo Melgarejo (51), Vladislav Ignatyev (82).
Red Card: Víctor Ruiz (90).
Goals: Paco Alcácer (67) / Lorenzo Melgarejo (84)

FC ST. GALLEN – SWANSEA CITY FC 1-0 (0-0)
Arena St. Gallen    12.12.2013    Hour: 19:00
Referees: Liran Liany, Shabtai Nahmias, David Elias Biton (ISR)    Attendance: 15,298
ST. GALLEN: Marcel Herzog, Sébastien Wüthrich, Goran Karanovic (13 Alhassane Keita), Stéphane Besle, Mario Mutsch, Marco Mathys (88 Marco Franin), Ermir Lenjani, Dejan Janjatovic, Muhamed Demiri, Daniele Russo, Roberto Rodriguez (59 Kristian Nushi). Coach: Jeff Saibene
SWANSEA: Gerhard Tremmel, Jordi Amat, Neil Taylor, Chico (62 José Cañas), Jonjo Shelvey, Wilfried Bony (77 Pablo Hernández), Roland Lamah, Wayne Routledge (65 Ashley Williams), Dwight Tiendalli, Jonathan De Guzmán, Alejandro Pozuelo. Coach: Michael Laudrup
Yellow Card: Ermir Lenjani (81) / José Cañas (90+1).
Goal: Marco Mathys (80)

| | | | | | | | |
|---|---|---|---|---|---|---|---|
| Valencia CF | 6 | 4 | 1 | 1 | 12 | 7 | 13 |
| Swansea City FC | 6 | 2 | 2 | 2 | 6 | 4 | 8 |
| FC Kuban Krasnodar | 6 | 1 | 3 | 2 | 7 | 7 | 6 |
| FC St. Gallen | 6 | 2 | 0 | 4 | 6 | 13 | 6 |

## GROUP B

GNK DINAMO ZAGREB – FC CHORNOMORETS ODESA 1-2 (1-0)
Stadion Maksimir, Zagreb    19.09.2013    Hour: 19:00
Referees: Hüseyin Göçek, Mustafa Eyisoy, Orkun Aktaş (TUR)    Attendance: 12,522
GNK DINAMO ZAGREB: Oliver Zelenika, Josip Šimunić, Jozo Šimunović, Ivo Pinto, Arijan Ademi, Sammir, Junior Fernándes, Zvonko Pamić (63 Said Husejinović), Ruben Lima, Marcelo Brozović (74 Fatos Bećiraj), Duje Čop (86 Alen Halilović). Coach: Branko Ivankovic
CHORNOMORETS: Dmytro Bezotosnyi, Markus Berger, Leo Matos (46 Sito Riera), Volodymyr Priyomov, Kyrylo Kovalchuk, Olexiy Gai, Franck Dja Djedje (69 Ivan Bobko), Pablo Fontanello, Anderson Mineiro, Olexiy Antonov (85 Sergei Samodin), Pavlo Kutas. Coach: Roman Grygorchuk
Yellow Card: Josip Šimunić (82).
Goals: Junior Fernándes (43) / Olexiy Antonov (62), Franck Dja Djedje (65)

PSV EINDHOVEN – PFC LUDOGORETS RAZGRAD 0-2 (0-0)
PSV Stadion, Eindhoven    19.09.2013    Hour: 19:00
Referees: Ivan Kružliak, Tomaš Somolani, Tomaš Mokoš (SVK)    Attendance: 11,000
PSV: Jeroen Zoet, Jeffrey Bruma, Adam Maher, Ola Toivonen, Tim Matavž, Santiago Arias, Jetro Willems (44 Mathias Jørgensen), Zakaria Bakkali (61 Park Ji-Sung), Memphis Depay, Oscar Hiljemark (77 Stijn Schaars), Jorrit Hendrix. Coach: Phillip Cocu
PFC LUDOGORETS: Vladislav Stoyanov, Tero Mäntylä, Alexandre Barthe, Fábio Espinho, Roman Bezjak (81 Hristo Zlatinski), Dani Abalo (75 Mihail Aleksandrov), Svetoslav Dyakov, Choco, Júnior Caiçara, Marcelinho, Virgil Misidjan (89 Ivan Stoyanov). Coach: Stoicho Stoev
Yellow Card: Memphis Depay (33) /
    Dani Abalo (33), Fábio Espinho (55), Svetoslav Dyakov (68), Roman Bezjak (79).
Goals: Roman Bezjak (60), Virgil Misidjan (74)

PFC LUDOGORETS RAZGRAD – GNK DINAMO ZAGREB 3-0 (2-0)
Natsionalen Stadion Vasil Levski, Sofia    03.10.2013    Hour: 22:05
Referees: Stephan Studer, Jean-Yves Wicht, Sandro Pozzi (SUI)    Attendance: 6,900
PFC LUDOGORETS: Vladislav Stoyanov, Alexandre Barthe, Mihail Aleksandrov, Fábio Espinho, Juninho Quixadá (71 Roman Bezjak), Svetoslav Dyakov, Choco, Cosmin Moți, Júnior Caiçara, Marcelinho (63 Hristo Zlatinski), Virgil Misidjan (88 Dani Abalo). Coach: Stoicho Stoev
GNK DINAMO ZAGREB: Oliver Zelenika, El Arbi Hilal, Josip Šimunić, Jozo Šimunović, Ivo Pinto, Arijan Ademi, Sammir (67 Alen Halilović), Junior Fernándes, Josip Pivarić, Bakary Saré (39 Duje Čop), Marcelo Brozović (88 Zvonko Pamić). Coach: Branko Ivankovic
Yellow Card: Virgil Misidjan (37), Svetoslav Dyakov (55) /
    Bakary Saré (14), Arijan Ademi (58), Alen Halilović (74).
Goals: Juninho Quixadá (12), Virgil Misidjan (34), Svetoslav Dyakov (61)

FC CHORNOMORETS ODESA – PSV EINDHOVEN 0-2 (0-1)
Chornomorets, Odesa   03.10.2013   Hour: 22:05
Referees: Liran Liany, David Elias Biton, Oren Borneshtain (ISR)   Attendance: 33,839
CHORNOMORETS: Dmytro Bezotosnyi, Markus Berger, Kyrylo Kovalchuk, Olexiy Gai (83 Volodymyr Priyomov), Ivan Bobko, Elis Bakaj (56 Leo Matos), Franck Dja Djedje, Pablo Fontanello, Anderson Mineiro, Olexiy Antonov, Sito Riera (83 Sergei Samodin).
Coach: Roman Grygorchuk
PSV: Przemysław Tytoń, Mathias Jørgensen, Jeffrey Bruma, Adam Maher (80 Oscar Hiljemark), Ola Toivonen, Stijn Schaars, Jürgen Locadia, Santiago Arias, Jetro Willems, Zakaria Bakkali (73 Florian Jozefzoon), Memphis Depay. Coach: Phillip Cocu
Yellow Card: Markus Berger (51) / Ola Toivonen (30).
Goals: Memphis Depay (13), Florian Jozefzoon (88)


FC CHORNOMORETS ODESA – PFC LUDOGORETS RAZGRAD 0-1 (0-1)
Chornomorets, Odesa   24.10.2013   Hour: 22:05
Referees: Alexandru Dan Tudor, Aurel Onita, Miklos Istvan Nagy (ROM)   Attendance: 20,082
CHORNOMORETS: Dmytro Bezotosnyi, Markus Berger, Volodymyr Priyomov (81 Leo Matos), Kyrylo Kovalchuk, Olexiy Gai (46 Anatoliy Didenko), Ivan Bobko, Pablo Fontanello, Anderson Mineiro, Olexiy Antonov (46 Franck Dja Djedje), Pavlo Kutas, Sito Riera.
Coach: Roman Grygorchuk
PFC LUDOGORETS RAZGRAD: Vladislav Stoyanov, Alexandre Barthe, Juninho Quixadá (69 Fábio Espinho), Svetoslav Dyakov, Hristo Zlatinski, Yordan Minev, Cosmin Moţi, Ivan Stoyanov (63 Dani Abalo), Júnior Caiçara, Marcelinho (78 Michel), Virgil Misidjan. Coach: Stoicho Stoev
Yellow Card: Markus Berger (44), Anatoliy Didenko (88), Sito Riera (90+2) /
            Svetoslav Dyakov (26), Cosmin Moţi (33), Hristo Zlatinski (36), Fábio Espinho (85).
Goal: Hristo Zlatinski (45)


GNK DINAMO ZAGREB – PSV EINDHOVEN 0-0
Stadion Maksimir, Zagreb   24.10.2013   Hour: 21:05
Referees: Pawel Gil, Piotr Sadczuk, Marcin Borkowski (POL)   Attendance: 75
DINAMO: Oliver Zelenika, El Arbi Hilal, Josip Šimunić, Ivo Pinto, Arijan Ademi, Domagoj Antolić (86 Ruben Lima), Sammir (52 Duje Čop), Junior Fernándes, Lee Addy (81 Jozo Šimunović), Josip Pivarić, Marcelo Brozović. Coach: Zoran Mamić
PSV: Przemysław Tytoń, Jeffrey Bruma, Adam Maher (86 Oscar Hiljemark), Ola Toivonen, Stijn Schaars, Jürgen Locadia (75 Tim Matavž), Santiago Arias, Florian Jozefzoon, Jetro Willems (58 Abel Tamata), Memphis Depay, Jorrit Hendrix. Coach: Phillip Cocu
Yellow Card: Josip Pivarić (53) / Jeffrey Bruma (9), Ola Toivonen (41), Santiago Arias (84).


PFC LUDOGORETS RAZGRAD – FC CHORNOMORETS ODESA 1-1 (0-0)
Natsionalen Stadion Vasil Levski, Sofia   07.11.2013   Hour: 20:00
Referees: Stefan Johannesson, Daniel Gustavsson, Joakim Flink (SWE)   Attendance: 6,113
PFC LUDOGORETS RAZGRAD: Vladislav Stoyanov, Alexandre Barthe, Mihail Aleksandrov (57 Ivan Stoyanov), Fábio Espinho, Juninho Quixadá (79 Mitchell Burgzorg), Hristo Zlatinski, Yordan Minev, Cosmin Moţi, Júnior Caiçara, Marcelinho (86 Roman Bezjak), Virgil Misidjan.
Coach: Stoicho Stoev
CHORNOMORETS: Dmytro Bezotosnyi, Markus Berger, Kyrylo Kovalchuk, Olexiy Gai, Ivan Bobko, Franck Dja Djedje, Pablo Fontanello, Anderson Mineiro (59 Leo Matos), Olexiy Antonov (86 Anatoliy Didenko), Pavlo Kutas, Sito Riera. Coach: Roman Grygorchuk
Yellow Card: Franck Dja Djedje (90+3).
Goals: Juninho Quixadá (47) / Olexiy Gai (64)

PSV EINDHOVEN – GNK DINAMO ZAGREB 2-0 (1-0)
PSV Stadion, Eindhoven   07.11.2013   Hour: 19:00
Referees: Cristian Balaj, Sebastian Gheorghe, Ovidiu Artene (ROM)   Attendance: 10,500
PSV: Przemysław Tytoń, Jeffrey Bruma, Adam Maher, Ola Toivonen, Stijn Schaars (80 Oscar Hiljemark), Jürgen Locadia, Santiago Arias, Jetro Willems, Luciano Narsingh (76 Florian Jozefzoon), Memphis Depay, Jorrit Hendrix (69 Mathias Jørgensen). Coach: Phillip Cocu
GNK DINAMO ZAGREB: Oliver Zelenika, El Arbi Hilal (63 Duje Čop), Josip Šimunić, Ivo Pinto, Domagoj Antolić, Sammir (78 Alen Halilović), Junior Fernándes, Lee Addy, Josip Pivarić, Ruben Lima (46 Ante Rukavina), Marcelo Brozović. Coach: Zoran Mamić
Yellow Card: Domagoj Antolić (59), Josip Pivarić (70).
Goals: Adam Maher (29), Ola Toivonen (57)


FC CHORNOMORETS ODESA – GNK DINAMO ZAGREB 2-1 (0-1)
Chornomorets, Odesa   28.11.2013   Hour: 22:05
Referees: Felix Zwayer, Holger Henschel, Christoph Bornhorst (GER)   Attendance: 14,182
CHORNOMORETS ODESA: Dmytro Bezotosnyi, Markus Berger, Kyrylo Kovalchuk, Olexiy Gai, Ivan Bobko, Franck Dja Djedje (74 Anatoliy Didenko), Pablo Fontanello, Evgeniy Zubeiko, Olexiy Antonov, Pavlo Kutas (27 Volodymyr Priyomov), Sito Riera (46 Leo Matos).
Coach: Roman Grygorchuk
GNK DINAMO ZAGREB: Oliver Zelenika, Jozo Šimunović, Ivo Pinto (46 Arijan Ademi), Domagoj Antolić, Lee Addy, Zvonko Pamić (76 Marcelo Brozović), Fatos Bećiraj, Ruben Lima, Jerko Leko, Alen Halilović (64 Junior Fernándes), Ante Rukavina. Coach: Zoran Mamić
Yellow Card: Markus Berger (45+1) / Ante Rukavina (50), Ruben Lima (80).
Goals: Olexiy Antonov (78), Anatoliy Didenko (90+1) / Fatos Bećiraj (20)


PFC LUDOGORETS RAZGRAD – PSV EINDHOVEN 2-0 (1-0)
Natsionalen Stadion Vasil Levski, Sofia   28.11.2013   Hour: 22:05
Referees: Nicola Rizzoli, Andrea Stefani, Renato Faverani (ITA)   Attendance: 3,012
PFC LUDOGORETS RAZGRAD: Vladislav Stoyanov, Alexandre Barthe, Mihail Aleksandrov, Roman Bezjak (82 Juninho Quixadá), Svetoslav Dyakov (89 Fábio Espinho), Hristo Zlatinski, Yordan Minev, Cosmin Moți, Júnior Caiçara, Marcelinho, Virgil Misidjan (90+2 Ivan Stoyanov).
Coach: Stoicho Stoev
PSV: Jeroen Zoet, Karim Rekik, Jeffrey Bruma, Adam Maher, Ola Toivonen, Stijn Schaars, Jürgen Locadia (75 Florian Jozefzoon), Santiago Arias, Luciano Narsingh (63 Mathias Jørgensen), Memphis Depay (81 Zakaria Bakkali), Jorrit Hendrix. Coach: Phillip Cocu
Yellow Card: Cosmin Moți (56), Juninho Quixadá (90) /
Jeffrey Bruma (40), Stijn Schaars (43), Karim Rekik (87).
Red Card: Jeffrey Bruma (55).
Goals: Roman Bezjak (38, 79)


GNK DINAMO ZAGREB – PFC LUDOGORETS RAZGRAD 1-2 (1-1)
Stadion Maksimir, Zagreb   12.12.2013   Hour: 19:00   Attendance: 3,120
Referees: Vladislav Bezborodov, Nikolai Golubev, Vyacheslav Semenov (RUS)
DINAMO: Grzegorz Sandomierski, El Arbi Hilal (81 Fatos Bećiraj), Josip Šimunić, Ivo Pinto, Arijan Ademi, Junior Fernándes, Josip Čalušić, Zvonko Pamić (73 Alen Halilović), Ruben Lima, Marcelo Brozović, Duje Čop. Coach: Zoran Mamić
PFC LUDOGORETS RAZGRAD: Ivan Čvorović, Mihail Aleksandrov, Roman Bezjak (90 Juninho Quixadá), Dani Abalo (90+1 Ivan Stoyanov), Svetoslav Dyakov, Choco, Hristo Zlatinski, Cosmin Moți, Georgi Terziev, Júnior Caiçara, Marcelinho (80 Fábio Espinho). Coach: Stoicho Stoev
Yellow Card: Arijan Ademi (19) / Svetoslav Dyakov (6).
Goals: Duje Čop (45+1) / Dani Abalo (28), Roman Bezjak (72)

PSV EINDHOVEN – FC CHORNOMORETS ODESA 0-1 (0-0)
PSV Stadion, Eindhoven    12.12.2013    Hour: 19:00
Referees: Carlos Gómez, Javier Rodriguez, Pau Cebrian Devis (ESP)    Attendance: 13,500
PSV: Jeroen Zoet, Mathias Jørgensen, Karim Rekik, Adam Maher, Jürgen Locadia, Santiago Arias, Jetro Willems (66 Park Ji-Sung), Luciano Narsingh (80 Zakaria Bakkali), Memphis Depay, Oscar Hiljemark (75 Ola Toivonen), Jorrit Hendrix. Coach: Phillip Cocu
CHORNOMORETS: Dmytro Bezotosnyi, Petro Kovalchuk, Kyrylo Kovalchuk, Olexiy Gai (79 Anatoliy Didenko), Ivan Bobko, Franck Dja Djedje (81 Leo Matos), Pablo Fontanello, Evgeniy Zubeiko, Anderson Mineiro, Olexiy Antonov (90+3 Pavlo Kutas), Sito Riera.
Coach: Roman Grygorchuk
Yellow Card: Zakaria Bakkali (82), Adam Maher (87) /
    Pablo Fontanello (1), Kyrylo Kovalchuk (62), Dmytro Bezotosnyi (85).
Red Card: Sito Riera (87).
Goal: Franck Dja Djedje (59)

| | | | | | | | |
|---|---|---|---|---|---|---|---|
| PFC Ludogorets Razgrad | 6 | 5 | 1 | 0 | 11 | 2 | 16 |
| FC Chornomorets Odesa | 6 | 3 | 1 | 2 | 6 | 6 | 10 |
| PSV Eindhoven | 6 | 2 | 1 | 3 | 4 | 5 | 7 |
| GNK Dinamo Zagreb | 6 | 0 | 1 | 5 | 3 | 11 | 1 |

## GROUP C

FC RED BULL SALZBURG – IF ELFSBORG BORÅS 4-0 (2-0)
Stadion Salzburg, Salzburg    19.09.2013    Hour: 19:00
Referees: Leontios Trattou, Michael Soteriou, Aristides Christou (CYP)    Attendance: 7,879
SALZBURG: Péter Gulácsi, André Ramalho, Christian Schwegler, Sadio Mané, Stefan Ilsanker, Andreas Ulmer, Stefan Hierländer, Jonatan Soriano (81 Håvard Nielsen), Alan, Rodnei (64 Martin Hinteregger), Kevin Kampl (72 Valon Berisha). Coach: Roger Schmidt
IF ELFSBORG BORÅS: Kevin Stuhr-Ellegaard, Joackim Jørgensen (46 Marcus Rohdén), Jon Jönsson, Johan Larsson, Anders Svensson, Lasse Nilsson (78 James Keene), Sebastian Holmen, Andreas Klarström, Niklas Hult (71 Mohamed Bangura), Stefan Ishizaki, Mikkel Beckmann.
Coach: Jörgen Lennartsson
Yellow Card: André Ramalho (47), Christian Schwegler (56) /
    Johan Larsson (19), Joackim Jørgensen (37), Stefan Ishizaki (53).
Goals: Alan (36), Jonatan Soriano (44 pen, 69, 79)

ROYAL STANDARD de LIÈGE – ESBJERG fB 1-2 (0-0)
Stade Maurice Dufrasne, Liège    19.09.2013    Hour: 19:00
Referees: Gediminas Mažeika, Vytautas Šimkus, Vytenis Kazlauskas (LTU)    Attendance: 11,871
ROYAL STANDARD de LIÈGE: Eiji Kawashima, Daniel Opare, Reza Ghoochanneijhad (71 Geoffrey Mujangi Bia), Igor De Camargo (26 Michy Batshuayi), Frédéric Bulot, Julien De Sart, Tal Ben Haim, Dino Arslanagic, Jelle Van Damme, Paul-José Mpoku, Alpaslan Ozturk (62 William Vainqueur). Coach: Guy Luzon
ESBJERG: Frederik Rønnow, Kian Hansen, Peter Ankersen, Magnus Lekven (85 Martin Bergvold), Mick Van Buren (84 Jesper Rasmussen), Emil Lyng, Jakob Ankersen, Hans Henrik Andreasen, Jonas Knudsen, Pape Paté Diouf (59 Mushaga Bakenga), Jens Berthel Askou.
Coach: Niels Frederiksen
Yellow Card: Igor De Camargo (21), Alpaslan Ozturk (45+1) /
    Jakob Ankersen (90+2), Mick Van Buren (90+5).
Goals: Geoffrey Mujangi Bia (74) / Mick van Buren (63), Mushaga Bakenga (90+5)

ESBJERG fB – FC RED BULL SALZBURG 1-2 (0-2)
Sport og Event Park Esbjerg    03.10.2013    Hour: 21:05
Referees: Manuel De Sousa, Bertino Miranda, Rui Tavares (POR)    Attendance: 11,298
ESBJERG: Frederik Rønnow, Kian Hansen, Peter Ankersen, Magnus Lekven (83 Martin Bergvold), Mick Van Buren (58 Jesper Rasmussen), Emil Lyng (55 Pape Paté Diouf), Mushaga Bakenga, Jakob Ankersen, Hans Henrik Andreasen, Jonas Knudsen, Jens Berthel Askou.
Coach: Niels Frederiksen
SALZBURG: Péter Gulácsi, André Ramalho, Christian Schwegler, Sadio Mané (62 Stefan Ilsanker), Valon Berisha (86 Stefan Hierländer), Andreas Ulmer, Jonatan Soriano, Alan (71 Christoph Leitgeb), Rodnei, Martin Hinteregger, Kevin Kampl. Coach: Roger Schmidt
Yellow Card: Magnus Lekven (60), Jakob Ankersen (90+2) /
        Jonatan Soriano (31), Kevin Kampl (52).
Goals: Pape Paté Diouf (89) / Alan (6, 38)

IF ELFSBORG BORÅS – ROYAL STANDARD de LIÈGE 1-1 (1-0)
Borås Arena    03.10.2013    Hour: 21:05
Referees: Tony Chapron, Nicolas Danos, Guillaume Debart (FRA)    Attendance: 3,778
IF ELFSBORG BORÅS: Kevin Stuhr-Ellegaard, Jon Jönsson, Johan Larsson, Anders Svensson, Lasse Nilsson (86 Simon Hedlund), Sebastian Holmen, Andreas Klarström, Viktor Claesson (70 Joackim Jørgensen), Stefan Ishizaki, Marcus Rohdén, Mikkel Beckmann (76 Mohamed Bangura).
Coach: Klas Ingesson
STANDARD: Eiji Kawashima, Ronnie Stam, Yoni Buyens (46 William Vainqueur), Michy Batshuayi (79 Reza Ghoochanneijhad), Kanu, Mehdi Carcela-González (63 Paul-José Mpoku), Dino Arslanagic, Jelle Van Damme, Imoh Ezekiel, Geoffrey Mujangi Bia, Alpaslan Ozturk.
Coach: Guy Luzon
Yellow Card: Viktor Claesson (9), Stefan Ishizaki (44) / Alpaslan Ozturk (17), Imoh Ezekiel (44).
Goals: Viktor Claesson (23) / Geoffrey Mujangi Bia (62)

IF ELFSBORG BORÅS – ESBJERG fB 1-2 (0-1)
Borås Arena    24.10.2013    Hour: 21:05
Referees: Michael Oliver, Stuart Burt, Darren England (ENG)    Attendance: 3,142
IF ELFSBORG BORÅS: Kevin Stuhr-Ellegaard, Jon Jönsson, Johan Larsson, Anders Svensson, Lasse Nilsson, Sebastian Holmen, Andreas Klarström (75 James Keene), Viktor Claesson, Niklas Hult, Stefan Ishizaki, Marcus Rohdén (64 Mohamed Bangura). Coach: Klas Ingesson
ESBJERG: Frederik Rønnow, Kian Hansen, Peter Ankersen, Magnus Lekven (50 Martin Bergvold), Mick Van Buren (79 Jesper Rasmussen), Emil Lyng, Mushaga Bakenga (90 Pape Paté Diouf), Jakob Ankersen, Hans Henrik Andreasen, Jonas Knudsen, Jens Berthel Askou.
Coach: Niels Frederiksen
Yellow Card: Viktor Claesson (49), Niklas Hult (63) / Peter Ankersen (47).
Goals: Jon Jönsson (69) / Hans Henrik Andreasen (7, 67)

FC RED BULL SALZBURG – ROYAL STANDARD de LIÈGE 2-1 (0-0)
Stadion Salzburg    24.10.2013    Hour: 21:05
Referees: Ivan Kružliak, Martin Balko, Tomaš Somolani (SVK)    Attendance: 14,856
SALZBURG: Péter Gulácsi, André Ramalho, Christian Schwegler, Sadio Mané, Stefan Ilsanker, Andreas Ulmer, Christoph Leitgeb (82 Franz Schiemer), Jonatan Soriano (60 Valon Berisha), Alan (86 Håvard Nielsen), Martin Hinteregger, Kevin Kampl. Coach: Roger Schmidt
ROYAL STANDARD de LIÈGE: Eiji Kawashima, Daniel Opare, Laurent Ciman, Frédéric Bulot, Yoni Buyens, William Vainqueur (76 Geoffrey Mujangi Bia), Kanu, Mehdi Carcela-González, Jelle Van Damme, Imoh Ezekiel (70 Tal Ben Haim), Paul-José Mpoku (59 Michy Batshuayi).
Coach: Guy Luzon
Yellow Card: André Ramalho (4), Sadio Mané (15), Stefan Ilsanker (63) /
        Mehdi Carcela-González (27), Imoh Ezekiel (51).
Red Card: Sadio Mané (42) / Mehdi Carcela-González (38), Kanu (67).
Goals: Jonatan Soriano (53), André Ramalho (85) / Mujangi Bia (88 pen)

ESBJERG fB – IF ELFSBORG BORÅS 1-0 (0-0)
Sport og Event Park Esbjerg, Esbjerg   07.11.2013   Hour: 19:00
Referees: Serhiy Boiko, Oleksandr Korniyko, Volodymyr Volodin (UKR)   Attendance: 10,049
ESBJERG: Frederik Rønnow, Kian Hansen, Peter Ankersen, Davidson Drobo-Ampem, Martin Bergvold (88 Jens Berthel Askou), Jeppe Andersen, Emil Lyng, Mushaga Bakenga (62 Pape Paté Diouf), Jakob Ankersen, Hans Henrik Andreasen (50 Mick Van Buren), Jonas Knudsen.
Coach: Niels Frederiksen
IF ELFSBORG BORÅS: Kevin Stuhr-Ellegaard, Jon Jönsson, Johan Larsson, Anders Svensson, Lasse Nilsson (46 Stefan Ishizaki), Daniel Mobaeck, Andreas Klarström, Viktor Claesson, Adam Lundqvist (65 Simon Hedlund), Marcus Rohdén (77 Joackim Jørgensen), Mikkel Beckmann.
Coach: Klas Ingesson
Yellow Card: Jonas Knudsen (74), Peter Ankersen (90+3) /
    Anders Svensson (22), Mikkel Beckmann (30), Andreas Klarström (42).
Goal: Marcus Rohdén (71 og)


ROYAL STANDARD de LIÈGE – FC RED BULL SALZBURG 1-3 (0-2)
Stade Maurice Dufrasne, Liège   07.11.2013   Hour: 19:00
Referees: Aleksei Nikolaev, Oleg Tselovalnikov, Dmitri Mosyakin (RUS)   Attendance: 20,000
ROYAL STANDARD de LIÈGE: Yohann Thuram-Ulien, Daniel Opare, Laurent Ciman, Ronnie Stam, Frédéric Bulot (80 Reza Ghoochanneijhad), Yoni Buyens (75 Ibrahima Cisse), William Vainqueur, Michy Batshuayi, Tal Ben Haim, Imoh Ezekiel, Paul-José Mpoku (65 Geoffrey Mujangi Bia). Coach: Guy Luzon
SALZBURG: Péter Gulácsi, André Ramalho, Christian Schwegler, Stefan Ilsanker, Valon Berisha (59 Marco Meilinger), Andreas Ulmer, Dušan Švento (65 Georg Teigl), Christoph Leitgeb, Alan (87 Franz Schiemer), Martin Hinteregger, Kevin Kampl. Coach: Roger Schmidt
Yellow Card: Imoh Ezekiel (20), Dan Opare (86), W. Vainqueur (90+2), Michy Batshuayi (90+4) / Christian Schwegler (8), Martin Hinteregger (64), André Ramalho (67), Kevin Kampl (90+4).
Goals: Paul-José Mpoku (55) / Dušan Švento (42), Kevin Kampl (45+1), Alan (59)


IF ELFSBORG BORÅS – FC RED BULL SALZBURG 0-1 (0-1)
Borås Arena   28.11.2013   Hour: 21:05
Referees: Kristo Tohver, Jaanus Mutli, Dmitri Vinogradov (EST)   Attendance: 2,456
IF ELFSBORG BORÅS: Kevin Stuhr-Ellegaard (46 Abbas Hassan), Stefan Larsson (51 Simon Hedlund), Jon Jönsson, Johan Larsson, Anders Svensson, Daniel Mobaeck, James Keene, Henning Hauger, Niklas Hult, Stefan Ishizaki, Marcus Rohdén (78 Viktor Claesson). Coach: Klas Ingesson
SALZBURG: Péter Gulácsi, Christian Schwegler, Florian Klein, Sadio Mané (81 Alan), Marco Meilinger (70 Georg Teigl), Stefan Ilsanker, Valon Berisha (90 Yordy Reyna), Franz Schiemer, Håvard Nielsen, Andreas Ulmer, Martin Hinteregger. Coach: Roger Schmidt
Yellow Card: Jon Jönsson (16), Niklas Hult (38), Stefan Ishizaki (81) /
    Christian Schwegler (83), Yordy Reyna (90+3).
Goal: Marco Meilinger (39)


ESBJERG fB – ROYAL STANDARD de LIÈGE 2-1 (1-0)
Sport og Event Park, Esbjerg   28.11.2013   Hour: 21:05
Referees: Cristian Balaj, Sebastian Gheorghe, Ovidiu Artene (ROM)   Attendance: 9,184
ESBJERG: Frederik Rønnow, Peter Ankersen, Davidson Drobo-Ampem, Mick Van Buren, Emil Lyng (46 Casper Nielsen), Mushaga Bakenga, Jakob Ankersen, Hans Henrik Andreasen (76 Kian Hansen), Jerry Lucena (84 Pape Paté Diouf), Jonas Knudsen, Jens Berthel Askou.
Coach: Niels Frederiksen
STANDARD: Yohann Thuram-Ulien, Alessandro Iandoli, Laurent Ciman (56 William Vainqueur), Reza Ghoochanneijhad (67 Michy Batshuayi), Igor De Camargo, Tal Ben Haim, Mehdi Carcela-González (85 David Biton), Dino Arslanagic, Paul-José Mpoku, Ibrahima Cisse, Alpaslan Ozturk.
Coach: Guy Luzon
Yellow Card: Peter Ankersen (86) / Alessandro Iandoli (43), Alpaslan Ozturk (74).
Goals: Mick Van Buren (18, 79) / Igor De Camargo (53)

FC RED BULL SALZBURG – ESBJERG fB 3-0 (1-0)
Stadion Salzburg    12.12.2013    Hour: 19:00
Referees: Bülent Yıldırım, Serkan Gençerler, Ekrem Kan (TUR)    Attendance: 6,890
SALZBURG: Péter Gulácsi, André Ramalho, Florian Klein, Sadio Mané (77 Yordy Reyna), Valon Berisha (71 Håvard Nielsen), Franz Schiemer, Andreas Ulmer, Christoph Leitgeb, Alan, Martin Hinteregger, Kevin Kampl (68 Marco Meilinger). Coach: Roger Schmidt
ESBJERG: Frederik Rønnow, Kian Hansen (72 Jakob Andreasen), Davidson Drobo-Ampem, Jeppe Andersen, Mick Van Buren, Ryan Laursen, Jakob Ankersen (82 Mikkel Maigaard), Hans Henrik Andreasen, Jerry Lucena (46 Casper Nielsen), Jonas Knudsen, Jens Berthel Askou.
Coach: Niels Frederiksen
Yellow Card: Jonas Knudsen (55), Davidson Drobo-Ampem (69).
Goals: Sadio Mané (19, 63), Kevin Kampl (58)


ROYAL STANDARD de LIÈGE – IF ELFSBORG BORÅS 1-3 (1-1)
Stade Maurice Dufrasne, Liège    12.12.2013    Hour: 19:00
Referees: Steven McLean, Martin Cryans, William Conquer (SCO)    Attendance: 6,466
STANDARD: Yohann Thuram-Ulien, Alessandro Iandoli, Laurent Ciman (54 Dino Arslanagic), Ronnie Stam, Igor De Camargo, Frédéric Bulot (76 Deni Milosevic), Yoni Buyens, Tal Ben Haim, Ibrahima Cisse, François Marquet (64 David Biton), Yanis Mbombo. Coach: Guy Luzon
IF ELFSBORG BORÅS: Kevin Stuhr-Ellegaard, Johan Larsson, Anders Svensson, Lasse Nilsson (78 Adam Lundqvist), Sebastian Holmen, Andreas Klarström, Viktor Claesson (90+1 Daniel Mobaeck), Simon Hedlund, Anton Lans, Marcus Rohdén, Mikkel Beckmann (62 Mohamed Bangura). Coach: Peter Wettergren
Yellow Card: Mikkel Beckmann (59), Viktor Claesson (86).
Goals: Yanis Mbombo (31) / Lasse Nilsson (41, 46), Mikkel Beckmann (52)


| FC Red Bull Salzburg | 6 | 6 | 0 | 0 | 15 | 3 | 18 |
| Esbjerg fB | 6 | 4 | 0 | 2 | 8 | 8 | 12 |
| IF Elfsborg Borås | 6 | 1 | 1 | 4 | 5 | 10 | 4 |
| Royal Standard de Liège | 6 | 0 | 1 | 5 | 6 | 13 | 1 |


# GROUP D


SV ZULTE WAREGEM – WIGAN ATHLETIC FC 0-0
Jan Breydelstadion, Brugge    19.09.2013    Hour: 19:00
Referees: Marcin Borski, Rafal Rostkowski, Sebastian Mucha (POL)    Attendance: 7,041
SV ZULTE WAREGEM: Sammy Bossut, Davy de Fauw, Habib Habibou (73 Raphaël Cacérès), Sven Kums, Thorgan Hazard, Jens Naessens, Ólafur Skúlason, Ibrahima Conté, Frédéric Duplus, Karel D'Haene, Junior Malanda. Coach: Francky Dury
WIGAN: Scott Carson, Stephen Crainey, Ryan Shotton, Chris McCann, James McClean, Jordi Gómez (65 Ben Watson), Callum McManaman (65 Marc-Antoine Fortuné), James McArthur, Emmerson Boyce, Nick Powell (83 Nouha Dicko), James Perch. Coach: Owen Coyle
Yellow Card: Ólafur Skúlason (17), Jens Naessens (41), Thorgan Hazard (58) / Chris McCann (16).

NK MARIBOR – FC RUBIN KAZAN 2-5 (1-2)
Stadion Ljudski vrt, Maribor   19.09.2013   Hour: 19:00
Referees: Pol van Boekel, Angelo Boonman, Davie Goossens (NED)   Attendance: 7,500
NK MARIBOR: Jasmin Handanovič, Željko Filipovič, Martin Milec, Aleš Mejač, Tavares, Jean Philippe Mendy (64 Nusmir Fajić), Goran Cvijanovič (76 Matic Črnic), Aleksander Rajčevič, Damjan Bohar, Arghus (44 Dejan Trajkovski), Aleš Mertelj. Coach: Ante Čačić
RUBIN: Sergei Ryzhikov, Oleg Kuzmin, Aleksandr Ryazantsev, Mubarak Wakaso (63 Roman Eremenko), Chris Mavinga, Iván Marcano, César Navas, Gökdeniz Karadeniz, Bebras Natcho, Yann M'Vila, José Rondón. Coach: Kurban Berdyev
Yellow Card: Aleš Mejač (13), Martin Milec (64) /
    Mubarak Wakaso (42), César Navas (59), Oleg Kuzmin (74).
Goals: Martin Milec (35), Nusmir Fajić (73) / Gökdeniz Karadeniz (23), Iván Marcano (27), Roman Eremenko (69), José Rondón (90), Aleksandr Ryazantsev (90+4)


FC RUBIN KAZAN – SV ZULTE WAREGEM 4-0 (0-0)
Centralniy Stadion, Kazan   03.10.2013   Hour: 20:00
Referees: Kristo Tohver, Hannes Reinvald, Jaanus Mutli (EST)   Attendance: 4,057
RUBIN: Sergei Ryzhikov, Oleg Kuzmin, Aleksandr Ryazantsev, Roman Eremenko, Iván Marcano, César Navas, Gökdeniz Karadeniz (77 Dmitri Torbinski), Bebras Natcho, Ruslan Mukhametshin (62 Aleksandr Prudnikov), Ruslan Abışov (74 Chris Mavinga), Yann M'Vila.
Coach: Kurban Berdyev
SV ZULTE WAREGEM: Sammy Bossut, Davy de Fauw, Habib Habibou (71 Idrissa Sylla), Sven Kums, Thorgan Hazard (84 Mamatou N'Diaye), Jens Naessens, Ólafur Skúlason, Ibrahima Conté (71 Raphaël Cacérès), Frédéric Duplus, Karel D'Haene, Junior Malanda. Coach: Francky Dury
Yellow Card: César Navas (70) / Ibrahima Conté (25), Thorgan Hazard (82).
Goals: Frédéric Duplus (60 og), Roman Eremenko (73), Aleksandr Ryazantsev (81), Bebras Natcho (89)


WIGAN ATHLETIC FC – NK MARIBOR 3-1 (2-0)
Wigan Athletic Stadium, Wigan   03.10.2013   Hour: 20:05
Referees: Aleksandar Stavrev, Marjan Kirovski, Dejan Kostadinov (MKD)   Attendance: 12,753
WIGAN: Scott Carson, Ryan Shotton, Ben Watson (77 Chris McCann), Jordi Gómez, Callum McManaman (67 James McClean), James McArthur, Emmerson Boyce, Nick Powell (90+2 Nouha Dicko), Jean Beausejour, James Perch, Leon Barnett. Coach: Owen Coyle
NK MARIBOR: Jasmin Handanovič, Željko Filipovič, Martin Milec, Aleš Mejač (83 Nusmir Fajić), Tavares, Jean Philippe Mendy, Goran Cvijanovič (77 Dejan Mezga), Aleksander Rajčevič, Damjan Bohar (83 Mitja Viler), Arghus, Aleš Mertelj. Coach: Ante Šimundža
Yellow Card: Jean Philippe Mendy (71).
Goals: Nick Powell (22, 90+1), Ben Watson (34) / Tavares (60)


WIGAN ATHLETIC FC – FC RUBIN KAZAN 1-1 (1-1)
Wigan Athletic Stadium, Wigan   24.10.2013   Hour: 20:05
Referees: Florian Meyer, Holger Henschel, Christoph Bornhorst (GER)   Attendance: 14,723
WIGAN: Scott Carson, Stephen Crainey, Ryan Shotton, Chris McCann, Ben Watson, Grant Holt (63 Marc-Antoine Fortuné), Jordi Gómez (76 Callum McManaman), Emmerson Boyce, Nick Powell, Jean Beausejour (68 James McClean), Leon Barnett. Coach: Owen Coyle
RUBIN: Sergei Ryzhikov, Oleg Kuzmin, Aleksandr Ryazantsev, Aleksandr Prudnikov (74 Gökdeniz Karadeniz), Dmitri Torbinski (59 Mubarak Wakaso), Sergei Kislyak, Chris Mavinga, Roman Eremenko, Iván Marcano, Roman Sharonov (67 César Navas), Yann M'Vila.
Coach: Kurban Berdyev
Yellow Card: Leon Barnett (42), Ryan Shotton (49), James McClean (90) /
    Dmitri Torbinski (54), Mubarak Wakaso (66), Chris Mavinga (82).
Goals: Nick Powell (40) / Aleksandr Prudnikov (15)

SV ZULTE WAREGEM – NK MARIBOR 1-3 (1-2)
Jan Breydelstadion, Brugge   24.10.2013   Hour: 21:05
Referees: Stephan Studer, Jean-Yves Wicht, Sladan Josipović (SUI)   Attendance: 5,023
SV ZULTE WAREGEM: Sammy Bossut, Davy de Fauw, Steve Colpaert, Habib Habibou, Sven Kums, Thorgan Hazard (46 Idrissa Sylla), Jens Naessens, Ibrahima Conté (72 Mamatou N'Diaye), Frédéric Duplus (46 Raphaël Cacérès), Karel D'Haene, Junior Malanda. Coach: Francky Dury
NK MARIBOR: Jasmin Handanovič, Željko Filipovič, Martin Milec, Dejan Mezga (86 Ranko Moravac), Tavares (90 Amir Derviševič), Jean Philippe Mendy, Aleksander Rajčevič, Mitja Viler, Arghus, Aleš Mertelj, Matic Črnic (59 Goran Cvijanovič). Coach: Ante Šimundža
Yellow Card: Habib Habibou (51) /
      Martin Milec (54), Arghus (57), Željko Filipovič (59), Aleksander Rajčevič (84).
Red Card: Martin Milec (57).
Goals: Davy de Fauw (12) / Matic Črnic (21), Aleš Mertelj (34), Dejan Mezga (49)


FC RUBIN KAZAN – WIGAN ATHLETIC FC 1-0 (1-0)
Centralniy Stadion, Kazan   07.11.2013   Hour: 21:00
Referees: Hüseyin Göçek, Mustafa Eyisoy, Orkun Aktaş (TUR)   Attendance: 5,579
RUBIN: Sergei Ryzhikov, Oleg Kuzmin, Aleksandr Ryazantsev, Dmitri Torbinski (76 Mubarak Wakaso), Chris Mavinga (46 Sergei Kislyak), Roman Eremenko, César Navas, Bebras Natcho, Roman Sharonov, Ruslan Mukhametshin (84 Aleksandr Prudnikov), Yann M'Vila.
Coach: Kurban Berdyev
WIGAN: Lee Nicholls, Stephen Crainey, Ryan Shotton, Thomas Rogne, Grant Holt, James McClean, Callum McManaman (74 Jordi Gómez), James McArthur, Roger Espinoza, James Perch (60 Nick Powell), Leon Barnett. Coach: Owen Coyle
Yellow Card: Dmitri Torbinski (40), César Navas (55) /
      James Perch (35), Stephen Crainey (66), James McClean (70).
Goal: Oleg Kuzmin (22)


NK MARIBOR – SV ZULTE WAREGEM 0-1 (0-1)
Stadion Ljudski vrt, Maribor   07.11.2013   Hour: 19:00
Referees: Libor Kovařik, Krystof Mencl, Jiří Moláček (CZE)   Attendance: 8,500
NK MARIBOR: Jasmin Handanovič, Željko Filipovič, Dejan Mezga (78 Ranko Moravac), Tavares, Nusmir Fajić, Goran Cvijanovič (55 Damjan Bohar), Aleksander Rajčevič, Mitja Viler, Arghus, Aleš Mertelj (74 Amir Derviševič), Matic Črnic. Coach: Ante Šimundža
SV ZULTE WAREGEM: Sammy Bossut, Davy de Fauw, Steve Colpaert, Habib Habibou, Sven Kums (86 Mamatou N'Diaye), Thorgan Hazard, Ibrahima Conté, Raphaël Cacérès, Bruno Godeau, Karel D'Haene, Junior Malanda. Coach: Francky Dury
Yellow Card: Mitja Viler (29) / Junior Malanda (74), Bruno Godeau (81), Sammy Bossut (83).
Goal: Thorgan Hazard (29 pen)


WIGAN ATHLETIC FC – SV ZULTE WAREGEM 1-2 (1-1)
Wigan Athletic Stadium, Wigan   28.11.2013   Hour: 20:05
Referees: Ruddy Buquet, Guillaume Debart, Fredji Harchay (FRA)   Attendance: 15,503
WIGAN: Lee Nicholls, Stephen Crainey, Thomas Rogne, Chris McCann, James McClean, Jordi Gómez (64 Marc-Antoine Fortuné), Callum McManaman (84 Roger Espinoza), James McArthur (90 Grant Holt), Emmerson Boyce, Nick Powell, Leon Barnett. Coach: Owen Coyle
SV ZULTE WAREGEM: Sammy Bossut, Davy de Fauw, Steve Colpaert, Habib Habibou, Sven Kums (90 Raphaël Cacérès), Thorgan Hazard, Ólafur Skúlason (80 Mamatou N'Diaye), Ibrahima Conté (73 Idrissa Sylla), Frédéric Duplus, Karel D'Haene, Junior Malanda. Coach: Francky Dury
Yellow Card: Nick Powell (40), James McClean (59), James McArthur (87) /
      Ólafur Skúlason (27), Junior Malanda (56).
Goals: Leon Barnett (7) / Thorgan Hazard (37), Junior Malanda (88)

FC RUBIN KAZAN – NK MARIBOR 1-1 (1-0)
Centralniy Stadion, Kazan    28.11.2013    Hour: 21:00
Referees: Ivan Kružliak, Martin Balko, Ondrej Brendza (SVK)    Attendance: 2,574
RUBIN: Sergei Ryzhikov, Vladislav Kulik, Aleksandr Ryazantsev (60 José Rondón), Aleksandr Prudnikov (61 Ruslan Mukhametshin), Dmitri Torbinski, Sergei Kislyak, Chris Mavinga, Roman Eremenko (74 Yann M'Vila), Iván Marcano, Bebras Natcho, Roman Sharonov. Coach: Kurban Berdyev
NK MARIBOR: Jasmin Handanovič, Željko Filipovič, Martin Milec, Dejan Mezga, Nusmir Fajić, Amir Derviševič (64 Matic Črnic), Aleksander Rajčevič, Mitja Viler, Damjan Bohar (83 Luka Zahovič), Arghus, Aleš Mertelj (77 Goran Cvijanovič). Coach: Ante Šimundža
Yellow Card: Iván Marcano (32), Bebras Natcho (54), Vladislav Kulik (76) /
Amir Derviševič (36), Matic Črnic (78).
Goals: Bebras Natcho (43) / Dejan Mezga (86)


SV ZULTE WAREGEM – FC RUBIN KAZAN 0-2 (0-0)
Jan Breydelstadion, Bruges    12.12.2013    Hour: 19:00
Referees: Paolo Mazzoleni, Riccardo Di Fiore, Lorenzo Manganelli (ITA)    Attendance: 6,083
SV ZULTE WAREGEM: Sammy Bossut, Davy de Fauw, Steve Colpaert, Sven Kums, Thorgan Hazard, Idrissa Sylla, Ólafur Skúlason, Ibrahima Conté (81 Jens Naessens), Frédéric Duplus (81 Raphaël Cacérès), Karel D'Haene, Junior Malanda. Coach: Francky Dury
RUBIN: Giedrius Arlauskis, Oleg Kuzmin, Vladislav Kulik (66 Sergei Kislyak), Chris Mavinga (86 Alisher Dzhalilov), Iván Marcano, César Navas, Bebras Natcho, Roman Sharonov, Ruslan Mukhametshin, Ruslan Abışov (46 José Rondón), Yann M'Vila. Coach: Kurban Berdyev
Yellow Card: Steve Colpaert (74) /
    Roman Sharonov (50), Oleg Kuzmin (71), César Navas (71), José Rondón (85).
Goals: Bebras Natcho (79 pen), José Rondón (85)


NK MARIBOR – WIGAN ATHLETIC FC 2-1 (1-1)
Stadion Ljudski vrt, Maribor    12.12.2013    Hour: 19:00
Referees: Szymon Marciniak, Paweł Sokolnicki, Tomasz Listkiewicz (POL)    Attendance: 9,035
NK MARIBOR: Jasmin Handanovič, Željko Filipovič, Martin Milec, Dejan Mezga (82 Matic Črnic), Tavares (77 Goran Cvijanovič), Nusmir Fajić (85 Jean Philippe Mendy), Aleksander Rajčevič, Mitja Viler, Damjan Bohar, Arghus, Aleš Mertelj. Coach: Ante Šimundža
WIGAN: Scott Carson, Thomas Rogne, Chris McCann, Jordi Gómez, Callum McManaman (46 Ben Watson), James McArthur (75 Emmerson Boyce), Roger Espinoza, Nick Powell (65 Marc-Antoine Fortuné), Jean Beausejour, James Perch, Leon Barnett. Coach: Uwe Rösler
Yellow Card: Arghus (40), Tavares (54), Aleš Mertelj (65), Mitja Viler (83) /
    Roger Espinoza (19), Chris McCann (20), Thomas Rogne (88).
Red Card: Aleš Mertelj (74) / Chris McCann (42).
Goals: Dejan Mezga (43), Željko Filipovič (59) / Jordi Gómez (41 pen)


| | | | | | | | |
|---|---|---|---|---|---|---|---|
| FC Rubin Kazan | 6 | 4 | 2 | 0 | 14 | 4 | 14 |
| NK Maribor | 6 | 2 | 1 | 3 | 9 | 12 | 7 |
| SV Zulte Waregem | 6 | 2 | 1 | 3 | 4 | 10 | 7 |
| Wigan Athletic FC | 6 | 1 | 2 | 3 | 6 | 7 | 5 |

# GROUP E

ACF FIORENTINA FIRENZE − FC PAÇOS de FERREIRA 3-0 (1-0)
Stadio Artemio Franchi, Firenze   19.09.2013   Hour: 19:00
Referees: Kevin Blom, Patrick Langkamp, Berry Simons (NED)   Attendance: 13,729
FIORENTINA: Neto, Gonzalo Rodríguez, Marcos Alonso, Marvin Compper, David Pizarro, Matías Fernández, Joaquín (66 Ryder Matos), Borja Valero, Massimo Ambrosini (58 Alberto Aquilani), Nenad Tomović, Giuseppe Rossi (77 Marko Bakić). Coach: Vincenzo Montella
PAÇOS FERREIRA: Matias Degra, Rúben Ribeiro (75 Rui Miguel), André Leão, Christian Irobiso, Paolo Hurtado, Nuno Santos, Ricardo, Bébé, Tony (68 Marcos Romeu), Jean Michel Seri (68 Rodrigo Antônio), Filipe Anunciação. Coach: Costinha
Yellow Card: Marcos Alonso (56), Alberto Aquilani (62), Ryder Matos (68) /
André Leão (9), Jean Michel Seri (60), Rui Miguel (78).
Goals: Gonzalo Rodríguez (30), Ryder Matos (67), Giuseppe Rossi (76)

CS PANDURII TÂRGU JIU − FC DNIPRO DNIPROPETROVSK 0-1 (0-1)
Cluj Arena, Cluj-Napoca   19.09.2013   Hour: 20:00
Referees: Sascha Kever, Raffael Zeder, Devis Dettamanti (SUI)   Attendance: 7,577
PANDURII: Răzvan Stanca, Marko Momčilović, Paraskevas Christou, Alin Buleică, Admir Adrović, Bogdan Unguruşan (75 Paulinho), Paul Anton, Erico, Eric Pereira, Viorel Nicoară (55 Alexandru Ciucur), Nicandro Breeveld (64 David Distéfano). Coach: Cristian Pustai
FC DNIPRO DNIPROPETROVSK: Denys Boyko, Vlad Alexandru, Ondřej Mazuch, Jaba Kankava, Yevhen Konoplyanka (85 Yevhen Shakhov), Yevhen Cheberyachko, Roman Zozulya (88 Denys Kulakov), Bruno Gama (46 Yevhen Seleznyov), Ruslan Rotan, Artem Fedetskiy, Matheus. Coach: Juande Ramos
Yellow Card: Erico (12), Bogdan Unguruşan (15), Admir Adrović (71), Alexandru Ciucur (78), Paulinho (86) / Ruslan Rotan (31), Yevhen Shakhov (90+4).
Goal: Ruslan Rotan (38)

FC DNIPRO DNIPROPETROVSK − ACF FIORENTINA FIRENZE 1-2 (0-0)
Dnipro Arena, Dnipropetrovsk   03.10.2013   Hour: 22:05
Referees: Szymon Marciniak, Paweł Sokolnicki, Tomasz Listkiewicz (POL)   Attendance: 25,837
FC DNIPRO DNIPROPETROVSK: Denys Boyko, Ondřej Mazuch, Vitaliy Mandzyuk (79 Bruno Gama), Jaba Kankava, Yevhen Konoplyanka, Yevhen Seleznyov, Yevhen Cheberyachko, Ivan Strinić, Roman Zozulya, Ruslan Rotan, Artem Fedetskiy (58 Matheus). Coach: Juande Ramos
FIORENTINA: Neto, Gonzalo Rodríguez, Marcos Alonso, Facundo Roncaglia, Marvin Compper, David Pizarro, Marko Bakić (54 Borja Valero), Juan Cuadrado (77 Joaquín), Matías Fernández (85 Nenad Tomović), Massimo Ambrosini, Ryder Matos. Coach: Vincenzo Montella
Yellow Card: Marko Bakić (15), Juan Cuadrado (54), David Pizarro (56).
Red Card: David Pizarro (86).
Goals: Yevhen Seleznyov (57 pen) / Gonzalo Rodríguez (53 pen), Massimo Ambrosini (73)

FC PAÇOS de FERREIRA − CS PANDURII TÂRGU JIU 1-1 (0-1)
Estádio D. Afonso Henriques, Guimarães   03.10.2013   Hour: 20:05
Referees: Aleksei Nikolaev, Oleg Tselovalnikov, Dmitri Mosyakin (RUS)   Attendance: 1,314
PAÇOS FERREIRA: António Filipe, Tiago Valente, Rui Miguel (80 Sérgio Oliveira), Rui Caetano (65 Paolo Hurtado), Grégory, Hélder Lopes, Rodrigo Antônio, Bébé, Manuel José (74 Rúben Ribeiro), Jean Michel Seri, Filipe Anunciação. Coach: Sérgio Gaminho
PANDURII: Pedro Mingote, Marko Momčilović, Paraskevas Christou, Alin Buleică, Bogdan Unguruşan, Paul Anton, Erico, Eric Pereira (59 David Distéfano), Nicandro Breeveld, Alexandru Ciucur (66 Virgil Cristea), Deivydas Matulevičius (73 Alex dos Santos). Coach: Cristian Pustai
Yellow Card: Tiago Valente (76), Filipe Anunciação (88).
Goals: Rui Miguel (49) / Marko Momčilović (5)

FC PAÇOS de FERREIRA – FC DNIPRO DNIPROPETROVSK 0-2 (0-0)
Estádio D. Afonso Henriques, Guimarães    24.10.2013    Hour: 20:05
Referees: Tony Chapron, Stephan Luzi, Fredji Harchay (FRA)    Attendance: 1,137
PAÇOS FERREIRA: António Filipe, Tiago Valente, André Leão, Rui Miguel (82 Christian Irobiso), Nuno Santos, Ricardo, Sérgio Oliveira, Bébé, Tony, Manuel José (65 Rúben Ribeiro), Jean Michel Seri. Coach: Sérgio Gaminho
FC DNIPRO DNIPROPETROVSK: Denys Boyko, Ondřej Mazuch, Vitaliy Mandzyuk, Jaba Kankava (52 Giuliano), Nikola Kalinić (58 Yevhen Seleznyov), Yevhen Konoplyanka, Yevhen Cheberyachko, Ivan Strinić, Roman Zozulya, Bruno Gama (67 Matheus), Ruslan Rotan.
Coach: Juande Ramos
Yellow Card: Tony (59) / Roman Zozulya (77).
Goals: Ruslan Rotan (83), Yevhen Konoplyanka (86)


ACF FIORENTINA FIRENZE – CS PANDURII TÂRGU JIU 3-0 (2-0)
Stadio Artemio Franchi, Firenze    24.10.2013    Hour: 21:05
Referees: Miroslav Zelinka, Ondřej Pelikán, Patrik Filipek (CZE)    Attendance: 14,834
FIORENTINA: Neto, Gonzalo Rodríguez (64 Facundo Roncaglia), Marcos Alonso, Marvin Compper, Marko Bakić, Matías Fernández, Joaquín, Borja Valero (73 Alberto Aquilani), Ryder Matos (60 Juan Cuadrado), Nenad Tomović, Olexandr Yakovenko. Coach: Vincenzo Montella
PANDURII: Răzvan Stanca, Marko Momčilović, Paraskevas Christou, Alex dos Santos (46 Alin Buleică), Bogdan Unguruşan, Paul Anton, Erico, Eric Pereira (80 David Distéfano), Nicandro Breeveld, Alexandru Ciucur (46 Viorel Nicoară), Deivydas Matulevičius. Coach: Cristian Pustai
Yellow Card: Matías Fernández (48), Marvin Compper (66), Juan Cuadrado (73) /
    Paul Anton (56), Deivydas Matulevičius (76), Nicandro Breeveld (88).
Goals: Joaquín (26), Ryder Matos (34), Juan Cuadrado (69)


FC DNIPRO DNIPROPETROVSK – FC PAÇOS de FERREIRA 2-0 (1-0)
Dnipro Arena, Dnipropetrovsk    07.11.2013    Hour: 20:00
Referees: Antti Munukka, Matti Heininen, Jan-Peter Aravirta (FIN)    Attendance: 14,039
FC DNIPRO DNIPROPETROVSK: Denys Boyko, Alexandru Vlad, Ondřej Mazuch, Jaba Kankava, Nikola Kalinić, Yevhen Konoplyanka, Yevhen Cheberyachko, Bruno Gama (46 Roman Zozulya), Ruslan Rotan (72 Serhiy Politylo), Artem Fedetskiy, Matheus (66 Giuliano).
Coach: Juande Ramos
PAÇOS FERREIRA: António Filipe, Tiago Valente, Rúben Ribeiro (80 Sérgio Oliveira), André Leão, Christian Irobiso, Rui Miguel (61 Jean Michel Seri), Nuno Santos, Ricardo, Rodrigo Antônio, Manuel José, Filipe Anunciação. Coach: Henrique Calisto
Yellow Card: Jaba Kankava (90), Ondřej Mazuch (90+2) /
    Rúben Ribeiro (52), Christian Irobiso (90+2).
Goals: Matheus (44), Yevhen Konoplyanka (66)


CS PANDURII TÂRGU JIU – ACF FIORENTINA FIRENZE 1-2 (1-0)
Cluj Arena, Cluj-Napoca    07.11.2013    Hour: 20:00    Attendance: 11,750
Referees: Tasos Sidiropoulos, Christos Akrivos, Damianos Efthimiadis (GRE)
PANDURII: Răzvan Stanca (24 Pedro Mingote), Marko Momčilović, Paraskevas Christou, Alin Buleică, Alex dos Santos, Bogdan Unguruşan, Paul Anton, Erico (42 Iulian Mamele), David Distéfano (86 Sipo), Eric Pereira, Nicandro Breeveld. Coach: Cristian Pustai
FIORENTINA: Gustavo Munúa, Gonzalo Rodríguez, Marcos Alonso, Facundo Roncaglia (80 Leonardo Capezzi), Marvin Compper, Alberto Aquilani, Juan Cuadrado, Matías Fernández (65 Josip Iličić), Joaquín, Ryder Matos, Olexandr Yakovenko (46 Borja Valero). Coach: Vincenzo Montella
Yellow Card: Erico (23), Marko Momčilović (55), Paul Anton (79), Pedro Mingote (89) /
    Gonzalo Rodríguez (69), Borja Valero (79).
Goals: Eric Pereira (32) / Ryder Matos (86), Borja Valero (90+2)

FC PAÇOS de FERREIRA – ACF FIORENTINA FIRENZE 0-0
Estádio D. Afonso Henriques, Guimarães    28.11.2013    Hour: 20:05
Referees: Eitan Shemeulevitch, Danny Krasikow, Nissan Davidy (ISR)    Attendance: 1,347
PAÇOS FERREIRA: António Filipe, Tiago Valente, Rúben Ribeiro (71 Sérgio Oliveira), André Leão, Ricardo, Hélder Lopes, Bébé (59 Paolo Hurtado), Tony, Manuel José, Jean Michel Seri (90+2 Marcos Romeu), Filipe Anunciação. Coach: Henrique Calisto
FIORENTINA: Gustavo Munúa, Marcos Alonso, Facundo Roncaglia, Marvin Compper, Marko Bakić (46 David Pizarro), Alberto Aquilani, Matías Fernández, Massimo Ambrosini (62 Juan Cuadrado), Ryder Matos, Nenad Tomović, Josip Iličić (74 Olexandr Yakovenko).
Coach: Vincenzo Montella
Yellow Card: Tiago Valente (79) / Marko Bakić (20), David Pizarro (69).

FC DNIPRO DNIPROPETROVSK – CS PANDURII TÂRGU JIU 4-1 (1-0)
Dnipro Arena, Dnipropetrovsk    28.11.2013    Hour: 22:05
Referees: Leontios Trattou, Michael Soteriou, Athinodoros Ioannou (CYP)    Attendance: 5,157
FC DNIPRO DNIPROPETROVSK: Denys Boyko, Alexandru Vlad, Serhiy Kravchenko, Vitaliy Mandzyuk, Denys Kulakov, Nikola Kalinić (62 Yevhen Shakhov), Yevhen Cheberyachko (65 Oleksandr Svatok), Roman Zozulya, Alexander Kobakhidze, Bruno Gama (46 Andriy Blyznychenko), Serhiy Politylo. Coach: Juande Ramos
PANDURII: Pedro Mingote, Marko Momčilović, Paraskevas Christou, Alin Buleică (81 Andrei Pițian), Virgil Cristea (60 Alex dos Santos), Admir Adrović, Ionuț Rada, Eric Pereira, Marian Pleașcă, Nicandro Breeveld, Alexandru Ciucur (57 David Distéfano). Coach: Cristian Pustai
Yellow Card: Oleksandr Svatok (69) / Alex dos Santos (62), Admir Adrović (71).
Goals: Nikola Kalinić (12), Roman Zozulya (56), Yevhen Shakhov (86), Serhiy Kravchenko (89) /
    Eric Pereira (70 pen)

ACF FIORENTINA FIRENZE – FC DNIPRO DNIPROPETROVSK 2-1 (1-1)
Stadio Artemio Franchi, Firenze    12.12.2013    Hour: 19:00
Referees: Artur Dias, Rui Tavares, Ricardo Santos (POR)    Attendance: 12,486
FIORENTINA: Neto, Gonzalo Rodríguez, Facundo Roncaglia, Juan Cuadrado (81 Alberto Aquilani), Matías Fernández (70 David Pizarro), Stefan Savić, Joaquín, Borja Valero, Massimo Ambrosini, Manuel Pasqual, Ryder Matos (76 Josip Iličić). Coach: Vincenzo Montella
DNIPRO: Denys Boyko, Alexandru Vlad (76 Nikola Kalinić), Vitaliy Mandzyuk, Jaba Kankava, Yevhen Konoplyanka, Yevhen Cheberyachko, Roman Zozulya, Bruno Gama (63 Denys Kulakov), Ruslan Rotan, Artem Fedetskiy, Serhiy Politylo (69 Yevhen Seleznyov). Coach: Juande Ramos
Yellow Card: Massimo Ambrosini (22), Matías Fernández (25), Facundo Roncaglia (40) /
    Denys Kulakov (65), Yevhen Seleznyov (85).
Goals: Joaquín (42), Juan Cuadrado (77) / Yevhen Konoplyanka (13)

CS PANDURII TÂRGU JIU – FC PAÇOS de FERREIRA 0-0
Cluj Arena, Cluj-Napoca    12.12.2013    Hour: 20:00
Referees: Lee Evans, Philip Thomas, Gareth Wyn Jones (WAL)    Attendance: 1,213
PANDURII: Răzvan Stanca, Marko Momčilović, Paraskevas Christou, Iulian Mamele, Alex dos Santos (58 Alin Buleică), Erico, Eric Pereira, Marian Pleașcă, Viorel Nicoară (83 Virgil Cristea), Nicandro Breeveld, Alexandru Ciucur (71 Paulinho). Coach: Cristian Pustai
PAÇOS FERREIRA: Matias Degra, Tiago Valente, André Leão, Paolo Hurtado, Ricardo, Hélder Lopes, Tony, Manuel José (73 Bébé), Carlão (90 Marcos Romeu), Jean Michel Seri (46 Sérgio Oliveira), Filipe Anunciação. Coach: Henrique Calisto
Yellow Card: Paraskevas Christou (88) /
    Ricardo (25), Filipe Anunciação (29), Tony (30), André Leão (45), Matias Degra (90+1)
Red Card: André Leão (89).

| | | | | | | | |
|---|---|---|---|---|---|---|---|
| ACF Fiorentina Firenze | 6 | 5 | 1 | 0 | 12 | 3 | 16 |
| FC Dnipro Dnipropetrovsk | 6 | 4 | 0 | 2 | 11 | 5 | 12 |
| FC Paços de Ferreira | 6 | 0 | 3 | 3 | 1 | 8 | 3 |
| CS Pandurii Târgu Jiu | 6 | 0 | 2 | 4 | 3 | 11 | 2 |

# GROUP F

EINTRACHT FRANKFURT – FC GIRONDINS de BORDEAUX 3-0 (2-0)
Frankfurt Stadion, Frankfurt am Main   19.09.2013   Hour: 19:00
Referees: Andre Marriner, Stuart Burt, Simon Long (ENG)   Attendance: 44,000
EINTRACHT: Kevin Trapp, Marco Russ, Carlos Zambrano, Takashi Inui (46 Johannes Flum), Václav Kadlec (80 Srdjan Lakić), Constant Djakpa, Stefan Aigner, Sebastian Rode (69 Stefano Celozzi), Anderson Bamba, Sebastian Jung, Tranquillo Barnetta. Coach: Armin Veh
FC GIRONDINS de BORDEAUX: Cédric Carrasso, Henrique, Jérémie Bréchet, Diego Rolán, André Poko (69 Fahid Ben Khalfallah), Nicolas Maurice-Belay (64 Maxime Poundjé), Jussiê, Julien Faubert (46 Matthieu Chalmé), Lucas Orban, Abdou Traoré, Grégory Sertic.
Coach: Francis Gillot
Yellow Card: Marco Russ (58), Stefano Celozzi (84) / Diego Rolán (82), Abdou Traoré (90+1).
Red Card: Lucas Orban (61).
Goals: Václav Kadlec (4), Marco Russ (16), Constant Djakpa (52)

MACCABI TEL-AVIV FC – APOEL FC NICOSIA 0-0
Bloomfield, Tel Aviv   19.09.2013   Hour: 20:00
Referees: Carlos Gómez, Javier Rodriguez, Juan Yuste (ESP)   Attendance: 11,772
MACCABI: Juan Pablo, Mané (43 Omri Ben Harush), Eran Zahavi, Maharan Radi (69 Barak Itzhaki), Tal Ben Haim (77 Munas Dabbur), Dor Mikha, Eytan Tibi, Sheran Yeini, Rade Prica, Nikola Mitrović, Carlos García. Coach: Paulo Sousa
APOEL: Urko Pardo, João Guilherme, Marcelo Oliveira, Constantinos Charalambides (78 Cillian Sheridan), Vinicius, Esmaël Gonçalves (86 Hélder Cabral), Christian, Nuno Morais, Haritz Borda, Mário Sérgio, Stathis Aloneftis (90+2 Tiago Gomes). Coach: Paulo Sérgio
Yellow Card: Tal Ben Haim (45+1) / Constantinos Charalambides (41), João Guilherme (90+4).

APOEL FC NICOSIA – EINTRACHT FRANKFURT 0-3 (0-1)
GSP Stadium, Nicosia   03.10.2013   Hour: 22:05
Referees: Alexandru Dan Tudor, Cristian Nica, Aurel Onița (ROM)   Attendance: 13,729
APOEL: Urko Pardo, João Guilherme, Marcelo Oliveira, Tiago Gomes (78 Vinicius), Nektarios Alexandrou, Esmaël Gonçalves, Nuno Morais, Haritz Borda, Mário Sérgio, Stathis Aloneftis (78 Selim Benachour), Hélder Cabral. Coach: Paulo Sérgio
EINTRACHT: Kevin Trapp, Marco Russ, Carlos Zambrano, Bastian Oczipka, Václav Kadlec (74 Joselu), Srdjan Lakić, Johannes Flum, Sebastian Rode (68 Stefano Celozzi), Anderson Bamba, Sebastian Jung, Tranquillo Barnetta (80 Martin Lanig). Coach: Armin Veh
Yellow Card: Esmaël Gonçalves (18), Marcelo Oliveira (64), João Guilherme (66), Haritz Borda (90+2).
Goals: Nektarios Alexandrou (27 og), Srdjan Lakić (59), Sebastian Jung (66)

FC GIRONDINS de BORDEAUX – MACCABI TEL-AVIV FC 1-2 (0-0)
Stade Chaban-Delmas, Bordeaux   03.10.2013   Hour: 21:05
Referees: Michael Koukoulakis, Dimitrios Saraidaris, Christos Baltas (GRE)   Attendance: 7,329
FC GIRONDINS de BORDEAUX: Kevin Olimpa, Jérémie Bréchet, Ludovic Sané, Landry N'Guémo (77 Fahid Ben Khalfallah), Diego Rolán, Hadi Sacko (46 Ludovic Obraniak), Nicolas Maurice-Belay (62 Henri Saivet), Jussiê, Matthieu Chalmé, Abdou Traoré, Maxime Poundjé.
Coach: Francis Gillot
MACCABI: Juan Pablo, Omri Ben Harush, Gal Alberman, Eran Zahavi, Maharan Radi (65 Dor Mikha), Barak Itzhaki (89 Daniel Einbinder), Eytan Tibi, Sheran Yeini, Rade Prica, Omri Altman (46 Nikola Mitrović), Carlos García. Coach: Paulo Sousa
Yellow Card: Jérémie Bréchet (52), Nicolas Maurice-Belay (62), Ludovic Sané (90+3), Ludovic Obraniak (90+3) / Carlos García (63).
Goals: Jussiê (48) / Barak Itzhaki (71), Dor Mikha (80)

FC GIRONDINS de BORDEAUX – APOEL FC NICOSIA 2-1 (1-1)
Stade Chaban-Delmas, Bordeaux   24.10.2013   Hour: 21:05
Referees: Martin Strömbergsson, Joakim Flink, Per Brogevik (SWE)   Attendance: 10,404
FC GIRONDINS de BORDEAUX: Cédric Carrasso, Henrique, Ludovic Obraniak (72 Hadi Sacko), Jérémie Bréchet, Ludovic Sané, Diego Rolán, Henri Saivet (71 Julien Faubert), Matthieu Chalmé, Abdou Traoré, Grégory Sertic (46 Cheick Diabaté), Maxime Poundjé. Coach: Francis Gillot
APOEL: Urko Pardo, João Guilherme, Marcelo Oliveira, Constantinos Charalambides, Nektarios Alexandrou (61 Gustavo Manduca), Vinicius, Esmaël Gonçalves (71 Mario Budimir), Christian, Nuno Morais, Mário Sérgio, Stathis Aloneftis (79 Tiago Gomes). Coach: Giorgos Donis
Yellow Card: Ludovic Sané (73).
Goals: Ludovic Sané (24), Henrique (90) / Esmaël Gonçalves (45)


EINTRACHT FRANKFURT – MACCABI TEL-AVIV FC 2-0 (1-0)
Frankfurt Stadion, Frankfurt am Main   24.10.2013   Hour: 21:05
Referees: Antonio Damato, Massimiliano Grilli, Andrea Padovan (ITA)   Attendance: 40,800
EINTRACHT: Kevin Trapp, Marco Russ (46 Stefan Aigner), Carlos Zambrano, Bastian Oczipka, Václav Kadlec, Alexander Meier (78 Srdjan Lakić), Johannes Flum, Sebastian Rode, Anderson Bamba, Sebastian Jung, Tranquillo Barnetta (68 Takashi Inui). Coach: Armin Veh
MACCABI: Juan Pablo, Omri Ben Harush, Gal Alberman (55 Gael Margolis), Eran Zahavi (74 Omri Altman), Maharan Radi, Tal Ben Haim, Eytan Tibi, Sheran Yeini, Rade Prica (65 Munas Dabbur), Nikola Mitrović, Carlos García. Coach: Paulo Sousa
Yellow Card: Marco Russ (11), Carlos Zambrano (16), Stefan Aigner (54) /
          Tal Ben Haim (30), Nikola Mitrović (69).
Red Card: Tal Ben Haim (34).
Goals: Václav Kadlec (13), Alexander Meier (53)


APOEL FC NICOSIA – FC GIRONDINS de BORDEAUX 2-1 (1-1)
GSP Stadium, Nicosia   07.11.2013   Hour: 20:00
Referees: Sébastien Delferiere, Yves De Neve, Frederick Stalport (BEL)   Attendance: 11,853
APOEL: Urko Pardo, Marcelo Oliveira, Mario Budimir, Constantinos Charalambides (56 Pieros Sotiriou), Nektarios Alexandrou (38 Selim Benachour), Vinicius, Nuno Morais, Haritz Borda, Mário Sérgio, Stathis Aloneftis (88 Athos Solomou), Hélder Cabral. Coach: Giorgos Donis
FC GIRONDINS de BORDEAUX: Cédric Carrasso, Ludovic Obraniak (71 Henri Saivet), Jérémie Bréchet, Ludovic Sané, Landry N'Guémo, Diego Rolán (71 David Bellion), Nicolas Maurice-Belay, Jussiê (71 Hadi Sacko), Julien Faubert, Grégory Sertic, Maxime Poundjé.
Coach: Francis Gillot
Yellow Card: Constantinos Charalambides (23), Vinicius (86), Urko Pardo (90+2), Marcelo Oliveira (90+3) / Landry N'Guémo (37).
Red Card: Mario Budimir (50) / Landry N'Guémo (50).
Goals: Nektarios Alexandrou (14), Nuno Morais (55) / Ludovic Sané (45+2)


MACCABI TEL-AVIV FC – EINTRACHT FRANKFURT 4-2 (3-0)
Bloomfield, Tel Aviv   07.11.2013   Hour: 20:00
Referees: Serge Gumienny, Frank Bleyen, Kristof Meers (BEL)   Attendance: 13,232
MACCABI: Juan Pablo, Omri Ben Harush, Eran Zahavi, Barak Itzhaki (71 Maharan Radi), Munas Dabbur (82 Rade Prica), Daniel Einbinder, Eytan Tibi, Sheran Yeini, Nikola Mitrović, Omri Altman (64 Gael Margolis), Carlos García. Coach: Paulo Sousa
EINTRACHT: Kevin Trapp, Marco Russ, Carlos Zambrano, Takashi Inui, Srdjan Lakić (78 Joselu), Alexander Meier, Constant Djakpa (86 Bastian Oczipka), Stefan Aigner (67 Václav Kadlec), Stephan Schröck, Johannes Flum, Anderson Bamba. Coach: Armin Veh
Yellow Card: Carlos García (45+2), Sheran Yeini (65), Omri Ben Harush (68) /
          Carlos Zambrano (41), Srdjan Lakić (45+2).
Goals: Eran Zahavi (14, 90+4 pen), Barak Itzhaki (30, 35) /
       Srdjan Lakić (63), Alexander Meier (67 pen)

FC GIRONDINS de BORDEAUX – EINTRACHT FRANKFURT 0-1 (0-0)
Stade Chaban-Delmas, Bordeaux    28.11.2013    Hour: 21:05
Referees: Alberto Undiano Mallenco, Raúl Cabanero Martínez, Roberto Díaz Pérez del Palomar (ESP)    Attendance: 19,013
FC GIRONDINS de BORDEAUX: Cédric Carrasso, Henrique, Ludovic Sané, Diego Rolán, Henri Saivet, Cheick Diabaté, Nicolas Maurice-Belay (65 Jussiê), Julien Faubert, Abdou Traoré (75 Ludovic Obraniak), Marc Planus (46 Grégory Sertic), Maxime Poundjé. Coach: Francis Gillot
EINTRACHT: Kevin Trapp, Carlos Zambrano, Bastian Oczipka, Joselu (46 Stephan Schröck), Václav Kadlec (79 Srdjan Lakić), Johannes Flum, Sebastian Rode (67 Martin Lanig), Sebastian Jung, Tranquillo Barnetta, Pirmin Schwegler, Marc-Oliver Kempf. Coach: Armin Veh
Yellow Card: Maxime Poundjé (47), Julien Faubert (73) /
    Sebastian Rode (42), Bastian Oczipka (55), Pirmin Schwegler (66), Tranquillo Barnetta (84)
Goal: Martin Lanig (83)

APOEL FC NICOSIA – MACCABI TEL-AVIV FC 0-0
GSP Stadium, Nicosia    28.11.2013    Hour: 22:05
Referees: István Vad, Istvan Albert, Zsolt Attila Szpisjak (HUN)    Attendance: 13,052
APOEL: Urko Pardo, Marcelo Oliveira, Constantinos Charalambides (75 Cillian Sheridan), Vinicius, Gustavo Manduca (62 Esmaël Gonçalves), Nuno Morais, Haritz Borda, Mário Sérgio, Stathis Aloneftis, Hélder Cabral, Athos Solomou (46 Nektarios Alexandrou).
Coach: Giorgos Donis
MACCABI: Juan Pablo, Omri Ben Harush, Maharan Radi (86 Gal Alberman), Barak Itzhaki (81 Omri Altman), Tal Ben Haim, Daniel Einbinder, Eytan Tibi, Sheran Yeini, Rade Prica (68 Munas Dabbur), Nikola Mitrović, Carlos García. Coach: Paulo Sousa
Yellow Card: Marcelo Oliveira (86) / Maharan Radi (73), Tal Ben Haim (75).

EINTRACHT FRANKFURT – APOEL FC NICOSIA 2-0 (0-0)
Frankfurt Stadion, Frankfurt am Main    12.12.2013    Hour: 19:00
Referees: Stephan Studer, Sandro Pozzi, Jean-Yves Wicht (SUI)    Attendance: 32,400
EINTRACHT: Felix Wiedwald, Marco Russ, Jan Rosenthal, Takashi Inui (78 Marvin Bakalorz), Srdjan Lakić (69 Joselu), Constant Djakpa, Stephan Schröck, Johannes Flum, Stefano Celozzi, Anderson Bamba, Tranquillo Barnetta (61 Sonny Kittel). Coach: Armin Veh
APOEL: Dionisios Chiotis, João Guilherme, Kostakis Artymatas, Cillian Sheridan, Constantinos Charalambides (46 Vinicius), Nektarios Alexandrou, Marios Antoniades (64 Christian), Pieros Sotiriou, Nuno Morais (46 Gustavo Manduca), Haritz Borda, Athos Solomou.
Coach: Giorgos Donis
Yellow Card: Stephan Schröck (35) /
    Athos Solomou (37), Vinicius (63), Gustavo Manduca (77), Christian (80).
Goals: Stephan Schröck (68), Constant Djakpa (77)

MACCABI TEL-AVIV FC – FC GIRONDINS de BORDEAUX 1-0 (0-0)
Bloomfield, Tel Aviv    12.12.2013    Hour: 20:00
Referees: Serhiy Boiko, Serhiy Bekker, Volodymyr Volodin (UKR)    Attendance: 11,732
M. TEL-AVIV: Juan Pablo, Omri Ben Harush, Gal Alberman, Eran Zahavi (78 Yoav Ziv), Maharan Radi, Barak Itzhaki, Munas Dabbur, Eytan Tibi, Sheran Yeini, Omri Altman (73 Tal Ben Haim), Carlos García. Coach: Paulo Sousa
FC GIRONDINS de BORDEAUX: Kevin Olimpa, Vujadin Savić, Jérémie Bréchet, Fahid Ben Khalfallah, Diego Rolán, David Bellion, Hadi Sacko, Matthieu Chalmé, Marc Planus, Maxime Poundjé, Sessi D'Almeida (75 Theo Pellenard). Coach: Francis Gillot
Yellow Card: Barak Itzhaki (52), Eytan Tibi (65) / Matthieu Chalmé (8), Fahid Ben Khalfallah (79)
Red Card: Matthieu Chalmé (73).
Goal: Eran Zahavi (74 pen)

| | | | | | | | |
|---|---|---|---|---|---|---|---|
| Eintracht Frankfurt | 6 | 5 | 0 | 1 | 13 | 4 | 15 |
| Maccabi Tel Aviv FC | 6 | 3 | 2 | 1 | 7 | 5 | 11 |
| APOEL FC Nicosia | 6 | 1 | 2 | 3 | 3 | 8 | 5 |
| FC Girondins de Bordeaux | 6 | 1 | 0 | 5 | 4 | 10 | 3 |

# GROUP G

FC DYNAMO KYIV – KRC GENK 0-1 (0-0)
NSK Olimpiyskyi, Kyiv   19.09.2013   Hour: 22:05   Attendance: 30,345
Referees: Tasos Sidiropoulos, Damianos Efthimiadis, Gagas Dimitrios (GRE)
DYNAMO: Maxym Koval, Danilo Silva, Ognjen Vukojević, Jeremain Lens, Andriy Yarmolenko, Ideye Brown (56 Dieumerci Mbokani), Domagoj Vida, Lukman Haruna (71 Oleh Gusev), Benoît Trémoulinas, Yevhen Khacheridi, Younes Belhanda (46 Roman Bezus). Coach: Oleh Blokhin
KRC GENK: László Köteles, Serigne Mbodji, Katuku Tshimanga, Kalidou Koulibaly, Khaleem Hyland, Jelle Vossen (79 Steven Joseph-Monrose), Fabien Camus (90 Anthony Limbombe), Anele Ngongca, Thomas Buffel, Bennard Kumordzi, Ilombe Mboyo (31 Julien Gorius).
Coach: Mario Been
Yellow Card: Domagoj Vida (47) / Thomas Buffel (61), Fabien Camus (90), László Köteles (90+3)
Goal: Julien Gorius (62)

FC THUN 1898 – SK RAPID WIEN 1-0 (1-0)
Arena Thun   19.09.2013   Hour: 21:05
Referees: Anastassios Kakos, Dimitris Tatsis, Michael Karsiotis (GRE)   Attendance: 7,022
THUN: Guillaume Faivre, Fulvio Sulmoni, Luca Zuffi, Marco Schneuwly (80 Berat Sadik), Dennis Hediger, Christian Schneuwly, Thomas Reinmann, Enrico Schirinzi, Andreas Wittwer (73 Nelson Ferreira), Benjamin Lüthi, Sekou Sanogo Junior. Coach: Urs Fischer
RAPID: Ján Novota, Thomas Schrammel, Thanos Petsos, Mario Sonnleitner, Steffen Hofmann (63 Terrence Boyd), Christopher Dibon, Louis Schaub, Marcel Sabitzer, Christopher Trimmel, Guido Burgstaller (80 Brian Behrendt), Branko Bošković (80 Lukas Grozurek). Coach: Zoran Barisic
Yellow Card: Enrico Schirinzi (29), Christian Schneuwly (61) /
   Lukas Grozurek (88), Mario Sonnleitner (90+1).
Goal: Christian Schneuwly (35)

SK RAPID WIEN – FC DYNAMO KYIV 2-2 (0-2)
Ernst-Happel-Stadion, Wien   03.10.2013   Hour: 19:00
Referees: Mike Dean, Jake Collin, Simon Bennett (ENG)   Attendance: 34,800
RAPID: Ján Novota, Brian Behrendt, Thanos Petsos, Mario Sonnleitner, Terrence Boyd, Stephan Palla, Christopher Dibon, Louis Schaub, Marcel Sabitzer, Christopher Trimmel, Guido Burgstaller (74 Lukas Grozurek). Coach: Zoran Barisic
DYNAMO: Maxym Koval, Danilo Silva, Miguel Veloso, Aleksandar Dragovic, Jeremain Lens (87 Oleh Gusev), Andriy Yarmolenko, Sergii Sydorchuk (46 Ognjen Vukojević), Benoît Trémoulinas, Yevhen Khacheridi, Dieumerci Mbokani, Younes Belhanda (74 Lukman Haruna).
Coach: Oleh Blokhin
Yellow Card: Mario Sonnleitner (40), Brian Behrendt (43), Terrence Boyd (52), Louis Schaub (77) / Sergii Sydorchuk (4), Ognjen Vukojević (84), Maxym Koval (90+1).
Goals: Guido Burgstaller (53), Christopher Trimmel (90+4) /
   Andriy Yarmolenko (30), Christopher Dibon (34 og)

KRC GENK – FC THUN 1898 2-1 (0-0)
KRC Genk Arena, Genk   03.10.2013   Hour: 19:00
Referees: Bobby Madden, Alasdair Ross, Stuart Stevenson (SCO)   Attendance: 11,559
KRC GENK: László Köteles, Serigne Mbodji, Katuku Tshimanga, Kalidou Koulibaly, Jelle Vossen, Julien Gorius, Fabien Camus (88 Siebe Schrijvers), Anele Ngongca, Thomas Buffel (73 Anthony Limbombe), Benjamin De Ceulaer (64 Ayub Masika), Bennard Kumordzi.
Coach: Mario Been
THUN: Guillaume Faivre, Lukas Schenkel, Michael Siegfried, Josef Martínez, Marco Schneuwly (60 Berat Sadik), Cássio (64 Christian Schneuwly), Dennis Hediger, Nelson Ferreira (72 Milos Krstić), Thomas Reinmann, Andreas Wittwer, Benjamin Lüthi. Coach: Urs Fischer
Yellow Card: Serigne Mbodji (11), Kalidou Koulibaly (53) /
   Dennis Hediger (15), Andreas Wittwer (48), Lukas Schenkel (68).
Goals: Julien Gorius (55), Jelle Vossen (63) / Josef Martínez (90+3)

KRC GENK – SK RAPID WIEN 1-1 (1-0)
KRC Genk Arena, Genk    24.10.2013    Hour: 19:00
Referees: Antony Gautier, Guillaume Debart, Nicolas Danos (FRA)    Attendance: 14,142
KRC GENK: László Köteles, Serigne Mbodji, Katuku Tshimanga, Kalidou Koulibaly, Jelle Vossen, Julien Gorius, Fabien Camus (77 Khaleem Hyland), Anele Ngongca, Thomas Buffel (69 Ayub Masika), Benjamin De Ceulaer, Bennard Kumordzi. Coach: Mario Been
RAPID: Ján Novota, Thanos Petsos, Mario Sonnleitner, Terrence Boyd, Steffen Hofmann (81 Dominik Starkl), Stephan Palla (61 Thomas Schrammel), Christopher Dibon, Louis Schaub, Marcel Sabitzer, Christopher Trimmel, Branko Bošković (74 Brian Behrendt). Coach: Zoran Barisic
Yellow Card: Bennard Kumordzi (44), Jelle Vossen (83) /
    Christopher Trimmel (50), Steffen Hofmann (73).
Goals: Julien Gorius (21) / Marcel Sabitzer (82)


FC DYNAMO KYIV – FC THUN 1898 3-0 (1-0)
NSK Olimpiyskyi, Kyiv    24.10.2013    Hour: 20:00
Referees: Halis Özkahya, Çem Satman, Kemal Yilmaz (TUR)    Attendance: 26,042
DYNAMO: Olexandr Shovkovskiy, Danilo Silva, Miguel Veloso, Aleksandar Dragovic, Jeremain Lens, Andriy Yarmolenko (70 Sergii Sydorchuk), Lukman Haruna (70 Oleh Gusev, 82 Roman Bezus), Yevhen Makarenko, Yevhen Khacheridi, Dieumerci Mbokani, Younes Belhanda.
Coach: Oleh Blokhin
THUN: Guillaume Faivre, Lukas Schenkel, Luca Zuffi, Josef Martínez (65 Nelson Ferreira), Marco Schneuwly (61 Berat Sadik), Dennis Hediger, Christian Schneuwly (76 Mathieu Salamand), Thomas Reinmann, Enrico Schirinzi, Benjamin Lüthi, Sekou Sanogo Junior. Coach: Urs Fischer
Yellow Card: Danilo Silva (14), Andriy Yarmolenko (40), Jeremain Lens (83) /
    Christian Schneuwly (19), Benjamin Lüthi (88).
Goals: Andriy Yarmolenko (35), Dieumerci Mbokani (60), Oleh Gusev (78)


SK RAPID WIEN – KRC GENK 2-2 (2-1)
Ernst-Happel-Stadion, Wien    07.11.2013    Hour: 21:05
Referees: Fırat Aydınus, Serkan Ok, Alek Tascioglu (TUR)    Attendance: 34,300
RAPID: Ján Novota, Thomas Schrammel, Thanos Petsos, Mario Sonnleitner, Terrence Boyd, Steffen Hofmann (87 Dominik Starkl), Christopher Dibon, Louis Schaub, Marcel Sabitzer (77 Guido Burgstaller), Christopher Trimmel, Branko Bošković (82 Brian Behrendt).
Coach: Zoran Barisic
KRC GENK: László Köteles, Serigne Mbodji, Katuku Tshimanga, Kalidou Koulibaly, Khaleem Hyland, Jelle Vossen, Julien Gorius, Fabien Camus (90 Bennard Kumordzi), Anele Ngongca, Thomas Buffel, Benjamin De Ceulaer. Coach: Mario Been
Yellow Card: Ján Novota (27), Steffen Hofmann (80), Guido Burgstaller (90+3).
Goals: Terrence Boyd (40, 45+2) / Serigne Mbodji (28 pen), Thomas Buffel (60)


FC THUN 1898 – FC DYNAMO KYIV 0-2 (0-1)
Arena Thun    07.11.2013    Hour: 21:05
Referees: Clément Turpin, Nicolas Danos, Eric Dansault (FRA)    Attendance: 6,523
THUN: Guillaume Faivre, Lukas Schenkel, Berat Sadik, Josef Martínez, Cássio (69 Marco Schneuwly), Dennis Hediger, Christian Schneuwly (70 Nelson Ferreira), Thomas Reinmann, Andreas Wittwer (74 Luca Zuffi), Benjamin Lüthi, Sekou Sanogo Junior. Coach: Urs Fischer
FC DYNAMO KYIV: Olexandr Shovkovskiy, Danilo Silva, Miguel Veloso, Aleksandar Dragovic (60 Domagoj Vida), Andriy Yarmolenko, Sergii Sydorchuk (46 Ognjen Vukojević), Oleh Gusev (89 Yevhen Makarenko), Benoît Trémoulinas, Yevhen Khacheridi, Dieumerci Mbokani, Younes Belhanda. Coach: Oleh Blokhin
Yellow Card: Christian Schneuwly (42), Luca Zuffi (79) / Dieumerci Mbokani (17), Sergii Sydorchuk (33), Aleksandar Dragovic (42), Ognjen Vukojević (57), Andriy Yarmolenko (90).
Red Card: Dieumerci Mbokani (17).
Goals: Lukas Schenkel (29 og), Andriy Yarmolenko (69)

KRC GENK – FC DYNAMO KYIV 3-1 (3-1)
KRC Genk Arena, Genk    28.11.2013    Hour: 19:00
Referees: Duarte Gomes, Venâncio Tomé, Antonio Godinho (POR)    Attendance: 13,337
KRC GENK: László Köteles, Serigne Mbodji, Katuku Tshimanga, Kalidou Koulibaly, Khaleem Hyland, Jelle Vossen, Julien Gorius, Fabien Camus (18 Benjamin De Ceulaer), Anele Ngongca (53 Jeroen Simaeys), Thomas Buffel, Bennard Kumordzi. Coach: Mario Been
DYNAMO: Maxym Koval, Miguel Veloso, Aleksandar Dragovic, Jeremain Lens (55 Roman Bezus), Andriy Yarmolenko, Ideye Brown, Sergii Sydorchuk, Oleh Gusev, Benoît Trémoulinas, Yevhen Khacheridi, Younes Belhanda (72 Yevhen Makarenko). Coach: Oleh Blokhin
Yellow Card: Thomas Buffel (43), Benjamin De Ceulaer (45+1), Bennard Kumordzi (78) /
    Yevhen Khacheridi (16), Sergii Sydorchuk (52), Younes Belhanda (59).
Goals: Jelle Vossen (17 pen), Bennard Kumordzi (37), Benjamin De Ceulaer (40) /
    Andriy Yarmolenko (9)

SK RAPID WIEN – FC THUN 1898 2-1 (1-0)
Ernst-Happel-Stadion, Wien    28.11.2013    Hour: 19:00
Referees: Pawel Gil, Piotr Sadczuk, Marcin Borkowski (POL)    Attendance: 34,300
RAPID: Ján Novota, Thomas Schrammel, Thanos Petsos, Mario Sonnleitner, Terrence Boyd, Steffen Hofmann (86 Dominik Starkl), Christopher Dibon, Marcel Sabitzer (80 Louis Schaub), Christopher Trimmel, Guido Burgstaller, Branko Bošković (65 Brian Behrendt).
Coach: Zoran Barisic
THUN: Guillaume Faivre, Fulvio Sulmoni, Luca Zuffi (59 Berat Sadik), Michael Siegfried, Marco Schneuwly, Dennis Hediger, Nelson Ferreira (59 Josef Martínez), Thomas Reinmann (46 Lukas Schenkel), Enrico Schirinzi, Andreas Wittwer, Benjamin Lüthi. Coach: Urs Fischer
Yellow Card: Dominik Starkl (87) / Benjamin Lüthi (37), Luca Zuffi (55), Fulvio Sulmoni (90+3).
Goals: Terrence Boyd (17), Branko Bošković (64) / Berat Sadik (62)

FC DYNAMO KYIV – SK RAPID WIEN 3-1 (2-1)
NSK Olimpiyskyi, Kyiv    12.12.2013    Hour: 22:05
Referees: Björn Kuipers, Sander van Roekel, Erwin Zeinstra (NED)    Attendance: 18,752
DYNAMO: Olexandr Shovkovskiy, Miguel Veloso, Ognjen Vukojević, Aleksandar Dragovic, Jeremain Lens (71 Dudu), Andriy Yarmolenko, Ideye Brown, Oleh Gusev, Yevhen Makarenko, Yevhen Khacheridi, Younes Belhanda (83 Roman Bezus). Coach: Oleh Blokhin
RAPID: Ján Novota, Thomas Schrammel, Thanos Petsos, Mario Sonnleitner, Terrence Boyd, Steffen Hofmann (69 Louis Schaub), Christopher Dibon, Marcel Sabitzer (46 Dominik Starkl), Christopher Trimmel, Guido Burgstaller, Branko Bošković (68 Brian Behrendt).
Coach: Zoran Barisic
Yellow Card: Andriy Yarmolenko (76) / Christopher Trimmel (33), Terrence Boyd (56).
Goals: Jeremain Lens (22), Oleh Gusev (28), Miguel Veloso (70) / Terrence Boyd (6)

FC THUN 1898 – KRC GENK 0-1 (0-1)
Arena Thun    12.12.2013    Hour: 21:05
Referees: Alexandru Tudor, Cristian Nica, Aurel Onita (ROM)    Attendance: 5,185
THUN: David Moser, Lukas Schenkel, Fulvio Sulmoni, Michael Siegfried, Milos Krstić (59 Berat Sadik), Marco Schneuwly, Dennis Hediger, Christian Schneuwly (59 Josef Martínez), Nelson Ferreira (71 Cássio), Andreas Wittwer, Benjamin Lüthi. Coach: Urs Fischer
KRC GENK: Kristof Van Hout, Serigne Mbodji, Katuku Tshimanga, Jelle Vossen (63 Youssef Makraou), Jeroen Simaeys, Anthony Limbombe, Ayub Masika, Siebe Schrijvers (76 Julien Gorius), Pieter Gerkens, Sandy Walsh, Bennard Kumordzi (84 Anele Ngongca).
Coach: Mario Been
Yellow Card: Josef Martínez (87) / Siebe Schrijvers (10).
Goal: Jelle Vossen (31)

| KRC Genk | 6 | 4 | 2 | 0 | 10 | 5 | 14 |
| FC Dynamo Kyiv | 6 | 3 | 1 | 2 | 11 | 7 | 10 |
| SK Rapid Wien | 6 | 1 | 3 | 2 | 8 | 10 | 6 |
| FC Thun 1898 | 6 | 1 | 0 | 5 | 3 | 10 | 3 |

# GROUP H

SC FREIBURG – FC SLOVAN LIBEREC 2-2 (2-0)
Freiburg Stadion    19.09.2013    Hour: 21:05
Referees: Cristian Balaj, Sebastian Gheorghe, Ovidiu Artene (ROM)    Attendance: 14,100
FREIBURG: Oliver Baumann, Pavel Krmaš, Gelson Fernandes, Mike Hanke (79 Sebastian Freis), Admir Mehmedi (90 Francis Coquelin), Jonathan Schmid, Julian Schuster, Oliver Sorg, Matthias Ginter, Christian Günter, Sebastian Kerk (66 Karim Guédé). Coach: Christian Streich
SLOVAN: Přemysl Kovář, Renáto Kelić, David Pavelka, Serhiy Rybalka, Martin Frýdek (46 Josef Šural), Isaac Sackey (62 Vladyslav Kalitvintsev), Ondřej Kušnír, Radoslav Kováč, Michael Rabušic, Jiří Fleišman, Dzon Delarge. Coach: Jaroslav Šilhavý
Yellow Card: Julian Schuster (41), Karim Guédé (76) /
    Ondřej Kušnír (20), Serhiy Rybalka (32), Renáto Kelić (42), Michael Rabušic (70).
Red Card: Karim Guédé (78) / Serhiy Rybalka (90+1).
Goals: Julian Schuster (23 pen), Admir Mehmedi (35) /
    Vladyslav Kalitvintsev (67), Michael Rabušic (74)

GD ESTORIL PRAIA – SEVILLA FC 1-2 (0-0)
António Coimbra Da Mota, Estoril    19.09.2013    Hour: 20:05
Referees: Alon Yefet, Shabtai Nahmias, Danny Krasikow (ISR)    Attendance: 4,154
ESTORIL: Vagner, Yohan Tavares, Bruno Miguel, Javier Balboa (64 Gerso), Filipe Gonçalves (79 João Pedro Galvão), Luís Leal, Mano (72 Anderson Luiz), Gonçalo, Evandro, Sebá, Babanco.
Coach: Marco Silva
SEVILLA: Javi Varas, Fernando Navarro, Cala, Diogo Figueiras, Marko Marin, Carlos Bacca (65 Kevin Gameiro), Vicente Iborra (66 Ivan Rakitić), Bryan Rabello (72 Jairo Samperio), Alberto Moreno, Víctor Machín, Stéphane Mbia. Coach: Unai Emery
Yellow Card: Babanco (29), Evandro (39) / Stéphane Mbia (39).
Goals: Bruno Miguel (61) / Víctor Machín (59), Kevin Gameiro (77)

SEVILLA FC – SC FREIBURG 2-0 (0-0)
Estadio Ramón Sánchez Pizjuán, Seville    03.10.2013    Hour: 19:00    Attendance: 17,041
Referees: Vladislav Bezborodov, Nikolai Golubev, Vyacheslav Semenov (RUS)
SEVILLA: Javi Varas, Cala, Diogo Figueiras, Carlos Bacca, Diego Perotti (77 Bryan Rabello), Ivan Rakitić (88 Sebastián Cristóforo), Vicente Iborra, Piotr Trochowski (56 Marko Marin), Alberto Moreno, Jairo Samperio, Nicolas Pareja. Coach: Unai Emery
FREIBURG: Oliver Baumann, Fallou Diagné, Gelson Fernandes, Mike Hanke, Francis Coquelin (61 Admir Mehmedi), Oliver Sorg, Nicolas Höfler, Matthias Ginter, Tim Albutat (61 Sebastian Kerk), Christian Günter, Felix Klaus (69 Sebastian Freis). Coach: Christian Streich
Yellow Card: Vicente Iborra (55), Diego Perotti (64) / Fallou Diagné (56).
Red Card: Fallou Diagné (62).
Goals: Diego Perotti (63 pen), Carlos Bacca (90+1)

FC SLOVAN LIBEREC – GD ESTORIL PRAIA 2-1 (1-1)
U Nisy, Liberec    03.10.2013    Hour: 19:00
Referees: Kenn Hansen, Jakob Bille, Lars Rix (DEN)    Attendance: 7,500
SLOVAN: Přemysl Kovář, Renáto Kelić, Vladimír Coufal, David Pavelka, Martin Frýdek, Isaac Sackey, Radoslav Kováč, Michael Rabušic (90+3 Jiří Pimpara), Josef Šural (90 Vojtěch Hadaščok), Jiří Fleišman, Dzon Delarge (77 Vladyslav Kalitvintsev). Coach: Jaroslav Šilhavý
ESTORIL: Vagner, Bruno Miguel, Anderson Luiz (83 Javier Balboa), Filipe Gonçalves (70 Gerso), Luís Leal, João Pedro Galvão (62 Yohan Tavares), Mano, Gonçalo, Evandro, Sebá, Rúben Fernandes. Coach: Marco Silva
Yellow Card: Isaac Sackey (65), Vladimír Coufal (69) / Bruno Miguel (22), Gonçalo (40).
Red Card: Isaac Sackey (83) / Bruno Miguel (38).
Goals: Josef Šural (15), Radoslav Kováč (62) / Luís Leal (45)

FC SLOVAN LIBEREC – SEVILLA FC 1-1 (1-0)
U Nisy, Liberec   24.10.2013   Hour: 19:00
Referees: Mike Dean, Jake Collin, Simon Long (ENG)   Attendance: 7,700
FC SLOVAN LIBEREC: Přemysl Kovář, Renáto Kelić, Luboš Hušek (64 Vladyslav Kalitvintsev, 90+1 Šuboš Kolár), David Pavelka, Serhiy Rybalka, Ondřej Kušnír, Radoslav Kováč, Michael Rabušic, Josef Šural, Jiří Fleišman, Dzon Delarge (79 Lukáš Hroššo). Coach: Jaroslav Šilhavý
SEVILLA: Javi Varas, Fernando Navarro (74 Alberto Moreno), Cala, Sebastián Cristóforo, Diego Perotti, Vicente Iborra, Bryan Rabello (57 Carlos Bacca), Kevin Gameiro, José Antonio Reyes (57 Víctor Machín), Nicolas Pareja, Coke. Coach: Unai Emery
Yellow Card: David Pavelka (65), Ondřej Kušnír (80) / Coke (42), Alberto Moreno (76).
Red Card: Přemysl Kovář (78).
Goals: Michael Rabušic (20) / Víctor Machín (88)


SC FREIBURG – GD ESTORIL PRAIA 1-1 (1-0)
Freiburg Stadion, Freiburg   24.10.2013   Hour: 19:00
Referees: Stanislav Todorov, Veselin Dobriyanov, Ivo Kolev (BUL)   Attendance: 14,500
FREIBURG: Oliver Baumann, Gelson Fernandes (46 Nicolas Höfler), Vegar Hedenstad (66 Václav Pilař), Vladimír Darida (77 Mike Hanke), Admir Mehmedi, Jonathan Schmid, Francis Coquelin, Julian Schuster, Nicolai Lorenzoni, Matthias Ginter, Immanuel Höhn. Coach: Christian Streich
ESTORIL: Vagner, Yohan Tavares, Filipe Gonçalves, Luís Leal (79 Javier Balboa), João Pedro Galvão (69 Carlitos), Mano, Gonçalo, Evandro, Sebá (89 Bruno Lopes), Rúben Fernandes, Babanco. Coach: Marco Silva
Yellow Card: Gelson Fernandes (40) / Gonçalo (57), Filipe Gonçalves (83).
Goals: Vladimír Darida (11) / Sebá (53)


SEVILLA FC – FC SLOVAN LIBEREC 1-1 (1-0)
Estadio Ramón Sánchez Pizjuán, Seville   07.11.2013   Hour: 21:05
Referees: Szymon Marciniak, Paweł Sokolnicki, Tomasz Listkiewicz (POL)   Attendance: 15,178
SEVILLA: Javier Varas, Federico Fazio, Fernando Navarro, Cala, Sebastián Cristóforo, Diego Perotti (80 Vitolo), Bryan Rabello (69 Ivan Rakitić), José Antonio Reyes, Coke, Raul Rusescu (77 Carlos Bacca), Stéphane Mbia. Coach: Unai Emery
SLOVAN: Lukáš Hroššo, Renáto Kelić, David Pavelka, Serhiy Rybalka (70 Vladimír Coufal), Martin Frýdek, Isaac Sackey, Radoslav Kováč, Michael Rabušic (90+2 Luboš Hušek), Josef Šural, Jiří Fleišman, Dzon Delarge (63 Vladyslav Kalitvintsev). Coach: Jaroslav Šilhavý
Yellow Card: Cala (22), Sebastián Cristóforo (45+2), Stéphane Mbia (90+3) /
            Martin Frýdek (10), Radoslav Kováč (28), Isaac Sackey (77), Josef Šural (90+2).
Goals: Diego Perotti (29) / David Pavelka (71)


GD ESTORIL PRAIA – SC FREIBURG 0-0
António Coimbra Da Mota, Estoril   07.11.2013   Hour: 20:05
Referees: Marcin Borski, Rafal Rostkowski, Sebastian Mucha (POL)   Attendance: 2,014
ESTORIL: Vagner, Yohan Tavares, Filipe Gonçalves (81 João Pedro Galvão), Luís Leal (81 Bruno Lopes), Mano, Gonçalo, Evandro, Sebá, Carlitos (66 Javier Balboa), Rúben Fernandes, Babanco. Coach: Marco Silva
FREIBURG: Oliver Baumann, Pavel Krmaš, Fallou Diagné, Vladimír Darida (66 Sebastian Freis), Václav Pilař, Francis Coquelin (69 Christian Günter), Oliver Sorg, Nicolai Lorenzoni, Nicolas Höfler, Karim Guédé, Sebastian Kerk (46 Admir Mehmedi). Coach: Christian Streich
Yellow Card: Carlitos (4), Rúben Fernandes (85) /
            Karim Guédé (29), Nicolas Höfler (33), Fallou Diagné (57).
Red Card: Nicolas Höfler (86), Karim Guédé (88).

FC SLOVAN LIBEREC – SC FREIBURG 1-2 (0-1)
U Nisy, Liberec   28.11.2013   Hour: 19:00
Referees: Martin Hansson, Stefan Wittberg, Henrik Andren (SWE)   Attendance: 8,800
SLOVAN: Přemysl Kovář, Renáto Kelić, David Pavelka, Serhiy Rybalka, Isaac Sackey, Ondřej Kušnír, Radoslav Kováč, Michael Rabušic, Josef Šural (77 Vladyslav Kalitvintsev), Jiří Fleišman, Dzon Delarge (58 Martin Frýdek). Coach: Jaroslav Šilhavý
FREIBURG: Oliver Baumann, Pavel Krmaš, Fallou Diagné, Gelson Fernandes, Mike Hanke, Francis Coquelin, Oliver Sorg, Nicolai Lorenzoni (90+1 Immanuel Höhn), Matthias Ginter (89 Tim Albutat), Christian Günter, Sebastian Kerk (60 Sebastian Freis). Coach: Christian Streich
Yellow Card: Isaac Sackey (29), Ondřej Kušnír (41), Michael Rabušic (54) /
   Pavel Krmaš (45+3), Gelson Fernandes (69), Francis Coquelin (90+1).
Goals: Serhiy Rybalka (81) / Matthias Ginter (23), Francis Coquelin (73)

SEVILLA FC – GD ESTORIL PRAIA 1-1 (1-0)
Estadio Ramón Sánchez Pizjuán, Sevilla   28.11.2013   Hour: 19:00   Attendance: 12,557
Referees: Tasos Sidiropoulos, Dimitrios Saraidaris, Damianos Efthimiadis (GRE)
SEVILLA: Javier Varas, Federico Fazio, Cala, Sebastián Cristóforo, Diego Perotti (67 Vitolo), Ivan Rakitić, Alberto Moreno, Kevin Gameiro, José Antonio Reyes (81 Jairo Samperio), Coke, Stéphane Mbia (61 Vicente Iborra). Coach: Unai Emery
ESTORIL: Vagner, Yohan Tavares, Filipe Gonçalves (62 João Pedro Galvão), Luís Leal, Mano, Gonçalo, Evandro (76 Javier Balboa), Sebá (83 Bruno Lopes), Carlitos, Rúben Fernandes, Babanco. Coach: Marco Silva
Yellow Card: Alberto Moreno (48), Federico Fazio (57), Vicente Iborra (90+3) / Sebá (50).
Goals: Kevin Gameiro (7) / Rúben Fernandes (90)

SC FREIBURG – SEVILLA FC 0-2 (0-1)
Freiburg Stadion, Freiburg   12.12.2013   Hour: 21:05
Referees: Tony Chapron, Cyril Gringore, Eric Dansault (FRA)   Attendance: 15,700
FREIBURG: Oliver Baumann, Pavel Krmaš, Gelson Fernandes (75 Václav Pilař), Vladimír Darida, Admir Mehmedi, Oliver Sorg, Nicolai Lorenzoni (58 Sebastian Kerk), Nicolas Höfler, Matthias Ginter, Christian Günter, Immanuel Höhn. Coach: Christian Streich
SEVILLA: Javier Varas, Fernando Navarro, Cala, Daniel Carriço, Sebastián Cristóforo (78 Federico Fazio), Carlos Bacca (73 Raul Rusescu), Diego Perotti (87 Piotr Trochowski), Ivan Rakitić, Vicente Iborra, Jairo Samperio, Coke. Coach: Unai Emery
Yellow Card: Vladimír Darida (13), Nicolas Höfler (60) /
Cala (25), Jairo Samperio (70), Fernando Navarro (72), Carlos Bacca (73), Raul Rusescu (90+4)
Goals: Vicente Iborra (40), Raul Rusescu (90+4)

GD ESTORIL PRAIA – FC SLOVAN LIBEREC 1-2 (0-1)
António Coimbra Da Mota, Estoril   12.12.2013   Hour: 20:05
Referees: Halis Özkahya, Çem Satman, Kemal Yilmaz (TUR)   Attendance: 1,274
ESTORIL: Vagner (27 Ricardo Ribeiro), Yohan Tavares, Javier Balboa, Filipe Gonçalves (63 Evandro), Gerso (63 Sebá), João Pedro Galvão, Mano, João Pedro, Diogo Amado, Babanco, Bruno Lopes. Coach: Marco Silva
SLOVAN: Lukáš Hrošso, Miloš Karišik, David Pavelka, Vladyslav Kalitvintsev (70 Šuboš Kolár), Serhiy Rybalka, Martin Frýdek, Isaac Sackey (81 Luboš Hušek), Radoslav Kováč, Michael Rabušic (89 Jiří Pimpara), Josef Šural, Jiří Fleišman. Coach: Jaroslav Šilhavý
Yellow Card: Evandro (63) / Michael Rabušic (58), Miloš Karišik (88).
Goals: Sebá (82) / Josef Šural (18), Michael Rabušic (70)

| | | | | | | | |
|---|---|---|---|---|---|---|---|
| Sevilla FC | 6 | 3 | 3 | 0 | 9 | 4 | 12 |
| FC Slovan Liberec | 6 | 2 | 3 | 1 | 9 | 8 | 9 |
| SC Freiburg | 6 | 1 | 3 | 2 | 5 | 8 | 6 |
| GD Estoril Praia | 6 | 0 | 3 | 3 | 5 | 8 | 3 |

# GROUP I

REAL BETIS BALOMPIÉ – OLYMPIQUE LYONNAIS 0-0
Benito Villamarín, Seville    19.09.2013    Hour: 21:05
Referees: Stefan Johannesson, Magnus Sjöblom, Daniel Gustavsson (SWE)    Attendance: 22,404
BETIS: Stephan Andersen, Álvaro Vadillo (55 Juanfran), Chuli, Joan Verdú (67 Salvador Sevilla), Dídac Vilà, Damien Perquis (78 Antonio Amaya), Markus Steinhöfer, Nosa, Lorenzo Reyes, Cedric, Jordi. Coach: Pepe Mel
OLYMPIQUE LYONNAIS: Anthony Lopes, Henri Bedimo, Bakary Koné, Clément Grenier (90 Arnold Mvuemba), Alexandre Lacazette, Jordan Ferri, Mouhamadou Dabo (78 Gueïda Fofana), Bafétimbi Gomis (68 Nabil Fekir), Jimmy Briand, Maxime Gonalons, Samuel Umtiti.
Coach: Rémi Garde
Yellow Card: Markus Steinhöfer (25), Jordi (62) /
    Maxime Gonalons (32), Mouhamadou Dabo (34), Clément Grenier (50).

VITÓRIA SC GUIMARÃES – HNK RIJEKA 4-0 (1-0)
Estádio D. Afonso Henriques, Guimarães    19.09.2013    Hour: 20:05
Referees: Aleksei Kulbakov, Dmitri Zhuk, Andrei Getikov (BLR)    Attendance: 9,794
VITÓRIA: Douglas, Luís Rocha, Moreno, André André, Paulo Oliveira, Nii Plange (73 Marco Matias), Moussa Maazou (82 Ricardo), Pedro Correia, André Santos (75 Tiago Rodrigues), Chris Malonga, Abdoulaye Ba. Coach: Rui Vitória
RIJEKA: Ivan Vargić, Ivan Tomečak (75 Josip Brezovec), Marko Lešković (18 Mateo Bertoša), Ivan Boras, Ivan Močinić, Leon Benko, Zoran Kvržić, Luka Marić, Mate Maleš, Nikola Pokrivač, Andrej Kramarić (51 Goran Mujanović). Coach: Matjaž Kek
Yellow Card: Chris Malonga (22) / Ivan Močinić (39), Ivan Boras (80).
Goals: Abdoulaye Ba (36), Nii Plange (48), Moussa Maazou (68 pen), André André (81)

HNK RIJEKA – REAL BETIS BALOMPIÉ 1-1 (1-1)
Kantrida, Rijeka    03.10.2013    Hour: 19:00
Referees: Serhiy Boiko, Oleksandr Voytyuk, Volodymyr Volodin (UKR)    Attendance: 7,313
RIJEKA: Ivan Vargić, Dario Knežević, Ivan Tomečak (63 Ivan Boras), Ivan Močinić, Leon Benko, Zoran Kvržić (65 Goran Mujanović), Luka Marić, Mateo Bertoša, Mate Maleš, Josip Brezovec (85 Anas Sharbini), Ivan Krstanović. Coach: Matjaž Kek
BETIS: Stephan Andersen, Xavi Torres, Juanfran, Dídac Vilà, Salvador Sevilla (69 Joan Verdú), Damien Perquis, Brian Rodríguez (85 Jorge Molina), Markus Steinhöfer, Lorenzo Reyes (58 Nosa), Cedric, Jordi. Coach: Pepe Mel
Yellow Card: Josip Brezovec (34), Ivan Krstanović (42), Ivan Boras (64) /
    Xavi Torres (34), Damien Perquis (41).
Goals: Leon Benko (10) / Cedric (14)

OLYMPIQUE LYONNAIS – VITÓRIA SC GUIMARÃES 1-1 (0-1)
Stade de Gerland, Lyon    03.10.2013    Hour: 19:00
Referees: Florian Meyer, Holger Henschel, Christoph Bornhorst (GER)    Attendance: 30,061
OLYMPIQUE LYONNAIS: Anthony Lopes, Bakary Koné, Gueïda Fofana, Alexandre Lacazette, Jordan Ferri, Steed Malbranque (62 Clément Grenier), Bafétimbi Gomis, Maxime Gonalons, Samuel Umtiti (35 Mehdi Zeffane), Alassane Pléa, Arnold Mvuemba (83 Gaël Danic).
Coach: Rémi Garde
VITÓRIA: Douglas, Luís Rocha, Marco Matias, Paulo Oliveira, Leonel Olimpio, Moussa Maazou, Pedro Correia, André Santos (75 André André), Chris Malonga (66 Nii Plange), Tiago Rodrigues (89 Moreno), Abdoulaye Ba. Coach: Rui Vitória
Yellow Card: Jordan Ferri (70), Bakary Koné (90+1) /
    Moussa Maazou (39), Pedro Correia (53), Leonel Olimpio (60), Luís Rocha (73).
Red Card: Moussa Maazou (90+5).
Goals: Maxime Gonalons (53) / Moussa Maazou (39)

OLYMPIQUE LYONNAIS – HNK RIJEKA 1-0 (0-0)
Stade de Gerland, Lyon    24.10.2013    Hour: 19:00
Referees: Artur Dias, Bertino Miranda, Rui Tavares (POR)    Attendance: 30,461
OLYMPIQUE LYONNAIS: Anthony Lopes, Mehdi Zeffane, Milan Biševac, Gueïda Fofana, Clément Grenier, Alexandre Lacazette (76 Yassine Benzia), Jordan Ferri, Mouhamadou Dabo (69 Corentin Tolisso), Steed Malbranque (85 Arnold Mvuemba), Jimmy Briand, Maxime Gonalons. Coach: Rémi Garde
RIJEKA: Ivan Vargić, Dario Knežević, Mehmed Alispahić (82 Ivan Krstanović), Goran Mujanović, Ivan Močinić, Leon Benko, Zoran Kvržić (65 Josip Brezovec), Luka Marić, Mateo Bertoša, Nikola Pokrivač (74 Anas Sharbini). Coach: Matjaž Kek
Yellow Card: Alexandre Lacazette (9) / Goran Mujanović (24), Mateo Bertoša (54).
Goal: Clément Grenier (65)


REAL BETIS BALOMPIÉ – VITÓRIA SC GUIMARÃES 1-0 (0-0)
Benito Villamarín, Seville    24.10.2013    Hour: 19:00
Referees: Michael Koukoulakis, Dimitrios Saraidaris, Christos Baltas (GRE)    Attendance: 17,100
BETIS: Stephan Andersen, Antonio Amaya, Álvaro Vadillo (76 Markus Steinhöfer), Chuli, Joan Verdú, Juanfran, Dídac Vilà, Damien Perquis, Jorge Molina (70 Cedric), Nosa (63 Nono), Lorenzo Reyes. Coach: Pepe Mel
VITÓRIA: Douglas, Marco Matias, Paulo Oliveira, Leonel Olimpio, André Santos (61 André André), Fernando Russi, David Addy, Chris Malonga (62 Nii Plange), Tiago Rodrigues, Kanú (82 Tomané), Abdoulaye Ba. Coach: Rui Vitória
Yellow Card: Jorge Molina (27), Álvaro Vadillo (64), Chuli (87), Dídac Vilà (89) /
    Abdoulaye Ba (27), André Santos (32), Tiago Rodrigues (58), Douglas (87).
Goal: Álvaro Vadillo (50)


HNK RIJEKA – OLYMPIQUE LYONNAIS 1-1 (1-1)
Kantrida, Rijeka    07.11.2013    Hour: 21:05
Referees: Alon Yefet, Danny Krasikow, Nissan Davidy (ISR)    Attendance: 7,300
RIJEKA: Ivan Vargić, Dario Knežević, Anas Sharbini (58 Mehmed Alispahić), Ivan Tomečak, Ivan Močinić, Leon Benko, Zoran Kvržić (88 Goran Mujanović), Luka Marić, Mateo Bertoša, Mate Maleš, Andrej Kramarić (83 Nikola Pokrivač). Coach: Matjaž Kek
OLYMPIQUE LYONNAIS: Mathieu Gorgelin, Mehdi Zeffane, Bakary Koné, Yoann Gourcuff, Jordan Ferri, Miguel Lopes (81 Sidy Koné), Mahamadou-Naby Sarr, Jimmy Briand, Gaël Danic (65 Corentin Tolisso), Alassane Pléa, Arnold Mvuemba. Coach: Rémi Garde
Yellow Card: Andrej Kramarić (56), Mateo Bertoša (79) / Miguel Lopes (72).
Goals: Andrej Kramarić (21) / Alassane Pléa (14)


VITÓRIA SC GUIMARÃES – REAL BETIS BALOMPIÉ 0-1 (0-0)
Estádio D. Afonso Henriques, Guimarães    07.11.2013    Hour: 20:05
Referees: Paolo Mazzoleni, Riccardo Di Fiore, Alessandro Giallatini (ITA)    Attendance: 22,602
VITÓRIA: Douglas, Jean Barrientos (84 Tomané), André André, Paulo Oliveira, Nii Plange (72 Ricardo), Leonel Olimpio, Moussa Maazou, Pedro Correia, André Santos (57 Tiago Rodrigues), David Addy, Abdoulaye Ba. Coach: Rui Vitória
BETIS: Stephan Andersen, Xavi Torres, Álvaro Vadillo (85 Cedric), Nono, Joan Verdú, Juanfran, Brian Rodríguez (61 Jorge Molina), Juan Carlos (80 Chuli), Nacho, Jordi, Caro. Coach: Pepe Mel
Yellow Card: Jean Barrientos (17), André André (63), Moussa Maazou (83) /
    Joan Verdú (58), Nono (90+4).
Goal: Chuli (90+4)

OLYMPIQUE LYONNAIS – REAL BETIS BALOMPIÉ 1-0 (0-0)
Stade de Gerland, Lyon    28.11.2013    Hour: 19:00
Referees: Andre Marriner, Jake Collin, Simon Bennett (ENG)    Attendance: 24,112
OLYMPIQUE LYONNAIS: Rémy Vercoutre, Henri Bedimo, Milan Biševac, Gueïda Fofana, Clément Grenier (60 Yoann Gourcuff), Alexandre Lacazette, Miguel Lopes, Steed Malbranque, Jimmy Briand (45 Bafétimbi Gomis), Maxime Gonalons, Samuel Umtiti (80 Bakary Koné). Coach: Rémi Garde
BETIS: Stephan Andersen, Paulão, Nono (80 Xavi Torres), Chuli, Joan Verdú, Juanfran, Salvador Sevilla (74 Pepelu), Lorenzo Reyes, Cedric (64 Markus Steinhöfer), Nacho, Jordi. Coach: Pepe Mel
Yellow Card: Salvador Sevilla (51), Nono (74), Nacho (74), Markus Steinhöfer (87).
Goal: Bafétimbi Gomis (66)

HNK RIJEKA – VITÓRIA SC GUIMARÃES 0-0
Kantrida, Rijeka    28.11.2013    Hour: 19:00    Attendance: 7,138
Referees: Kristinn Jakobsson, Gunnar Gunnarsson, Áskell Thór Gíslason (ISL)
RIJEKA: Ivan Vargić, Dario Knežević, Mehmed Alispahić (79 Josip Brezovec), Ivan Tomečak, Ivan Močinić, Leon Benko (86 Ivan Krstanović), Zoran Kvržić, Luka Marić, Mateo Bertoša, Mate Maleš, Andrej Kramarić (71 Anas Sharbini). Coach: Matjaž Kek
VITÓRIA: Douglas, Tomané, Jean Barrientos (78 Fernando Russi), André André, Paulo Oliveira, Leonel Olimpio, João Amorim, Moussa Maazou, André Santos (68 Marco Matias), David Addy, Abdoulaye Ba. Coach: Rui Vitória
Yellow Card: Dario Knežević (90+2) / Leonel Olimpio (50).

REAL BETIS BALOMPIÉ – HNK RIJEKA 0-0
Benito Villamarín, Sevilla    12.12.2013    Hour: 21:05
Referees: Danny Makkelie, Davie Goossens, Bas van Dongen (NED)    Attendance: 14,556
BETIS: Guillermo Sara, Antonio Amaya, Xavi Torres (57 Rubén Castro), Chuli (66 Nono), Juanfran, Salvador Sevilla (67 Joan Verdú), Juan Carlos, Markus Steinhöfer, Lorenzo Reyes, Nacho, Jordi. Coach: Juan Carlos Garrido
RIJEKA: Ivan Vargić, Dario Knežević, Niko Datković, Goran Mujanović, Ivan Močinić, Leon Benko, Mateo Bertoša, Mate Maleš, Josip Brezovec (63 Ivan Tomečak), Ivan Krstanović (71 Andrej Kramarić), Vedran Jugović (31 Zoran Kvržić). Coach: Matjaž Kek
Yellow Card: Zoran Kvržić (45), Mate Maleš (59).

VITÓRIA SC GUIMARÃES – OLYMPIQUE LYONNAIS 1-2 (1-0)
Estádio D. Afonso Henriques, Guimarães    12.12.2013    Hour: 20:05
Referees: Matej Jug, Marko Stančin, Andrej Kokolj (SVN)    Attendance: 5,845
VITÓRIA: Douglas, Freire, Moreno, Marco Matias, Tomané (82 André Santos), André André, Paulo Oliveira, Pedro Correia, David Addy, Chris Malonga (71 Nii Plange), Rafael Crivellaro (78 Moussa Maazou). Coach: Rui Vitória
OLYMPIQUE LYONNAIS: Anthony Lopes, Mehdi Zeffane, Bakary Koné, Milan Biševac, Yoann Gourcuff, Jordan Ferri (81 Sidy Koné), Bafétimbi Gomis (64 Yassine Benzia), Gaël Danic, Alassane Pléa (74 Clinton Njié), Arnold Mvuemba, Corentin Tolisso. Coach: Rémi Garde
Yellow Card: Pedro Correia (57), Paulo Oliveira (82), Moreno (85) / Milan Biševac (85).
Red Card: Pedro Correia (62).
Goals: Tomané (11) / Bafétimbi Gomis (62 pen), Jordan Ferri (65)

| | | | | | | | |
|---|---|---|---|---|---|---|---|
| Olympique Lyonnais | 6 | 3 | 3 | 0 | 6 | 3 | 12 |
| Real Betis Balompié | 6 | 2 | 3 | 1 | 3 | 2 | 9 |
| Vitória SC Guimarães | 6 | 1 | 2 | 3 | 6 | 5 | 5 |
| HNK Rijeka | 6 | 0 | 4 | 2 | 2 | 7 | 4 |

# GROUP J

APOLLON FC LIMASSOL – TRABZONSPOR 1-2 (1-1)
GSP Stadium, Nicosia     19.09.2013     Hour: 22:05
Referees: Antonio Mateu Lahoz, Pau Cebrian Devis, José Miranda (ESP)     Attendance: 10,204
APOLLON: Bruno Vale, Marcos Gullón, Gaston Sangoy, Alexandros Konstantinou (71 Roberto), Georgos Merkis, Guie Gneki Abraham (63 Camel Meriem), Fotis Papoulis (83 Bertrand Robert), Marios Stylianou, Christos Karipidis, Rachid Hamdani, Georgios Vasiliou.
Coach: Christakis Christoforou
TRABZONSPOR: Onur Kıvrak, José Bosingwa (81 Zeki Yavru), Aykut Demir, Souleymane Bamba, Adrian Mierzejewski, Paulo Henrique (77 Yusuf Erdoğan), Florent Malouda, Didier Zokora, Gustavo Colman (46 Aykut Akgün), Mustafa Yumlu, Olcan Adın. Coach: Mustafa Akçay
Yellow Card: Gaston Sangoy (81), Georgios Vasiliou (88) /
           Aykut Demir (5), Souleymane Bamba (17), José Bosingwa (59), Mustafa Yumlu (71).
Goals: Gaston Sangoy (18 pen) / Florent Malouda (19), Yusuf Erdoğan (86)

SS LAZIO ROMA – KP LEGIA WARSZAWA 1-0 (0-0)
Stadio Olimpico, Roma     19.09.2013     Hour: 21:05     Attendance: 11,769
Referees: Kristinn Jakobsson, Johann Gudmundsson, Gunnar Gunnarsson (ISL)
LAZIO: Federico Marchetti, Michaël Ciani, Hernanes (75 Senad Lulić), Ederson (70 Cristian Ledesma), Keita Baldé (84 Diego Novaretti), Álvaro González, Ogenyi Onazi, Lorik Cana, Abdoulay Konko, Luis Cavanda, Sergio Floccari. Coach: Vladimir Petković
KP LEGIA WARSZAWA: Wojciech Skaba, Dossa Júnior, Henrik Ojamaa, Marek Saganowski (68 Michał Kucharczyk), Tomasz Brzyski, Jakub Kosecki, Ivica Vrdoljak (70 Tomasz Jodłowiec), Jakub Rzeźniczak, Łukasz Broź, Miroslav Radović, Dominik Furman. Coach: Jan Urban
Yellow Card: Ederson (30), Michaël Ciani (65).
Goal: Hernanes (53)

KP LEGIA WARSZAWA – APOLLON FC LIMASSOL 0-1 (0-0)
Stadion Wojska Polskiego, Warszawa     03.10.2013     Hour: 19:00
Referees: Martin Atkinson, Peter Kirkup, Darren England (ENG)     Attendance: 100
KP LEGIA WARSZAWA: Wojciech Skaba, Dossa Júnior, Tomasz Jodłowiec, Henrik Ojamaa (75 Michał Kucharczyk), Vladimer Dvalishvili, Jakub Wawrzyniak, Ivica Vrdoljak, Hélio Pinto (82 Dominik Furman), Jakub Rzeźniczak, Miroslav Radović, Michał Żyro (85 Tomasz Brzyski).
Coach: Jan Urban
APOLLON: Isli Hidi, Marcos Gullón, Roberto, Gaston Sangoy (86 Alexandros Konstantinou), David Rojas Mena, Camel Meriem, Georgos Merkis, Fotis Papoulis, Christos Karipidis, Rachid Hamdani, Georgios Vasiliou (89 José Catalá). Coach: Christakis Christoforou
Yellow Card: Wojciech Skaba (23), Hélio Pinto (37), Dossa Júnior (77), Tomasz Jodłowiec (90) /
           Georgios Vasiliou (76).
Goal: Gaston Sangoy (56)

TRABZONSPOR – SS LAZIO ROMA 3-3 (3-1)
Hüseyin Avni Aker Stadyumu, Trabzon     03.10.2013     Hour: 20:00
Referees: Martin Hansson, Fredrik Nilsson, Joakim Flink (SWE)     Attendance: 13,002
TRABZONSPOR: Onur Kıvrak, José Bosingwa, Aykut Demir, Adrian Mierzejewski, Paulo Henrique, Florent Malouda (64 Alanzinho), Didier Zokora, Gustavo Colman (57 Aykut Akgün), Mustafa Yumlu, Yusuf Erdoğan, Olcan Adın. Coach: Mustafa Akçay
LAZIO: Federico Marchetti, Michaël Ciani, Lucas Biglia, Felipe Anderson (79 Keita Baldé), Hernanes (74 Ederson), Senad Lulić, Ogenyi Onazi, Lorik Cana, Brayan Perea, Luis Cavanda, Antonio Candreva (61 Sergio Floccari). Coach: Vladimir Petković
Yellow Card: Luis Cavanda (74).
Goals: Yusuf Erdoğan (12), Adrian Mierzejewski (22), Paulo Henrique (35) /
           Ogenyi Onazi (29), Sergio Floccari (84, 85)

TRABZONSPOR – KP LEGIA WARSZAWA 2-0 (1-0)
Hüseyin Avni Aker Stadyumu, Trabzon    24.10.2013    Hour: 20:00    Attendance: 12,871
Referees: Vladislav Bezborodov, Nikolai Golubev, Vyacheslav Semenov (RUS)
TRABZONSPOR: Onur Kıvrak, José Bosingwa, Aykut Demir, Souleymane Bamba, Adrian Mierzejewski (81 Soner Aydoğdu), Paulo Henrique (80 Emre Güral), Florent Malouda, Didier Zokora, Mustafa Yumlu, Marc Janko (70 Yusuf Erdoğan), Olcan Adın. Coach: Mustafa Akçay
KP LEGIA WARSZAWA: Wojciech Skaba, Dossa Júnior, Tomasz Jodłowiec, Vladimer Dvalishvili, Tomasz Brzyski, Jakub Kosecki (74 Michał Kucharczyk), Ivica Vrdoljak (65 Dominik Furman), Hélio Pinto, Jakub Rzeźniczak, Łukasz Broź, Michał Żyro (8 Henrik Ojamaa).
Coach: Jan Urban
Yellow Card: Didier Zokora (36), Souleymane Bamba (62), Paulo Henrique (68), Emre Güral (90+4) / Jakub Kosecki (32), Tomasz Jodłowiec (36), Jakub Rzeźniczak (78).
Goals: Marc Janko (7), Olcan Adın (83)


APOLLON FC LIMASSOL – SS LAZIO ROMA 0-0
GSP Stadium, Nicosia    24.10.2013    Hour: 20:00
Referees: Manuel De Sousa, Ricardo Santos, Nuno Pereira (POR)    Attendance: 8,943
APOLLON: Bruno Vale, Marcos Gullón, Roberto, Gaston Sangoy (88 Alexandros Konstantinou), Camel Meriem (90+4 Ştefan Grigorie), Georgos Merkis, Fotis Papoulis (90+2 Daniel Haber), Marios Stylianou, Christos Karipidis, Rachid Hamdani, Georgios Vasiliou.
Coach: Christakis Christoforou
LAZIO: Federico Marchetti, Hernanes, Ederson, Keita Baldé (81 Felipe Anderson), Álvaro González (87 Ogenyi Onazi), Cristian Ledesma, Ştefan Radu, Lorik Cana, Luis Cavanda, Diego Novaretti, Sergio Floccari (70 Brayan Perea). Coach: Vladimir Petković
Yellow Card: Marios Stylianou (54), Christos Karipidis (61) /
    Álvaro González (50), Cristian Ledesma (90+4).


KP LEGIA WARSZAWA – TRABZONSPOR 0-2 (0-0)
Stadion Wojska Polskiego, Warszawa    07.11.2013    Hour: 21:05
Referees: Ruddy Buquet, Guillaume Debart, Laurent Stien (FRA)    Attendance: 14,088
KP LEGIA WARSZAWA: Wojciech Skaba, Dossa Júnior, Tomasz Jodłowiec, Vladimer Dvalishvili, Tomasz Brzyski, Michał Kucharczyk (72 Henrik Ojamaa), Bartosz Bereszyński, Jakub Kosecki, Hélio Pinto, Jakub Rzeźniczak, Dominik Furman (84 Patryk Mikita). Coach: Jan Urban
TRABZONSPOR: Onur Kıvrak (54 Zeki Ayvaz), José Bosingwa, Aykut Demir, Souleymane Bamba (51 Giray Kaçar), Adrian Mierzejewski (84 Alanzinho), Paulo Henrique, Florent Malouda, Didier Zokora, Gustavo Colman, Mustafa Yumlu, Olcan Adın. Coach: Mustafa Akçay
Yellow Card: Dominik Furman (50) / Florent Malouda (35), Didier Zokora (66).
Goals: Dossa Júnior (71 og), Olcan Adın (79)


SS LAZIO ROMA – APOLLON FC LIMASSOL 2-1 (2-1)
Stadio Olimpico, Roma    07.11.2013    Hour: 21:05
Referees: Bobby Madden, Stuart Stevenson, David Mcgeachie (SCO)    Attendance: 6,498
LAZIO: Etrit Berisha, Michaël Ciani, Hernanes, Ederson (77 Cristian Ledesma), Keita Baldé (82 Brayan Perea), Ogenyi Onazi, Lorik Cana, Abdoulay Konko (68 Diego Novaretti), Luis Cavanda, Antonio Candreva, Sergio Floccari. Coach: Vladimir Petković
APOLLON: Bruno Vale, Marcos Gullón (86 Alexandros Konstantinou), Roberto, Gaston Sangoy, Camel Meriem, Georgos Merkis, Fotis Papoulis (90+2 Daniel Haber), Marios Stylianou, Christos Karipidis, Rachid Hamdani, Georgios Vasiliou. Coach: Christakis Christoforou
Yellow Card: Michaël Ciani (63) / Marcos Gullón (47), Georgos Merkis (79).
Goals: Sergio Floccari (14, 37) / Fotis Papoulis (39)

TRABZONSPOR – APOLLON FC LIMASSOL 4-2 (2-0)
Hüseyin Avni Aker Stadyumu, Trabzon    28.11.2013    Hour: 20:00
Referees: Manuel Gräfe, Thorsten Schiffner, Guido Kleve (GER)    Attendance: 11,151
TRABZONSPOR: Onur Kıvrak, José Bosingwa, Souleymane Bamba, Soner Aydoğdu (74 Alanzinho), Paulo Henrique (64 Marc Janko), Florent Malouda (90+2 Abdulkadir Özdemir), Didier Zokora, Gustavo Colman, Mustafa Yumlu, Olcan Adın, Kadir Keleş. Coach: Mustafa Akçay
APOLLON: Isli Hidi, Marcos Gullón, Roberto (60 Gaston Sangoy), Alexandros Konstantinou, Ştefan Grigorie (67 Camel Meriem), Georgos Merkis, Ovidiu Dănănae, Bertrand Robert, Angelis Charalambous, Charis Kyriakou (60 Guie Gneki Abraham), Georgios Vasiliou.
Coach: Christakis Christoforou
Yellow Card: Kadir Keleş (80), Didier Zokora (90+1) /
    Alexandros Konstantinou (40), Ştefan Grigorie (61), Gaston Sangoy (90+1).
Goals: Olcan Adın (23, 61, 83), Soner Aydoğdu (25) /
    Guie Gneki Abraham (68), Gaston Sangoy (80 pen)


KP LEGIA WARSZAWA – SS LAZIO ROMA 0-2 (0-1)
Stadion Wojska Polskiego, Warszawa    28.11.2013    Hour: 19:00
Referees: Kevin Blom, Berry Simons, Hessel Steegstra (NED)    Attendance: 12,000
KP LEGIA: Dušan Kuciak, Tomasz Jodłowiec, Vladimer Dvalishvili (75 Patryk Mikita), Jakub Wawrzyniak, Tomasz Brzyski, Bartosz Bereszyński, Ivica Vrdoljak, Hélio Pinto (46 Henrik Ojamaa), Jakub Rzeźniczak, Miroslav Radović, Dominik Furman (64 Iñaki Astiz).
Coach: Jan Urban
LAZIO: Etrit Berisha, Michaël Ciani, Lucas Biglia, Felipe Anderson, Hernanes, Keita Baldé (73 Ogenyi Onazi), Álvaro González (81 Senad Lulić), Ştefan Radu, Lorik Cana, Brayan Perea, Luis Cavanda. Coach: Vladimir Petković
Yellow Card: Luis Cavanda (52).
Goals: Brayan Perea (24), Felipe Anderson (57)


APOLLON FC LIMASSOL – KP LEGIA WARSZAWA 0-2 (0-1)
GSP Stadium, Nicosia    12.12.2013    Hour: 22:05
Referees: Robert Schörgenhofer, Alain Hoxha, Matthias Winsauer (AUS)    Attendance: 1,681
APOLLON: Bruno Vale, Marcos Gullón, Roberto, Gaston Sangoy, David Rojas Mena, Georgos Merkis, Ovidiu Dănănae, Bertrand Robert, José Catalá (62 Angelis Charalambous, Fotis Papoulis (23 Ştefan Grigorie), Charis Kyriakou (70 Camel Meriem). Coach: Christakis Christoforou
KP LEGIA WARSZAWA: Dušan Kuciak, Dossa Júnior, Tomasz Jodłowiec, Henrik Ojamaa (87 Patryk Mikita), Vladimer Dvalishvili, Tomasz Brzyski (79 Jakub Wawrzyniak), Michał Kucharczyk, Bartosz Bereszyński, Hélio Pinto (71 Iñaki Astiz), Jakub Rzeźniczak, Dominik Furman. Coach: Jan Urban
Yellow Card: Gaston Sangoy (37), Roberto (38) / Patryk Mikita (90).
Red Card: Gaston Sangoy (69) / Bartosz Bereszyński (69).
Goals: Tomasz Jodłowiec (8), Tomasz Brzyski (63)


SS LAZIO ROMA – TRABZONSPOR 0-0
Stadio Olimpico, Roma    12.12.2013    Hour: 21:05
Referees: Clément Turpin, Frédéric Cano, Nicolas Danos (FRA)    Attendance: 7,732
LAZIO: Etrit Berisha, Felipe Anderson (59 Antonio Candreva), Ederson (75 Miroslav Klose), Keita Baldé, Giuseppe Biava, Ogenyi Onazi (65 Hernanes), Cristian Ledesma, Ştefan Radu, Luis Cavanda, Diego Novaretti, Sergio Floccari. Coach: Vladimir Petković
TRABZONSPOR: Onur Kıvrak, José Bosingwa, Aykut Demir, Souleymane Bamba, Paulo Henrique (86 Emre Güral), Florent Malouda, Aykut Akgün, Gustavo Colman, Mustafa Yumlu, Alanzinho (65 Yusuf Erdoğan), Olcan Adın. Coach: Mustafa Akçay
Yellow Card: Giuseppe Biava (33), Ştefan Radu (86), Antonio Candreva (90+1) /
    Aykut Akgün (21), Aykut Demir (59), Yusuf Erdoğan (67).

| | | | | | | | |
|---|---|---|---|---|---|---|---|
| Trabzonspor | 6 | 4 | 2 | 0 | 13 | 6 | 14 |
| SS Lazio Roma | 6 | 3 | 3 | 0 | 8 | 4 | 12 |
| Apollon FC Limassol | 6 | 1 | 1 | 4 | 5 | 10 | 4 |
| KP Legia Warszawa | 6 | 1 | 0 | 5 | 2 | 8 | 3 |

# GROUP K

FC SHERIFF TIRASPOL – FC ANZHI MAKHACHKALA 0-0
Stadionul Sheriff, Tiraspol   19.09.2013   Hour: 22:05
Referees: Alan Kelly, Dermot Broughton, Wayne McDonnell (IRL)   Attendance: 8,882
SHERIFF: Vjekoslav Tomić, Melli, Ricardinho (54 Benjamin Balima), Marcel Metoua, Fernando (90 Valentin Furdui), Cadu, Kobi Moyal, Djibril Paye, Miral Samardžić, Luvannor Henrique, Jhulliam (46 Ismail Isa). Coach: Veaceslav Rusnac
ANZHI: Mikhail Kerzhakov, Ali Gadzhibekov, Benoît Angbwa, Alexandru Epureanu (25 Gia Grigalava), Kamil Agalarov, Jucilei, Lacina Traoré (41 Pavel Solomatin), Ayodele Adeleye, Odil Ahmedov, Nikita Burmistrov, Islamnur Abdulavov (86 Alan Gatagov). Coach: Andrii Gusin
Yellow Card: Djibril Paye (40) /
         Kamil Agalarov (37), Pavel Solomatin (85), Ayodele Adeleye (90), Jucilei (90+4).


TOTTENHAM HOTSPUR FC LONDON – TROMSØ IL 3-0 (2-0)
White Hart Lane, London   19.09.2013   Hour: 20:05
Referees: Libor Kovařik, Krystof Mencl, Patrik Filipek (CZE)   Attendance: 26,581
TOTTENHAM: Hugo Lloris, Danny Rose (38 Jan Vertonghen), Younès Kaboul, Lewis Holtby (71 Paulinho), Kyle Naughton, Jermain Defoe, Moussa Dembélé (64 Christian Eriksen), Michael Dawson, Gylfi Sigurdsson, Sandro, Erik Lamela. Coach: André Villas-Boas
TROMSØ IL: Marcus Sahlman, Jarosław Fojut, Ruben Kristiansen, Morten Moldskred, Adnan Causevic, Miika Koppinen (62 Kent-Are Antonsen), Thomas Bendiksen (46 Lars Gunnar Johnsen), Thomas Drage (78 Magnus Andersen), Zdeněk Ondrášek, Remi Johansen, Josh Pritchard.
Coach: Agnar Christensen
Yellow Card: Lars Gunnar Johnsen (61), Jarosław Fojut (76).
Goals: Jermain Defoe (21, 29), Christian Eriksen (86)


TROMSØ IL – FC SHERIFF TIRASPOL 1-1 (0-0)
Alfheim, Tromsø   03.10.2013   Hour: 19:00
Referees: Simon Lee Evans, Philip Thomas, Gareth Wyn Jones (WAL)   Attendance: 3,710
TROMSØ IL: Marcus Sahlman, Jarosław Fojut, Ruben Kristiansen, Morten Moldskred, Adnan Causevic, Thomas Bendiksen, Thomas Drage, Zdeněk Ondrášek (88 Remi Johansen), Hans Norbye, Magnus Andersen (67 Steffen Nystrøm), Hendrik Helmke (77 Josh Pritchard).
Coach: Steinar Nilsen
SHERIFF: Vjekoslav Tomić, Melli, Ricardinho, Benjamin Balima, Marcel Metoua, Cadu (75 William Celestino), Kobi Moyal, Djibril Paye, Miral Samardžić, Ismail Isa (63 Fernando), Luvannor Henrique. Coach: Veaceslav Rusnac
Yellow Card: Hendrik Helmke (17), Jarosław Fojut (47), Zdeněk Ondrášek (84) /
         Kobi Moyal (29), Ricardinho (61).
Red Card: Melli (73).
Goals: Zdeněk Ondrášek (65) / Ricardinho (87)

FC ANZHI MAKHACHKALA – TOTTENHAM HOTSPUR FC LONDON 0-2 (0-2)
Saturn, Ramenskoye  03.10.2013  Hour: 20:00
Referees: Bülent Yıldırım, Serkan Gençerler, Ekrem Kan (TUR)  Attendance: 5,662
ANJI: Evgeni Pomazan, Benoît Angbwa (78 Ali Gadzhibekov), Jucilei, Rasim Tagirbekov, Pavel Solomatin, Ayodele Adeleye, Odil Ahmedov, Serder Serderov (56 Andrei Eschenko), Abdul Razak, Ewerton, Islamnur Abdulavov (46 Lacina Traoré). Coach: Gadzhi Gadzhiev
TOTTENHAM: Hugo Lloris, Kyle Walker, Younès Kaboul (72 Michael Dawson), Vlad Chiricheş, Lewis Holtby (78 Christian Eriksen), Jermain Defoe, Moussa Dembélé, Nacer Chadli, Sandro, Erik Lamela (72 Gylfi Sigurdsson), Ezekiel Fryers. Coach: André Villas-Boas
Goals: Jermain Defoe (34), Nacer Chadli (39)


FC ANZHI MAKHACHKALA – TROMSØ IL 1-0 (1-0)
Saturn, Ramenskoye  24.10.2013  Hour: 20:00
Referees: Gediminas Mažeika, Vytautas Šimkus, Saulius Dirda (LTU)  Attendance: 2,797
ANZHI: Mikhail Kerzhakov, Andrei Eschenko, Benoît Angbwa, Jucilei, Alan Gatagov (62 Kamil Agalarov), Pavel Solomatin, Ayodele Adeleye, Odil Ahmedov, Abdul Razak (90 Islamnur Abdulavov), Ewerton, Nikita Burmistrov (83 Ali Gadzhibekov). Coach: Gadzhi Gadzhiev
TROMSØ IL: Benny Lekström, Jarosław Fojut, Ruben Kristiansen, Adnan Causevic, Thomas Bendiksen, Steffen Nystrøm, Thomas Drage (75 Runar Espejord), Zdeněk Ondrášek (46 Morten Moldskred), Hans Norbye, Remi Johansen (58 Kent-Are Antonsen), Hendrik Helmke.
Coach: Steinar Nilsen
Yellow Card: Jucilei (62), Alan Gatagov (90+5) / Hendrik Helmke (56), Kent-Are Antonsen (90+1)
Goal: Nikita Burmistrov (19)


FC SHERIFF TIRASPOL – TOTTENHAM HOTSPUR FC LONDON 0-2 (0-1)
Stadionul Sheriff, Tiraspol  24.10.2013  Hour: 20:00
Referees: Liran Liany, Shabtai Nahmias, David Elias Biton (ISR)  Attendance: 11,725
SHERIFF: Vjekoslav Tomić, Ricardinho, Benjamin Balima, Marcel Metoua, Cadu (84 Fernando), Kobi Moyal (70 Valentin Furdui), Djibril Paye, Miral Samardžić, Ismail Isa (88 Vadim Paireli), Marko Stanojević, Luvannor Henrique. Coach: Veaceslav Rusnac
TOTTENHAM: Hugo Lloris, Jan Vertonghen, Aaron Lennon, Vlad Chiricheş, Kyle Naughton, Jermain Defoe, Moussa Dembélé, Christian Eriksen, Sandro (76 Lewis Holtby), Erik Lamela (61 Nacer Chadli), Ezekiel Fryers (34 Michael Dawson). Coach: André Villas-Boas
Yellow Card: Kobi Moyal (60) / Vlad Chiricheş (45+1).
Goals: Jan Vertonghen (12), Jermain Defoe (75)


TROMSØ IL – FC ANZHI MAKHACHKALA 0-1 (0-0)
Alfheim, Tromsø  07.11.2013  Hour: 21:05
Referees: Danny Makkelie, Davie Goossens, Bas van Dongen (NED)  Attendance: 3,673
TROMSØ IL: Marcus Sahlman, Jarosław Fojut, Steffen Nystrøm, Thomas Drage (60 Thomas Bendiksen), Lars Gunnar Johnsen, Josh Pritchard, William Frantzen, Kent-Are Antonsen, Hamza Zakari (66 Morten Moldskred), Hendrik Helmke, Runar Espejord (78 Remi Johansen).
Coach: Steinar Nilsen
ANJI: Evgeni Pomazan, Benoît Angbwa, Gia Grigalava, Alexandru Epureanu, Jucilei, Alan Gatagov (80 Serder Serderov), Pavel Solomatin (57 Odil Ahmedov), Vadim Demidov, Karlen Mkrtchyan, Abdul Razak (77 Vladimir Sobolev), Ewerton. Coach: Gadzhi Gadzhiev
Yellow Card: Lars Gunnar Johnsen (14) /
          Alexandru Epureanu (48), Jucilei (68), Odil Ahmedov (76), Gia Grigalava (90+2).
Goal: Karlen Mkrtchyan (90+4)

TOTTENHAM HOTSPUR FC LONDON – FC SHERIFF TIRASPOL 2-1 (0-0)
White Hart Lane, London   07.11.2013   Hour: 20:05
Referees: Kenn Hansen, Lars Rix, David Vang Andersen (DEN)   Attendance: 32,225
TOTTENHAM: Brad Friedel, Kyle Walker, Younès Kaboul, Jan Vertonghen, Étienne Capoue (58 Paulinho), Kyle Naughton, Jermain Defoe, Mousa Dembélé, Gylfi Sigurdsson (69 Harry Kane), Christian Eriksen (81 Lewis Holtby), Erik Lamela. Coach: André Villas-Boas
SHERIFF: Vjekoslav Tomić, Ricardinho, Benjamin Balima, Marcel Metoua, Cadu (73 Alexandru Paşcenco), Kobi Moyal (61 Valentin Furdui), Djibril Paye, Miral Samardžić, Ismail Isa, Marko Stanojević, Luvannor Henrique (88 Jhulliam). Coach: Veaceslav Rusnac
Yellow Card: Christian Eriksen (53).
Goals: Erik Lamela (60), Jermain Defoe (67 pen) / Ismail Isa (72)


FC ANZHI MAKHACHKALA – FC SHERIFF TIRASPOL 1-1 (0-0)
Saturn, Ramenskoye   28.11.2013   Hour: 21:00
Referees: Libor Kovařik, Krystof Mencl, Ondřej Pelikán (CZE)   Attendance: 2,760
ANJI: Mikhail Kerzhakov, Gia Grigalava, Alexandru Epureanu (58 Karlen Mkrtchyan), Kamil Agalarov, Vladimir Sobolev (84 Andrei Eschenko), Ayodele Adeleye, Odil Ahmedov, Serder Serderov (57 Pavel Solomatin), Ewerton, Nikita Burmistrov, Ilya Maksimov.
Coach: Gadzhi Gadzhiev
SHERIFF: Vjekoslav Tomić, Ricardinho, Benjamin Balima, Marcel Metoua, Cadu, Kobi Moyal, Djibril Paye, Miral Samardžić, Ismail Isa, Marko Stanojević (76 Jhulliam), Luvannor Henrique.
Coach: Veaceslav Rusnac
Yellow Card: Odil Ahmedov (66), Kamil Agalarov (69), Ayodele Adeleye (85) /
    Luvannor Henrique (46), Ismail Isa (53), Ricardinho (89).
Red Card: Ricardinho (90+3).
Goals: Alexandru Epureanu (58) / Ismail Isa (53)


TROMSØ IL – TOTTENHAM HOTSPUR FC LONDON 0-2 (0-0)
Alfheim, Tromsø   28.11.2013   Hour: 19:00   Attendance: 5,868
Referees: Yevhen Aranovskiy, Oleksandr Voytyuk, Oleksandr Korniyko (UKR)
TROMSØ IL: Benny Lekström, Jarosław Fojut, Ruben Kristiansen, Morten Moldskred (71 Runar Espejord), Adnan Causevic, Thomas Bendiksen (77 Hendrik Helmke), Thomas Drage, Zdeněk Ondrášek, Magnus Andersen, Remi Johansen, William Frantzen (68 Hans Norbye).
Coach: Steinar Nilsen
TOTTENHAM: Brad Friedel, Roberto Soldado, Vlad Chiricheş, Étienne Capoue, Kyle Naughton, Andros Townsend, Mousa Dembélé, Michael Dawson, Nacer Chadli (72 Lewis Holtby), Gylfi Sigurdsson (78 Erik Lamela), Ezekiel Fryers (71 Jan Vertonghen). Coach: André Villas-Boas
Yellow Card: Jarosław Fojut (90) /
    Michael Dawson (51), Étienne Capoue (55), Roberto Soldado (56).
Goals: Adnan Causevic (63 og), Mousa Dembélé (76)


FC SHERIFF TIRASPOL – TROMSØ IL 2-0 (2-0)
Stadionul Sheriff, Tiraspol   12.12.2013   Hour: 22:05
Referees: Sébastien Delferiere, Yves De Neve, Frederick Stalport (BEL)   Attendance: 1,211
SHERIFF: Vjekoslav Tomić (60 Dmitri Stajila), Melli, Valentin Furdui, Benjamin Balima (68 Alexandru Paşcenco), Marcel Metoua, Cadu, Kobi Moyal (56 Marko Stanojević), Djibril Paye, Miral Samardžić, Ismail Isa, Luvannor Henrique. Coach: Veaceslav Rusnac
TROMSØ IL: Benny Lekström, Ruben Kristiansen, Morten Moldskred, Adnan Causevic, Thomas Bendiksen, Thomas Drage, Zdeněk Ondrášek (57 Runar Espejord), Hans Norbye (74 William Frantzen), Magnus Andersen (81 Lars Gunnar Johnsen), Remi Johansen, Kent-Are Antonsen.
Coach: Steinar Nilsen
Yellow Card: Luvannor Henrique (43) / Thomas Drage (87).
Goals: Cadu (4), Ismail Isa (36)

TOTTENHAM HOTSPUR FC LONDON – FC ANZHI MAKHACHKALA 4-1 (2-1)
White Hart Lane, London    12.12.2013    Hour: 20:05
Referees: Stefan Johannesson, Mehmet Culum, Daniel Gustavsson (SWE)    Attendance: 23,101
TOTTENHAM: Brad Friedel, Danny Rose (46 Ryan Fredericks), Roberto Soldado (78 Shaquile Coulthirst), Lewis Holtby, Étienne Capoue, Kyle Naughton, Andros Townsend, Mousa Dembélé (65 Christian Eriksen), Gylfi Sigurdsson, Erik Lamela, Ezekiel Fryers. Coach: André Villas-Boas
ANJI: Evgeni Pomazan, Gia Grigalava, Alexandru Epureanu, Kamil Agalarov (80 Benoît Angbwa), Jucilei, Vladimir Sobolev, Serder Serderov, Abdul Razak (85 Alan Gatagov), Ewerton, Nikita Burmistrov, Ilya Maksimov. Coach: Gadzhi Gadzhiev
Yellow Card: Lewis Holtby (20), Kyle Naughton (88) / Gia Grigalava (35), Ilya Maksimov (53).
Goals: Roberto Soldado (7, 16, 70 pen), Lewis Holtby (54) / Ewerton (44)

| | | | | | | | |
|---|---|---|---|---|---|---|---|
| Tottenham Hotspur FC | 6 | 6 | 0 | 0 | 15 | 2 | 18 |
| FC Anzhi Makhachkala | 6 | 2 | 2 | 2 | 4 | 7 | 8 |
| FC Sheriff Tiraspol | 6 | 1 | 3 | 2 | 5 | 6 | 6 |
| Tromsø IL | 6 | 0 | 1 | 5 | 1 | 10 | 1 |

# GROUP L

PAOK FC THESSALONIKI – FC SHAKHTER KARAGANDY 2-1 (0-0)
Stadio Toumba, Thessaloniki    19.09.2013    Hour: 22:05
Referees: Fredy Fautrel, Cyril Gringore, Laurent Stien (FRA)    Attendance: 255
PAOK FC: Jacobo, Giorgos Tzavellas (65 Lino), Alexandros Tziolis, Lucas, Miroslav Stoch, Miguel Vítor, Costin Lazăr (58 Dimitris Salpingidis), Kostas Katsouranis, Stefanos Athanasiadis, Stelios Kitsiou, Sotiris Ninis (85 Zvonimir Vukić). Coach: Ton Lokhoff
SHAKHTER: Aleksandr Mokin, Gediminas Vičius, Andrei Finonchenko (81 Maksat Bayzhanov), Andrei Poryvaev, Yevgeni Tarasov, Aldin Džidić, Sergei Maliy, Gevorg Ghazaryan, Aleksandar Simčević, Roger Cañas, Sergei Khizhnichenko (88 Igor Zenkovich). Coach: Viktor Kumykov
Yellow Card: Alexandros Tziolis (65) /
    Andrei Poryvaev (37), Gevorg Ghazaryan (52), Yevgeni Tarasov (79).
Red Card: Andrei Poryvaev (87).
Goals: Stefanos Athanasiadis (75), Zvonimir Vukić (90+2) / Roger Cañas (50 pen)

MACCABI HAIFA FC – AZ ALKMAAR 0-1 (0-0)
Itztadion Kiryat Eliezer, Haifa    19.09.2013    Hour: 22:05    Attendance: 10,000
Referees: Robert Schörgenhofer, Roland Brandner, Matthias Winsauer (AUS)
MACCABI: Bojan Šaranov, Shmuel Scheimann, Gustavo Boccoli, Hen Ezra, Rayo, Alon Turgeman (70 Avihay Yadin), Shimon Abuhazira, Yaniv Katan (69 Dino Ndlovu), Dekel Keinan, Edin Cocalić, Eyal Meshumar (83 Idan Vered). Coach: Arik Benado
AZ: Esteban, Mattias Johansson, Nick Viergever (80 Donny Gorter), Johann Gudmundsson, Nemanja Gudelj, Viktor Elm (63 Willie Overtoom), Aron Jóhannsson, Roy Beerens (63 Maarten Martens), Jeffrey Gouweleeuw, Celso Ortiz, Jan Wuytens. Coach: Gertjan Verbeek
Yellow Card: Alon Turgeman (59), Dino Ndlovu (73) / Celso Ortiz (28), Jeffrey Gouweleeuw (73).
Goal: Johann Gudmundsson (70)

AZ ALKMAAR – PAOK FC THESSALONIKI 1-1 (0-0)
AFAS Stadion, Alkmaar    03.10.2013    Hour: 19:00
Referees: Luca Banti, Massimiliano Grilli, Nicola Nicoletti (ITA)    Attendance: 10,761
AZ: Esteban, Mattias Johansson, Nick Viergever, Nemanja Gudelj, Maarten Martens, Viktor Elm (80 Willie Overtoom), Aron Jóhannsson (90+1 Denni Avdic), Roy Beerens (69 Johann Gudmundsson), Jeffrey Gouweleeuw, Celso Ortiz, Jan Wuytens. Coach: Martin Haar
PAOK FC: Jacobo, Giorgos Tzavellas, Alexandros Tziolis, Lucas (72 Sekou Oliseh), Miroslav Stoch, Miguel Vítor, Costin Lazăr (84 Dimitris Salpingidis), Kostas Katsouranis, Stefanos Athanasiadis, Stelios Kitsiou, Sotiris Ninis (76 Liam Lawrence). Coach: Ton Lokhoff
Goals: Jeffrey Gouweleeuw (82) / Dimitris Salpingidis (90+3)

FC SHAKHTER KARAGANDY – MACCABI HAIFA FC 2-2 (2-0)
Astana Arena, Astana    03.10.2013    Hour: 22:00
Referees: István Vad, Istvan Albert, Zsolt Attila Szpisjak (HUN)
SHAKHTER: Aleksandr Mokin, Gediminas Vičius, Nikola Vasiljević, Andrei Finonchenko (81 Aslan Darabayev), Yevgeni Tarasov (66 Maksat Bayzhanov), Aldin Džidić, Sergei Maliy, Gevorg Ghazaryan (90+3 Roman Murtazayev), Aleksandar Simčević, Roger Cañas, Sergei Khizhnichenko. Coach: Viktor Kumykov
MACCABI: Bojan Šaranov, Rayo, Dino Ndlovu (46 Hen Ezra), Taleb Twatha, Eyal Golasa, Ismail Raiyan (46 Alon Turgeman), El'ad Gabai, Shimon Abuhazira (77 Idan Vered), Edin Cocalić, Avihay Yadin, Andriy Pylyavskyi. Coach: Arik Benado
Yellow Card: Roger Cañas (50), Aldin Džidić (64).
Goals: Andrei Finonchenko (40), Yevgeni Tarasov (45) / Hen Ezra (54), Alon Turgeman (79)


FC SHAKHTER KARAGANDY – AZ ALKMAAR 1-1 (1-1)
Astana Arena, Astana    24.10.2013    Hour: 22:00
Referees: Yevhen Aranovskiy, Oleksandr Voytyuk, Serhiy Bekker (UKR)    Attendance: 10,500
SHAKHTER: Aleksandr Mokin, Gediminas Vičius, Nikola Vasiljević, Andrei Finonchenko, Andrei Poryvaev, Aldin Džidić, Sergei Maliy (76 Yevgeni Tarasov), Gevorg Ghazaryan, Aleksandar Simčević, Roger Cañas (89 Maksat Bayzhanov), Sergei Khizhnichenko (86 Igor Zenkovich). Coach: Viktor Kumykov
AZ: Esteban, Mattias Johansson, Nick Viergever, Johann Gudmundsson, Nemanja Gudelj, Maarten Martens, Aron Jóhannsson, Roy Beerens, Jeffrey Gouweleeuw, Celso Ortiz, Jan Wuytens. Coach: Dick Advocaat
Yellow Card: Andrei Poryvaev (45+1), Nikola Vasiljević (59) / Esteban (59).
Goals: Andrei Finonchenko (11) / Johann Gudmundsson (26)


PAOK FC THESSALONIKI – MACCABI HAIFA FC 3-2 (2-2)
Stadio Toumba, Thessaloniki    24.10.2013    Hour: 20:00    Attendance: 14,211
Referees: Fernando Teixeira, Victoriano Diaz Casado, Teodoro Sobrino (ESP)
PAOK FC: Jacobo, Alexandros Tziolis, Miroslav Stoch (87 Liam Lawrence), Dimitris Salpingidis (78 Zvonimir Vukić), Miguel Vítor, Lino, Costin Lazăr, Kostas Katsouranis, Stefanos Athanasiadis, Stelios Kitsiou, Sotiris Ninis (60 Lucas). Coach: Ton Lokhoff
MACCABI: Bojan Šaranov, Gustavo Boccoli, Hen Ezra, Rayo, Dino Ndlovu (46 Shimon Abuhazira), Taleb Twatha, Eyal Golasa, Edin Cocalić, Avihay Yadin (67 Yaniv Katan), Eyal Meshumar (73 Shlomi Azulay), Andriy Pylyavskyi. Coach: Arik Benado
Yellow Card: Stelios Kitsiou (42) / Edin Cocalić (38), Hen Ezra (44), Eyal Meshumar (61).
Goals: Miguel Vítor (35), Sotiris Ninis (39), Dimitris Salpingidis (67) /
       Dino Ndlovu (13), Eyal Golasa (21)


AZ ALKMAAR – FC SHAKHTER KARAGANDY 1-0 (0-0)
AFAS Stadion, Alkmaar    07.11.2013    Hour: 21:05
Referees: Martin Hansson, Stefan Wittberg, Henrik Andren (SWE)    Attendance: 9,778
AZ: Esteban, Mattias Johansson, Nick Viergever, Johann Gudmundsson (83 Markus Henriksen), Nemanja Gudelj, Maarten Martens, Aron Jóhannsson, Roy Beerens, Jeffrey Gouweleeuw, Celso Ortiz, Jan Wuytens. Coach: Dick Advocaat
SHAKHTER: Stas Pokatilov, Nikola Vasiljević, Askhat Borantaev, Maksat Bayzhanov, Yevgeni Tarasov, Aslan Darabayev, Sergei Maliy, Gevorg Ghazaryan, Igor Zenkovich (72 Roman Murtazayev), Aleksandar Simčević, Roger Cañas. Coach: Viktor Kumykov
Yellow Card: Askhat Borantaev (59).
Goal: Celos Ortiz (55)

MACCABI HAIFA FC – PAOK FC THESSALONIKI 0-0
Itztadion Kiryat Eliezer, Haifa   07.11.2013   Hour: 22:05
Referees: Felix Zwayer, Thorsten Schiffner, Christoph Bornhorst (GER)   Attendance: 10,000
MACCABI: Bojan Šaranov, Sari Falach, Ran Abukrat, Gustavo Boccoli, Hen Ezra, Idan Vered (58 Rayo), Dino Ndlovu (79 Ismail Raiyan), Taleb Twatha, Dekel Keinan, Shoval Gozlan (46 Shimon Abuhazira), Eyal Meshumar. Coach: Arik Benado
PAOK FC: Jacobo, Giannis Skondras, Giorgos Tzavellas, Giorgos Katsikas, Alexandros Tziolis, Lucas (90 Lino), Miroslav Stoch (68 Sekou Oliseh), Costin Lazăr, Kostas Katsouranis, Stefanos Athanasiadis, Sotiris Ninis (62 Dimitris Salpingidis). Coach: Huub Stevens
Yellow Card: Hen Ezra (26), Ran Abukrat (32), Shoval Gozlan (34) /
   Giorgos Katsikas (36), Lino (90+1), Giannis Skondras (90+3).


FC SHAKHTER KARAGANDY – PAOK FC THESSALONIKI 0-2 (0-0)
Astana Arena, Astana   28.11.2013   Hour: 21:00
Referees: Serge Gumienny, Frank Bleyen, Kristof Meers (BEL)   Attendance: 7,556
SHAKHTER: Aleksandr Mokin, Gediminas Vičius, Andrei Finonchenko, Andrei Poryvaev (83 Maksat Bayzhanov), Yevgeni Tarasov, Aldin Džidić, Sergei Maliy, Gevorg Ghazaryan (66 Stanislav Lunin), Aleksandar Simčević, Roger Cañas, Sergei Khizhnichenko (76 Igor Zenkovich). Coach: Viktor Kumykov
PAOK FC: Panagiotis Glykos, Giorgos Tzavellas, Alexandros Tziolis, Lucas (90+3 Tomáš Necid), Miroslav Stoch (78 Zvonimir Vukić), Lino, Costin Lazăr, Kostas Katsouranis, Stefanos Athanasiadis, Stelios Kitsiou, Sotiris Ninis (83 Dimitris Salpingidis). Coach: Huub Stevens
Yellow Card: Roger Cañas (25), Andrei Poryvaev (41) / Costin Lazăr (71).
Goals: Aldin Džidić (54 og), Stelios Kitsiou (90+2)


AZ ALKMAAR – MACCABI HAIFA FC 2-0 (1-0)
AFAS Stadion, Alkmaar   28.11.2013   Hour: 19:00
Referees: Aleksei Kulbakov, Vitali Malyutin, Stanislav Savitski (BLR)   Attendance: 11,211
AZ: Esteban, Mattias Johansson, Nick Viergever, Johann Gudmundsson, Nemanja Gudelj, Maarten Martens, Aron Jóhannsson (81 Denni Avdic), Roy Beerens (68 Viktor Elm), Jeffrey Gouweleeuw, Celso Ortiz, Jan Wuytens. Coach: Dick Advocaat
MACCABI: Bojan Šaranov, Ran Abukrat, Rayo, Idan Vered (62 Shlomi Azulay), Taleb Twatha, Alon Turgeman, El'ad Gabai, Shimon Abuhazira (70 Dino Ndlovu), Dekel Keinan, Edin Cocalić, Avihay Yadin (79 Gustavo Boccoli). Coach: Arik Benado
Yellow Card: Alon Turgeman (12).
Goals: Nemanja Gudelj (37), Johann Gudmundsson (90+5)


PAOK FC THESSALONIKI – AZ ALKMAAR 2-2 (1-1)
Stadio Toumba, Thessaloniki   12.12.2013   Hour: 22:05
Referees: Michael Oliver, Stuart Burt, Darren England (ENG)   Attendance: 11,211
PAOK FC: Panagiotis Glykos, Alexandros Tziolis, Lucas, Miroslav Stoch (74 Stelios Pozoglou), Miguel Vítor, Lino, Dimitris Konstantinidis (56 Giannis Skondras), Costin Lazăr, Kostas Katsouranis, Stefanos Athanasiadis (64 Tomáš Necid), Stelios Kitsiou. Coach: Huub Stevens
AZ: Yves De Winter, Donny Gorter, Etienne Reijnen, Nemanja Gudelj, Willie Overtoom (74 Aron Jóhannsson), Steven Berghuis, Thomas Lam, Ridgeciano Haps (89 Joris van Overeem), Wesley Hoedt, Fernando Lewis (54 Johann Gudmundsson), Denni Avdic. Coach: Dick Advocaat
Yellow Card: Nemanja Gudelj (36), Fernando Lewis (37), Donny Gorter (89),
   Aron Jóhannsson (90+1).
Goals: Lucas (37 pen), Stelios Pozoglou (90+4) / Thomas Lam (31), Donny Gorter (71 pen)

MACCABI HAIFA FC – FC SHAKHTER KARAGANDY 2-1 (0-1)
Itztadion Kiryat Eliezer, Haifa   12.12.2013   Hour: 22:05
Referees: Gediminas Mažeika, Vytautas Šimkus, Saulius Dirda (LTU)   Attendance: 2,100
MACCABI: Amir Edri, Shmuel Scheimann, Ran Abukrat, Shlomi Azulay (53 Alon Turgeman), Idan Vered, Taleb Twatha (60 Rayo), Ismail Raiyan (71 Shimon Abuhazira), El'ad Gabai, Shoval Gozlan, Edin Cocalić, Andriy Pylyavskyi. Coach: Arik Benado
SHAKHTER: Stas Pokatilov, Gediminas Vičius, Maksat Bayzhanov, Andrei Finonchenko, Andrei Poryvaev, Yevgeni Tarasov (39 Roger Cañas), Aldin Džidić, Sergei Maliy, Gevorg Ghazaryan (83 Stanislav Lunin), Aleksandar Simčević, Sergei Khizhnichenko (84 Igor Zenkovich).
Coach: Viktor Kumykov
Yellow Card: Ran Abukrat (43), Shmuel Scheimann (49).
Goals: Shoval Gozlan (72), Shimon Abuhazira (80) / Roger Cañas (44 pen)

| | | | | | | | |
|---|---|---|---|---|---|---|---|
| AZ Alkmaar | 6 | 3 | 3 | 0 | 8 | 4 | 12 |
| PAOK FC Thessaloniki | 6 | 3 | 3 | 0 | 10 | 6 | 12 |
| Maccabi Haifa FC | 6 | 1 | 2 | 3 | 6 | 9 | 5 |
| FC Shakhter Karagandy | 6 | 0 | 2 | 4 | 5 | 10 | 2 |

# ROUND OF 32

FC DNIPRO DNIPROPETROVSK – TOTTENHAM HOTSPUR FC LONDON 1-0 (0-0)
Dnipro Arena, Dnipropetrovsk   20.02.2014   Hour: 20:00
Referees: Antonio Mateu Lahoz, Pau Cebrian Devis, Javier Rodriguez (ESP)   Attendance: 22,356
FC DNIPRO DNIPROPETROVSK: Denys Boyko, Ondřej Mazuch, Jaba Kankava, Giuliano (77 Serhiy Politylo), Yevhen Konoplyanka, Yevhen Cheberyachko, Ivan Strinić, Roman Zozulya, Ruslan Rotan, Artem Fedetskiy, Matheus (90 Denys Kulakov). Coach: Juande Ramos
TOTTENHAM: Brad Friedel, Danny Rose, Jan Vertonghen, Paulinho, Roberto Soldado (85 Harry Kane), Étienne Capoue, Kyle Naughton, Andros Townsend (64 Christian Eriksen), Michael Dawson, Nacer Chadli, Nabil Bentaleb. Coach: Tim Sherwood
Yellow Card: Ivan Strinić (35), Roman Zozulya (55) / Jan Vertonghen (80).
Goal: Yevhen Konoplyanka (81 pen)


TOTTENHAM HOTSPUR FC LONDON – FC DNIPRO DNIPROPETROVSK 3-1 (0-0)
White Hart Lane, London   27.02.2014   Hour: 20:05
Referees: Antony Gautier, Michael Annonier, Philippe Jeanne (FRA)   Attendance: 34,815
TOTTENHAM: Hugo Lloris, Jan Vertonghen, Roberto Soldado (88 Harry Kane), Emmanuel Adebayor, Kyle Naughton, Andros Townsend (85 Aaron Lennon), Mousa Dembélé, Michael Dawson, Christian Eriksen, Sandro (76 Nabil Bentaleb), Ezekiel Fryers. Coach: Tim Sherwood
FC DNIPRO DNIPROPETROVSK: Denys Boyko, Ondřej Mazuch, Jaba Kankava (71 Yevhen Seleznyov), Giuliano, Yevhen Konoplyanka, Yevhen Cheberyachko, Ivan Strinić, Roman Zozulya, Ruslan Rotan, Artem Fedetskiy (84 Denys Kulakov), Matheus. Coach: Juande Ramos
Yellow Card: Sandro (45), Jan Vertonghen (59), Michael Dawson (90+3) /
            Ruslan Rotan (90), Denys Kulakov (90+5).
Red Card: Roman Zozulya (63).
Goals: Christian Eriksen (56), Emmanuel Adebayor (65, 69) / Roman Zozulya (48)

REAL BETIS BALOMPIÉ – FC RUBIN KAZAN 1-1 (1-0)
Benito Villamarín, Sevilla    20.02.2014    Hour: 21:05
Referees: Serge Gumienny, Frank Bleyen, Kristof Meers (BEL)    Attendance: 11,825
BETIS: Antonio Adán, Alfred N'Diaye, Chuli (53 Rubén Castro), Juanfran, Dídac Vilà, Salvador Sevilla, Damien Perquis, Nosa (67 Nono), Lorenzo Reyes (78 Jorge Molina), Cedrick, Léo Baptistão. Coach: Gabriel Calderón
RUBIN: Sergei Ryzhikov, Oleg Kuzmin, Taras Burlak, Vladislav Kulik (67 Kamil Mullin, 90+4 Solomon Kverkvelia), Aleksandr Prudnikov, Dmitri Torbinski, Sergei Kislyak, Roman Eremenko, Gökdeniz Karadeniz, Roman Sharonov, Yann M'Vila. Coach: Vladimir Maminov
Yellow Card: Nosa (8), Juanfran (32), Lorenzo Reyes (73), Jorge Molina (81), Damien Perquis (89) / Aleksandr Prudnikov (27), Dmitri Torbinski (89), Yann M'Vila (89), Oleg Kuzmin (90+2).
Red Card: Aleksandr Prudnikov (28).
Goals: Dídac Vilà (3) / Roman Eremenko (74 pen)


FC RUBIN KAZAN – REAL BETIS BALOMPIÉ 0-2 (0-1)
Rubin, Kazan    27.02.2014    Hour: 21:00
Referees: Michael Oliver, Stuart Burt, Darren England (ENG)    Attendance: 5,102
RUBIN: Sergei Ryzhikov, Taras Burlak, Solomon Kverkvelia, Sergei Kislyak, Kamil Mullin, Chris Mavinga, Roman Eremenko, Gökdeniz Karadeniz, Roman Sharonov (72 César Navas), Ruslan Mukhametshin (46 Mubarak Wakaso), Yann M'Vila (75 Ruslan Abışov).
Coach: Vladimir Maminov
BETIS: Antonio Adán, Alfred N'Diaye, Nono, Juanfran, Dídac Vilà, Damien Perquis, Lorenzo Reyes, Cedrick (70 Salvador Sevilla), Rubén Castro (81 Francisco Varela), Jordi, Léo Baptistão.
Coach: Gabriel Calderón
Yellow Card: Roman Sharonov (24), Ruslan Mukhametshin (28), Sergei Kislyak (44) / Nono (43).
Goals: Nono (45), Rubén Castro (64)


SWANSEA CITY FC – SSC NAPOLI 0-0
Swansea Stadium, Swansea    20.02.2014    Hour: 20:05
Referees: Ivan Bebek, Tomislav Petrović, Miro Grgić (CRO)    Attendance: 19,567
SWANSEA: Michel Vorm, Chico, Ashley Williams, Leon Britton, Wilfried Bony, Pablo Hernández (57 Jonathan De Guzmán), Nathan Dyer (79 Marvin Emnes), Wayne Routledge, José Cañas (71 Jonjo Shelvey), Àngel Rangel, Ben Davies. Coach: Garry Monk
SSC NAPOLI: Rafael Cabral (46 Pepe Reina), Anthony Réveillère, Henrique, Miguel Britos, José Callejón, Gonzalo Higuaín (84 Goran Pandev), Christian Maggio, Marek Hamšík, Blerim Dzemaili, Lorenzo Insigne (74 Dries Mertens), Gökhan Inler. Coach: Rafael Benítez
Yellow Card: Pablo Hernández (56), Jonathan De Guzmán (85) /
    Lorenzo Insigne (59), Christian Maggio (71), Marek Hamšík (72).


SSC NAPOLI – SWANSEA CITY FC 3-1 (1-1)
Stadio San Paolo, Napoli    27.02.2014    Hour: 19:00
Referees: Ovidiu Haţegan, Octavian Şovre, Sebastian Gheorghe (ROM)    Attendance: 31,121
SSC NAPOLI: Pepe Reina, Henrique, José Callejón (84 Miguel Britos), Gonzalo Higuaín, Christian Maggio, Goran Pandev (59 Marek Hamšík), Lorenzo Insigne (68 Dries Mertens), Faouzi Ghoulam, Raúl Albiol, Valon Behrami, Gökhan Inler. Coach: Rafael Benítez
SWANSEA: Michel Vorm, Chico, Ashley Williams, Wilfried Bony, Pablo Hernández, Wayne Routledge (62 Nathan Dyer), Dwight Tiendalli, Jonathan De Guzmán (82 Alejandro Pozuelo), José Cañas, Ben Davies, Marvin Emnes (70 Neil Taylor). Coach: Garry Monk
Yellow Card: Gökhan Inler (85) / José Cañas (47), Chico (54), Neil Taylor (90+1).
Goals: Lorenzo Insigne (17), Gonzalo Higuaín (78), Gökhan Inler (90+3) /
    Jonathan De Guzmán (30)

JUVENTUS FC TORINO FC – TRABZONSPOR 2-0 (1-0)
Juventus Stadium, Torino   20.02.2014   Hour: 19:00
Referees: Aleksei Kulbakov, Dmitri Zhuk, Andrei Getikov (BLR)   Attendance: 35,436
JUVENTUS FC: Gianluigi Buffon, Martín Cáceres, Angelo Ogbonna, Paul Pogba, Claudio Marchisio (76 Sebastian Giovinco), Carlos Tévez, Federico Peluso, Pablo Osvaldo (67 Fernando Llorente), Leonardo Bonucci, Andrea Pirlo, Mauricio Isla (67 Arturo Vidal). Coach: Antonio Conte
TRABZONSPOR: Onur Kıvrak, José Bosingwa, Aykut Demir, Emre Güral (56 Paulo Henrique), Didier Zokora, Gustavo Colman, Özer Hurmacı (81 Adrian Mierzejewski), Mustafa Yumlu, Alexandru Bourceanu (67 Yusuf Erdoğan), Olcan Adın, Kadir Keleş. Coach: Hami Mandıralı
Yellow Card: Didier Zokora (74), Mustafa Yumlu (90+5).
Goals: Osvaldo (16), Pogba (90+4)


TRABZONSPOR – JUVENTUS FC TORINO FC 0-2 (0-2)
Hüseyin Avni Aker Stadyumu, Trabzon   27.02.2014   Hour: 22:05   Attendance: 20,686
Referees: Pavel Královec (CZE), Roman Slyško (SVK), Martin Wilczek (CZE)
TRABZONSPOR: Onur Kıvrak, José Bosingwa (46 Caner Osmanpaşa), Aykut Demir, Adrian Mierzejewski (72 Alexandru Bourceanu), Florent Malouda, Didier Zokora, Özer Hurmacı, Mustafa Yumlu, Marc Janko, Olcan Adın, Kadir Keleş (37 Zeki Yavru). Coach: Hami Mandıralı
JUVENTUS FC: Gianluigi Buffon, Martín Cáceres (58 Andrea Barzagli), Angelo Ogbonna, Paul Pogba (37 Simone Padoin), Claudio Marchisio (72 Andrea Pirlo), Sebastian Giovinco, Federico Peluso, Pablo Osvaldo, Leonardo Bonucci, Arturo Vidal, Mauricio Isla. Coach: Antonio Conte
Goals: Arturo Vidal (18), Pablo Osvaldo (33)


NK MARIBOR – SEVILLA FC 2-2 (1-0)
Stadion Ljudski vrt, Maribor   20.02.2014   Hour: 21:05
Referees: István Vad, Istvan Albert, Zsolt Attila Szpisjak (HUN)   Attendance: 12,700
NK MARIBOR: Jasmin Handanovič, Željko Filipovič, Martin Milec, Dejan Mezga (75 Dare Vršič), Tavares, Jean Philippe Mendy (86 Nusmir Fajić), Amir Dervišević (87 Goran Cvijanovič), Aleksander Rajčevič, Mitja Viler, Damjan Bohar, Arghus. Coach: Ante Šimundža
SEVILLA: Javier Varas, Federico Fazio, Fernando Navarro, Diogo Figueiras, Daniel Carriço, Sebastián Cristóforo (84 Piotr Trochowski), Ivan Rakitić, Kevin Gameiro, Vitolo, Nicolas Pareja (59 Vicente Iborra), Denis Cheryshev (40 Marko Marin). Coach: Unai Emery
Yellow Card: Damjan Bohar (42), Goran Cvijanovič (90+1) /
   Nicolas Pareja (44), Federico Fazio (56), Daniel Carriço (62).
Goals: Tavares (33), Dare Vršič (81) / Kevin Gameiro (47), Federico Fazio (72)


SEVILLA FC – NK MARIBOR 2-1 (1-0)
Estadio Ramón Sánchez Pizjuán, Sevilla   27.02.2014   Hour: 19:00
Referees: Luca Banti (ITA), Sandro Pozzi (SUI), Riccardo Di Fiore (ITA)   Attendance: 21,562
SEVILLA: Javier Varas, Federico Fazio, Diogo Figueiras, Daniel Carriço, Ivan Rakitić, Piotr Trochowski, Alberto Moreno, Kevin Gameiro (81 Carlos Bacca), José Antonio Reyes (73 Marko Marin), Vitolo, Nicolas Pareja (46 Vicente Iborra). Coach: Unai Emery
NK MARIBOR: Jasmin Handanovič, Željko Filipovič, Martin Milec, Dejan Mezga (53 Goran Cvijanovič), Jean Philippe Mendy (68 Nusmir Fajić), Amir Dervišević, Aleksander Rajčevič, Mitja Viler, Damjan Bohar, Arghus, Aleš Mertelj (60 Dare Vršič). Coach: Ante Šimundža
Yellow Card: Dejan Mezga (49), Goran Cvijanovič (69), Željko Filipovič (85).
Goals: José Antonio Reyes (42), Kevin Gameiro (59) / Dare Vršič (90+2)

FC VIKTORIA PLZEŇ – FC SHAKHTAR DONETSK 1-1 (0-0)
Štruncovy Sady Stadión, Plzeň   20.02.2014   Hour: 21:05
Referees: Tasos Sidiropoulos, Christos Akrivos, Efthimis Damianos (GRE)   Attendance: 11,179
VIKTORIA: Matúš Kozáčik, Tomáš Hořava, David Limberský, Stanislav Tecl (81 Tomáš Wágner), Pavel Horváth, Milan Petržela, Michal Ďuriš, Radim Řezník, Václav Procházka, Daniel Kolář (87 Marek Bakoš), Marián Čišovský. Coach: Dušan Uhrin Jr.
SHAKHTAR: Andriy Pyatov, Tomáš Hübschman, Olexandr Kucher, Fred, Luiz Adriano (85 Facundo Ferreyra), Douglas Costa (87 Eduardo), Taison (68 Bernard), Alex Teixeira, Ismaily, Darijo Srna, Yaroslav Rakitskiy. Coach: Mircea Lucescu
Yellow Card: Milan Petržela (31), Pavel Horváth (76), David Limberský (88), Václav Procházka (90+2) / Douglas Costa (34), Tomáš Hübschman (54), Yaroslav Rakitskiy (58).
Goals: Stanislav Tecl (62) / Luiz Adriano (65)


FC SHAKHTAR DONETSK – FC VIKTORIA PLZEŇ 1-2 (0-2)
Donbass Arena, Donetsk   27.02.2014   Hour: 20:00
Referees: Pol van Boekel, Davie Goossens, Bas van Dongen (NED)   Attendance: 36,729
SHAKHTAR: Andriy Pyatov, Olexandr Kucher, Taras Stepanenko, Luiz Adriano, Bernard (66 Taison), Vyacheslav Shevchuk, Douglas Costa, Alex Teixeira, Darijo Srna, Serhiy Kryvtsov, Ilsinho (67 Facundo Ferreyra). Coach: Mircea Lucescu
VIKTORIA: Petr Bolek, Roman Hubník, Tomáš Hořava, Stanislav Tecl (90+1 Lukáš Hejda), Pavel Horváth, Milan Petržela (68 Marek Bakoš), Michal Ďuriš (79 Jan Kovařík), Radim Řezník, Václav Procházka, Daniel Kolář, Marián Čišovský. Coach: Dušan Uhrin Jr.
Yellow Card: Ilsinho (57), Serhiy Kryvtsov (60), Luiz Adriano (61) / Milan Petržela (45+1).
Goals: Luiz Adriano (88) / Daniel Kolář (29), Milan Petržela (33)


FC CHORNOMORETS ODESA – OLYMPIQUE LYONNAIS 0-0
Chornomorets, Odesa   20.02.2014   Hour: 20:00
Referees: Craig Thomson, Alan Mulvanny (SCO), Damien MacGraith (IRL)   Attendance: 28,456
CHORNOMORETS: Yevhen Past, Markus Berger, Leo Matos (66 Pavlo Rebenok), Kyrylo Kovalchuk, Olexiy Gai (90 Anatoliy Didenko), Ivan Bobko, Franck Dja Djedje (85 Tornike Okriashvili), Pablo Fontanello, Evgeniy Zubeiko, Anderson Mineiro, Olexiy Antonov.
Coach: Roman Grygorchuk
OLYMPIQUE LYONNAIS: Rémy Vercoutre, Mehdi Zeffane, Bakary Koné, Milan Biševac, Jordan Ferri, Mahamadou-Naby Sarr, Steed Malbranque, Jimmy Briand (84 Nabil Fekir), Gaël Danic, Arnold Mvuemba, Corentin Tolisso. Coach: Rémi Garde
Yellow Card: Pavlo Rebenok (73).


OLYMPIQUE LYONNAIS – FC CHORNOMORETS ODESA 1-0 (0-0)
Stade de Gerland, Lyon   27.02.2014   Hour: 21:05
Referees: Aleksandar Stavrev, Marjan Kirovski, Dejan Kostadinov (MKD)   Attendance: 25,039
OLYMPIQUE LYONNAIS: Anthony Lopes, Henri Bedimo, Milan Biševac, Gueïda Fofana, Clément Grenier, Alexandre Lacazette (87 Bakary Koné), Jordan Ferri, Miguel Lopes, Steed Malbranque (86 Corentin Tolisso), Bafétimbi Gomis (81 Jimmy Briand), Samuel Umtiti.
Coach: Rémi Garde
CHORNOMORETS: Yevhen Past, Markus Berger, Leo Matos, Kyrylo Kovalchuk (86 Anatoliy Didenko), Olexiy Gai (89 Tornike Okriashvili), Ivan Bobko, Franck Dja Djedje, Pablo Fontanello, Evgeniy Zubeiko, Anderson Mineiro, Olexiy Antonov. Coach: Roman Grygorchuk
Yellow Card: Henri Bedimo (41), Clément Grenier (74) /
           Evgeniy Zubeiko (16), Leo Matos (45), Kyrylo Kovalchuk (63).
Red Card: Evgeniy Zubeiko (76).
Goal: Alexandre Lacazette (80)

SS LAZIO ROMA – PFC LUDOGORETS RAZGRAD 0-1 (0-1)
Stadio Olimpico, Roma    20.02.2014    Hour: 21:05
Referees: Felix Zwayer, Thorsten Schiffner, Marco Achmüller (GER)    Attendance: 7459
LAZIO: Etrit Berisha, Michaël Ciani, Lucas Biglia, Felipe Anderson (57 Antonio Candreva), Miroslav Klose (78 Brayan Perea), Keita Baldé, Senad Lulić (68 Gaël Kakuta), Ogenyi Onazi, Ștefan Radu, Lorik Cana, Luis Cavanda. Coach: Edoardo Reja
PFC LUDOGORETS RAZGRAD: Vladislav Stoyanov, Tero Mäntylä, Mihail Aleksandrov, Roman Bezjak (58 Fábio Espinho), Svetoslav Dyakov, Hristo Zlatinski, Yordan Minev, Cosmin Moți, Júnior Caiçara, Marcelinho (88 Juninho Quixadá), Virgil Misidjan (81 Jeroen Lumu).
Coach: Stoicho Stoev
Yellow Card: Lorik Cana (40) / Svetoslav Dyakov (36), Hristo Zlatinski (45+2).
Red Card: Luis Cavanda (73) / Svetoslav Dyakov (55).
Goal: Roman Bezjak (45)

PFC LUDOGORETS RAZGRAD – SS LAZIO ROMA 3-3 (0-1)
Natsionalen Stadion Vasil Levski, Sofia    27.02.2014    Hour: 20:00
Referees: Olegário Benquerença, Ricardo Santos, Rui Tavares (POR)    Attendance: 28,742
PFC LUDOGORETS RAZGRAD: Vladislav Stoyanov, Tero Mäntylä (84 Juninho Quixadá), Mihail Aleksandrov (56 Jeroen Lumu), Fábio Espinho, Roman Bezjak, Hristo Zlatinski, Yordan Minev, Cosmin Moți, Júnior Caiçara, Marcelinho (77 Michel), Virgil Misidjan.
Coach: Stoicho Stoev
LAZIO: Federico Marchetti, Michaël Ciani, Lucas Biglia, Keita Baldé (84 Álvaro González), Giuseppe Biava, Ogenyi Onazi, Cristian Ledesma, Ștefan Radu, Abdoulay Konko, Brayan Perea (71 Miroslav Klose), Antonio Candreva (64 Senad Lulić). Coach: Edoardo Reja
Yellow Card: Roman Bezjak (7), Cosmin Moți (42), Hristo Zlatinski (76) /
    Abdoulay Konko (19), Keita Baldé (28), Brayan Perea (55), Lucas Biglia (78).
Goals: Roman Bezjak (67), Hristo Zlatinski (78), Juninho Quixadá (88) /
    Keita Baldé (1), Brayan Perea (54), Miroslav Klose (82)


ESBJERG fB – ACF FIORENTINA FIRENZE 1-3 (1-3)
Esbjerg Arena, Esbjerg    20.02.2014    Hour: 19:00
Referees: Sergei Karasev, Tikhon Kalugin, Anton Averianov (RUS)    Attendance: 11,033
ESBJERG: Martin Dúbravka, Peter Ankersen, Davidson Drobo-Ampem, Magnus Lekven (72 Jesper Rasmussen), Emil Lyng (46 Jeppe Andersen), Jakob Ankersen, Hans Henrik Andreasen (83 Martin Bergvold), Mohammed Fellah, Jonas Knudsen, Michael Jakobsen, Martin Pušić.
Coach: Niels Frederiksen
FIORENTINA: Neto, Facundo Roncaglia, Marvin Compper, Alberto Aquilani (76 David Pizarro), Matías Fernández (65 Marko Bakić), Stefan Savić, Alessandro Matri (56 Mario Gomez), Borja Valero, Manuel Pasqual, Ryder Matos, Josip Iličić. Coach: Vincenzo Montella
Yellow Card: Michael Jakobsen (34), Davidson Drobo-Ampem (90) /
    Manuel Pasqual (34), Josip Iličić (70).
Goals: Martin Pušić (10) / Alessandro Matri (9), Josip Iličić (15), Alberto Aquilani (37 pen)


ACF FIORENTINA FIRENZE – ESBJERG fB 1-1 (0-0)
Stadio Artemio Franchi, Firenze    27.02.2014    Hour: 21:05
Referees: Marijo Strahonja, Siniša Premužaj, Goran Pataki (CRO)    Attendance: 13,815
FIORENTINA: Antonio Rosati, Gonzalo Rodríguez (60 Nenad Tomović), Facundo Roncaglia, Marvin Compper, David Pizarro, Borja Valero, Massimo Ambrosini (65 Marko Bakić), Manuel Pasqual (79 Juan Vargas), Ryder Matos, Mario Gomez, Josip Iličić. Coach: Vincenzo Montella
ESBJERG: Martin Dúbravka, Davidson Drobo-Ampem, Martin Bergvold, Jeppe Andersen (68 Magnus Lekven), Mick Van Buren, Ryan Laursen, Casper Nielsen, Jerry Lucena, Jonas Knudsen, Jesper Rasmussen (42 Mikkel Vestergaard), Martin Pušić (57 Jakob Ankersen).
Coach: Niels Frederiksen
Yellow Card: Jonas Knudsen (38).
Goals: Josip Iličić (47) / Mikkel Vestergaard (90+1)

AFC AJAX AMSTERDAM – FC RED BULL SALZBURG 0-3 (0-3)
Amsterdam ArenA   20.02.2014   Hour: 21:05
Referees: Clément Turpin, Frédéric Cano, Nicolas Danos (FRA)   Attendance: 51,240
AJAX AMSTERDAM: Jasper Cillessen, Ricardo van Rhijn, Niklas Moisander, Viktor Fischer, Lerin Duarte (59 Christian Poulsen), Kolbeinn Sigthórsson (60 Ricardo Kishna), Siem de Jong, Bojan Krkić, Joël Veltman, Daley Blind, Davy Klaassen (81 Lucas Andersen).
Coach: Frank de Boer
SALZBURG: Péter Gulácsi, André Ramalho, Christian Schwegler, Sadio Mané, Stefan Ilsanker, Andreas Ulmer, Christoph Leitgeb (83 Valon Berisha), Jonatan Soriano, Alan, Martin Hinteregger, Kevin Kampl (88 Dušan Švento). Coach: Roger Schmidt
Yellow Card: Joël Veltman (13), Siem de Jong (27), Daley Blind (77) /
    Christoph Leitgeb (19), Martin Hinteregger (42).
Goals: Jonatan Soriano (14 pen, 35), Sadio Mané (21)


FC RED BULL SALZBURG – AFC AJAX AMSTERDAM 3-1 (0-0)
Stadion Salzburg   27.02.2014   Hour: 19:00
Referees: Paolo Tagliavento, Mauro Tonolini, Lorenzo Manganelli (ITA)   Attendance: 29,320
SALZBURG: Péter Gulácsi, André Ramalho, Christian Schwegler (89 Florian Klein), Sadio Mané, Stefan Ilsanker, Andreas Ulmer (78 Dušan Švento), Christoph Leitgeb, Jonatan Soriano, Alan (73 Robert Žulj), Martin Hinteregger, Kevin Kampl. Coach: Roger Schmidt
AJAX AMSTERDAM: Jasper Cillessen, Ricardo van Rhijn, Christian Poulsen (63 Bojan Krkić), Mike van der Hoorn, Lerin Duarte (78 Lucas Andersen), Kolbeinn Sigthórsson, Siem de Jong (63 Jairo Riedewald), Daley Blind, Davy Klaassen, Stefano Denswil, Lesly de Sa.
Coach: Frank de Boer
Yellow Card: Christoph Leitgeb (43) / Christian Poulsen (27), Stefano Denswil (49).
Goals: Mike van der Hoorn (56 og), Sadio Mané (66), Jonatan Soriano (77) / Davy Klaassen (82)


MACCABI TEL-AVIV FC – FC BASEL 0-0
Bloomfield, Tel Aviv   20.02.2014   Hour: 22:05   Attendance: 13,519
Referees: David Fernández Borbalán, Raúl Cabanero Martínez, José Miranda (ESP)
MACCABI: Juan Pablo, Omri Ben Harush, Gal Alberman (82 Daniel Einbinder), Eran Zahavi, Maharan Radi, Barak Itzhaki, Dor Mikha, Eytan Tibi, Sheran Yeini, Nikola Mitrović (58 Rade Prica), Carlos García. Coach: Paulo Sousa
FC BASEL: Yann Sommer, Philipp Degen, Arlind Ajeti, Serey Die (84 Marcelo Díaz), Matías Delgado (63 Fabian Frei), Behrang Safari, Marek Suchý, Gastón Sauro, Giovanni Sio (79 Valentin Stocker), Mohamed Elneny, Taulant Xhaka. Coach: Murat Yakin
Yellow Card: Carlos García (20), Dor Mikha (67), Daniel Einbinder (90+1) /
    Gastón Sauro (16), Arlind Ajeti (65).


FC BASEL – MACCABI TEL-AVIV FC 3-0 (1-0)
St. Jakob-Park, Basel   27.02.2014   Hour: 19:00
Referees: Ivan Bebek, Tomislav Petrović, Miro Grgić (CRO)   Attendance: 15,212
BASEL: Yann Sommer, Philipp Degen, Arlind Ajeti, Serey Die, Marco Streller (77 Giovanni Sio), Valentin Stocker (71 Taulant Xhaka), Behrang Safari, Fabian Frei (80 Matías Delgado), Marek Suchý, Gastón Sauro, Mohamed Elneny. Coach: Murat Yakin
MACCABI: Juan Pablo, Omri Ben Harush, Gal Alberman, Eran Zahavi, Maharan Radi (58 Dor Mikha), Yoav Ziv, Eytan Tibi, Sheran Yeini, Rade Prica, Remi Mareval (63 Tal Ben Haim), Omri Altman (42 Nikola Mitrović). Coach: Paulo Sousa
Yellow Card: Serey Die (19).
Goals: Valentin Stocker (17), Marco Streller (60, 71)

FC PORTO – EINTRACHT FRANKFURT 2-2 (1-0)
Estádio do Dragão, Porto    20.02.2014    Hour: 20:05
Referees: Matej Jug, Matej Žunič (SVN), Roland Brandner (AUS)    Attendance: 25,107
FC PORTO: Helton, Danilo, Maicon, Ricardo Quaresma, Josué (68 Carlos Eduardo), Jackson Martínez, Hector Herrera, Silvestre Varela, Eliaquim Mangala, Fernando (83 Nabil Ghilas), Alex Sandro. Coach: Paulo Fonseca
EINTRACHT: Kevin Trapp, Marco Russ, Carlos Zambrano, Bastian Oczipka, Joselu (90+3 Stefan Aigner), Alexander Meier, Johannes Flum (89 Martin Lanig), Sebastian Rode (72 Tranquillo Barnetta), Sebastian Jung, Pirmin Schwegler, Alexander Madlung. Coach: Armin Veh
Yellow Card: Pirmin Schwegler (29), Marco Russ (36).
Goals: Ricardo Quaresma (44), Silvestre Varela (68) / Joselu (72), Alex Sandro (77 og)


EINTRACHT FRANKFURT – FC PORTO 3-3 (1-0)
Frankfurt Stadion, Frankfurt am Main    27.02.2014    Hour: 19:00
Referees: Björn Kuipers, Angelo Boonman, Erwin Zeinstra (NED)    Attendance: 48,000
EINTRACHT: Kevin Trapp, Carlos Zambrano, Bastian Oczipka, Joselu (85 Martin Lanig), Alexander Meier, Stefan Aigner (69 Jan Rosenthal), Johannes Flum, Sebastian Jung, Tranquillo Barnetta, Pirmin Schwegler, Alexander Madlung. Coach: Armin Veh
FC PORTO: Helton, Danilo, Maicon, Ricardo Quaresma, Jackson Martínez (90 Diego Reyes), Hector Herrera (54 Nabil Ghilas), Silvestre Varela (79 Licá), Carlos Eduardo, Eliaquim Mangala, Fernando, Alex Sandro. Coach: Paulo Fonseca
Yellow Card: Stefan Aigner (25), Carlos Zambrano (62), Alex Meier (75), Sebastian Jung (88) /
    Maicon (41), Hector Herrera (51), Nabil Ghilas (62).
Goals: Stefan Aigner (37), Alexandre Meier (52, 76) /
    Eliaquim Mangala (58, 71), Nabil Ghilas (86)


FC ANZHI MAKHACHKALA – KRC GENK 0-0
Saturn, Ramenskoye    20.02.2014    Hour: 21:00
Referees: Alon Yefet, Danny Krasikow, Amihay Yehoshua Mozes (ISR)    Attendance: 3,168
ANZHI: Mikhail Kerzhakov, Andrei Eschenko, Ali Gadzhibekov, Gia Grigalava, Alexandru Epureanu, Rasim Tagirbekov (86 Ewerton), Odil Ahmedov, Aleksandr Bukharov, Ilya Maksimov, Olexandr Aliyev, Fedor Smolov (73 Islamnur Abdulavov). Coach: Gadzhi Gadzhiev
KRC GENK: László Köteles, Serigne Mbodji, Kalidou Koulibaly, Khaleem Hyland, Jelle Vossen, Julien Gorius, Brian Hamalainen, Jeroen Simaeys, Thomas Buffel (81 Fabien Camus), Sekou Cissé (65 Benjamin De Ceulaer), Bennard Kumordzi (71 Ilombe Mboyo). Coach: Mario Been
Yellow Card: Ali Gadzhibekov (73) / Kalidou Koulibaly (29), Ilombe Mboyo (73).
Red Card: Ilya Maksimov (89).


KRC GENK – FC ANZHI MAKHACHKALA 0-2 (0-0)
KRC Genk Arena, Genk    27.02.2014    Hour: 21:05
Referees: Manuel Gräfe, Thorsten Schiffner, Mike Pickel (GER)    Attendance: 10,176
KRC GENK: Kristof Van Hout, Serigne Mbodji, Katuku Tshimanga, Kalidou Koulibaly (69 Anele Ngongca), Jelle Vossen, Julien Gorius (72 Sekou Cissé), Fabien Camus, Jeroen Simaeys, Benjamin De Ceulaer, Bennard Kumordzi, Ilombe Mboyo (57 Thomas Buffel). Coach: Emilio Ferrera
ANZHI: Mikhail Kerzhakov, Andrei Eschenko, Ali Gadzhibekov, Gia Grigalava, Alexandru Epureanu, Rasim Tagirbekov, Karlen Mkrtchyan (90+4 Kamil Agalarov), Odil Ahmedov, Aleksandr Bukharov (46 Serder Serderov), Olexandr Aliyev (88 Benoît Angbwa), Fedor Smolov. Coach: Gadzhi Gadzhiev
Yellow Card: Julien Gorius (2), Jelle Vossen (22), Serigne Mbodji (55), Benjamin De Ceulaer (74), Fabien Camus (86) / Gia Grigalava (29).
Red Card: Rasim Tagirbekov (81).
Goals: Katuku Tshimanga (64 og), Olexandr Aliyev (71)

FC DYNAMO KYIV – VALENCIA CF 0-2 (0-0)
GSP Stadium, Nicosia   20.02.2014   Hour: 20:00
Referees: Liran Liany, Shabtai Nahmias, David Elias Biton (ISR)   Attendance: 3,711
FC DYNAMO KYIV: Olexandr Shovkovskiy (54 Olexandr Rybka), Danilo Silva, Miguel Veloso, Ognjen Vukojević, Aleksandar Dragovic, Jeremain Lens (83 Artem Kravets), Ideye Brown, Oleh Gusev, Domagoj Vida, Yevhen Makarenko, Younes Belhanda (73 Denys Garmash).
Coach: Oleh Blokhin
VALENCIA CF: Diego Alves, Jonas (88 Antonio Barragán), João Pereira, Juan Bernat, Javier Fuego, Paco Alcácer (60 Eduardo Vargas), Ricardo Costa, Daniel Parejo, Jérémy Mathieu, Míchel (67 Sofiane Feghouli), Seydou Keita. Coach: Juan Antonio Pizzi
Yellow Card: Danilo Silva (55) / Jonas (77).
Goals: Eduardo Vargas (79), Sofiane Feghouli (90+1)


VALENCIA CF – FC DYNAMO KYIV 0-0
Estadi de Mestalla, Valencia   27.02.2014   Hour: 21:05
Referees: Deniz Aytekin, Guido Kleve, Markus Häcker (GER)   Attendance: 26,261
VALENCIA CF: Diego Alves, João Pereira, Juan Bernat, Paco Alcácer, Eduardo Vargas, Ricardo Costa (66 Philippe Senderos), Daniel Parejo, Jérémy Mathieu, Míchel (74 Antonio Barragán), Fede Cartabia (81 Cristian Portugués), Seydou Keita. Coach: Juan Antonio Pizzi
FC DYNAMO KYIV: Olexandr Rybka, Danilo Silva, Miguel Veloso, Ognjen Vukojević, Aleksandar Dragovic, Jeremain Lens (76 Oleh Gusev), Andriy Yarmolenko, Ideye Brown (70 Dieumerci Mbokani), Lukman Haruna (66 Roman Bezus), Yevhen Makarenko, Yevhen Khacheridi. Coach: Oleh Blokhin
Yellow Card: Fede Cartabia (29), Daniel Parejo (62), João Pereira (90) /
    Jeremain Lens (25), Ognjen Vukojević (54), Oleh Gusev (90+4).


PAOK FC THESSALONIKI – SPORT LISBOA e BENFICA 0-1 (0-0)
Stadio Toumba, Thessaloniki   20.02.2014   Hour: 20:00
Referees: Wolfgang Stark, Jan-Hendrik Salver, Mike Pickel (GER)   Attendance: 24,670
PAOK FC: Panagiotis Glykos, Hedwiges Maduro, Lino, Costin Lazăr (82 Dimitris Salpingidis), Ergys Kace, Kostas Katsouranis, Juan Insaurralde, Stefanos Athanasiadis, Stelios Kitsiou, Sotiris Ninis (63 Lucas), Sekou Oliseh (76 Miroslav Stoch). Coach: Huub Stevens
BENFICA: Artur, Luisão, Rúben Amorim, Miralem Sulejmani (76 Eduardo Salvio), Filip Djuričić, Lima, Maxi Pereira, Sílvio, André Gomes (66 Lazar Marković), Jardel, Enzo Pérez (63 Ljubomir Fejsa). Coach: Jorge Jesus
Yellow Card: Ergys Kace (5), Costin Lazăr (27), Hedwiges Maduro (54), Miroslav Stoch (85) /
    André Gomes (45).
Goal: Lima (59)


SPORT LISBOA e BENFICA – PAOK FC THESSALONIKI 3-0 (0-0)
Estádio do Sport Lisboa e Benfica, Lisbon   27.02.2014   Hour: 20:05
Referees: Szymon Marciniak, Paweł Sokolnicki, Tomasz Listkiewicz (POL)   Attendance: 31,058
BENFICA: Artur, Luisão, Rúben Amorim, Óscar Cardozo (60 Lima), Filip Djuričić (79 Rodrigo), Maxi Pereira, Eduardo Salvio (60 Lazar Marković), Nicolás Gaitán, Ezequiel Garay, Sílvio, André Gomes. Coach: Jorge Jesus
PAOK FC: Panagiotis Glykos, Hedwiges Maduro, Lucas (74 Zvonimir Vukić), Lino, Costin Lazăr, Ergys Kace, Kostas Katsouranis, Juan Insaurralde, Stefanos Athanasiadis, Stelios Kitsiou, Sekou Oliseh (46 Miroslav Stoch, 83 Sotiris Ninis). Coach: Huub Stevens
Yellow Card: Sílvio (76) / Stelios Kitsiou (40).
Red Card: Kostas Katsouranis (69).
Goals: Nicolás Gaitán (70), Lima (78 pen), Lazar Marković (79)

FC SLOVAN LIBEREC – AZ ALKMAAR 0-1 (0-0)
U Nisy, Liberec    20.02.2014    Hour: 19:00
Referees: Alexandru Tudor, Aurel Onița, Octavian Șovre (ROM)    Attendance: 6,790
SLOVAN: Přemysl Kovář, Vladimír Coufal, David Pavelka, Serhiy Rybalka, Martin Frýdek, Isaac Sackey, Radoslav Kováč, Jan Rajnoch, Josef Šural, Jiří Fleišman, Yevhen Budnik (86 Jiří Pimpara). Coach: Jaroslav Šilhavý
AZ: Esteban, Nick Viergever, Etienne Reijnen, Johann Gudmundsson, Nemanja Gudelj, Viktor Elm, Aron Jóhannsson, Roy Beerens, Jeffrey Gouweleeuw, Celso Ortiz, Jan Wuytens.
Coach: Dick Advocaat
Yellow Card: Isaac Sackey (45+1), Serhiy Rybalka (88) /
    Etienne Reijnen (57), Jan Wuytens (90+1).
Goal: Nick Viergever (89)

AZ ALKMAAR – FC SLOVAN LIBEREC 1-1 (1-0)
AFAS Stadion, Alkmaar    27.02.2014    Hour: 21:05
Referees: Serhiy Boiko, Oleksandr Korniyko, Volodymyr Volodin (UKR)    Attendance: 10,166
AZ: Esteban, Nick Viergever, Etienne Reijnen, Johann Gudmundsson, Nemanja Gudelj, Viktor Elm, Aron Jóhannsson (75 Fernando Lewis), Roy Beerens (87 Simon Poulsen), Jeffrey Gouweleeuw, Celso Ortiz, Jan Wuytens. Coach: Dick Advocaat
SLOVAN: Lukáš Hroššo, Vladimír Coufal, David Pavelka, Serhiy Rybalka, Martin Frýdek (31 Douglas Djika), Radoslav Kováč, Jan Rajnoch, Marek Jarolím (69 Jiří Pimpara), Josef Šural, Jiří Fleišman, Yevhen Budnik (83 Šuboš Kolár). Coach: Jaroslav Šilhavý
Yellow Card: Jeffrey Gouweleeuw (48), Nick Viergever (63), Fernando Lewis (79) /
    Josef Šural (41), Vladimír Coufal (44), Yevhen Budnik (68).
Goals: Viergever (19) / Budnik (72)

# ROUND OF 16

AZ ALKMAAR – FC ANZHI MAKHACHKALA 1-0 (1-0)
AFAS Stadion, Alkmaar    13.03.2014    Hour: 21:05
Referees: Daniele Orsato, Renato Faverani, Andrea Stefani (ITA)    Attendance: 9,653
AZ: Esteban, Mattias Johansson, Nick Viergever, Nemanja Gudelj, Viktor Elm, Simon Poulsen (46 Jan Wuytens), Aron Jóhannsson, Steven Berghuis (24 Johann Gudmundsson), Roy Beerens, Jeffrey Gouweleeuw, Celso Ortiz. Coach: Dick Advocaat
ANZHI: Mikhail Kerzhakov, Andrei Eschenko, Ali Gadzhibekov, Benoît Angbwa, Alexandru Epureanu, Karlen Mkrtchyan, Odil Ahmedov, Aleksandr Bukharov (85 Islamnur Abdulavov), Ewerton (46 Nikita Burmistrov), Olexandr Aliyev (71 Serder Serderov), Fedor Smolov.
Coach: Gadzhi Gadzhiev
Yellow Card: Jeffrey Gouweleeuw (34), Jan Wuytens (58) /
    Ewerton (20), Odil Ahmedov (66), Alexandru Epureanu (74).
Goal: Aron Jóhannsson (29 pen)

FC ANZHI MAKHACHKALA – AZ ALKMAAR 0-0
Saturn, Ramenskoye    20.03.2014    Hour: 21:00
Referees: Craig Thomson, Alan Mulvanny (SCO), Damien MacGraith (IRL)    Attendance: 3,896
ANZHI: Mikhail Kerzhakov, Ali Gadzhibekov, Gia Grigalava, Alexandru Epureanu, Kamil Agalarov (85 Islamnur Abdulavov), Karlen Mkrtchyan, Vladimir Sobolev (71 Serder Serderov), Aleksandr Bukharov, Nikita Burmistrov (68 Andrei Eschenko), Olexandr Aliyev, Fedor Smolov.
Coach: Gadzhi Gadzhiev
AZ: Esteban, Mattias Johansson, Nick Viergever, Etienne Reijnen, Nemanja Gudelj, Viktor Elm, Simon Poulsen, Aron Jóhannsson, Steven Berghuis, Roy Beerens, Jan Wuytens.
Coach: Martin Haar
Yellow Card: Gia Grigalava (43), Vlad. Sobolev (69), Kamil Agalarov (81), Olexandr Aliyev (85) /
    Jan Wuytens (62).
Red Card: Karlen Mkrtchyan (90+3).

PFC LUDOGORETS RAZGRAD – VALENCIA CF 0-3 (0-2)
Natsionalen Stadion Vasil Levski, Sofia   13.03.2014   Hour: 20:00
Referees: Clément Turpin, Cyril Gringore, Nicolas Danos (FRA)   Attendance: 41,085
PFC LUDOGORETS RAZGRAD: Vladislav Stoyanov, Tero Mäntylä (62 Juninho Quixadá), Alexandre Barthe (46 Georgi Terziev), Mihail Aleksandrov, Fábio Espinho, Roman Bezjak (73 Michel), Svetoslav Dyakov, Yordan Minev, Júnior Caiçara, Marcelinho, Virgil Misidjan.
Coach: Stoicho Stoev
VALENCIA CF: Diego Alves, João Pereira, Juan Bernat, Javier Fuego, Paco Alcácer (56 Víctor Ruiz), Eduardo Vargas, Antonio Barragán (65 Sofiane Feghouli), Jérémy Mathieu, Fede Cartabia (87 Jonas), Seydou Keita, Philippe Senderos. Coach: Juan Antonio Pizzi
Yellow Card: Júnior Caiçara (32), Fábio Espinho (61), Yordan Minev (70) /
    João Pereira (16), Antonio Barragán (49).
Red Card: Juninho Quixadá (80) / Seydou Keita (24).
Goals: Antonio Barragán (5), Fede Cartabia (33), Philippe Senderos (59)


VALENCIA CF – PFC LUDOGORETS RAZGRAD 1-0 (0-0)
Estadi de Mestalla, Valencia   20.03.2014   Hour: 19:00   Attendance: 18,429
Referees: Tasos Sidiropoulos, Christos Akrivos, Damianos Efthimiadis (GRE)
VALENCIA CF: Diego Alves, Víctor Ruiz, João Pereira, Javier Fuego, Paco Alcácer (65 Jonas), Eduardo Vargas, Daniel Parejo, Jérémy Mathieu, Míchel (56 Antonio Barragán), Fede Cartabia, José Gaya (71 Juan Bernat). Coach: Juan Antonio Pizzi
PFC LUDOGORETS RAZGRAD: Vladislav Stoyanov, Mihail Aleksandrov (76 Jeroen Lumu), Roman Bezjak (79 Michel), Svetoslav Dyakov, Hristo Zlatinski, Yordan Minev, Cosmin Moţi, Georgi Terziev, Júnior Caiçara, Marcelinho (67 Sebastián Hernández), Virgil Misidjan.
Coach: Stoicho Stoev
Yellow Card: Víctor Ruiz (13), Javier Fuego (42) /
    Cosmin Moţi (26), Marcelinho (38), Júnior Caiçara (40).
Goal: Paco Alcácer (59)


FC PORTO – SSC NAPOLI 1-0 (0-0)
Estádio do Dragão, Porto   13.03.2014   Hour: 18:00   Attendance: 25,520
Referees: Pavel Královec (CZE), Roman Slyško (SVK), Martin Wilczek (CZE)
FC PORTO: Helton, Danilo, Maicon, Ricardo Quaresma, Jackson Martínez, Silvestre Varela (72 Nabil Ghilas), Carlos Eduardo (67 Juan Quintero), Eliaquim Mangala, Fernando, Alex Sandro, Steven Defour (87 Hector Herrera). Coach: Luís Castro
SSC NAPOLI: Pepe Reina, Anthony Réveillère, Henrique, Miguel Britos, José Callejón (79 Goran Pandev), Gonzalo Higuaín (83 Duván Zapata), Marek Hamšík (74 Dries Mertens), Lorenzo Insigne, Faouzi Ghoulam, Raúl Albiol, Valon Behrami. Coach: Rafael Benítez
Yellow Card: Alex Sandro (70) / Anthony Réveillère (59), Valon Behrami (71).
Goal: Jacson Martínez (57)


SSC NAPOLI – FC PORTO 2-2 (1-0)
Stadio San Paolo, Napoli   20.03.2014   Hour: 21:05
Referees: Martin Atkinson, Stephen Child, Darren England (ENG)   Attendance: 54,145
SSC NAPOLI: Pepe Reina, Henrique, Gonzalo Higuaín (79 Duván Zapata), Dries Mertens (84 José Callejón), Goran Pandev (68 Marek Hamšík), Federico Fernández, Lorenzo Insigne, Faouzi Ghoulam, Raúl Albiol, Valon Behrami, Gökhan Inler. Coach: Rafael Benítez
FC PORTO: Fabiano, Danilo, Ricardo Quaresma (81 Licá), Jackson Martínez, Diego Reyes, Silvestre Varela (66 Nabil Ghilas), Carlos Eduardo (63 Josué), Ricardo, Eliaquim Mangala, Fernando, Steven Defour. Coach: Luís Castro
Yellow Card: Henrique (52), Valon Behrami (70) / Fernando (90).
Goals: Goran Pandev (21), Duván Zapata (90+2) / Nabil Ghilas (69), Ricardo Quaresma (76)

OLYMPIQUE LYONNAIS – FC VIKTORIA PLZEŇ 4-1 (1-1)
Stade de Gerland, Lyon    13.03.2014    Hour: 21:05
Referees: Antonio Mateu Lahoz, Pau Cebrian Devis, Javier Rodriguez (ESP)    Attendance: 28,248
OLYMPIQUE LYONNAIS: Anthony Lopes, Milan Biševac, Gueïda Fofana, Alexandre Lacazette (83 Bafétimbi Gomis), Miguel Lopes, Mouhamadou Dabo (85 Bakary Koné), Steed Malbranque (69 Corentin Tolisso), Jimmy Briand, Maxime Gonalons, Samuel Umtiti, Arnold Mvuemba.
Coach: Rémi Garde
VIKTORIA: Petr Bolek, Roman Hubník, Tomáš Hořava, David Limberský, Stanislav Tecl, Pavel Horváth (74 Lukáš Hejda), Milan Petržela (81 Michal Ďuriš), Jan Kovařík, Václav Procházka, Daniel Kolář (70 Marek Bakoš), Marián Čišovský. Coach: Dušan Uhrin Jr.
Yellow Card: Milan Biševac (20), Maxime Gonalons (60) /
    Daniel Kolář (29), Roman Hubník (50), Jan Kovařík (60).
Goals: Gueïda Fofana (12, 70), Alexandre Lacazette (53), Arnold Mvuemba (61) /
    Tomáš Hořava (2)

FC VIKTORIA PLZEŇ – OLYMPIQUE LYONNAIS 2-1 (0-1)
Štruncovy Sady Stadión, Plzeň    20.03.2014    Hour: 19:00
Referees: Szymon Marciniak, Paweł Sokolnicki, Tomasz Listkiewicz (POL)    Attendance: 10,352
VIKTORIA: Petr Bolek, Tomáš Hořava, David Limberský, Stanislav Tecl, Milan Petržela (77 Tomáš Wágner), Michal Ďuriš (84 Matěj Končal), Radim Řezník, Patrik Hrošovský, Václav Procházka, Daniel Kolář (74 Marek Bakoš), Marián Čišovský. Coach: Dušan Uhrin Jr.
OLYMPIQUE LYONNAIS: Anthony Lopes, Bakary Koné, Milan Biševac, Yoann Gourcuff, Jordan Ferri, Miguel Lopes (61 Henri Bedimo), Mouhamadou Dabo, Bafétimbi Gomis (84 Steed Malbranque), Jimmy Briand, Maxime Gonalons, Corentin Tolisso (77 Arnold Mvuemba).
Coach: Rémi Garde
Yellow Card: David Limberský (9), Marián Čišovský (81) /
    Miguel Lopes (40), Jimmy Briand (90+1).
Goals: Daniel Kolář (60), Stanislav Tecl (62) / Bafétimbi Gomis (45+2)

SEVILLA FC – REAL BETIS BALOMPIÉ 0-2 (0-1)
Estadio Ramón Sánchez Pizjuán, Sevilla    13.03.2014    Hour: 21:05
Referees: Cüneyt Çakir, Bahattin Duran, Tarik Ongun (TUR)    Attendance: 35,506
SEVILLA: Beto, Federico Fazio, Fernando Navarro, Sebastián Cristóforo (46 Diogo Figueiras), Carlos Bacca, Ivan Rakitić, Vicente Iborra, Alberto Moreno, José Antonio Reyes, Vitolo (66 Marko Marin), Coke (46 Kevin Gameiro). Coach: Unai Emery
BETIS: Antonio Adán, Alfred N'Diaye, Juanfran, Dídac Vilà, Damien Perquis, Lorenzo Reyes (80 Antonio Amaya), Cedrick (74 Álvaro Vadillo), Rubén Castro (67 Salvador Sevilla), Jordi, Caro, Léo Baptistão. Coach: Gabriel Calderón
Yellow Card: Vicente Iborra (26), Diogo Figueiras (90+6) /
    Cedrick (13), Caro (28), Jordi (51), Antonio Adán (72).
Goals: Léo Baptistão (15), Salvador Sevilla (77)

REAL BETIS BALOMPIÉ – SEVILLA FC 0-2 (0-1, 0-2)    (AET)    3-4 penalties
Benito Villamarín, Sevilla    20.03.2014    Hour: 21:05
Referees: Pedro Proença, Bertino Miranda, Tiago Trigo (POR)    Attendance: 48,000
BETIS: Antonio Adán, Alfred N'Diaye, Antonio Amaya, Juanfran, Damien Perquis (15 Nono), Juan Carlos, Lorenzo Reyes (90+2 Jorge Molina), Cedrick, Rubén Castro, Jordi, Léo Baptistão (73 Salvador Sevilla). Coach: Gabriel Calderón
SEVILLA: Beto, Federico Fazio, Diogo Figueiras, Marko Marin, Carlos Bacca (105+1 Jairo Samperio), Ivan Rakitić, Alberto Moreno, Kevin Gameiro, José Antonio Reyes (50 Coke), Nicolas Pareja, Stéphane Mbia (76 Vitolo). Coach: Unai Emery
Yellow Card: Nono (31), Jordi (75) / Stéphane Mbia (19), Diogo Figueiras (45+1), Coke (89), Federico Fazio (90+4), Jairo Samperio (105+1).
Goals: Lorenzo Reyes (20), Carlos Bacca (75)
Penalties: 1-0 Castro, Vitolo, 2-0 Sevilla, 2-1 Coke, 3-1 Amaya, 3-2 Gameiro, N'Diaye,
3-3 Moreno, Nono, 3-4 Rakitić

TOTTENHAM HOTSPUR FC LONDON – SPORT LISBOA e BENFICA 1-3 (0-1)
White Hart Lane, London    13.03.2014    Hour: 20:05
Referees: Jonas Eriksson, Mathias Klasenius, Daniel Wärnmark (SWE)    Attendance: 34,283
TOTTENHAM: Hugo Lloris, Kyle Walker (76 Danny Rose), Younès Kaboul, Jan Vertonghen, Aaron Lennon, Paulinho, Emmanuel Adebayor, Kyle Naughton, Christian Eriksen, Sandro (82 Nabil Bentaleb), Harry Kane (75 Roberto Soldado). Coach: Tim Sherwood
BENFICA: Jan Oblak, Luisão, Ljubomir Fejsa, Rúben Amorim, Óscar Cardozo (65 Enzo Pérez), Miralem Sulejmani (65 Nicolás Gaitán), Guilherme Siqueira, Rodrigo (87 Lima), Ezequiel Garay, Sílvio, Lazar Marković. Coach: Jorge Jesus
Yellow Card: Sandro (9), Jan Vertonghen (81) / Sílvio (63), Rúben Amorim (81).
Goals: Christian Eriksen (64) / Rodrigo (30), Luisão (58, 84)


SPORT LISBOA e BENFICA – TOTTENHAM HOTSPUR FC LONDON 2-2 (1-0)
Estádio do Sport Lisboa e Benfica, Lisboa    20.03.2014    Hour: 18:00
Referees: Damir Skomina, Bojan Ul (SVN), Gianluca Cariolato (ITA)    Attendance: 40,990
BENFICA: Jan Oblak, Luisão, Rúben Amorim, Óscar Cardozo (76 Lima), Miralem Sulejmani (90+2 Lazar Marković), Filip Djuričić (71 Enzo Pérez), Maxi Pereira, Guilherme Siqueira, Eduardo Salvio, Ezequiel Garay, André Gomes. Coach: Jorge Jesus
TOTTENHAM: Brad Friedel, Danny Rose, Aaron Lennon, Roberto Soldado (71 Harry Kane), Kyle Naughton, Andros Townsend (76 Christian Eriksen), Nacer Chadli, Gylfi Sigurdsson, Sandro, Ezekiel Fryers, Nabil Bentaleb. Coach: Tim Sherwood
Yellow Card: Luisão (10), Enzo Pérez (90) / Kyle Naughton (90+1).
Goals: Ezequiel Garay (34), Lima (90+5 pen) / Nacer Chadli (78, 79)


FC BASEL – FC RED BULL SALZBURG 0-0
St. Jakob-Park, Basel    13.03.2014    Hour: 19:00
Referees: Ovidiu Hațegan, Octavian Șovre, Sebastian Gheorghe (ROM)    Attendance: 17,027
FC BASEL: Yann Sommer, Philipp Degen, Arlind Ajeti, David Degen, Serey Die (90 Breel Embolo), Matías Delgado (71 Mohamed Elneny), Valentin Stocker, Fabian Frei, Marek Suchý, Gastón Sauro, Giovanni Sio (90+2 Albian Ajeti). Coach: Murat Yakin
SALZBURG: Péter Gulácsi, André Ramalho, Christian Schwegler (46 Florian Klein), Sadio Mané, Stefan Ilsanker, Dušan Švento, Robert Žulj (85 Valon Berisha), Christoph Leitgeb, Jonatan Soriano, Martin Hinteregger, Kevin Kampl (90+1 Valentino Lazaro). Coach: Roger Schmidt
Yellow Card: Serey Die (14), Giovanni Sio (23), Philipp Degen (84) /
            Martin Hinteregger (14), Sadio Mané (20), Florian Klein (70).


FC RED BULL SALZBURG – FC BASEL 1-2 (1-0)
Stadion Salzburg, Salzburg    20.03.2014    Hour: 21:05
Referees: Manuel Gräfe, Mike Pickel, Guido Kleve (GER)    Attendance: 29,320
SALZBURG: Péter Gulácsi, André Ramalho, Florian Klein, Sadio Mané, Stefan Ilsanker (72 Robert Žulj), Dušan Švento (83 Marco Meilinger), Christoph Leitgeb, Jonatan Soriano (78 Valon Berisha), Alan, Rodnei, Kevin Kampl. Coach: Roger Schmidt
FC BASEL: Yann Sommer, Philipp Degen, Arlind Ajeti (88 Breel Embolo), David Degen (41 Naser Aliji), Marco Streller, Valentin Stocker, Fabian Frei, Marek Suchý, Gastón Sauro, Giovanni Sio (57 Taulant Xhaka), Mohamed Elneny. Coach: Murat Yakin
Yellow Card: Alan (54), Rodnei (62), André Ramalho (78), Christoph Leitgeb (90+1) /
            Marco Streller (9), Giovanni Sio (38), Arlind Ajeti (54), Philipp Degen (88).
Red Card: Alan (86) / Marek Suchý (9).
Goals: Jonatan Soriano (22) / Marco Streller (50), Gastón Sauro (60)

JUVENTUS FC TORINO FC – ACF FIORENTINA FIRENZE 1-1 (1-0)
Juventus Stadium, Torino    13.03.2014    Hour: 21:05
Referees: Björn Kuipers, Angelo Boonman, Erwin Zeinstra (NED)    Attendance: 39,610
JUVENTUS FC: Gianluigi Buffon, Giorgio Chiellini, Martín Cáceres, Angelo Ogbonna, Claudio Marchisio, Sebastian Giovinco (64 Fernando Llorente), Pablo Osvaldo (75 Paul Pogba), Andrea Pirlo, Kwadwo Asamoah, Arturo Vidal, Mauricio Isla (82 Simone Padoin). Coach: Antonio Conte
FIORENTINA: Neto, Gonzalo Rodríguez, Facundo Roncaglia, David Pizarro, Alberto Aquilani (77 Juan Vargas), Matías Fernández (51 Massimo Ambrosini), Stefan Savić, Alessandro Matri (67 Mario Gomez), Borja Valero, Nenad Tomović, Josip Iličić. Coach: Vincenzo Montella
Yellow Card: David Pizarro (55), Gonzalo Rodríguez (57).
Goals: Arturo Vidal (3) / Mario Gomez (79)


ACF FIORENTINA FIRENZE – JUVENTUS FC TORINO FC 0-1 (0-0)
Stadio Artemio Franchi, Firenze    20.03.2014    Hour: 19:00
Referees: Howard Webb, Michael Mullarkey, Darren Cann (ENG)    Attendance: 32,633
FIORENTINA: Neto, Gonzalo Rodríguez, David Pizarro (48 Massimo Ambrosini), Alberto Aquilani, Juan Cuadrado, Stefan Savić, Borja Valero, Mario Gomez (63 Alessandro Matri), Nenad Tomović, Juan Vargas, Josip Iličić (72 Facundo Roncaglia). Coach: Vincenzo Montella
JUVENTUS FC: Gianluigi Buffon, Giorgio Chiellini, Martín Cáceres, Paul Pogba, Carlos Tévez, Fernando Llorente (88 Pablo Osvaldo), Leonardo Bonucci, Andrea Pirlo, Kwadwo Asamoah, Arturo Vidal, Mauricio Isla (76 Stephan Lichtsteiner). Coach: Antonio Conte
Yellow Card: Gonzalo Rodríguez (31), Juan Cuadrado (55), Neto (90+4) /
        Arturo Vidal (50), Carlos Tévez (90+4).
Red Card: Gonzalo Rodríguez (69).
Goal: Andrea Pirlo (71)


# QUARTER-FINALS


AZ ALKMAAR – SPORT LISBOA e BENFICA 0-1 (0-0)
AFAS Stadion, Alkmaar    03.04.2014    Hour: 21:05
Referees: Svein Oddvar Moen, Kim Thomas Haglund, Frank Andås (NOR)    Attendance: 16,906
AZ: Esteban, Mattias Johansson, Nick Viergever, Nemanja Gudelj (80 Markus Henriksen), Viktor Elm, Simon Poulsen (49 Johann Gudmundsson), Aron Jóhannsson, Steven Berghuis, Roy Beerens, Jeffrey Gouweleeuw, Celso Ortiz. Coach: Dick Advocaat
BENFICA: Artur, Luisão, Rúben Amorim (39 André Almeida), Óscar Cardozo (64 Lima), Maxi Pereira, Guilherme Siqueira, Eduardo Salvio, Rodrigo (77 Lazar Marković), Nicolás Gaitán, Ezequiel Garay, André Gomes. Coach: Jorge Jesus
Yellow Card: Mattias Johansson (79) /
        Nicolás Gaitán (61), Guilherme Siqueira (90), Eduardo Salvio (90+2), Maxi Pereira (90+5)
Goal: Eduardo Salvio (48)


SPORT LISBOA e BENFICA – AZ ALKMAAR 2-0 (1-0)
Estádio do Sport Lisboa e Benfica, Lisboa    10.04.2014    Hour: 20:05    Attendance: 35,723
Referees: Pavel Královec (CZE), Roman Slyško (SVK), Martin Wilczek (CZE)
BENFICA: Artur, Luisão, Ljubomir Fejsa (64 Enzo Pérez), Óscar Cardozo, Miralem Sulejmani (70 Lazar Marković), Guilherme Siqueira, Eduardo Salvio, Rodrigo, Ezequiel Garay, Sílvio (4 André Almeida), André Gomes. Coach: Jorge Jesus
AZ: Esteban, Mattias Johansson, Nick Viergever, Nemanja Gudelj, Viktor Elm, Aron Jóhannsson, Steven Berghuis (77 Johann Gudmundsson), Roy Beerens (77 Thom Haye), Jeffrey Gouweleeuw, Celso Ortiz (79 Markus Henriksen), Jan Wuytens. Coach: Dick Advocaat
Yellow Card: Eduardo Salvio (31), André Gomes (73) / Steven Berghuis (23).
Goals: Rodrigo (39, 71)

OLYMPIQUE LYONNAIS – JUVENTUS FC TORINO FC 0-1 (0-0)
Stade de Gerland, Lyon    03.04.2014    Hour: 21:05
Referees: William Collum, Martin Cryans, William Conquer (SCO)    Attendance: 37,084
OLYMPIQUE LYONNAIS: Anthony Lopes, Henri Bedimo, Bakary Koné, Alexandre Lacazette (74 Bafétimbi Gomis), Jordan Ferri, Steed Malbranque (85 Nabil Fekir), Jimmy Briand (89 Clinton Njié), Maxime Gonalons, Samuel Umtiti, Arnold Mvuemba, Corentin Tolisso. Coach: Rémi Garde
JUVENTUS FC: Gianluigi Buffon, Giorgio Chiellini, Martín Cáceres, Paul Pogba, Claudio Marchisio, Carlos Tévez (55 Mirko Vučinić), Pablo Osvaldo (61 Sebastian Giovinco), Leonardo Bonucci, Andrea Pirlo, Kwadwo Asamoah, Mauricio Isla (77 Stephan Lichtsteiner).
Coach: Antonio Conte
Yellow Card: Corentin Tolisso (42), Anthony Lopes (68) /
    Sebastian Giovinco (68), Mirko Vučinić (90+2).
Goal: Leonardo Bonucci (85)


JUVENTUS FC TORINO FC – OLYMPIQUE LYONNAIS 2-1 (1-1)
Juventus Stadium, Torino    10.04.2014    Hour: 21:05    Attendance: 40,710
Referees: Alberto Undiano Mallenco, Raúl Cabanero Martínez, Juan Yuste (ESP)
JUVENTUS FC: Gianluigi Buffon, Giorgio Chiellini, Martín Cáceres, Claudio Marchisio, Mirko Vučinić (59 Fernando Llorente), Carlos Tévez (78 Sebastian Giovinco), Leonardo Bonucci, Andrea Pirlo, Kwadwo Asamoah, Arturo Vidal (75 Paul Pogba), Mauricio Isla. Coach: Antonio Conte
OLYMPIQUE LYONNAIS: Anthony Lopes, Henri Bedimo, Bakary Koné, Alexandre Lacazette (70 Bafétimbi Gomis), Jordan Ferri, Steed Malbranque (76 Gaël Danic), Jimmy Briand (70 Clinton Njié), Maxime Gonalons, Samuel Umtiti, Arnold Mvuemba, Corentin Tolisso. Coach: Rémi Garde
Yellow Card: Leonardo Bonucci (46), Claudio Marchisio (80) /
    Samuel Umtiti (84), Maxime Gonalons (89).
Goals: Andrea Pirlo (4), Samuel Umtiti (68 og) / Jimmy Briand (18)


FC BASEL – VALENCIA CF 3-0 (2-0)
St. Jakob-Park, Basel    03.04.2014    Hour: 21:05
Referees: Martin Atkinson, Stephen Child, Darren England (ENG)    Attendance: 350
FC BASEL: Yann Sommer, Philipp Degen (46 Fabian Frei), David Degen, Serey Die, Matías Delgado (58 Mohamed Elneny), Valentin Stocker, Fabian Schär (72 Breel Embolo), Marcelo Díaz, Gastón Sauro, Naser Aliji, Taulant Xhaka. Coach: Murat Yakin
VALENCIA CF: Vicente Guaita, Sofiane Feghouli, João Pereira, Juan Bernat, Paco Alcácer, Eduardo Vargas, Daniel Parejo, Jérémy Mathieu, Fede Cartabia (70 Pablo Piatti), Seydou Keita, Philippe Senderos (25 Antonio Barragán). Coach: Juan Antonio Pizzi
Yellow Card: Serey Die (13), Breel Embolo (76) / Philippe Senderos (19).
Goals: Matías Delgado (34, 38), Valentin Stocker (90+1)


VALENCIA CF – FC BASEL 5-0 (2-0, 3-0)    (AET)
Estadi de Mestalla, Valencia    10.04.2014    Hour: 21:05
Referees: Viktor Kassai, György Ring, Vencel Tóth (HUN)    Attendance: 33,152
VALENCIA CF: Vicente Guaita, Sofiane Feghouli, João Pereira (110 Pablo Piatti), Juan Bernat, Javier Fuego, Paco Alcácer, Eduardo Vargas, Daniel Parejo, Jérémy Mathieu (82 Ricardo Costa), Fede Cartabia (76 Jonas), Seydou Keita. Coach: Juan Antonio Pizzi
FC BASEL: Yann Sommer, David Degen (61 Naser Aliji), Serey Die, Matías Delgado (53 Giovanni Sio), Fabian Schär, Behrang Safari (116 Breel Embolo), Fabian Frei, Marcelo Díaz, Gastón Sauro, Mohamed Elneny, Taulant Xhaka. Coach: Murat Yakin
Yellow Card: Sofiane Feghouli (26), Seydou Keita (98), Eduardo Vargas (104), Paco Alcácer (114), Juan Bernat (115), Vicente Guaita (116) / Behrang Safari (24), Mohamed Elneny (62), Fabian Schär (65), Marcelo Díaz (74), Gastón Sauro (104), Taulant Xhaka (106).
Red Card: Marcelo Díaz (101), Gastón Sauro (105+1).
Goals: Paco Alcácer (38, 70, 114), Eduardo Vargas (42), Juan Bernat (118)

FC PORTO – SEVILLA FC 1-0 (1-0)
Estádio do Dragão, Porto   03.04.2014   Hour: 20:05
Referees: Wolfgang Stark, Jan-Hendrik Salver, Mike Pickel (GER)   Attendance: 31,122
FC PORTO: Fabiano, Danilo, Ricardo Quaresma, Jackson Martínez, Diego Reyes, Silvestre Varela (77 Nabil Ghilas), Carlos Eduardo (57 Juan Quintero), Eliaquim Mangala, Fernando, Alex Sandro, Steven Defour (70 Hector Herrera). Coach: Luís Castro
SEVILLA: Beto, Fernando Navarro, Daniel Carriço, Marko Marin (63 Diogo Figueiras), Carlos Bacca, Ivan Rakitić, Vicente Iborra (63 Kevin Gameiro), Alberto Moreno, José Antonio Reyes (74 Vitolo), Nicolas Pareja, Coke. Coach: Unai Emery
Yellow Card: Jackson Martínez (43), Fernando (87) /
    Alberto Moreno (15), José Antonio Reyes (69).
Red Card: Fernando (87).
Goal: Eliaquim Mangala (31)

SEVILLA FC – FC PORTO 4-1 (3-0)
Estadio Ramón Sánchez Pizjuán, Sevilla   10.04.2014   Hour: 21:05
Referees: Gianluca Rocchi, Elenito Di Liberatore, Mauro Tonolini (ITA)   Attendance: 31,422
SEVILLA: Beto, Federico Fazio, Fernando Navarro, Daniel Carriço, Carlos Bacca (69 Kevin Gameiro), Ivan Rakitić (86 Piotr Trochowski), José Antonio Reyes (56 Diogo Figueiras), Vitolo, Nicolas Pareja, Coke, Stéphane Mbia. Coach: Unai Emery
FC PORTO: Fabiano, Danilo (64 Kelvin), Ricardo Quaresma, Nabil Ghilas, Diego Reyes, Hector Herrera, Silvestre Varela (46 Juan Quintero), Carlos Eduardo (46 Ricardo), Eliaquim Mangala, Alex Sandro, Steven Defour. Coach: Luís Castro
Yellow Card: Coke (32), Carlos Bacca (66) / Danilo (29), Eliaquim Mangala (29), Silvestre Varela (31), Ricardo Quaresma (32), Ricardo (75).
Red Card: Coke (54).
Goals: Ivan Rakitić (5 pen), Vitolo (26), Carlos Bacca (29), Kevin Gameiro (79) /
    Ricardo Quaresma (90+2)

## SEMI-FINALS

SEVILLA FC – VALENCIA CF 2-0 (2-0)
Estadio Ramón Sánchez Pizjuán, Sevilla   24.04.2014   Hour: 21:05
Referees: Damir Skomina, Bojan Ul (SVN), Gianluca Cariolato (ITA)   Attendance: 33,496
SEVILLA: Beto, Federico Fazio, Fernando Navarro, Diogo Figueiras, Daniel Carriço, Carlos Bacca (73 Kevin Gameiro), Ivan Rakitić, José Antonio Reyes (59 Marko Marin), Vitolo (90 Vicente Iborra), Nicolas Pareja, Stéphane Mbia. Coach: Unai Emery
VALENCIA CF: Vicente Guaita, Sofiane Feghouli (74 Jonas), João Pereira, Juan Bernat (46 José Gaya), Javier Fuego, Paco Alcácer, Eduardo Vargas, Daniel Parejo, Jérémy Mathieu, Fede Cartabia (57 Pablo Piatti), Seydou Keita. Coach: Juan Antonio Pizzi
Yellow Card: Marko Marin (71) / Paco Alcácer (89), Jérémy Mathieu (90+2).
Goals: Stéphane Mbia (33), Carlos Bacca (36)

VALENCIA CF – SEVILLA FC 3-1 (2-0)
Estadi de Mestalla, Valencia   01.05.2014   Hour: 21:05
Referees: Milorad Mažić, Milovan Ristić, Dalibor Djurdjević (SRB)   Attendance: 45,938
VALENCIA CF: Diego Alves, Pablo Piatti (61 Fede Cartabia), Jonas (85 Antonio Barragán), Sofiane Feghouli, João Pereira, Juan Bernat, Eduardo Vargas, Ricardo Costa, Daniel Parejo (78 Javier Fuego), Jérémy Mathieu, Seydou Keita. Coach: Juan Antonio Pizzi
SEVILLA: Beto, Federico Fazio, Fernando Navarro (71 Alberto Moreno), Daniel Carriço, Carlos Bacca (66 Kevin Gameiro), Ivan Rakitić, José Antonio Reyes (79 Marko Marin), Vitolo, Nicolas Pareja, Coke, Stéphane Mbia. Coach: Unai Emery
Yellow Card: Juan Bernat (53), Sofiane Feghouli (73), Diego Alves (82), Jérémy Mathieu (90+3) /
    Daniel Carriço (86), Jairo Samperio (90+4).
Goals: Sofiane Feghouli (14), Beto (26 og), Jérémy Mathieu (69) / Stéphane Mbia (90+4)

SPORT LISBOA e BENFICA – JUVENTUS FC TORINO FC 2-1 (1-0)
Estádio do Sport Lisboa e Benfica, Lisboa    24.04.2014    Hour: 20:05
Referees: Cüneyt Çakır, Bahattin Duran, Tarik Ongun (TUR)    Attendance: 55,779
BENFICA: Artur, Luisão, Óscar Cardozo (62 Lima), Miralem Sulejmani (60 André Almeida), Maxi Pereira, Guilherme Siqueira, Rodrigo, Ezequiel Garay, André Gomes (82 Ivan Cavaleiro), Enzo Pérez, Lazar Marković. Coach: Jorge Jesus
JUVENTUS FC: Gianluigi Buffon, Giorgio Chiellini, Martín Cáceres, Paul Pogba, Claudio Marchisio, Mirko Vučinić (65 Sebastian Giovinco), Carlos Tévez (82 Pablo Osvaldo), Leonardo Bonucci, Andrea Pirlo, Kwadwo Asamoah, Stephan Lichtsteiner. Coach: Antonio Conte
Yellow Card: André Gomes (34), Artur (71), André Almeida (88) / Paul Pogba (45).
Goals: Ezequiel Garay (2), Lima (84) / Carlos Tévez (73)


JUVENTUS FC TORINO FC – SPORT LISBOA e BENFICA 0-0
Juventus Stadium, Torino    01.05.2014    Hour: 21:05
Referees: Mark Clattenburg, Simon Beck, Stuart Burt (ENG)    Attendance: 40,775
JUVENTUS FC: Gianluigi Buffon, Giorgio Chiellini, Martín Cáceres, Paul Pogba, Carlos Tévez, Fernando Llorente (78 Claudio Marchisio), Leonardo Bonucci (73 Sebastian Giovinco), Andrea Pirlo, Kwadwo Asamoah, Arturo Vidal (78 Pablo Osvaldo), Stephan Lichtsteiner.
Coach: Antonio Conte
BENFICA: Jan Oblak, Luisão, Rúben Amorim, Lima, Maxi Pereira, Guilherme Siqueira, Rodrigo (69 André Almeida), Nicolás Gaitán (76 Eduardo Salvio), Ezequiel Garay, Enzo Pérez, Lazar Marković (86 Miralem Sulejmani). Coach: Jorge Jesus
Yellow Card: Kwadwo Asamoah (64) /
            Rodrigo (56), Enzo Pérez (61), Jan Oblak (82), Eduardo Salvio (90+6).
Red Card: Mirko Vučinić (89) / Enzo Pérez (67), Lazar Marković (89).


# FINAL

SEVILLA FC – SPORT LISBOA e BENFICA 0-0    (AET)    4-2 penalties
Juventus, Torino, 14.05.2014, CET: 20:45
Referees: Felix Brych, Mark Borsch, Stefan Lupp (GER)    Attendance: 33,120
SEVILLA: Beto, Federico Fazio, Daniel Carriço, Carlos Bacca, Ivan Rakitić (Cap), Alberto Moreno, José Antonio Reyes (78 Marko Marin, 104 Kevin Gameiro), Vitolo (110 Diogo Figueiras), Nicolas Pareja, Coke, Stéphane Mbia. Coach: Unai Emery
BENFICA: Jan Oblak, Luisão (Cap), Rúben Amorim, Miralem Sulejmani (25 Andre Almeida), Lima, Maxi Pereira, Guilherme Siqueira (99 Oscar Cardozo), Rodrigo, Nicolás Gaitán (119 Ivan Cavaleiro), Ezequiel Garay, André Gomes. Coach: Jorge Jesus
Yellow Card: Fazio (11), Moreno (13), Coke (98) / Siqueira (30), Almeida (100)
Penalties: 1-0 Bacca, 1-1 Lima, 2-1 Mbia, Cardozo (saved), 3-1 Coke, Rodrigo (saved), 4-1 Gameiro, 4-2 Luisão.

# UEFA EUROPA LEAGUE 2014-15

## FIRST QUALIFYING ROUND

SLIEMA WANDERERS FC – FERENCVÁROSI TC BUDAPEST 1-1 (1-0)
Ta' Qali National Stadium, Ta' Qali    01.07.2014    Hour: 17:45
Referees: Arnold Hunter, Richard Storey, David Anderson (NIR)    Attendance: 525
SLIEMA: Glen Zammit, Alex Muscat, Filippo Scozzese, Marko Potezica, John Mintoff, Mark Scerri, Michael Mifsud, Stanley Ohawuchi, Paltemio Barbetti, Giuseppe Muscat (68 Trevor Cilia), Stefano Bianciardi. Coach: Alfonso Greco
FERENCVÁROS: Dénes Dibusz, Philipp Bönig, Benjamin Lauth, Dániel Böde, Stjepan Kukuruzović (82 Dávid Holman), Gábor Gyömbér, Attila Busai (46 Vladan Čukić), Dániel Nagy (46 Somália), Michał Nalepa, Predrag Bošnjak, David Mateos. Coach: Thomas Doll
Yellow Card: John Mintoff (36), Alex Muscat (86) / Attila Busai (14), Dániel Nagy (41), Michał Nalepa (45+4), Philipp Bönig (53), Dávid Holman (89).
Goals: Stanley Ohawuchi (39) / Michał Nalepa (77)

FERENCVÁROSI TC BUDAPEST – SLIEMA WANDERERS FC 2-1 (1-0)
Ferenc Puskás, Budapest    10.07.2014    Hour: 20:30
Referees: Ognjen Valjić, Hrvoje Turudić, Goran Dujak (BIH)    Attendance: 4,724
FERENCVÁROS: Dénes Dibusz, Benjamin Lauth (73 Dániel Nagy), Stjepan Kukuruzović (88 Vladan Čukić), Gábor Gyömbér, Attila Busai (70 Dániel Böde), Michał Nalepa, Predrag Bošnjak, David Mateos, Emir Dilaver, Roland Ugrai, Somália. Coach: Thomas Doll
SLIEMA: Glen Zammit, Alex Muscat, Filippo Scozzese, Marko Potezica, John Mintoff, Mark Scerri, Michael Mifsud, Stanley Ohawuchi, Paltemio Barbetti, Giuseppe Muscat (80 Trevor Cilia), Stefano Bianciardi. Coach: Alfonso Greco
Yellow Card: Emir Dilaver (4), Somália (45) /
        Paltemio Barbetti (36), Stanley Ohawuchi (45+2), Mark Scerri (80), Stefano Bianciardi (85)
Red Card: Paltemio Barbetti (90+3).
Goals: Roland Ugrai (14 pen), Attila Busai (56) / Filippo Scozzese (60)

AS La JEUNESSE d'ESCH – DUNDALK FC 0-2 (0-0)
La Frontière, Esch-sur-Alzette    01.07.2014    Hour: 17:45
Referees: Lorenc Jemini, Egin Doda, Ilir Tartaraj (ALB)    Attendance: 759
JEUNESSE: Marc Oberweis, Kim Kintziger, Alexandre Vitali, Eric Hoffmann, Adrien Portier, Jonathan Zydko (67 Mirko Albanese), Ken Corral, Sanel Ibrahimović, Bryan Melisse (81 David De Sousa), Nenad Dragovic (46 Milos Todorovic), Marvin Da Graca. Coach: Daniel Theis
DUNDALK: Peter Cherrie, Sean Gannon, Brian Gartland, Andy Boyle, Chris Shields, Daryl Horgan (85 John Mountney), Kurtis Byrne (70 Ruaidhri Higgins), Dane Massey, David McMillan (79 Patrick Hoban), Richie Towell, Darren Meenan. Coach: Stephen Kenny
Yellow Card: Nenad Dragovic (40), Adrien Portier (59) / Brian Gartland (27).
Goals: Richie Towell (59 pen, 71)

DUNDALK FC – AS La JEUNESSE d'ESCH 3-1 (3-0)
Oriel Park, Dundalk    10.07.2014    Hour: 19:45
Referees: Tvetan Krastev, Divan Valkov, Aleksandar Atanasov (BUL)    Attendance: 2,534
DUNDALK: Peter Cherrie, Sean Gannon, Brian Gartland (80 Simon Kelly), Andy Boyle, Daryl Horgan (46 Mark Griffin), John Mountney, Kurtis Byrne (62 Patrick Hoban), Ruaidhri Higgins, Dane Massey, David McMillan, Richie Towell. Coach: Stephen Kenny
JEUNESSE: Marc Oberweis, Kim Kintziger, Alexandre Vitali, Eric Hoffmann, Adrien Portier, Jonathan Zydko (78 Denis Agovic), Ken Corral (46 Ricardo Delgado), Sanel Ibrahimović, Bryan Melisse, Milos Todorovic (46 Mirko Albanese), Marvin Da Graca. Coach: Daniel Theis
Yellow Card: Ruaidhri Higgins (74) /
        Marvin Da Graca (17), Jonathan Zydko (42), Eric Hoffmann (45+2), Adrien Portier (67)
Goals: Brian Gartland (8), Kurtis Byrne (37), John Mountney (45+1) / Jonathan Zydko (55)

FK SHKËNDIJA TETOVO – FC ZIMBRU CHIŞINĂU 2-1 (1-0)
National Arena Filip II Macedonian, Skopje    01.07.2014    Hour: 18:00
Referees: Jonathan Lardot, Jimmy Cremers, Karel De Rocker (BEL)    Attendance: 2,720
FK SHKËNDIJA: Marko Jovanovski, Egzon Bejtulai, Jasir Selmani (51 Mensur Kurtisi), Artim Polozani, Bojan Vručina, Mevlan Murati, Stênio Júnior (81 Astrit Fazliu), Ivan Mitrov, Muhamed Huseini, Sedat Berisha (34 Martin Kavdanski), Yordan Miliev. Coach: Roy Ferenčina
ZIMBRU: Denis Rusu, Iulian Erhan, Constantin Bogdan, Alexandru Dedov (53 Alexandru Paşcenco), Dmitri Klimovich, Kiril Pavlyuchek, Jean-Marie Amani (86 Ilie Damaşcan), Alexandru Vremea, Alexandru Grossu, Anatoli Cheptine (73 Gheorghe Anton), Ion Jardan.
Coach: Oleg Kubarev
Yellow Card: Sedat Berisha (11), Ivan Mitrov (71) / Kiril Pavlyuchek (68), Jean-Marie Amani (70).
Goals: Bojan Vručina (45+5), Ivan Mitrov (47) / Alexandru Grossu (50 pen)

FC ZIMBRU CHIŞINĂU – FK SHKËNDIJA TETOVO 2-0 (1-0)
Zimbru, Chişinău    10.07.2014    Hour: 20:00
Referees: Anatoliy Vishnichenko, Sergei Vassyutin, Anatoli Hodin (KAZ)    Attendance: 4,500
ZIMBRU: Denis Rusu, Iulian Erhan, Constantin Bogdan (57 Ştefan Burghiu), Alexandru Dedov, Dmitri Klimovich, Kiril Pavlyuchek, Jean-Marie Amani (68 Alexandru Paşcenco), Alexandru Vremea, Alexandru Grossu, Anatoli Cheptine (46 Dan Spătaru), Ion Jardan. Coach: Oleg Kubarev
FK SHKËNDIJA TETOVO: Marko Jovanovski, Egzon Bejtulai, Artim Polozani, Bojan Vručina, Elvir Nurishi (51 Demir Imeri), Mevlan Murati (86 Martin Kavdanski), Stênio Júnior, Ivan Mitrov (65 Jasir Selmani), Muhamed Huseini, Sedat Berisha, Yordan Miliev. Coach: Roy Ferenčina
Yellow Card: Jean-Marie Amani (9) /
    Artim Polozani (40), Muhamed Huseini (62), Bojan Vručina (71).
Red Card: Muhamed Huseini (90).
Goals: Jean-Marie Amani (5), Alexandru Paşcenco (87)

FC SIONI BOLNISI – KS FLAMURTARI VLORË 2-3 (2-1)
Mikheil Meskhi, Tbilisi    03.07.2014    Hour: 21:00
Referees: Kristo Tohver, Sten Klaasen, Dmitri Vinogradov (EST)    Attendance: 3,253
SIONI: Mirza Merlani, Giorgi Tskhadaia, Ilia Kandelaki, Davit Svanidze, Giorgi Kakhelishvili, Vili Isiani, Zviad Lobjanidze (54 Jaba Ugulava), Davit Imedashvili, Tornike Aptsiauri (74 Irakli Samkharadze), Dachi Popkhadze, Guram Gureshidze (85 Giorgi Adamia). Coach: Armaz Jeladze
FLAMURTARI: Ilion Lika, Gledi Mici, Nijas Lena, Franc Veliu, Polizoi Arberi (90+2 Hektor Idrizaj), Gjergj Muzaka (87 Agim Meto), Bruno Telushi, Hair Zeqiri (83 Ardit Shehaj), Taulant Kuqi, Arbër Abilaliaj, Gilman Lika. Coach: Ernest Gjoka
Yellow Card: Jaba Ugulava (60), Davit Imedashvili (68), Guram Gureshidze (83),
Irakli Samkharadze (90+4), Giorgi Kakhelishvili (90+7) /
    Polizoi Arberi (34), Taulant Kuqi (68), Bruno Telushi (78), Arbër Abilaliaj (85).
Goals: Vili Isiani (27, 30) / Franc Veliu (20), Taulant Kuqi (74), Gilman Lika (90+3)

KS FLAMURTARI VLORË – FC SIONI BOLNISI 1-2 (0-0)
Flamurtari, Vlorë    10.07.2014    Hour: 19:00
Referees: Clayton Pisani, Ingmar Spiteri, Duncan Sultana (MLT)    Attendance: 2,500
FLAMURTARI: Ilion Lika, Gledi Mici, Nijas Lena, Franc Veliu, Polizoi Arberi, Gjergj Muzaka (89 Lejdi Liçaj), Bruno Telushi, Hair Zeqiri (67 Ardit Shehaj), Taulant Kuqi, Arbër Abilaliaj, Gilman Lika (78 Agim Meto). Coach: Ernest Gjoka
SIONI: Mirza Merlani, Ilia Kandelaki, Davit Svanidze, Aleksandre Gogoberishvili, Georgi Ganugrava (65 Irakli Samkharadze), Vili Isiani, Zviad Lobjanidze, Davit Imedashvili, Tornike Aptsiauri, Dachi Popkhadze (81 Giorgi Adamia), Guram Gureshidze (54 Jaba Ugulava).
Coach: Armaz Jeladze
Yellow Card: Nijas Lena (30), Gilman Lika (45), Ardit Shehaj (86) / Georgi Ganugrava (16), Aleksandre Gogoberishvili (73), Tornike Aptsiauri (89), Jaba Ugulava (90+6).
Goals: Ardit Shehaj (85) / Jaba Ugulava (56), Taulant Kuqi (83 og)

FC TIRASPOL – INTER BAKU PIK 2-3 (0-2)
Sheriff small Arena, Tiraspol 03.07.2014 Hour: 20:00
Referees: Ante Vučemilović, Dalibor Conjar, Hrvoje Barišić (CRO) Attendance: 2,223
TIRASPOL: Georgi Georgiev, Eric Barroso, Andrey Novicov, Yevgen Zarichnyuk, Sergiy Shapoval, Oleg Molla, Gheorghe Boghiu (63 Georgi Karaneychev), Vadim Raţa (58 Victor Bulat), Lasha Japaridze, Ademar (81 Gheorghe Ovseannicov), Kyrylo Sydorenko. Coach: Vlad Goian
INTER: Giorgi Lomaia, Lasha Salukvadze, Aleksandre Amisulashvili, Slavčo Georgievski, Elvin Mammadov (72 Mikel Álvaro), Asif Mammadov (90+3 Mirzaga Guseynpur), Yohan Bocognano, Arif Dashdemirov, Bachana Tskhadadze (82 Diego Madrigal), Matija Špičić, David Meza. Coach:
Yellow Card: Lasha Japaridze (34), Andrey Novicov (90+2) / Aleksandre Amisulashvili (50), David Meza (77), Slavčo Georgievski (80), Giorgi Lomaia (90+1).
Goals: Andrey Novicov (78), Georgi Karaneychev (88) /
    Bachana Tskhadadze (8 pen), Elvin Mammadov (10), Andrey Novicov (71 og)

INTER BAKU PIK – FC TIRASPOL 3-1 (0-1)
Shafa, Baku 10.07.2014 Hour: 21:00
Referees: Marios Panayi, Charalambos Charalambous, Stelios Nikita (CYP) Attendance: 3,120
INTER: Giorgi Lomaia, Lasha Salukvadze, Aleksandre Amisulashvili, Slavčo Georgievski, Mikel Álvaro, Asif Mammadov (41 Bachana Tskhadadze), Yohan Bocognano, Arif Dashdemirov, Diego Madrigal (78 Mirzaga Guseynpur), Matija Špičić, David Meza. Coach: Zaur Svanadze
TIRASPOL: Georgi Georgiev, Andrey Novicov, Yevgen Zarichnyuk (71 Gheorghe Ovseannicov), Oleg Molla, Bogdan Hauşi, Georgi Karaneychev (56 Gheorghe Boghiu), Lasha Japaridze, Marko Vidović, Victor Bulat, Ademar, Kyrylo Sydorenko (46 Sergiy Shapoval). Coach: Vlad Goian
Yellow Card: Asif Mammadov (15) /
    Sergiy Shapoval (46), Georgi Karaneychev (55), Marko Vidović (66).
Red Card: Georgi Georgiev (76), Lasha Japaridze (83).
Goals: Arif Dashdemirov (79), Bachana Tskhadadze (83 pen), Mirzaga Guseynpur (90+1) /
    Victor Bulat (6)

HIBERNIANS FC PAOLA – FC SPARTAK TRNAVA 2-4 (0-3)
Ta' Qali National Stadium, Ta' Qali 03.07.2014 Hour: 20:00
Referees: Mark Whitby, Gareth Wyn Jones, Martin Roberts (WAL) Attendance: 616
HIBERNIANS FC: Daniel Balzan, Timothy Tabone Desira, Rui Da Gracia, Jonathan Pearson, Rodolfo Soares, Marcelo Dias, Andrew Cohen, Bjorn Kristensen, Clayton Failla (81 Jurgen Degabriele), Johan Bezzina, Jean Paul Farrugia (90+3 Joseph Mbong). Coach: Branko Nisevic
SPARTAK: Matej Strapák, Matej Siva (58 Milan Bortel), Marek Janečka, Martin Mikovič (74 Tomáš Mikinič), Ján Vlasko, Ján Chovanec, Martin Tóth, Matúš Čonka, Erik Sabo, Kamil Kuzma, Nikolas Špalek (55 Ivan Schranz). Coach: Juraj Jarábek
Yellow Card: Bjorn Kristensen (37), Clayton Failla (52), Marcelo Dias (57) / Martin Mikovič (28).
Red Card: Jonathan Pearson (10).
Goals: Andrew Cohen (49), Failla (50) /
    Erik Sabo (11 pen, 13), Ján Vlasko (36), Tomáš Mikinič (88)

FC SPARTAK TRNAVA – HIBERNIANS FC PAOLA 5-0 (3-0)
Štadión FC ViOn, Zlate Moravce 10.07.2014 Hour: 19:30
Referees: Nerijus Dunauskas, Dovydas Sužiedėlis, Aleksandr Radius (LTU) Attendance: 2,220
SPARTAK: Matej Strapák, Marek Janečka, Martin Mikovič (64 Tomáš Mikinič), Ján Vlasko, Ján Chovanec, Milan Bortel, Martin Tóth (46 Patrik Banovič), Matúš Čonka, Erik Sabo, Ivan Schranz (59 Nikolas Špalek), Kamil Kuzma. Coach: Juraj Jarábek
HIBERNIANS FC PAOLA: Daniel Balzan, Timothy Tabone Desira, Rui Da Gracia, Rodolfo Soares, Marcelo Dias, Andrew Cohen, Bjorn Kristensen, Clayton Failla, Brandon Muscat (65 Jurgen Degabriele), Johan Bezzina, Jean Paul Farrugia. Coach: Branko Nisevic
Yellow Card: Kamil Kuzma (37), Milan Bortel (39), Patrik Banovič (82), Tomáš Mikinič (86) /
    Clayton Failla (32), Marcelo Dias (40), Johan Bezzina (62), Bjorn Kristensen (82).
Goals: Martin Mikovič (12), Erik Sabo (21, 90+2), Ján Vlasko (28), Tomáš Mikinič (85)

FK ČUKARIČKI BEOGRAD – UE SANT JULIÀ ANDORRA 4-0 (1-0)
FK Cukaricki, Beograd   03.07.2014   Hour: 20:00
Referees: Paul Mclaughlin, Mark Gavin, Emmet Dynan (IRL)   Attendance: 2,120
ČUKARIČKI: Borivoje Ristić, Lucas Piasentin, Ivan Todorović, Nikola Stoiljković, Igor Matić, Slavoljub Srnić, Filip Stojković, Bojan Ostojić, Petar Bojić (58 Dragoljub Srnić), Nenad Mirosavljević (77 Andrija Pavlović), Rajko Brežančić. Coach: Vladan Milojević
SANT JULIÀ: Jesús Coca, Manu Estepa, Yael Fontan (76 Jonathan Puente), Miguel Ruiz, Miguel Angel Soto, Carlos Perez, Daniel Cabezas, Eric Rodríguez, Fabio Serra, Mario Spano, Sebastián Varela. Coach: Raul Cañete
Yellow Card: Filip Stojković (33) /
         Miguel Angel Soto (28), Sebastián Varela (51), Mario Spano (83), Daniel Cabezas (90+3)
Goals: Mirosavljević (8), Bojić (49), S. Srnić (89), Stoiljković (90+1 pen)


UE SANT JULIÀ ANDORRA – FK ČUKARIČKI BEOGRAD 0-0
Estadi Comunal, Andorra la Vella   10.07.2014   Hour: 18:00   Attendance: 150
Referees: Zaven Hovhannisyan, Mesrop Ghazaryan, Arman Ghushchyan (ARM)
SANT JULIÀ: Jesús Coca (84 Josep Rivas), Manu Estepa, Yael Fontan, Miguel Ruiz, Francisco Girau (74 Daniel Cabezas), Miguel Angel Soto, Carlos Perez (88 Jordi Barra), Eric Rodríguez, Fabio Serra, Mario Spano, Sebastián Varela. Coach: Raul Cañete
ČUKARIČKI: Borivoje Ristić, Lucas Piasentin, Ivan Todorović, Nikola Stoiljković (81 Andrija Pavlović), Igor Matić, Slavoljub Srnić, Filip Stojković, Bojan Ostojić, Petar Bojić (72 Dragoljub Srnić), Nenad Mirosavljević, Rajko Brežančić (86 Dejan Boljević). Coach: Vladan Milojević
Yellow Card: Miguel Ruiz (71) / Filip Stojković (59).


FK ČELIK NIKŠIĆ – FC KOPER 0-5 (0-2)
Gradski, Niksić   03.07.2014   Hour: 17:30
Referees: Daniel Stefanski, Rafal Rostkowski, Marcin Boniek (POL)   Attendance: 250
FK ČELIK: Vladan Giljen, Danilo Vuković, Zijad Adrović, Ivan Ivanović (79 Milovan Nikolić), Miloš Djalac, Nebojša Prtenjak, Nenad Bubanja (52 Darko Bulatović), Predrag Vidakanić, Vasilije Jovović, Bojan Kalezić (83 Balša Božović), Predrag Brnović. Coach: Željko Ćeha
KOPER: Božidar Radošević, Miha Blažič, Ivica Guberac, Perica Ivetić, Goran Galešić (68 Mitja Lotrič), Denis Halilović, Domen Črnigoj (80 Urban Žibert), Damir Hadžič, Matej Palčič, Jaka Štromajer (61 Matej Pučko), Miroslav Čovilo. Coach: Rodolfo Vanoli
Yellow Card: Ivan Ivanović (16) / Damir Hadžič (54), Mitja Lotrič (74).
Red Card: Vasilije Jovović (74).
Goals: Matej Palčič (21), Denis Halilović (37), Miroslav Čovilo (49, 85), Ivica Guberac (87)


FC KOPER – FK ČELIK NIKŠIĆ 4-0 (2-0)
ŠRC Bonifika, Koper   10.07.2014   Hour: 20:30
Referees: Anatolii Zhabchenko, Oleg Pluzhnyk, Olexiy Andreyev (UKR)   Attendance: 700
KOPER: Božidar Radošević, Miha Gregorič, Miha Blažič, Ivica Guberac, Perica Ivetić, Goran Galešić, Denis Halilović, Domen Črnigoj, Matej Palčič (52 Leo Štulac), Jaka Štromajer (89 Urban Žibert), Miroslav Čovilo (52 Matej Pučko). Coach: Rodolfo Vanoli
FK ČELIK NIKŠIĆ: Vladan Giljen, Danilo Vuković, Zijad Adrović, Ivan Ivanović (89 Nikola Vujović), Miloš Djalac, Nebojša Prtenjak, Nenad Bubanja (81 Milovan Nikolić), Darko Bulatović (16 Nikola Delibašić), Predrag Vidakanić, Bojan Kalezić, Predrag Brnović. Coach: Željko Ćeha
Yellow Card: Miroslav Čovilo (36) / Predrag Vidakanić (71).
Red Card: Vladan Giljen (13).
Goals: Jaka Štromajer (10), Goran Galešić (16 pen, 90+4), Matej Pučko (90)

FK HORIZONT TURNOVO – FC CHIKHURA SACHKHERE 0-1 (0-1)
National Arena Filip II Macedonian, Skopje   03.07.2014   Hour: 18:00
Referees: Ádám Németh, Zsolt Varga, Oszkar Lemon (HUN)   Attendance: 380
TURNOVO: Stojan Dimovski, Marjan Tasev, Tomislav Iliev (62 Valentin Kochoski), Radko Mutafchiyski, Jasmin Mecinovic, Grigor Dolapchiev (54 Cvetan Čurlinov), Dragan Georgiev, Saško Pandev, Aleksandar Varelovski, Bojan Najdenov (54 Gjorgji Stoilov), Aleksandar Pandovski. Coach: Goce Sedloski
CHIKHURA: Giorgi Somkhishvili, Lasha Tchelidze, Giorgi Gabedava, Lasha Kutchukhidze (86 Tornike Mumladze), Lasha Chikvaidze, Giorgi Datunaishvili, Giga Bechvaia, Shota Kashia, David Odikadze, Besik Dekanoidze (79 Giorgi Koripadze), Giorgi Rekhviashvili. Coach: Samson Pruidze
Yellow Card: Radko Mutafchiyski (61), Cvetan Čurlinov (90+1).
Red Card: Lasha Chikvaidze (42).
Goal: Lasha Kutchukhidze (31)

FC CHIKHURA SACHKHERE – FK HORIZONT TURNOVO 3-1 (1-1)
Mikheil Meskhi, Tbilisi   10.07.2014   Hour: 20:00
Referees: Manuel Schuettengruber, Stefan Kuehr, Roland Riedel (AUS)   Attendance: 1,500
CHIKHURA: Giorgi Somkhishvili, Lasha Tchelidze, Giorgi Kimadze, Giorgi Gabedava (80 Giorgi Koripadze), Lasha Kutchukhidze (79 Tornike Mumladze), Giorgi Datunaishvili, Giga Bechvaia, Shota Kashia, David Odikadze, Besik Dekanoidze, Giorgi Rekhviashvili. Coach: Samson Pruidze
TURNOVO: Stojan Dimovski, Marjan Tasev, Ivo Harizanov (53 Daniel Kovačev), Radko Mutafchiyski, Mitko Mavrov (60 Grigor Dolapchiev), Dragan Georgiev, Cvetan Čurlinov, Saško Pandev, Aleksandar Varelovski, Bojan Najdenov, Aleksandar Pandovski (49 Filip Naumchevski). Coach: Goce Sedloski
Yellow Card: Lasha Kutchukhidze (23), Giorgi Gabedava (49) / Mitko Mavrov (8).
Goals: Giorgi Gabedava (6, 67), Giorgi Rekhviashvili (75) / Aleksandar Pandovski (45+1)

FC SHIRAK GYUMRI – FC SHAKHTER KARAGANDY 1-2 (0-0)
Gyumri City, Gyumri   03.07.2014   Hour: 18:00
Referees: Yuriy Mozharovskyy, Igor Bytskalo, Igor Al'okhin (UKR)   Attendance: 2,500
FC SHIRAK GYUMRI: Arsen Beglaryan, Tigran Davtyan, Serge Deble, Davit Hakobyan (78 Aram Muradyan), Edward Kpodo, Karen Aleksanyan, Davit Marikyan, Karen Muradyan, Yoro Lamine Ly (67 Drissa Diarrassouba), Gevorg Hovhannisyan, Dame Diop (46 Andranik Barikyan). Coach: Vardan Bichakhchyan
SHAKHTER: Aleksandr Mokin, Gediminas Vičius, Mihret Topcagic (89 Kamoliddin Murzoev), Ulan Konysbaev (79 Shavkat Salomov), Andrei Finonchenko, Nikola Pokrivač (90+2 Maksat Bayzhanov), Aldin Džidić, Sergei Maliy, Ján Maslo, Aleksandr Kirov, Aleksandar Simčević.
Coach: Viktor Kumykov
Yellow Card: Davit Marikyan (75) /
        Aleksandar Simčević (13), Gediminas Vičius (57), Andrei Finonchenko (77).
Goals: Serge Deble (85 pen) / Mihret Topcagic (71), Sergei Maliy (83)

FC SHAKHTER KARAGANDY – FC SHIRAK GYUMRI 4-0 (3-0)
Shakhter, Karagandy   10.07.2014   Hour: 18:30
Referees: Eitan Shemeulevitch, Mahmud Mahagna, Kiril Balikin (ISR)   Attendance: 11,200
SHAKHTER: Aleksandr Mokin, Gediminas Vičius, Mihret Topcagic (71 Roman Murtazayev), Ulan Konysbaev (78 Kamoliddin Murzoev), Andrei Finonchenko, Nikola Pokrivač, Aldin Džidić (62 Maksat Bayzhanov), Sergei Maliy, Ján Maslo, Aleksandr Kirov, Aleksandar Simčević.
Coach: Viktor Kumykov
FC SHIRAK GYUMRI: Vsevolod Ermakov, Serge Deble, Jean-Jacques Bougouhi (46 Tigran Davtyan), Davit Hakobyan, Edward Kpodo, Karen Aleksanyan, Davit Marikyan (53 Robert Darbinyan), Karen Muradyan, Yoro Lamine Ly (46 Andranik Barikyan), Gevorg Hovhannisyan, Dame Diop. Coach: Vardan Bichakhchyan
Yellow Card: Aleksandar Simčević (77) /
        Karen Muradyan (30), Edward Kpodo (39), Davit Hakobyan (90+1).
Goals: Edward Kpodo (12 og), Ulan Konysbaev (29), Nikola Pokrivač (45+1), Andrei Finonchenko (49)

QÄBÄLÄ FK – NK ŠIROKI BRIJEG 0-2 (0-0)
Qäbälä Şähär Stadionu, Qäbälä    03.07.2014    Hour: 20:00
Referees: Artyom Kuchin, Evgeni Belski, Rustam Suyunov (KAZ)    Attendance: 4,200
QÄBÄLÄ: Kamran Agayev, Elvin Jamalov (56 Andrei Cristea), Vladimir Levin, Nizami Hajiyev, Victor Mendy, Dodô, Ruslan Abışov, Ruslan Taghizade, Adrian Ropotan, Elnur Allahverdiyev, Rafael. Coach: Dorinel Munteanu
NK ŠIROKI BRIJEG: Luka Bilobrk, Dino Ćorić, Mate Pehar, Mirko Marić, Goran Zakarić (90+2 Zvonimir Kožulj), Davor Landeka, Wagner, Ivan Peko (90 Jure Ivanković), Slavko Brekalo, Neven Laštro, Stipo Marković (27 Josip Barišić). Coach: Slaven Musa
Yellow Card: Adrian Ropotan (69) / Slavko Brekalo (62).
Goals: Wagner (74, 89)


NK ŠIROKI BRIJEG – QÄBÄLÄ FK 3-0 (2-0)
Pecara, Široki Brijeg    10.07.2014    Hour: 20:30
Referees: Vladimir Vnuk, Miroslav Benko, Michal Tomčík (SVK)    Attendance: 1,500
NK ŠIROKI BRIJEG: Antonio Soldo, Josip Barišić, Dino Ćorić (78 Zvonimir Kožulj), Mate Pehar (60 Jure Ivanković), Mirko Marić, Goran Zakarić, Davor Landeka, Wagner, Ivan Peko (34 Josip Čorluka), Slavko Brekalo, Neven Laštro. Coach: Slaven Musa
QÄBÄLÄ: Kamran Agayev, Vladimir Levin (83 Sadig Guliyev), Nizami Hajiyev, Victor Mendy, Dodô, Andrei Cristea (65 Elvin Jamalov), Ruslan Abışov, Ruslan Taghizade (46 Ruslan Amirjanov), Adrian Ropotan, Urfan Abbasov, Rafael. Coach: Dorinel Munteanu
Yellow Card: Mate Pehar (21) / Adrian Ropotan (9), Urfan Abbasov (44), Nizami Hajiyev (55).
Goals: Goran Zakarić (17), Mirko Marić (29, 56)


DIÓSGYŐRI ETO FC – BIRKIRKARA FC 2-1 (1-1)
Debrecen Stadion, Debrecen    03.07.2014    Hour: 20:30    Attendance: 6,112
Referees: Ignasi Villamayor Rozados, Laudino Lopez, Hugo Ricardo Jourdan Pereira (AND)
DIÓSGYŐRI ETO FC: Ivan Radoš, Senad Husić (67 Lazar Marjanović), Tamás Kádár, William Alves, Dražen Okuka, Patrik Bacsa, András Gosztonyi (55 Gábor Bori), Miroslav Grumić, Márk Nikházi, Ákos Elek, Dávid Barczi. Coach: Tomislav Sivić
BIRKIRKARA FC: Adrian Murcia, Edward Herrera, Matheus Bissi, Gareth Sciberras (74 Edmond Agius), Paul Fenech, Ryan Camenzuli (59 Ryan Scicluna), Terence Vella (81 Rafael Ledesma), Nikola Vukanac, Alejandro Moreno, Joseph Zerafa, Zach Muscat. Coach: Paul Zammit
Yellow Card: Dražen Okuka (76) / Matheus Bissi (18), Joseph Zerafa (76).
Red Card: Matheus Bissi (46).
Goals: Dávid Barczi (33), Patrik Bacsa (90+3) / Matheus Bissi (35)


BIRKIRKARA FC – DIÓSGYŐRI ETO FC 1-4 (1-1)
Ta' Qali National Stadium, Ta' Qali    10.07.2014    Hour: 19:30
Referees: Pavle Radovanović, Milovan Djukić, Dejan Saković (MNE)    Attendance: 1,200
BIRKIRKARA FC: Adrian Murcia, Edward Herrera, Paul Fenech, Ryan Camenzuli, Terence Vella (84 Kurt Zammit), Leighton Grech (64 Lucky Omerou), Nikola Vukanac, Alejandro Moreno, Joseph Zerafa, Ryan Scicluna, Edmond Agius (46 Rafael Ledesma). Coach: Paul Zammit
DIÓSGYŐRI ETO FC: Botond Antal, Senad Husić, Tamás Kádár, William Alves, Dražen Okuka, Patrik Bacsa (61 Dávid Barczi), András Debreceni (71 Márk Nikházi), András Gosztonyi, Miroslav Grumić, Gábor Bori (71 Lazar Marjanović), Ákos Elek. Coach: Tomislav Sivić
Yellow Card: Joseph Zerafa (60) / Tamás Kádár (54).
Goals: Ryan Camenzuli (44) /
       Ákos Elek (30), Senad Husić (62), Dávid Barczi (66), Lazar Marjanović (90+1)

FC VADUZ – EUROPA FC GIBRALTAR 3-0 (2-0)
Rheinpark, Vaduz   03.07.2014   Hour: 19:00
Referees: Johnny Casanova, Massimo Zanotti, Andrea Guidi (SMR)   Attendance: 1,135
VADUZ: Peter Jehle, Simone Grippo, Steven Lang (77 Kwan-Ryong Pak), Diego Ciccone, Manuel Sutter (57 Nico Abbeglen), Franz Burgmeier (64 Nick von Niederhäusern), Pascal Schürpf, Joel Untersee, Florian Stahel, Markus Neumayr, Philipp Muntwiler. Coach: Giorgio Contini
EUROPA: Matt Cafer, Pedro Soto, Lee Coombes, Leandro Pereyra, Javi Tamayo (59 Juan Molina), Cristian Toncheff (81 Robert Montovio), Ayman Mouelhi, Ramon Saavedra (67 James Coombes), Juanse, Juanca, Jamie Bosio. Coach: José Requena
Yellow Card: Philipp Muntwiler (15), Steven Lang (30), Markus Neumayr (51) /
         Javi Tamayo (9), Cristian Toncheff (38).
Goals: Manuel Sutter (6), Pascal Schürpf (8, 72)


EUROPA FC GIBRALTAR – FC VADUZ 0-1 (0-0)
Victoria Stadium, Gibraltar   10.07.2014   Hour: 20:00
Referees: Laurent Kopriwa, Steven Curf, Ricardo Fernandes (LUX)   Attendance: 824
EUROPA: Jamie Robba, Lee Coombes, Ethan Jolley, Juan Molina (79 Lython Marquez), Leandro Pereyra, Cristian Toncheff, James Coombes (52 Ramon Saavedra), Ayman Mouelhi, Abderkahman Bakkari, Juanse, Jamie Bosio (63 Charly). Coach: José Requena
VADUZ: Peter Jehle, Simone Grippo, Daniel Kaufmann, Pascal Schürpf, Nico Abbeglen (56 Manuel Sutter), Kwan-Ryong Pak (65 Steven Lang), Nick von Niederhäusern, Hekuran Kryeziu, Florian Stahel, Markus Neumayr (72 Nicolas Hasler), Michele Polverino. Coach: Giorgio Contini
Yellow Card: Juanse (30), Lee Coombes (44), Jamie Bosio (55), Leandro Pereyra (60), Abderkahman Bakkari (86) / Michele Polverino (70).
Red Card: Lee Coombes (70).
Goal: Nicolas Hasler (89)


FC VERIS CHIŞINĂU – PFC LITEX LOVECH 0-0
District Sport Complex, Orhei   03.07.2014   Hour: 17:30
Referees: Mitja Žganec, Tomaž Klančnik, Manuel Vidali (SVN)   Attendance: 1,900
VERIS: Artiom Gaiduchevici, Adrian Caşcaval, Sergiu Cojocari, Alexandr Cucerenco, Nicolae Josan (64 Eugen Zasaviţchi), Viorel Frunză (53 Vadim Cemîrtan), Vladislav Ivanov (46 Mihail Ţurcan), Sergiu Mocanu, Dan Pîsla, Petru Racu, Vladimir Bogdanović. Coach: Lilian Popescu
LITEX: Ilko Pirgov, Nikolay Bodurov, Jackson Mendy, Wilmar Jordán (84 Georgi Minchev), Vasil Bojikov, Armando Vajushi (80 Rumen Rumenov), Strahil Popov, Petar Zlatinov, Momchil Tsvetanov, Omar Kossoko, Nikola Kolev (69 Aleksandar Tsvetkov). Coach: Krassimir Balakov
Yellow Card: Sergiu Mocanu (31), Vladimir Bogdanović (34).


PFC LITEX LOVECH – FC VERIS CHIŞINĂU 3-0 (1-0)
Natsionalen Stadion Vasil Levski, Sofia   11.07.2014   Hour: 20:45
Referees: Petr Ardeleanu, Jiří Moláček, Jakub Hrabovsky (CZE)   Attendance: 1,120
LITEX: Ilko Pirgov, Nikolay Bodurov, Jackson Mendy (83 Anton Nedyalkov), Wilmar Jordán, Vasil Bojikov, Armando Vajushi, Strahil Popov, Petar Zlatinov, Danilo Asprilla (79 Momchil Tsvetanov), Omar Kossoko, Nikola Kolev (66 Rumen Rumenov). Coach: Krassimir Balakov
VERIS: Artiom Gaiduchevici, Adrian Caşcaval, Sergiu Cojocari, Alexandr Cucerenco, Nicolae Josan, Viorel Frunză (59 Nicolae Milinceanu), Sergiu Mocanu, Eugen Zasaviţchi (49 Dan Pîsla), Petru Racu, Vladimir Bogdanović (71 Andrei Bugneac), Dumitru Bacal. Coach: Lilian Popescu
Yellow Card: Omar Kossoko (83) / Dumitru Bacal (24), Vladimir Bogdanović (66).
Red Card: Dumitru Bacal (32).
Goals: Jackson Mendy (27), Wilmar Jordán (63, 74)

UE SANTA COLOMA – FK METALURG SKOPJE 0-3 (0-2)
Estadi Comunal, Andorra la Vella    03.07.2014    Hour: 18:00
Referees: Tihomir Pejin, Goran Pataki, Dejan Berger (CRO)    Attendance: 252
UE SANTA COLOMA: Friday Godswill, Jesus Rubio, David Maneiro, Alexandre Martínez (33 Enric Triquell), Àlex Roca, Boris Anton (64 Joaquim Salvat), Josep Vall, Victor Bernat, Sergi Crespo (76 Gerard Aloy), Jordi Rubio, Victor Rodríguez. Coach: Emilio Gomez
METALURG: Andreja Efremov, Filip Ristovski, Bojan Gjorgievski, Dejan Leskaroski, Aleksandar Dalčeski (77 Jordancho Naumoski), Marko Simonovski, Vasko Mitrev, Marjan Radeski (89 Blagoja Naumovski), Ninoslav Dodevski, Mile Krstev, Aleksandar Stojanovski (68 Viktor Angelov). Coach: Vladimir Kolev
Yellow Card: Victor Bernat (17), Àlex Roca (49), Boris Anton (60), Sergi Crespo (64), Joaquim Salvat (85) / Mile Krstev (59), Dejan Leskaroski (71), Bojan Gjorgievski (90).
Goals: Mile Krstev (3), Aleksandar Stojanovski (15), Marko Simonovski (83)


FK METALURG SKOPJE – UE SANTA COLOMA 2-0 (2-0)
National Arena Filip II Macedonian, Skopje    10.07.2014    Hour: 20:45
Referees: Ville Nevalainen, Matti Heininen, Ville Koskiniemi (FIN)    Attendance: 480
METALURG: Andreja Efremov, Filip Ristovski (57 Dejan Tanturovski), Bojan Gjorgievski, Dejan Leskaroski, Jordancho Naumoski (66 Boban Georgiev), Marko Simonovski, Vasko Mitrev (46 Blagoja Naumovski), Marjan Radeski, Ninoslav Dodevski, Viktor Angelov, Aleksandar Stojanovski. Coach: Srgjan Zaharievski
UE SANTA COLOMA: Friday Godswill, David Maneiro, Alexandre Martínez, Àlex Roca, Boris Anton (63 Marc Amat), Joaquim Salvat (73 Josep Vall), Victor Bernat (53 Aitor Pereira), Guillermo Lopez, Sergi Crespo, Jordi Rubio, Victor Rodríguez. Coach: Emilio Gomez
Yellow Card: Vasko Mitrev (42), Aleksandar Stojanovski (60) /
    Victor Rodríguez (32), Boris Anton (34), David Maneiro (65), Marc Amat (71).
Goals: Bojan Gjorgievski (19), Marko Simonovski (34)


KAIRAT FC ALMATY – FK KUKËSI 1-0 (0-0)
Tsentralniy, Almaty    03.07.2014    Hour: 20:00
Referees: Rahim Hasanov, Yashar Abbasov, Rza Mammadov (AZE)    Attendance: 14,000
KAIRAT: Dmitri Khomich, Zaurbek Pliev, Mark Gurman, Aleksandr Kislitsyn, Samat Smakov, Bauyrzhan Islamkhan, Mikhail Bakaev, Lubomir Michalik (82 Bauyrzhan Baitana), Artur Edigaryan (66 Josip Knežević), Gerard Gohou, Isael (66 Aslan Darabayev). Coach: Vladimír Weiss
KUKËSI: Argent Halili, Dritan Smajlaj, Ylli Shameti, Erion Dushkaj, Kushtrim Lushtaku (86 Pericles), Sokol Cikalleshi, Rahman Hallaçi, Igli Allmuça (18 Jefferson), Ditmar Bicaj, Yll Hoxha, Besar Musolli. Coach: Agim Canaj
Yellow Card: Zaurbek Pliev (32), Aleksandr Kislitsyn (88), Mikhail Bakaev (90+5) /
    Argent Halili (88).
Goal: Aslan Darabayev (89)


FK KUKËSI – KAIRAT FC ALMATY 0-0
Stadiumi Kombëtar Qemal Stafa, Tirana    10.07.2014    Hour: 19:30
Referees: Neil Doyle, Wayne McDonnell, Robert Clarke (IRL)    Attendance: 2,000
KUKËSI: Argent Halili, Dritan Smajlaj, Erion Dushkaj, Kushtrim Lushtaku (59 Vilfor Hysa), Sokol Cikalleshi, Rahman Hallaçi, Igli Allmuça (72 Ylli Shameti), Ditmar Bicaj, Yll Hoxha (80 Ivan Perić), Pero Pejić, Besar Musolli. Coach: Agim Canaj
KAIRAT: Dmitri Khomich, Zaurbek Pliev, Mark Gurman, Aleksandr Kislitsyn, Samat Smakov, Bauyrzhan Islamkhan (90+1 Vitali Li), Josip Knežević (46 Stanislav Lunin), Mikhail Bakaev, Lubomir Michalik, Artur Edigaryan (63 Isael), Gerard Gohou. Coach: Vladimír Weiss
Yellow Card: Erion Dushkaj (73), Sokol Cikalleshi (90+4) / Aleksandr Kislitsyn (29).

SS FOLGORE FALCIANO CALCIO – FK BUDUĆNOST PODGORICA 1-2 (0-2)
Stadio Olimpico, Serravalle    03.07.2014    Hour: 20:30    Attendance: 378
Referees: Thorvaldur Árnason, Gylfi Mar Sigurdsson, Bryngeir Valdimarsson (ISL)
FOLGORE/FALCIANO: Davide Bicchiarelli, Andrea Nucci, Marco Muraccini, Simone Pacini, Fabio Ceschi, Francesco Perrotta (88 Marco Berardi), Achille Della Valle (84 Davide Vagnetti), Simone Loiodice (81 Maicol Berretti), Mirko Paglialonga, Manuel Muccini, Francesco Sartori.
Coach: Nicola Berardi
BUDUĆNOST: Damir Ljuljanović, Mihailo Tomković, Boris Kopitović, Marko Ilinčić (81 Marko Burzanović), Aleksandar Vujačić (90+1 Stefan Milošević), Andrija Vukčević, Vladislav Rogošić, Milos Raičković, Momcilo Raspopović, Milivoje Raičević, Deni Hočko. Coach: Goran Perišić
Yellow Card: Fabio Ceschi (56), Marco Muraccini (63) /
    Marko Ilinčić (73), Andrija Vukčević (86).
Goals: Francesco Perrotta (55) / Momcilo Raspopović (30), Milos Raičković (36)


FK BUDUĆNOST PODGORICA – SS FOLGORE FALCIANO CALCIO 3-0 (1-0)
Gradski, Nikšić    10.07.2014    Hour: 17:30
Referees: Tornike Gvantseladze, Zaza Pipia, David Chigogidze (GEO)    Attendance; 2,077
BUDUĆNOST: Damir Ljuljanović, Mihailo Tomković, Boris Kopitović, Marko Ilinčić (69 Marko Burzanović), Aleksandar Vujačić, Vladislav Rogošić (73 Andrija Vukčević), Milos Raičković, Momcilo Raspopović, Milivoje Raičević (84 Stefan Milošević), Marko Banović, Deni Hočko.
Coach: Goran Perišić
FOLGORE/FALCIANO: Davide Bicchiarelli, Andrea Nucci, Marco Muraccini, Simone Pacini (72 Michele Casadei), Fabio Ceschi, Francesco Perrotta, Simone Loiodice, Mirko Paglialonga, Manuel Muccini (88 Andrea Ottaviani), Francesco Sartori, Davide Magnani (49 Achille Della Valle).
Coach: Nicola Berardi
Yellow Card: Simone Pacini (37), Francesco Perrotta (43).
Goals: Mihailo Tomković (14), Milivoje Raičević (58), Aleksandar Vujačić (72)


RNK SPLIT – FC MIKA YEREVAN 2-0 (1-0)
Park Mladezi, Split    03.07.2014    Hour: 20:00
Referees: Bart Vertenten, Frank Bleyen, Yves De Neve (BEL)    Attendance: 1,500
SPLIT: Danijel Zagorac, Denis Glavina (63 Goran Roce), Tomislav Glumac, Aljoša Vojnović, Mate Bilić (86 Mateo Galić), Ante Erceg, Miloš Vidović, Dario Rugašević, Nino Galović, Ivan Ibriks, Henri Belle (46 Dražen Bagarić). Coach: Ivan Matić
MIKA: Gevorg Kasparov, Armen Petrosyan, Andranik Voskanyan, Sargis Karapetyan, Vardges Satumyan, Alik Arakelyan (67 David Grigoryan), Tigran Barseghyan, Gevorg Poghosyan (22 Gor Poghosyan), Vardan Movsisyan, Narek Beglaryan (83 Hayk Voskanyan), Alex.
Coach: Aram Voskanyan
Yellow Card: Miloš Vidović (72).
Goals: Tomislav Glumac (39), Aljoša Vojnović (87)


FC MIKA YEREVAN – RNK SPLIT 1-1 (1-0)
FC Mika Yerevan Sport Complex, Yerevan    10.07.2014    Hour: 18:00
Referees: Oliver Drachta, Roland Brandner, Roland Braunschmidt (AUS)    Attendance: 1,600
MIKA: Gevorg Kasparov, Armen Petrosyan, Andranik Voskanyan, Gor Poghosyan, Sargis Karapetyan, David Grigoryan (55 Rafayel Ghazaryan), Vardges Satumyan, Tigran Barseghyan, Vardan Movsisyan (77 Arman Hakobyan), Hayk Voskanyan (61 Narek Beglaryan), Alex.
Coach: Aram Voskanyan
SPLIT: Danijel Zagorac, Denis Glavina (70 Marko Rog), Tomislav Glumac, Aljoša Vojnović (80 Tomislav Dujmović), Mate Bilić, Ante Erceg, Dražen Bagarić (59 Henri Belle), Miloš Vidović, Dario Rugašević, Nino Galović, Ivan Ibriks. Coach: Ivan Matić
Yellow Card: Armen Petrosyan (50), David Grigoryan (54) /
    Aljoša Vojnović (54), Dario Rugašević (79), Marko Rog (82).
Goals: Sargis Karapetyan (45+1) / Mate Bilić (88)

PFC BOTEV PLOVDIV – AC LIBERTAS BORGO MAGGIORE 4-0 (1-0)
Lazur, Burgas    03.07.2014    Hour: 19:45
Referees: Edin Jakupovic, Senad Ibrisimbegović, Sreten Udovičić (BIH)    Attendance: 2,400
BOTEV: Adam Stachowiak, Marian Ognyanov (81 Serkan Yusein), Alexandru Curtean, Yordan Hristov, Veselin Minev, Tomáš Jirsák (69 Bozhidar Vasev), Radoslav Terziev, Ivan Tsvetkov, Romario Kortzorg (56 Luis Pedro), Filip Filipov, Georgi Sarmov. Coach: Luboslav Penev
AC LIBERTAS BORGO MAGGIORE: Aldo Simoncini, Manuel Molinari, Andrea Benvenuti, Paolo Rocchetti, Mirco Facondini (88 Andrea Zavoli), Marco Rosti (74 Daniele Angeli), Gian Luca Morelli, Filippo Antonelli, Nicoló Zennaro (61 Enrico Golinucci), Luca Righi, Cristian Torelli. Coach: Roberto Marcucci
Yellow Card: Alexandru Curtean (70) / Paolo Rocchetti (43).
Goals: Marian Ognyanov (25, 51), Ivan Tsvetkov (58), Luis Pedro (72)


AC LIBERTAS BORGO MAGGIORE – PFC BOTEV PLOVDIV 0-2 (0-0)
Stadio Olimpico, Serravalle    10.07.2014    Hour: 20:30
Referees: Alexandru Tean, Anatolie Bodean, Victor Mardari (MDA)    Attendance: 412
AC LIBERTAS BORGO MAGGIORE: Aldo Simoncini, Manuel Molinari (79 Daniele Angeli), Paolo Rocchetti, Mirco Facondini, Davide Simoncini (70 Michele Rossi), Marco Rosti (72 Nicoló Zennaro), Enrico Golinucci, Gian Luca Morelli, Filippo Antonelli, Luca Righi, Daniele Rocchi. Coach: Roberto Marcucci
BOTEV: Adam Stachowiak, Alexandru Benga, Marian Ognyanov, Alexandru Curtean (46 Bozhidar Vasev), Yordan Hristov, Luis Pedro (86 Serkan Yusein), Tomáš Jirsák, Radoslav Terziev, Ivan Tsvetkov, Filip Filipov, Georgi Sarmov (71 Tsvetelin Chunchukov). Coach: Marin Bakalov
Yellow Card: Marco Rosti (49), Luca Righi (80), Mirco Facondini (85).
Goals: Alexandru Benga (64), Filip Filipov (87)


FK ŽELJEZNIČAR SARAJEVO – FK LOVĆEN CETINJE 0-0
Asim Ferhatović Hase Stadion, Sarajevo    03.07.2014    Hour: 21:15
Referees: Marco Borg, Edward Spiteri, Christopher Francalanza (MLT)    Attendance: 6,250
ŽELJEZNIČAR: Marijan Antolović, Josip Kvesić, Sead Bučan, Nedo Turković (70 Rijad Bajić), Srdjan Stanić, Benjamin Čolić, Damir Sadiković (85 Muamer Svraka), Mladen Zeljković, Jasmin Bogdanović, Tomislav Tomić, Eldar Hasanović (59 Nermin Jamak). Coach: Almir Memić
LOVĆEN: Jovan Perović, Miloš Radunović, Vuk Martinović (65 Marko Djurović), Vladan Tatar, Janko Simović, Balsa Radović, Luka Merdović (67 Nikola Draganić), Dejan Bogdanović, Nenad Brnović, Srdja Kosović, Draško Božović. Coach: Mojaš Radonjic
Yellow Card: Tomislav Tomić (87), Benjamin Čolić (90+3) / Miloš Radunović (58).


FK LOVĆEN CETINJE – FK ŽELJEZNIČAR SARAJEVO 0-1 (0-0)
Pod Malim Brdom, Petrovac    10.07.2014    Hour: 17:30
Referees: Christian Dingert, Holger Henschel, Tobias Christ (GER)    Attendance: 1,200
LOVĆEN: Jovan Perović, Miloš Radunović, Vuk Martinović, Vladan Tatar, Janko Simović, Balsa Radović, Dejan Bogdanović, Nenad Brnović, Srdja Kosović (73 Marko Djurović), Draško Božović, Nikola Draganić (66 Luka Vujanović). Coach: Mojaš Radonjic
ŽELJEZNIČAR: Marijan Antolović, Josip Kvesić, Sead Bučan (56 Rijad Bajić), Nedo Turković, Srdjan Stanić, Benjamin Čolić (72 Kerim Memija), Damir Sadiković, Mladen Zeljković (46 Nermin Jamak), Jasmin Bogdanović, Tomislav Tomić, Eldar Hasanović. Coach: Almir Memić
Yellow Card: Draško Božović (71), Janko Simović (88) / Srdjan Stanić (10), Sead Bučan (12).
Red Card: Dejan Bogdanović (11).
Goal: Damir Sadiković (57)

FC PYUNIK YEREVAN – FC ASTANA 1-4 (0-1)
FFA Academy Stadium, Yerevan   03.07.2014   Hour: 18:00
Referees: Tomasz Musiał, Radosław Siejka, Tomasz Listkiewicz (POL)   Attendance: 1,380
FC PYUNIK YEREVAN: Artur Harutyunyan, Varazdat Haroyan (74 Ghukas Poghosyan), Grigor Hovhannisyan, Kamo Hovhannisyan, Gagik Poghosyan, Gor Malakyan, Artur Yuspashyan, Aghvan Papikyan (72 Narek Aslanyan), Vaspurak Minasyan, Razmik Hakobyan (60 Sargis Baloyan), Taron Voskanyan. Coach: Sargis Hovsepyan
ASTANA: Nenad Erić, Viktor Dmitrenko, Marin Aničić, Kairat Nurdauletov (46 Atanas Kurdov), Kethevoama Foxi, Igor Pikalkin, Tanat Nusserbayev (59 Marat Shakhmetov), Georgy Zhukov, Baurzhan Dzholchiyev (80 Abzal Beisebekov), Dmitri Shomko, Roger Cañas.
Coach: Stanimir Stoilov
Yellow Card: Gagik Poghosyan (44) / Roger Cañas (60).
Goals: Aghvan Papikyan (68) / Tanat Nusserbayev (40), Baurzhan Dzolchiyev (67), Kethevoama Foxi (71), Atanas Kurdov (84)

FC ASTANA – FC PYUNIK YEREVAN 2-0 (1-0)
Astana Arena, Astana   10.07.2014   Hour: 19:00
Referees: Sergei Tsinkevich, Evgeni Romanov, Vitali Malyutin (BLR)   Attendance: 7,200
ASTANA: Nenad Erić, Marin Aničić, Damir Kojašević (46 Kethevoama Foxi), Igor Pikalkin, Abzal Beisebekov, Tanat Nusserbayev, Baurzhan Dzholchiyev, Evgeni Postnikov, Atanas Kurdov (57 Georgy Zhukov), Dmitri Shomko, Roger Cañas (82 Serikzhan Muzhikov).
Coach: Stanimir Stoilov
FC PYUNIK YEREVAN: Albert Ohanyan, Varazdat Haroyan, Grigor Hovhannisyan, Kamo Hovhannisyan, Gagik Poghosyan (46 Narek Aslanyan), Gor Malakyan, Artur Yuspashyan, Aghvan Papikyan, Vaspurak Minasyan, Razmik Hakobyan (64 Ghukas Poghosyan), Taron Voskanyan.
Coach: Sargis Hovsepyan
Yellow Card: Abzal Beisebekov (49) / Varazdat Haroyan (49), Taron Voskanyan (83).
Goals: Baurzhan Dzolchiyev (13), Dmitri Shomko (78)

NK RUDAR VELENJE – KF LAÇI 1-1 (1-0)
Arena Petrol, Celje   03.07.2014   Hour: 20:00   Attendance: 1,150
Referees: Georgi Vadachkoria, Zaza Menteshashvili, Levan Varamishvili (GEO)
RUDAR: Matjaž Rozman, Alen Bukšek, Nemanja Stjepanović (45+1 Milan Kocić), Uroš Rošer, Ivan Firer, Aljaž Krefl (60 Senad Jahić), Leon Črnčič, Nikola Tolimir, Denis Klinar, Ivan Knezović, Mate Eterović. Coach: Jernej Javornik
LAÇI: Miroslav Vujadinović, Charles Ofoyen, Emiljano Çela, Arjan Sheta, Segun Adeniyi, Jetmir Sefa, Kehinde Owoeye (39 Edison Ndreca), Valdan Nimani, Olsi Teqja, Alfred Zefi, Emiliano Veliaj. Coach: Stavri Nicaj
Yellow Card: Aljaž Krefl (35), Nikola Tolimir (66), Mate Eterović (80) /
        Edison Ndreca (80), Charles Ofoyen (84).
Goals: Denis Klinar (17) / Segun Adeniyi (89)

KF LAÇI – NK RUDAR VELENJE 1-1 (0-0, 1-1)   (AET)   3-2 penalties
Laçi, Laçi   10.07.2014   Hour: 17:00
Referees: Tamás Bognar, Peter Berettyán, Róbert Horváth (HUN)   Attendance: 1,300
LAÇI: Miroslav Vujadinović, Charles Ofoyen, Emiljano Çela, Arjan Sheta, Segun Adeniyi, Jetmir Sefa (46 Taulant Sefgjini), Erjon Vucaj, Valdan Nimani (82 Sajmir Kastrati), Olsi Teqja, Alfred Zefi, Emiliano Veliaj (46 Edison Ndreca). Coach: Stavri Nicaj
RUDAR: Matjaž Rozman, Uroš Rošer, Ivan Firer (32 Milan Kocić), Leon Črnčič, Senad Jahić (58 Aljaž Krefl), Nikola Tolimir, Denis Klinar, Rusmin Dedić (82 Nejc Plešec), Dalibor Radujko, Ivan Knezović, Mate Eterović. Coach: Jernej Javornik
Yellow Card: Segun Adeniyi (28), Olsi Teqja (55), Valdan Nimani (74), Taulant Sefgjini (115) /
        Leon Črnčič (13), Dalibor Radujko (90+5).
Goals: Segun Adeniyi (58) / Mate Eterović (90+3)
Penalties: Zefi, Eterović, 1-0 Vucaj, Knezović, 2-0 Sheta, Rošer, Teqja, 2-1 Kocić, 3-1 Adeniyi, 3-2 Klinar

FC DIFFERDANGE 03 – FK ATLANTAS KLAIPĖDA 1-0 (0-0)
Stade Municipal de Differdange, Differdange   03.07.2014   Hour: 19:30
Referees: Enea Jorgji, Ridiger Çokaj, Rejdi Avdo (ALB)   Attendance: 821
FC DIFFERDANGE 03: Julien Weber, Mehdi Martin, Andy May, Pedro Ribeiro (68 Gauthier Caron), Omar Er Rafik, Gilles Bettmer (64 Michel Kettenmeyer), Mathias Jänisch, Philippe Lebresne, Geoffrey Franzoni, Antonio Luisi (78 Jérémie Meligner), Jean-Philippe Caillet.
Coach: Marc Thomé
ATLANTAS: Mantas Galdikas, Andrius Bartkus, Evaldas Razulis, Donatas Kazlauskas, Tadas Eliošius (67 Marius Papšys), Donatas Navikas (90+1 Rokas Krušnauskas), Markas Beneta (25 Andrius Jokšas), Kazimieras Gnedojus, Antons Jemeļins, Marius Kazlauskas, Gerardas Žukauskas.
Coach: Konstantin Sarsaniya
Yellow Card: Andy May (67), Philippe Lebresne (79) /
    Tadas Eliošius (39), Evaldas Razulis (59), Donatas Kazlauskas (90).
Goal: Omar Er Rafik (87)

FK ATLANTAS KLAIPĖDA – FC DIFFERDANGE 03  3-1 (1-0)
Klaipėdosmiesto Centrinis, Klaipeda   10.07.2014   Hour: 19:00   Attendance: 2,000
Referees: Ken Henry Johnsen, Sven Erik Midthjell, Tom Harald Grønevik (NOR)
ATLANTAS: Mantas Galdikas, Andrius Bartkus, Donatas Kazlauskas, Marius Papšys, Tadas Eliošius (87 Maksim Maksimov), Andrius Jokšas, Kazimieras Gnedojus (65 Gediminas Kruša), Antons Jemeļins, Marius Kazlauskas, Gerardas Žukauskas, Rokas Krušnauskas (78 Lukas Baranauskas). Coach: Konstantin Sarsaniya
FC DIFFERDANGE 03: Julien Weber, Mehdi Martin, André Rodrigues (21 Ante Bukvic), Pedro Ribeiro (70 Antonio Luisi), Omar Er Rafik, Gauthier Caron, Gilles Bettmer, Mathias Jänisch, Philippe Lebresne (90 Arthur Abreu), Geoffrey Franzoni, Jean-Philippe Caillet.
Coach: Marc Thomé
Yellow Card: Donatas Kazlauskas (35), Andrius Bartkus (53), Gediminas Kruša (74), Mindaugas Malinauskas (89) / Mathias Jänisch (33), Pedro Ribeiro (57).
Red Card: Mehdi Martin (19).
Goals: Kazimieras Gnedojus (10), Marius Papšys (62 pen), Maksim Maksimov (89) /
    Jean-Philippe Caillet (81)

VAASAN PALLOSEURA – IF BROMMAPOJKARNA STOCKHOLM 2-1 (0-1)
Tehtaan Kenttä, Valkeakoski   03.07.2014   Hour: 19:00
Referees: Tore Hansen, Tom Harald Grønevik, Geir Isaksen (NOR)   Attendance: 1,025
VPS: Janne Henriksson, Ville Koskimaa, Jesper Engström, Jean Nganbe Nganbe, Sebastian Strandvall, Jarno Parikka (82 Lasse Linjala), Tony Björk, Teemu Honkaniemi, Anthony Dafaa, Jordaan Brown, Cornelius Stewart (69 Jordan Seabrook). Coach: Olli Huttunen
BROMMAPOJKARNA: Davor Blažević, Pontus Segerström, Kristinn Jónsson, Jesper Karlström, Dardan Rexhepi (75 Victor Söderström), Christian Kouakou, Tim Björkström, Niklas Bärkroth, Carl Starfelt (73 Gabriel Özkan), Gustav Sandberg Magnusson, Jacob Larsson.
Coach: Stefan Billborn
Yellow Card: Jordaan Brown (81), Sebastian Strandvall (86) / Christian Kouakou (68).
Goals: Sebastian Strandvall (53), Jarno Parikka (54) / Christian Kouakou (33)

IF BROMMAPOJKARNA STOCKHOLM – VAASAN PALLOSEURA 2-0 (0-0)
Stockholms, Stockholm   10.07.2014   Hour: 19:00
Referees: Sergei Lapochkin, Aleksei Lebedev, Maksim Gavrilin (RUS)   Attendance: 777
BROMMAPOJKARNA: Davor Blažević, Pontus Segerström, Kristinn Jónsson, Jesper Karlström (90 Victor Söderström), Gabriel Petrovic, Serge Ngouali, Tim Björkström, Niklas Bärkroth, Gustav Sandberg Magnusson, Jacob Larsson, Martin Falkeborn (63 Pontus Asbrink).
Coach: Stefan Billborn
VPS: Janne Henriksson, Ville Koskimaa, Jesper Engström, Jean Nganbe Nganbe, Sebastian Strandvall, Jarno Parikka (46 Jordan Seabrook), Tony Björk, Teemu Honkaniemi, Anthony Dafaa, Jordaan Brown (10 Keithy Simpson), Cornelius Stewart (81 Lasse Linjala). Coach: Olli Huttunen
Yellow Card: Teemu Honkaniemi (71), Tony Björk (75).
Goals: Jacob Larsson (64), Gabriel Petrovic (78)

B36 TÓRSHAVN – LINFIELD FC BELFAST 1-2 (0-1)
Tórsvøllur, Tórshavn   03.07.2014   Hour: 19:00
Referees: Nikola Popov, Ivan Valchev, Martin Margaritov (BUL)   Attendance: 786
B36 TÓRSHAVN: Tórdur Thomsen, Odmar Faerø (63 Símun Joensen), Adrian Cieślewicz (89 Rógvi Poulsen), Hørdur Askham, Róaldur Jacobsen, Lukasz Cieslewicz, Andreas Eriksen, Høgni Eysturoy, Klaemint Matras, Hanus Thorleifsson (90+3 Rasmus Sørensen), Adeshina Lawal.
Coach: Sámal Erik Hentze
LINFIELD FC: Jonny Tuffey, Jamie Richards, Chris Hegarty, Mark Haughey (30 Jimmy Callacher), Andy Waterworth (74 Peter Thompson), Stephen Lowry, Michael Carvill (90+2 Sammy Morrow), Aaron Burns, Matthew Clarke, Jamie Mulgrew, Ivan Sproule.
Coach: Warren Feeney
Yellow Card: Lukasz Cieslewicz (55), Hørdur Askham (57), Høgni Eysturoy (87) /
 Stephen Lowry (62).
Goals: Adeshina Lawal (72) / Jamie Mulgrew (38), Michael Carvill (88)


LINFIELD FC BELFAST – B36 TÓRSHAVN 1-1 (1-0)
Mourneview Park, Lurgan   08.07.2014   Hour: 19:45   Attendance: 1,150
Referees: Thoroddur Hjaltalin, Johann Gudmundsson, Áskell Thór Gíslason (ISL)
LINFIELD FC: Jonny Tuffey, Jamie Richards, Chris Hegarty, Mark Haughey, Andy Waterworth (68 Peter Thompson), Stephen Lowry, Michael Carvill (86 Jimmy Callacher), Aaron Burns (72 Ross Clarke), Matthew Clarke, Jamie Mulgrew, Ivan Sproule. Coach: Warren Feeney
B36 TÓRSHAVN: Tórdur Thomsen, Odmar Faerø, Hørdur Askham, Róaldur Jacobsen, Lukasz Cieślewicz, Rógvi Poulsen, Alex Mellemgaard, Høgni Eysturoy, Klaemint Matras (84 Rasmus Sørensen), Hanus Thorleifsson (56 Adrian Cieślewicz), Adeshina Lawal.
Coach: Sámal Erik Hentze
Yellow Card: Jonny Tuffey (47), Chris Hegarty (56), Matthew Clarke (82), Mark Haughey (83) /
 Klaemint Matras (79).
Goals: Michael Carvill (17) / Adeshina Lawal (48 pen)


KNATTSPYRNUFÉLAGIÐ FRAM REYKJAVIK – NÕMME KALJU FC TALLINN 0-1 (0-0)
Laugardalsvöllur, Reykjavik   03.07.2014   Hour: 19:15
Referees: Jari Järvinen, Sami Nykänen, Jonas Turunen (FIN)   Attendance: 607
FRAM: Ögmundur Kristinsson, Tryggvi Bjarnason, Hafsteinn Briem, Arnthór Ari Atlason, Dadi Gudmundsson, Jóhannes Gudjonsson, Ásgeir Marteinsson (63 Aron Thordur Albertsson), Viktor Bjarki Arnarsson, Halldór Arnarsson, Orri Gunnarsson, Björgólfur Takefusa (72 Alexander Thorláksson). Coach: Bjarni Gudjonsson
KALJU: Vitali Teleš, Mikk Reintam, Alo Bärengrub, Damiano Quintieri (85 Réginald Mbu Alidor), Allan Kimbaloula, Martin Vunk, Ken Kallaste, Janar Toomet (74 Robert Kirss), Fábio Prates, Hidetoshi Wakui, Tihhon Šišov. Coach: Igor Prins
Yellow Card: Martin Vunk (40).
Goal: Fábio Prates (61)


NÕMME KALJU FC TALLINN – KNATTSPYRNUFÉLAGIÐ FRAM REYKJAVIK 2-2 (1-1)
Kadriorg, Tallinn   10.07.2014   Hour: 19:00
Referees: Anders Poulsen, Lars Rix, Christian Brixen (DEN)   Attendance: 842
KALJU: Vitali Teleš, Mikk Reintam, Alo Bärengrub, Réginald Mbu Alidor, Damiano Quintieri (89 Jorge Rodrigues), Martin Vunk, Ken Kallaste, Janar Toomet (57 Robert Kirss), Fábio Prates, Felipe Nunes (61 Juri Jevdokimov), Hidetoshi Wakui. Coach: Igor Prins
FRAM: Ögmundur Kristinsson, Ósvald Traustason (61 Alexander Thorláksson), Tryggvi Bjarnason, Arnthór Ari Atlason, Einar Ómarsson, Haukur Baldvinsson, Jóhannes Gudjonsson, Ásgeir Marteinsson (57 Aron Thordur Albertsson), Viktor Bjarki Arnarsson, Orri Gunnarsson (81 Halldór Arnarsson), Björgólfur Takefusa. Coach: Bjarni Gudjonsson
Yellow Card: Robert Kirss (89) / Jóhannes Gudjonsson (1), Haukur Baldvinsson (73),
 Tryggvi Bjarnason (80), Viktor Bjarki Arnarsson (85).
Goals: Felipe Nunes (10), Hidetoshi Wakui (53) / Einar Ómarsson (25), Tryggvi Bjarnason (64)

ROSENBORG BK TRONDHEIM – FK JELGAVA 4-0 (2-0)
Lerkendal Stadion, Trondheim    03.07.2014    Hour: 19:00
Referees: Adrien Jaccottet, Sandro Pozzi, Remy Zgraggen (SUI)    Attendance: 2,700
ROSENBORG: Alexander Hansen, Mikael Dorsin (71 Jørgen Skjelvik), Tore Reginiussen, Mike Jensen, Morten Gamst Pedersen (80 Daniel Berntsen), Riku Riski, Alexander Søderlund, Ole Selnaes, Jonas Svensson, Pål André Helland (88 Bent Sørmo), Stefan Strandberg.
Coach: Per Joar Hansen
JELGAVA: Kaspars Ikstens, Deniss Petrenko, Valērijs Redjko, Boriss Bogdaškins, Vadims Žuļevs, Romans Bespalovs (81 Dmitrijs Medeckis), Vladislavs Kozlovs (66 Oļegs Malašenoks), Mārcis Ošs, Artis Lazdiņš, Maksims Danilovs (57 Kennedy Eriba), Gints Freimanis.
Coach: Vitalijs Astafjevs
Yellow Card: Vladislavs Kozlovs (29), Maksims Danilovs (42), Valērijs Redjko (53), Vadims Žuļevs (73), Dmitrijs Medeckis (90+1).
Goals: Morten Gamst Pedersen (23), Alexander Søderlund (44, 54 pen), Mike Jensen (73)


FK JELGAVA – ROSENBORG BK TRONDHEIM 0-2 (0-1)
Zemgales Olympic Centre, Jelgava    10.07.2014    Hour: 19:00
Referees: John Beaton, Stuart Stevenson, David McGeachie (SCO)    Attendance: 1,500
JELGAVA: Kaspars Ikstens, Deniss Petrenko, Valērijs Redjko, Vadims Žuļevs (64 Kennedy Eriba), Romans Bespalovs, Dmitrijs Medeckis (84 Armands Pētersons), Vladislavs Kozlovs, Mārcis Ošs, Aleksandrs Gubins, Gints Freimanis, Oļegs Malašenoks (77 Artis Jaudzems).
Coach: Vitalijs Astafjevs
ROSENBORG: Daniel Örlund, Tore Reginiussen (70 Jonas Svensson), Per Rønning, Mike Jensen (46 Ole Selnaes), Riku Riski, Tobias Mikkelsen, Alexander Søderlund (57 Morten Gamst Pedersen), Jørgen Skjelvik, Daniel Berntsen, Stefan Strandberg, Mikkel Diskerud.
Coach: Per Joar Hansen
Yellow Card: Gints Freimanis (18) / Mike Jensen (25).
Goals: Mike Jensen (30), Mikkel Diskerud (73)


DERRY CITY FC – ABERYSTWYTH TOWN FC 4-0 (2-0)
Brandywell, Derry    03.07.2014    Hour: 19:45    Attendance: 1,980
Referees: Mads-Kristoffer Kristoffersen, Dennis W. Rasmussen, Niels Hoeg (DEN)
DERRY: Gerard Doherty, Dean Jarvis, Barry Molloy, Ryan McBride, Barry McNamee, Patrick McEleney (76 Philip Lowry), Rory Patterson (82 Nathan Boyle), Michael Duffy, Mark Timlim (68 Joshua Tracey), Cliff Byrne, Aaron Barry. Coach: Peter Hutton
ABERYSTWYTH: Mike Lewis, Chris Davies (66 Bari Morgan), Cledan Davies, Antonio Corbisiero, Stuart Jones, Geoff Kellaway, Luke Sherbon, Mark Jones, Chris Venables, Craig Williams (25 Phil Draper), David Thomas. Coach: Ian Hughes
Yellow Card: Aaron Barry (88) / Geoff Kellaway (45).
Red Card: Mike Lewis (23).
Goals: Patrick McEleney (15), Rory Patterson (25 pen), Mark Timlim (47), Barry McNamee (86)


ABERYSTWYTH TOWN FC – DERRY CITY FC 0-5 (0-2)
Park Avenue, Aberystwyth    10.07.2014    Hour: 18:45
Referees: Jérome Efong Nzolo, Danny Huens, Frederick Stalport (BEL)    Attendance: 1,046
ABERYSTWYTH: Phil Draper, Cledan Davies (87 Sion James), Antonio Corbisiero, Stuart Jones, Thomas Atyeo, Geoff Kellaway, Luke Sherbon (87 Rhydian Davies), Mark Jones, Chris Venables, Craig Williams, Bari Morgan (61 Chris Davies). Coach: Ian Hughes
DERRY: Gerard Doherty, Dean Jarvis, Barry Molloy (69 Shane McEleney), Ryan McBride, Barry McNamee, Patrick McEleney, Rory Patterson, Michael Duffy, Mark Timlim, Cliff Byrne, Aaron Barry (46 Danny Ventre). Coach: Peter Hutton
Yellow Card: Cledan Davies (39), Craig Williams (46), Geoff Kellaway (76) / Danny Ventre (89).
Goals: Michael Duffy (11), Barry McNamee (14), Rory Patterson (60, 84, 86 pen)

ABERDEEN FC – FK DAUGAVA RĪGA 5-0 (1-0)
Pittodrie, Aberdeen   03.07.2014   Hour: 19:45
Referees: Nicolas Rainville, Laurent Stien, Philippe Jeanne (FRA)   Attendance: 15,184
ABERDEEN: Jamie Langfield, Shaleum Logan, Russell Anderson, Mark Reynolds, Willo Flood, Adam Rooney, Niall McGinn (89 Declan McManus), Jonathan Hayes, Barry Robson (78 Scott Wright), Peter Pawlett (50 Cameron Smith), Ryan Jack. Coach: Derek Mcinnes
DAUGAVA: Emilijus Zubas, Arnas Ribokas (57 Kristaps Blanks), Mantas Savenas, Aurimas Kučys, Giedrius Tomkevičius, VItalijs Zils, Edijs Joksts, Emmanuel Mendy, Emīls Knapšis, Valdemar Borovskij (83 Tadas Markevičius), Vitor Flora (58 Nabil Abdelaziz).
Coach: Armands Zeiberlinš
Yellow Card: Adam Rooney (38) / Valdemar Borovskij (15), VItalijs Zils (16), Emīls Knapšis (19), Vitor Flora (45+2), Aurimas Kučys (52), Mantas Savenas (53), Edijs Joksts (59).
Red Card: VItalijs Zils (55), Aurimas Kučys (81).
Goals: Shaleum Logan (33), Niall McGinn (49), Adam Rooney (52 pen, 90+2), Jonathan Hayes (73)


FK DAUGAVA RĪGA – ABERDEEN FC 0-3 (0-3)
Daugava, Rīga   10.07.2014   Hour: 19:30
Referees: Mikhail Vilkov, Aleksei Vorontsov, Valeri Danchenko (RUS)   Attendance: 600
DAUGAVA: Jānis Krumiņš, Oleh Solovich, Arnas Ribokas (62 Raivis Vītolnieks), Mantas Savenas, Deniss Kačanovs, Kristaps Blanks (66 Tadas Markevičius), Giedrius Tomkevičius, Nabil Abdelaziz, Emmanuel Mendy, Emīls Knapšis, Vitor Flora (55 Edgars Karkliņš).
Coach: Armands Zeiberlinš
ABERDEEN: Jamie Langfield, Shaleum Logan, Andrew Considine, Ashton Taylor, Mark Reynolds, Willo Flood, Adam Rooney, Niall McGinn (80 Nicholas Low), Jonathan Hayes (62 Cameron Smith), Barry Robson (80 Scott Wright), Ryan Jack. Coach: Derek Mcinnes
Goals: Adam Rooney (22, 40, 45)


FC SANTOS TARTU – TROMSØ IL 0-7 (0-4)
Tartu Tamme, Tartu   03.07.2014   Hour: 18:00
Referees: Michael Lerjeus, Magnus Sjöblom, Peter Magnusson (SWE)   Attendance: 1,169
SANTOS TARTU: Siim Säesk, Timo Teniste, Alar Alve (83 Karl-Erik Vidaja), Taavi Vellemaa, Marko Sonn, Kenn Laas, Mikk Laas (75 Joonas Kartsep), Siim Roops, Eero Eessaar, Yuriy Flyak (86 Kaarel Kallandi), Yuriy Vereshchak. Coach: Algimantas Liubinskas
TROMSØ IL: Benny Lekström (46 Lars Herlofsen), Morten Moldskred, Miika Koppinen, Thomas Bendiksen, Thomas Drage, Jonas Johansen (77 Lasse Nilsen), Hans Norbye, Magnus Andersen, Remi Johansen (62 Lars Gunnar Johnsen), William Frantzen, Simen Wangberg.
Coach: Bård Flovik
Yellow Card: Eero Eessaar (67), Marko Sonn (70) / Thomas Bendiksen (47).
Goals: Magnus Andersen (14, 44), Jonas Johansen (22), Morten Moldskred (24), Thomas Drage (56), Hans Norbye (75), Lars Gunnar Johnsen (79)


TROMSØ IL – FC SANTOS TARTU 6-1 (3-1)
Alfheim, Tromsø   10.07.2014   Hour: 19:00
Referees: Richard Trutz, Tomáš Vorel, Gabriel Adam (SVK)   Attendance: 760
TROMSØ IL: Lars Herlofsen, Morten Moldskred, Thomas Bendiksen (46 Lars Gunnar Johnsen), Thomas Drage, Hans Norbye, Magnus Andersen (76 Lars Henrik Andreassen), Remi Johansen (61 Mikael Ingebrigtsen), William Frantzen, Simen Wangberg, Lasse Nilsen, Runar Espejord.
Coach: Steinar Nilsen
SANTOS TARTU: Kaspar Kohler, Timo Teniste, Kaarel Kallandi, Alar Alve, Taavi Vellemaa, Marko Sonn, Kenn Laas, Mikk Laas (79 Eero Eessaar), Siim Roops, Yuriy Flyak, Yuriy Vereshchak (85 Karl-Erik Vidaja). Coach: Algimantas Liubinskas
Yellow Card: William Frantzen (71) / Mikk Laas (73), Marko Sonn (83).
Goals: Runar Espejord (13), Thomas Drage (23), Magnus Andersen (28, 57), S. Wangberg (54, 79) / Alar Alve (39)

CRUSADERS FC BELFAST – FK EKRANAS PANEVĖŽYS 3-1 (2-0)
Seaview, Belfast  03.07.2014  Hour: 19:45
Referees: Javier Estrada, José Miranda, Francisco Martín (ESP)  Attendance: 998
CRUSADERS: Sean O'Neill, Billy Joe Burns, Colin Coates, Chris Morrow, Joshua Robinson, Declan Caddell, Craig McClean, Jordan Owens (85 Timmy Adamson), Richard Clarke, Stephen Cockcroft (78 Diarmuid O'Carroll), Paul Heatley. Coach: Jeff Spiers
FK EKRANAS PANEVĖŽYS: Kornelijus Timofejevas, Aivaras Meškinis (69 Edvardas Tamulevičius), Tomas Salamanavičius (45+2 Rokas Stanulevičius), Aleksandar Šušnjar, Lukas Kochanauskas, Dovydas Norvilas, Džiugas Petrauskas, Edgaras Baranauskas (78 Tomas Dapkus), Elivelton, Rytis Pilotas, Edvinas Girdvainis. Coach: Valdas Dambrauskas
Yellow Card: Jordan Owens (35), Joshua Robinson (36), Richard Clarke (45+1), Billy Joe Burns (51) / Edgaras Baranauskas (59), Aleksandar Šušnjar (71), Rytis Pilotas (81).
Goals: Stephen Cockcroft (23), Jordan Owens (43), Colin Coates (58) / Aleksandar Šušnjar (88)

FK EKRANAS PANEVĖŽYS – CRUSADERS FC BELFAST 1-2 (0-0)
Aukštaitija, Panevezys  10.07.2014  Hour: 18:30
Referees: Yaroslav Kozyk, Mykola Levko, Yevhen Khalamendyk (UKR)  Attendance: 1,400
FK EKRANAS PANEVĖŽYS: Lukas Žukauskas, Martynas Dūda, Donatas Petrauskas, Tomas Salamanavičius (59 Edvardas Tamulevičius), Uchenna Umeh, Aleksandar Šušnjar, Lukas Kochanauskas (65 Aivaras Meškinis), Edgaras Baranauskas (52 Dovydas Norvilas), Elivelton, Rytis Pilotas, Edvinas Girdvainis. Coach: Valdas Dambrauskas
CRUSADERS: Sean O'Neill, Billy Joe Burns, Paul Leeman, Chris Morrow (90 David Magowan), Joshua Robinson, Declan Caddell, Craig McClean, Jordan Owens, Richard Clarke, Stephen Cockcroft (55 Diarmuid O'Carroll), Paul Heatley (73 Matthew Snoddy). Coach: Stephen Baxter
Yellow Card: Rytis Pilotas (30), Edgaras Baranauskas (49), Edvinas Girdvainis (63), Aivaras Meškinis (84), Donatas Petrauskas (89), Aleksandar Šušnjar (90+2) / Matthew Snoddy (84).
Goals: Lukas Kochanauskas (60) / Paul Heatley (56, 71)


STJARNAN KF GARÐABÆR – BANGOR CITY FC 4-0 (2-0)
Stjörnuvöllur, Garðabær  03.07.2014  Hour: 19:15  Attendance: 908
Referees: Aleksandrs Anufrijevs, Romans Platonovs, Aleksejs Griščenko (LVA)
STJARNAN: Ingvar Jónsson, Niclas Vemmelund, Michael Praest, Atli Jóhannsson, Pablo Punyed, Daníel Laxdal, Veigar Gunnarsson (62 Gardar Jóhannsson), Arnar Björgvinsson (75 Atli Freyr Ottesen Pálsson), Hördur Arnason, Ólafur Karl Finsen (88 Heidar Aegisson), Martin Rauschenberg. Coach: Rúnar Páll Sigmundsson
BANGOR: Jack Cudworth, Declan Walker, Chris Roberts, Michael Johnston, Anthony Miley, Chris Jones (70 Jamie McDaid), Les Davies, Sion Edwards (80 Rob Jones), Sam Hart, Damien Allen, Ryan Edwards (90 Joe Culshaw). Coach: Nev Powell
Yellow Card: Niclas Vemmelund (25) /
  Michael Johnston (43), Anthony Miley (45+1), Damien Allen (73).
Red Card: Sam Hart (77).
Goals: Ólafur Karl Finsen (13 pen, 54), Veigar Gunnarsson (16), Arnar Björgvinsson (70)

BANGOR CITY FC – STJARNAN KF GARÐABÆR 0-4 (0-0)
Nantporth, Bangor  10.07.2014  Hour: 18:45
Referees: Dag Vidar Hafsås, Leif Erik Opland, Jan Erik Engan (NOR)  Attendance: 805
BANGOR: Jack Cudworth, Declan Walker, Chris Roberts, Michael Johnston (56 Iolo Hughes), Anthony Miley, Chris Jones (71 Joe Culshaw), Les Davies, Sion Edwards, Jamie McDaid, Damien Allen, Ryan Edwards (82 Corey Jones). Coach: Nev Powell
STJARNAN: Ingvar Jónsson, Michael Praest, Atli Jóhannsson, Pablo Punyed, Daníel Laxdal, Hördur Arnason, Ólafur Karl Finsen (45+2 Veigar Gunnarsson), Atli Freyr Ottesen Pálsson (55 Arnar Björgvinsson), Baldvin Sturluson, Gardar Jóhannsson, Martin Rauschenberg.
Coach: Rúnar Páll Sigmundsson
Yellow Card: Anthony Miley (39), Les Davies (45+1).
Goals: Martin Rauschenberg (53), Arnar Björgvinsson (68, 81), Atli Jóhannsson (85)

MYLLYKOSKEN PALLO –47 – ÍF FUGLAFJØRÐUR 1-0 (0-0)
Saviniemi Football Stadium, Kouvola    03.07.2014    Hour: 18:30
Referees: Sergiu Derenov, Andrei Bodean, Serghei Trofan (MDA)    Attendance: 1,306
MYLLYKOSKEN PALLO –47: Ville Iiskola, Tommi Vesala (90+1 Ville Salmikivi), Dema (72 Valeri Minkenen), Denis Abdulahi, Juha Pirinen, Pekka Sihvola, Dawda Bah, Pyry Soiri (63 Aleksi Ristola), Antti Koskinen, Tuomas Aho, Shutsa Nongotamba. Coach: Antti Muurinen
ÍF: Jákup Mikkelsen, Áki Petersen, Poul Mikkelsen, Fritleif Lambanum, Karl Løkin, Danial Lakjuni, Bogi Petersen (77 Kristoffur Jacobsen), Ari Ellingsgaard (90+1 Leivur Joensen), Høgni Zachariassen, Jan Ellingsgaard, Bartal Eliassen. Coach: Albert Ellefsen
Yellow Card: Fritleif Lambanum (42), Høgni Zachariassen (84).
Goal: Denis Abdulahi (76)


ÍF FUGLAFJØRÐUR – MYLLYKOSKEN PALLO –47 0-0
Tórsvøllur, Tórshavn    10.07.2014    Hour: 19:00
Referees: Boško Jovanetić, Nemanja Petrović, Vladimir Čadjenović (SRB)    Attendance: 228
ÍF: Jákup Mikkelsen, Poul Mikkelsen, Karl Løkin, Bogi Petersen, Kristoffur Jacobsen (88 Levi Jøkladal), Ari Ellingsgaard (80 Franck Poulsen), Høgni Zachariassen, Leivur Joensen, Nenad Šarić, Jan Ellingsgaard, Bartal Eliassen. Coach: Albert Ellefsen
MYLLYKOSKEN PALLO –47: Ville Iiskola, Tommi Vesala (90 Atte Hoivala), Dema, Denis Abdulahi, Ville Salmikivi (72 Leandro Motta), Juha Pirinen, Pyry Soiri (77 Aleksi Ristola), Antti Koskinen, Tuomas Aho, Shutsa Nongotamba, Valeri Minkenen. Coach: Antti Muurinen
Yellow Card: Ari Ellingsgaard (24), Bartal Eliassen (41), Poul Mikkelsen (43) /
    Valeri Minkenen (88).


FH HAFNARFJÖRDUR – GLENAVON FC LURGAN 3-0 (0-0)
Kaplakrikavöllur, Hafnarfjördur    03.07.2014    Hour: 19:15
Referees: Zbynek Proske, Jan Paták, Jiří Kříž (CZE)    Attendance: 643
FH HAFNARFJÖRDUR: Róbert Óskarsson, Pétur Vidarsson, Sam Hewson (78 Hólmar Rúnarsson), Davíd Vidarsson, Atli Gudnason, Kristjan Gauti Emilsson (70 Ingimundur Niels Óskarsson), Jón Jónsson (70 Emil Palsson), Atli Björnsson, Kassim Doumbia, Bödvar Bödvarsson, Ólafur Snorrason. Coach: Heimir Gudjónsson
GLENAVON: James McGrath, Kyle Neill, Kris Lindsay, Guy Bates (86 Gary Hamilton), Eoin Bradley, Conor Dillon, Samuel McIlveen, Andy McGrory, Rhys Marshall, Kevin Braniff (86 David Rainey), Shane McCabe. Coach: Gary Hamilton
Yellow Card: Davíd Vidarsson (61), Bödvar Bödvarsson (73), Emil Palsson (76).
Goals: Ingimundur Niels Óskarsson (82), Atli Gudnason (90, 90+3)


GLENAVON FC LURGAN – FH HAFNARFJÖRDUR 2-3 (0-2)
Mourneview Park, Lurgan    10.07.2014    Hour: 19:45
Referees: Sascha Amhof, Charles Helbling, Sladan Josipović (SUI)    Attendance: 1,634
GLENAVON: Alan Blayney, Kyle Neill, Kris Lindsay (55 Gareth McKeown), Gary Hamilton (78 David Rainey), Guy Bates, Eoin Bradley, Conor Dillon, Rhys Marshall, Kevin Braniff, Shane McCabe, Ciaran Martyn (83 Mark Sykes). Coach: Gary Hamilton
FH HAFNARFJÖRDUR: Róbert Óskarsson, Sean Reynolds, Sam Hewson (75 Albert Brynjar Ingason), Ingimundur Niels Óskarsson, Emil Palsson, Kristjan Gauti Emilsson, Jón Jónsson, Kassim Doumbia, Bödvar Bödvarsson (70 Brynjar Gudmundsson), Ólafur Snorrason (46 Atli Gudnason), Hólmar Rúnarsson. Coach: Heimir Gudjónsson
Yellow Card: Gary Hamilton (71), Guy Bates (73) /
    Hólmar Rúnarsson (19), Kassim Doumbia (73).
Goals: Kevin Braniff (58), Eoin Bradley (60) /
    Ingimundur Niels Óskarsson (3), Kristjan Gauti Emilsson (37, 69 pen)

JK SILLAMÄE KALEV – FC HONKA ESPOO 2-1 (1-0)
Rakvere, Rakvere    03.07.2014    Hour: 18:30
Referees: Petur Reinert, Jan A Lirenda, Andrew Christiansen (FRO)    Attendance: 425
SILLAMÄE: Mihhail Starodubtsev, Igor Dudarev, Andrei Sidorenkov, Igor Cheminava, Aleksandr Volodin, Kyrylo Silich, Daniil Ratnikov, Nikolai Mašitšev, Denis Tjapkin, Stanislav Murikhin (54 Yaroslav Kvasov), Evgeni Kabaev. Coach: Vladimir Kazachyonok
HONKA: Walter Viitala, Henri Aalto, Nnaemeka Anyamele (68 Kevin Mombilo), Antti Mäkijärvi, Ilari Äijälä, Sauli Väisänen, Dani Hatakka, Jonas Levänen (46 Jani Jokinen), Roni Porokara, Mehmet Hetemaj, Armend Kabashi. Coach: Shefki Kuqi
Yellow Card: Daniil Ratnikov (24), Denis Tjapkin (81) /
    Mehmet Hetemaj (27), Sauli Väisänen (84).
Goals: Daniil Ratnikov (32), Evgeni Kabaev (72) / Armend Kabashi (82)


FC HONKA ESPOO – JK SILLAMÄE KALEV 3-2 (1-1)
ISS, Vantaa    10.07.2014    Hour: 18:30
Referees: Raymond Crangle, Gareth Eakin, James Eakin (NIR)    Attendance: 1,102
HONKA: Daniel Kollar, Henri Aalto, Nnaemeka Anyamele (46 Kevin Mombilo), Antti Mäkijärvi, Ilari Äijälä, Sauli Väisänen, Ville Tuomela (52 Tommi Saarinen), Dani Hatakka, Roni Porokara, Mehmet Hetemaj, Armend Kabashi (81 Jonas Levänen). Coach: Shefki Kuqi
SILLAMÄE: Mihhail Starodubtsev, Igor Dudarev, Andrei Sidorenkov, Igor Cheminava, Aleksandr Volodin (25 Mindaugas Bagužis), Kyrylo Silich (46 Yaroslav Kvasov), Daniil Ratnikov, Nikolai Mašitšev (67 Denis Vnukov), Denis Tjapkin, Stanislav Murikhin, Evgeni Kabaev.
Coach: Vladimir Kazachyonok
Yellow Card: Antti Mäkijärvi (79), Kevin Mombilo (90+1) /
    Daniil Ratnikov (44), Igor Dudarev (78).
Goals: Ilari Äijälä (45), Kevin Mombilo (90), Roni Porokara (105) /
    Andrei Sidorenkov (25), Evgeni Kabaev (120)


FK BANGA GARGŽDAI – SLIGO ROVERS FC 0-0
Gargždai Stadium, Gargždai    03.07.2014    Hour: 18:00
Referees: Suren Simonyan, Vanik Simonyan, Erik Arevshatyan (ARM)    Attendance: 2,500
BANGA: Šarūnas Jurevičius, Karolis Urbaitis, Evaldas Grigaitis, Zaurbek Karkusov, Andrius Butkus, Sergii Shevchuk, Maksim Khablov, Aleksei Epifanov, Davydas Arlauskis, Aurelijus Staponka, Eivinas Zagurskas (78 Aslanbek Tsallagov). Coach: Maksim Tischenko
SLIGO: Gary Rogers, Alan Keane (89 Danny Ledwith), Evan McMillan, Danny North, David Cawley, Raffaele Cretaro (74 Aaron Greene), Ross Gaynor, Paul O'Conor, John Russell, Kieran Djilali, Seamus Conneely. Coach: John Coleman
Yellow Card: Evan McMillan (88).


SLIGO ROVERS FC – FK BANGA GARGŽDAI 4-0 (1-0)
The Showgrounds, Sligo    10.07.2014    Hour: 19:00
Referees: Bardhyl Pashaj, Ermal Barushi, Denis Rexha (ALB)    Attendance: 2,169
SLIGO: Gary Rogers (84 Richard Brush), Alan Keane (87 Gavin Peers), Evan McMillan, Danny North, David Cawley, Raffaele Cretaro, Kalen Spillane (23 Ross Gaynor), John Russell, Aaron Greene, Kieran Djilali, Seamus Conneely. Coach: John Coleman
BANGA: Šarūnas Jurevičius, Karolis Urbaitis, Evaldas Grigaitis, Zaurbek Karkusov (25 Artem Stezhka), Andrius Butkus (74 Artur Siryk), Sergii Shevchuk, Maksim Khablov (71 Valeri Makiev), Aleksei Epifanov, Davydas Arlauskis, Aurelijus Staponka, Eivinas Zagurskas.
Coach: Maksim Tischenko
Yellow Card: Evan McMillan (25), David Cawley (44) /
    Davydas Arlauskis (28), Eivinas Zagurskas (43), Aurelijus Staponka (44), Karolis Urbaitis (66)
Red Card: Karolis Urbaitis (68).
Goals: Alan Keane (45+1), Aaron Greene (72), Danny North (83), David Cawley (89)

GÍ/LÍF VIKINGUR GØTA – FC DAUGAVA DAUGAVPILS 2-1 (1-0)
Toftir, Toftir   03.07.2014   Hour: 19:00
Referees: João Capela, Paulo Soares, Tiago Rocha (POR)   Attendance: 342
GÍ/LÍF VIKINGUR GØTA: Géza Turi, Hanus Jacobsen, Atli Gregersen, Sámal Joensen (46 Andreas Olsen), Hedin Hansen (73 Ingi Sorensen), Filip Djordjević, Hallur Hansson, Bárdur Hansen, Erling Jacobsen, Hans Djurhuus, Finnur Justinussen. Coach: Sigfrídur Clementsen
DAUGAVA: Aleksandrs Vlasovs, Giorgi Chikhradze, Aleksandrs Solovjovs, Jemal Jaliashvili, Vladimirs Volkovs, Ēriks Kokins, Kirils Ševeļovs, Oļegs Žatkins (18 Pavlo Gryshchenko), Dmitri Kozlov, Jevgēņijs Kosmačovs, Aleksejs Kuplovs-Oginskis. Coach: Gennadiy Orbu
Yellow Card: Bárdur Hansen (79) /
   Ēriks Kokins (11), Dmitri Kozlov (19), Pavlo Gryshchenko (82).
Goals: Finnur Justinussen (23), Andreas Olsen (59) / Ēriks Kokins (56)


FC DAUGAVA DAUGAVPILS – GÍ/LÍF VIKINGUR GØTA 1-1 (0-0)
Sloka, Jurmala   10.07.2014   Hour: 18:00
Referees: Andreas Ekberg, Mehmet Culum, Peter Magnusson (SWE)   Attendance: 200
DAUGAVA: Aleksandrs Vlasovs, Giorgi Chikhradze, Aleksandrs Solovjovs, Vladimirs Volkovs, Ēriks Kokins, Kirils Ševeļovs, Oļegs Žatkins (64 Igor Sikorskiy), Dmitri Kozlov, Pāvels Ostrovskis, Jevgēņijs Kosmačovs, Aleksejs Kuplovs-Oginskis. Coach: Gennadiy Orbu
GÍ/LÍF VIKINGUR GØTA: Géza Turi, Hanus Jacobsen, Atli Gregersen, Hedin Hansen, Filip Djordjević (90+1 Ingi Sorensen), Sølvi Vatnhamar, Hallur Hansson, Bárdur Hansen, Erling Jacobsen, Hans Djurhuus (73 Andreas Olsen), Finnur Justinussen. Coach: Sigfrídur Clementsen
Yellow Card: Vladimirs Volkovs (43), Aleksandrs Solovjovs (71), Kirils Ševeļovs (73), Dmitri Kozlov (80) / Finnur Justinussen (34), Atli Gregersen (73).
Red Card: Aleksandrs Solovjovs (90+2).
Goals: Oļegs Žatkins (60) / Andreas Olsen (88)


IFK GÖTEBORG – CS FOLA ESCH 0-0
Gamla Ullevi, Göteborg   03.07.2014   Hour: 19:00
Referees: Nikola Dabanović, Veselin Radunović, Jovica Tatar (MNE)   Attendance: 5,919
GÖTEBORG: Markus Sandberg, Emil Salomonsson, Kjetil Waehler (17 Hjalmar Jónsson), Gustav Svensson, Jakob Johansson, Sam Larsson, Malick Mané (56 Robin Söder), Adam Johansson (60 Joel Allansson), May Mahlangu, Lasse Vibe, Mattias Bjärsmyr. Coach: Mikael Stahre
FOLA: Thomas Hym, Losseni Keita, Ben Payal, Julien Hornuss (83 Ryan Klapp), Samir Hadji, Ahmed Rani (88 Admir Skrijelj), Laurent Jans, Tom Laterza (77 Zarko Lukic), Mehdi Kirch, Roni Souto, Julien Klein. Coach: Cyril Serredszum
Yellow Card: Julien Hornuss (81).


CS FOLA ESCH – IFK GÖTEBORG 0-2 (0-0)
Josy Barthel, Luxembourg   10.07.2014   Hour: 19:00
Referees: Jakob Kehlet, Lars Hummelgaard, Henrik Larsen (DEN)   Attendance: 1,516
FOLA: Thomas Hym, Losseni Keita, Ben Payal (81 Jakob Dallevedove), Admir Skrijelj (64 Emmanuel Françoise), Julien Hornuss (81 Zarko Lukic), Samir Hadji, Ahmed Rani, Laurent Jans, Tom Laterza, Roni Souto, Julien Klein. Coach: Jeff Strasser
GÖTEBORG: Markus Sandberg, Emil Salomonsson, Ludwig Augustinsson (79 Adam Johansson), Martin Smedberg (62 Gustav Svensson), Robin Söder, Hjalmar Jónsson (85 Gustav Engvall), Jakob Johansson, Sam Larsson, May Mahlangu, Lasse Vibe, Mattias Bjärsmyr. Coach: Mikael Stahre
Goals: Lasse Vibe (76), May Mahlangu (81)

AIRBUS UK BROUGHTON FC – FK HAUGESUND 1-1 (1-1)
Nantporth, Bangor     03.07.2014     Hour: 18:45
Referees: Antti Munukka, Jan-Peter Aravirta, Mikko Alakare (FIN)     Attendance: 595
AIRBUS UK: James Coates, Lewis Short, Michael Pearson, Ian Kearney, Tom Field (90+1 Jordan Barrow), Andy Jones, Glenn Rule, Chris Budrys, Jordan Johnson, Ryan Wignall (59 Ryan Wade), Lee Owens. Coach: Andy Preece
HAUGESUND: Per Bråtveit, David Myrestam, Rok Elsner, Christian Gytkjaer, Joakim Våge Nielsen, Tor Arne Andreassen, Geir Fevang, Vegard Skjerve, Maic Sema (72 Kristoffer Haraldseid), Alexander Stølås, Daniel Bamberg. Coach: Jostein Grindhaug
Yellow Card: Tom Field (26), Ian Kearney (66), Chris Budrys (79), Jordan Johnson (85) / 
    Tor Arne Andreassen (64).
Goals: Jordan Johnson (29) / Daniel Bamberg (43)

FK HAUGESUND – AIRBUS UK BROUGHTON FC 2-1 (1-1)
Haugesund, Haugesund     10.07.2014     Hour: 18:00
Referees: Fran Jović, Dario Vrabec, Hrvoje Radić (CRO)     Attendance: 3,079
HAUGESUND: Per Bråtveit, David Myrestam, Tonny Mawejje, Tor Arne Andreassen, Torbjørn Agdestein, Ugonna Anyora, Kristoffer Haraldseid, Maic Sema (87 Geir Fevang), Daniel Bamberg (71 Joakim Våge Nielsen), Tor Andre Aasheim (46 Alexander Stølås), Dušan Cvetinović. Coach: Jostein Grindhaug
AIRBUS UK: James Coates, Lewis Short, Michael Pearson, Ian Kearney, Tom Field (80 Michael Roddy), Andy Jones, Glenn Rule, Chris Budrys (52 Jordan Barrow), Jordan Johnson (61 Aaron Hassall), Ryan Wade, Lee Owens. Coach: Andy Preece
Yellow Card: Chris Budrys (20), Ian Kearney (48), Jordan Barrow (69), Lee Owens (74), Glenn Rule (82).
Red Card: Jordan Barrow (72).
Goals: Torbjørn Agdestein (7), Maic Sema (56) / Michael Pearson (14)

## SECOND QUALIFYING ROUND

GYŐRI ETO FC – IFK GÖTEBORG 0-3 (0-1)
ETO Park, Győr     17.07.2014     Hour: 20:00
Referees: Anatoliy Abdula, Oleksandr Korniyko, Volodymyr Volodin (UKR)     Attendance: 2,948
GYŐRI ETO FC: Luboš Kamenár, Marko Dinjar, Marián Had, Ádám Dudás, Rok Kronaveter (57 Tamás Koltai), Gergely Rudolf, Máté Pátkai, Nemanja Andrić, Michal Švec (46 Roland Varga), József Windecker (59 Nikola Trajković), Djordje Kamber. Coach: Ferenc Horváth
GÖTEBORG: Markus Sandberg, Ludwig Augustinsson, Martin Smedberg (80 Daniel Sobralense), Gustav Svensson, Hjalmar Jónsson, Jakob Johansson, Sam Larsson, Adam Johansson, May Mahlangu, Lasse Vibe (70 Robin Söder), Mattias Bjärsmyr. Coach: Mikael Stahre
Yellow Card: Nikola Trajković (69), Máté Pátkai (77) /
    Ludwig Augustinsson (35), Martin Smedberg (61).
Goals: Lasse Vibe (8), Jakob Johansson (56), May Mahlangu (83)

IFK GÖTEBORG – GYŐRI ETO FC 0-1 (0-0)
Gamla Ullevi, Göteborg     24.07.2014     Hour: 19:00
Referees: Bartosz Frankowski, Paweł Sokolnicki, Jakub Winkler (POL)     Attendance: 6,112
GÖTEBORG: Markus Sandberg, Ludwig Augustinsson, Martin Smedberg (79 Robin Söder), Hjalmar Jónsson, Jakob Johansson, Sam Larsson (69 Daniel Sobralense), Adam Johansson, May Mahlangu, Joel Allansson, Lasse Vibe, Mattias Bjärsmyr. Coach: Mikael Stahre
GYŐRI ETO FC: Miloš Kocić, Rok Kronaveter (71 Tamás Koltai), Roland Varga (83 Dávid Illés), Gergely Rudolf, Dániel Völgyi, Máté Pátkai (75 József Windecker), Ádám Lang, Nemanja Andrić, Michal Švec, Djordje Kamber, Rafe Wolfe. Coach: Ferenc Horváth
Yellow Card: Ludwig Augustinsson (71) / Gergely Rudolf (34), Máté Pátkai (41), Ádám Lang (72).
Red Card: Gergely Rudolf (66).
Goal: Nemanja Andrić (68)

MOLDE FK – ND GORICA 4-1 (3-0)
Molde Stadion, Molde   17.07.2014   Hour: 20:30
Referees: Padraig Sutton, Allen Lynch, Emmet Dynan (IRL)   Attendance: 5,837
MOLDE FK: Orjan Haskjold, Joona Toivio, Harmeet Singh, Mattias Moström (57 Magne Hoseth), Martin Linnes (70 Knut Olav Rindarøy), Per Egil Flo, Etzaz Hussain (80 Daniel Hestad), Agnaldo, Mohamed Elyounoussi, Vegard Forren, Daniel Chima. Coach: Tor Ole Skullerud
GORICA: Vasja Šimčič, Marco Modolo, Amedej Vetrih, Matija Širok, Luka Majcen, Dejan Žigon (66 Amel Džuzdanović), Sandi Arčon, Jaka Kolenc (46 Solomon Enow), Alen Jogan, Ronaldo Vanin, Marshal Johnson. Coach: Luigi Apolloni
Yellow Card: Etzaz Hussain (43) /
   Dejan Žigon (20), Alen Jogan (41), Amedej Vetrih (86), Luka Majcen (90+2).
Goals: Joona Toivio (16), Vegard Forren (37, 41 pen), Magne Hoseth (88) / Luka Majcen (70 pen)


ND GORICA – MOLDE FK 1-1 (0-0)
Športni Park, Nova Gorica   24.07.2014   Hour: 20:30
Referees: Carlos Xistra, Nuno Pereira, Nélson Moniz (POR)   Attendance: 607
GORICA: Vasja Šimčič, Solomon Enow, Marco Modolo (58 Tine Kavčič), Amedej Vetrih, Matija Širok, Luka Majcen (75 Tilen Nagode), Dejan Žigon, Sandi Arčon, Bede Amarachi Osuji (42 Amel Džuzdanović), Alen Jogan, Marshal Johnson. Coach: Luigi Apolloni
MOLDE FK: Orjan Haskjold, Joona Toivio, Harmeet Singh (60 Eirik Hestad), Magne Hoseth, Martin Linnes, Per Egil Flo (82 Ole Martin Rindarøy), Etzaz Hussain, Tommy Høiland, Agnaldo (66 Sander Svendsen), Vegard Forren, Pape Paté Diouf. Coach: Tor Ole Skullerud
Yellow Card: Marco Modolo (54), Solomon Enow (80), Tine Kavčič (87) /
   Etzaz Hussain (27), Orjan Haskjold (72), Martin Linnes (79), Sander Svendsen (90).
Red Card: Amedej Vetrih (79).
Goals: Alen Jogan (63) / Agnaldo (49)


FK METALURG SKOPJE – FK ŽELJEZNIČAR SARAJEVO 0-0
National Arena Filip II Macedonian, Skopje   17.07.2014   Hour: 20:30
Referees: Eli Hacmon, Nissan Davidy, Rami Ben-itshak (ISR)   Attendance: 3,010
METALURG: Andreja Efremov, Filip Ristovski (86 Dejan Tanturovski), Bojan Gjorgievski, Dejan Leskaroski, Aleksandar Dalčeski (46 Jordancho Naumoski), Marko Simonovski, Vasko Mitrev (46 Viktor Angelov), Marjan Radeski, Ninoslav Dodevski, Mile Krstev, Aleksandar Stojanovski. Coach: Srgjan Zaharievski
ŽELJEZNIČAR: Marijan Antolović, Josip Kvesić, Aleksandar Kosorić, Sead Bučan, Nedo Turković (72 Rijad Bajić), Srdjan Stanić (53 Anes Nuspahić), Benjamin Čolić, Damir Sadiković, Jasmin Bogdanović, Tomislav Tomić (63 Nermin Jamak), Eldar Hasanović. Coach: Almir Memić
Yellow Card: Marjan Radeski (60) / Jasmin Bogdanović (59), Nedo Turković (71).


FK ŽELJEZNIČAR SARAJEVO – FK METALURG SKOPJE 2-2 (1-0)
Asim Ferhatović Hase Stadion, Sarajevo   22.07.2014   Hour: 21:00
Referees: Mervyn Smyth, Andrew Neeson, Stephen Bell (NIR)   Attendance: 10,262
ŽELJEZNIČAR: Marijan Antolović, Anes Nuspahić (64 Sead Bučan), Josip Kvesić, Aleksandar Kosorić, Rijad Bajić (82 Nedo Turković), Srdjan Stanić, Benjamin Čolić, Damir Sadiković (77 Eldar Hasanović), Jasmin Bogdanović, Nermin Jamak, Tomislav Tomić. Coach: Almir Memić
METALURG: Andreja Efremov, Filip Ristovski (53 Jordancho Naumoski), Bojan Gjorgievski, Dejan Leskaroski, Aleksandar Dalčeski, Vasko Mitrev, Marjan Radeski, Ninoslav Dodevski (69 Viktor Angelov), Mile Krstev, Aleksandar Stojanovski, Dejan Tanturovski (32 Marko Simonovski). Coach: Srgjan Zaharievski
Yellow Card: T. Tomić (66), Aleksandar Kosorić (78), Nermin Jamak (87), Nedo Turković (90+4) / Filip Ristovski (13), Marko Simonovski (43), Ninoslav Dodevski (45), Aleks. Stojanovski (84), Jordancho Naumoski (90+3).
Goals: Ninoslav Dodevski (16 og), Rijad Bajić (54) / Marjan Radeski (62), Mile Krstev (90+2)

NÕMME KALJU FC TALLINN – KKS LECH POZNAŃ 1-0 (0-0)
Kadriorg, Tallinn   17.07.2014   Hour: 19:00
Referees: Domagoj Vučkov, Goran Perica, Ivica Modrić (CRO)   Attendance: 2,280
KALJU: Vitali Teleš, Henrik Pürg (64 Janar Toomet), Alo Bärengrub, Jorge Rodrigues, Réginald Mbu Alidor, Karl Mööl, Damiano Quintieri (77 Mihkel Ainsalu), Martin Vunk, Ken Kallaste, Felipe Nunes (62 Robert Kirss), Hidetoshi Wakui. Coach: Igor Prins
LECH: Jasmin Burić, Tomasz Kędziora, Łukasz Trałka, Karol Linetty (60 Dawid Kownacki), Szymon Pawłowski, Gergő Lovrencsics, Darko Jevtic, Kasper Hämäläinen, Hubert Wołąkiewicz, Luis Henriquez, Maclej Wilusz. Coach: Mariusz Rumak
Yellow Card: Henrik Pürg (36), Martin Vunk (47) / Łukasz Trałka (14), Szymon Pawłowski (78).
Goal: Hidetoshi Wakui (81)


KKS LECH POZNAŃ – NÕMME KALJU FC TALLINN 3-0 (2-0)
Municipal Stadium, Poznań   24.07.2014   Hour: 19:00
Referees: Sebastian Colţescu, Sebastian Gheorghe, Radu Ghinguleac (ROM)   Attendance: 20.263
LECH: Jasmin Burić, Tomasz Kędziora, Łukasz Trałka, Szymon Pawłowski (74 Mohammed Keita), Gergő Lovrencsics, Vojo Ubiparip (85 Lukasz Teodorczyk), Darko Jevtic, Kasper Hämäläinen (68 Dawid Kownacki), Hubert Wołąkiewicz, Luis Henriquez, Marcin Kamiński.
Coach: Mariusz Rumak
KALJU: Vitali Teleš, Henrik Pürg (46 Mihkel Ainsalu), Alo Bärengrub, Jorge Rodrigues, Réginald Mbu Alidor, Karl Mööl, Damiano Quintieri, Ken Kallaste, Robert Kirss (68 Juri Jevdokimov), Felipe Nunes (75 Jarmo Ahjupera), Hidetoshi Wakui. Coach: Igor Prins
Yellow Card: Darko Jevtic (27).
Goals: Tomasz Kędziora (33), Kasper Hämäläinen (43), Dawid Kownacki (90+3)


FC DINAMO MINSK – MYLLYKOSKEN PALLO –47 3-0 (1-0)
Traktor, Minsk   17.07.2014   Hour: 18:30
Referees: Ivaylo Stoyanov, Krum Stoilov, Georgi Todorov (BUL)   Attendance: 2,600
DINAMO: Aleksandr Gutor, Igor Voronkov (66 Artem Bykov), Slobodan Simović, Sergei Politevich, Nemanja Nikolić, Chigozie Udoji, Umaru Bangura, Andrei Zaleski, Oleg Veretilo, Igor Stasevich (81 Hernan Figueredo), Nenad Adamović (73 Adama Diomande).
Coach: Vladimir Zhuravel
MYLLYKOSKEN PALLO –47: Ville Iiskola, Tommi Vesala (70 Aleksi Ristola), Dema, Denis Abdulahi, Juha Pirinen, Dawda Bah, Pyry Soiri (84 Ville Salmikivi), Antti Koskinen, Tuomas Aho, Shutsa Nongotamba, Valeri Minkenen (62 Leandro Motta). Coach: Antti Muurinen
Yellow Card: Dawda Bah (60), Tuomas Aho (90+2).
Goals: Chigozie Udoji (25), Igor Stasevich (61 pen), Nemanja Nikolić (86)


MYLLYKOSKEN PALLO –47 – FC DINAMO MINSK 0-0
Saviniemi Football Stadium, Kouvola   24.07.2014   Hour: 18:30   Attendance: 1,060
Referees: Bryn Markham-Jones, Lewiss Ross Edwards, Daniel Beckett (WAL)
MYLLYKOSKEN PALLO –47: Ville Iiskola, Atte Hoivala, Denis Abdulahi (62 Valeri Minkenen), Ville Salmikivi, Pekka Sihvola, Dawda Bah, Pyry Soiri (72 Aleksi Ristola), Antti Koskinen, Leandro Motta (58 Dema), Tuomas Aho, Shutsa Nongotamba. Coach: Antti Muurinen
DINAMO MINSK: Aleksandr Gutor, Igor Voronkov (67 Chigozie Udoji), Slobodan Simović, Sergei Politevich, Nemanja Nikolić, Adama Diomande, Sergei Karpovich, Oleg Veretilo, Hernan Figueredo (76 Evgeni Nikitin), Igor Stasevich, Sergei Kontsevoi. Coach: Vladimir Zhuravel

FC NEMAN GRODNO – FH HAFNARFJÖRDUR 1-1 (0-0)
Neman, Grodno    17.07.2014    Hour: 20:00
Referees: Bardhyl Pashaj, Egin Doda, Orgest Grabova (ALB)    Attendance: 4,800
NEMAN: Marius Rapalis, Artem Rakhmanov, Dmitri Rovneyko (69 Vladimir Veselinov), Ivan Denisevich, Dmitri Rekish (76 Sergei Levitski), Yegor Zubovich (76 Dzmitry Kavalionak), Pavel Rybak, Maksim Vitus, Igors Tarasovs, Aleksei Legchilin, Pavel Savitski.
Coach: Siarhei Saladounikau
FH HAFNARFJÖRDUR: Róbert Óskarsson, Pétur Vidarsson, Sam Hewson (70 Sean Reynolds), Davíd Vidarsson, Atli Gudnason (82 Ingimundur Niels Óskarsson), Kristjan Gauti Emilsson, Jón Jónsson, Kassim Doumbia, Ólafur Snorrason, Hólmar Rúnarsson (84 Emil Palsson), Jonathan Hendrickx. Coach: Heimir Gudjónsson
Yellow Card: Pavel Savitski (9), Aleksei Legchilin (36), Pavel Rybak (54) / Jón Jónsson (90+4).
Red Card: Jonathan Hendrickx (65).
Goals: Pavel Savitski (66 pen) / Kristjan Gauti Emilsson (55)


FH HAFNARFJÖRDUR – FC NEMAN GRODNO 2-0 (1-0)
Kaplakrikavöllur, Hafnarfjördur    24.07.2014    Hour: 19:15
Referees: Nerijus Dunauskas, Dovydas Sužiedėlis, Vytenis Kazlauskas (LTU)    Attendance: 1,439
FH HAFNARFJÖRDUR: Róbert Óskarsson, Pétur Vidarsson, Sam Hewson (57 Atli Björnsson), Emil Palsson, Davíd Vidarsson, Atli Gudnason, Jón Jónsson, Kassim Doumbia, Bödvar Bödvarsson, Ólafur Snorrason (76 Ingimundur Niels Óskarsson), Hólmar Rúnarsson.
Coach: Heimir Gudjónsson
NEMAN: Marius Rapalis, Ivan Denisevich, Dmitri Rekish, Vladimir Veselinov, Yegor Zubovich (64 Sergei Levitski), Pavel Rybak, Maksim Vitus, Igor Yasinski, Igors Tarasovs, Aleksei Legchilin (64 Dzmitry Kavalionak), Pavel Savitski. Coach: Siarhei Saladounikau
Yellow Card: Ivan Denisevich (40), Dzmitry Kavalionak (87).
Goals: Atli Gudnason (42), Atli Björnsson (80)


RNK SPLIT – HAPOEL BE'ER SHEVA FC 2-1 (0-1)
Park Mladezi, Split    17.07.2014    Hour: 20:30
Referees: Ilias Spathas, lazaros Dimitriadis, Polychronis Kostaras (GRE)    Attendance: 2,000
SPLIT: Andrija Vuković, Denis Glavina, Tomislav Glumac, Aljoša Vojnović (46 Tomislav Dujmović), Mate Bilić, Ante Erceg, Dražen Bagarić (70 Henri Belle), Miloš Vidović, Dario Rugašević (60 Marko Rog), Nino Galović, Ivan Ibriks. Coach: Ivan Matić
HAPOEL: Austin Ejide, Ben Bitton, Gal Arael, Elyaniv Barda, Maor Buzaglo (80 Siraj Nasser), Ofir Davidzada, Dovev Gabbay (63 Maor Melikson), Tomislav Pajović, William Soares, Shlomi Arbeitman (74 Dor Malul), Roei Gordana. Coach: Elisha Levy
Yellow Card: Ante Erceg (43), Dario Rugašević (44) /
         Roei Gordana (13), Elyaniv Barda (40), William Soares (77), Austin Ejide (84).
Goals: Tomislav Dujmović (78), Mate Bilić (86 pen) / Maor Buzaglo (31)


HAPOEL BE'ER SHEVA FC – RNK SPLIT 0-0
GSZ, Larnaca    24.07.2014    Hour: 16:30
Referees: João Capela, Paulo Soares, Bruno Rodrigues (POR)    Attendance: 170
HAPOEL: Austin Ejide, Ben Bitton (85 Dor Malul), Gal Arael (67 Dovev Gabbay), Elyaniv Barda, Maor Buzaglo (80 Siraj Nasser), Ofir Davidzada, Tomislav Pajović, Maor Melikson, William Soares, Shlomi Arbeitman, Roei Gordana. Coach: Elisha Levy
SPLIT: Andrija Vuković, Denis Glavina, Tomislav Glumac, Aljoša Vojnović (50 Mario Kvesić), Mate Bilić, Ante Erceg, Dražen Bagarić (62 Henri Belle), Goran Roce (79 Marko Rog), Miloš Vidović, Nino Galović, Ivan Ibriks. Coach: Ivan Matić
Yellow Card: Elyaniv Barda (30), Shlomi Arbeitman (65), Maor Buzaglo (71), Ben Bitton (80) /
         Ivan Ibriks (15), Tomislav Glumac (35), Ante Erceg (65).

FC VSS KOŠICE – FC SLOVAN LIBEREC 0-1 (0-0)
Lokomotiva, Košice    17.07.2014    Hour: 17:00    Attendance: 7,055
Referees: Jesús Gil Manzano, Angel Nevado Rodriguez, Marcos Alvarez Moreno (ESP)
KOŠICE: Darko Tofiloski, Boris Sekulič, Erik Pačinda (80 Oumar Diaby), Peter Šinglár (90 Jozef Skvašík), Lubomír Korijkov, Peter Kavka, Miroslav Viazanko (85 Ivan Ostojič), Ajdin Redžič, Martin Bukata, Ján Novák, Peter Basista. Coach: Radoslav Látal
SLOVAN: Lukáš Hroššo, Miloš Karišik, Vladimír Coufal, David Pavelka, Isaac Sackey, Marek Jarolím (90 Jiří Pimpara), Vojtěch Hadaščok (65 Michal Hamuµak), Jan Rajnoch, Josef Šural (78 Branislav Obžera), Jiří Fleišman, Tomás Ďubek. Coach: Samuel Slovak
Yellow Card: Peter Kavka (23) / Josef Šural (68), Isaac Sackey (69), Branislav Obžera (86).
Goal: Marek Jarolím (83 pen)


FC SLOVAN LIBEREC – FC VSS KOŠICE 3-0 (0-0)
U Nisy, Liberec    24.07.2014    Hour: 19:00
Referees: Svein-Erik Edvartsen, Magnus Lundberg, Reidar Gundersen (NOR)    Attendance: 7,100
SLOVAN: Lukáš Hroššo, Miloš Karišik, Vladimír Coufal, David Pavelka, Isaac Sackey, Michal Hamuµak (75 Kevin Luckassen), Jan Rajnoch, Josef Šural, Jiří Fleišman, Tomás Ďubek (84 Vojtěch Hadaščok), Dzon Delarge (87 Šuboš Kolár). Coach: Samuel Slovak
KOŠICE: Darko Tofiloski, Boris Sekulič, Ivan Ostojič, Jozef Skvašík (68 Nermin Haskić), Peter Šinglár (77 Ján Novák), Oumar Diaby, Lubomír Korijkov, Peter Kavka, Miroslav Viazanko (67 Erik Pačinda), Martin Bukata, Peter Basista. Coach: Radoslav Látal
Yellow Card: David Pavelka (60) / Miroslav Viazanko (29), Oumar Diaby (61).
Goals: Tomás Ďubek (54), Dzon Delarge (81), Josef Šural (90)


GÍ/LÍF VIKINGUR GØTA – TROMSØ IL 0-0
Toftir, Toftir    17.07.2014    Hour: 19:00
Referees: Radu Petrescu, Aurel Oniță, Ovidiu Artene (ROM)    Attendance: 447
GÍ/LÍF VIKINGUR GØTA: Géza Turi, Hanus Jacobsen, Atli Gregersen, Súni Olsen, Filip Djordjević (68 Andreas Olsen), Sølvi Vatnhamar (76 Hedin Hansen), Hallur Hansson, Bárdur Hansen, Erling Jacobsen, Hans Djurhuus, Finnur Justinussen. Coach: Sigfrídur Clementsen
TROMSØ IL: Benny Lekström, Morten Moldskred, Thomas Bendiksen, Thomas Drage (83 Lars Gunnar Johnsen), Jonas Johansen (71 Runar Espejord), Hans Norbye, Magnus Andersen, Remi Johansen, William Frantzen, Simen Wangberg, Lasse Nilsen. Coach: Steinar Nilsen
Yellow Card: Hallur Hansson (70), Hans Djurhuus (81) / Jonas Johansen (42).


TROMSØ IL – GÍ/LÍF VIKINGUR GØTA 1-2 (0-0)
Alfheim, Tromsø    24.07.2014    Hour: 19:00    Attendance: 1,281
Referees: Gunnar Jarl Jónsson, Sigurdur Oli Thorleifsson, Birkir Sigurdarson (ISL)
TROMSØ IL: Benny Lekström, Morten Moldskred (76 Runar Espejord), Miika Koppinen, Thomas Drage, Jonas Johansen, Magnus Andersen, Lars Gunnar Johnsen (46 Thomas Bendiksen), Remi Johansen, William Frantzen, Simen Wangberg, Lasse Nilsen (46 Hans Norbye).
Coach: Steinar Nilsen
GÍ/LÍF VIKINGUR GØTA: Géza Turi, Andreas Olsen (63 Filip Djordjević), Hanus Jacobsen, Atli Gregersen, Súni Olsen (78 Hedin Hansen), Sølvi Vatnhamar (90+2 Ingi Sorensen), Hallur Hansson, Bárdur Hansen, Erling Jacobsen, Hans Djurhuus, Finnur Justinussen. Coach: Sigfrídur Clementsen
Yellow Card: Lars Gunnar Johnsen (21), Remi Johansen (80) /
            Filip Djordjević (70), Hedin Hansen (78).
Red Card: Jonas Johansen (41).
Goals: Simen Wangberg (51) / Bárdur Hansen (60), Hallur Hansson (77)

FC PETROLUL PLOIEŞTI – KS FLAMURTARI VLORË 2-0 (0-0)
Ilie Oană, Ploieşti    17.07.2014    Hour: 19:30
Referees: Ken Henry Johnsen, Frank Andås, Sven Erik Midthjell (NOR)    Attendance: 8,714
PETROLUL: Peçanha, Jean Sony Alcénat, Geraldo Alves, Adrian Mutu, Juan Angel Albín (46 Gevaro Nepomuceno), Ovidiu Hoban, Laurenţiu Marinescu (72 Patrick Nkoyi), Jean-Alain Fanchone, Filipe Teixeira, Pablo De Lucas, Toto Tamuz (85 Vlad Morar). Coach: Răzvan Lucescu
FLAMURTARI: Ilion Lika, Gledi Mici, Nijas Lena, Franc Veliu, Polizoi Arberi, Gjergj Muzaka, Bruno Telushi, Hair Zeqiri (90+3 Julian Gerxho), Taulant Kuqi, Arbër Abilaliaj (66 Ardit Shehaj), Gilman Lika (75 Agim Meto). Coach: Ernest Gjoka
Yellow Card: Laurenţiu Marinescu (39), Geraldo Alves (73), Pablo De Lucas (89) /
        Hair Zeqiri (44), Gjergj Muzaka (74).
Goals: Gevaro Nepomuceno (77), Toto Tamuz (84)


KS FLAMURTARI VLORË – FC PETROLUL PLOIEŞTI 1-3 (1-1)
Flamurtari, Vlorë    24.07.2014    Hour: 19:00
Referees: Ján Valášek, Tomáš Vorel, Peter Chladek (SVK)    Attendance: 3,650
FLAMURTARI: Ilion Lika, Douglas, Gledi Mici, Nijas Lena, Polizoi Arberi, Gjergj Muzaka (86 Agim Meto), Bruno Telushi (62 Julian Gerxho), Hair Zeqiri, Taulant Kuqi, Ardit Shehaj (67 Lejdi Liçaj), Gilman Lika. Coach: Ernest Gjoka
PETROLUL: Peçanha, Jean Sony Alcénat, Geraldo Alves, Gevaro Nepomuceno (59 Njongo Priso), Adrian Mutu, Ovidiu Hoban, Gerson, Jean-Alain Fanchone (76 Dean Beţa), Filipe Teixeira, Pablo De Lucas, Toto Tamuz (72 Juan Angel Albín). Coach: Răzvan Lucescu
Yellow Card: Hair Zeqiri (47), Gledi Mici (67) / Gevaro Nepomuceno (59).
Goals: Nijas Lena (37) / Filipe Teixeira (39), Pablo De Lucas (83), Njong Priso (90)


FK ČUKARIČKI – SV GRÖDIG 0-4 (0-1)
FK Cukaricki, Beograd    17.07.2014    Hour: 21:05
Referees: Sergejus Slyva, Vytautas Šimkus, Vladimir Gerasimov (LTU)    Attendance: 1,500
ČUKARIČKI: Borivoje Ristić, Lucas Piasentin, Dragoljub Srnić, Ivan Todorović, Nikola Stoiljković, Igor Matić (80 Andrija Pavlović), Slavoljub Srnić, Nikola Janković (62 Petar Bojić), Bojan Ostojić, Nenad Mirosavljević (46 Dejan Boljević), Rajko Brežančić.
Coach: Vladan Milojević
GRÖDIG: Cican Stankovic, Maximilian Karner, Timo Brauer, Simon Handle, Tomi Correa, Robert Strobl, Yordy Reyna (78 Roman Wallner), Philipp Huspek (29 Daniel Schütz), Stefan Nutz, Sascha Boller (84 Christoph Martschinko), Matthias Maak. Coach: Michael Baur
Yellow Card: Dragoljub Srnić (28), Nikola Stoiljković (44) /
        Tomi Correa (28), Matthias Maak (50), Timo Brauer (58), Daniel Schütz (66).
Red Card: Lucas Piasentin (25).
Goals: Stefan Nutz (37, 90), Daniel Schütz (80, 85)


SV GRÖDIG – FK ČUKARIČKI 1-2 (1-0)
Stadion Salzburg, Salzburg    24.07.2014    Hour: 19:00
Referees: Orel Grinfeld, Shabtai Nahmias, Oren Borneshtain (ISR)    Attendance: 2,129
GRÖDIG: Cican Stankovic, Maximilian Karner, Timo Brauer, Simon Handle, Tomi Correa (85 Sandro Djuric), Daniel Schütz (46 Philipp Huspek), Robert Strobl, Yordy Reyna, Stefan Nutz, Sascha Boller (62 Roman Wallner), Matthias Maak. Coach: Michael Baur
ÇUKARIÇKI: Borivoje Ristić, Dragoljub Srnić (89 Djordje Radovanović), Ivan Todorović, Nikola Stoiljković, Andrija Pavlović (85 Igor Matić), Slavoljub Srnić, Deni Pavlović (79 Nikola Janković), Filip Stojković, Petar Bojić, Dejan Boljević, Rajko Brežančić. Coach: Vladan Milojević
Yellow Card: Stefan Nutz (44), Maximilian Karner (75) /
        Nikola Stoiljković (23), Andrija Pavlović (32), Slavoljub Srnić (71).
Goals: Maximilian Karner (29) / Petar Bojić (61), Filip Stoiljković (65)

CFR CLUJ – FK JAGODINA 0-0
Stadionul Dr. Constantin Rădulescu, Cluj-Napoca    17.07.2014    Hour: 20:30
Referees: Aleksei Nikolaev, Tikhon Kalugin, Valeri Danchenko (RUS)    Attendance: 5,600
CFR: Mário Felgueiras, Mateo Sušić, Ionuț Larie, Ciprian Deac, Muniru Sulley, Florin Costea (58 Antonio Jakoliš), Chuka, Sergiu Negruț (75 Christian), Tiago Lopes, Ionuț Rada, Aitor Monroy (88 Constantin Păun-Alexandru). Coach: Vasile Miriuță
FK JAGODINA: Andjelko Djuričić, Dajan Šimac, Aleksandar Filipović, Milan Djurić (77 Dušan Martinović), Djordje Šušnjar, Danijel Mihajlović (54 Danijel Gašić), Vuk Mitošević, Ivan Cvetković, Milan Milinković, Nikola Jakimovski (84 Miloš Lepović), Filip Arsenijević.
Coach: Mladen Dodić
Yellow Card: Milan Djurić (31).


FK JAGODINA – CFR CLUJ 0-1 (0-0)
Gradski, Jagodina    24.07.2014    Hour: 20:30
Referees: Bastian Dankert, Thorsten Schiffner, Jan Seidel (GER)    Attendance: 6,500
FK JAGODINA: Andjelko Djuričić, Dajan Šimac, Danijel Gašić, Aleksandar Filipović, Milan Djurić (85 Dušan Martinović), Djordje Šušnjar (85 Mladen Stoičev), Vuk Mitošević, Ivan Cvetković, Milan Milinković, Nikola Jakimovski (62 Miloš Lepović), Filip Arsenijević.
Coach: Mladen Dodić
CFR CLUJ: Mário Felgueiras, Mateo Sušić, Ionuț Larie, Ciprian Deac (90+2 Antonio Jakoliš), Muniru Sulley, Florin Costea (69 Guima), Grégory Tadé, Sergiu Negruț (85 Christian), Ionuț Rada, Aitor Monroy, Camora. Coach: Vasile Miriuță
Yellow Card: Ivan Cvetković (24), Dajan Šimac (53), Filip Arsenijević (89) /
        Grégory Tadé (25), Aitor Monroy (29).
Goal: Guima (81)


MOTHERWELL FC – STJARNAN KF GARÐABÆR 2-2 (2-1)
Fir Park, Motherwell    17.07.2014    Hour: 19:45
Referees: Michael Johansen, Lars Hummelgaard, Derya Oguz (DEN)    Attendance: 4,877
MOTHERWELL FC: Dan Twardzik, Craig Reid, Steven Hammell, Stuart Carswell, Simon Ramsden, Stephen McManus, Lionel Ainsworth (70 Lee Erwin), John Sutton, Iain Vigurs, Keith Lasley, Josh Law (70 Fraser Kerr). Coach: Stuart McCall
STJARNAN: Ingvar Jónsson, Niclas Vemmelund, Michael Praest, Atli Jóhannsson, Pablo Punyed, Daníel Laxdal, Veigar Gunnarsson (88 Rolf Toft), Arnar Björgvinsson, Hördur Arnason, Ólafur Karl Finsen, Martin Rauschenberg. Coach: Rúnar Páll Sigmundsson
Yellow Card: Keith Lasley (35), Simon Ramsden (44) / Hördur Arnason (62), Michael Praest (64).
Goals: Josh Law (9, 19) / Ólafur Karl Finsen (35 pen, 90+2 pen)


STJARNAN KF GARÐABÆR – MOTHERWELL FC 3-2 (1-1)
Stjörnuvöllur, Garðabær    24.07.2014    Hour: 19:15
Referees: Antonis Giachos, Michael Karsiotis, Dimitris Tatsis (GRE)    Attendance: 1,022
STJARNAN: Ingvar Jónsson, Niclas Vemmelund, Michael Praest, Atli Jóhannsson, Pablo Punyed, Daníel Laxdal, Veigar Gunnarsson (26 Rolf Toft, 107 Heidar Aegisson), Arnar Björgvinsson (105 Atli Freyr Ottesen Pálsson), Hördur Arnason, Ólafur Karl Finsen, Martin Rauschenberg.
Coach: Rúnar Páll Sigmundsson
MOTHERWELL FC: Dan Twardzik, Craig Reid, Steven Hammell, Stuart Carswell (95 Jack Leitch), Simon Ramsden, Stephen McManus, Lionel Ainsworth (77 Zaine Francis-Angol), John Sutton, Iain Vigurs, Keith Lasley, Josh Law (77 Fraser Kerr). Coach: Stuart McCall
Yellow Card: Rolf Toft (71) /
        Stephen McManus (24), Stuart Carswell (43), Keith Lasley (103), Craig Reid (120+2).
Goals: Ólafur Karl Finsen (38 pen), Rolf Toft (85), Atli Jóhannsson (114) /
        Steven Hammell (11), Lionel Ainsworth (66)

FC ZESTAFONI – FC SPARTAK TRNAVA 0-0
David Abashidze, Zestaponi    17.07.2014    Hour: 20:00
Referees: Alexandr Aliyev, Serik Zhappasbayev, Sanzhar Iskakov (KAZ)    Attendance: 2,537
FC ZESTAFONI: Bojan Pavlović, Teimuraz Gongadze, Nikoloz Gelashvili (65 Dimitri Tatanashvili), Giorgi Kukhianidze (84 Vakhtang Chanturishvili), Jaba Dvali (78 Giorgi Pantsulaia), Levan Sharikadze, Giorgi Guruli, Grigol Dolidze, Rene Santos, Zaza Chelidze, Revaz Getsadze.
Coach: Gia Geguchadze
SPARTAK: Dobrivoj Rusov, Marek Janečka, Martin Mikovič, Ján Vlasko (78 Nikolas Špalek), Ján Chovanec (87 Matej Siva), Milan Bortel, Martin Tóth, Matúš Čonka, Erik Sabo, Ivan Schranz (73 José Casado), Kamil Kuzma. Coach: Juraj Jarábek
Yellow Card: Levan Sharikadze (57) / Erik Sabo (39), Kamil Kuzma (76), José Casado (77).


FC SPARTAK TRNAVA – FC ZESTAFONI 3-0 (2-0)
Štadión FC ViOn, Zlate Moravce    24.07.2014    Hour: 19:30
Referees: Mete Kalkavan, Serkan Ok, Ceyhun Sesigüzel (TUR)    Attendance: 2,940
FC SPARTAK TRNAVA: Dobrivoj Rusov, Matej Siva, Marek Janečka (84 Ján Chovanec), Martin Mikovič (80 Tomáš Mikinič), Ján Vlasko, Milan Bortel, José Casado, Martin Tóth, Matúš Čonka, Erik Sabo, Ivan Schranz (76 Nikolas Špalek). Coach: Juraj Jarábek
FC ZESTAFONI: Bojan Pavlović, Teimuraz Gongadze (72 Tedore Grigalashvili), Nikoloz Gelashvili, Giorgi Kukhianidze, Jaba Dvali, Levan Sharikadze, Giorgi Guruli, Grigol Dolidze, Rene Santos, Zaza Chelidze, Revaz Getsadze (53 Giorgi Pantsulaia). Coach: Gia Geguchadze
Yellow Card: Ján Vlasko (27), Ivan Schranz (36), Marek Janečka (53), Martin Mikovič (73) / Grigol Dolidze (85), Levan Sharikadze (90+2).
Goals: Marek Janečka (4, 43), Erik Sabo (60 pen)


IF BROMMAPOJKARNA STOCKHOLM – CRUSADERS FC BELFAST 4-0 (2-0)
Stockholms, Stockholm    17.07.2014    Hour: 19:00
Referees: Christos Nicolaides, Aristides Christou, Ioannis Lazarou (CYP)    Attendance: 524
BROMMAPOJKARNA: Davor Blažević, Pontus Segerström (46 Jesper Karlström), Mauricio Albornoz (46 Carl Starfelt), Kristinn Jónsson, Gabriel Petrovic, Serge Ngouali, Dardan Rexhepi (50 Gustav Sandberg Magnusson), Christian Kouakou, Tim Björkström, Niklas Bärkroth, Jacob Larsson. Coach: Stefan Billborn
CRUSADERS: Sean O'Neill, Billy Joe Burns, Colin Coates, Chris Morrow, Diarmuid O'Carroll (58 Stephen Cockcroft), Joshua Robinson, Declan Caddell, Craig McClean, Jordan Owens (82 Timmy Adamson), Richard Clarke (76 Paul Leeman), Paul Heatley. Coach: Stephen Baxter
Yellow Card: Tim Björkström (13), Christian Kouakou (44), Jacob Larsson (86) /
    Joshua Robinson (31), Diarmuid O'Carroll (55), Paul Heatley (65).
Goals: Dardan Rexhepi (9), Mauricio Albornoz (27), Jacob Larsson (62), Niklas Bärkroth (65 pen)


CRUSADERS FC BELFAST – IF BROMMAPOJKARNA STOCKHOLM 1-1 (1-1)
Seaview, Belfast    24.07.2014    Hour: 19:45
Referees: Alain Bieri, Johannes Vogel, Alain Heiniger (SUI)    Attendance: 798
CRUSADERS: Sean O'Neill, Billy Joe Burns, Paul Leeman, Colin Coates (81 David Magowan), Chris Morrow (57 Matthew Snoddy), Diarmuid O'Carroll, Craig McClean, Jordan Owens, Richard Clarke, Stephen Cockcroft (63 Gary McCutcheon), Paul Heatley. Coach: Stephen Baxter
BROMMAPOJKARNA: Davor Blažević, Kristinn Jónsson, Jesper Karlström (68 Mauricio Albornoz), Gabriel Petrovic, Serge Ngouali, Dardan Rexhepi, Tim Björkström, Carl Starfelt, Pontus Asbrink (64 Stefano Vecchia), Gustav Sandberg Magnusson (79 Victor Söderström), Jacob Larsson. Coach: Stefan Billborn
Yellow Card: Richard Clarke (34), Chris Morrow (55), David Magowan (86) /
    Gustav Sandberg Magnusson (63).
Goals: Colin Coates (17) / Dardan Rexhepi (27)

ABERDEEN FC – FC GRONINGEN 0-0
Pittodrie, Aberdeen 17.07.2014 Hour: 19:45
Referees: Hugo Miguel, Ricardo Santos, Antonio Godinho (POR) Attendance: 16,523
ABERDEEN: Jamie Langfield, Shaleum Logan, Russell Anderson, Mark Reynolds, Willo Flood, Adam Rooney (76 David Goodwillie), Niall McGinn, Jonathan Hayes, Barry Robson, Peter Pawlett (89 Nicholas Low), Ryan Jack. Coach: Derek Mcinnes
GRONINGEN: Sergio Padt, Johan Kappelhof, Eric Botteghin, Lorenzo Burnet, Maikel Kieftenbeld, Danny Hoesen (65 Jarchinio Antonia), Tjaronn Chery, Filip Kostić, Rasmus Lindgren, Nick van der Velden (82 Dino Islamovic), Hans Hateboer. Coach: Erwin Van De Looi
Yellow Card: Jonathan Hayes (84) / Nick van der Velden (58), Maikel Kieftenbeld (60), Hans Hateboer (63), Rasmus Lindgren (90+2).


FC GRONINGEN – ABERDEEN FC 1-2 (1-2)
Euroborg, Groningen 24.07.2014 Hour: 19:30
Referees: Daniel Stefanski, Rafal Rostkowski, Marcin Boniek (POL) Attendance: 20,332
GRONINGEN: Sergio Padt, Johan Kappelhof, Eric Botteghin, Lorenzo Burnet (62 Yoëll van Nieff), Maikel Kieftenbeld (46 Jarchinio Antonia), Danny Hoesen (46 Michael de Leeuw), Tjaronn Chery, Filip Kostić, Rasmus Lindgren, Nick van der Velden, Hans Hateboer.
Coach: Erwin Van De Looi
ABERDEEN: Jamie Langfield, Shaleum Logan, Andrew Considine, Russell Anderson, Mark Reynolds, Willo Flood (90+2 Nicholas Low), Adam Rooney (73 David Goodwillie), Niall McGinn, Jonathan Hayes, Peter Pawlett (66 Barry Robson), Ryan Jack. Coach: Derek Mcinnes
Yellow Card: Rasmus Lindgren (63) / Jonathan Hayes (72).
Goals: Maikel Kieftenbeld (44) / Adam Rooney (26 pen), Niall McGinn (33)


BURSASPOR – FC CHIKHURA SACHKHERE 0-0
Bursa Atatürk, Bursa 17.07.2014 Hour: 21:30
Referees: Roy Reinshreiber, Danny Krasikow, Mahmud Mahagna (ISR) Attendance: 17,300
BURSASPOR: Harun Tekin, Renato Civelli, Fernando Belluschi, Bakaye Traoré, Fernandão (56 Enes Ünal), Volkan Şen, Şener Özbayraklı, Aziz Eraltay, İbrahim Öztürk, Bekir Yılmaz (82 Ozan Tufan), Aydın Karabulut (46 Ferhat Kiraz). Coach: Şenol Güneş
CHIKHURA: Maksime Kvilitaia, Jambul Jigauri, Giorgi Kimadze, Giorgi Gabedava, Lasha Kutchukhidze, Giorgi Datunaishvili, Giga Bechvaia, Shota Kashia, David Odikadze, Besik Dekanoidze (90+1 Giorgi Koripadze), Giorgi Rekhviashvili. Coach: Samson Pruidze
Yellow Card: Fernandão (33), Enes Ünal (75), Bekir Yılmaz (81) /
  Giorgi Gabedava (23), Besik Dekanoidze (47).


FC CHIKHURA SACHKHERE – BURSASPOR 0-0 (AET) 4-1 penalties
Mikheil Meskhi, Tbilisi 24.07.2014 Hour: 21:00
Referees: Tomasz Musiał, Radosław Siejka, Sebastian Mucha (POL) Attendance: 13,000
CHIKHURA: Maksime Kvilitaia, Jambul Jigauri, Giorgi Kimadze (117 Lasha Chikvaidze), Giorgi Gabedava, Lasha Kutchukhidze (119 Tornike Mumladze), Giorgi Datunaishvili, Giga Bechvaia, Shota Kashia, David Odikadze, Besik Dekanoidze (90 Giorgi Koripadze), Giorgi Rekhviashvili.
Coach: Samson Pruidze
BURSASPOR: Harun Tekin, Renato Civelli, Şamil Çinaz, Bakaye Traoré, Enes Ünal (80 Mustafa Altıntaş), Volkan Şen, Şener Özbayraklı, Aziz Eraltay, İbrahim Öztürk, Ferhat Kiraz, Bekir Yılmaz (53 Ozan Tufan). Coach: Şenol Güneş
Yellow Card: Tornike Mumladze (5), Jambul Jigauri (45+1), Giga Bechvaia (45+2), Lasha Kutchukhidze (114) / Şener Özbayraklı (90+4), Volkan Şen (94).
Red Card: Şener Özbayraklı (94).
Penalties: 1-0 Odikadze, Çinaz, 2-0 Gabedava, Civelli, 3-0 Koripadze, 3-1 Tufan, 4-1 Mumladze

NEFTCHI PFK BAKU – FC KOPER 1-2 (1-2)
8 KM Stadionu, Baku   17.07.2014   Hour: 20:00
Referees: Denis Scherbakov, Dmitri Zhuk, Andrei Getikov (BLR)   Attendance: 9,500
NEFTCHI: Saša Stamenković, Carlos Cardoso, Elvin Yunuszade, Araz Abdullayev (78 Samir Masimov), Flavinho, Julius Wobay, Eric Ramos, Bruno Bertucci, Cauê (59 Mirhüseyin Seyidov), Magsad Isayev, Ernest Nfor (73 Ruslan Gurbanov). Coach: Boyukagha Hajiyev
KOPER: Božidar Radošević, Miha Blažič, Ivica Guberac, Perica Ivetić, Goran Galešić (83 Mitja Lotrič), Denis Halilović, Domen Črnigoj, Damir Hadžič, Matej Palčič (87 Miha Gregorič), Jaka Štromajer (66 Matej Pučko), Miroslav Čovilo. Coach: Rodolfo Vanoli
Yellow Card: Carlos Cardoso (52), Flavinho (54), Eric Ramos (90) /
   Ivica Guberac (52), Denis Halilović (67).
Goals: Araz Abdullayev (45+1) / Goran Galešić (24), Matej Palčič (41)


FC KOPER – NEFTCHI PFK BAKU 0-2 (0-1)
ŠRC Bonifika, Koper   24.07.2014   Hour: 20:30
Referees: Benoît Millot, Stephan Luzi, Cyril Lompre (FRA)   Attendance: 1,800
KOPER: Božidar Radošević, Miha Blažič (63 Matej Pučko), Ivica Guberac, Perica Ivetić, Goran Galešić, Denis Halilović, Domen Črnigoj (70 Miha Gregorič), Damir Hadžič (89 Mitja Lotrič), Matej Palčič, Jaka Štromajer, Miroslav Čovilo. Coach: Rodolfo Vanoli
NEFTCHI: Saša Stamenković, Carlos Cardoso, Elvin Yunuszade, Araz Abdullayev (72 Samir Masimov), Flavinho, Julius Wobay, Eric Ramos, Bruno Bertucci (68 Ruslan Gurbanov), Cauê, Mirhüseyin Seyidov, Ernest Nfor (90+4 Elvin Badalov). Coach: Boyukagha Hajiyev
Yellow Card: Ivica Guberac (25), Jaka Štromajer (28), Domen Črnigoj (64), Goran Galešić (79) /
   Carlos Cardoso (18), Eric Ramos (79).
Red Card: Jaka Štromajer (51).
Goals: Mirhüseyin Seyidov (21), Carlos Cardoso (84)


LINFIELD FC BELFAST – AIK SOLNA 1-0 (0-0)
Mourneview Park, Lurgan   17.07.2014   Hour: 19:45
Referees: Rene Eisner, Andreas Witschnigg, Richard Huebler (AUS)   Attendance: 1,741
LINFIELD: Jonny Tuffey, Jamie Richards, Chris Hegarty, Stephen Lowry, Peter Thompson (74 Andy Waterworth), Michael Carvill, Aaron Burns, Matthew Clarke, Jamie Mulgrew (21 Sean Ward), Reece Glendinning (80 Jimmy Callacher), Ivan Sproule. Coach: Warren Feeney
AIK: Patrik Carlgren, Per Karlsson, Nils-Eric Johansson, Celso Borges, Nabil Bahoui, Kenny Pavey (70 Ebenezer Ofori), Martin Lorentzson, Noah Sonko Sundberg, Kennedy Igboananike (86 Ibrahim Moro), Anton Jönsson Salétros, Henok Goitom. Coach: Andreas Alm
Yellow Card: Andy Waterworth (83), Aaron Burns (90+1) /
   Nabil Bahoui (33), Kennedy Igboananike (61).
Goal: Andy Waterworth (87)


AIK SOLNA – LINFIELD FC BELFAST 2-0 (0-0)
Friends Arena, Solna   24.07.2014   Hour: 19:00
Referees: Fredy Fautrel, Philippe Jeanne, Mathieu Grosbost (FRA)   Attendance: 9,570
AIK: Patrik Carlgren, Per Karlsson, Nils-Eric Johansson, Alexander Milošević, Celso Borges, Nabil Bahoui, Martin Lorentzson, Ebenezer Ofori (75 Anton Jönsson Salétros), Ibrahim Moro, Kennedy Igboananike (84 Kenny Pavey), Henok Goitom. Coach: Andreas Alm
LINFIELD: Jonny Tuffey, Jamie Richards, Chris Hegarty, Andy Waterworth, Stephen Lowry, Michael Carvill (75 Peter Thompson), Aaron Burns, Sean Ward, Matthew Clarke, Reece Glendinning (58 Jamie Mulgrew), Ivan Sproule (62 Ross Clarke). Coach: Warren Feeney
Yellow Card: Nabil Bahoui (34) /
   Reece Glendinning (45), Ivan Sproule (48), Andy Waterworth (70).
Goals: Kennedy Igboananike (55), Henok Goitom (72)

HNK RIJEKA – FERENCVÁROSI TC BUDAPEST 1-0 (0-0)
Kantrida, Rijeka    17.07.2014    Hour: 20:30
Referees: Tobias Stieler, Christoph Bornhorst, Sascha Thielert (GER)    Attendance: 9,000
RIJEKA: Ivan Vargić, Mato Jajalo (57 Andrej Kramarić), Anas Sharbini (66 Zoran Kvržić), Ivan Tomečak, Matej Mitrović, Miral Samardžić, Marin Leovac, Josip Brezovec, Moisés, Vedran Jugović (82 Adis Jahović), Ivan Krstanović. Coach: Matjaž Kek
FERENCVÁROS: Dénes Dibusz, Tomislav Havojic, Stjepan Kukuruzović, Gábor Gyömbér, Michał Nalepa (90 Attila Busai), Predrag Bošnjak, Mateo Pavlović, David Mateos, Emir Dilaver, Roland Ugrai (79 Benjamin Lauth), Somália. Coach: Thomas Doll
Yellow Card: Matej Mitrović (6), Ivan Krstanović (21) /
     Mateo Pavlović (55), Michał Nalepa (65), David Mateos (75).
Goal: Ivan Krstanović (85 pen)


FERENCVÁROSI TC BUDAPEST – HNK RIJEKA 1-2 (0-2)
Ferenc Puskás, Budapest    24.07.2014    Hour: 20:30
Referees: Paolo Valeri, Matteo Passeri, Filippo Meli (ITA)    Attendance: 5,127
FERENCVÁROS: Dénes Dibusz, Benjamin Lauth, Gábor Gyömbér, Zoltán Gera (61 Dániel Böde), Michał Nalepa (66 Stjepan Kukuruzović), Predrag Bošnjak, Mateo Pavlović, David Mateos, Emir Dilaver, Roland Ugrai (79 Attila Busai), Somália. Coach: Thomas Doll
RIJEKA: Ivan Vargić, Mato Jajalo (69 Zoran Kvržić), Anas Sharbini (87 Matej Mitrović), Ivan Tomečak, Marko Lešković, Miral Samardžić, Marin Leovac, Josip Brezovec, Vedran Jugović, Andrej Kramarić (59 Damir Zlomislić), Ivan Krstanović. Coach: Matjaž Kek
Yellow Card: David Mateos (49), Benjamin Lauth (58), Roland Ugrai (68), Gábor Gyömbér (75), Dániel Böde (79) / Josip Brezovec (30), Mato Jajalo (42), Ivan Krstanović (53),
Miral Samardžić (65), Anas Sharbini (84).
Red Card: Ivan Krstanović (54).
Goals: Roland Ugrai (65 pen) / Ivan Krstanović (20 pen), Miral Samardžić (37)


FK BUDUĆNOST PODGORICA – AC OMONIA NICOSIA 0-2 (0-1)
Gradski, Niksic    17.07.2014    Hour: 17:30
Referees: Bart Vertenten, Frank Bleyen, Yves De Neve (BEL)    Attendance: 1,000
BUDUĆNOST: Damir Ljuljanović, Mihailo Tomković, Boris Kopitović, Marko Ilinčić (72 Marko Burzanović), Aleksandar Vujačić, Andrija Vukčević, Vladislav Rogošić (46 Marko Ćetković), Milos Raičković, Momcilo Raspopović, Milivoje Raičević, Deni Hočko. Coach: Goran Perišić
OMONIA: Moreira, Ucha Lobzhanidze, Rodri, Roberto (86 Mickaël Poté), Shota Grigalashvili (77 Álex Rubio), Alípio, Cristovão, Anthony Scaramozzino (82 Gerasimos Fylaktou), Charis Kyriakou, Serginho, Jonas Acquistapace. Coach: Costas Kaiafas
Yellow Card: Cristovão (53).
Goals: Roberto (36), Ucha Lobzhanidze (79)


AC OMONIA NICOSIA – FK BUDUĆNOST PODGORICA 0-0
GSP Stadium, Nicosia    24.07.2014    Hour: 19:00
Referees: Oliver Drachta, Matthias Winsauer, Stefan Kuehr (AUS)    Attendance: 11,661
OMONIA: Moreira, Ucha Lobzhanidze, Rodri, Roberto, Shota Grigalashvili (78 Mickaël Poté), Alípio (69 Nuno Assis), Cristovão (64 Álex Rubio), Levan Kakubava, Charis Kyriakou, Serginho, Jonas Acquistapace. Coach: Costas Kaiafas
BUDUĆNOST: Damir Ljuljanović, Mihailo Tomković, Boris Kopitović, Marko Ilinčić (86 Marko Burzanović), Aleksandar Vujačić, Marko Ćetković, Andrija Vukčević, Vladislav Rogošić, Momcilo Raspopović, Milivoje Raičević, Deni Hočko. Coach: Goran Perišić
Yellow Card: Cristovão (63), Alípio (68) / Vladislav Rogošić (25), Boris Kopitović (69).

FK MLADÁ BOLESLAV – NK ŠIROKI BRIJEG 2-1 (0-0)
Mestský, Mladá Boleslav   17.07.2014   Hour: 19:00
Referees: Said Ennjimi, Frédéric Cano, Cédric Schurra (FRA)   Attendance: 4,127
FK MLADÁ BOLESLAV: Ales Hruska, Florian Milla (69 Pavel Šultes), Jan Boril (75 Daniel Bartl), Jiří Skalák, Jan Štohanzl (59 Miljan Vukadinovič), Michal Ďuriš, Jasmin Šćuk, Antonín Rosa, Jan Sisler, Michal Smejkal, Lukáš Hůlka. Coach: Karel Jarolím
NK ŠIROKI BRIJEG: Antonio Soldo, Josip Barišić (81 Stipo Marković), Dino Ćorić, Mate Pehar (56 Jure Ivanković), Mirko Marić, Goran Zakarić, Davor Landeka, Wagner, Vlado Zadro (56 Zvonimir Kožulj), Slavko Brekalo, Neven Laštro. Coach: Slaven Musa
Yellow Card: Michal Ďuriš (45), Jan Sisler (50) /
            Mate Pehar (44), Josip Barišić (63), Jure Ivanković (90+4).
Goals: Jiří Skalák (68), Michal Ďuriš (76) / Goran Zakarić (51)


NK ŠIROKI BRIJEG – FK MLADÁ BOLESLAV 0-4 (0-1)
Pecara, Široki Brijeg   24.07.2014   Hour: 20:30
Referees: Alan Mario Sant, Alan Camilleri, Roberto Vella (MLT)   Attendance: 3,500
NK ŠIROKI BRIJEG: Antonio Soldo, Dino Ćorić, Mate Pehar (78 Zvonimir Kožulj), Mirko Marić, Goran Zakarić, Davor Landeka (61 Filip Mihaljević), Wagner, Ivan Peko (61 Mario Ljubić), Slavko Brekalo, Neven Laštro, Stipo Marković. Coach: Slaven Musa
FK MLADÁ BOLESLAV: Ales Hruska, Jakub Navratil, Jan Boril, Jiří Skalák, Jan Štohanzl (61 Miljan Vukadinovič), Michal Ďuriš, Jasmin Šćuk, Lukáš Magera (78 Pavel Šultes), Antonín Rosa, Jan Sisler (70 Florian Milla), Michal Smejkal. Coach: Karel Jarolím
Yellow Card: Stipo Marković (29) / Jan Štohanzl (42), Jasmin Šćuk (48).
Goals: Jiří Skalák (19), Michal Ďuriš (55, 85), Antonín Rosa (75)


KF LAÇI – FC ZORYA LUHANSK  0-3 (0-1)
Laçi, Laçi   17.07.2014   Hour: 17:00
Referees: Peter Kralović, Ondrej Brendza, Erik Weiss (SVK)   Attendance: 1,200
LAÇI: Miroslav Vujadinović, Charles Ofoyen, Emiljano Çela, Arjan Sheta (69 Emiliano Veliaj), Segun Adeniyi, Erjon Vucaj, Taulant Sefgjini (27 Stipe Buljan), Valdan Nimani, Olsi Teqja, Alfred Zefi, Mario Morina (40 Jetmir Sefa). Coach: Stavri Nicaj
ZORYA: Nikita Shevchenko, Ihor Chaykovskiy, Nikita Kamenyuka, Vitali Vernidub, Nikola Ignjatijević (46 Grigoriy Yarmash), Oleksandr Karavayev, Željko Ljubenović (60 Jaba Lipartia), Maxym Biliy, Olexandr Grytsay (75 Oleh Borodai), Dmytro Khomchenovskiy, Yannick Boli. Coach: Yuriy Vernydub
Yellow Card: Vitali Vernidub (40), Oleh Borodai (88).
Goals: Arjan Sheta (23 og), Željko Ljubenović (47), Yannick Boli (75)


FC ZORYA LUHANSK  – KF LAÇI 2-1 (0-0)
Obolon, Kyiv   24.07.2014   Hour: 20:30   Attendance: 4,200
Referees: Stavros Tritsonis, Polychronis Kostaras, Alexandros Grevenis (GRE)
ZORYA: Nikita Shevchenko, Ihor Chaykovskiy, Nikita Kamenyuka, Jaba Lipartia (46 Željko Ljubenović), Vitali Vernidub, Grigoriy Yarmash, Nikola Ignjatijević, Pylyp Budkivskiy, Ivan Petriak (61 Oleksandr Karavayev), Olexandr Grytsay (65 Maxym Biliy), Dmytro Khomchenovskiy. Coach: Yuriy Vernydub
LAÇI: Miroslav Vujadinović, Charles Ofoyen, Emiljano Çela (69 Taulant Sefgjini), Arjan Sheta, Segun Adeniyi (81 Emiliano Veliaj), Jetmir Sefa, Erjon Vucaj, Stipe Buljan, Valdan Nimani (90+1 Edison Ndreca), Olsi Teqja, Alfred Zefi. Coach: Stavri Nicaj
Yellow Card: Jaba Lipartia (37), Vitali Vernidub (45+1), Grigoriy Yarmash (83) / Olsi Teqja (51).
Goals: Nikola Ignjatijević (74), Pylyp Budkivskiy (87) / Valdan Nimani (85)

ROSENBORG BK TRONDHEIM – SLIGO ROVERS FC 1-2 (0-0)
Lerkendal Stadion, Trondheim    17.07.2014    Hour: 19:00
Referees: Michael Tykgaard, Jakob Bille, Henrik Kristensen (DEN)    Attendance: 2,902
ROSENBORG: Alexander Hansen, Mikael Dorsin, Tore Reginiussen, Mike Jensen (71 Mikkel Diskerud), Morten Gamst Pedersen, Riku Riski, Tobias Mikkelsen, Alexander Søderlund, Jørgen Skjelvik, Daniel Berntsen (57 Ole Selnaes), Pål André Helland (82 Alexander Sørloth).
Coach: Per Joar Hansen
SLIGO: Gary Rogers, Alan Keane, Danny Ledwith (27 Paul O'Conor), Evan McMillan, Danny North (82 Ruairi Keating), David Cawley, Ross Gaynor, Kalen Spillane, John Russell, Kieran Djilali (85 Seán Maguire), Seamus Conneely. Coach: John Coleman
Yellow Card: Tore Reginiussen (90+5) /
    Kalen Spillane (30), Ross Gaynor (45), Seán Maguire (90).
Goals: Gary Rogers (81 og) / Alan Keane (56), Danny North (70)


SLIGO ROVERS FC – ROSENBORG BK TRONDHEIM 1-3 (1-1)
The Showgrounds, Sligo    24.07.2014    Hour: 19:00
Referees: Erik Lambrechts, Jimmy Cremers, Karel De Rocker (BEL)    Attendance: 3,792
SLIGO: Gary Rogers, Alan Keane, Evan McMillan, Danny North, David Cawley, Ross Gaynor (70 Seán Maguire), Paul O'Conor (70 Ruairi Keating), Kalen Spillane, John Russell, Kieran Djilali (84 Danny Ledwith), Seamus Conneely. Coach: John Coleman
ROSENBORG: Alexander Hansen, Mikael Dorsin, Tore Reginiussen, Mike Jensen, Morten Gamst Pedersen, Riku Riski, Tobias Mikkelsen, Alexander Søderlund (78 Alexander Sørloth), Ole Selnaes, Pål André Helland (27 Mikkel Diskerud), Stefan Strandberg. Coach: Kåre Ingebrigtsen
Yellow Card: Alan Keane (58), Ross Gaynor (68) /
    Riku Riski (45+2), Tore Reginiussen (58), Alexander Søderlund (59).
Goals: Danny North (13) / Pål André Helland (16), Mike Jensen (48, 64)


FC LUZERN – ST. JOHNSTONE FC PERTH 1-1 (0-0)
Swissporarena, Luzern    17.07.2014    Hour: 19:30
Referees: Benoit Bastien, Nicolas Danos, Frédéric Haquette (FRA)    Attendance: 8,902
FC LUZERN: David Zibung, Kaja Rogulj, Thierry Doubaï (60 Sava Bento), Claudio Lustenberger, Jahmir Hyka (75 Oliver Bozanic), Jérôme Thiesson, Marco Schneuwly, François Affolter, Adrian Winter, Alain Wiss (61 Dario Lezcano), Remo Freuler. Coach: Carlos Bernegger
ST. JOHNSTONE: Alan Mannus, David Mackay, Frazer Wright, Chris Millar, Steven McLean, David Wotherspoon, Liam Caddis (76 Michael O'Halloran), Gary Miller, Scott Brown, Lee Croft (90 Thomas Scobbie), Brian Easton. Coach: Thomas Wright
Yellow Card: Claudio Lustenberger (82) /
    Frazer Wright (43), David Wotherspoon (60), Brian Easton (70).
Goals: Marco Schneuwly (68) / Steven McLean (47)


ST. JOHNSTONE FC PERTH – FC LUZERN 1-1 (1-0, 1-1)    (AET)    5-4 penalties
McDiarmid Park, Perth    24.07.2014    Hour: 19:45
Referees: Jonathan Lardot, Frank Bleyen, Thibaud Nijssen (BEL)    Attendance: 8,486
ST. JOHNSTONE: Alan Mannus, David Mackay, Frazer Wright, Chris Millar, Steven McLean, David Wotherspoon (97 Liam Caddis), Steve May, Gary Miller (114 Thomas Scobbie), Scott Brown, Brian Easton, Michael O'Halloran (74 Lee Croft). Coach: Thomas Wright
FC LUZERN: David Zibung, Oliver Bozanic (15 Alain Wiss), Kaja Rogulj, Claudio Lustenberger, Jahmir Hyka (91 Jérôme Thiesson), François Affolter, Adrian Winter, Xavier Hochstrasser (54 Marco Schneuwly), Dario Lezcano, Sally Sarr, Remo Freuler. Coach: Carlos Bernegger
Yellow Card: David Wotherspoon (20), Lee Croft (78) / Kaja Rogulj (90), Jérôme Thiesson (105).
Goals: Steve May (22 pen) / Marco Schneuwly (60)
Penalties: 1-0 MacLean, 1-1 Freuler, 2-1 Caddis, Schneuwly, 3-1 Mackay, 3-2 Thiesson, 4-2 May, 4-3 Wiss, 5-3 Scobbie, 5-4 Winter

FK ATLANTAS KLAIPĖDA – FC SHAKHTER KARAGANDY 0-0
Klaipėdosmiesto Centrinis, Klaipeda   17.07.2014   Hour: 19:00
Referees: Ognjen Valjić, Haris Baković, Dalibor Drašković (BIH)   Attendance: 3,000
ATLANTAS: Mantas Galdikas, Andrius Bartkus, Donatas Kazlauskas, Marius Papšys, Tadas Eliošius (80 Maksim Maksimov), Andrius Jokšas, Kazimieras Gnedojus, Antons Jemeļins, Marius Kazlauskas, Gerardas Žukauskas, Rokas Krušnauskas (70 Lukas Baranauskas).
Coach: Konstantin Sarsaniya
SHAKHTER: Aleksandr Mokin, Gediminas Vičius, Mihret Topcagic (84 Kamoliddin Murzoev), Ulan Konysbaev (89 Shavkat Salomov), Andrei Finonchenko (90+1 Roman Murtazayev), Nikola Pokrivač, Aldin Džidić, Sergei Maliy, Ján Maslo, Aleksandr Kirov, Aleksandar Simčević.
Coach: Viktor Kumykov
Yellow Card: Tadas Eliošius (43), Kazimieras Gnedojus (86) /
   Nikola Pokrivač (60), Ján Maslo (70), Sergei Maliy (87).

FC SHAKHTER KARAGANDY – FK ATLANTAS KLAIPĖDA 3-0 (0-0)
Shakhter, Karagandy   24.07.2014   Hour: 18:30
Referees: Dumitri Muntean, Vitalli Gorbatov, Vasili Ermischin (MDA)   Attendance: 12,200
SHAKHTER: Aleksandr Mokin, Gediminas Vičius, Mihret Topcagic (84 Kamoliddin Murzoev), Ulan Konysbaev, Andrei Finonchenko (89 Roman Murtazayev), Nikola Pokrivač (68 Maksat Bayzhanov), Aldin Džidić, Sergei Maliy, Ján Maslo, Aleksandr Kirov, Aleksandar Simčević.
Coach: Viktor Kumykov
ATLANTAS: Mantas Galdikas, Andrius Bartkus, Donatas Kazlauskas, Marius Papšys, Tadas Eliošius (62 Maksim Maksimov), Andrius Jokšas, Kazimieras Gnedojus, Antons Jemeļins, Marius Kazlauskas, Gerardas Žukauskas (80 Skirmantas Rakauskas), Rokas Krušnauskas (72 Lukas Baranauskas). Coach: Konstantin Sarsaniya
Yellow Card: Ulan Konysbaev (53), Aleksandar Simčević (56), Nikola Pokrivač (59), Mihret Topcagic (68) / Marius Papšys (36), Donatas Kazlauskas (53), Andrius Jokšas (55).
Goals: Mihret Topcagic (46), Ulan Konysbaev (61), Roman Murtazayev (90+3)

FK SARAJEVO – FK HAUGESUND 0-1 (0-0)
Asim Ferhatović Hase Stadion, Sarajevo   17.07.2014   Hour: 21:00   Attendance: 12,500
Referees: Anatolii Zhabchenko, Oleksandr Voytyuk, Yevhen Khalamendyk (UKR)
SARAJEVO : Dejan Bandović, Miloš Stojčev, Ševko Okić, Krste Velkoski, Ivan Tatomirović (89 Adnan Kovačević), Džamal Berberović, Amer Dupovac, Gojko Cimirot, Bojan Puzigaća, Samir Radovac, Nemanja Bilbija (68 Haris Duljević). Coach: Abdullah Ibraković
HAUGESUND: Per Bråtveit, David Myrestam, Rok Elsner, Emmanuel Ekpo (68 Geir Fevang), Tor Arne Andreassen, Torbjørn Agdestein (84 Joakim Våge Nielsen), Martin Bjørnbak, Ugonna Anyora, Kristoffer Haraldseid, Tor Andre Aasheim (64 Daniel Bamberg), Dušan Cvetinović.
Coach: Jostein Grindhaug
Yellow Card: Kristoffer Haraldseid (73).
Goal: Daniel Bamberg (85)

FK HAUGESUND – FK SARAJEVO 1-3 (0-2)
Haugesund, Haugesund   24.07.2014   Hour: 18:00
Referees: Mihaly Fabian, Gabor Erös, László Viszokai (HUN)   Attendance: 3,879
HAUGESUND: Per Morten Kristiansen, David Myrestam, Emmanuel Ekpo (46 Joakim Våge Nielsen), Torbjørn Agdestein, Martin Bjørnbak (56 Tor Arne Andreassen), Ugonna Anyora, Kristoffer Haraldseid, Maic Sema, Alexander Stølås (49 Christian Gytkjaer), Daniel Bamberg, Dušan Cvetinović. Coach: Jostein Grindhaug
SARAJEVO : Dejan Bandović, Miloš Stojčev (82 Adnan Kovačević), Ševko Okić, Krste Velkoski, Ivan Tatomirović, Haris Duljević (46 Samir Radovac), Džamal Berberović, Amer Dupovac, Gojko Cimirot, Bojan Puzigaća, Nemanja Bilbija (90+2 Radoš Protić). Coach: Abdullah Ibraković
Yellow Card: Ugonna Anyora (69), Christian Gytkjaer (84), Tor Arne Andreassen (88) /
   Džamal Berberović (47), Dejan Bandović (86).
Red Card: Džamal Berberović (79).
Goals: Maic Sema (47 pen) / Miloš Stojčev (21), Ševko Okić (36, 82)

SV ZULTE WAREGEM – WKS ZAWISZA BYDGOSZCZ 2-1 (2-1)
Regenboogstadion, Waregem    17.07.2014    Hour: 20:00    Attendance: 5,843
Referees: Alejandro Hernandez, Teodoro Sobrino, Jon Nunez Fernandez (ESP)
SV ZULTE WAREGEM: Louis Bostyn, Yarouba Cissako, Steve Colpaert, Bryan Verboom, Glynor Plet, Mamatou N'Diaye (86 Charni Ekangamene), Ólafur Skúlason, Ibrahima Conté (82 Raphaël Cacérès), Karel D'Haene, Chuks Aneke, Théo Bongonda (83 Idrissa Sylla).
Coach: Francky Dury
ZAWISZA: Grzegorz Sandomierski, Joshua Silva (46 Piotr Petasz), André Micael, Bernardo Vasconcelos, Jakub Wójcicki (56 Jorge Kadú), Sebastian Ziajka, Kamil Drygas, Luís Carlos, Korneliusz Sochań (76 Wahan Geworgyan), Wagner, Lukasz Nawotczynski. Coach: Jorge Paixão
Yellow Card: Mamatou N'Diaye (43), Ólafur Skúlason (50), Raphaël Cacérès (88) /
Joshua Silva (39), Jakub Wójcicki (52), Piotr Petasz (70).
Goals: Steve Colpaert (8), Glynor Plet (45) / Kamil Drygas (15)

WKS ZAWISZA BYDGOSZCZ – SV ZULTE WAREGEM 1-3 (0-1)
The Krzyszkowiak, Bydgoszcz    24.07.2014    Hour: 20:00
Referees: Lee Probert, Gary Beswick, Harry Lennard (ENG)    Attendance: 8,000
ZAWISZA: Grzegorz Sandomierski, Piotr Petasz, Bernardo Vasconcelos, Alvarinho, Sebastian Ziajka, Kamil Drygas (73 Jakub Wójcicki), Pawel Strak, Luís Carlos, Wagner (58 Jorge Kadú), Lukasz Nawotczynski (53 André Micael), Samuel Araújo. Coach: Jorge Paixão
SV ZULTE WAREGEM: Louis Bostyn, Yarouba Cissako (34 Formose Mendy), Steve Colpaert, Bryan Verboom, Glynor Plet, Mamatou N'Diaye, Ólafur Skúlason, Ibrahima Conté (73 Aleksandar Trajkovski), Karel D'Haene, Chuks Aneke, Théo Bongonda (64 Idrissa Sylla).
Coach: Francky Dury
Yellow Card: Samuel Araújo (37), Wagner (45), Sebastian Ziajka (57), Pawel Strak (61) /
Mamatou N'Diaye (51).
Red Card: Bernardo Vasconcelos (68).
Goals: Piotr Petasz (52) / Glynor Plet (1), Chuks Aneke (48), Ólafur Skúlason (76)


JK SILLAMÄE KALEV – FC KRASNODAR 0-4 (0-2)
Lilleküla Stadium, Tallinn    17.07.2014    Hour: 21:30
Referees: Bojan Pandžić, Per Brogevik, Stefan Hallberg (SWE)    Attendance: 2,130
SILLAMÄE: Mihhail Starodubtsev, Igor Dudarev, Andrei Sidorenkov, Igor Cheminava, Denis Vnukov (81 Yaroslav Kvasov), Daniil Ratnikov, Nikolai Mašitšev (53 Kyrylo Silich), Denis Tjapkin, Mindaugas Bagužis, Stanislav Murikhin (90 Kirill Novikov), Evgeni Kabaev.
Coach: Sergei Ratnikov
KRASNODAR: Andrei Sinitsin, Artur Jędrzejczyk, Andreas Granqvist, Yuri Gazinski, Ari (56 Wanderson), Odil Ahmedov, Vitali Kaleshin, Ricardo Laborde (46 Vladimir Bystrov), Joãozinho, Ragnar Sigurdsson, Mauricio Pereyra (69 Aleksei Pomerko). Coach: Oleg Kononov
Yellow Card: Igor Dudarev (58).
Goals: Ari (9), Yuri Gazinski (39), Wanderson (68), Vladimir Bystrov (86)

FC KRASNODAR – JK SILLAMÄE KALEV 5-0 (1-0)
Kuban, Krasnodar    24.07.2014    Hour: 20:00
Referees: Sandor Szabo, Zsolt Attila Szpisjak, Janos Medovarszki (HUN)    Attendance: 12,200
KRASNODAR: Andriy Dykan, Aleksandr Martynovich, Yuri Gazinski (46 Odil Ahmedov), Wanderson, Aleksei Pomerko, Vladimir Bystrov (68 Nikolai Markov), Nikita Burmistrov, Joãozinho (57 Ricardo Laborde), Ragnar Sigurdsson, Mauricio Pereyra, Sergei Petrov.
Coach: Oleg Kononov
SILLAMÄE: Mihhail Starodubtsev, Igor Dudarev, Andrei Sidorenkov, Igor Cheminava, Denis Vnukov (70 Daniil Ratnikov), Kyrylo Silich (72 Yaroslav Kvasov), Nikolai Mašitšev (83 Kirill Novikov), Denis Tjapkin, Mindaugas Bagužis, Stanislav Murikhin, Evgeni Kabaev.
Coach: Sergei Ratnikov
Yellow Card: Denis Tjapkin (73).
Goals: Joãozinho (28), Ricardo Laborde (65), Wanderson (67, 74 pen), Nikita Burmistrov (76)

PFC CSKA SOFIA – FC ZIMBRU CHIŞINĂU 1-1 (0-1)
Natsionalen Stadion Vasil Levski, Sofia    17.07.2014    Hour: 20:30
Referees: Barış Şimşek, Orkun Aktaş, Kemal Yilmaz (TUR)    Attendance: 5,000
CSKA SOFIA: Jakub Diviš, Sunny (46 Martin Kamburov), Plamen Krachunov, Toni Silva (36 Anton Karachanakov), Aurélien Joachim, Apostol Popov, Ventislav Vasilev, Edenilson, Marcos Marquinhos, Christian Supusepa, Ivan Stoyanov (62 Boris Galchev). Coach: Stoitcho Mladenov
ZIMBRU: Denis Rusu, Ştefan Burghiu, Iulian Erhan, Gheorghe Anton (45+2 Maxim Potirniche), Alexandru Dedov, Dmitri Klimovich, Kiril Pavlyuchek, Alexandru Vremea, Serghei Alexeev (81 Alexandru Grossu), Anatoli Cheptine (60 Dan Spătaru), Ion Jardan. Coach: Oleg Kubarev
Yellow Card: Dmitri Klimovich (20), Kiril Pavlyuchek (53), Ion Jardan (60), Alexandru Vremea (68), Iulian Erhan (90+3).
Goals: Anton Karachanakov (41) / Serghei Alexeev (31)


FC ZIMBRU CHIŞINĂU – PFC CSKA SOFIA 0-0
Zimbru, Chişinău    24.07.2014    Hour: 20:00
Referees: Marco Fritz, Marco Achmüller, Dominik Schaal (GER)    Attendance: 8,505
ZIMBRU: Denis Rusu, Ştefan Burghiu, Iulian Erhan, Alexandru Dedov, Dmitri Klimovich (60 Maxim Potirniche), Kiril Pavlyuchek, Jean-Marie Amani (46 Serghei Alexeev), Alexandru Vremea, Alexandru Grossu, Anatoli Cheptine (59 Dan Spătaru), Ion Jardan. Coach: Oleg Kubarev
CSKA: Jakub Diviš, Aleksandar Tunchev, Plamen Krachunov, Toni Silva, Boris Galchev (51 Aurélien Joachim), Martin Kamburov (51 Sergiu Buş), Apostol Popov, Ventislav Vasilev (42 Christian Supusepa), Edenilson, Marcos Marquinhos, Ivan Stoyanov. Coach: Stoitcho Mladenov
Yellow Card: Alexandru Vremea (3), Alexandru Dedov (8), Dan Spătaru (86), Denis Rusu (90+5) / Plamen Krachunov (20), Marcos Marquinhos (58), Aurélien Joachim (90+4).
Red Card: Edenilson (86).


DERRY CITY FC – FC SHAKHTYOR SOLIGORSK 0-1 (0-1)
Brandywell, Derry    17.07.2014    Hour: 19:45
Referees: Danilo Grujić, Milan Minić, Srđan Milutinović (SRB)    Attendance: 1,837
DERRY: Gerard Doherty, Barry Molloy, Ryan McBride, Shane McEleney, Barry McNamee, Patrick McEleney (86 Nathan Boyle), Rory Patterson, Michael Duffy (63 Stephen Dooley), Mark Timlim, Cliff Byrne, Aaron Barry. Coach: Peter Hutton
SHAKHTYOR: Artur Kotenko, Ilya Galyuza, Sergei Matveychik, Aleksei Yanushkevich, Nikolai Kashevski, Nikolai Yanush (67 Dmitri Osipenko), Artem Stargorodsky, Aleksandr Yurevich, Sergei Balanovich (77 Alexander Guruli), Aleksei Rios (88 Andrei Tsevan), Igor Kuzmenok. Coach: Sergei Borovski
Yellow Card: Ilya Galyuza (29), Sergei Matveychik (80).
Goal: Nikolai Yanush (28)


FC SHAKHTYOR SOLIGORSK – DERRY CITY FC 5-1 (2-1)
Stroitel, Soligorsk    24.07.2014    Hour: 20:00
Referees: Elmir Pilav, Senad Ibrisimbegović, Hrvoje Turudić (BIH)    Attendance: 3,600
SHAKHTYOR: Artur Kotenko, Sergei Matveychik, Aleksei Yanushkevich, Nikolai Kashevski, Alexander Guruli (73 Aleksei Rios), Nikolai Yanush, Artem Stargorodsky, Aleksandr Yurevich, Sergei Balanovich (85 Andrei Leonchik), Igor Kuzmenok, Dmitri Osipenko (79 Ilya Galyuza).
Coach: Sergei Borovski
DERRY: Gerard Doherty, Barry Molloy, Ryan McBride, Barry McNamee, Danny Ventre, Patrick McEleney, Rory Patterson (79 Nathan Boyle), Michael Duffy (73 Philip Lowry), Stephen Dooley (61 Mark Timlim), Cliff Byrne, Aaron Barry. Coach: Peter Hutton
Yellow Card: Aleksei Yanushkevich (14), Dmitri Osipenko (18), Nikolai Yanush (66) / Aaron Barry (23).
Goals: Sergei Balanovich (9), Alexander Guruli (28), Dmkitri Osipenko (68), Nikolai Yanush (81), Ilya Galyuza (90+3) / Michael Duffy (6)

KS RUCH CHORZÓW – FC VADUZ 3-2 (2-1)
Piast, Gliwice    17.07.2014    Hour: 18:00
Referees: Radek Příhoda, Ondřej Pelikán, Radek Kotik (CZE)    Attendance: 1,000
RUCH: Krzysztof Kamiński, Piotr Stawarczyk, Daniel Dziwniel, Łukasz Surma, Marek Zieńczuk, Jakub Kowalski, Grzegorz Kuświk, Filip Starzyński (69 Michał Efir), Martin Konczkowski, Bartłomiej Babiarz, Marcin Malinowski. Coach: Ján Kocian
VADUZ: Peter Jehle, Simone Grippo, Diego Ciccone (62 Michele Polverino), Manuel Sutter (70 Steven Lang), Franz Burgmeier (77 Nick von Niederhäusern), Pascal Schürpf, Kwan-Ryong Pak, Joel Untersee, Florian Stahel, Markus Neumayr, Philipp Muntwiler. Coach: Giorgio Contini
Yellow Card: Marcin Malinowski (6), Piotr Stawarczyk (53), Jakub Kowalski (86) /
        Diego Ciccone (27), Joel Untersee (84).
Goals: Marek Zieńczuk (19), Piotr Stawarczyk (21, 74) /
        Philipp Muntwiler (16), Łukasz Surma (60 og)


FC VADUZ – KS RUCH CHORZÓW 0-0
Rheinpark, Vaduz    24.07.2014    Hour: 19:00
Referees: Anar Salmanov, Mubariz Hashimov, Vagif Musayev (AZE)    Attendance: 2,036
VADUZ: Peter Jehle, Simone Grippo, Steven Lang (59 Pascal Schürpf), Manuel Sutter, Franz Burgmeier (68 Ramon Cecchini), Kwan-Ryong Pak, Joel Untersee, Hekuran Kryeziu (83 Nico Abbeglen), Florian Stahel, Markus Neumayr, Philipp Muntwiler. Coach: Giorgio Contini
RUCH: Krzysztof Kamiński, Piotr Stawarczyk, Daniel Dziwniel (90 Martin Konczkowski), Łukasz Surma, Michał Szewczyk (66 Michał Efir), Jakub Kowalski (89 Kamil Włodyka), Grzegorz Kuświk, Filip Starzyński, Bartłomiej Babiarz, Marcin Malinowski, Michał Helik.
Coach: Ján Kocian
Yellow Card: Florian Stahel (17), Philipp Muntwiler (23), Hekuran Kryeziu (38) /
        Piotr Stawarczyk (17), Filip Starzyński (47), Krzysztof Kamiński (74), Bartłomiej Babiarz (90)
Red Card: Philipp Muntwiler (75).


FC ASTANA – HAPOEL TEL-AVIV FC 3-0 (1-0)
Astana Arena, Astana    17.07.2014    Hour: 19:00
Referees: Sergei Ivanov, Vyacheslav Semenov, Aleksei Vorontsov (RUS)    Attendance: 10,800
ASTANA: Nenad Erić, Yeldos Akhmetov, Viktor Dmitrenko, Kethevoama Foxi (85 Serikzhan Muzhikov), Abzal Beisebekov, Tanat Nusserbayev (80 Atanas Kurdov), Georgy Zhukov, Baurzhan Dzholchiyev (90+3 Damir Kojašević), Guy Stéphane Essame, Evgeni Postnikov, Roger Cañas.
Coach: Stanimir Stoilov
HAPOEL: Daniel Amos, Uri Cohen (70 Avraham Chekoll), Jürgen Colin, Israel Zaguri, Eden Shrem (66 Omer Fadida), Sasha, Orel Dgani, Gil Vermouth, Shon Malka (20 Lior Levi), Shay Abutbul, Bryan Gerzicich. Coach: Asaf Domb
Yellow Card: Georgy Zhukov (30), Abzal Beisebekov (48), Roger Cañas (66) / Israel Zaguri (77).
Red Card: Orel Dgani (14).
Goals: Roger Cañas (16 pen), Tanat Nusserbayev (58), Abzal Beisebekov (69)


HAPOEL TEL-AVIV FC – FC ASTANA 1-0 (0-0)
Antonis Papadopoulos, Larnaca    24.07.2014    Hour: 20:30
Referees: Rob Rogers, Mark Gavin, Ciaran Delaney (IRL)    Attendance: 200
HAPOEL: Tom Al-Madon, Uri Cohen, Jürgen Colin, Israel Zaguri, Sasha (89 Omer Fadida), Gil Vermouth, Shon Malka, Shay Abutbul, Shoval Gozlan (69 Ariel Lazmi), Avraham Chekoll (77 Aviv Dado), Lior Levi. Coach: Asaf Domb
ASTANA: Nenad Erić, Yeldos Akhmetov, Viktor Dmitrenko, Kethevoama Foxi (89 Patrick Twumasi), Igor Pikalkin, Abzal Beisebekov, Tanat Nusserbayev (88 Dmitri Shomko), Georgy Zhukov, Guy Stéphane Essame (90+1 Serikzhan Muzhikov), Evgeni Postnikov, Roger Cañas.
Coach: Stanimir Stoilov
Goal: Sasha (57 pen)

FK AS TRENČÍN – FK VOJVODINA NOVI SAD 4-0 (1-0)
Štadión MFK Dubnica, Dubnica nad Vahom 17.07.2014 Hour: 17:30
Referees: Michael Lerjeus, Magnus Sjöblom, Joakim Flink (SWE) Attendance: 3,725
TRENČÍN: Miloš Volešák, Patrik Mišák (69 Haris Hajradinović), Aldo Baéz (85 Milan Rundić), Frantisek Kubik, Jairo da Silva (79 Karol Mondek), Jakub Holúbek, Peter Čögley, Ramón, Moses Simon, Stanislav Lobotka, Peter Kleščík. Coach: Ivan Vrabec
VOJVODINA: Milan Jovanić, Nemanja Radoja, Mirko Ivanić, Milan Makarić (57 Jovan Stojanović), Nino Pekaric, Enver Alivodić, Darko Puškarić (58 Marko Živković), Lazar Veselinović (80 Nikola Popara), Bojan Nastić, Marko Poletanović, Srdjan Babić.
Coach: Zoran Marić
Yellow Card: Aldo Baéz (50), Frantisek Kubik (66).
Red Card: Marko Živković (66).
Goals: Moses Simon (20, 53, 60), Jairo da Silva (72)


FK VOJVODINA NOVI SAD – FK AS TRENČÍN 3-0 (1-0)
Karadjordje, Novi Sad 24.07.2014 Hour: 20:00
Referees: Mads-Kristoffer Kristoffersen, Henrik Sønderby, Jakob Bille (DEN) Attendance: 5,414
VOJVODINA: Milan Jovanić, Nemanja Radoja, Mirko Ivanić, Milan Makarić (66 Luka Grgić), Nino Pekaric, Enver Alivodić, Darko Puškarić, Radovan Pankov, Bojan Nastić, Marko Poletanović, Jovan Stojanović. Coach: Zoran Marić
TRENČÍN: Miloš Volešák, Milan Rundić, Patrik Mišák (46 Kingsley Madu), Frantisek Kubik (55 Karol Mondek), Jairo da Silva (80 Haris Hajradinović), Jakub Holúbek, Peter Čögley, Ramón, Moses Simon, Stanislav Lobotka, Peter Kleščík. Coach: Ivan Vrabec
Yellow Card: Frantisek Kubik (47).
Goals: Mirko Ivanić (17), Enver Alivodić (52), Jovan Stojanović (68)


PFC LITEX LOVECH – DIÓSGYŐRI ETO FC 0-2 (0-0)
Lovech Stadion, Lovech 17.07.2014 Hour: 20:45
Referees: Marios Panayi, Sotiris Viktoros, Nikolas Kalisperas (CYP) Attendance: 1,800
LITEX: Vinícius, Nikolay Bodurov, Jackson Mendy, Wilmar Jordán, Vasil Bojikov, Armando Vajushi, Strahil Popov, Petar Zlatinov, Danilo Asprilla (82 Momchil Tsvetanov), Omar Kossoko (77 Aleksandar Tsvetkov), Petrus Boumal (60 Rumen Rumenov). Coach: Krassimir Balakov
DIÓSGYŐRI ETO FC: Botond Antal, Senad Husić, Tamás Kádár, Dražen Okuka, Patrik Bacsa (78 Lazar Marjanović), András Debreceni, Tamás Egerszegi, András Gosztonyi (59 Miroslav Grumić), Ákos Elek, Milan Nemeth, Dávid Barczi (50 Istvan Bognar). Coach: Tomislav Sivić
Yellow Card: Armando Vajushi (62), Momchil Tsvetanov (89) /
         Dražen Okuka (36), András Gosztonyi (51), Patrik Bacsa (74), Tamás Egerszegi (90+1).
Goals: Milan Nemeth (83), Miroslav Grumić (90)


DIÓSGYŐRI ETO FC – PFC LITEX LOVECH 1-2 (1-0)
Sóstói út, Nyiregyhaza 24.07.2014 Hour: 20:30
Referees: Nikolaj Hänni, Raffael Zeder, Vital Jobin (SUI) Attendance: 4,260
DIÓSGYŐRI ETO FC: Botond Antal, Senad Husić, Tamás Kádár, Dražen Okuka, Patrik Bacsa, Istvan Bognar (63 Lazar Marjanović), András Debreceni, Tamás Egerszegi, András Gosztonyi (73 Gábor Bori), Miroslav Grumić (82 Milan Nemeth), Ákos Elek. Coach: Tomislav Sivić
LITEX: Vinícius, Anton Nedyalkov, Nikolay Bodurov, Jackson Mendy, Wilmar Jordán, Armando Vajushi, Kristiyan Malinov (77 Rumen Rumenov), Strahil Popov (86 Vasil Bojikov), Aleksandar Tsvetkov (66 Milcho Angelov), Danilo Asprilla, Petrus Boumal. Coach: Krassimir Balakov
Yellow Card: Dražen Okuka (84) / Aleksandar Tsvetkov (27), Armando Vajushi (45), Jackson Mendy (58), Petrus Boumal (76), Anton Nedyalkov (90+3).
Goals: András Gosztonyi (38 pen) / Danilo Asprilla (80), Wilmar Jordán (85 pen)

PFC BOTEV PLOVDIV – SKN ST. PÖLTEN 2-1 (1-0)
Lazur, Burgas   17.07.2014   Hour: 19:45
Referees: Marco Guida, Alessandro Costanzo, Giacomo Paganessi (ITA)   Attendance: 2,200
BOTEV: Adam Stachowiak, Srgian Luchin, Alexandru Benga, Marian Ognyanov, Alexandru Curtean (64 Milen Gamakov), Yordan Hristov, Tomáš Jirsák, Ivan Tsvetkov, Tsvetelin Chunchukov, Filip Filipov, Bozhidar Vasev (76 Lazar Marin, 90+2 Serkan Yusein).
Coach: Velislav Vucov
ST. PÖLTEN: Patrick Kostner, Michael Huber, Tomasz Wisio, David Parada, Konstantin Kerschbaumer, Michael Ambichl, Dominik Hofbauer (88 Jannick Schibany), Daniel Segovia (77 Gary Noel), Martin Grasegger, Manuel Harti (73 David Stec), Marcel Holzmann.
Coach: Herbert Gager
Yellow Card: Yordan Hristov (40), Tomáš Jirsák (60) /
     Dominik Hofbauer (38), Marcel Holzmann (68), David Parada (73).
Goals: Ivan Tsvetkov (39 pen), Tsvetelin Chunchukov (86) / Daniel Segovia (55)

SKN ST. PÖLTEN – PFC BOTEV PLOVDIV 2-0 (1-0)
NV Arena, St. Polten   24.07.2014   Hour: 21:05
Referees: Jovan Kaludjerović, Danijel Dević, Dimitrije Mrgudović (MNE)   Attendance: 4,250
ST. PÖLTEN: Patrick Kostner, Michael Huber, Tomasz Wisio, David Parada, Konstantin Kerschbaumer, Gary Noel (68 Bernhard Fucik), Dominik Hofbauer (90 Michael Ambichl), Daniel Segovia (86 Manuel Harti), Martin Grasegger, Marcel Holzmann, David Stec.
Coach: Herbert Gager
BOTEV: Adam Stachowiak, Srgian Luchin, Marian Ognyanov (77 Lazar Marin), Yordan Hristov, Tomáš Jirsák, Ivan Tsvetkov, Tsvetelin Chunchukov, Filip Filipov, Bozhidar Vasev (59 Alexandru Curtean), Rosen Kolev, Milen Gamakov (83 Serkan Yusein). Coach: Nikolai Kirov
Yellow Card: David Stec (47), Daniel Segovia (86).
Goals: Daniel Segovia (6, 55)

ROVANIEMEN PALLOSEURA – ASTERAS TRIPOLIS FC 1-1 (1-1)
Raatti, Oulu   17.07.2014   Hour: 19:00
Referees: Milenko Vukadinović, Uroš Stojković, Goran Miletic (SRB)   Attendance: 3,424
RoPS: Saku-Pekka Sahlgren, Jarkko Lahdenmäki, Antti Okkonen, Mika Mäkitalo, Nicholas Otaru (88 Jani Virtanen), Aleksandr Kokko (23 Mika Lahtinen), Jamal Gay, Ville Saxman, Juuso Majava, Sainey Nyassi (90+3 Emenike Mbachu), Faith Friday Obilor. Coach: Juha Malinen
ASTERAS TRIPOLIS FC: Giorgos Bantis, Thanasis Panteliadis, Fernando Usero, Jerónimo Barrales, Martin Rolle (73 Juan Munafo), Tasos Bakasetas (65 Ziguy Badibanga), Khalifa Sankaré, Dimitris Kourbelis, Braian Lluy, Dorin Goian, Pablo De Blasis (90+3 Giorgos Zisopoulos).
Coach: Staikos Vergetis
Yellow Card: Mika Mäkitalo (42), Juuso Majava (54), Mika Lahtinen (74) /
     Thanasis Panteliadis (22), Braian Lluy (43), Ziguy Badibanga (68).
Goals: Jarkko Lahdenmäki (2) / Khalifa Sankaré (10)

ASTERAS TRIPOLIS FC – ROVANIEMEN PALLOSEURA 4-2 (2-0)
Theodoros Kolokotronis Stadium, Tripoli   24.07.2014   Hour: 21:00
Referees: Vitali Meshkov, Dmitri Mosyakin, Maksim Gavrilin (RUS)   Attendance: 2,867
ASTERAS TRIPOLIS FC: Giorgos Bantis, Thanasis Panteliadis, Pablo Mazza (75 Juan Munafo), Fernando Usero, Jerónimo Barrales (69 Ziguy Badibanga), Martin Rolle, Khalifa Sankaré, Dimitris Kourbelis (72 Tasos Bakasetas), Braian Lluy, Dorin Goian, Pablo De Blasis.
Coach: Staikos Vergetis
ROPS: Saku-Pekka Sahlgren, Jarkko Lahdenmäki, Antti Okkonen, Mika Mäkitalo, Nicholas Otaru (45+5 Oskari Forsman), Aleksandr Kokko (71 Emenike Mbachu), Jamal Gay, Ville Saxman, Juuso Majava, Sainey Nyassi (84 Mika Lahtinen), Faith Friday Obilor. Coach: Juha Malinen
Yellow Card: Fernando Usero (14) / Juuso Majava (65).
Red Card: Saku-Pekka Sahlgren (45+2).
Goals: Dimitris Kourbelis (12), Pablo De Blasis (45+6 pen, 73), Tasos Bakasetas (81) /
     Mika Mäkitalo (53), Jarkko Lahdenmäki (62)

DUNDALK FC – HNK HAJDUK SPLIT 0-2 (0-1)
Oriel Park, Dundalk    17.07.2014    Hour: 19:45
Referees: Markus Hameter, Maximilian Kolbitsch, Roland Riedel (AUS)    Attendance: 3,014
DUNDALK: Peter Cherrie, Sean Gannon, Brian Gartland, Andy Boyle, Chris Shields (73 Ruaidhri Higgins), Daryl Horgan (82 David McMillan), John Mountney (57 Donal McDermott), Patrick Hoban, Dane Massey, Richie Towell, Darren Meenan. Coach: Stephen Kenny
HNK HAJDUK SPLIT: Dante Stipica, Antonio Milić, Goran Milović, Avdija Vršajević, Nikola Vlašić, Anton Maglica (58 Mislav Andjelković), Sandro Gotal, Mijo Caktaš, Mario Maloča, Filip Bradarić (82 Elvir Maloku), Jean Evrard Kouassi (79 Josip Bašić). Coach: Igor Tudor
Yellow Card: Chris Shields (35), Dane Massey (53) / Nikola Vlašić (56), Jean Evrard Kouassi (65).
Goals: Mijo Caktaš (9), Nikola Vlašić (75)


HNK HAJDUK SPLIT – DUNDALK FC 1-2 (1-0)
Stadion Poljud, Split    24.07.2014    Hour: 20:15
Referees: Marius Avram, Miklos Istvan Nagy, Valentin Avram (ROM)    Attendance: 15,000
HNK HAJDUK SPLIT: Dante Stipica, Goran Milović, Mislav Andjelković, Nikola Vlašić (76 Elvir Maloku), Sandro Gotal, Goran Jozinović, Mijo Caktaš (46 Filip Bradarić), Mario Maloča, Zoran Nižić, Marko Bencun, Jean Evrard Kouassi (62 Anton Maglica). Coach: Igor Tudor
DUNDALK: Gabriel Sava, Sean Gannon, Brian Gartland, Andy Boyle, Chris Shields, John Mountney, Ruaidhri Higgins (87 Darren Meenan), Dane Massey, David McMillan (68 Kurtis Byrne), Richie Towell, Donal McDermott (57 Patrick Hoban). Coach: Stephen Kenny
Yellow Card: Marko Bencun (10), Goran Milović (62), Filip Bradarić (67) /
     Sean Gannon (77), Kurtis Byrne (88), Richie Towell (90+4).
Goals: Jean Evrard Kouassi (25) / Patrick Hoban (66), Kurtis Byrne (74)


KAIRAT FC ALMATY – ESBJERG fB 1-1 (0-0)
Tsentralniy, Almaty    17.07.2014    Hour: 20:00
Referees: Oleksandr Derdo, Semen Shlonchak, Mykola Levko (UKR)    Attendance: 19,000
KAIRAT: Dmitri Khomich, Zaurbek Pliev, Aleksandr Kislitsyn, Samat Smakov, Bauyrzhan Islamkhan (90+1 Mark Gurman), Josip Knežević (86 Isael), Yermek Kuantayev, Mikhail Bakaev, Lubomir Michalik, Artur Edigaryan (62 Stanislav Lunin), Gerard Gohou. Coach: Vladimír Weiss
ESBJERG: Martin Dúbravka, Michael Jakobsen, Eddi Gomes (81 Jens Berthel Askou), Magnus Lekven, Jeppe Andersen, Mick Van Buren (84 Casper Nielsen), Emil Lyng (66 Mikkel Vestergaard), Ryan Laursen, Jakob Ankersen, Jerry Lucena, Mohammed Fellah.
Coach: Niels Frederiksen
Yellow Card: Samat Smakov (36), Stanislav Lunin (89) /
     Mick Van Buren (36), Mohammed Fellah (76), Casper Nielsen (90+4).
Goals: Josip Knežević (50 pen) / Mohammed Fellah (90+2)


ESBJERG fB – KAIRAT FC ALMATY 1-0 (1-0)
Esbjerg Arena, Esbjerg    24.07.2014    Hour: 19:00
Referees: Dennis Antamo, Jukka Honkanen, Jonas Turunen (FIN)    Attendance: 5,522
ESBJERG: Martin Dúbravka, Michael Jakobsen, Eddi Gomes, Martin Bergvold (67 Jeppe Brinch), Magnus Lekven, Jeppe Andersen, Ryan Laursen, Casper Nielsen (72 Jesper Rasmussen), Jakob Ankersen, Mohammed Fellah, Martin Pušić (62 Emil Lyng). Coach: Niels Frederiksen
KAIRAT: Dmitri Khomich, Zaurbek Pliev, Aleksandr Kislitsyn, Samat Smakov, Bauyrzhan Islamkhan, Yermek Kuantayev (78 Sito Riera), Bauyrzhan Baitana (32 Josip Knežević), Mikhail Bakaev, Lubomir Michalik, Gerard Gohou, Isael (86 Stanislav Lunin). Coach: Vladimír Weiss
Yellow Card: Jeppe Andersen (80) / Zaurbek Pliev (3).
Goal: Jakob Ankersen (38)

IF ELFSBORG BORÅS – INTER BAKU PIK 0-1 (0-1)
Borås Arena, Borås   17.07.2014   Hour: 18:00
Referees: Davide Massa, Riccardo Di Fiore, Andrea Crispo (ITA)   Attendance: 2,393
IF ELFSBORG BORÅS: Abbas Hassan, Jon Jönsson, Johan Larsson, Anders Svensson, Mikkel Beckmann, Sebastian Holmen, Andreas Klarström (62 Adam Lundqvist), Viktor Claesson (86 Simon Hedlund), Per Frick (69 Lars Nilsson), Viktor Prodell, Marcus Rohdén. Coach: Jan Mian
INTER: Giorgi Lomaia, Lasha Salukvadze, Aleksandre Amisulashvili, Slavčo Georgievski, Mikel Álvaro (90+3 Iván Alejandro), Yohan Bocognano, Arif Dashdemirov, Diego Madrigal (74 Asif Mammadov), Bachana Tskhadadze (63 Mirzaga Guseynpur), Matija Špičić, David Meza.
Coach: Kakhaber Tskhadadze
Yellow Card: Viktor Claesson (40), Anders Svensson (44), Jon Jönsson (53), Andreas Klarström (53), Johan Larsson (81) / David Meza (12), Matija Špičić (49).
Goal: Slavčo Georgievski (29)


INTER BAKU PIK – IF ELFSBORG BORÅS 0-1 (0-1, 0-1)   (AET)   3-4 penalties
Shafa, Baku   24.07.2014   Hour: 21:00
Referees: Stanislav Todorov, Ivo Kolev, Martin Venev (BUL)   Attendance: 3,420
INTER: Giorgi Lomaia, Lasha Salukvadze, Aleksandre Amisulashvili, Slavčo Georgievski, Mikel Álvaro, Yohan Bocognano, Arif Dashdemirov, Diego Madrigal (70 Asif Mammadov, 106 Mirzaga Guseynpur), Bachana Tskhadadze (46 Iván Alejandro), Matija Špičić, David Meza.
Coach: Kakhaber Tskhadadze
IF ELFSBORG BORÅS: Kevin Stuhr-Ellegaard, Johan Larsson (71 Andreas Klarström), Anders Svensson, Lars Nilsson, Daniel Mobaeck, Sebastian Holmen, Viktor Claesson (16 Mikkel Beckmann), Per Frick (110 Viktor Prodell), Adam Lundqvist, Henning Hauger, Marcus Rohdén.
Coach: Jan Mian
Yellow Card: D. Madrigal (14), Yohan Bocognano (94), Giorgi Lomaia (115), Mikel Álvaro (116) / Anders Svensson (23), Henning Hauger (67).
Red Card: Lasha Salukvadze (3).
Goal: Sebastian Holmen (45+1)
Penalties: Álvaro, 0-1 Prodell, 1-1 Amisulashvili, 1-2 Rohdén, 2-2 D. Meza, Nilsson, Špičić, Mobaeck, 3-2 Bocognano, 3-3 Beckmann, Dashdemirov, 3-4 Holmen


# THIRD QUALIFYING ROUND


KARDEMIR KARABÜKSPOR – ROSENBORG BK TRONDHEIM 0-0
Dr. Necmettin Şeyhoğlu Stadium, Karabuk   31.07.2014   Hour: 20:00
Referees: Libor Kovařik, Jiří Moláček, Krystof Mencl (CZE)   Attendance: 4,557
KARABÜKSPOR: Boy Waterman, Emre Güngör, Yiğit İncedemir, Larrys Mabiala, Abdou Traoré (69 Hakan Özmert), Ahmet İlhan Özek, Dominick Kumbela (76 Onur Ayık), Samba Sow, Erdem Özgenç, Tanju Kayhan, Erkan Kaş. Coach: Tolunay Kafkas
ROSENBORG: Alexander Hansen, Mikael Dorsin, Tore Reginiussen, Mike Jensen, Morten Gamst Pedersen, Riku Riski, Tobias Mikkelsen, Jørgen Skjelvik, Ole Selnæs, Stefan Strandberg (84 Per Rønning), Mikkel Diskerud (84 Daniel Berntsen). Coach: Kåre Ingebrigtsen
Yellow Card: Samba Sow (89) / Mikael Dorsin (36), Alexander Hansen (90+3).

ROSENBORG BK TRONDHEIM – KARDEMIR KARABÜKSPOR 1-1 (1-1)
Lerkendal Stadion, Trondheim   07.08.2014   Hour: 19:00   Attendance: 4,511
Referees: István Kovács, Miklos Istvan Nagy, Vasile Florin Marinescu (ROM)
ROSENBORG: Alexander Hansen, Mikael Dorsin, Tore Reginiussen, Mike Jensen, Riku Riski (60 Alexander Søderlund), Jørgen Skjelvik (89 Alexander Sørloth), Ole Selnaes, Jonas Svensson, Pål André Helland, Stefan Strandberg, Mikkel Diskerud (75 Morten Gamst Pedersen).
Coach: Kåre Ingebrigtsen
KARABÜKSPOR: Boy Waterman, Emre Güngör, Yiğit İncedemir, Larrys Mabiala, Abdou Traoré (66 Erkan Kaş), Hakan Özmert (81 Onur Ayık), Ahmet İlhan Özek, Dominick Kumbela (86 Murat Akça), Samba Sow, Erdem Özgenç, Tanju Kayhan. Coach: Tolunay Kafkas
Yellow Card: Ole Selnaes (2), Riku Riski (17), M. Diskerud (67), Morten Gamst Pedersen (83), Mike Jensen (90+4) / Emre Güngör (31), Hakan Özmert (74), Samba Sow (80).
Red Card: Tore Reginiussen (90+6).
Goals: Pål André Helland (8) / Hakan Özmert (35)


RNK SPLIT – FC CHORNOMORETS ODESA 2-0 (1-0)
Park Mladezi, Split   31.07.2014   Hour: 20:00
Referees: Marcin Borski, Rafal Rostkowski, Krzysztof Myrmus (POL)   Attendance: 2,000
SPLIT: Andrija Vuković, Denis Glavina (75 Ante Erceg), Tomislav Glumac, Mate Bilić (88 Goran Roce), Tomislav Radotić, Marko Rog, Tomislav Dujmović, Miloš Vidović, Dario Rugašević, Nino Galović, Henri Belle (66 Dražen Bagarić). Coach: Ivan Matić
CHORNOMORETS: Dmytro Bezotosnyi, Kyrylo Kovalchuk (76 Dmytro Grechyshkin), Olexiy Gai, Volodymyr Arzhanov, Ruslan Fomin, Anton Shinder (41 Anatoliy Didenko), Vitaliy Balashov (37 Oleg Danchenko), Mikhail Sivakov, Yevhen Opanasenko, Kamgang Adolphe Teikeu, Pavlo Kutas. Coach: Roman Grygorchuk
Yellow Card: Dražen Bagarić (71), Dario Rugašević (86) /
        Mikhail Sivakov (72), Volodymyr Arzhanov (85).
Goals: Marko Rog (25), Henri Belle (48)


FC CHORNOMORETS ODESA – RNK SPLIT 0-0
Chornomorets, Odesa   07.08.2014   Hour: 19:00   Attendance: 11,453
Referees: Jesús Gil Manzano, Angel Nevado Rodriguez, Miguel Martínez (ESP)
CHORNOMORETS: Dmytro Bezotosnyi, Kyrylo Kovalchuk (89 Vladyslav Kabayev), Anatoliy Didenko (83 Serhiy Nazarenko), Olexiy Gai, Volodymyr Arzhanov, Ruslan Fomin, Anton Shinder, Mikhail Sivakov, Andriy Slinkin, Yevgen Zubeiko (89 Dmytro Grechyshkin), Kamgang Adolphe Teikeu. Coach: Roman Grygorchuk
SPLIT: Andrija Vuković, Denis Glavina, Tomislav Glumac, Mate Bilić (82 Dražen Bagarić), Goran Roce (71 Ante Erceg), Tomislav Radotić (82 Ivan Ibriks), Marko Rog, Tomislav Dujmović, Miloš Vidović, Nino Galović, Henri Belle. Coach: Ivan Matić
Yellow Card: Ruslan Fomin (90+2) /
        Tomislav Glumac (13), Tomislav Radotić (80), Tomislav Dujmović (90+2).


ST. JOHNSTONE FC PERTH – FC SPARTAK TRNAVA 1-2 (0-1)
McDiarmid Park, Perth   31.07.2014   Hour: 19:45
Referees: Mattias Gestranius, Jan-Peter Aravirta, Mikko Alakare (FIN)   Attendance: 7,001
ST. JOHNSTONE: Alan Mannus, David Mackay, Frazer Wright, Chris Millar (29 Gary McDonald), Steven McLean, David Wotherspoon, Gary Miller, Scott Brown, Lee Croft, Brian Easton, Michael O'Halloran (76 Chris Kane). Coach: Thomas Wright
FC SPARTAK TRNAVA: Dobrivoj Rusov, Matej Siva, Marek Janečka, Martin Mikovič (61 Martin Vyskočil), Ján Vlasko (78 Ján Chovanec), Milan Bortel, José Casado, Martin Tóth, Matúš Čonka, Erik Sabo, Ivan Schranz (89 Tomáš Mikinič). Coach: Juraj Jarábek
Yellow Card: Frazer Wright (61), Gary Miller (71), Chris Kane (80) /
        Milan Bortel (21), Ján Vlasko (58).
Goals: David Mackay (90+3) / Ivan Schranz (34, 63)

FC SPARTAK TRNAVA – ST. JOHNSTONE FC PERTH 1-1 (0-1)
Štadión FC ViOn, Zlate Moravce    07.08.2014    Hour: 19:30
Referees: Javier Estrada, José Miranda, Francisco Martín (ESP)    Attendance: 3,884
FC SPARTAK TRNAVA: Dobrivoj Rusov, Matej Siva, Marek Janečka, Martin Mikovič (90+3 Nikolas Špalek), Ján Vlasko (59 Martin Vyskočil), Milan Bortel, José Casado, Martin Tóth, Matúš Čonka, Erik Sabo, Ivan Schranz (86 Srdjan Grabež). Coach: Juraj Jarábek
ST. JOHNSTONE: Alan Mannus, David Mackay, Thomas Scobbie, Chris Millar, Gary McDonald (79 Michael O'Halloran), Steven McLean, David Wotherspoon, Liam Caddis (64 Lee Croft), Steve May, Gary Miller, Brian Easton. Coach: Thomas Wright
Yellow Card: Erik Sabo (23), Martin Mikovič (64), Srdjan Grabež (82), Marek Janečka (84) / 
    Liam Caddis (26), David Mackay (84), Thomas Scobbie (90+2).
Goals: Martin Mikovič (82) / Steve May (42)


1. FSV MAINZ 05 – ASTERAS TRIPOLIS FC 1-0 (1-0)
Coface Arena, Mainz    31.07.2014    Hour: 20:30
Referees: Manuel De Sousa, Bertino Miranda, Alvaro Mesquita (POR)    Attendance: 18,287
MAINZ: Loris Karius, Gonzalo Jara, Nikolce Noveski, Johannes Geis, Christoph Moritz, Yunus Malli, Koo Ja-Cheol (78 Niki Zimling), Julian Baumgartlinger (61 Daniel Brosinski), Stefan Bell, Shinji Okazaki, Park Joo Ho (70 Júnior Díaz). Coach: Kasper Hjulmand
ASTERAS TRIPOLIS FC: Kostas Theodoropoulos, Thanasis Panteliadis, Juan Munafo (72 Tasos Tsokanis), Pablo Mazza, Martin Rolle (64 Khalifa Sankaré), Giorgos Zisopoulos, Dimitris Kourbelis, Braian Lluy, Dorin Goian, Pablo De Blasis, Ziguy Badibanga (81 Ritchie Kitoko). 
Coach: Staikos Vergetis
Yellow Card: Nikolce Noveski (90+1) / Dorin Goian (69).
Goal: Shinji Okazaki (45)


ASTERAS TRIPOLIS FC – 1. FSV MAINZ 05  3-1 (1-1)
Theodoros Kolokotronis Stadium, Tripoli    07.08.2014    Hour: 21:15
Referees: Serge Gumienny, Frank Bleyen, Kristof Meers (BEL)    Attendance: 3,659
ASTERAS TRIPOLIS FC: Kostas Theodoropoulos, Thanasis Panteliadis (83 Khalifa Sankaré), Juan Munafo (59 Tasos Bakasetas), Pablo Mazza, Martin Rolle, Giorgos Zisopoulos, Dimitris Kourbelis, Braian Lluy, Dorin Goian, Pablo De Blasis, Ziguy Badibanga (29 Fernando Usero).
Coach: Staikos Vergetis
MAINZ: Loris Karius, Nikolce Noveski, Johannes Geis, Christoph Moritz, Yunus Malli (85 Elkin Soto), Koo Ja-Cheol (69 Gonzalo Jara), Julian Baumgartlinger, Stefan Bell, Daniel Brosinski, Shinji Okazaki, Park Joo Ho (74 Júnior Díaz). Coach: Kasper Hjulmand
Yellow Card: Thanasis Panteliadis (38), Pablo Mazza (58), Braian Lluy (58) / 
    Julian Baumgartlinger (23), Nikolce Noveski (44), Christoph Moritz (56).
Goals: Pablo De Blasis (30), Pablo Mazza (68, 86) / Koo Ja-Cheol (39)


DIÓSGYŐRI ETO FC – FC KRASNODAR 1-5 (0-2)
Debrecen Stadion, Debrecen    31.07.2014    Hour: 20:30
Referees: Bülent Yıldırım, Volkan Narinç, Asım Yusuf Öz (TUR)    Attendance: 4,664
DIÓSGYŐRI ETO FC: Botond Antal (80 Ivan Radoš), Senad Husić, Tamás Kádár, William Alves, Patrik Bacsa, András Debreceni (46 Istvan Bognar), Tamás Egerszegi, András Gosztonyi, Ákos Elek, Milan Nemeth, Gábor Eperjesi (46 Miroslav Grumić). Coach: Tomislav Sivić
KRASNODAR: Andrei Sinitsin, Aleksandr Martynovich, Artur Jędrzejczyk, Yuri Gazinski, Ari (58 Wanderson), Odil Ahmedov, Vitali Kaleshin, Ricardo Laborde (58 Vladimir Bystrov), Joãozinho, Ragnar Sigurdsson, Mauricio Pereyra (81 Aleksei Pomerko). Coach: Oleg Kononov
Yellow Card: András Gosztonyi (67).
Goals: Patrik Bacsa (49) / Ari (28), Odil Ahmedov (40), Mauricio Pereyra (51), Joãozinho (88 pen), Vladimir Bystrov (90)

FC KRASNODAR – DIÓSGYŐRI ETO FC 3-0 (1-0)
Kuban, Krasnodar    07.08.2014    Hour: 20:00
Referees: Christian Dingert, Mike Pickel, Dominik Schaal (GER)    Attendance: 8,800
KRASNODAR: Andrei Sinitsin, Nikolai Markov, Aleksandr Martynovich, Andreas Granqvist, Marat Izmailov, Wanderson (61 Ari), Aleksei Pomerko, Nikita Burmistrov, Ricardo Laborde (61 Joãozinho), Moussa Konaté (76 Aleksandr Ageev), Sergei Petrov. Coach: Oleg Kononov
DIÓSGYŐRI ETO FC: Ivan Radoš, Tamás Kádár, Dražen Okuka, Tamás Takács, András Debreceni, Tamás Egerszegi (39 Istvan Bognar), András Gosztonyi (70 Patrik Bacsa), Márk Nikházi, Gábor Bori, Milan Nemeth, Lazar Marjanović (70 Martin Csirszki).
Coach: Tomislav Sivić
Yellow Card: Tamás Kádár (31), Gábor Bori (41).
Goals: Moussa Konaté (30, 55), Ari (86)


FK MLADÁ BOLESLAV – OLYMPIQUE LYONNAIS 1-4 (0-2)
Mestský, Mladá Boleslav    31.07.2014    Hour: 19:00
Referees: Tobias Welz, Thorsten Schiffner, Rafael Foltyn (GER)    Attendance: 4,800
FK MLADÁ BOLESLAV: Ales Hruska, Jakub Navratil, Florian Milla, Jan Boril, Jiří Skalák, Jan Štohanzl (60 Miljan Vukadinovič), Michal Ďuriš (71 Jan Sisler), Jasmin Šćuk, Lukáš Magera (46 Pavel Šultes), Antonín Rosa, Michal Smejkal. Coach: Karel Jarolím
OLYMPIQUE LYONNAIS: Anthony Lopes, Bakary Koné (71 Henri Bedimo), Milan Biševac, Alexandre Lacazette, Jordan Ferri, Christophe Jallet, Steed Malbranque (64 Nabil Fekir), Mohamed Yattara (70 Yassine Benzia), Maxime Gonalons, Samuel Umtiti, Arnold Mvuemba.
Coach: Hubert Fournier
Yellow Card: Lukáš Magera (13), Antonín Rosa (26), Michal Ďuriš (45+2), Florian Milla (73) /
    Maxime Gonalons (27).
Goals: Antonín Rosa (66) / Mohamed Yattara (9, 47), Maxime Gonalons (36), Samuel Umtiti (67)


OLYMPIQUE LYONNAIS – FK MLADÁ BOLESLAV 2-1 (0-0)
Stade de Gerland, Lyon    07.08.2014    Hour: 20:30
Referees: Stephan Klossner, Johannes Vogel, Vital Jobin (SUI)    Attendance: 22,717
OLYMPIQUE LYONNAIS: Anthony Lopes, Henri Bedimo (36 Bakary Koné), Alexandre Lacazette (73 Clinton Njié), Christophe Jallet, Steed Malbranque, Nabil Fekir, Maxime Gonalons, Lindsay Rose (53 Jordan Ferri), Samuel Umtiti, Corentin Tolisso, Yassine Benzia.
Coach: Hubert Fournier
FK MLADÁ BOLESLAV: Ales Hruska, Jakub Navratil, Florian Milla, Jan Boril, Jiří Skalák (78 Daniel Bartl), Jan Štohanzl, Michal Ďuriš (68 Pavel Šultes), Jasmin Šćuk, Antonín Rosa, Jan Sisler (71 Lukáš Magera), Michal Smejkal. Coach: Karel Jarolím
Yellow Card: Samuel Umtiti (52), Nabil Fekir (64), Bakary Koné (71) /
    Jan Boril (15), Antonín Rosa (23), Michal Ďuriš (43), Jakub Navratil (65), Pavel Šultes (76)
Goals: Alexandre Lacazette (58), Clinton Njié (89) / Florian Milla (71 pen)


FK AS TRENČÍN – HULL CITY FC 0-0
Štadión MŠK Žilina, Zilina    31.07.2014    Hour: 19:00
Referees: Davide Massa, Gianluca Cariolato, Francesco De Luca (ITA)    Attendance: 8,254
TRENČÍN: Miloš Volešák, Milan Rundić, Patrik Mišák (83 Karol Mondek), Frantisek Kubik (67 Tomáš Malec), Jakub Holúbek, Peter Čögley, Ramón, Haris Hajradinovich (87 Matúš Opatovský), Moses Simon, Stanislav Lobotka, Peter Kleščík. Coach: Ivan Vrabec
HULL CITY: Allan McGregor, Liam Rosenior, Alex Bruce, James Chester, Curtis Davies, David Meyler (65 Robert Snodgrass), Tom Huddlestone, Shane Long (86 Nikica Jelavić), Jake Livermore, Sone Aluko (65 Tom Ince), Mohamed Essa. Coach: Steve Bruce
Yellow Card: Patrik Mišák (62), Haris Hajradinovich (79) /
    Tom Huddlestone (53), Jake Livermore (76), Curtis Davies (80).

HULL CITY FC – FK AS TRENČÍN 2-1 (1-1)
KC Stadium, Hull   07.08.2014   Hour: 19:30
Referees: Bas Nijhuis, Rob van de Ven, Charles Schaap (NED)   Attendance: 21,156
HULL CITY: Allan McGregor, Alex Bruce (66 Tom Ince), James Chester, Curtis Davies, Tom Huddlestone, Shane Long (74 Sone Aluko), Robert Snodgrass, Robbie Brady (56 Liam Rosenior), Jake Livermore, Yannick Sagbo, Mohamed Essa. Coach: Steve Bruce
TRENČÍN: Miloš Volešák, Tomáš Malec, Patrik Mišák (82 Karol Mondek), Frantisek Kubik, Jakub Holúbek, Peter Čögley, Ramón, Haris Hajradinović (74 Matúš Opatovský), Moses Simon (90+1 Milan Rundić), Stanislav Lobotka, Peter Kleščík. Coach: Ivan Vrabec
Yellow Card: Shane Long (39) / Jakub Holúbek (63), Tomáš Malec (90).
Goals: Mohamed Essa (27), Sone Aluko (80) / Tomáš Malec (2)


AC OMONIA NICOSIA – FK METALURG SKOPJE 3-0 (2-0)
GSP Stadium, Nicosia   31.07.2014   Hour: 19:00
Referees: Gediminas Mažeika, Vytautas Šimkus, Saulius Dirda (LTU)   Attendance: 13,050
OMONIA: Moreira, Ucha Lobzhanidze, Milan Stepanov, Rodri, Roberto, Cristovão, Nuno Assis (59 Shota Grigalashvili), Gaoussou Fofana (64 Álex Rubio), Mickaël Poté, Serginho (72 Gerasimos Fylaktou), Jonas Acquistapace. Coach: Costas Kaiafas
FK METALURG SKOPJE: Andreja Efremov, Filip Ristovski (58 Jordancho Naumoski), Bojan Gjorgievski, Dejan Leskaroski, Aleksandar Dalčeski, Marko Simonovski, Vasko Mitrev (65 Dejan Tanturovski), Marjan Radeski, Mile Krstev, Viktor Angelov (29 Ninoslav Dodevski), Aleksandar Stojanovski. Coach: Srgjan Zaharievski
Yellow Card: Gerasimos Fylaktou (87) / Mile Krstev (41), Jordancho Naumoski (83).
Goals: Cristovão (9, 57), Mickaël Poté (14)


FK METALURG SKOPJE – AC OMONIA NICOSIA 0-1 (0-0)
National Arena Filip II Macedonian, Skopje   07.08.2014   Hour: 20:45
Referees: Padraig Sutton, Damien MacGraith, Dermot Broughton (IRL)   Attendance: 664
FK METALURG SKOPJE: Andreja Efremov, Filip Ristovski, Bojan Gjorgievski, Dejan Leskaroski, Aleksandar Dalčeski, Vasko Mitrev, Ninoslav Dodevski, Viktor Angelov (66 Andrian Chavoli), Aleksandar Stojanovski, Dejan Tanturovski (46 Marjan Radeski), Mihailo Mitrov (46 Mile Krstev). Coach: Srgjan Zaharievski
OMONIA: Moreira, Ucha Lobzhanidze, Milan Stepanov, Rodri, Shota Grigalashvili, Cristovão, Gaoussou Fofana (74 Álex Rubio), Mickaël Poté, Charis Kyriakou (46 Nuno Assis), Serginho (63 Onisiforos Roushias), Jonas Acquistapace. Coach: Costas Kaiafas
Yellow Card: Marjan Radeski (61), Mile Krstev (65), Bojan Gjorgievski (77), Filip Ristovski (86) / Milan Stepanov (78).
Goal: Nuno Assis (54)


IF BROMMAPOJKARNA STOCKHOLM – TORINO FC 0-3 (0-1)
Stockholms, Stockholm   31.07.2014   Hour: 19:00
Referees: Serdar Gözübüyük, Hessel Steegstra, Mario Diks (NED)   Attendance: 2,043
BROMMAPOJKARNA: Davor Blažević, Pontus Segerström, Kristinn Jónsson, Jesper Karlström, Gabriel Petrovic (63 Mauricio Albornoz), Serge Ngouali (76 Pontus Asbrink), Dardan Rexhepi (63 Gustav Sandberg Magnusson), Tim Björkström, Niklas Bärkroth, Jacob Larsson, Martin Falkeborn. Coach: Stefan Billborn
TORINO: Daniele Padelli, Cristian Molinaro, Cesare Bovo, Omar El Kaddouri (84 Rubén Pérez), Marcelo Larrondo, Paulo Barreto (70 Josef Martínez), Giuseppe Vives, Antonio Nocerino, Emiliano Moretti, Kamil Glik, Marko Vešović (74 Marco Benassi). Coach: Giampiero Ventura
Red Card: Pontus Segerström (44) / Giuseppe Vives (61).
Goals: Marcelo Larrondo (45 pen, 53), Paulo Barreto (58)

TORINO FC – IF BROMMAPOJKARNA STOCKHOLM 4-0 (2-0)
Stadio Olimpico, Torino    07.08.2014    Hour: 20:30    Attendance: 22,931
Referees: Paweł Raczkowski, Tomasz Listkiewicz, Michal Obukowicz (POL)
TORINO: Daniele Padelli, Cristian Molinaro, Cesare Bovo, Rubén Pérez, Marcelo Larrondo (55 Fabio Quagliarella), Paulo Barreto (63 Josef Martínez), Antonio Nocerino, Emiliano Moretti, Kamil Glik (81 Pontus Jansson), Matteo Darmian, Marco Benassi. Coach: Giampiero Ventura
BROMMAPOJKARNA: Davor Blažević, Mauricio Albornoz (46 Gabriel Petrovic), Kristinn Jónsson, Jesper Karlström, Serge Ngouali, Dardan Rexhepi (61 Gustav Sandberg Magnusson), Tim Björkström, Niklas Bärkroth, Carl Starfelt (77 Victor Söderström), Pontus Asbrink, Martin Falkeborn. Coach: Stefan Billborn
Yellow Card: Jesper Karlström (68).
Goals: Kristinn Jónsson (4 og), Matteo Darmian (37), Fabio Quagliarella (80 pen), Josef Martínez (90)


PSV EINDHOVEN – SKN ST. PÖLTEN 1-0 (0-0)
PSV Stadion, Eindhoven    31.07.2014    Hour: 19:00
Referees: Slavko Vinčić, Matej Žunič, Bojan Ul (SVN)    Attendance: 22,000
PSV: Jeroen Zoet, Jeffrey Bruma, Adam Maher, Luuk de Jong, Luciano Narsingh (72 Florian Jozefzoon), Jürgen Locadia, Joshua Brenet, Marcel Ritzmaier (78 Rai Vloet), Oscar Hiljemark, Abel Tamata, Jorrit Hendrix. Coach: Phillip Cocu
ST. PÖLTEN: Patrick Kostner, Michael Huber, Tomasz Wisio, David Parada, Konstantin Kerschbaumer, Dominik Hofbauer, Daniel Segovia (76 Gary Noel), Martin Grasegger, Bernhard Fucik (46 Manuel Harti), Marcel Holzmann (65 Michael Ambichl), David Stec.
Coach: Herbert Gager
Yellow Card: Luuk de Jong (80), Florian Jozefzoon (90) / Daniel Segovia (30).
Red Card: Florian Jozefzoon (90+2).
Goal: Luuk de Jong (56)


SKN ST. PÖLTEN – PSV EINDHOVEN 2-3 (0-1)
NV Arena, St. Polten    07.08.2014    Hour: 19:00
Referees: Artur Dias, Rui Tavares, Bruno Rodrigues (POR)    Attendance: 8,000
ST. PÖLTEN: Christoph Riegler, Michael Huber, Tomasz Wisio, David Parada (46 Michael Ambichl), Konstantin Kerschbaumer, Gary Noel (73 Bernhard Fucik), Dominik Hofbauer, Daniel Segovia, Martin Grasegger, Marcel Holzmann, David Stec (77 Manuel Harti).
Coach: Herbert Gager
PSV: Jeroen Zoet, Jeffrey Bruma, Adam Maher, Luuk de Jong, Luciano Narsingh (62 Memphis Depay), Jürgen Locadia (74 Santiago Arias), Joshua Brenet, Marcel Ritzmaier (81 Rai Vloet), Oscar Hiljemark, Abel Tamata, Jorrit Hendrix. Coach: Phillip Cocu
Yellow Card: Manuel Harti (90+2) / Jeffrey Bruma (85).
Goals: Daniel Segovia (56), Konstantin Kerschbaumer (90) /
    Jürgen Locadia (28), Memphis Depay (69), Luuk de Jong (70)


STJARNAN KF GARÐABÆR – KKS LECH POZNAŃ 1-0 (0-0)
Stjörnuvöllur, Garðabær    31.07.2014    Hour: 18:30
Referees: Ognjen Valjić, Dalibor Drašković, Haris Baković (BIH)    Attendance: 1,000
STJARNAN: Ingvar Jónsson, Niclas Vemmelund, Michael Praest, Atli Jóhannsson, Pablo Punyed (90+3 Heidar Aegisson), Daníel Laxdal, Arnar Björgvinsson (84 Jóhann Laxdal), Hördur Arnason, Ólafur Karl Finsen, Rolf Toft, Martin Rauschenberg. Coach: Rúnar Páll Sigmundsson
LECH: Jasmin Burić, Tomasz Kędziora, Łukasz Trałka, Szymon Pawłowski, Gergő Lovrencsics (87 Barry Douglas), Vojo Ubiparip, Darko Jevtic, Kasper Hämäläinen (70 Mohammed Keita), Hubert Wołąkiewicz, Luis Henriquez, Marcin Kamiński. Coach: Mariusz Rumak
Yellow Card: Pablo Punyed (86).
Goal: Rolf Toft (48)

KKS LECH POZNAŃ – STJARNAN KF GARÐABÆR 0-0
Municipal Stadium Poznań, Poznań    07.08.2014    Hour: 19:00
Referees: Pavle Radovanović, Dejan Saković, Vladan Todorović (MNE)    Attendance: 22,619
LECH: Krzysztof Kotorowski, Tomasz Kędziora (76 Dawid Kownacki), Łukasz Trałka, Szymon Pawłowski, Vojo Ubiparip, Darko Jevtic, Kasper Hämäläinen (54 Lukasz Teodorczyk), Hubert Wołąkiewicz, Luis Henriquez, Marcin Kamiński, Mohammed Keita (59 Gergő Lovrencsics).
Coach: Mariusz Rumak
STJARNAN: Ingvar Jónsson, Niclas Vemmelund, Michael Praest (74 Thorri Geir Rúnarsson), Atli Jóhannsson, Pablo Punyed, Daníel Laxdal, Arnar Björgvinsson (79 Jóhann Laxdal), Hördur Arnason, Ólafur Karl Finsen, Rolf Toft (22 Heidar Aegisson), Martin Rauschenberg.
Coach: Rúnar Páll Sigmundsson
Yellow Card: Luis Henriquez (70), Vojo Ubiparip (90+2), Dawid Kownacki (90+2), Darko Jevtic (90+4) / Martin Rauschenberg (80).

FC ZORYA LUHANSK – MOLDE FK 1-1 (0-0)
Stadion Dinamo im. Valeriy Lobanovskyi, Kyiv    31.07.2014    Hour: 20:30
Referees: Harald Lechner, Andreas Staudinger, Maximilian Kolbitsch (AUS)    Attendance: 3,250
ZORYA: Krševan Santini, Ihor Chaykovskiy, Nikita Kamenyuka, Pavlo Khudzik (59 Ruslan Malinovskiy), Vitali Vernidub, Nikola Ignjatijević, Oleksandr Karavayev (75 Mykhailo Pysko), Maxym Biliy, Pylyp Budkivskiy (46 Željko Ljubenović), Olexandr Grytsay, Dmytro Khomchenovskiy. Coach: Yuriy Vernydub
MOLDE FK: Orjan Haskjold, Ruben Gabrielsen, Joona Toivio, Daniel Hestad, Harmeet Singh, Per Egil Flo, Agnaldo (84 Martin Linnes), Mohamed Elyounoussi, Vegard Forren, Daniel Chima (75 Tommy Høiland), Pape Paté Diouf (68 Sander Svendsen). Coach: Tor Ole Skullerud
Yellow Card: Pavlo Khudzik (15) / Joona Toivio (23), Daniel Chima (31), Daniel Hestad (85).
Goals: Nikita Kamenyuka (62) / Sander Svendsen (88)

MOLDE FK – FC ZORYA LUHANSK 1-2 (1-1)
Molde Stadion, Molde    07.08.2014    Hour: 18:00
Referees: Steven McLean, William Conquer, Gavin Harris (SCO)    Attendance: 4,438
MOLDE FK: Orjan Haskjold, Joona Toivio, Daniel Hestad, Harmeet Singh, Fredrik Gulbrandsen (73 Tommy Høiland), Mattias Moström (90 Agnaldo), Martin Linnes, Per Egil Flo, Vegard Forren, Daniel Chima, Pape Paté Diouf (63 Mohamed Elyounoussi). Coach: Tor Ole Skullerud
ZORYA: Nikita Shevchenko, Nikita Kamenyuka, Maksym Malyshev (46 Ruslan Malinovskiy), Vitali Vernidub, Nikola Ignjatijević, Oleksandr Karavayev, Željko Ljubenović (90+2 Jaba Lipartia), Maxym Biliy, Pylyp Budkivskiy (60 Pavlo Khudzik), Olexandr Grytsay, Dmytro Khomchenovskiy. Coach: Yuriy Vernydub
Yellow Card: Nikola Ignjatijević (38), Ruslan Malinovskiy (46), Olexandr Grytsay (59), Maxym Biliy (87), Jaba Lipartia (87).
Goals: Fredrik Gulbrandsen (43) / Nikita Kamenyuka (2), Vegard Forren (89 og)

FK SARAJEVO – ATROMITOS FC PERISTERI 1-2 (1-1)
Asim Ferhatović Hase Stadion, Sarajevo    31.07.2014    Hour: 20:30
Referees: Ivaylo Stoyanov, Ivo Kolev, Veselin Dobriyanov (BUL)    Attendance: 14,000
SARAJEVO : Dejan Bandović, Mario Barić, Miloš Stojčev, Ševko Okić (82 Dario Purić), Krste Velkoski, Ivan Tatomirović, Amer Dupovac, Gojko Cimirot, Bojan Puzigaća, Samir Radovac (88 Adnan Kovačević), Nemanja Bilbija (73 Haris Duljević). Coach: Abdullah Ibraković
ATROMITOS FC PERISTERI: Luigi Cennamo, Stathis Tavlaridis, Sokratis Fytanidis, Eduardo Brito (68 Fábio), Stefano Napoleoni (61 Andreas Tatos), Vangelis Nastos, Kostas Giannoulis, Tasos Karamanos, Elini Dimoutsos (90+2 Panagiotis Ballas), Nikos Lazaridis, Pitu.
Coach: Giorgos Paraschos
Yellow Card: Miloš Stojčev (66), Krste Velkoski (72), Dario Purić (85), Bojan Puzigaća (86) / Stathis Tavlaridis (31), Eduardo Brito (38), Andreas Tatos (81).
Goals: Bojan Puzigaća (26) / Sokratis Fytanidis (11), Vangelis Nastos (75)

ATROMITOS FC PERISTERI – FK SARAJEVO 1-3 (0-1)
Peristeri, Athina, 07.08.2014 Hour: 21:00
Referees: Arnold Hunter, Richard Storey, Gareth Eakin (NIR) Attendance: 2,300
ATROMITOS FC PERISTERI: Luigi Cennamo, Stathis Tavlaridis, Sokratis Fytanidis, Eduardo Brito (75 Panagiotis Ballas), Vangelis Nastos (65 Stefano Napoleoni), Fábio (46 Andreas Tatos), Kostas Giannoulis, Tasos Karamanos, Elini Dimoutsos, Nikos Lazaridis, Pitu.
Coach: Giorgos Paraschos
SARAJEVO : Dejan Bandović, Mario Barić (99 Radoš Protić), Miloš Stojčev, Ševko Okić (68 Adnan Kovačević), Krste Velkoski, Ivan Tatomirović, Haris Duljević, Amer Dupovac, Gojko Cimirot, Bojan Puzigaća, Samir Radovac (68 Nemanja Bilbija). Coach: Abdullah Ibraković
Yellow Card: Eduardo Brito (9), Tasos Karamanos (74), Andreas Tatos (110) /
Ivan Tatomirović (56), Amer Dupovac (82).
Goals: Stathis Tavlaridis (86) / Haris Duljević (24), Nemanja Bilbija (80, 105)


REAL SOCIEDAD DE FÚTBOL SAN SEBASTIÁN – ABERDEEN FC 2-0 (0-0)
Anoeta, San Sebastian 31.07.2014 Hour: 20:30
Referees: Bastian Dankert, Markus Häcker, Christian Fischer (GER) Attendance: 21,147
REAL SOCIEDAD: Eñaut Zubikarai, Gorka Elustondo, Markel Bergara, Iñigo Martínez, Alfred Finnbogason, Xabi Prieto (75 Imanol Agirretxe), Rubén Pardo (83 Esteban Granero), David Zurutuza, Chori Castro (64 Sergio Canales), Joseba Zaldúa, Alberto de la Bella.
Coach: Jagoba Arrasate
ABERDEEN: Jamie Langfield, Shaleum Logan, Russell Anderson, Mark Reynolds, Willo Flood, Adam Rooney (71 David Goodwillie), Niall McGinn, Jonathan Hayes, Barry Robson (71 Nicholas Low), Peter Pawlett (62 Andrew Considine), Ryan Jack. Coach: Derek Mcinnes
Yellow Card: David Zurutuza (40), Sergio Canales (76) / Adam Rooney (19), Shaleum Logan (90).
Goals: David Zurutuza (53), Sergio Canales (68)


ABERDEEN FC – REAL SOCIEDAD DE FÚTBOL SAN SEBASTIÁN 2-3 (1-1)
Pittodrie, Aberdeen 07.08.2014 Hour: 19:45 Attendance: 17,676
Referees: Eitan Shemeulevitch, Amihay Yehoshua Mozes, Dvir Shimon (ISR)
ABERDEEN: Jamie Langfield, Shaleum Logan, Andrew Considine (72 Nicholas Low), Russell Anderson, Mark Reynolds, Willo Flood, Niall McGinn, Jonathan Hayes, Peter Pawlett (65 Adam Rooney), David Goodwillie (82 Ashton Taylor), Ryan Jack. Coach: Derek Mcinnes
REAL SOCIEDAD: Eñaut Zubikarai, Gorka Elustondo, Markel Bergara, Iñigo Martínez, Alfred Finnbogason (58 Imanol Agirretxe), Xabi Prieto, Rubén Pardo, David Zurutuza (43 Esteban Granero), Chori Castro (64 Sergio Canales), Joseba Zaldúa, Alberto de la Bella.
Coach: Jagoba Arrasate
Yellow Card: Jonathan Hayes (48), Shaleum Logan (85), Nicholas Low (90+3) / Rubén Pardo (25).
Goals: Peter Pawlett (44), Mark Reynolds (57) / Xabi Prieto (28, 86 pen), Markel Bergara (90+1)


FC ASTANA – AIK SOLNA 1-1 (1-1)
Astana Arena, Astana 31.07.2014 Hour: 20:00
Referees: Ante Vučemilović, Dalibor Conjar, Goran Pataki (CRO) Attendance: 16,200
ASTANA: Nenad Erić, Yeldos Akhmetov, Viktor Dmitrenko, Kethevoama Foxi, Abzal Beisebekov, Tanat Nusserbayev, Georgy Zhukov (46 Patrick Twumasi), Baurzhan Dzholchiyev (82 Serikzhan Muzhikov), Guy Stéphane Essame, Evgeni Postnikov, Roger Cañas.
Coach: Stanimir Stoilov
AIK: Patrik Carlgren, Per Karlsson, Nils-Eric Johansson, Alexander Milošević, Nabil Bahoui, Kenny Pavey, Martin Lorentzson, Ibrahim Moro, Kwame Karikari, Anton Jönsson Salétros, Henok Goitom. Coach: Andreas Alm
Yellow Card: Roger Cañas (12), Baurzhan Dzholchiyev (59), Viktor Dmitrenko (80) /
Nabil Bahoui (60), Anton Jönsson Salétros (65), Alexander Milošević (81), Kenny Pavey (84), Nils-Eric Johansson (88).
Goals: Tanat Nusserbayev (42) / Nabil Bahoui (9)

AIK SOLNA – FC ASTANA 0-3 (0-1)
Friends Arena, Solna    07.08.2014    Hour: 19:00
Referees: Michael Koukoulakis, Michael Karsiotis, Christos Baltas (GRE)    Attendance: 12,314
AIK: Patrik Carlgren, Per Karlsson, Nils-Eric Johansson, Alexander Milošević, Celso Borges, Martin Lorentzson (75 Marko Nikolic), Ibrahim Moro, Kwame Karikari, Sam Lundholm, Anton Jönsson Salétros (46 Kennedy Igboananike), Henok Goitom (75 Lalawélé Atakora).
Coach: Andreas Alm
ASTANA: Nenad Erić, Viktor Dmitrenko, Marin Aničić, Kethevoama Foxi (87 Serikzhan Muzhikov), Abzal Beisebekov, Tanat Nusserbayev (63 Patrick Twumasi), Georgy Zhukov, Baurzhan Dzholchiyev (85 Atanas Kurdov), Guy Stéphane Essame, Evgeni Postnikov, Dmitri Shomko. Coach: Stanimir Stoilov
Yellow Card: Celso Borges (68), Ibrahim Moro (90) /
    Marin Aničić (33), Georgy Zhukov (52), Baurzhan Dzholchiyev (66).
Red Card: Celso Borges (84).
Goals: Kethevoama Foxi (36), Dmitri Shomko (54), Baurzhan Dzolchiyev (71)

SV ZULTE WAREGEM – FC SHAKHTYOR SOLIGORSK 2-5 (1-3)
Regenboogstadion, Waregem    31.07.2014    Hour: 20:00
Referees: Fırat Aydınus, Serkan Ok, Alek Tascioglu (TUR)    Attendance: 4,474
SV ZULTE: Sammy Bossut, Steve Colpaert, Glynor Plet, Idrissa Sylla, Mamatou N'Diaye (25 Sefa İşçi), Ólafur Skúlason, Ibrahima Conté, Formose Mendy (24 Théo Bongonda), Karel D'Haene, Chuks Aneke, Charni Ekangamene (77 Aleksandar Trajkovski). Coach: Francky Dury
SHAKHTYOR: Artur Kotenko, Ilya Galyuza, Sergei Matveychik, Aleksei Yanushkevich, Nikolai Kashevski, Artem Stargorodsky, Aleksandr Yurevich, Sergei Balanovich, Aleksei Rios (69 Alexander Guruli), Igor Kuzmenok (45+1 Aleksei Vasilevski), Dmitri Osipenko (61 Nikolai Yanush). Coach: Sergei Borovski
Yellow Card: Steve Colpaert (15), Karel D'Haene (19), Théo Bongonda (52), Ólafur Skúlason (74), Ibrahima Conté (90+3) / Aleksei Rios (66).
Red Card: Glynor Plet (44).
Goals: Glynor Plet (40), Ibrahima Conté (75) / Ilya Galyuza (4), Sergei Matveychik (12), Artem Stargorodsky (45+4), Nikolai Yanush (78), Alexander Guruli (90+1)

FC SHAKHTYOR SOLIGORSK – SV ZULTE WAREGEM 2-2 (2-1)
Borisov Arena, Borisov    07.08.2014    Hour: 20:00
Referees: Leontios Trattou, Michael Soteriou, Athinodoros Ioannou (CYP)    Attendance: 4,500
SHAKHTYOR: Artur Kotenko, Ilya Galyuza, Sergei Matveychik, Aleksei Yanushkevich, Nikolai Kashevski, Andrei Leonchik, Artem Stargorodsky (71 Aleksei Vasilevski), Aleksandr Yurevich, Sergei Balanovich (65 Alexander Guruli), Aleksei Rios, Dmitri Osipenko (65 Nikolai Yanush).
Coach: Sergei Borovski
SV ZULTE WAREGEM: Sammy Bossut, Tiago Ferreira, Idrissa Sylla, Aleksandar Trajkovski, Mamatou N'Diaye, Ibrahima Conté (69 Kylian Hazard), Sefa İşçi (46 Ólafur Skúlason), Karel D'Haene, Chuks Aneke (69 Raphaël Cacérès), Djibril Paye, Charni Ekangamene.
Coach: Francky Dury
Yellow Card: Karel D'Haene (63).
Goals: Sergei Balanovich (7, 42) / Idrissa Sylla (40, 73)

SV GRÖDIG – FC ZIMBRU CHIŞINĂU 1-2 (0-1)
Stadion Salzburg, Salzburg    31.07.2014    Hour: 21:05
Referees: Lee Evans, John Bryn Roberts, Gareth Wyn Jones (WAL)    Attendance: 1,926
GRÖDIG: Cican Stankovic, Maximilian Karner, Timo Brauer, Simon Handle, Tomi Correa, Robert Strobl (63 Daniel Schütz), Yordy Reyna, Philipp Huspek, Stefan Nutz (74 Sandro Djuric), Sascha Boller (63 Christoph Martschinko), Matthias Maak. Coach: Michael Baur
ZIMBRU: Denis Rusu, Ştefan Burghiu, Iulian Erhan, Maxim Potirniche, Alexandru Paşcenco (78 Jean-Marie Amani), Alexandru Dedov (63 Alexandru Grossu), Kiril Pavlyuchek, Alexandru Vremea, Serghei Alexeev, Anatoli Cheptine (54 Dan Spătaru), Ion Jardan. Coach: Oleg Kubarev
Yellow Card: Yordy Reyna (69) / Alex Dedov (20), Serghei Alexeev (77), Denis Rusu (90+2).
Goals: Tomi Correa (89) / Serghei Alexeev (35), Simon Handle (59 og)

FC ZIMBRU CHIŞINĂU – SV GRÖDIG 0-1 (0-0)
Zimbru, Chişinău    07.08.2014    Hour: 22:05
Referees: Antti Munukka, Matti Heininen, Jukka Honkanen (FIN)    Attendance: 9,150
ZIMBRU: Denis Rusu, Ştefan Burghiu, Iulian Erhan, Alexandru Dedov, Dmitri Klimovich (76 Maxim Potirniche), Kiril Pavlyuchek, Jean-Marie Amani (66 Alexandru Paşcenco), Alexandru Vremea, Serghei Alexeev, Anatoli Cheptine (60 Dan Spătaru), Ion Jardan. Coach: Oleg Kubarev
GRÖDIG: Cican Stankovic, Maximilian Karner, Timo Brauer, Simon Handle, Tomi Correa, Daniel Schütz (78 Sandro Djuric), Robert Strobl, Yordy Reyna, Philipp Huspek, Stefan Nutz, Matthias Maak (58 Roman Wallner). Coach: Michael Baur
Yellow Card: Ştefan Burghiu (12), Alexandru Dedov (68), Dan Spătaru (78), Ion Jardan (90+6) / Tomi Correa (85), Yordy Reyna (87), Robert Strobl (90+2).
Red Card: Tomi Correa (90+6).
Goal: Sandro Djuric (84)


FC ASTRA GIURGIU – FC SLOVAN LIBEREC 3-0 (1-0)
Marin Anastasovici, Giurgiu    31.07.2014    Hour: 19:00
Referees: Ilias Spathas, Lazaros Dimitriadis, Polychronis Kostaras (GRE)    Attendance: 4,067
ASTRA: Silviu Lung, Syam Ben Youssef, Seidu Yahaya, Gabriel Enache (85 Laurenţiu Rus), Constantin Budescu, Júnior Morais, Vincent Laban, Kehinde Fatai (82 Sadat Bukari), Vassilis Pliatsikas, Valerică Găman, William Amorim (87 Marian Cristescu). Coach: Daniel Isăilă
SLOVAN: Lukáš Hroššo, Miloš Karišik (65 Jiří Pimpara), Vladimír Coufal, David Pavelka, Isaac Sackey, Jan Rajnoch, Kevin Luckassen (71 Michal Hamuµak), Josef Šural, Jiří Fleišman, Tomás Ďubek, Dzon Delarge (78 Martin Frýdek). Coach: Samuel Slovak
Yellow Card: Jan Rajnoch (9), Kevin Luckassen (53), Jiří Pimpara (70).
Goals: Kehinde Fatai (4, 74, 81)


FC SLOVAN LIBEREC – FC ASTRA GIURGIU 2-3 (2-1)
U Nisy, Liberec    07.08.2014    Hour: 18:00
Referees: Artyom Kuchin, Evgeni Belski, Anatoli Hodin (KAZ)    Attendance: 2,445
SLOVAN: Lukáš Hroššo, Martin Frýdek (73 Kevin Luckassen), Isaac Sackey, Michal Hamuµak (53 Vojtěch Hadaščok), Jan Rajnoch, Jan Mudra, Michal Obročník (65 Dzon Delarge), Jiří Pimpara, Josef Šural, Jiří Fleišman, Tomás Ďubek. Coach: Samuel Slovak
ASTRA: Silviu Lung, Seidu Yahaya, Gabriel Enache (74 Laurenţiu Rus), Constantin Budescu, Júnior Morais, Vincent Laban (37 Takayuki Seto), Cristian Oros, Kehinde Fatai (78 Sadat Bukari), Vassilis Pliatsikas, Valerică Găman, William Amorim. Coach: Daniel Isăilă
Yellow Card: Kevin Luckassen (80), Josef Šural (90+2) / Júnior Morais (61).
Goals: Josef Šural (45), Michal Obročník (45+3) /
    Gabriel Enache (37), Laurenţiu Rus (83), Sadat Bukari (89)


KS RUCH CHORZÓW – ESBJERG fB 0-0
Piast, Gliwice    31.07.2014    Hour: 18:00
Referees: Vlado Glodjović, Dejan Petrović, Uroš Stojković (SRB)    Attendance: 4,000
RUCH: Krzysztof Kamiński, Piotr Stawarczyk, Daniel Dziwniel, Łukasz Surma, Marek Zieńczuk, Jakub Kowalski (83 Michał Efir), Grzegorz Kuświk (75 Michał Szewczyk), Filip Starzyński, Bartłomiej Babiarz, Marcin Malinowski, Michał Helik. Coach: Ján Kocian
ESBJERG: Martin Dúbravka, Michael Jakobsen, Daniel Stenderup (79 Eddi Gomes), Jeppe Andersen (63 Jakob Ankersen), Mick Van Buren, Ryan Laursen, Casper Nielsen, Mohammed Fellah, Jakob Andreasen (46 Magnus Lekven), Martin Pušić, Jens Berthel Askou.
        Coach: Niels Frederiksen
Yellow Card: Eddi Gomes (83).

ESBJERG fB – KS RUCH CHORZÓW 2-2 (1-1)
Esbjerg Arena, Esbjerg   07.08.2014   Hour: 18:00
Referees: Kristo Tohver, Hannes Reinvald, Silver Koiv (EST)   Attendance: 7,008
ESBJERG: Martin Dúbravka, Michael Jakobsen, Daniel Stenderup (72 Ryan Laursen), Eddi Gomes, Magnus Lekven, Mick Van Buren, Casper Nielsen (65 Jeppe Andersen), Jakob Ankersen, Mohammed Fellah, Jonas Knudsen, Martin Pušić. Coach: Niels Frederiksen
RUCH: Krzysztof Kamiński, Piotr Stawarczyk, Daniel Dziwniel (88 Marcin Kuś), Łukasz Surma, Marek Zieńczuk (69 Michał Efir), Jakub Kowalski, Grzegorz Kuświk (69 Kamil Włodyka), Filip Starzyński, Bartłomiej Babiarz, Marcin Malinowski, Michał Helik. Coach: Ján Kocian
Yellow Card: Michael Jakobsen (13), Magnus Lekven (45), Ryan Laursen (84), Martin Pušić (86) / Marcin Malinowski (18), Daniel Dziwniel (81).
Goals: Casper Nielsen (29), Martin Pušić (85) / Filip Starzyński (13 pen), Łukasz Surma (90+5)


FC DINAMO MOSKVA – HAPOEL IRONI KIRYAT SHMONA FC 1-1 (0-0)
Arena Khimki, Khimki   31.07.2014   Hour: 20:00   Attendance: 7,583
Referees: Kristinn Jakobsson, Gunnar Gunnarsson, Johann Gudmundsson (ISL)
DINAMO: Vladimir Gabulov, Alexander Büttner, Christopher Samba, William Vainqueur, Balázs Dzsudzsák, Aleksei Ionov, Vladimir Granat, Christian Noboa (54 Aleksandr Kokorin), Kevin Kuranyi, Stanislav Manolev, Igor Denisov. Coach: Stanislav Cherchesov
HAPOEL: Guy Haimov, Kassio, Shir Tzedek, Hezi Dalmoni, Ahmed Abed (84 Ofir Mizrahi), Rodgers Kola (90+2 Gal Mayo), David Manga (71 Adrian Rochet), Oded Elkayam, Vladimir Broun, Mindaugas Panka, Roi Kehat. Coach: Barak Bakhar
Yellow Card: Stanislav Manolev (84) / Vladimir Broun (19), Ahmed Abed (74).
Goals: Kevin Kuranyi (71) / Rodgers Kola (63)


HAPOEL IRONI KIRYAT SHMONA FC – FC DINAMO MOSKVA 1-2 (1-2)
GSP Stadium, Nicosia   07.08.2014   Hour: 20:00
Referees: Richard Liesveld, Hessel Steegstra, Mario Diks (NED)   Attendance: 464
HAPOEL: Guy Haimov, Kassio, Shir Tzedek, Hezi Dalmoni (72 Touvarno Pinas), Ahmed Abed (84 Adrian Rochet), Rodgers Kola, David Manga, Oded Elkayam, Vladimir Broun, Mindaugas Panka (75 Ofir Mizrahi), Roi Kehat. Coach: Barak Bakhar
DINAMO: Roman Berezovski, Alexander Büttner, Christopher Samba, William Vainqueur, Balázs Dzsudzsák (68 Yuri Zhirkov), Aleksandr Kokorin, Aleksei Ionov (62 Fedor Smolov), Vladimir Granat, Kevin Kuranyi (58 Christian Noboa), Aleksei Kozlov, Igor Denisov.
Coach: Stanislav Cherchesov
Yellow Card: Ahmed Abed (44), Vladimir Broun (86) / Fedor Smolov (68), Igor Denisov (90+4).
Goals: Roi Kehat (11) / Kevin Kuranyi (22 pen), Aleksei Ionov (30)


BSC YOUNG BOYS BERN – ERMIS ARADIPPOU 1-0 (0-0)
Stade de Suisse, Bern   31.07.2014   Hour: 19:30
Referees: Clayton Pisani, Alan Camilleri, Edward Spiteri (MLT)   Attendance: 7,346
YOUNG BOYS: Yvon Mvogo, Jan Lecjaks, Moreno Costanzo, Renato Steffen (69 Gonzalo Zárate), Milan Gajić, Michael Frey (78 Adrian Nikci), Alain Rochat, Gregory Wüthrich, Scott Sutter, Raphael Nuzzolo, Yuya Kubo (22 Samuel Afum). Coach: Ulrich Forte
ERMIS: Martin Bogatinov, Dragan Zarkovic, Edwin Ouon (46 Paulinho), Mircea Axente (78 Hakeem Araba), Yiannis Taralidis, Luis Moran (68 Giorgi Iluridze), China, Paulo Pina, Douglas Packer, Jonatas Belusso, Ruben Palazuelos. Coach: Nicos Panayiotou
Yellow Card: Gregory Wüthrich (3), Milan Gajić (52) /
   Ruben Palazuelos (6), Yiannis Taralidis (8), Paulinho (85).
Goal: Raphael Nuzzolo (58)

ERMIS ARADIPOU – BSC YOUNG BOYS BERN 0-2 (0-1)
Antonis Papadopoulos, Larnaca    07.08.2014    Hour: 17:00
Referees: Kevin Clancy, Alan Mulvanny, Douglas Ross (SCO)    Attendance: 1,000
ERMIS: Martin Bogatinov, Dragan Zarkovic (45+1 Andreas Papathanasiou), Edwin Ouon, Mircea Axente (77 Giorgi Iluridze), Yiannis Taralidis (67 Stelios Demetriou), China, Paulinho, Paulo Pina, Douglas Packer, Jonatas Belusso, Ruben Palazuelos. Coach: Nicos Panayiotou
YOUNG BOYS: Yvon Mvogo, Jan Lecjaks, Moreno Costanzo, Renato Steffen (58 Adrian Nikci), Milan Gajić (60 Leonardo Bertone), Michael Frey, Alain Rochat, Gregory Wüthrich, Scott Sutter (66 Samuel Afum), Raphael Nuzzolo, Sekou Sanogo Junior. Coach: Ulrich Forte
Yellow Card: Paulinho (43), Andreas Papathanasiou (79) /
    Sekou Sanogo Junior (49), Gregory Wüthrich (60).
Red Card: Paulinho (46).
Goals: Renato Steffen (36), Michael Frey (66)


IF ELFSBORG BORÅS – FH HAFNARFJÖRDUR 4-1 (0-0)
Borås Arena, Borås    31.07.2014    Hour: 18:00
Referees: Tom Harald Hagen, Magnus Lundberg, Jan Erik Engan (NOR)    Attendance: 3,889
IF ELFSBORG BORÅS: Kevin Stuhr-Ellegaard, Johan Larsson, Anders Svensson, Lars Nilsson, Mikkel Beckmann (36 Simon Hedlund), Daniel Mobaeck, Sebastian Holmen, Viktor Claesson, Adam Lundqvist, Viktor Prodell (68 Per Frick), Marcus Rohdén. Coach: Jan Mian
FH HAFNARFJÖRDUR: Róbert Óskarsson, Pétur Vidarsson, Emil Palsson, Davíd Vidarsson, Atli Gudnason (79 Sam Hewson), Jón Jónsson, Steven Lennon, Kassim Doumbia, Ólafur Snorrason, Hólmar Rúnarsson (79 Ingimundur Niels Óskarsson), Jonathan Hendrickx.
Coach: Heimir Gudjónsson
Yellow Card: Per Frick (88), Anders Svensson (90+2) /
    Ólafur Snorrason (52), Jón Jónsson (54), Davíd Vidarsson (81).
Goals: Sebastian Holmen (55 pen), Per Frick (70), Marcus Rohdén (81), Simon Hedlund (89 pen) /
    Steven Lennon (61)


FH HAFNARFJÖRDUR – IF ELFSBORG BORÅS 2-1 (1-0)
Kaplakrikavöllur, Hafnarfjördur    07.08.2014    Hour: 18:30
Referees: Robert Schörgenhofer, Matthias Winsauer, Roland Brandner (AUS)    Attendance: 1,543
FH HAFNARFJÖRDUR: Róbert Óskarsson, Pétur Vidarsson, Emil Palsson (68 Atli Björnsson), Davíd Vidarsson, Atli Gudnason, Jón Jónsson, Steven Lennon, Kassim Doumbia, Ólafur Snorrason (74 Ingimundur Niels Óskarsson), Hólmar Rúnarsson (85 Sam Hewson), Jonathan Hendrickx.
Coach: Heimir Gudjónsson
IF ELFSBORG BORÅS: Kevin Stuhr-Ellegaard, Jon Olafur Jonsson (25 Daniel Mobaeck), Mikkel Beckmann, Sebastian Holmen, Andreas Klarström, Viktor Claesson, Per Frick (85 Johan Larsson), Simon Hedlund (61 Arber Zeneli), Adam Lundqvist, Henning Hauger, Marcus Rohdén.
Coach: Jan Mian
Yellow Card: Davíd Vidarsson (83), Jonathan Hendrickx (90+2) /
    Per Frick (54), Simon Hedlund (61), Mikkel Beckmann (90+1).
Goals: Atli Gudnason (17), Kassim Doumbia (76) / Mikkel Beckmann (90+4)


FC PETROLUL PLOIEŞTI – FC VIKTORIA PLZEŇ 1-1 (0-0)
Ilie Oană, Ploieşti    31.07.2014    Hour: 21:00
Referees: Anthony Taylor, Gary Beswick, John Brooks (ENG)    Attendance: 11,244
PETROLUL: Peçanha, Jean Sony Alcénat, Geraldo Alves, Gevaro Nepomuceno (72 Njongo Priso), Juan Angel Albín (56 Adrian Mutu), Ovidiu Hoban, Gerson, Jean-Alain Fanchone, Filipe Teixeira, Pablo De Lucas, Toto Tamuz (87 Patrick Nkoyi). Coach: Răzvan Lucescu
PLZEN: Matúš Kozáčik, Roman Hubník, Václav Pilař (81 Jan Kovařík), Tomáš Hořava (86 Daniel Kolář), David Limberský, Pavel Horváth, Milan Petržela (74 Patrik Hrošovský), Radim Řezník, Ondřej Vaněk, Václav Procházka, Marek Bakoš. Coach: Dušan Uhrin Jr.
Yellow Card: Juan Angel Albín (33), Njongo Priso (80) / Roman Hubník (39), Radim Řezník (49).
Goals: Adrian Mutu (76) / Daniel Kolář (90+1)

FC VIKTORIA PLZEŇ – FC PETROLUL PLOIEŞTI 1-4 (1-3)
Štruncovy Sady Stadión, Plzeň   07.08.2014   Hour: 20:00
Referees: Benoît Millot, Stephan Luzi, Hicham Zakrani (FRA)   Attendance: 10,521
PLZEN: Matúš Kozáčik, Roman Hubník, Václav Pilař, Tomáš Hořava (73 Ondřej Vaněk), David Limberský, Pavel Horváth, Milan Petržela (66 Stanislav Tecl), Radim Řezník, Václav Procházka, Marek Bakoš (53 Jan Chramosta), Daniel Kolář. Coach: Dušan Uhrin Jr.
PETROLUL: Peçanha, Jean Sony Alcénat, Geraldo Alves, Gevaro Nepomuceno (64 Sony Mustivar), Adrian Mutu (73 Juan Angel Albín), Ovidiu Hoban, Gerson, Jean-Alain Fanchone, Filipe Teixeira (83 Laurenţiu Marinescu), Pablo De Lucas, Toto Tamuz. Coach: Răzvan Lucescu
Yellow Card: Radim Řezník (17), Pavel Horváth (44), Václav Procházka (44), Roman Hubník (66) / Toto Tamuz (10).
Goals: Václav Pilař (40) /
        Filipe Teixeira (20), Adrian Mutu (38), Pablo De Lucas (43), Toto Tamuz (69)


GÍ/LÍF VIKINGUR GØTA – HNK RIJEKA 1-5 (1-2)
Tórsvøllur, Tórshavn   31.07.2014   Hour: 19:00
Referees: Dimitar Meckarovski, Marjan Kirovski, Dejan Kostadinov (MKD)   Attendance: 1,203
GÍ/LÍF VIKINGUR GØTA: Géza Turi, Andreas Olsen (77 Ingi Sorensen), Hanus Jacobsen, Atli Gregersen, Súni Olsen, Sølvi Vatnhamar, Hallur Hansson (64 Hedin Hansen), Bárdur Hansen, Erling Jacobsen, Hans Djurhuus (45+2 Filip Djordjević), Finnur Justinussen.
Coach: Sigfríður Clementsen
RIJEKA: Ivan Vargić, Mato Jajalo (68 Damir Zlomislić), Adis Jahović, Ivan Tomečak, Marko Lešković, Matej Mitrović, Zoran Kvržić, Marin Leovac, Josip Brezovec, Vedran Jugović (64 Goodness Ohiremen Ajayi), Andrej Kramarić (82 Dario Čanadjija). Coach: Matjaž Kek
Yellow Card: Sølvi Vatnhamar (81), Atli Gregersen (90).
Goals: Hallur Hansson (35) /
        Marko Lešković (14), Zoran Kvržić (45+1, 76), Adis Jahović (52), Andrej Kramarić (81 pen)


HNK RIJEKA – GÍ/LÍF VIKINGUR GØTA 4-0 (1-0)
Kantrida, Rijeka   07.08.2014   Hour: 21:15
Referees: Vitali Meshkov, Tikhon Kalugin, Vyacheslav Semenov (RUS)   Attendance: 5,036
RIJEKA: Andrej Prskalo, Mato Jajalo (46 Dario Čanadjija), Adis Jahović, Anas Sharbini, Ivan Boras, Matej Mitrović, Goodness Ohiremen Ajayi, Miral Samardžić, Zoran Kvržić, Damir Zlomislić (71 Vedran Jugović), Mateo Bertoša. Coach: Matjaž Kek
GÍ/LÍF VIKINGUR GØTA: Géza Turi, Hanus Jacobsen, Atli Gregersen, Súni Olsen, Filip Djordjević (81 Ingi Sorensen), Sølvi Vatnhamar, Hallur Hansson (80 Hedin Hansen), Bárdur Hansen, Erling Jacobsen, Hans Djurhuus, Finnur Justinussen (71 Andreas Olsen).
Coach: Sigfríður Clementsen
Yellow Card: Goodness Ohiremen Ajayi (51) / Erling Jacobsen (39), Súni Olsen (45).
Goals: Adis Jahović (39, 48, 64), Erling Jacobsen (77 og)


FC DINAMO MINSK – CFR CLUJ 1-0 (0-0)
Borisov Arena, Borisov   31.07.2014   Hour: 20:00
Referees: Martin Hansson, Magnus Sjöblom, Joakim Flink (SWE)   Attendance: 5,281
DINAMO MINSK: Aleksandr Gutor, Igor Voronkov (62 Hernan Figueredo), Slobodan Simović, Sergei Politevich, Nemanja Nikolić, Chigozie Udoji, Umaru Bangura, Andrei Zaleski (46 Sergei Karpovich), Oleg Veretilo, Igor Stasevich, Nenad Adamović. Coach: Vladimir Zhuravel
CFR CLUJ: Mário Felgueiras, Mateo Sušić, Ionuţ Larie, Ciprian Deac (76 Christian), Muniru Sulley, Florin Costea (55 Antonio Jakoliš), Grégory Tadé, Sergiu Negruţ (59 Guima), Ionuţ Rada, Aitor Monroy, Camora. Coach: Vasile Miriuţă
Yellow Card: Sergei Politevich (31), Nenad Adamović (58).
Goal: Nenad Adamović (54)

CFR CLUJ – FC DINAMO MINSK 0-2 (0-0)
Stadionul Dr. Constantin Rădulescu, Cluj-Napoca     07.08.2014     Hour: 20:30
Referees: Antony Gautier, Michael Annonier, Philippe Jeanne (FRA)     Attendance: 5,137
CFR CLUJ: Mário Felgueiras, Mateo Sušić, Ionuț Larie, Ciprian Deac, Muniru Sulley, Florin Costea (46 Guima), Grégory Tadé (67 Mirko Ivanovski), Sergiu Negruț (46 Filip Jazvić), Ionuț Rada, Aitor Monroy, Camora. Coach: Vasile Miriuță
DINAMO MINSK: Aleksandr Gutor, Igor Voronkov (5 Adama Diomande), Slobodan Simović, Sergei Politevich, Nemanja Nikolić, Chigozie Udoji, Sergei Karpovich, Umaru Bangura, Oleg Veretilo, Igor Stasevich (90 Sergei Kontsevoi), Nenad Adamović (84 Hernan Figueredo).
Coach: Vladimir Zhuravel
Yellow Card: Ionuț Larie (47), Aitor Monroy (57) /
         Adama Diomande (34), Umaru Bangura (49), Nenad Adamović (64), Oleg Veretilo (86)
Red Card: Ionuț Rada (26).
Goals: Igor Stasevich (71), Chigozie Udoji (81 pen)


NEFTCHI PFK BAKU – FC CHIKHURA SACHKHERE 0-0
8 KM Stadionu, Baku     31.07.2014     Hour: 20:00
Referees: Cristian Balaj, Sebastian Gheorghe, Ovidiu Artene (ROM)     Attendance: 10,800
NEFTCHI: Saša Stamenković, Carlos Cardoso, Elvin Yunuszade, Araz Abdullayev (67 Samir Masimov), Flavinho, Julius Wobay, Eric Ramos, Bruno Bertucci, Cauê, Mirhüseyin Seyidov (82 Cavid Imamverdiyev), Ernest Nfor (72 Ruslan Gurbanov). Coach: Boyukagha Hajiyev
CHIKHURA: Maksime Kvilitaia, Jambul Jigauri, Giorgi Kimadze, Giorgi Gabedava, Lasha Kutchukhidze, Giorgi Koripadze (81 Lasha Tchelidze), Giorgi Datunaishvili, Shota Kashia, David Odikadze, Besik Dekanoidze (89 Lasha Chikvaidze), Giorgi Rekhviashvili. Coach: Samson Pruidze
Yellow Card: Giorgi Datunaishvili (48).


FC CHIKHURA SACHKHERE – NEFTCHI PFK BAKU 2-3 (1-3)
Mikheil Meskhi, Tbilisi     07.08.2014     Hour: 21:00
Referees: Tamás Bognar, György Ring, Peter Berettyán (HUN)     Attendance: 21,359
CHIKHURA: Maksime Kvilitaia, Jambul Jigauri, Giorgi Kimadze, Giorgi Gabedava, Lasha Kutchukhidze, Giorgi Koripadze (79 Tornike Mumladze), Giorgi Datunaishvili, Shota Kashia, David Odikadze, Besik Dekanoidze, Giorgi Rekhviashvili. Coach: Samson Pruidze
NEFTCHI PFK BAKU: Saša Stamenković, Carlos Cardoso, Elvin Yunuszade, Araz Abdullayev (72 Samir Masimov), Flavinho, Julius Wobay (83 Cavid Imamverdiyev), Eric Ramos, Bruno Bertucci, Cauê, Mirhüseyin Seyidov (64 Magsad Isayev), Ernest Nfor. Coach: Boyukagha Hajiyev
Yellow Card: Giorgi Gabedava (68), Giorgi Datunaishvili (85), Giorgi Rekhviashvili (90+2) /
Cauê (20), Carlos Cardoso (52), Bruno Bertucci (63), Elvin Yunuszade (68), Samir Masimov (74).
Goals: Giorgi Gabedava (30, 50) / Ernest Nfor (16, 27, 38)


IFK GÖTEBORG – RIO AVE FC VILA DO CONDE 0-1 (0-1)
Gamla Ullevi, Göteborg     31.07.2014     Hour: 19:00
Referees: Fernando Teixeira, Victoriano Diaz Casado, Manuel Torre (ESP)     Attendance: 7,137
IFK GÖTEBORG: John Alvbage, Ludwig Augustinsson, Martin Smedberg (66 Daniel Sobralense), Gustav Svensson, Hjalmar Jónsson, Jakob Johansson (66 Gustav Engvall), Sam Larsson, Adam Johansson (80 Emil Salomonsson), May Mahlangu, Lasse Vibe, Mattias Bjärsmyr.
Coach: Mikael Stahre
RIO AVE: Cássio, Prince-Desiré Gouano, Filipe Augusto (75 Diego Lopes), Tarantini, Ahmed Hassan, Lionn, Tiago Pinto, Ukra (88 André Vilas Boas), Pedro Moreira, Yonathan Del Valle (64 Emmanuel Boateng), Marcelo. Coach: Pedro Martins
Yellow Card: Tiago Pinto (86), Diego Lopes (90+3).
Goal: Ahmed Hassan (22)

RIO AVE FC VILA DO CONDE – IFK GÖTEBORG 0-0
Rio Ave, Vila do Conde   07.08.2014   Hour: 20:00
Referees: Paolo Valeri, Alessandro Giallatini, Salvatore Longo (ITA)   Attendance: 6,735
RIO AVE: Cássio, Prince-Desiré Gouano, Filipe Augusto (87 Alhassan Wakaso), Tarantini, Ahmed Hassan (79 Emmanuel Boateng), Lionn, Tiago Pinto, Ukra (90+2 Roderick), Pedro Moreira, Yonathan Del Valle, Marcelo. Coach: Pedro Martins
IFK GÖTEBORG: John Alvbage, Kjetil Waehler, Ludwig Augustinsson, Robin Söder (61 Daniel Sobralense), Gustav Svensson, Jakob Johansson, Sam Larsson, Adam Johansson (76 Joel Allansson), May Mahlangu, Lasse Vibe, Mattias Bjärsmyr. Coach: Mikael Stahre
Yellow Card: Filipe Augusto (42), Alhassan Wakaso (90) /
    May Mahlangu (57), Kjetil Waehler (66), Ludwig Augustinsson (78).


CLUB BRUGGE KV – BRØNDBY IF 3-0 (2-0)
Jan Breydelstadion, Brugge   31.07.2014   Hour: 20:30
Referees: Vladislav Bezborodov, Nikolai Golubev, Maksim Gavrilin (RUS)   Attendance: 24,217
CLUB BRUGGE KV: Matthew Ryan, Timmy Simons, Oscar Duarte, Fernando, Víctor Vázquez (89 Jesper Jørgensen), Lior Refaelov (72 Nikola Storm), Maxime Lestienne, Thomas Meunier, Laurens De Bock, Nicolas Castillo (83 Waldemar Sobota), Björn Engels.
Coach: Michel Preud'homme
BRØNDBY: Lukas Hradecky, Michael Almebäck, Fredrik Semb Berge, Martin Albrechtsen, Martin Ørnskov (86 Frederik Holst), Thomas Kahlenberg, Simon Makienok, Mikkel Thygesen (76 Elbasan Rashani), Riza Durmisi, Lebogang Phiri, Feran Hasani (86 Christian Nørgaard).
Coach: Thomas Frank
Yellow Card: Maxime Lestienne (12), Fernando (62) / Michael Almebäck (46).
Goals: Oscar Duarte (14), Nicolas Castillo (30), Víctor Vázquez (63)


BRØNDBY IF – CLUB BRUGGE KV 0-2 (0-2)
Brøndby Stadium   07.08.2014   Hour: 20:00
Referees: Alon Yefet, Shabtai Nahmias, Nissan Davidy (ISR)   Attendance: 10,046
BRØNDBY: Lukas Hradecky, Fredrik Semb Berge (46 Martin Albrechtsen), Martin Ørnskov, Thomas Kahlenberg (74 Ariel Nuñez), Alexander Szymanowski, Simon Makienok, Frederik Holst, Elbasan Rashani (62 Mikkel Thygesen), Riza Durmisi, Lebogang Phiri, Dario Dumić.
Coach: Thomas Frank
CLUB BRUGGE KV: Matthew Ryan, Davy de Fauw, Timmy Simons, Oscar Duarte (46 Brandon Mechele), Fernando, Jesper Jørgensen (61 Lior Refaelov), Waldemar Sobota, Laurens De Bock, Nicolas Castillo (73 Maxime Lestienne), Björn Engels, Nikola Storm. Coach: Michel Preud'homme
Yellow Card: Alexander Szymanowski (64), Riza Durmisi (73) /
    Jesper Jørgensen (11), Björn Engels (28), Brandon Mechele (48), Waldemar Sobota (79)
Goals: Nicolas Castillo (38), Fernando (45+1)


FC SHAKHTER KARAGANDY – HNK HAJDUK SPLIT 4-2 (2-1)
Shakhter, Karagandy   31.07.2014   Hour: 18:30
Referees: Aliyar Aghayev, Zeynal Zeynalov, Namik Huseynov (AZE)   Attendance: 13,300
SHAKHTER: Aleksandr Mokin, Gediminas Vičius, Mihret Topcagic (83 Toktar Zhangylyshbay), Ulan Konysbaev, Andrei Finonchenko (86 Kamoliddin Murzoev), Andrei Poryavev, Nikola Pokrivač (60 Maksat Bayzhanov), Aldin Džidić, Sergei Maliy, Ján Maslo, Aleksandr Kirov.
Coach: Viktor Kumykov
HNK HAJDUK SPLIT: Dante Stipica, Dino Mikanović, Antonio Milić, Mislav Andjelković, Nikola Vlašić (88 Elvir Maloku), Sandro Gotal, Goran Jozinović, Mijo Caktaš, Mario Maloča, Filip Bradarić, Jean Evrard Kouassi (71 Marko Bencun). Coach: Igor Tudor
Yellow Card: Aleksandr Kirov (50), Ján Maslo (56), Maksat Bayzhanov (77), Sergei Maliy (80), Andrei Poryavev (90+2).
Goals: Mihret Topcagic (11), Andrei Finonchenko (21), Aldin Džidić (71), Toktar Zhangylyshbay (90+4) / Sandro Gotal (2), Mijo Caktaš (78 pen)

HNK HAJDUK SPLIT – FC SHAKHTER KARAGANDY 3-0 (2-0)
Stadion Poljud, Split    07.08.2014    Hour: 19:30
Referees: Tony Chapron, Cyril Lompre, Alexandre Viala (FRA)    Attendance: 28,000
HNK HAJDUK SPLIT: Lovre Kalinić, Antonio Milić (66 Zoran Nižić), Goran Milović, Avdija Vršajević (73 Ivan Anton Vasilj), Mislav Andjelković, Nikola Vlašić (82 Jean Evrard Kouassi), Anton Maglica, Sandro Gotal, Mijo Caktaš, Mario Maloča, Tino-Sven Sušić. Coach: Igor Tudor
SHAKHTER: Aleksandr Mokin, Gediminas Vičius, Mihret Topcagic, Ulan Konysbaev, Andrei Poryvaev (53 Roman Murtazayev), Nikola Pokrivač, Aldin Džidić, Sergei Maliy, Ján Maslo (60 Toktar Zhangylyshbay), Aleksandr Kirov, Aleksandar Simčević. Coach: Viktor Kumykov
Yellow Card: Zoran Nižić (72), Sandro Gotal (86), Anton Maglica (90+3) / Ján Maslo (47).
Goals: Tino-Sven Sušić (14), Anton Maglica (36), Sandro Gotal (90+5)

## PLAY-OFFS

FC DNIPRO DNIPROPETROVSK – HNK HAJDUK SPLIT 2-1 (0-0)
NSK Olimpiyskyi, Kyiv    20.08.2014    Hour: 19:00
Referees: Aleksei Kulbakov, Dmitri Zhuk, Andrei Getikov (BLR)    Attendance: 10,320
FC DNIPRO DNIPROPETROVSK: Denys Boyko, Ondřej Mazuch, Serhiy Kravchenko, Nikola Kalinić, Yevhen Seleznyov (78 Mladen Bartulović), Ivan Strinić, Roman Zozulya, Bruno Gama (59 Yevhen Shakhov), Douglas, Ruslan Rotan, Artem Fedetskiy (70 Leo Matos).
Coach: Myron Markevych
HNK HAJDUK SPLIT: Lovre Kalinić, Antonio Milić, Goran Milović, Avdija Vršajević, Mislav Andjelković (71 Dejan Mezga), Anton Maglica (78 Artem Milevskiy), Sandro Gotal (46 Nikola Vlašić), Mijo Caktaš, Mario Maloča, Tino-Sven Sušić, Jean Evrard Kouassi. Coach: Igor Tudor
Yellow Card: Serhiy Kravchenko (40) / Anton Maglica (68).
Goals: Nikola Kalinić (50), Yevhen Shakhov (88) / Tino-Sven Sušić (47)

HNK HAJDUK SPLIT – FC DNIPRO DNIPROPETROVSK 0-0
Stadion Poljud, Split    28.08.2014    Hour: 19:00
Referees: Hüseyin Göçek, Mustafa Eyisoy, Orkun Aktaş (TUR)    Attendance: 31,000
HNK HAJDUK SPLIT: Lovre Kalinić, Antonio Milić, Goran Milović, Avdija Vršajević, Mislav Andjelković (60 Sandro Gotal), Anton Maglica, Mijo Caktaš, Mario Maloča, Tino-Sven Sušić (84 Zoran Nižić), Jean Evrard Kouassi (60 Marko Bencun), Dejan Mezga. Coach: Igor Tudor
FC DNIPRO DNIPROPETROVSK: Denys Boyko, Ondřej Mazuch, Jaba Kankava, Leo Matos, Ivan Strinić, Roman Zozulya, Bruno Gama (90+1 Mladen Bartulović), Douglas, Yevhen Shakhov (72 Nikola Kalinić), Ruslan Rotan (40 Serhiy Kravchenko), Artem Fedetskiy.
Coach: Myron Markevych
Yellow Card: Goran Milović (34), Avdija Vršajević (49), Dejan Mezga (75), Antonio Milić (80) /
    Roman Zozulya (73).

STJARNAN KF GARÐABÆR – FC INTERNAZIONALE MILANO 0-3 (0-1)
Laugardalsvöllur, Reykjavik    20.08.2014    Hour: 21:00
Referees: Marijo Strahonja, Siniša Premužaj, Igor Krmar (CRO)    Attendance: 9,829
STJARNAN: Ingvar Jónsson, Niclas Vemmelund, Atli Jóhannsson, Pablo Punyed, Daníel Laxdal, Veigar Gunnarsson (70 Rolf Toft), Arnar Björgvinsson, Hördur Arnason, Thorri Geir Rúnarsson (70 Gardar Jóhannsson), Ólafur Karl Finsen, Martin Rauschenberg.
Coach: Rúnar Páll Sigmundsson
FC INTERNAZIONALE MILANO: Samir Handanovič, Jonathan (75 Danilo D'Ambrosio), Juan, Mauro Icardi, Mateo Kovačić, Nemanja Vidić, Rubén Botta (61 Pablo Osvaldo), Dodô, Andrea Ranocchia, Hernanes (88 Zdravko Kuzmanović), Yann M'Vila. Coach: Walter Mazzarri
Yellow Card: Nemanja Vidić (65).
Goals: Mauro Icardi (41), Dodô (48), Danilo D'Ambrosio (89)

FC INTERNAZIONALE MILANO – STJARNAN KF GARÐABÆR 6-0 (2-0)
Stadio Giuseppe Meazza, Milan    28.08.2014    Hour: 20:45
Referees: Harald Lechner, Andreas Staudinger, Maximilian Kolbitsch (AUS)    Attendance: 46,440
FC INTERNAZIONALE MILANO: Juan Pablo Carrizo, Juan, Marco Andreolli, Pablo Osvaldo, Mateo Kovačić (53 Mauro Icardi), Joel Obi (59 Zdravko Kuzmanović), Andrea Ranocchia, Danilo D'Ambrosio, Yuto Nagatomo, Hernanes (67 Jonathan), Yann M'Vila. Coach: Walter Mazzarri
STJARNAN: Ingvar Jónsson, Niclas Vemmelund, Atli Jóhannsson (64 Heidar Aegisson), Pablo Punyed, Daníel Laxdal, Veigar Gunnarsson (59 Gardar Jóhannsson), Arnar Björgvinsson, Hördur Arnason, Ólafur Karl Finsen (64 Thorri Geir Rúnarsson), Rolf Toft, Martin Rauschenberg. Coach: Rúnar Páll Sigmundsson
Yellow Card: Yuto Nagatomo (90) / Martin Rauschenberg (49).
Goals: Mateo Kovačić (28, 33, 51), Pablo Osvaldo (47), Mauro Icardi (69, 80)


FK SARAJEVO – BORUSSIA MÖNCHENGLADBACH 2-3 (1-2)
Asim Ferhatović Hase Stadion, Sarajevo    21.08.2014    Hour: 20:45    Attendance: 29,000
Referees: Antonio Mateu Lahoz, Pau Cebrian Devis, Jon Nunez Fernandez (ESP)
SARAJEVO : Dejan Bandović, Miloš Stojčev, Ševko Okić (52 Haris Duljević), Krste Velkoski, Ivan Tatomirović, Džamal Berberović, Amer Dupovac, Gojko Cimirot, Bojan Puzigaća (76 Radoš Protić), Samir Radovac (76 Adnan Kovačević), Nemanja Bilbija. Coach: Abdulah Ibrakovic
BORUSSIA: Yann Sommer, Ibrahima Traoré (46 Patrick Herrmann), Raffael (82 Thorgan Hazard), Álvaro Domínguez, Håvard Nordtveit, Fabian Johnson, Tony Jantschke, André Hahn (65 Julian Korb), Branimir Hrgota, Granit Xhaka, Martin Stranzl. Coach: Lucien Favre
Yellow Card: Ivan Tatomirović (31).
Goals: Bojan Puzigaća (26), Haris Duljević (59) / André Hahn (11), Branimir Hrgota (41, 73)


BORUSSIA MÖNCHENGLADBACH – FK SARAJEVO 7-0 (3-0)
Borussia-Park, Monchengladbach    28.08.2014    Hour: 20:45
Referees: Vladislav Bezborodov, Nikolai Golubev, Maksim Gavrilin (RUS)    Attendance: 44,152
BORUSSIA: Yann Sommer, Raffael (70 Thorgan Hazard), Álvaro Domínguez, Fabian Johnson, Christoph Kramer (55 Mahmoud Dahoud), Tony Jantschke, Julian Korb, André Hahn (64 Patrick Herrmann), Branimir Hrgota, Granit Xhaka, Martin Stranzl. Coach: Lucien Favre
SARAJEVO : Dejan Bandović, Miloš Stojčev (46 Radoš Protić), Ševko Okić (75 Faris Handžić), Krste Velkoski, Ivan Tatomirović, Haris Duljević, Džamal Berberović, Amer Dupovac, Gojko Cimirot, Bojan Puzigaća (46 Nemanja Bilbija), Samir Radovac. Coach: Abdulah Ibrakovic
Yellow Card: Tony Jantschke (31) /
`        Džamal Berberović (73), Amer Dupovac (73), Ivan Tatomirović (89).
Red Card: Ivan Tatomirović (90).
Goals: André Hahn (20), Granit Xhaka (24), Branimir Hrgota (34, 67, 82), Thorgan Hazard (74 pen, 90+2)


APOLLON FC LIMASSOL – FC LOKOMOTIV MOSKVA 1-1 (0-1)
GSP Stadium, Nicosia    21.08.2014    Hour: 20:30
Referees: Ivan Bebek, Tomislav Petrović, Miro Grgić (CRO)    Attendance: 7,146
APOLLON: Bruno Vale, Marcos Gullón, Camel Meriem (69 Jan Rezek), Georgos Merkis, Guie Gneki Abraham, Bertrand Robert, Fotis Papoulis, Marios Stylianou (70 Dustley Mulder), João Paulo, Rachid Hamdani, Georgios Vasiliou (79 Thuram). Coach: Christos Christoforou
LOKOMOTIV MOSKVA: Guilherme, Alan Kasaev (62 Maicon), Manuel Fernandes, Vedran Ćorluka, Aleksandr Samedov, Baye Oumar Niasse (46 Dame N'Doye), Dmitri Tarasov (65 Taras Mikhalik), Yan Tigorev, Ján Ďurica, Vitali Denisov, Roman Shishkin. Coach: Leonid Kuchuk
Yellow Card: Marios Stylianou (33), Georgos Merkis (53) /
        Vitali Denisov (63), Vedran Ćorluka (80), Maicon (88).
Red Card: Yan Tigorev (76), Vitali Denisov (87).
Goals: Guie Gneki Abraham (80) / Alan Kasaev (39)

FC LOKOMOTIV MOSKVA – APOLLON FC LIMASSOL 1-4 (0-1)
Stadion Lokomotiv, Moskva    28.08.2014    Hour: 19:00
Referees: Stefan Johannesson, Fredrik Nilsson, Mehmet Culum (SWE)    Attendance: 6,520
LOKOMOTIV MOSKVA: Guilherme, Alan Kasaev (67 Aleksandr Samedov), Manuel Fernandes (53 Roman Pavlyuchenko), Nemanja Pejčinović, Maicon, Vedran Ćorluka, Baye Oumar Niasse (53 Aleksei Miranchuk), Dmitri Tarasov, Ján Ďurica, Roman Shishkin, Aleksandr Seraskhov.
Coach: Leonid Kuchuk
APOLLON: Bruno Vale, Marcos Gullón (87 Angelis Charalambous), Gaston Sangoy, Jan Rezek, Camel Meriem (64 Thuram), Georgos Merkis, Bertrand Robert, Fotis Papoulis (81 Hugo Lopez), Marios Stylianou, João Paulo, Rachid Hamdani. Coach:
Yellow Card: Ján Ďurica (16), Roman Shishkin (69) /
    Georgos Merkis (38), Marios Stylianou (58), Marcos Gullón (69), Bruno Vale (73).
Goals: Roman Pavlyuchenko (85) /
    Jan Rezek (20), Fotis Papoulis (51), Thuram (78), Hugo Lopez (84)


FC ASTANA – VILLARREAL CF 0-3 (0-1)
Astana Arena, Astana    21.08.2014    Hour: 21:00
Referees: Bas Nijhuis, Charles Schaap, Rob van de Ven (NED)    Attendance: 27,500
ASTANA: Nenad Erić, Marin Aničić, Kethevoama Foxi, Abzal Beisebekov, Tanat Nusserbayev (80 Serikzhan Muzhikov), Georgy Zhukov, Baurzhan Dzholchiyev (62 Yeldos Akhmetov), Guy Stéphane Essame (57 Patrick Twumasi), Evgeni Postnikov, Dmitri Shomko, Roger Cañas.
Coach: Stanimir Stoilov
VILLARREAL: Sergio Asenjo, Mario Gaspar, Mateo Musacchio, Ikechukwu Uche (63 Luciano Vietto), Giovani dos Santos, Cani, Manu Trigueros, Denis Cheryshev (74 Javier Espinosa), Jaume, Gabriel Paulista (32 Víctor Ruiz), Bruno Soriano. Coach: Marcelino
Yellow Card: Evgeni Postnikov (20), Marin Aničić (26) / Jaume (55).
Red Card: Marin Aničić (60).
Goals: Cani (33), Giovani Dos Santos (48), Mario Gaspar (84)


VILLARREAL CF – FC ASTANA 4-0 (1-0)
Estadio El Madrigal, Villarreal    28.08.2014    Hour: 20:45
Referees: Liran Liany, David Elias Biton, Danny Krasikow (ISR)    Attendance: 11,564
VILLARREAL: Juan Carlos, Mario Gaspar, Tomás Pina, Mateo Musacchio, Luciano Vietto, Manu Trigueros (46 Bruno Soriano), Jaume (56 Adrian Marín), Moi Gómez (64 Nahuel Leiva), Gabriel Paulista, Gerard Moreno, Javier Espinosa. Coach: Marcelino
ASTANA: Vladimir Loginovski, Viktor Dmitrenko, Kethevoama Foxi (77 Damir Kojašević), Abzal Beisebekov, Tanat Nusserbayev (62 Guy Stéphane Essame), Patrick Twumasi (71 Atanas Kurdov), Georgy Zhukov, Baurzhan Dzholchiyev, Evgeni Postnikov, Dmitri Shomko, Roger Cañas. Coach: Stanimir Stoilov
Yellow Card: Tomás Pina (30) /
    Baurzhan Dzholchiyev (18), Dmitri Shomko (37), Patrick Twumasi (60).
Goals: Luciano Vietto (21, 54), Bruno Soriano (61 pen), Nahuel Leiva (67)


BSC YOUNG BOYS BERN – DEBRECENI VSC 3-1 (1-1)
Stade de Suisse, Bern    21.08.2014    Hour: 19:30
Referees: Tom Harald Hagen, Dag-Roger Nebben, Jan Erik Engan (NOR)    Attendance: 7,927
YOUNG BOYS: Yvon Mvogo, Florent Hadergjonaj, Steve von Bergen, Leonardo Bertone, Jan Lecjaks, Moreno Costanzo (77 Yuya Kubo), Renato Steffen (86 Adrian Nikci), Michael Frey (90 Samuel Afum), Alain Rochat, Raphael Nuzzolo, Sekou Sanogo Junior. Coach: Ulrich Forte
DEBRECENI VSC: Vukašin Poleksić, László Zsidai, Norbert Mészáros, Péter Máté, Ibrahim Sidibe, Ádám Bódi, József Varga, Péter Szakály, Mihály Korhut, Aleksandar Jovanović, L'Imam Seydi (74 Tamás Kulcsár). Coach: Elemér Kondás
Yellow Card: Leonardo Bertone (70) / Mihály Korhut (61), László Zsidai (66).
Goals: Raphael Nuzzolo (26), Renato Steffen (67), Michael Frey (87) / Ibrahim Sidibe (39)

DEBRECENI VSC – BSC YOUNG BOYS BERN 0-0
Debrecen Stadion, Debrecen    28.08.2014    Hour: 20:30    Attendance: 6,393
Referees: David Fernández Borbalán, Raúl Cabanero Martínez, Jorge Canelo Prieto (ESP)
DEBRECENI VSC: Nenad Novaković, László Zsidai, Dániel Vadnai (79 János Ferenczi), Norbert Mészáros (46 Igor Morozov), Péter Máté, Ibrahim Sidibe, Ádám Bódi, József Varga, Mihály Korhut, Tamás Kulcsár (65 L'Imam Seydi), Aleksandar Jovanović. Coach: Elemér Kondás
YOUNG BOYS: Yvon Mvogo, Florent Hadergjonaj, Steve von Bergen, Leonardo Bertone, Jan Lecjaks, Moreno Costanzo (67 Gregory Wüthrich), Renato Steffen, Michael Frey (81 Yuya Kubo), Alain Rochat, Raphael Nuzzolo (90+1 Scott Sutter), Sekou Sanogo Junior. Coach: Ulrich Forte
Yellow Card: László Zsidai (31), Mihály Korhut (34), Ibrahim Sidibe (58), Dániel Vadnai (72), Péter Máté (76), József Varga (84), János Ferenczi (85), Igor Morozov (90+4) /
Jan Lecjaks (30), Alain Rochat (32).
Red Card: L'Imam Seydi (90).


PEC ZWOLLE – AC SPARTA PRAHA 1-1 (0-0)
Ijsseldeltastadion, Zwolle    21.08.2014    Hour: 20:00
Referees: Michael Oliver, Stuart Burt, Darren England (ENG)    Attendance: 12,130
ZWOLLE: Diederik Boer, Bram van Polen, Trent Sainsbury, Maikel van der Werff, Bart van Hintum, Mustafa Saymak, Nikos Ioannidis (46 Jody Lukoki), Jesper Drost, Tomáš Necid, Ben Rienstra, Ryan Thomas (65 Stefan Nijland). Coach: Ron Jans
AC SPARTA PRAHA: David Bičík, Jakub Brabec, Marek Matějovský, Bořek Dočkal (76 Kamil Vacek), Lukáš Mareček, Radoslav Kováč, Pavel Kadeřábek, David Lafata (90+2 Roman Bednář), Josef Hušbauer (66 Tomáš Přikryl), Ladislav Krejčí, Costa Nhamoinesu. Coach: Vítězslav Lavička
Yellow Card: Jody Lukoki (77), Bram van Polen (86) / Marek Matějovský (57).
Goals: Jody Lukoki (77) / Ladislav Krejčí (82)


AC SPARTA PRAHA – PEC ZWOLLE 3-1 (2-0)
Stadion Letná, Praha    28.08.2014    Hour: 20:30
Referees: Ivan Bebek, Tomislav Petrović, Miro Grgić (CRO)    Attendance: 16,612
AC SPARTA PRAHA: David Bičík, Jakub Brabec, Marek Matějovský, Bořek Dočkal, Lukáš Mareček, Radoslav Kováč, Pavel Kadeřábek, Kamil Vacek (83 Tiemoko Konate), David Lafata (90+2 Martin Nešpor), Ladislav Krejčí (90 Michal Breznaník), Costa Nhamoinesu.
Coach: Vítězslav Lavička
ZWOLLE: Diederik Boer, Bram van Polen, Trent Sainsbury, Maikel van der Werff, Bart van Hintum, Mustafa Saymak, Jody Lukoki (77 Rick Dekker), Jesper Drost, Tomáš Necid (54 Stefan Nijland), Ben Rienstra, Ryan Thomas (69 Soufian Moro). Coach: Ron Jans
Yellow Card: Marek Matějovský (32), Jakub Brabec (56), Costa Nhamoinesu (57) /
Trent Sainsbury (36).
Goals: Ladislav Krejčí (10), Bořek Dočkal (44), Jakub Brabec (62) / Stefan Nijland (83 pen)


FC SPARTAK TRNAVA – FC ZÜRICH 1-3 (1-2)
Štadión FC ViOn, Zlate Moravce    21.08.2014    Hour: 20:15
Referees: Leontios Trattou, Michael Soteriou, Petros Petrou (CYP)    Attendance: 3,840
FC SPARTAK TRNAVA: Dobrivoj Rusov, Marek Janečka, Ján Vlasko (85 Martin Vyskočil), Milan Bortel, José Casado, Martin Tóth, Matúš Čonka, Erik Jendrišek, Ivan Schranz (72 Nikolas Špalek), Kamil Kuzma, Cleber (76 Ján Chovanec). Coach: Juraj Jarábek
ZÜRICH: David Da Costa, Berat Djimsiti, Amine Chermiti (73 Franck Etoundi), Davide Chiumento, Oliver Buff, Philippe Koch, Yassine Chikhaoui, Avraham Rikan (83 Patrick Rossini), Ivan Kecojević, Marco Schönbächler, Gilles Yapi. Coach: Urs Meier
Yellow Card: José Casado (24), Ján Vlasko (60) / Amine Chermiti (26), Davide Chiumento (80).
Goals: Ján Vlasko (14 pen) / Amine Chermiti (4, 45+2, 58)

FC ZÜRICH – FC SPARTAK TRNAVA 1-1 (0-0)
Arena St. Gallen, St. Gallen   28.08.2014   Hour: 20:30
Referees: Bobby Madden, Graham Chambers, Stuart Stevenson (SCO)   Attendance: 4,252
ZüRICH: David Da Costa, Berat Djimsiti, Amine Chermiti, Davide Chiumento, Oliver Buff (78 Francisco Rodriguez), Philippe Koch, Yassine Chikhaoui (69 Franck Etoundi), Avraham Rikan, Ivan Kecojević, Marco Schönbächler (82 Maurice Brunner), Gilles Yapi. Coach: Urs Meier
FC SPARTAK TRNAVA: Dobrivoj Rusov, Matej Siva, Marek Janečka, Martin Mikovič, Milan Bortel (74 Soune Soungole), José Casado, Martin Tóth, Matúš Čonka, Erik Jendrišek, Ivan Schranz (51 Kamil Kuzma), Cleber (56 Nikolas Špalek). Coach: Juraj Jarábek
Yellow Card: Matej Siva (54), Erik Jendrišek (85), Marek Janečka (89).
Goals: Yassine Chikhaoui (48) / Nikolas Špalek (90+2)


ASTERAS TRIPOLIS FC – MACCABI TEL-AVIV FC 2-0 (1-0)
Theodoros Kolokotronis Stadium, Tripoli Arkadia   21.08.2014   Hour: 21:15
Referees: Paolo Tagliavento, Mauro Tonolini, Alessandro Giallatini (ITA)   Attendance: 4,4,51
ASTERAS TRIPOLIS FC: Kostas Theodoropoulos, Thanasis Panteliadis, Juan Munafo, Pablo Mazza (79 Jerónimo Barrales), Fernando Usero, Martin Rolle (70 Khalifa Sankaré), Giorgos Zisopoulos, Dimitris Kourbelis, Braian Lluy (88 Eric Tie Bi), Dorin Goian, Pablo De Blasis.
Coach: Staikos Vergetis
MACCABI: Juan Pablo, Yuval Shpungin, Eden Ben Basat (66 Rade Prica), Gal Alberman, Eran Zahavi, Maharan Radi (86 Moshe Lugassi), Dor Mikha (76 Tal Ben Haim), Eytan Tibi, Sheran Yeini, Carlos García, Nosa Igiebor. Coach: Óscar Garcia
Yellow Card: Eden Ben Basat (23), Carlos García (69), Gal Alberman (74), Nosa Igiebor (90+2).
Goals: Pablo Mazza (29), Giorgos Zisopoulos (47)


MACCABI TEL-AVIV FC – ASTERAS TRIPOLIS FC 3-1 (1-1)
Antonis Papadopoulos, Larnaca   28.08.2014   Hour: 20:30
Referees: Deniz Aytekin, Guido Kleve, Markus Häcker (GER)   Attendance: 350
MACCABI: Juan Pablo, Eden Ben Basat (72 Rade Prica), Gal Alberman, Eran Zahavi, Dor Mikha, Eytan Tibi, Omri Ben Harush, Sheran Yeini, Barak Badash (85 Maharan Radi), Carlos García, Nosa Igiebor (62 Tal Ben Haim). Coach: Benny Tabak
ASTERAS TRIPOLIS FC: Kostas Theodoropoulos, Thanasis Panteliadis, Juan Munafo, Pablo Mazza (59 Eric Tie Bi), Fernando Usero, Martin Rolle (77 Khalifa Sankaré), Giorgos Zisopoulos, Dimitris Kourbelis, Braian Lluy, Dorin Goian, Pablo De Blasis (86 Facundo Parra).
Coach: Staikos Vergetis
Yellow Card: Eytan Tibi (32) /
            Martin Rolle (61), Kostas Theodoropoulos (90+1), Giorgos Zisopoulos (90+5).
Goals: Barak Badash (27), Eran Zahavi (54 pen), Rade Prica (75) / Dorin Goian (23)


AEL FC LARISSA – TOTTENHAM HOTSPUR FC LONDON 1-2 (1-0)
Antonis Papadopoulos, Larnaca   21.08.2014   Hour: 19:00
Referees: Manuel De Sousa, Ricardo Santos, Tiago Rocha (POR)   Attendance: 7,200
AEL FC LARISSA: Karim Fegrouch, Valentinos Sielis, Lukasz Gikiewicz (73 Marco Tagbajumi), Diego Barcelos (67 George Eleftheriou), Marios Nikolaou, Edmar, Luciano Bebê, Carlitos, Diallo Guidileye, Cadú, Adrián Sardinero (80 Carlitos). Coach: Ivaylo Petev
TOTTENHAM: Hugo Lloris, Jan Vertonghen, Paulinho (59 Nacer Chadli), Roberto Soldado, Lewis Holtby (66 Mousa Dembélé), Eric Dier, Kyle Naughton, Andros Townsend (72 Erik Lamela), Harry Kane, Ben Davies, Nabil Bentaleb. Coach: Mauricio Pochettino
Yellow Card: Cadú (39) / Lewis Holtby (36), Roberto Soldado (58), Ben Davies (86).
Goals: Adrián Sardinero (14) / Roberto Soldado (74), Harry Kane (80)

TOTTENHAM HOTSPUR FC LONDON – AEL FC LARISSA 3-0 (1-0)
White Hart Lane, London    28.08.2014    Hour: 19:45
Referees: Miroslav Zelinka, Ondřej Pelikán, Antonin Kordula (CZE)    Attendance: 29,976
TOTTENHAM: Hugo Lloris, Younès Kaboul, Vlad Chiricheş (86 Miloš Veljković), Aaron Lennon, Paulinho, Kyle Naughton, Andros Townsend, Harry Kane, Mousa Dembélé, Sandro (78 Lewis Holtby), Ben Davies. Coach: Mauricio Pochettino
AEL FC LARISSA: Karim Fegrouch (13 Pulpo), Valentinos Sielis, Lukasz Gikiewicz, Diego Barcelos, Marios Nikolaou (45 Danielzinho), Edmar, Luciano Bebê, Carlitos, Diallo Guidileye, Cadú, Adrián Sardinero (80 Marco Tagbajumi). Coach: Ivaylo Petev
Yellow Card: Andros Townsend (45+5) / Karim Fegrouch (13), Luciano Bebê (42).
Goals: Harry Kane (45), Paulinho (49), Andros Townsend (66 pen)


FC DINAMO MINSK – CD NACIONAL FUNCHAL 2-0 (1-0)
Borisov Arena, Borisov    21.08.2014    Hour: 20:00
Referees: Michael Koukoulakis, Christos Baltas, Michael Karsiotis (GRE)    Attendance: 5,930
DINAMO MINSK: Aleksandr Gutor, Sergei Politevich, Nemanja Nikolić, Chigozie Udoji (89 Evgeni Nikitin), Sergei Karpovich, Umaru Bangura, Oleg Veretilo, Hernan Figueredo (65 Adama Diomande), Igor Stasevich (90+2 Dmitri Molosh), Sergei Kontsevoi, Nenad Adamović.
Coach: Vladimir Zhuravel
NACIONAL: Eduardo Gottardi, Zainaidine Júnior (60 Lucas João), Miguel Rodrigues, Mahmoud Ezzat, Marçal, João Aurélio, Hyun Jun Suk (57 Reginaldo), Saleh Gomaa, Mário Rondon, Ali Ghazal, Marco Matias. Coach: Manuel Machado
Yellow Card: Sergei Kontsevoi (22).
Goals: Igor Stasevich (44 pen), Nemanja Nikolić (55)


CD NACIONAL FUNCHAL – FC DINAMO MINSK 2-3 (1-2)
Estádio da Madeira, Funchal    28.08.2014    Hour: 19:45
Referees: Sébastien Delferiere, Yves De Neve, Frederick Stalport (BEL)    Attendance: 4,127
NACIONAL: Eduardo Gottardi, Zainaidine Júnior, Miguel Rodrigues, Marçal, João Aurélio (67 Boubacar Fofana), Sebastián Ayala (45+3 Hyun Jun Suk), Saleh Gomaa (67 Reginaldo), Mário Rondon, Rui Correia, Ali Ghazal, Marco Matias. Coach: Manuel Machado
DINAMO MINSK: Aleksandr Gutor, Slobodan Simović, Sergei Politevich, Nemanja Nikolić, Chigozie Udoji (85 Gleb Rassadkin), Sergei Karpovich, Umaru Bangura, Oleg Veretilo, Igor Stasevich (77 Hernan Figueredo), Sergei Kontsevoi, Nenad Adamović (89 Igor Voronkov).
Coach: Vladimir Zhuravel
Yellow Card: Rui Correia (61) /
    Igor Stasevich (15), Oleg Veretilo (58), Umaru Bangura (70), Chigozie Udoji (72).
Goals: Marco Matias (30 pen), Ali Ghazal (53) / Chigozie Udoji (32, 63), Slobodan Simović (40)


QARABAĞ FK BAKU – FC TWENTE ENSCHEDE 0-0
Tofig Bahramov Republican stadium, Baku    21.08.2014    Hour: 21:00
Referees: Manuel Gräfe, Holger Henschel, Christian Gittelmann (GER)    Attendance: 28,000
QARABAĞ FK BAKU: Ibrahim Šehić, Qara Qarayev, Maksim Medvedev, Reynaldo, Muarem Muarem (67 Namik Alaskarov), Danilo Leandro Dias (56 Javid Taghiyev), Rashad F. Sadygov, Richard Almeida, Ansi Agolli, Leroy George (29 Vüqar Nadirov), Badavi Guseynov.
Coach: Gurban Gurbanov
TWENTE: Nick Marsman, Cuco Martina, Darryl Lachman, Robbert Schilder, Youness Mokthar, Kyle Ebecilio, Hakim Ziyech (77 Shadrach Eghan), Rasmus Bengtsson, Kamohelo Mokotjo, Luc Castaignos (90+3 Torgeir Borven), Kasper Kusk (69 Tim Hölscher). Coach: Alfred Schreuder
Yellow Card: Maksim Medvedev (35) / Luc Castaignos (35), Kasper Kusk (45), Tim Hölscher (87).

FC TWENTE ENSCHEDE – QARABAĞ FK BAKU 1-1 (1-0)
FC Twente Stadion, Enschede    28.08.2014    Hour: 19:30
Referees: Paolo Mazzoleni, Lorenzo Manganelli, Alessandro Petrella (ITA)    Attendance: 20,200
TWENTE: Nick Marsman, Cuco Martina, Andreas Bjelland, Darryl Lachman, Robbert Schilder, Youness Mokthar (90+4 Bilal Ould-Chikh), Kyle Ebecilio (64 Shadrach Eghan), Hakim Ziyech (79 Torgeir Borven), Kamohelo Mokotjo, Luc Castaignos, Kasper Kusk. Coach: Alfred Schreuder
QARABAĞ FK BAKU: Ibrahim Šehić, Qara Qarayev, Maksim Medvedev, Reynaldo, Muarem Muarem (71 Danilo Leandro Dias), Rashad F. Sadygov, Vüqar Nadirov (85 Admir Teli), Richard Almeida, Ansi Agolli, Badavi Guseynov, Chumbinho (79 Namig Yusifov).
Coach: Gurban Gurbanov
Yellow Card: Qara Qarayev (86).
Goals: Luc Castaignos (37) / Muarem Muarem (51)


FC PETROLUL PLOIEȘTI – GNK DINAMO ZAGREB 1-3 (1-1)
Ilie Oană, Ploiești    21.08.2014    Hour: 20:15
Referees: Daniele Orsato, Lorenzo Manganelli, Nicola Nicoletti (ITA)    Attendance: 13,460
PETROLUL: Peçanha, Jean Sony Alcénat, Geraldo Alves, Adrian Mutu (83 Gevaro Nepomuceno), Ovidiu Hoban (50 Sony Mustivar), Njongo Priso (62 Juan Angel Albín), Gerson, Jean-Alain Fanchone, Filipe Teixeira, Pablo De Lucas, Toto Tamuz. Coach: Răzvan Lucescu
DINAMO: Eduardo, El Arbi Hilal Soudani (46 Paulo Machado), Josip Šimunić, Jozo Šimunović, Ivo Pinto, Domagoj Antolić (72 Ognjen Vukojević), Arijan Ademi, Josip Pivarić, Wilson Eduardo (62 Marko Pjaca), Marcelo Brozović, Duje Čop. Coach: Zoran Mamić
Yellow Card: Jean Sony Alcénat (33) / Arijan Ademi (49).
Red Card: Geraldo Alves (90+5).
Goals: Toto Tamuz (45) / Duje Čop (29 pen, 80), Paulo Machado (90+6)


GNK DINAMO ZAGREB – FC PETROLUL PLOIEȘTI 2-1 (1-0)
Stadion Maksimir, Zagreb    28.08.2014    Hour: 21:00
Referees: Ivan Kružliak, Tomaš Somolani, Tomaš Mokoš (SVK)    Attendance: 10,212
DINAMO: Eduardo, Josip Šimunić, Jozo Šimunović, Ivo Pinto, Domagoj Antolić, Paulo Machado (64 Ognjen Vukojević), Arijan Ademi (90 Ante Ćorić), Josip Pivarić, Wilson Eduardo (71 El Arbi Hilal Soudani), Marcelo Brozović, Duje Čop. Coach: Zoran Mamić
PETROLUL: Alberto Cobrea, Jean Sony Alcénat, Sony Mustivar (79 Laurențiu Marinescu), Mourad Satli, Adrian Mutu (67 Gevaro Nepomuceno), Juan Angel Albín, Ovidiu Hoban, Gerson, Filipe Teixeira, Pablo De Lucas (74 Patrick Nkoyi), Toto Tamuz. Coach: Răzvan Lucescu
Yellow Card: Jozo Šimunović (76), Marcelo Brozović (87), Domagoj Antolić (90) /
    Pablo De Lucas (36).
Goals: Duje Čop (22), Domagoj Antolić (90+5) / Juan Angel Albín (59)


HJK HELSINKI – SK RAPID WIEN 2-1 (0-0)
Helsinki Football Stadium, Helsinki    21.08.2014    Hour: 19:00
Referees: Halis Özkahya, Çem Satman, Kemal Yilmaz (TUR)    Attendance: 6,153
HJK HELSINKI: Antonio Doblas, Mika Väyrynen (90+2 Tapio Heikkilä), Markus Heikkinen, Demba Savage, Veli Lampi, Valtteri Moren, Nikolai Alho (71 Erfan Zeneli), Joel Perovuo, Sebastian Sorsa (75 Gideon Baah), Robin Lod, Macoumba Kandji. Coach: Mika Lehkosuo
SK RAPID WIEN: Ján Novota, Brian Behrendt, Thomas Schrammel, Mario Sonnleitner, Stefan Schwab (90+1 Florian Kainz), Robert Berič, Louis Schaub, Steffen Hofmann (77 Dominik Starkl), Christopher Dibon (64 Maximilian Hofmann), Mario Pavelić, Dominik Wydra.
Coach: Zoran Barisic
Yellow Card: Markus Heikkinen (80) / Christopher Dibon (28), Louis Schaub (64).
Goals: Robin Lod (63), Mika Väyrynen (74) / Louis Schaub (58)

SK RAPID WIEN – HJK HELSINKI 3-3 (2-1)
Ernst-Happel-Stadion, Wien    28.08.2014    Hour: 20:30
Referees: Stéphane Lannoy, Michael Annonier, Cyril Lompre (FRA)    Attendance: 21,100
SK RAPID WIEN: Ján Novota, Brian Behrendt (46 Dominik Wydra), Thomas Schrammel, Mario Sonnleitner, Stefan Schwab, Robert Berič, Louis Schaub, Steffen Hofmann (72 Thanos Petsos), Florian Kainz (79 Dominik Starkl), Maximilian Hofmann, Mario Pavelić. Coach: Zoran Barisic
HJK HELSINKI: Antonio Doblas, Markus Heikkinen, Demba Savage, Teemu Tainio, Veli Lampi, Valtteri Moren, Nikolai Alho (90+4 Tapio Heikkilä), Sebastian Sorsa, Rasmus Schüller (68 Erfan Zeneli), Robin Lod, Macoumba Kandji (88 Joel Perovuo). Coach: Mika Lehkosuo
Yellow Card: Stefan Schwab (65), Mario Pavelić (87) /
    Rasmus Schüller (60), Antonio Doblas (83), Nikolai Alho (90+3), Joel Perovuo (90+5).
Goals: Louis Schaub (10, 13), Dominik Wydra (90+4) /
    Macoumba Kandji (15), Nikolai Alho (77), Demba Savage (88 pen)


TRABZONSPOR – FC ROSTOV 2-0 (1-0)
Hüseyin Avni Aker Stadyumu, Trabzon    21.08.2014    Hour: 21:00
Referees: Gediminas Mažeika, Vytautas Šimkus, Saulius Dirda (LTU)    Attendance: 6,101
TRABZONSPOR: Onur Kıvrak, José Bosingwa, Carl Medjani, Óscar Cardozo (84 Deniz Yılmaz), Soner Aydoğdu, Sefa Yilmaz, Kévin Constant (77 Salih Dursun), Essaid Belkalem, Mustafa Yumlu, Yusuf Erdoğan (67 Fatih Atik), Musa Nizam. Coach: Vahid Halilhodžić
ROSTOV: Stipe Pletikosa, Timofei Kalachev, Dmitri Torbinski, Vitali Dyakov, Maksim Grigoryev (64 Aleksandr Bukharov), Guélor Kanga, Dmitri Poloz (68 Moussa Doumbia), Hrvoje Milić, Réginal Goreux, Bastos, Alexandru Gaţcan. Coach: Miodrag Bozovic
Yellow Card: Yusuf Erdoğan (62), Musa Nizam (69) / Bastos (40), Alexandru Gaţcan (49).
Goals: Carl Medjani (37), Óscar Cardozo (73)


FC ROSTOV – TRABZONSPOR 0-0
Olimp 2, Rostov-na-Donu    28.08.2014    Hour: 21:00
Referees: Felix Zwayer, Marco Achmüller, Florian Steuer (GER)    Attendance: 14,950
ROSTOV: Stipe Pletikosa, Timofei Kalachev, Dmitri Torbinski (68 Aleksandr Bukharov), Vitali Dyakov, Maksim Grigoryev (77 Byung Soo Yoo), Guélor Kanga, Dmitri Poloz (60 Moussa Doumbia), Hrvoje Milić, Réginal Goreux, Bastos, Alexandru Gaţcan. Coach: Miodrag Bozovic
TRABZONSPOR: Onur Kıvrak, Aykut Demir (19 Mustafa Yumlu), Carl Medjani, Soner Aydoğdu (80 Batuhan Artarslan), Sefa Yilmaz (70 Óscar Cardozo), Deniz Yılmaz, Essaid Belkalem, Salih Dursun, Zeki Yavru, Fatih Atik, Musa Nizam. Coach: Vahid Halilhodžić
Yellow Card: Dmitri Torbinski (12), Timofei Kalachev (44) /
    Essaid Belkalem (10), Salih Dursun (59), Batuhan Artarslan (88).


FC ZIMBRU CHIŞINĂU – PAOK FC THESSALONIKI 1-0 (0-0)
Zimbru, Chişinău    21.08.2014    Hour: 21:05
Referees: Libor Kovařik, Krystof Mencl, Antonin Kordula (CZE)    Attendance: 8,530
ZIMBRU: Denis Rusu, Ştefan Burghiu, Iulian Erhan, Dmitri Klimovich, Kiril Pavlyuchek, Jean-Marie Amani (69 Serghei Alexeev), Alexandru Vremea, Alexandru Grossu, Anatoli Cheptine (82 Mamadou Diallo), Ion Jardan, Dan Spătaru (61 Aleksejs Višņakovs). Coach: Oleg Kubarev
PAOK FC: Panagiotis Glykos, Giannis Skondras, Giorgos Katsikas, Răzvan Raţ, Alexandros Tziolis (67 Facundo Pereyra), Hedwiges Maduro, Róbert Mak (67 Maarten Martens), Dimitris Salpingidis, Ergys Kaçe, Stefanos Athanasiadis, Stelios Kitsiou (79 Nikos Spyropoulos).
Coach: Angelos Anastasiadis
Yellow Card: Hedwiges Maduro (52).
Goal: Ştefan Burghiu (80)

PAOK FC THESSALONIKI – FC ZIMBRU CHIŞINĂU 4-0 (2-0)
Stadio Toumba, Salonika    28.08.2014    Hour: 19:15
Referees: Serhiy Boiko, Oleksandr Voytyuk, Serhiy Bekker (UKR)    Attendance: 14,843
PAOK FC: Panagiotis Glykos, Giannis Skondras, Giorgos Tzavellas, Răzvan Raţ, Alexandros Tziolis, Hedwiges Maduro (52 Ergys Kaçe), Facundo Pereyra, Róbert Mak (83 Stelios Pozoglou), Dimitris Salpingidis (62 Maarten Martens), Stefanos Athanasiadis, Stelios Kitsiou.
Coach: Angelos Anastasiadis
ZIMBRU: Denis Rusu, Ştefan Burghiu, Iulian Erhan, Alexandru Dedov, Dmitri Klimovich, Kiril Pavlyuchek, Jean-Marie Amani, Alexandru Vremea, Alexandru Grossu (46 Aleksejs Višņakovs), Anatoli Cheptine (46 Serghei Alexeev), Ion Jardan (79 Dan Spătaru). Coach: Oleg Kubarev
Yellow Card: Giannis Skondras (43), Răzvan Raţ (90+3) /
  Jean-Marie Amani (22), Ion Jardan (38), Ştefan Burghiu (77), Alexandru Vremea (87).
Red Card: Jean-Marie Amani (42).
Goals: Facundo Pereyra (11), Stefanos Athanasiadis (45), Róbert Mak (79), Maarten Martens (84)

RNK SPLIT – TORINO FC 0-0
SC Hrvatskih vitezova, Dugopolje    21.08.2014    Hour: 20:30
Referees: Steven McLean, William Conquer, Gavin Harris (SCO)    Attendance: 4,522
SPLIT: Andrija Vuković, Tomislav Glumac, Mate Bilić, Dražen Bagarić, Marko Rog (71 Aljoša Vojnović), Tomislav Dujmović (87 Mario Kvesić), Miloš Vidović, Dario Rugašević, Nino Galović, Ivan Ibriks, Henri Belle (63 Goran Roce). Coach: Ivan Matić
TORINO: Daniele Padelli, Cristian Molinaro, Cesare Bovo, Omar El Kaddouri, Marcelo Larrondo, Paulo Barreto (68 Fabio Quagliarella), Giuseppe Vives, Antonio Nocerino (62 Marco Benassi), Emiliano Moretti, Kamil Glik, Matteo Darmian. Coach: Giampiero Ventura
Yellow Card: Dražen Bagarić (69), Dario Rugašević (84), Miloš Vidović (88) /
  Kamil Glik (39), Emiliano Moretti (74), Omar El Kaddouri (84).

TORINO FC – RNK SPLIT 1-0 (1-0)
Stadio Olimpico, Torino    28.08.2014    Hour: 20:30    Attendance: 20,857
Referees: Tasos Sidiropoulos, Damianos Efthimiadis, Polychronis Kostaras (GRE)
TORINO: Daniele Padelli, Cristian Molinaro, Omar El Kaddouri (90+1 Alessandro Gazzi), Paulo Barreto (64 Josef Martínez), Nikola Maksimović, Giuseppe Vives, Emiliano Moretti, Kamil Glik, Fabio Quagliarella, Matteo Darmian, Marco Benassi (58 Antonio Nocerino).
Coach: Giampiero Ventura
SPLIT: Andrija Vuković, Denis Glavina (63 Mario Kvesić), Tomislav Glumac, Mate Bilić, Dražen Bagarić, Marko Rog, Tomislav Dujmović, Miloš Vidović (63 Tomislav Radotić), Dario Rugašević, Nino Galović, Ivan Ibriks (84 Goran Roce). Coach: Ivan Matić
Yellow Card: Giuseppe Vives (45+1), Omar El Kaddouri (58) /
  Ivan Ibriks (24), Denis Glavina (40).
Goal: Omar El Kaddouri (22 pen)

FC DINAMO MOSKVA – AC OMONIA NICOSIA 2-2 (1-1)
Arena Khimki, Khimki    21.08.2014    Hour: 19:30
Referees: Stephan Studer, Sandro Pozzi, Jean-Yves Wicht (SUI)    Attendance: 6,381
DINAMO: Roman Berezovski, Christopher Samba, Douglas, William Vainqueur, Balázs Dzsudzsák, Aleksandr Kokorin, Aleksei Ionov (36 Alexander Büttner), Vladimir Granat, Mathieu Valbuena (90 Stanislav Manolev), Kevin Kuranyi, Igor Denisov. Coach: Stanislav Cherchesov
OMONIA: Moreira, Ucha Lobzhanidze, Milan Stepanov, Rodri, Cristovão, Nuno Assis (77 Shota Grigalashvili), Gaoussou Fofana (86 Charis Kyriakou), Margaça, Mickaël Poté (71 Roberto), Serginho, Jonas Acquistapace. Coach: Costas Kaiafas
Yellow Card: Aleksandr Kokorin (43), Kevin Kuranyi (66) /
  Jonas Acquistapace (68), Serginho (74), Ucha Lobzhanidze (83).
Red Card: Aleksandr Kokorin (62).
Goals: Christopher Samba (33), Alexander Büttner (72) /
  Ucha Lobzhanidze (2), Gaoussou Fofana (59)

AC OMONIA NICOSIA – FC DINAMO MOSKVA 1-2 (1-1)
GSP Stadium, Nicosia    28.08.2014    Hour: 19:00
Referees: Alexandru Tudor, Aurel Oniţă, Miklos Istvan Nagy (ROM)    Attendance: 20.081
OMONIA: Moreira, Ucha Lobzhanidze, Milan Stepanov, Rodri, Cristovão, Nuno Assis (90 Shota Grigalashvili), Gaoussou Fofana (86 Charis Kyriakou), Margaça, Mickaël Poté (74 Roberto), Serginho, Jonas Acquistapace. Coach: Costas Kaiafas
FC DINAMO MOSKVA: Roman Berezovski, Alexander Büttner (83 Aleksandr Prudnikov), Christopher Samba, Douglas, William Vainqueur, Balázs Dzsudzsák (75 Christian Noboa), Aleksei Ionov (68 Yuri Zhirkov), Mathieu Valbuena, Kevin Kuranyi, Stanislav Manolev, Igor Denisov. Coach: Stanislav Cherchesov
Yellow Card: Cristovão (26), Gaoussou Fofana (63), Ucha Lobzhanidze (76), Nuno Assis (84), Charis Kyriakou (88), Milan Stepanov (90+3), Margaça (90+6) / William Vainqueur (34).
Red Card: William Vainqueur (73).
Goals: Mickaël Poté (23) / Milan Stepanov (11 og), Christopher Samba (90+3)

FC AKTOBE – KP LEGIA WARSZAWA 0-1 (0-0)
Tsentralniy, Aktobe    21.08.2014    Hour: 20:00
Referees: Sergei Karasev, Dmitri Mosyakin, Valeri Danchenko (RUS)    Attendance: 11,500
FC AKTOBE: Andrei Sidelnikov, Alexei Muldarov, Dmitri Miroshnichenko (33 Taras Tsarikayev), Marcos Pizzelli, Marat Khayrullin (66 Abat Aimbetov), Danilo Neco, Robert Arzumanyan, Askhat Tagybergen, Valeri Korobkin, Anderson Mineiro, Olexiy Antonov (56 Igor Zenkovich). Coach: Vladimir Gazzaev
KP LEGIA WARSZAWA: Dušan Kuciak, Dossa Júnior, Tomasz Jodłowiec, Ondrej Duda, Tomasz Brzyski, Michał Kucharczyk, Ivica Vrdoljak, Jakub Rzeźniczak, Łukasz Broź, Miroslav Radović, Michał Żyro. Coach: Henning Berg
Yellow Card: Valeri Korobkin (72).
Goal: Ondrej Duda (48)

KP LEGIA WARSZAWA – FC AKTOBE 2-0 (1-0)
Stadion Wojska Polskiego, Warszawa    28.08.2014    Hour: 21:00
Referees: Mattias Gestranius, Jan-Peter Aravirta, Mikko Alakare (FIN)    Attendance: 18,549
KP LEGIA WARSZAWA: Dušan Kuciak, Dossa Júnior, Tomasz Jodłowiec, Ondrej Duda (88 Marek Saganowski), Tomasz Brzyski, Michał Kucharczyk (66 Jakub Kosecki), Ivica Vrdoljak, Jakub Rzeźniczak, Łukasz Broź, Miroslav Radović, Michał Żyro. Coach: Henning Berg
FC AKTOBE: Andrei Sidelnikov, Alexei Muldarov, Taras Tsarikayev (71 Abat Aimbetov), Dmitri Miroshnichenko, Marat Khayrullin, Danilo Neco, Askhat Tagybergen, Valeri Korobkin (42 Timur Kapadze), Yuri Logvinenko, Anderson Mineiro, Olexiy Antonov (57 Igor Zenkovich).
Coach: Vladimir Gazzaev
Yellow Card: Ivica Vrdoljak (29), Jakub Kosecki (69), Dušan Kuciak (85) /
    Valeri Korobkin (22), Yuri Logvinenko (65).
Goals: Michał Kucharczyk (26), Ivica Vrdoljak (66 pen)

OLYMPIQUE LYONNAIS – FC ASTRA GIURGIU 1-2 (1-0)
Stade de Gerland, Lyon    21.08.2014    Hour: 20:30
Referees: Carlos Gómez, Javier Rodriguez, Luis Martinez (ESP)    Attendance: 20,001
OLYMPIQUE LYONNAIS: Anthony Lopes, Bakary Koné, Alexandre Lacazette, Jordan Ferri, Christophe Jallet, Steed Malbranque (76 Clément Grenier), Mohamed Yattara (81 Rachid Ghezzal), Maxime Gonalons, Lindsay Rose, Corentin Tolisso, Fares Bahlouli (68 Arnold Mvuemba).
Coach: Hubert Fournier
ASTRA: Silviu Lung, Syam Ben Youssef, Seidu Yahaya, Takayuki Seto (46 William Amorim), Gabriel Enache, Constantin Budescu, Júnior Morais, Vincent Laban (86 Laurenţiu Rus), Cristian Oros, Kehinde Fatai (82 Sadat Bukari), Vassilis Pliatsikas. Coach: Daniel Isăilă
Yellow Card: Lindsay Rose (44) /
    Júnior Morais (39), Syam Ben Youssef (82), Gabriel Enache (90+3).
Red Card: Lindsay Rose (78).
Goals: Steed Malbranque (25) / Kehinde Fatai (72), Constantin Budescu (81 pen)

FC ASTRA GIURGIU – OLYMPIQUE LYONNAIS 0-1 (0-1)
Marin Anastasovici, Giurgiu   28.08.2014   Hour: 19:45
Referees: Sergei Karasev, Anton Averianov, Tikhon Kalugin (RUS)   Attendance: 7,200
ASTRA: Silviu Lung, Syam Ben Youssef, Seidu Yahaya, Gabriel Enache, Constantin Budescu (89 Laurențiu Rus), Júnior Morais, Vincent Laban (85 Takayuki Seto), Cristian Oros, Sadat Bukari (90+2 Elliot Grandin), Vassilis Pliatsikas, William Amorim. Coach: Daniel Isăilă
OLYMPIQUE LYONNAIS: Anthony Lopes, Mehdi Zeffane (73 Fares Bahlouli), Bakary Koné, Alexandre Lacazette, Rachid Ghezzal (65 Gaël Danic), Jordan Ferri, Christophe Jallet, Steed Malbranque (80 Arnold Mvuemba), Clinton Njié, Maxime Gonalons, Corentin Tolisso.
Coach: Hubert Fournier
Yellow Card: Cristian Oros (45+3), Gabriel Enache (76), Vincent Laban (85), Silviu Lung (90+4), Júnior Morais (90+4) / Bakary Koné (55), Maxime Gonalons (63).
Goal: Jordan Ferri (23)


KSC LOKEREN – HULL CITY FC 1-0 (0-0)
Daknam, Lokeren   21.08.2014   Hour: 20:30
Referees: Matej Jug, Matej Žunič, Gregor Rojko (SVN)   Attendance: 7,935
KSC LOKEREN: Davino Verhulst, Alexander Scholz, Denis Odoi, Mijat Maric, Killian Overmeire, Koen Persoons, Giorgos Galitsios, Jordan Remacle (77 Evariste Ngollock), Junior Dutra (83 Mbaye Leye), Hans Vanaken, Nill De Pauw (88 Besart Abdurahimi). Coach: Peter Maes
HULL CITY: Allan McGregor, Liam Rosenior, Maynor Figueroa, James Chester, David Meyler, Robbie Brady (72 Nikica Jelavić), Harry Maguire, Paul McShane, George Boyd (80 Mohamed Essa), Yannick Sagbo (72 Tom Ince), Sone Aluko. Coach: Steve Bruce
Yellow Card: Mbaye Leye (90) / Paul McShane (85).
Goal: Hans Vanaken (58)


HULL CITY FC – KSC LOKEREN 2-1 (1-0)
KC Stadium, Hull   28.08.2014   Hour: 19:45
Referees: Ovidiu Hațegan, Octavian Șovre, Radu Ghinguleac (ROM)   Attendance: 18,149
HULL CITY: Allan McGregor, Liam Rosenior (66 Nikica Jelavić), Maynor Figueroa, James Chester (75 Tom Huddlestone), Curtis Davies, David Meyler (75 Tom Ince), Robbie Brady, Jake Livermore, Yannick Sagbo, Sone Aluko, Mohamed Essa. Coach: Steve Bruce
KSC LOKEREN: Davino Verhulst, Alexander Scholz, Denis Odoi, Mijat Maric, Killian Overmeire, Koen Persoons, Giorgos Galitsios, Jordan Remacle (88 Evariste Ngollock), Junior Dutra (76 Mbaye Leye), Hans Vanaken, Nill De Pauw (90 Grégory Mertens). Coach: Peter Maes
Yellow Card: Liam Rosenior (44), Sone Aluko (79) /
    Killian Overmeire (64), Koen Persoons (74), Davino Verhulst (86).
Red Card: Yannick Sagbo (71).
Goals: Robbie Brady (6, 55 pen) / Jordan Remacle (49)


FK PARTIZAN BEOGRAD – NEFTCHI PFK BAKU 3-2 (2-2)
Partizan, Beograd   21.08.2014   Hour: 20:15
Referees: Hüseyin Göçek, Mustafa Eyisoy, Orkun Aktaş (TUR)   Attendance: 10,177
PARTIZAN: Milan Lukač, Miroslav Vulićević, Nemanja Petrović, Vojislav Stanković, Darko Brašanac, Nikola Ninković (61 Andrija Živković), Petar Grbić (70 Saša Ilić), Nikola Drinčić, Danko Lazović, Branko Ilič, Petar Škuletić (79 Ismaël Fofana). Coach: Marko Nikolić
NEFTCHI: Saša Stamenković, Denis Silva, Elvin Yunuszade, Araz Abdullayev (71 Nicolás Canales), Flavinho (81 Samir Masimov), Julius Wobay, Eric Ramos, Bruno Bertucci, Cauê, Mirhüseyin Seyidov (90+4 Cavid Imamverdiyev), Ernest Nfor. Coach: Boyukagha Hajiyev
Yellow Card: Petar Grbić (18), Nikola Ninković (31), Vojislav Stanković (45+1), Nikola Drinčić (65), Ismaël Fofana (90+2) / Flavinho (7), Bruno Bertucci (53).
Goals: Denis Silva (29 og), Petar Grbić (32), Elvin Yunuszade (69 og) / Denis Silva (10, 17)

NEFTCHI PFK BAKU – FK PARTIZAN BEOGRAD 1-2 (0-1)
Tofig Bahramov Republican stadium, Baku   28.08.2014   Hour: 21:00   Attendance: 22,350
Referees: Robert Schörgenhofer, Matthias Winsauer, Roland Brandner (AUS)
NEFTCHI: Saša Stamenković, Carlos Cardoso, Denis Silva, Elvin Yunuszade, Araz Abdullayev, Flavinho (54 Nicolás Canales), Julius Wobay (83 Samir Masimov), Eric Ramos, Cauê, Mirhüseyin Seyidov (54 Bruno Bertucci), Ernest Nfor. Coach: Boyukagha Hajiyev
PARTIZAN: Milan Lukač, Miroslav Vulićević, Nemanja Petrović, Vojislav Stanković, Darko Brašanac, Petar Grbić (59 Saša Ilić), Andrija Živković (90+5 Miloš Ostojić), Nikola Drinčić, Danko Lazović (84 Danilo Pantić), Branko Ilič, Petar Škuletić. Coach: Marko Nikolić
Yellow Card: Ernest Nfor (45+1), Eric Ramos (48), Julius Wobay (70) / Miroslav Vulićević (62).
Red Card: Ernest Nfor (86), Eric Ramos (90+3), Cauê (90+4) / Petar Škuletić (90+4).
Goals: Julius Wobay (58) / Petar Škuletić (24, 90+2)


KS RUCH CHORZÓW – FC METALIST KHARKIV 0-0
Piast, Gliwice   21.08.2014   Hour: 18:00
Referees: Alon Yefet, Oren Borneshtain, Dvir Shimon (ISR)   Attendance: 6,114
RUCH: Krzysztof Kamiński, Piotr Stawarczyk, Daniel Dziwniel, Łukasz Surma, Marek Zieńczuk (74 Roland Gigolaev), Jakub Kowalski, Grzegorz Kuświk (76 Michał Efir), Filip Starzyński, Bartłomiej Babiarz, Marcin Kuś (90+3 Michał Helik), Marcin Malinowski. Coach: Ján Kocian
METALIST: Bohdan Shust, Cristian Villagra, Edmar, Cleiton Xavier, Chaco Torres (53 Oleg Krasnopyorov), Denys Kulakov, Ayila Yussuf, Papa Gueye, Olexandr Osman, Jajá (64 Volodymyr Homenyuk), Pavlo Rebenok. Coach: Igor Rakhaiev
Yellow Card: Marek Zieńczuk (22), Bartłomiej Babiarz (90+3).


FC METALIST KHARKIV – KS RUCH CHORZÓW 1-0 (0-0,0-0)
NSK Olimpiyskyi, Kyiv   28.08.2014   Hour: 19:00
Referees: Tony Chapron, Philippe Jeanne, Alexandre Viala (FRA)   Attendance: 2,548
METALIST: Bohdan Shust, Edmar, Cleiton Xavier, Volodymyr Homenyuk, Serhiy Pshenychnykh, Denys Kulakov, Ayila Yussuf, Papa Gueye, Oleg Krasnopyorov, Jajá (62 Cristian Villagra), Pavlo Rebenok (68 Artem Radchenko). Coach: Igor Rakhaiev
RUCH: Krzysztof Kamiński, Piotr Stawarczyk, Daniel Dziwniel (83 Roland Gigolaev), Łukasz Surma, Marek Zieńczuk (105 Kamil Lech), Jakub Kowalski (81 Kamil Włodyka), Grzegorz Kuświk, Filip Starzyński, Bartłomiej Babiarz, Marcin Kuś, Marcin Malinowski. Coach: Ján Kocian
Yellow Card: Edmar (52), Oleg Krasnopyorov (106) / Filip Starzyński (38).
Red Card: Krzysztof Kamiński (103).
Goal: Cleiton Xavier (105+1 pen)


IF ELFSBORG BORÅS – RIO AVE FC VILA DO CONDE 2-1 (2-0)
Borås Arena, Borås   21.08.2014   Hour: 19:00
Referees: Slavko Vinčić, Bojan Ul, Tomaž Klančnik (SVN)   Attendance: 4,189
IF ELFSBORG BORÅS: Kevin Stuhr-Ellegaard, Johan Larsson, Anders Svensson, Mikkel Beckmann (75 Simon Hedlund), Daniel Mobaeck, Sebastian Holmen, Viktor Claesson, Adam Lundqvist, Henning Hauger, Viktor Prodell (79 Per Frick), Marcus Rohdén. Coach: Jan Mian
RIO AVE: Cássio, Prince-Desiré Gouano, Filipe Augusto, Tarantini, Lionn, Emmanuel Boateng (81 Ahmed Hassan), Tiago Pinto, Ukra, Pedro Moreira (46 Diego Lopes), Yonathan Del Valle (46 Renan Bressan), Marcelo. Coach: Pedro Martins
Yellow Card: Henning Hauger (45+2), Mikkel Beckmann (53) /
    Emmanuel Boateng (60), Renan Bressan (60), Cássio (90+1).
Goals: Viktor Prodell (27), Daniel Mobaeck (38) / Marcelo (65)

RIO AVE FC VILA DO CONDE – IF ELFSBORG BORÅS 1-0 (0-0)
Rio Ave, Vila do Conde    28.08.2014    Hour: 21:15
Referees: Kevin Blom, Bas van Dongen, Rob van de Ven (NED)    Attendance: 8,730
RIO AVE: Cássio, Prince-Desiré Gouano, Filipe Augusto, Tarantini, Ahmed Hassan, Diego Lopes (70 William Jebor), Renan Bressan (57 Emmanuel Boateng), Lionn (79 Esmaël Gonçalves), Tiago Pinto, Ukra, Marcelo. Coach: Pedro Martins
IF ELFSBORG BORÅS: Kevin Stuhr-Ellegaard, Johan Larsson, Anders Svensson, Mikkel Beckmann (75 Andreas Klarström), Sebastian Holmen, Viktor Claesson (90 Per Frick), Adam Lundqvist, Henning Hauger, Anton Lans, Viktor Prodell, Marcus Rohdén. Coach: Jan Mian
Yellow Card: Marcelo (55), Lionn (66), Esmaël Gonçalves (90+4), Tarantini (90+5) /
    Viktor Claesson (63), Marcus Rohdén (86), Per Frick (90+6).
Goal: Esmaël Gonçalves (90+2)


PSV EINDHOVEN – FC SHAKHTYOR SOLIGORSK 1-0 (0-0)
PSV Stadion, Eindhoven    21.08.2014    Hour: 18:45
Referees: Cristian Balaj, Sebastian Gheorghe, Ovidiu Artene (ROM)    Attendance: 15,120
PSV: Remko Pasveer, Karim Rekik, Jeffrey Bruma, Adam Maher (89 Marcel Ritzmaier), Memphis Depay, Luuk de Jong, Georginio Wijnaldum, Jürgen Locadia (63 Luciano Narsingh), Joshua Brenet, Oscar Hiljemark (51 Jorrit Hendrix), Abel Tamata. Coach: Phillip Cocu
SHAKHTYOR: Artur Kotenko, Ilya Galyuza (89 Andrei Leonchik), Sergei Matveychik, Aleksei Yanushkevich, Nikolai Kashevski, Alexander Guruli (89 Yuri Kovalev), Nikolai Yanush (85 Dmitri Osipenko), Artem Stargorodsky, Aleksandr Yurevich, Aleksei Rios, Igor Kuzmenok.
Coach: Sergei Borovski
Yellow Card: Igor Kuzmenok (66), Artem Stargorodsky (70), Nikolai Kashevski (73).
Goal: Adam Maher (59)


FC SHAKHTYOR SOLIGORSK – PSV EINDHOVEN 0-2 (0-0)
Borisov Arena, Borisov    28.08.2014    Hour: 20:00
Referees: Lee Evans, Philip Thomas, Gareth Wyn Jones (WAL)    Attendance: 5,500
SHAKHTYOR: Artur Kotenko, Ilya Galyuza (62 Nikolai Yanush), Sergei Matveychik, Aleksei Yanushkevich, Andrei Leonchik, Alexander Guruli (54 Pawel Wojciechowski), Artem Stargorodsky, Aleksandr Yurevich, Aleksei Rios, Igor Kuzmenok, Dmitri Osipenko.
Coach: Sergei Borovski
PSV: Jeroen Zoet, Karim Rekik, Jeffrey Bruma, Adam Maher (78 Marcel Ritzmaier), Memphis Depay, Luuk de Jong, Jürgen Locadia (66 Luciano Narsingh), Joshua Brenet, Oscar Hiljemark, Abel Tamata, Jorrit Hendrix. Coach: Phillip Cocu
Yellow Card: Aleksei Rios (70), Nikolai Yanush (77) / Joshua Brenet (64).
Goals: Memphis Depay (89, 90+3)


KARDEMIR KARABÜKSPOR – AS SAINT-ÉTIENNE 1-0 (0-0)
Dr. Necmettin Şeyhoğlu Stadium, Karabuk    21.08.2014    Hour: 20:00
Referees: Marcin Borski, Rafal Rostkowski, Krzysztof Myrmus (POL)    Attendance: 6,336
KARABÜKSPOR: Boy Waterman, Emre Güngör, Yiğit İncedemir, Larrys Mabiala, Abdou Traoré (79 Hakan Özmert), Ahmet İlhan Özek (73 Valentin Viola), Dominick Kumbela (89 Joseph Akpala), Samba Sow, Erdem Özgenç, Tanju Kayhan, Erkan Kaş. Coach: Tolunay Kafkas
SAINT-ÉTIENNE: Stéphane Ruffier, Jérémy Clément, Max Gradel, Mevlüt Erdinç, Renaud Cohade, Fabien Lemoine (80 Benjamin Corgnet), Jonathan Brison, Romain Hamouma (57 Kévin Monnet-Paquet), Loïc Perrin, Moustapha Bayal Sall, Franck Tabanou. Coach: Christophe Galtier
Yellow Card: Boy Waterman (87), Erdem Özgenç (90+1) /
    Jonathan Brison (50), Jérémy Clément (64), Mevlüt Erdinç (87).
Goal: Dominick Kumbela (60)

AS SAINT-ÉTIENNE – KARDEMIR KARABÜKSPOR 1-0 (1-0, 1-0) (AET) 4-3 penalties
Geoffroy-Guichard, Saint-Etienne 28.08.2014 Hour: 20:30 Attendance: 27,280
Referees: Yevhen Aranovskiy, Oleksandr Korniyko, Volodymyr Volodin (UKR)
SAINT-ÉTIENNE: Stéphane Ruffier, Kévin Théophile-Catherine, Jérémy Clément, Max Gradel, Mevlüt Erdinç (66 Ricky van Wolfswinkel), Fabien Lemoine, Romain Hamouma (77 Renaud Cohade), Kévin Monnet-Paquet, Loïc Perrin (46 Florentin Pogba), Moustapha Bayal Sall, Franck Tabanou. Coach: Christophe Galtier
KARABÜKSPOR: Boy Waterman, Emre Güngör, Yiğit İncedemir, Larrys Mabiala, Abdou Traoré (105 Aykut Akgün), Ahmet İlhan Özek, Dominick Kumbela (46 Hakan Özmert), Samba Sow, Erdem Özgenç, Tanju Kayhan, Erkan Kaş (46 Joseph Akpala). Coach: Tolunay Kafkas
Yellow Card: Fabien Lemoine (89) /
Dominick Kumbela (5), Ahmet İlhan Özek (56), Erdem Özgenç (88), Larrys Mabiala (95)
Goal: Kévin Monnet-Paquet (13)
Penalties: 1-0 Cohade, 1-1 Özgenç, 2-1 Pogba, 2-2 Özmert, 3-2 Monnet-Paquet, 3-3 Mabiala, Clément, Akgün, 4-3 Gradel, Özek

PANATHINAIKOS FC ATHÍNA – FC MIDTJYLLAND HERNING 4-1 (3-1)
Apostolos Nikolaidis, Athina 21.08.2014 Hour: 21:00
Referees: István Vad, Istvan Albert, Peter Berettyán (HUN) Attendance: 13,102
PANATHINAIKOS FC: Stefanos Kotsolis, Kostas Triantafyllopoulos, David Mendes, Tassos Lagos (78 Ouasim Bouy), Marcus Berg, Zeca, Nikos Karelis (78 Mladen Petrić), Nano, Gordon Schildenfeld, Thanasis Dinas (67 Abdul Ajagun), Danijel Pranjić. Coach: Giannis Anastasiou
MIDTJYLLAND: Jakob Haugaard, Jakob Poulsen, Morten Rasmussen (22 Paul Onuachu, 85 Tim Janssen), Jesper Lauridsen, Erik Sviatchenko, Francis Dickoh, Patrick Jensen, Pione Sisto, Rilwan Hassan (60 Jim Larsen), Izunna Uzochukwu, Sylvester Igboun. Coach: Glen Riddersholm
Yellow Card: Tassos Lagos (70), Kostas Triantafyllopoulos (77) /
Izunna Uzochukwu (19), Erik Sviatchenko (20), Francis Dickoh (36).
Red Card: Kostas Triantafyllopoulos (81) / Erik Sviatchenko (58).
Goals: Marcus Berg (21 pen, 24, 45, 89) / Jesper Lauridsen (13)

FC MIDTJYLLAND HERNING – PANATHINAIKOS FC ATHÍNA 1-2 (0-0)
Herning Stadion, Herning 28.08.2014 Hour: 20:00
Referees: Danny Makkelie, Davie Goossens, Hessel Steegstra (NED) Attendance: 6,039
MIDTJYLLAND: Jakob Haugaard, Tim Sparv (77 Izunna Uzochukwu), Jim Larsen, Jakob Poulsen, Petter Andersson (59 Sylvester Igboun), Jesper Lauridsen, Marco Larsen (46 Paul Onuachu), Patrick Jensen, Pione Sisto, Andre Rømer, Rilwan Hassan. Coach: Glen Riddersholm
PANATHINAIKOS FC: Stefanos Kotsolis, David Mendes (79 Christos Donis), Tassos Lagos (60 Ouasim Bouy), Zeca, Abdul Ajagun, Nikos Karelis (66 Viktor Klonaridis), Nano, Gordon Schildenfeld, Spyros Risvanis, Christos Bourbos, Danijel Pranjić. Coach: Giannis Anastasiou
Yellow Card: Jakob Poulsen (54) / Tassos Lagos (35), Nano (63), Gordon Schildenfeld (73).
Goals: Sylvester Igboun (73 pen) / Nano (55), Viktor Klonaridis (74)

FC ZORYA LUHANSK – FEYENOORD ROTTERDAM 1-1 (1-1)
Stadion Dinamo im. Valeriy Lobanovskyi, Kyiv 21.08.2014 Hour: 20:45
Referees: Pawel Gil, Piotr Sadczuk, Marcin Borkowski (POL) Attendance: 3,700
ZORYA: Nikita Shevchenko, Mykhailo Pysko, Ihor Chaykovskiy, Nikita Kamenyuka, Maksym Malyshev (46 Olexandr Grytsay), Prince Segbefia (56 Ruslan Malinovskiy), Nikola Ignjatijević, Oleksandr Karavayev, Maxym Biliy, Pylyp Budkivskiy, Dmytro Khomchenovskiy.
Coach: Yuriy Vernydub
FEYENOORD ROTTERDAM: Erwin Mulder, Luke Wilkshire (82 Rick Karsdorp), Joris Mathijsen, Terence Kongolo, Jordy Clasie (72 Ruud Vormer), Jean-Paul Boëtius (62 Bilal Basacikoglu), Lex Immers, Mitchell Te Vrede, Tonny Trindade de Vilhena, Sven Van Beek, Ruben Schaken. Coach: Fred Rutten
Yellow Card: Ihor Chaykovskiy (21), Pylyp Budkivskiy (86) /
Jean-Paul Boëtius (29), Terence Kongolo (55).
Goals: Maxym Biliy (27) / Mitchell Te Vrede (38)

FEYENOORD ROTTERDAM – FC ZORYA LUHANSK  4-3 (2-0)
Feijenoord Stadion, Rotterdam    28.08.2014    Hour: 20:00
Referees: Kenn Hansen, Lars Rix, David Vang Andersen (DEN)    Attendance: 32,500
FEYENOORD ROTTERDAM: Erwin Mulder, Luke Wilkshire, Joris Mathijsen (84 Elvis Manu), Terence Kongolo, Jordy Clasie (84 Anass Achahbar), Lex Immers, Bilal Basacikoglu (78 Miguel Nelom), Mitchell Te Vrede, Tonny Trindade de Vilhena, Sven Van Beek, Ruben Schaken.
Coach: Fred Rutten
ZORYA: Nikita Shevchenko, Ihor Chaykovskiy (79 Olexandr Grytsay), Nikita Kamenyuka, Prince Segbefia (66 Željko Ljubenović), Nikola Ignjatijević (72 Mykhailo Pysko), Ruslan Malinovskiy, Oleksandr Karavayev, Maxym Biliy, Pylyp Budkivskiy, Dmytro Khomchenovskiy, Andriy Pylyavskyi. Coach: Yuriy Vernydub
Yellow Card: Bilal Basacikoglu (55), Mitchell Te Vrede (87), Elvis Manu (90+3).
Goals: Mitchell Te Vrede (18), Ruben Schaken (26), Maxym Biliy (48 og), Elvis Manu (90+2) / Ruslan Malinovskiy (56, 80), Maxym Biliy (71)


GRASSHOPPER CLUB ZÜRICH – CLUB BRUGGE KV 1-2 (1-2)
Arena St. Gallen, St. Gallen    21.08.2014    Hour: 20:15
Referees: Clément Turpin, Frédéric Cano, Nicolas Danos (FRA)    Attendance: 4,253
GRASSHOPPER CLUB ZÜRICH: Vaso Vasić, Stéphane Grichting, Sanel Jahić, Michael Lang, Veroljub Salatic, Mahmoud Soliman, Amir Abrashi, Munas Dabbur, Yoric Ravet (73 Alexander Merkel), Anat Ngamukol (62 Shani Tarashaj), Ulisses Garcia. Coach: Michael Skibbe
CLUB BRUGGE KV: Matthew Ryan, Timmy Simons, Oscar Duarte, Fernando, Víctor Vázquez (81 Maxime Lestienne), Jesper Jørgensen (70 Vadis Odjidja), Waldemar Sobota, Thomas Meunier, Laurens De Bock, Björn Engels, Nikola Storm (59 Lior Refaelov). Coach: Michel Preud'homme
Yellow Card: Stéphane Grichting (15), Veroljub Salatic (58), Mahmoud Soliman (90+3) / Laurens De Bock (30), Víctor Vázquez (69).
Goals: Michael Lang (8) / Sanel Jahić (14 og), Víctor Vázquez (15)


CLUB BRUGGE KV – GRASSHOPPER CLUB ZÜRICH 1-0 (0-0)
Jan Breydelstadion, Brugge    28.08.2014    Hour: 21:00
Referees: Luca Banti, Riccardo Di Fiore, Matteo Passeri (ITA)    Attendance: 23,743
CLUB BRUGGE KV: Matthew Ryan, Timmy Simons, Oscar Duarte, Fernando, Víctor Vázquez (86 Boli Bolingoli-Mbombo), Waldemar Sobota (90 Tuur Dierckx), Thomas Meunier, Laurens De Bock, Nicolas Castillo, Björn Engels, Nikola Storm (79 Jesper Jørgensen).
Coach: Michel Preud'homme
GRASSHOPPER CLUB ZÜRICH: Daniel Davari, Stéphane Grichting, Sanel Jahić, Michael Lang, Amir Abrashi, Munas Dabbur, Yoric Ravet (67 Mahmoud Soliman), Anat Ngamukol, Nathan Sinkala (67 Alexander Merkel), Levent Gülen, Shani Tarashaj (83 Abdul Gabar Al Abbadie).
Coach: Michael Skibbe
Yellow Card: Víctor Vázquez (42), Laurens De Bock (87).
Goal: Víctor Vázquez (62)


REAL SOCIEDAD DE FÚTBOL SAN SEBASTIÁN – FC KRASNODAR 1-0 (0-0)
Anoeta, San Sebastian    21.08.2014    Hour: 20:30
Referees: Ruddy Buquet, Guillaume Debart, Cyril Gringore (FRA)    Attendance: 22,245
REAL SOCIEDAD: Eñaut Zubikarai, Gorka Elustondo, Markel Bergara, Iñigo Martínez, Imanol Agirretxe (76 Carlos Vela), Xabi Prieto, Rubén Pardo (67 Esteban Granero), Sergio Canales, Chori Castro (67 David Zurutuza), Joseba Zaldúa, Alberto de la Bella. Coach: Jagoba Arrasate
KRASNODAR: Andriy Dykan, Artur Jędrzejczyk, Andreas Granqvist, Yuri Gazinski, Ari (59 Wanderson), Odil Ahmedov, Marat Izmailov, Joãozinho (81 Vladimir Bystrov), Ragnar Sigurdsson, Mauricio Pereyra (81 Ricardo Laborde), Sergei Petrov. Coach: Oleg Kononov
Yellow Card: Andreas Granqvist (19), Ricardo Laborde (84), Artur Jędrzejczyk (88).
Goal: Xabi Prieto (71)

FC KRASNODAR – REAL SOCIEDAD DE FÚTBOL SAN SEBASTIÁN 3-0 (0-0)
Kuban, Krasnodar  28.08.2014  Hour: 20:00
Referees: Szymon Marciniak, Paweł Sokolnicki, Tomasz Listkiewicz (POL)  Attendance: 26,572
KRASNODAR: Andriy Dykan, Artur Jędrzejczyk, Andreas Granqvist, Yuri Gazinski (64 Ricardo Laborde), Ari, Odil Ahmedov, Marat Izmailov (53 Wanderson), Vitali Kaleshin, Joãozinho, Ragnar Sigurdsson, Mauricio Pereyra (90+3 Ruslan Azhinzhal). Coach: Oleg Kononov
REAL SOCIEDAD: Gerónimo Rulli (85 Eñaut Zubikarai), Gorka Elustondo, Markel Bergara, Iñigo Martínez, Imanol Agirretxe, Xabi Prieto, Rubén Pardo (63 Esteban Granero), Sergio Canales, David Zurutuza (79 Carlos Vela), Joseba Zaldúa, Alberto de la Bella. Coach: Jagoba Arrasate
Yellow Card: David Zurutuza (56), Alberto de la Bella (71), Markel Bergara (76), Iñigo Martínez (80), Gorka Elustondo (90+8).
Red Card: Joãozinho (90+2) / Markel Bergara (90+1).
Goals: Joãozinho (71 pen), Mauricio Pereyra (88), Ari (90)

HNK RIJEKA – FC SHERIFF TIRASPOL 1-0 (0-0)
Kantrida, Rijeka  21.08.2014  Hour: 21:15
Referees: Serge Gumienny, Frank Bleyen, Kristof Meers (BEL)  Attendance: 9,020
RIJEKA: Ivan Vargić, Mato Jajalo, Adis Jahović (76 Moisés), Ivan Tomečak, Marko Lešković, Miral Samardžić, Zoran Kvržić (87 Goran Cvijanovič), Marin Leovac, Josip Brezovec, Vedran Jugović (62 Anas Sharbini), Andrej Kramarić. Coach: Matjaž Kek
SHERIFF: Matías Degra, Juninho Potiguar (46 Ismail Isa), Thiago Galvão (66 Ricardinho), Benjamin Balima, Marcel Metoua, Joãozinho, Leonel Olimpio, Cadu (79 Radu Gînsari), Ernandes, Andrei Mureşan, Ligger Moreira. Coach: Zoran Zekić
Yellow Card: Mato Jajalo (23), Anas Sharbini (87) /
          Thiago Galvão (29), Ismail Isa (51), Marcel Metoua (58), Leonel Olimpio (82).
Goal: Marin Leovac (85)

FC SHERIFF TIRASPOL – HNK RIJEKA 0-3 (0-2)
Stadionul Sheriff, Tiraspol  28.08.2014  Hour: 20:00
Referees: Manuel De Sousa, Alvaro Mesquita, Rui Tavares (POR)  Attendance: 4,853
SHERIFF: Matías Degra, Thiago Galvão, Benjamin Balima, Marcel Metoua (18 Vadim Paireli), Joãozinho, Leonel Olimpio (53 Ricardinho), Cadu, Ernandes, Ismail Isa (75 Juninho Potiguar), Andrei Mureşan, Ligger Moreira. Coach: Victor Mihailov
RIJEKA: Ivan Vargić, Mato Jajalo, Anas Sharbini (54 Zoran Kvržić), Ivan Tomečak, Marko Lešković, Miral Samardžić, Marin Leovac, Josip Brezovec, Moisés (68 Damir Zlomislić), Vedran Jugović (81 Goran Cvijanović), Andrej Kramarić. Coach: Matjaž Kek
Yellow Card: Juninho Potiguar (82), Thiago Galvão (86) / Damir Zlomislić (84).
Goals: Ligger Moreira (29 og), Andrej Kramarić (44), Moisés (61)

# GROUP STAGE

## GROUP A

BORUSSIA MÖNCHENGLADBACH – VILLARREAL CF 1-1 (1-0)
Borussia-Park, Mönchengladbach  18.09.2014  Hour: 19:00
Referees: Ivan Kružliak, Ondrej Brendza, Tomáš Vorel (SVK)  Attendance: 39,128
BORUSSIA: Yann Sommer, Patrick Herrmann (74 Ibrahima Traoré), Max Kruse, Álvaro Domínguez, Oscar Wendt, Fabian Johnson (62 André Hahn), Christoph Kramer, Tony Jantschke, Branimir Hrgota (77 Raffael), Granit Xhaka, Martin Stranzl. Coach: Lucien Favre
VILLARREAL: Sergio Asenjo, Mario Gaspar, Tomás Pina (60 Manu Trigueros), Mateo Musacchio, Luciano Vietto (67 Ikechukwu Uche, 73 Jonathan dos Santos), Cani, Víctor Ruiz, Denis Cheryshev, Moi Gómez, Gabriel Paulista, Bruno Soriano. Coach: Marcelino
Yellow Card: Tomás Pina (19).
Goals: Patrick Herrmann (21) / Ikechukwu Uche (68)

APOLLON FC LIMASSOL – FC ZÜRICH 3-2 (2-0)
GSP Stadium, Nicosia    18.09.2014    Hour: 20:00
Referees: Lee Evans, Philip Thomas, Gareth Wyn Jones (WAL)    Attendance: 5,662
APOLLON: Bruno Vale, Marcos Gullón, Gaston Sangoy (78 Hugo Lopez), Jan Rezek, Camel Meriem, Giorgos Merkis, Bertrand Robert, Fotis Papoulis, Marios Stylianou (90+1 Angelis Angeli), João Paulo, Rachid Hamdani (67 Thuram). Coach: Christos Christoforou
ZÜRICH: David Da Costa, Berat Djimsiti, Amine Chermiti (68 Franck Etoundi), Davide Chiumiento (90+1 Patrick Rossini), Philippe Koch, Yassine Chikhaoui, Avraham Rikan, Burim Kukeli, Ivan Kecojević, Marco Schönbächler (73 Oliver Buff), Gilles Yapi. Coach: Urs Meier
Yellow Card: Marcos Gullón (33), Gaston Sangoy (74), Fotis Papoulis (87), Bruno Vale (90+2) / Marco Schönbächler (31), Amine Chermiti (44), Burim Kukeli (79), Yassine Chikhaoui (82).
Red Card: Marcos Gullón (80) / Yassine Chikhaoui (90).
Goals: Fotis Papoulis (9), Marcos Gullón (40), Philippe Koch (87 og) /
    Avraham Rikan (50), Gilles Yapi (53)


FC ZÜRICH – BORUSSIA MÖNCHENGLADBACH 1-1 (1-1)
Stadion Letzigrund, Zürich    02.10.2014    Hour: 21:05
Referees: Slavko Vinčić, Bojan Ul, Tomaž Klančnik (SVN)    Attendance: 18,422
ZÜRICH: David Da Costa, Berat Djimsiti, Amine Chermiti (90+1 Patrick Rossini), Davide Chiumiento, Alain Nef, Franck Etoundi, Avraham Rikan (20 Francisco Rodriguez), Burim Kukeli, Ivan Kecojević, Marco Schönbächler (84 Philippe Koch), Gilles Yapi. Coach: Urs Meier
BORUSSIA: Yann Sommer, Max Kruse, Álvaro Domínguez (84 Oscar Wendt), Håvard Nordtveit, Tony Jantschke, Thorgan Hazard (67 Ibrahima Traoré), Julian Korb, André Hahn (73 Patrick Herrmann), Branimir Hrgota, Granit Xhaka, Martin Stranzl. Coach: Lucien Favre
Yellow Card: Berat Djimsiti (35).
Goals: Franck Etoundi (23) / Håvard Nordtveit (25)


VILLARREAL CF – APOLLON FC LIMASSOL 4-0 (2-0)
Estadio El Madrigal, Villarreal    02.10.2014    Hour: 21:05
Referees: Arnold Hunter, Richard Storey, Gareth Eakin (NIR)    Attendance: 13,000
VILLARREAL: Juan Carlos, Jonathan dos Santos (63 Manu Trigueros), Luciano Vietto (72 Giovani dos Santos), Cani, Víctor Ruiz, Gabriel Paulista, Bruno Soriano, Antonio Rukavina (15 Mario Gaspar), Gerard Moreno, Javier Espinosa, Adrian Marín. Coach: Juan Corral
APOLLON: Bruno Vale, Gaston Sangoy, Camel Meriem, Giorgos Merkis, Hugo Lopez (46 Guie Gneki Abraham), Bertrand Robert, Fotis Papoulis (83 Thuram), Marios Stylianou, João Paulo, Rachid Hamdani, Georgios Vasiliou (48 Jan Rezek). Coach: Christos Christoforou
Goals: Gerard Moreno (9, 82), Javier Espinosa (44, 51)


VILLARREAL CF – FC ZÜRICH 4-1 (1-1)
Estadio El Madrigal, Villarreal    23.10.2014    Hour: 21:05
Referees: Halis Özkahya, Çem Satman, Kemal Yilmaz (TUR)    Attendance: 14,092
VILLARREAL: Juan Carlos, Mario Gaspar, Jonathan dos Santos, Luciano Vietto (66 Giovani dos Santos), Cani (74 Denis Cheryshev), Víctor Ruiz, Gabriel Paulista, Bruno Soriano (69 Tomás Pina), Gerard Moreno, Javier Espinosa, Adrian Marín. Coach: Marcelino
ZÜRICH: David Da Costa, Berat Djimsiti (84 Nico Elvedi), Amine Chermiti (75 Franck Etoundi), Davide Chiumiento, Alain Nef, Oliver Buff, Philippe Koch, Yassine Chikhaoui, Burim Kukeli, Marco Schönbächler (74 Francisco Rodriguez), Gilles Yapi. Coach: Urs Meier
Yellow Card: Bruno Soriano (63) / Burim Kukeli (51), Franck Etoundi (77).
Goals: Cani (6), Luciano Vietto (57), Bruno Soriano (60), Giovani Dos Santos (78) /
    Marco Schönbächler (43)

BORUSSIA MÖNCHENGLADBACH – APOLLON FC LIMASSOL 5-0 (1-0)
Borussia-Park, Mönchengladbach   23.10.2014   Hour: 21:05   Attendance: 38,182
Referees: Yevhen Aranovskiy, Oleksandr Korniyko, Volodymyr Volodin (UKR)
BORUSSIA: Yann Sommer, Ibrahima Traoré, Max Kruse (46 Raffael), Håvard Nordtveit, Oscar Wendt, Tony Jantschke, Thorgan Hazard, Julian Korb, Branimir Hrgota (79 Patrick Herrmann), Granit Xhaka (70 Mahmoud Dahoud), Martin Stranzl. Coach: Lucien Favre
APOLLON: Bruno Vale, Dustley Mulder, Marcos Gullón (50 Nicolae Grigore, 66 João Paulo), Gaston Sangoy, Jan Rezek, Giorgos Merkis, Hugo Lopez, Guie Gneki Abraham (70 Camel Meriem), Bertrand Robert, Angelis Angeli, Rachid Hamdani. Coach: Ioan Andone
Yellow Card: Martin Stranzl (54), Håvard Nordtveit (77).
Goals: Ibrahima Traoré (11, 67), Branimir Hrgota (56), Patrick Herrmann (83), Angelis Angeli (90+1 og)


FC ZÜRICH – VILLARREAL CF 3-2 (3-2)
Stadion Letzigrund, Zürich   06.11.2014   Hour: 19:00
Referees: Vladislav Bezborodov, Nikolai Golubev, Maksim Gavrilin (RUS)   Attendance: 8,209
ZÜRICH: David Da Costa, Berat Djimsiti, Alain Nef, Franck Etoundi (54 Amine Chermiti), Oliver Buff (71 Patrick Rossini), Yassine Chikhaoui, Burim Kukeli, Marco Schönbächler, Nico Elvedi, Francisco Rodriguez (82 Maurice Brunner), Gilles Yapi. Coach: Urs Meier
VILLARREAL: Juan Carlos, Tomás Pina (65 Bruno Soriano), Jonathan dos Santos, Giovani dos Santos, Víctor Ruiz, Moi Gómez (59 Luciano Vietto), Gabriel Paulista, Antonio Rukavina, Gerard Moreno, Javier Espinosa (68 Denis Cheryshev), Adrian Marín. Coach: Marcelino
Yellow Card: Patrick Rossini (90+2) / Jonathan dos Santos (15).
Goals: Franck Etoundi (21), Oliver Buff (26), Yassine Chikhaoui (29) /
       Tomás Pina (19), Gerard Moreno (23)


APOLLON FC LIMASSOL – BORUSSIA MÖNCHENGLADBACH 0-2 (0-0)
GSP Stadium, Nicosia   06.11.2014   Hour: 20:00
Referees: Antony Gautier, Michael Annonier, Philippe Jeanne (FRA)   Attendance: 6,000
APOLLON: Bruno Vale, Dustley Mulder (67 Fotis Papoulis), Thuram, Camel Meriem, Giorgos Merkis, Guie Gneki Abraham (60 Marios Stylianou, 65 Hugo Lopez), Bertrand Robert, Angelis Angeli, Christos Wheeler, Rachid Hamdani, Farley. Coach: Ioan Andone
BORUSSIA: Yann Sommer, Ibrahima Traoré (79 André Hahn), Raffael, Håvard Nordtveit, Oscar Wendt, Fabian Johnson, Christoph Kramer, Tony Jantschke, Thorgan Hazard (90+1 Roel Brouwers), Branimir Hrgota (72 Patrick Herrmann), Martin Stranzl. Coach: Lucien Favre
Goals: Raffael (56), Patrick Herrmann (90+5)


VILLARREAL CF – BORUSSIA MÖNCHENGLADBACH 2-2 (1-0)
Estadio El Madrigal, Villarreal   27.11.2014   Hour: 21:05
Referees: Szymon Marciniak, Paweł Sokolnicki, Tomasz Listkiewicz (POL)   Attendance: 16,000
VILLARREAL: Sergio Asenjo, Mario Gaspar, Luciano Vietto, Ikechukwu Uche (71 Tomás Pina), Cani (56 Jonathan dos Santos), Manu Trigueros (87 Javier Espinosa), Víctor Ruiz, Denis Cheryshev, Jaume Costa, Gabriel Paulista, Bruno Soriano. Coach: Marcelino
BORUSSIA: Yann Sommer, Roel Brouwers, Ibrahima Traoré (71 Patrick Herrmann), Raffael, Álvaro Domínguez, Håvard Nordtveit, Tony Jantschke, Thorgan Hazard, Julian Korb, Branimir Hrgota (71 Max Kruse), Granit Xhaka. Coach: Lucien Favre
Yellow Card: Bruno Soriano (39), Manu Trigueros (68) / Roel Brouwers (17), Granit Xhaka (77).
Goals: Luciano Vietto (26), Denis Cheryshev (63) / Raffael (55), Granit Xhaka (67)

FC ZÜRICH – APOLLON FC LIMASSOL 3-1 (2-1)
Stadion Letzigrund, Zürich   27.11.2014   Hour: 21:05
Referees: Kristo Tohver, Sten Klaasen, Hannes Reinvald (EST)   Attendance: 7,939
ZÜRICH: David Da Costa, Berat Djimsiti (80 Nico Elvedi), Davide Chiumiento, Alain Nef, Franck Etoundi (76 Amine Chermiti), Oliver Buff, Yassine Chikhaoui, Asmir Kajević, Ivan Kecojević, Marco Schönbächler, Francisco Rodriguez (72 Philippe Koch). Coach: Urs Meier
APOLLON: Bruno Vale, Thuram, Camel Meriem (46 Marcos Gullón), Hugo Lopez, Guie Gneki Abraham (80 Gaston Sangoy), Bertrand Robert, Fotis Papoulis (55 Fabrice), Angelis Angeli, João Paulo, Rachid Hamdani, Farley. Coach: Ioan Andone
Yellow Card: Asmir Kajević (42), Ivan Kecojević (47), Alain Nef (77) / João Paulo (73).
Goals: Berat Djimsiti (32), Yassine Chikhaoui (39 pen, 59 pen) / Farley (23)

BORUSSIA MÖNCHENGLADBACH – FC ZÜRICH 3-0 (1-0)
Borussia-Park, Mönchengladbach   11.12.2014   Hour: 19:00
Referees: Luca Banti, Riccardo Di Fiore, Alessandro Costanzo (ITA)   Attendance: 44,323
BORUSSIA: Yann Sommer, Roel Brouwers, Patrick Herrmann (67 Max Kruse), Ibrahima Traoré (78 Fabian Johnson), Raffael (67 Thorgan Hazard), Álvaro Domínguez, Oscar Wendt, Christoph Kramer, Tony Jantschke, Branimir Hrgota, Granit Xhaka. Coach: Lucien Favre
ZÜRICH: David Da Costa, Davide Chiumiento, Franck Etoundi (69 Amine Chermiti), Oliver Buff, Philippe Koch, Yassine Chikhaoui, Burim Kukeli, Ivan Kecojević (25 Cédric Brunner), Marco Schönbächler, Nico Elvedi, Francisco Rodriguez (69 Maurice Brunner). Coach: Urs Meier
Yellow Card: Philippe Koch (32).
Goals: Patrick Herrmann (31), Branimir Hrgota (59, 64)

APOLLON FC LIMASSOL – VILLARREAL CF 0-2 (0-2)
GSP Stadium, Nicosia   11.12.2014   Hour: 20:00
Referees: Serge Gumienny, Frank Bleyen, Jimmy Cremers (BEL)   Attendance: 4,200
APOLLON: Isli Hidi, Dustley Mulder, Marcos Gullón, Thuram, Giorgos Merkis, Fotis Papoulis (66 Jan Rezek), Angelis Angeli, Rachid Hamdani (76 Charis Kyriakou), Farley, Fabrice (59 Gaston Sangoy), Georgios Vasiliou. Coach: Ioan Andone
VILLARREAL: Sergio Asenjo, Mario Gaspar (46 Manu Trigueros), Tomás Pina, Luciano Vietto (60 Ikechukwu Uche), José Dorado, Jaume Costa, Moi Gómez, Gabriel Paulista, Bruno Soriano (46 Javier Espinosa), Antonio Rukavina, Gerard Moreno. Coach: Marcelino
Yellow Card: Jan Rezek (81) / Antonio Rukavina (21), Ikechukwu Uche (69), Jaume Costa (71).
Goals: Gerard Moreno (35), Luciano Vietto (40)

| | | | | | | | |
|---|---|---|---|---|---|---|---|
| Borussia Mönchengladbach | 6 | 3 | 3 | 0 | 14 | 4 | 12 |
| Villarreal CF | 6 | 3 | 2 | 1 | 15 | 7 | 11 |
| FC Zürich | 6 | 2 | 1 | 3 | 10 | 14 | 7 |
| Apollon FC Limassol | 6 | 1 | 0 | 5 | 4 | 18 | 3 |

# GROUP B

CLUB BRUGGE KV – TORINO FC 0-0
Jan Breydelstadion, Brugge   18.09.2014   Hour: 19:00
Referees: Halis Özkahya, Çem Satman, Kemal Yilmaz (TUR)   Attendance: 15,000
CLUB BRUGGE KV: Matthew Ryan, Timmy Simons, Oscar Duarte, Francisco Silva, Fernando (66 Ruud Vormer), Víctor Vázquez (66 Nikola Storm), Felipe Gedoz, Thomas Meunier, José Izquierdo, Brandon Mechele, Boli Bolingoli-Mbombo (80 Laurens De Bock).
Coach: Michel Preud'homme
TORINO: Jean-François Gillet, Cristian Molinaro, Alessandro Gazzi, Pontus Jansson, Nikola Maksimović, Gastón Silva, Amauri, Fabio Quagliarella (70 Josef Martínez), Juan Sánchez Miño (84 Antonio Nocerino), Matteo Darmian, Marco Benassi (65 Omar El Kaddouri).
Coach: Giampiero Ventura
Yellow Card: Thomas Meunier (62) / Omar El Kaddouri (76), Cristian Molinaro (85).

FC KØBENHAVN – HJK HELSINKI 2-0 (0-0)
FC København Stadium, København   18.09.2014   Hour: 19:00   Attendance: 12,191
Referees: Yevhen Aranovskiy, Oleksandr Korniyko, Volodymyr Volodin (UKR)
KØBENHAVN: Stephan Andersen, Pierre Bengtsson, Per Nilsson (82 Mikael Antonsson), Claudemir, Bashkim Kadrii (58 Nicolai Jørgensen), Andreas Cornelius, Alexander Kacaniklic, Daniel Amartey, Rúrik Gíslason (58 Danny Amankwaa), Youssef Toutouh, Mathias Jørgensen.
Coach: Ståle Solbakken
HJK HELSINKI: Antonio Doblas, Markus Heikkinen, Demba Savage (77 Erfan Zeneli), Teemu Tainio, Veli Lampi, Valtteri Moren, Sebastian Sorsa, Aristide Bance, Robin Lod, Anthony Annan, Roni Porokara (71 Macoumba Kandji). Coach: Mika Lehkosuo
Yellow Card: Anthony Annan (33), Markus Heikkinen (62).
Goals: Nicolai Jørgensen (68, 81)


HJK HELSINKI – CLUB BRUGGE KV 0-3 (0-1)
Helsinki Football Stadium, Helsinki   02.10.2014   Hour: 22:05
Referees: Ognjen Valjić, Sreten Udovičić, Senad Ibrisimbegović (BIH)   Attendance: 8,055
HJK HELSINKI: Antonio Doblas, Gideon Baah, Mika Väyrynen (46 Erfan Zeneli), Markus Heikkinen, Demba Savage, Teemu Tainio, Veli Lampi, Sebastian Sorsa, Aristide Bance (67 Roni Porokara), Robin Lod (43 Macoumba Kandji), Anthony Annan. Coach: Mika Lehkosuo
CLUB BRUGGE KV: Matthew Ryan, Oscar Duarte, Francisco Silva, Fernando, Víctor Vázquez (74 Timmy Simons), Lior Refaelov, Felipe Gedoz (81 José Izquierdo), Thomas Meunier, Laurens De Bock, Brandon Mechele, Obbi Oularé (65 Tom De Sutter). Coach: Michel Preud'homme
Yellow Card: Teemu Tainio (19) / Fernando (43).
Goals: Markus Heikkinen (19 og), Tom De Sutter (70), Laurens De Bock (78)


TORINO FC – FC KØBENHAVN 1-0 (0-0)
Stadio Olimpico, Torino   02.10.2014   Hour: 21:05
Referees: Carlos Gómez, Javier Rodriguez, Teodoro Sobrino (ESP)   Attendance: 15,000
TORINO: Jean-François Gillet, Cristian Molinaro, Alessandro Gazzi, Josef Martínez (72 Fabio Quagliarella), Nikola Maksimović, Amauri (78 Marcelo Larrondo), Emiliano Moretti, Kamil Glik, Juan Sánchez Miño (69 Omar El Kaddouri), Matteo Darmian, Marco Benassi.
Coach: Giampiero Ventura
KØBENHAVN: Stephan Andersen, Tom Høgli, Pierre Bengtsson, Claudemir (82 Thomas Delaney), Bashkim Kadrii (58 Nicolai Jørgensen), Andreas Cornelius, Mikael Antonsson, Daniel Amartey, Rúrik Gíslason (68 Alexander Kacaniklic), Youssef Toutouh, Mathias Jørgensen.
Coach: Ståle Solbakken
Yellow Card: Marco Benassi (54), Cristian Molinaro (77) /
            Rúrik Gíslason (61), Mikael Antonsson (90+3).
Goal: Fabio Quagliarella (90+4 pen)


TORINO FC – HJK HELSINKI 2-0 (1-0)
Stadio Olimpico, Torino   23.10.2014   Hour: 21:05
Referees: Stephan Klossner, Remy Zgraggen, Vital Jobin (SUI)   Attendance: 10,000
TORINO: Daniele Padelli, Cristian Molinaro, Omar El Kaddouri, Josef Martínez (76 Paulo Barreto), Pontus Jansson, Nikola Maksimović, Giuseppe Vives, Gastón Silva, Amauri (67 Fabio Quagliarella), Matteo Darmian, Marco Benassi (71 Antonio Nocerino). Coach: Giampiero Ventura
HJK HELSINKI: Antonio Doblas (46 Carljohan Eriksson), Gideon Baah, Markus Heikkinen, Demba Savage, Teemu Tainio (76 Mika Väyrynen), Veli Lampi, Sebastian Sorsa, Robin Lod, Anthony Annan, Erfan Zeneli (67 Nikolai Alho), Macoumba Kandji. Coach: Mika Lehkosuo
Yellow Card: Fabio Quagliarella (68) /
            Anthony Annan (43), Demba Savage (83), Macoumba Kandji (85).
Goals: Cristian Molinaro (35), Amauri (58)

CLUB BRUGGE KV – FC KØBENHAVN 1-1 (0-0)
Jan Breydelstadion, Brugge   23.10.2014   Hour: 21:05
Referees: Michael Oliver, Stuart Burt, Stephen Child (ENG)   Attendance: 16,000
CLUB BRUGGE KV: Matthew Ryan, Davy de Fauw, Timmy Simons, Oscar Duarte, Francisco Silva (79 José Izquierdo), Víctor Vázquez, Waldemar Sobota (56 Lior Refaelov), Felipe Gedoz, Laurens De Bock, Nicolas Castillo (69 Tom De Sutter), Brandon Mechele.
Coach: Michel Preud'homme
KØBENHAVN: Stephan Andersen, Tom Høgli, Pierre Bengtsson, Thomas Delaney, Nicolai Jørgensen (68 Steve De Ridder), Andreas Cornelius, Mikael Antonsson, Alexander Kacaniklic (64 Rúrik Gíslason), Daniel Amartey, Mathias Jørgensen, Danny Amankwaa (81 Claudemir).
Coach: Ståle Solbakken
Yellow Card: Francisco Silva (38) /
Daniel Amartey (49), Thomas Delaney (66), Mathias Jørgensen (90+5).
Goals: Víctor Vázquez (90+2) / Daniel Amartey (89)

HJK HELSINKI – TORINO FC 2-1 (0-0)
Helsinki Football Stadium, Helsinki   06.11.2014   Hour: 20:00
Referees: Arnold Hunter, Richard Storey, Andrew Neeson (NIR)   Attendance: 6,562
HJK HELSINKI: Antonio Doblas, Gideon Baah, Mika Väyrynen (75 Joel Perovuo), Demba Savage, Veli Lampi, Valtteri Moren, Sebastian Sorsa, Robin Lod, Anthony Annan, Erfan Zeneli (86 Nikolai Alho), Macoumba Kandji (90 Tapio Heikkilä). Coach: Mika Lehkosuo
TORINO: Daniele Padelli, Alessandro Gazzi, Josef Martínez (55 Marcelo Larrondo), Pontus Jansson, Gastón Silva, Kamil Glik, Fabio Quagliarella, Juan Sánchez Miño, Salvatore Masiello (71 Cristian Molinaro), Matteo Darmian, Marco Benassi (64 Omar El Kaddouri).
Coach: Giampiero Ventura
Yellow Card: Anthony Annan (90+5) / Omar El Kaddouri (83).
Goals: Gideon Baah (60), Valtteri Moren (81) / Fabio Quagliarella (90)

FC KØBENHAVN – CLUB BRUGGE KV 0-4 (0-3)
FC København Stadium, København   06.11.2014   Hour: 19:00
Referees: Manuel Gräfe, Guido Kleve, Holger Henschel (GER)   Attendance: 14,810
KØBENHAVN: Stephan Andersen, Tom Høgli, Pierre Bengtsson (62 Youssef Toutouh), Claudemir, Nicolai Jørgensen (34 Danny Amankwaa), Mikael Antonsson, Alexander Kacaniklic, Daniel Amartey (46 Thomas Delaney), Rúrik Gíslason, Steve De Ridder, Mathias Jørgensen.
Coach: Ståle Solbakken
CLUB BRUGGE KV: Matthew Ryan, Davy de Fauw, Timmy Simons, Oscar Duarte, Víctor Vázquez (65 Fernando), Lior Refaelov, Tom De Sutter (46 Nicolas Castillo), Felipe Gedoz (77 Waldemar Sobota), Thomas Meunier, Ruud Vormer, Brandon Mechele.
Coach: Michel Preud'homme
Yellow Card: Daniel Amartey (32), Steve De Ridder (58), Mathias Jørgensen (63), Thomas Delaney (74) / Thomas Meunier (45).
Goals: Lior Refaelov (7, 30, 36), Ruud Vormer (60)

TORINO FC – CLUB BRUGGE KV 0-0
Stadio Olimpico, Torino   27.11.2014   Hour: 21:05
Referees: Bas Nijhuis, Rob van de Ven, Charles Schaap (NED)   Attendance: 10,000
TORINO: Daniele Padelli, Cristian Molinaro, Cesare Bovo, Omar El Kaddouri, Alessandro Gazzi, Josef Martínez (88 Marcelo Larrondo), Pontus Jansson, Amauri, Emiliano Moretti, Matteo Darmian, Marco Benassi (78 Giuseppe Vives). Coach: Giampiero Ventura
CLUB BRUGGE KV: Matthew Ryan, Timmy Simons, Oscar Duarte, Francisco Silva (63 Lior Refaelov), Fernando, Víctor Vázquez (63 Ruud Vormer), Felipe Gedoz, Thomas Meunier, Laurens De Bock, Nicolas Castillo (88 Tom De Sutter), Brandon Mechele. Coach: Michel Preud'homme
Yellow Card: Marco Benassi (38), Emiliano Moretti (51), Alessandro Gazzi (79), Pontus Jansson (90+3), Cristian Molinaro (90+5) / Nicolas Castillo (58), Laurens De Bock (85), Matthew Ryan (90), Brandon Mechele (90+3).

HJK HELSINKI – FC KØBENHAVN 2-1 (1-0)
Helsinki Football Stadium, Helsinki    27.11.2014    Hour: 22:05
Referees: Tony Chapron, Cyril Lompre, Stephan Luzi (FRA)    Attendance: 6,752
HJK HELSINKI: Antonio Doblas, Gideon Baah, Mika Väyrynen (70 Tapio Heikkilä), Markus Heikkinen, Teemu Tainio (54 Rasmus Schüller), Valtteri Moren, Nikolai Alho, Sebastian Sorsa, Robin Lod, Erfan Zeneli (80 Joel Perovuo), Macoumba Kandji. Coach: Mika Lehkosuo
KØBENHAVN: Stephan Andersen, Tom Høgli (71 Youssef Toutouh), Pierre Bengtsson, Per Nilsson, Thomas Delaney (71 Danny Amankwaa), Andreas Cornelius, Mikael Antonsson, Alexander Kacaniklic (46 Nicolai Jørgensen), Daniel Amartey, Rúrik Gíslason, Steve De Ridder. Coach: Ståle Solbakken
Yellow Card: Antonio Doblas (90), Macoumba Kandji (90+4) /
    Tom Høgli (41), Rúrik Gíslason (64).
Goals: Gideon Baah (29), Macoumba Kandji (90+3) / Per Nilsson (90)

CLUB BRUGGE KV – HJK HELSINKI 2-1 (1-0)
Jan Breydelstadion, Brugge    11.12.2014    Hour: 19:00
Referees: Sergei Karasev, Anton Averianov, Tikhon Kalugin (RUS)    Attendance: 15,000
CLUB BRUGGE KV: Matthew Ryan, Davy de Fauw, Timmy Simons, Oscar Duarte, Fernando (71 Víctor Vázquez), Tom De Sutter (79 Obbi Oularé), Felipe Gedoz, Ruud Vormer, Nikola Storm, Sander Coopman (71 Lior Refaelov), Brandon Mechele. Coach: Michel Preud'homme
HJK HELSINKI: Antonio Doblas, Gideon Baah, Mika Väyrynen (83 Joel Perovuo), Markus Heikkinen, Valtteri Moren, Sebastian Sorsa, Rasmus Schüller, Robin Lod, Anthony Annan, Erfan Zeneli (63 Roni Porokara), Macoumba Kandji. Coach: Mika Lehkosuo
Yellow Card: Fernando (34), Tom De Sutter (71) / Gideon Baah (10).
Goals: Felipe Gedoz (28 pen), Lior Refaelov (88) / Macoumba Kandji (51)

FC KØBENHAVN – TORINO FC 1-5 (1-2)
FC København Stadium, København    11.12.2014    Hour: 19:00
Referees: Vladislav Bezborodov, Nikolai Golubev, Maksim Gavrilin (RUS)    Attendance: 9,202
KØBENHAVN: Stephan Andersen, Tom Høgli, Claudemir (77 Lasse Lindbjerg), Thomas Delaney, Nicolai Jørgensen (84 Yones Felfel), Mikael Antonsson, Daniel Amartey, Steve De Ridder (87 Brandur Olsen), Youssef Toutouh, Mathias Jørgensen, Danny Amankwaa. Coach: Ståle Solbakken
TORINO: Daniele Padelli, Cesare Bovo, Omar El Kaddouri (66 Giovanni Graziano), Alessandro Gazzi, Josef Martínez (58 Fabio Quagliarella), Nikola Maksimović (60 Pontus Jansson), Gastón Silva, Amauri, Emiliano Moretti, Kamil Glik, Matteo Darmian. Coach: Giampiero Ventura
Red Card: Mikael Antonsson (30), Mathias Jørgensen (40).
Goals: Daniel Amartey (6) /
    Josef Martínez (15, 47), Amauri (42 pen), Matteo Darmian (49), Gastón Silva (53)

| | | | | | | | |
|---|---|---|---|---|---|---|---|
| Club Brugge KV | 6 | 3 | 3 | 0 | 10 | 2 | 12 |
| Torino FC | 6 | 3 | 2 | 1 | 9 | 3 | 11 |
| HJK Helsinki | 6 | 2 | 0 | 4 | 5 | 11 | 6 |
| FC København | 6 | 1 | 1 | 4 | 5 | 13 | 4 |

# GROUP C

FK PARTIZAN BEOGRAD – TOTTENHAM HOTSPUR FC LONDON 0-0
Stadion Partizan, Beograd    18.09.2014    Hour: 19:00
Referees: Alon Yefet, Amihay Yehoshua Mozes, Mahmud Mahagna (ISR)    Attendance: 21,000
PARTIZAN: Milan Lukač, Vladimir Volkov (54 Nemanja Petrović), Miroslav Vulićević, Vojislav Stanković, Lazar Ćirković (68 Saša Marković), Petar Grbić (85 Predrag Luka), Nikola Drinčić, Saša Ilić, Danko Lazović, Branko Ilič, Danilo Pantić. Coach: Marko Nikolić
TOTTENHAM: Hugo Lloris, Jan Vertonghen, Aaron Lennon, Paulinho (60 Roberto Soldado), Kyle Naughton, Andros Townsend (59 Erik Lamela), Harry Kane, Federico Fazio, Benjamin Stambouli (72 Étienne Capoue), Ben Davies, Nabil Bentaleb. Coach: Mauricio Pochettino
Yellow Card: Branko Ilič (55), Predrag Luka (86) / Andros Townsend (34), Ben Davies (48).

BEŞIKTAŞ JK ISTANBUL – ASTERAS TRIPOLIS FC 1-1 (1-0)
Atatürk Olimpiyat Stadium, Istanbul    18.09.2014    Hour: 20:00
Referees: Miroslav Zelinka, Ondřej Pelikán, Jiří Moláček (CZE)    Attendance: 7,760
BEŞIKTAŞ JK: Tolga Zengin, Tomáš Sivok, Gökhan Töre, Veli Kavlak, Olcay Şahan (85 Kerim Koyunlu), Mustafa Pektemek (30 Cenk Tosun), Atiba Hutchinson, Oğuzhan Özyakup (69 José Sosa), Pedro Franco, Necip Uysal, Ramon Motta. Coach: Slaven Bilić
ASTERAS TRIPOLIS FC: Tomás Kosický, Thanasis Panteliadis (76 Juan Munafo), Pablo Mazza, Fernando Usero, Jerónimo Barrales (85 Giannis Gianniotas), Martin Rolle, Giorgos Zisopoulos, Khalifa Sankaré, Braian Lluy, Dorin Goian, Ziguy Badibanga (69 Facundo Parra).
Coach: Staikos Vergetis
Yellow Card: Veli Kavlak (90+2) / Dorin Goian (73).
Goals: Gökhan Töre (33) / Facundo Parra (88)


ASTERAS TRIPOLIS FC – FK PARTIZAN BEOGRAD 2-0 (1-0)
Theodoros Kolokotronis Stadium, Tripoli    02.10.2014    Hour: 22:05
Referees: Danny Makkelie, Patrick Langkamp, Mario Diks (NED)    Attendance: 3,500
ASTERAS TRIPOLIS FC: Tomás Kosický, Thanasis Panteliadis, Pablo Mazza, Fernando Usero, Martin Rolle (90 Juan Munafo), Giorgos Zisopoulos, Khalifa Sankaré, Facundo Parra (59 Jerónimo Barrales), Braian Lluy, Dorin Goian, Giannis Gianniotas (73 Ritchie Kitoko).
Coach: Staikos Vergetis
PARTIZAN: Milan Lukač, Vladimir Volkov, Miroslav Vulićević, Vojislav Stanković, Lazar Ćirković, Petar Grbić (63 Nikola Ninković), Andrija Živković (46 Ismaël Fofana), Saša Ilić (78 Nemanja Kojić), Danko Lazović, Branko Ilič, Danilo Pantić. Coach: Marko Nikolić
Yellow Card: Dorin Goian (90+1), Jerónimo Barrales (90+3) /
    Branko Ilič (15), Danko Lazović (50), Miroslav Vulićević (61), Nikola Ninković (89).
Goals: Fernando Usero (22), Facundo Parra (52)


TOTTENHAM HOTSPUR FC LONDON – BEŞIKTAŞ JK ISTANBUL 1-1 (1-0)
White Hart Lane, London    02.10.2014    Hour: 20:05
Referees: Manuel Gräfe, Guido Kleve, Christoph Bornhorst (GER)    Attendance: 32,000
TOTTENHAM: Hugo Lloris, Vlad Chiricheş, Paulinho (60 Aaron Lennon), Roberto Soldado (79 Emmanuel Adebayor), Eric Dier, Andros Townsend, Harry Kane, Federico Fazio, Benjamin Stambouli (65 Mousa Dembélé), Ben Davies, Nabil Bentaleb. Coach: Mauricio Pochettino
BEŞIKTAŞ JK: Tolga Zengin, Serdar Kurtuluş, José Sosa, Tomáš Sivok, Gökhan Töre (82 Kerim Koyunlu), Veli Kavlak (65 Oğuzhan Özyakup), Demba Ba, Olcay Şahan (72 Mustafa Pektemek), Atiba Hutchinson, Pedro Franco, Ramon Motta. Coach: Slaven Bilić
Yellow Card: Ben Davies (7), Nabil Bentaleb (48), Federico Fazio (50), Vlad Chiricheş (89) /
    Demba Ba (6).
Goals: Harry Kane (27) / Demba Ba (89 pen)


TOTTENHAM HOTSPUR FC LONDON – ASTERAS TRIPOLIS FC 5-1 (2-0)
White Hart Lane, London    23.10.2014    Hour: 20:05
Referees: Ivan Kružliak, Tomaš Somolani, Tomaš Mokoš (SVK)    Attendance: 21,000
TOTTENHAM: Hugo Lloris, Jan Vertonghen, Emmanuel Adebayor (76 Nacer Chadli), Erik Lamela (76 Christian Eriksen), Eric Dier, Andros Townsend (83 Aaron Lennon), Harry Kane, Mousa Dembélé, Federico Fazio, Étienne Capoue, Ben Davies. Coach: Mauricio Pochettino
ASTERAS TRIPOLIS FC: Tomás Kosický, Thanasis Panteliadis, Juan Munafo, Pablo Mazza (82 Tasos Bakasetas), Fernando Usero, Martin Rolle (73 Jerónimo Barrales), Giorgos Zisopoulos, Khalifa Sankaré, Tasos Tsokanis, Facundo Parra (80 Nicolás Fernández), Braian Lluy.
Coach: Staikos Vergetis
Yellow Card: Thanasis Panteliadis (37).
Red Card: Hugo Lloris (87).
Goals: Harry Kane (13, 74, 81), Erik Lamela (30, 66) / Jerónimo Barrales (89)

FK PARTIZAN BEOGRAD – BEŞIKTAŞ JK ISTANBUL 0-4 (0-2)
Stadion Partizan, Beograd    23.10.2014    Hour: 21:05
Referees: Paolo Mazzoleni, Riccardo Di Fiore, Matteo Passeri (ITA)    Attendance: 17,500
PARTIZAN: Milan Lukač, Vladimir Volkov, Vojislav Stanković, Lazar Ćirković, Andrija Živković (67 Petar Grbić), Nikola Drinčić (61 Nikola Ninković), Danko Lazović (61 Saša Marković), Branko Ilič, Petar Škuletić, Miladin Stevanović, Danilo Pantić. Coach: Marko Nikolić
BEŞIKTAŞ JK: Tolga Zengin, Tomáš Sivok, Gökhan Töre (64 Kerim Koyunlu), Veli Kavlak, Demba Ba (69 Cenk Tosun), Olcay Şahan, Atiba Hutchinson, Oğuzhan Özyakup (78 İsmail Köybaşı), Pedro Franco, Necip Uysal, Ramon Motta. Coach: Slaven Bilić
Yellow Card: Vladimir Volkov (42), Branko Ilič (75) / Olcay Şahan (14), Ramon Motta (31).
Goals: Veli Kavlak (18), Ba (45), Oğuzhan Özyakup (52), Gökhan Töre (54)


ASTERAS TRIPOLIS FC – TOTTENHAM HOTSPUR FC LONDON 1-2 (0-2)
Theodoros Kolokotronis Stadium, Tripoli    06.11.2014    Hour: 20:00
Referees: Javier Estrada, José Miranda, Javier Rodriguez (ESP)    Attendance: 6,500
ASTERAS TRIPOLIS FC: Tomás Kosický, Thanasis Panteliadis, Juan Munafo (81 Giannis Gianniotas), Pablo Mazza, Fernando Usero, Martin Rolle, Giorgos Zisopoulos, Khalifa Sankaré, Tasos Tsokanis (60 Ziguy Badibanga), Facundo Parra (84 Jerónimo Barrales), Braian Lluy.
Coach: Staikos Vergetis
TOTTENHAM: Michel Vorm, Jan Vertonghen, Erik Lamela (46 Roberto Soldado), Eric Dier, Andros Townsend, Harry Kane (77 Paulinho), Mousa Dembélé, Federico Fazio, Christian Eriksen (63 Ryan Mason), Benjamin Stambouli, Ben Davies. Coach: Mauricio Pochettino
Yellow Card: Khalifa Sankaré (36) / Ryan Mason (83).
Red Card: Federico Fazio (89).
Goals: Jerónimo Barrales (90 pen) / Andros Townsend (36 pen), Harry Kane (42)


BEŞIKTAŞ JK ISTANBUL – FK PARTIZAN BEOGRAD 2-1 (0-0)
Atatürk Olimpiyat Stadium, Istanbul    06.11.2014    Hour: 20:00
Referees: Alexandru Tudor, Aurel Oniță, Octavian Şovre (ROM)    Attendance: 12,000
BEŞIKTAŞ JK: Cenk Gönen, İsmail Köybaşı, Tomáš Sivok, Gökhan Töre (90 Necip Uysal), Veli Kavlak, Demba Ba, Olcay Şahan (58 Mustafa Pektemek), Atiba Hutchinson, Oğuzhan Özyakup (70 José Sosa), Pedro Franco, Ramon Motta. Coach: Slaven Bilić
PARTIZAN: Milan Lukač, Vladimir Volkov, Vojislav Stanković, Nikola Ninković, Lazar Ćirković, Petar Grbić (67 Andrija Živković), Nikola Drinčić, Saša Marković, Petar Škuletić (67 Danko Lazović), Miladin Stevanović, Danilo Pantić (65 Saša Ilić). Coach: Marko Nikolić
Yellow Card: Veli Kavlak (14) / Vladimir Volkov (28), Vojislav Stanković (56), Saša Marković (60), Miladin Stevanović (79), Danko Lazović (80).
Goals: Demba Ba (57 pen, 62) / Saša Marković (78)


TOTTENHAM HOTSPUR FC LONDON – FK PARTIZAN BEOGRAD 1-0 (0-0)
White Hart Lane, London    27.11.2014    Hour: 20:05    Attendance: 28,362
Referees: Yevhen Aranovskiy, Oleksandr Voytyuk, Oleksandr Korniyko (UKR)
TOTTENHAM: Hugo Lloris, Jan Vertonghen, Vlad Chiricheş, Aaron Lennon, Paulinho (87 Harry Winks), Roberto Soldado (66 Harry Kane), Erik Lamela, Kyle Naughton, Mousa Dembélé (56 Nabil Bentaleb), Benjamin Stambouli, Ben Davies. Coach: Mauricio Pochettino
PARTIZAN: Milan Lukač, Vladimir Volkov, Vojislav Stanković, Nikola Ninković (62 Andrija Živković), Lazar Ćirković, Petar Grbić, Saša Marković, Saša Ilić (74 Nenad Marinković), Danko Lazović, Branko Ilič, Petar Škuletić (78 Nemanja Kojić). Coach: Marko Nikolić
Yellow Card: Benjamin Stambouli (51) / Petar Grbić (72), Branko Ilič (86).
Goal: Benjamin Stambouli (49)

ASTERAS TRIPOLIS FC – BEŞIKTAŞ JK ISTANBUL 2-2 (0-1)
Theodoros Kolokotronis Stadium, Tripoli    27.11.2014    Hour: 22:05
Referees: Manuel De Sousa, Rui Tavares, Alvaro Mesquita (POR)
ASTERAS TRIPOLIS FC: Tomás Kosický, Thanasis Panteliadis, Pablo Mazza, Nicolás Fernández (77 Tasos Bakasetas), Giorgos Zisopoulos, Khalifa Sankaré, Facundo Parra, Dimitris Kourbelis (62 Fernando Usero), Braian Lluy, Dorin Goian, Giannis Gianniotas (46 Jerónimo Barrales).
Coach: Staikos Vergetis
BEŞIKTAŞ JK: Cenk Gönen, Serdar Kurtuluş, José Sosa (72 Oğuzhan Özyakup), Gökhan Töre (86 Necip Uysal), Veli Kavlak, Demba Ba, Olcay Şahan (64 Kerim Koyunlu), Atiba Hutchinson, Pedro Franco, Ersan Gülüm, Ramon Motta. Coach: Slaven Bilić
Yellow Card: Thanasis Panteliadis (57), Dorin Goian (61), Khalifa Sankaré (76) /
   Ramon Motta (20), Atiba Hutchinson (38), Ersan Gülüm (67), Cenk Gönen (86).
Red Card: Atiba Hutchinson (72).
Goals: Jerónimo Barrales (72), Facundo Parra (83) / Demba Ba (15), Gökhan Töre (61 pen)


FK PARTIZAN BEOGRAD – ASTERAS TRIPOLIS FC 0-0
Stadion Partizan, Beograd    11.12.2014    Hour: 19:00
Referees: Pawel Gil, Piotr Sadczuk, Marcin Borkowski (POL)    Attendance: 6,750
PARTIZAN: Milan Lukač, Vladimir Volkov, Nemanja Petrović, Vojislav Stanković, Nikola Ninković (81 Predrag Luka), Petar Grbić (74 Saša Ilić), Andrija Živković, Nikola Drinčić, Saša Marković, Branko Ilič, Petar Škuletić (89 Nemanja Kojić). Coach: Marko Nikolić
ASTERAS TRIPOLIS FC: Kostas Theodoropoulos, Thanasis Panteliadis, Eric Tie Bi (75 Pablo Mazza), Juan Munafo, Jerónimo Barrales, Giorgos Zisopoulos, Tasos Bakasetas (72 Ziguy Badibanga), Khalifa Sankaré, Tasos Tsokanis, Braian Lluy, Giannis Gianniotas (63 Nicolás Fernández). Coach: Staikos Vergetis
   Yellow Card: Nikola Drinčić (47), Branko Ilič (54), Vladimir Volkov (60), Predrag Luka (90+3) /Tasos Bakasetas (22), Eric Tie Bi (33), Tasos Tsokanis (82).


BEŞIKTAŞ JK ISTANBUL – TOTTENHAM HOTSPUR FC LONDON 1-0 (0-0)
Atatürk Olimpiyat Stadium, Istanbul    11.12.2014    Hour: 20:00
Referees: Stefan Johannesson, Fredrik Nilsson, Daniel Gustavsson (SWE)    Attendance: 19,511
BEŞIKTAŞ JK: Tolga Zengin, Serdar Kurtuluş, José Sosa, Gökhan Töre (84 İsmail Köybaşı), Olcay Şahan, Pedro Franco, Necip Uysal, Kerim Koyunlu (90+3 Furkan Yaman), Ersan Gülüm (46 Atınç Nukan), Cenk Tosun, Ramon Motta. Coach: Slaven Bilić
TOTTENHAM: Michel Vorm, Kyle Walker (76 Étienne Capoue), Danny Rose, Younès Kaboul, Vlad Chiricheş, Paulinho (69 Aaron Lennon), Roberto Soldado (69 Erik Lamela), Andros Townsend, Mousa Dembélé, Nacer Chadli, Benjamin Stambouli. Coach: Mauricio Pochettino
Yellow Card: Ersan Gülüm (21).
Goal: Cenk Tosun (59)


| | | | | | | | | |
|---|---|---|---|---|---|---|---|---|
| Beşiktaş JK Istanbul | 6 | 3 | 3 | 0 | 11 | 5 | 12 | |
| Tottenham Hotspur FC London | 6 | 3 | 2 | 1 | 9 | 4 | 11 | |
| Asteras Tripolis FC | 6 | 1 | 3 | 2 | 7 | 10 | 6 | |
| FK Partizan Beograd | 6 | 0 | 2 | 4 | 1 | 9 | 2 | |

# GROUP D

FC RED BULL SALZBURG – CELTIC FC GLASGOW 2-2 (1-1)
Stadion Salzburg, Salzburg   18.09.2014   Hour: 19:00
Referees: Artur Dias, Rui Tavares, Alvaro Mesquita (POR)   Attendance: 17,886
SALZBURG: Péter Gulácsi, André Ramalho, Christian Schwegler, Marcel Sabitzer, Stefan Ilsanker, Andreas Ulmer (82 Peter Ankersen), Christoph Leitgeb, Jonatan Soriano, Alan, Martin Hinteregger, Kevin Kampl. Coach: Adi Hütter
CELTIC FC: Craig Gordon, Emilio Izaguirre, Efe Ambrose, Virgil van Dijk, Scott Brown, Stefan Šćepović (68 Anthony Stokes), Kris Commons (75 Alexandar Tonev), Jason Denayer, Stefan Johansen (90+2 Beram Kayal), Mubarak Wakaso, Callum McGregor. Coach: Ronny Deila
Yellow Card: Andreas Ulmer (10), Martin Hinteregger (90+1) /
    Efe Ambrose (20), Scott Brown (39).
Goals: Alan (36), Jonatan Soriano (78) / Mubarak Wakaso (14), Scott Brown (60)

GNK DINAMO ZAGREB – FC ASTRA GIURGIU 5-1 (3-0)
Stadion Maksimir, Zagreb   18.09.2014   Hour: 19:00
Referees: Leontios Trattou, Michael Soteriou, Athinodoros Ioannou (CYP)   Attendance: 15,000
DINAMO: Eduardo, El Arabi Hilal Soudani, Josip Šimunić, Ivo Pinto (72 Paulo Machado), Domagoj Antolić (77 Ante Ćorić), Arijan Ademi, Josip Pivarić, Leonardo Sigali, Wilson Eduardo, Marcelo Brozović, Duje Čop (67 Ángelo Henríquez). Coach: Zoran Mamić
ASTRA: Silviu Lung, Syam Ben Youssef, Seidu Yahaya (74 George Florescu), Gabriel Enache (57 Aurelian Chițu), Constantin Budescu, Júnior Morais, Vincent Laban, Cristian Oros, Kehinde Fatai (65 Sadat Bukari), Vassilis Pliatsikas, William Amorim. Coach: Daniel Isăilă
Yellow Card: Duje Čop (5), Domagoj Antolić (38), El Arabi Hilal Soudani (56), Arijan Ademi (90)
/ Cristian Oros (36), Vassilis Pliatsikas (90).
Goals: El Arabi Hilal Soudani (17, 24, 45+1), Ángelo Henríquez (70), Ante Ćorić (90+2) /
    Aurelian Chițu (82)

FC ASTRA GIURGIU – FC RED BULL SALZBURG 1-2 (1-2)
Marin Anastasovici, Giurgiu   02.10.2014   Hour: 22:05
Referees: Libor Kovařik, Krystof Mencl, Antonin Kordula (CZE)   Attendance: 3,000
ASTRA: Silviu Lung, Syam Ben Youssef, Takayuki Seto, Gabriel Enache, Constantin Budescu, Júnior Morais, Vincent Laban (73 George Florescu), Cristian Oros, Sadat Bukari, Vassilis Pliatsikas, William Amorim. Coach: Daniel Isăilă
SALZBURG: Péter Gulácsi, André Ramalho, Marcel Sabitzer, Stefan Ilsanker, Andreas Ulmer, Christoph Leitgeb, Jonatan Soriano (73 Nils Quaschner), Alan (83 Massimo Bruno), Martin Hinteregger, Valentino Lazaro, Kevin Kampl. Coach: Adi Hütter
Yellow Card: Constantin Budescu (75), Syam Ben Youssef (83) /
    Andreas Ulmer (48), Marcel Sabitzer (62), Valentino Lazaro (72).
Goals: Takayuki Seto (15) / Kevin Kampl (36), Jonatan Soriano (42)

CELTIC FC GLASGOW – GNK DINAMO ZAGREB 1-0 (1-0)
Celtic Park, Glasgow   02.10.2014   Hour: 20:05
Referees: Sébastien Delferiere, Yves De Neve, Frederick Stalport (BEL)   Attendance: 37,000
CELTIC FC: Craig Gordon, Emilio Izaguirre, Efe Ambrose, Virgil van Dijk, Scott Brown, Anthony Stokes, Kris Commons (69 Beram Kayal), Jason Denayer, Stefan Johansen, Alexandar Tonev (88 Jo Inge Berget), Mubarak Wakaso (78 Leigh Griffiths). Coach: Ronny Deila
DINAMO: Eduardo, El Arabi Hilal Soudani, Josip Šimunić, Ivo Pinto, Domagoj Antolić (75 Ante Ćorić), Arijan Ademi, Josip Pivarić, Leonardo Sigali, Wilson Eduardo (83 Marko Pjaca), Marcelo Brozović, Duje Čop (60 Ángelo Henríquez). Coach: Zoran Mamić
Yellow Card: Jason Denayer (86), Anthony Stokes (90+3) /
    Domagoj Antolić (31), Leonardo Sigali (75), Arijan Ademi (85).
Goal: Kris Commons (6)

CELTIC FC GLASGOW – FC ASTRA GIURGIU 2-1 (0-0)
Celtic Park, Glasgow    23.10.2014    Hour: 20:05    Attendance: 32,000
Referees: Kristinn Jakobsson, Gylfi Mar Sigurdsson, Sigurdur Oli Thorleifsson (ISL)
CELTIC FC: Craig Gordon, Emilio Izaguirre, Virgil van Dijk, Scott Brown, Anthony Stokes (77 Beram Kayal), Stefan Šćepović, Charlie Mulgrew (66 Mubarak Wakaso), Jason Denayer, Mikael Lustig, Stefan Johansen, Callum McGregor (57 Alexandar Tonev). Coach: Ronny Deila
ASTRA: Silviu Lung, Syam Ben Youssef, Seidu Yahaya, Takayuki Seto (78 Kehinde Fatai), Gabriel Enache, Constantin Budescu, Júnior Morais, Vincent Laban (88 George Florescu), Cristian Oros, Vassilis Pliatsikas, William Amorim (87 Laurențiu Rus). Coach: Oleg Protasov
Yellow Card: Alexandar Tonev (70) / Seidu Yahaya (8), Cristian Oros (72).
Goals: Stefan Šćepović (73), Stefan Johansen (79) / Gabriel Enache (81)


FC RED BULL SALZBURG – GNK DINAMO ZAGREB 4-2 (2-0)
Stadion Salzburg, Salzburg    23.10.2014    Hour: 21:05
Referees: Serdar Gözübüyük, Hessel Steegstra, Davie Goossens (NED)    Attendance: 12,872
SALZBURG: Péter Gulácsi, Peter Ankersen, André Ramalho, Stefan Ilsanker, Andreas Ulmer (69 Valentino Lazaro), Christoph Leitgeb (82 Naby Keita), Jonatan Soriano, Alan (70 Marcel Sabitzer), Martin Hinteregger, Kevin Kampl, Massimo Bruno. Coach: Adi Hütter
DINAMO: Eduardo, El Arabi Hilal Soudani, Josip Šimunić, Ivo Pinto (65 Jozo Šimunović), Domagoj Antolić, Ángelo Henríquez, Paulo Machado (53 Marko Pjaca), Arijan Ademi, Josip Pivarić (65 Ognjen Vukojević), Leonardo Sigali, Marcelo Brozović. Coach: Zoran Mamić
Yellow Card: Stefan Ilsanker (90+5) / Leonardo Sigali (44), Ognjen Vukojević (82).
Goals: Alan (14, 45, 52), André Ramalho (49) / Arijan Ademi (81), Ángelo Henríquez (89)


FC ASTRA GIURGIU – CELTIC FC GLASGOW 1-1 (0-1)
Marin Anastasovici, Giurgiu    06.11.2014    Hour: 20:00
Referees: Serhiy Boiko, Serhiy Bekker, Volodymyr Volodin (UKR)    Attendance: 2,500
ASTRA: Silviu Lung, Syam Ben Youssef, Seidu Yahaya (81 Takayuki Seto), Gabriel Enache, Constantin Budescu (62 George Florescu), Júnior Morais, Vincent Laban, Cristian Oros, Sadat Bukari, Vassilis Pliatsikas, Joãozinho (46 William Amorim). Coach: Oleg Protasov
CELTIC FC: Craig Gordon, Emilio Izaguirre, Virgil van Dijk, Scott Brown, Stefan Šćepović (72 Leigh Griffiths), Charlie Mulgrew, Jason Denayer, Mikael Lustig, Stefan Johansen, Mubarak Wakaso (80 Adam Matthews), Callum McGregor. Coach: Ronny Deila
Yellow Card: Syam Ben Youssef (37), Seidu Yahaya (66), Sadat Bukari (90+2) /
        Scott Brown (66), Virgil van Dijk (90+3).
Red Card: Vincent Laban (90+2).
Goals: William Amorim (79) / Stefan Johansen (32)


GNK DINAMO ZAGREB – FC RED BULL SALZBURG 1-5 (0-1)
Stadion Maksimir, Zagreb    06.11.2014    Hour: 19:00
Referees: Michael Koukoulakis, Michael Karsiotis, Christos Baltas (GRE)    Attendance: 10,000
DINAMO: Eduardo, El Arabi Hilal Soudani, Luis Ibáñez, Jozo Šimunović, Ivo Pinto, Domagoj Antolić (69 Franko Andrijašević), Ángelo Henríquez, Arijan Ademi, Marcelo Brozović, Jérémy Taravel, Duje Čop (60 Junior Fernándes). Coach: Zoran Mamić
SALZBURG: Péter Gulácsi, Peter Ankersen, André Ramalho, Marcel Sabitzer (31 Massimo Bruno), Naby Keita (77 Konrad Laimer), Stefan Ilsanker, Andreas Ulmer, Christoph Leitgeb, Jonatan Soriano, Martin Hinteregger (87 Franz Schiemer), Kevin Kampl. Coach: Adi Hütter
Yellow Card: Ivo Pinto (15), Marcelo Brozović (51), Arijan Ademi (76), Jozo Šimunović (80) /
        Stefan Ilsanker (50), Andreas Ulmer (52), Konrad Laimer (87).
Goals: Ángelo Henríquez (60) /
        Jonatan Soriano (40, 64, 85), Kevin Kampl (59), Massimo Bruno (72)

CELTIC FC GLASGOW – FC RED BULL SALZBURG 1-3 (1-2)
Celtic Park, Glasgow    27.11.2014    Hour: 20:05
Referees: Halis Özkahya, Çem Satman, Kemal Yilmaz (TUR)    Attendance: 32,414
CELTIC FC: Craig Gordon, Adam Matthews, Emilio Izaguirre, Efe Ambrose, Virgil van Dijk, Scott Brown, Anthony Stokes (67 Kris Commons), Charlie Mulgrew (74 Alexandar Tonev), Stefan Johansen, Leigh Griffiths, Callum McGregor. Coach: Ronny Deila
SALZBURG: Péter Gulácsi, Benno Schmitz, Peter Ankersen (80 Christian Schwegler), André Ramalho, Stefan Ilsanker, Christoph Leitgeb, Jonatan Soriano (74 Marcel Sabitzer), Alan, Martin Hinteregger, Kevin Kampl, Massimo Bruno (71 Naby Keita). Coach: Adi Hütter
Yellow Card: Stefan Johansen (34) / Benno Schmitz (39).
Goals: Stefan Johansen (30) / Alan (8, 13), Naby Keita (90+2)

FC ASTRA GIURGIU – GNK DINAMO ZAGREB 1-0 (0-0)
Marin Anastasovici, Giurgiu    27.11.2014    Hour: 22:05
Referees: Sergei Lapochkin, Nikolai Golubev, Aleksei Lebedev (RUS)    Attendance: 1,000
ASTRA: Silviu Lung, George Florescu, Syam Ben Youssef, Seidu Yahaya, Takayuki Seto, Gabriel Enache, Constantin Budescu (76 William Amorim), Júnior Morais, Cristian Oros, Sadat Bukari (90+2 Aurelian Chițu), Laurențiu Rus. Coach: Oleg Protasov
DINAMO: Eduardo, El Arabi Hilal Soudani, Jozo Šimunović, Ivo Pinto, Domagoj Antolić, Ángelo Henríquez, Josip Pivarić, Wilson Eduardo (52 Paulo Machado), Ognjen Vukojević (52 Junior Fernándes), Marcelo Brozović, Jérémy Taravel. Coach: Zoran Mamić
Yellow Card: Laurențiu Rus (39) / Ognjen Vukojević (52), Ángelo Henríquez (60).
Goal: Sadat Bukari (50)

FC RED BULL SALZBURG – FC ASTRA GIURGIU 5-1 (2-0)
Stadion Salzburg, Salzburg    11.12.2014    Hour: 19:00
Referees: Paweł Raczkowski, Tomasz Listkiewicz, Marcin Boniek (POL)    Attendance: 8,258
SALZBURG: Alexander Walke, Benno Schmitz, Peter Ankersen (78 Christian Schwegler), Marcel Sabitzer, Naby Keita, Alan, Martin Hinteregger (82 Franz Schiemer), Konrad Laimer, Kevin Kampl, Duje Ćaleta-Car, Massimo Bruno. Coach: Adi Hütter
ASTRA: Silviu Lung, George Florescu, Syam Ben Youssef, Takayuki Seto, Constantin Budescu (90 Kehinde Fatai), Júnior Morais, Cristian Oros, Aurelian Chițu (57 Seidu Yahaya), Vassilis Pliatsikas, Laurențiu Rus, William Amorim (78 Elliot Grandin). Coach: Oleg Protasov
Yellow Card: Marcel Sabitzer (55), Benno Schmitz (67), Christian Schwegler (83) /
    Aurelian Chițu (53).
Goals: Marcel Sabitzer (9), Kevin Kampl (34, 90+2), Alan (46, 70) / George Florescu (51)

GNK DINAMO ZAGREB – CELTIC FC GLASGOW 4-3 (2-2)
Stadion Maksimir, Zagreb    11.12.2014    Hour: 19:00
Referees: Gediminas Mažeika, Vytautas Šimkus, Vytenis Kazlauskas (LTU)    Attendance: 4,054
DINAMO: Eduardo, El Arabi Hilal Soudani (82 Junior Fernándes), Ivo Pinto, Domagoj Antolić, Ángelo Henríquez (65 Duje Čop), Arijan Ademi, Josip Pivarić, Marko Pjaca, Leonardo Sigali, Marcelo Brozović, Jérémy Taravel (11 Jozo Šimunović). Coach: Zoran Mamić
CELTIC FC: Craig Gordon, Adam Matthews (56 Darnell Fisher), Emilio Izaguirre, Efe Ambrose, Virgil van Dijk, Nir Biton, Stefan Šćepović, Kris Commons, Stefan Johansen, Mubarak Wakaso (76 Anthony Stokes), Callum McGregor (63 Liam Henderson). Coach: Ronny Deila
Yellow Card: Stefan Šćepović (30), Emilio Izaguirre (35).
Goals: Marko Pjaca (14, 40, 50), Marcelo Brozović (48) /
    Kris Commons (23), Stefan Šćepović (30), Josip Pivarić (82 og)

| | | | | | | | |
|---|---|---|---|---|---|---|---|
| FC Red Bull Salzburg | 6 | 5 | 1 | 0 | 21 | 8 | 16 |
| Celtic FC Glasgow | 6 | 2 | 2 | 2 | 10 | 11 | 8 |
| GNK Dinamo Zagreb | 6 | 2 | 0 | 4 | 12 | 15 | 6 |
| FC Astra Giurgiu | 6 | 1 | 1 | 4 | 6 | 15 | 4 |

# GROUP E

PSV EINDHOVEN – GD ESTORIL PRAIA 1-0 (1-0)
PSV Stadion, Eindhoven    18.09.2014    Hour: 19:00
Referees: Bobby Madden, Graham Chambers, Stuart Stevenson (SCO)    Attendance: 18,000
PSV: Jeroen Zoet, Karim Rekik, Jeffrey Bruma, Adam Maher (74 Marcel Ritzmaier), Luuk de Jong, Georginio Wijnaldum, Luciano Narsingh, Jetro Willems, Jürgen Locadia (65 Florian Jozefzoon), Joshua Brenet, Jorrit Hendrix. Coach: Phillip Cocu
ESTORIL: Paweł Kieszek, Yohan Tavares, Bruno Miguel, Filipe Gonçalves, Bruno Lopes (73 Arthuro), Mano, Sebá (88 Ricardo Vaz), Kuca, Emídio Rafael, Diogo Amado, Tozé (73 Babanco). Coach: José Couceiro
Yellow Card: Sebá (61), Mano (85), Emídio Rafael (85), Ricardo Vaz (90+3).
Goal: Luuk de Jong (26 pen)

PANATHINAIKOS FC ATHÍNA – FC DINAMO MOSKVA 1-2 (0-1)
Apostolos Nikolaidis, Athina    18.09.2014    Hour: 20:00
Referees: Daniele Orsato, Riccardo Di Fiore, Alessandro Giallatini (ITA)    Attendance: 14,000
PANATHINAIKOS FC: Stefanos Kotsolis, Kostas Triantafyllopoulos, David Mendes, Viktor Klonaridis (58 Christos Donis), Tassos Lagos (75 Mladen Petrić), Zeca, Nikos Karelis, Nano, Gordon Schildenfeld, Thanasis Dinas, Danijel Pranjić (80 Giorgos Koutroumpis).
Coach: Giannis Anastasiou
DINAMO: Vladimir Gabulov, Alexander Büttner (69 Vladimir Granat), Christopher Samba, Douglas, Balázs Dzsudzsák, Artur Yusupov, Aleksandr Kokorin (89 Tomáš Hubočan), Aleksei Ionov, Christian Noboa, Kevin Kuranyi (90+3 Aleksandr Prudnikov), Stanislav Manolev.
Coach: Stanislav Cherchesov
Yellow Card: Kostas Triantafyllopoulos (52) / Aleksei Ionov (66), Artur Yusupov (81).
Goals: Thanasis Dinas (63) / Aleksandr Kokorin (40), Aleksei Ionov (49)

FC DINAMO MOSKVA – PSV EINDHOVEN 1-0 (0-0)
Arena Khimki, Khimki    02.10.2014    Hour: 19:00
Referees: Marcin Borski, Rafal Rostkowski, Marcin Boniek (POL)    Attendance: 7,872
DINAMO: Vladimir Gabulov, Alexander Büttner, Christopher Samba, Douglas, William Vainqueur, Balázs Dzsudzsák (61 Yuri Zhirkov), Artur Yusupov, Aleksandr Kokorin, Aleksei Ionov (73 Mathieu Valbuena), Tomáš Hubočan, Christian Noboa (68 Kevin Kuranyi). Coach: Stanislav Cherchesov
PSV: Jeroen Zoet, Karim Rekik, Santiago Arias, Jeffrey Bruma, Adam Maher (86 Marcel Ritzmaier), Georginio Wijnaldum, Luciano Narsingh, Florian Jozefzoon (84 Rai Vloet), Jetro Willems, Jürgen Locadia, Jorrit Hendrix. Coach: Phillip Cocu
Yellow Card: Douglas (90+2) / Santiago Arias (49), Adam Maher (60), Florian Jozefzoon (76).
Goal: Yuri Zhirkov (90+3)

GD ESTORIL PRAIA – PANATHINAIKOS FC ATHÍNA 2-0 (0-0)
António Coimbra Da Mota, Estoril    02.10.2014    Hour: 20:05
Referees: Serge Gumienny, Frank Bleyen, Kristof Meers (BEL)    Attendance: 4,000
ESTORIL: Vagner, Yohan Tavares, Anderson Luiz, Bruno Lopes (46 Kléber), Anderson Esiti, Matias Cabrera, Sebá, Emídio Rafael, Diogo Amado (78 Filipe Gonçalves), Bruno Nascimento, Tozé (62 Kuca). Coach: José Couceiro
PANATHINAIKOS FC: Stefanos Kotsolis, Kostas Triantafyllopoulos, Zeca, Emir Bajrami (46 Nikos Karelis), Abdul Ajagun, Nano, Gordon Schildenfeld, Thanasis Dinas (56 Christos Donis), Christos Bourbos, Danijel Pranjić (75 Tassos Lagos), Mladen Petrić. Coach: Giannis Anastasiou
Yellow Card: Nano (33).
Goals: Kléber (52), Diogo Amado (66)

GD ESTORIL PRAIA – FC DINAMO MOSKVA 1-2 (0-0)
António Coimbra Da Mota, Estoril    23.10.2014    Hour: 20:05
Referees: Alon Yefet, Shabtai Nahmias, Amihay Yehoshua Mozes (ISR)    Attendance: 2,164
ESTORIL: Vagner, Yohan Tavares, Bruno Miguel, Anderson Luiz, Kléber (81 Matias Cabrera), Anderson Esiti, Sebá (85 Ricardo Vaz), Kuca, Diogo Amado, Rúben Fernandes, Tozé (77 Arthuro).
Coach: José Couceiro
FC DINAMO MOSKVA: Vladimir Gabulov, Alexander Büttner, Christopher Samba, Douglas, William Vainqueur, Aleksandr Kokorin (75 Kevin Kuranyi), Aleksei Ionov (56 Yuri Zhirkov), Mathieu Valbuena (90+2 Boris Rotenberg), Christian Noboa, Aleksei Kozlov, Igor Denisov.
Coach: Stanislav Cherchesov
Yellow Card: Kléber (62), Bruno Miguel (70), Sebá (75) /
    William Vainqueur (42), Christian Noboa (90+2).
Goals: Yohan Tavares (90+5) / Aleksandr Kokorin (52), Yuri Zhirkov (80)


PSV EINDHOVEN – PANATHINAIKOS FC ATHÍNA 1-1 (1-0)
PSV Stadion, Eindhoven    23.10.2014    Hour: 21:05
Referees: Miroslav Zelinka, Ondřej Pelikán, Antonin Kordula (CZE)    Attendance: 22,000
PSV: Remko Pasveer, Karim Rekik, Jeffrey Bruma, Adam Maher, Memphis Depay (67 Florian Jozefzoon), Luuk de Jong, Luciano Narsingh (75 Marcel Ritzmaier), Jetro Willems, Andrés Guardado, Joshua Brenet, Jorrit Hendrix (90 Nicolas Isimat-Mirin). Coach: Phillip Cocu
PANATHINAIKOS FC: Luke Steele, Giorgos Koutroumpis, Kostas Triantafyllopoulos, Viktor Klonaridis (75 Mladen Petrić), Zeca, Christos Donis, Nano, Ouasim Bouy, Gordon Schildenfeld, Thanasis Dinas (24 Abdul Ajagun), Danijel Pranjić (60 Nikos Karelis). Coach: Giannis Anastasiou
Yellow Card: Memphis Depay (44), Jeffrey Bruma (70) / Ouasim Bouy (51), Abdul Ajagun (90+2).
Red Card: Jeffrey Bruma (89).
Goals: Memphis Depay (44) / Nikos Karelis (87)


FC DINAMO MOSKVA – GD ESTORIL PRAIA 1-0 (0-0)
Arena Khimki, Khimki    06.11.2014    Hour: 20:00
Referees: Mattias Gestranius, Jan-Peter Aravirta, Mikko Alakare (FIN)    Attendance: 5,374
DINAMO: Vladimir Gabulov, Alexander Büttner, Christopher Samba, Douglas, William Vainqueur, Balázs Dzsudzsák (76 Yuri Zhirkov), Aleksandr Kokorin (74 Kevin Kuranyi), Aleksei Ionov, Mathieu Valbuena (86 Artur Yusupov), Tomáš Hubočan, Igor Denisov.
Coach: Stanislav Cherchesov
ESTORIL: Paweł Kieszek, Yohan Tavares, Anderson Luiz (87 Filipe Gonçalves), Kléber (73 Bruno Lopes), Anderson Esiti, Sebá, Kuca, Emídio Rafael, Diogo Amado (87 Ricardo Vaz), Rúben Fernandes, Tozé. Coach: José Couceiro
Yellow Card: Igor Denisov (35), Alexander Büttner (90+3) /
    Anderson Luiz (71), Diogo Amado (77).
Goal: Kevin Kuranyi (77)


PANATHINAIKOS FC ATHÍNA – PSV EINDHOVEN 2-3 (2-1)
Apostolos Nikolaidis, Athina    06.11.2014    Hour: 20:00
Referees: Marijo Strahonja, Siniša Premužaj, Igor Krmar (CRO)    Attendance: 19,500
PANATHINAIKOS FC: Luke Steele, Kostas Triantafyllopoulos, David Mendes, Tassos Lagos (44 Christos Donis), Zeca, Abdul Ajagun (72 Ouasim Bouy), Nikos Karelis, Nano, Gordon Schildenfeld, Danijel Pranjić, Mladen Petrić (63 Marcus Berg). Coach: Giannis Anastasiou
PSV: Jeroen Zoet, Nicolas Isimat-Mirin, Karim Rekik, Santiago Arias, Adam Maher, Memphis Depay, Luuk de Jong, Georginio Wijnaldum, Luciano Narsingh (90+6 Florian Jozefzoon), Jetro Willems (90+2 Jorrit Hendrix), Andrés Guardado. Coach: Phillip Cocu
Yellow Card: Tassos Lagos (22), Zeca (36), Mladen Petrić (56), Danijel Pranjić (58), Marcus Berg (80) / Andrés Guardado (18).
Goals: Abdul Ajagun (11), Mladen Petrić (43) /
    Memphis Depay (27), Luuk de Jong (65), Georginio Wijnaldum (78)

FC DINAMO MOSKVA – PANATHINAIKOS FC ATHÍNA 2-1 (0-1)
Arena Khimki, Khimki    27.11.2014    Hour: 19:00
Referees: Eitan Shmuelevitz, Danny Krasikow, Nissan Davidy (ISR)    Attendance: 4,207
DINAMO: Vladimir Gabulov, Alexander Büttner, Christopher Samba, Douglas, William Vainqueur, Aleksei Ionov (81 Balázs Dzsudzsák), Mathieu Valbuena, Christian Noboa, Yuri Zhirkov (73 Artur Yusupov), Kevin Kuranyi (88 Aleksandr Prudnikov), Boris Rotenberg.
Coach: Stanislav Cherchesov
PANATHINAIKOS FC: Stefanos Kotsolis, Kostas Triantafyllopoulos, David Mendes (86 Danijel Pranjić), Tassos Lagos, Marcus Berg (78 Viktor Klonaridis), Emir Bajrami, Christos Donis, Nano, Gordon Schildenfeld, Christos Bourbos (56 Giorgos Koutroumpis), Mladen Petrić.
Coach: Giannis Anastasiou
Yellow Card: Douglas (32) / Christos Bourbos (44), Marcus Berg (48).
Goals: Kostas Triantafyllopoulos (55 og), Aleksei Ionov (61) / Marcus Berg (14)

GD ESTORIL PRAIA – PSV EINDHOVEN 3-3 (3-2)
António Coimbra Da Mota, Estoril    28.11.2014    Hour: 16:00
Referees: Martin Strömbergsson, Daniel Gustavsson, Joakim Flink (SWE)    Attendance: 3,700
ESTORIL: Paweł Kieszek, Yohan Tavares, Anderson Luiz, Kléber, Anderson Esiti, Sebá, Kuca, Emídio Rafael, Diogo Amado, Rúben Fernandes (86 Arthuro), Tozé. Coach: José Couceiro
PSV: Jeroen Zoet, Karim Rekik, Santiago Arias, Jeffrey Bruma, Adam Maher (78 Jorrit Hendrix), Memphis Depay, Luuk de Jong (88 Nicolas Isimat-Mirin), Georginio Wijnaldum, Luciano Narsingh (83 Jürgen Locadia), Jetro Willems, Andrés Guardado. Coach: Phillip Cocu
Yellow Card: Rúben Fernandes (80) / Jetro Willems (89), Andrés Guardado (89).
Goals: Tozé (12), Kuca (30), Diogo Amado (39) /
    Memphis Depay (6), Luciano Narsingh (14), Georginio Wijnaldum (82)
The match was abandoned at half-time due to heavy rainfall, and was resumed on 28th November 2014 at 17:00, from the point of abandonment.

PSV EINDHOVEN – FC DINAMO MOSKVA 0-1 (0-0)
PSV Stadion, Eindhoven    11.12.2014    Hour: 19:00
Referees: István Vad, Vencel Tóth, Istvan Albert (HUN)    Attendance: 25,000
PSV: Remko Pasveer, Nicolas Isimat-Mirin, Karim Rekik, Adam Maher (81 Georginio Wijnaldum), Memphis Depay (67 Luuk de Jong), Florian Jozefzoon, Jetro Willems, Jürgen Locadia, Andrés Guardado, Joshua Brenet, Jorrit Hendrix (67 Marcel Ritzmaier).
Coach: Phillip Cocu
FC DINAMO MOSKVA: Anton Shunin, Douglas, William Vainqueur (59 Aleksei Ionov), Balázs Dzsudzsák (90+3 Aleksandr Tashaev), Artur Yusupov, Mathieu Valbuena, Tomáš Hubočan, Christian Noboa, Kevin Kuranyi (68 Aleksandr Prudnikov), Stanislav Manolev, Aleksei Kozlov.
Coach: Stanislav Cherchesov
Yellow Card: Nicolas Isimat-Mirin (75) / William Vainqueur (28), Aleksei Kozlov (64).
Goal: Aleksei Ionov (90)

PANATHINAIKOS FC ATHÍNA – GD ESTORIL PRAIA 1-1 (0-0)
Apostolos Nikolaidis, Athina    11.12.2014    Hour: 20:00
Referees: Harald Lechner, Andreas Staudinger, Maximilian Kolbitsch (AUS)    Attendance: 8,200
PANATHINAIKOS FC: Luke Steele, Diamantis Chouchoumis, Giorgos Koutroumpis, Tassos Lagos, Abdul Ajagun (60 Danijel Pranjić), Christos Donis, Nikos Karelis, Ouasim Bouy, Spyros Risvanis, Thanasis Dinas (68 Marcus Berg), Christos Bourbos (28 Kostas Triantafyllopoulos).
Coach: Giannis Anastasiou
ESTORIL: Vagner, Yohan Tavares, Arthuro (61 Kléber), Mano, Anderson Esiti, Matias Cabrera, Sebá, Kuca (68 Javier Balboa), Emídio Rafael, Bruno Nascimento, Babanco (73 Diogo Amado).
Coach: José Couceiro
Yellow Card: Spyros Risvanis (4), Christos Bourbos (27), Diamantis Chouchoumis (78) /
    Bruno Nascimento (15).
Goals: Nikos Karelis (55) / Kléber (87)

| | | | | | | | |
|---|---|---|---|---|---|---|---|
| FC Dinamo Moskva | 6 | 6 | 0 | 0 | 9 | 3 | 18 |
| PSV Eindhoven | 6 | 2 | 2 | 2 | 8 | 8 | 8 |
| GD Estoril Praia | 6 | 1 | 2 | 3 | 7 | 8 | 5 |
| Panathinaikos FC Athina | 6 | 0 | 2 | 4 | 6 | 11 | 2 |

## GROUP F

FC DNIPRO DNIPROPETROVSK – FC INTERNAZIONALE MILANO 0-1 (0-0)
NSK Olimpiyskyi, Kyiv    18.09.2014    Hour: 20:00
Referees: Felix Zwayer, Holger Henschel, Marco Achmüller (GER)    Attendance: 14,000
FC DNIPRO DNIPROPETROVSK: Denys Boyko, Ondřej Mazuch, Serhiy Kravchenko (67 Yevhen Shakhov, 74 Valeriy Luchkevych), Jaba Kankava, Yevhen Konoplyanka, Ivan Strinić, Roman Zozulya (79 Nikola Kalinić), Bruno Gama, Douglas, Ruslan Rotan, Artem Fedetskiy. Coach: Myron Markevych
FC INTERNAZIONALE MILANO: Samir Handanovič, Juan, Mauro Icardi, Fredy Guarín, Hugo Campagnaro, Nemanja Vidić, Zdravko Kuzmanović (62 Pablo Osvaldo), Dodô, Danilo D'Ambrosio, Hernanes (76 Jonathan), Yann M'Vila. Coach: Walter Mazzarri
Yellow Card: Roman Zozulya (24), Ivan Strinić (52), Ruslan Rotan (60) /
    Zdravko Kuzmanović (27).
Red Card: Ruslan Rotan (68).
Goal: Danilo D'Ambrosio (71)


QARABAĞ FK BAKU – AS SAINT-ÉTIENNE 0-0
Tofig Bahramov Republican stadium, Baku    18.09.2014    Hour: 21:00
Referees: Steven McLean, Gavin Harris, Francis Connor (SCO)    Attendance: 28,786
QARABAĞ FK BAKU: Ibrahim Šehić, Qara Qarayev, Maksim Medvedev, Reynaldo, Muarem Muarem (80 Danilo Dias), Rashad F. Sadygov, Richard Almeida, Ansi Agolli, Leroy George (70 Namik Alaskarov), Badavi Guseynov, Chumbinho (46 Vüqar Nadirov). Coach: Gurban Gurbanov
SAINT-ÉTIENNE: Stéphane Ruffier, Jérémy Clément, Max-Alain Gradel, Benjamin Corgnet (50 Allan Saint-Maximin), Mevlüt Erdinç (75 Fabien Lemoine), Renaud Cohade (87 Ismaël Diomande), Florentin Pogba, Jonathan Brison, Kévin Monnet-Paquet, Paul Baysse, Moustapha Bayal Sall. Coach: Christophe Galtier
Yellow Card: Jérémy Clément (64), Max-Alain Gradel (67).


AS SAINT-ÉTIENNE – FC DNIPRO DNIPROPETROVSK 0-0
Geoffroy-Guichard, Saint-Etienne    02.10.2014    Hour: 21:05
Referees: Alexandru Tudor, Aurel Oniţă, Radu Ghinguleac (ROM)    Attendance: 28,207
SAINT-ÉTIENNE: Stéphane Ruffier, Jérémy Clément, Max-Alain Gradel, Renaud Cohade (75 Benjamin Corgnet), Ricky van Wolfswinkel, Fabien Lemoine, Kévin Monnet-Paquet, Loïc Perrin, Moustapha Bayal Sall, Franck Tabanou, François Clerc. Coach: Christophe Galtier
FC DNIPRO DNIPROPETROVSK: Denys Boyko, Ondřej Mazuch, Serhiy Kravchenko, Jaba Kankava (80 Yevhen Shakhov), Nikola Kalinić (56 Yevhen Konoplyanka), Ivan Strinić, Roman Zozulya (73 Yevhen Seleznyov), Bruno Gama, Douglas, Artem Fedetskiy, Serhiy Politylo. Coach: Myron Markevych
Yellow Card: Loïc Perrin (27), Moustapha Bayal Sall (71) / Roman Zozulya (33), Artem Fedetskiy (52), Ondřej Mazuch (70), Yevhen Shakhov (81), Douglas (89).

FC INTERNAZIONALE MILANO – QARABAĞ FK BAKU 2-0 (1-0)
Stadio Giuseppe Meazza, Milan    02.10.2014    Hour: 21:05
Referees: Aleksei Kulbakov, Dmitri Zhuk, Andrei Getikov (BLR)    Attendance: 28,435
FC INTERNAZIONALE MILANO: Juan Pablo Carrizo, Juan, Marco Andreolli, Mauro Icardi, Fredy Guarín (63 Pablo Osvaldo), Zdravko Kuzmanović (59 Gary Medel), Andrea Ranocchia, Danilo D'Ambrosio, Yuto Nagatomo, Hernanes (72 Joel Obi), Yann M'Vila.
Coach: Walter Mazzarri
QARABAĞ FK BAKU: Ibrahim Šehić, Qara Qarayev, Namig Yusifov (55 Vüqar Nadirov), Reynaldo, Muarem Muarem, Ilgar Gurbanov (68 Rashad F. Sadygov), Richard Almeida, Admir Teli, Ansi Agolli, Leroy George (62 Javid Taghiyev), Badavi Guseynov. Coach: Gurban Gurbanov
Yellow Card: Juan (80), Gary Medel (83) / Muarem Muarem (90+4).
Goals: Danilo D'Ambrosio (18), Mauro Icardi (85)


FC INTERNAZIONALE MILANO – AS SAINT-ÉTIENNE 0-0
Stadio Giuseppe Meazza, Milan    23.10.2014    Hour: 21:05
Referees: Anthony Taylor, Michael Mullarkey, Gary Beswick (ENG)    Attendance: 30,000
FC INTERNAZIONALE MILANO: Juan Pablo Carrizo, Juan, Marco Andreolli, Mauro Icardi, Mateo Kovačić, Fredy Guarín (70 Rodrigo Palacio), Nemanja Vidić, Zdravko Kuzmanović (85 René Krhin), Dodô, Ibrahima Mbaye, Yann M'Vila (53 Hernanes). Coach: Walter Mazzarri
SAINT-ÉTIENNE: Stéphane Ruffier, Kévin Théophile-Catherine, Jérémy Clément, Ricky van Wolfswinkel (65 Kévin Monnet-Paquet), Fabien Lemoine, Florentin Pogba (78 Paul Baysse), Romain Hamouma, Loïc Perrin, Moustapha Bayal Sall, Franck Tabanou, Ismaël Diomande (85 Renaud Cohade). Coach: Christophe Galtier
Yellow Card: Juan (80), Hernanes (89) / Moustapha Bayal Sall (42).


FC DNIPRO DNIPROPETROVSK – QARABAĞ FK BAKU 0-1 (0-1)
NSK Olimpiyskyi, Kyiv    23.10.2014    Hour: 22:05
Referees: Libor Kovařik, Krystof Mencl, Jan Paták (CZE)    Attendance: 3,120
FC DNIPRO DNIPROPETROVSK: Denys Boyko, Ondřej Mazuch, Serhiy Kravchenko, Nikola Kalinić, Yevhen Konoplyanka, Ivan Strinić, Bruno Gama, Douglas, Yevhen Shakhov (46 Yevhen Seleznyov), Ruslan Rotan, Artem Fedetskiy. Coach: Myron Markevych
QARABAĞ FK BAKU: Ibrahim Šehić, Qara Qarayev, Maksim Medvedev, Namig Yusifov, Reynaldo, Muarem Muarem (90 Namik Alaskarov), Rashad F. Sadygov, Vüqar Nadirov (72 Javid Taghiyev), Richard Almeida (82 Admir Teli), Ansi Agolli, Badavi Guseynov.
Coach: Gurban Gurbanov
Yellow Card: Artem Fedetskiy (9), Serhiy Kravchenko (19), Ruslan Rotan (53), Yevhen Konoplyanka (59) / Vüqar Nadirov (25), Qara Qarayev (50), Ansi Agolli (53), Maksim Medvedev (84).
Goal: Muarem Muarem (21)


AS SAINT-ÉTIENNE – FC INTERNAZIONALE MILANO 1-1 (0-1)
Geoffroy-Guichard, Saint-Etienne    06.11.2014    Hour: 19:00
Referees: Slavko Vinčić, Jure Praprotnik, Tomaž Klančnik (SVN)    Attendance: 36,411
SAINT-ÉTIENNE: Stéphane Ruffier, Kévin Théophile-Catherine, Jérémy Clément, Max-Alain Gradel, Mevlüt Erdinç (56 Ismaël Diomande), Fabien Lemoine, Florentin Pogba, Romain Hamouma (68 Ricky van Wolfswinkel), Loïc Perrin, Moustapha Bayal Sall, Franck Tabanou.
Coach: Christophe Galtier
FC INTERNAZIONALE MILANO: Juan Pablo Carrizo, Juan, Marco Andreolli, Rodrigo Palacio, Mateo Kovačić (74 Pablo Osvaldo), Nemanja Vidić, Zdravko Kuzmanović (83 Andrea Palazzi), Gary Medel, Dodô, Ibrahima Mbaye, Federico Bonazzoli (66 Joel Obi). Coach: Walter Mazzarri
Yellow Card: Franck Tabanou (53).
Goals: Bayal Sall (50) / Dodô (33)

QARABAĞ FK BAKU – FC DNIPRO DNIPROPETROVSK 1-2 (1-1)
Tofig Bahramov Republican stadium, Baku   06.11.2014   Hour: 21:00
Referees: Pawel Gil, Piotr Sadczuk, Marcin Borkowski (POL)   Attendance: 31,000
QARABAĞ FK BAKU: Ibrahim Šehić, Qara Qarayev, Maksim Medvedev, Namig Yusifov (77 Javid Taghiyev), Reynaldo, Muarem Muarem, Rashad F. Sadygov, Richard Almeida, Ansi Agolli, Leroy George (65 Vüqar Nadirov), Badavi Guseynov. Coach: Gurban Gurbanov
FC DNIPRO DNIPROPETROVSK: Denys Boyko, Ondřej Mazuch, Nikola Kalinić, Yevhen Konoplyanka, Yevhen Cheberyachko, Ivan Strinić (46 Jaba Kankava), Roman Zozulya, Bruno Gama (85 Yevhen Shakhov), Douglas, Ruslan Rotan (90 Serhiy Kravchenko), Artem Fedetskiy.
Coach: Myron Markevych
Yellow Card: Badavi Guseynov (45+1) / Ivan Strinić (30), Roman Zozulya (30), Nikola Kalinić (45+1), Jaba Kankava (49), Ruslan Rotan (51).
Goals: Leroy George (36) / Nikola Kalinić (15, 73)

FC INTERNAZIONALE MILANO – FC DNIPRO DNIPROPETROVSK 2-1 (1-1)
Stadio Giuseppe Meazza, Milan   27.11.2014   Hour: 21:05
Referees: Bobby Madden, Graham Chambers, Douglas Ross (SCO)   Attendance: 25,000
FC INTERNAZIONALE MILANO: Samir Handanovič, Juan, Pablo Osvaldo, Mauro Icardi (55 Marco Andreolli), Fredy Guarín, Zdravko Kuzmanović, Gary Medel, Dodô, Andrea Ranocchia, Yuto Nagatomo (37 Hugo Campagnaro), Hernanes (60 Joel Obi). Coach: Giulio Nuciari
FC DNIPRO DNIPROPETROVSK: Denys Boyko, Alexandru Vlad, Ondřej Mazuch (82 Yevhen Seleznyov), Serhiy Kravchenko (73 Bruno Gama), Nikola Kalinić, Yevhen Konoplyanka, Yevhen Cheberyachko, Douglas, Valeriy Luchkevych, Ruslan Rotan, Artem Fedetskiy (70 Matheus).
Coach: Myron Markevych
Yellow Card: Andrea Ranocchia (22), Hernanes (31), Fredy Guarín (66).
Red Card: Andrea Ranocchia (46).
Goals: Zdravko Kuzmanović (30), Pablo Osvaldo (50) / Ruslan Rotan (16)

AS SAINT-ÉTIENNE – QARABAĞ FK BAKU 1-1 (1-1)
Geoffroy-Guichard, Saint-Etienne   27.11.2014   Hour: 21:05   Attendance: 29,769
Referees: Kristinn Jakobsson, Sigurdur Oli Thorleifsson, Gunnar Gunnarsson (ISL)
SAINT-ÉTIENNE: Stéphane Ruffier, Kévin Théophile-Catherine, Jérémy Clément, Max-Alain Gradel, Renaud Cohade (68 Yohan Mollo), Ricky van Wolfswinkel (90+1 Florentin Pogba), Fabien Lemoine, Jonathan Brison, Romain Hamouma (63 Kévin Monnet-Paquet), Loïc Perrin, Moustapha Bayal Sall. Coach: Christophe Galtier
QARABAĞ FK BAKU: Ibrahim Šehić, Qara Qarayev, Maksim Medvedev, Namig Yusifov (75 Admir Teli), Muarem Muarem, Rashad F. Sadygov, Vüqar Nadirov (79 Namik Alaskarov), Richard Almeida, Ansi Agolli, Leroy George (63 Ilgar Gurbanov), Badavi Guseynov.
Coach: Gurban Gurbanov
Yellow Card: Fabien Lemoine (90+3) / Leroy George (48), Maksim Medvedev (74).
Goals: Ricky Van Wolfswinkel (21) / Vüqar Nadirov (15)

FC DNIPRO DNIPROPETROVSK – AS SAINT-ÉTIENNE 1-0 (0-0)
NSK Olimpiyskyi, Kyiv   11.12.2014   Hour: 19:00
Referees: Marijo Strahonja, Siniša Premužaj, Igor Krmar (CRO)   Attendance: 2,579
FC DNIPRO DNIPROPETROVSK: Denys Boyko, Alexandru Vlad, Serhiy Kravchenko, Nikola Kalinić, Yevhen Konoplyanka, Yevhen Cheberyachko, Roman Zozulya (67 Bruno Gama), Douglas, Yevhen Shakhov (67 Matheus), Ruslan Rotan (88 Serhiy Politylo), Artem Fedetskiy.
Coach: Myron Markevych
SAINT-ÉTIENNE: Stéphane Ruffier, Kévin Théophile-Catherine, Max-Alain Gradel, Yohan Mollo (60 Romain Hamouma), Ricky van Wolfswinkel, Fabien Lemoine, Florentin Pogba, Jonathan Brison (83 Franck Tabanou), Kévin Monnet-Paquet (80 Renaud Cohade), Loïc Perrin, Ismaël Diomande. Coach: Christophe Galtier
Yellow Card: Roman Zozulya (48), Artem Fedetskiy (53), Douglas (55), Nikola Kalinić (90+4) / Loïc Perrin (36), Ricky van Wolfswinkel (38), Kévin Monnet-Paquet (65).
Goal: Artem Fedetskiy (66)

QARABAĞ FK BAKU – FC INTERNAZIONALE MILANO 0-0
Tofig Bahramov Republican stadium, Baku    11.12.2014    Hour: 21:00
Referees: Miroslav Zelinka, Ondřej Pelikán, Jiří Moláček (CZE)    Attendance: 31,200
QARABAĞ FK BAKU: Ibrahim Šehić, Qara Qarayev, Maksim Medvedev, Muarem Muarem, Rashad F. Sadygov, Vüqar Nadirov (43 Namig Yusifov), Richard Almeida, Ansi Agolli, Leroy George, Badavi Guseynov, Namik Alaskarov (60 Ilgar Gurbanov). Coach: Gurban Gurbanov
FC INTERNAZIONALE MILANO: Juan Pablo Carrizo, Marco Andreolli, Pablo Osvaldo, Hugo Campagnaro, Joel Obi (90+1 Enrico Baldini), Ibrahima Mbaye, Danilo D'Ambrosio (84 Federico Dimarco), René Krhin, Isaac Donkor, Yann M'Vila, Federico Bonazzoli. Coach: Roberto Mancini
Yellow Card: Namik Alaskarov (18).

| | | | | | | | |
|---|---|---|---|---|---|---|---|
| FC Internazionale Milano | 6 | 3 | 3 | 0 | 6 | 2 | 12 |
| FC Dnipro Dnipropetrovsk | 6 | 2 | 1 | 3 | 4 | 5 | 7 |
| Qarabağ FK Baku | 6 | 1 | 3 | 2 | 3 | 5 | 6 |
| AS Saint-Étienne | 6 | 0 | 5 | 1 | 2 | 3 | 5 |

## GROUP G

SEVILLA FC – FEYENOORD ROTTERDAM 2-0 (2-0)
Estadio Ramón Sánchez Pizjuán, Sevilla    18.09.2014    Hour: 21:05
Referees: Ruddy Buquet, Guillaume Debart, Cyril Gringore (FRA)    Attendance: 35,000
SEVILLA: Sergio Rico, Fernando Navarro, Grzegorz Krychowiak (60 Iago Aspas), Diogo Figueiras, Daniel Carriço, Carlos Bacca (60 Denis Suárez), José Antonio Reyes, Timothée Kolodziejczak, Gerard Deulofeu, Éver Banega, Stéphane Mbia. Coach: Unai Emery
FEYENOORD: Kenneth Vermeer, Luke Wilkshire, Joris Mathijsen, Jordy Clasie (73 Mitchell Te Vrede), Karim El Ahmadi, Elvis Manu (82 Jean-Paul Boëtius), Miguel Nelom, Tonny Trindade de Vilhena, Sven Van Beek, Ruben Schaken (64 Bilal Basaçikoglu), Jens Toornstra. Coach: F. Rutten
Yellow Card: Timothée Kolodziejczak (33), Stéphane Mbia (76) /
    Tonny Trindade de Vilhena (52), Elvis Manu (81).
Goals: Grzegorz Krychowiak (8), Stéphane Mbia (31)

ROYAL STANDARD de LIÈGE – HNK RIJEKA 2-0 (0-0)
Stade Maurice Dufrasne, Liège    18.09.2014    Hour: 21:05
Referees: Cristian Balaj, Sebastian Gheorghe, Ovidiu Artene (ROM)    Attendance: 5,000
STANDARD: Eiji Kawashima, Jorge Teixeira, Laurent Ciman, Igor De Camargo, Julien De Sart, Adrien Trebel, Jeff Louis (84 Vinícius Araújo), Mehdi Carcela-González (56 Jonathan Viera), Jelle Van Damme, Geoffrey Mujangi Bia (16 Paul-José Mpoku), Martin Milec. Coach: Guy Luzon
RIJEKA: Ivan Vargić, Mato Jajalo, Ivan Tomečak, Marko Lešković, Goran Cvijanovič, Miral Samardžić, Zoran Kvržić (66 Marko Vešović), Marin Leovac, Vedran Jugović (81 Josip Ivančić), Andrej Kramarić (63 Moisés), Ivan Krstanović. Coach: Matjaž Kek
Yellow Card: Julien De Sart (53), Paul-José Mpoku (70), Vinícius Araújo (86) / Zoran Kvržić (8), Miral Samardžić (45+1), Ivan Krstanović (64), Marin Leovac (89), Josip Ivančić (90).
Goals: Laurent Ciman (74), Vinícius Araújo (87)

FEYENOORD ROTTERDAM – ROYAL STANDARD de LIÈGE 2-1 (0-0)
Feijenoord Stadion, Rotterdam    02.10.2014    Hour: 19:00
Referees: Manuel De Sousa, Rui Tavares, Alvaro Mesquita (POR)    Attendance: 42,000
FEYENOORD: Kenneth Vermeer, Luke Wilkshire, Terence Kongolo, Jordy Clasie, Karim El Ahmadi, Lex Immers (77 Bilal Basaçikoglu), Colin Kazım Richards, Elvis Manu (90+1 Tonny Trindade de Vilhena), Miguel Nelom, Sven Van Beek, Jens Toornstra. Coach: Fred Rutten
STANDARD: Eiji Kawashima, Ricardo Faty, Laurent Ciman, Vinícius Araújo (70 Tony Watt), Jonathan Viera (77 Yuji Ono), Adrien Trebel (89 Igor De Camargo), Jeff Louis, Dino Arslanagic, Jelle Van Damme, Paul-José Mpoku, Martin Milec. Coach: Guy Luzon
Yellow Card: Lex Immers (37), Miguel Nelom (69) /
    Paul-José Mpoku (37), Jelle Van Damme (86).
Goals: Sven Van Beek (47), Elvis Manu (84) / Jonathan Viera (65)

HNK RIJEKA – SEVILLA FC 2-2 (0-1)
Kantrida, Rijeka    02.10.2014    Hour: 19:00
Referees: Kenn Hansen, Lars Rix, David Vang Andersen (DEN)    Attendance: 10,000
RIJEKA: Ivan Vargić, Mato Jajalo, Ivan Tomečak, Marko Lešković, Goran Cvijanovič, Matej Mitrović, Zoran Kvržić (75 Damir Zlomislić), Marin Leovac, Moisés (88 Marko Vešović), Vedran Jugović, Andrej Kramarić (82 Ivan Krstanović). Coach: Matjaž Kek
SEVILLA: Beto, Fernando Navarro, Grzegorz Krychowiak, Daniel Carriço, José Antonio Reyes (57 Benoît Trémoulinas), Vicente Iborra, Iago Aspas (72 Carlos Bacca), Timothée Kolodziejczak, Éver Banega (57 Stéphane Mbia), Aleix Vidal, Coke. Coach: Unai Emery
Yellow Card: Goran Cvijanovič (13), Zoran Kvržić (19) / Fernando Navarro (87).
Red Card: Timothée Kolodziejczak (52).
Goals: Andrej Kramarić (53 pen), Zoran Kvržić (68) / Iago Aspas (26), Stéphane Mbia (90+1)


HNK RIJEKA – FEYENOORD ROTTERDAM 3-1 (0-0)
Kantrida, Rijeka    23.10.2014    Hour: 19:00
Referees: Tom Harald Hagen, Dag-Roger Nebben, Jan Erik Engan (NOR)    Attendance: 11,200
RIJEKA: Ivan Vargić, Mato Jajalo, Anas Sharbini, Ivan Tomečak, Marko Lešković (65 Miral Samardžić), Goran Cvijanovič, Matej Mitrović, Marin Leovac, Moisés (89 Ivan Krstanović), Vedran Jugović (84 Zoran Kvržić), Andrej Kramarić. Coach: Matjaž Kek
FEYENOORD ROTTERDAM: Kenneth Vermeer, Luke Wilkshire (46 Rick Karsdorp), Terence Kongolo, Jordy Clasie, Karim El Ahmadi, Lex Immers, Colin Kazım Richards (80 Jean-Paul Boëtius), Elvis Manu (80 Mitchell Te Vrede), Miguel Nelom, Matthew Steenvoorden, Jens Toornstra. Coach: Fred Rutten
Yellow Card: Marin Leovac (68), Mato Jajalo (77) /
    Luke Wilkshire (32), Miguel Nelom (53), Jordy Clasie (90+2).
Goals: Andrej Kramarić (63, 71, 76 pen) / Jens Toornstra (66)


ROYAL STANDARD de LIÈGE – SEVILLA FC 0-0
Stade Maurice Dufrasne, Liège    23.10.2014    Hour: 19:00
Referees: Hüseyin Göçek, Mustafa Eyisoy, Orkun Aktaş (TUR)    Attendance: 15,000
STANDARD: Yohann Thuram-Ulien, Ricardo Faty, Jorge Teixeira, Laurent Ciman, Igor De Camargo (90+1 Vinícius Araújo), Eyong Enoh (68 Jeff Louis), Adrien Trebel, Jelle Van Damme, Paul-José Mpoku, Geoffrey Mujangi Bia (79 Jonathan Viera), Martin Milec.
Coach: Ivan Vukomanović
SEVILLA: Beto, Fernando Navarro, Grzegorz Krychowiak, Diogo Figueiras, Daniel Carriço, Kevin Gameiro (63 Carlos Bacca), José Antonio Reyes (64 Denis Suárez), Vicente Iborra, Éver Banega, Aleix Vidal (78 Gerard Deulofeu), Alejandro Arribas. Coach: Unai Emery
Yellow Card: Geoffrey Mujangi Bia (17), Adrien Trebel (50) /
    Alejandro Arribas (40), Fernando Navarro (51), Éver Banega (53), Grzegorz Krychowiak (81)


FEYENOORD ROTTERDAM – HNK RIJEKA 2-0 (2-0)
Feijenoord Stadion, Rotterdam    06.11.2014    Hour: 21:05
Referees: Craig Thomson, Stuart Stevenson, Francis Connor (SCO)    Attendance: 30,000
FEYENOORD ROTTERDAM: Kenneth Vermeer, Luke Wilkshire (73 Khalid Boulahrouz), Terence Kongolo, Jordy Clasie, Karim El Ahmadi, Lex Immers, Colin Kazım Richards, Elvis Manu (62 Jean-Paul Boëtius), Miguel Nelom, Sven Van Beek, Jens Toornstra. Coach: Fred Rutten
RIJEKA: Ivan Vargić, Mato Jajalo, Anas Sharbini (50 Zoran Kvržić), Ivan Tomečak (79 Marko Vešović), Marko Lešković, Goran Cvijanovič, Miral Samardžić, Marin Leovac, Moisés (61 Ivan Krstanović), Vedran Jugović, Andrej Kramarić. Coach: Matjaž Kek
Yellow Card: Karim El Ahmadi (28), Lex Immers (85) /
    Anas Sharbini (15), Miral Samardžić (30), Marin Leovac (67).
Goals: Karim El Ahmadi (8), Lex Immers (20)

SEVILLA FC – ROYAL STANDARD de LIÈGE 3-1 (2-1)
Estadio Ramón Sánchez Pizjuán, Sevilla    06.11.2014    Hour: 21:05
Referees: Bobby Madden, Graham Chambers, Douglas Ross (SCO)    Attendance: 35,000
SEVILLA: Beto (46 Sergio Rico), Benoît Trémoulinas, Grzegorz Krychowiak, Diogo Figueiras, Daniel Carriço, Kevin Gameiro, José Antonio Reyes (57 Vitolo), Denis Suárez, Gerard Deulofeu (71 Carlos Bacca), Nicolas Pareja, Stéphane Mbia. Coach: Unai Emery
STANDARD: Yohann Thuram-Ulien, Laurent Ciman, Igor De Camargo, Eyong Enoh, Adrien Trebel (82 Tortol Lumanza), Jeff Louis (67 Tony Watt), Darwin Andrade, Dino Arslanagic, Jelle Van Damme (63 Geoffrey Mujangi Bia), Paul-José Mpoku, Martin Milec. Coach: Ivan Vukomanović
Yellow Card: Daniel Carriço (31), Denis Suárez (48), Stéphane Mbia (66) /
    Adrien Trebel (45), Laurent Ciman (49), Eyong Enoh (77), Dino Arslanagic (85).
Goals: Kevin Gameiro (19), José Antonio Reyes (41), Carlos Bacca (90) / Paul-José Mpoku (32)


HNK RIJEKA – ROYAL STANDARD de LIÈGE 2-0 (2-0)
Kantrida, Rijeka    27.11.2014    Hour: 19:00
Referees: Stephan Studer, Sandro Pozzi, Jean-Yves Wicht (SUI)    Attendance: 9,000
RIJEKA: Ivan Vargić, Mato Jajalo (77 Goran Cvijanovič), Anas Sharbini (66 Zoran Kvržić), Ivan Tomečak, Marko Lešković, Matej Mitrović, Ivan Močinić, Marko Vešović, Moisés (89 Ivan Krstanović), Vedran Jugović, Andrej Kramarić. Coach: Matjaž Kek
STANDARD: Yohann Thuram-Ulien, Laurent Ciman, Vinícius Araújo (58 Tony Watt), Igor De Camargo (46 Tortol Lumanza), Julien De Sart, Adrien Trebel, Dino Arslanagic, Jelle Van Damme, Paul-José Mpoku, Geoffrey Mujangi Bia (68 Yuji Ono), Martin Milec. Coach: Ivan Vukomanović
Yellow Card: Goran Cvijanovič (78), Matej Mitrović (90), Andrej Kramarić (90+2) /
    Julien De Sart (81).
Red Card: Dino Arslanagic (33).
Goals: Moisés (26), Andrej Kramarić (34 pen)


FEYENOORD ROTTERDAM – SEVILLA FC 2-0 (0-0)
Feijenoord Stadion, Rotterdam    27.11.2014    Hour: 19:00
Referees: Slavko Vinčić, Robert Vukan, Tomaž Klančnik (SVN)    Attendance: 51,117
FEYENOORD ROTTERDAM: Kenneth Vermeer, Terence Kongolo, Jordy Clasie, Jean-Paul Boëtius, Karim El Ahmadi, Lex Immers, Colin Kazım Richards, Miguel Nelom, Sven Van Beek, Khalid Boulahrouz, Jens Toornstra. Coach: Fred Rutten
SEVILLA: Sergio Rico, Grzegorz Krychowiak, Daniel Carriço, Kevin Gameiro, José Antonio Reyes (80 Vitolo), Iago Aspas (60 Carlos Bacca), Timothée Kolodziejczak, Denis Suárez (60 Gerard Deulofeu), Coke, Alejandro Arribas, Stéphane Mbia. Coach: Unai Emery
Yellow Card: Jean-Paul Boëtius (66), Sven Van Beek (73), Colin Kazım Richards (90), Karim El Ahmadi (90+1) / Alejandro Arribas (82), Grzegorz Krychowiak (90+1).
Goals: Jens Toornstra (56), Karim El Ahmadi (83)


ROYAL STANDARD de LIÈGE – FEYENOORD ROTTERDAM 0-3 (0-1)
Stade Maurice Dufrasne, Liège    11.12.2014    Hour: 21:05
Referees: Alon Yefet, Shabtai Nahmias, Amihay Yehoshua Mozes (ISR)    Attendance: 11,913
STANDARD: Eiji Kawashima, Ricardo Faty (61 Igor De Camargo), Laurent Ciman, Ronnie Stam, Yuji Ono (73 Deni Milosevic), Corentin Fiore, Jeff Louis, Darwin Andrade, Tony Watt, Geoffrey Mujangi Bia (61 Julien De Sart), Tortol Lumanza. Coach: Ivan Vukomanović
FEYENOORD ROTTERDAM: Kenneth Vermeer, Terence Kongolo (67 Wessel Dammers), Jordy Clasie, Jean-Paul Boëtius (82 Elvis Manu), Lex Immers, Colin Kazım Richards, Tonny Trindade de Vilhena, Sven Van Beek, Khalid Boulahrouz (26 Luke Wilkshire), Lucas Woudenberg, Jens Toornstra. Coach: Fred Rutten
Yellow Card: Corentin Fiore (51) / Luke Wilkshire (73), Colin Kazım Richards (90+1).
Goals: Jens Toornstra (16), Jean-Paul Boëtius (60), Elvis Manu (88)

SEVILLA FC – HNK RIJEKA 1-0 (1-0)
Estadio Ramón Sánchez Pizjuán, Sevilla   11.12.2014   Hour: 21:05
Referees: Manuel Gräfe, Guido Kleve, Holger Henschel (GER)   Attendance: 24,967
SEVILLA: Beto, Fernando Navarro, Daniel Carriço, Carlos Bacca (66 Kevin Gameiro), José Antonio Reyes, Denis Suárez (60 Alejandro Arribas), Éver Banega, Vitolo, Nicolas Pareja, Coke (77 Diogo Figueiras), Stéphane Mbia. Coach: Unai Emery
RIJEKA: Ivan Vargić, Mato Jajalo, Anas Sharbini, Ivan Tomečak, Matej Mitrović, Ivan Močinić (71 Goran Cvijanovič), Miral Samardžić, Zoran Kvržić (67 Vedran Jugović), Marko Vešović, Moisés (76 Josip Ivančić), Andrej Kramarić. Coach: Matjaž Kek
Yellow Card: Vitolo (14), Stéphane Mbia (37), Carlos Bacca (53), Nicolas Pareja (88) /
Ivan Močinić (61), Marko Vešović (74), Ivan Tomečak (76), Josip Ivančić (90).
Goal: Denis Suárez (20)

| Feyenoord Rotterdam | 6 | 4 | 0 | 2 | 10 | 6 | 12 |
| Sevilla FC | 6 | 3 | 2 | 1 | 8 | 5 | 11 |
| HNK Rijeka | 6 | 2 | 1 | 3 | 7 | 8 | 7 |
| Royal Standard de Liège | 6 | 1 | 1 | 4 | 4 | 10 | 4 |

# GROUP H

LILLE OLYMPIQUE SC – FC KRASNODAR 1-1 (0-1)
Grand Stade Lille Métropole, Villeneuve d'Ascq   18.09.2014   Hour: 21:05
Referees: Liran Liany, Shabtai Nahmias, Oren Borneshtain (ISR)   Attendance: 27,000
LILLE OSC: Vincent Enyeama, Sébastien Corchia, Florent Balmont (77 Ryan Mendes), Idrissa Gueye, Simon Kjær, Marcos Lopes, Pape Souaré, Rio Mavuba (46 Jonathan Delaplace), Marko Baša, Nolan Roux (46 Michael Frey), Divock Origi. Coach: René Girard
KRASNODAR: Andriy Dykan, Artur Jędrzejczyk, Andreas Granqvist, Yuri Gazinski, Ari, Odil Ahmedov, Marat Izmailov (69 Vladimir Bystrov, 86 Nikita Burmistrov), Vitali Kaleshin, Ricardo Laborde (70 Wanderson), Ragnar Sigurdsson, Mauricio Pereyra. Coach: Oleg Kononov
Yellow Card: Andreas Granqvist (19), Yuri Gazinski (62), V. Bystrov (78), Artur Jędrzejczyk (84).
Goals: Simon Kjær (63) / Ricardo Laborde (35)

EVERTON FC LIVERPOOL – VfL WOLFSBURG 4-1 (2-0)
Goodison Park, Liverpool   18.09.2014   Hour: 20:05
Referees: Luca Banti, Alessandro Costanzo, Matteo Passeri (ITA)   Attendance: 29,593
EVERTON: Tim Howard, Leighton Baines, Phil Jagielka, Aiden McGeady, Romelu Lukaku (69 Samuel Eto'o), Kevin Mirallas, Steven Naismith (82 Darron Gibson), James McCarthy, Gareth Barry, Seamus Coleman (90+1 Leon Osman), John Stones. Coach: Roberto Martínez
WOLFSBURG: Diego Benaglio, Daniel Caligiuri (61 Nicklas Bendtner), Ivica Olić, Kevin De Bruyne, Junior Malanda (46 Aaron Hunt), Luiz Gustavo (77 Josuha Guilavogui), Sebastian Jung, Naldo, Maximilian Arnold, Robin Knoche, Ricardo Rodriguez. Coach: Dieter Hecking
Yellow Card: Steven Naismith (54), Kevin Mirallas (72) / Robin Knoche (46).
Goals: Ricardo Rodriguez (15 og), Seamus Coleman (45+1), Leighton Baines (47 pen),
Kevin Mirallas (89) / Ricardo Rodriguez (90+4)

VfL WOLFSBURG – LILLE OLYMPIQUE SC 1-1 (0-0)
VfL Wolfsburg Arena, Wolfsburg   02.10.2014   Hour: 19:00
Referees: Ovidiu Haţegan, Octavian Şovre, Sebastian Gheorghe (ROM)   Attendance: 16,097
WOLFSBURG: Diego Benaglio, Ivan Perišić, Aaron Hunt, Ivica Olić (62 Nicklas Bendtner), Kevin De Bruyne, Luiz Gustavo, Josuha Guilavogui, Sebastian Jung (62 Vieirinha), Naldo, Robin Knoche (79 Daniel Caligiuri), Ricardo Rodriguez. Coach: Dieter Hecking
LILLE OSC: Vincent Enyeama, Sébastien Corchia, Florent Balmont, Idrissa Gueye, Simon Kjær, Franck Béria, Ryan Mendes (46 Nolan Roux), David Rozehnal, Pape Souaré (43 Djibril Sidibé), Marko Baša, Divock Origi (85 Ronny Rodelin). Coach: René Girard
Yellow Card: Ricardo Rodriguez (75), Ivan Perišić (79), Luiz Gustavo (90) / Idrissa Gueye (84).
Goals: Kevin De Bruyne (82) / Divock Origi (77 pen)

FC KRASNODAR – EVERTON FC LIVERPOOL 1-1 (1-0)
Kuban, Krasnodar   02.10.2014   Hour: 20:00
Referees: Hüseyin Göçek, Mustafa Eyisoy, Orkun Aktaş (TUR)   Attendance: 31,050
KRASNODAR: Andriy Dykan, Artur Jędrzejczyk, Andreas Granqvist, Yuri Gazinski, Ari, Odil Ahmedov, Marat Izmailov (64 Wanderson), Vitali Kaleshin, Ricardo Laborde (70 Pavel Mamaev), Ragnar Sigurdsson, Mauricio Pereyra (84 Sergei Petrov). Coach: Oleg Kononov
EVERTON: Tim Howard, Tony Hibbert, Leighton Baines, Darron Gibson, Samuel Eto'o, Phil Jagielka, Aiden McGeady, Gareth Barry, Christian Atsu (46 Romelu Lukaku), Leon Osman, John Stones. Coach: Roberto Martínez
Yellow Card: Romelu Lukaku (90+3).
Goals: Ari (43) / Samuel Eto'o (82)


FC KRASNODAR – VfL WOLFSBURG 2-4 (0-1)
Kuban, Krasnodar   23.10.2014   Hour: 20:00
Referees: Artur Dias, Bertino Miranda, Rui Tavares (POR)   Attendance: 26,000
KRASNODAR: Andriy Dykan, Artur Jędrzejczyk, Andreas Granqvist, Pavel Mamaev (68 Wanderson), Yuri Gazinski (80 Sergei Petrov), Ari, Odil Ahmedov, Vitali Kaleshin, Ricardo Laborde, Ragnar Sigurdsson, Mauricio Pereyra (68 Ruslan Adzhindzhal). Coach: Oleg Kononov
WOLFSBURG: Diego Benaglio, Marcel Schäfer, Daniel Caligiuri, Ivan Perišić (61 Vieirinha), Ivica Olić (78 Bas Dost), Kevin De Bruyne (86 Maximilian Arnold), Luiz Gustavo, Josuha Guilavogui, Sebastian Jung, Naldo, Robin Knoche. Coach: Dieter Hecking
Yellow Card: Ragnar Sigurdsson (56), Ricardo Laborde (73) / Naldo (51).
Goals: Andreas Granqvist (51 pen), Wanderson (86) /
   Andreas Granqvist (37 og), Kevin De Bruyne (46, 80), Luiz Gustavo (64)


LILLE OLYMPIQUE SC – EVERTON FC LIVERPOOL 0-0
Grand Stade Lille Métropole, Villeneuve d'Ascq   23.10.2014   Hour: 19:00
Referees: Manuel De Sousa, Ricardo Santos, Alvaro Mesquita (POR)   Attendance: 42,000
LILLE OSC: Vincent Enyeama, Sébastien Corchia, Florent Balmont, Idrissa Gueye, Ronny Rodelin (73 Ryan Mendes), Simon Kjær, Franck Béria, Pape Souaré, Rio Mavuba (86 Marvin Martin), Marko Baša, Divock Origi. Coach: René Girard
EVERTON: Tim Howard, Tony Hibbert, Leighton Baines, Samuel Eto'o, Phil Jagielka, Aiden McGeady (82 Christian Atsu), Sylvain Distin, Muhamed Bešić, Gareth Barry, Ross Barkley (90+2 James McCarthy), Steven Pienaar (64 Romelu Lukaku). Coach: Roberto Martínez
Yellow Card: Franck Béria (57) / Muhamed Bešić (15), Steven Pienaar (57).


VfL WOLFSBURG – FC KRASNODAR 5-1 (0-0)
VfL Wolfsburg Arena, Wolfsburg   06.11.2014   Hour: 21:05
Referees: Pol van Boekel, Davie Goossens, Bas van Dongen (NED)   Attendance: 16,674
WOLFSBURG: Diego Benaglio, Marcel Schäfer (39 Timm Klose), Vieirinha, Ivan Perišić (46 Aaron Hunt), Bas Dost (75 Nicklas Bendtner), Kevin De Bruyne, Christian Träsch, Luiz Gustavo, Josuha Guilavogui, Naldo, Robin Knoche. Coach: Dieter Hecking
KRASNODAR: Andriy Dykan, Artur Jędrzejczyk, Andreas Granqvist, Yuri Gazinski, Ari (71 Marat Izmailov), Odil Ahmedov, Wanderson (80 Pavel Mamaev), Vitali Kaleshin (30 Sergei Petrov), Ricardo Laborde, Ragnar Sigurdsson, Mauricio Pereyra. Coach: Oleg Kononov
Yellow Card: Kevin De Bruyne (63) / Ricardo Laborde (39), Ragnar Sigurdsson (85).
Goals: Aaron Hunt (47, 57), Joshua Guilavogui (73), Nicklas Bendtner (89 pen, 90+1) /
   Wanderson (72)

EVERTON FC LIVERPOOL – LILLE OLYMPIQUE SC 3-0 (2-0)
Goodison Park, Liverpool   06.11.2014   Hour: 20:05
Referees: Bas Nijhuis, Rob van de Ven, Charles Schaap (NED)   Attendance: 32,000
EVERTON: Tim Howard, Tony Hibbert, Leighton Baines, Phil Jagielka, Aiden McGeady (66 Christian Atsu), Romelu Lukaku, Steven Naismith, Sylvain Distin, James McCarthy (84 Muhamed Bešić), Gareth Barry (67 Darron Gibson), Leon Osman. Coach: Roberto Martínez
LILLE OSC: Vincent Enyeama, Sébastien Corchia (75 Ronny Rodelin), Florent Balmont, Idrissa Gueye, Michael Frey (63 Nolan Roux), Simon Kjær, Ryan Mendes (64 Franck Béria), Pape Souaré, Rio Mavuba, Marko Baša, Divock Origi. Coach: René Girard
Yellow Card: Gareth Barry (67) / Rio Mavuba (27), Florent Balmont (86).
Goals: Leon Osman (27), Phil Jagielka (42), Stevan Naismith (61)


FC KRASNODAR – LILLE OLYMPIQUE SC 1-1 (1-0)
Kuban, Krasnodar   27.11.2014   Hour: 20:00
Referees: Ivan Kružliak, Tomaš Somolani, Ondrej Brendza (SVK)   Attendance: 15,000
KRASNODAR: Andriy Dykan, Artur Jędrzejczyk (45+2 Aleksandr Martynovich), Pavel Mamaev (82 Wanderson), Yuri Gazinski, Ari, Marat Izmailov (46 Ricardo Laborde), Vitali Kaleshin, Joãozinho, Ragnar Sigurdsson, Mauricio Pereyra, Sergei Petrov. Coach: Oleg Kononov
LILLE OSC: Vincent Enyeama, Sébastien Corchia, Florent Balmont, Idrissa Gueye, Jonathan Delaplace (62 Rio Mavuba), Marvin Martin (67 Ronny Rodelin), Michael Frey (80 Ryan Mendes), Franck Béria, David Rozehnal, Marko Baša, Nolan Roux. Coach: René Girard
Yellow Card: Mauricio Pereyra (56), Sergei Petrov (86), Wanderson (90+3) /
   Idrissa Gueye (65), Nolan Roux (84), David Rozehnal (90).
Goals: Ari (35) / Nolan Roux (79)


VfL WOLFSBURG – EVERTON FC LIVERPOOL 0-2 (0-1)
VfL Wolfsburg Arena, Wolfsburg   27.11.2014   Hour: 19:00   Attendance: 23,375
Referees: Fernando Teixeira, Victoriano Diaz Casado, Teodoro Sobrino (ESP)
WOLFSBURG: Diego Benaglio, Nicklas Bendtner (75 Ivica Olić), Marcel Schäfer, Vieirinha, Ivan Perišić, Aaron Hunt (75 Maximilian Arnold), Kevin De Bruyne, Junior Malanda (63 Daniel Caligiuri), Luiz Gustavo, Naldo, Robin Knoche. Coach: Dieter Hecking
EVERTON: Tim Howard, Tony Hibbert, Samuel Eto'o (72 Ross Barkley), Phil Jagielka, Aiden McGeady, Romelu Lukaku, Kevin Mirallas (83 Christian Atsu), Sylvain Distin, James McCarthy (31 Leon Osman), Muhamed Bešić, Luke Garbutt. Coach: Roberto Martínez
Yellow Card: Luiz Gustavo (45+2), Ivan Perišić (58) / Muhamed Bešić (73).
Goals: Romelu Lukaku (43), Kevin Mirallas (75)


LILLE OLYMPIQUE SC – VfL WOLFSBURG 0-3 (0-1)
Grand Stade Lille Métropole, Villeneuve d'Ascq   11.12.2014   Hour: 21:05
Referees: Halis Özkahya, Çem Satman, Kemal Yilmaz (TUR)   Attendance: 33,559
LILLE OSC: Vincent Enyeama, Sébastien Corchia (67 Ronny Rodelin), Florent Balmont, Idrissa Gueye (83 Soualiho Meite), Simon Kjær, Djibril Sidibé, Ryan Mendes (67 Nolan Roux), Pape Souaré, Rio Mavuba, Marko Baša, Divock Origi. Coach: René Girard
WOLFSBURG: Diego Benaglio, Vieirinha (58 Junior Malanda), Ivan Perišić, Ivica Olić (46 Bas Dost), Kevin De Bruyne (85 Daniel Caligiuri), Luiz Gustavo, Josuha Guilavogui, Sebastian Jung, Naldo, Robin Knoche, Ricardo Rodriguez. Coach: Dieter Hecking
Yellow Card: Rio Mavuba (64), Florent Balmont (73), Pape Souaré (88) /
   Josuha Guilavogui (47), Luiz Gustavo (90+1).
Red Card: Josuha Guilavogui (55).
Goals: Vieirinha (45+1), Ricardo Rodriguez (65, 89 pen)

EVERTON FC LIVERPOOL – FC KRASNODAR 0-1 (0-1)
Goodison Park, Liverpool    11.12.2014    Hour: 20:05
Referees: István Kovács, Miklos Istvan Nagy, Aurel Onița (ROM)    Attendance: 20,260
EVERTON: Joel Robles, Bryan Oviedo, Arouna Koné, Gareth Barry, Christian Atsu (11 Kieran Dowell), Steven Pienaar, Tyias Browning (90 Gethin Jones), Luke Garbutt, Antolin Alcaraz, Conor McAleny (80 Christopher Long), Ryan Ledson. Coach: Roberto Martínez
KRASNODAR: Andrei Sinitsin, Andreas Granqvist, Yuri Gazinski, Marat Izmailov, Wanderson, Vitali Kaleshin, Ricardo Laborde (73 Nikita Burmistrov), Joãozinho (90+1 Aleksandr Ageev), Ragnar Sigurdsson, Mauricio Pereyra, Sergei Petrov. Coach: Oleg Kononov
Yellow Card: Arouna Koné (43), S. Pienaar (60) / Andreas Granqvist (2), Ragnar Sigurdsson (81)
Goal: Ricardo Laborde (30)

| | | | | | | |
|---|---|---|---|---|---|---|
| Everton FC Liverpool | 6 | 3 | 2 | 1 | 10 | 3 | 11 |
| VfL Wolfsburg | 6 | 3 | 1 | 2 | 14 | 10 | 10 |
| FC Krasnodar | 6 | 1 | 3 | 2 | 7 | 12 | 6 |
| Lille Olympique SC | 6 | 0 | 4 | 2 | 3 | 9 | 4 |

## GROUP I

BSC YOUNG BOYS BERN – ŠK SLOVAN BRATISLAVA 5-0 (2-0)
Stade de Suisse, Bern    18.09.2014    Hour: 21:05
Referees: Artyom Kuchin, Evgeni Belski, Anatoli Hodin (KAZ)    Attendance: 9,900
YOUNG BOYS: Yvon Mvogo, Florent Hadergjonaj, Steve von Bergen, Leonardo Bertone, Samuel Afum (70 Guillaume Hoarau), Jan Lecjaks, Moreno Costanzo (64 Yuya Kubo), Renato Steffen (79 Adrian Nikci), Alain Rochat, Raphaël Nuzzolo, Sekou Sanogo Junior. Coach: Uli Forte
ŠK SLOVAN BRATISLAVA: Dušan Perniš, Erik Čikoš, František Kubík, Erik Grendel (63 Marko Milinković), Juraj Halenár (76 Matej Jakúbek), Karol Mészáros (71 Igor Žofčák), Nicolas Gorosito, Kristián Kolčák, Dávid Hudák, Lester Peltier, Richard Lásik. Coach: František Straka
Yellow Card: Renato Steffen (76) /
         Erik Grendel (32), Kristián Kolčák (60), Lester Peltier (89), Matej Jakúbek (90).
Goals: Jan Lecjaks (5), Renato Steffen (29), Raphaël Nuzzolo (63), Adrian Nikci (80), Guillaume Hoarau (90+2)

SSC NAPOLI – AC SPARTA PRAHA 3-1 (1-1)
Stadio San Paolo, Napoli    18.09.2014    Hour: 21:05
Referees: Kevin Blom, Patrick Langkamp, Bas van Dongen (NED)    Attendance: 18,000
SSC NAPOLI: Rafael Cabral, Henrique, Miguel Britos, José Callejón (84 David López), Gonzalo Higuaín (70 Michu), Dries Mertens, Marek Hamšík (82 Camilo Zúñiga), Kalidou Koulibaly, Raúl Albiol, Walter Gargano, Gökhan Inler. Coach: Rafael Benítez
AC SPARTA PRAHA: David Bičík, Jakub Brabec, Marek Matějovský, Bořek Dočkal (75 Tiémoko Konaté), Lukáš Mareček, Radoslav Kováč, Pavel Kadeřábek, David Lafata (85 Patrik Schick), Josef Hušbauer (78 Roman Bednář), Ladislav Krejčí, Costa Nhamoinesu. Coach: Vítězslav Lavička
Yellow Card: Dries Mertens (66) / Costa Nhamoinesu (23), Roman Bednář (90+4).
Goals: Gonzalo Higuaín (23 pen), Dries Mertens (51, 81) / Josef Hušbauer (14)

AC SPARTA PRAHA – BSC YOUNG BOYS BERN 3-1 (2-0)
Stadion Letná, Praha    02.10.2014    Hour: 19:00
Referees: Michael Koukoulakis, Michael Karsiotis, Christos Baltas (GRE)    Attendance: 10,205
AC SPARTA PRAHA: David Bičík, Jakub Brabec, Lukáš Vácha, Marek Matějovský (64 Kamil Vacek), Bořek Dočkal, Pavel Kadeřábek, Tiémoko Konaté (81 Lukáš Mareček), David Lafata, Ladislav Krejčí (90 Radoslav Kováč), Mario Holek, Costa Nhamoinesu. Coach: Vítězslav Lavička
YOUNG BOYS: Yvon Mvogo, Steve von Bergen, Jan Lecjaks, Renato Steffen (89 Adrian Nikci), Milan Gajić, Alain Rochat, Gregory Wüthrich (69 Samuel Afum), Scott Sutter (66 Florent Hadergjonaj), Raphaël Nuzzolo, Sekou Sanogo Junior, Guillaume Hoarau. Coach: Uli Forte
Yellow Card: Tiémoko Konaté (51), Pavel Kadeřábek (69) / Jan Lecjaks (5).
Goals: Lukáš Vácha (27), David Lafata (28, 85) / Guillaume Hoarau (52)

ŠK SLOVAN BRATISLAVA – SSC NAPOLI 0-2 (0-1)
Štadión Pasienky, Bratislava   02.10.2014   Hour: 19:00
Referees: Marijo Strahonja, Siniša Premužaj, Igor Krmar (CRO)   Attendance: 10,738
ŠK SLOVAN BRATISLAVA: Dušan Perniš, Branislav Niňaj, Erik Čikoš, František Kubík (71 Igor Žofčák), Erik Grendel (46 Marko Milinković), Juraj Halenár, Tomáš Jablonský, Nicolas Gorosito, Seydouba Soumah, Lester Peltier, Richard Lásik (85 Kristián Kolčák).
Coach: František Straka
SSC NAPOLI: Rafael Cabral, Miguel Britos, Jonathan De Guzmán (63 José Callejón), Christian Maggio, Dries Mertens, Marek Hamšík (79 Giandomenico Mesto), David López, Kalidou Koulibaly, Faouzi Ghoulam, Gökhan Inler, Duván Zapata (73 Gonzalo Higuaín).
Coach: Rafael Benítez
Yellow Card: František Kubík (55).
Goals: Marek Hamšík (35), Gonzalo Higuaín (74)


ŠK SLOVAN BRATISLAVA – AC SPARTA PRAHA 0-3 (0-0)
Štadión Pasienky, Bratislava   23.10.2014   Hour: 19:00
Referees: Martin Strömbergsson, Daniel Gustavsson, Joakim Flink (SWE)   Attendance: 6,891
SLOVAN: Dušan Perniš, Erik Čikoš, Erik Grendel (76 Dávid Hudák), Juraj Halenár (79 Pavel Foŕt), Igor Žofčák, Tomáš Jablonský (59 František Kubík), Nicolas Gorosito, Mamadou Bagayoko, Seydouba Soumah, Kristián Kolčák, Richard Lásik. Coach: Jozef Chovanec
SPARTA: David Bičík, Jakub Brabec, Lukáš Vácha, Marek Matějovský (80 Kamil Vacek), Bořek Dočkal (90+1 Lukáš Mareček), Pavel Kadeřábek, Tiémoko Konaté, David Lafata (86 Tomáš Přikryl), Ladislav Krejčí, Mario Holek, Costa Nhamoinesu. Coach: Vítězslav Lavička
Goals: David Lafata (56), Tiémoko Konaté (61), Ladislav Krejčí (81)


BSC YOUNG BOYS BERN – SSC NAPOLI 2-0 (0-0)
Stade de Suisse, Bern   23.10.2014   Hour: 19:00
Referees: Ruddy Buquet, Guillaume Debart, Cyril Gringore (FRA)   Attendance: 28,000
YOUNG BOYS: Yvon Mvogo, Milan Vilotić, Steve von Bergen, Jan Lecjaks, Renato Steffen (90+3 Adrian Nikci), Milan Gajić, Scott Sutter, Raphaël Nuzzolo (86 Alain Rochat), Yuya Kubo (71 Leonardo Bertone), Sekou Sanogo Junior, Guillaume Hoarau. Coach: Uli Forte
SSC NAPOLI: Rafael Cabral, Henrique, Jonathan De Guzmán (84 Gonzalo Higuaín), Jorginho (75 José Callejón), Christian Maggio, Dries Mertens, Michu (62 Marek Hamšík), Faouzi Ghoulam, Raúl Albiol, Gökhan Inler, Duván Zapata. Coach: Rafael Benítez
Yellow Card: Milan Vilotić (30), Sekou Sanogo Junior (49), Jan Lecjaks (55) /
   Jorginho (67), Faouzi Ghoulam (72).
Goals: Guillaume Hoarau (52), Leonardo Bertone (90+2)


AC SPARTA PRAHA – ŠK SLOVAN BRATISLAVA 4-0 (2-0)
Stadion Letná, Praha   06.11.2014   Hour: 21:05
Referees: Aleksei Eskov, Anton Averianov, Valeri Danchenko (RUS)   Attendance: 13,805
AC SPARTA PRAHA: David Bičík, Jakub Brabec, Lukáš Vácha (79 Lukáš Mareček), Marek Matějovský, Bořek Dočkal (72 Kamil Vacek), Pavel Kadeřábek, Tiémoko Konaté, David Lafata (89 Roman Bednář), Ladislav Krejčí, Mario Holek, Costa Nhamoinesu. Coach: Vítězslav Lavička
ŠK SLOVAN BRATISLAVA: Dušan Perniš, Branislav Niňaj, Erik Čikoš, František Kubík (73 Róbert Vittek), Erik Grendel (82 Samuel Štefánik), Igor Žofčák, Marko Milinković, Mamadou Bagayoko, Kristián Kolčák, Lester Peltier (46 Seydouba Soumah), Richard Lásik.
Coach: Jozef Chovanec
Yellow Card: Lester Peltier (39), Mamadou Bagayoko (60).
Goals: David Lafata (29, 83), Ladislav Krejčí (32), Costa Nhamoinesu (74)

SSC NAPOLI – BSC YOUNG BOYS BERN 3-0 (1-0)
Stadio San Paolo, Napoli    06.11.2014    Hour: 21:05
Referees: Kenn Hansen, Lars Rix, David Vang Andersen (DEN)    Attendance: 25,000
SSC NAPOLI: Rafael Cabral, Henrique, Miguel Britos (38 Faouzi Ghoulam), Jonathan De Guzmán, Dries Mertens, Giandomenico Mesto, Lorenzo Insigne (73 José Callejón), Kalidou Koulibaly, Walter Gargano, Gökhan Inler, Duván Zapata (79 Gonzalo Higuaín).
Coach: Rafael Benítez
YOUNG BOYS: Yvon Mvogo, Florent Hadergjonaj, Milan Vilotić, Steve von Bergen, Leonardo Bertone, Renato Steffen, Milan Gajić (60 Adrian Nikci), Alain Rochat, Raphaël Nuzzolo (60 Yuya Kubo), Sekou Sanogo Junior, Guillaume Hoarau (68 Samuel Afum). Coach: Uli Forte
Goals: Jonathan De Guzmán (45+2, 65, 83)


ŠK SLOVAN BRATISLAVA – BSC YOUNG BOYS BERN 1-3 (1-2)
Štadión Pasienky, Bratislava    27.11.2014    Hour: 19:00
Referees: Pol van Boekel, Davie Goossens, Hessel Steegstra (NED)    Attendance: 2,000
ŠK SLOVAN BRATISLAVA: Dušan Perniš, Erik Čikoš, František Kubík (82 Marko Milinković), Erik Grendel (80 Igor Žofčák), Juraj Halenár, Nicolas Gorosito, Samuel Štefánik, Seydouba Soumah, Kristián Kolčák, Dávid Hudák, Lester Peltier. Coach: Jozef Chovanec
YOUNG BOYS: Yvon Mvogo, Milan Vilotić, Steve von Bergen, Leonardo Bertone, Jan Lecjaks, Renato Steffen (71 Raphaël Nuzzolo), Gonzalo Zárate (80 Florent Hadergjonaj), Scott Sutter, Yuya Kubo, Sekou Sanogo Junior, Guillaume Hoarau (67 Samuel Afum). Coach: Uli Forte
Yellow Card: František Kubík (41), Kristián Kolčák (57) / Milan Vilotić (82).
Goals: Seydouba Soumah (11) / Guillaume Hoarau (9 pen), Yuya Kubo (18, 63)


AC SPARTA PRAHA – SSC NAPOLI 0-0
Stadion Letná, Praha    27.11.2014    Hour: 19:00
Referees: Andre Marriner, Stephen Child, Peter Kirkup (ENG)    Attendance: 16,111
AC SPARTA PRAHA: Marek Štěch, Jakub Brabec, Marek Matějovský (90 Kamil Vacek), Bořek Dočkal, Lukáš Mareček, Pavel Kadeřábek, David Lafata, Josef Hušbauer (72 Tomáš Přikryl), Ladislav Krejčí, Mario Holek, Costa Nhamoinesu. Coach: Vítězslav Lavička
SSC NAPOLI: Rafael Cabral, Miguel Britos, José Callejón, Jorginho (77 Faouzi Ghoulam), Gonzalo Higuaín (69 Duván Zapata), Giandomenico Mesto, Marek Hamšík, David López, Kalidou Koulibaly, Raúl Albiol, Walter Gargano. Coach: Rafael Benítez
Yellow Card: Marek Matějovský (46), Jakub Brabec (62), Bořek Dočkal (90) / Miguel Britos (6).


BSC YOUNG BOYS BERN – AC SPARTA PRAHA 2-0 (0-0)
Stade de Suisse, Bern    11.12.2014    Hour: 21:05
Referees: Hüseyin Göçek, Mustafa Eyisoy, Orkun Aktaş (TUR)    Attendance: 15,150
YOUNG BOYS: Yvon Mvogo, Florent Hadergjonaj, Milan Vilotić, Steve von Bergen, Jan Lecjaks, Renato Steffen, Milan Gajić (89 Alain Rochat), Raphaël Nuzzolo (63 Gonzalo Zárate), Yuya Kubo (82 Leonardo Bertone), Sekou Sanogo Junior, Guillaume Hoarau. Coach: Uli Forte
AC SPARTA PRAHA: Marek Štěch, Jakub Brabec, Tomáš Přikryl (60 Tiémoko Konaté), Marek Matějovský, Bořek Dočkal, Lukáš Mareček, Pavel Kadeřábek, Josef Hušbauer (85 Roman Bednář), Ladislav Krejčí, Mario Holek, Costa Nhamoinesu (80 Patrik Schick). Coach: Vítězslav Lavička
Yellow Card: Florent Hadergjonaj (63), Renato Steffen (88) /
          Costa Nhamoinesu (41), Bořek Dočkal (65), Pavel Kadeřábek (75), Jakub Brabec (85).
Goals: Guillaume Hoarau (75 pen), Renato Steffen (90+4)

SSC NAPOLI – ŠK SLOVAN BRATISLAVA 3-0 (2-0)
Stadio San Paolo, Napoli    11.12.2014    Hour: 21:05
Referees: Aleksandar Stavrev, Marjan Kirovski, Dejan Kostadinov (MKD)    Attendance: 6,490
SSC NAPOLI: Mariano Andújar, Miguel Britos, José Callejón (74 Giandomenico Mesto), Christian Maggio, Dries Mertens (63 Jonathan De Guzmán), Marek Hamšík, Kalidou Koulibaly, Faouzi Ghoulam, Walter Gargano, Gökhan Inler, Duván Zapata (78 Gonzalo Higuaín).
Coach: Rafael Benítez
ŠK SLOVAN BRATISLAVA: Dušan Perniš, Erik Čikoš, František Kubík (87 Lukáš Gašparovič), Igor Žofčák (62 Filip Ďuriš), Marko Milinković (72 Juraj Halenár), Tomáš Jablonský, Nicolas Gorosito, Samuel Štefánik, Kristián Kolčák, Dávid Hudák, Lester Peltier. Coach: Jozef Chovanec
Yellow Card: Dávid Hudák (44).
Goals: Dries Mertens (6), Marek Hamšík (16), Duván Zapata (75)

| | | | | | | | |
|---|---|---|---|---|---|---|---|
| SSC Napoli | 6 | 4 | 1 | 1 | 11 | 3 | 13 |
| BSC Young Boys Bern | 6 | 4 | 0 | 2 | 13 | 7 | 12 |
| AC Sparta Prague | 6 | 3 | 1 | 2 | 11 | 6 | 10 |
| ŠK Slovan Bratislava | 6 | 0 | 0 | 6 | 1 | 20 | 0 |

# GROUP J

FC STEAUA BUCUREȘTI – AaB FODBOLD AALBORG 6-0 (0-0)
Arena Națională, București    18.09.2014    Hour: 22:05
Referees: Vladislav Bezborodov, Nikolai Golubev, Maksim Gavrilin (RUS)    Attendance: 0
STEAUA: Giedrius Arlauskis, Cornel Râpă (49 Raul Rusescu), Łukasz Szukała, Alexandru Chipciu, Andrei Prepeliță, Iasmin Latovlevici, Lucian Sânmărtean, Nicandro Breeveld (67 Paul Papp), Claudiu Keșerü (74 Gabriel Iancu), Fernando Varela, Adrian Popa. Coach: Constantin Gâlcă
AaB FODBOLD AALBORG: Nicolai Larsen, Kenneth Emil Petersen, Donny Gorter (15 Søren Frederiksen), Thomas Enevoldsen (59 Carsten Christensen), Rasmus Würtz, Mathias Wichmann, Anders Jacobsen (63 Nicklas Helenius), Henrik Dalsgaard, Kasper Risgård, Nicolaj Thomsen, Rasmus Thelander. Coach: Kent Nielsen
Red Card: Nicolai Larsen (57).
Goals: Lucian Sânmărtean (51), Raul Rusescu (59 pen, 73), Claudiu Keșerü (61, 65, 72)


RIO AVE FC VILA DO CONDE – FC DYNAMO KYIV 0-3 (0-2)
Rio Ave, Vila do Conde    18.09.2014    Hour: 20:05
Referees: Stefan Johannesson, Fredrik Nilsson, Mehmet Culum (SWE)    Attendance: 2,315
RIO AVE: Cássio, Prince, Tarantini, Diego Lopes (77 Alhassan Wakaso), Renan Bressan (64 William Jebor), Lionn, Emmanuel Boateng, Tiago Pinto, Ukra (81 Esmaël Gonçalves), Pedro Moreira, Marcelo. Coach: Pedro Martins
FC DYNAMO KYIV: Olexandr Rybka, Aleksandar Dragovic, Jeremain Lens (79 Vladyslav Kalitvintsev), Andriy Yarmolenko, Serhiy Sydorchuk (67 Miguel Veloso), Serhiy Rybalka, Artem Kravets, Domagoj Vida, Mykyta Burda (86 Yevhen Selin), Yevhen Makarenko, Younes Belhanda.
Coach: Serhiy Rebrov
Yellow Card: Renan Bressan (31), William Jebor (89) /
    Artem Kravets (22), Domagoj Vida (47), Mykyta Burda (59).
Goals: Andriy Yarmolenko (20), Younes Belhanda (25), Artem Kravets (70)

FC DYNAMO KYIV – FC STEAUA BUCUREŞTI 3-1 (1-0)
NSK Olimpiyskyi, Kyiv    02.10.2014    Hour: 20:00    Attendance: 15,000
Referees: Robert Schörgenhofer, Matthias Winsauer, Roland Brandner (AUS)
FC DYNAMO KYIV: Olexandr Rybka, Danilo Silva, Aleksandar Dragovic, Jeremain Lens (83 Vladyslav Kalitvintsev), Andriy Yarmolenko, Serhiy Sydorchuk (75 Vitaliy Buyalskiy), Serhiy Rybalka, Artem Kravets (90 Lukasz Teodorczyk), Domagoj Vida, Mykyta Burda, Younes Belhanda. Coach: Serhiy Rebrov
STEAUA: Giedrius Arlauskis, Łukasz Szukała, Paul Papp, Alexandru Chipciu, Gabriel Iancu (57 Nicolae Stanciu, 82 Raul Rusescu), Cristian Tănase, Andrei Prepeliţă, Iasmin Latovlevici, Lucian Sânmărtean, Claudiu Keşerü, Fernando Varela. Coach: Constantin Gâlcă
Yellow Card: Serhiy Rybalka (86) /
    Paul Papp (38), Łukasz Szukała (77), Cristian Tănase (90+1), Andrei Prepeliţă (90+2).
Goals: Andriy Yarmolenko (40), Artem Kravets (66), Lukasz Teodorczyk (90+1) /
    Raul Rusescu (89)

AaB FODBOLD AALBORG – RIO AVE FC VILA DO CONDE 1-0 (0-0)
Nordjyske Arena, Aalborg    02.10.2014    Hour: 19:00
Referees: Tony Chapron, Philippe Jeanne, Cyril Lompre (FRA)    Attendance: 6,000
AaB FODBOLD AALBORG: Carsten Christensen, Kenneth Emil Petersen, Donny Gorter, Rasmus Würtz, Nicklas Helenius (78 Thomas Augustinussen), Anders Jacobsen (90+3 Thomas Enevoldsen), Henrik Dalsgaard, Kasper Risgård, Nicolaj Thomsen, Frederik Børsting (66 Andreas Bruhn), Rasmus Thelander. Coach: Kent Nielsen
RIO AVE: Cássio, Prince (43 André Vilas Boas), Tarantini, Diego Lopes, Emmanuel Boateng (74 Renan Bressan), Tiago Pinto, Nuno Lopes, Ukra, Pedro Moreira (63 Ahmed Hassan), Alhassan Wakaso, Marcelo. Coach: Pedro Martins
Yellow Card: Henrik Dalsgaard (40), Anders Jacobsen (81) /
    Pedro Moreira (62), Alhassan Wakaso (81), Ahmed Hassan (86), Tarantini (90+2).
Goal: Nicklas Helenius (46)

AaB FODBOLD AALBORG – FC DYNAMO KYIV 3-0 (2-0)
Nordjyske Arena, Aalborg    23.10.2014    Hour: 19:00
Referees: Stephan Studer, Sandro Pozzi, Sladan Josipović (SUI)    Attendance: 6,043
AaB FODBOLD AALBORG: Nicolai Larsen, Kenneth Emil Petersen, Donny Gorter, Thomas Enevoldsen (86 Søren Frederiksen), Rasmus Würtz (83 Thomas Augustinussen), Nicklas Helenius (70 Anders Jacobsen), Henrik Dalsgaard, Kasper Risgård, Nicolaj Thomsen, Rasmus Thelander, Andreas Bruhn. Coach: Kent Nielsen
FC DYNAMO KYIV: Olexandr Rybka, Danilo Silva, Aleksandar Dragovic, Jeremain Lens (77 Oleh Gusev), Andriy Yarmolenko, Serhiy Sydorchuk, Serhiy Rybalka (46 Miguel Veloso), Artem Kravets, Domagoj Vida, Mykyta Burda, Younes Belhanda (67 Lukasz Teodorczyk).
Coach: Serhiy Rebrov
Yellow Card: Rasmus Würtz (54), Rasmus Thelander (77) /
    Mykyta Burda (57), Younes Belhanda (65), Danilo Silva (88).
Goals: Thomas Enevoldsen (11), Nicolaj Thomsen (39, 90+1)

FC STEAUA BUCUREŞTI – RIO AVE FC VILA DO CONDE 2-1 (2-0)
Arena Naţională, Bucureşti    23.10.2014    Hour: 20:00
Referees: Lee Evans, Philip Thomas, Edward King (WAL)    Attendance: 15,000
STEAUA: Giedrius Arlauskis, Cornel Râpă, Łukasz Szukała, Paul Papp, Cristian Tănase, Andrei Prepeliţă, Iasmin Latovlevici, Lucian Sânmărtean (89 Lucian Filip), Raul Rusescu (69 Nicolae Stanciu), Claudiu Keşerü, Adrian Popa (66 Nicandro Breeveld). Coach: Constantin Gâlcă
RIO AVE: Cássio, Prince, Tarantini, Diego Lopes, Tiago Pinto, Nuno Lopes, Ukra (69 Emmanuel Boateng), Yonathan Del Valle (81 Renan Bressan), Alhassan Wakaso, Marcelo, Esmaël Gonçalves (75 Ahmed Hassan). Coach: Pedro Martins
Yellow Card: Raul Rusescu (56), Andrei Prepeliţă (83), Łukasz Szukała (86) /
    Nuno Lopes (27), Alhassan Wakaso (43), Diego Lopes (77).
Goals: Raul Rusescu (17, 45) / Yonathan Del Valle (48)

FC DYNAMO KYIV – AaB FODBOLD AALBORG 2-0 (0-0)
NSK Olimpiyskyi, Kyiv   06.11.2014   Hour: 22:05
Referees: Aleksei Kulbakov, Vitali Malyutin, Oleg Maslyanko (BLR)   Attendance: 25,230
FC DYNAMO KYIV: Olexandr Shovkovskiy, Danilo Silva, Aleksandar Dragovic, Jeremain Lens (72 Mykyta Burda), Andriy Yarmolenko (84 Oleh Gusev), Serhiy Sydorchuk (77 Miguel Veloso), Serhiy Rybalka, Artem Kravets, Domagoj Vida, Yevhen Khacheridi, Younes Belhanda.
Coach: Serhiy Rebrov
AaB FODBOLD AALBORG: Nicolai Larsen, Kenneth Emil Petersen, Donny Gorter, Thomas Enevoldsen (66 Thomas Augustinussen), Rasmus Würtz (83 Søren Frederiksen), Nicklas Helenius, Henrik Dalsgaard, Kasper Risgård, Nicolaj Thomsen, Rasmus Thelander, Andreas Bruhn (83 Viktor Ahlmann). Coach: Kent Nielsen
Yellow Card: Domagoj Vida (43), Olexandr Shovkovskiy (51), Serhiy Sydorchuk (76).
Red Card: Aleksandar Dragovic (68).
Goals: Domagoj Vida (70), Oleh Gusev (90+3)

RIO AVE FC VILA DO CONDE – FC STEAUA BUCUREŞTI 2-2 (1-0)
Rio Ave, Vila do Conde   06.11.2014   Hour: 20:05
Referees: Marcin Borski, Rafal Rostkowski, Tomasz Listkiewicz (POL)   Attendance: 3,000
RIO AVE: Ederson, Prince, Tarantini, Diego Lopes (80 André Vilas Boas), Tiago Pinto, Nuno Lopes, Ukra, Yonathan Del Valle (59 Renan Bressan), Alhassan Wakaso, Marcelo, Esmaël Gonçalves (68 Ahmed Hassan). Coach: Pedro Martins
STEAUA: Giedrius Arlauskis, Łukasz Szukała, Paul Papp, Alexandru Chipciu, Lucian Filip, Cristian Tănase, Andrei Prepeliţă, Lucian Sânmărtean, Claudiu Keşerü, Fernando Varela, Adrian Popa (75 Alexandru Bourceanu). Coach: Constantin Gâlcă
Yellow Card: Alhassan Wakaso (41), Prince (47) /
    Claudiu Keşerü (63), Andrei Prepeliţă (65), Łukasz Szukała (72), Paul Papp (77).
Red Card: Prince (90+2).
Goals: Diego Lopes (35, 77 pen) / Claudiu Keşerü (61), Lucian Filip (90+4)

AaB FODBOLD AALBORG – FC STEAUA BUCUREŞTI 1-0 (0-0)
Nordjyske Arena, Aalborg   27.11.2014   Hour: 19:00
Referees: Felix Zwayer, Guido Kleve, Markus Häcker (GER)   Attendance: 7,515
AaB FODBOLD AALBORG: Nicolai Larsen, Kenneth Emil Petersen, Donny Gorter, Thomas Enevoldsen (74 Anders Jacobsen), Rasmus Würtz, Nicklas Helenius (88 Thomas Augustinussen), Henrik Dalsgaard, Kasper Risgård, Nicolaj Thomsen, Rasmus Thelander, Andreas Bruhn (77 Mathias Wichmann). Coach: Kent Nielsen
STEAUA: Giedrius Arlauskis, Srgian Luchin, Paul Papp, Alexandru Chipciu, Lucian Filip, Cristian Tănase (77 Nicolae Stanciu), Lucian Sânmărtean, Claudiu Keşerü, Fernando Varela, Alexandru Bourceanu (65 Nicandro Breeveld), Adrian Popa. Coach: Constantin Gâlcă
Yellow Card: Donny Gorter (53), Kasper Risgård (65), Kenneth Emil Petersen (68), Anders Jacobsen (82) / Alexandru Bourceanu (27), Lucian Filip (60).
Goal: Thomas Enevoldsen (72)

FC DYNAMO KYIV – RIO AVE FC VILA DO CONDE 2-0 (0-0)
NSK Olimpiyskyi, Kyiv   27.11.2014   Hour: 20:00
Referees: Tom Harald Hagen, Dag-Roger Nebben, Jan Erik Engan (NOR)   Attendance: 14,500
FC DYNAMO KYIV: Olexandr Shovkovskiy, Danilo Silva, Jeremain Lens (81 Oleh Gusev), Andriy Yarmolenko, Serhiy Sydorchuk (62 Miguel Veloso), Serhiy Rybalka, Artem Kravets (69 Dieumerci Mbokani), Domagoj Vida, Mykyta Burda, Yevhen Khacheridi, Younes Belhanda.
Coach: Serhiy Rebrov
RIO AVE: Ederson, Luís Gustavo, Ahmed Hassan, Renan Bressan (62 Diego Lopes), Lionn (81 Marcelo), Emmanuel Boateng (61 Ukra), André Vilas Boas, Tiago Pinto, Pedro Moreira, Roderick, Yonathan Del Valle. Coach: Pedro Martins
Yellow Card: Serhiy Sydorchuk (25), Artem Kravets (52), Domagoj Vida (85) / Luís Gustavo (36).
Goals: Jeremain Lens (53), Miguel Veloso (78)

FC STEAUA BUCUREŞTI – FC DYNAMO KYIV 0-2 (0-0)
Arena Naţională, Bucureşti    11.12.2014    Hour: 22:05
Referees: Michael Oliver, Stuart Burt, Darren England (ENG)    Attendance: 7,620
STEAUA: Giedrius Arlauskis, Łukasz Szukała, Paul Papp, Alexandru Chipciu, Lucian Filip (78 Iasmin Latovlevici), Cristian Tănase (78 Adrian Popa), Andrei Prepeliţă, Lucian Sânmărtean, Claudiu Keşerü, Fernando Varela, Alexandru Bourceanu (61 Raul Rusescu).
Coach: Constantin Gâlcă
FC DYNAMO KYIV: Olexandr Shovkovskiy, Miguel Veloso (65 Serhiy Sydorchuk), Aleksandar Dragovic, Jeremain Lens, Andriy Yarmolenko, Serhiy Rybalka, Oleh Gusev, Artem Kravets (79 Dieumerci Mbokani), Mykyta Burda, Yevhen Khacheridi, Younes Belhanda (81 Vitaliy Buyalskiy). Coach: Serhiy Rebrov
Yellow Card: Paul Papp (45+1) /
    Aleksandar Dragovic (26), Miguel Veloso (52), Mykyta Burda (81).
Goals: Andriy Yarmolenko (71), Jeremain Lens (90+4)


RIO AVE FC VILA DO CONDE – AaB FODBOLD AALBORG 2-0 (0-0)
Rio Ave, Vila do Conde    11.12.2014    Hour: 20:05
Referees: Sébastien Delferiere, Yves De Neve, Rien Vanyzere (BEL)    Attendance: 2,672
RIO AVE: Cássio, Luís Gustavo (77 Alhassan Wakaso), Ahmed Hassan, Renan Bressan (75 Tarantini), Lionn, Emmanuel Boateng (68 Ukra), André Vilas Boas, Tiago Pinto, Pedro Moreira, Roderick, Yonathan Del Valle. Coach: Pedro Martins
AaB FODBOLD AALBORG: Nicolai Larsen, Kenneth Emil Petersen, Donny Gorter (11 Jakob Blaabjerg), Thomas Enevoldsen, Rasmus Würtz, Nicklas Helenius, Henrik Dalsgaard, Kasper Risgård (74 Søren Frederiksen), Nicolaj Thomsen, Rasmus Thelander, Andreas Bruhn (63 Anders Jacobsen). Coach: Kent Nielsen
Yellow Card: Rasmus Thelander (14).
Goals: Yonathan Del Valle (59, 79)


| | | | | | | | |
|---|---|---|---|---|---|---|---|
| FC Dynamo Kyiv | 6 | 5 | 0 | 1 | 12 | 4 | 15 |
| AaB Fodbold Aalborg | 6 | 3 | 0 | 3 | 5 | 10 | 9 |
| FC Steaua Bucureşti | 6 | 2 | 1 | 3 | 11 | 9 | 7 |
| Rio Ave FC Vila do Conde | 6 | 1 | 1 | 4 | 5 | 10 | 4 |


# GROUP K


PAOK FC THESSALONIKI – FC DINAMO MINSK 6-1 (4-0)
Stadio Toumba, Thessaloniki    18.09.2014    Hour: 22:05
Referees: Mattias Gestranius, Matti Heininen, Mikko Alakare (FIN)    Attendance: 21,000
PAOK FC: Panagiotis Glykos, Giannis Skondras, Giorgos Katsikas, Răzvan Raţ (72 Nikos Spyropoulos), Alexandros Tziolis, Róbert Mak (46 Dimitris Papadopoulos), Dimitris Salpingidis, Miguel Vítor, Ergys Kaçe, Fanis Tzandaris, Stefanos Athanasiadis (67 Eyal Golasa).
Coach: Angelos Anastasiadis
DINAMO MINSK: Aleksandr Gutor, Igor Voronkov (56 Hernan Figueredo), Slobodan Simović, Sergei Politevich, Franck Dja Djedje (33 Nenad Adamović), Nemanja Nikolić, Chigozie Udoji (88 Gleb Rassadkin), Sergei Karpovich, Umaru Bangura, Oleg Veretilo, Igor Stasevich.
Coach: Vladimir Zhuravel
Yellow Card: Slobodan Simović (31), Nemanja Nikolić (67).
Red Card: Slobodan Simović (63).
Goals: Nemanja Nikolić (3 og), Stefanos Athanasiadis (11, 16, 28), Dimitris Papadopoulos (50), Fanis Tzandaris (90) / Nemanja Nikolić (80)

ACF FIORENTINA FIRENZE – EN AVANT DE GUINGAMP 3-0 (1-0)
Stadio Artemio Franchi, Firenze   18.09.2014   Hour: 21:05
Referees: Harald Lechner, Alain Hoxha, Andreas Staudinger (AUS)   Attendance: 32,000
FIORENTINA: Ciprian Tătăruşanu, Juan Vargas, David Pizarro, Juan Cuadrado (72 Federico Bernardeschi), Stefan Savić (57 Micah Richards), Jasmin Kurtić, José Maria Basanta, Borja Valero (46 Milan Badelj), Manuel Pasqual, Mario Gomez, Nenad Tomović. Coach: Vincenzo Montella
GUINGAMP: Mamadou Samassa, Benjamin Angoua, Baissama Sankoh, Moustapha Diallo, Dorian Leveque, Claudio Beauvue, Christophe Mandanne (71 Ladislas Douniama), Lionel Mathis, Sylvain Marveaux (52 Sambou Yatabaré), Jérémy Pied (62 Thibault Giresse), Christophe Kerbrat.
Coach: Jocelyn Gourvennec
Yellow Card: Jasmin Kurtić (52), José Maria Basanta (79) /
   Moustapha Diallo (24), Sylvain Marveaux (39), Claudio Beauvue (81).
Red Card: Moustapha Diallo (38).
Goals: Juan Vargas (34), Juan Cuadrado (67), Federico Bernardeschi (88)


EN AVANT DE GUINGAMP – PAOK FC THESSALONIKI 2-0 (0-0)
Roudourou, Guingamp   02.10.2014   Hour: 19:00
Referees: Gediminas Mažeika, Vytautas Šimkus, Vytenis Kazlauskas (LTU)   Attendance: 8,783
GUINGAMP: Jonas Lössl, Lars Jacobsen, Dorian Leveque, Ronnie Schwartz (73 Christophe Mandanne), Younousse Sankharé, Claudio Beauvue, Jeremy Sorbon, Lionel Mathis, Sylvain Marveaux (78 Thibault Giresse), Jérémy Pied (54 Sambou Yatabaré), Christophe Kerbrat.
Coach: Jocelyn Gourvennec
PAOK FC: Panagiotis Glykos, Giannis Skondras (75 Eyal Golasa), Giorgos Katsikas, Răzvan Raţ, Alexandros Tziolis (55 Maarten Martens), Róbert Mak (63 Dimitris Papadopoulos), Dimitris Salpingidis, Miguel Vítor, Ergys Kaçe, Fanis Tzandaris, Stefanos Athanasiadis.
Coach: Angelos Anastasiadis
Yellow Card: Ronnie Schwartz (70).
Goals: Sylvain Marveaux (47, 50)


FC DINAMO MINSK – ACF FIORENTINA FIRENZE 0-3 (0-1)
Borisov Arena, Borisov   02.10.2014   Hour: 20:00
Referees: Pawel Gil, Piotr Sadczuk, Marcin Borkowski (POL)   Attendance: 5,500
DINAMO MINSK: Sergei Ignatovich, Igor Voronkov, Dmitri Molosh, Nemanja Nikolić, Adama Diomande, Umaru Bangura, Oleg Veretilo, Hernan Figueredo (62 Franck Dja Djedje), Igor Stasevich (88 Yaroslav Yarotski), Sergei Kontsevoi, Nenad Adamović (86 Gleb Rassadkin).
Coach: Vladimir Zhuravel
FIORENTINA: Ciprian Tătăruşanu, Micah Richards (41 Marcos Alonso), Milan Badelj, Juan Vargas, Alberto Aquilani (46 David Pizarro), José Maria Basanta, Borja Valero (60 Andrea Lazzari), Manuel Pasqual, Federico Bernardeschi, Nenad Tomović, Josip Iličić.
Coach: Vincenzo Montella
Yellow Card: José Maria Basanta (24).
Goals: Alberto Aquilani (33), Josip Iličić (62), Federico Bernardeschi (67)


FC DINAMO MINSK – EN AVANT DE GUINGAMP 0-0
Borisov Arena, Borisov   23.10.2014   Hour: 20:00
Referees: Aleksandar Stavrev, Marjan Kirovski, Dejan Kostadinov (MKD)   Attendance: 5,000
DINAMO MINSK: Sergei Ignatovich, Igor Voronkov (64 Slobodan Simović), Sergei Politevich, Franck Dja Djedje (56 Adama Diomande), Nemanja Nikolić, Sergei Karpovich, Oleg Veretilo, Hernan Figueredo (80 Nikita Korzun), Igor Stasevich, Sergei Kontsevoi, Nenad Adamović.
Coach: Vladimir Zhuravel
GUINGAMP: Jonas Lössl, Lars Jacobsen, Benjamin Angoua, Younousse Sankharé (80 Moustapha Diallo), Claudio Beauvue, Jeremy Sorbon, Rachid Alioui, Lionel Mathis, Laurent Dos Santos, Sylvain Marveaux (71 Christophe Mandanne), Sambou Yatabaré. Coach: Jocelyn Gourvennec
Yellow Card: Igor Stasevich (19), Sergei Kontsevoi (21) /
   Sambou Yatabaré (23), Lionel Mathis (72).

PAOK FC THESSALONIKI – ACF FIORENTINA FIRENZE 0-1 (0-1)
Stadio Toumba, Thessaloniki   23.10.2014   Hour: 20:00
Referees: Felix Zwayer, Thorsten Schiffner, Marco Achmüller (GER)   Attendance: 20,000
PAOK FC: Panagiotis Glykos, Giannis Skondras (11 Stelios Kitsiou), Giorgos Katsikas, Răzvan Raţ, Alexandros Tziolis, Facundo Pereyra (54 Eyal Golasa), Dimitris Salpingidis (80 Dimitris Papadopoulos), Miguel Vítor, Ergys Kaçe, Fanis Tzandaris, Stefanos Athanasiadis.
Coach: Angelos Anastasiadis
FIORENTINA: Ciprian Tătăruşanu, Micah Richards, Milan Badelj, Juan Vargas, Jasmin Kurtič, José Maria Basanta, Borja Valero (65 Andrea Lazzari), Manuel Pasqual, Federico Bernardeschi (55 Juan Cuadrado), Nenad Tomović, Josip Iličić (77 Marko Marin). Coach: Vincenzo Montella
Yellow Card: Stelios Kitsiou (19), Răzvan Raţ (34) / Juan Vargas (24).
Goal: Juan Vargas (38)


EN AVANT DE GUINGAMP – FC DINAMO MINSK 2-0 (1-0)
Roudourou, Guingamp   06.11.2014   Hour: 21:05
Referees: Artyom Kuchin, Evgeni Belski, Anatoli Hodin (KAZ)   Attendance: 17,000
GUINGAMP: Jonas Lössl, Benjamin Angoua, Baissama Sankoh, Moustapha Diallo (74 Jérémy Pied), Claudio Beauvue, Christophe Mandanne, Lionel Mathis, Laurent Dos Santos (83 Maxime Baca), Sylvain Marveaux (64 Younousse Sankharé), Sambou Yatabaré, Christophe Kerbrat.
Coach: Jocelyn Gourvennec
DINAMO MINSK: Aleksandr Gutor, Igor Voronkov (45 Hernan Figueredo), Dmitri Molosh, Slobodan Simović, Sergei Politevich, Franck Dja Djedje (45 Igor Stasevich), Nemanja Nikolić, Adama Diomande, Chigozie Udoji (76 Nenad Adamović), Oleg Veretilo, Sergei Kontsevoi.
Coach: Vladimir Zhuravel
Yellow Card: Moustapha Diallo (70), Jérémy Pied (90) / Oleg Veretilo (23), Dmitri Molosh (61).
Goals: Claudio Beauvue (44), Christophe Mandanne (86)


ACF FIORENTINA FIRENZE – PAOK FC THESSALONIKI 1-1 (0-0)
Stadio Artemio Franchi, Firenze   06.11.2014   Hour: 21:05
Referees: Sébastien Delferiere, Yves De Neve, Frank Bleyen (BEL)   Attendance: 10,000
FIORENTINA: Ciprian Tătăruşanu, Gonzalo Rodríguez, Juan Vargas (70 Borja Valero), David Pizarro, Juan Cuadrado, Jasmin Kurtič, José Maria Basanta, Manuel Pasqual, Andrea Lazzari (57 Marko Marin), Mario Gomez, Nenad Tomović (86 Elhadji Babacar). Coach: Vincenzo Montella
PAOK FC: Panagiotis Glykos, Giorgos Katsikas, Alexandros Tziolis, Eyal Golasa, Facundo Pereyra (46 Hedwiges Maduro), Dimitris Salpingidis (71 Maarten Martens), Miguel Vítor, Nikos Spyropoulos (90 Giorgos Tzavellas), Fanis Tzandaris, Stefanos Athanasiadis, Stelios Kitsiou.
Coach: Angelos Anastasiadis
Yellow Card: Stelios Kitsiou (28).
Goals: Manuel Pasqual (88) / Maarten Martens (81)


FC DINAMO MINSK – PAOK FC THESSALONIKI 0-2 (0-0)
Borisov Arena, Borisov   27.11.2014   Hour: 21:00
Referees: Robert Schörgenhofer, Matthias Winsauer, Roland Brandner (AUS)   Attendance: 2,000
DINAMO MINSK: Sergei Ignatovich, Slobodan Simović, Sergei Politevich, Franck Dja Djedje (81 Adama Diomande), Nemanja Nikolić, Chigozie Udoji (74 Yaroslav Yarotski), Sergei Karpovich, Oleg Veretilo, Igor Stasevich, Sergei Kontsevoi, Nenad Adamović. Coach: Vladimir Zhuravel
PAOK FC: Panagiotis Glykos, Giannis Skondras, Giorgos Katsikas (28 Giorgos Tzavellas), Răzvan Raţ, Alexandros Tziolis, Facundo Pereyra, Dimitris Salpingidis (46 Eyal Golasa), Miguel Vítor, Ergys Kaçe, Fanis Tzandaris, Stefanos Athanasiadis (89 Dimitris Papadopoulos).
Coach: Angelos Anastasiadis
Yellow Card: Oleg Veretilo (77).
Goals: Stefanos Athanasiadis (82, 88)

EN AVANT DE GUINGAMP – ACF FIORENTINA FIRENZE 1-2 (1-2)
Roudourou, Guingamp    27.11.2014    Hour: 19:00
Referees: Aleksei Eskov, Dmitri Mosyakin, Valeri Danchenko (RUS)    Attendance: 5,519
GUINGAMP: Jonas Lössl, Lars Jacobsen, Baissama Sankoh, Moustapha Diallo, Claudio Beauvue, Jeremy Sorbon, Lionel Mathis, Sylvain Marveaux (90+1 Thibault Giresse), Jérémy Pied (78 Ronnie Schwartz), Sambou Yatabaré, Christophe Kerbrat. Coach: Jocelyn Gourvennec
FIORENTINA: Ciprian Tătăruşanu, Micah Richards, Milan Badelj (70 Marcos Alonso), Juan Vargas, Marko Marin (52 Stefan Savić), Alberto Aquilani, Jasmin Kurtič, José Maria Basanta, Elhadji Babacar, Andrea Lazzari (53 Juan Cuadrado), Nenad Tomović. Coach: Vincenzo Montella
Yellow Card: Alberto Aquilani (41), Elhadji Babacar (57), Stefan Savić (90+3).
Red Card: José Maria Basanta (44).
Goals: Claudio Beauvue (45 pen) / Marko Marin (6), Elhadji Babacar (13)


PAOK FC THESSALONIKI – EN AVANT DE GUINGAMP 1-2 (1-1)
Stadio Toumba, Thessaloniki    11.12.2014    Hour: 22:05
Referees: Kevin Blom, Patrick Langkamp, Bas van Dongen (NED)    Attendance: 12,101
PAOK FC: Panagiotis Glykos, Giannis Skondras, Giorgos Tzavellas, Răzvan Raț, Eyal Golasa (53 Maarten Martens), Facundo Pereyra (61 Dimitris Papadopoulos), Dimitris Salpingidis, Miguel Vítor, Ergys Kaçe (77 Hedwiges Maduro), Fanis Tzandaris, Stefanos Athanasiadis.
Coach: Angelos Anastasiadis
GUINGAMP: Jonas Lössl, Lars Jacobsen, Benjamin Angoua, Dorian Leveque, Younousse Sankharé, Claudio Beauvue, Christophe Mandanne (75 Christophe Kerbrat), Jeremy Sorbon, Lionel Mathis, Sambou Yatabaré (46 Jérémy Pied), Thibault Giresse (86 Laurent Dos Santos).
Coach: Jocelyn Gourvennec
Yellow Card: Stefanos Athanasiadis (6), Giorgos Tzavellas (38), Giannis Skondras (52) / Dorian Leveque (51).
Goals: Stefanos Athanasiadis (22 pen) / Claudio Beauvue (7, 83)


ACF FIORENTINA FIRENZE – FC DINAMO MINSK 1-2 (0-1)
Stadio Artemio Franchi, Firenze    11.12.2014    Hour: 21:05
Referees: Cristian Balaj, Sebastian Gheorghe, Ovidiu Artene (ROM)    Attendance: 7,562
FIORENTINA: Ciprian Tătăruşanu, Gonzalo Rodríguez (59 David Pizarro), Micah Richards, Milan Badelj, Juan Vargas, Marko Marin, Juan Cuadrado (24 Simone Minelli), Jasmin Kurtič, Andrea Lazzari, Mario Gomez (46 Josip Iličić), Nenad Tomović. Coach: Vincenzo Montella
DINAMO MINSK: Aleksandr Gutor, Igor Voronkov (78 Chigozie Udoji), Dmitri Molosh, Slobodan Simović, Sergei Politevich, Franck Dja Djedje (90+2 Sergei Karpovich), Nemanja Nikolić, Oleg Veretilo, Igor Stasevich, Sergei Kontsevoi, Nenad Adamović (69 Artem Bykov).
Coach: Vladimir Zhuravel
Yellow Card: Simone Minelli (75), Jasmin Kurtič (90+3) /
    Oleg Veretilo (12), Aleksandr Gutor (90+3).
Red Card: Oleg Veretilo (90+2).
Goals: Marko Marin (88) / Sergei Kontsevoi (39), Nemanja Nikolić (55)


| ACF Fiorentina Firenza | 6 | 4 | 1 | 1 | 11 | 4 | 13 |
|---|---|---|---|---|---|---|---|
| En Avant de Guingamp | 6 | 3 | 1 | 2 | 7 | 6 | 10 |
| PAOK FC Thessaloniki | 6 | 2 | 1 | 3 | 10 | 7 | 7 |
| FC Dinamo Minsk | 6 | 1 | 1 | 4 | 3 | 14 | 4 |

# GROUP L

FC METALIST KHARKIV – TRABZONSPOR 1-2 (0-1)
Arena Lviv, Lviv    18.09.2014    Hour: 22:05
Referees: Tom Harald Hagen, Dag-Roger Nebben, Jan Erik Engan (NOR)    Attendance: 6,854
METALIST: Olexandr Goryainov, Cristian Villagra, Marco Torsiglieri, Serhiy Bolbat (80 Artem Radchenko), Cleiton Xavier (90+3 Denys Kulakov), Volodymyr Homenyuk, Serhiy Pshenychnykh, Papa Gueye, Oleg Krasnopyorov, Jajá (82 Pavlo Rebenok), Vasyl Kobin. Coach: Igor Rakhaiev
TRABZONSPOR: Onur Kıvrak, Carl Medjani, Óscar Cardozo (58 Mustapha Yatabaré), Sefa Yilmaz, Kévin Constant, Essaid Belkalem, Majeed Waris (82 Yusuf Erdoğan), Avraam Papadopoulos, Salih Dursun (71 Mehmet Ekici), Zeki Yavru, Musa Nizam.
Coach: Vahid Halilhodžić
Yellow Card: Vasyl Kobin (88) / Kévin Constant (71), Avraam Papadopoulos (79).
Goals: Volodymyr Homenyuk (61) / Kévin Constant (25), Avraam Papadopoulos (90+4)

KP LEGIA WARSZAWA – KSC LOKEREN 1-0 (0-0)
Stadion Wojska Polskiego, Warszawa    18.09.2014    Hour: 21:05
Referees: Michael Oliver, Stuart Burt, Simon Bennett (ENG)    Attendance: 21,548
KP LEGIA WARSZAWA: Dušan Kuciak, Dossa Júnior, Tomasz Jodłowiec, Ondrej Duda (90+2 Marek Saganowski), Tomasz Brzyski, Michał Kucharczyk, Ivica Vrdoljak, Jakub Rzeźniczak, Łukasz Broź, Miroslav Radović, Michał Żyro. Coach: Henning Berg
KSC LOKEREN: Boubacar Barry, Alexander Scholz, Denis Odoi, Mijat Maric, Killian Overmeire, Koen Persoons, Mbaye Leye (73 Junior Dutra), Giorgos Galitsios, Jordan Remacle (65 Besart Abdurahimi), Hans Vanaken, Nill De Pauw (81 Ayanda Patosi). Coach: Rudi Cossey
Yellow Card: Łukasz Broź (64), Jakub Rzeźniczak (77), Michał Żyro (85) /
    Alexander Scholz (56), Hans Vanaken (79).
Goal: Miroslav Radović (58)

KSC LOKEREN – FC METALIST KHARKIV 1-0 (0-0)
Daknam, Lokeren    02.10.2014    Hour: 19:00
Referees: Stephan Studer, Sandro Pozzi, Jean-Yves Wicht (SUI)    Attendance: 4,638
KSC LOKEREN: Boubacar Barry, Alexander Scholz, Denis Odoi, Mijat Maric, Killian Overmeire, Koen Persoons, Mbaye Leye (71 Cyriel Dessers), Giorgos Galitsios, Besart Abdurahimi (79 Jordan Remacle), Hans Vanaken (88 Evariste Ngolock), Nill De Pauw. Coach: Peter Maes
METALIST: Vladimir Dišljenković, Cristian Villagra, Serhiy Bolbat (68 Denys Kulakov), Edmar, Cleiton Xavier, Volodymyr Homenyuk, Serhiy Pshenychnykh (85 Andriy Berezovchuk), Ayila Yussuf, Papa Gueye, Oleg Krasnopyorov, Vasyl Kobin (61 Artem Radchenko).
Coach: Igor Rakhaiev
Yellow Card: Hans Vanaken (84), Nill De Pauw (90) /
    Serhiy Pshenychnykh (24), Cristian Villagra (30), Edmar (84).
Goal: Nill De Pauw (74)

TRABZONSPOR – KP LEGIA WARSZAWA 0-1 (0-1)
Hüseyin Avni Aker Stadyumu, Trabzon    02.10.2014    Hour: 20:00
Referees: Viktor Kassai, György Ring, Vencel Tóth (HUN)    Attendance: 9,875
TRABZONSPOR: Onur Kıvrak (64 Fatih Öztürk), José Bosingwa, Mehmet Ekici (76 Mustapha Yatabaré), Carl Medjani, Óscar Cardozo, Kévin Constant, Essaid Belkalem, Majeed Waris, Avraam Papadopoulos, Fatih Atik (46 Sefa Yilmaz), Musa Nizam. Coach: Vahid Halilhodžić
KP LEGIA WARSZAWA: Dušan Kuciak, Dossa Júnior, Tomasz Jodłowiec, Ondrej Duda, Tomasz Brzyski, Michał Kucharczyk (90+5 Jakub Kosecki), Ivica Vrdoljak, Jakub Rzeźniczak, Łukasz Broź, Miroslav Radović (90+1 Marek Saganowski), Michał Żyro. Coach: Henning Berg
Yellow Card: Kévin Constant (45), A. Papadopoulos (74), Sefa Yilmaz (90+5) / Michał Żyro (25), Tomasz Brzyski (35), Michał Kucharczyk (43), Dossa Júnior (49), Ondrej Duda (80).
Red Card: Michał Żyro (88).
Goal: Michał Kucharczyk (16)

TRABZONSPOR – KSC LOKEREN 2-0 (0-0)
Hüseyin Avni Aker Stadyumu, Trabzon   23.10.2014   Hour: 20:00
Referees: Liran Liany, Danny Krasikow, David Elias Biton (ISR)   Attendance: 9,500
TRABZONSPOR: Fatih Öztürk, José Bosingwa, Mehmet Ekici (73 Salih Dursun), Carl Medjani, Óscar Cardozo (82 Sefa Yilmaz), Kévin Constant (88 Soner Aydoğdu), Essaid Belkalem, Majeed Waris, Avraam Papadopoulos, Zeki Yavru, Mustapha Yatabaré. Coach: Jacky Bonnevay
KSC LOKEREN: Boubacar Barry, Alexander Scholz, Denis Odoi, Mijat Maric, Killian Overmeire, Koen Persoons (76 Jordan Remacle), Mbaye Leye, Giorgos Galitsios (59 Grégory Mertens), Besart Abdurahimi (63 Junior Dutra), Hans Vanaken, Nill De Pauw. Coach: Peter Maes
Yellow Card: Salih Dursun (76), Majeed Waris (77) /
   Mijat Maric (3), Hans Vanaken (48), Grégory Mertens (81).
Goals: Mustapha Yatabaré (54), Kévin Constant (87)


FC METALIST KHARKIV – KP LEGIA WARSZAWA 0-1 (0-1)
Stadion Dynamo im. Valeriy Lobanovskiy, Kyiv   22.10.2014   Hour: 19:00
Referees: Gediminas Mažeika, Vytautas Šimkus, Saulius Dirda (LTU)   Attendance: 2,374
METALIST: Olexandr Goryainov, Cristian Villagra, Marco Torsiglieri, Serhiy Bolbat, Edmar, Volodymyr Homenyuk, Serhiy Pshenychnykh (61 Denys Kulakov), Chaco Torres, Ayila Yussuf (75 Andriy Berezovchuk), Oleg Krasnopyorov (57 Vasyl Kobin), Jajá. Coach: Igor Rakhaiev
KP LEGIA WARSZAWA: Dušan Kuciak, Tomasz Jodłowiec, Guilherme, Ondrej Duda, Iñaki Astiz, Michał Kucharczyk, Jakub Kosecki, Ivica Vrdoljak, Jakub Rzeźniczak, Łukasz Broź, Orlando Sá (81 Marek Saganowski). Coach: Henning Berg
Yellow Card: Serhiy Bolbat (36), Chaco Torres (36), Serhiy Pshenychnykh (59), Edmar (82) /
   Ondrej Duda (84).
Goal: Ondrej Duda (28)


KSC LOKEREN – TRABZONSPOR 1-1 (1-1)
Daknam, Lokeren   06.11.2014   Hour: 21:05
Referees: Gianluca Rocchi, Gianluca Cariolato, Alessandro Giallatini (ITA)   Attendance: 6,879
KSC LOKEREN: Boubacar Barry, Alexander Scholz, Denis Odoi, Mijat Maric, Killian Overmeire (53 Evariste Ngolock), Koen Persoons, Mbaye Leye, Ayanda Patosi, Giorgos Galitsios, Junior Dutra, Nill De Pauw (79 Besart Abdurahimi). Coach: Peter Maes
TRABZONSPOR: Fatih Öztürk, José Bosingwa, Mehmet Ekici (76 Salih Dursun), Carl Medjani, Kévin Constant, Essaid Belkalem, Majeed Waris, Avraam Papadopoulos, Fatih Atik (86 Sefa Yilmaz), Musa Nizam, Mustapha Yatabaré (90+3 Óscar Cardozo). Coach: Vahid Halilhodžić
Yellow Card: Junior Dutra (21), Denis Odoi (27) / Fatih Atik (14).
Goals: Ayanda Patosi (5) / Majeed Waris (45+2)


KP LEGIA WARSZAWA – FC METALIST KHARKIV 2-1 (1-1)
Stadion Wojska Polskiego, Warszawa   06.11.2014   Hour: 21:05
Referees: Eitan Shmuelevitz, Dvir Shimon, Oren Borneshtain (ISR)   Attendance: 25,809
KP LEGIA WARSZAWA: Dušan Kuciak, Tomasz Jodłowiec, Guilherme, Ondrej Duda, Marek Saganowski (75 Orlando Sá), Iñaki Astiz, Michał Kucharczyk (81 Jakub Kosecki), Ivica Vrdoljak, Jakub Rzeźniczak, Łukasz Broź, Michał Żyro. Coach: Henning Berg
METALIST: Vladimir Dišljenković, Cristian Villagra, Andriy Berezovchuk, Marco Torsiglieri, Cleiton Xavier, Chaco Torres (90+2 Volodymyr Homenyuk), Oleg Krasnopyorov (80 Edmar), Artem Radchenko (51 Denys Kulakov), Jajá, Vasyl Kobin, Pavlo Rebenok. Coach: Igor Rakhaiev
Yellow Card: Michał Kucharczyk (45+1), Orlando Sá (86), Jakub Rzeźniczak (90+1) /
   Cristian Villagra (14), Chaco Torres (62), Denys Kulakov (63), Edmar (86).
Goals: Marek Saganowski (29), Ondrej Duda (84) / Vasyl Kobin (22)

TRABZONSPOR – FC METALIST KHARKIV 3-1 (1-0)
Hüseyin Avni Aker Stadyumu, Trabzon    27.11.2014    Hour: 20:00
Referees: Mattias Gestranius, Jan-Peter Aravirta, Mikko Alakare (FIN)    Attendance: 6,250
TRABZONSPOR: Fatih Öztürk, José Bosingwa, Mehmet Ekici, Carl Medjani, Óscar Cardozo (59 Sefa Yilmaz), Soner Aydoğdu (59 Fatih Atik), Essaid Belkalem, Majeed Waris (88 Musa Nizam), Avraam Papadopoulos, Yusuf Erdoğan, Mustapha Yatabaré. Coach: Ersun Yanal
METALIST: Olexandr Goryainov, Cristian Villagra (84 Serhiy Bolbat), Marco Torsiglieri, Volodymyr Homenyuk, Serhiy Pshenychnykh, Papa Gueye, Oleg Krasnopyorov, Yuriy Tkachuk, Jajá, Vasyl Kobin (70 Denys Kulakov), Pavlo Rebenok (88 Olexandr Osman). Coach: I. Rakhaiev
Yellow Card: Carl Medjani (55), Essaid Belkalem (63), M. Yatabaré (90+4) / Denys Kulakov (73)
Red Card: Carl Medjani (77).
Goals: Essaid Belkalem (36), Mehmet Ekici (86), Olexandr Goryainov (90+5 og) /
    Volodymyr Homenyuk (68)

KSC LOKEREN – KP LEGIA WARSZAWA 1-0 (1-0)
Daknam, Lokeren    27.11.2014    Hour: 19:00
Referees: Michael Koukoulakis, Michael Karsiotis, Dimitris Tatsis (GRE)    Attendance: 6,526
KSC LOKEREN: Boubacar Barry, Alexander Scholz, Denis Odoi, Mijat Maric, Killian Overmeire, Koen Persoons, Ayanda Patosi (86 Jordan Remacle), Giorgos Galitsios, Junior Dutra (90 Cyriel Dessers), Hans Vanaken, Nill De Pauw (74 Mbaye Leye). Coach: Peter Maes
KP LEGIA WARSZAWA: Dušan Kuciak, Tomasz Jodłowiec, Guilherme, Ondrej Duda, Iñaki Astiz, Michał Kucharczyk, Jakub Kosecki (46 Michał Żyro), Ivica Vrdoljak, Jakub Rzeźniczak, Łukasz Broź, Orlando Sá (63 Marek Saganowski). Coach: Henning Berg
Yellow Card: Ayanda Patosi (84) /
    Guilherme (36), Jakub Rzeźniczak (52), Tomasz Jodłowiec (82).
Goal: Hans Vanaken (7)

FC METALIST KHARKIV – KSC LOKEREN 0-1 (0-1)
Arena Lviv, Lviv    11.12.2014    Hour: 22:05
Referees: Leontios Trattou, Michael Soteriou, Sotiris Viktoros (CYP)    Attendance: 1,386
METALIST: Olexandr Goryainov, Andriy Berezovchuk, Serhiy Bolbat, Volodymyr Homenyuk, Serhiy Pshenychnykh, Oleg Krasnopyorov, Yuriy Tkachuk, Olexandr Osman, Artem Radchenko (88 Serhiy Kostyuk), Vasyl Kobin, Pavlo Rebenok. Coach: Igor Rakhaiev
KSC LOKEREN: Boubacar Barry, Denis Odoi, Grégory Mertens, Mijat Maric, Killian Overmeire (80 Koen Persoons), Mbaye Leye, Jordan Remacle, Cyriel Dessers (78 Eugene Ansah), Alexander Corryn, Evariste Ngolock (90 Alexander Scholz), Nill De Pauw. Coach: Peter Maes
Yellow Card: Oleg Krasnopyorov (37) / Cyriel Dessers (18), Mijat Maric (47).
Goal: Mbaye Leye (16)

KP LEGIA WARSZAWA – TRABZONSPOR 2-0 (1-0)
Stadion Wojska Polskiego, Warszawa    11.12.2014    Hour: 21:05
Referees: Kenn Hansen, Lars Rix, David Vang Andersen (DEN)    Attendance: 200
KP LEGIA WARSZAWA: Dušan Kuciak, Tomasz Jodłowiec, Igor Lewczuk, Guilherme, Ondrej Duda, Iñaki Astiz, Michał Kucharczyk (86 Marek Saganowski), Ivica Vrdoljak, Łukasz Broź, Michał Żyro (34 Jakub Kosecki), Orlando Sá. Coach: Henning Berg
TRABZONSPOR: Fatih Öztürk, José Bosingwa, Aykut Demir, Mehmet Ekici, Óscar Cardozo, Sefa Yilmaz (86 İshak Doğan), Kévin Constant, Essaid Belkalem, Salih Dursun (46 Fatih Atik), Musa Nizam, Mustapha Yatabaré. Coach: Ersun Yanal
Yellow Card: Salih Dursun (13), Aykut Demir (49), Sefa Yilmaz (54), Kévin Constant (58), Mehmet Ekici (74).
Red Card: Mehmet Ekici (90+1).
Goals: Fatih Öztürk (22 og), Orlando Sá (56)

| KP Legia Warszawa | 6 | 5 | 0 | 1 | 7 | 2 | 15 |
| Trabzonspor | 6 | 3 | 1 | 2 | 8 | 6 | 10 |
| KSC Lokeren | 6 | 3 | 1 | 2 | 4 | 4 | 10 |
| FC Metalist Kharkiv | 6 | 0 | 0 | 6 | 3 | 10 | 0 |

# ROUND OF 32

BSC YOUNG BOYS BERN – EVERTON FC LIVERPOOL 1-4 (1-3)
Stade de Suisse, Berne    19.02.2015    Hour: 19:00
Referees: Manuel De Sousa, Bertino Miranda, Alvaro Mesquita (POR)    Attendance: 20,835
YOUNG BOYS: Yvon Mvogo, Florent Hadergjonaj, Milan Vilotić, Steve von Bergen, Jan Lecjaks, Renato Steffen (79 Tauljant Sulejmanov), Milan Gajić (70 Alexander Gerndt), Raphaël Nuzzolo, Yuya Kubo, Sekou Sanogo Junior (90 Leonardo Bertone), Guillaume Hoarau. Coach: Uli Forte
EVERTON: Tim Howard, Phil Jagielka, Bryan Oviedo (58 Luke Garbutt), Romelu Lukaku (85 Christian Atsu), Kevin Mirallas, Steven Naismith, James McCarthy (69 Antolin Alcaraz), Gareth Barry, Ross Barkley, Seamus Coleman, John Stones. Coach: Roberto Martínez
Yellow Card: Sekou Sanogo Junior (50), Florent Hadergjonaj (90) /
    Steven Naismith (36), Ross Barkley (50), Romelu Lukaku (79).
Red Card: John Stones (63).
Goals: Guillaume Hoarau (10) / Romelu Lukaku (24, 39, 58), Seamus Coleman (28)


EVERTON FC LIVERPOOL – BSC YOUNG BOYS BERN 3-1 (3-1)
Goodison Park, Liverpool    26.02.2015    Hour: 20:05
Referees: Stefan Johannesson, Fredrik Nilsson, Mehmet Culum (SWE)    Attendance: 25,058
EVERTON: Tim Howard, Darron Gibson, Phil Jagielka, Romelu Lukaku (49 Arouna Koné), Kevin Mirallas, Steven Naismith (80 Leon Osman), James McCarthy (61 Muhamed Bešić), Gareth Barry, Seamus Coleman, Luke Garbutt, Antolin Alcaraz. Coach: Roberto Martínez
YOUNG BOYS: Marco Wölfli, Milan Vilotić, Leonardo Bertone, Jan Lecjaks (57 Marco Bürki), Gonzalo Zárate, Alain Rochat, Scott Sutter, Raphaël Nuzzolo (68 Alexander Gerndt), Yuya Kubo (76 Samuel Afum), Sekou Sanogo Junior, Guillaume Hoarau. Coach: Uli Forte
Goals: Romelu Lukaku (25 pen, 30), Kevin Mirallas (42) / Sekou Sanogo Junior (13)


TORINO FC – ATHLETIC CLUB BILBAO 2-2 (2-1)
Stadio Olimpico, Torino    19.02.2015    Hour: 19:00    Attendance: 25,725
Referees: Michael Koukoulakis, Michael Karsiotis, Chrysoula Kourompylia (GRE)
TORINO: Daniele Padelli, Cristian Molinaro, Omar El Kaddouri (76 Alexander Farnerud), Maxi López (72 Amauri), Alessandro Gazzi, Josef Martínez (58 Fabio Quagliarella), Nikola Maksimović, Emiliano Moretti, Kamil Glik, Matteo Darmian, Marco Benassi.
Coach: Giampiero Ventura
ATHLETIC: Iago Herrerín, Jon Aurtenetxe (57 Andoni Iraola), Aymeric Laporte, Mikel San José, Beñat, Óscar de Marcos, Xabier Etxeita, Mikel Rico, Iker Muniain, Borja Viguera (57 Carlos Gurpegi), Iñaki Williams (72 Kike Sola). Coach: Ernesto Valverde
Yellow Card: Marco Benassi (71), Alexander Farnerud (90), Matteo Darmian (90+4) / Beñat (76).
Goals: Maxi López (18, 42) / Iñaki Williams (9), Carlos Gurpegi (73)


ATHLETIC CLUB BILBAO – TORINO FC 2-3 (1-2)
Estadio de San Mamés, Bilbao    26.02.2015    Hour: 21:05
Referees: Liran Liany, David Elias Biton, Oren Borneshtain (ISR)    Attendance: 44,180
ATHLETIC: Iago Herrerín, Aymeric Laporte, Mikel San José, Beñat (70 Markel Susaeta), Óscar de Marcos, Andoni Iraola, Xabier Etxeita, Mikel Rico (79 Unai Lopez), Carlos Gurpegi (42 Iñaki Williams), Iker Muniain, Aritz Aduriz. Coach: Ernesto Valverde
TORINO: Daniele Padelli, Cristian Molinaro, Omar El Kaddouri (83 Alexander Farnerud), Maxi López (73 Josef Martínez), Alessandro Gazzi, Nikola Maksimović, Giuseppe Vives, Emiliano Moretti, Kamil Glik, Fabio Quagliarella, Matteo Darmian. Coach: Giampiero Ventura
Yellow Card: Xabier Etxeita (28), Mikel Rico (45+2), Aritz Aduriz (70) /
    Maxi López (39), Alessandro Gazzi (48), Matteo Darmian (53), Josef Martínez (77).
Goals: Andoni Iraola (44), Óscar de Marcos (61) /
    Fabio Quagliarella (16 pen), Maxi López (45+2), Matteo Darmian (68)

SEVILLA FC − BORUSSIA MÖNCHENGLADBACH 1-0 (0-0)
Estadio Ramón Sánchez Pizjuán, Sevilla   19.02.2015   Hour: 21:05
Referees: Aleksandar Stavrev, Marjan Kirovski, Dejan Kostadinov (MKD)   Attendance: 26,850
SEVILLA: Sergio Rico, Fernando Navarro, Grzegorz Krychowiak, Daniel Carriço, Carlos Bacca, José Antonio Reyes (55 Diogo Figueiras), Vicente Iborra, Éver Banega (88 Denis Suárez), Vitolo, Nicolas Pareja, Aleix Vidal (90+2 Gerard Deulofeu). Coach: Unai Emery
BORUSSIA: Yann Sommer, Raffael (79 Max Kruse), Álvaro Domínguez, Oscar Wendt, Fabian Johnson, Christoph Kramer, Tony Jantschke, Thorgan Hazard, Branimir Hrgota (69 Patrick Herrmann), Granit Xhaka, Martin Stranzl. Coach: Lucien Favre
Yellow Card: Vitolo (30), Daniel Carriço (75) /
    Tony Jantschke (8), Granit Xhaka (14), Martin Stranzl (43), Christoph Kramer (65).
Goal: Vicente Iborra (70)



BORUSSIA MÖNCHENGLADBACH − SEVILLA FC 2-3 (2-2)
Borussia-Park, Mönchengladbach   26.02.2015   Hour: 19:00
Referees: Marijo Strahonja, Siniša Premužaj, Igor Krmar (CRO)   Attendance: 45,337
BORUSSIA: Yann Sommer, Patrick Herrmann (72 Ibrahima Traoré), Max Kruse, Raffael, Álvaro Domínguez (77 Branimir Hrgota), Oscar Wendt, Christoph Kramer, Tony Jantschke (78 Fabian Johnson), Thorgan Hazard, Granit Xhaka, Martin Stranzl. Coach: Lucien Favre
SEVILLA: Sergio Rico, Benoît Trémoulinas (82 Fernando Navarro), Grzegorz Krychowiak, Diogo Figueiras, Daniel Carriço, Carlos Bacca (77 Kevin Gameiro), Vicente Iborra, Timothée Kolodziejczak, Éver Banega (65 Stéphane Mbia), Vitolo, Aleix Vidal. Coach: Unai Emery
Yellow Card: G. Xhaka (32), Thorgan Hazard (54), Christoph Kramer (68) / Vicente Iborra (30), Sergio Rico (45), Carlos Bacca (45+2), Aleix Vidal (66), Kevin Gameiro (90+2).
Red Card: Granit Xhaka (69).
Goals: Franit Xhaka (19), Thorgan Hazard (29) / Carlos Bacca (8), Vitolo (26, 79)



VfL WOLFSBURG − SPORTING CLUBE de PORTUGAL LISBOA 2-0 (0-0)
VfL Wolfsburg Arena, Wolfsburg   19.02.2015   Hour: 19:00
Referees: Alon Yefet, Nissan Davidy, Amihay Yehoshua Mozes (ISR)   Attendance: 19,207
WOLFSBURG: Diego Benaglio, Vieirinha (89 Marcel Schäfer), Aaron Hunt (41 Maximilian Arnold), Bas Dost, Kevin De Bruyne, Christian Träsch, André Schürrle (79 Daniel Caligiuri), Sebastian Jung, Naldo, Robin Knoche, Ricardo Rodriguez. Coach: Dieter Hecking
SPORTING: Rui Patrício, Jefferson, Fredy Montero (80 André Martins), João Mário, André Carrillo (70 Carlos Mané), Adrien Silva, Oriol Rosell (80 Junya Tanaka), Paulo Oliveira, Cédric, Tobias Figueiredo, Nani. Coach: Marco Silva
Yellow Card: Maximilian Arnold (51) / Oriol Rosell (13), André Carrillo (48).
Goals: Bas Dost (46, 63)



SPORTING CLUBE de PORTUGAL LISBOA − VfL WOLFSBURG 0-0
José Alvalade, Lisboa   26.02.2015   Hour: 20:05
Referees: Ruddy Buquet, Guillaume Debart, Cyril Gringore (FRA)   Attendance: 23,097
SPORTING: Rui Patrício, William Carvalho, João Mário, André Carrillo (77 Fredy Montero), Junya Tanaka (77 Carlos Mané), Adrien Silva (64 Islam Slimani), Paulo Oliveira, Jonathan Silva, Cédric, Tobias Figueiredo, Nani. Coach: Marco Silva
WOLFSBURG: Diego Benaglio, Vieirinha (76 Marcel Schäfer), Bas Dost, Kevin De Bruyne (90+1 Maximilian Arnold, Christian Träsch, André Schürrle (61 Daniel Caligiuri), Luiz Gustavo, Josuha Guilavogui, Naldo, Robin Knoche, Ricardo Rodriguez. Coach: Dieter Hecking
Yellow Card: Paulo Oliveira (21) / Naldo (81), Daniel Caligiuri (85).

AFC AJAX AMSTERDAM – KP LEGIA WARSZAWA 1-0 (1-0)
Amsterdam ArenA, Amsterdam    19.02.2015    Hour: 21:05
Referees: Jonas Eriksson, Mathias Klasenius, Daniel Wärnmark (SWE)    Attendance: 46,761
AJAX AMSTERDAM: Jasper Cillessen, Ricardo van Rhijn, Nicolai Boilesen, Mike van der Hoorn, Davy Klaassen (82 Daley Sinkgraven), Ricardo Kishna (74 Lasse Schöne), Arkadiusz Milik, Anwar El Ghazi, Thulani Serero (71 Jairo Riedewald), Nick Viergever, Riechedly Bazoer.
Coach: Frank de Boer
KP LEGIA WARSZAWA: Dušan Kuciak, Dossa Júnior, Tomasz Jodłowiec, Guilherme, Michał Masłowski, Michał Kucharczyk, Ivica Vrdoljak, Jakub Rzeźniczak, Łukasz Broź, Michał Żyro, Orlando Sá. Coach: Henning Berg
Yellow Card: Riechedly Bazoer (45) / Tomasz Jodłowiec (36), Ivica Vrdoljak (90+1).
Goal: Arkadiusz Milik (35)

KP LEGIA WARSZAWA – AFC AJAX AMSTERDAM 0-3 (0-3)
Stadion Wojska Polskiego, Warszawa    26.02.2015    Hour: 19:00
Referees: David Fernández Borbalán, Raúl Cabanero, Roberto Alonso (ESP)    Attendance: 20
KP LEGIA WARSZAWA: Dušan Kuciak, Dossa Júnior, Tomasz Jodłowiec, Guilherme, Michał Masłowski (72 Hélio Pinto), Michał Kucharczyk, Ivica Vrdoljak, Jakub Rzeźniczak, Łukasz Broź, Michał Żyro (60 Marek Saganowski), Orlando Sá (60 Jakub Kosecki). Coach: Henning Berg
AJAX AMSTERDAM: Jasper Cillessen, Ricardo van Rhijn, Joël Veltman (72 Mike van der Hoorn), Nicolai Boilesen, Davy Klaassen (46 Daley Sinkgraven), Ricardo Kishna (79 Lucas Andersen), Arkadiusz Milik, Anwar El Ghazi, Thulani Serero, Nick Viergever, Riechedly Bazoer.
Coach: Frank de Boer
Yellow Card: Ivica Vrdoljak (18), Guilherme (21), Orlando Sá (24), Michał Żyro (39), Jakub Rzeźniczak (63).
Goals: Arkadiusz Milik (11, 43), Nick Viergever (13)

AaB FODBOLD AALBORG – CLUB BRUGGE KV 1-3 (0-2)
Nordjyske Arena, Aalborg    19.02.2015    Hour: 19:00
Referees: Tom Harald Hagen, Dag-Roger Nebben, Jan Erik Engan (NOR)    Attendance: 8,102
AaB FODBOLD AALBORG: Nicolai Larsen, Kenneth Emil Petersen, Rasmus Würtz, Nicklas Helenius, Anders Jacobsen (62 Thomas Enevoldsen), Henrik Dalsgaard, Nicolaj Thomsen, Frederik Børsting (80 Patrick Kristensen), Rasmus Thelander, Andreas Bruhn (46 Thomas Augustinussen), Jakob Blåbjerg. Coach: Kent Nielsen
CLUB BRUGGE KV: Matthew Ryan, Davy de Fauw, Timmy Simons, Oscar Duarte, Lior Refaelov (80 Tom De Sutter), Felipe Gedoz (57 Francisco Silva), Thomas Meunier, Ruud Vormer, Brandon Mechele, Obbi Oularé (68 Víctor Vázquez), Boli Bolingoli-Mbombo.
Coach: Michel Preud'homme
Yellow Card: Henrik Dalsgaard (3) / Francisco Silva (75).
Goals: Nicklas Helenius (71 pen) /
    Obbi Oularé (25), Lior Refaelov (29), Kenneth Emil Petersen (61 og)

CLUB BRUGGE KV – AaB FODBOLD AALBORG 3-0 (1-0)
Jan Breydelstadion, Brugge    26.02.2015    Hour: 21:05    Attendance: 11,804
Referees: Tasos Sidiropoulos, Damianos Efthimiadis, Polychronis Kostaras (GRE)
CLUB BRUGGE KV: Matthew Ryan, Davy de Fauw, Timmy Simons, Oscar Duarte, Víctor Vázquez (75 Francisco Silva), Lior Refaelov, Thomas Meunier (78 Laurens De Bock), Ruud Vormer, Brandon Mechele, Obbi Oularé (75 Tuur Dierckx), Boli Bolingoli-Mbombo.
Coach: Michel Preud'homme
AaB FODBOLD AALBORG: Nicolai Larsen, Patrick Kristensen, Kenneth Emil Petersen, Thomas Enevoldsen (63 Anders Jacobsen), Rasmus Würtz (58 Thomas Augustinussen), Nicklas Helenius, Henrik Dalsgaard (70 Mathias Thrane), Kasper Risgård, Nicolaj Thomsen, Rasmus Thelander, Andreas Bruhn. Coach: Kent Nielsen
Yellow Card: Tuur Dierckx (90+1) /
    Kasper Risgård (48), Rasmus Würtz (54), Thomas Augustinussen (83).
Goals: Víctor Vázquez (11), Obbi Oularé (64), Boli Bolingoli-Mbombo (74)

RSC ANDERLECHT BRUSSELS – FC DINAMO MOSKVA 0-0
Constant Vanden Stock Stadium, Brussel     19.02.2015     Hour: 21:05
Referees: Felix Zwayer, Thorsten Schiffner, Marco Achmüller (GER)     Attendance: 17,317
RSC ANDERLECHT BRUSSELS: Silvio Proto, Fabrice N'Sakala, Olivier Deschacht, Andy Najar, Rolando, Steven Defour (67 Maxime Colin), Frank Acheampong (86 Nathan Kabasele), Youri Tielemans, Leander Dendoncker, Anthony Vanden Borre (83 Aaron Leya Iseka), Aleksandar Mitrović. Coach: Besnik Hasi
DINAMO: Vladimir Gabulov, Alexander Büttner, Christopher Samba, William Vainqueur, Balázs Dzsudzsák (69 Yuri Zhirkov), Artur Yusupov, Aleksandr Kokorin, Mathieu Valbuena (80 Aleksei Ionov), Tomáš Hubočan, Kevin Kuranyi (51 Igor Denisov), Aleksei Kozlov. Coach: S. Cherchesov
Yellow Card: Anthony Vanden Borre (73) /
         Igor Denisov (54), Artur Yusupov (56), Alexander Büttner (58), Aleksei Kozlov (69).
Red Card: Alexander Büttner (75).

FC DINAMO MOSKVA – RSC ANDERLECHT BRUSSELS 3-1 (0-1)
Arena Khimki, Khimki     26.02.2015     Hour: 20:00
Referees: Svein Oddvar Moen, Kim Thomas Haglund, Frank Andås (NOR)     Attendance: 12,316
DINAMO: Vladimir Gabulov, Christopher Samba, William Vainqueur, Balázs Dzsudzsák (68 Aleksei Ionov), Artur Yusupov, Aleksandr Kokorin, Mathieu Valbuena (84 Kevin Kuranyi), Tomáš Hubočan, Yuri Zhirkov, Aleksei Kozlov (53 Douglas), Igor Denisov. Coach: Stanislav Cherchesov
RSC ANDERLECHT: Silvio Proto, Fabrice N'Sakala, Olivier Deschacht, Rolando, Steven Defour, Frank Acheampong, Ibrahima Conté (81 Cyriac), Youri Tielemans (71 Andy Najar), Leander Dendoncker (81 Aaron Leya Iseka), Anthony Vanden Borre, Aleksandar Mitrović. Coach: B. Hasi
Yellow Card: Mathieu Valbuena (75), Tomáš Hubočan (77), Artur Yusupov (81) /
         Olivier Deschacht (5).
Goals: Aleksei Kozlov (47), Artur Yusupov (64), Kevin Kuranyi (90+5) / Aleksandar Mitrović (29)

FC DNIPRO DNIPROPETROVSK – OLYMPIACOS FC PIRAEUS 2-0 (0-0)
NSK Olimpiyskyi, Kyiv     19.02.2015     Hour: 20:00
Referees: Robert Schörgenhofer, Matthias Winsauer, Roland Brandner (AUS)     Attendance: 5,837
FC DNIPRO: Denys Boyko, Egídio, Jaba Kankava, Yevhen Konoplyanka, Yevhen Cheberyachko, Roman Zozulya (70 Valeriy Fedorchuk), Roman Bezus (46 Nikola Kalinić), Douglas, Valeriy Luchkevych, Ruslan Rotan, Matheus (89 Bruno Gama). Coach: Myron Markevych
OLYMPIACOS: Roberto, Giannis Maniatis, Ibrahim Afellay, Kostas Mitroglou, Alejandro Domínguez (57 Luka Milivojević), Pajtim Kasami, Omar Elabdellaoui, Dimitris Siovas, Arthur Masuaku, Felipe Santana (57 Kostas Fortounis), Mathieu Dossevi (71 Jimmy Durmaz).
Coach: Vítor Pereira
Yellow Card: Roman Bezus (28), Jaba Kankava (57), Yevhen Konoplyanka (61), Valeriy Fedorchuk (90+2) / Felipe Santana (56), Ibrahim Afellay (78), Luka Milivojević (80), Giannis Maniatis (90+4).
Goals: Jaba Kankava (50), Ruslan Rotan (54)

OLYMPIACOS FC PIRAEUS – FC DNIPRO DNIPROPETROVSK 2-2 (1-1)
Stadio Georgios Karaiskakis, Piraeus     26.02.2015     Hour: 22:05
Referees: Danny Makkelie, Patrick Langkamp, Mario Diks (NED)     Attendance: 24,854
OLYMPIACOS: Roberto, Luka Milivojević, Ibrahim Afellay (65 Kostas Fortounis), Kostas Mitroglou, Jimmy Durmaz (65 Mathieu Dossevi), Alejandro Domínguez, Pajtim Kasami, Omar Elabdellaoui, Dimitris Siovas, Arthur Masuaku, Felipe Santana. Coach: Vítor Pereira
FC DNIPRO: Denys Boyko, Egídio, Jaba Kankava, Yevhen Konoplyanka, Yevhen Cheberyachko, Roman Zozulya (62 Nikola Kalinić), Douglas, Valeriy Fedorchuk (84 Roman Bezus), Ruslan Rotan, Artem Fedetskiy, Matheus (76 Bruno Gama). Coach: Myron Markevych
Yellow Card: Jimmy Durmaz (33), Ibrahim Afellay (53), Omar Elabdellaoui (54) /
         Jaba Kankava (43), Valeriy Fedorchuk (50), Matheus (55), Artem Fedetskiy (89).
Red Card: Luka Milivojević (51).
Goals: Kostas Mitroglou (14), Alejandro Domínguez (90 pen) /
         Artem Fedetskiy (22), Nikola Kalinić (90+2)

TRABZONSPOR – SSC NAPOLI 0-4 (0-3)
Hüseyin Avni Aker Stadyumu, Trabzon    19.02.2015    Hour: 20:00
Referees: Vladislav Bezborodov, Nikolai Golubev, Maksim Gavrilin (RUS)    Attendance: 21,096
TRABZONSPOR: Hakan Arıkan, José Bosingwa, Aykut Demir, Carl Medjani, Óscar Cardozo, Soner Aydoğdu (85 Zeki Yavru), Sefa Yilmaz, Özer Hurmacı (90+2 Salih Dursun), Fatih Atik (90+2 Musa Nizam), İshak Doğan, Erkan Zengin. Coach: Ersun Yanal
SSC NAPOLI: Mariano Andújar, Henrique, Jonathan De Guzmán (70 José Callejón), Gonzalo Higuaín (80 Duván Zapata), Dries Mertens, Manolo Gabbiadini, Kalidou Koulibaly, Faouzi Ghoulam, Raúl Albiol, Walter Gargano (46 David López), Gökhan Inler. Coach: Rafael Benítez
Yellow Card: Fatih Atik (36), Aykut Demir (40) / Gökhan Inler (64).
Goals: Henrique (6), Gonzalo Higuaín (20), Manolo Gabbiadini (27), Duván Zapata (90+2)


SSC NAPOLI – TRABZONSPOR 1-0 (1-0)
Stadio San Paolo, Napoli    26.02.2015    Hour: 21:05
Referees: Ivan Bebek, Tomislav Petrović, Miro Grgić (CRO)    Attendance: 14,410
SSC NAPOLI: Rafael Cabral, Henrique, Miguel Britos, Jonathan De Guzmán (69 Manolo Gabbiadini), José Callejón (77 Marek Hamšík), Jorginho, Gonzalo Higuaín, Dries Mertens, Giandomenico Mesto, Faouzi Ghoulam, Gökhan Inler. Coach: Rafael Benítez
TRABZONSPOR: Hakan Arıkan, José Bosingwa, Aykut Demir, Mehmet Ekici, Carl Medjani, Óscar Cardozo, Özer Hurmacı, Salih Dursun (88 Zeki Yavru), Fatih Atik (77 Soner Aydoğdu), İshak Doğan, Erkan Zengin (84 Sefa Yilmaz). Coach: Ersun Yanal
Yellow Card: Mehmet Ekici (41), Hakan Arıkan (57), Özer Hurmacı (82).
Goal: Jonathan De Guzmán (19)


EN AVANT DE GUINGAMP – FC DYNAMO KYIV 2-1 (0-1)
Roudourou, Guingamp    19.02.2015    Hour: 21:05
Referees: Slavko Vinčić, Jure Praprotnik, Tomaž Klančnik (SVN)    Attendance: 16,191
GUINGAMP: Jonas Lössl, Lars Jacobsen, Dorian Leveque, Younousse Sankharé, Claudio Beauvue, Christophe Mandanne (46 Sylvain Marveaux), Jeremy Sorbon, Lionel Mathis (73 Moustapha Diallo), Jérémy Pied, Sambou Yatabaré (68 Thibault Giresse), Christophe Kerbrat. Coach: Jocelyn Gourvennec
FC DYNAMO KYIV: Olexandr Shovkovskiy, Danilo Silva, Miguel Veloso, Antunes, Aleksandar Dragovic, Jeremain Lens (7 Oleh Gusev, 76 Yevhen Khacheridi), Andriy Yarmolenko, Serhiy Sydorchuk (41 Younes Belhanda), Serhiy Rybalka, Artem Kravets, Domagoj Vida.
Coach: Serhiy Rebrov
Yellow Card: Christophe Mandanne (16), Younousse Sankharé (34), Dorian Leveque (66) /
        Serhiy Sydorchuk (21), Serhiy Rybalka (45), Oleh Gusev (45+2), Domagoj Vida (88).
Red Card: Andriy Yarmolenko (39), Younes Belhanda (45).
Goals: Claudio Beauvue (72), Moustapha Diallo (75) / Miguel Veloso (19)


FC DYNAMO KYIV – EN AVANT DE GUINGAMP 3-1 (1-0)
NSK Olimpiyskyi, Kyiv    26.02.2015    Hour: 20:00
Referees: Martin Strömbergsson, Daniel Gustavsson, Joakim Flink (SWE)    Attendance: 54,308
DYNAMO: Olexandr Shovkovskiy, Danilo Silva, Miguel Veloso (9 Lukasz Teodorczyk), Antunes, Aleksandar Dragovic, Jeremain Lens, Serhiy Rybalka, Oleh Gusev (90+2 Vladyslav Kalitvintsev), Artem Kravets, Domagoj Vida, Vitaliy Buyalskiy (72 Yevhen Chumak). Coach: Serhiy Rebrov
GUINGAMP: Jonas Lössl, Lars Jacobsen, Benjamin Angoua, Dorian Leveque, Younousse Sankharé, Claudio Beauvue, Christophe Mandanne, Jeremy Sorbon, Lionel Mathis (61 Moustapha Diallo), Jérémy Pied, Thibault Giresse (77 Sambou Yatabaré). Coach: Jocelyn Gourvennec
Yellow Card: Serhiy Rybalka (1), Vitaliy Buyalskiy (47), Jeremain Lens (89) / Lionel Mathis (8).
Goals: Lukasz Teodorczyk (31), Vitaliy Buyalskiy (46), Oleh Gusev (75 pen) /
        Christophe Mandanne (66)

VILLARREAL CF – FC RED BULL SALZBURG 2-1 (1-0)
Estadio El Madrigal, Villarreal   19.02.2015   Hour: 21:05
Referees: Bobby Madden, Alastair Mather, Douglas Ross (SCO)   Attendance: 12,532
VILLARREAL: Sergio Asenjo, Mario Gaspar, Tomás Pina, Mateo Musacchio, Jonathan dos Santos (67 Joel Campbell), Luciano Vietto, Ikechukwu Uche (70 Giovani dos Santos), Manu Trigueros, Víctor Ruiz, Denis Cheryshev, Jaume Costa. Coach: Marcelino
SALZBURG: Péter Gulácsi, André Ramalho, Christian Schwegler, Marcel Sabitzer, Marco Djuricin (76 Valon Berisha), Stefan Ilsanker, Andreas Ulmer, Christoph Leitgeb (64 Naby Keïta), Jonathan Soriano, Martin Hinteregger, Massimo Bruno (64 Felipe Pires). Coach: Adi Hütter
Yellow Card: Tomás Pina (38), Joel Campbell (85), Jaume Costa (90+3) /
   Stefan Ilsanker (18), Christian Schwegler (53), André Ramalho (75).
Goals: Ikechukwu Uche (32), Denis Cheryshev (54) / Jonathan Soriano (48 pen)


FC RED BULL SALZBURG – VILLARREAL CF 1-3 (1-1)
Stadion Salzburg, Salzburg   26.02.2015   Hour: 19:00
Referees: Kenn Hansen, Henrik Larsen, Lars Rix (DEN)   Attendance: 26,020
SALZBURG: Péter Gulácsi, André Ramalho, Christian Schwegler, Marcel Sabitzer, Naby Keïta, Marco Djuricin (84 Valon Berisha), Andreas Ulmer, Takumi Minamino (46 Felipe Pires), Jonathan Soriano, Martin Hinteregger, Konrad Laimer (70 Massimo Bruno). Coach: Adi Hütter
VILLARREAL: Sergio Asenjo, Mario Gaspar, Tomás Pina (86 Joel Campbell), Mateo Musacchio, Jonathan dos Santos, Luciano Vietto (81 Moi Gómez), Ikechukwu Uche (68 Giovani dos Santos), Manu Trigueros, Víctor Ruiz, Denis Cheryshev, Jaume Costa. Coach: Marcelino
Yellow Card: Martin Hinteregger (49), Christian Schwegler (66) /
   Mateo Musacchio (33), Tomás Pina (34), Manu Trigueros (56), Jonathan dos Santos (85)
Goals: Marco Djuricin (18) / Luciano Vietto (33, 76), Giovani Dos Santos (79)


AS ROMA – FEYENOORD ROTTERDAM 1-1 (1-0)
Stadio Olimpico, Roma   19.02.2015   Hour: 19:00
Referees: Ovidiu Hațegan, Octavian Șovre, Sebastian Gheorghe (ROM)   Attendance: 29,292
AS ROMA: Łukasz Skorupski, Mapou Yanga-Mbiwa, Radja Nainggolan, Francesco Totti (65 Seydou Keita), Miralem Pjanić, Daniele De Rossi (65 Seydou Doumbia), José Holebas, Gervinho, Vasilis Torosidis, Kostas Manolas, Daniele Verde (75 Alessandro Florenzi). Coach: Rudi Garcia
FEYENOORD: Kenneth Vermeer, Luke Wilkshire (30 Rick Karsdorp), Terence Kongolo, Jordy Clasie, Karim El Ahmadi, Lex Immers, Colin Kazım Richards, Miguel Nelom, Tonny Trindade de Vilhena, Khalid Boulahrouz, Jens Toornstra. Coach: Fred Rutten
Yellow Card: José Holebas (72), Seydou Keita (72), Mapou Yanga-Mbiwa (86) /
   Luke Wilkshire (17), Lex Immers (56), Jordy Clasie (82).
Goals: Gervinho (22) / Colin Kazım-Richards (55)


FEYENOORD ROTTERDAM – AS ROMA 1-2 (0-1)
Feijenoord Stadion, Rotterdam   26.02.2015   Hour: 21:05
Referees: Clément Turpin, Frédéric Cano, Nicolas Danos (FRA)   Attendance: 45,000
FEYENOORD: Kenneth Vermeer, Terence Kongolo, Jordy Clasie, Karim El Ahmadi, Colin Kazım Richards (30 Mitchell Te Vrede), Miguel Nelom, Tonny Trindade de Vilhena (83 Anass Achahbar), Sven Van Beek, Khalid Boulahrouz (54 Elvis Manu), Rick Karsdorp, Jens Toornstra.
Coach: Fred Rutten
AS ROMA: Łukasz Skorupski, Mapou Yanga-Mbiwa, Adem Ljajić (74 Radja Nainggolan), Francesco Totti (80 Leandro Paredes), Miralem Pjanić (74 Juan Manuel Iturbe), Daniele De Rossi, Seydou Keita, José Holebas, Gervinho, Vasilis Torosidis, Kostas Manolas. Coach: Rudi Garcia
Yellow Card: Khalid Boulahrouz (17), Jordy Clasie (41) /
   Vasilis Torosidis (31), Miralem Pjanić (45+3), Leandro Paredes (88).
Red Card: Mitchell Te Vrede (54), Erwin Mulder (57).
Goals: Elvis Manu (57) / Adem Ljajić (45+2), Gervinho (60)

PSV EINDHOVEN − FC ZENIT SAINT PETERSBURG 0-1 (0-0)
PSV Stadion, Eindhoven    19.02.2015    Hour: 19:00
Referees: Paolo Tagliavento, Mauro Tonolini, Alessandro Costanzo (ITA)    Attendance: 21,000
PSV: Jeroen Zoet, Nicolas Isimat-Mirin, Santiago Arias (74 Jürgen Locadia), Jeffrey Bruma, Memphis Depay, Luuk de Jong, Georginio Wijnaldum, Luciano Narsingh (74 Joshua Brenet), Jetro Willems, Andrés Guardado, Oscar Hiljemark (86 Adam Maher). Coach: Phillip Cocu
FC ZENIT SAINT PETERSBURG: Yuri Lodygin, Domenico Criscito, Hulk (90+2 Andrey Arshavin), Luís Neto, Oleg Shatov, Igor Smolnikov, Javi García, José Rondón (76 Aleksandr Ryazantsev), Ezequiel Garay, Axel Witsel (86 Anatoliy Tymoshchuk), Danny. Coach: André Villas-Boas
Yellow Card: Memphis Depay (85) /
    Igor Smolnikov (32), Aleksandr Ryazantsev (84), Ezequiel Garay (85), Danny (90).
Goal: Hulk (64)


FC ZENIT SAINT PETERSBURG − PSV EINDHOVEN 3-0 (1-0)
Stadion Petrovski, St. Petersburg    26.02.2015    Hour: 20:00
Referees: Cüneyt Çakır, Bahattin Duran, Tarik Ongun (TUR)    Attendance: 17,194
FC ZENIT SAINT PETERSBURG: Yuri Lodygin, Aleksandr Anyukov, Hulk (85 Pavel Mogilevets), Luís Neto, Oleg Shatov, Igor Smolnikov, Javi García, José Rondón, Ezequiel Garay, Axel Witsel (72 Anatoliy Tymoshchuk), Danny (81 Aleksandr Ryazantsev). Coach: Luis Martins
PSV: Jeroen Zoet, Nicolas Isimat-Mirin, Jeffrey Bruma, Adam Maher, Memphis Depay, Luuk de Jong, Georginio Wijnaldum, Luciano Narsingh (63 Jürgen Locadia), Jetro Willems, Andrés Guardado (80 Jorrit Hendrix), Joshua Brenet (69 Abel Tamata). Coach: Phillip Cocu
Yellow Card: Oleg Shatov (70) /
    Joshua Brenet (19), Andrés Guardado (36), Georginio Wijnaldum (45+1).
Goals: José Rondón (28, 67), Hulk (48)


LIVERPOOL FC − BEŞIKTAŞ JK ISTANBUL 1-0 (0-0)
Anfield, Liverpool    19.02.2015    Hour: 20:05
Referees: Szymon Marciniak, Paweł Sokolnicki, Tomasz Listkiewicz (POL)    Attendance: 43,353
LIVERPOOL FC: Simon Mignolet, Coutinho (63 Dejan Lovren), Jordan Henderson, Daniel Sturridge, Mamadou Sakho, Alberto Moreno, Adam Lallana (77 Raheem Sterling), Emre Can, Joe Allen (63 Mario Balotelli), Jordon Ibe, Martin Škrtel. Coach: Brendan Rodgers
BEŞIKTAŞ JK: Cenk Gönen, Serdar Kurtuluş, José Sosa (60 Oğuzhan Özyakup), Gökhan Töre, Veli Kavlak, Demba Ba, Olcay Şahan (72 Kerim Frei), Atiba Hutchinson, Pedro Franco, Ersan Gülüm, Ramon Motta. Coach: Slaven Bilić
Yellow Card: Dejan Lovren (69) /
    Ersan Gülüm (44), Serdar Kurtuluş (77), Ramon Motta (84), Pedro Franco (90+3).
Goal: Mario Balotelli (85 pen)


BEŞIKTAŞ JK ISTANBUL − LIVERPOOL FC 1-0 (0-0)    (AET)    5-4 penalties
Atatürk Olimpiyat Stadium, Istanbul    26.02.2015    Hour: 20:00
Referees: Damir Skomina, Jure Praprotnik, Robert Vukan (SVN)    Attendance: 63,324
BEŞIKTAŞ JK: Cenk Gönen, Serdar Kurtuluş, José Sosa (61 Tolgay Arslan), Gökhan Töre, Veli Kavlak, Demba Ba, Olcay Şahan (106 Kerim Frei), Atiba Hutchinson, Pedro Franco, Necip Uysal, Daniel Opare. Coach: Slaven Bilić
LIVERPOOL FC: Simon Mignolet, Kolo Touré, Dejan Lovren, Daniel Sturridge (106 Rickie Lambert), Alberto Moreno, Emre Can, Joe Allen, Raheem Sterling, Jordon Ibe (76 Javi Manquillo), Martin Škrtel, Mario Balotelli (82 Adam Lallana). Coach: Brendan Rodgers
Yellow Card: Mario Balotelli (11), Emre Can (104).
Goal: Tolgay Arslan (72)
Penalties: 1-0 Ba, 1-1 Lambert, 2-1 Töre, 2-2 Lallana, 3-2 Kavlak, 3-3 Can, 4-3 Hutchinson, 4-4 Allen, 5-4 Arslan, Lovren

TOTTENHAM HOTSPUR FC LONDON – ACF FIORENTINA FIRENZE 1-1 (1-1)
White Hart Lane, London    19.02.2015    Hour: 20:05
Referees: Carlos Velasco Carballo, Roberto Alonso, Juan Yuste (ESP)    Attendance: 34,235
TOTTENHAM: Hugo Lloris, Kyle Walker, Jan Vertonghen, Paulinho (84 Ryan Mason), Roberto Soldado, Andros Townsend (73 Erik Lamela), Federico Fazio, Nacer Chadli (66 Harry Kane), Christian Eriksen, Ben Davies, Nabil Bentaleb. Coach: Mauricio Pochettino
FIORENTINA: Ciprian Tătăruşanu, Gonzalo Rodríguez, David Pizarro, Matías Fernández, Stefan Savić, Joaquín, José Maria Basanta, Borja Valero (78 Milan Badelj), Manuel Pasqual (66 Marcos Alonso), Mario Gomez (85 Josip Iličić), Mohamed Salah. Coach: Vincenzo Montella
Yellow Card: Roberto Soldado (36) / Gonzalo Rodríguez (5), Stefan Savić (51).
Goals: Roberto Soldado (6) / José Maria Basanta (36)


ACF FIORENTINA FIRENZE – TOTTENHAM HOTSPUR FC LONDON 2-0 (0-0)
Stadio Artemio Franchi, Firenze    26.02.2015    Hour: 19:00
Referees: Hüseyin Göçek, Mustafa Eyisoy, Orkun Aktaş (TUR)    Attendance: 29,886
FIORENTINA: Neto, Micah Richards, Milan Badelj, David Pizarro, Matías Fernández (25 Alberto Aquilani), Stefan Savić, Joaquín (84 Manuel Pasqual), José Maria Basanta (57 Gonzalo Rodríguez), Marcos Alonso, Mario Gomez, Mohamed Salah. Coach: Vincenzo Montella
TOTTENHAM: Hugo Lloris, Jan Vertonghen (75 Kyle Walker), Vlad Chiricheş, Roberto Soldado, Erik Lamela, Federico Fazio, Nacer Chadli (63 Andros Townsend), Christian Eriksen, Benjamin Stambouli, Ben Davies, Nabil Bentaleb (63 Harry Kane). Coach: Mauricio Pochettino
Yellow Card: Milan Badelj (36), Mohamed Salah (72) / Ben Davies (50).
Goals: Mario Gomez (54), Mohamed Salah (71)


CELTIC FC GLASGOW – FC INTERNAZIONALE MILANO 3-3 (2-3)
Celtic Park, Glasgow    19.02.2015    Hour: 20:05
Referees: István Vad, Istvan Albert, Peter Berettyán (HUN)    Attendance: 58,500
CELTIC: Craig Gordon, Adam Matthews (81 Efe Ambrose), Emilio Izaguirre, Virgil van Dijk, Nir Biton, Scott Brown, Stuart Armstrong (75 John Guidetti), Gary Mackay-Steven, Jason Denayer, Stefan Johansen, Leigh Griffiths (75 Liam Henderson). Coach: Ronny Deila
FC INTERNAZIONALE: Juan Pablo Carrizo, Juan, Rodrigo Palacio, Mauro Icardi (75 Mateo Kovačić), Fredy Guarín, Hugo Campagnaro, Zdravko Kuzmanović (79 Dodô), Gary Medel, Davide Santon, Andrea Ranocchia, Xherdan Shaqiri. Coach: Roberto Mancini
Yellow Card: Virgil van Dijk (71), Stefan Johansen (88), Liam Henderson (90) /
    Xherdan Shaqiri (37), Davide Santon (67), Hugo Campagnaro (81).
Goals: Stuart Armstrong (24), Hugo Campagnaro (26 og), John Guidetti (90+3) /
    Xherdan Shaqiri (4), Rodrigo Palacio (13, 45)


FC INTERNAZIONALE MILANO – CELTIC FC GLASGOW 1-0 (0-0)
Stadio Giuseppe Meazza, Milano    26.02.2015    Hour: 19:00
Referees: Ivan Kružliak, Tomaš Somolani, Tomaš Mokoš (SVK)    Attendance: 37,133
FC INTERNAZIONALE: Juan Pablo Carrizo, Juan, Rodrigo Palacio (89 George Puşcaş), Mauro Icardi, Fredy Guarín, Gary Medel, Davide Santon, Andrea Ranocchia, Danilo D'Ambrosio (81 Hugo Campagnaro), Hernanes (80 Mateo Kovačić), Xherdan Shaqiri. Coach: Roberto Mancini
CELTIC: Craig Gordon, Adam Matthews, Emilio Izaguirre, Virgil van Dijk, Nir Biton, Scott Brown, John Guidetti (58 James Forrest), Stuart Armstrong (78 Kris Commons), Gary Mackay-Steven (41 Efe Ambrose), Jason Denayer, Stefan Johansen. Coach: Ronny Deila
Yellow Card: Danilo D'Ambrosio (43), Fredy Guarín (78) / Virgil van Dijk (27), E. Izaguirre (54), Craig Gordon (71), Nir Biton (85), Adam Matthews (86), Kris Commons (90+4).
Red Card: Virgil van Dijk (37).
Goal: Fredy Guarín (88)

# ROUND OF 16

EVERTON FC LIVERPOOL – FC DYNAMO KYIV 2-1 (1-1)
Goodison Park, Liverpool    12.03.2015    Hour: 20:05
Referees: Carlos Velasco Carballo, Roberto Alonso, Juan Yuste (ESP)    Attendance: 26,150
EVERTON: Tim Howard, Phil Jagielka, Romelu Lukaku, Kevin Mirallas (64 Arouna Koné), Steven Naismith, James McCarthy, Gareth Barry, Ross Barkley (74 Leon Osman), Seamus Coleman, Luke Garbutt, Antolin Alcaraz. Coach: Roberto Martínez
DYNAMO: Olexandr Shovkovskiy, Danilo Silva, Miguel Veloso (84 Yevhen Chumak), Antunes, Aleksandar Dragovic, Andriy Yarmolenko, Serhiy Sydorchuk, Oleh Gusev (76 Artem Kravets), Domagoj Vida, Vitaliy Buyalskiy (67 Denys Garmash), Dieumerci Mbokani.
Coach: Serhiy Rebrov
Yellow Card: Kevin Mirallas (16) / Dieumerci Mbokani (90).
Goals: Steven Naismith (39), Romelu Lukaku (82 pen) / Oleh Gusev (14)


FC DYNAMO KYIV – EVERTON FC LIVERPOOL 5-2 (3-1)
NSK Olimpiyskyi, Kyiv    19.03.2015    Hour: 20:00
Referees: Deniz Aytekin, Guido Kleve, Holger Henschel (GER)    Attendance: 67,553
DYNAMO: Olexandr Shovkovskiy, Danilo Silva, Miguel Veloso, Antunes, Aleksandar Dragovic, Andriy Yarmolenko, Serhiy Sydorchuk (64 Vitaliy Buyalskiy), Serhiy Rybalka, Oleh Gusev (90 Vladyslav Kalitvintsev), Yevhen Khacheridi, Lukasz Teodorczyk (75 Artem Kravets).
Coach: Serhiy Rebrov
EVERTON: Tim Howard, Leighton Baines, Phil Jagielka, Romelu Lukaku, Steven Naismith (65 Arouna Koné), James McCarthy (77 Muhamed Bešić), Gareth Barry, Christian Atsu (65 Leon Osman), Ross Barkley, Seamus Coleman, Antolin Alcaraz. Coach: Roberto Martínez
Yellow Card: Serhiy Rybalka (83), Aleksandar Dragovic (85), Antunes (90+1) /
    Romelu Lukaku (83), Muhamed Bešić (90+4).
Goals: Andriy Yarmolenko (21), Lukasz Teodorczyk (35), Miguel Veloso (37), Oleh Gusev (56), Antunes (76) / Romelu Lukaku (29), Phil Jagielka (82)


FC DNIPRO DNIPROPETROVSK – AFC AJAX AMSTERDAM 1-0 (1-0)
NSK Olimpiyskyi, Kyiv    12.03.2015    Hour: 20:00
Referees: Ivan Bebek, Tomislav Petrović, Miro Grgić (CRO)    Attendance: 10,581
FC DNIPRO DNIPROPETROVSK: Denys Boyko, Egídio, Yevhen Konoplyanka (82 Yevhen Shakhov), Yevhen Seleznyov (76 Nikola Kalinić), Yevhen Cheberyachko, Roman Zozulya, Roman Bezus (58 Bruno Gama), Douglas, Valeriy Fedorchuk, Ruslan Rotan, Artem Fedetskiy.
Coach: Myron Markevych
AJAX AMSTERDAM: Jasper Cillessen, Ricardo van Rhijn, Joël Veltman, Nicolai Boilesen, Davy Klaassen, Arkadiusz Milik (77 Richairo Zivkovic), Lasse Schöne (61 Ricardo Kishna), Anwar El Ghazi, Thulani Serero (60 Daley Sinkgraven), Nick Viergever, Riechedly Bazoer.
Coach: Frank de Boer
Yellow Card: Artem Fedetskiy (49), Ruslan Rotan (51), Roman Zozulya (88), Yevhen Shakhov (89) / Nicolai Boilesen (23), Riechedly Bazoer (50).
Goal: Roman Zozulya (30)

AFC AJAX AMSTERDAM – FC DNIPRO DNIPROPETROVSK 2-1 (0-0)
Amsterdam ArenA, Amsterdam    19.03.2015    Hour: 21:05
Referees: Aleksei Kulbakov, Dmitri Zhuk, Vitali Malyutin (BLR)    Attendance: 51,756
AJAX AMSTERDAM: Jasper Cillessen, Ricardo van Rhijn, Joël Veltman, Nicolai Boilesen (100 Mike van der Hoorn), Daley Sinkgraven (87 Thulani Serero), Davy Klaassen, Ricardo Kishna (78 Kolbeinn Sigthórsson), Arkadiusz Milik, Anwar El Ghazi, Nick Viergever, Riechedly Bazoer.
Coach: Frank de Boer
FC DNIPRO DNIPROPETROVSK: Denys Boyko, Egídio, Jaba Kankava, Nikola Kalinić, Yevhen Konoplyanka (108 Yevhen Seleznyov), Léo Matos, Yevhen Cheberyachko, Roman Bezus (85 Yevhen Shakhov), Douglas, Valeriy Luchkevych (90+1 Bruno Gama), Valeriy Fedorchuk.
Coach: Olexandr Ivanov
Yellow Card: Ricardo Kishna (70) /
    Léo Matos (21), Roman Bezus (80), Yevhen Shakhov (87), Denys Boyko (119).
Red Card: Mike van der Hoorn (120+4).
Goals: Riechedly Bazoer (60), Mike van der Hoorn (117) / Yevhen Konoplyanka (97)

FC ZENIT SAINT PETERSBURG – TORINO FC 2-0 (1-0)
Stadion Petrovski, St. Petersburg    12.03.2015    Hour: 20:00
Referees: Manuel De Sousa, Bertino Miranda, Alvaro Mesquita (POR)    Attendance: 17,271
FC ZENIT SAINT PETERSBURG: Yuri Lodygin, Domenico Criscito, Hulk, Luís Neto, Oleg Shatov (81 Aleksandr Ryazantsev), Igor Smolnikov, Javi García, José Rondón, Ezequiel Garay, Axel Witsel (90 Anatoliy Tymoshchuk), Danny. Coach: André Villas-Boas
TORINO: Daniele Padelli, Cristian Molinaro, Omar El Kaddouri, Alessandro Gazzi, Josef Martínez (34 Giuseppe Vives, 51 Alexander Farnerud), Nikola Maksimović, Emiliano Moretti, Kamil Glik, Fabio Quagliarella (74 Maxi López), Matteo Darmian, Marco Benassi. Coach: Giampiero Ventura
Yellow Card: Javi García (34), Igor Smolnikov (64), Aleksandr Ryazantsev (87) /
    Marco Benassi (12), Kamil Glik (87), Cristian Molinaro (90+4).
Red Card: Marco Benassi (28).
Goals: Axel Witsel (38), Domenico Criscito (53)

TORINO FC – FC ZENIT SAINT PETERSBURG 1-0 (0-0)
Stadio Olimpico, Torino    19.03.2015    Hour: 21:05
Referees: Matej Jug, Matej Žunič, Bojan Ul (SVN)    Attendance: 24,736
TORINO: Daniele Padelli, Cristian Molinaro (82 Amauri), Omar El Kaddouri (76 Josef Martínez), Alexander Farnerud (64 Cesare Bovo), Maxi López, Alessandro Gazzi, Nikola Maksimović, Emiliano Moretti, Kamil Glik, Fabio Quagliarella, Matteo Darmian. Coach: Giampiero Ventura
FC ZENIT SAINT PETERSBURG: Yuri Lodygin, Domenico Criscito, Hulk, Luís Neto, Oleg Shatov (81 Aleksandr Ryazantsev), Igor Smolnikov, José Rondón, Ezequiel Garay, Axel Witsel, Danny (87 Nicolas Lombaerts), Anatoliy Tymoshchuk. Coach: André Villas-Boas
Yellow Card: Cristian Molinaro (20), Fabio Quagliarella (52), Alessandro Gazzi (62) /
Anatoliy Tymoshchuk (37), Dom. Criscito (45), Luís Neto (48), Danny (52), Yuri Lodygin (58), Igor Smolnikov (86), Hulk (89).
Goal: Kamil Glik (90)

VfL WOLFSBURG – FC INTERNAZIONALE MILANO 3-1 (1-1)
VfL Wolfsburg Arena, Wolfsburg    12.03.2015    Hour: 19:00
Referees: Szymon Marciniak, Paweł Sokolnicki, Tomasz Listkiewicz (POL)    Attendance: 25,374
WOLFSBURG: Diego Benaglio, Daniel Caligiuri, Vieirinha (87 Ivan Perišić), Bas Dost (70 Nicklas Bendtner), Kevin De Bruyne, André Schürrle (46 Christian Träsch), Luiz Gustavo, Josuha Guilavogui, Naldo, Robin Knoche, Ricardo Rodriguez. Coach: Dieter Hecking
FC INTERNAZIONALE MILANO: Juan Pablo Carrizo, Juan, Rodrigo Palacio, Mauro Icardi, Fredy Guarín, Gary Medel, Davide Santon (82 Mateo Kovačić), Andrea Ranocchia, Danilo D'Ambrosio, Hernanes (58 Nemanja Vidić), Xherdan Shaqiri (82 Zdravko Kuzmanović).
Coach: Roberto Mancini
Yellow Card: Naldo (71) /
    Mauro Icardi (30), Danilo D'Ambrosio (35), Nemanja Vidić (75), Andrea Ranocchia (83)
Goals: Naldo (28), Kevin De Bruyne (63, 76) / Rodrigo Palacio (6)

FC INTERNAZIONALE MILANO – VfL WOLFSBURG 1-2 (0-1)
Stadio Giuseppe Meazza, Milano    19.03.2015    Hour: 21:05
Referees: Mark Clattenburg, Simon Beck, Jake Collin (ENG)    Attendance: 38,800
FC INTERNAZIONALE MILANO: Juan Pablo Carrizo, Juan, Rodrigo Palacio, Mauro Icardi, Mateo Kovačić (55 Zdravko Kuzmanović), Fredy Guarín, Hugo Campagnaro (68 Danilo D'Ambrosio), Gary Medel, Davide Santon, Andrea Ranocchia, Hernanes. Coach: Roberto Mancini
WOLFSBURG: Diego Benaglio, Timm Klose, Daniel Caligiuri (73 Ivan Perišić), Vieirinha (85 Maximilian Arnold), Bas Dost (64 Nicklas Bendtner), Kevin De Bruyne, Christian Träsch, Luiz Gustavo, Josuha Guilavogui, Robin Knoche, Ricardo Rodriguez. Coach: Dieter Hecking
Yellow Card: Gary Medel (87) / Kevin De Bruyne (84), Maximilian Arnold (87).
Goals: Rodrigo Palacio (71) / Daniel Caligiuri (24), Nicklas Bendtner (89)


VILLARREAL CF – SEVILLA FC 1-3 (0-2)
Estadio El Madrigal, Villarreal    12.03.2015    Hour: 21:05
Referees: Daniele Orsato, Alessandro Giallatini, Alessandro Costanzo (ITA)    Attendance: 19,930
VILLARREAL: Sergio Asenjo, Mario Gaspar, Mateo Musacchio (84 José Dorado), Jonathan dos Santos, Luciano Vietto, Ikechukwu Uche (68 Gerard Moreno), Manu Trigueros, Denis Cheryshev, Jaume Costa, Moi Gómez (45 Joel Campbell), Eric Bailly. Coach: Marcelino
SEVILLA: Sergio Rico, Benoît Trémoulinas, Grzegorz Krychowiak, Diogo Figueiras, Daniel Carriço, Kevin Gameiro (64 Carlos Bacca), Vicente Iborra (75 Éver Banega), Vitolo (78 José Antonio Reyes), Nicolas Pareja, Aleix Vidal, Stéphane Mbia. Coach: Unai Emery
Yellow Card: Jaume Costa (21), Moi Gómez (35), Joel Campbell (67) /
    Grzegorz Krychowiak (9), Aleix Vidal (90+2).
Goals: Luciano Vietto (48) / Vitolo (1), Stéphane Mbia (26), Kevin Gameiro (50)


SEVILLA FC – VILLARREAL CF 2-1 (0-0)
Estadio Ramón Sánchez Pizjuán, Sevilla    19.03.2015    Hour: 21:05
Referees: Martin Atkinson, Michael Mullarkey, Stephen Child (ENG)    Attendance: 28,784
SEVILLA: Sergio Rico, Benoît Trémoulinas, Diogo Figueiras, Daniel Carriço, Kevin Gameiro (65 Carlos Bacca), Vicente Iborra (80 Denis Suárez), Timothée Kolodziejczak, Vitolo, Nicolas Pareja, Aleix Vidal (75 José Antonio Reyes), Stéphane Mbia. Coach: Unai Emery
VILLARREAL: Sergio Asenjo, Mario Gaspar, Tomás Pina, Mateo Musacchio, Jonathan dos Santos, Luciano Vietto (85 José Dorado), Ikechukwu Uche (46 Giovani dos Santos), Manu Trigueros, Antonio Rukavina, Joel Campbell (70 Gerard Moreno), Eric Bailly. Coach: Juan Corral
Yellow Card: Luciano Vietto (22), Eric Bailly (29), Tomás Pina (58), Mateo Musacchio (66), Mario Gaspar (85).
Red Card: Eric Bailly (77).
Goals: Vicente Iborra (69), Denis Suárez (83) / Giovani dos Santos (73)


SSC NAPOLI – FC DINAMO MOSKVA 3-1 (2-1)
Stadio San Paolo, Napoli    12.03.2015    Hour: 21:05    Attendance: 17,727
Referees: Tasos Sidiropoulos, Damianos Efthimiadis, Polychronis Kostaras (GRE)
SSC NAPOLI: Mariano Andújar, Henrique, Miguel Britos, Jonathan De Guzmán (70 Marek Hamšík), José Callejón (82 Camilo Zúñiga), Jorginho, Gonzalo Higuaín, Dries Mertens, Kalidou Koulibaly (8 Raúl Albiol), Faouzi Ghoulam, Gökhan Inler. Coach: Rafael Benítez
DINAMO: Vladimir Gabulov, Christopher Samba, William Vainqueur, Balázs Dzsudzsák (90+2 Aleksandr Tashaev), Aleksandr Kokorin, Mathieu Valbuena (72 Aleksei Ionov), Tomáš Hubočan, Yuri Zhirkov, Kevin Kuranyi (62 Alexander Büttner), Aleksei Kozlov, Roman Zobnin.
Coach: Stanislav Cherchesov
Yellow Card: Faouzi Ghoulam (28) / Mathieu Valbuena (30), Roman Zobnin (32), Balázs Dzsudzsák (41), Tomáš Hubočan (78), Christopher Samba (80).
Red Card: Roman Zobnin (46).
Goals: Gonzalo Higuaín (25, 31 pen, 55) / Kevin Kuranyi (2)

FC DINAMO MOSKVA – SSC NAPOLI 0-0
Arena Khimki, Khimki    19.03.2015    Hour: 20:00
Referees: Bas Nijhuis, Rob van de Ven, Charles Schaap (NED)    Attendance: 17,356
DINAMO: Vladimir Gabulov, Alexander Büttner (85 Aleksei Ionov), Christopher Samba, William Vainqueur, Balázs Dzsudzsák, Aleksandr Kokorin, Mathieu Valbuena, Tomáš Hubočan, Yuri Zhirkov, Kevin Kuranyi, Aleksei Kozlov. Coach: Stanislav Cherchesov
SSC NAPOLI: Mariano Andújar, Miguel Britos, José Callejón, Jorginho, Gonzalo Higuaín (81 Camilo Zúñiga), Christian Maggio, Dries Mertens (63 Jonathan De Guzmán), David López, Manolo Gabbiadini (71 Marek Hamšík), Faouzi Ghoulam, Raúl Albiol. Coach: Rafael Benítez
Yellow Card: William Vainqueur (72) / Christian Maggio (42), Dries Mertens (53).


CLUB BRUGGE KV – BEŞIKTAŞ JK ISTANBUL 2-1 (0-0)
Jan Breydelstadion, Brugge    12.03.2015    Hour: 19:00
Referees: Craig Thomson, Francis Connor, David McGeachie (SCO)    Attendance: 12,977
CLUB BRUGGE KV: Matthew Ryan, Davy de Fauw (61 Obbi Oularé), Timmy Simons, Oscar Duarte, Lior Refaelov, Tom De Sutter (87 Tuur Dierckx), Thomas Meunier, Ruud Vormer, Laurens De Bock, Brandon Mechele, Boli Bolingoli-Mbombo (46 Felipe Gedoz).
Coach: Michel Preud'homme
BEŞIKTAŞ JK: Cenk Gönen, Serdar Kurtuluş, Gökhan Töre, Veli Kavlak, Demba Ba, Olcay Şahan (83 Mustafa Pektemek), Oğuzhan Özyakup (73 Kerim Frei), Tolgay Arslan, Necip Uysal, Ersan Gülüm, Daniel Opare. Coach: Slaven Bilić
Yellow Card: Tom De Sutter (16), Obbi Oularé (85) /
    Tolgay Arslan (39), Necip Uysal (42), Cenk Gönen (69).
Goals: Tom De Sutter (62), Lior Refaelov (79 pen) / Gökhan Töre (46)


BEŞIKTAŞ JK ISTANBUL – CLUB BRUGGE KV 1-3 (0-0)
Atatürk Olimpiyat Stadium – Istanbul 19.03.2015    Hour: 22:05
Referees: Sergei Karasev, Anton Averianov, Tikhon Kalugin (RUS)    Attendance: 65,110
BEŞIKTAŞ JK: Tolga Zengin, Gökhan Töre, Veli Kavlak, Demba Ba, Olcay Şahan, Mustafa Pektemek (74 Cenk Tosun), Tolgay Arslan, Pedro Franco, Necip Uysal, Ramon Motta, Daniel Opare (71 Kerim Frei). Coach: Slaven Bilić
CLUB BRUGGE KV: Matthew Ryan, Davy de Fauw (60 Felipe Gedoz), Timmy Simons, Oscar Duarte, Lior Refaelov, Tom De Sutter (81 Obbi Oularé), Thomas Meunier, José Izquierdo (65 Boli Bolingoli-Mbombo), Ruud Vormer, Laurens De Bock, Brandon Mechele.
    Coach: Michel Preud'homme
Yellow Card: Daniel Opare (36), Veli Kavlak (83) /
    José Izquierdo (32), Thomas Meunier (63).
Red Card: Olcay Şahan (90+2).
Goals: Ramon Motta (48) / Tom De Sutter (61), Boli Bolingoli-Mbombo (80, 90)


ACF FIORENTINA FIRENZE – AS ROMA 1-1 (1-0)
Stadio Artemio Franchi, Firenze    12.03.2015    Hour: 21:05    Attendance: 23,357
Referees: Antonio Mateu Lahoz, Pau Cebrián Devís, Roberto Díaz Pérez del Palomar (ESP)
FIORENTINA: Neto, Gonzalo Rodríguez, Milan Badelj, David Pizarro (45+1 Matías Fernández), Joaquín, José Maria Basanta, Borja Valero (72 Alberto Aquilani), Marcos Alonso, Nenad Tomović, Josip Iličić (81 Elhadji Babacar), Mohamed Salah. Coach: Vincenzo Montella
AS ROMA: Łukasz Skorupski, Mapou Yanga-Mbiwa, Radja Nainggolan, Juan Manuel Iturbe, Adem Ljajić (75 Gervinho), Daniele De Rossi (22 Miralem Pjanić), Seydou Keita, Alessandro Florenzi, José Holebas, Vasilis Torosidis, Kostas Manolas (26 Davide Astori). Coach: Rudi Garcia
Yellow Card: David Pizarro (31), M. Alonso (33), Josip Iličić (45+1), Neto (59), Milan Badelj (67) / Radja Nainggolan (30).
Goals: Josip Iličić (17) / Seydou Keita (77)

AS ROMA – ACF FIORENTINA FIRENZE 0-3 (0-3)
Stadio Olimpico, Roma    19.03.2015    Hour: 19:00
Referees: Cüneyt Çakır, Bahattin Duran, Tarik Ongun (TUR)    Attendance: 30,591
AS ROMA: Łukasz Skorupski, Mapou Yanga-Mbiwa (58 Davide Astori), Adem Ljajić, Miralem Pjanić, Daniele De Rossi, Seydou Keita (44 Daniele Verde), Alessandro Florenzi, José Holebas, Gervinho, Vasilis Torosidis (27 Juan Manuel Iturbe), Kostas Manolas. Coach: Rudi Garcia
FIORENTINA: Neto, Gonzalo Rodríguez, Milan Badelj, Matías Fernández, Stefan Savić (41 Nenad Tomović), Joaquín, José Maria Basanta, Borja Valero (79 Alberto Aquilani), Marcos Alonso, Elhadji Babacar (63 Juan Vargas), Mohamed Salah. Coach: Vincenzo Montella
Yellow Card: Adem Ljajić (78) / José Maria Basanta (9).
Red Card: Adem Ljajić (88).
Goals: Gonzalo Rodríguez (10 pen), Marcos Alonso (18), José Maria Basanta (22)

## QUARTER-FINALS

SEVILLA FC – FC ZENIT SAINT PETERSBURG  2-1 (0-1)
Estadio Ramón Sánchez Pizjuán, Seville    16.04.2015    Hour: 21:05
Referees: Bas Nijhuis, Rob van de Ven, Charles Schaap (NED)    Attendance: 28,450
SEVILLA: Sergio Rico, Benoît Trémoulinas, Grzegorz Krychowiak, Kevin Gameiro (64 Carlos Bacca), José Antonio Reyes, Vicente Iborra (46 Denis Suárez), Timothée Kolodziejczak, Éver Banega, Nicolas Pareja, Aleix Vidal, Coke (46 Stéphane Mbia). Coach: Unai Emery
FC ZENIT SAINT PETERSBURG: Yuri Lodygin, Aleksandr Anyukov, Aleksandr Ryazantsev (82 Anatoliy Tymoshchuk), Nicolas Lombaerts, Luís Neto, Oleg Shatov (75 Dzhamaldin Khodzhaniyazov), Javi García, José Rondón, Ezequiel Garay, Axel Witsel, Milan Rodić (65 Pavel Mogilevets). Coach: André Villas-Boas
Yellow Card: Denis Suárez (76) /
    Javi García (68), Ezequiel Garay (81), Aleksandr Ryazantsev (82).
Goals: Carlos Bacca (73), Denis Suárez (88) / Aleksandr Ryazantsev (29)

FC ZENIT SAINT PETERSBURG – SEVILLA FC  2-2 (0-1)
Stadion Petrovski, St. Petersburg    23.04.2015    Hour: 22:05
Referees: Nicola Rizzoli, Elenito Di Liberatore, Mauro Tonolini (ITA)    Attendance: 18,121
FC ZENIT SAINT PETERSBURG: Yuri Lodygin, Domenico Criscito, Nicolas Lombaerts, Hulk, Luís Neto, Oleg Shatov, Igor Smolnikov, Javi García, José Rondón (83 Aleksandr Kerzhakov), Axel Witsel, Danny. Coach: André Villas-Boas
SEVILLA: Beto, Benoît Trémoulinas, Grzegorz Krychowiak, Daniel Carriço, Carlos Bacca (75 Kevin Gameiro), Éver Banega, Vitolo (90+2 Denis Suárez), Nicolas Pareja (21 Vicente Iborra), Aleix Vidal, Coke, Stéphane Mbia. Coach: Unai Emery
Yellow Card: Luís Neto (5), Axel Witsel (40), Yuri Lodygin (90+5) /
    Vicente Iborra (76), Éver Banega (83).
Goals: José Rondón (48), Hulk (72) / Carlos Bacca (6 pen), Kevin Gameiro (85)

CLUB BRUGGE KV – FC DNIPRO DNIPROPETROVSK  0-0
Jan Breydelstadion, Brugge    16.04.2015    Hour: 21:05
Referees: Damir Skomina, Jure Praprotnik, Robert Vukan (SVN)    Attendance: 29,000
CLUB BRUGGE KV: Mathew Ryan, Davy de Fauw, Timmy Simons, Francisco Silva, Víctor Vázquez, Lior Refaelov (89 Sander Coopman), José Izquierdo (78 Tuur Dierckx), Ruud Vormer, Laurens De Bock, Brandon Mechele, Obbi Oularé (72 Tom De Sutter).
Coach: Michel Preud'homme
FC DNIPRO DNIPROPETROVSK: Denys Boyko, Jaba Kankava, Nikola Kalinić (78 Yevhen Seleznyov), Yevhen Konoplyanka, Léo Matos, Yevhen Cheberyachko, Douglas, Valeriy Luchkevych (80 Bruno Gama), Valeriy Fedorchuk, Ruslan Rotan (89 Roman Bezus), Artem Fedetskiy. Coach: Myron Markevych
Yellow Card: Ruud Vormer (60), Laurens De Bock (61) /
    Valeriy Fedorchuk (35), Léo Matos (56), Yevhen Cheberyachko (57).

FC DNIPRO DNIPROPETROVSK – CLUB BRUGGE KV  1-0 (0-0)
NSK Olimpiyskyi, Kyiv    23.04.2015    Hour: 22:05    Attendance: 16,234
Referees: Alberto Undiano Mallenco, Roberto Díaz Pérez del Palomar, Pau Cebrián Devís (ESP)
FC DNIPRO DNIPROPETROVSK: Denys Boyko, Jaba Kankava, Yevhen Konoplyanka, Yevhen Seleznyov (73 Nikola Kalinić), Léo Matos, Yevhen Cheberyachko, Roman Bezus (46 Yevhen Shakhov), Douglas, Valeriy Luchkevych (90+1 Bruno Gama), Ruslan Rotan, Artem Fedetskiy.
Coach: Myron Markevych
CLUB BRUGGE KV: Mathew Ryan, Davy de Fauw, Timmy Simons, Oscar Duarte, Lior Refaelov, Tom De Sutter (70 Obbi Oularé), José Izquierdo (86 Víctor Vázquez), Ruud Vormer, Laurens De Bock, Nikola Storm (86 Tuur Dierckx), Brandon Mechele.
Coach: Michel Preud'homme
Yellow Card: Ruslan Rotan (59), Jaba Kankava (81) / Obbi Oularé (87).
Goal: Yevhen Shakhov (82)

FC DYNAMO KYIV – ACF FIORENTINA FIRENZE  1-1 (1-0)
NSK Olimpiyskyi, Kyiv    16.04.2015    Hour: 22:05
Referees: Szymon Marciniak, Paweł Sokolnicki, Tomasz Listkiewicz (POL)    Attendance: 65,535
FC DYNAMO KYIV: Olexandr Shovkovskiy, Danilo Silva, Antunes (24 Domagoj Vida), Aleksandar Dragovic, Jeremain Lens, Andriy Yarmolenko, Serhiy Sydorchuk (68 Younes Belhanda), Serhiy Rybalka, Vitaliy Buyalskiy (80 Yevhen Chumak), Yevhen Khacheridi, Łukasz Teodorczyk. Coach: Serhiy Rebrov
FIORENTINA: Neto, Gonzalo Rodríguez, Milan Badelj, Matías Fernández, Stefan Savić, Joaquín (68 Juan Manuel Vargas), Borja Valero (83 Alberto Aquilani), Marcos Alonso, Mario Gomez (77 Khouma Babacar), Nenad Tomović, Mohamed Salah. Coach: Vincenzo Montella
Yellow Card: Aleksandar Dragovic (44), Serhiy Sydorchuk (65), Yevhen Khacheridi (69), Jeremain Lens (72) / Mario Gomez (45+2), Marcos Alonso (66), Nenad Tomović (90+4).
Goals: Jeremain Lens (36) / Khouma Babacar (90+2)

ACF FIORENTINA FIRENZE – FC DYNAMO KYIV  2-0 (1-0)
Stadio Artemio Franchi, Firenze    23.04.2015    Hour: 21:05
Referees: Jonas Eriksson, Mathias Klasenius, Daniel Wärnmark (SWE)    Attendance: 28,058
FIORENTINA: Neto, Gonzalo Rodríguez, David Pizarro (84 Alberto Aquilani), Matías Fernández, Stefan Savić, Joaquín, Borja Valero (79 Milan Badelj), Marcos Alonso, Mario Gomez, Nenad Tomović, Mohamed Salah (88 Juan Manuel Vargas). Coach: Vincenzo Montella
FC DYNAMO KYIV: Olexandr Shovkovskiy, Danilo Silva, Antunes, Jeremain Lens, Andriy Yarmolenko, Serhiy Rybalka, Domagoj Vida, Vitaliy Buyalskiy (69 Serhiy Sydorchuk), Yevhen Khacheridi, Younes Belhanda (63 Vladyslav Kalitvintsev), Łukasz Teodorczyk (45+2 Oleh Gusev).
Coach: Serhiy Rebrov
Yellow Card: Jeremain Lens (14).
Red Card: Jeremain Lens (40).
Goals: Mario Gomez (43), Juan Manuel Vargas (90+4)

VfL WOLFSBURG – SSC NAPOLI  1-4 (0-2)
VfL Wolfsburg Arena, Wolfsburg    16.04.2015    Hour: 21:05    Attendance: 25,112
Referees: Antonio Mateu Lahoz, Roberto Díaz Pérez del Palomar, Pau Cebrián Devís (ESP)
WOLFSBURG: Diego Benaglio, Daniel Caligiuri, Vieirinha, Bas Dost (57 Nicklas Bendtner), Kevin De Bruyne, André Schürrle (64 Ivan Perišić), Luiz Gustavo, Josuha Guilavogui (70 Maximilian Arnold), Naldo, Robin Knoche, Ricardo Rodriguez. Coach: Dieter Hecking
SSC NAPOLI: Mariano Andújar, Miguel Britos, José Callejón, Gonzalo Higuaín (86 Henrique), Christian Maggio, Dries Mertens (60 Lorenzo Insigne), Marek Hamšík (75 Manolo Gabbiadini), David López, Faouzi Ghoulam, Raúl Albiol, Gökhan Inler. Coach: Rafael Benítez
Yellow Card: Nicklas Bendtner (80).
Goals: Nicklas Bendtner (80) /
    Gonzalo Higuaín (15), Marek Hamšík (23, 64), Manolo Gabbiadini (77)

SSC NAPOLI – VfL WOLFSBURG  2-2 (0-0)
Stadio San Paolo, Naples    23.04.2015    Hour: 21:05
Referees: Cüneyt Çakır, Bahattin Duran, Tarik Ongun (TUR)    Attendance: 27,262
SSC NAPOLI: Mariano Andújar, Miguel Britos, José Callejón, Gonzalo Higuaín (68 Duván Zapata), Dries Mertens (83 Henrique), Giandomenico Mesto, Marek Hamšík (60 Lorenzo Insigne), David López, Faouzi Ghoulam, Raúl Albiol, Gökhan Inler. Coach: Rafael Benítez
WOLFSBURG: Diego Benaglio, Nicklas Bendtner, Timm Klose, Daniel Caligiuri, Ivan Perišić, Christian Träsch (79 Bas Dost), Luiz Gustavo, Josuha Guilavogui (75 Sebastian Jung), Naldo, Maximilian Arnold, Ricardo Rodriguez (66 Marcel Schäfer). Coach: Dieter Hecking
Goals: José Callejón (50), Dries Mertens (65) / Timm Klose (71), Ivan Perišić (73)


# SEMI-FINALS


SSC NAPOLI – FC DNIPRO DNIPROPETROVSK  1-1 (0-0)
Stadio San Paolo, Napoli    07.05.2015    Hour: 21:05
Referees: Svein Oddvar Moen, Kim Thomas Haglund, Frank Andås (NOR)    Attendance: 41,095
SSC NAPOLI: Mariano Andújar, Miguel Britos, José Callejón (77 Manolo Gabbiadini), Jorginho, Gonzalo Higuaín, Christian Maggio, Marek Hamšík, David López (71 Walter Gargano), Lorenzo Insigne (82 Dries Mertens), Faouzi Ghoulam, Raúl Albiol. Coach: Rafael Benítez
FC DNIPRO DNIPROPETROVSK: Denys Boyko, Jaba Kankava (69 Roman Bezus), Nikola Kalinić (80 Yevhen Seleznyov), Yevhen Konoplyanka, Léo Matos, Yevhen Cheberyachko, Douglas, Valeriy Luchkevych (57 Bruno Gama), Valeriy Fedorchuk, Ruslan Rotan, Artem Fedetskiy. Coach: Myron Markevych
Yellow Card: Jaba Kankava (24), Artem Fedetskiy (73).
Goals: David López (50) / Yevhen Seleznyov (81)

FC DNIPRO DNIPROPETROVSK – SSC NAPOLI  1-0 (0-0)
NSK Olimpiyskyi, Kyiv    14.05.2015    Hour: 21:05
Referees: Milorad Mažić, Milovan Ristić, Dalibor Djurdjević (SER)    Attendance: 62,344
FC DNIPRO DNIPROPETROVSK: Denys Boyko, Jaba Kankava, Yevhen Konoplyanka (86 Bruno Gama), Yevhen Seleznyov (75 Nikola Kalinić), Léo Matos, Yevhen Cheberyachko, Douglas, Valeriy Luchkevych (67 Matheus), Valeriy Fedorchuk, Ruslan Rotan, Artem Fedetskiy. Coach: Myron Markevych
SSC NAPOLI: Mariano Andújar, Miguel Britos, José Callejón, Gonzalo Higuaín, Christian Maggio, David López (79 Henrique), Manolo Gabbiadini (55 Marek Hamšík), Lorenzo Insigne (61 Dries Mertens), Faouzi Ghoulam, Raúl Albiol, Gökhan Inler. Coach: Rafael Benítez
Yellow Card: Léo Matos (23), Artem Fedetskiy (44), Yevhen Seleznyov (70), Jaba Kankava (75), Matheus (85), Denys Boyko (90+5) / Manolo Gabbiadini (27), Faouzi Ghoulam (81), José Callejón (86).
Goal: Yevhen Seleznyov (58)

SEVILLA FC – ACF FIORENTINA FIRENZE  3-0 (1-0)
Estadio Ramón Sánchez Pizjuán, Seville, 07.05.2015    Hour: 21:05
Referees: Felix Brych, Mark Borsch, Stefan Lupp (GER)    Attendance: 35,840
SEVILLA: Sergio Rico, Benoît Trémoulinas, Grzegorz Krychowiak, Daniel Carriço, Carlos Bacca (74 Kevin Gameiro), José Antonio Reyes (58 Coke), Timothée Kolodziejczak, Éver Banega, Vitolo, Aleix Vidal, Stéphane Mbia (73 Vicente Iborra). Coach: Unai Emery
FIORENTINA: Neto, Gonzalo Rodríguez, Milan Badelj (68 David Pizarro), Matías Fernández, Stefan Savić, Joaquín, Borja Valero, Marcos Alonso, Mario Gomez (80 Josip Iličić), Nenad Tomović (46 Micah Richards), Mohamed Salah. Coach: Vincenzo Montella
Yellow Card: Daniel Carriço (46), Grzegorz Krychowiak (83) /
    Marcos Alonso (70), Borja Valero (78), Gonzalo Rodríguez (90+5).
Goals: Aleix Vidal (17, 52), Kevin Gameiro (75)

ACF FIORENTINA FIRENZE – SEVILLA FC  0-2 (0-2)
Stadio Artemio Franchi, Firenze    14.05.2015    Hour: 21:05
Referees: Damir Skomina, Jure Praprotnik, Robert Vukan (SVN)    Attendance: 32,466
FIORENTINA: Neto, Gonzalo Rodríguez, David Pizarro, Matías Fernández (67 Milan Badelj), Stefan Savić, Joaquín, José Maria Basanta (46 Manuel Pasqual), Borja Valero (85 Andrea Lazzari), Marcos Alonso, Josip Iličić, Mohamed Salah. Coach: Vincenzo Montella
SEVILLA: Sergio Rico, Benoît Trémoulinas, Grzegorz Krychowiak, Daniel Carriço, Carlos Bacca (70 Kevin Gameiro), Timothée Kolodziejczak, Éver Banega (55 Vicente Iborra), Vitolo (74 José Antonio Reyes), Aleix Vidal, Coke, Stéphane Mbia. Coach: Unai Emery
Yellow Card: David Pizarro (21), Stefan Savić (26), Borja Valero (49) / Éver Banega (34).
Goals: Carlos Bacca (22), Daniel Carriço (27)


# FINAL


FC DNIPRO DNIPROPETROVSK – SEVILLA FC  2-3 (2-2)
Stadion Narodowy, Warszawa    27.05.2015    Hour: 20:45
Referees: Martin Atkinson, Michael Mullarkey, Stephen Child (ENG)    Attendance: 45,000
FC DNIPRO DNIPROPETROVSK: Denys Boyko, Jaba Kankava (85 Yevhen Shakhov), Nikola Kalinić (78 Yevhen Seleznyov), Yevhen Konoplyanka, Léo Matos, Yevhen Cheberyachko, Douglas, Valeriy Fedorchuk (68 Roman Bezus), Ruslan Rotan, Artem Fedetskiy, Matheus. Coach: Myron Markevych
SEVILLA: Sergio Rico, Benoît Trémoulinas, Grzegorz Krychowiak, Daniel Carriço, Carlos Bacca (82 Kevin Gameiro), José Antonio Reyes (58 Coke), Timothée Kolodziejczak, Éver Banega (89 Vicente Iborra), Vitolo, Aleix Vidal, Stéphane Mbia. Coach: Unai Emery
Yellow Card: Jaba Kankava (17), Nikola Kalinić (45+2), Roman Bezus (70), Ruslan Rotan (75), Léo Matos (83) / Grzegorz Krychowiak (45+2), Daniel Carriço (62), Carlos Bacca (74).
Goals: Nikola Kalinić (7), Ruslan Rotan (44) / Grzegorz Krychowiak (28), Carlos Bacca (31, 73)